论中国古代哲学形而上形而下之道

上册

刘文秀 著

中国书籍出版社
China Book Press

图书在版编目（CIP）数据

论中国古代哲学形而上形而下之道 / 刘文秀著. --北京：中国书籍出版社，2022.12
ISBN 978-7-5068-9300-8

Ⅰ.①论… Ⅱ.①刘… Ⅲ.①古代哲学—研究—中国 Ⅳ.①B215

中国版本图书馆CIP数据核字(2022)第213347号

论中国古代哲学形而上形而下之道（上下册）

刘文秀　著

责任编辑	吴化强　成晓春
责任印制	孙马飞　马芝
封面设计	东方美迪
出版发行	中国书籍出版社
地　　址	北京市丰台区三路居路97号（邮编：100073）
电　　话	（010）52257143（总编室）　（010）52257140（发行部）
电子邮箱	eo@chinabp.com.cn
经　　销	全国新华书店
印　　刷	北京睿和名扬印刷有限公司
开　　本	787毫米×1092毫米　1/16
字　　数	1200千字
印　　张	53.625
版　　次	2022年12月第1版
印　　次	2023年9月第1次印刷
书　　号	ISBN 978-7-5068-9300-8
定　　价	98.00元（上下册）

版权所有　翻印必究

自 序

笔者是一个独自行走的《易经》研究爱好者，独自研究自己想研究的问题，就只好自己为自己的研究之作《论中国古代哲学形而上形而下之道》写序了。我的所谓序，也只不过是写一点自己的认识感想而已。以前没有研究过哲学，也不知道序应该怎么写，所以，我的所谓哲学之作，充其量也不过是一种自己对《易经》哲学的认识而已，因为总是觉得自己的文辞不像哲学语言，水平有限，只好这样了。

我开始对《周易》的研究，只是限于对我们所看到的《周易》的所有字辞的解读，因而之前完成出版了《周易新解》。这次想完成《论中国古代哲学形而上形而下之道》，又对《周易》的所有文辞和发展历史作了反复研究，使我重新认识了《易经》与《周易》之意义的内涵。

一、关于《易经》与《周易》的意义

1. 关于《易经》的本义

易学家们一般认为，《易经》是阐述天地世间万物万象变化的最古老的经典，是博大精深的辩证法哲学，包括了神农氏的《连山易》、黄帝的《归藏易》、周朝的《周易》三部易书，其中《连山易》和《归藏易》已经失传，现存于世的只有《周易》。也是说《周易》就是仅存在世的《易经》。《周易》就是《易经》内涵之一。在千古流传中，易学家们已经对《周易》不分彼此，将《周易》称为《易经》，也将《易经》称为《周易》。在本书则将《周易》统一称之为《易经》。

2. 关于《周易》的本义

（1）因为它源于周朝，因为西周时期《周易》的六十四卦，以及《连山易》《归藏易》，只是用于卜筮而已。这在《周礼》中有明确的记载：正如《周礼·春官》大卜曰："掌三兆之法，一曰玉兆，二曰瓦兆，三曰原兆。其经兆之体，皆百有二十，其颂皆千有二百。掌三易之法，一曰连山，二曰归藏，三曰周易。其经卦皆八，其别卦皆六十有四。"①这里"其颂皆千有二百"之颂，是指占卜吉凶的系辞，占卜吉凶的系辞有一千二百种。

（2）原本的《周易》系统只是用于占卜吉凶的《周易》，依据《周礼·春官》记载"其经兆之体，皆百有二十，其颂皆千有二百"。而《春官》对几种"兆"的解释是指龟卜时显示出来的不同裂纹的称名。"颂"则是表示占卜吉凶的辞文。

（3）关于《周易》之"周"，简而言之，主要是周朝的意思；而"易"则是不易、变易、交易、简易的意思。

其四，周易的本义，也是《易经》的本义，因为《连山易》《归藏易》《周易》均是古代用于占卜的《易经》。

二、关于现代《易经》的展示方式与演绎过程

1. 关于现代《易经》展示方式的四大系统

（1）爻系统。一般都认为，是指组成八卦、六十四卦的阴爻（- -）和阳爻（—）称为爻系统。

（2）卦系统。其是指由阴阳爻相错变化排列的八卦、六十四卦的卦形结构图。如由阴阳爻组成的八卦，☰、☱、☲、☳、☴、☵、☶、☷称为三爻卦系统。三爻卦的八卦称为"经卦"。由二个相同或不相同的"经卦"两两相重组成了六十四个卦形结构图，如"䷀""䷁""䷂""䷃""䷄"等六十四卦，统称为六爻卦系统，两个经卦相重组成的六爻卦，上面的经卦称为上卦，下面的经卦称为下卦。上卦可以称为前卦，又可以称为外卦或左卦；下卦可以称为后卦，又可以称为内卦或右卦。六个爻的六十四卦也称之为"别卦"，也就是说，"别卦"就是指六十四卦的六十四个卦形图而已。在六十四个卦型图中，由二个相同的"八卦"相重所组成的"别卦"即为"纯卦"，"纯卦"有八个卦型图，就是䷀、䷁、䷜、䷝、䷟、䷲、䷵、䷸，这八个卦型图也称之为"八纯卦"。"八纯卦"在汉朝的"京房八宫排列法"中，每一个"八纯卦"即是变化其他七卦的首卦，每个"八纯卦"首卦的图形，依据"京房八宫排列法"规定的变化方法各自演变出七个别卦的卦形图，八八六十四卦就是这样变化出来的。至于有些学者所说的"按照数学上的排列组合变化出来"六十四卦的数学排列方法，是一个复杂的推演组合，不同于简单的二个经卦相加而为六十四卦的变化组合方式。《易经》的中这些卦名的别称，在预测学和对六十四卦卦辞、爻辞的解读应用时有应用简便的特点。当然《易经》六十四卦的排列顺序，最早都是依据孔子所作的《序卦传》中所提示的排列方式排列的。

---

① 钱玄、钱兴奇等注译. 周礼[M]. 岳麓书社，2001：223.

《易经》的爻系统和卦系统，原本只是用于占卜吉凶的。

（3）经系统。经系统的主要组成就是卦象和爻象之后的文辞，包括卦辞、爻辞。一般认为卦辞、爻辞系周文王所作。

（4）传系统。其是相对经系统而言的，传系统共有十篇，易学家们又将传系统称之为"十翼"，包括《系辞·上·下传》、《彖传》上下篇、《象传》上下篇、《说卦传》、《序卦传》、《杂卦传》、《乾·坤·文言》共十篇。"十翼"据文献记载是孔子所作，是孔子赋予《易经》以新的内涵的意义所在，它们各自都有独特的哲学意义。

以上四点，参考于天白编著的《易经图解》[①]。天白先生将《易经》系统分为四部分，每一个系统都有自己的独特意义。天白先生的著作中将爻系统、卦系统、经系统，以及传系统中卦象辞、彖辞、爻象辞，同时显示在各自相对应的六十四卦卦系统和爻系统中，而使读者一目了然。

2.《易经》传系统的实际意义

（1）孔子以传系统之"十翼"，赋予《易经》爻系统、卦系统、经系统以新的实际意义和哲学意义，使《易经》成为名符其实的、具有真实存在意义、传承不衰的历史意义和现实意义的哲学著作。传系统文辞的意义包罗万象，其中包括《系辞·上下传》对很多卦爻辞含义的解释，《乾·文言》《坤·文言》对乾坤两卦含义的解读，以及《说卦传》《序卦传》《杂卦传》对六十四卦特殊意义和阴阳及一些事物意义的辅助说明，尤其是《乾·文言》对《乾卦》的卦辞、象辞、爻辞、爻象辞实际意义和哲学意义从各个角度作了详实的解读。《坤·文言》也是对《坤卦》实际意义和哲学意义的解读，只不过是《坤·文言》没有《乾·文言》解读得全面而已。那么《系辞》对一些卦爻辞含义的解释，以及《乾·文言》和《坤·文言》对乾坤两卦实际意义和哲学意义的解释，就是我们解译《易经》哲学的重要依据。《乾·文言》和《坤·文言》对乾坤两卦哲学意义的解释，就是我们解译《易经》哲学内容的基本模式。

（2）赋予爻系统的阴阳爻以君子小人之道，正如《系辞·下传》第四章曰："阳一君而二民，君子之道也。阴二君而一民，小人之道也。"

（3）赋予卦系统的六十四卦形图各自的象征意义，或者某种道理的意义：其一，如《火雷噬嗑》卦☳，象辞说"雷电噬嗑"。它象征的就是雷电的形成原理。其二，又如《风火家人》卦，☲象辞说，"风自火出"。它一方面象征了风形成的原理，太阳将地面的空气晒热，空气流动，上升流动而为风。另一方面象征火燃烧的道理，

[①] 天白编．易经图解[M]．长春出版社，1991：5—9．

那就是通风，点着的柴火通风才能燃烧。

（4）孔子赋予经系统以新的实际的历史意义和哲学意义：①赋予卦辞以新的意义。卦辞的意义包括以下五类：其一，是对这一卦所阐述之内容的概述。其二，是对这一卦的内容作提示性叙述。其三，是对这一卦所述内容或事情的评定。其四，卦辞直接表示出这一卦所阐述的内容中得出的经典经验。其五，通过卦辞的提示，正确理解卦名。②赋予卦爻辞以新的内涵：卦爻辞的意义，所谓卦爻辞就是指附在每一爻后面的文字说明，每一爻后面都有一句或几句文字说明。通过对爻辞所叙述的具体内容研究，可以认为爻辞是具体的事物、人物、具体的历史事件或具体的事物意义或哲学意义的叙述和记载。③爻象辞的意义：爻象辞是指附在爻辞后面对爻辞含义的说明、提示以及评论。爻象辞按照传统一般称为小象。爻象辞有以下几种含义：其一，是对爻辞的提示性解释：通过爻象辞的提示，就能够分析爻辞所阐述的是什么人或什么事物的象征，或者与某一事物相似相象。其二，对爻辞所叙述之事的原因作提示性说明，以便明白所阐述之事物的象征性。其三，提出相反的问题与爻辞所叙述的问题相对照，以提示所述之事物与什么事物相象和其意义相近。④象辞按照《易·系辞》的说明，主要是对这一卦所述内容的说明，也就是通过象辞的说明，就基本能够明白卦辞所述内容是什么事物的象征了。象辞所阐述的内容大概有以下几种类型：其一，对卦辞作进一步解释。其二，既包含了对卦名的解释，又对卦辞的含义作一些提示性解释，而且还从全卦所阐释的内容中抽象出哲理。其三，对全卦的含义作补充性说明。⑤卦象辞可分为二部分：其一，前一句，也就是第一部分，主要是对每一卦的卦形结构图的说明和依据卦形结构所象征的事物的揭示，也就是说第一部分主要是对卦形结构象征意义的说明。其二，卦象辞的最后一句，是从这一卦所阐述的内容中，抽象出具有经典意义的哲理、君子之道德，或者从老子之言中抽象出君子之德，以教化后世之人，或者用卦象辞说明某种事物所具有的意义或方法。卦象辞还有对爻辞所述内容的提示和补充性说明。

3.《易经》传系统的内容所赋予《易经》的哲学意义

（1）孔子作"十翼"赋予《易经》爻系统、卦系统、经系统以新的内涵，使《易经》具有了新的哲学意义。正如《史记·孔子世家》记载："孔子晚而喜《易》，序《彖》《系》《象》《说卦》《文言》；读《易》，韦编三绝，曰：'假我数年，若是，我于《易》则彬彬矣。'"[①] "若是，我于《易》则彬彬矣"的意思是说："这样的话，我对易学的研究可以文辞义理兼备充实了。""彬彬"形容文质兼备。

（2）有易学研究者认为这些文辞是周文王与周公所作。如《史记·周本纪》

---

① 李杰主编. 史记[M]. 哈尔滨出版社，2003：606.

记载："西伯盖即位五十年。其囚羑里盖益《易》之八卦为六十四卦。"[①] 周文王益《易》之八卦为六十四卦，"益"，具有增加、好处、更加的意思。笔者认为，周文王通过无数次的推演，逐渐掌握了将一个经卦变化为八个别卦卦形的方法，也就是周文王掌握了八卦推演为六十四卦的变化规律，就增加了八卦变化为六十四卦的方法。因为我们通常看到的六十四卦的排列方法，就是依据《序卦传》的排列方法而已（当然，关于周文王"益《易》之八卦为六十四卦"的分析，只是笔者的理解）其实也可能存在着周文王出于忧患意识，而初步赋予六十四卦卦辞、爻辞以新的含义的大致模式，也就是赋予六十四卦记载传承天命意义内涵的大致模式和框架。这在《易·系辞》中能得到证实，正如《易·系辞下传》第七章曰："易之兴也，其于中古乎。作易者，其有忧患乎。"又第十一章曰："易之兴也，其当殷之末世，周之盛德邪？当文王与纣之事邪？"六十四卦中涉及到的商王与周文王的历史事件，也可能就是周文王自己写进去的。还有涉及到二皇五帝[②]的文辞也应该出于周文王和周公，这就是笔者所认为周文王为六十四卦记载传承天命意义内涵的大致模式和框架的意义。

（3）从《易经》六十四卦所显示的所有文辞而论，《易经》哲学的宗旨是教授我们为国为民作益事谋利益的哲学。正如《易·益卦》爻辞所言："初九爻辞：利用为大作，元吉，无咎。益六二爻辞：或益之，十朋之龟弗克违，永贞吉。王用享于帝，吉。益六三爻辞：益之用凶事，无咎。有孚中行，告公用圭。益六四爻辞：中行，告公从，利用为依迁国。"益卦的意思，是为民众作益事是大有作为的事情。只要不违背二皇、五帝、三王十位圣人为人民谋利益作益事的宗旨，就能永远符合人民的利益而吉祥如意；而且特别指出，中正地顺从二皇五帝三王十位圣人为民众谋利益的宗旨而行动，宣告天下诸侯和君王众人顺从。利用能否遵从这个为民谋利益的宗旨作为迁移国址，更换朝代国名的依据。这在笔者的《周易新解》中完全体现了这个中正正确的宗旨。

（4）《易经》就是一部全面周到教化我们战胜不易，寻找易，应用古圣人已经寻找到的战胜不易的各种有效方法，尤其是以道德治理国家天下的方法，是使国家强盛、人民富有、天下太平安乐的极为有效有用有利的伟大的、颠扑不破的真理，是人类永远适用的治国之道。

---

① 李杰主编. 史记[M]. 哈尔滨出版社，2003：17.
② 二皇五帝：一般都以三皇五帝称名，但是《易·系辞下传》只记载了与《易经》有关的二皇——包牺氏、神农氏，并没有记载天皇燧人氏。《易·益卦》六二爻辞："或益之，十朋之龟弗克违，永贞吉。王用享于帝，吉。"这里十朋，就是指二皇五帝三王十位圣人而言。所以在《易经》中只能称二皇五帝三王了。

（5）《易经》无论从预测学，还是从历史、文学、哲学意义来说，它都是一部教授治国者治国平天下的教科书，是一部教导我们以科学的人生观面对人生、面对社会、面对艰难困苦，战胜自我，弘扬中华民族传统道德；是教导我们战胜不易，寻找"易"的人生教科书。

三、关于《论中国古代哲学形而上形而下之道》的意义

这次，笔者以《论中国古代哲学形而上形而下之道》为名，来研究《易经》的哲学意义。

笔者在研究《老子》和《易经》的过程中，认识到《老子》的道德论、古老的《易经》哲学，确实是总结记载中华民族古代治国者的治国之道、如何为民谋利益作益事的哲学；也确实是我们研究探讨"中华民族传统哲学是为什么人和如何为人服务的"这个重要问题的哲学著作；是值得我们哲学社会工作者认真专门研究的哲学。所以笔者就想以一个非哲学研究者的感悟，来研究谈论中华民族的哲学问题，研究中华民族哲学为中华民族广大人民服务的哲学问题。

中华民族的形而上哲学，起源于《老子》之道德论，发展光大于孔子，没有《老子》的道德论，没有孔子的《十翼》对《易经》的一系列指导性论述，就没有中国形而上哲学。有了孔子之《十翼》的实际内容，使得《易经》哲学成为形而上形而下哲学意义的集中体现。

所以研究中国形而上哲学，必须研究《老子》；研究形而上形而下哲学必须研究孔子之《十翼》的实际意义。中国的形而上哲学，其本身是教化上至帝王、各级官员，下至黎民百姓的意识思维心灵行为以天道自然的自然善性和人本性的善良之心，为民众谋利益、保护爱护民众和保持每个人的良知的哲学。形而下哲学则是效法天地之道自然运行的次序、节律及其万物并生并存而互不相害的道理，规范众人行为的众多规则制度。

可以认为中华民族的形而上哲学，从它产生之时开始，就是表述记载颂扬肯定为人民谋利益做益事爱护保护人民的哲学，其起点是最高尚最伟大的纯正人的意识思维行为的形而上哲学。之所以为形而上，就是效法天道自然有益于万物的自然善性推论出教化主管人的意识思维心灵行为的最高长官心神的各种方法。所以自古以来，各个时代的中华民族的知识分子，大都是忧国忧民的爱国志士。而要想研究各个时代重要历史人物的哲学研究成果，就必须要研究老子，研究《易经》，以及研究具有《易经》哲学思想的的一系列文化典籍，否则，就不能真正明白这些哲学家的哲学思想。

四、研究《易经》哲学的现代意义

张载言："为天地立心，为生民立命，为往圣继绝学，为万世开太平。"[①] 那么我们现在研究从《易经》哲学诞生开始，它的哲学意义从来没有用这样崭新视角进行解析和研究，是不是就具有现代意义的传承"绝学"的重要意义呢？是不是在做继承传播具有现代实用意义、哲学意义和教化意义的"为往圣继绝学"的事情呢？

笔者是一个成长在20世纪五六十年代和生活在如今这个伟大时代的78岁的老人，只是想尽自己的绵薄之力为中华民族的哲学做一点微不足道的贡献而已，如果不将自己的研究成果奉献出来，觉得有愧于这个伟大的时代，所以希望得到大家的帮助！

作者
2022年10月

---

① 刘学智、方光华主编. 张子全书[M]. 西北大学出版社，2015：259.

内容提要

研究中华民族的形而上哲学，绕不开的是《老子》的道德论和孔子对《周易》所作的《十翼》之论说。虽然《十翼》是否为孔子所作，还存在着争议，但是笔者对《易经》所有文辞的解释，很多都与孔子、老子思想有密切关系。

《老子》是中华民族形而上哲学的始祖，孔子之《十翼》既是孔子思想与《老子》思想的统一，又是孔子对自古以来圣人治理国家天下方式方法记载评价和传承。

一、孔子与中国哲学的关系

《周易》自古以来被认为是中华民族传统文化的总源头，《周易》是中华民族历史上一部具有重要哲学意义、历史和文学意义的史书。如果我们单独地去研究周文王所作的六十四卦的六十四条卦辞、386爻的爻辞，那么这些深奥的卦辞、爻辞的意义，是无法理解的，其哲学意义也是无法体现出来的。就是《易纬乾凿度》所言"文王因性情之宜，为之节文。九六之辞是也"。[1] 但是却没有研究者能解析说明"九六之辞"的含义。"九六之辞"，笔者以为"九六"之"九"就是"初九爻、九二爻、九三爻、九四爻、九五爻、上九爻"的意思。"九六"之"六"，就是"初六爻、六二爻、六三爻、六四爻、六五爻、上六爻"的意思。也就是指周文王对六十四卦爻辞的排列次序作了明确规定，和具体命名。

1.孔子作《十翼》对中国哲学的重要意义

（1）《易经》的历史意义与哲学意义，在孔子以"十翼"赋予《易经》爻系统、卦系统、经系统以新的实际意义和哲学意义，并对其卦辞、爻辞作了解释，使《易经》的历史意义、哲学意义更加明确地彰显出来了。没有孔子的"十翼"世人就不能看懂《易经》，所以说孔子及其弟子就是《易经》的解释者和集大成者了。

（2）孔子及弟子赋予《易经》以"十翼"，最终完成了周文王赋予《易经》内涵的模式。使《易经》的历史意义更加明确地彰显出来了；正如《国学概论》所言：

---

[1] 《易纬乾凿度》出于西汉，东汉初易经流行。现在各种版本的全文都能读到。

"孔子者，中国学术史上人格最高之标准，而六经则是中国学术史上著述最高之标准也。自孔子以来，二千四百多年，学者言孔子必及六经，治六经者亦必及孔子。则六经之内容，及孔子与六经之关系，终不可不一先论也。今言六经，略分三部：一易、春秋；二诗、书；三礼、乐。"①

（3）孔子及其弟子作"十翼"将用于占卜的《易经》，效法天地之道的自然善性，升华为为人处世、家庭婚姻伦理、治国平天下，君子之道德的深刻道理，所以就能使《易经》成为群经之首，中华民族传统文化的总源头所在。

2.历史对孔子研究《易经》意义的评价

（1）孔子对《易经》的研究，正如《史记·孔子世家》所说："孔子晚而喜《易》，序《彖》《系》《象》《说卦》《文言》；读《易》，韦编三绝，曰：'假我数年，若是，我于《易》则彬彬矣。'"②

（2）《史记·孔子世家》太史公曰："《诗》有之：'高山仰止，景行行止。'虽不能至，然心向往之，余读孔子书，想见其为人。适鲁，观仲尼庙堂车服礼器，诸生以时习礼其家。余低回留之不能去云。天下君王至于贤人众矣，当时则荣，没则已焉。孔子布衣，传十余世，学者宗之。自天子王侯，中国言'六艺'者折中于夫子，可谓至圣矣！"③

（3）冯友兰在《中国哲学史》所言："孔子本人虽亦未'以文字为一人之著述'，然一生竟有未做官不作他事而专讲学之时……就其门人所记录者观之，孔子实有有系统的思想。由斯而言，则是中国哲学史中，孔子实占开山之地位。后世尊为惟一师表，虽不对而亦无由也。以此之故，此哲学史自孔子讲起，盖孔子以前，无有系统的思想，可以称为哲学也。"④

（4）陈立夫言："孔子是人而非宗教的神，为全世界四分之一的人类所尊敬，誉为大成至圣先师，继续享受两千年的普遍追祀，这一历史现象难道不值得我们深思吗……近人不察，以为有孔子乃有中国文化，其实有中国文化乃有孔子。孔子学说何以能成为中国文化之主流呢？其深奥不如老子，其智慧也不如老子，但是适合最大多数人民日常生活之用，合理（中）而平凡（庸），易知而易行，简言之'顺乎天理，应乎人情'。以此顺乎天理应乎人情之道，用之于身则身修，用之于家则家齐，用之于国则国治，用之于天下则天下平，像这样精致推展的系统理论乃我国

---

① 钱穆.国学概论[M].商务印书馆，1997：2.
② 李杰主编.史记[M].哈尔滨出版社，2003年版，《孔子世家》606.
③ 同上。
④ 同上，608.

独有之宝贝。"①

（5）汉代郑康成注《易纬乾凿度》开头的一句，就是孔子曰："易者易也，变易也，不易也。管三成为道德苞籥。"足以说明易学界对孔子对《易经》意义研究的肯定。

3. 孔子作"十翼"对《易经》历史意义的彰显

（1）《易经》六十四卦的爻辞，赞美性地记载评定了为民谋利益的治国平天下的先圣先祖们，是如何成功实现了国泰民安的成功经典经验。批判性记载了失道失德者以自己的私利智谋治天下而丧国、亡家、亡己的失败经验。

（2）《易经》六十四卦最后完成的一卦的内容应该是《水风井卦》，因为《井卦》阐述记载的是井田制的兴衰史，井田制兴盛于商朝尤其是西周时期，衰弱和消亡于商鞅变法之后。孔子亡于周敬王四十一年四月己丑日，也就是公元前479年。商鞅变法始于公元前359年，按年代推算，应该属于周显王时期，周显王在位时间为公元前368年—320年。所以《井卦》文辞的内容应该是由孔子的后人或弟子继承孔子之志而陆续完成的。也证明了《易经》的卦辞，爻辞不一定全都是周文王所作，也不完全是孔子所作，因为《井卦》所记载事件的年代说明了它的创作者。

二、笔者所研究的《论中国古代哲学形而上形而下之道》的主要内容和意义

1. 《论中国古代哲学形而上形而下之道》的主要内容

（1）研究了中华民族的特色哲学——形而上哲学形而下哲学的哲学意义和一般意义，使中华民族的形而上形而下哲学有了明确的哲学意义和一般意义。

（2）以充分的论据，论证了中华民族形而上哲学是治国平天下的哲学。

（3）论述了《老子》之道德论就是一部教化所有人，恢复纯朴仁善之心性的天人同一、知行合一的形而上哲学。

（4）论述了《易经》形而上形而下哲学的主要内容和哲学意义。

（5）论证了《易经》形而上哲学为群经之首的哲学意义。

（6）论证了什么是形而上哲学的天人同一观。

（7）研究探讨了《易经》形而上形而下哲学的核心内容和核心思想。

（8）对中华民族哲学发展历程中几位重要历史人物的哲学思想作了研究论证。

（9）研究探讨了《易经》治国思想与君子思想的现代意义。

（10）探讨了《易经》形而上形而下哲学与中国特色哲学和教化的意义。

---

① 陈立夫著. 诗书中的常理及故事·中国文化与文化中国 [M]. 中国友谊出版公司, 2001: 513~514.

2.论中国古代哲学形而上形而下之道的目的意义

（1）正如《易·系辞·上传》子曰："夫易，何为者也？夫易，开物成务，冒天下之道，如斯而已者也。是故圣人以通天下之志，以定天下之业，以断天下之疑。"孔子明确指出，《易经》是开启事物成就天下事业，陈述天下之道的。用《易经》来贯通天下人的志向，确定天下人的事业；预测推断天下的疑难之事。那么天下人的志向、事业、天下之道是什么呢？这就是《易经》所记载和论述的问题，《系辞》关于《易经》内容和目的的论述，足以说明《易经》就是中华民族最早的哲学之作，而老子则是中华民族哲学的始祖，也就是说我们现在所研究的《易经》主要是孔子赋予"十翼"之后的《易经》。

（2）《易经》的主要思想内容应该是孔子对中华民族哲学始祖《老子》之哲学的引用发展和具体化。《老子》之哲学，一般称作黄老之道，《老子》之道德，是《老子》记载颂扬了古代圣王是如何以自己的赤子之心为民众谋利益做益事的。《老子》的道德论，其实本身就是一部天人同一的经典之作，因为《老子》之道德论，它论述的就是圣人君子如何与天同道、与天同德、与民众同心的圣人君子的天人同一之作。

（3）《易经》所要陈辞的天下之道，就是三才之道。三才之道包括：天道、地道、人道。人道包括死生之道，阴阳之道，治国平天下之道，圣人、君子之道，为人之道，等等。

（4）《易经》所要贯通的天下人之志，就是"万国咸宁""天下和平"。

（5）《易经》所要确定的天下人的事业就是"富有之谓大业，日新之谓盛德"。

（6）《易经》所论的天下人的和平安宁、天下人的富有，就是天下人之志和天下人的事。

（7）《易经》所要推断的天下疑难之事，一方面是指远古执政者使用占卜之人，利用龟卜，利用筮卜者预测推断国家大事的吉凶。用三易（连山、归藏、周易）来辨别九种筮卜之名，也就是用这些卜筮的方法作为一种辅助国政的手段，以听取更多智者的建言。另一方面，《《易经》的各种占卜方法自古至今被民间易学预测者作为预测各种事物吉凶的手段。我们从《易·系辞》之言，可以看出，在孔子之易的内容中，预测只是实现《易经》哲学目的的一种辅助手段而已，并不是《易经》内容的主要目的。

3.解析论中国古代哲学形而上形而下之道的主要内容的意义

（1）《易经》所研究记载论述的是如何为天下人谋利益福祉的道理。在现代历史书上将三王时代分归为"奴隶制社会"，自夏王朝以来实行的是家族世袭制的帝王制，中华民族自古以来，实行的治国之道确实是保护爱护子民，天下为公，这在《尚书》《易经》《礼记》等文献中均有明确记载。但是，《尚书》《易经》《老子》《诗经》等文献中并没有关于奴隶的记载。

（2）在三王时代是以"天命论"治国平天下，所谓天命，是古人将天地自然有益于万物的固有本性命名为天命，也就是古人效法天地有益于万物的固有本性来治理国家天下，使人民得到利益，就是天命。天命的内涵就是如天一样公平正直无私正大光明，为民谋利益。老子将"天命论"概括升华抽象为《道德》，以无为之道治天下。《老子》道德论的中心就是象天道一样无私、无畏、无为，为民谋利益使天下人民得到利益。

（3）孔子提出了以"天无私覆，地无私载，日月无私照。奉斯三者以劳天下"[①]的"三无私"治天下的思想，更是对天命论和《老子》道德论的高度概括升华。而《易经》的思想则是古圣人和孔子对这些治国平天下之宗旨的综合记载、演绎、评定、发扬光大。《易经》六十四卦的《益卦》卦辞特别提出："为国家，为人民做有益的事，只要不违背十位同用'十言十当，十战十胜'的龟卜决吉凶的十位古圣人，也就是二皇（《自序》有释）、五帝、三王为民众谋利益作益事的宗旨，就能永远符合人民的利益而吉祥如意。"而且还指出："只有中正地顺从二皇五帝三王十位圣人为民众谋利益的宗旨，宣告天下诸侯和公众顺从。就用这个能否遵从十位圣人为民谋利益福祉的宗旨，作为迁移国址更换朝代国名的依据。"正如《益卦》六二爻辞："或益之，十朋之龟弗克违，永贞吉，王用享于帝，吉。"六四爻辞："中行，告公从。利用为依迁国。"这是《益卦》明确告诉我们必须遵循的治国宗旨。这也是中华民族历史上记载的各种革命行动、各种农民起义的原因所在。

笔者这部著作研究的题目是《论中国古代哲学形而上形而下之道》，虽然是中国古代哲学形而上形而下之道，但也只是初级的研究，只是初级浅薄的认识而已。

三、《论中国古代哲学形而上形而下之道》共分为四编

第一编为《易经》哲学本体论之形而上论，分为三部分，各自研究了不同的内容。第一部分为《易经》形而上哲学本体论及道论，具体研究论述了以下几类问题。

1. 论述了形而上哲学本体论。依照冯友兰先生在《中国哲学史》中引用希腊哲学家对哲学的分类，[②] 以及依据《易经》形而上本身的内容而言，将《易经》形而上哲学的本体论，定为"道本体论"。

2. 本书对《易经》内容研究的编排方法，采用了天白先生编著的《易经图解》

---

① 钱玄、钱兴奇等注译. 礼记 [M]. 岳麓书社，2001：675.
② 冯友兰. 中国哲学史 [M]. 华东师范大学出版社，2000：1.

对《易经》内容的编著方式，那就是将六十四卦的六十四条卦辞、六十四条彖辞、六十四条卦象辞，与每一个六十四卦各自相对应，编著在每一个六十四卦的首页，再将六十四卦的386条爻辞和386条爻象辞，分别与相应的六十四卦各自的六爻的卦位和爻位相对应，然后再分别研究卦辞、彖辞、卦象辞、每一卦的每一条爻辞和爻象辞的本义与哲学意义，也就是说在具体研读《易经》六十四卦的内容时，就要将爻系统、卦系统、经系统与传系统的《象传》上下篇的内容，《象传》上下篇的内容结合在相对应的每一卦的内容中做具体研究，才能研究明白这一卦本身的含义和哲学意义，并引用传系统的其他内容对六十四卦每一卦各种意义作深刻研究解读。尤其依据《乾·文言》《坤·文言》对乾坤二卦的精准解读作为解读六十四卦这些内容的基本模式。

《易经图解》对《易经》内容的编著方式，那就是六十四卦的六十四条卦辞、《易经》哲学思想的核心内容，是以《老子》、孔子哲学思想为基础的，所以，《易经》形而上哲学本体论——道本体论，包含了《老子》的大道论——无为之道论、天道论，以及《易经》的三才之道和诸道论。

3. 孔子编撰后的六十四卦的内容，六十四卦卦形图和所配置相应的文辞的内容就是三才之道论的具体内容，六十四卦的卦形图和文辞论述了天道之自然、地道之自然，论述赞美了天地之道自然而然地显示出它们有益于万物、有益于人类的美德；教化人类如何能像天地自然一样，自然而然地显示出人类自己，就如天地自然而然地显示美德而不图回报的德行，这就是三才之道的实质。

4. 依据马克思《1844年经济学哲学手稿》中论述的"在人类历史中即在人类社会的产生过程中形成的自然界是人的现实的自然界。因此，通过工业——尽管以异化的形式——形成的自然界，是真正的、人本学的自然界"。[①] 马克思还谈到以人道主义的实质和内容而言，哲学本体论就是"人本体论"，马克思的这个观点也是中国共产党人"以人为本"的政治理念的依据之一。而《易经》内容中，关于三才之道的概念，包含了人道论，而且以人道论为最终目的，就是以天地之道而论人道，所以说《易经》内容既包含了"道本体论"，又包含了"人本体论"；当然，笔者在探讨"人本体论"时，将其归于"道本体论"终极目的，也就是说《易经》是以天地之道来论人道。

5. 研究论述了大道天道的本质表现和意义。其一，所谓大道，就是宇宙万物自然生成的过程；所谓天道，就是太阳自然自动恒古不变的以其强大无比的光热温暖照耀万物，就是自然自由的变化风云雨雪雷电，以滋润震动万物滋生万物而不会言

---

① 马克思.1844年经济学哲学手稿（单行本），人民出版社，2014年版，77—78页。

说，自然地变化四时昼夜，自然地发生天灾而毒害万物，以及人们战胜自然灾害，万物生长靠太阳的道理。其二，总之大道的本质，就是大道自然而然地化生了宇宙万物。其三，天道的本质就是自然而然为万物带来益处，而有利于万物的生长变化。

第二部分，研究了《易经》哲学本体论三才之道地道变化之道及阴阳之道论。地道是《易经》三才之道的第二道。这一部分主要是研究推论坤地的功能及其功能结果，以及坤地的运动特点和其运动结果。当然，地球的生成过程、地球上各种物质的生成过程，仍然是自然变化、自然生成、自然存在的过程，也就是大道自然化生的结果。所谓地道，其实就是研究坤地自然变化的自然过程，研究地道的本质表现和意义，地道的本质就是自然。所谓地道，就是地球恒古不变的自然自动旋转昭示昼夜四时；自然自动承载藏纳万物，滋生化育万物，自然地藏纳污泥浊水，以及承受人类对地球的各种伤害 而不会言说，自然地发生灾害而毁灭万物。

第三部分，研究了《易经》哲学三才之道之人道论及形而上形而下论。通过关于天地之道意义的论述，说明天地之道的实质，就是天地自然所显示出来的各种有益于万物包括人类的美好的自然善性，也是说，所谓天地之道就是自然之道，就是天地自然而然地所显示出来的各种自然现象和变化现象对人类的利弊。而研究人道，就是研究人如何才能象天地自然一样，自然地显示出自己美好的,有利于人类自己、人类社会和人类所居住的自然环境的美好德行，并自然地杜绝厌恶不利于人类自己、人类社会和人类所居住生活的自然环境的行为。

人道实际就是人为之道，也就是我们的古圣人，为了使民众达到天地之道自然的美好德行，人为制定的许多关于人道的规矩制度，包括人道的意义，天人同一、天地人同一的道理意义，人与人的相处之道的规矩，民众的教化之道，刑罚、婚姻、家庭伦理、道德文明之道，不易变易之道，人类社会文明进化之道，人的死生之道，等。通过对《老子》、孔子、《易经》关于人道的研究，可以认为，天地之道，就是自然规则；人道，也就是为人之道，依据天地之道的规则，人为地制定了各种关于人之道德的规范规则，作为人生活生存在一定社会中所要遵循的社会规则。人道，也是对做人基本价值的肯定，做人的基本价值和规矩就是"仁与义"。人道，还要人为地达到人与自然、与社会自然和谐。

第二编为《易经》哲学人道论之形而上形而下规则，分为三个部分。第一部分的标题为《易经》哲学人道论之形而上最高规则。主要探讨了关于形而上最高规则的几个问题，以及对形而上者谓之道的最高规则和基本规则作了具体地相应地研究解读。第一部分主要探讨了以下几个问题。

1.《乾卦》卦辞和爻辞所论述的天子之规则。

2.《系辞》和《中孚卦》关于天子职责言行的规则。

3.《泰卦》关于天子治国目标的论述。

4.《系辞》和《无妄卦》等卦象关于天子治国宗旨的论述。

5. 关于天子如何守住帝位的论述。

6.《革卦》则告诉天子革命的道理。

7.《姤卦》《咸卦》《归妹卦》则有关于天子婚姻的论述。

第二部分，探讨了《易经》哲学人道论之形而上基本规则，主要有以下几方面的内容。

1. 关于教化的规则。

2. 关于刑罚的规则。

3. 关于饮食宴乐的规则，以及君子饮食宴乐的意义。

第三部分，对《易经》哲学人道论之形而下众多规则，包括建国邦交、教化、刑罚、礼乐、婚姻家庭伦理等，作了具体地相应地研究解读。

1. 关于建国邦交之礼为官之道的规则。

2. 形而下众多规则之刑罚。

3. 形而下众多规则之教化。

4. 形而下众多规则之礼乐婚姻家庭伦理。

5. 形而下众多规则之乐的规则。

6. 形而下众多规则之婚姻家庭伦理的规则。

第三编，主要是对《易经》其他文辞的哲学意义的探讨研究，分为两部分。第一部分，包括以下两个方面。

1. 主要是对卦形结构图中的自然之象及卦象辞哲学意义及其归属的探讨。

2. 部分具有哲学意义的卦辞、象辞、爻辞及其归属的研究探讨。

第二部分，是对《易·系辞》《说卦传》《序卦传》中一些文辞的意义与哲学意义及其归属的研究探讨。

第四编，主要探讨中国《易经》哲学与现代社会的关系问题，分为两部分论述。第一部分《易经》哲学的核心内容及中国哲学历史发展中的几位相关人物。

1.《易经》八卦六十四卦的演变过程与《易经》哲学的核心内容。

2. 关于《易经》经典著作中所涉及到的几个主要哲学问题。

3. 探讨了中国哲学历史发展中的几位相关人物的主要哲学思想。

第二部分是关于《易经》哲学的现代意义及哲学意义的研究。主要探讨了以下两个问题。

1. 探讨了关于中国现代哲学的现状。

2. 探讨了《老子》和《易经》的现代意义及《易经》哲学的重要意义。

  历史证明我们中华民族的哲学从产生之日起，一直传承不断的就是忧国忧民、爱国为民的哲学，就是为人民谋利益的哲学，就是端正纯正我们每个人善良之心、良知之智的哲学。所以，要继续传承创新中国特色社会主义哲学，必须要加强对中华民族传统哲学老子之《道德论》以及《易经》等哲学理论的学习，并加强以传统哲学为基础的思想道德教育工作。

目 录

第一编 《易经》哲学本体论之形而上论

第一部分 《易经》形而上哲学本体论及道论 ………………………… 2
第一章 《易经》形而上哲学的起源意义和研究形而上哲学的基本方法 … 2
- 第一节 《易经》形而上哲学的起源和意义…………………………… 2
- 第二节 关于研究《易经》形而上哲学的方法——易象和象思维的意义 … 7
- 第三节 易象思维几种表现形式的意义及象思维文学表现手法 …… 17
- 第四节 易象的分类……………………………………………………… 24

第二章 《易经》形而上哲学本体论 ………………………………… 30
- 第一节 《易经》形而上哲学本体论－大道论 ……………………… 30
- 第二节 道论是《老子》和《易经》形而上哲学本体论……………… 38
- 第三节 老子所论之道的类别特点及无为之道 ……………………… 45
- 第四节 老子之道的本质意义………………………………………… 51

第三章 《易经》哲学本体论三才之道之天道论 …………………… 59
- 第一节 《易经》哲学关于三才之道和天道的意义………………… 59
- 第二节 《老子》、孔子关于天道的论述……………………………… 62
- 第三节 《易·系辞》关于天道自然功能的论述……………………… 68
- 第四节 《易·乾卦》关于天道的论述………………………………… 70
- 第五节 《易·恒卦》关于天道的论述………………………………… 72
- 第六节 《易·丰卦》象辞关于天道的论述…………………………… 74
- 第七节 《易·谦卦》象辞关于天道的论述…………………………… 75
- 第八节 《易经》哲学关于大道及天道的本质和意义……………… 76

第二部分　《易经》哲学本体论三才之道地道变化之道及阴阳之道论……80

第一章　《易经》哲学关于地之五行物质生成之道……80
第一节　《易经》哲学关于五行生成的次序……80
第二节　《易·系辞》关于五行之水的生成之道和意义……82
第三节　《易·系辞》关于五行之火的生成之道和意义……85
第四节　《易·系辞》关于五行之木的生成之道和意义……86
第五节　《易·系辞》关于五行之金的生成之道和意义……87
第六节　《易·系辞》关于五行之土地球地貌的形成过程和意义……88

第二章　《易经》哲学论万物生成之道……91
第一节　《易·序卦传》关于万物生成之道的论述……91
第二节　《易经》哲学关于万物生成之道说明了先有鸡后有蛋的道理……92
第三节　《易经》哲学关于万物生成之道的结论……94

第三章　《易经》哲学关于三才之道之地道论……98
第一节　《易经》哲学关于地道的意义……98
第二节　《易·坤卦》象辞与六二爻辞对地道的论述……100
第三节　《易·系辞》关于地道规则的论述……102

第四章　变化是《易经》哲学最重要的哲学意义……105
第一节　《易经》哲学关于自然变化之道意义的论述……105
第二节　《易经》哲学关于自然变化之道的内容与形式及哲学意义……109
第三节　《易经》哲学关于人为变化之道的形式和意义……115
第四节　《易经》哲学关于变通、革命、变革的形式和意义……118
第五节　《易经》哲学关于交易和相易的形式及意义……121

第五章　《易经》哲学关于一阴一阳之谓道……124
第一节　《易经》哲学关于阴阳概念的起源及阴阳理论的形成与应用……124
第二节　《易经》哲学关于阴阳变化及太极图的哲学意义……129

第三部分　《易经》哲学三才之道之人道论及形而上形而下论……137

第一章　《易经》哲学三才之道之人道论……137
第一节　关于《易经》哲学三才之道之人道论……137
第二节　老子哲学关于人道的相关论述……140
第三节　孔子关于人道的相关论述……143
第四节　《易·系辞》关于人道的论述……151
第五节　《易经》哲学所论人为之道的内容……153

第六节　《易经》哲学关于人死生之道与"鬼神"的论述……………… 154
第二章　《易经》哲学形而上者谓之道……………………………… 159
　　第一节　关于哲学界的形而上学与《易经》哲学的形而上之道……… 159
　　第二节　《易经》哲学形而上者谓之道的一般意义及哲学意义……… 165
　　第三节　《易经》哲学形而下者谓之器的一般意义及哲学意义……… 171
　　第四节　关于化而裁之谓之变等一系列论述之意义的总结…………… 174

第二编　《易经》哲学人道论之形而上形而下规则

第一部分　《易经》哲学人道论之形而上最高规则……………………… 180
　第一章　《易经》哲学人道论之形而上最高规则之天子之道………… 180
　　第一节　《乾卦》是对真龙天子德行的论述…………………………… 181
　　第二节　《易经》哲学关于真龙天子职责言行及如何守住帝位的规则 192
　　第三节　《易经》哲学关于天子治国目标的论述……………………… 195
　　第四节　《益卦》关于真龙天子治国治天下的宗旨及改朝换代的依据 202
　　第五节　《易传·说卦》关于真龙天子位置的规则……………………… 208
　　第六节　《易经》哲学关于天子选皇后的条件和皇后的职责………… 210
　第二章　真龙天子最早的治国宗旨——天命论…………………………… 214
　　第一节　真龙天子最早的治国宗旨——模糊的天命论………………… 214
　　第二节　《易·说卦传》及《中庸》关于天命的论述…………………… 216
　　第三节　《易·乾卦》部分象辞关于天命意义的论述…………………… 217
　　第四节　《易·无妄卦》象辞关于天命意义的论述……………………… 219
　　第五节　《易·萃卦》象辞关于天命意义的论述………………………… 219
　　第六节　《易·大有卦》卦象辞关于天命意义的论述…………………… 220
　　第七节　《易·巽卦》象辞与周公关于天命意义的论述………………… 221
　　第八节　《老子》之道德及孔子的三无私精神与治国之道…………… 223
　第三章　《易经》哲学人道论之形而上最高规则之革命论……………… 228
　　第一节　《易·革卦》象辞关于革命意义的论述………………………… 228
　　第二节　《易·比卦》卦辞及象辞关于革命意义的论述………………… 229
　　第三节　《易·夬卦》卦辞及象辞关于革命意义的论述………………… 230

第二部分　《易经》哲学人道论之形而上基本规则……233
第一章　《易经》哲学形而上基本规则之刑罚……233
第一节　《易·噬嗑卦》关于刑罚的处罚规则……233
第二节　《易·丰卦》论述了如何判断狱讼……239
第三节　《易·解卦》象辞和卦象辞关于如何赦免饶恕有罪过者……245
第四节　《易·中孚卦》卦象辞关于以诚信对待狱讼的规则……246
第五节　《易·屯卦》六三爻辞关于山林管理的法规……248

第二章　《易经》哲学形而上基本规则之教化……250
第一节　《易·同人卦》卦辞、象辞、卦象辞关于天人同一的教化……250
第二节　《易·无妄卦》卦辞和卦象辞关于不妄作非为的教化……252
第三节　《易·大壮卦》卦辞、象辞、卦象辞关于君子以非礼弗履的教化……254
第四节　《易·屯卦》关于法典的教化……256
第五节　《易·离卦》卦卦、象辞、卦象辞关于君子继修明德的教化……261
第六节　《易·小畜卦》卦象辞关于君子以懿文德的教化……262
第七节　《易·震卦》卦象辞关于君子在恐惧中反省修德的教化……264
第八节　《易·既济卦》卦辞、象辞、卦象辞关于如何预防灾难发生的教化……264
第九节　《易·未济卦》卦象辞关于君子以慎辨物居方的教化……267
第十节　《易·益卦》卦象辞关于君子改正过失的教化……268
第十一节　《易·夬卦》卦象辞关于君子以施禄及下居德则忌的教化……270

第三章　《易经》哲学形而上基本规则之饮食宴乐……272
第一节　《易·需卦》卦象辞和爻辞关于饮食宴乐之基本规则……272

第三部分　《易经》哲学人道论之形而下众多规则……276
第一章　《易经》哲学形而下规则之建国邦交为官之道论……276
第一节　《易·比卦》卦象辞和《豫卦》卦辞、象辞关于建国亲诸侯的论述……276
第二节　《易·泰卦》六四爻辞关于天子的邦交之礼……278
第三节　《易·随卦》爻辞关于为官之道的论述……280

第二章　《易经》哲学形而下的众多规则之刑罚……283
第一节　《易·贲卦》卦象辞关于明庶政断狱讼的规则……283
第二节　《易·旅卦》卦象辞关于慎重使用刑罚的规则……283

第三章　《易经》哲学形而下之众多规则之教化 …… 285
第一节　《易·蒙卦》关于启蒙教育的论述 …… 285
第二节　《易·师卦》关于学校规则、尊师以及表率的论述 …… 289
第三节　《易·兑卦》关于说教意义的论述 …… 295
第四节　《易·观卦》关于万民观教的意义和一般教化方法的论述 …… 299
第五节　《易·临卦》关于天子如何君临天下的论述 …… 304
第六节　《易·复卦》卦象辞关于天子相关制度的论述 …… 309
第七节　《易·坤卦》初六爻辞关于如何达到厚德载物的教化 …… 310
第八节　《易·坎卦》卦辞、象辞、卦象辞关于臣民应对艰难险阻的教化 …… 311

第四章　《易经》哲学形而下众多规则关于礼的规则 …… 314
第一节　《易·中孚卦》卦辞、象辞、初九爻辞关于射礼、燕礼的规则 …… 314
第二节　《易·萃卦》关于吉礼、对先祖祭祀之礼的论述 …… 317
第三节　《易·观卦》六三爻辞和六四爻辞关于孝敬朝观之礼的规则 …… 321
第四节　《易·谦卦》卦辞、彖辞、象辞关于谦恭之礼的论述 …… 322
第五节　《易·节卦》卦辞、象辞、卦象辞关于节俭节制的规则 …… 326

第五章　《易经》哲学形而下众多规则之乐的规则 …… 330
第一节　《易·豫卦》卦象辞说明歌乐的意义 …… 330
第二节　《易·随卦》卦象辞关于吉礼凶礼的用乐规则 …… 331
第三节　《易·中孚卦》六三爻辞关于军礼、丧礼的用乐规则 …… 333

第六章　《易经》哲学形而下众多规则之婚姻家庭伦理的规则 …… 335
第一节　《易·归妹卦》卦辞、彖辞、卦象辞关于婚姻婚礼的规则 …… 335
第二节　《易·家人卦》关于家庭伦理的基本规则 …… 338

第一编

《易经》哲学本体论之形而上论

  这一编主要是依据《老子》之道论和《易经》三才之道论的内容，来证明《易经》形而上哲学本体论就是道论，从而进一步阐明《易经》哲学本体论的特点和意义；以颠覆性的观点论证了中华民族特色哲学形而上者谓之道的哲学意义和一般意义，使中华民族特色哲学的意义彰显于天下。

  中国古代系统的哲学起源于《老子》之道德论，以及孔子作"十翼"所赋予《易经》更深邃的历史意义和哲学意义，没有老子之《道德经》和孔子之"十翼"，就没有系统的中国哲学，这是历史所证明的历史事实。所以我们要研究中国古代哲学，就必须研究《老子》和孔子对中国哲学所作的一系列研究论述，否则，中国古代系统哲学的脉络就无从论起。正如冯友兰在《中国哲学史》所言："孔子本人虽亦未'以文字为一人之著述'，然一生竟有未做官不作他事而专讲学之时……就其门人所记录者观之，孔子实有有系统的思想。由斯而言，则是中国哲学史中，孔子实占开山之地位。后世尊为惟一师表，虽不对而亦无由也。以此之故，此哲学史自孔子讲起，盖孔子以前，无有系统的思想，可以称为哲学也。"

注：冯友兰著，《中国哲学史》华东师范大学出版社2000年版《中国哲学史》19页。

第一部分
《易经》形而上哲学本体论及道论

第一章　《易经》形而上哲学的起源意义和研究形而上哲学的基本方法

第一节　《易经》形而上哲学的起源和意义

一、老子之道德哲学是中国形而上哲学的渊源

1. 形而上哲学的起源

中华民族的形而上哲学，它起源于《老子》之道德论，《老子》之道德论，上论宇宙万物的生成之道，中论圣人君子效法天道天德而为天下民众作为的道德，下论做人之道，以教化为帝王者，为官者，以及所有人的思维意识心灵行为端正无偏斜而符合天之道德。当然《老子》的道德论，其实就是对古代圣王效仿天地自然之善性为"天命"治国平天下的思想和经验的总结升华。孔子融《老子》哲学于《易传》之中，而将中国哲学概括为"形而上者谓之道，形而下者谓之器"。《易经》形而上哲学，是《老子》思想与孔子思想的统一，是孔子对《老子》形而上哲学思想的升华光大发展传承。

所谓"形而上和形而下"之"形"，就是效法、效仿的意思。"形而上者谓之道与形而下者谓之器"的一般意义即是：效仿模拟天道自然有益于万物的自然善性，推论抽象出各种匡正人的意识、思维、思想、道德、纯净心灵行为的道理是谓道。效仿模拟天地之道自然运行的次序、节律及其万物并生并存而互不相害的道理，所推论抽象拟定出各种规范约束众人行为保护众人合法权益的法规制度礼法是谓器。[①]

2. 关于《老子》之道德的意义

老子是中华民族哲学的始祖；《老子》之道德哲学是中华民族形而上哲学的渊

---

① 这是笔者对《易·系辞上》十二章"是故形而上者谓之道，形而下者谓之器"的解释。

源。《老子》之道德论，其实就是对我们的先圣先祖，如何以婴儿般的纯朴无欲质真，质朴纯真正直善良的自然本性，如"被褐而怀玉"之智慧贤能，以天地中正无私有益于万物的无为之道，治理国家天下，使人民得到安乐福气，而达到安平泰的和乐社会作为的抽象概括记载！《老子》之道德，就是要所有的治国者，以无为之道治理国家天下，实现天下太平安乐！正如《老子》所言："执大象，天下往。往而不害，安平泰。"

同时，《老子》期望通过圣人君子的不言之教，潜移默化的自然行为模式，成为影响教化民众意识思维行为方式的模式；使民众自然自觉依照圣人的作为行动为学习榜样，人人达到"见素抱朴，少私寡欲"的善良本性，也就是人人达到返璞归真的善良本性。正如《老子》所言："是以圣人处无为之事，行不言之教，万物作而弗始，生而弗有，为而弗恃，功成而弗居。""知其白，守其黑，为天下式。常德不忒，复归于无极。"

所以说，《老子》之道德，其实就是一部教化我们如何为人民作益事谋利益的形而上教化之道。《老子》之道德既是属于上层建筑形而上之道的治国平天下的哲学，又是教化众人意识思维心灵纯正无邪的教科书。

3. 何为形而上哲学

所谓形者，既有天道表现的形式，又有效仿天道形式之意；所谓上，既有来源于天道之意，又有教化人自身最高长官之意；因为中国古代医学认为人心是主管人意识思维智慧行为的最高长官。正如《内经·素问》曰："心者，君主之官，神明出焉。""心者，生之本，神之处也。"[①] 人的心脏是主管人意识思维行为的最高长官，也与现代医学科学认为人脑是主管意识思维行为的最高长官的意义是一致的。那么主管万民的最高长官就是执政者。匡正主管万民的最高长官的意识思维、心灵行为以道德为标准，人民就会得到利益而安乐生活。匡正每一个人的意识思维心灵行为，每个人以道德为准则，我们的品德就会美好！我们的社会就会和谐！这是中华民族形而上哲学本身的意义。

二、关于《易经》形而上哲学的意义和孔子之教的哲学意义

1. 关于《易经》形而上哲学的意义

研究中国形而上哲学必须要研究老子和《易经》哲学的重要意义。因为中国形而上哲学起源于《老子》，发展于孔子赋予"十翼"之后的《易经》，因此笔者为了叙述方便，就将孔子赋予"十翼"之后的《易经》，称之为孔子《易经》。所以

---

① 正坤编.黄帝内经[M].中国文史出版社，2003：29.

离开对《老子》和孔子之《易经》的研究，就没有了中国形而上哲学的本源，中国形而上哲学就无从谈起。当然，笔者对《易经》形而上哲学关于以上问题中所指出的范围和内容，可能存在着某些片面性。但是《易经》哲学，已经将能否为民众作益事、谋利益作为更换朝代迁移国址的依据；也就是说，当执政者不为民众谋利益福祉，而又不听劝谏改过时，就会有革命运动发生，他的末日就要到来。

《易经》所论的中华民族古代社会形态，虽然是家国天下的分封制，但是它的政治宗旨却是"天下为公"，实现大同社会，这是不容否定的历史事实，我们研究传统哲学的学者，应该尊重这个历史事实。

《易经》哲学的重要意义：是在孔子赋予《易经》以新的内容之后，使《易经》的哲学意义不但在于《易经》形而上者谓之道的意义，还在于它是群经之首，因为《老子》之道德是形而上哲学的始祖，《易经》哲学是孔子对《老子》形而上哲学的总结引申发展。《易经》哲学引用传承发展光大了《老子》之道德的宗旨，因为道德是自古至今人们区分辨别真善美与假丑恶的标准，那么，《易经》也是区分辨别真善美与假丑恶的标准。所以说《易经》是群经之首。《易经》是群经之首的意义，就是群经的首领、首脑，是中华民族哲学文化和传统文化以道德为基本宗旨的主导者，是法典、是法规，是中华民族哲学文化传统文化必须效法的依据，其效法的基本宗旨为：

其一，治国者必须遵循的治国宗旨，民为邦本，治国者必须为民谋利益。

其二，一切哲学文化和传统文化均以为国为民为基本宗旨。

其三，一切哲学文化和传统文化，均以弘扬真善美，贬斥假丑恶为宗旨。

正因为有了这个道德宗旨的法典，所以中华民族传统哲学和传统文化，才能沿着这个宗旨传承发展，所以才能以忧国忧民、教化民心向善和以和为贵的和谐文化而发展，才能传承发展以发扬光大真善美为基础的传承不衰的真善美文化。

《易经》为群经之首的意义，这里的首，还有第一、开头、开端，最早的含义，因为孔子赋予《易经》新的内容之后，使《易经》出现之前还没有出现的事物出现了，也就是孔子为《易经》开创了这些事物存在的意义，比如：天文、人文、文明、文化以及孔子《易经》使原先没有文字记载的中华文明发展的历史有了明确的文献记载等等。

因此，笔者以《论中国古代哲学形而上形而下之道》一书，作为对中华民族传统哲学意义的初步解析，以求广大哲学家、学者和读者共同研究评判。

2.关于《易经》形而上哲学和孔子之教的意义

孔子以"十翼"将《老子》之道德自然无为的治国哲学，关于道德的实质意义和君子思维融会贯通到《易经》哲学内容中，将《老子》无为而为的哲学思想融于

《易经》六十四卦的内容中，将《老子》之道德的内涵通过《乾·文言》融于《乾卦》的所有内容中，将周文王对天德评定的卦辞"元、亨、利、贞"，概括为圣人君子之德就如天德一样美好的四德①，将乾天自然的功德以及圣人治国的目的赋予象辞中，将天德与君子之德赋予卦象辞中，将圣王的思维、思想、品行、作为及不该作为的事情赋予《乾卦》爻辞之中，并对《乾卦》的卦辞、象辞、爻辞、爻象辞作了全面精细的解读，孔子所赋予《乾卦》的这些哲学内容，不就是对《老子》所论的圣人君子之道德的高度升华概括抽象吗？所以《乾卦》的内容、哲学内涵就成为《易经》六十四卦哲学的主旨，也就是说《易经》哲学既是孔子对《老子》哲学的高度升华具体应用和解读，又是孔子哲学思想的集中体现，这可以从《易经》内容中得到证明，《易·系辞》子曰："易，其至矣乎。夫易，圣人所以崇德而广业也。知崇礼卑，崇效天，卑法地。天地设位，而易行乎其中矣。成性存存，道义之门。"这是孔子对《老子》之道德意义和易学意义的综述。《老子》之道德论和易学之教的终极目的，就是要使"天之善性和人本性之善深深的印记存入人的心中"。这也正是王阳明所言的："未有知而不行者；知而不行，只是未知。圣贤教人知行正是要复那本体。"② 王阳明所指的圣贤之教的圣贤，就是指老子、孔子。圣贤教化人，只是要使人恢复自身原本的良知而已，不是教人想怎么样就怎么样。这也是早期儒道同一的基本意义。

《易经》六十四卦的内容，是一部教授古代治国者如何治国平天下的教科书。其主要内容如下：

其一，既对作为国家元首的天子的思想道德水平标准做了严格的规范，又将周王朝的奠基者周文王树立为帝王治国之道德的楷模。

其二，既对天子的治国目标、治国之道、言行与职责作了明确的规范，又对天子选娶皇后的条件和皇后的职责均有明确的规范。

其三，《易经》六十四卦的一部分内容是对历史上取得大治而实现了天下太平安乐的治国者治国经验的肯定赞颂，又是对历史上那些失道无德失去国家社稷亡己者的历史事实作了记载和评判贬斥。

其四，《易经》六十四卦的大部分内容记载了西周时期的礼法制度、法典、教化、婚姻、伦理、刑罚；还对典律制度产生的缘由作了论述。

---

① 刘文秀著.周易新解[M].山西科学技术出版社，2012：《乾卦》《乾·文言》164、691.
② 刘文秀著.周易新解[M].山西科学技术出版社，2012：《乾卦》、《乾·文言》164、691.关于《乾·文言》君子之四德"元"者，善之长也。"亨"者，嘉之会也。"利"者，义之和也。"贞"者，事之干也。君子体仁，足以长人，嘉会足以合礼，利物足以和义，贞固足以干事。君子行此四德者，古曰："乾，元亨利贞。"另见张继海编：《王阳明集》中华书局2016年3月版，4页。

其五，《易经》六十四卦的部分内容对国家的意识形态作了明确的规定，即是天下为公。对治国的目的做了明确规定，即是强国富民，为人民谋利益。且又明确规定，以能否为人民谋利益做益事作为更换社稷迁移国址的依据。

其六，《易经》肯定了革命的伟大意义，并且指出"不利即戎""不宁方来"，就是说作为天子，如果不利于人民，不利于天下时，就要用武力革命的形式将其推翻。

其七，《易经》对春秋时期天下大乱的历史缘由作了记载评析等。

以上这些就是孔子通过传系统对《易经》六十四卦的卦辞、爻辞之象所叙述的主要内容。

所以说，《易经》是一部教授治国者治国平天下的教科书，更是一部内容极为丰富多彩而且完全符合人类最高理想——天下太平安乐和谐的教科书。《易经》既论述了形而上之道的意义，又论述了形而下之器的意义。

3. 中华民族的形而上哲学是"匡正意识思维心灵和行为"的哲学

匡正意识思维纯净心灵行为，就是通过学习教化，使我们每个人的意识、思维、行为都被矫正在正确的轨道上，这个正确的轨道，就是道德的范畴，而《老子》之道德论，则是以有利于万民万物不伤害人民万物为基础。也就是说每个人都要以不妨害他人，而与众人和睦相处为原则，并且要做到为众人谋利益。而要做到这些，就必须要意识思维思想行为协调一致，首先是思想意识不被外邪惑乱，只有思想意识不被外邪惑乱，思维思想行为才能正，才能符合道德的意义。

那么如何做到"匡正意识思维思想行为"呢？

其一，学习《老子》道德论的意义，学习无为之道的意义，实施无为而为的作为。

其二，学习孔子教导的："非礼勿视，非礼勿听，非礼勿言，非礼勿动。"孔子之言，在《论语·颜渊篇》有记载。在《易经·大壮卦》卦象辞也有论述："雷在天上，大壮。君子以非礼弗履。"不符合先王之礼法的言论行动，不要付诸于行动，不符合道德的事物不要观看，不符合道德的言论不要去听，不符合道德的言论不要说，不符合道德的事情不要去做，这就可以使我们的意识思维思想行为匡正在道德的范畴内，而不被干扰。比如"孟母三迁，择其邻"，以教子的故事，就是选择良好的环境，使那些不符合礼义道德的事情不被孟子看到听到，而使其意识思维行为不受外邪蛊惑而已。也就是说孔子和孟子之母，给我们指出来，意识思维思想行为不受惑乱而匡正的方法。

第二节　关于研究《易经》形而上哲学的方法
——易象和象思维的意义

研究《易经》形而上形而下哲学，必须明白研究的方法，而这个研究认识的具体方法就是易象和象思维。

《易经》系统的内容，主要是以易象思维的方式来展示表达，它不像一般文学作品一样，用直白的语言表达思想，表达作者的意思，而是用一系列易象形式来表达，而这个用于《易经》系统的象思维表达方式，就称之为易象思维。在哲学界关于易象思维的论述很多，对易象之论名目繁多，有些则是过分抽象地论述了易象思维的意义，如有些学者认为："象不仅是思维方式，作为宇宙生成图式，它还具有本体论与存在论的意义。"总之易象研究者们都有自己的研究方法和观点。正因为如此，就要对易象有一些基本了解。

在这里所论述的易象[①]思维，主要是指《易经》的卦辞、爻辞、爻象辞所表述的易象之原象的实际意义，而不是预测师预测的卦象之易象。

一、何为易象和象思维

（1）何为易象？易象，是指《易经》六十四卦的内容中，易作者用来表示他所要叙述的事物内容的一种特殊表示方式。简单地说，就是六十四卦的内容中，易象是用象形、形象的图文，比喻、形容等词语，以及以拟人化的方式，描述表达易作者所要表达的事物和思想的一种表达方式。它是象思维在《易经》中的特殊应用，是象思维的一种表现形式。

（2）象思维：是指在易学成书时代，《易经》作者所有用文字或图文记载表述事物状况情形通用的一种象形、象意的思维方式和用象语言表述事物的思维表达方式。而易象思维则是象思维在易学体系中的具体应用。它包括了原象、取象和成象三层含义。

其一，原象，是指观察研究的主体事物的本来形象，就是观察研究具体事物的原型，使原型事物在意识思维中形成物象，也就是原象事物在意识思维中形成的影像，或者说是形象、形式、形体，以及具体事物的运动状态。

其二，取象，将原象事物在脑海中形成的形象、运动状态的影像，通过思考，去伪存真，反复斟酌筛选、采用符合事物原象或者能表达事物原象的图文、符号、

[①] 这里所述的易象思维，是关于《易经》本身文辞结构中应用的几种易象形式和哲学意义的易象思维，不是预测大师预测卦象和预测之时的易象。

文辞,既精练又能形象地表述出来的过程就是取象的过程,是取象思维。

其三,成象,将取象的结果或者说取象之后的产物,用图文、符号、文辞实际表述出来,成为文字句子、图文等,使其与原象相似,相像,或者就是原象事物的逼真写照。而原象、取象、成象是易学成书时代通用的文学表现手法。

(3)《易经》六十四卦之象:我们现在所看到的《易经》六十四卦之象,就是取象之后的产物。它是易作者对古代圣人通过"仰则观象于天,俯则观法于地……"的方式观察研究过的那些看见、听见、感觉到的事物的形象和意义,或者历史上曾经存在发生过的具体事物的形象和意义在易学中的具体显示。而这个显示过程并不是一蹴而成的,而是经过《易经》作者对这些事物的原象的形象反复观察思考后综合取舍;用相应、相形、相像、相似、象征或拟人化等等形象的语言文字或符号、图形,以与六十四卦的卦形结构相对应的形式,在卦辞、卦爻辞中描绘表述出来的一种思维方式和过程,是谓易象思维。易象思维的过程包括抽象思维、形象思维、顿悟思维、联想思维、类比思维、整体思维、类象思维、法象思维等方式。

我们现在要研究《易经》六十四卦的内容,同样要有易象思维的过程,将展现在我们面前的易象,还原为原象的本来面目,本来意义,用比附推论、类比推理等方法推论出我们所要得到和学习的知识。这是我们研究《易经》六十四卦的方法。

二、笔者所论之易象的几种表现形式的意义

笔者所论的易象,是对《易经》所论的具体内容而言,也就是与《易经》所论的具体事物对号入座的易象。其易象的表现形式有以下几种。

1. 文辞之象与取象之象

(1)文辞之象:其一,文辞,指《易经》所有文辞的含义。其二,文辞之象,是指《易经》六十四卦的卦辞、彖辞、爻辞、爻象辞均是易作者取象之后的产物。

(2)取象之象:其一,所谓《易经》取象之象,是指取象思维之象。是易作者所取之象的原形,也就是以某一阶段之前具体的历史人物、历史事件、历史资料或某一件事物等等为原象之原形。易作者以取象、意象、法象、拟人化思维等思维方式,利用形象、比喻、形容、模拟、效仿、假借、抽象等辞语、句子和文学表现手法将易学所要表达的原形事物或意义通过卦辞、爻辞、象辞而简练、精湛、形象、惟妙惟肖地描述出其原形事物的形象、轮廓、意义,这就是六十四卦卦辞、彖辞、爻辞、爻象辞之象。也就是说,所谓《易经》六十四卦文辞之象的取象之象,就是易作者将原象之事物,用简练、精湛、形象、比喻、形容等惟妙惟肖的字、词、句子和一词多意的文辞描述出来,使之与原象相似和想象,甚至就是原象的具体图文。这就是我们目前看到的经过孔子及其弟子编撰的《易经》卦辞、爻辞之象。而彖辞

则是对整体卦象的提示性或补充性说明；爻象辞是对卦爻辞的提示性说明；卦象辞则是从卦辞、爻辞、象辞所述的内容，结合老子哲学思想而抽象出来的形而上的哲理。

其二，研究《易经》这些文辞之象，首先要解析这些字、词和句子的含义或本意，而后通过联想思维，将这些文辞的含义扩展，联想相关的历史人物、历史事件或者某一事物的意义等等，将这些文辞的含义和所对应的具体的历史事物，历史事件、历史人物对号入座，也就是恢复原象之象的本来面目，彰显出《易经》所要表达的主题思想和意义，这就是笔者所研究的对号入座之易象思维了。

2.《易经》之象与文学艺术之象的不同之处

我们应该将文学艺术取象之象和《易经》取象之象的表现形式区别开来。

其一，文学艺术创作之象，它是以物象、事象为依据，以想象为媒介，展开想象的翅膀，对事物展开描述，而产生不同的文学艺术效果。

其二，而《易经》取象之象，也是以物象、事象为依据，但是《易经》之象的取象目标选准之后，以象征为媒介，用简短精微、精巧、短小、精湛的辞句、辞文将所取之象惟妙惟肖地逼真简练地表述出来，这就是我们看到的《易经》文辞之象。

其三，《易经》文辞之象是《易经》作者取象之后的产物。也是我们看到的六十四卦的图形和文辞，就是易作者取象之后的产物，这些图形和文辞本身就是具体的易象，是我们所要研究的易象。六十四卦展现在我们面前的文辞像谜语般迷惑；像箴言般感人，甚至是毫无关系的迷茫的简练精湛之辞。所以我们要研究《易经》六十四卦这些简练、精湛、惟妙惟肖的词语、句子、字词的本意、意思；将这些词语、句子、字词的本意与自己所掌握的历史知识结合起来，将我们研究的每一卦所述内容之象，重新复原出原形，恢复它的本来面目，看其像什么事物，什么人，什么历史事件，什么事物的意义，再对号入座，并研究《易经》记载这些事物的意义，这就是我们所要研究的文辞之象的含义。正如《系辞》所言："是故，易者，象也。象也者，像也。"

3. 卦形结构之象

就是卦形结构本身之象和卦象辞第一句的文辞之象：《易经》内容的卦形结构之象，指用精湛的文辞描述的卦形结构之象。也就是这一卦卦形结构图的象征意义。如，☰、《乾卦》卦象辞：天行健。☷、《坤卦》卦象辞：地势坤。也就是说，卦形图，本身就是卦形结构之象。卦形结构之象，就是说这个卦形结构图，象征什么事物。而附在后面的文辞，就是对这个卦形结构之象的具体说明。如《乾卦》，是由二个 ☰ 的卦形相重。《坤卦》，是由二个 ☷ 的卦形相重。而卦形图后面的文辞，就是对这个卦形结构图象征意义的说明。"乾，天行健。"表示《乾卦》这个卦形结构，就是乾天功能强大无比，无物不覆，无物不照，而又无物能伤，任何力量意志都无法改变左右，也是乾天功能强大无比的象征。"坤，地势坤。"《坤卦》这个卦形结构图，就是地球表面高低不平，起伏不定又连绵不断的地形、地貌等特点的象征，也就是说《坤卦》的卦形结构图就是地球地势、地貌等特点的象形写照。

4.《易·系辞》中所描述的卦爻阴阳及阴阳转化之象

八卦每一卦的卦爻，都有一个阴爻变阳爻、阳爻变阴爻而变出八卦的方法，八卦变八卦，八八六十四卦的卦形就是这样变化出来的。而这个阴阳爻变化的象征意义，则是《易·系辞》所赋予的特定的象征意义，也是八卦变化为六十四卦的方法之一。正如《系辞》所言："阳卦多阴，阴卦多阳，其故何也？阳卦奇，阴卦偶。其德行何也？阳一君而二民，君子之道也。阴二君而一民，小人之道也。"《易经》作者在这里用阴阳爻变化象征君子和小人之道。阳爻变为阴爻象征一位有道德的君主，得到多数人民的拥护，有道德的君主，实行的是圣人君子治理国家天下的方法；阴爻变为阳爻象征二位无道无德的君主，只能得到少数人的拥护，也就是无道德的君主只能得到小人的拥护。这是《易·系辞》特定的阴阳爻变化的象征意义。

5.关于六十四卦易象思维的意义

《易经》作者用卦爻符号，卦形结构图，与卦形结构图相对应的特殊的字辞等形式，惟妙惟肖地、恰如其分地将《易经》所要论述的事物的形状、形象、样子、性质、事物的状况、特点、意义描述表示出来，使其与某一特定的事物相象、相似，或者就是某一事物形象的逼真写照，或者是某一个或几个事物的象征，或者假借某一事物的意义，来象征《易经》所要表达的某一特定事物的意义。或者用抽象的语言，或者从这些已经表达的事物中推论出其哲学意义。这就是六十四卦的易象思维，也称象思维。象就是相象、相似、相同、相近，有象征、抽象之意，这是六十四卦易象的基本意义。

《易经》之象包括八卦之象，六十四卦卦形结构之象，六十四卦卦辞之象，六十四卦卦象辞之象，六十四卦爻象，部分彖辞之象，《易·系辞》中的一些特殊之象等内容。我们研究六十四卦的易象，就是通过象思维，将《易经》图文中的易象还原本来面目而已。

易象，就其哲学意义而言，是说通过易象的表述，表达出《易经》所要表达的事物以外具有启迪人的意识思维行为的抽象意义，这就是《易经》卦象辞的意义。而《易经》的其他文辞，都是用于表述具体的或者特定的事物，及这些事物之间的关系的易象文辞。

三、易象思维的意义和易学象语言

1. 易象思维的意义

易象思维，其实也就是传统文学写作手法的一种表现形式。我们知道，汉字造字时就有了象思维：仓颉在造字之初，就是用了象思维这种思维方式，而造出了字；仓颉在造字过程中，注意仔细观察各种事物的特征，譬如日、月、星、云、山、河、湖、海，以及各种飞禽走兽、应用器物，并按其特征，画出图形，造出很多象形字来。西周时代的六艺教育中的"书"教，就包括了"书法（书写、识字、文字）六书：指事、象形、形声、会意、转注、假借"六种造字方法。正如《周礼》保氏曰："掌谏王恶，而养国子以道。乃教之六艺，一曰五礼……五曰六书，六曰九数。"而"六书"，就是指这六种造字方法。这六种造字方法的含义正如许慎在《说文解字》中对"六书"的解释："《周礼》，八岁入小学，保氏教国子，先以六书：一曰指事，指事者，视而可识，察而见意，上下是也。二曰象形，象形者，画成其物，随体诘诎，日月是也。三曰形声，形声者，以事为名，取譬相成，江河是也。四曰会意，会意者，比类合谊，以见指㧑，武信是也。五曰转注，转注者，建类一首，同意相受，考老是也。六曰假借，假借者，本无其字，依声托事，令长是也。"[①]

所以说，象思维是中国汉字形成的重要依据。"象"的意思包括类含了万物之情，先祖在创造汉字时，不论是创造什么字形，都要使字的形状、形态，"象"那个所表达的物体，或者与那个表达的事物相似。

象，是中华民族文字产生的根源，所以象思维就是古代文献描述记载事物的一种文学描述方法，这在《易经》《老子》《黄帝内经》中是通用的一种文学表示方法。因为，无论《易经》之象如何复杂和庞大，但是它都是通过六十四卦的卦形结构图和卦辞、彖辞、卦象辞、爻辞、爻象辞中特殊的语言文辞、字词句子来表述的。所以，从这个意义而论，易象就是《易经》的文学表现手法。这一点是很重要的。无论《易经》本身的内涵有多么丰富，但是《易经》首先是一部文学作品，文学作品就具有文学作品的特点，每一部文学著作都有它自己独特的文学表现手法，而《易经》独特的文学表现手法就是"象"。从这个意义而言，易象就是相像、相似、相同、模拟、形容、比喻、抽象的意思。正如《易·系辞》曰："圣人有以见天下之赜，而拟诸其形容，象其物宜，是故谓之象。""象也者，象此者也。""彖者，言乎象者也。"所谓象，就是圣人通过对天下事物深奥道理的深刻观察研究，将它们的形象、特点、表现、外貌等等用适当的语言、图形、文字、字词、句子，恰当而简练地形容表示出来，使其与具体事物的特点、外貌、表现形式相像、相似，或

[①] 搜狗网阅读《说文解字叙》。

者就是某一事物意义的象征。所以，象，就是像这种事物、人物或事物意义的意思，而且还特别指出，象辞，就是对这一卦所述事物形象的概括。

2.《易经》象语言

所谓《易经》象语言，就是用特殊精练而简短的字、词、句子和形象的形容词、类比辞将所要表示的具体事物描述出来。自古至今流传不衰的谜语，就是象和象语言的典范。

《易经》《老子》《黄帝内经》等，是象思维应用最多最全面的文学、哲学和医学著作。

《易经》内容中差不多每一条爻辞，至少是一个事物之象，有时一条爻辞甚至是几个事物之象；卦辞基本上是对这一卦所论事物的概括性象征，象辞则是这一卦所论事物的提示性或补充性象征。

四、易学文学表现手法之象的分类

《易经》文学表现手法之象，可分为拟人化思维之象、法象思维之象、抽象思维之象、假借之象、意象思维之象、事物归类之象六种类型。

1.拟人化思维

拟人化思维，就是将自然事物人格化，使其具有人的特征，而能与人同呼吸共命运，共言天道天德，共论治国之道。传统的天命论、老子之天道，这些将会在具体的命题中解读。如《易·系辞》曰："乾道成男，坤道成女。乾知大始，坤作成物。""自天佑之，吉，无不利。"《易·复卦》象辞曰："复，其见天地之心乎？"

2.法象思维

法象，是效法；模仿的意思。

其一，法象思维，就是将天地自然变化对人类有益有用的自然现象，通过模拟、效法、抽象思维为人道和人为之道的具体事物，比如，效法天地四时昼夜的秩序就有了礼的秩序；效法天地自然之和谐就有了乐。如《礼记·乐记》所言："乐者，天地之和也；礼者，天地之序也。和故百物皆化，序故群物皆别。乐由天作，礼以地制。"

其二，效法天之道德的表现形式而模拟抽象出圣人、君子、帝王之道德的表现形式，以成为圣人、君子的治国之道和其德行的具体表现。

3.抽象思维之象

抽象思维就是通过具体事物之象的表述，表达出易作者所要表达的事物以外的抽象意义，也就是通过对事物现象状况或意义或变化结果的描述，抽象出事物的哲学意义。

（1）文辞描述之抽象。其一，通过象的描述用抽象思维理解象的含义。如《老子》第六章："谷神不死，是谓玄牝。玄牝之门，是谓天地根。"这里"谷神"和"门"就是象，而"谷神和门"的意义，却要通过抽象思维去理解；谷，本义：两山之间狭长而有出口的低地，往往包含一个流域。这个狭长而有出口的低地，就是一个水向低处流所通过的狭长的通道。而这个通道是只向一个方向流动的狭长通道，是不可能返回来的狭长通道，而老子所论的大道，则是事物向前发展变化的过程，是宇宙万物生成发展的过程，也就是世间万物发展变化的过程，这个过程是相当漫长的，而且有着时间空间存在的变化过程，这个过程是不可逆的。所以，这个谷，就是"道"，就是老子所论的事物发展前进的大道。"玄牝之门"的"门"是道的抽象思维之象，门的本义：房屋、围墙、车船等的出入口。出入口，我们用抽象思维思考，是不是就是出入的必经途径？不从这个出入口进出，就无法到达目的地。所以，这个出入口就是必经途径，出入的必经途径就是道，就是道路。所以老子在这里用"谷神"之"谷"，用"玄牝之门"的"门"来抽象他所论的大道。这是老子之抽象的一般用法。其二，以抽象的文辞描述所要表达象征的事物或意义。比如《易·泰卦》九三爻辞："无平不陂，无往不复，坚贞无咎，勿恤其孚，于食有福。"爻象辞："无往不复，天地际也"的表现形式就是如此。九三爻辞和爻象辞用如此抽象的文辞，是在告诉我们，前人所追求的天下太平为人民造福的事业，后人接替继续去重复先人所追求的事业，是天经地义的事情，就如天地阴阳交替、昼夜交替、日月交替、四时交替、往复循环一样自然而然，我们有什么理由不用诚信重复先人的作为呢！所以说，六十四卦有部分爻辞就是使用抽象的文辞，来表达所象征的事物或意义。

（2）三才之象。通过所描述的事物之象抽象出其哲学意义和其他意义。其一，《周易》六十四卦卦象辞之象，三才之道之象就属于这一类。正如《易·系辞》曰："《易》之为书也，广大悉备。有天道焉，有人道焉，有地道焉。兼三才而两之，故六。六者非它也，三才之道也。"三才在这里一方面象征组成八卦的三爻，初爻象征地，三爻象征天，中爻象征人立天地之间。而六十四卦的每一卦都是由二个八卦上下重合组成，每一卦就有二个八卦卦形，那么就有了二重三才之道的含义在内，这是六爻之象。其二，甲骨文✝，才，是房柱与房梁的象形，造字本义：立柱架梁，开始造屋。才，在后来又演变出了材，而材与才在古代应该是通用字；才，就是栋梁之才；三才之道，就是说天地人是构成宇宙的栋梁之才。其分论也，就是天为栋梁，人为柱子，地为基石，三者缺一不可。其三，才、材相通。是说天地是人取之不尽用之不竭的资材，而人在天地之间，以自己的聪明才智，利用天地之道、天地之德、天地之资源，得到无限利益，而成就人类生存、生命活动所需要的一切资材，因此人才能生存在天地之间。其四，天地滋生化育万物人类，只有人类才能认识天地之道之德，利用天地之道之德和资材成就人类之才能。只有人类才知道感恩、尊敬天地之德。所以说天地和人就是相生相互依存之关系。那么三才之道，在这里就有了四种抽象意义在内了。所以说《易经》六十四卦卦象辞绝大多数都属于抽象思维，少数卦爻辞也属于抽象思维。因此，在卦爻辞中，就有了抽象辞、抽象辞组、抽象辞句等等表达方式。

（3）传统医学的藏象学说也具有抽象思维和类象思维的意义。

4.假借之象

（1）《老子》之道德论中的假借之象。《老子》第六章曰："谷神不死，是谓玄牝。玄牝之门，是谓天地根。"神：造字本义：古人祭拜的天公，万物的创造者和掌控者。这就是说上古人认为神是万物的创造者和掌控者。可是《老子》认为是"道"化生了天地，化生了万物，道是天地之根。《老子》在这里借用"神"创造掌控万物的概念，来象征化生天地的天地之根，化生天地——化生万物的"道"。所以，"谷"就是向前行的道；"神"，就是化生万物的大道，也就是象征宇宙万物生成发展变化之道。所以《老子》所论的"谷神"就是《老子》假借"神"之象，来象征其所论的化生万物的"大道"。

（2）经典文献中假借之象。《易经》和《尚书》《礼记》《史记》《诗经》等文献中的天命观，以拟人化思维，假借乾天发布命令，首先是乾天自己命令自己，正如《乾·彖辞》曰："乾道变化，各正性命，保合大和，乃利贞.首出庶物，万国咸宁"；其次就是命令治国者如何执掌天命以治理国家天下，那就是为万民谋利益，做益事。

（3）《易经》六十四卦中的假借之象。比如："坤六四：括囊，无咎无誉。坤六五：黄裳，元吉。"六四爻，括囊，就是结扎口袋，也就是说，口袋里装满了东西，将口袋口结扎，使里面的东西倒不出来，外面的东西进不去；假借"括囊"这个形象，来象征君子之德，象征君子言行谨慎小心，严格顺应天时变化的君子之德。六五爻辞：黄裳，元吉。是说，穿黄色的下衣，大吉大利。黄色的下衣，这是西周时代诸侯的服饰，也是西周时代君子的象征，所以，六四爻借用黄裳，以象征君子之德，君子的仪容品德，君子像五行之土一样，居于中正之位而有厚土一样厚德载物的品德。

5.意象思维之象

（1）意象的含义。意象就是寓"意"之"象"，是借物抒情。《易·系辞》子曰："圣人立象以尽意。"圣人设立象这个方式，以尽可能表达所要表达的思想。本义是心志、心意、发自内心的声音。

（2）《易经》关于意象思维之象的表现。其一，在《易经》系统中，最明显的例子就是用拟人化的意象来表达天道、地道的功能特点，也就是以人格化的意境，给天地赋予人的心意、人的美善之德、人的精神意志，从而实现天地人同一的目的。而这个人格化的易象思维，在六十四卦中的表现，正如《复卦·彖辞》所言："复亨，刚反，动而以顺行，是以出入无疾，朋来无咎，反复其道，七日来复，天行也。利有攸往，刚长也。复，其见天地之心乎？"彖辞说："复位亨通，天道返回，改变而顺从行动，所以出来进入都很迅速，朋友来没有过失。反复复其位，七日来复，天道运行。利于有所向往，天道长久也。反复其道显现天地之心未忘记自己的运行节律啊！"彖辞所言的是天地之道反复循环运行不息，以象征天地就如有思维记忆的人一样，时刻都没有忘记自己的运行规则，这里就给天地赋予了有思维、有记忆、有规则的人心，只有人才有心，有思维记忆，那么通过对天地始终坚守自己运行规则而不改变的天地之心的诘问，就是给天地赋予了人心的拟人化的意象思维形式。

其二，在《易经》六十四卦中，这种意象的拟人化表现形式很多，《乾卦》彖辞，对天道功能的褒赞之辞，就是最为明显的例子。另外，还有关于天命的概念，正如《无妄卦》彖辞曰："动而健，刚中而应，大亨以正，天之命也。"彖辞说："以行动刚健强大，刚直中正而应和，就能大亨通而正大光明中正，是天的命令。"这就为乾天赋予了人心，使其具有发布命令和表现美善之德的能力，是《易经》意象思维的表现形式。

其三，在《老子》之道德论中，这种拟人化的意象思维比比皆是，最为显著的是《老子》第二十三章曰："希言自然。故飘风不终朝，骤雨不终日。孰为此者？天地。天地尚不能久，而况于人乎？故从事于道者，同于道；德者，同于德；失者，同于失。同于道者，道亦乐得之；同于德者，德亦乐得之；同于失者，失亦乐得之。"《老子》将天地之道德比作有智慧的人，天道认为只要人做到与天道天德相同相一致，天道天德也乐于得到与自己同道同德的人，只要人做到与天道之过失相同者，天道之过失也乐于得到能很快纠正过失的人。

6. 类象思维与归类之象

（1）类象思维的含义。类象思维的意思，就是事物形象类似。类象思维是通过观察、认识客观事物的形象及其内在规律，运用综合、分析、类比等推理手段得出与其他事物也具有相同或相类似的一种特殊思维方式。

（2）类象思维在《易经》中应用。其一，在《易经》中，类象的应用极多，很多卦辞、彖辞、爻辞、爻象辞、以及卦象辞都是。比如《益卦》卦辞："《易经》，益，利有攸往，利涉大川。"卦辞说：益：是利益、好处、好事，有志者应该长久反复不断的去做，有利于祭祀天地先祖鬼神。

其二，类象思维的依据是《乾·文言》子曰："同声相应，同气相求。水流湿，火就燥。云从龙，风从虎。圣人作而万物睹。本乎天者亲上，本乎地者亲下，则各从其类也。"

其三，《说卦》第十一节曰："乾为天，为圜，为君、为父……坤为地，为布，为釜，为吝啬……"就是类象思维的具体形式。

其四，传统医学《黄帝内经》的天人相应观，就是最为典型的类象思维。这将在以后的章节详细论述。《黄帝内经》的天人相应干是传统中医学理论的纲领，传统中医学的一切理论均以天人相应为宗旨。

（3）《易经》归类之象，是通过类象思维，将类象思维得到的事物规律或意义归类排列。比如对阴阳五行天干地支应用意义的归类如下：

其一，以五行作为万物形态属性的归类象征和功能状态的象征性归类。五行是古人对宇宙进化过程和宇宙万物形态和功能状态的象征性归类。五行又各有自己的属性和规律特点。按照五行的性质，《易经》将八卦与五行相配：《乾卦》《兑卦》五行属金；《离卦》五行属火；《震卦》《巽卦》五行属木；《坎卦》五行属水；《艮卦》《坤卦》五行属土。所以五行是宇宙万物的归类象征，八卦也就是万物的归类象征。

其二，《易经》以阴阳作为天地万物在同一时空运动状态的象征性归类。阴阳的意义，是表示事物在同一时空运动状态的象征性归类的一种方法。阴阳的实质，也就是哲学意义，是说阴阳表示事物发展变化过程的一种方法。阴阳其实就是《易经》对万物在同一时空运动状态的象征性归类，也是易象的一种表现形式。所谓同一时空的运动状态，其实就是在同一时间空间内，阴增加时，阳就会减少；反之，阳增加时，阴就会减少。以天气变化为例，天晴时阳气增加，阴气就减少；而天阴下雨时阴气增加，阳气就减少；以人体的阴阳变化而言，阳盛者，阴衰；阴盛者，阳衰。正如《内经·素问》曰："阴胜则阳病，阳胜则阴病。阳胜则热，阴胜则寒。"①

其三，以天干地支作为事物在不同时空中运动形态的象征性归类。天干地支是表示不同时空状态下万物变化状况的符号，所以它就具有了万物不同时空状态时的各种信息状况，也就是说天干地支本身就是一种物象，所谓物象，就是说天干地支各自就是特定事物在一定时间空间运动形态的象征。因此古人用这种符号作为《易经》预测的一种推演工具或者推演符号，把天干地支作为不同时间、空间中五运六气信息象征归类的符号，以预测吉凶祸福，而使预测学变得神秘而奥妙无穷。

天干地支也是《易经》象数理论的重要组成部分。天干地支通常被用来作为历法计时日年月的重要表示工具，并在《易经》预测学中有着重要的意义。所以，天

---

① 正坤编.黄帝内经[M].中国文史出版社，2003：17.

干地支就是《易经》用来表示万物在不同时空中运动状态的归类象征和表现形式。

其四，五行之象、天干地支之象、阴阳之象，是《易经》之象的主要表现形式。《易经》之象多数为归类之象。

其五，阴阳五行、藏象学说是传统医学中的理论基础。《内经》将五行与人体五脏相合，以象征人体脏腑功能的阴阳属性，而创立了藏象学说，以此来研究脏腑功能与人体生理、病因病机，疾病的表现形式及治疗方法。医学之象也属于类象之象。

其六，藏象，包括人体内脏与象二个方面的含义。所谓脏，就是指脏腑，也就是以金木水火土五行所类比的肺金、肝木、肾水、心火、脾土，以及五脏所主的六腑，大肠、胆、膀胱、小肠、胃、三焦等六腑的生理功能。

所谓藏象，就是指脏腑的生理功能，病理变化反映于外部的征象。这些征象通过人体面部颜色的变化，人体脏腑肢节在面部分布部位色泽的变化，以及五脏所主之具体器官、部位功能的变化，分辨人体脏腑的生理的、病理的、病因病机变化。通过脉象的变化现象，分析人体生理功能和病理变化，等等。《内经》理论真实地将阴阳五行和藏象应用到了极致，这就是类象思维的意义。

综上所述，象思维，既是古人研究认识自然、研究天地万物生成过程和变化规律的认识观和方法，又是古人用来描述记载天地万物生成过程、变化规律和社会人事变迁的方法，更是古代哲学语言的特色。

第三节　易象思维几种表现形式的意义及象思维文学表现手法

"象"这种文学表现手法，在《老子》和《易经》中的应用比比皆是。通过对老子创作《道德经》的手法和《易经》所有文辞的表现手法的分析，可以认为老子是将"象"这种文学表现手法用到哲学著作的创始者。老子用"象"这种表现手法，只用了5000多字，却阐述了自然科学、宇宙演化、人文、政治、圣人之道、君子之道、治国之道等哲学思想的多方面的内容。

1.《易经》之象具有象征的意义

《易经》所有的文辞，每一个字辞，或者每一个句子，就是一个象。因为有时候《易经》所选用的字辞，一个字辞就会有几种含义、几种含义之象，其不但具有形象之意，还具有象征的意义。如：《易·未济卦》九四爻所言："震用伐鬼方，三年有赏于大国。"这里的"震"，就是一个具有多重含义的象征辞语，它在《易经》中象征的方位是东方，象征的自然事物是雷震和草木，同时也象征从东方升起的太阳。西周灭亡以后，周平王将周朝的都城迁移到西周以东的洛邑，所以，"震"既象征东周都城的方向在西周的东方，又象征东周都城的所在地河南的洛邑；这个"震"还象征东周的第一位天子周平王。周平王东迁以后，在洛邑命令秦襄公征伐鬼方（犬戎之寇）。秦襄公用了三年时间，将犬戎之寇驱赶出原西周所属之地，周平王将大片原西周之地作为奖赏，分封给秦襄公，使秦国很快成为东周的诸侯大国。《易经》记载了这个历史事实，这里"震"，就是东周的新都城在西周的东方洛邑，也是周平王的象征，也就是周平王在东周的洛邑任用秦襄公伐鬼方。这里的"震"，就具有了东方、洛邑和周平王三个含义。这就是所谓象征之象的意义。可是在有些史书上看到，是武丁派"震"这个人去伐鬼方，商朝的武丁时代有没有"震"这个人？未见有文献记载，但是《未济卦》所说的是东周之事，怎么又变成商王武丁呢？作为史书，出现这样的问题，这不就是任意杜撰吗？其实也只不过是这些学者没有认识《易经》之象而已，所以说"象"在解释《易经》的文辞中有很重要的意义，常以象征的手法来表示事物的真实意义。

2.《易经》之象具有形容和以一辞表达多意的功能

其一，一辞表意的功能，易象常用形容词来表达所要表述的人事或者物事，更有用一词一字表意的功效。比如，以《风水涣卦》六四爻辞曰："涣其群，元吉。涣其丘，匪夷所思"为例，说明卦爻辞文辞之象的含义。《风水涣卦》原本记载的是周武王终于等到了有利时机，举兵伐商纣王而一举成功改朝换代的历史。周武王在伐纣成功的第二天，就对一大群人进行了分封。那么这个"涣其群，元吉"，就是说周武王改朝换代后所作的第一件事情，就是对一大群先帝、先王及贤士的待遇进行改变，对这一大群人进行了分封。这样做就使先帝、先王都能受到后代的祭祀。周武王从改朝换代的开始就做得很正确。"涣其群"之群，就是更换了一大群人的待遇和居住地。当然这一大群人中，还包括周武王对先祖的分封。记载周武王追封古公亶父为太王，追封祖父王季为王，追封父亲周文王为王的过程和意义。这一大群人，在《礼记·乐纪》和《史记·周本记》中均有记载，上至黄帝、尧、舜、夏禹，下至殷商之后商武庚，王子比干等等一大群人，以及周武王的先祖等人。这里"群"这个辞，表达了一大群的真正含义。

其二，用形容词象征所要表述的事物，而这一大群人当中还有一位就是："涣其丘，匪夷所思"之人。丘：也是属于一辞表意的功能，象征地名"山东营丘"。周武王把谁分封在山东营丘之地，而且这个人的特点，是用"匪夷所思"来形容其聪明、智慧超群，不就很形象了吗？这个人是谁呢？当然是周武王的军师姜子牙姜尚了。那么这里"涣其丘"就有更换了居住地，更换官职之意。丘，就是山东营丘之地名。"匪夷所思"就是对姜子牙其人聪明、才智、人格、能力的形象性形容概括。所以这里的"群"就有一辞表意的功能;"匪夷所思"就是用形容词形容所象征的具体的人物或事物的特征。

3. 法象思维是《易经》对某些自然事物效法的基础

其一,古人利用法象思维,效法天地自然对万物有益的自然特征,而创立了天命的概念,以天的命令来传授人类自己如何效法天地自然有益于万物和人类自己的规则;《易经》记载传承了这个概念。

其二,《易经》利用法象思维,效法天地自然的节律,而创造了各种法典、制度、礼乐、刑罚、教化、祭祀等各种规矩,以规矩节制人的各种行为,以使人、天地万物和谐,天下太平。

4. 易象思维是抽象思维的基础

其一,易象思维是从具体的实际的人事成败的历史事件中,抽象出具有教化警示意义的哲学思维的哲理语言和道理,教化人作为人应具备的品德,六十四卦的卦象辞就是如此,如:君子以自强不息,它既包含了自强不息的来源,也就是自强不息的参照物;也提示了凡是人,均应有这种精神,这是实现自我价值和参与创造实现社会价值的强大动力,这也是哲学辞语所给予每一个人精神提升的原动力。

其二,通过具体的自然事物表现形式,类比推论出自然事物发生发展变化的道理原理。如《噬嗑卦》《家人卦》就是如此。

䷔,《噬嗑卦》的卦形结构是:上离下雷震,二卦相合组成了《噬嗑卦》。离象征火、象征电、象征太阳。震象征雷。卦象辞的第一部分是:"雷电噬嗑"。《噬嗑卦》出现于神农发明交易,人们以物易物之时,用口舌之声相互讨价还价时的形象和所发出的声响;噬嗑也是指人的上下牙齿相咬而发出响声;这里用噬嗑的道理来象征雷电形成的原理,雷电就是因为在炎热的天气时,水蒸气上升变化为云彩,云彩上下、左右移动时,带电的云彩相互碰撞、摩擦而发生电火花,是谓闪电。电火花使周围的空气受热,急剧膨胀爆炸而发生巨大的响声是谓雷声。雷电噬嗑,就是象征雷电的发生,就如云彩上下、左右相互撕咬而发出火花和响声的道理是相似的。这里用简单的图形,告诉我们雷电发生的自然科学原理。也就是说《噬嗑》以其卦形结构特点和卦象辞第一句"雷电噬嗑"表达雷电发生的原理。

䷤,风火家人卦,上卦为巽、为风、为木,下卦为离、为火、为太阳;二卦相合组成了《家人卦》。(这些意义都是易学规定的象征物)《家人卦》象辞的第一部分是:"风自火出,家人。""风自火出",这里的火,首先是指太阳;其次象征的就是风形成的原理。是指太阳将空气晒热,空气上升,流动而形成了风。这就是关于风形成的简单原理。

那么"风自火出"与家人又有什么关系呢?其关系就是:家中的女主人要为家

人做饭，必须要有火和草木，火要燃烧必须通风，通空气，草木才能燃烧，才能将饭做好。

在六十四卦中像这样的卦象还有很多。

5.易象思维和文学表现手法，客观具体地展示了天地人三才之道的道理

《易经》用易象思维和易象的文学表现手法，展示了天道之功能"万物资始，乃统天。云行雨施，品物流形，大明始终，六位时成，时乘六龙以御天"的道理和意义。

《易经》用易象思维和易象文学表现手法，同时还展示了地道之功能"至哉坤元，万物资生，乃顺承天，坤厚载物德合无疆，含弘光大，品物咸亨"的道理和意义。

《易经》还用易象思维和易象之文学表现手法展现了人道之君子。如《易经》卦象辞所表达的君子以自昭明德；君子以遏恶扬善，顺天休命；君子以顺德，积小以高大；君子以独立不惧，遁世无闷等道理和意义。

所以，研究《易经》，首先要研究明白《易经》这些文辞的含义，然后研究这些文辞所形容，形象、比喻、比拟的是什么事情、什么人物，或是什么事物的象征意义，这样就可以对号入座了，就可以轻松解读《易经》这些文辞的含义了。当然，解读《易经》这些文辞，还必须具备相应的古代历史知识。

《易经》用易象思维和文学表现手法展示的三才之道，高度概括抽象出《易经》的哲学意义，其哲学意义，就是这些具体文辞的实际意义。

6.象思维是我国古代文字作品的通用表现手法

中华民族文字起源于象形文字，仓颉造字就是象思维的创道者，所以古代应用象思维就没有什么特别了，只是一种沿用的习俗而已，在古代的文献中应用象思维的文学表现手法比比皆是。

其一，《老子》象思维之象，在《老子》中，每一章哲理前面，几乎都有一段对自然事物的论述，然后从他所研究的这些自然事物中抽象出哲理，这是《老子》之象的一方面表现，象，就是物象，这是《老子》唯物辩证论的依据。如《老子》第三十六章："将欲歙之，必固张之；将欲弱之，必固强之；将欲废之，必固兴之；将欲夺之，必固与之。是谓微明。柔弱胜刚强，鱼不可脱于渊，国之利器不可以示人。"《老子》通过论述事物发展变化的一般规律：事物不断地由弱小变为强大，又由强大变为弱小，甚至灭亡，来说明"柔弱胜刚强，鱼不可脱于渊，国之利器不可以示人"的道理。也就是说《老子》用象思维的表现形式，抽象出了他所要表达的哲学意义。

同时《老子》的文章也采用了象征意义之象；《老子》用具体的文辞象征具体的事物，或者象征事物的某一现象。《老子》论述事物和哲理的用辞，其中大量应用了"象"这种文学表现手法，也就是说，他并不直接说明他所论述的事物是什么，

而是用"象"的表现手法进行暗示、比喻、形容、以象征他所要论述的事物。比如《老子》第二十八章曰:"知其雄,守其雌,为天下溪……知其白,守其黑,为天下式。"那么这里的雄和雌是什么呢?雄,是万物生成之父乾天太阳的象征,而乾天又是刚强、公正无私、强大有力的象征;雌,是万物生成之母坤地的象征,坤地又是博大柔顺至极的象征。这样我们就明白了雄与雌是刚与柔的象征了。溪,是清澈的溪水,就是无私心杂念的象征。白,是虚无、没有的意思;黑,是暗淡无光的象征。既看不见,摸不着,又没有亮光,这是什么呢?这不就是《老子》在第十四章所论述的无为之道的表现形式吗?这是《老子》之道德论中常用的象思维的表现形式。

其二,象思维是《易经》哲学的一种文学表现手法,但是它却有很重要的意义。而象思维在古诗文中广泛应用,我国传统的诗词中普遍使用了象思维这种文学表现手法。如我国最早的诗歌总集《诗经》,依据笔者对《诗经》的研究,《诗经》中广泛使用了"象"这种文学表现手法。如《诗经·蜉蝣》:"蜉蝣之羽,衣裳楚楚。心之忧矣,於我归处……"[1] 这首诗通篇用蜉蝣在水中育化长达三四年,而成虫后最多只能生存五六日的时间,来象征周幽王所迷恋的褒姒。用蜉蝣化育为成虫后其生命朝生暮死的短暂之象,象征褒姒成年后短暂的生命。也就说因为蜉蝣自从有了美丽的外衣之后,就成了生命短暂的生物。褒姒在母腹中孕育长达四十余年,出生之后就被当作不祥之物,扔在水沟旁,又被褒姓人从水沟边拣回,就如从小生活在水中蜉蝣的幼虫,幼虫孵化之后,就是它生命的最后期限。这和褒姒的身世极为相似。从这首诗歌我们可以看到古人关于"象"应用到了极致,用蜉蝣美丽的外表而生命短暂,来比喻美丽却生命短暂的褒姒,十分形象。这是《诗经》之象中比兴、象征手法的典型。

又如《诗经·秦风·终南》有云:"终南何有?有条有梅。"[2] 其意思是:"终南山上有什么?既有楸树又有梅子树。"这里的条,就是楸树,那么为什么将条解释为楸树呢?这就是象的意义所在,因为楸树所结的果实,就如蒜苔一样,是一长条一长条的,也就是说"条",是楸树所结果实的象征。这是《诗经》中典型的用一个字的形象,象征具体的事物的表现手法。

《诗经》的又一个写作特点就是用词句和成语的缩写来表示整句成语的含义。如《豳风·狼跋》。"狼跋其胡,载疐其尾。公孙硕肤,赤舄几几"[3]。其意思是:"狼狈地跋涉为了什么?功德满载而跋前疐后。周公谦逊而心怀大志,一生只有好

---

[1] 刘文秀、孙燕、孙兰.诗经新解[M].中国出版集团世界图书出版公司,2012:137.
[2] 同上,119.
[3] 同上,153.

鞋子几双。"这里笔者将"狼跋"解释为狼狈的跋涉，也就是将"狼"解释为"狼狈""跋"解释为跋涉。因为"狼"在这里只能解读为"狼狈"；跋，只能是跋涉的意思。将"载疐其尾"解释为"功德满载而跋前疐后"，也就是将"疐其尾"，解释为"跋前疐后"，因为"疐其尾"，就是成语"跋前疐后"的缩写语。尾，就是后、后面的象征词。这样的解释，就能将周公一生辛劳为周朝事业的功德，以及在处理某些事情时，进退两难而最终又能完满处理好事情的坚忍不拔的美好品德表现出来。

所以说解释古辞文，有些辞句只要从象的意义去理解，就容易多了，而不必要将其解释得那么复杂。因为古代的字词毕竟是由象形、形声、象意的形式演变而来，也就是由最简单的形式变化而来。当然诸如此类的象，其实还有很多。

其三，我国最早的医学专辑《黄帝内经》更是广泛地应用"象"这个文学表现手法。《内经》理论体系和《易经》一样，都是一门充满玄机，而妙趣横生，又有鲜明的理论基础，严密的逻辑思维，整体思维，而又具有高度智慧的，以其文学性的象思维，完美地描述出其医学实质，展示出深刻哲学意义、科学性意义的著作。所以说《内经》医学原理就是由高度完美的文学性、哲学性、自然科学性，以及高度完整的逻辑、整体思维而演绎出来的。《内经》的医学原理和《易经》一样，又都与精深的自然科学、天文学知识紧密结合，令人思考无穷。

传统医学将阴阳五行，天干地支类象的应用达到了极致，使阴阳五行理论贯穿于医学理论的各个体系；将五行理论作为人体五脏名称、功能状态和阴阳属性的象征；将天气的变化规律用阴阳来概括，并用三阴三阳作为天气风寒暑湿燥火，在不同时空中阴阳之气所占比重的表现方式。用五行作为地之阴阳的归类。正如《天元纪大论》所言："寒暑燥湿风火，天之阴阳也，三阴三阳上奉之；木火土金水，地之阴阳也，生长化收藏下应之。天以阳生阴长，地以阳杀阴藏。天有阴阳，地亦有阴阳。木火土金水，地之阴阳也，生长化收藏。故阳中有阴，阴中有阳。"[1]

《黄帝内经》的藏象学说更是典型的象思维模式。《内经》将五行与人体五脏相合，以象征人体脏腑功能的阴阳属性，而创立了藏象学说，以此来研究脏腑功能与人体生理、病因病机，疾病的表现形式及治疗方法。正如《素问·六节藏象论》帝曰："藏象如何？"歧伯曰："心者，生之本，神之变也，其华在面，其充在血脉，为阳中之太阳，通于夏气。肺者，气之……"[2]《内经》之象，也就是《内经》的藏象原理，是指脏腑的生理功能、病理变化反映于外部的征象。这些征象通过人

---

[1] 正坤编.黄帝内经[M].中国文史出版社，2007：237.

[2] 同上，32.

体面部颜色的变化，人体脏腑肢节在面部分布部位色泽的变化，以及五脏所主之具体器官、部位功能的变化，分辨人体脏腑的生理的、病理的、病因病机变化。

所以说，"象"具有表现文学的、哲学的，易学的、医学的、历史的、自然科学的以及天文学的多重意义。

易象来源于古人对自然界客观事物的观察认识过程，自然界的事物多不胜数，我们的先祖通过对宇宙演化规律的不断观察研究总结，依照事物的运动状态、功能形态、结构形态、时空变化形态以及具体的事物形态，或者事物意义的形态，或者人物形态或其德行表现的特点，各种历史事件及历史意义等等，用"象"这种文学表现手法，将其表达、记述、记载而起到言简意深、内涵丰富的作用，这一点是很重要的。既表现出它的文学性、历史性、哲学性，又表现了道德、自然科学、天文学、教化、礼乐、刑罚、婚姻伦理、治国之道等等多方面的历史意义。

所以说《易经》之象，从文学角度而言，它就是《易经》所用的特殊的文学表现手法，因为无论任何用文字记载的书籍，它首先就是一部文学作品，因此，对于易象，首先要从文学角度去研究，只有从文学角度去研究，才会使其变得简明扼要，易解易懂。对于易象思维，不能用脱离《易经》内容的抽象的、空洞的观点去理解，《易传》作为春秋战国时期，或者是稍晚于春秋战国时期的一部具有历史意义和哲学意义的文学和哲学巨著，它不可能脱离当时的历史而空谈阴阳，空谈象数，空谈天命鬼神。它应该肩负着承前启后的记载历史和宣扬传承传统道德的作用，所以易象思维的意义，就是《易经》所使用的一种文学表现手法而已。

易象之象从抽象思维之象而言，就是卦象辞的哲学意义和《易经》整体的哲学意义。《易经》之象，从归类之象而言，就是对万物以阴阳作为天地万物在同一时空运动状态的归类象征；以五行作为万物功能状态的象征；以天干地支作为事物在不同时空中运动形态的象征。也就是说，易学之象，可以归结为：物象之象，也就是原象之象；成像之象，也就是由原象取象之后的产物；抽象思维之象、归类之象、文学表现手法之象。

就《易经》而言，《易经》包括六十四卦的卦形图，六十四卦的各类文辞以及《易传》系统的一系列文辞，所有这些都是易象的具体体现。有人指出《易经》六十四卦全文的文字仅有 4900 多个字。也就是说《易经》用简练的语言文字，将中华民族自二皇、五帝、三王，以及到春秋战国时期的历史、文学、自然科学、哲学、人文科学、天文、治国平天下的各种规则，以及各个历史时期的重要历史人物、历史事件，深刻的历史意义等等都作了记载、评定、肯定、批判，而起到了承前启后的传承作用。

第四节　易象的分类

易象，是象思维的特殊之象，它不同于一般的文学艺术之象。易象，是精简思维，所谓精简思维，就是我们看到的六十四卦的所有文辞，是易作者精简思维的结果，也是取象之后的产物——成象。正如《系辞》所言："乾以易知，坤以简能。"而文学艺术之象，是发散性思维。

易象思维包括了原象之象、成像之象、归类之象、抽象思维之象、文学表现手法之象。

易象的内容包括八卦之象，六十四卦卦形结构之象，六十四卦卦象之象，六十四卦卦辞之象，爻辞和爻象辞之象，以及《易·大传之象》六部分。我们分别探讨如下：

1. 关于八卦之象

所谓八卦之象，就是八卦所象征的具体事物。八卦所象征的事物很多，每一卦都有它具体的象征物，这在《易传·说卦》中有明确的说明。这些象征在预测学和具体的文辞解读中有很重要的意义。但就八卦原始的象征意义简单而言，八卦即是：乾、兑、离、震、巽、坎、艮、坤。乾为天为金；兑为说为悦为金；离为火，为太阳为电；震为雷；巽为风，为草木；坎为水为云雨；艮为山石；坤为地，为土。这是以八卦来象征五行的意义。

2. 六十四卦卦形结构之象

所谓卦形结构之象，不但指用八卦相重组成的六十四卦图形，还指用文字来描述这一卦的卦形结构的语言所表示的含义，也就是指这一卦的卦形结构图和其卦形结构图后面的第一句话的象征意义。前一部分一般有二种表现形式和含义：

其一，用具体的卦形结构图和具体的文字说明卦形结构图的象征意义。它是由卦形结构图和卦形结构图后面的第一句辞语组成。也就是每一个六十四卦卦形图所象征的具体事物。比如《乾卦》的卦形结构之象：☰，象辞：天行健；卦形结构图☰，就是乾天的象征，是八卦的创作者效法乾天本身无涯无际的形象，以及太阳光线的平直无涯无际的特征而作为乾天的象征，而这个☰就是天的符号。天行健，是易作者用具体的文字来说明乾天的广大无垠。乾天太阳是自己使自己的功能强大无比，无物不照，无物不覆而又无物能伤、刚直不阿，乾天又善于变化。所以用"天行健。"就将乾天的本性，功能特点，卦形结构所象征的乾天的特点，明确清晰地表示出来了。

《坤卦》的卦形结构之象：☷象辞：地势坤，就是卦形结构之象。卦形结构图☷，就是坤地高低不平的象征；是六十四卦的创作者效法坤地广大无垠无边无际又高低起伏不断的形象，作为坤地的象征。而这个☷就是大地的符号，就是坤地的符号，就是大地地形地貌的象征。坤卦象辞的前一部分是："地势坤。"是易作者用具体的文字来说明坤卦卦形图就是坤地地形、地貌的特点，其特点就是高低起伏不平，又连绵不断，而且深厚博大。

《易经》六十四卦卦形结构图和象辞的第一部分，其实是属于法象思维的范畴，它用具体的图像效法了自然事物的原象，也就是用相应的图像和文字效法了自然物象原本的特征和意义。

其二，卦象辞的前一部分，它不但表示了这一卦的卦形结构和卦形结构的象征意义，有些还象征某一事物形成的科学原理，如第二节谈到的《噬嗑卦》和《风火家人卦》就是如此。它们以简单的图形和文辞，告诉我们雷电和风发生的自然科学原理。

通过以上几个卦形之象的分析，我们可以看到，我们的先祖是何等的聪慧睿智，而且也可以明白八卦、六十四卦早期的用途是什么了，更可以看到古人用八卦、六十四卦占卜的意义了。因为六十四卦的每一卦都有它特定的象征意义，它们都是一定时空事物的信息载体，是特定的语言表达方式，而且我们从八卦、六十四卦的象征意义中，可以看到古人对自然科学的认知描述是多么逼真和形象，它用不同的卦形图的方式，将这种认识形象地表示出来。那么有谁能够不承认《易经》的科学意义呢？一个卦形图，就将自然事物变化的原理，意义显示出来，就单从这一点而言，八卦、六十四卦的卦形结构图，有它严谨的科学结构，而且这些朴素的自然科学的意义，就是现代自然科学的基础。

3. 六十四卦卦象之象，就是卦象辞第二部分的哲学意义

《易经》作者从这一卦所述的事物之中抽象出来具有启示、启发、警示、教化意义的哲学辞句，由卦象辞来表示。比如《乾卦》的卦象辞：君子以自强不息。《坤卦》的卦象辞：君子以厚德载物。这就是卦象之象。它一般具有二种含义：

其一，是指从这一卦所阐述的内容中，抽象出具有典型意义的哲理，哲学意义，以教化后世之人。这其实就是卦象辞的含义。如《乾卦》卦象辞的第二部分是："君子以自强不息。"这一哲理的来源是依据乾天自己使自己功能强大无比的特点，以及全卦所述内容总结而来。因为《乾卦》卦爻辞主要阐述的是君子之德，也是天子之德的根本。卦象辞是说君子要像乾天一样使自己居于自强不息的美好境界，但是要想居于自强不息的美好境界，就得不断地以道德自修明德，不断地将自己的不足之处去除，不断地将自己的美好德行贡献给人民，为人民谋求利益，这才是自强不息的要点。多数卦象辞都属于这一类。

其二，卦象辞作为对爻辞所述内容的提示和补充性说明。如《随卦》的卦象辞：

"泽中有雷，随。君子以响晦宴乐。""泽中有雷"是指随卦的卦形结构而言。《随卦》上卦为泽、为兑、为悦、为说。下卦为震、为雷；上泽下雷，构成了《随卦》。泽，在这里是"口和悦"的象征；因为后面的"君子以响晦宴乐"，均是由口中发出的指令；悦，就是喜悦。"君子以响晦宴乐"既在于说明歌乐产生于古人对自然物象的效仿。如鼓声就如雷鸣，而鼓声则代表声乐之声中的响乐，"响晦宴乐。"就是在什么时候用鼓乐，什么时候不用鼓乐以及停止歌乐的意思。少数卦象辞属于这一类。

4.关于六十四卦卦辞之象

所谓六十四卦卦辞之象，是指六十四卦每一卦的卦辞而言，六十四卦的每一卦都有与之相应的卦辞，六十四卦的卦辞不是一般的文辞，而都是用象征、相像、抽象，或形象、形容等精炼的字、词、句子等形式将这一卦从原象中所取之象的内容作如下展示：

其一，简明扼要地对本卦所述内容作提示性展示描述。比如《遁卦》卦辞："遁享，小利贞。"卦辞将《遁卦》的主要意思，及时隐遁的好处和结果概括出来，以说明这一卦的主题思想。

其二，将其精髓精神作提示性展示。比如《姤卦》卦辞："女壮，勿用取女。"这是对《姤卦》全卦所述内容的主要内容的概括性结论；壮，就是强壮，强盛的意思，女人的势力过于强盛，或者姿色过于盛美时，不要娶来当皇后。

其三，将这一卦主要内容作抽象性展示。比如《乾卦》卦辞"元、亨、利、贞。"就属于抽象之象，这四个字辞，就是《易经》作者对乾天之德及君子之德的高度抽象概括，当然具体含义，《乾·文言》有详细的解释。

其四，将这一卦卦名的含义作精确简明说明。如《观卦》卦辞："观：盥而不荐，有孚颙若。"这是说《观卦》之观，只是观看法典、法规、法令而不用进献祭品，只要有诚信而且信服并肃敬学习遵守这些法规就可以了。

我们现在所看到的六十四卦的卦辞之象，其类型大概就是如此，它既可能是抽象语，又可能是概括缩减语，以起到言简意赅的作用。当我们研究明白这些卦辞的字辞、句子、形容词的含义，再结合全卦的含义，就能对号入座，看其像什么人或者是什么事物，来还原出原象的真实面目。这就是我们研究卦辞的方法。

5.关于六十四卦爻辞和爻象辞之象

（1）爻辞之象。爻辞之象，其实就是指六十四卦的每条爻辞所要展示的具体事物，它不是用直截了当的语言说明事物，而是用象征、形象、比喻、抽象、形容等词语、词句将这一爻所要表达内容的原象事物概括出来，成为我们看到的成象词、句子、形容词、隐射词等等，其展示方式有：

其一，用一辞多意和词意、词音相近的方式表达多方面的含义。比如《姤卦》六二爻辞："包有鱼，无咎。不利宾。"九四爻辞："包无鱼，起凶。""包"的本义：裹。就是用纸张或者其它东西将另外一个东西包裹起来的意思，在这里"包"就有包括、煲厨之含义。鱼，包括了鱼本身的意思，还包括了雨的含义在内。九二爻辞包含了《诗经》中与周幽王有关的诗篇中关于鱼、雨的很多诗文。九四爻辞则包括了《诗经》中描写周幽王时期水中无鱼可捕，厨房无鱼可煲，祭祀无鱼可荐献，人民生活困苦的诗篇。这就是爻辞之象的象征之一。

其二，用极为简练精湛的几句话，抽象展现出一个具有深刻意义的故事。比如《遁卦》初六爻辞："遁尾，厉，勿用有攸往。"我们先解释清楚这八个辞的含义后，还原出的原象就是：吴王阖闾乘越王去世其子勾践新继位之时，乘机前往伐越，但却被越王勾践用计谋打败，并使吴王阖闾右足受伤，兵败而逃，在逃回途中，阖闾因足伤疼痛过度而死亡，这就是吴王的最后生涯，而且还指出，假如阖闾不乘人之危，就不会发生悲剧，当然也不会发生吴越十几年后的战争。这就是《遁卦》卦爻辞的真实意义。

其三，将成语缩写成为抽象词语，以展示原象被取象之后的成象用词。比如《否卦》和《泰卦》的初六爻辞："拔茅茹，以其汇。""拔茅茹"是成语"拔茅连茹"的缩写语，它比喻国家引进任用了很多贤能的人才。"以其汇"也是成语"汇征之途"的简语，它比喻那些志趣相投，很有才德的君子，相互引进，相互推荐更多的贤能人才。也就是说将推荐引进贤才叫作"汇征之途"。这是告诉我们，治理国家天下，实现天下太平安乐，需要招集很多贤能之才，且各位贤能人才还要相互推荐更多的有用之才，任用他们的辅佐来治理国家天下，就会吉祥。

其四，将所要展示的原象事物，取象之后用抽象词语展示成象效果。比如《大有卦》九三爻辞："公用亨于天子，小人弗克。"九三爻辞是指周武王伐纣灭商成功之后，公正地追念历代先王的功德，并分封历代先王之后代。历代先王包括神农、黄帝、尧帝、舜帝、大禹、商汤等，使他们共同享受到天子的祭祀礼仪，而那些无德的亡国亡天下的小人就不会受到如此礼仪。

爻辞之象大概就有以上几类。只要我们解读清楚，这些辞文的真实含义，对照具体的历史事件，对号入座，就能清楚爻辞的意义了。

（2）爻象辞之象。爻象辞是指附在爻辞后面对爻辞含义的说明、提示以及评论。爻象辞按照传统的解释，一般称为小象。爻象辞之象有以下几种含义：

其一，是对爻辞的提示性解释。通过爻象辞的提示，就能够分析爻辞所阐述的是什么人或什么事物，或者与某一事物相似、相像。如《剥卦》六二爻辞："剥床以辨，蔑视凶。"其意思是："滔滔洪水泛滥，剥离河床，到处都是洪水，民众无处立足，尧帝通过与臣子们的辩论，决定让鲧去治水，而鲧因为蔑视洪水发生的原因，因而治水九年毫无效果，使洪水更加泛滥。爻象辞说："剥床以辨，未有与也。"这就是对这一爻辞的提示性解释。爻象辞说"剥床以辨，未有与也"的意思就是辨别确认鲧治水没有成效，而没有给予赞许，反而受到惩罚。爻象辞的大部分内容都属于这一类。

其二，就是对爻辞所叙述之事的原因作提示性说明，以便明白爻辞所阐述之事物的象征性。如《大壮卦》初九爻辞："壮于趾，征凶，有孚。"是说周穆王虽然使西周强盛，但是他却无辜使用强大的武力让人民前去远征犬戎，这是凶险之兆，因为先王原本就有明确的礼法规定，犬戎之族也一直遵守先王的礼法，并没有失去诚信。而初九爻象辞是："壮于趾，其孚穷也。"是说周穆王之所以会将强大用在劳烦人民远征上，就是周穆王失去了诚信，诚信没有了，所以让人民劳累。又如《大壮卦》六五爻象辞："丧羊于易，位不当也。"这是对丧羊于易原因的解释和评定。周穆王之所以在羊年和因与羊相关的事情很快死亡，是说居于天子之位的周穆王不应该被妖言惑乱了心志，而冤杀了正直的杜伯。有一小部分爻象辞属于此类。

其三，提出相反的问题与爻辞所叙述的问题相对照，以提示爻辞所述之事物与什么事物相象。如《同人卦》初九爻辞："同人于门，无咎。"是说君子继承先祖之德，和先祖一样能以道德为人民谋利益，就没有过错。这就是"同人于门"的含义。而爻象辞："出门同人，又谁之咎。"爻象辞说，不继承先祖之德，而与别族之人同德，这又是谁的过错呢？先祖无道无德，后代能与有道德者同人，一起为人民谋求利益，这是没有罪过的。如果先祖是有道德者，而子孙后代却不能继承先祖的事业而与小人为伍，这当然是后代的罪过了。这样通过对比，就可以加深理解"同人"的含义，同人，就是要与有道德的先祖同德同心，要与人民同心同德，发扬光大先祖以道德治天下的功德。极少部分爻象辞属于此类。

6.关于《易经》之象主要有以下几种类型

其一，《易经》中有许多易象的具体象征物，其中最主要的是对乾、坤、震、巽、坎、离、艮、兑八个卦象所象征的具体事物意义的明确规定；如《说卦》曰："乾，天也，故称乎父。乾为天，为圆为父，为金，为寒，为冰，为良马。坤为地，为母，为釜，为吝啬，为均，为子，母牛。震为雷，为龙，为玄黄，为长子等等……"这些就是对八卦特定意义的象征规定，这在预测学中有重要的意义。

其二，爻系统的阳爻（—）和阴爻（--）象征意义的具体说明。《易·系辞·下传》曰："阳一君而二民，君子之道也，阴二君而一民也，小人之道也。"这就是对组成八卦、六十四卦的阴阳爻的象征意义的说明。从这里我们就可以看到《周易》之象到处存在。这也是《易大传》中的重要之象。

其三，用"神"象征人的思维意识，精神意志。《易·说卦传》曰："神也者，妙万物而为言者也。"所谓神，就是能够精妙地描述万物形态意义的意识思维记忆和语言表达功能。

其四，用东方升起的太阳象征帝王，用南方万物得到充足的阳光而生长茂盛象征帝王之德、帝王之位，帝王就要象太阳一样，使万物、使人民得到阳光雨露而茁壮生长。这在《易·说卦传》中就有明确的象征之辞。

其五，用八卦象征阴阳五行，象征四面八方之位。如《坤卦》《艮卦》象征五行之土；乾、兑象征五行之金；离象征火；坎象征水；震象征雷；巽象征风。震象征东方；巽象征东南方；离是南方的象征；坤是西南方的象征；兑是西方的象征；乾是西北方的象征；坎是北方的象征；艮是东北方的象征。这些在《说卦传》中都有明确规定。

总之，《易经》传系统中还有许多关于象的具体论述，这里就不逐一细说了。

7.关于易象的意义

抽象思维之象，是哲学意义之象。也是指《易经》六十四卦卦象辞之象的哲学意义。卦象辞之象是《易经》作者从每一卦所述的内容中总结概括抽象出其哲学意义，或者是对《老子》、孔子经典思想的抽象。

8.关于归类之象的意义

阴阳、五行，天干地支，不仅在易学中有重要的意义，而且阴阳五行学说是传统医学的理论基础，也具有很重要的意义。

9.文学表现手法之象

作为具有群经之首的《易经》，它首先就是一部文学作品。凡是用文字来表述的著作，就要有自己独特的文学表现手法。象就是象征、相像、相似的意思。具体用形象、比喻、类比、形容、以及成语等方法将所要表达的事物原象的形象，特征、特点、经过取象、成象的过程表示出来，使之与所要表示的事物的原象相像、相似，甚至是惟妙惟肖地将原象事物的形象表示出来，这就是象。当然这里所说之象，主要是指《易经》六十四卦，八卦的文辞之象和八卦、六十四卦结构之象。

关于易之象，基本内容和意义就是如此。

第二章 《易经》形而上哲学本体论

第一节 《易经》形而上哲学本体论 – 大道论

一、什么是哲学本体论

1. 关于哲学本体论的一般观点。关于哲学本体论，学术界各种哲学人物均有各自的本体论观点。比如有学者认为哲学本体论就是"物体或者物体本身"。康德则说"自在之物"或者"形成现象的根本实体"。还有学者认为"本体论又称为存在论，是形而上学的一个分支"。关于本体论一般认为："从广义说，指一切实在的最终本性，这种本性需要通过认识论而得到认识，因而研究一切实在的最终本性为本体论，研究如何认识则为认识论。这是以本体论与认识论相对称的。从狭义说，广义的本体论中又有宇宙的起源与结构的研究和宇宙本性的研究之分，前者为宇宙论，后者为本体论，这是以本体论与宇宙论相对称。""在古希腊罗马哲学中，本体论的研究主要是探究世界的本原或基质。"

2. 冯友兰先生关于本体论的观点。冯友兰先生在《中国哲学史》第一章绪论关于哲学之内容中指出："希腊哲学家多分哲学为三大部：物理学、伦理学、论理学。以现在之术语说之，哲学包含三大部。宇宙论——目的在求一'对于世界之道理'；人生论——目的在求一'对于人生之道理'；知识论——目的在求一'对于知识之道理'。此三种分法，自柏拉图以后，至中世纪之末，普遍流行，即至近世，亦多用之。哲学之内容，大略如此。""就以上三部分中若复再分，则宇宙论可有二部：一，研究'存在'之本体'真实'之要素者，此是所谓'本体论。'一，研究世界之发生及其历史，其归宿者，此所谓'宇宙论'。""人生论也有两部：一，研究人究竟是什么者，此即心理学所考究。一，研究人究竟应该怎么者，此即伦理学（狭义的）、政治社会哲学等所考究。""知识论也有两部：一，研究知识之性质者，此即所谓知识论（狭义的）。一，研究知识之规范者，此所谓论理学（狭义的）。"[①]

3. 笔者关于本体论的观点。冯先生引用希腊哲学家对哲学分部法，用现代哲学

---

① 冯友兰. 中国哲学史[M]. 华东师范大学出版社，2000：1—2.

术语分为三大部分的内容中，宇宙论包括了本体论和宇宙论。对哲学本体论的观点，就是"研究'存在'之本体'真实'之要素者，此是所谓'本体论'以及研究世界之发生及其历史，其归宿者，此所谓'宇宙论'。"冯先生所引用的希腊哲学家对"本体论"的观点，其实对于笔者而言，就是简明易懂的本体论观点，所以就以冯友兰先生"本体论"的定义为笔者对本体论的初步认识，为笔者研究《易经》本体论——道论的依据。所以，《易经》本体论的第一论，就是"道本体论"，其实应该是《老子》和易学关于宇宙万物的生成论以及《易经》之诸道论。

二、哲学界关于马克思的人本体论

1. 现代哲学界对马克思哲学本体论有以下几种观点：

其一，物质本体论。恩克斯认为："世界的统一性在于它的物质性，而这种物质性不是魔术师的三两句话就能证明的，而是由哲学和自然科学长期的和持续的发展来证明的。认为现实世界是客观的物质世界，世界的真正统一性在于它的物质性，物质是世界的本原。"[①]

其二，历史唯物主义的本体论，就是"社会生产关系本体论"。马克思把社会历史建立在现实的物质生产、人的劳动、作为感性活动的实践的基础上，从而使历史唯物主义本体论得以建立。

其三，社会存在本体论。认为当代本体论的一般特征是从社会存在出发去解释存在和自然存在；马克思哲学实质上是社会存在本体论，确切地说，是社会生产关系本体论，生存论的本体论。马克思哲学的意义就在于深入揭示了人的历史实践活动，将传统哲学的超验的、实体性的本体论形式还原或转换为人的实践活动所内含的生存论意蕴。此种观点主张把马克思哲学中具有本体论意蕴的理论基础称之为"实践生存论"。

其四，实践本体论。有学者认为马克思关于"把事物、现实和感性当作人的感性活动、当作实践去理解"；"实践是整个现存感性世界的非常深刻的基础"的论断，实际上已建立起了实践本体论。实践虽晚出于自然，但又可以超越自然，即自然界的性质和规律是由实践加以揭示的，人及人的社会历史、人与自然界的面对，其本质都是实践的。

其五，"人本体论"。这个论点是笔者最近有幸读到很多学者在这方面的研究文章，有学者认为："马克思以'人为本'的人，就是从事具体的、历史的实践活动的'现实的人'；马克思认为，人的本质在其现实性上是一切社会关系的总和。

---

① 马克思恩格斯选集（第三卷），人民出版社，1995年版，第383页。

其次，实践哲学意义上的'以人为本'意味着要始终从实践活动本性来看待人。再次，实践哲学意义上的'以人为本'，意味着人的解放不是在人的思想活动中完成，而是在现实的历史运动中逐步实现。马克思认为，历史活动的第一个前提就是现实的人。应该说人才是社会存在的本体。"

其六，笔者认为马克思哲学本体论。以"人本体论"最为合乎马克思主义革命思想，因为马克思所论的一切问题，其目的在于论述无产阶级革命的重要意义，那就是把工人和贫困的人从私有制的剥削压榨下解放出来，从而获得作为自然人的自然尊严和本来的自然性。马克思在《1844年经济学哲学手稿》中说："因此，私有财产的扬弃，是人的一切感觉和特性的彻底解放；但这种扬弃之所以是这种解放，正是因为这些感觉和特性无论在主体上还是客体上都成为人的。"①

其七，写这篇文章时，笔者阅读了丛大川先生的《马克思的"哲学本体论"是什么？——读〈1844年经济学哲学手稿〉》的论文。丛大川先生在文中指出："马克思实质上实现了'哲学本体论'的重大转折——即把本体论问题推到'现实的人和人的有意识的生命活动——劳动实践。'马克思指出：'整个所谓世界的历史不外是通过人通过人的劳动而诞生的过程，是自然界对人说来作为人的生成过程……因为人和自然界的实在性，即人对人来说作为自然界的存在及自然界对人说来作为人的存在，已经变成实践的可以通过感觉直观的。所以，关于某种异己的存在物，关于凌驾于自然界和人之上的存在物的问题，即包括着对自然和人的非现实性的承认问题，在实践上已经成为不可能了。'"

丛大川先生接着指出："很清楚，马克思的新哲学要研究的是人的劳动实践创造的'人化自然'和在劳动实践中自我创造的'人'，及二者的'现实关系。'"

丛大川先生还把马克思哲学本体论分了四个层次：

（1）实践人本论是第一层次。丛先生说："马克思在《手稿》中自称自己的共产主义理想是'积极的、彻底的、实践的人道主义。'而'人道主义'这一术语，依北京大学杨克明教授的看法翻译应是'人本主义'。这个'本'，就是'本体论'中的本，也是我们呼喊的'以人为本'中的本。故我认定'实践的人本主义'就是马克思新哲学'本体论'。'人'就是本体，或者'主体'。人不仅是自然的主人，还是社会的主人、历史的主人、自己的主人（当然是自由自觉活动的主人）。'人本体论'这一哲学的核心思想即是积极扬弃'人的自我异化'，'因而是通过人并且为了人而对人的本质的真正占有。因此，它是人向着自身、向社会的即合乎人性的人的复归。这种复归是完全的、自觉地、而且保存了以往社会的全部财富。'进

---

① 马克思.1844年经济学哲学手稿（单行本），人民出版社，2014年版，第三手稿85—86页。

而通过人的本质力量（即自觉意识），对象化（自然的实践）来实现人和人、人和自然、人的存在和本质，人的对象化和自我确证，人的自由和必然之间的矛盾和斗争的真正解决。"

（2）感觉激情本体论是马克思哲学本体论的的第二层次。丛先生认为，马克思认定，人的感觉，激情等是"他"实践人本体论的"人本"的更深层次的"本体论"本质。

（3）马克思哲学本体论的第三层次——实践爱本体论。爱包括情爱、性爱、亲爱、胞爱、族爱、类爱，这是人类发展的一强大的本质力量。

（4）马克思哲学本体论的第四层次——两性情爱本体论。马克思把两性间的爱情关系，视为人与人之间的最自然的、最直接的、最必然的、最强烈的类关系，也就是人生产的基础，没有这男女之间的关系，就没有人类，这是何等本体。同时丛先生还对马克思关于对异化的资本主义社会性爱关系"非人类性"和"动物性"的丑陋的性爱关系的批判作了阐述。①

依据丛大川先生对马克思哲学本体论的解读，可以认为马克思的哲学本体论，就是"人本体论"，就是研究人如何认识自然世界，改造自然，适应自然，利用自然，使人与自然达到和谐。"人本体论"，是马克思的哲学本体论。

2. 笔者的认识：笔者之所以摘录丛先生的文章，主要因为笔者认为丛大川先生对于马克思人本体论的分析认识，以及对人本体论层次的分析，简直就像是对《易经》哲学内容的对照分析似的。孔子所赋予的《易经》哲学的思想内容，是《老子》、孔子以二皇五帝三王的治国思想为核心内容，其中涉及到庄子、孟子、《吕氏春秋》的哲学思想内容。《老子》所论的大道，也是《易经》哲学所论之道，更是孔子所论之道；道，是《易经》易学哲学的本体论；道，是《易经》哲学对宇宙万物包括人产生过程的简明描述；道，是中国古代哲人认识宇宙世界的通道、路线。马克思所指的"整个世界的历史不外是通过人的劳动而诞生的过程，是自然界对人来说作为人的生成过程……"②也就是说，没有人类的劳动，就不会诞生真正的人类，没有人类的劳动，就不可能创造出世界的一切，只有有了人类，人类一方面认识世界，一方面改造世界。马克思所说的"人化自然"，无非就是两种意思：其一，原本的自然界，通过人的各种观察，由人的视觉系统、感觉系统、意识思维系统综合对自然界自然物认识的描述情形，经过人的意识思维认定的自然界，已经不是原本存在的自然界了，而是人意识思维中的自然界，这一点是"人化自然"的主要含义。其二，

---

① 马克思 .1844 年经济学哲学手稿（单行本），人民出版社，2014 年版，90—91 页。
② 马克思 .1844 年经济学哲学手稿（单行本），人民出版社，2014 年版，90—91 页。

通过人的劳动而将天然的自然生态环境改造为适合和有利于人类生存生活的生态系统，也就是将自然事物改造变化为对人类有利有用的事物。而易学的"古者包牺氏之王天下也，仰则观象于天，俯则观法于地，观鸟兽之文，与地之宜，近取诸身，远取诸物，于是始作八卦，以通神明之德，以类万物之情。作结绳而为网罟，以佃以渔……"是古人认识世界、改造适应世界的写照，更是中华民族历史文明创造进化的真实写照，也是马克思所论的"人化自然"和在劳动实践中自我创造的"人"，及二者现实关系的真实写照。

丛大川先生的文章通篇都是关于马克思哲学本体论的论说，只字未提易学。但是丛大川先生关于马克思本体论的层次，尤其是第一层次"人本体论"的精彩论述，就好像是对《易经》哲学的核心内容的论述似的。《易经》哲学的核心内容主要是通过卦象辞展现的，也有部分卦辞、部分象辞、部分卦爻辞展示出来的，尤其每一条卦象辞展示的就是教化人发扬保留人之本性弃去人性之陋习的经典警示，警示提倡"人复归到人自身的、社会的合乎人性的人"。马克思认为生产生活就是人类生活，自由的有意识的活动（实践）就是人的类特性，即人性。也就是说人在共产主义社会环境下，能够把自己的能力自由自在地有意识地充分发挥展现出来，使人成为合乎人性的人。

《易·泰卦》六四爻辞："翩翩，不富以其邻，不戒以孚。"这里的"翩翩"，就是指实现天下太平所要达到的使人人轻松愉快自由自在地生活的一种理想，也是对我们的古人和西周已经实现了的天下太平时期，对于不富裕的邻邦不以武力戒备森严，而以诚信相待的真实状况的描述。天下太平安乐也是易学所要实现的易学意义上的原始共产主义社会的"合乎人性"的理想。易学关于人性的精确含义，就是《系辞》孔子所言的："天地设位，而易行乎其中矣。成性存存，道义之门。"这里"成性存存，道义之门"的成性，就是成就实现人的本性像天一样的善性，并且将这个天一样的善性和人本来的善性，存入印记、保留在人心中，这才是实现道义的关键，也就是说使人人都有仁善之心。

《老子》关于人性之论，在《老子》第六十五章指出："古之善为道者，非以明民，将以愚之。……玄德深矣，远矣，与物反矣，然后乃至大顺。"老子所言的是，古时善于以无为之道治理天下者，并非是使人过于明智机巧，而是要人保持朴实、纯真、善良的本性。这个淳朴、善良的本性，就如深奥远大的天德！人同万物一起返回到诚实、淳朴的质真状态，才能使天下达到大顺而大治。《老子》所言的大顺大治，就是达到实现天下太平安乐时，人本性的原始本真状态。《老子》所言的人的本性，是质朴、诚实、善良、敦厚的原始本性。马克思所指的是使人的能力有意识地自由自在地发挥出来的高智能的本性；马克思所言的是指达到远大的共产主义社会时期人达到的自然本性。《老子》和《易经》所言的是原始共产主义时期的人的自然本性。高智能的本性也是离不开善良纯真的本性的，只不过是达到共产主义社会时，善良已经是印记在人们心中，而成为人们的一种不用特意显示就存在的自然习惯而已。

正如《礼记·礼运》孔子曰："天子以德为车、以乐为御，诸侯以礼相与，大夫以法相序，士以信相考，百姓以睦相守，天下之肥也。是谓大顺。大顺者，所以养生送死、事鬼神之常也。故事大积焉而不苑，并行而不缪，细行而不失。深而通，茂而有间。连而不相及也，动而不相害也，此顺之至也。"[①] 孔子之论，就是原始共产主义社会的人性，从天子至庶民，各自以善良仁厚的本性，遵守各自的规则、责任、义务和社会秩序，天下就太平无事安乐自在了。

《易·坤卦》初六爻象辞曰："履霜坚冰，阴始凝也。驯致其道，至坚冰也。"这里"驯致其道，至坚冰也"就是说依照履霜坚冰至的变化原理，从很早就开始对其进行驯良，使其逐渐达到和顺善良，而且要使其和顺善良之性永远凝结于心中。也就是说人类应该要进行反复的关于人性善良淳朴的教化，使善良淳朴的本性印记在心中，这样才能使善良淳朴成为每个人生活的习惯。所以说，马克思所指的共产主义的高智能的人性论、《老子》和《易经》所指的原始的人性论，这二者的人性论并没有相互抵触之意，高级是由原始，也就是由初级发展进步而来，包含着一个由初级向高级转化的过程，从而达到高级人性的实现。

其次，丛大川先生关于马克思本体论的层次论的第三层次"实践爱本体论"和第四层次"两性情爱本体论"，尤其是关于"两性情爱本体论"所涉及的内容。马克思把两性间的爱情关系，视为人与人之间的最自然的、最直接的、最必然的、最强烈的类关系。正如马克思所言："男女之间的关系是人和人之间最自然的关系。因此，这种关系表明人的自然的行为在何种程度上成了人的行为，或者人的本质在何种程度上对人来说成了自然的本质，他的人的本性在何种程度上对他来说成了自然。这种关系还表明，人具有的需要在何种程度上成了人的需要。"[②] 马克思把男女之间的自然关系，视为人的自然行为，自然本质，自然本性，人的自然需要。正是由于这种自然本性，才是人产生的自然基础，没有这种男女之间的自然关系，就没有人类的繁衍不息。其基本含义与《易经》哲学、孔子之论如出一辙，这也应该是经典之论之意义的同一性吧。

---

① 钱玄、钱兴奇等注译. 礼记[M]. 岳麓书社，2001：312.
② 马克思. 1844年经济学哲学手稿（单行本），人民出版社，2014年版，80—81页

《易·归妹卦》彖辞曰："归妹，天地之大义也。天地不交，而万物不兴。归妹，人之终始也。说以动，所归妹也。"《归妹卦》彖辞所论的"归妹"，就是嫁女。男婚女嫁的意义，就是阴阳男女相合相交；阴阳男女相合相交是天地万物繁衍后代的大事情。天地阴阳不交，而万物就不能繁衍化生。嫁女，是人类有始有终地繁衍不息的大事情，是天经地义之事。经过媒妁之言，双方喜悦而行以嫁娶之礼，是谓归妹之意。

"归妹，天地之大义也。"是说婚姻的重要性。婚姻嫁娶，是人之常情。男娶女嫁，组成家庭，是人类繁衍后代、传宗接代的大事，关系到人类兴盛衰败的大事。

《归妹卦》彖辞和《礼记》关于婚姻的重要性，与马克思人本体论的层次论的第三层次"实践爱本体论"和第四层次的"两性情爱本体论"的意义是一致的。

《易经》在《屯卦》的爻辞中也有关于女子婚姻教化制度，以及男子求婚、结婚和婚姻之礼的专门立法论述。如《屯卦》六二爻辞："屯如邅如，乘马班如，匪寇婚媾，女子贞不字，十年乃字。"《屯卦》六四爻辞："乘马班如，求婚媾，往吉，无不利。"《屯卦》六二爻辞是关于女子的婚前教育和婚嫁的相关法规；六四爻辞则是对男女婚嫁礼仪先后次序的阐述。

《易经》哲学的所有内容，尤其是卦象辞的后一部分，主要是在论述君子之道。君子属于人群中德行高尚者，更属于人群中的精英。卦象辞提示警示每一个人都要向君子学习，学习他们的德行，使人人都成为君子人。所以说卦象辞的后一句都是在谈做人的学问。比如《困卦》卦象辞："君子以致命遂志。"《益卦》卦象辞："君子以见善则迁，有过则改。"等卦象辞，与中国共产党党员必须具备和履行的义务差不多。正如《中国共产党党章·党员》："中国共产党党员必须全心全意为人民服务，不惜牺牲个人的一切，为实现共产主义奋斗终身。""坚持党和人民的利益高于一切，个人利益服从党和人民的利益，吃苦在前，享受在后，克己奉公，多做贡献。""切实开展批评和自我批评，勇于揭露和纠正违反党的原则的言行和工作中的缺点、错误，坚决同消极腐败现象作斗争。"[①]

六十四卦卦爻辞所述的内容大多数都是历史人物，是具有典型意义的成败者的历史事实，同样是关于各类人物的事情。当然卦辞和象辞是这一卦的总纲，就更无例外了。所以说《易经》的内容处处事事都与人有关，都是人事之论，是以道论人的哲学，也就是"人本体论"的具体论述。

通过对丛大川先生关于马克思"人本体论"摘录、分析，以及笔者粗浅的再认识，结合《易经》的实际内容，可以肯定地说，《易经》哲学本体论中道论的另一

---

① 《中国共产党党章》，人民出版社，2007年10月西安第一次印刷，22页、23页、24页。

个重要内容，就是"人本体论"。马克思的"人本体论"非常符合《易经》哲学内容，人本体论也是《易经》道本体论所派生出来的诸道论的一部分。

三、《易经》哲学本体论首先是道本体论

《易经》哲学本体论——道本体论的内涵：冯友兰先生引用的关于希腊哲学的三大部分内容，包括宇宙论、人生论、知识论，涵盖了易学哲学的所有内涵，老子哲学是中国形而上哲学的创始者，《易经》哲学则是孔子哲学和老子哲学的综合体现。老子和《易经》哲学内容更是中国古代哲学内容的基础。冯先生引用的哲学本体论的观点，其实就是《易经》关于太极之论，也是《老子》、孔子的道本体论。道论是老子哲学的本体论，当然也是《易经》哲学之本体论。《易经》哲学本体论包括：

（1）宇宙生成的本源论——大道。大道是宇宙形成的本源，生成了天地之母——混沌之物；混沌之物依照道的途径生成了天地，天地依照道的途径生成了万物。

（2）由大道论而派生出天道、地道、人道的三才之道。

（3）由三才之道——天道，抽象出形而上者谓之道；由三才之道——地道，抽象出形而下者谓之器；由三才之道——人道，抽象出圣人之道、君子之道、为人之道。

（4）形而上者谓之道、形而下者谓之器、君子之道三者包揽了天子之道、治国之道、人伦之道、为官之道、为民之道、为人之道、阴阳五行之道、死生之道等。

（5）我们将《易经》哲学形而上之道，分为二部分。其一，大道，我们将大道称之为化生之道。化生之道，就是大道化生了天地之母——太初——太极；太极化生天地，天地化生万物。也就是说天地之母，天地、万物均是经由大道化生的，这个化生过程是自然而然的过程，是没有主宰没有意识思维的自然过程。

其一，天道、地道和人道，我们将其称为真善美之道。因为天是不受任何主宰，没有任何意志地、自然地、公正、公平地使万物得到了光明温暖；地也是不受任何主宰，没有任何意志的自然地、公正、公平地使万物得到了承载藏纳；圣人从天地自然而然地使万物得到益处好处的自然现象中，感悟出真、善、美之德这个美好的理念。所以，人道，就是依照天地有益于万物的真、善、美之德去作为，以体现出天地人的真、善、美有益于万物，有益于人类自身生存生活的真实意义。

（6）结论。其一，所以说《老子》之道德论，本身既是道本体论，又是人本体论。因为《老子》之道德，既推论了宇宙万物的生成之道——无为之道，也论述了圣人、君子之道德；论述了圣人、君子如何以无为之道为天下万民谋利益，论述了圣人君子是如何做到，就如天地自然一样自然而然地显示出他们为天下万

物、天下万民的利益而作为的真、善、美之德。

其二，《易经》之大道，天地之道的实质就是自然，就是事物自然而然发生的过程。所以，《易经》《老子》论道的目的就是以道论人，使天地之真、善、美成为人心之自然，成为人的自然习性。那么在日常生活行为中就会自然而然地显示出真、善、美的习性，不是为了表现而做出来的表面的真、善、美。

其三，总而言之，《易经》哲学形而上之道，是道道相生、道道相连，道道相通最终通向天下为公之道，天下太平之道，通向人与人、人与社会、人与自然和谐之道。

其四，《易经》哲学理论既是《老子》、孔子对二黄五帝三王等历史人物哲学思想的概括升华，又是《老子》、孔子思想的结合。《老子》哲学将《易经》的形而上哲学之道本体论升华并推而广之，因而《易经》有："易有太极，是生两仪""有天地，然后有万物，盈天地之间者唯万物"之论。所以《老子》哲学道本体论，也是《易经》哲学本体论。《易经》哲学道本体论之人本体论既是道本体论的派生物，又是《易经》哲学道本体论的终极目的，也就是说《易经》哲学论道的终极目的是以道论人，此二者和合就是《易经》哲学本体论的全部内容，也是核心内容。

其五，《易经》哲学以道论人的人道本体论，在这里就将其称为"以人为本论"。以人为本论的核心宗旨是人人为大众谋求福祉利益，使大众享受到福祉利益。这就涉及到天子之治、民众之治、为民众谋福祉利益的很多规则。能为民众谋利益福祉，使民众得到利益福祉，而受到民众拥护者，就是成功者，反之就是失败者。所以易学哲学本体论的终极目的是天下为公，人人为民众谋福祉，这是《易经》哲学"以人为本"的根本。中国共产党主席毛泽东提出的"全心全意为人民服务"的宗旨，就是对《易经》哲学道本体论和《老子》道德哲学的升华和概括。当今中国共产党人"以人为本"的哲学理念也是《易经》道本体论之人本体论的传承和提高，都是为人民谋福祉利益之道。

其六，所以《易经》哲学的本体论就是"道本体论"，而"人本体论"是《易经》哲学道论的终极目的。因为《易经》原本就有天道、地道、人道三才之道论，所以就将人本体论归于人道论的范畴。天地之道论，人道论就是《易经》哲学本体论的核心内容，这些内容将在以后的章节中分别探讨研究。

第二节　道论是《老子》和《易经》形而上哲学本体论

在《易经》哲学本体论中，笔者以"道论"和"人本体论"为《易经》哲学本体论的论点，是否正确，笔者以为这只有在对《易经》内容有所研究认识的基础上，在明白《易经》所有文辞意义的基础上，才能谈论、讨论和论说这个问题。试想一个对《易经》文辞意义的一无所知，或者是所知不正的情况下，如何认识《易经》哲学的本体论呢？那也只能是空谈而已了。

"什么是哲学呢？我们不妨先给它一个定义——哲学是以人的理性，研究宇宙与人生的根本真相，然后将这种研究所得，用于指引现实生活、评估文化生态的一门学问。"这是傅佩荣先生在《我看哲学——开拓心灵的世界》一书中对哲学下的定义，笔者以为傅先生对哲学所下的这个定义，比较适合《易经》形而上哲学的意义，所以现在我们也来研究《易经》哲学所论述的宇宙与人生根本真相的第一个问题。宇宙是如何形成的呢？宇宙形成并存在之前，是什么物质或者什么形式存在变化而形成了天地，也就是形成了日月星辰和地球呢？

《易·序卦传》曰："有天地，然后万物生焉。"《易·系辞》曰："易有太极，是生两仪，两仪生四象，四象生八卦。"《序卦传》指出，有了天地以后，才有万物的生成。万物包括人在内，是由于有了天地的存在之后，才生成的。那么天地又是如何生成的？天地是由谁或者什么物质生成的？以及《易·系辞》所言的太极是什么呢？这就是我们要探讨的生成天地的物质和天地生成之道的问题。因为《易传》哲学思想、内容是集《老子》、孔子之思想的精华。那么关于天地是如何生成的？是什么物质经历了怎样的形式和途径生成的？我们就以《老子》关于天地的生成之道来解析这些问题，也就是说，《老子》已经论述了这些问题，《易经》只是引申发展光大而已。

一、《老子》关于天地之母是如何生成的论述

《老子》在第二十五章对天地之母生成过程有明确的论述："有物混成，先天地生。寂兮寥兮，独立而不改，周行而不殆，可以为天地母。吾不知其名，强字之曰'道'，强为之名曰'大'。大曰逝，逝曰远，远曰反。"《老子》指出，"有混然一体没有痕迹的物质生成了混沌之物，这个物和混沌之物在天地生成之前就已生成了。这个物本身无声无形，却能使混沌之物独自朝着一个方向运动旋转而不改变，往复环绕旋转而不懈怠，并使其逐渐变化到极大，这个极大的混沌之物可以称为天地之母。我不知道这个混然生成的混沌之物——天地之母的物质叫什么名字，勉强给它起个字就叫它'道'，勉强给它起个名就叫做'大'。因为大道使混沌之物反复循环旋转不止变化到极大极大终于分离，分离开来仍然旋转不息就逐渐远离，远离之后仍然反复循环旋转不息的就是天和地。"这是《老子》的天地生成论。《老子》将混然一体没有痕迹而生成混沌之物的那个物质和混沌之物变化的自然过程，以及混沌之物生成天地的自然过程命名为大道。大道就是自然。宇宙间一切物质都

是自然生成，自然存在，自然变化，自然生长、壮大和衰败的。《老子》从这个过程中感悟到的就是天地之母生成的自然过程和天地之母生成天地的自然过程，将这个自然存在的自然之物生成天地之母的自然过程和天地之母生成天地的自然过程命名为大道，就是说大道就是生成天地之母和天地之母生成天地的自然过程、自然途径。

《老子》认为这个自然生成，自然存在的混沌之物，以及自然运动变化到极大的混沌之物，就是生成天地的天地之母。而生成天地之母的这个自然过程就是大道。《老子》所论的这个经由大道自然生成自然存在的混沌之物，或者混沌之气——天地之母，就是《易经》所言的无极；无极就是混沌之物的初级状态，道使无极自然地反复朝着一个方向运动不息，自然变化到有了两极的"极大"之物，就是易学所说的太极；无极就是还没有变化到极大的状态。太极，既是极大极大，又有朝两端发展的意思。那个极大极大又朝两端发展变化之物不停地反复地做着环绕旋转运动，最后终于分离，分离之后仍然反复旋转不止，因此就逐渐远离，远离后它们各居于一方，就是天和地，这也是《易·系辞》中"易有太极，是生两仪"的含义。两仪就是各居于一方，而性质完全不同的天和地。当然，天是指天上存在的日月星辰；地是地球上存在的五行物质和最后生成的动物和人类。

《老子》在"有物混成章"明确地论述了"大道"的化生意义，也就是论述了大道是生成混沌之物（无极）的生物体（这个生物体，不是指有生命的生物，而是指能生成物质的物质），无极自然变化到极大的混沌之物（太极），太极自然变化生成天地（两仪）的生成过程。《老子》将这个过程命名为"大道"，而这个过程就是自然而然的变化过程、变化途径。之所以将生成混沌之物的自然过程——大道，称之为生成物，是因为《老子》将其称之为"物"，如《老子》第二十一章所言："孔德之容，惟道是从。道之为物，惟恍惟惚。"

大道化生无极，无极变太极，太极化生天地，天地化生万物，这样生成宇宙的物质就是大道了，大道就是生成宇宙万物的途径、过程。宇宙万物是大道生成的，正如《老子》第四十二章所言"道生一，一生二，二生三，三生万物"。那么大道就是宇宙万物生成的本源了，大道就是天地万物生成的本体了。我们将这一章的内容与《老子》第一章结合起来，那么，我们就会明白所谓"无"，就是指没有天地和天地之母之前，天地之母生成的自然过程。无，还指天地之母分离变化成了宇宙的存在物——太阳、地球和其他星辰后，就不存在了。无，就是没有了，没有了不就是无吗？而且这个无，还是没有名称之无，所以称之为无。

有，就是有了天地之母——太极的存在，才化生了天地；还指有了天地之后，天地阴阳之气相交相合适中而化生万物的自然过程。太极是天地之母，天地是万物之母。有，实际是指有了天地之有，还指天地长存，能够看得见之有，所以为有。《老子》将有物生成天地之母的过程、混沌之物生成天地的过程、天地生成万物的过程命名为"大道"。大道就是天地万物从无到有的自然生成变化过程。这就是《老子》的宇宙生成论。

二、《老子》关于什么是道的论述

1. 关于道，《老子》在第一章就有精彩的论述："道，可道，非常道；名，可名，非常名。无，名天地之始；有，名万物之母。故常无，欲以观其妙；常有，欲以观其徼。"《老子》在这一章论述的是什么？是道和为道命名的问题。《老子》认为"道，可以说是有的，但并不是平常所说的道路之道；名称，可以说是有的，但并不是常说的道路的名称。"那么《老子》所论之道到底是什么呢？《老子》所论的道，就是"无和有"。无，既是指没有名称的道，又是对天地之母的称名。有，是指天地，也是万物生成之母的称名。因为天地之母生成天地之后，就不存在了，所以称为无。有，是指生成万物的万物之母——天地，因为天地长存，可以看得见，就称为有。正如《老子》第四十章所言："天下万物生于有，有生于无。"

2. 关于有无，庄子也有他的论述，正如《庄子·天地》篇曰："泰初有无，无有无名；一之所起，有一而未形。"[1] 这是庄子对《老子》之无与有的解释。庄子之言是在《老子》之论的前提下，认为太极之初的无极与有无，既没有有也没有名称；太一所以开始形成，有太一而还没有形成运动变化到极大有两极的太极是谓太初无极。《庄子·大宗师》曰："夫道，有情有信，无为无形；可传而不可受，可得而不可见；自本自根，未有天地，自古以固存；神鬼神帝，生天生地；在太极之先而不为高，在太极之下而不为深，先天地生而不为久，长于上古而不为老。"[2] 庄子这一论述，是对道存在的肯定："道有本性有诚信，自然无为而又无形状；可以传授而不可以给予，可以得知而不可以看到，起源自有本有根，在没有天地之前，自古长久存在；道化生了神鬼神帝，道化生天化生地；在太极之前存在不算年长，在上下四方之后存在不算深远，在天地生成以前就生成而不算久，长久存在于上古不算老。"这是庄子对道的论述。庄子指出，天下万物包括天地皆以道而生，以道而存，以道而变化。天地日月都是道的化生物，人类也是道的化生之物，就连人们心中的鬼神都是道化生的。说明道无所不在，无所不化生。庄子之论是对《老子》所论之道的进一步论述。

---

[1] 张光裕主编. 老子（附庄子）[M]. 北京燕山出版社，2000：146.
[2] 同上，117.

《老子》关于有无的论述，正是对天地生成过程和万物生成过程、生成途径的论述，这个过程、途径就是自然而然的过程，是没有思维计谋的自然过程。那么《老子》论述的这个道是怎样生成天地万物的呢？

三、《老子》关于大道功能的论述

　　（1）大道是万物化生之本源。《老子》第四十二章指出："道生一，一生二，二生三，三生万物。万物负阴而抱阳，冲气以为和。"老子所说的"道生一"之一，就是易经所说的"太初及太极"，太初为太一，太一就是那个一团初级的混沌之气还未变化到极大时是谓无级。太级是由无级变化到极大，而且具有了一端轻清一端浑浊之气的天地之母，而这个极大的太极，是由大道生成的太初变化而来。"一生二"，就是太初逐渐变化到极大的太极，逐渐自然变化分离出天和地，为二。"二生三"之"三"，就是天地阴阳之气，天之阳气与地之阴气弥漫混合成为天地之气，是谓三，而这个"三"，也就是"万物负阴而抱阳，冲气以为和"的变化结果。这个"三"，就是天地阴阳之气，天地阴阳之气自然而然地化生了万物。

　　《老子》指出，大道的功能首先是化生了混沌之物，也就是太初之无极；无极混沌之物经由道的变化途径逐渐变化到极大，是谓太极。太极自然而然地化生了天地；天地阴阳之气经由道的途径化生了万物。混沌之无极，是大道之初所显现的现象，混沌之物无极变化到太极，是道所显现的第二层次变化的现象；由太极变化为天和地是道所显现的第三层次的变化现象，由天地阴阳之气化生万物的过程，是道所显现的第四层次的变化现象。这个第四层次的变化现象永远存在，永远生生不息地变化化生着万物；这个由无极至太极，由太极变化天地，天地变化万物的途径就是大道。所以"大道"就是《老子》宇宙本体论的重点。

　　这就是《老子》两千五百多年前的宇宙生成论。所以说："道生一，一生二，二生三，三生万物。万物负阴而抱阳，冲气以为和"是《老子》的原始唯物论——天地生成论，即"大道"论。"大道"化生了太初的混沌之气，太初变化为太极，太初、太极是由大道生成的。所以《老子》宇宙生成论的本源应该是"大道"。道，就是《老子》和《易经》的道本体论。

　　现在我们再作进一步阐述的同时，还有一个问题需要说明一下，这个问题就是为什么要把"三"解释为天地阴阳之气的混合物的问题？因为《易·系辞》曰："易有太极，是生两仪，两仪生四象，四象生八卦。"还有着另外一层含义，那就是《易·系辞》："凡天地之数五十有五，所以变化而行鬼神也。大衍之数五十，其用四十九。分而为二以象两，挂一以象三，揲之以四以象四时"的含义。这是指易学用蓍草卜蓍之时关于太极的象征意义："以天地生成数五十五为蓍卜时所用蓍草的最大数目；从五十五根蓍草中取出一根以象太极；取二根以象征天和地是谓两仪；再继续取出一根以象征天地阴阳之气其数三，这是'挂一以象三'，再继续取出二根蓍草折叠为四以象征四时。"这是"揲之以四以象四时"的含义。《易经》用蓍草卜筮时以四时象征四象。经过这样四次运作之后，这五十五根蓍草就是：55−1−2−1−2=49；这就是"其用四十九"的含义。经过这四次运作而营造了《易经》法象于自然的意义。这里"挂一以象三"就是老子所言的：'道生一，一生二，二生三，三生万物'之"三"。这里的三，就是天地阴阳之气相感相交而合二为一的混合物，天地阴阳之气化生了万物。这里易学所言的"三"，是《易经》为天地阴阳之气混合物意义提供的依据。

（2）大道是天地万物化生之根。《老子》第六章曰："谷神不死，是谓玄牝。玄牝之门，是谓天地根。绵绵若存，用之不勤。"《老子》认为，只要那个玄妙深奥的化生天地万物的大道不消亡，是谓天地化生之母。天地之母化生天地的必经途径，是谓天地生成的根源。天地生成的根源与万物的生成像是存在着连续不断的关系，这个连续不断的关系就是大道的化生功能连续不断地化生万物。

《老子》在这一章明确指出，所谓"谷神"就是化生天地万物的天地之根，而这个"谷神"就是《老子》所论的天地万物生成之道——大道，只要大道不消亡，就是天地万物化生之母。"玄牝之门，是谓天地根。"玄牝之门，就是天地化生万物的必经之道；而这个玄牝之门——道，就是化生天地万物的根本。

《老子》所说的"谷神"，就是大道，大道是天地化生之母。天地之母化生天地的必经途径就是大道。道就是天地生成的根源。天地生成的根源与万物生成的根源连续不断，而连续不断的就是大道，因为大道长存，万物才会化生不断。所以说"大道"是天地万物化生的根源，那么"大道"就是宇宙产生的根源，大道，就是宇宙万物生成的本源。

也就是说天地和万物都是经由"大道"这个途径自然生成，自然存在，自然变化的，天地阴阳之气也是由大道这个途径自然而然地变化生成的。也就更明确地指出，只要这个"大道"不消亡，那么万物就会因为"大道"的长存而源源不断地化生。

（3）大道是万物化生的本源。《老子》第四章："道冲，而用之或不盈。渊兮，似万物之宗。"《老子》认为，道虽然有很大的冲击力，但是使用起来或者感到不充盈。道很渊深！似乎是万物化生的本源。这一章《老子》更加明确地指出，"大道是万物化生的本源"。

《老子》在第六章指出，道是天地万物化生的必经途径。《老子》在第四章更是直接道明了"渊深的大道才是宇宙万物化生的本源"。

这是《老子》在两千多年以前推论抽象出来的宇宙生成论——大道，化生天地之母，化生天地，化生万物的道本体论。

《老子》的"大道"——宇宙生成的本体论，产生于公元前580—前500年；而德国哲学家康德于公元1755年在他的《自然通史和天体论》一书中，提出关于宇宙生成的假设："太阳系产生于一个共同的弥漫星云。"法国数学家拉普拉斯在公元1796年同样提出，"太阳系是由一团弥漫的自转的气体星云逐渐凝聚收缩而来"。[1] 笔者认为，康德和拉普拉斯的宇宙形成论，与《老子》的宇宙生成论相差了二千多年，他们也有可能是受到《老子》宇宙生成论的启发而产生言论的，而且《老子》提出了"大道"生成了那一团混沌之物或混沌之气——无极——太极；大道，又使太极分离出天和地；大道，最后又使天地化生了万物。大道生成的天，就是日月星辰；大道生成的地，就是地上的五行物质。

康德和拉普拉斯只是提出来宇宙形成的假设，《老子》却用推理的方法，推论出生成宇宙万物的生成过程，而且从这个过程中感悟总结出"大道"这个名称，并且对宇宙万物的不同生成阶段有不同的命名，这就是中华民族先哲的功德。

现代科学观点认为，恒星的前身是由氢、氦所组成的星云状气体云，在引力的作用下收缩，中心凝聚并发生热核反应而产生了恒星。当然也有学者认为，星云状气体云随着中心温度的升高，而发生大爆炸，分离出了太阳系。现代科学还认为太阳主要是由氢和氦两种气体构成，其中有四分之三是氢气，太阳的光和热是靠太阳内部的氢发生热核聚变而释放出来的，也就是说，《老子》所论的那一团混沌之物，其内部含有大量的氢气和氦元素了。

依据太阳主要是由氢氦二种气体构成的道理，应该把《老子》所论的生成天地的"混沌之物"，看作"混沌之气"应该比较适宜，因为"生物进化论"认为地球大约形成于45亿年前，大气伴随着地球的诞生就神秘地出现了。原始大气的主要成分是水蒸气、氢和氦。当地球形成以后，由于地球内部放射性物质的衰变，进而引起能量的转换，及许多因素使得原始大气很快就消失掉了；后来由于地球的各种变化而产生了次生大气，次生大气的主要成分是二氧化碳、甲烷、氮、硫化氢和氨等一些分子量比较重的气体，大气中还没有氧气产生。氧气产生于大约25亿年左右，早期海洋中生成的另一种能进行光合作用的生物，它们释放氧气吸收二氧化碳，从此大气氧就降临了。

《易·系辞》曰："天一；地六。"这是指由于太极的运动变化，使太极分离为天地的过程中，由于有光热的一部分，也就是天体随着不断的运动变化而上升，

---

[1] 杨力主编，北京科学技术出版社1999年1月版，《周易与中医学》227页。《马克思恩格斯选集》第三卷，人民出版社1995年6月版，397页。

而另一部分的温度下降而变化为遍布海洋的地球，就是水生成的原因。也就是说，在太极分离，变化为天和地时，地球上第一个生成的物质就是水。

从进化论关于地球和大气形成的过程，以及太阳的主要构成成分氢氦而言，那么生成天地的天地之母——太极，那一团混沌之气，逐渐变化到极大，逐渐分离为天和地的天地之母，那一团混沌之气之所以混沌，是因为这一团混沌之气本身就含有很多氢氦之气，虽然《老子》并不知道混沌之物的成分，但是《老子》却将其称之为混沌之物。所以说，无论太阳系是如何生成的，宇宙是以何种方式产生的，生成天地的天地之母，就是那一团混沌的气体云的存在这一点是肯定的，而生成途径就是"大道"。

综上所述，《老子》所论的"大道"就是天地万物化生的本源。道，被《老子》命名为"大道"、无为之道。大道就是《老子》哲学的本体论。那么大道也是易学哲学本体论，《老子》之大道，就是生成天地和万物的"道"本体论，就是大道的哲学意义，大道永远存在，万物就不断地生生灭灭变化无穷。

第三节　老子所论之道的类别特点及无为之道

《老子》所论之道的类别，包括大道、无为之道和天道。而大道、天道又被老子抽象为"无为之道"，所以大道和天道的特点就有道的特点和道之无为的特点。

1.《老子》所论大道的特点和意义

《老子》所论的大道，是指天地之母的自然生成过程，天地之母生成天地的自然过程，以及天地生成万物的自然过程；也就是宇宙万物的自然生成之道，是谓大道，也就是说天地万物都是经由大道这个途径自然而然生成的。

其一，大道的特点。正如《老子》第三十四章曰："大道泛兮，其可左右。万物恃之以生而不辞，功成不名有。衣养万物而不为主，常无欲，可名于小；万物归焉而不为主，可名为大。以其终不自为大，故能成其大。"《老子》之论，就是大道最为重要的特点，《老子》认为大道广泛存在于万物的各种自然变化之中，万物都依照大道而生长衰败，没有任何力量或意志能够使大道发生改变，更没有任何力量或意志使大道顺服自己的意志；大道是隐微不显的，大道是宇宙万物化生的本源；大道化生滋养万物而不以为自己有功，而不自以为是可以支配万物的主人，这就是大道最为显明的特点。

其二，大道的意义。正如《老子》第二十一章曰："孔德之容，惟道是从。道之为物，惟恍惟惚。惚兮恍兮，其中有象；恍兮惚兮，其中有物；窈兮冥兮，其中有精；其精甚真，其中有信。"《老子》对大道的意义作了明确的论述，《老子》首先指出，一个人要想自己有大德显现，就必须以大道去作为，大道有着深刻的内涵，那就是千变万化的现象，可以考察的事物、精深的道理和大道所体现出的诚信。大道所体现出的诚信就是大道的意义之一。

又如《老子》第三十二章曰："道常无名、朴。虽小，天下莫能臣。"《老子》认为，大道常没有名称，它质朴。大道虽然隐微，但是天下没有谁能使道臣服于自己的意志。这既是大道的特征，又是大道的意义；大道虽然淳朴隐微，但是天下却没任何人能使道服从于自己的意志，所以大道是万物变化的主宰。

2.《老子》所论天道的特点和意义

所谓天道，是指乾天的自然功能，以及乾天的自然功能与万物的利害关系。当然地道就是坤地的自然功能，以及地道的自然功能与万物的利害关系。而老子在他的道德经论中，只论天道，而不论地道。论述天道与万物的利害关系，正如《老子》第五十一章曰："道生之，德蓄之，物形之，势成之。是以万物莫不尊道而贵德。道之尊，德之贵，夫莫之命而常自然。故道生之，德畜之；长之育之；亭之毒之；养之覆之。生而不有，为而不恃，长而不宰，是谓玄德。"《老子》通过对自然无为之道功能的论述告诉我们，什么是天道，什么是天德，以及天道和天德的关系和天道与万物的利害关系。又《老子》第九章曰："功遂身退，天之道也。"

《老子》在"道篇"的很多章节中对"天道"的特征、特点作了论述。

比如《老子》第十六章对什么是天道的论述："知常容，容乃公，公乃全，全乃天，天乃道，道乃久，没身不殆。"又如《老子》第二十三章曰："故从事于道者，同于道；德者，同于德；失者，同于失。同于道者，道亦乐得之；同于德者，德亦乐得之；同于失者，失亦乐得之。"这也是老子的天人同一观。

又如《老子》第七十三章曰："天之道，不争而善胜，不言而善应，不召而自来，繟然而善谋。天网恢恢，疏而不失。"

又如，《老子》第七十七章曰："天之道，其犹张弓与？高者抑之，下者举之，有余者损之，不足者补之。天之道，损有余而补不足。人之道，则不然，损不足以奉有余。"

又如《老子》第八十一章曰："天之道，利而不害；人之道，为而不争。"

天道的意义，正如《老子》第七十九章曰："天道无亲，常与善人。"

3. 什么是无为之道

（1）关于无为，这里首先还需要说明一个问题，那就是有学者提出关于《道德经》的文章版本中，是否使用了"无为"这个词的问题？

文山书院的研究者指出："《道德经》最早版本帛书本中，'无为'在竹简本《道德经》中写作'亡为'。郭店楚简《道德经》图版中,共使用了32个亡字和7个橆(無)字。'亡',从甲骨文'亡'字所象之形可知,字形是象某人在做事,具体而言就是表示人弓身用力向后拉或搬某物。'亡'还具有开创、开拓、创始、创新、辅助的含义,这就是甲骨文'亡'字的本意。还认为'道'的本性是生发,而由道所生的天地万物都具有了道的本性,所以他们也很自然地继承了道的生发本性,他们也会自觉地、源源不断地繁衍自己的后代,养育万物。无私地资助万物,珍惜生命,保持万物旺盛的生机,是亡为的基本内容;多益生,少杀生是亡为的基本原则之一;'无事'是亡为的基本原则之二。'"这是文山书院关于"无为"是"亡为"的观点。

甲骨文研究者认为:亡,甲骨文丿是指事字,在"人"丿的手部加一竖指事符号丨,表示手持盾、甲之类的护具作掩护。造字本义:战败的士兵手举遁甲逃命。

文言版《说文解字》:無,亡也。从亡,无声。[①] 白话版《说文解字》:無,没有。字形采用"亡"作边旁,采用"無"作声旁。

无和为的本意:无:指无形、无名、虚无等,或指物质的隐微状态。为:为的本义是母猴。象形。按字、从爪、古文下象两母猴相对形,做、作、干、搞。那么笔者以为文山书院对"亡"本意的理解,是开创、创始。始,就是开始,开始之前,就是还没有的事物,才叫开创、创始;那么这个"亡"就是在做还没有的事物,所以"亡,"在这里还是没有之意。甲骨文研究者认为,亡,造字的本意:是战败的士兵举盾甲逃命,那么士兵从战场上逃命之后,战场上就没有了活着的士兵了,还是没有的意思;《说文解字》关于"无"的解释,无,就是亡,就是没有;所以春秋以后的学者,将"亡为",引申为"无为"的意义是正确的,是不必存在疑义的。

现在我们来探讨什么是无为?无为:是《老子》对"大道"和天地之道形象地高度概括和抽象。我们在这里将无为之道的含义也分为三部分。

其一,就是大道之无为。所谓大道之无为,就是天地万物自然而然生成变化的过程,也就是天地万物自然生成变化所经由的路径;那么大道之无为,就是天地万物自然而然的化生过程和变化过程,以及使万物生生灭灭的自然变化过程。大道之无为,就是没有思维计谋的自然而然化生变化宇宙万物的过程。

其二,天道、地道之无为的结果。天地没有思维意识、没有心思、没有专门作为的思维,太阳却无物不照,无物不覆;大地却无物不载无物不藏;所以天地之无为,就是天地自然而然地使万物得到生长化育,得到生老病死,得到益处,得到伤害的自然变化现象;也可以是,没有思谋的天地自然而然产生的使万物得到利益与害处的功能。

[①] 汉,许慎撰.说文解字[M].中华书局,2005:267.

其三，人道之无为。人不用思维谋虑，依照天地之道，自然、自觉有益于万物和人类的真、善、美之德，自然、自觉去做有益于人类自己和万物的事情。

（2）关于人道之无为不正确的解读。人道之无为，在实际应用或者文学概念中，还是有另外三个概念，那就是顺应自然、什么也不做、什么作为也没有这三种概念。

其一，无为，就是顺应自然，顺应自然本身并没有错误，但是用于解释无为之道就是片面了，因为人类生存不只是顺应自然，还要改造利用自然等等。

其二，无为，就是什么也不做，这也是当前一些学者对无为的一种解读。用什么也不做解释无为，那就大错特错了。试想只要顺其自然，不必作为，那么我们的衣食住行问题如何解决？我们人类如何生存？我们的社会如何前进？我们的灿烂文明是如何创造的？

其三，文学作品中关于无为的应用：无为就是什么作为也没有，主要是指因为各种原因使作为归于失败，没有成效。什么作为也没有，或者还没有开始作为，这是文学作品和诗歌用语中，对没有作为出功劳成绩的简称。比如《诗经》中，就有三篇诗歌使用了"无为"这个词。其一，《王风·兔爰》："我生之初，尚无为。"[①]其意思是我的人生刚开始时，还没有什么作为。其二，《陈风·泽陂》："寤寐无为，涕泗滂沱"[②]其意思是白天黑夜不做事，伤心涕泪流成河。其三，《大雅·板》："天之方懠，无为夸毗"[③]其意思是天子你正在发怒把话发，没有作为却把错误当功劳夸。

《诗经》中，所用的这三个无为，第一个是人生刚刚开始，还没有作为；第二个是因为伤心难过而不想做事情；第三个则是既有不想作为，又有没有作为二者的意思，所以这三者均是没有作为之意。这是文学作品中关于无为的含义。

（3）笔者对人道之无为的认识："无为之道"可以认为是《老子》对大道和天地之道意义的抽象命名。无为的本意是指没有思维意识的自然事物，自然发生发展变化的自然过程。从无为之道的功能而言，是没有思谋的自然事物自然而然产生的对万物有益有利的自然过程和结果。因此我们对自然之无为的定义是：没有意识思维的自然事物，自然自在的运动变化过程和结果。

无为之道，对于我们应用者人而言，其实质是：不用思谋，自觉自愿自然地依照天地之道有益于万物的善性和自己的良心去作为。因此，我们对人道之无为的定义是：没有思谋杂念，依照天地之道自然本性和人心之善性而形成的自己的自然模式去作为。

笔者对无为之道的这个解释，虽然还不够确切，但是这个解释基本上符合《老

---

① 刘文秀、孙燕、孙兰. 诗经新解 [M]. 中国出版集团世界图书出版公司，2012：68.
② 同上，124.
③ 同上，309.

子》哲学和易学哲学思维。《易·系辞》曰"易，无思也，无为也，寂然不动，感而遂通天下之故"的含义，是易学对无为的解读，就是没有思维，没有私心杂念。

比如舍生忘死的救人英雄罗盛教，他跳进刺骨的寒冰中，勇救朝鲜落水少年时的信念是救人，也就是他心中只有一个信念，就是救人，别的什么都没有想，也就是忘记了自己。比如英雄黄继光在战场上，勇炸敌人碉堡，在他冲向敌人的碉堡，用自己的身体堵住敌人机枪口的一霎那，心中唯一的信念，那就是：完成炸碉堡的任务，消灭敌人，减少战友的伤亡，唯独没有想到他自己。

现代社会的各种见义勇为的英雄，他们见义勇为时的信念，或者是救人，或者是为了保护国家人民财产，或者是为了维护正义等等，虽然各种见义勇为的形式不同，但是他们在见义勇为的一霎那所表现出来的行为是伟大的，是高尚美德的表现，他们在见义勇为的一霎那，所想到的是如何使自己所做的事情成功，而决不是想得到荣誉、得到奖赏、得到个人私欲的满足，这就是《易·困卦》象辞所言的："困，君子以致命遂志。"困，简单说，是困难，是难做之事，那么为了完成这困难和很难完成的事情时，就要有不顾自己的生命危险，而一定要完成实现意志的信念。这是"致命遂志"的含义，所以这些见义勇为者，都是君子。

天地万物的自然生成过程，自然事物的自然变化发展过程，本身就是没有思维谋虑的自然变化，它只是顺应自然变化之道自然变化而已。人有思维、有思想、有谋虑，而人只要将天地之道有益于万物的善性和自己的良知融入自己的血液思维记忆中，就不用谋虑，就会像自然习惯一样，自然而然地顺应天地自然的真善美和自身的真善美，体现出真正的真善美，是谓人道之无为。

4. 无为之道的特点

其一，道无为而无所不为。《老子》第三十七章："道常无为而无不为。"这是《老子》所论无为之道的特点，道常以自然无私无欲清静无为为表现形式，但却无所不为，这是因为天地万物都是由道化生出来的，也就是说道无所不化无所不生。

其二，无为就是自然生成、自然存在、自然作为。《老子》在第十章用对比的方法，来说明自然无为之道的独特意义，无为就是自然而然显示出来的特征。比如人的体魄与营卫、精气血、骨骼肌肉皮肤总是自然而然地配置在一起的自然人体，也就是说，人天生就是这样组合的，它们是不能任意分离的自然物体，将人体这些物质分离开来，就不是有生命的人了。

其三，无与有的关系是无为之道的存在与物质存在意义的关系。《老子》在第十一章通过极为普通的自然常识，如用车与车辐、陶器与陶模、房屋与门窗的道理，说明自然无为之道更深层的道理。无，是指自然无为本身的作用，也是指道的存在作用；有，是指自然无为使万物得到了益处而有了万物的存在，也就是说由于有了道的存在，才有了万物的存在。

其四，无为之道的特征就是自然平和。《老子》在第十二章用对比的方法，说明无为之道的自然特性，五色自然平和而悦目，五音自然平和悦耳动听，五味自然平和而使味道纯美。可是人为地将五色混乱，五音混杂，五味混合在一起，就会起到相反的作用。所以，还是以自然平和为好。

其五，无为就是自然而然。《老子》在第二十四章用生活中自然事物的相对性，来说明自然无为之道的特点。说明什么是自然无为之道。自然无为就是自然而然，不是故意或任意作为。如《老子》所言："企者不立；跨者不行；自见者不明；自是者不彰；自伐者无功；自矜者不长。"只有自然而然，才是正确的作为，这个自然而然就是无为之道的表现。又如《老子》第五十一章："道之尊，德之贵，夫莫之命而常自然。"

其六，无为就是自然清静。《老子》第二十六章，用轻和重的相对性，用清静无为与浮躁的相对性，来说明清静无为的重要意义。其意义就是："重是轻的根基，清静是急躁的君主。""太轻身，就会失去根基，太轻身就会产生浮躁，浮躁就会使君子失去清静无为之道。"

其七，以无为之道治天下则能显示出极大的功用。如《老子》第三章曰："为无为，则无不治。"

其八，无为之道满而不盈，藏而不露，富贵不骄，成就万物而不自我显现，功成名就及时隐退。这是《老子》第九章用对比的形式，对自然无为之道的另一特征作了论述。

5. 无为之道的类型和意义

其一，无为，《老子》之无为，就是大道和天道之无为，那就是自然而然的作为和结果。

其二，无为，《易经》之无为。如《易·系辞》曰："易，无思也，无为也，寂然不动，感而遂通天下之故。"这是说，《易经》成书的内容，不是圣人自己凭空想出来的，而是通过长期观察研究总结天地万物自然变化现象和自然变化之道，毫无杂念的安静思考感悟，突然顿悟贯通天地万物变化之理的缘故。《易经》之无为是指《易经》之所以成为《易经》的道理，《易经》理论，不是圣人，不是《易经》作者自己凭空想出来的。这里的无思，是说不是自己冥思苦索臆造出来的，而是寂然不动，安静无声、心无旁骛地将所观察到的大自然的各种现象，各种变化综合思考，突然顿悟了天地万物变化之理的缘故。这是《易经》之无为。

其三，无为还有天道之无为，地道之无为。这二者之无为，就是天地自然无思维的自然而然变化和结果，也就是天地造化万物，有益有利于万物的本性功能，原本就是依照大道的途径自然而然表现出来的，是它们本身的结构和功能特点自然而然显示出来的，不是刻意为了什么做出来的。就如王阳明所言："譬如日未尝有心照物，而自无物不照，无照无不照，原是日的本体。"[①]

其四，人道之无为。人道之无为，首先就是效法遵循大道和天地之道有益于万物的自然本性自然而然地去作为。

其五，还有一个如何达到人之无为，也就是人如何才能自然而然地依照无为之道作为的问题。这有一个过程，这个过程，就是通过学习，再学习，不断地学习，不断地感悟，不断地练习实践，达到使自己所做之事成为自己的生活习惯一样，自然而然地不用思考谋虑就能做好所做之事；而且达到自然而然地做善事，益事、好事。这个过程就是《老子》第二十七章所论的"善行，无辙迹；善言，无瑕谪；善数，不用筹策；善闭，无关楗而不可开；善结，无绳约而不可解"的道理。《老子》在这里论述的是人如何才能达到自然而然地以无为之道处事的问题。《老子》用善于行车，善于说话，善于计算，善于关闭，善于打结，来说明无为之道的形成过程。平时人们常说习惯成自然，什么是习惯呢？现代词典里的解释是：常常接触某种新的情况而逐渐适应。那么习惯成自然，应该是经常使用相同的方式方法处理一些事情，逐渐就对这种方式方法熟视到运用自如，甚至达到闭上眼睛都能操作的程度。当然更为具体的论述，将在以后的章节中分别探讨。人的习惯成自然，是不是可以用生理学的条件反射来解释，也就是说，常常操作和练习某种技能或加强某种学识的记忆，久而久之形成了条件反射，一看到或一接触提及到这种事物，就能惯性地做出快速反应。

其六，还有一个人为之道的问题，这也属于人道之无为的范畴，也就是为了使人达到，或者学习无为之道，或者约束人不违背自然之道、社会公德、人伦道德等而制定的各种法规制度等。所以，天地之无为，人之无为，及人为之道均属于天地人三才之道，这些将在以后的章节中逐次探讨。

第四节　老子之道的本质意义

"道"，到底是什么？道普遍存在于自然变化之中，它决定着万物的生长化育过程，决定着万物的兴盛衰败，万物依赖它而生存，但是道却无声无息，任何外在力量意志都无法左右它。道是自然存在的，那么这个道，到底是什么呢？

[①]　张继海编. 王阳明集[M]. 中华书局，2016：101.

1. 大道是天地永存的本源

《老子》第七章曰："天长地久，天地所以能长且久者，以其不自生，故能长生。"这一章，《老子》论述了天地长久存在的原因，他认为天地之所以能长久存在，是因为天地不是它自己想生成而生成的，而是天地生成之道使天地自然生成自然存在的，所以天地才能长久生存。天地的各种变化，也不是天地自己想变化就能变化的。因为天地的各种变化都是没有思维、没有目的自然变化，是大道作用的结果，所以说，天地长久存在是因为大道的长久存在，大道是天地存在的本源。

2. 大道是万物生长衰败变化的主宰

《老子》第三十四章曰："大道泛兮，其可左右。万物恃之以生而不辞，功成不名有……"这一章，《老子》论述了大道最为重要的特点，那就是对万物生成和变化的统御功能，大道广泛存在于自然变化之中，万物都依照大道而生长衰败，大道统御着万物的生长衰败，但没有任何力量或意志能够使大道发生改变，更没有任何力量或意志使大道顺服自己的意志。就如没有任何力量能使天地日月停止运转一样，因为天地日月的运转是自然现象，是自然存在的道的体现。大道是隐微不显的，但是它却是万物化生的原始动力，道化生滋养万物而不以为自己有功，而不自以为是支配万物的主人，这是大道的伟大之处。

3. 无为之道辅助万物之自然

《老子》四十一章曰："夫唯道，善贷且成。"老子说："只有无为之道，才能始终宽容辅助而且成就万物。"《老子》第五十一章曰："道生之，德蓄之，物形之，势成之。"《老子》说："清静无为的无为之道化生了万物，并使万物得到蓄养，使万物的形体得到显现；无为之道的力量成就了万物的各种姿态。"

4. 《老子》对自然事物基本变化规律的论述

《老子》第三十六章曰："将欲歙之，必固张之；将欲弱之，必固强之；将欲废之，必固兴之；将欲夺之，必固与之。是谓微明。"《老子》指出，将要缩小的东西，必然原本是扩张的；将要衰弱的事物，必然原本是很强大的；将要废弃的事物，必然原本是很兴盛的；将要夺取的东西，必然原本是应该给予的。这就叫略微明白了事物发展变化之理。《老子》在这这里论述的是自然事物的基本发展变化规律，那就是事物不断地由弱小变为强大，又由强大变为弱小，甚至灭亡。《老子》的这一认识，是对自然界自然变化基本规律特点的总结。万物不断化生，不断壮大，而由壮大又逐渐进入衰弱，直至消亡，这就是春生、夏长、秋收、冬藏的自然之象，也是对人类由出生到长大、强壮、衰老、死亡的自然过程的总结。

《老子》对事物基本变化规律的总结，正如恩格斯在《自然辩证法》中说道："自然界不是存在着，而是生成着和消亡着。"① "但是一切产生出来的东西，都注定要灭亡。也许经过多少亿年，多少万代生了又死。但是这样的一个时期会无情地到来，那时日益衰竭的太阳将不再能融化从两极逼近的冰，那时人们越来越聚集在赤道周围，最终连在那里也不再能够找到足以维持生存的热，那时有机生命的最后痕迹也将渐渐地消失。而地球，一个像月球一样死寂的冰冻的球体，将在深深的黑暗里沿着越来越狭小的轨道围绕着同样死寂的太阳旋转，最后就落到太阳上面。"② "但是，不论这个循环在时间和空间中如何经常地和如何无情地完成着，不论有多少亿个太阳和地球产生和消亡，不论要经历多长时间才能在一个太阳系内而且只是在一个行星上形成有机生命的条件，不论有多么多的数也数不尽的有机物必定先产生和消亡，然后具有能思维的脑子的动物才从它们中间发展出来，并在一个很短的时间内找到适于生存的条件，然后又被残酷地消亡……"③ 这是恩格斯对天地万物自然产生自然消亡过程的描述，恩格斯认为随着时间空间的变化，太阳系会随着太阳自身热能的消耗殆尽而自然消亡，又会随着时间空间的变化而自然产生，人类也会随着天地的产生和消亡的变化过程，适时产生、存在、消亡。恩格斯关于自然界万物自然生成、自然消亡的理论，充分说明《老子》对自然界事物基本变化规律的阐述——万物自然产生、自然壮大、自然消亡的自然变化规律的认识是完全正确的，所以圣人就以自然无为的中正之道处置一切，而不以太过的方式处置事物，以保持自然无为之道，以努力符合自然变化规律，以免很快消亡。当然中华民族的哲学家所研究的是天地存在时，以中正无为之道而作为的问题，依照圣人的道理去作为，为天下民众谋利益，这是《老子》和《易经》哲学所要达到的目的。

所以说，《老子》所论之大道，从本身的意义而言，就是天地万物生成的自然过程。道是宇宙万物生成的本源。从《老子》论道的意象意义和核心内涵而言，大道的本质就是自然，就是自然而然的无为状态。《老子》所论的这个自然而然的无为之大道，既高度抽象概括了宇宙万物产生的自然过程，又高度抽象概括涵盖了宇宙万物一切自然事物发展变化的规律。所以从现代哲学观点而论，《老子》所论的大道，就是现代自然科学所论的抽象的自然变化规律。

《老子》第二十五章曰："人法地，地法天，天法道，道法自然。"在这里《老子》明确指出，人效法的是坤地柔顺地顺承乾天的道理，坤地所效法的是乾天清静无为资生化育万物而不显现自己功德的道理。乾天的法则就是道，道的法则就是自然。"道法自然"这就是说，大道、天道，或无为之道，或执大象之象，就是自然，

---

① 马克思恩格斯选集（第四卷），人民出版社，1995年版，267页。
② 马克思恩格斯选集（第四卷），人民出版社，1995年版，275页。
③ 同上，279页。

就是自然而然之自然；就是自然界自然变化之自然，就是顺应"道"自然而然作为之自然。

5.《老子》对大道形象的描述就是道的本质意义

《老子》第十四章曰："视之不见，名曰夷；听之不闻，名曰希；搏之不得，名曰微。此三者，不可致诘，故混而为一。其上不皦，其下不昧，绳绳兮不可名，复归于无物。是谓无状之状，无物之象，是谓惚恍。迎之不见其首，随之不见其后。执古之道，以御今之有。能知古始，是谓道纪。"《老子》所描述的"看不见、听不到、捕捉不到、无光、无影、无法度量、没有名称、时隐时现、似有似无的无物之状"的事物，将其混合命名为"生一的道"这个"生一的道"，就是《老子》所论的"道生一"之道。

我们看出《老子》对道的形状样子的描述：看不见形象、听不到声音、捕捉不到形体、无光无影、无法度量、无法称名的无物之状的现象以及道的各种特征特点的论述。那么这个道，到底属于哪一类事物呢？笔者以为《老子》所描述的"生一的道"之形象，应该是对现代自然科学所言的自然变化规律形象的描述，是对这个看不见、摸不着、无形无体、不以人的意志为之改变为创造或消灭的自然变化规律的形象的描述。所以说《老子》所论的大道，就是对自然变化法则的抽象或者象征描述，虽然老子时代还没有规律这个词，但是老子懂得抽象和象征，只是因为老子不知道他自己所描述的事物，叫什么名称，所以就将"生一的道"，命名为大道。

因此，可以认为《老子》之大道，就是对自然变化规律的抽象命名，这也应该是世界最早的关于对自然变化规律的本身形象的描述；更是世界最早的关于自然变化规律的抽象命名——大道。

现代自然科学对自然变化规律的定义是："自然规律，是存在于自然界客观事物内部所固有的，不受任何外在力量意志干扰的，自身运动变化和发展的内在的必然联系，也叫自然法则。"

《老子》的大道论，首先是指自然界自然事物发展变化的自然过程，其本质就是事物变化的自然性，其自然性，就是无为。其次，就是大道的各种自然特性，其中最为显著的自然特性就是"大道泛兮，其可左右"。大道广泛存在于一切自然事物的运动变化中，什么力量意志都不可以左右改变它。万物都依照道生长衰败，而没有任何力量或意志能够使道发生改变，更没有任何力量或意志使道顺服自己的意志，就如没有任何力量能使天地日月停止运转一样，因为天地日月的运转是自然现象，是自然变化之道的体现。正如《庄子·知北游》曰："天不得不高，地不得不广，日月不得不行，万物不得不昌，此其道与。"①庄子指出，天高地广，日月运行不息，万物昌盛繁衍生长变化不息，这都是化生天地万物的道的作用。

自然变化规律是自然界物质客观存在的规律，不受任何意志力量的主宰；人类既不能创造，也不能消灭；无论人是否认识到，它都是依照自己固有的特点必然性地起着化生万物的作用。宇宙发展的历程之所以由无极——太极——天地阴阳四季——万物——五行物质、动植物，人类发展变化进化生生灭灭不止，就是因为这些变化、进化都是自然的变化、自然的进化、自然的生生灭灭，也就是说无论宇宙万物任何变化，都是自然变化规律永远存在永远主宰着这些变化。

关于自然变化规律，恩格斯在《自然辩证法》中指出："自然界中的普遍性的形式就是规律，而关于自然规律的永恒性，谁也没有自然研究家谈得多。"②恩格斯认为，关于自然变化规律的永恒性，谁也没有自然研究家谈得多，可是这些谈论自然变化规律的永恒性最多的自然研究家，却没有谁能够描述出自然变化规律的基本形象或者样子是什么；更别说自然变化规律的研究者对自然变化规律的形象做出如此具体生动的描述。而中华民族两千多年以前的老子却做到了，他不但是对天地万物生成过程"大道"的第一个描述者，而且是对自然变化规律具体形象的第一个描述者。在老子的笔下，那个无形、无声、无状、无影、无法度量的自然变化规律的形象就呼之欲出。《老子》所描述的"生一的道"形象，就是对现代自然科学所论的自然变化规律形象的描述。《老子》所论述的大道，就是对原本没有宇宙存在时，宇宙万物自然生成过程的论述。

恩格斯在《自然辩证法》中指出："这是物质赖以运动的一个永恒的循环，这个循环完成其轨道所经历的时间用我们的地球年是无法度量的，在这个循环中，最高发展的时间，有机生命的时间，尤其是具有自我意识和自然界意识的人的生命时间，如同生命和自我意识赖以发生作用的空间一样，是极为有限的；在这个循环圈中，物质的每一个有限的存在方式，不论是太阳或星云，个别动物或动物种属，化学的化合物或分解，都同样是暂时的，而且除了永恒变化着的、永恒运动着的物质及其运动和变化的规律以外，再没有什么永恒的东西了。"③恩格斯指出，自然界的物质，包括人类，都是不断在生成和消亡这个循环圈永恒地循环着，万物的存在都是暂时的，但是变化着运动着的物质及其运动变化的自然规律却是永远存在的。

永恒变化着的、永恒运动着的物质，就是万物生生灭灭这个循环圈。永恒运动和变化的规律，是指运动和变化规律本身的普遍性。比如，《老子》的无生有，有

---

① 张光裕主编.老子（附庄子）[M].北京燕山出版社，2000：204.
② 马克思恩格斯选集（第四卷），人民出版社，1995年版，341页。
③ 马克思恩格斯选集（第四卷），人民出版社，1995年版，278页。

生万物，万物自身又生生灭灭不息，这就是宇宙万物无时无刻都在变化着，变化就是运动，运动就能变化。

自然界的物质，包括人类，都是在不断生成和不断消亡着，万物的存在都是暂时的，但是运动着的物质及其运动变化的自然规律却是永远存在的。所以，《老子》所论的道的形象就是自然变化规律的生动形象。《老子》之大道，就是对自然变化规律的高度抽象命名。

《老子》之道论，明确论述了宇宙生成的过程，就是那一团混沌之物，变化到极大而逐渐分离，并且远离，分为天和地。这里我们必须明白，《老子》所论的是天和地，而不是太阳和地球，那么天，就应该包括天上的月亮和星辰在内了。

《老子》的天地万物生成的理论，可以称得上世界之最。恩格斯在《自然辩证法》中说道："……第一次把自然界、社会和思维的发展的一个一般规律在其普遍适用的形式上表述出来，这毕竟是一项具有世界历史意义的勋业。"[1] 恩格斯虽然所指的不是我们中国古代哲学家老子，但是恩格斯的这段名言，却非常适合老子的伟大功德。只可惜我们中国人对自己先祖所遗留的哲学著作，能够理解的太少了，更难以理解老子将天地自然变化规律，与治理国家天下的社会规律、治理国家天下的纲领——无为之道，用自己的聪明智慧表述出来的伟大意义。毕竟在世界上能将自然变化规律与治理国家天下的常道联系起来的，只有我们中华民族的先祖先圣以及《老子》和易学了。恩格斯、康德、拉普拉斯并没有从这些规律中升华概括抽象出治国之道，而我们的先祖先圣做到了；《老子》做到了，并用文字阐述记载了下来。所以，《老子》之道的本质，就是现代自然科学所称的自然变化规律，但是为了适应道的意义，笔者在运用中，仍然以"大道"称之。

6.《老子》无为之道的意义

所谓无为，就是无思无虑而为之道，其实就是教化我们自然而然地顺应天地自然有益于万物人类的自然善性和人自身的善良本性为人民做益事谋利益的具体方法。所以这里的道，就有方式方法的意思。

7.《老子》和《易经》论道的目的

《老子》和《易经》论道的目的，不是为了单纯地抽象和追寻解释宇宙万物生成的本源问题，也不是为了研究自然变化规律，而是通过研究宇宙万物生成的自然过程，揭示自然本身的存在意义，进而揭示人类如何适应自然、利用自然、改造自然、改造人类自身，以适应社会、适应自然，而达到人与人、与自然、与社会和谐。《老子》论道，就是教化我们以自然无为之道为天下人民谋利益做益事，而使人民

---

[1] 马克思恩格斯选集（第四卷），人民出版社，1995年版，316页。

真正得到利益福气的教化之道。

自然本身的存在意义是什么呢？那就是自然界一切事物都是无声无息、无形无状、无思无虑、自然自主自由发生的，这就是自然。

马克思在《关于费尔巴哈的提纲》中指出："哲学家们只是用不同的方式解释世界，问题在于改造世界。""整个所谓世界历史不外乎是人通过人的劳动而诞生的过程。""人们为了能够创造历史，必须能够生活，首先就需要吃喝住穿以及其它一些东西。"① 马克思认为，哲学家们的主要责任，是在于如何改造世界。而改造世界，创造历史则是通过人的具体劳动实现的。人类要创造历史，就必须生活，生活就是解决吃喝穿衣住行的问题。那么，改造世界的第一个问题，就要使劳动者的衣食生产生育等一系列问题得到很好地解决。

我们中华民族两千多年以前的《老子》和《易经》所论之道，完全映照了马克思所论的问题，因为《老子》和《易经》论道的终极目的是在探讨天地的自然运行之道所显示出来的真善美与人类的关系，以道论人、论圣人君子之为、君子之治，以道论社会，以道论国家治理，以道论圣人君子帝王之德，以道论圣人君子帝王如何能将创造历史的主人——人民爱护好保护好，使他们既有足够而且美好的衣食住行，又有美好的礼仪法度人文精神，以达到人人和睦、社会和谐、人与自然和谐、天下太平安乐，才能达到改造世界的目的。

那么，《老子》和《易经》哲学，解决这些问题的途径是什么呢？那就是效法自然，因为宇宙万物都是自然而然自然化生变化发展的，人也是自然变化的产物。《老子》和《易经》之道的本质就是自然。宇宙万物包括人类一切都是自然而然形成的，天地自然的真善美也是在天地万物自然变化的过程中自然显示出来的，那么作为自然产生的人，能不效法自然而自然自觉地显示自己的真善美吗？

也就是说《老子》和《易经》论道的目的，是揭示天地自然的真善美。以道论人，就是揭示圣人是如何做到自然的真善美，就是要使人人达到自然而然的真善美。治理国家者既要达到自身的自然真实的真善美，又要自然而然地以真善美为人民谋利益，爱护保护好人民，以真善美之心为人民为自己谋利益。所以说，《老子》和易学之道论，既解释了宇宙万物的生成规律，又高度地抽象概括出人类社会实现和平太平所必须经由的道路，那就是必须以无为之道治理国家天下，使人民得到利益安康。因此，可以认为，《老子》之"大道"既是天地万物生成之道，又是天道、地道、人道，人为之道、阴阳之道、死生之道等诸道的总纲，因为诸道的意象意

---

① 中共中央马恩列斯著作编译局编译. 马克思恩格斯选集（第一卷上册），人民出版社，1972年版。

就是自然。所以，大道是老子和《易经》哲学本体论的本体。

《老子》和《易经》哲学论道，论的就是自然，就是天地万物自然而然的发展变化过程。所以说，《老子》之道的本质，就是自然。《老子》之道又称之为"无为之道和大象"。《老子》研究探讨论述无为之道的目的，则是以道论人，以无为之道治理国家天下。正如《老子》第三十五章所言："执大象，天下往。往而不害，安平太。"这里的大象，就是大道，因为《老子》对大道的论述，皆是以象的形式而表述，所以《老子》将大道又称之为"大象。"《老子》指出："持着大道的基本表现形式，前往治理天下。反复治理使万物和谐相处而不相互伤害，那么天下就安乐太平了。"这就是《老子》之哲学，《老子》论道的目的，是为了治国平天下，是为了实现我们的先祖已经实现了的天下太平安乐的社会生活。大道论是《老子》哲学的本体论，也是《易经》哲学的本体论，论道的目的是为了以道论人，这是《易经》哲学和《老子》哲学的共同目的。

所以，《老子》和《易经》之道的哲学意义，就是揭示天道自然的固有本性，天道自然的固有本性，就是以其光明温暖有益于万物而不与万物争上下；而以道论人，揭示圣人效法天道之自然无为之道治理国家天下的方法目的意义，以实现为人民谋利益而不与人民争功利，以实现天下太平安乐。

第三章 《易经》哲学本体论三才之道之天道论

第二章我们探讨了大道的意义。所谓大道,就是推论天地万物自然生成的过程,其意象意义就是自然,其本质就是自然变化规律的象征。《易经》关于天道自然之道,其内容既包括万物生成之道、阴阳之道、变化之道的一般意义,又有推论乾天功能及其功能产生的结果和乾天的运动特点及其运动结果的重要意义。所以关于天道,就是论述天道之自然以及天道之自然所显示出来的自然功能。天道自然显示出来的功能对万物所带来的作用,就是天道之自然的功能和对万物所引发的结果,这些都是属于天道所要探讨的基本内容。

第一节 《易经》哲学关于三才之道和天道的意义

一、三才之道是《易经》哲学人本体论的理论基础

三才之道是《易经》的基本内容,三才之道的内容,正如《易·系辞》曰:"易之为书也,广大悉备。有天道焉,有人道焉,有地道焉。兼三才而两之,故六。六者非它也,三才之道也。"

《易·系辞》所言的三才之道,其一,指每个八卦的卦爻的象征意义。其二,从道本体论而言,《易经》哲学的三才之道,就是说没有天地,就不会有人类;没有天地,人类就不会自然化生。所以地就是组成宇宙的地基,天就是组成宇宙的横梁,而人类则是树立在地基上的擎天大柱;也就是说,天地人是构成宇宙的主体物质。要是没有人,天地万物的存在,只是原本的存在,就没有人类认识意义上的天地万物,更没有人类改造自然后的人化自然的存在了。其三,从哲学意义而言,《易经》哲学的三才之道是指天、地、人从生成过程到各自存在的自在意义,以及人与天地万物关系的意义。

冯友兰先生在《中国哲学史》中引用的希腊哲学现代哲学术语内容中,将哲学

研究的内容分为三部分，而这三部分又各自分为两部分：①

其一，宇宙论分为：本体论和宇宙论。

其二，人生论分为：心理学和伦理学（狭义的）、政治社会哲学。

其三，知识论分为：知识论（狭义的）和论理学。

《易经》哲学内容包含了这三部分哲学内容，而《易经》哲学的三才之道理论则是《易经》哲学内容的基础。三才之道所研究论述的是天地人自身存在意义及其存在之外的问题。天地人自身存在意义之外的问题，是探讨研究天地万物的真善美和不美善之处，探讨研究人如何保留学习发扬光大天地和人自身的真善美之德，厌弃克服抛弃天地和人类自己不美善之处，以有益于人类自己和天下万物。没有人类，天地自然就没有了人类认识自然的意义。正如马克思《1844年经济学哲学手稿》所言："作为自然界的自然界……是无意义的，或者只具有应被扬弃的外在性的意义。"②

人类，尤其是中华民族的先帝先祖，依据他们自己对天地自然的感性认识和理性认识，塑造了人与天地万物和谐的精神依据，那就是效仿天地真善美之德成为帝王君子之德，成为治国宗旨，成为人人应效仿学习的美德，以克服人类自身存在的不美善之处。正如《老子》第二章所言："天下皆知美之为美，斯恶已；皆知善之为善，斯不善已。……是以圣人处无为之事，行不言之教。"《老子》告诉我们，天下人都知道美好的是美好的，那么就会厌恶和停止不美好的；天下人都知道仁善是美好的，那么就会厌恶和停止不仁善的。所以圣人以无为之道处事，并以不用说教而以自己的美好行为使民众得到教化。《老子》之论，就是三才之道的真正意义。人都知道美好的事物是美好的，自然就会学习追求美好的，所以圣人以自己像天一样美好的德行有益于人民，那么人民自然就会不用号召而自然自觉地向圣人美好的德行学习，因此说三才之道的最终目的是以天地之真善美，圣人之真善美而完善人人真善美之心性，使人的真善美就如清澈的流水一样，自然地流淌出来，自然地亲爱我们的亲人亲族；关爱朋友，关爱周围的所有人，而形成人人和睦、社会和谐的新气象。

其四，《易·系辞》指出了八卦的每一卦的六爻，就是天道，地道，人道三才相重而为六爻。所以说八卦六十四卦的每一卦都是由六爻组成，六爻又是由阴爻和阳爻组成。阴阳爻交替变化，就会形成一个新的卦形，所以每一卦都由六爻组成就是六十四卦的规则。易作者或者圣人从天地变化之道的特征和结果中，抽象出三才之道的哲学意义，三才之道就是天地自然变化所显示出来的真善美的道理和做人的

---

① 冯友兰. 中国哲学史 [M]. 华东师范大学出版社，2000：4.
② 马克思恩格斯全集第三卷，1980年人民出版社出版，336页。

道理。这个做人的道理，是圣人效仿天地自然变化之道和变化所显示出来的结果抽象而来的。做人的道理，就是仁与义。天地之道的正常功能是有益于万物，有益于人类的真善美功德。天地之道的正常功能给万物给人类带来益处，是有益于万物生长化育的真善美之道。人类立于天地之间，就要效法天地真善美之德，正如《易·同人卦》象辞曰："同人，柔得位得中，而应乎乾，曰同人。同人曰：同人于野，亨。利涉大川，乾行也。"圣人首先与天道天德的表现相同，是谓同人。同人还要与天下民众同心同德，就能亨通无阻，有利于祭祀天地先祖，人要与天地之道同一，要与天地之德同一，与民众同心同德，就能亨通无阻，有利于祭祀天地先祖，这就使天道天德大行于天下。三才之道的意义就在于天地人同一，以成就圣人天下为公的事业。三才之道的实质，就是通过探讨论述天地的自然美德，而探讨人如何效法天地之美善，以完美人之真善美。所以说，三才之道是人本体论的基础。

二、什么是天道及天道的意义

（1）何为天道？所谓天道，是指乾天日月星辰的自然运行规则，日月星辰的自然功能，以及其自然功能与万物人类的关系。

（2）关于天道的意义，《易·说卦》曰："昔者圣人之作易也，将以顺性命之理，是以立天之道，曰阴与阳。"《易·说卦》指出，依据天地日月的属性而言，天的道理就是阴与阳。所谓阳，太阳为阳；月亮星辰为阴；依据天气变化的道理，所谓阳，天晴太阳光明亮温暖为阳，天阴下雨光线暗温度低为阴；所谓阳，白天有太阳温度高为阳，夜晚看不见太阳，光线暗温度低为阴。一切类似天阳的现象为阳，一切类似天阴的现象为阴；这就是天道阴阳的基本意义。所以易学关于天道的意义是：

其一，在于揭示乾天的自然本性。其二，在于对乾天自然真善美之功能的揭示。其三，在于揭示乾天之自然功能与人类生成生存的关系。其四，就是人如何在意识行为实现与天地在真善美的同一。

三、大道与天道的同异之处

（1）大道与天道的相同之处：其一，大道，是指天地万物自然生成的自然过程，这个过程就是自然而然。大道是《老子》对自然变化规律的抽象命名，大道又是《易经》所论诸道的总纲，大道更是《易经》哲学的本体论。

其二，《老子》所论的天道仍然是自然，是对乾天自然功能和功能结果的探讨论述。因为《老子》无论是在论圣人之道圣人之德时，还是在论君子之道、君子之德和一般为人之道时，都要先论述相关的自然事物的表现形式和现象，或者相关的自然事物的真善美的美好形象，论述圣人、君子之道和为人之道，以自然事物的表现形式现象和自然形象,来论人道。自然事物都是自然而然地表现出它们的真实的有益于万物的美好形象,那么圣人、君子也应该像天地自然一样自然而然地表现出自己真实的美好形象。所以说,《老子》所论的所有事物均是以自然而论自然,《老子》之道的本质,就是自然。那么,天道的本质也是自然。

其三,《易经》哲学关于天道之道,仍然是自然;乾天太阳的光热功能是太阳内部自然物质自然变化而产生的。乾天太阳资助万物化生,统御风云雨雪雷电昼夜四时的变化功能,是乾天强大的自然功能自然形成的。乾天任何美善之德和不美善之恶性,都是乾天自然而然的真实的自然现象的表现。所以说自然就是大道、天道的同一性。

(2)天道与大道的不同之处:其一,天道的意义,在于易学对乾天自然运行规律和乾天自然特性和自然功能的揭示;在于圣人或者《易经》作者对乾天真善美之德的揭示宣扬赞美;在于人效法天道之真美善做人;以人之真善美来实现人与天地万物和谐,实现天下太平安乐的意义。如《乾卦》卦辞"元、亨、利、贞"。既是对乾天自然美德的抽象描写,又是对圣人、君子、天子应具有的美德之标准的规范。爻辞则是对天子如何做到这些美德的规范。象辞更是对乾天自然功能的真实描述,乾天的自然功能展示了乾天的功能与万物与人类自己,人类与社会的密切关系。卦象辞则从全卦所论之内容中,抽象出君子应该效法乾天自然自强不息的精神,乾天之强大的光明温暖永不停息,是乾天自己使自己实现的,那么我们人应该以乾天自强不息的功能,为自我强大的精神依据,君子应做到自强不息。这就是易学所揭示的天道之自然而然所显示出来的真善美,以及人以效仿天地自然真善美为人之美德的意义。

其二,大道所论的是自然界一切事物自然发展变化的自然过程,大道是诸道的总纲。

所以,关于大道和天道的同异之处,我们一定要有所区别,不能将大道与天道,地道、人道的概念混为一谈。因为《易经》哲学的基础内容就是三才之道,如果将这四者的概念混而为一,那么,三才之道就没有区别了。

第二节 《老子》、孔子关于天道的论述

一、《老子》关于天道的论述

1.《老子》关于天道表现形式的论述

关于什么是天道,《老子》并没有明确说明,但是《老子》通过对天道的各种

表现形式，来说明天道的规则。

（1）功遂身退是天道规则的重要表现。《老子》第九章曰："功遂身退，天之道也"。《老子》指出，功成名就于是就及时隐退，这是天道的体现。这里老子所说的是天道的表现之一，那么《老子》为什么说"功遂身退"是天之道的体现呢？笔者以为，《唐明皇御注道德真经》之言："功成名遂者，当退身以辞盛，亦如天道虚盛有时，则无忧患矣"[1]就很好地解答了这个问题。因为天道就是乾天自然运行的规则，日中则昃，月盈则食。天地日月自然的规则就是如此而已，人也应该如此。这也是《老子》对天道重要规则的论述。

（2）老子关于天道规则的其它论述。《老子》第二章、十章、三十四章、四十一章、七十三章、七十七章、八十一章分别对天道规则的表现作了更明确的论述。

其一，《老子》第二章："万物作而弗始，生而弗有，为而弗恃，功成而弗居。夫唯弗居，是以不去。"这一章《老子》首先用事物的相对性，事物变化的相辅相成性，事物的相生、相互依存性来说明自然事物自然变化的基本道理，从而抽象出无为之道的基本特征。这里，"功成而弗居"与"功遂身退"同样是天道的表现之一，其意义也是一致的。为什么"功成而弗居"也是天道的表现形式呢？因为万物各有其性，日月时时变化。比如一朵花，在昨天太阳的光热照耀下，生长成为含苞待放的花蕾，而到今天太阳出来时，它已经是一朵艳丽的花朵了。那么，如果我们要问，今日艳丽的花朵，是昨天太阳的功劳，还是今天太阳的功劳，或许是月亮和大地的功劳呢？其实也就是说昨日的太阳给足了花蕾阳光，大地给足了花蕾充足的养分，花卉自己也在自然变化着，可是昨日太阳看不到今日的艳丽花朵。这就是自然变化，自然变化无时无刻都在进行着，事物无时无刻都在变化着，自然变化本身是没有思维意识的自然，自然变化之道促使它变化不止，它能停止在一个运动点不运动吗？当然不能了，所以就只能"功成而弗居"了。正如《庄子·田子方》曰："消息满虚，一晦一明，日改月化，日有所为，而莫见其功。"[2]庄子所论的是自然无为之道，日月满虚圆缺，天地明暗的变化，日日变化日日不同，这都是天地之道的自然功能所为，而没有自言其功。天地自然而然地变化，就是天道之自然无为，所以人也应该如此。

其二，《老子》第十章："生之，畜之，生而不有，为而不恃，长而不宰，是谓玄德。"《老子》指出，道化生万物，养育万物，化生万物而不自以为有功；资助万物生长化育而不依赖万物，使万物成长而不主宰万物，这就是天德。这一章，

---

[1] 贾延清，李金泉主编. 唐明皇御注道德真经[M]. 中央编译出版社，2013.
[2] 张光裕主编. 老子（附庄子）[M]. 北京燕山出版社，2000：197.

《老子》对天德的特征作了论述，天德的特征，就是天道所表现出来的有益于万物的特性，这个天德，也是对"功遂身退，天之道也"的回答，因为天道自然就是这样运行的。

其三，《老子》第三十四章："大道泛兮，其可左右。万物恃之以生而不辞，功成不名有。衣养万物而不为主，常无欲，可名于小；万物归焉而不为主，可名为大。以其终不自为大，故能成其大。"这一章，也是《老子》对"功遂身退，天之道也"的继续论述，因为道，化生万物而从不会言说自己的功劳，成就万物的化育而没有名声。覆盖包容万物而不自以为是主人，道常无私无欲，道可以说是隐微不显；万物归服于道而道不自以为是主人，所以，"功遂身退"就是天道的体现。

其四，《老子》第四十一章："大音希声；大象无形；道隐无名。夫唯道，善贷且成。"《老子》指出，有道者，所发出的话语能量就像鼓声一样声音很大但却很少发出声音；就像大道没有形状一样不愿意显现自己，而且隐蔽不图名声。只有无为之道，才能始终宽容辅助成就万物。这是《老子》对有道者的部分表现和道的功能作了论述。有道者，像道一样，有能力而不出声，不愿意显现自己，隐蔽不图名声；也就是说，道成就万物的生长化育而无言无语隐微不显扬自己的功德，所以，作为有道者，就应该像道一样，功遂身退，不显现自己的功德。

所谓天道的运行规则，是指日月星辰自然运行的规律，其核心是功遂身退，无私无欲，不显声名。

2.《老子》关于天道特征的论述

（1）《老子》第十六章对天道特征的论述。第十六章曰："致虚极，守静笃。万物并作，吾以观复。夫物芸芸，各复归其根。归根曰静，静曰复命，复命曰常，知常曰明。不知常，妄作凶。知常容，容乃公，公乃全，全乃天，天乃道，道乃久，没身不殆。"老子在这一章中指出了天道的特征。其一，虚无缥缈至极，且又能始终坚守清静诚信且与万物一起生存生长而不相互伤害。其二，芸芸众生的万物，虽然各不相同各有不同的变化之道，但是它们的本源是相同的，其本源就是清静无为之道。清静无为是乾天的固有本性，所以清静无为是天道特征之二。其三，乾天的固有本性既是清静无为，又是乾天的常道。其四，宽容、永远公正无私地善待万物，自始至终不懈怠，就是天道。这一章，《老子》通过推理的方式，对天道的基本内涵作了阐述。

《老子》通过对万物往复循环变化不息的自然变化之道的观察感悟，研究万物并生并存而不相害，万物各不相同，各自都有自己的变化特点，但是万物化生的本源却是相同的，老子所说的本源其实是指万物化生生存所依赖的根本就是大道。大道包含生成天地之母——太极的物质和生成过程，包含了天地之母生成天地的过程，包含了天道、地道。所以天道的特征就是：

其一，天道的特征就是虚无缥缈至极、清静、诚信、公正、无私、宽容、包容，以善待万物。天道是大道的内涵之一。万物生长靠太阳，没有日月的光辉，没有天地阴阳之气的变化，就不会有万物，日月安静无声而自始至终地照耀温暖万物，变化阴阳之气，变化风云雨雪滋润万物，日月无物不照，无物不覆，对万物一视同仁、不偏不倚，这是天的公正；日月始终如一照耀万物不懈怠，这是天的诚信；天公正无私，诚信清静无为是天之常道，也是天之常德。一个人只有懂得天之常德，并效仿、依照天之常德而作为，就不会有过失，而不懂得或不依照天之常德作为，反而妄作非为，就是自己为自己制造灾难，自寻灭亡。

其二，天道的特征就是自然。《老子》所论的天道特征，就是乾天自然而然表现出来的自然功能以及这些自然功能有益于万物的自然现象。这些特征，是乾天原本就存在的，而且只是乾天在自然运行过程中自然而然体现出来的而已，不是乾天刻意表现出来的，所以天道的本质就是自然。自然也是大道、天道、地道的本质，更是诸道的特征。正如《老子》在第五十一章所言："是以万物莫不尊道而贵德。道之尊，德之贵，夫莫之命而常自然。"又第二十五章曰："人法地，地法天，天法道，道法自然。"

其三，天道的特征是无为而无不为。无为是《老子》对大道、天地之道的抽象的称名，无为并不是不作为或者无所作为，而是说道是没有思维计谋，清静无私无欲的自然变化过程。正如《老子》第三十七章所言"道常无为而无不为"。是指道化生了天地万物，化生了人类，并以自己固有规律运行，无物能阻，无物能左右。

（2）天道的特征是以善待万物。"天道无亲，常与善人。"《老子》第七十九章，对天道的表现作了进一步论述；老子认为圣人、君子以德抱怨，这是天下最仁善、最善于和解仇怨的人，就是具备了天道天德者品德的人，为什么呢？因为"天道无亲，常与善人"。天道之自然，公平公正，对待万物一视同仁，不偏爱某一事物，常常以美善给予万物人类。这就是天道自然之真善美，它是自然而然地表现出来的，这是老子对天道重要意义的论述。

（3）不争之德是天道的特征。《老子》第七十三章曰："天之道，不争而善胜，不言而善应，不召而自来，繟然而善谋。天网恢恢，疏而不失。"《老子》说："天的道理总是以仁善为常德，所以不用争而美善长存，不用说话而美善之德总是得到响应，不用谁召唤就能自己显示出来，坦坦然然而使美善得到谋求。天宽广浩大就如大网一样将万物覆盖在下面，使万物无一遗漏。"因为天对万物有滋生化育之功，万物生长靠太阳，但是天从来不会言说自己的功劳，不会与万物争长论短争高论低，总是自然地向万物显示出美善之德，所以功成事遂，不会与万物争高低，是天道之自然的体现。

（4）损有余而补不足是天道的特征。《老子》第七十七章："天之道，其犹张弓与？高者抑之，下者举之，有余者损之，不足者补之。天之道，损有余而补不足。人之道，则不然，损不足以奉有余。孰能有余以奉天下，唯有道者。是以圣人为而不恃，功成而不处，其不欲见贤。"《老子》说："天的道理，是将自己多余的光热不断减损以补充给没有光热的万物。做人的道理则不然，那就是不断地去除自己的不足之处，而将自己的智慧才能奉献给天下人民。那么谁能将自己的才智无私地奉献给人民呢？只有有道者。"这里《老子》论述了天道的基本特征就是"损有余而补不足"。这也是《老子》对道德论来源的总结，也是道德的基本内涵。

（5）利而不害是天道的特征。《老子》第八十一章："天之道，利而不害；人之道，为而不争。"《老子》指出，天的道理，是以有利于万物而不伤害万物为常德；做人的道理，是以无为之道为人民谋利益而不与人民争功夺利。这是《老子》对天道之特征的具体论述，这就是《老子》之道，《老子》以天道论人道，这就是《老子》论道的目的。

从以上《老子》对天道的规则和天道特征的论述，可以看出，《老子》所论的天道，是对乾天之太阳自然运行过程中，自然显示出来的各种特性的抽象描写，也是老子从天道自然运行的自然过程中，以其聪明睿智对天道运行规则的感悟，他所感悟到的是乾天之太阳自然而然公正无私地照耀温暖资始万物化育，以及资助万物自然生老枯死，而不与万物争功劳，不言说自己的功德，始终以自己的秩序节律该升时升起，该退时退回原处，包容善待万物，这是天道的自然功能的自然表现和结果。

（6）感悟。其一，天道自然对我们人类智慧心灵的启迪，天道自然而然地显示出这么多美好的功德，是我们人类效法学习的真实美好善良的德行旨归，所以说，《老子》论道的目的，是为了以道论人，以道来教化民众，不要违背天道为万物带来益处的常道，而要效仿学习天道表现出来的真善美，成为我们人类自己的真善美。

其二，《老子》之天道论与大道论的不同之处在于，老子所论的天道，重点在于论述天道的特征和功能，以及以天道论人，论君子圣人之道，也就是在于论述天道的自然变化途径所显示出来的意义和结果及其意义。以上是《老子》所论的天道的特征。

其三，天道特征的意义就是为万物带来了益处，结果就是成就了万物的生长化育，圣人效法天道天德而做人。所以，《老子》第二十三章指出："故从事于道者，同于道；德者，同于德；失者，同于失。同于道者，道亦乐得之；同于德者，德亦乐得之；同于失者，失亦乐得之。"这就是《老子》论道的目的。老子论道的目的，就是要使圣人君子做到："尊奉天道者，就要与天道的表现形式相同；有德者，其德行表现也要与天德相同；有过失者，也要与天道之过失的表现相同。所以与天道相同者，天道也乐于得到有道者；同于天德者，天德也乐于得到有德者；同于天道之过失者，天道之过失也乐于得到很快纠正过失者。"有道德的君子，就要做到与天之道德的表现相同。老子在这一章的开始，所论的是自然，《老子》认为狂风暴雨是不会持续一整天的，狂风暴雨等这些自然灾害只是乾天不正常的现象，会给万物带来毁灭性的灾难，这只是乾天出现的过失而已，乾天偶尔出现的过失，很快就会纠正，仍然以天之常德而有益于万物。那么谁能够做到这样呢？只有天地之自然。《老子》从天之自然的急剧恶变尚且不能持久的现象，抽象出人生人世如何认识对待自己的各种变化。《老子》指出：有道、有德者，就要与天道天德的表现相同；有过失者，就要与天道之过失相同，犯了过失就要立即纠正才符合天道的天道人道同一的观点，这是《老子》哲学的天人同一观。《老子》的天人同一观，就是同天道，同天德，同天道之过失。

其四，人如何实现与天之道德同一。《老子》第二十七章所言："善行，无辙迹；善言，无瑕谪；善数，不用筹策；善闭，无关楗而不可开；善结，无绳而不可解。"只有持续不断地学习应用，不断地练习，直至达到习惯成自然，达到了自然无为，不用思考谋虑就能自然而然地表现出来，就达到了天人同一了。

3.《老子》关于天道论述的结论

《老子》关于天道的诸多论述，说明天道之自然是以其自然本性有益于万物，而不与万物争上下、争功德的道理，也就是说天道自然有益于万物，只是其自然本性而已。

从老子关于天道天德的论述，可以看到中华民族哲学的始祖《老子》之哲学，就是一部论述圣人君子为民众谋利的哲学，也就说中华民族的哲学，从他产生开始，直接目的就是为了广大人民利益而产生的！

二、孔子关于天道的论述

1.孔子关于天道的专门论述好像不多，在《论语·阳货篇》中有一小段论述："天何言哉？四时行焉，百物生焉，天何言哉？"[1]这些话虽说是在孔子不想说什么时，而在子贡的要求下所说，但是其意义却是关于天道的论述。天什么也不说，但是四时的变化始终运转不息；万物适时化生适时衰败消亡，这就是天道之自然的作用。

2.孔子对天道之自然更加明确的论述，见于《礼记·哀公问》曰："敢问君子何贵乎天道也？"孔子曰："贵其'不已'。如日月东西相从而不已也，是天道也。

---

[1] 刘琦译评.论语[M].吉林文史出版社，1999：146.

不闭其久，是天道也。无为而物成，是天道也。已成而明，是天道也。"① 这是孔子对天道之自然的明确论述。孔子指出："天道的意义，就是永恒不止，始终不改变。比如日月东升西落永远不停止，这是天道。畅通无阻，天长地久，这是天道。天道自然无为而成就了万物的化育生长，这是天道。天道无休止地成就万物而且非常清晰显明，这是天道。"孔子关于天道之论，就是日月的自然升起落下，日月自然地照耀万物，自然地给万物带来益处，使万物自然化育生长衰败。天道就是日月自然地往复循环在天空，日月的自然功能成就万物的自然功能，天道就是天之自然。这也是孔子对什么是天道的论述，孔子之论，与老子关于天道意义的论述是一致的。天道就是天之自然。

3.孔子关于大道意义的论述。《哀公问五义》孔子曰："大道者，所以变化而凝成万物者也。"孔子明确指出，所谓大道，就是变化凝聚成为万物的过程。孔子关于天道的论述，也只是论述说明了乾天自然的运行过程，以及自然运行过程所产生的结果。并没有更多的论述天道的功能，以及天道功能与万物人类的关系。孔子关于天道的论述，就是六十四卦的相关内容了，其论述的具体内容将在以后的章节中逐渐说明。

第三节　《易·系辞》关于天道自然功能的论述

一、《易·系辞》对天道自然功能的描述

《系辞·下传》第一节："天地之道，贞观者也。日月之道，贞明者也。天下之动，贞夫一者也。夫乾，隤然示人简矣。"《系辞》指出：天地自然变化的道理是圣人长久观察而来；日月变化的道理，就是永远以光明照耀万物；天下万物的变化，永远依赖的是太阳独一无二的能；所以说《乾卦》，确实将万物变化的道理向人简明地展示出来；《系辞》特别指出，日月变化的道理，就是永远以光明温暖照耀万物；贞明，就是永远光明的意思；而且指出天下万物的生长变化，永远依赖的是太阳独一无二的功能；这里的"贞夫者一"，贞，就是永远长久的象征；一，就是独一无二。正如《易·系辞》上传第六节所言："夫，乾，其静也专，其动也直，是以大生焉。"这里"其静也专"的意思，是指乾天清净公正而功能专一；也就是独有，独作日行，也就是太阳功能独一无二的象征，这与"贞夫者一"的意思是一致的。

---

① 钱玄、钱兴奇等注释.礼记[M].岳麓书社，2001：664.

《易·系辞》关于天道自然功能论述的观点，"日月之道，贞明者也"是《易经》哲学从日月永恒不变的以光明照耀温暖万物的自然现象中，抽象出万物生长靠太阳的自然真理，真理就是"天下之动，贞夫一者也"。是乾天之天气变化防不胜防引起的灾害和乾天高大、专一、正直的含义。

　　"其动也直，是以大生焉"是指太阳在其运行轨道上以直线方式运动，以及其光芒四射无垠，还指天气变化极其快速。这里的直就是快的象征；直，象征天气变化急速猛烈对万物的损害。

　　"是以大生焉"是指乾天高大无边无际自强不息，而又无物不照，无物不覆，无物能伤，资始万物化育，统御天下万物变化的功能是伟大的。这是易学哲学对乾天功能结果的抽象评价赞美。其赞美之词，还见于《乾·彖辞》："大哉乾元，万物资始，乃统天。"更见于《乾·文言》第十自然段，对《乾卦》彖辞的解释："乾始能以美利天下，不言所利，大矣哉！大哉乾乎！刚健中正，纯粹精也。"这里的大，就是伟大的意思，这也是圣人对乾天之自然功德的抽象赞美之词。

　　《易·系辞·上传》第一节对天道功能的论述："日月运行，一寒一暑。乾道成男，坤道成女。乾知大始，坤作成物。"《系辞》所言的"日月运行，一寒一暑"与《系辞·下传》第五节"子曰："日往则月来，月往则日来，日月相推，而明生焉。寒往则暑来，暑往则寒来，寒暑相推，而岁成焉"的意义是一致的，这是指由于乾天太阳在自己的运行轨道上自然运动变化的高度，使地球不同区域受到的光热度的不同而产生的四季的变化。地球上一年四季的变化是自然变化，万物也随着四季的变化而有了春生、夏长、秋敛、冬藏的变化；人类也就有了生、长、壮大、衰亡的变化。乾天的功能之一，就是对地球形成四季和万物的变化的节律。

　　《易经》关于天道的论述，仍然是关于天道运行规则，天道的自然功能，也就是天道自然固有本性的论述，以及圣人君子从天道有益于万物的固有本性对乾天功能伟大意义的感悟。

二、《易·说卦》关对乾天变化功能的确定

　　《易·说卦传》第二节："昔者圣人之作易也，将以顺性命之理，是以立天之道，曰阴与阳，立地之道，曰柔与刚，立人之道，曰仁与义。"《易经》哲学确定了乾天变化的道理，就是阴阳变化，就是变化风云雨雪雷电，就是变化万物、滋生化育万物。关于乾天的阴阳变化的意义，前面已经有所论述，这里不再赘述。

　　从《易经》对天道自然阴阳功能的确定，说明了天道自然自身的变化功能就是阴与阳；天晴日光明媚温度高为阳，天阴下雨，晦暗温度低为阴，这是乾天自身的变化功能。

以上是《易·系辞》对天道自然正常功能和变化功能的论述。

《易·说卦传》则是对乾天、坤地、与人阴阳属性的明确区分。

第四节 《易·乾卦》关于天道的论述

一、《乾卦》彖辞对乾天自然功能功德的赞美褒扬

1.《乾卦》彖辞关于天道的论述

《乾·彖辞》曰："大哉乾元，万物资始，乃统天。云行雨施，品物流形，大明始终，六位时成，时乘六龙以御天。乾道变化，各正性命，保合大和，乃利贞。首出庶物，万国咸宁。"

《乾卦》对天道功能给予最高最美好的评价和赞美，彖辞用伟大来赞美乾天之真善美。为什么乾天会得到圣人如此高的赞誉呢？这是因为万物凭借乾天太阳的光热开始化生，太阳统御着乾天，它布云行雨施于天下，使众多事物变化而各有品类形体形象各有特征；它的光辉正大光明始终照耀万物，形成了昼夜四时，使昼夜四时的变化犹如六条色彩各异的巨龙统御乾天万物的变化。乾天的各种变化，风云雷电雨雪，昼夜、四时的自然变化，各自都是以其固有变化规律正常变化以有利于万物的生长化育为本性为命令，也只有如此才能保证天地阴阳之气相交相合极大的平和而达到自然的天下万物和谐安泰，才能有利于万物自然变化流布而产生自己的形体，有利于万物自然的正常生长化育。这是圣人对乾天太阳自然显示出来的伟大功能的具体论述，乾天之伟大功德是圣人通过长期观察研究体验得出的，乾天自然都是以有利于万物为自然常性，那么圣人就效法乾天有利于万物的美善之德，创造出众多的治国治天下的事物，以效仿乾天的美善之德治天下，以乾天的美善之德教化人民，使天下人民受到教泽而感化，达到万物和谐，达到各国人民和谐相处，使天下万物都得到安宁，从而天下太平。

2.《乾卦》彖辞论述了乾天太阳的自然功能所显示出来的巨大威力

其一，乾天太阳与万物化生的关系，那就是"万物资始，品物流形"。太阳是万物生成之父，太阳主宰着万物的生长化育。

其二，乾天的正常变化功能，就是"云行雨施，品物流形，大明始终，六位时成，时乘六龙以御天"。

其三，以乾天正常变化为命令，就是"乾道变化，各正性命，保合大和，乃利贞"。

其四，太阳的外在功能，也就是太阳的光热和强大是自己自然产生的，不是任

何外在力量能左右的,这就是自然的自强不息的依据,自然是宇宙的永恒。这是《乾·象辞》对太阳之自然功能的威力的论述,一切都是自然而然发生而变化的,一切都是自然而然存在的,而这一切自然发生和存在的事物,都是圣人长期观察感悟,通过这些存在的自然现象,长期累积思考抽象出来的真实道理。

乾天太阳照耀资助万物化育,变化四季,化生,长养万物;变化风云雨雪雷震、滋润震动万物,使万物得到滋生化育而不言其功。

3.《乾·文言》对乾天的功德作了最高评价

《易经》作者用了一个伟大来赞美乾天的功德,而《易·乾·文言》却连用了二个伟大来赞美乾天的功德,正如《乾·文言》曰:"乾始能以美利天下,不言所利,大矣哉!大哉乾乎!刚健中正,纯粹精也。六爻发挥,旁通情也。时乘六龙,以御天也。云行雨施,天下平也。"《乾·文言》对乾天的美善功德作了最高评价。

其一,乾天太阳始终以美善之德——其固有的功能光热照耀温暖天下万物,利于万物生长、变化,而又不会言说自己有利于万物的功德,所以,《乾·文言》连用二个伟大来赞美乾天。

其二,乾天的本性刚直中正,强大有力,真是德行完美无缺纯正的精华啊!这里《乾·文言》已经将乾天的伟大功德人格化了。认为乾天始终有利于万物,不言其功,刚直不阿的本性,是完美无缺真正纯粹无私的精华;也就是说,只有乾天才有如此美好高大的品德,所以圣人才会如此赞美乾天的功德。

其三,《文言》还指出,《乾》象辞所表述的乾天统御时日变化的春夏秋冬,昼夜是乾天基本功能和统御万物的表现形式。布云散雨,风调雨顺是乾天变化功能中正平和天下太平的象征!

《乾·文言》还对《乾卦》六个爻辞的主要意义做了说明,指出《乾卦》六个爻的爻辞,广泛阐发的是关于天子之道的渊博知识,也就是天子如何做一个爱民保民受民众拥护的好天子。以此作为触类旁通贯通其他事物的情理。《周易》作者,或许圣人,从乾天自然而然显示出来的有益于万物的功能,抽象出乾天的美德。乾天的美德就是以仁善待万物,乾天对万物一视同仁,公正无私无物不照,无物不覆,不会言说自己有利于万物的功德。《乾·文言》在这里连续用了"大矣哉!大哉乾乎!"二个伟大来赞美乾天的美德,从这些怀着无限敬畏之情的赞美,我们可以看到古人敬天尊地的依据。古人敬天尊地是因为乾天有如此美好伟大的功德。因为要是没有日月的照耀,没有大地的承载化育藏纳,就不会有万物的化生,更不会有人类的进化发展生存之理。

圣人将乾天比作有强大功能的强人、帝王、强龙、统领乾天阴阳风云雨雪雷电,昼夜四时的变化,资助万物的化育;而且能发布命令,命令乾天的各种变化,风云雷电雨雪、昼夜、四时、各自以正常变化为本性为命令，保证阴阳之气相交相合极大的平和而达到天下太平，以有利于万物正常生长化育。这些命令是言语没有思维记忆的大自然发出的吗？当然不是了，这是圣人模拟乾天的语气发出的命令。因为这个命令是有益于万物，更有益于人类。所以说，所谓天命，是我们的圣人先祖用自己的思维语言发出来的，这个天命，首先是发给乾天应该遵守的规则。其次，才是我们的圣人效法乾天为我们的治国者发布的命令，从而效法乾天的美善之德，治理国家天下，以达到天下太平安乐。

圣人通过对乾天功能和美德的观察感悟，推论出伟大、正大光明、自强不息、有功不言、以善待万物、仁善、公正无私、道德。这里道德，就是乾天自然而然的变化之道，是天道；天道使万物得到益处，得到化生，就是天德；合而为道德。道就是天阳自然而然的运行过程；德，就是使万物得到益处，这便是道德的含义。

二、《乾卦》卦象辞前一部分对乾天功德的评论

☰《象辞》"天行健"健的本义是强健、强大有力。所以，《易经》作者从乾天自然功能显示出来的威力，用象辞"天行健"来象征乾天功能的强大有力。乾天太阳的功能强大无比，无物不覆，无物不照，而又无物能伤，任何力量意志都无法改变左右它。乾天太阳是自己使自己发热发光照耀万物的，是自己使自己的功能强大无比的。这是《乾卦》象辞对乾天主要功能和乾天美德的抽象和精辟论述。

那么，《乾卦》象辞关于天道的意义，是说乾天的强大功能是乾天太阳自身自然而然地展现出来的，其自身自然展现强大功能的同时，使万物自然地得到化育滋生；乾天强大的自然功能使万物得到自然的滋生化育，就是德，道与德合而为道德。

第五节　《易·恒卦》关于天道的论述

1.《恒卦》象辞对天道的论述

☷，象辞曰："恒，久也。刚上而柔下，雷风相与，巽而动，刚柔皆应，恒。恒亨无咎，利贞，久于其道也，天地之道，恒久而不已也。利有攸往，终则有始也。日月得天，而能久照，四时变化，而能久成，圣人久于其道，而天下化成，观其所恒，而天地万物之情可见矣。"象辞的意义如下：

其一，指出什么是恒？所谓恒，就是持久的意思。

其二，指出了为什么能够恒久？这个问题《易经》作者从《恒卦》的卦形结构来推断恒久的原因，那就是上下齐心一致，以诚信顺服信念坚持到底，就会使我们

的事业取得成功，或者由于我们对真正有道德的贤者的真心信服敬佩的情感而使万众一心，一定会得到成功的证明。

其三，象辞指出，天地之道的一个基本事实，就是天地日月在各自的运行轨道上终了而又重新开始往复循环恒久地运行而不停止。因而就能恒久地照耀万物，春夏秋冬四时的变化才能长久实现。这与孔子《礼记·哀公问》中，所论的意义是一致的。

其四，象辞还指出了圣人之道。什么是圣人之道呢？圣人因为长久地研究观察天道，从天道中感悟出道德的意义，所以圣人永久以无为之道，以道德治天下，因而使天下万物的化育得以正常实现，使人民得到福气安康，这样就能感化天下万民，而实现天下太平。象辞最后指出，观看天地日月恒久的道理，观看圣人恒久以天道治天下的道理，天地日月，万物，人类之间的情理是相通的，也就是关于恒久的道理是一致的。

2.《恒卦》关于天道观点的意义

《恒卦》关于天道观点的哲学意义，就是日月星辰长久在天空自己的轨道上运行，反复循环不息，万物才能持久地得到光明温暖。地道，是指地球恒古旋转不息，与天道运行的规则相合才有了昼夜四季恒古往复循环的变化。圣人长久地以天道之无为治天下，成就天下万物的化育，使万民得到感化而人心向善成自然。观看观察关于恒久的意义道理，其实天地万物变化的情形都是一样的，这是因为：

其一，因为天地万物的变化非太阳的功能不可。

其二，恒久、恒卦象辞论述天道的目的在于说明恒久的意义：日月恒久照耀万物不变，万物得以恒久化生不息；人类得以恒久繁衍不息，圣人恒久以天道治天下，天下长久得到太平安乐。

这是《恒卦》象辞对天地之道的论述，天地之道，就是天地日月自然地恒久不衰地在自己的轨道上往复循环地运行，昼夜四季变化的现象才能恒古不变存在；昼夜四时的变化，是天地之道自然运行过程所产生的自然结果，一切都是自然的结果，天道就是日月在天空自然地依照自己的节律运行的过程和结果。

《恒卦》关于天地之道的意义，仍然是自然，是天地日月自然恒久地往复循环在自己的轨道上，而使万物得到温暖光明，四时得到循环显示，使人类有了日出而作，日落而息的时间概念。

第六节　《易·丰卦》象辞关于天道的论述

☳，象辞对天道的论述，《丰卦》象辞曰："丰，大也，明以动，故丰。王假之，高大也。勿忧宜日中，宜照天下也。日中则昃，月盈则食。天地盈虚，与时消息，而况于人乎？况于鬼神乎？"

1.《丰卦》象辞以天地日月自然变化的节律论述天道的意义

其一，天道的意义是："日中则昃，月盈则食。天地盈虚，与时消息。"这就是天道变化的节律，太阳从中午的最大、最高、最光明的形象开始，逐渐开始向西偏斜，一直到逐渐隐没。月亮从月圆开始，逐日变化，逐渐变化到月半、月牙、到朔日、到新月，又逐渐到月圆。天道的意义，就是日月的盈虚变化，随着时日的变化而变化，没有不落的太阳，没有不圆的月亮，这就是天地日月自然地运行规则，天地日月自然始终如此，何况我们人呢！人生人死，就如日月盈虚变化。

其二，圣人从日月盈虚的变化中感悟到的是：作为天子，本身就要像日中的太阳一样高大光明而普照天下，不应有偏私，对待人民、对待狱讼更是如此；作为天子如此，作为古代各级官员也要如此，以太阳般光明正大之德为天下人民谋福气。

2.《丰卦》象辞关于日月自然变化节律的哲学意义

因为《丰卦》的内容是关于判断狱讼的问题，所以从日月盈虚变化的道理，说明任何事物都有明显和隐微的变化，都有真实存在和虚无存在的可能。所以对于执法的官员而言，审理狱讼案件一定要以事实为依据，不能根据毫无依据的虚假之词来审理狱讼。因为真的就是真的，假的就是假的，就连没有思维的鬼神都要遵守自然变化规则，何况我们是有思维灵性的人呢，何况是代理天子执行刑罚的执法者呢。

日月盈虚的变化规律，是日月的自然运行变化过程，是天道自然运行规律的特征。

天道运行有它自己的节律，时时日日都是依照自己的节律坚守诚信运行而不改变，何况是依照天地自然变化节律而生存的人呢，何况我们先祖的诚信灵魂呢。日月盈虚的自然变化，就是天道自然的变化，这与《谦卦》象辞关于天道盈虚变化的道理是一致的，与《易·系辞》"日往则月来，月往则日来，日月相推，而明生焉。寒往则暑来，暑往则寒来，寒暑相推，而岁成焉"的道理也是一致的。

从日月盈虚的自然变化中，我们体悟到的是正大光明和盈虚变化之理，所以作为古代三才之道中的人，就是依照天道自然之正大光明，公正不偏私而有诚信，正大光明地做人，正大光明且有诚信地做事，作为治理国家天下的天子，就必须以正大光明诚信之德为人民谋求利益做益事，这样才能成为真正的三才之道的擎天大柱。

第七节 《易·谦卦》象辞关于天道的论述

☷☶象辞曰："谦亨。天道下济而光明，地道卑而上行。天道亏盈而益谦，地道变盈而流谦，鬼神害盈而福谦，人道恶盈而好谦。谦尊而光，卑而不可踰，君子之终也。"

1.☷☶象辞在论述天地之道变化规则之前，首先对谦虚的意义做了肯定：谦恭谦让而亨通。其依据是什么呢？其依据就是关于天地之道的盈虚变化了，也就是说《易经》作者用天地变化之道来说明"谦恭谦让而亨通"的依据和意义。那么《谦卦》象辞中关于天地之道有那些主要观点呢？其一，是指天地阴阳之气的运行规则，那就是天之阳气——太阳的光芒向下普照万物而使天地间一片光明；坤地低下其阴气在太阳光芒的照耀下向上运行，天地阴阳之气相互交感融合而变化阴云雨雪雷电，以滋润化育万物。天地阴阳之气相交相融就如虽然尊卑有别但却相互包容融合相合彬彬有礼，无贵贱之别。

其二，是指天地盈虚变化的规则。天道盈虚变化规则的意思与《丰卦》象辞关于天道盈虚的含义是一致的，那就是日升月落，或者日落月升，就如日月相互谦让一样有礼有节谦恭有序，天道运行的规则日日时时永远如此，就如谦虚的君子一个比一个谦恭有礼似的。地道的变化规则是指：万物满盈而又逐渐流失，就如满盈和流失相互谦让一样。比如植物春生，夏长，而壮盛、繁茂，众多为盈；秋收、冬藏而凋谢，衰败，减少为流失。万物顺应天道的变化，由春夏逐渐变盈，到秋冬逐渐流失变少，归藏，年年如此，就如谦谦君子相互谦让有条不紊秩序井然而循环不息。又比如天气变化，使风雨充满大地，雨水横流，而大地并不嫌其多，雨水再多，最终还是流入江河湖海，又变化为风云雨雪的道理，大地就如满而不盈，盈而不持，藏而不露的谦恭君子。这是地道之谦。天地之道运行的规则，就是谦虚谦恭之礼的依据和意义。

其三，我们的先祖从天地盈虚变化之道的变化规则中，感悟到谦恭有礼的意义，先祖害怕自满自傲没有谦恭之礼而使我们的福气减少，制定了谦恭谦让之礼，使我们懂得做人的道理就是要有谦恭谦让之礼。谦恭谦让受人尊敬而光荣。谦恭之礼就是无论是高贵、贫富贵贱，都要以自卑而尊人的原则对待任何人而不超越礼的规范，这是君子始终遵循的礼仪之道。正如《曲礼》曰："夫礼者，自卑而尊人，虽鱼贩者，必有尊也，而况富贵乎！"[①] 谦恭而尊人，这也是易学的平等观。

2.☷☶象辞虽然是用天地之道的道理说明为什么谦虚谦让就能亨通的道理，但是

[①] 木子主编．曲礼·礼运[M]．广州出版社，2001：5.

我们在这里也看到了天道功能的另外二种道理，那就是"天道下济而光明；天道亏盈而益谦"的道理。其一，"天道下济而光明"，也就是说假如没有日月向天下普照，向万物普洒光辉，天地间就是一片暗无天日，万物就不会生成、人类就不会存在，更不会进化发展。其二，"天道亏盈而益谦"，天道的变化，就是日月的东升西落，就是太阳逐渐升起升高到极大极明极亮温度极高，又逐渐西沉到日落无光温度下降，这是太阳的运行规律，形成每个不一样的日夜。月行一月的晦朔弦望就是月亮的运行规律，月亮绕地球运行一周，就是阴历的每一个不同的一个月。而每一个不同的日夜，组成了每一个不同的月份，12个不同的月份组成了阴历的一年。其三，《谦卦》象辞论天地之道的目的在于论述谦虚的道理，所以我们既从象辞中学习了天道的知识，又学习了谦虚谦恭和平等的道理。

第八节　《易经》哲学关于大道及天道的本质和意义

通过以上对《易经》哲学关于大道天道的介绍和论述，我们有了以下认识：

1. 对大道天道本质的认识

其一，使我们认识了天地万物是怎么生成的，明白了什么是"道"，也就是老子所命名的"大道"，这个大道，就是天地万物生成的自然过程，这个过程，就是在没有天地之母之前，有物自然生成天地之母——那一团混沌之物，这一物使混沌之物自然而然朝一个方向旋转运动，自然变化到极大，自然地分离出天和地，也就是分离出阴和阳。又使天地阴阳之气自然变化化生了万物。天地之母和天地自然生成的过程，以及天地阴阳之气自然生成万物的过程就是大道。大道就是宇宙万物自然生成自然变化的自然过程，大道的本质就是自然。大道是宇宙生成的本源，大道是易学哲学的本体论。而大道生成的天，就是天上的日月星辰；大道生成的地，就是地上存在的五行物质和历经数万年进化而生成的人类和物类。

其二，老子在2500多年以前，大约在公元前580—前500年之间关于天地万物自然生成过程的论述，是唯物辩证论，他是根据我们先圣们几千年"仰则观象于天，俯则观法于地"的经验，与老子的睿智推论而来，不是凭空想象出来的。老子之论，至今无有超越者。正如《庄子·齐物论》所言"古之人，其知有所至矣。恶乎至？有以为未始有物者，至矣，尽矣，不可以加矣！其次以为有物矣，而未始有封也。其次以为有封焉，而未始有是非也。"[①] 庄子认为老子的智慧是至高无上的，

---

① 张光裕主编. 老子（附庄子）[M]. 北京燕山出版社，2000：93.

老子关于天地万物生成之道"无与有"的理论是至高无上的理论，是没有任何人可以增加或减少而突破的理论。

其三，关于宇宙生成的问题，德国哲学家康德于公元1755年在他的《自然通史和天体论》一书中，提出关于宇宙生成的假设："太阳系产生于一个共同的弥漫星云。"法国数学家拉普拉斯在1796年同样提出"太阳系是由一团弥漫的自转的气体星云逐渐凝聚收缩而来"。① 可是凝聚收缩，怎么收缩出一个火热的太阳系，以及太阳系中那个阴冷的地球呢？他们是没有结论的。近代又有大爆炸论，大爆炸生成火热的太阳，大爆炸又是怎么生成阴冷的地球呢？他们也没有假设理论可以证明。而只有我们2000多年前的《老子》论述的"道化生的一团混沌之气变化到极大的太极之气的分离论"，才是形成太阳和地球的唯一正确的论断。

总之，关于太阳系的生成过程，康德和拉普拉斯与《老子》所描述的生成天地的天地之母，就是那一团混沌的气体云这一点，是一致的。而《老子》对太阳系生成的理论要比康德、拉普拉斯至少要早2000年，而且《老子》对道化生天地之母，天地之母生成天地和天地生成万物的自然过程的描述，可以称得上世界之最，而且比康德和拉普拉斯更科学、更实际。《老子》从宇宙万物自然生成的过程，总结出了大道的存在，又从大道推论出了天地之道的存在，从天地之道推论出人道的真实意义，这是《老子》哲学的重要意义，康德和拉普拉斯的理论是远远不及《老子》之论的。

生物进化论已经证实地球形成的早期是一片汪洋大海，生命物质是在这一片汪洋大海中逐渐生成的。而易学关于"天一生水"的理论，与《老子》的宇宙生成论，与生物进化论的意义是一致的。

2.通过对《易经》哲学、《老子》、孔子关于天道的学习，认识了天道的意义如下：

其一，日月在天空往复运行，恒久地照耀万物，形成了昼夜春夏秋冬四时的变化。其二，万物生长靠太阳，太阳是自己使自己发光发热，它的光热是万物生长化生的唯一动能。其三，天空之四象，就是风、云雨雪、雷、电。它是天地阴阳之气交感而变化出来的气候变化现象。其四，乾天的运动特点，就是《易·系辞》："夫乾，其静也专，其动也直，是以大生焉。"这里"其动也直"之直，特别重要的一点，就是阴阳变化极为快速，尤其是快速变化的天气，大风暴，大暴雨对万物的损害。正如《屯卦·象辞》"雷雨之动而满盈，天造草昧"。其五，圣人对乾天太阳的功能的认定，其功能就是统御着乾天，布云行雨施于天下，使众多事物变化流布

---

① 《马克思恩格斯选集》第四卷，人民出版社，1995：266—267.

而有形体。日月的光辉正大光明始终照耀万物，形成了昼夜四时，昼夜四时统御乾天万物的变化。其六，圣人从乾天功能和结果中感悟抽象出乾天的美德，其美德就是乾天能以其固有的功能，光热照耀万物，利于万物生长、变化、而又不会说自己有利于万物。这就是乾天伟大的仁善之德！乾天其本性刚直中正，强大有力，德行完美无缺而纯正！这也可以说，是圣人为乾天安装上了有美善之心的人心，这也就是文学创作中的拟人化手法，而这个拟人化，只是对天地安装上了人心的情感而已，这正是北宋哲学家张载提出"为天地立心，为生民立命，为往圣继绝学，为万世开太平"[①]中第一句，"为天地立心"的含义，天地本无心，而我们的古圣人为天地树立了美善、公正无私、正大光明以善待万物之心。

"为生民立命"就是指，古圣人为了天下民众的生存生生不息，而以天之心，发布命令，这就是天命的由来。以天命，也就是天的命令来命令治国者，保护爱护为民众谋利益福气，以保人民生生不息。

所以，我们从大道认识到的是自然、宇宙万物自然生成、自然存在、自然生长化育衰败的过程就是自然。所以说，大道的本质就是自然。从天道认识到的仍然是自然，是乾天自然地显示出自己强大的功能，乾天之太阳自然自强不息永放光明照耀温暖万物，乾天自然的正大光明，公正；乾天自然以仁善之德公平地对待万物，使万物得到益处，得到生长化育，道与德相合就是道德的意义。

总之，所谓大道，就是天地万物自然生成的自然过程。所谓天道，仍然是自然，就是太阳自然的正常功能和变化功能，对万物的有利有益。大道是万物化生的必经途径。天道既是资助万物化生的必经途径，又是万物化生、生长衰败、存在的必须条件，万物生长靠太阳，没有太阳万物就不会生长壮大繁衍不息。正如现代生物科学认为生态系统的基本功能是："所有生物都需要能量，没有能量生物就不能生存，就更不会繁殖，而所有生物的能量的最后来源都直接或间接地来自太阳。所以太阳就是一切生物生长发育的原始动力。水循环、气体循环则是使生命和生态系统功能正常进行的保证。"现代生物科学的论证，更加有力地说明天道长存的重要意义，所以才有"形而上者谓之道"的意义。

《易经》、《老子》、孔子关于天道的论述，主要是对乾天太阳自然运行轨迹，运行特征和运行结果的物理现象的描述，并没有对太阳的物理性质做具体的描述，因为《易经》、《老子》、孔子的目的是论道，而道的本质是自然。是要以道论人，以道论社会。所以，《易经》就有了天子之道、君子之道、圣人之道、民众感化之道和做人之道。

---

① 刘学智、方光华主编. 张子全书[M]. 西北大学出版社，2015：259.

当然，关于太阳的功能，物理性质、化学性质，现代科学倒是有更多的研究，他们认为太阳是一颗炽热气体状态的大火球。太阳元素最显著的特点是含有71%氢和26.5%氦的丰度特别高，其次是氧、氮和碳，然后为各种金属和非金属元素。太阳上发生的是热核聚变反应，氘（dāo）和氚（chuān）聚变成氦，释放的能量与化学反应不是一个数量级的。所以严格来讲太阳并没有"燃烧"，更像是一个巨大的氢弹，用100亿年来完成爆炸的过程，现在就是这个"氢弹"爆炸的中期。阳光是太阳上的核反应"燃烧"发出的光，经很长的距离射向地球，再经大气层过滤后到地面，它的可见光谱段能量分布均匀，所以是白光。"太阳是大地的母亲"，正是有了太阳光的照耀，才使地面富有生气：疾风劲吹，江水奔流，花开果熟，生物生生不息。太阳光照角度运动规律：在同一天里，太阳从东边升起，西边落下，中午12时升至最高点，但是太阳并不是每天都从正东升起，正西落下，在不同的季节里，日出、日落的方向变化较大。太阳能光的四季变化规律：地球如陀螺自转的同时绕太阳公转，因地轴与公转轨道面有一倾角67.5°，与轨道面垂线夹角23.5°，使地球上有了四季，昼夜。太阳光具有促进消化、促进儿童成长发育、保持人体健康、消毒杀菌的作用；绿色植物和人体都需要阳光的光合作用，绿色植物可转日光能成化学能；而人体通过光合作用，将一些化学物质麦角醇、胆固醇等，制造出维生素D。但是过度晒太阳还对头发有损害，会导致皮肤粗糙，紫外线会晒黑皮肤，太阳光线里含有一定量的紫外线成分，当皮肤长时间暴露在紫外线下，皮肤容易被烧伤，更严重者还可引起皮癌。

现代科学关于太阳功能的研究描述，以及太阳功能对万物、对人类的重要意义的描述，使我们对太阳，对易学所描述的天道之自然，所显示出来的有益于万物人类的功能，有了更加明确的认识，这也是我们探讨研究天道的意义所在。

为了说明道本体论的意义，我们论述了老子、孔子、《易经》关于大道、天道的观点，其目的就是在于说明笔者"道本体论"依据和意义，正因为我们的圣人，关于道，有如此多的见解，才使笔者的道本体论有了依据，所以说，易学哲学本体论，是道本体论。

第二部分 《易经》哲学本体论三才之道地道变化之道及阴阳之道论

地道是《易经》三才之道的第二道，这一部分我们将推论坤地的功能及其功能的意义，坤地的运动特点及其运动结果。当然，地球的生成过程，以及地球上各种物质的生成过程，仍然是自然状态，是自然生成、自然存在、自然变化的过程；也就是说地道，仍然是坤地之自然变化的过程，其本质仍然是自然，属于大道的范畴。

第一章 《易经》哲学关于地之五行物质生成之道

地之五行，是指水、木、火、土、金五种有形物质。五行是构成地球的重要物质，是万物形态属性的归类象征。

第一节 《易经》哲学关于五行生成的次序

《易经》关于五行物质的生成之道，正如《易·系辞》曰："天地氤氲，万物化醇。"五行包括了万物，万物生成的次序也就是五行生成的次序。也就是五行物质来源的依据。

《易·系辞》曰："天一、地二、天三、地四、天五、地六、天七、地八、天九、地十。"其实，它的意思就是指五行生成的次序。张景岳《五行生成数解》言："天一生水，地六成之；地二生火，天七成之；天三生木，地八成之；地四生金，天九成之；天五生土，地十成之。"[1] 这是明代医圣张景岳对五行生成次序的解释，

---

[1] 方向红校理，[明]张介宾. 中医与易学[M]. 学苑出版社，1993：32.

也是他对五行生成过程的综述。

历来关于五行生成的理论有很多论述；比如我们看到的古河图和古洛书中的五行数字，就是关于五行生成次序的具体说明图。

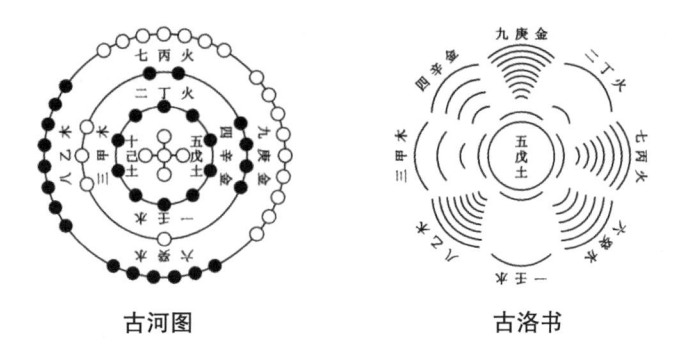

古河图

古洛书

宋代理学家周敦颐所著的《太极图说》，是对太极生成天地阴阳自然变化的表示图；而太极图说中的文辞，则是对坤地五行物质的生成过程的描述。

太极图

周敦颐《太极图说》曰："无极而太极，太极动而生阳，动极而静，静而生阴，静极复动，一动一静，互为其根。分阴分阳，两仪立焉；阳变阴合而生水、火、木、金、土。五气顺布，四时行焉。五行一阴阳也，阴阳一太极也。太极本无极也。五行之生也，各一其性。无极之真，二五之精，妙合而凝，乾道成男，坤道成女。二气交感，化生万物。万物生生，而变化无穷焉。"① 周敦颐的太极图说，首先指出了天地生成的过程；其次指出了万物的生成次序，也就是五行生成的次序。周敦颐指出有了天地之后，由于天地阴阳之气的交感而化生万物的过程。"阳变阴合而生水，火、木、金、土。五行顺布，四时行焉。"这是周敦颐对《易·系辞》关于五

---

① 浩文.易数精解[M].中国文史出版社，1991：46.

行生成次序的进一步解释。周敦颐明确指出，天地生成之后化生了万物。万物，也就是五行物质生成的原因"阳变阴合"；天之阳使地之阴变化，天地阴阳二气相交相合而化生了万物，也就是化生了五形物质。周氏的这个论述，也是对《老子》第四十二章"道生一，一生二，二生三，三生万物。万物负阴而抱阳，冲气以为和"意义的详细解读。由于太阳的运动而使地球形成了四时交替的季节变化，有了四时交替变化，也就有了昼夜交替的变化，也就有了时间空间的变化。

周氏所言"二五之精，妙合而凝"的二五，就是指天地生成数的十个数，是由天数五和地数五二个五相合而成。天地生成的五数之说，其实就是表示了天地生成后，天地五行物质形成的五个阶段或者五个变化过程，也是对五行生成的先后次序的具体说明。

周敦颐《太极图》的创作依据，应该是根据老子的"道生一，一生二，二生三，三生万物，万物负阴而抱阳，冲气以为和"的原理而来。但是单凭这个太极图文来说明宇宙万物的生成过程，就不完善了。因为它没有表示出太一是如何生成的？也就是说这个太极图忽略了大道的存在意义，所以它还不能完全表示老子"道生一"的意义。但是太极图所显示和说明的都是天地阴阳自然变化的自然过程。《太极图说》，所说明的是五行物质产生的自然过程，它们所表示的仍然是自然界事物自然变化的原理。

第二节　《易·系辞》关于五行之水的生成之道和意义

关于五行之水的生成过程《系辞》曰："天一、地六。"张景岳曰："天一生水，地六成之。"[1] 它所表示的是，天地生成后，天体自身第一阶段的变化状态，以及地球自身第一阶段的运动变化状态，可以认为包含了关于水生成过程中的三部分的含义，也就是天一生水的过程，以及水生成之后地球物质所出现的变化。

1.天一生水表示地球形成初期的特点

"天一，地六"，这里的六，象征天数一。是指水生成的因果关系，同时还表示了地球物质生成的次序，即是天地生成之后地球上第一个生成的物质就是水。在太极分离出天和地时，因为有光热的那一部分从母体分离出来，随着不断地旋转运动，逐渐上升，其光热不断地向外发散。因为上升的这一部分本身就具有极高的温度，就不会使旋转的气体自身凝固，这就是天。天，其实主要是指太阳及其他星辰

---

[1] 方向红校理，[明]张介宾. 中医与易学[M]. 学苑出版社，1993：32.

的形成过程。（其他星辰的生成，也可能存在着天体在上升运动过程中，继续不断地分裂出一些就如地球一样不能产生光热的月亮和其他星辰。有光热的主体最终演变为太阳。）天地之母太极分裂为二部分，一部分为旋转不断的天阳——太阳，而剩余的这一部分就是地球的来源。地球由于缺少光热，以及自身引力的作用，使其下沉而使其表面的气体因为温度的变化发生凝固而形成仍然旋转不断的地球；而且由于温度的逐渐降低，就使地球表面继续旋转的气体凝聚而逐渐形成水。那时候的地球表面，应该是遍布海洋，到处都被水覆盖。这样也就使地球内部的热量不容易散发出来，而蕴藏于内。这也是指太极的另一部分变化为地球的过程和地球初生成时的外貌特征，遍布海洋。

所以"天一生水，地六成之"。一方面是指由于太极的运动变化，而呈现出阴阳两极的状态，这个阴阳两极的太极最终分离成为阴阳二部分。阳极是有光热的一部分，也就是天体；天体随着不断的旋转运动变化而上升，形成了以太阳为主体的天。阴极是光热极少的一部分，光热极少的这一部分虽然继续旋转不息，但是因为温度的不断下降或者在原地旋转而变化为遍布海洋的地球，就是水生成的原因。也就是说，在太极分离变化为天和地时，地球上第一个生成的物质就是水，那时候地球上遍布海洋，汪洋一片，由于地球自身冷却变化的缘故，成就了水在地球上的生成，这就是五行之水生成的过程。"天一生水"，是指太极分离后第一个生成了天，因为天带走了热能，所以天生成后地球上第一个生成的是水。也就是天地生成后，天体的第一阶段和地球第一阶段的运动变化状况。天地的第一阶段运动变化，其一，就是天体继续分裂出无光热的月亮星辰的变化过程；其二，地球上水生成的变化过程。

2."天一生水，地六成之"的意义

其一，是指当时由于地球表面到处是海洋，那时候的云雨变化是极为频繁的事情，那时太阳的温度可能很高，而且在人类的远古时期，太阳的温度也是很高的，要不怎么会有后羿射日的传说呢？因为太阳温度高，地球表面遍布水源，所以从天而降的雨量也极多。"天一生水，地六成之"，就是说从天而降的雨水，全部由大地承接。

其二，这里的六，指天地生成数从一到十是由天数五，地数五，两个五数相合而成。地数之六，就是地数一的象征，也是指地球生成后第一阶段的变化状况：表示原始生命物质在原始海洋中逐渐演变为水中生物、水中植物、水中动物的演化过程。这也是《太极图说》中所言的"动极而静"的含义，也是"二五之精"的含义。二五，就是天地生成数的十个数，包含了天数五和地数五两个五。具体是指：天一、天三、天五、天七、天九五个天的生成数，以及地二、地四、地六、地八、地十五个地的生成数。这里包含着五行之水的生成过程。

3. 天一生水表示地球生命物质形成的第一阶段的变化

地球生成初期第一个生成的物质是水，地球上是汪洋一片，这个观点被现代生物科学观点"在原始海洋中，有无数的分子在水中彼此聚集逐渐形成直径 1—2um 的球形原胞，逐渐形成脂类分子的团聚体微滴。"[①] "原始单核细胞生物则是在原始海洋中，经过亿万年的变化，许多分子物质的彼此聚集而逐渐形成了无数团聚集微滴，或者带有侧链的氨基酸团聚集微滴，又逐渐形成了新的生命物质，原始异养原核生物，一直到古生代的志留纪时代，进化为原始鱼类的祖先——原始有颌类"[②] 所证明。也就是说，现代生物科学关于原始生命物质在遍布海洋的地球上生成的观点，证明了原始地球遍布海洋，也就是说地球上第一个生成的物质就是水的观点是正确的。

原始有颌类生物是地球上生成的第一类大型原始生物，它们是在原始海洋中产生，并在原始海洋中逐渐进化的。那么也就说，原始生命物质，是在地球形成后的若干亿年后，在遍布海洋的原始地球上生成的，原始生命物质是在水中生成的，没有水，就不会产生原始生命物质。

4. 结论

因为天地分离后，地球上第一个生成的物质是水，那时地球表面遍布海洋，原始生命物质才能在原始海洋中生成，假如第一个生成的是陆地，那么就不可能有原始生命物质的生成。因为原始海洋是原始生命物质——原始单核细胞生物生成的摇篮；由于有原始单核细胞生物在原始海洋中的生成，才会有以后的生物逐渐进化过程，所以说水是生命的摇篮。

5. 关于五行相生金生水的原始意义

五行相生，金生水最早的象征意义：这里的金，应该是指金光闪闪的太阳星辰，也就是天体，由于天体的生成，带走了热能光能，而使地球上的气体凝聚变为汪洋大海，从而使生命物质才得以在汪洋大海中生成。

在地球产生的同时第一个生成的物质是水的自然生成过程，表示宇宙间一切事物自然发生、自然存在的意义，水是生命物质产生的摇篮。地球上没有原始汪洋大海的生成，就不会有原始生命物质的产生。所以说，大道是生命物质自然产生的历史轨迹；大道又是万物自然化生的途径，所以大道的本质就是自然。正如孔子曰："大道者，所以变化而凝成万物者也。"[③]

---

① 李璞主编. 医用生物学 [M]. 人民卫生出版社，1975：7.
② 同上，187.
③ 西汉中期戴德编著的礼制著作《大戴礼记·哀公问五义》第四十。

第三节 《易·系辞》关于五行之火的生成之道和意义

《易·系辞》曰："地二、天七"；张景岳曰："地二生火，天七成之"。[①]依据现代生物科学理论，这几句文辞包含三部分含义。

1. 它表示地球自身运动变化的第二阶段和天体运动变化的第二阶段。（这里的天七，象征天数二）

由于地球表面到处被水覆盖，地壳内聚集的热能不易散发，但当其热能聚集到一定程度时，可能引起了强烈的地壳运动，使地壳内大量的热能喷散出来，这种地热，也可能就是地火喷发，使地面燥热如火。同时地面上大量的水，随着强烈的地壳运动而隐入地下；同时由于地热的喷射，使大量水分蒸发，使地球表面的水分大量散失，使地球上海洋的面积逐渐有所缩小而出现了陆地，从天而降的雨水量也就逐渐减少，使原本遍布海洋的地球逐渐变得干旱、干燥（这也就是《太极图说》中所言的"静极而动"的含义），这时就有陆地出现，但是这时候的陆地，应该是坚硬的不易流失的状态。这也包含了五行之火生成的原始意义和火生土的原始意义。

2. "地二、天七"它表示地球生命物质第二阶段的变化过程

在地球干燥如火的时期，也就是现代生物学观点所记载的：在古生代的志留纪期，原始有颌类分化出软骨鱼类，进而进化为硬骨鱼类。由于古生代干旱性气候的变化，那些原来生活在水中的硬骨鱼类，一部分继续生活在水中，另一部分逐渐分化出原始总鳍鱼类和肺鱼，其中一部分总鳍鱼类从水中爬到陆地上来生活，而逐渐进化为原始的四足动物。[②] 在这个进化过程中，其中有一部分物属不能适应陆地干旱的生活而大量灭绝，另一部分如原始总鳍鱼类逐渐适应了陆地生活，逐渐演化为最原始的四足爬行动物。而这个演变过程则表示了地球出现的第二阶段的变化及地球上出现了第二类生物——原始四足爬行动物的进化过程。

3. 关于"地二生火，天七成之"的象征意义

"地二生火"的意义是指由于地壳运动，使地球表面干燥如火，而发生的一系列变化。

所以"地二生火，天七成之"，是指地球自身的运动变化，使地球干燥如火，而陆地的出现，就是火生土的象征意义，也是五行相生火生土的存在的原始意义。当然这个时期的陆地，只是没有水的海岸，并不是真正意义上的土地的出现。由于天体的第二次运动变化而成就了地球干燥如火的变化和陆地的出现，使地球出现了

---

① 方向红校理，[明]张介宾. 中医与易学 [M]. 学苑出版社，1993：32.
② 李璞主编. 医用生物学 [M]. 人民卫生出版社，1975：187.

第二类生物——原始四足爬行动物的进化过程和意义。

所以，这个变化过程，仍然是天体和地球的自然变化过程，地球上出现了第二类生物的进化过程，仍然是自然变化的过程。

第四节 《易·系辞》关于五行之木的生成之道和意义

《易·系辞》曰："天三、地八"；张景岳曰："天三生木，地八成之。"[①]依据现代生物科学理论分析，天三之三，是指天体运动变化的第三阶段和地球运动变化的第三阶段，以及地球上出现了第三类物质，同时地球上的动物进化到第三阶段的变化过程。

1. 现代生物科学理论关于天体运动第三阶段的特点

现代生物科学理论认为："宇宙进化到泥盆纪、石炭纪期间，由于天气变化的原因，地球气候变得潮湿而温暖，所以，那些自养型生物就逐渐地在海洋中进化为真正的植物。到石炭纪时，植物已经很繁茂，当时的植物如木贼类沿着广阔的水岸边生长，非常茂盛。"这就是说，天体第三次的强烈变化，使地球上海洋中的生物发生了第三次分化，使水中的那些自养型生物进化为真正的植物——木贼类。

这里包含着五行相生的水生木的过程。水生木的原始意义，就是草木是由水中生成的自养型生物进化为陆生植物的过程。这应该是五行相生水生木的真正意义。

2. 现代生物科学理论关于动物进化第三阶段的变化

现代生物科学理论认为："由于草木繁茂，又沿着水岸生长，可能由于水中缺氧或者其他什么原因，使水中生存的古鳍鱼类爬上陆地生存，并逐渐演变成原始的两栖类动物；又由于气候的变化，原始两栖类动物，进一步进化，身体结构发生巨大变化而逐渐进化为真正的两栖类动物。[②]这是一部分水中生物进化为陆生生物的进化过程，原始陆生生物的一部分是进化为动物和人类的原始生物，一部分则是现代两栖类的原祖。"

由于天体第三次的强烈变化，水中生物自养型生物进化为植物；古鳍鱼类发生第三次变化，在陆地上进化为原始两栖类动物。

3. 结论

综上所述，"天三生木，地八成之"，是指五行之木生成的过程，也是指由于

[①] 方向红校理，[明]张介宾. 中医与易学[M]. 学苑出版社，1993：32.
[②] 李璞主编. 医用生物学[M]. 人民卫生出版社，1975：187.

天体发生第三次运动变化,地球上出现了第三类物质——草木和两栖类动物的形成。这里的"地八成之"之八,就是地数三的含义,也是指地球第三阶段的运动变化的象征。

五行相生之木是由水中的自养型生物在水中生成了植物,这类水中生成的原始植物,逐渐进化为各类植物,这是水生木的原始意义。

五行之木生成的过程和原始两栖类动物生成的过程,是自然的化生过程,是自然而然生成的,是自然界自然变化的结果。

第五节 《易·系辞》关于五行之金的生成之道和意义

《易·系辞》曰:"地四,天九。"张景岳曰:"地四生金,天九成之。"[①]依据现代生物科学理论,这是指地球物质进化的第四阶段。第四阶段相当于古生代末期,到中生代末期,具体指地球的第四次运动变化过程。

1. 现代生物科学理论关于五行之金生成的证明

现代生物科学理论认为,在古生代末期到中生代末期,由于发生了强烈的地壳运动,地球形成了许多大大小小的山脉,也称地球的造山运动。这一时期的地壳运动,使地球形成了高低不一的地形地貌特征。与此同时,地球表面的一些其他物质如植物、动物和水,在强烈的地壳运动中,被掩埋于山脉和地下,使地球上的水更加减少。由于地球内部热能的变化,被掩埋的植物、动物和地球凝聚过程形成的各种元素逐渐变化成各种成分的矿石和气体。所以,"地四生金,天九成之",就是指由于地球地壳的强烈运动,以及光热的作用,而使地球表面的物质掩埋于地下的自然变化过程,这个过程是矿物质和其他物质形成的复杂过程。这里的"天九"之九,就是天数四的象征。这也就是五行之金的生成过程。

2. 现代生物科学理论关于爬行动物生成的证明

现代生物科学理论还认为:"由于强烈的地壳运动后,地壳内部热能的散发,地球又重新变得干燥,并且寒冷,这就使植物和动物的生长也发生了变化,原始两栖类动物继续进化,出现了爬行类。爬行动物可以在陆地上产卵、孵化,完全脱离了对水的依赖性,成为真正的陆生动物。爬行动物又逐渐进化为陆栖脊椎动物,脊椎动物又逐渐进化为更高级的鸟类和哺乳动物,哺乳动物进一步发展进化,人类终于脱颖而出。从爬行类以后出现的动物都属于恒温动物,具有恒定的体温,能适应

---

① 方向红校理,[明]张介宾. 中医与易学[M]. 学苑出版社,1993:32.

各种各样复杂的环境。而爬行类及其以前的动物都属于变温动物。"① 在此进化时期，可能就是原始爬行动物大量灭绝的时期。

3. 结论

"地四生金，天九成之。"就是指地球第四次的运动变化过程，及天体的第四次运动变化作用，成就了地球的造山运动，促使地球形成高低不一的地貌特征，以及动植物的进化和矿物形成的主要变化时期和过程。这一过程也是五行相生土生金的过程。这里"天九"之九，就是地数四的象征。五行之金生成的过程，就是地球的进一步变化过程，因而，出现了高山、河流、湖泊、大江、大海，也就是埋藏于山脉和地下的物质生成金属矿物的过程。地球的造山运动和爬行动物的生成，是天地自然变化的结果。

第六节 《易·系辞》关于五行之土地球地貌的形成过程和意义

《系辞》曰："天五、地十"；张景岳曰："天五生土，地十成之。"② 这是说，地球在天地生成之时已经生成了，但是那时到处都是被大水覆盖，以后随着天地气候和地球自身的运动变化，经历了水的覆盖、干旱、潮湿温暖、到干燥寒冷四个变化阶段之后，由于强烈的地壳运动，地球上出现了山脉、丘陵、海洋、平原、湖泊、河流、生物、植物等变化过程，以及动植物的反复进化，分支而逐渐产生了鸟类和哺乳类动物，这才真正形成了地球的地形地貌形态。而真正的陆地形成之时，也是哺乳类动物进化的时期，哺乳类动物最终进化到古猿类，也就是灵长类，进而进化成为人类的演变过程。现代生物科学理论认为：地球的存在已经有 45 亿年的历史，而真正的地球却起源于 10 亿年以后，大约在 34 亿年以前的岩石中，发现了细菌的化石。

1. "天五生土，地十成之"的意义

"天五生土，地十成之"是指历经了天体的五个变化阶段，历经了地球的五个变化阶段，最终形成了地球的地势、地貌特点，使地球上应有尽有，山川、河流、湖泊、海洋、各种动物、植物，以及最后进化为哺乳动物、鸟类、人类。也就是指地球上万物齐全，应有尽有的变化状态和变化过程。这也就是《太极图说》"阳变

---

① 李璞主编. 医用生物学[M]. 人民卫生出版社，1975：187.
② 方向红校理，[明]张介宾. 中医与易学[M]. 学苑出版社，1993：32.

阴合而生水、火、木、金、土，五气顺布，四时行焉"的含义。（以上所引用的现代生物学科学资料，来自李璞主编的《医用生物学》第四版，第一篇第一章第二节和第二篇第三章第八节）关于火生土的存在意义在火生成的过程中已经探讨过了，此处不再赘述。

"天五生土，地十成之"可能还指在造山运动的过程中，气候的大变化，使陆地增多，这是高山、丘陵形成的原因，也就是火生土的过程。

《易经》用"万物化醇"和"男女构精"就将万物经历了数十亿年生成的道理和一切动植物及人类的进化过程精确简练地表达出来，将其中的物理的、化学的各种变化包含在内，这正是《易经》语言的精妙之处和意义深刻之处。

2.关于五行生成数的意义

五行生成数，是指《易·系辞》"天一、地二；天三、地四；天五、地六；天七、地八；天九、地十。天数五，地数五。五位相得而各有合，天数二十有五，地数三十。凡天地之数五十有五，所以变化而行鬼神也。"

五行生成数主要来古人对天地万物生成次序的认识。五行生成数的意义，主要有以下两方面：

其一，一方面是指地球上各种物质生成的次序，更为重要的是，地球五行物质的生成的次序，是由于天地阴阳之气自然变化的五个重要阶段，成就了五行物质的生成；但是这里的"天五生土，地十成之"的意义，是指因为地球经历了又一次强烈的地壳运动，可能使第四次地壳运动时，埋藏在地下的动植物腐烂之后，与坚硬的地壳经过数次地壳运动的粉碎物混合，历经风雨之后，变化为土壤的过程。

其二，在于说明宇宙万物生成和生生灭灭的自然过程，这也是"凡天地之数五十有五，所以变化而行鬼神也"[①]的含义。将天地生成数五十五重叠变化，就如千变万化的天地自然，就如万物生生灭灭变化不息。这个生生灭灭的自然变化，尤其是人类生生死死的自然生态历史，就是"变化而行鬼神"的意义。因为人类是宇宙万物生成过程中，随着自然界物质的自然进化过程逐渐演变而来的。也就是说，人类就是自然变化的产物，人类的生命活动就与天地自然的阴阳变化息息相关。所以，人类的生命活动过程与天地自然的阴阳变化只有一个选择，那就是顺应自然变化规律，而顺应自然变化规律的过程及方法有很多种。例如自然地顺应自然变化规律，依据自然变化规律的特点选择人类生存的方式方法。依据自然变化规律中对人类有用有益的变化形式、特点、效仿其创立道德以治理国家天下。利用改造变化自然资源，作为人类生活的资源，对自然变化中不利于人类生存的形式，采用适宜的

---

① 刘文秀.周易新解[M].山西科学技术出版社，2012：628.

方法方式应对，如寒时用热的方式应对；热时用凉的方法应对；并用适宜的方式应对水涝旱灾；适当地改变那些不利于人类生存的自然环境；不断地创造发明有利于天地人类生长、生存、生活的环境和方式，而达到天地万物人和，天地安泰的各种方法等，以使人类更加自由安乐地生活生存在和谐美好的生活环境之中，这也是《易经》意义的一部分。

3. 五行生成的过程和原始意义中还缺少一个木生火的过程和意义

关于木生火的意义，在原始进化论中未找到依据，但是我们可以从人类进化过程中，从生食到熟食的变化过程中找到依据。据记载，在远古时代，远古人类茹毛饮血，生食所有能吃的东西。后来发现雷电引发的大火不仅将大片森林或草原化为一片焦土，而且将大批的动物烧死，浩劫过后，在被大火烧成焦黑一团的动物尸体还没有腐烂变臭之前，这些焦黑一团的动物尸体散发出极其诱人的香味，正是这一诱人的香味极大地刺激了远古人类的食欲，并最终导致远古人类开始寻求吃熟食的方法。草木着火，这应该是木生火的原始依据。《韩非子·五蠹》："有圣人作，钻燧取火，以化腥臊，而民说之，使王天下，号之曰燧人氏。"[①]"钻燧取火"之燧，是中国古代取火的工具，有金燧、木燧之分。金燧取火于日，木燧取火于木。木燧取火，就是钻木取火，燧人氏发明了钻木取火法，这应该是木生火的最新依据。当然，木生火的后代依据，正如《家人卦》象辞曰："风自火出，家人。"当然，这个象辞有几种象征意义，但其中之一，就是五行相生，木生火的意思，木在这里既有木的本意，又有风助火燃烧的引申意义。至此，五行生成的依据已完全具备了。

关于生命的起源和五行生成物质的过程，所表示的就是天地自然进化的过程，这个自然过程就是"大道"；而地道首先是指地球上万物自然生成的过程，这个过程就是自然，仍然属于大道的范畴，大道的本质是自然，大道是宇宙万物生成的本源，是《易经》哲学本体论。

五行是古人对天地万物进化过程和天地万物功能形态的象征性归类。五行又各有自己的属性和规律特点，按照五行的性质，《易经》将八卦与五行相配：《乾卦》《兑卦》五行属金；《离卦》五行属火；《震卦》《巽卦》五行属木；《坎卦》五行属水；《艮卦》《坤卦》五行属土。所以八卦也就是万物的归类象征。

[①] 战国韩非著，高华平、王齐洲、张三夕译注，中华书局，2010.

第二章 《易经》哲学论万物生成之道

第一节 《易·序卦传》关于万物生成之道的论述

《易经》关于万物生成之道，包括人类的生成过程，说明人是自然进化的产物。正如恩格斯在《自然辩证法》中所指出的："生命是整个自然的一个结果。"

在道论中探讨了《老子》"天下万物生于有，有生于无""道生一，一生二，二生三，三生万物。万物负阴而抱阳，冲气以为和"的万物生成之道。现在我们探讨《易·序卦传》中关于万物的生成之道，《序卦传》的万物生成之道，主要是指天地自然生成万物的过程。

（1）《易·序卦传》关于万物生成之道的论述。《易·序卦传》曰："有天地，然后万物生焉。盈天地之间者唯万物。"又曰："有天地，然后有万物。有万物，然后有男女。"其明确指出，先有天地，然后才生成了万物。天地之间充满了万物，有了万物，然后才化生出阴阳雌雄男女，也就是说，《易经》已经很清楚地认识到万物生成的过程——没有天地，就不会有万物的化生。

（2）关于雌雄男女的化生之理。《易·系辞》曰："天地氤氲，万物化醇。男女构精，万物化生。"《易经》认为，天地阴阳之气相互弥漫混合交感，化育了初级的万物。初级的万物通过更为复杂的内部变化，产生了新一代万物的物类。而动植物经过复杂的进化逐渐化生了阴阳雌雄男女，阴阳雌雄男女通过交媾使其精交合，才化生了具有繁育生殖能力的动植物。这里的"化"，就有变化，变种、变异、进化的含义。醇，本意为含酒精多的酒。醇化，是更纯粹，达到更美满的境界。而酒精含量多的酒，其中最主要的化学变化是糖化和发酵这两个步骤，糖化和发酵是化学反应，也是酒醅内部发生的重要化学变化。所以，醇，在这里是一个象征词，象征物种进化到一定程度时，由于环境地域、所摄能量的不同，使其内部结构发生了极大的变化，从而使其进化、变化得更加完美。

这是《易经》对万物生成之理的认识。天地阴阳之气氤氲相交相感而化生了万物。这里《易经》用"万物化醇"，就将万物生成的原理道了出来，真是深刻而简练。"化醇"包括了各种物理的、化学的变化，内部的外部的精细变化。"男女构精",包括了天地阴阳之气的交合,万物阴阳之气的交合,万物开始产生的过程,尤其是生命物质的产生过程,以及生命物质逐渐演变到具有遗传能力的雌雄和男女的变化过程。《易经》这一理论,与现代生物学关于生命的起源的理论已经是完全一致的。万物化醇,首先是指地球上出现第一类生物,经过几十亿年的进化,生物进化过程中经历的变种、变异、突变、使身体内外部结构发生多种变化而进化的复杂过程。

现代生物科学理论认为:"水是生命的摇篮,而太阳则是生命物质形成的原始动力。人类和一切现存的动植物均来源于共同的祖先。它们之间有或近或远的亲缘关系。现存的动植物都从原始的单核细胞生物(原始鞭毛虫)进化而来,然后分道扬镳,进一步进化成为不同的群类。哺乳类动物中的一支灵长类通过劳动最终进化为人类。"

"天地氤氲,万物化醇"不但包括了生物在进化过程中的生生灭灭、演化、分支、进化到功能结构完善、完美、精纯的复杂过程,还包括了生态系统的基本功能。现代生物科学理论认为生态系统的基本功能是:"所有生物都需要能量,没有能量生物就不能生存,更不会繁殖,而所有生物的能量的最后来源都直接或间接地来自太阳。所以太阳就是一切生物生长发育的原始动力。水循环、气体循环则是使生命和生态系统功能正常进行的保证。"现代生物科学理论关于生态系统的基本功能的叙述,一方面说明太阳对生态系统完成生命过程的重要性,也说明生态系统的繁殖进化过程。

氤氲,氤,是云烟弥漫;混沌之气飘荡聚合的情形。氤氲形容"湿热飘荡的云气,烟云弥漫的样子",这就指出了天地之气不但具有湿热的特性,而且描述了天地阴阳二气交互作用弥漫的状态。所以,《易经》所描述的"天地氤氲",其实很符合25亿年以前地球的天气变化的现象,那时候地球是一片汪洋大海,大概刚生成的太阳温度很高,地球上的汪洋大海,在太阳高温照射下,可能呈现出一片湿热之气弥漫的状况。在这种湿热之气弥漫的状况下,万物都经过了这个"化醇"的过程,而在这个过程中,生命物质产生了,又经过很多个"化醇"的过程,才产生了具有遗传特征的雌雄男女。

第二节 《易经》哲学关于万物生成之道说明了先有鸡后有蛋的道理

很早以来,在学界就存在着"是先有鸡还是先有蛋"的争论,而《易经》哲学所提出的"天地氤氲，万物化醇。男女构精，万物化生"这一理论，就非常形象地说明了生物进化过程中，鸡与蛋的化生原理。

这个原理，一定是先有鸡，后有蛋，这是颠扑不破的真理。因为易学已经明确总结出了生物进化的精细过程。

《易经》的结论，被生物进化论证明为："所有动植物的祖先是原始单核细胞生物。"在原始海洋中，许多分子物质的彼此聚集而逐渐形成了无数团聚集微滴，或者带有侧链的氨基酸团聚集微滴，经过几亿年的变化，它们逐渐进化到具有生长分裂遗传信息的复杂的微滴。又经过几亿年的进化，这些原始生物内部发生了主要的改变，那就是由光合作用而产生的自养型生物和异养型生物。自养型生物的产生，是生物体内部形成了能摄取大气中二氧化碳的结构系统，而能进行光合作用，进行新陈代谢，继而演变为具有专门进行光合作用的场所——叶绿体和专门吸收太阳可见光的色素物质——叶绿素，进而形成各种各样的低等、高等植物。叶绿素在光合反应中将光能转化为化学能，将无机物转化为有机物，以供给植物体的生长需要和储存能量，这种从原始自养型生物形成过程中形成的叶绿素进行光合作用的过程，[①]就是各种植物生命活动必须进行的生命过程，植物没有了光合作用，也就没有了生命，同样说明了万物生长靠太阳的意义。

"异养型生物的产生，是因为这些生物体能够依靠内部结构来摄取其他生物的化学链获得生存、生长、发育及遗传的能源。原始异养型原核生物，逐渐演变、进化、分支演化，并随着细胞的演化，逐渐进化为原始鱼类，古总鳍鱼类，原始四足动物，又由于环境的变化逐渐进化为坚头类的原始两栖类动物，继而进化为真正的陆生动物的原祖——爬行动物，继而进化为具有完善的各类器官系统，特别是感觉系统、呼吸系统、心血管循环系统、神经系统、运动系统的逐渐发达，并进化成为具有完善的性生殖系统的各类动物。原始爬行动物逐渐演化为两支恒温动物——鸟类和哺乳类动物。""人类就是由哺乳类动物逐渐进化分支，分支进化、最终由灵长类通过不断的劳动进化而成。"这是生物进化论对人类进化过程的证明，人类和鸟类都是由原始爬行动物进化而来，他们在进化过程中已经进化为具有完善的性生殖系统，那就是雌雄男女异体，雌雄男女通过交媾而产生下一代。

正如《恩格斯》在《自然辩证法》中所言："人也是由分化而产生的，不仅从个体方面来说是如此——从一个单独的卵细胞分化为自然界所产生的最复杂有机体，而且从历史方面来说也是如此。经过多少万年的搏斗，手脚的分化，直立行走得以最终确定下来，于是人和猿区别开来，于是奠定了音节分明的语言的发展和大

[①] 李璞主编. 医用生物学 [M]. 人民卫生出版社，1978：7.

脑的巨大发展基础，从此人和猿之间的鸿沟就成为不可逾越的了。"①

生物进化论还证明：鸟类比爬行动物进化得更完善。这是因为：

其一，鸟类具有更加发达的神经系统和感觉器官。

其二，鸟类也属于恒温动物，呼吸系统和循环系统发达完善。

其三，鸟类具有比爬行动物更为完善的生殖方式，也就是体内受精，卵生，卵外具有卵壳，卵内有丰富的营养物质卵黄。

其四，在造巢、孵卵和育雏方面更为进步，保证了后代有更高的成活率。

鸡属于脊索动物门，脊椎动物亚门，鸟纲－突胸总目，鸡形目，也就是说鸡属于鸟类的一个分支。鸟类是由爬行动物分化出来的能适应空中飞行的恒温动物，是卵生动物。其直接祖先尚未查明，其化石始祖鸟，可以作为爬行类和鸟类过渡的总形态。

通过生物进化论，更进一步证明了《易经》"天地氤氲，万物化醇。男女构精，万物化生"的道理，更说明了先有鸡、后有蛋的结论的正确性，也就是说易学之论，证明了先有鸡，后有蛋，因为鸡和鸟一样，是卵生动物，鸡蛋，是雌雄鸡的受精卵，只有雌雄鸡的受精卵，才能在一定温度下孵化出小鸡。如果先有蛋，那么这个蛋，会是受精卵吗？没有雌雄之鸡的交配，这个蛋就如石头一样，无论有多么适宜的温度，也不会孵化为小鸡的。

这是《易经》关于万物的生成之道，这里的"道"，是指万物自然的生成过程，我们在这里探讨了动物类的生成衍化过程，这个过程是极其复杂漫长的，是极其不容易的波折不断的过程。

万物的生成过程，还包括植物类的衍化生成过程，万物属性归类五行物质的生成过程。

《易·系辞》所言的"有天地，然后万物生焉。盈天地之间者唯万物""天地氤氲，万物化醇。男女构精，万物化生"是指天地生成之后，天地之间那些生命物质的生成过程。万物是自然化生的，动植物是随着时间、空间的变化自然进化分化的，万物生成之道就是自然之道。

第三节　《易经》哲学关于万物生成之道的结论

《易经》哲学认为宇宙演变发展的公式是：大道－无极－太极－阴阳－五行－

---

① 马克思恩格斯选集（第四卷），人民出版社，1995年版，273页。

万物。大道是宇宙万物化生的本源。无极在易学理论中被认为是天地生成之前，由大道自然而然生成的那一团混沌之气，还未发展变化到极大状态的最原始的状态。太极是指那一团混沌之物在道的主宰下不断地旋转运动的同时，逐渐发展变化到极大的运动状态。混沌之气的极大状态的本身就有了阴阳两极的征象，也就是说阴阳是指那极大的混沌之气在不断地旋转运动时分化的两极状态。这个两极状态就是指火热轻清的部分向上，而浊重阴凉的部分向下，这样反复运动而逐渐地分离为两部分，火热轻清在上的那部分逐渐上升，浊重阴凉的部分逐渐下沉，同时它们的旋转运动并未停止，随着不断的旋转运动而逐渐远离，逐渐远离的那部分火热轻清者就是以太阳为主体的乾天在不断地运动变化中，又分离出月亮和其他星辰，而以太阳为主体的乾天为阳。另一部分浊重阴凉者就是没有光能而且热能又很少的地球为阴。阴阳也就是《易·系辞》所言："故易有太极，是生两仪。两仪生四象，四象生八卦。"两仪就是各居一方，遥遥相对的天和地。五行是指有了天地之后，天地阴阳之气化生的万物，万物的归类就是五行，五行就是指万物。这也就是说，大道生无极，无极变太极，太极动静化生两仪；两仪就是天地，就是阴阳，就是乾坤；有了天地之后，天地阴阳之气相交相感而化生万物；万物就是五行，五行是万物形态属性的归类象征和功能状态的象征性归类，但是这里还必须说明，《易经》哲学对五行的归类方式，是以其事物的特征，也就是性质归类五行的，而不是依照事物存在的空间归类。正如《易·文言》九五子曰："同声相应，同气相求。水流湿，火就燥。云从龙，风从虎。圣人作而万物睹。本乎天者亲上，本乎地者亲下，则各从其类也。"

从无极到太极经历了无时间空间的虚无状态的漫长历程，太极分开生成两仪之后，经历了时间空间的漫长变化和万物生成的漫长变化的不易历程。所以从万物生成的不易历程，所经历的变异、进化、化生、分化、变化，到人类生成生活生存的不易，以及茹毛饮血到人类衣食住行无忧的变化到容易生存的过程，经历了从自然变化到人为变化的艰难过程，使我们认识了不易、变易、易、以及自然变化之道。

关于"易有太极，是生两仪，两仪生四象，四象生八卦"的第二种含义问题。

第二种含义是指《易·系辞》所言："凡天地之数五十有五，大衍之数五十"的含义。这里的太极是指蓍卜之时的象征意义：以天地生成数五十五为基本数，从五十五中或者取一以象征太极；取二以象征天和地是谓两仪；继续取一，以象征阴阳之数三；继续取二折叠为四以象征四时。《易经》用蓍草推演八卦时以四时象征四象。五十五根蓍草最后只剩五十根，用五十根蓍草推演八卦，这就是"大衍之数五十"的含义。

四象生八卦，是指用蓍草推演八卦的方法。这正是《系辞》所言的"四营而成易，十有八变而成卦，八卦小成"的含义。就是说通过以上四次运作，而营造了易学蓍卜象征天地自然的气氛和法自然的意义，然后再开始推演。"十有八变而成卦"是说将天地生成数的十个数字，一、二、三、四、五、六、七、八、九、十，这十个数字，去掉相加之和为五的一个天数和一个地数，用剩余的八个数字之和为五十的数字来推演八卦。天地生成数中，奇数是天生成数，偶数是地生成数。那么天数一与地数四之和是五；地数二与天数三之和为五，也就是说去掉一和四，或者去掉二和三，使天地生成数的十个数字只剩下八个数字，以象征八卦，是谓八卦小成。至于八卦大成如何进行，这里并没有告诉我们。告诉我们的是用蓍草推演八卦的原则，和八卦小成的原则，其目的就是要告诉我们，无论是用蓍草推演八卦，还是其他卜筮，这只不过是一种法自然的行为。用蓍草蓍卜者，在进行蓍卜之时，一定要将这种法自然的过程一丝不苟地照做一遍，以使其明白蓍卜只是一种法自然的行为，并没有其他意思，也就是说蓍卜、占卜根本不存在什么鬼神之类的意思。

两仪生四象之四象，在易学界有很多相关的分析，如《太极图》分析为：以老阳、少阴、少阳、老阴为四象，这也是《太极图》以阴阳而论的一种四象。有以天象、日月星辰为四象者；有以地象、山水石火为四象者；有以四季为四象者；还有以方位、东青龙、西白虎、南朱雀、北玄武为四象者，总之各有不同。

但是四象所生的八卦是有具体象征物的，八卦乾、兑、离、震、巽、坎、艮、坤，它们各有具体的象征物，乾为天，为太阳之光；兑，为金，为地上发光之物——金属；离在天为太阳、为电光、在地为火；震，在天为雷、在地为震动；巽，在天为风、在地为草木，代表生命物质；坎，在天为云雨、在地为水；艮为山石；坤为地上之土。

所以，"两仪生四象"，也应该有具体的象征物，那么天之四象正如《易·系辞》开始所言："是故刚柔相摩，八卦相荡。鼓之以雷霆，润之以风雨。"雷霆：霆与电实为同一词，即雷霆，就是指雷和电。因为离，表示了太阳光、电光和热量。那么雷、电（太阳、光、火、热）、风、云雨雪就是天之四象。

八卦归于五行，则是：乾、泽代表天之光热和地上有光泽的物质，其五行属金；离象征天之太阳、电和地上之火，五行属火。震象征雷震、象征草木，巽象征风、气体和草木；震、巽五行同属木。坎象征天之云雨，地上之水，五行属水。艮象征山，坤象征土地，艮坤五行同属土。五行的分类，其实就是古人根据万物相类似的性质特点，而对万物作象征性归类；五行并不是按照事物存在空间的分类，而是古人对万物属性归类的总称。

四时，就是春夏秋冬四季。正如《易·系辞》所言："日往则月来，月往则日来，日月相推，而明生焉。寒往则暑来，暑往则寒来，寒暑相推，而岁成焉。"

现代科学关于地球的一般常识："地表最主要的地形区划是陆地和海洋。陆地又分为山地、丘陵、平原、高原、裂谷等地形单元。海洋也分为洋脊、海沟、大洋盆地、岛屿与海山、大陆边缘等地形单元。地壳是地球最外面的一层，一般厚33公里（大陆）或7公里（海洋）。地壳分为上下两层，其间是康拉德面，在10公里左右。上部地壳只有大陆有，海洋基本缺失。上部地壳主要为花岗岩层，下部地壳主要为玄武岩层。介于地壳和地核之间的部分是地幔，平均厚度为2870公里左右。地幔也分为上下两层，分界面约在1000公里左右。上地幔主要由超基性岩组成，下地幔主要由超高压矿物组成的超基性岩构成。在上地幔分布着一个呈部分熔融状态的软流圈，其深度在60—400公里左右，是液态岩浆的发源地。由于莫霍面上下物质都是固态，其力学性质区别不大，所以将地壳和软流圈以上的地幔部分统称为岩石圈。地球的中心部分为地核，半径为3473公里左右。地核又可分为外核和内核。根据对地震波传播速度的测定，外核可能是液态物质，内核则是固体物质。地核的物质成分同铁陨古相似，所以有时又叫'铁镍核心'。地球内部的主要物理性质包括密度、压力、重力、温度、磁性及弹塑性等。"（注：这一段常识是从网上转录而来，仅供参考。）

第三章 《易经》哲学关于三才之道之地道论

第一节 《易经》哲学关于地道的意义

《易经》哲学关于三才之道,正如《易·系辞》曰:"易之为书也,广大悉备。有天道焉,有人道焉,有地道焉;兼三才而两之故六。六者非它也,三才之道也。"《易·系辞》所言的三才之道,是指每个八卦的卦爻的象征意义;从哲学意义而言,是指天、地、人从生成过程到各自存在的自在意义,以及与万物的关系和意义。

所谓地道,从道本体论而言,是言地球产生的过程,地球的生成,就是《老子》所论的"无生有的自然过程",也就是《易经》所言的"无极生太极,太极生两仪"的自然过程。

从《易经》哲学意义而言,所谓地道,依据《易·系辞》和六十四卦的相关内容,首先论述了地球五行物质生成的过程和意义;最为重要的是论述了坤地本身的物理学特点,运动形式和运动特点;论述了坤地的各种特点与万物的密切关系。研究地道,最为重要的是研究坤地与人类的密切关系。研究地道,就是为了研究坤地有益于万物的特点,坤地自然承载藏纳、滋生化育万物,而不言其功,所以人类既要效法坤地有功而不言其功的德性,又要研究如何善待地球,爱护我们的生存环境,这也是我们研究地道的一个重要内容。

假如我们不善待地球,不保护我们的生存环境,其结果正如《坤卦》上六爻辞所言:"龙战于野,其血玄黄。"爻象辞曰:"龙战于野,其道穷也。"上六爻辞所象征的是,我们这些炎黄子孙、龙的传人,若是不能柔顺地顺应天道,顺应坤地之德,保护好坤地的自然资源和自然环境,反而极力极快地将坤地上的自然资源开发浪费殆尽,不能很好地保护我们的自然环境,我们必定会受到天地自然的惩罚,而使龙的传人最终因为自然资源,环境破坏,生活资料和各种物资短缺,而没有饮食之源,没有洁净的水源,没有发展的道路,这必然会发生争夺饮食和生存之地之战,使我们这些龙的传人因战争而流血,流出的血因为水源的问题或者因为凝固,而使血改变了颜色变成了黑红色。这是《易经》作者在警示我们,要爱惜我们的坤地,爱惜我们的土地资源,以防发生不测。而爻象辞则告诉我们,我们中华民族的人民大众若不顺应天地之常德，善待万物，而不顾对环境保护和地球资源的保护，任意掠夺开采，那么到了一定的程度，地球就无法负载藏纳人类和万物，人类便会陷于无路可走的境地，人类就会在面目全非的地球上为争夺生活物资而进行战争，其结局是可悲的。

那么我们应该如何爱护地球，保护我们的生存环境呢？这是一个非常重要而且迫切的问题。

《易·系辞》曰："崇高莫大乎富贵，备物致用，立成器以为天下利，莫大乎圣人。"其意思是："圣人治天下，把使天下"富且贵"作为最崇高的事业去追求，也就是要使国家强盛富有。而"富有"的程度，则是"备物致用，立成器以为天下利"。也就是说，圣人治天下，使人民的衣食住行等生活需求达到一定的水平，就是富有。而这一定的水平，就是将所需的财货准备齐全，以备随时取用，而不是让人类将天下的资材极快急速地开发利用浪费殆尽，或者让某些人把天下的财货都归为己有！这就是说人人都富有，而不是少数人富有，更不是说东西越多越显示富有。这一点是非常重要的，因为一个国家的资材必定是有限的，如果把国家的资源、财货以极快的速度大量地开发出来，虽然人民的日用非常丰富了，但也就意味着浪费也可能就在其中了。所以，资源势必会很快因为过度开发利用以及浪费而匮乏，最终又归于缺乏资材而贫困。这就是古人对"富有"的认识。

关于贵，就是贵人、贵物，这是易学对富贵之"贵"意义的理解。

贵人，就是重视、爱护、尊敬、养育保护所有的人，包括男女老幼、鳏寡孤独残病等都能得到养育爱护，使其生活有保障而且达到一定的水平，并不是说某些人有钱有势就至尊至贵能胡作非为就是贵。正如孔子所言："大道之行也，天下为公，选贤与能，讲信修睦。故人不独亲其亲，不独子其子，使老有所终，壮有所用，幼有所长，矜寡孤独废疾者，皆有所养；男有分，女有归；货恶其弃于地也，不必藏己；力恶其不出于身也，不必为己。是故谋闭而不兴，盗窃乱贼而不作，故外户而不闭，是谓大同。"[①] 孔子对我们的先祖已经实现了的大同社会的描述，就是天下为公，人人都能得到养育，就是贵人，这是重视爱护尊敬所有人的具体体现。

贵物，这里不是一般意义上的物价之贵和货物本身价值之贵，而是指重视爱护、珍惜万物，尤其是珍惜爱护人类赖以生存的地球资源。也就是孔子所言的"货恶其弃于地也，不必藏于己"的意义，货物厌恶将其随便丢弃践踏，也不应该将货物藏于私人，成为私人财物。天下万物，是天下人之物，是国家之物，而不是某一个人或某一个团体之物，所以，人人都要重视珍惜天下的国家之物。一方面，不允许个

---

① 钱玄、钱兴奇等注释. 礼记[M]. 岳麓书社，2001：396.

人或团体用不正当的手段将国家资材占为己有；另一方面，不能容忍对国家资材的乱开乱采，更不能容忍为了一己私利而对万物之精灵——生物的乱捕乱杀，而且要爱护人类赖以生存的土地，否则，必将会因土地资源、资材，以及生态平衡的失常，使子孙后代陷入困境而无法生存。

所以，爱护地球资源，就要对地球资源进行合理的、有计划地开发利用，而不要没有目的地过量开发。杜绝浪费，保护自然生存环境，从每个人做起，遵守环境保护法，这是我们的职责。

第二节　《易·坤卦》象辞与六二爻辞对地道的论述

一、《坤卦》象辞对地道表现形式的论述：

☷《坤卦》其实是对地道、地之功德和圣人之功德的论述。正如《坤卦》象辞曰："至哉坤元，万物资生，乃顺承天，坤厚载物德合无疆，含弘光大，品物咸亨。"象辞用"至哉坤元"来赞美坤地。那么我们可以认为《易经》对坤地的赞美就是广博啊，深厚啊，高大啊，柔顺至极啊！坤土！《易经》为什么会用如此美好的文辞赞美坤地呢？因为它是万物滋生之母，是万物藏纳之地；它厚重广博无私承载藏纳万物，是万物生长化育之地，它有如此伟大的美德，它却仍然顺承乾天的变化而变化。坤地之德与天之德相合且发扬光大天德永无止境，使众多变化流布有形体的事物各依其类、各随其性，全都自然地通达顺利变化发展。这是《易经》赞美坤地的原因，也是易学对坤地之功德的评定。《坤卦》象辞首先使我们认识到坤地是万物化生之母，那就是"至哉坤元，万物资生"的含义。其次，使我们认识到坤地的柔顺之德，那就是"乃顺承天，坤厚载物德合无疆，含弘光大，品物咸亨"。

坤地之美德，是《易经》作者，或者圣人从坤地上存在的生存变化的各种物质，各种动植物、人类、各自安然地依照自己的本性生存化育在坤地上的实际事实和各种变化现象中抽象出来的。坤地的美德就是一视同仁地资生化育万物，负载藏纳万物和顺承乾天、顺应人类的柔顺之德。正如《坤·文言》曰："坤至柔而动也刚，至静而德方。"坤地非常柔顺地顺承乾天的变化功能，有滋生化育万物的功能，柔顺地承载藏纳万物，柔顺地顺应人类的各种开采，创建践踏，而毫无怨言和贪功之意。坤地极为清静而且德性深厚、正直无私、承载藏纳万物，且不言其功。其德方，方的本意是并列、并行、方正、正直。那么"德方"，首先是说坤地的品行方正正直，其次是说坤地使万物有规矩、整齐有序地并列生存在它上面。所以，这个"方"就是一个含有多种意义的抽象辞。"方"也是古人对地球形状的评价，如古人有"天圆地方"的概念。"方"本身就是一个具体的器物的象征，方形器物，要使物盛入方器之中，就要与方器的形状、大小、高低相一致，或者小的物质要排列整齐有序方能容于与之相符的器物内。所以说，地球就如一个方形器物一样，并列容纳着地球上存在的一切事物，而且这些事物不论是藏在地下还是地上，都是有次序有规矩地整齐存在生存变化，不会相互侵害妨害，所以才会有"形而下者谓之器"的意义。

坤地虽然有诸多如此美好的功德，但是其自身的运动却是非常有害于万物的，那就是它震动起来却是非常剧烈的，可使万物毁于一旦。

所以，《坤卦》象辞所言的地道，就是坤地深厚承载、滋生化育藏纳万物，是万物生成之母；坤地顺承乾天的变化而变化；坤地发扬光大了天道天德，这是坤地自然的美善之德，也是《易经》作者对坤地之美德的赞美。当然《易经》作者赞美坤地美德的目的，就是为了提醒教化我们人类学习坤地柔顺而博大的美德。正如《老子》所言："人法地，地法天，天法道，道法自然。"也如《坤卦》初六爻象辞曰："履霜坚冰，阴始凝也。驯致其道，至坚冰也。"

二、《坤卦》六二爻辞对坤地自然本性的论述

1.《坤卦》六二爻辞的意义

《坤·六二爻辞》曰："直方大，不习无不利。"六二爻辞指出了坤地自身的运行规则：其一，坤地只是自然地无声地朝着一个方向转动不息。其二，坤地只是自然地无声无息地顺应着乾天的变化规则而变化。坤地这两条运行规则，就是对地球自转和围绕太阳公转规则的说明。当然"大"还是《易经》对坤地功德的赞美之词，坤地的德性太伟大了。"不习无不利"这是《易经》对地球自转和围绕太阳公转意义的论述，地球的运行规则，是不用思虑计谋反复教习就能实现的，也就是说，地球的运行规则完全是地球自然的运行规则，只要自然地毫不懈怠地依照已有的运行规则转动，就能实现昼夜四时万物的自然变化。

这就是坤地的自然本性。它无声无息地自转，又无声无息地围绕着太阳公转，而且其他一切的变化都是自然地顺应乾天的变化而变化，顺应人类的需要而变化。它承载万物、养育资生万物，却毫无私利，任劳任怨，任凭乾天和人类将其变化，没有思虑、没有计谋，不图回报，坤地这种伟大的德性就是圣人所说的自然无为之道。自然无为之道，就是自然而然，就如大自然的变化一样没有计谋思虑、不图回报地去作为，使万物得到益处。

坤地与乾天一样，有大德而不言其德的伟大。天地有大德而不言，所以天也大，地也大。也就是说天之道德，实际上包括了地之道德，因为坤地顺承天，所以简言之为天之道德。

2.《坤卦》六二爻象辞对坤地之功德的评价

六二爻象辞曰:"六二之动,直以方也。不习无不利,地道光也。"

爻象辞说"六二爻之动",就是直方的意思,是指坤地一直顺着一个方向永不停息地运动,一直围绕着太阳转动,顺应乾天的变化而变化不止且不图回报;不用思虑、计谋只是柔顺的顺着运行规则自然地去运行,没有什么不利,发扬光大了地道之德。圣人柔顺地顺应坤地的德行去作为,去为民众谋利益,就是发扬光大地道之德。圣人君子效法坤地正直无私之德自然而然地去作为,使天地之德发扬光大,民众不用教习就会自然而然地效仿君子之德而使品德美好,这是效法坤地之道而使地道发扬光大的结果。

《易经》哲学以对坤地的自然本性的论述,也就是对坤地的自然运行规律的论述,象征君子的品德,象征君子效法坤地正直无私之德而作为,就如地球无声无息地沿着一个方向自转一样,起到无声的教化作用,民众就会自然地效仿君子的品德去作为了,也就是不用反复教习,只要顺着道走,久而久之就能习惯成自然,就能自然而然地表现出如坤地一样美好的德行。正如《老子》曰:"是以圣人处无为之事,行不言之教。"[①] 也如《庄子·在宥》所言:"大人之教,若形之于影,声之于响。有问而应之,尽其所怀,为天下配。"[②]

第三节 《易·系辞》关于地道规则的论述

《易·系辞》曰:"夫坤,其静也翕,其动也辟,是以广生焉。"这是《易·系辞》对地球本身运动规则的说明,地球本身的运动规则有什么特点呢?它的特点就是动静之时表现出来的不同状态。

其一,"夫坤,其静也翕"。坤地,平常无论我们从视觉还是感觉而言,它都是静止不动的,感到它很平稳,其实它却在永不停息地自然地旋转着。正由于它自然地旋转不止,才形成了如人一张一合的闭目运动一样的一明一暗的昼夜变化,气候的四季变化,这是地球静中有动的动静之象。

其二,"其动也辟"。这是指坤地本身之动:坤地本身之动,就是坤地的地壳运动。坤地一旦自己运动起来,就会有劈山倒海之势,这种坤地之动的强大无比的威力,是任何力量、意志都无法阻止的。坤地的这种运动不但会使万物毁于一旦,

---

[①] 张光裕主编. 老子(附庄子)[M]. 北京燕山出版社,2000:11.

[②] 同上,137.

而且会使其自身受到严重的损伤。坤地自身的地壳运动就是我们看到或体验过的地震。但无论是天时辟地，坤地的自辟，还是人类对坤地之辟，坤地仍然是深厚广阔的厚土。

其三，"是以广生焉"，所以圣人从坤地的动静结果中感悟出广袤、广博、敦厚、柔顺的概念。这是《易·系辞》对坤地功能和自身运动特点的论述，也是对地道特点的论述。坤地的运动特点就是静和动。静是指正常状态下坤地的运动形式，就是自传和公转，这个自传、公转是无声无息地进行的，只是从昼夜和日月星辰的变化中判断它的运动。"其动也辟"，是指坤地的剧烈运动形式，即地震。

所以《易·系辞》关于地道的论述，是从感觉得到、看得见和已经发生了的具体变化事实中总结抽象而来，这就使我们认识了坤地的运动特点，即"静与动"。静是坤地的正常运动形式，动是坤地非正常的运动形式。易学对于坤地的认识，仍然是对其外在变化形式的认识，并没有探讨如地震内在的地壳变化原因。无论坤地静还是动，都是坤地自身的自然运动。坤地的旋转运动是有明显规律的运动，而坤地自身的地壳运动，却是我们还没有掌握其运动规律的强烈无比的运动，有待于人类用现代科学技能，来研究发现其规律性。

圣人依据观察到的坤地的运动形式，感悟推论出：自然之柔顺，自然的厚德载物，自然的广袤、广博、仁厚、正直无偏私、包容。

通过学习《易经》对地道运行规则和特征的论述，首先使我们认识到地球博大广袤深厚无物不载，无物不藏的深厚博大。正如《中庸》所言："今夫地，一撮土之多，及其广厚，载华岳而不重，振河海而不泄，万物载焉。"[①]

其四，使我们认识道坤地的柔顺至极之德，坤土厚重无私承载藏纳万物，顺承乾天，顺承人类意志，而毫无怨言。

其五，使我们认识了坤地的运动特点，其特点就是静和动，静是指正常状态下坤地的运动形式；动，就是指坤地的地壳运动——地震，任何力量都无法抗拒的地壳运动对万物的伤害。

所谓地道，就是坤地自然的正常功能和异常运动，它是地球的自然变化之道。

地道，与天道一样，既是对坤地自身自然变化规则和运行特征的揭示，又是对坤地自然功能的揭示。自然变化规则和运行特征就是动静变化及其结果；自然功能就是与万物的密切关系，没有地球的存在，万物就不会生成，不会存在，更不会有思维意识的人类的生成存在。正因为有人类的存在，古圣人才会认识到天地之道，才会感悟到天地与人类的密切关系，并认识天地之理。正如《易·系辞》所言："乾

---

① 韩维志译评. 大学中庸[M]. 吉林文史出版社，2001：109.

坤其易之缊邪。乾坤成列，而易立乎其中矣。乾坤毁，则无以见易，易不可见，则乾坤或几乎息矣。"这就是说，《易经》所阐述的深奥的道理就是天地万物变化的道理，只要天地永远存在，《易经》所阐述的道理就存在；天地毁灭了，易学所阐述的道理也就不存在了。这是《易经》对天地之道意义的概括。

上述前两点描述的是坤地的自然美德，是我们人类应该效仿和尊重的美德。第三点描述的是坤地也有不美善的时候，就是我们都认识到的是万物毁于一旦的地震，这是人类无法左右的自然现象。对于坤地的不美善表现，古人已经清楚地认识到了它的危害性，所以特别提出，需要我们深入探讨预防自然灾害，研究其预测方法和如何减少损失与伤害。这是一个需要重视的重大问题。

第四章　变化是《易经》哲学最重要的哲学意义

《易经》哲学所论述的变化，包括自然变化、人为变化两大类。自然变化所研究论述的是宇宙万物的自然变化过程和变化的意义。人为变化，也可以称为"人为变易"，因为事物存在能变化的特点，所以我们的先祖，就依据可以变化的特征，将人类生存过程中不容易的事物，通过各种变化方式使其得到改变，使其变得安全长久有用，或者使其变得简单容易，使人民容易生存生活，这就是易学的基本的而且是最重要的哲学意义。

第一节　《易经》哲学关于自然变化之道意义的论述

一、《易经》关于自然变化的意义

《易经》的形成来自于先圣们对宇宙万物自然变化之道的研究；来自先圣们对宇宙万物发生发展演变的自然形式、自然状态、自然演变过程和结果的精深研究；来自古人对天道变化的日月星辰、昼夜、四时、风云雨雷电的自然变化之道的极深极细地观察研究；来自古人对地道正常运动变化和异常变化规律的研究；来自中华民族的先祖们对人类生存知识的从无到有，从无知无识生死任凭大自然宰割，听天由命的原始状态，到逐渐认识自然，顺应自然，应对自然，改变生存状况以利生存的变化过程；来自伏羲、黄帝、神农、尧舜等二皇五帝三王对天地之常道的研究效仿，而实现天下太平的实践经验。也就是说，《易经》来自古圣人对天地自然变化之道的精细研究和效仿，那么《易经》的哲学意义之中最为重要的意义就是变化。变化有自然变化和人为变化之别，这一节我们探讨自然变化。

1.《易·系辞》关于变化意义的论述

《易·系辞》曰："变化者，进退之象也。"这是易学对变化的意义的说明。进与退是背道而驰的意思，但是进与退是相对而言的，它可以是表示同一事物在不同时空中的不同运动变化状态，也可以是表示不同事物在同一时空运动变化状态。

进，就是前进，向上；退，就是隐没，向后，退回。从万物与四时的自然变化次序而言，春季之时，天阳渐盛，生物随着天阳的变化而变化，那些冬眠的动物，从泥土洞穴中钻出来；那些冬眠的植物从泥土或从草木的枝条上开始长出了枝芽并开花；从冬寒之中解脱了的人们，走出屋外，开始劳作。随着夏季的到来，万物草木已经生长壮大，随着天阳的渐盛，万物草木结出果实。这是万物随着天阳逐渐增长之象而渐进之象。随着秋季的来临，太阳又逐日向赤道之南退去，天阳逐日衰减，草木果实成熟，到了收获的季节，继而万物又开始逐渐收敛、收藏，草木逐渐黄落、枯萎。随着冬季的来临，一些动物又重新退回洞穴、泥土之中，开始冬眠。当严冬到来之时，万物全都隐没在皑皑白雪之下，白雪覆盖了万物，就连日出而作、日落而息的人类，也会隐藏在屋中生息养性，这就是万物随天时自然变化的自然进退之象。来者进，往者退，如此反复循环就是进退之象。这也是同一事物在不同时空和不同事物在同一时空的运动变化的真实状态。所以，进退就是变化，变化就是进退。

2.《易经》关于日月星辰四时的天道地道变化之进退

《易·系辞》哲学曰："在天成象，在地成形，变化见矣。"在天空形成的是日月星辰、风云雨雪雷电的变化现象；在地上形成的则是有形体的五行物质，这就是天地变化万物、显现万物的现象。

日、月、星辰、天地、四时、昼夜、风云雨雷电的变化现象是宇宙间存在的最基本的、固有的自然变化现象。正如《易·系辞》所言："日往则月来，月往则日来，日月相推，而明生焉。寒往则暑来，暑往则寒来，寒暑相推，而岁成焉。"日升日落，日出月隐，四季交替，四季有不同的风云雨雪状态。天道往复循环，地道往复循环，我们所认知的大道、天道、地道、日月之道，就是自然变化之道，也是宇宙间一切事物变化的本原。

自然变化是宇宙万物生成、存在、延续的根本，变化是人类认识宇宙万物，改造自然的依据。

二、《易经》关于自然变化的哲学意义

《易·系辞》曰："能说诸心，能研诸侯之虑，定天下之吉凶，成天下之亹亹者，是故变化云为。"《易·系辞》这几句话是关于人为变化的重要哲学意义的论述。它指出，能悦服天下众人之心，能研究探讨诸侯的疑虑，能确定天下事物的吉凶，能成就天下美好的事业，所以说这都是变化所为。为什么说圣人成就了天下最伟大的事业，是变化的功德呢？这是因为圣人明白了变化的道理，并依据变化的原理，人为地变化出一系列有利于国计民生，有利于人民生存的一系列事物，来应对不易之事，使不易变易，所以说这是变化的功德。

天地万物都在不断地运动着变化着，变化是宇宙万物固有的客观规律。我们的

先祖通过长期的观察研究总结，逐渐认识了天地万物的固有变化现象，同时感悟出，因为能变化，所以才有变化的可能，才有变化的条件，才能利用自然变化这个原理来改变自己的生存条件和环境，才能变化自然物质为生活物质，变化自然物质为生活必需品；感悟出改变人民生存的条件和方法；创造出饮食之源、生产工具、生活物质、生活用品，创造文明、文字、法律、法典、礼乐、刑罚等；并从天地自然变化的常性中，利用变化的道理，感悟出治理国家天下的最高纲领，抽象出以道德治理国家天下的方法。而从事这些创造的过程，就是人类自身智能自然进化的过程。人类的自然进化，既是人类从灵长类动物进化为能劳动的人类的过程，也是人类的外表、功能器官发生进化的过程，更重要的是人类意识思维聪明才智的进化过程，更是人类变生活生存由不易为易的漫长历程；而这个变不易为易的过程，也就是人为变化，或者人为变易。

《易·系辞》曰："易穷则变，变则通，通则久。"这里的变是什么呢？就是说那时人民生活穷困，因为穷苦，就使人产生了改变穷困的思维，有了改变穷困的思维，就能想到改变穷困的方法。改变穷困，就能使人民不受饥饿，而长久生存。《易·系辞》的"易穷则变"与"穷则思变"[①]的含义是一致的。所以说，自然变化，不只是万物随着时间空间的变化而变化的过程，还是人类意识思维、聪明才智随着时间空间的自然变化而变化的过程，因为人类思维的进化，使人类的聪明才智高度发展，所以才能观察、总结、认识自然变化现象，才会从自然变化现象中感悟出天地之道德，并能效法天地之道德而治理国家天下。没有人类意识思维的进化，就无人类社会文明的发展。这也是现代哲学"关于自由和必然"的观点。自由是指对必然的认识和对客观世界的改造，必然是对天地万物固有客观规律的认识过程；自由是必然的结果，也就说认识了天地自然固有的客观规律以后，而利用变化的原理和规律改造我们的生存环境，生存状况的自主性。正因为如此，才能成就天下最美好、最伟大的事业。正如恩格斯言："自由在于根据对自然界的必然性认识来支配我们自己和外部自然界。因此它必然是历史发展的产物。"[②]

这就是《易经》关于自然变化的功能的论述，自然变化既是自然界自然事物存在延续的根由，又是人类生存延续的根由。

《易经》从《系辞》到六十四卦的卦形结构，卦辞、象辞、爻辞、象辞的所有内容，阐述的就是人类认识自然、顺应自然，并效法天地之道变化的过程和历史事实；阐述人类效法自然变化规律而发明创造，以及各种事物变化的道理，文字、古

---

① 毛泽东《介绍一个合作社》发表于1958年《红旗》杂志第一期。
② 马克思恩格斯选集（第三卷），人民出版社1995年版，456页。

人效法天之道德，而治理国家天下的历史变迁；阐述了历代改朝换代的原因，以及改朝换代的推动而推动了历史发展变化的历史事实。

《易经》的阴阳理论是古人表示万物变化的起始过程的一种方法，阴阳不但表示了事物数量变化的过程，还表示了事物由量变到质变的变化过程。正如《易·系辞》所言："一阴一阳之谓道。"

《易经》的哲学观点是唯物辩证的观点，我们的先祖所发明创造的各种事物，无不是从天地自然变化现象，以及具体的物质和事物的道理中感悟效仿而来，应用能变化的道理和自然界的自然物质，改变它、利用它而有了发明创造，包括文字的发明，各种文字的意义，都是从自然界事物的变化现象、形象感悟而来。八卦实际就是中华民族最早用来表示天地自然变化现象和原理的象形、象声、象意的图形，也就是中华民族最早的文字雏形。

例如"文明"这个词语，文明是什么？文明就是古人从日月星辰光芒的光明美丽、灿烂夺目、绚丽多彩的变化中感悟而来。文，就是文采，各种色彩纵横交错而柔和；明，就是日月星辰的光明。就是说古圣人治理国家天下，要使天下达到如日月一样光明，绚丽多彩而和谐，就是文明。当然要达到这个美善无比的文明状态，就要使物质的、人文的、精神思想的、环境的、社会的变化达到一定的水平，使其与文明相适应。正如《贲卦》象辞曰："刚柔交错，天文也；文明以止，人文也，观乎天文，以察时变，观乎人文，以化成浅天下。"这就是文明之意的来源，这就是人类文明社会产生的根源，它来源于古人对天象的观察研究和无比向往，以及人类意识思维的进化变化而产生的无比创造力，逐渐产生了实现梦想的各种方式方法，才使人类社会逐渐进入文明社会的历史过程，这个过程是一个由不易逐渐变易的历史过程。

所以说变化是宇宙万物颠扑不破的固有规律，是自然变化规律的体现，所以说变化是《易经》哲学最为重要的哲学意义。正如《易·系辞》曰："易与天地准，故能弥纶天地之道。""范围天地之化而不过，曲成万物而不遗。"《易·系辞》指出，《易经》所阐述的道理是与天地万物自然变化相像，与自然变化规律相一致的道理，所以就能够说明天地自然变化的道理。

《易经》关于变化的哲学意义，是在于研究探讨自然变化规则的同时，感悟抽象出关于人道的一系列道理，衣食住行的一系列规则、教化、婚姻、伦理、刑法、礼乐、治国之道，为人之道，为官之道的一系列规则法则等等，以此为实现天下太平、人民安康的必要途径。

《易经》六十四卦，用辩证的观点，对天地自然变化规律，人文伦理、婚姻、道德、改朝换代等变化过程的记载，体现了天地自然固有的变化规律。《易经》全面深刻地揭示了天地自然变化之道和原理，而且古人占卜的目的，是预测事物发展变化的趋势和结果，所以《易经》六十四卦对于一些问题的阐述就有了预见性。如《比卦》，阐述商汤以武力推翻夏桀，而建立商朝改朝换代的历史，其象辞指出："不宁方来"；又如阐述周幽王无道失德的《夬卦》卦辞指出："不利即戎"；以及《既济卦》的卦象辞指出："君子以思患而预防之"等等，就是《易经》对中华民族历史发展趋势的预见，也是被中华民族历史的发展所证明的高明预见，是对中华民族的治国者提出的最高道德警戒。

所以说，《易经》就是一部阐述天地自然变化之道，以及万事万物变化规律的哲学巨著，《易经》哲学揭示了事物自然变化的基本特征，那就是：自然性、变化性、有序性、往复循环性、必然性、对应性、曲折复杂性、变异性和变易性等。

由于能变化，而且事物的变化有着往复循环性，而往复循环性就是事物的发展变化必然沿着一定的方向发展，而已经发生过的事物的结果，就是事物往复循环发生发展的大致结局。所以《易经》对事物的预测性，就是利用事物自然变化特征的变化性、往复循环性、必然性来预测事物发展变化的大致结果，就是预测性。而事物发展变化的往复循环性、必然性就是进退。进退，就是事物变化规律往复循环的总特点。

变化是天地万物固有的客观规律，《易经》既揭示了天地万物变化的基本规律，同时揭示了人类在掌握了自然变化规律之后，利用变化的原理来改造生存环境，改变生存条件的各种作为，所以，变化可分为自然变化和人为变化两大类。

人为变化包括了不易、变易、变通、变革、革命、交易、相易等人为的变化原则和意义。

第二节 《易经》哲学关于自然变化之道的内容与形式及哲学意义

一、《易经》哲学关于自然变化之道的形式

《易经》关于自然变化之道形式的论述有：常变、顺变、渐变、太过和与之相对应的变乱、逆变、突变和不及的变化。

（1）常变、顺变、渐变，既指天地自然的正常变化，包括日月星辰的运动规律、地球的运动规律、天地阴阳之气交感混合变化适时适量的风云雨雪雷电的变化现象。正如《豫卦》象辞曰："天地以顺动，故日月不过，而四时不忒。"这是说天地的运动变化以顺变为常规，所以日月的变化就不会超过常规，四时变化就不会有差错。

自然变化中的常变、顺变、渐变以中正、平和、保和、阴阳平和为原则，也就是说，天地自然变化所表现出来的常性，就是以太阳的光热变化，昼夜、四时的顺序为常性，以适时适中的风云雨雪雷电为常性。而顺变、渐变、常变是天地阴阳之气平和、中正、保合大和的保证。正如《乾·彖辞》曰："乾道变化，各正性命，保合大和，乃利贞。"这里的"乾道变化"，就是指乾天的变化，以其固有功能所表现出来的常性为命令，其变化以阴阳之气相交相合的平和、中正、不亢不衰，风云雷雨适时适中，才会利于万物，才是实现天下太平安乐的基本保证。

这里的"各正性命"，还指圣人效法坤地、顺应天道的常性，顺应乾天的常性所表现出来的清净无为、中正无私、正大光明、博大宽厚、诚信，以善待万物的本性为命令，为天命，只有以天道所表现出来的常性为命令去治理国家天下，才会有利于万物，才会有利于人类自己，有利于人民的生存。

（2）太过和与之相对应的变、乱逆、变突和不及变化。这是指天地自然的异常变化，其结果是发生灾难。

（3）自然变化的这些变化形式，还指生物进化中物种产生形成的不同阶段和过程。

（4）变化是《易经》的主要哲学意义，一切事物都在不同的时间空间中发生着不同的变化，一切事物都在运动着、变化着。

二、《易经》哲学关于自然变化形式的意义

1. 常变、顺变和渐变是事物向着中正、平和、保合、太和、阴阳和谐发展变化的基本保证

常变，是指事物的发展变化合乎自然常规。顺变，是指事物的发展变化顺应正常的变化规律而发展。

渐变，是指事物的发展变化过程一般都呈现出循序渐进的变化特征，既包含着事物从小到大，从少到多，从低到高的正变过程，也包含着事物由大到小，由多到少，由高到低的反变过程，而这种正反变化的过程和形式就是《易·系辞》对变化的解释："变化者，进退之象也。"进退就是变化，变化就是进退。

《易·系辞》曰："在天成象，在地成形，变化见矣。"这就是说，在天空显现的各种自然物象和自然变化现象，就是日月星辰的光辉，以及风云雷雨电；在地上显现的各种有形物质的变化，都是天地阴阳之气相交感混合而变化出来的五行物质的变化，及人类自身的变化。正如《泰卦》彖辞曰："天地交而万物通也。"《咸卦》彖辞曰："天地感而万物化生。"

关于渐变，六十四卦中也有不少方面的内容。渐变所表示的是常变，顺变的

原则——循序渐进。

2. 太过变化

太过是指事物的发展变化超越了事物发展变化的常规，也就是事物的发展变化超越了常变、顺变、渐变的规律，其变化结果破坏了中正平和、保合大和的原则，无论是正变还是反变，其结果都会不利于事物的发展。

自然变化中的太过变化，如天地自然灾害，就是属于此类。天阳亢盛，旷日持久的干旱无雨，或者狂风暴雨、洪水泛滥，或者地壳运动，这些都是属于超越天地自然变化的常性。过于强大的变化，会给万物带来灾难，使万物毁亡，这是天地自然变化中的太过现象和表现形式。正如《乾卦》上九爻象曰："亢龙有悔，盈不可久也。"过于亢盛的自然变化，会对万物造成伤害，所以，亢盛盈满是不能长久存在的。

3.《易经》哲学关于变乱的论述

（1）《易经》哲学关于自然变乱的形式及哲学意义。自然变乱和逆变的自然之象，是指天地自然阴阳之气变化过程中，其运气的变乱和逆变现象。古人关于运气理论在《黄帝内经·运气》论中有专门的论述，这是一门复杂而有意义的学问，是需要花大精力去研究学习的，这也不是哲学研究的范畴。

（2）《易经》哲学关于古代社会变乱的形式及哲学意义。其一，《易经》关于社会变乱的原因，可以是事物的发展变化因为各种内外原因，而不依其变化规律变化，使事物的发展发生混乱。它与常变相对应，比如六十四卦中阐述的那些失道的君王，不依照先祖开创的治国常道治理国家天下，而只是依照自己的欲望，随意妄为，不顾君王的常道为天下人民谋利益，而依自己的欲望遂随意迫害人民和贤者，结果使国家混乱，人民逆变，从而用武力推翻其统治。例如，商纣王使国家混乱的结果，使商朝灭亡；周幽王使国家混乱的结果，使西周灭亡。

其二，《易经》哲学关于变乱的形式的总结，包括失常、失大、失时、失节、失则、失道、命乱、失类、自失、志乱等。《易经》关于变乱的这些形式内容的哲学意义，是易学对人类社会生活中存在的这些变乱现象的认识和评论，以提醒告诫后人，包括治国纲领、道德、以及人的品行行为等变乱及其结果。

4.《易经》哲学关于逆变的形式和意义

（1）《易经》哲学关于自然逆变的形式和意义。自然逆变又有它的特点，逆变表示事物的发展变化与常变，顺变的变化有着截然不同的发展方向，它可包含三种含义：

其一，是指事物的发展变化与顺时针发展的方向相反的变化现象。它体现的是大往小来的变化规律。所谓"大往小来"，是指事物从最顶端，也就是从最圆满开始发生的变化。例如，太阳的午后运动变化规律，月亮月圆以后后半月的运动变化规律，正如《丰卦》象辞"日中则昃，月盈则食"的日月变化，就属于此类。其实这是古圣人认识事物唯物辩证的方法而已，这种方法就是从局部变化，研究变化过程和结果。日月自然原本如此，我们的先哲从日月的自然变化，看到了存在于自然界的"大往小来"的意义，从而有与之人事变化相应规则。

其二，是指事物发展变化过程中的往复循环的变化规律，也就是事物发展变化由数量的变化达到某一极限时，就会发生质的变化，而朝着相反的方向发展变化的变化状态。它体现的是事物往复循环的自然变化规律，往复循环是自然变化规律表现形式之一。这也是我们的古圣人认识事物的唯物辩证法，就是从事物的整体出发，研究事物从开始到整个事物的变化过程和变化结果。我们的先哲看到了物极必反的自然变化规则。

其三，阴阳变化规则。阴阳变化规则，是谓阴极必阳，阳极必阴的规则。正如《易·否卦》象辞"大往小来，则是天地不交，而万物不通也"。《否卦》象辞所论的是指随着太阳的南行，天阳由强逐日变弱所形成的冬季与万物变化的关系。正如《曲礼·月令》曰："天气上腾，地气下降，天地阴阳之气不能相交，闭塞而成冬。"[①]寒冬之时，草木不生，万物不荣，一片肃杀清冷之象。所以这是指太阳和地球的自然运动，使地球得到的太阳的光热由强变弱，天之气与地之气不相交通，而使草木不生、万物不荣的自然变化现象。这也是指天地自然的大往小来的变化规则与万物的密切关系。自然界的一切自然变化，都遵循着这个变化规则。

（2）《易经》哲学关于逆变的表现形式及哲学意义。其一，《易经》关于逆变的表现形式。六十四卦卦象中关于逆变的表示形式，主要是指社会、人事、治国者在社会变化中所表现出来的一些违反常道的表现形式，如反则、逆时、反常、逆命、悖道、反君道、逆上下、反目、违则、失上下、失律、失类等，所有这些都是《易经》对逆变意义的说明。对执政者来说，违背了先王的治国之道，就是逆变，就是失道、失德。

其二，《易经》哲学关于逆变的哲学意义。《易经》从天地之道的自然变化规则中感悟到，天地自然变化之道所显示出来的变化特征，与社会与天下人事变化规则相类似的原理。它向治理天下的执政者指出，如果无道失德，又不思悔改，逆反道德而胡作非为，使天下混乱，人民生活困苦，达到一定限度时，就会有有道者举兵反抗，将其推翻，使这些逆道德而胡作非为者的命运发生逆变。这也是物极必反的自然规律在社会变革中的意义。

---

① 木子主编.曲礼[M].广州出版社，2001：171.

5.《易经》哲学关于突变的形式及意义

突变是指与渐变相对应的一种变化形式，包含以下几种含义：

其一，关于事物在发展过程中，突然出现的意想不到的急剧的、快速的变化，天地自然灾害就属于这一类型。正如常言所道："天有不测风云，人有旦夕祸福。"如突然发生的狂风骤雨、冰雹、地震、火山爆发、海啸、冰川崩溃、火灾，突发疾病、突发的灾害性死亡、伤残等等。正如《离卦》九四爻辞曰："突如其来如，焚如，死如，弃如。"又如《震卦》上六爻辞曰："震索索，视矍矍，征凶。"这些都是易学对突如其来发生的灾祸的描述。

突如其来的自然变化现象，是天地自然阴阳之气交感过程中发生的急剧变化的征象，也是自然变化规则之一。它属于自然变化中的偶发现象，也是天地自然变化偶发的恶行。这种变化对万物，对人类会造成毁灭性灾害，是人类所厌恶的事情。人们对那些无道无德、胡作非为者的评价之语的来源，也是古圣人对天地之恶行的感悟，所以古圣人就用天地之常德对万物有利的善性，来教化改变人性之恶的膨胀，以及欲望的膨胀对人民带来的害处，使人心向善。

其二，哲学家将人类思维活动的飞跃称之为突变。哲学上的飞跃，是指旧事物向新事物的转化，通过爆发的方式来实现。不同形式的飞跃都是事物发生质变的过程。哲学上的飞跃，归根结底还是指人类思维的变化，因为事物发展变化的形式、过程、结果都是人通过观察、研究和实践不断地总结认识的结果。正如《易·系辞》曰："易，无思也，无为也。寂然不动，感而遂通天下之故。非天下之至神，孰能与于此。夫易，圣人之所极深而研几也。唯深也，故能通天下之志；唯几也，故能成天下之务。唯神也，故不疾而速，不行而至。"这既是《易经》哲学对圣人之义的解释，也是对神的解释，更是对"突变意义的解释"。圣人，之所以称他们为圣人，就是因为他们是极为睿智，能对天地自然变化规律深刻认识，能够预知未来，能够感悟天地万物变化的道理，能够开辟成就天下人民的事业，能够统一天下人民的志向，为天下人民谋求到了利益，使人民的生活得到了改善。

其三，在《易经》，《黄帝内经》，将人类的意识思维称之为神。神，就是指人的思维意志、精神，而不是神仙。正如《易·说卦》曰："神也者，妙万物而言者也。"《易·系辞》曰："神以知来，知以藏往，其孰能与于此哉。"所谓神，就是能够精妙地描述万物的形象、特点、状态、意义的观察、意识、思维、记忆与语言表达能力。神，就是能将天地阴阳变化规律、变化现象、变化状态表达出来，以使人民的认识思维有所提高。圣人具有高深的智慧，能够预知未来，能够知道以往发生过的事情，认识感悟天地万物变化之理相通的道理，就如自己身体变化的道理一样，所以，圣人才能不出大门，就能迅速知道天地自然变化所显现出来的变化状况。若不是有极高深的聪明智慧，谁能做到这些呢？

《黄帝内经》对神也有非常明确的论述，正如《素问·八正神明论》曰："何谓神？神乎神，耳不闻，目明心开而志先，慧然独语，口弗能言，俱视独见，昭然独明，若风吹云，故曰神。"①经文对人的意识思维与五脏六腑，口、舌、咽喉、眼、鼻、耳的共同生理功能作了具体论述，也就是说人的意识思维活动是耳、鼻、眼、口、舌、咽喉、五脏六腑，甚至肢体皮肤等的共同功能，提供给大脑思维的物质基础及能量才能进行思维活动。若是只有眼睛的功能，就好像从昏暗中突然看到光明，没有灵性、没有记性、没有思考、其光明就好像云彩很快被风吹散一样，瞬间就会消失。正如马克思在《1844年经济学哲学手稿》中所言："因为，不仅五官感觉，而且所谓精神感觉、实践感觉（意志、爱等等），一句话，人的感觉、感觉的人性，都只是由于它的对象的存在，由于人化的自然界，才产生出来的。"②

所以说《易经》、传统医学的神，就是指人认识，感知、思维、记忆事物，判断事物的综合能力。所以，《易经》和《黄帝内经》关于人的意识思维来源于人的全部感官系统对物质世界的感觉认识的观点是唯物辩证的观点。

现代科学理论认为人的思维功能，有显意识和潜意识之分，灵感的闪现，是长期静心专志研究思考，大脑思维活动达到最高峰时，而发生的潜意识的豁然贯通而发生的突变，闪现出灵感。也就是说，灵感的闪现，就是长期静心专志研究思考，大脑思维活动达到最高峰时自然出现的思维结果，当然这个自然闪现的思维结果，是对于善于思考者而言的。

《易·系辞》曰："易，无思也，无为也，寂然不动，感而遂通天下之故。"这是指古圣人对天地自然变化规律的研究思考，对于那些不容易懂、不明白的变化现象长久地研究思考，突然顿悟融会贯通了明白了其中的道理，使那些不易明白的事理，一下子变得明白了经过。这就是思维突变的过程，思维突变表现了人类智慧的演变过程。

其四，指生物自然进化过程中基因的突变和物种形成呈现突发型形成的形式，当然这种突变还不属于古代《易经》研究的范畴，所以在此无需讨论。

6.《易经》哲学关于不及的变化形式及意义

不及与太过相对应，主要表现有以下两点：

其一，不及是指事物在发展变化过程中，由于在经历了过于亢盛的变化阶段之后，逐渐向着相反的方向逐渐变化为衰弱的状态。自然变化中的这种变化现象，以

---

① 正坤编.黄帝内经[M].中国文史出版社，2003：105.
② 马克思.1844年经济哲学手稿，人民出版社，2014年版，90页.

太阳之阳气的盛衰为基础，阳气盛，或者过于亢盛，是为太过，或者亢盛。例如，春季是阳气由不及逐日向阳盛阶段发展，立夏直到大暑、小暑是阳气渐盛阴气不及的季节；立秋以后，则是阳气渐衰，阴气渐盛的变化阶段。就如太极图中所表现的：动极则静，静而生阴，静极生动的变化规律。就如昼夜，四时的变化规律，都是以太阳的光明温暖为变化基础。正如《易·系辞》所言："日往则月来，月往则日来。日月相推而明生焉。寒往则署来，署往则寒来，寒暑往来，则岁成焉。"

其二，关于阴阳变化规律，应用最为广泛的就是传统医学，传统医学关于阴阳的盛衰亢不及的原理，是人体有与太阳相似的产生热能以及弱光的功能，而由于人体各脏腑生理功能旺衰强弱的不同，所以就有阳气生成多少的不同，阳气生成多或者旺盛，人体生理机能旺盛而热者，称为阳盛或阳亢；阳气生成少，生理功能不及或衰弱而寒凉者，称为阳衰或不及。传统医学的阴阳理论是我们先祖创立的最为完美而伟大的人体之象，是医学之象的极论，是中华民族传统文化的精华。

第三节　《易经》哲学关于人为变化之道的形式和意义

人为变化之道，也可以称为"人为变易"，因为《易经》周到全面地记载阐述了人类战胜不易，寻找易而创立的许多变不易为易的变易方法。《易经》就是一部教化人民战胜不易，寻找易，应用古圣人已经寻找到的战胜不易的各种有效方法，来战胜不易，使人民得到和平安乐的生活，是具有伟大历史意义、哲学意义和文学意义的文学巨著。也就说《易经》的基本哲学意义，就是追述记载上古民众生活不易的历程，研究记载我们的先祖为了改变不易的生活生存方式和条件，而寻求改变不易的方式方法，研究记载我们的先祖如何用他们寻求到的改变不易的方式方法治理国家天下，为天下民众创造幸福，使民众的生活容易而安逸。

人为变易是指人类在生存生活过程中，为了改变生存条件、生存质量而采用的各种改变生存环境的方式方法，以及发明创造，以改变人类生存生活的不易。变易的前提，就是不易。变不易为易，就是变易。

变不易为易，就是《易经》最基本的哲学意义。

一、关于不易

不易，是指艰难困苦，不容易的意思。

依据生物学的研究，地球已有45亿年的历史，但是真正的地球形成却在10亿年以后，而最早期的最小微生物是在34亿年前地球是在一片汪洋大海之时在海洋中形成的。大约在25亿年以前，地球海洋的某一片区域出现了能进行光合作用的自养型生物，以及另一种不能进行光合作用而需要依靠摄取其他生物链生存的异养型生物。大约在4000万年以后，才出现了细菌和真核生物，又经过4000万年的进化，逐渐进化为各种生物类型，最后，异养型生物的一部分进化为动物，自养型生物进化为植物。而这些进化都是在海洋中进行的。动物又经过不断地反复进化、分化、进化、分化的漫长过程，最终进化为人类、动物的过程，是在陆地上完成的。[1]

生命的形成经历了生生灭灭漫长的不易过程。灵长类动物进化为人类的过程，就是用自己的劳动，改变生存方式、生存环境，并改变了自己的漫长不易过程。

人类的进化发展，人类社会的进步发展，处处充满了艰难曲折，充满了不易。远古的人类，要面对各种灾难、贫困、饥寒、疾病等生存生活的不易，人类经过长期与不易的较量，逐渐掌握了一些应对自然变化和自然灾害的基本方法。例如，从野处、穴居、巢居、茹毛饮血、饮食草木之实，而逐渐进化到室屋、熟食、耕种收获农作物；从无衣到穿兽皮，逐渐到治丝麻以衣其衣，到发明弓箭、车船、驯养家畜、制陶、冶金的变迁过程，就是一个从不易到易的变化过程。

人类在进化过程中，先是对大自然的变化茫然无知，从面对各种突如其来的灾难束手无策到逐渐认识大自然，利用大自然中存在的物质改变生存状况和生存环境，都是一个不易的过程。例如，神农尝百草，种植五谷，而逐渐掌握了战胜饥饿、贫困、疾病的方法，使人类的生存由不易逐渐向易的方向发展变化。正如《坤卦》卦辞所言："坤：元亨，利牝马之贞。君子有攸往，先迷失后得，主利。"卦辞说，古人对大地的认识过程，首先认识到坤地柔顺地顺承乾天而忠贞不贰。君子对坤地的认识有着许多反复的过程，先是茫然无知分辨不清，后来终于得到了正确的认识。总的来说，坤地是最有利于万物、人类生存之处了，坤地是人类最有利而赖以生存的根本。

中华民族的先祖，在认识自然变化之道的同时，效仿天地变化之常道而作为治理国家天下之常道，以为人民谋求越来越多的利益，而逐渐地，不断地改变人民生存生活的不易。

《易经》哲学就是将这些由不易到易的变化过程，道理、意义，以极为简明而适宜的方式表达出来的经典著作。正如《易·系辞》曰："乾以易知，坤以简能。易则易知，简则易从。易知则有亲，易从则有功。"这就是说，《乾卦》将乾天变化的道理和君子依照天之道德而作为的德行，以简捷明了的方式表示出来，使人容易明白易懂易行。《坤卦》以简捷明了的词语，将坤地的常德展示出来，使人明白

---

[1] 李璞主编. 医用生物学[M]. 人民卫生出版社，1978：7.

坤地的常德，就是顺承乾天，使人明白效法坤地而顺承乾天的道理，简易就是简单而容易明白，简单就容易实行；容易明白才会有人亲附而效法，容易实行，就能成就想要实现的事业。

《易经》六十四卦以简洁明了的方式，将古人变易自然物质为生活资源，生活物质的过程融于卦辞、象辞、卦爻辞之中。如《需卦》，就记载、阐述了周族的先祖、周族的子子孙孙，以及我们的先人是如何种植农作物和创造人民需要的饮食之源的不易过程。《大畜卦》从不同角度记载阐述了古人驯养家畜作为饮食之源的补充，以及创造其它生活物质的不易过程。《剥卦》记载、阐述了大禹治水，为人民谋利的艰难不易过程，以及一些记载阐述制陶冶金、创造车船、发明交易等事业的不易过程。

万事万物的发展，到处充满了艰难险阻，充满了不易；中华民族文明社会的发展，也充满了艰难险阻，充满了不易；中华民族的祖先们，一代一代的华夏子孙们，以至于现代的华夏子孙们，为了创建美好的社会、美好的生活，都在艰难地、百折不挠地、不断地战胜各种不易，而寻找"易"的方法和手段。所以，变不易为易，就是《易经》哲学最为重要的最基本的哲学意义。

二、《易经》哲学关于人为变易的形式和意义

变易是指人类认识到自然变化的基本规律，一方面效法坤地顺承乾天变化的道理，而人为地改变自然环境，改变自然物质，以有利于人类认识生存生活的各种变易方式方法。

另一方面是指古人效法天地自然变化常规，为天之道德，为天之命令，为治理国家天下的方式方法，以改变人类自身的品行，以和谐万物，实现天下太平安乐的目的。

所以，变易就包括了治理国家天下的纲领和改变自然环境、自然物质、以及利用预测学，来预测事物的发展趋势，以防止不易之事的发生等变易形式。

三、《易经》哲学关于变易的总结

人为变易，也就是人为变化是《易经》哲学最基本的哲学意义。

变易的形式是常变、顺变、渐变。

变易的方法包括：简易、变通、变革、革命、交易、相易。

变易的目的就是变不易为易。

变易的原则是：中正、平和、保和、太和，阴阳平和。

第四节 《易经》哲学关于变通、革命、变革的形式和意义

1. 关于变通

《易·系辞》曰："变通者，趋时者也。""化而裁之谓之变，推而行之谓之通。""通其变，使民不倦，神而化之，使民宜之。""易穷则变，变则通，通则久。"《易·系辞》对变通的含义作了明确的解释。所谓变通，就是顺应时势而变化的意思，也就是依据时势需要在不改变原则的基础上作一些适宜的改变，以便于实施。

《易经》所记载的是万物顺应时间空间的变化而变化的具体事例，其中包括自然事物的变化，如万物顺应时日、季节的变化而变化，虽然只是论述了事物外在形态发生变化，或者所处不同时空的变化，但是万变不离其宗，落了叶子的树木还是树木；变化了形状的木制家具还是木头；月亮在天空东边和在天空正中的月亮都是月亮，冬天的太阳和夏天的太阳，都是同一个太阳，只是所处的时空不同罢了。自然事物变通的意义，是"趋时者也"，就是趋向时间空间的自然变化。

变通的原则，是并没有改变事物的本质，是在不改变事物本质的条件下，所作的变化。

《易经》所记载的人事变通事例，主要是指古代圣明君王，如伏羲氏、神农、黄帝等二皇五帝三王，他们虽然所处的时代不同，但是他们为天下人民谋利益，改变生存环境，为了实现天下太平安乐的目的是相同的。这些圣明君王在不同的时期，改变各种自然物质的结构形态，以创造出农耕、农具之利，创造出舟楫之利，制陶、冶金等方法为之变通。也就是"通其变，使民不倦，神而化之，使民宜之"的意义所在。

变通属于变易中的一种。《易经》六十四卦卦象中，关于变通的内容大致有以下几类：

（1）《易经》哲学关于改变自然物质的形态，以利民利国

其一，依据自然变化规律，人为地改变草木的生存环境，以利于草木的生存，从而利于种植农作物，种植果木蔬菜，《需卦》的卦象，就属于这一类。

其二，改变动物的生存环境，人工驯养动物，使动物驯服，从而利于补充饮食之源和利于交通，利于解除人类的负担，《大畜卦》的第二种含义，就属于这一类。

其三，顺应自然变化规律，改变人类自身的生存环境，如发明屋宇，制造衣物，以及采取一些相应的措施，以改变自然变化对人类造成的不利影响，如热时用各种凉爽的方法应对，寒冷时，用各种温热的方法应对。

其四，改变自然物质的质量，使其有利于食用，有利于人体健康，如火的利用

和取火方法的发明，《离卦》卦象的第二种含义就属于此类。

其五，改变自然物质的形态和性质，使其成为对人类有用有益的各种器皿，器具，如《涣卦》《鼎卦》卦象的第二种含义就属于此类。

其六，效仿自然变化现象、自然物质的形象，创造了文字，如《坤卦》的卦形，就是表示坤地地形、地貌、地势的符号；《乾卦》的卦形，就是表示乾天广大无垠的符号等。这些八卦符号，就是早期文字的雏形。随着人类思维意识的进化，又根据事物的形状、意义、特征等等发明了象形、象音、象意等等文字的雏形，而逐渐产生了文字。

（2）《易经》哲学关于属于人文道德方面的变通内容

《易经》哲学六十四卦的卦象中，记载阐述圣人效仿天之道德，治理国家天下的经验、准则，朝代变迁的历史根源，以及圣人效法天地自然变化之道的节律、次序等变化规则，而制定出治理人事、地理、地利、自然、生死、婚姻、礼乐、刑罚、教化等经典理论，用辩证思维方式，利用文字功能、含义，将文字适当变化组合，将千变万化的自然变化规则和现象，及人类自己与社会进化的过程记载下来，作为后世子孙的借鉴。

（3）《易经》哲学关于天地自然事物变化的特征

其一，《易经》哲学从天地万物的变化过程、变化状况、变化结果，总结归纳出天地自然变化规律——道，揭示出事物自然变化的特征，那就是变化性、自然性、有序性、往复循环性、必然性、对应性、曲折复杂性、可变易性、可变通性。

其二，《易经》对于预测学而言，其依据就是事物自然变化的特征，以及六十四卦所具有的时空信息性，以"尚其辞，尚其变，尚其象，尚其占"的占卜之道，预测事物发展变化的大致趋势，以辨吉凶，明是非。这里自然性、反复循环性、必然性，以及《周易》六十四卦所具有的时空信息性，就是占卜的理论依据。事物的发展变化虽然曲折复杂，但是有可变通性，这就是预测避凶化吉的依据。

其三，变通是变易的方法之一，它的意义在于原则不变，权衡利弊，取其长处，去其不利之处，而使其对人民、对个人，或者对双方都有利的一种方法。

2.《易经》哲学关于革命的意义和方法

"革命"一词最早来源于《尚书》周公之言，如《多士》周公曰："惟尔知，惟殷先人有册有典，殷革夏命。"[①] 这是周公告诫殷商遗民说，殷商的史册上记载着殷商的先人商汤革除了夏桀之命的的历史。而今周武王革除了殷商之王商纣王之命，这应该是符合历史变化规律的事情。周公劝解殷商遗民应该服从周朝的统治，

---

① 徐奇堂译注. 尚书 [M]. 广州出版社，2001：183.

共同实现以天命为人民谋利益的宗旨。

《易·革卦》象辞曰:"天地革而四时成,汤武革命,顺乎天而应乎人,革之时大矣哉。"这是《易经》对革命的意义的评定。《革卦》指出,商汤和周武王以武力推翻无道者夏桀和商纣王,革除无道者所执掌天命的权利的革命行动,上应乎天道的意义,应乎先帝先贤创立天命的意义,下顺应民心民情,是符合人民利益的革命行动。自商周以后,"革命"就成为以武力推翻不为人民谋求利益的旧政权履行天命的权利,而以新的能为人民谋利益的有道者执掌新政权的专用名词,也成为推动中华民族历史发展、改朝换代的手段。所以说,革命就是以武力推翻那些肩负着天命使命,但却不能履行天命的职责,不能为人民谋利益而又危害人民的统治者的政权,建立新的能履行天命的职责,能为人民谋求利益的政权。

3.《易经》哲学关于变革的意义和方法

"变革"也属于变易的一种,但是变革有不同于革命的一面,"变革"有二种含义:

其一,改变了事物本质的变革。"变革"一般都是指政治改革,朝代更迁的常用词,它的同义词就是革命。它的意义在于革除陈旧的、不符合人民利益的事物,甚至已经失道无德,不为人民谋利益,而危害人民的政权,而以新的有道德的能为人民谋利益的政权组织来执政,建立新的政权。这也是我们前面第二个问题所探讨的革命的意义。

《易经》六十四卦有记载商汤遵天命而伐无道的夏桀,建立商朝,变革社稷的历史事实。同样也记载评定了周武王革除商纣王之命而建立周朝的变革朝代的历史事实。《易经》六十四卦中有不少记载阐述周武王遵天命而伐商纣王的卦象。如《涣卦》《小过卦》《小畜卦》等。而且《史记·周本纪》中记载曰:"膺更大命,革殷,受天明命。"[①] 这是周武王革除殷商之命,祭祀殷商先祖商汤时所讲之话。所以革命的完整含义,就是依照天命的意义,革除掉违背天命,违背圣王之道而使天下混乱人民遭殃的统治者,执行天命的权利,并取而代之。正如《易·革卦》九五爻辞曰:"大人虎变,未占有孚。"这就是说大人物就如商汤和周武王革除夏桀和商纣王之命一样,是一次彻底的革命行动,不用占卜,就能知道是一次有诚信的革命行动。

其二,"变革",就是以天命为根本,不变更政权机构,而只是对陈旧的、不符合人民利益的政令、法令、制度人事等,进行变革。

正如《易·革卦》上六爻辞曰:"君子豹变,小人革面,征凶,居贞吉。"又

---

① 李杰主编.史记[M].哈尔滨出版社,2003:19.

如九三爻辞曰："征凶，贞厉，革言三就，有孚。"上六爻和九三爻辞是指商朝的事业在商汤以后的发展前进过程中，因为其政治有几次衰微，商朝经过太宗、中宗、高宗三王的政治变革而再度中兴的历史事件，所以"君子豹变"是指在殷商的历史进程中，如太宗、中宗、高宗一样的政治变革，使殷商三次再度中兴。中兴，是中度兴盛，但却不及商汤时强盛而显明。"革言三就"是指殷商通过三次变革而三次复兴的伟大成就。"有孚"就是指这些能使国家复兴的帝君能诚信地遵循先圣、先帝、先祖之德和天命而治理国家天下的结果。所以"变革"，就有通过变革，或者改革使国家政治经济中兴。这是变革的含义之一。

"小人革面"中的小人，在这里不是一般意义的小人，而是指不及君子之君王，就如殷商的祖己帝和盘庚帝，使殷商有所复兴，但他们的变革不如太宗、中宗、高宗的政治变革，使殷商兴盛。可是他们能尊奉先王之德治国治天下，而使殷商小有复兴。所以"小人革面"是形容他们的变革并不完全彻底，只是在某些方面作了修正变革，取得了小的成就而已。这是"变革"的含义之二。

所以说变革包含革命的意义，但又不同于彻底的革命，而是在不改变政权机构的前提下，所作的革除旧的不符合人民利益的改革，这样的改革根据改革的程度，可以取得大的成就，也可以只是小的成就。

总之，变革也属于变易的方法之一。它的意义在于以天命为最高宗旨，来度量执政者的政治、政令，是否符合人民利益，是否是为人民谋求利益的，是否能让人民安康平易和乐地生活。若是执政者失道无德，又不思悔改，就会有发生变更社稷的可能。所以，先王规定，执政者必须经常研究考察政令是否对人民有利有益，而随时修改不利于人民的政令法规。正如《易·复卦》象辞曰："先王以至日闭关，商旅不行，后不省方。"

当然，变易还包括革新，如技术革新、规章制度革新等，其内容繁多而纷杂，这不是一般人所能完全说明白的事情，而且这也不属于易学哲学的范畴，所以就不一一探讨了。

第五节 《易经》哲学关于交易和相易的形式及意义

交易在一定意义上与相易是相同的，就是相互交换之义。从这个意义而言，交易是指古代的商贸交易，也就是指商贸交易的产生、发展变化过程。也属于变易的一种。

《易·系辞》曰："包羲氏殁，神农氏作，断木为耜（si），揉木为耒（lei），耒耨（nou）之利，以教天下，盖取诸益。日中为市，致天下之民，聚天下之货，交易而退，各得其所，盖取诸噬嗑。"这就是说，神农氏发明了种植农作物的工具，教人民种植农作物，正因为学会了农业种植，人民的生活有所改善，有了多余的饮食、衣物用品，而神农氏又发明了商贸交易，规定以中午为市场开放的时间，让人民将自己多余的货物，聚集到市场，大家用以物易物的方法，交换自己需要的物品，这就是古代的商贸交易。商贸交易，就是以自己的物品交换自己没有而需要的物品。这里的噬嗑，就是商贸交易的象征词，人们以物换物，但是各种物质的品质不同，交易的数量、质量等都需要用口舌语言的功能，讨价还价、噬嗑，就是指交易者相互以自己的口舌语言的功能商讨而取得交易的成功。

随着时代的变迁，到尧帝、舜帝之时，因为有了船舟，商贸交易已经发展到去远处交易的阶段。正如《易·系辞》曰："舟楫之利，以济不通，致远以利天下。盖取诸涣。服牛乘马，引重致远，以利天下，盖取诸随。"这里的"涣"，一方面是指风与水的力量，以及用船桨划水，使舟船前进的景象；也有交换，以物易物的含义。"涣"还指改朝换代的意思。"随"，是指随着商贸交易的发展，还有一部分人，用牛马驮着货物，人跟随在牛马之后，到远处去交易的景象。

"相易"，就是交换之意。"相易"在《易·系辞》中，还指《周易》成书的变化过程，正如《易·系辞》所言："易之为书曰不可远，为道也屡迁。变动不居，周流六虚，上下无常，刚柔相易，不可为典要，唯变所适。"

《易·系辞》这一段话，是说《易经》成书的变化过程。这里的相易，就是相互交替、交换之义。交替，有往复循环的含义在内。而交易，则是由一物交换另一物。

"交易"的意义在于记载说明，商贸交易是一个从无到有，从简单到复杂、从近处到远处的逐渐发展变化的过程。这就充分说明古代圣人为了改变人民的生活状况，而不断地发明创造一些有利有益有用的方法、手段，使交易由不易逐渐变得容易，使人民的生活由不易变化到有劳有益，而各尽所能、各取所需而达到容易生存的安乐和谐的生活状态。

自然界事物的变化发展本身就是自然，各种自然变化，对人类来说，适应、改变自然过程、方法就存在着不易，人类生存不易，追求美好生活不易，发明创造各种生活物质、生产工具的不易，服牛乘马、引重致远、船舟载物到远处交易的不易。但是克服不易、战胜不易，寻找到战胜不易的方法，就是易。所以变易，就是人类不断战胜不易，寻找易的方法和手段。人类不断地战胜不易，寻找易，就是社会发展前进的动力，就是人类创造文明社会的历史过程，就是人类意识思维进化的历史历程。

变易，就是人类创造社会历史，创造自己的生活，创造生活物质，应对不易的各种方式和手段，而使人类的生存生活由不易到易的历史历程。

变易，既是历史发展的见证，又是历史前进的动力，没有变易，人类就不会有文明进步，就不会有社会的发展进步。

第五章 《易经》哲学关于一阴一阳之谓道

第一节 《易经》哲学关于阴阳概念的起源及阴阳理论的形成与应用

一、《易经》关于阴阳概念的起源及阴阳理论的形成

1.《易经》关于阴阳概念的起源

《易·系辞》曰："乾,阳物也;坤,阴物也。"《易经》将具有光热的乾天命名为阳物,将没有光而少热量的坤地命名为阴物。这就是说阴阳划分的主要依据是光、热、能量的强度,而太阳的固有功能就是产生光热,它的光芒普照天下万物,它无物不照,无物不覆,而又无物能损伤它,自强不息、刚直不阿;而且它有极强的变化功能,它变化风云雷雨电,变化四时昼夜,以资助万物的生长化育。正因为它有极强的变化功能,所以当风云雨雪之时,云层布满天空,遮天蔽日,阻碍了光热的传播,就会使地面上的光亮度和温度降低,这就是阴雨天之阴。秋分后随着太阳远离赤道上空而向南运行,北半球得到太阳光热的量减少,而使气候变得阴冷,这是由于太阳位置的变化而形成的季节之阴;而当春分之后,太阳又重新向赤道之北运行,北半球又逐渐恢复了光明温热的季节,这是由于太阳位置的变化而形成的季节之阳,这也就是由于太阳自身的运动而形成的季节的阴阳之分。由于地球的自转运动,当地球的一面背向太阳之时,地球上就一片黑暗、阴暗无光,而且温度下降,是谓黑夜;而当地球的一面对着太阳时,地球上就阳光普照,一片光明温暖,是谓白昼。这是由于地球自身的运动变化而形成昼夜的阴阳之分。也就是说,地球无光而本身生成的热能又极少,坤地上的万物均是依赖乾天太阳的光热而得到光明温暖,而且坤地以及万物均是柔顺地顺应乾天的变化而变化,所以说,《易经》就将乾天称为阳物,将坤地称为阴物。

现在我们要说的是:为什么乾天太阳有光热,而坤地却很少有光热呢?这是天地生成时就自然形成的事物,我们在探讨天地生成时,就已经知道,这里不再赘述。

《易·系辞》曰:"阴阳之义配日月。""天地之道,贞观者也。日月之道,贞明者也。天下之动,贞夫一者也。""立天之道,曰阴与阳。"《易·系辞》指

出了"以阳刚之义配太阳,以阴柔之义配月亮""天地的道理,是古人长久观察研究而得到的。日月的道理,就是永远给天下万物以光明温暖。天下万物的生长变化,永远依靠太阳独一无二的功能,也就是万物生长只能靠太阳的功能"。《易经》哲学明确规定"乾天的道理就是阴和阳"。乾天之上,闪闪发光的星辰无法计数,但是都是太阳的照耀,月亮也是依靠太阳而明亮,所以不能发光的月亮和地球一样,同属阴柔之类。因此,天上的物质以阴阳来分,太阳为阳,月亮星辰为阴。天上、天下的万物都是依靠太阳的功能而生长变化的。"天下之动,贞夫一者也"就是只有太阳才真正是万物生长变化的依赖,而没有第二个可依赖的。万物都顺应太阳的变化而变化,万物对太阳来说,万物属阴。这是阴阳的分类依据。

2.《易经》哲学关于阴阳理论的形成

考古研究家杨国瑾先生考证研究认为:"古人2万年前发明《易经》('易'字是一只飞鸟)。后由伏羲氏著书叫《先天易》,把四季日影长短连成曲线(∽),把曲线分布在圆面上(∽)叫先天太极。再把日影长短定为阴阳消长,画成六十四卦。"①也就说阴阳起源于2万年以前,是由古人研究太阳的变化规律总结而来的。

据《史记》记载阴阳观点的形成,远在黄帝时期已经建立了,在黄帝时期,已经能顺应天地四时的纲纪、阴阳五行的故常、死生的道理和存亡的大限。而八卦、六十四卦的卦爻、阴爻(——)、阳爻(—)、就是表示阴阳状态的符号。

据记载夏朝的占卜书《连山易》就已经应用了阴阳爻,商朝的占卜书《归藏易》也应用了阴阳爻。其实阴阳作为八卦六十四卦的卦形符号,远在古人创立八卦时就已经确立了,因它本身就是远古时期用来表示阴阳的符号,也就是中华民族文字的雏形。所以说阴阳在六十四卦中,主要是由那一阴爻(——)和一阳爻(—)作为卦形符号而构成了六十四卦的卦形结构的阴阳符号,以及用阴阳爻相互变化的原理将八卦变化为六十四卦。

春秋时期的邹衍将阴阳五行的原理完全演绎而形成了系统的阴阳理论。但是阴阳理论广泛的应用主要还是中华民族的传统医学《黄帝内经》。笔者以为《黄帝内经》成书的时期与《易经》和《孙子兵法》的成书时间相近,因为《易经》无所不论,就是没有关于医学和兵法的记载论述,《黄帝内经》对阴阳理论的论述应用达到了极致,它对阴阳理论形成的原理,对天地自然之阴阳、天地自然阴阳变化的原理,对人体阴阳、人体阴阳变化的原理,对天地自然的阴阳与人体生理病理、疾病阴阳变化之原理,对人体疾病的诊断、药物、治疗阴阳等等作了全面的论述。《黄

---

① 杨国瑾,浙江退休的老考古人,2011年90岁的杨国瑾老先生经常在博客上发表相关的考古等知识。

帝内经》是对阴阳理论应用最全面而独到的医学科学著作。这就使中华民族的传统医学有了空前绝后，仅此一家，决无第二的伟大的历史意义和世界意义，又具有极伟大的医学意义、哲学意义、自然科学意义和人文科学意义。

其实，《易经》关于阴阳理论的应用，主要是《易·系辞》对古人所创造的阴阳理论的肯定、评定、记载和传承，以及六十四卦的卦形结构图的阴阳爻系统和阴阳的象征意义。因为《易经》的主要内容是对古代一些有重要意义的历史事件的记载、评定和推广发扬，以起到承前启后的作用。

二、《易经》关于阴阳理论的应用

1.《易经》对于阴阳的应用

其一，八卦、六十四卦的卦形结构是由阴爻（——）和阳爻（—）组合而形成的，阳爻是一横（—）；阴爻是两横（——）；以及用八卦阴阳爻变化六十四卦的变化方法。其二，阴阳自身的含义，就是"一阴一阳之谓道"的意义，其意义是：一阴一阳的往复变化过程称为道；也就是阴阳是表示事物发展变化过程的一种方法。其三，阴阳与天地人之道的意义就是"立天之道，曰阴与阳，立地之道，曰柔与刚；立人之道，曰仁与义"的意义。其二、其三的意义在第二节解读。其四，阴阳的象征意义，《易·系辞》下传第四节："阳卦多阴，阴卦多阳，其故何也？阳卦奇，阴卦偶。其德行何也？阳一君而二民，君子之道也。阴二君而一民，小人之道也。"八卦阳爻变阴爻，阴爻变阳爻，是什么缘故呢？这是八卦变六十四卦的方法。阳爻为奇数，阴爻为偶数。阴阳爻的德行象征什么？阳爻变为阴爻象征一位有道德的君主，得到多数人民的拥护，有道德的君主，实行的是君子治理国家天下的方法；阴爻变为阳爻象征两位无道又无德的君主，只能得到少数人的拥护，无道德的君主只能得到小人的拥护。

南怀瑾先生解释"阳卦多阴，阴卦多阳"的道理很简单："譬如乾坤两卦，阴极就阳生，阳极就阴生。所以阳以阴为用，阴以阳为用。"[①] 而多数学者认为这是指八卦阴阳属性的问题。

一般认为，《乾卦》《震卦》《坎卦》《艮卦》为阳卦，《坤卦》《兑卦》《离卦》《巽卦》为阴卦。这是依据《易·说卦传》对八卦阴阳和所象征事物的分类而来。正如《说卦传》所言："乾，天也，故称乎父。坤，地也。故称乎母。震一索而得男，故谓之长男。巽一索而得女，故谓之长女。坎再索而得男，故谓之中男。离再索而得女，故谓之中女。艮三索而得男，故谓之少男。兑三索而得女，故谓之少女。"

---

① 南怀瑾.易经系传别讲[M].复旦大学出版社，2002：289.

但是笔者以为，这些解释均不能与"其德行如何"相连贯，也就是"阳一君而二民，君子之道也。阴二君而一民，小人之道也"的含义无法解释。所以笔者以为从阴阳的象征意义来理解，比较符合《易·系辞》的含义了。

2.《易经》哲学关于阴阳之道在治国规则中的应用

孔子在《礼记·礼运》中说："故圣人作，则必以天地为本，以阴阳为端，以四时为柄，以日、星为纪，月以为量，鬼神以为徒。""以天地为为本，故物可举也。以阴阳为端，故情可睹也。以四时为柄，故事可劝也。以日、星为纪，故事可列也。以月为量，故功有艺也。鬼神为徒，故事有守也。"① 这是孔子关于阴阳理论在治国国策中应用的说明。孔子指出，"圣人制定法典、法规必定要以天地之道德为根本，以阴阳表示事物发展变化的始末，以四时变化作为制定政令的依据，以日月、星辰的变化作为时间的标记，以月作为时间限度来考察各类工作技能的依据，以鬼神作为治理国家政治诸多手段中的一种或者只是一种治理国政的数术而已。以道德作为制定国家法纪的根本，那么察看事物，推举人才就有了标准；以阴阳作为表示事物发展变化的始末，那么事物发展变化的过程，变化的各种状况和道理就能明白无误地观察清楚了；以四时变化作为制定政令的依据，就可以依此而劝告民众适时从事应该执行的政令；以日月、星辰的变化规律制定历法作为时间变化的标记，就可以按照日月、季节、年的变化排列安排实施政务的先后次序；以月作为实施政务的期限，就可以考察政绩技能的高低；以鬼神作为治理国家政治的一种辅助手段，可以使民众有敬畏之心而遵守各种法则。"孔子在这里所说的："以阴阳为端，故情可睹。"端，就是两端，就是事物发生发展变化的起始与末端，也就是开头与结果。事物的发生发展有始有终，事物发生发展的始终，就是事物发展变化的全过程，也是事物发展变化的形式与状态。所以说，"以阴阳为端"，就是古人效仿利用天道阴阳变化的道理，这个概念作为表示事物发生发展变化的起始、经过、变化形式、变化状态，以及事物变化结果的一种方法，将事物发生、发展变化的各种情况及规律清楚地表示出来，使人能够看到。这里的"睹"，就是看见，观察之义。

所以从这个意义而言，说明阴阳的哲学意义之一，就是表示事物发展变化过程的一种表示方法。用这种方法来表示事物发展变化的过程，那么事物发展变化过程中的各种变化状态就可以看见了。

3.《易经》学说关于阴阳与万物生成之道

《老子》第四十二章曰："道生一，一生二，二生三，三生万物。万物负阴而抱阳，冲气以为和。"自然存在的大道自然生成了初级的无阴阳之分的混沌之物无

---

① 钱玄、钱兴奇等注释．礼记[M]．岳麓书社，2001：308．

极，是谓太一；大道使初级混沌之物太一自然运动变化到极大是谓太极；太极运动变化最后分离为天和地，是为二；天地各自的阴阳之气自然变化相合相交而称之为三；天地阴阳之气自然弥漫混合变化而化生了万物。万物各自都凭借大道以及阴与阳结合在一起而发生变化，天地阴阳之气相互冲撞混合适中而又不断地化生万物。

《老子》指出，万物是由天地各自的阴阳之气相互冲撞混合适中而化生的，这与《易·系辞》曰"天地氤氲，万物化醇。男女构精，万物化生"的道理是一致的。天地是阴阳之天地，天地之气是阴阳之气；天地之气混合在一起化生了万物；"男女构精"，男女本身就有阴阳之别，男为阳，女为阴；男女之精结合在一起化生了雌雄男女。这是老子和《易经》关于阴阳与万物生成的道理的论述。

从这里我们就可以看到，《老子》关于天地万物生成的理论，符合《易经》的记载，也可以说，老子关于天地万物生成的理论是正确的，是符合自然变化规律的。天地有阴阳，万物各有阴阳，即天地万物均有阴阳属性；万物生长变化均有它自己的过程和规律，所以《易经》哲学就确定，用阴阳这个概念作为表示事物发展变化过程和强弱变化规律的一种方法，这也是对当时所普遍应用的阴阳理论的肯定和总结。

"一阴一阳之谓道"的本义是："一阴一阳的往复变化过程称之为道"。用现代哲学术语表示，阴阳是表示事物的开始以及事物在发展变化中，相互联系相互对立又统一的的变化过程和结果的一种表示方法，阴阳就是代表事物的矛盾运动的一种方法。毛泽东主席在《矛盾论》中指出："事物的同一性、统一性、一致性、互相渗透、互相贯通、互相依赖、互相联结或互相合作，这些不同的名词都是一个意思，说的是如下两种情形：第一，事物发展过程中的每一种矛盾的两个侧面，各以和它对立的那一面为自己存在的前提，双方共处于一个统一体中；第二，矛盾的双方，依据一定的条件，各向着与其相反的方面转化，这就是所谓的同一性。"① 毛主席的这一段话，与前面所分析过的关于太极图的阴阳含义，即是一分为二的观点，阴阳相互依存，互为其根的规律性，阴阳消长的规律性，以及阴阳转化的规律性的意义是一致的。

万事万物均有阴阳变化之理，所以可以说"一阴一阳之谓道"是谓天下之事的道理。

恩格斯将唯物辩证法概括为三个规律："量转化为质和质转化为量的规律；对立的相互渗透的规律；否定之否定的规律。"② 这里我们依据《易经》和老子关于宇宙万物生成的过程，以及关于阴阳的意义来分析，可以认为：大道化生太初之气，

---

① 《毛泽东选集》人民出版社，1966年版，301页。
② 马克思恩格斯选集（第四卷），人民出版社，1995年版，310页。

太初之气逐渐运动变化到极大的过程，就是由量变到质变的过程，太极本身就是质变的过程，因为太初原本是一团混沌之气，变化到太极时，就有了两极；而天地则是质变的结果，也就是由一团混沌之气，变化为有光热的天和无光热的大地。而太极之两极，既是相互对立的，又是相互联系、相互依存的。而天地生成以后，太极，也就是天地之母就不存在了，也就是说宇宙万物是自然生成的，不是由什么主宰物生成的。所以就对已经流传了多少年代的神灵创造宇宙万物之论的唯心观的认定做出了否定，而肯定了宇宙万物是自然自在生成的唯物论的自然观。正如老子所言："无，名天地之始；有，名万物之母。故常无，欲以观其妙；常有，欲以观其徼。"

第二节 《易经》哲学关于阴阳变化及太极图的哲学意义

关于阴阳变化的哲学意义，我们利用唯物辩证法的观点，从《易经》哲学内容、太极图、万物属性、易学三才之道的内容，以及恩格斯对唯物辩证法概括的三个规律，来分析研究。

一、阴阳是表示事物量变和质变的一种方法

1.《易经》哲学关于阴阳的内容与阴阳的哲学意义

其一，《易·系辞》曰"阳卦多阴，阴卦多阳"，多的含义，多：甲骨文字形从二"夕"。"夕"本义指"黄昏时刻"，转义指"黄昏时刻农夫聚集"。"二夕"叠加是指"农夫加倍聚集"。因此"多"字的本义就是打谷场上农夫加倍聚集、人的密度大。引申义为，数量大，增多，与"少""寡"相对。所以"阳卦多阴，阴卦多阳"之多，在这里就是一个抽象词，数量由少增多，或由多减少，这是一个量变的过程，那么这里的多，就是变化的象征意义。所以，阴阳变化的哲学意义之一，阴阳是表示事物量变变化过程的一种方法。也就是说，所谓量变，是事物数量的增加或减少和次序的变化，是保持事物的质的相对稳定性的不显著的渐变过程的连续性。

其二，笔者将"阳卦多阴，阴卦多阳"，解释为"阳爻变为阴爻，阴爻变为阳爻"，也就是八卦变六十四卦的方法，这样就以阴阳爻相互变化的象征意义说明了，阳爻变阴爻象征君子和君子之道，阴爻变阳爻象征小人和小人之道。

从这个观点出发，阴阳的哲学意义之二，是表示事物质变过程和结果的一种方法。也就说所谓质变，是事物性质的根本变化，是事物由一种质态向另一种质态的飞跃，体现了事物渐进过程中数量变化连续性的中断，而发生了质的变化，比如阴

变阳，阳变阴，就是事物的性质发生了质的变化。

当然，任何事物的变化，都是量变和质变的统一，质变是量变的积累过程，没有量变的过程，质变就不会发生。量变和质变是事物发展变化的两种变化状态。

2.太极图的阴阳变化证明事物量变到质变的同一性

太极图

我们看到的这幅太极图，据记载是宋朝的理学家周敦颐所作。周敦颐所作太极图的理论是："太极而无极。太极动而生阳，动极而静，静极而生阴；静极复动，一动一静，互为其根，分阴分阳，两仪立焉。阳变阴合而生水，火、木，金、土。五气顺布，四时行焉。五行一阴阳也。阴阳一太极也。太极而无极也。五行之生也，各一其性，无极之真，二五之精，妙合而凝，乾道成男，坤道成女。二气交感，万物化生，而变化无穷焉。"[①]

周敦颐太极图看似简单，但是后世的易学家们却对其含义品评深刻，一般认为太极图关于阴阳的哲学意义有如下几种：

其一，太极图体现了事物一分为二的观点，体现了事物对立统一的哲学观点，也就是说万事万物内部都有着相反的两种属性，也就是阴阳属性。表现了事物内部阴与阳、静与动的相互制约、相互斗争、相互对立统一的规律。对立统一的规律普遍存在于一切事物的始终，也就是体现了马克思主义唯物辩证法对立统一规律。

其二，太极图体现了阴阳相互依存、互为其根的规律。就是说，事物或现象中，都有相互对立的二个方面，既相互对立，又相互依存、相互为用，任何一面都不能脱离另一面而独立存在，就像没有阴，就没有阳；没有生，就没有死；没有上，就没有下；没有热，就没有寒一样。

其三，太极图体现了阴阳消长的哲学观点：事物总是处在发展变化的运动状态，阴减少时阳就增多，阳减少时阴就增多，也就是一方减少一方就会增加的意思，其量变到一定程度，就会发生质变的过程，也体现了马克思主义唯物辩证法的量转化为质和质转化为量的规律。

其四，太极图表现了事物的发展变化是一个由微到著，由著到微的渐变过程。

---

① 浩文.易数精解[M].中国文史出版社，1991：46.

假如我们把太极图看作是一个太阳年的三百六十五天，那么阴阳鱼就表示了四季的变化过程，阳鱼就代表春夏，阴鱼就代表秋冬。假如我们把太极图看作地球自转一周所形成的昼夜，那么阳鱼就代表太阳从东方升起，又逐渐升到中空，又逐渐西斜、日落、黑夜来临，阴鱼就是黑夜的象征，黑夜离去，黎明到来，往复循环，一个阴阳鱼构成的太极图就是一个一个太阳日和一个一个太阳年。

其五，阴阳消长的变化规律，表示事物的发展变化呈现时间空间相互统一的渐变过程，这个渐变过程就是事物的发展过程由数量的变化达到某一极限时，才会发生质量的变化。

其六，太极图体现了阴阳转化的规律。阴阳转化的规律就是指阴阳消长变化由数量的变化发展到一定程度时，发生质量的变化过程。这正是周敦颐太极图阴阳理论中所指出的"太极动而生阳，动极而静，静而生阴，静极复动"的含义。

二、阴阳是表示事物性质的一种方法

万物均有阴阳属性，天为阳，地为阴；万物与太阳相比，太阳为阳，万物均为阴。但是万物是由天地阴阳之气化生而来，所以万物各有阴阳属性。天为阳，天上之物有阴阳之分，天有阴阳变化之分；地为阴，地上之物有阴阳之分，万物均有阴阳变化之分。万事万物的相对性就是阴阳的体现。

所以，根据阴阳的特性，易学对万事万物的阴阳属性作了归类：凡是事物的发展变化及其功能类似于光、热、高、上、强大、运动、速度、外在、亢进、兴奋等变化状态者为阳。凡是事物的发展变化及其功能类似于晦暗、寒凉、低下、下降、弱小、沉静、缓慢、抑制、衰退等变化状态者为阴。事物的阴阳属性，表示了事物的性质和事物在相对时空中的变化状态。

所以从万物的阴阳属性而言，阴阳的哲学意义之三，阴阳就是表示事物性质的一种方法。

三、阴阳是表示事物发展变化过程和事物运动状态归类的一种方法

1.《易·系辞》关于三才之道阴阳的哲学意义

《易·系辞》曰："立天之道，曰阴与阳，立地之道，曰柔与刚；立人之道，曰仁与义。"对于道，我们已经研究了很多，也就是老子、孔子之道：大道、天道、地道、变化之道。《易·系辞》在这里所确立的道，是天地变化的道理和做人的基本道理，也就是三才之道所包含的哲学意义。

天变化的道理就是阴与阳，阴阳的道理就是天的固有功能——天之太阳，以其光明温暖照耀万物本身为阳，天气晴朗阳光普照温暖光明为阳，白天为阳，夜晚为

阴；天气变化出风云雨雪雷电，使万物得到滋润养育而为阴，天阴雨雪不见阳光为阴。

坤地变化的道理就是柔与刚；柔刚的道理就是坤地以顺应天阳为常，这就是坤地之阴柔；而坤地自己运动起来则刚烈无比，使万物毁于一旦，这就是坤地之刚烈为阳。

做人的基本道理，就是仁与义，其仁的道理就是仁爱、仁慈、柔和柔顺为仁；义的道理是以道德为准则，尽自己的能力，做自己应该作的事情，尽自己应尽的义务，尽其所能，尽力将自己应做之事做好，是为义。这是易学对于天地人之阴阳刚柔仁义的归类。

2.《易·系辞》关于一阴一阳之谓道的含义

《易·系辞》曰"一阴一阳之谓道。继之者善也。成之者性也。仁者见之谓之仁，知者见之谓之知。百姓日用而不知"。《易。系辞》指出，"一阴一阳的往复变化过程称之为道；也就是说一阴一阳的变化就是事物的变化之道，也是事物的变化过程和结果。能使其继承发展者是善于应用，能使其成为表示事物发展变化之道者则体现了事物的固有本性。仁善者见到阴阳之道谓之仁善，聪明睿智者见到阴阳之道谓之智慧。百姓平时应用阴阳而不明白阴阳之理"。

这里"一阴一阳"，是表示事物由弱变强，有强变弱，或动或静的变化过程。"道"，与天道、地道的意义相一致，那就是这些变化都属于自然变化，而我们已经探讨过的天道、地道、都属于自然变化。也就是说"道"，阐述的是天地各自的运动所表现出来的功能特点和功能结果。而阴阳之道则阐述的是我们研究的大道。天道、地道既是自然变化，又都有动静强弱的变化特点。

例如天道变化，天晴有阳光普照就是阳，天阴下雨无阳光普照就是阴；春夏太阳、温度高就是阳，白天明亮温度高就是阳，夜晚黑暗温度低就是阴。秋冬太阳光热不强，温度低就是阴。如地道变化，柔顺地顺应天道，顺应人类的需要安稳平顺就是阴，坤地运动起来刚烈无比是谓阳。古人认为地震是因为阳气长久淤积而伏于地下不得出，久之则发生地震。

所以说"一阴一阳之谓道"就是用阴和阳这个概念，作为表示事物运动强弱动静的状态，或者表示事物运动变化过程和结果的一种方法，就是阴阳理论。阴阳理论是对事物在同一时空运动状态的归类象征。所以阴阳的哲学意义之四，就是表示事物发展变化过程和事物运动状态归类的一种方法。

也可以是说"一阴一阳之谓道"是谓天下之事的道理！因为万事万物均有阴阳变化之理，阴阳有：暗光、寒热、低高、下上、弱强、静动、缓快、内外、抑亢等诸多之象。

四、阴阳是表示事物在同一时空运动状态的象征性归类

1.从明朝医学家张景岳对阴阳的认识分析阴阳的哲学意义

张景岳《太极图论》曰:"由是观之,则太虚之初,廓然无象,自无而有,化生肇焉;化生于一,是名太极,太极动静而阴阳分,故天地只此动静;动静便是阴阳,阴阳便是太极,此外更无余事。朱子曰:'太极分开,只是两个阴阳,阴气流行则为阳,阳气凝聚则为阴,消长进退,千变万化,做出天地间无限事来,以故无往而非阴阳,亦无往而非太极'。"[①] 这里张景岳关于阴阳变化的认识论,他在文章的开始引用了《黄帝内经》《老子》《易经》关于宇宙生成的理论,紧接着发表了他自己的观点,他指出,在没有太极之前,就是什么也没有的状态,没有时间空间之分,以后逐渐产生了一团混沌之物,混沌之物运动变化到极大,就是太极,太极变化分为阴阳就是天地,有了天地阴阳之后,万物才开始化生,这就是说天地的运动变化,就是阴阳的运动变化,阴阳就是由太极运动变化而来的。他引用了朱熹的观点,说朱熹说,太极分开,就是天阳和地阴,天和地就是阴阳的象征,天地阴阳消长进退化变化而化生出天地之间的万物,天地和天地之间的万物就是阴阳。

阴阳体现了天地自然变化之道的相对应性、变化性、往复循环性,表示了事物的运动状态,它是表示事物运动变化规律的一种简易而适宜的方法,所以说,阴阳的哲学意义之四,就是表示事物在同一时空运动状态的象征性归类的方法。

2.《易·系辞》之论证明阴阳是表示事物在同一时空运动状态的象征性归类

所谓"同一时空运动状态",是指在同一时空内,阴增多时,阳就减少;阳增多时,阴就减少。所以说阴阳理论是对事物在同一时空运动状态的归类象征。

《易经》理论关于阴阳的哲学意义,在于揭示了天地万物自然变化的规律,也就是说天地万物都在不停地运动变化着,而表示运动变化状态的方法就是阴阳,阳为动,阴为静。正如《易·系辞》所言:"夫乾,其静也专,其动也直。""夫坤,其静也翕,其动也辟。"《易·系辞》之论,证明阴阳的哲学意义,就是表示事物同一时空运动状态的象征性归类的一种方法。

《易经》对于阴阳的哲学意义的论述,对阴阳的命名,就是对于二皇五帝三王直至春秋时期关于阴阳理论起源、发展变化和广泛应用以及阴阳理论形成过程的总结;对阴阳之意义的评定,并用八卦六十四卦和文字形式将其记载下来,以使阴阳理论流传和发扬光大。

---

① 方向红校理,[明]张介宾.中医与易学[M].学苑出版社,1993:22.

五、传统医学关于阴阳意义的理论

1. 传统医学关于阴阳的理论

阴阳理论是古人用来表示事物发展变化始末的一种简明扼要的表示方法,所以它在中华民族的传统医学理论中,确实有独特的实际意义。中华传统医学广泛深入地应用和创造性地发展了阴阳理论,将阴阳理论贯穿于医学理论体系的各个方面,用它来说明人体的组织结构、生理功能、人体的病理变化,将它用于疾病的诊断、治疗,以及药理理论等等,使阴阳学说成为中华民族传统医学基础理论的主要组成部分,自古至今流传不衰。阴阳是传统医学的理论基础。

所以,阴阳理论在传统医学理论中的实质就是:因为人体生命活动过程中,尤其是以脏腑功能活动为生命活动的主要表现形式的过程中,确实有着与天地自然阴阳变化相似的道理,也就是说,人体因为存在着自然的脏腑功能盛衰状况的不同,这个脏腑功能盛衰状况,就是指人体由于出生之时,所获得的天地自然阴阳五行之气的信息所储存于人体脏腑中多少的不同,而使人体各脏腑功能的强弱状态不同,就存在着某一个或某几个脏腑功能旺盛,而某一个或某几个脏腑功能相对就弱缓;或者某一个或某几个脏腑的功能相对弱缓,而某一个或某几个脏腑的功能相对旺盛。这样就形成了脏腑功能强盛者,其生理代谢功能旺盛,而生成的热能和阳气就旺盛,就称之为某脏阳盛阴衰;而脏腑功能弱缓者,其生理代谢功能就弱缓,生成的热能和阳气就弱小,就称为某脏阴盛阳衰;或者脏腑功能平和者,生成的热能和阳气就平和,称为阴阳平和。这就是说在人体内确实存在着与天地自然阴阳变化相似的道理和原理,而这个相似的原理,其实就是人体自身存在的自然变化现象,也是人体自然变化规律的体现。它同样是不以人自己的意志为转移的,是人体自己的精神意志所不能左右的自然变化。但是在正常生理状态下,无论是阳盛阴衰,还是阴盛阳衰,人体机体都会自然自动地调节功能使人体阴阳之气平衡,而使人健康地生长生存。[①]

正因为人体存在着自然的脏腑功能旺衰状况的不同,所以就自然而然地形成了人体体质的自然阴阳属性的不同。也就是说,人体体质原本就存在着自然的阴阳属性,这种自然的阴阳属性,就是人体体质阴阳属性形成的原始因素,人出生时的一霎那间,就是人体原始体质形成的过程,而这个过程则是由天地自然阴阳五行之气的信息储存于人体五脏六腑中的多少决定的,所以说人其实就是大自然变化的产物。

古人就用阴阳这个概念,或者理论作为研究表示人体生理病理变化的一种方法,作为研究药物、诊断、治疗方法的一种表示方法,从而使阴阳理论逐渐完善发展为

---

① 刘文秀著《周易与人体生命方程式解秘》。

传统医学的理论基础。

所以，传统医学的经典《黄帝内经》应用阴阳理论，作为传统医学的基础理论，用其作为表示人体组织结构、生理功能、病理变化、脏腑功能、经络、精、气、血、津液的功能旺衰的一种表示方法，用来说明其中的各种道理。同时，用万物均有阴阳属性的道理，将阴阳理论应用于药性、药理、治疗、辨证施治之中，这充分体现了古人在各种体系对天地自然的效仿崇尚和应用。

2.阴阳理论应用于医学，确实有着独到而特别的意义，其独特的意义有以下几点：

其一，就是人体自身存在着阴阳平衡的调节机制，使人体阴阳处在平衡状态，而健康生存。

其二，患病的实质一般都是因为人体原本平衡的阴阳状态由于某种因素破坏了平衡（当然急性突发的外在因素引起的急性病变的原因不在此内），使阴阳失去了平衡，而使疾病发生。

其三，治病的方法和目的就是调节增强人体自身阴阳平衡的调节机制，阴阳重新恢复平衡，而恢复健康。

其四，阴阳平衡是万事万物正常发展生存的唯一标准。

以上就是笔者关于阴阳理论哲学意义的初步认识。阴阳理论是中华民族古代唯物辩证观的理论基础，是中华民族古代哲学的主要理论。阴阳理论是我国古代先哲认识宇宙变化规律的一种唯物辩证的认识观，是古代哲学最为重要的组成部分。阴阳理论是中华民族传统医学的理论基础，为祖国传统医学的发展奠定了坚实的和重要的理论基础。

六、综述阴阳理论的哲学意义和性质

1.阴阳理论的哲学意义

其一，阴阳是表示事物量变过程的一种方法。

其二，阴阳是表示事物质变过程和结果的一种方法。

其三，阴阳就是表示事物性质的一种方法。

其四，阴阳是表示事物发展变化过程和事物运动状态归类的一种方法。

其五，阴阳是表示事物在同一时空运动状态的象征性归类。

其六，阴阳理论是古人用来表示事物发展变化始末的一种简明扼要的表示方法。

其七，阴阳是传统医学的理论基础。

其八，阴阳之气平衡是万事万物正常发展生存的唯一标准。

其九，阴阳爻是组成八卦六十四卦形图的基本模式。

2.阴阳理论的性质

阴阳只是表示事物发展变化以及各种运动的一种方法，虽然有着独特的哲学意义，但是阴阳理论是属于形而下的唯物辩证的认识方法论。

第三部分 《易经》哲学三才之道之人道论及形而上形而下论

第一章 《易经》哲学三才之道之人道论

第一节 关于《易经》哲学三才之道之人道论

我们已经探讨了《易经》三才之道天道、地道的意义和基本内容，现在就来探讨易学三才之道人道的意义和基本内容。关于天道、地道的论述，是指天地自然的运行特征，以及其自然运行过程中所显示出来的各种有益于万物人类的自然功能；而我们的先哲将天地自然有益于万物，尤其是有益于人类的美好功能人格化而称之为天地自然的美好功德，或者仁善之德；也就是研究探讨天地自然的真善美。所以，所谓天道、地道就是天地自然的变化规则、变化过程和变化结果，其结果就是天地自然变化过程中，自然而然地显示出来的各种自然现象和变化现象对人类的利弊。而研究人道，就是研究人性的真善美；研究探讨人如何才能像天地自然一样，自然地显示出自己的真实美好，有利于人类自己，有利于人类社会和人类所居住的自然环境的美好德行；自然地杜绝厌恶不利于人类自己、人类社会和人类所居住生活的自然环境的行为。这就是我们在这一部分所要探讨的问题。

一、何为人道

人道，正如《易·说卦》所言："立人之道，曰仁与义。"人道就是做人的基本道理，做人的基本道理就是仁善和尽好自己的义务与职责。

人道，从哲学本体论而言，就是人本体论的意义，正如马克思《1844年经济学哲学手稿》中所言："历史什么事情也没有做，它并不拥有任何无穷无尽的丰富性，它没有在任何战斗中作战！创造这一切、拥有这一切并为这一切而斗争的，不是历史，而正是人，现实的、活生生的人。历史并不是把人当作达到自己目的的工具来利用某些特殊的人格。历史不过是追求自己目的的人的活动而已。""全部人类历史的第一个前提无疑是有生命的个人的存在。"① 马克思这一段关于人类创造历史的论述明白直达：世界是人类自己创造的，历史也是人类自己创造的，所以人就是这个世界的主体。人本体论研究的对象也应该是人，因为人是创造世界的主人，而且我们所看到的宇宙世界的一切，都是人类能够描绘的宇宙自然，而且也是经过人类改造和自然改造的自然世界，既不是天地最初生成时的自然界，也不是自然界的本身状态。所以马克思说："被抽象地理解的，自为的，被确定为与人分割开来的自然界，对人来说也是无。"② 马克思指出，与人类分离的自然界，是不存在的，是没有的。所以说，人本体论，就是人类如何发现认识自然界、利用自然界，人类如何创造改变人类自己所需要的自然界，以达到人类所期盼的目的。

马克思的人本体论认为，是人的实践活动创造了世界、创造了历史；马克思人本体论的终极目的就是要真正实现人类的自由解放，正如马克思在《1844年经济学哲学手稿》中所言："这种共产主义，作为完成了的自然主义，等于人道主义，而作为完成了的人道主义，等于自然主义，它是人和自然界之间、人和人之间的矛盾真正解决，是存在和本质、对象化和自我确证、自由和必然、个体和类之间的矛盾的真正解决。"③ 马克思所论的共产主义社会，就是实现自然的人与人、人与社会、人与自然界所有事物的真正的自然和谐。

中华民族的《易经》哲学的三才之道的人道论，就是研究论述人如何才能更好地生存，研究人才能实现人与人、人与社会、人与自然界的和谐，研究人如何才能更好地追求自己的目的的方法及其相应的规矩。

正如《乾卦》用九爻辞："见群龙无首，吉。"爻辞说，看见很多龙井然有序的在一起聚会、交往、游乐或工作，但却没有看见它们的首领，这是最美好的时刻。那么用九爻辞的意义，是说依照《易·乾卦》所论的宗旨规矩治理国家天下，最终达到在极为和乐自由的社会条件下，这些中华民族龙的传人，就会在自然状态下自然和乐地、自由自在地游玩生活工作，他们之间没有任何矛盾，他们与自然界的其他物属也没有矛盾。

而《易·乾卦》用九爻辞的意义，也被《乾·文言》"乾元用九，天下治也"这一句话所概括。这就是说，《乾卦》用九爻辞说的，见到很多龙在一起交流、游玩、工作，没有看见他们的首领，为什么呢？是因为居于上位的有道德的君子，一开始就应用《乾卦》所讲的道理治理天下，使天下得到治理，实现了天下大治的太平安乐。而实现天下大治的功德是属于龙的传人，属于有道德的治国者和人民。《乾

---

① 马克思恩格斯全集（第二卷），人民出版社，1957年版，118—119页。
② 马克思.1844年经济哲学手稿（单行本），人民出版社，2014年版，116页。
③ 同上，77页。

卦》用九爻辞所描述的天下大治的社会景象，不就是马克思所论述的共产主义社会时代的社会最高境况吗？所以说，人道，就是马克思人本体论的意义，也是当今社会以人为本的意义。

人道，从《易经》三才之道而言，就是三才之道的人道。人道，就是确定了做人的基本道理后，如何做到这些做人的基本道理，才是人道最重要的意义所在，所以就有了"形而上者谓之道，形而下者谓之器"的各种规则。而设置确立这些规则的目的，就是要使人的真善美不断提升，并成为具有一定道德水平和智慧的自然人。

二、关于人为之道

人道，也称人为之道，因为人道的各种规矩都是人设置确立的。人为之道是如何确立的，都确立了那些人为之道，这是我们要研究探讨的具体问题。

《易经》哲学人为之道，是如何确立的呢？人为之道，是我们的古圣人通过"仰则观象于天，俯则观法于地，观鸟兽之文，与地之宜，近取诸身，远取诸物"的直观意识，观察认识天地自然中万物原本的形象，原本的运动形式、运动结果，再通过意象思维、喻象思维、关联思维、形象思维、抽象思维出来的结果——道理、思想、概念并用图文表示出来；而整个《易经》系统的六十四卦形图，所有文辞就是《易·系辞》所言的"易，无思也，无为也，寂然不动，感而遂通天下之故"的结果，也是我们的古圣人通过长期观察研究总结天地之道、万物自然变化现象和自然变化之理，安静思考感悟，突然顿悟贯通天地万物之理的同一性、形象性、形似性的结果。虽然万物各有不同，但天地万物之理，同为阴阳自然变化之理；天地人可以做到同道、同心、同德之三同。如此，就是达到了人与自然、人与人、人与社会的自然和谐的自然人了。

其实所有关于对天地自然的固有规律和变化规律，以及天地自然有益于万物之德，如何实现天地人三才之道同道的规矩，都属于人为之道，因为只有有意识思维的人才能认识感悟到这一切。

《易经》哲学关于人道的基本意义，就是"仁与义"的意义。从《易经》六十四卦中所涉及到的内容而言，首先论述的是天子之道的各种规矩和道理。其次，为了达到提升人性真美善的目的，论述了人行为的各种规范，包括仁、义、诚信、家庭伦理、孝、婚姻、教化、刑罚等内容，也就是通过这些措施，来实现仁与义的目的。

所以说，天地之道，是自然规则。人道，也就是为人之道，人为地制定了各种道德规范，作为人生活生存在一定社会中所要遵循的社会规则。人道，也是对做人基本价值的肯定，做人的基本价值和规矩就是"仁与义"。人道，还是人为地达到人与自然、与社会自然和谐的规则。

第二节　老子哲学关于人道的相关论述

《老子》哲学主要论述的是道德，《老子》所论的道德，主要是天道、天德、圣人之道、圣人之德和君子之道德。

但也有不少章节论述了人道，也就是做人的道理。正如《老子》第二章："天下皆知美之为美，斯恶已；皆知善之为善，斯不善已……是以圣人处无为之事，行不言之教。"《老子》在第一章论述了天地万物的生成之道，就是自然；第二章论述的是，天下人都知道美好的是美好的，那么就厌恶和停止不美好的；天下人都知道仁善是美好的，那么厌恶停止不仁善的……而圣人实行的不言之教这个问题，就是在告诉我们如何使自己的德行美善——看到美好的事物和美好的德行，就要自然自觉地学习效仿，看到不美好的德行和事物，或者自己正在做的不美好、不仁善的事情，就要自觉自然地厌弃停止。因为圣人实行的是以自己的榜样为教化的依据，圣人不会说，我有美德，向我学习之类的自我标榜的话，所以我们要自觉自然地向有美善之德的人和圣人学习，那么我们能学到那些美德呢？

（1）《老子》关于满而不骄的教化。《老子》第九章曰："持而盈之，不如其已。揣而锐之，不可长保。金玉满堂，莫之能守。富贵而骄，自遗其咎。"老子在这一章告诉我们，一个人要想立身处世但却自我满足，不如停止自我满足。怀中揣着很多财物但却急速地消耗，是不可以长久保持的。虽然金玉满屋，但没有谁能够守得住。富贵而骄横无德，这是自己给自己遗留祸患。《老子》在这里告诉我们做人的道理，就是要满而不骄。这里的"满而不骄"，是指无论你的学问学识多么博大深厚，无论你有多么大的能耐，无论你多么富有，无论你在工作中做出了多么大的成就，都不能骄傲的道理。无论是什么人，什么时候，都应该要有满而不盈、谦虚谨慎的品德，不要骄横自满，不要自私自利，要以自然无为之道作为我们为人处世的基本原则。若是违背自然无为之道而作为，那就是自己给自己遗留祸患，自取灭亡。

（2）《老子》关于自伐者无功的教化。《老子》第二十四章："企者不立，跨者不行，自见者不明，自是者不彰，自伐者无功，自矜者不长。"《老子》告诉我们，踮起脚跟是站立不起来的，跨大步子走路反而是走不快的，自我显扬者是不明智的，自以为是者是不会彰显的，自我夸耀者是得不到功德的，自满骄傲者是不会长久的。《老子》在这里告诉我们的道理，就是如何做到自然无为，所谓自然无为就是自然而然地去作为，而不是自以为是地去作为，自以为聪明地去作为。

（3）《老子》关于道法自然的教化。《老子》第二十五章："人法地，地法天，天法道，道法自然。"《老子》告诉我们，人效法的是坤地柔顺地顺承乾天的道理，坤地效法的是乾天清静无为资生化育万物而不显现自己功德的道理，乾天所表现出来的法则就是无为之道，无为之道的法则就是自然。《老子》在这里告诉我们做人的基本道理，人要有柔顺仁义之德，因为天地之道所表现出来的就是以仁善待万物的美德，而坤地又是柔顺地顺承天道，所以人就应具备天地之道的美善之德，这与《易·说卦》所言的"立人之道曰仁与义"的意义是一致的。老子通过论述天地自然生成的自然过程，最后明确告诉我们，所谓道，就是自然；就是人为地以自然之道为范式，效法天地自然的美善之德而作为，以使我们人能自然地显示自己的真善美。

（4）《老子》关于不贵其师的教化。《老子》第二十七章："故善人者，不善人之师；不善人者，善人之资。不贵其师，不爱其资，虽智大迷，是谓要妙。"老子在这一章告诉我们，善于做人的人，不善于为人之师；不善于做人者，常喜好别人的财物。不崇尚好为人之师，不爱别人的财物，虽然明智却令人迷惑不解，这就是无为之道的精要玄妙之处。

《老子》在这里告诉我们做人的基本原则，是不要喜好为人之师，不喜爱别人的财物。这是因为无为而为的君子，他们本身的言论、行为、外表、礼仪、品德就是人民的榜样，他们原本就是用不言之教而实现教化的君子，是用自己的美好品德使人民受到感化，而不是用说教来教化人民。君子无私、诚信、宽厚、仁义、不爱他人的财物，是无私、诚信、宽厚、仁义的体现，也是无为之道的基本表现。这里老子用"虽智而大迷"来引起我们的思索，因为迷惑，所以就会思考原因。

（5）《老子》关于知足者富的教化。《老子》第三十三章："知人者智，自知者明。胜人者有力，自胜者强。知足者富。强行者有志。不失其所者久。死而不亡者寿。"老子告诉我们，能了解器重别人的人是智者，有自知之明者是明智，能战胜别人的人有力量，能战胜自己的人是意志坚强的人。知足常乐就是富有，强迫自己坚持行动的人是有志气的人。不失去为人民利益而生为人民利益而死的信念，死得其所者与天地一起长久生存。为了国家人民的利益而牺牲自己生命的人，他的精神品德与天地日月一样永远常存。

《老子》为我们指出了，一个人既要有智慧又要有自知之明，既要自强不息又要知足常乐，但是要将自己的聪明才智、强大的力量、坚强的意志用得其所，用在自觉自愿无私地为人民谋利益福祉上。因为一个人只有生得其所，死得其所，为人民的利益而生，为人民的利益而死，才会永远活在人民心中。为了人民的利益，虽然牺牲了自己的生命，但是他却永远活在人民的心中，他的高贵品德永远激励着人们。就如我们的革命先烈，那些为人民利益而牺牲性命的英雄永远活在我们心中，他们的精神永远长存一样。《老子》的这些论说，可以说是至理名言。

（6）《老子》关于"故知足不辱"的教化。《老子》第四十四章："故知足不辱，知止不殆，可以长久。"《老子》告诉我们，知足就不会受到耻辱，知足而止就不会有危险，也可以使自己的生命长久。《老子》更明确地告诉我们，知足常乐就不会受到耻辱的道理，知足常乐，这是我们做人的道理。

（7）《老子》关于"知足常足"的教化。《老子》第四十六章："祸莫大于不知足；咎莫大于欲得。故知足之足，常足矣。"《老子》告诉我们，没有什么比不知足更容易招致灾祸了；没有什么比贪得无厌更容易招致罪过了。所以说知足而满足，不贪得无厌，就能常足而常乐了。《老子》这段话与第四十四章的意义是一致的，所以同样是至理名言，对于我们每一个人都是适用的。在我们平时的生活中，常常都是以知足常乐来开导劝解别人，正确对待得失，正确对待名誉地位。只要我们每个人的心中都有一个知足常乐的理念，就不会发生那些为了私利明争暗斗的事情，就会少许多为了私利，为了得到更多非分的利益而争夺的现象，就会少许多克扣劳动者血汗钱的事情了！社会上就会少了许多不安定的因素，就会使我们的社会和谐，就会使我们的人民和睦相处，就会使我们身心健康，就会使万物和谐而天下太平安乐了。

（8）《老子》关于死生之理的教化。《老子》第五十章："出生入死。生之徒，十有三；死之徒，十有三；人之生，动之于死地，亦十有三。夫何故？以其生生之厚。盖闻善摄生者，陆行不遇兕虎，入军不被甲兵；兕无所投其角，虎无所措其爪，兵无所容其刃。夫何故？以其无死地。"《老子》告诉我们：在人的生命中，自然长寿而死者占十分之三；早死者占十分之三；人在生存过程中，因为行动不当而死亡的也占十分之三；也就是说这三类死亡原因和死亡率的对比，其各自所占的比例是一样的，那么为什么呢？这是因为人把生命和长寿看得太重要了。原来曾听说过善于保护生命的人，在陆地行走不会遇到虎豹虫兽的伤害，进入战场不会被甲兵伤害；因为他的勇猛而使有角的兽类无不抛弃自己的角而逃命；因为他的勇猛使老虎被其惊吓得措爪不及，或逃命或丧生；敌兵还未反应过来如何发挥兵刃的威力就已丧生或只顾逃命。这是什么缘故呢？是因为那些善于保护生命的人心中就没有容纳死亡的地方，而居于不怕死的境界，才不会进入死地。

《老子》通过对人死亡的基本原因的分析，说明死亡原本是自然现象，也就是说，人总是会死亡的，因为无论是长寿者还是早死者，以及其他原因所导致死亡的比例都是一样的，关键在于我们对待生死的态度。只要以正确的态度对待生死，就不会惧怕死亡，正因为如此，那些不惧怕死亡的人，才能以自己的勇敢战胜死亡。老子在文中指出，因为他们不怕死，所以在面对生死存亡的关键时刻，无私无畏勇猛无比，英勇善战，以自己的勇猛使敌人畏惧，使敌人措手不及而将敌人杀退；因为他们不怕死，在面对猛兽时，才能以自己的勇猛，使猛兽对其无处下爪，使猛兽畏惧，因而才会保全自己的生命。老子所论的就是人对待生死的正确态度，正确对待生死的态度：一是自然；二是不惧怕死亡；三是要有战胜对手的勇气能力和意志，这是最为重要的。

（9）《老子》关于"慎终如始"的教化。《老子》第六十四章："民之从事，常于几成而败之。慎终如始，则无败事。"《老子》告诉我们：很多人从事某种事情，常常在几乎快要成功时而失败了。所以要慎重对待结束就如慎重对待开始一样，这样就不会有失败之事发生了。为什么所做的事情快要成功了，却又失败了呢？这是因为没有坚持到底的缘故，就是因为不能如慎重地像对待开始一样去对待整个做事的过程和结尾。所以老子是在告诉我们，作为普通人，无论做什么事情，既然想清楚了要做，那么就要自始至终慎重地对待开始和慎重对待整个过程和结尾，坚持到底，就会成功。

（10）《老子》关于人之道的教化。《老子》第七十七章："天之道，损有余而补不足。人之道，则不然，损不足以奉有余。"《老子》告诉我们：天的道理，是将自己多余的光热不断减损以补充给没有光热的万物。做人的道理则不然，那就是不断地去除自己的不足之处，而将自己的智慧才能奉献给天下人民。所以说，我们作为人民的一员，要将自己的聪明才智热情奉献给天下人民，力求做一个有道德的人。

（11）《老子》关于天道人道的教化。《老子》第八十一章："天之道，利而不害；人之道，为而不争。"《老子》告诉我们：天的道理，是以有利于万物而不伤害万物为常德；做人的道理，是以无为之道为人民谋利益而不与人民争功夺利。这也是《老子》告诉我们做人的道理。那么如何做到这些呢？那就是以清静恬淡、虚无的自然无为之道来修治自己的心性，感悟无为之道的精妙之处，只有做到清静、虚无恬淡的自然无为之道，才能不积，才能为人民的利益奋斗终生而不与人民争夺名利。

以上是《老子》关于做人的基本道德的相关论述，这也应是我们每一个人努力学习、做到真善美的座右铭。

第三节　孔子关于人道的相关论述

孔子一生推行的仁、义、孝、礼乐、家庭、婚姻、伦理、教化等哲学思想集中体现在《论语》《中庸》《大学》《礼记》等许多文献中，学者们将儒家哲学思想综括为仁、义、礼、乐、孝、智、信、学等各种为人之道的教化。我们在这里就依据孔子所推行的教化思想中的几项内容，作一些简单的介绍。

1. 孔子关于仁的论述

在《论语·阳货篇》中孔子说："能行五者于天下，为仁矣。""恭、宽、信、敏、惠。恭则不侮，宽则得众，信则人任焉，敏则有功，惠则足以使人。"孔子指出，能在天下实行五种品德的人，就是有仁善之德的人了。这五种品德就是谦恭敬人、宽厚待人、诚信忠实、聪慧成事、惠心助人。谦恭敬人就不会遭到轻慢侮辱，宽厚待人就能得到众人的热爱，诚信忠实就会得到众人信任，聪慧成事就会使事业成功，慧心助人就足以使人得到实惠。这里我们应该明白，孔子之仁是大仁，不是一般的小仁小恩小惠，也是一个想成就一番事业之人的大仁的原则。如《论语·尧曰篇》中子说："君子惠而不费，劳而不怨，欲而不贪，泰而不骄，威而不猛。"子张曰："何谓惠而不费？"子曰："因民之所利而利之，斯不亦惠而不费乎？择可劳而劳之，又谁怨？欲仁而得仁，又焉贪？君子无众寡，无小大，无敢慢，斯不亦泰而不骄乎？君子正其衣冠，尊其瞻视，俨然人望而畏之，斯不亦威而不猛乎？"这就是孔子对惠的解释。惠，就是好处，实际利益，君子依据民众利益的需要，教化引导民众去为自己的利益而劳作，并使民众真正得到了利益就是惠而无所耗费。这就是孔子关于惠的观点，孔子之惠，不是一般的慈惠，不是说别人缺吃少穿，你给别人吃穿，你就能役使别人，就是惠，而是要引导民众自己为得到实惠而努力奋斗。孔子的这个观点，正好与中国共产党现在正在实行的扶贫政策的意义相一致，那就是帮助民众寻找可以解决贫困的长久方法，鼓励他们自力更生解除贫困，就是惠；这是多么大的仁惠，而能做到这五种品德的人，就是对人民有功德的圣人君子。所以说关于仁的基本概念正如孔子所言："爱人。"仁善、爱人是人道的意义之一。

2. 孔子关于义的论述

在《礼记·礼运》中孔子说："何谓人义？父慈，子孝，兄良，弟悌，夫义，妇听，长惠，幼顺，君仁，臣忠，十者谓之人义。"①

孔子在这里所言的十义，仍然是指君子之大义，也是指人类社会中，家庭中父亲，儿子、兄长、弟弟、丈夫、妻子、长辈、晚辈以及君王、臣子之间的正确关系和义务。这个正确关系就是做父亲的要尽做父亲的职责，既要慈爱又要严厉；做儿子的就要孝顺孝敬父母；作兄长的要做个好兄长，孝敬老人，爱护幼小；做弟弟的要有做弟弟的样子，恭顺地听从兄长的教导，向兄长学习做人的道理；做丈夫的，要尽到做丈夫的责任，尽到做父亲的责任；做妻子的要顺从有道义的丈夫，尽到妻子的责任；长者惠顾幼者，幼者恭顺长者；作为君王，就要对天下民众施行仁义，

---

① 钱玄、钱兴奇等注译. 礼记[M]. 岳麓书社，2001：306.

就要仁善，这样臣子才会忠诚于有仁善之德的君王，忠于自己的社稷。这个意义也是《家人卦》象辞中所言的"家人有严君焉，父母之谓也。父父、子子、兄兄、弟弟、夫夫、妇妇、而家道正。正家而天下定矣"关于义的意义。义，是人道的组成部分，也是人道意义之一。

3.孔子关于孝的教化

《孝经》中将孝分为天子之孝、诸侯之孝、大夫之孝和庶人之孝。

关于庶人之孝：子曰："夫孝，德之本也，教之所由生也。"① "用天之道，分地之利，谨身节用，以养父母，此庶人之孝也。故自天子至于庶人，孝无终始，而患不及者，未之有也。"② 子曰："天地之性，人为贵。人之行，莫大于孝。孝莫大于严父。"③ 子曰："君子务本，本立而道生。孝弟也者，其为仁之本与。"④

无论《孝经》是不是孔子之言，但是这一段论说，既说明了孝的来源，即本于天地之道，又说明了孝的意义，孝是一个人德行的根本，一个人连自己的父母亲都不孝敬，不奉养，那还是人吗？人都称不上，还有什么好德行可言。

关于真正的孝，曾子曰："若夫慈爱恭敬，安亲扬名，则闻命矣。敢问子从父之令，可谓孝乎？"子曰："是何言与，是何言与！昔者天子有争臣七人，虽无道，不失其天下；诸侯有争臣五人，虽无道，不失其国；父有争子，则身不陷于不义。故当不义，则子不可以不争于父，臣不可以不争于君；故当不义，则争之。从父之令，又焉得为孝乎！"⑤

孔子这一段话说明真正的孝敬是什么？那就是首先要孝敬奉养父母亲人，但是当父母亲人有不义不善的过失时，不是言听计从，而是以正当的方式反复规劝、劝阻其改正不义不善的行为。正如孔子所言："从命不忿，微谏不倦，劳而无怨，可谓孝矣。"

关于孝子之孝：《论语·学而篇》子曰："弟子，入则孝，出则悌，谨而信，泛爱众，而亲仁。行有余力，则以学文。"子曰："孝子之事亲也，居则致其敬，养则致其乐，病则致其忧，丧则致其哀，祭则致其严。五者备矣，然后能事亲。事亲者，居上不骄，为下不乱，在丑不争。居上而骄则亡，为下而乱则刑，在丑而争则兵。三者不除，虽日用三牲之养，犹为不孝也。"子曰："生，事之以礼；死，葬之以礼，祭之以礼。"子曰："孝子之丧亲也，哭不偯，礼无容，言不文，服美

---

① 李剑、刘道英主编.孝经[M].青海人民出版社，2002：6.
② 同上，14.
③ 同上，15.
④ 刘琦译评.论语[M].吉林文史出版社，1999：1.
⑤ 《孝经》22页.

不安，闻乐不乐，食旨不甘，此哀戚之情也。"

以上是关于我们普通人如何行孝尽孝的阐述，其主要意义概括如下：

其一，亲人活着的时候如何尽孝，那就是亲人活着时，作为子女，既要孝敬父母，尊敬兄长，诚信，爱护众人，亲近有仁德的人，还要学习各种知识。

其二，父母活着时，要使其活得高兴快乐有尊严，有病要及时治疗将养。

其三，不骄不燥，不争不犯刑事。

其四，亲人死后，应该痛心疾首，要诚心、严肃、悲痛地祭祀，不忘在亲人逝世之日祭祀。这是我们每个人对待亲人应有的态度，也是为人的孝道之情。孝悌是人道意义之一。

4. 孔子关于礼的教化

在《礼记·礼运》中孔子说："夫礼，先王以承天之道，以治人之情，故失之者死，得之者生。诗曰：相鼠有体，人而无礼，人而无礼，胡不遄死，是故夫礼，必本于天，肴于地，列于鬼神，达于丧、祭、射、御、冠、昏、朝、聘。故圣人以礼示之，故天下国家可得而正也。"①

在《论语·学而篇》中孔子说："礼之用，和为贵。先王之道，斯为美；小大由之。有所不行，知和而和，不以礼节之，亦不可行也。"②在《论语·卫灵公篇》中孔子说："君子义以为质，礼以行之，孙以出之，信以成之。君子哉！"③在《礼记·坊记》中孔子说："夫礼者，因人之情而为之节文，以为民坊也。故圣人制富贵也，使民富不足以骄；贫不至于约，贵不慊于上，故乱益亡也。"④

这里孔子所言的是礼的来源和重要意义。礼来源于先王对天道日月四时运行次序的感悟效法，以礼约束陶冶人的情性；有道的君王广泛地将礼用于各项仪式之中，以礼来规范天下各种事物的秩序；礼的目的就是达到人人和谐，万物和谐，天下平和太平。当然，孔子关于礼的其他细目是很多的，就不一一细叙。遵守礼的基本规则，是人道的内涵之一。

5. 孔子关于乐的教化

在《论语·季氏篇》中孔子说："益者三乐，损者三乐。乐节礼乐，乐道人之善，乐多贤友，益矣。乐骄乐，乐佚游，乐宴乐，损矣。"⑤孔子说：有益的快乐有三种，有害的快乐也有三种。以节制礼乐为快乐，以宣扬别人的优点为快乐，以广交贤良

---

① 钱玄、钱兴奇等注释. 礼记 [M]. 岳麓书社，2001：297.
② 刘琦译评. 论语 [M]. 吉林文史出版社，1999：4.
③ 同上，127.
④ 《礼记》671.
⑤ 《论语》136.

的朋友为快乐，是有益的。以骄恣淫乐为快乐，以放荡无度为快乐，以宴乐荒淫为快乐，是有害的。所以，我们就应该以益者三乐为快乐，以损者三乐为戒，做个真正快乐有益的人。

《礼记·乐记》曰："乐者，音之所由生也，其本在人心之感于物也。是故其哀心感者，其声噍以杀；其乐心感者，其声啴以缓；其喜心感者，其声发以散；其怒心感者，其声粗以厉；其敬心感者，其声直以廉；其爱心感者，其声和以柔。六者非性也，感于物而后动。""夫乐者，乐也，人情之所不能免也。乐必发于声音，形于动静。人之道也。""是故先王之制礼乐，人之为节。""大乐与天地同和，大礼与天地同节。""乐者，天地之和也，礼者，天地之序也。"①《乐记》所言的乐的意义，快乐或者哀伤是人情不可避免的事情，每个人都有自己的快乐或哀伤，而这种快乐或哀伤，不是为了快乐而快乐，不是为了哀伤而哀伤，只是发自自己内心的不由自主的快乐或哀伤，这是人之常情。高兴快乐或哀伤是因为心中有高兴快乐或哀伤的事情，是对其快乐或哀伤的事情感怀而高兴快乐或哀伤，所以就会发出高兴快乐或哀伤的声音；但是先王制作礼乐，是为了节制人的情感，以不使人无限制地快乐或哀伤为目的。先王制作礼乐，盛大音乐是体现人与天地之德的和同，盛大的礼是体现人与天地秩序的和同。所以说，音乐是体现天地人共同和谐的，礼是体现天地人共同秩序的。所以说，乐体现的是天地人同一的情感，礼是天地人秩序同一的体现。《乐记》更是将礼乐提到更高的角度来论，也就是说礼乐不是圣人君子为了自己快乐而制作的，而是为了体现宣扬三才之道的意义制作的。快乐，是人道的体现，哀伤也是人道的体现，音乐更是三才之道的体现。

6. 孔子关于智的论说

在《论语·为政篇》孔子曰："由！诲汝知之乎？知之为知之，不知为不知，是知也。"《论语·述而篇》子曰："我非生而知之者，好古，敏以求之者也。"《论语·里仁篇》子曰："里仁为美。择不处仁，焉得知？"又曰："不仁者不可以久处约，不可以长处乐。仁者安仁，知者利仁。"《论语·雍也篇》子曰："务民之义，敬鬼神而远之，可谓知矣。"又曰："知者乐水，仁者乐山。知者动，仁者静。知者乐，仁者寿。"《论语·子罕篇》子曰："知者不惑，仁者不忧，勇者不惧。"《论语·卫灵公篇》子曰："人无远虑，必有近忧。"《论语·宪问篇》子曰："不怨天，不尤人；下学而上达。知我者其天乎！"②

这里孔子认为，智：就是智慧，就是聪明才智，就是识辨是非的能力。孔子关

---

① 钱玄、钱兴奇等注释. 礼记 [M]. 岳麓书社，2001：494、526、498、500、592.
② 刘琦译评：论语 [M]. 吉林文史出版社，1999：10、52、23、44、45、71、126、119.

于"知之为知之,不知为不知,是知也"的论述,不但在于说明智者的心态平和,还在于说明智者的品德——诚实,不要不懂装懂和以自己的才能智慧谋事的品德;智者,不怨天,不责备怪罪别人,学好自己要学的知识,做好自己该做的事情就好。智者,为人处世要有一定的分寸规矩,以仁善平和的心态对待事物。智慧是人道必须具有的一种能力。

7.孔子关于诚信的教化

《论语·学而篇》子曰:"信近于义,言可复也。恭近于礼,远耻辱也。因不失其亲,亦可宗也。"又曰:"与朋友交,言而有信。"又曰:"主忠信,无友不如己者。"《论语·为政篇》子曰:"人而无信,不知其可也。大车无輗,小车无軏,其何以行之哉?"《论语·公冶长篇》子曰:"始吾于人也,听其言而信其行;今吾于人也,听其言而观其行。"又曰:"老者安之,朋友信之,少者怀之。"《论语·卫灵公篇》子张问行,子曰:"言忠信,行笃敬,虽蛮貊之邦,行矣。言不忠信,行不笃敬,虽州里,行乎哉?立则见其参于前也,在舆则见其倚于衡也,夫然后行。"《论语·泰伯篇》"笃信好学,守死善道……"《论语·子路篇》子曰:"君子名之必可言也,言之必可行也,君子于其言,无所苟而已矣。"又曰:"言必信,行必果,硁硁然小人哉!"《论语·颜渊篇》"君子成人之美,不成人之恶,小人反是"。[①]

孔子之言,就是关于诚信的基本规则,做人做事都要讲诚信,也就是必须言行一致,行为必须要达到所说所想的结果,否则连小人都不如了。而诚信的基本意义正如:《中庸》所言:"诚者,天之道也;诚之者,人之道也。诚者不勉而中,不思而得。从容中道,圣人也。诚之者,择善而固执之者也。"[②]《中庸》指出,所谓诚信,就是天地日月四时始终所遵循的亘古不变的运行规则,做个诚实诚信的人,是做人的道理;内心诚信的人不用强作而诚信已经适中,不用思考思虑而已获得了诚信。能从容适中地实施中庸之道者,就是圣人了。诚信的人,就是要选择仁善美好的事情坚持不懈努力地去做,并得到好结果,这就是诚信的最佳表现,这也是诚信的主要规则。诚信诚实就是做人的规矩,正如《大学》所言:"是故君子有大道,必忠信以得之;骄泰以失之。"[③]

8.孔子关于富贵的教化

《论语·里仁篇》子曰:"富与贵,是人之所欲也;不以其道得之,不处也。

[①] 刘琦译评:论语[M].吉林文史出版社,1999:4、2、3、12、33、37、124、61、101、106、96.

[②] 韩维志译评.大学中庸[M].吉林文史出版社,2001:91.

[③] 同上,32.

贫与贱，是人之所恶也；不以其道得之，不去也。君子去仁，恶乎成名？君子无终食之间违仁，造次必于是，颠沛必于是。"①

孔子关于对富贵的教化，对于我们现代的为人之道是极好的教化，人人都想富而贵，但是要以正当的手段去谋取财富，而不能依靠不正当的手段掠夺别人的财富，使自己富贵，一个人无论什么时候，一定不要忘记仁德。

《大学》曰："生财有大道，生之者众，食之者寡。为之者疾，用之者舒。则财恒足矣。仁者，以财发身。不仁者，以身发财。"②《大学》的这一观点很重要，这对于国家而言，一个国家，创造财富的人要多，而消耗财富的人要少，创造财富的人要快速，使用财富要缓慢，这样国家才能积累财富。这对于国家管理者而言，也是有益有用的金玉良言。

《大学》所言的仁善的人，以财发身，是指仁善有美德的人，用自己的才能智慧为天下人民创造财富，为天下人民谋求利益福气，使自己受到民众的拥护而显扬。不仁善的人，不顾性命的安危，拼命去争夺属于别人或者人民大众的财富，这是不可行的。

《论语·述而篇》子曰："富而可求也；虽执鞭之士，吾亦为之。如不可求，从吾所好。"③孔子认为，如果富贵合乎道就可以去追求，虽然是执鞭的下等差事，我们也应该去做，因为这是以自己的能力、体力、智慧而谋求自己应得的财富。如果富贵不是依靠自己的能力、体力、智慧得到的，就不必去追求，还是按自己的爱好去做事。孔子这些关于对待富贵的教化就是我们对富贵应持有的正确态度。对待富贵持有正确的态度，就是正确的为人之道。

9. 孔子关于学的教化

《论语·卫灵公篇》子曰："吾尝终日不食，终夜不寝，以思，无益，不如学也。"又曰："君子谋道不谋食。耕也，馁在其中矣；学也，禄在其中矣。君子忧道不忧贫。"《论语·学而篇》子曰："学而时习之，不亦说乎！有朋自远方来，不亦乐乎！人不知而不愠，不亦君子乎。"《论语·述而篇》子曰："默而识之，学而不厌，诲人不倦！"《论语·为政篇》子曰："温故而知新，可以为师矣！"又曰："学而不思则罔，思而不学则殆！"《论语·公冶长篇》子曰："敏而好学，不耻下问。"《论语·阳货篇》子曰："好仁不好学，其蔽也愚；好知不好学，其蔽也荡；好信不好学，其蔽也贼；好直不好学，其蔽也绞；好勇不好学，其蔽也乱；好刚不好学，

---

① 刘琦译评：论语 [M]. 吉林文史出版社, 1999: 24.
② 《大学·中庸》32.
③ 刘琦译评：论语 [M]. 吉林文史出版社，1999: 50.

其蔽也狂。"① 以上这些孔子的教化，都是关于学习的意义和如何学习的教化，那么学习的目的是什么呢？

正如《论语·子张篇》子夏曰："博学而笃志，切问而近思，仁在其中矣……仕而优则学，学而优则仕。"② 关于子夏这一段话的解释，笔者认为是：博览群书广泛学习，而且能坚守自己的志向，恳切地提问当前所考虑的事，仁德就在其中了。子夏又说"当了官而且要更多更好地学习做个好官；学习并更多更好地学习知识就是为了做个好官"。笔者以为这样的解读更为合理，因为老子、孔子之教的目的，就是为了培养出一个或者一代一代有道德的治国者，这是非常正确而明白的，因为在春秋时代开始了诸侯混战，没有真正的真龙天子出现，所以老子才会著书，孔子才会游学。

老子在他的道德论中，明确提出："执大象，天下往。往而不害，安平太。"③ 老子甚至将他的期望以深厚的情感表达出来，老子论道德的目的，就是为了治理好国家；孔子认为春秋时代"礼乐崩坏，天下大乱"，各诸侯之间的征战不断，没有一位真正有圣人之德的君子来治理这纷乱的天下，孔子和老子一样，向往先圣先王已经实现了的"天下为公"的大同社会，所以孔子向老子学习，上述天时天道天德、圣人君子之道德，下述地道、为人的各种规矩之道，游学、讲学、培养弟子，就是想要培养出来一个个能治理国家天下的明君和众多能辅助君王治理国家天下的贤能志士的有道者，以使先王以道德仁义治天下的目标得以实现。可是，老子、孔子的愿望都没有实现。

10. 孔子关于对待过失的教化

《论语·卫灵公篇》子曰："过而不改，是谓过矣。"《论语·述而篇》子曰："三人行，必有我师焉；择其善者而从之，其不善者而改之。"又曰："盖有不知而作之者，我无是也。多闻，择其善者而从之，多见而识之，知之次也。"《论语·里仁篇》子曰："见贤思齐焉，见不贤而内自省也。"④

孔子对待过失的教化，同样对现代人有着重要的意义，有了过失，立即改正，就不算过失，但是有了过失，不思悔过，就是真正的过错了。见到贤能有德者就向其学习讨教；见到没有贤德才能而又自以为是的人，就要远离而且要自己检省，不要犯同样的过失，这才是我们对待过失的正确态度和应有的姿态。孔子关于对待过失的观点方法，就是我们为人处世的哲学，明知有过失，却不承认、不改正，哪里

---

① 刘琦译评：论语 [M]. 吉林文史出版社，1999：130、1、48、10、9、10、34、143.
② 同上，1999：158、159.
③ 刘文秀、孙燕、孙兰. 道德经新解 [M]. 中国出版集团世界图书出版公司，2013：171.
④ 刘琦译评：论语 [M]. 吉林文史出版社，1999：26.

配做一个真正的人。

11. 孔子关于交友的教化

《论语·季氏篇》子曰："益者三友，损者三友。友直，友谅，友多闻，益矣。友便辟，友善柔，友便佞，损矣。"《论语·颜渊篇》子曰："忠告而善道之，不可则止，毋自辱焉。"又曰："己所不欲勿施于人。"《论语·学而篇》"君子不重则不威，学则不固。主忠信，无友不如己者，过则勿惮改。"又曰："与朋友交，言而有信。"[①] 孔子之言，就是结交朋友的原则，要结交对自己有益的三种朋友，杜绝对自己有害的三种朋友。对自己有益的朋友，就是正直的人、诚实的人、见多识广的人；对自己有害的三种人，就是阿谀奉承的人、当面恭维背后诽谤的人、花言巧语谄媚的人。这对我们现代人交朋友也是一种正确的指导。对真正的朋友，即三种有益的朋友，就要言而有信、不妄说、不非为。

孔子关于人道的观点，其实就是关于做人的道理和规矩，也是孔子对待日常生活中各种规则的论述，因为孔子在《礼记·礼运》中说："故人者，其天地之德，阴阳之交，鬼神之会，五行之秀气也。故天秉阳。垂日星；地秉阴，窍于山川。播五行于四时，和而后月生也。是以三五而盈，三五而阙。五行之动，迭相竭也。五行四时十二月，还相为本也。五声六律十二管，还相为宫也。五味六和十二食，还相为质也。五色六章十二衣，还相为质也。故人者，天地之心也，五行之端也，食味别声被色而生者也。"[②] 孔子指出：人是天地自然造化的功德……所以人的作为是天地之心的体现，就是五行万物之中能站立起来的智者，是能食用辨别味道声音而被服色彩的创造者；所以就要体现天地自然的规律秩序，使人天地万物和谐，这也是孔子论述人道和各种规矩的目的。

孔子关于人道的各种论述，就是"以人为本"的理论；孔子的人道论学问是人伦哲学的根本，是立身做人的根本，是社会文明的根本。

第四节 《易·系辞》关于人道的论述

《易·系辞》曰："易之为书也，广大悉备。有天道焉，有人道焉，有地道焉，兼三材而两之故六。六者非它也，三材之道也。"

人道，是《易经》哲学道本体论派生出天道、地道、人道的三才之道之一。人

---

① 刘琦译评：论语 [M]. 吉林文史出版社，1999：136、98、3、2.
② 钱玄、钱兴奇等注释. 礼记 [M]. 岳麓书社，2001：307.

道是《易经》哲学道本体论的终极目的，人道也是《易经》六十四卦的主要内容。《易经》六十四卦《乾卦》《坤卦》上论天子之道，天子之德；下论君子之道，王者典范，仪刑文王之德。其他卦象所论的失道之君王给人民带来的灾难以及婚姻家庭伦理、礼乐、教化、刑罚等，都是对人为之道的论述。

人道，就是做人的道理，它包括了做人的基本原则，这是《易经》明确规定的做人原则，正如《易·说卦》曰："是以立天之道，曰阴与阳，立地之道，曰柔与刚，立人之道，曰仁与义。"《易·说卦》指出："《易经》确立乾天变化的道理，就叫作阴与阳；确立坤地的变化道理，就叫作柔与刚；确立做人的道理，就叫作仁与义。"《易经》为我们确立了做人的道理，就是仁善，仁慈善良，以忠厚仁善之心来为人处世，即有博爱之心、包容心，孔子把"仁"作为最高的道德模式和道德境界。他把整体的道德规范集于一体，形成了以"仁"为核心的伦理思想模式，包括孝、弟（悌）、忠、恕、礼、知、勇、恭、宽、信、敏、惠等道德内容。

义，是中国古代一种含义极广的道德范畴；义，谓天下合宜之理。道，谓天下通行之路。义，本义为公平正义；仁者，人也。义者，我也。谓仁必及人，义必由中，制也。从羊者，与善美同义。正如《易·系辞》曰："禁民为非曰义。"其意思是：禁止人民为非作歹是帝君应尽的义务。

这些关于仁善、仁慈、义、孝、弟（悌）、忠、恕、礼、知、勇、恭、宽、信、敏、惠的道德内容，就属于人为之道，人为之道的依据就是我们探讨过的大道、天道、地道。

这些道首先是自然之道；天道所展示的天道之自然，及自然地显示出来有益于万物的美德，及日月星、四季变化的有序性，规律性。

地道所展示的地道之自然，及其自然地显示出来有益于万物的美德，那就是柔顺、自然之柔顺、厚德载物、广博、仁厚、正直无偏私、包容藏纳万物。

所以，圣人效法天地之道运行的有序性、规律性以及它们的美德，而人为地制定了一些使人效法学习天地之道的自然无为之道,效法学习天地之道运行的有序性、规律性、仁厚、公正、包容性，使人人有仁善之心，达到人人和谐相处，人与万物和谐，人与社会和谐的目的。正如《易·系辞·上传》第七节，子曰："易，其至矣乎。夫易，圣人所以崇德而广业也。知崇礼卑，崇效天，卑法地。天地设位，而易行乎其中矣。成性存存，道义之门。"《易·系辞》指出，易学的目的就是将天和人固有的善性，深刻地存入印记在人心中，使人人有仁善之心，这才是实现道和义的关键。

第五节 《易经》哲学所论人为之道的内容

《易经》六十四卦的所有文辞的内容，是《易经》作者，也就是二皇、周文王、孔子等圣人对自古以来有道君王治理国家天下成功地实现了大同社会的经典经验的总结；是对无道君王治理国家天下失去国家天下的教训的总结；是对有道君王治理国家天下，使天子、人民、官吏、社会万物达到和谐，实现了天下太平安乐的社会时，人人所具有的道德品德，婚姻、家庭伦理等实际状况的规范标准的描述记载；是《易经》作者为了不使这些美好事物的遗失，不使那些应有的教训被遗忘，而为了使自古以来天下为公的治国宗旨传承不息，成就了六十四卦的内容。正如《易·系辞》曰："易之兴也，其于中古乎。作易者，其有忧患乎。"

《易经》系统包括形成这个系统的过程和内容，其过程正如《易·系辞》所言："易之为书也不可远，为道也屡迁。变动不居，周流六虚，上下无常，刚柔相易，不可为典要，为变所适。"

《易经》系统人为之道所涉及的内容，包括以下几方面：

（1）天地人同一系统，天地人同一之道

其一，《易经》哲学所论的天地人三才之道本身，就是天人同一的最基本意义，即人类自身的生存与自然界关系密切，人类如何与天地万物和谐相处。

其二，天人同一之道。《同人卦》卦辞阐述了圣人君子如何与天同道同德，与天下万民同心同德。

其三，老子关于天人同一之理的内容。

其四，孔子的天人同一观的内容。

其五，传统医学的天人相应观的内容。正如《医易》曰："乃知天地之道，以阴阳二气，而造化万物；人生之理，以阴阳二气，而长养百骸……故曰天人一理者，一此阴阳也。"

其六，礼乐的天人同一观的内容。其各自的意义，在具体的章节中分别论述。

（2）人与人如何和谐相处之道的论述

如《损卦》象辞："君子以惩忿窒欲。"《升卦》象辞："君子以顺德，积小以高大。"《咸卦》象辞："君子以虚受人。"

（3）《易经》哲学的治国之道

治国之道包括：帝王之道，治国宗旨，为臣之道，官府官员的职责，为官之道，强国富民之道，君子之道，天下太平，和平之道的论述，例如《乾卦》卦辞、爻辞，《随卦》等，就论述了这方面的内容。

（4）《易经》哲学的教化之道

教化之道包括：为师之道，为学之道，尊师之道，学习之道，孝敬之道，预防灾难发生之道等论述，例如《师卦》《蒙卦》《兑卦》就论述了这方面的内容。

（5）《易经》哲学的刑罚之道

刑罚之道包括刑罚产生的依据，刑罚的概念、刑罚的正确使用方式和刑罚的具体内容，例如，《讼卦》《噬嗑卦》《丰卦》《贲卦》等就论述了这方面的内容。

（6）《易经》哲学的婚姻家庭伦理之道

婚姻家庭伦理之道包括婚姻家庭的意义，维护婚姻家庭的伦理，婚姻家庭的教化之道等，例如，《归妹卦》《家人卦》就论述了这方面的内容。

（7）《易经》哲学的道德文明之道

道德文明之道包括道德产生的依据，道德的意义、文明产生的依据、文明的意义，各种礼仪、谦恭礼让，礼乐之道，颐养之道等，例如，《贲卦》《谦卦》《中孚卦》《需卦》《萃卦》等，就论述了这方面的内容。

（8）《易经》哲学关于不易、变易、交易、简易、变革、革命之道，变不易为易之道

《易·系辞》《革卦》等，就论述了这方面的内容。

（9）人类社会文明进化之道

人类文明进化之道包括饮食之道（农作物的产生种植之道、家禽家畜的驯化之道、制酒业的发展之道），穿衣住行之道（穿衣、住宅、车船马运输之道，交易贸易之道）、文字书契产生之道，陶器、冶金的发展之道，如《需卦》《大畜卦》《涣卦》等，就论述了这方面的内容。

（10）关于天文，人文，文明之道

《贲卦》象辞就是如此内容的论述。

（11）治时明历之道

《革卦》象辞曰："君子以治历明时。"

这些具体内容，我们将在形而上者谓之道和形而下者谓之器的篇章中逐一探讨，这里只是对其大致内容作一些简单介绍。

第六节　《易经》哲学关于人死生之道与"鬼神"的论述

人死生之道，也应该属于人道之论，人的死是属于自然变化之道，人之生，是随时而生，人之死，也是随时而死，人的死生都属于自然变化之道。

《易·系辞》曰："易与天地准，故能弥纶天地之道。仰以观于天文，俯以察于地理，是故知幽明之故。原始反终，故知死生之说。精气为物，游魂为变，是故知鬼神之状，与天地相似，故不违。知周乎万物，而道济天下，故不过。"《易·系辞》指出，易学所阐述的道理是与天地万物自然变化之道相一致的道理，所以能够普遍包络综括贯通说明天地自然变化的条理顺序。因为圣人仰观于天象变化之道，俯身观察于地理地利变化之道，所以能明白各种隐晦的、明显的变化道理，明白万事万物的起源正反终归变化之理，也明白人生与死的道理。人的生死之理与精和气这两种物质密不可分。人之生，精气凝聚为人的形体，气流动变化决生死。人之生，气入为生；人之死，气绝为死。所以明白鬼神变化就是人体之气与躯体最终变化为天地之气的组成成分，所以就不违背鬼神，也就不违背天地自然变化之理。遍知天地万物变化的道理，而用其道理作为辅助成就万物的化育天下万物的方法，所以不为过。这是易学关于人死生意义的论述，人死生的变化只不过是气的呼吸与呼吸停止的变化之道而已。以下对《易经》所论的关于人的死生之理的含义作一些讨论。

一、《易经》哲学关于人之精气为物

《易经》认为人的生与死，是以精气为主的物质，流动变化的不同状况形成的。关于精气，包括《易·系辞》所言的"男女构精，万物化生"的自然生育过程。男女自身自然生成的男女之精，通过男女交合，自然化育胎儿，胎儿在母体内自然生长到一定时日，也就是怀胎十月的认知；还包括呼吸之气的精华——氧气，以及饮食营养物质通过人体自身物理和化学的变化所产生的营养精华，以及自身所生成的阳气。

庄子《知北游》曰："生也死之徒也。死也生之始也。孰知其纪！人之生，气之聚也，气聚为生，散则为死……故曰：'通天下之一气耳。'圣人故贵一。"[1] 庄子关于生死的观点与易学的观点是一致的，气聚为生，气散为死，气散，没有气，生命就停止了，所以说天下万物都是以气而贯通的。

二、关于游魂为变

其一，"游魂为变"之"游魂"，对于生命而言，就是指那流动不息的自然之气——空气。对于一个初生婴儿来说，当脱离母体的一霎那，随着胎儿的一声啼哭，随即而入的就是自然之气——空气，空气的精纯之物就是人体所需的氧气。随着空气的吸入，表示婴儿从此有了独立与外界自然之气相交通的能力，有了与外界交换能量信息的能力，有了独立的意识行为。如果婴儿没有这种能力，那么这个婴儿便

---

[1] 张光裕主编. 老子（附庄子）[M]. 北京燕山出版社，2000: 202.

没有了生命。所以,"游魂",首先是指对生命的存在有着极为重要意义而且流动不定、循环不息的自然之气——空气。

其二,"游魂"对于人的死亡而言,首先表示的是人体与自然之气交换停止,也就是呼吸停止。没有呼吸,就意味着生命的停止。呼吸停止,即是灵魂出窍之时。外气不入,一切生命活动、意识思维都停止了,就是魂离魄之时,也就是自然之气与人体不能交通,这就是死亡的含义。所以说,游魂,对于人的生命来说,既是流动不定、循环不息、使人有意识灵性的自然之气——空气的象征,又是人的灵性、意识、感觉、知觉的象征。所谓人的灵魂,就是指人的意识、思维行为、没有了意识、思维,就是没有了灵魂。

三、关于"鬼神"

1.《易经》对于"鬼神"的主要意义。为什么说"是故知鬼神之状,与天地相似,故不违"呢?为什么说鬼神之状与天地相似呢?鬼神首先是对我们先祖的象征,也就是说鬼神是我们先祖的代名词。因为《易经》六十四卦中,有多处提到了鬼神,而六十四卦中的鬼神,就是我们先祖的代称。例如《谦卦》象辞曰:"谦亨。天道下济而光明,地道卑而上行。天道亏盈而益谦,地道变盈而流谦,鬼神害盈而福谦,人道恶盈而好谦。谦尊而光,卑而不可踰,君子之终也。"《谦卦》所提到的鬼神,就是已经亡故了的我们的先祖先圣的象征辞;我们的先祖、先圣害怕我们骄傲自满,而没有谦让之心、谦退之礼,会为我们带来灾祸,所以,就为我们制定了以减退为礼、以减损为乐的礼乐之道、谦让之礼,以节制、约束人情,而谦让、谦退之礼,为我们带来了福气和乐。

2.《礼记》关于"鬼神"的本来含义。《礼记·祭义》孔子曰:"气也者,神之盛也;魄也者,鬼之盛也。合鬼与神,教之至也。众生必死,死必归土,此之谓鬼。骨肉毙于下阴之土,其气发扬于上为昭明,焄蒿凄怆,此百物之精也,神之著也。因物之精,制之为极,明命鬼神,以为黔首则,百众以畏,万民以服。"[①] 孔子指出,阳气,是能使人的精神、意识盛大的物质,阳气、精神、意识属阳;人的形体,是阴气凝聚而归属于人的身体,体魄属阴。合鬼神来祭祀,就是为了达到教化的目的。凡是人生下来必定会有死的时候,死后其身体回归到泥土中去,并变化为泥土的一部分,这就叫鬼。人死后骨肉腐烂分解变成田野之中的泥土,而腐烂分解过程中散发的气体却伸展扩散上升甚至显现出亮光,气味蒸发使人感到凄惨悲哀,而这种气体就是众生物的精纯之气,也是人死后其气体伸展扩散上升的显著标志。依照人死

---

① 钱玄、钱兴奇等注释. 礼记[M]. 岳麓书社,2001:620.

后，阴尸归于泥土、精纯之气伸展扩散上升的特点，引申其音意，制定出标准名称，明确命名归于泥土的阴体为鬼，伸展扩散上升的阳气为神，以此作为治理百姓的法则之一，使民众畏惧，万民顺服。

3.《医易》关于"鬼神"的论述。《医易》曰："以鬼神言之，则阳之灵曰神，神者，伸也，鬼者归也。鬼神往来，都只是气，故曰鬼神者，二气之良能也。"这是《医易》对鬼神的解释。《医易》对鬼神的解释，其实与孔子的解释是一致的。《医易》曰："推之于人，则仁义礼智，君子之神；奸盗诈伪，小人之鬼。乐天知命，道德之神，阿谀谄容，势利之鬼。""夫天地之鬼神，既不能出天地之外；而人物之鬼神，又安能外乎人心？是以在天地则有天地之鬼神，在人则有人物之鬼神。善恶出之吾衷，良心自然难泯；强弱皆由阳气，神鬼判乎其中。以故多阳多善者，神强而鬼灭；多阴多恶者，气戾而鬼生。然则鬼神从心，皆由我造；灵通变幻，匪在他求。知乎此，而吉凶祸福之机，求诸心而尽之矣。"①《医易》关于鬼神，就有了多种不同意义：

其一，关于鬼的含义，包括了人死亡之后，尸体所产生的变化意义的命名，也是孔子和《医易》关于鬼神的意义。其二，关于鬼的含义，鬼是指人死亡后最终的称呼都叫鬼。正如《礼记·祭法》曰："人死曰鬼。"其三，《医易》指出，人物自己鬼神的含义：以君子和小人的作为象征鬼神；仁义礼智、乐天知命者，君子道德之神；奸盗诈伪，阿谀谄容，小人势利之鬼。其四，以人心的善恶论神鬼：人心之神，多阳多善，心底善良，正大光明者，人心之神；阴险狡诈、多阴谋诡计、不分善恶而行恶者，人心之鬼。

以上是《医易》关于"鬼神"的论述，人心之"鬼神"，在于自身的良知。

4.《礼记》中规定的几种祭祀之"鬼神"。其一，各个阶层祭祀先祖对象的等次与鬼的关系：天子有七个庙，一个坛、一个墠；七个庙是：父庙，祖父庙、曾祖父庙、高祖庙和始祖庙。高祖以上的远祖的庙，叫祧，祧有二祧，是高祖之父及高祖之祖，更远的祖先从祭坛上迁出，在墠上祭祀。从墠上迁出的更远的祖先，就泛称为鬼，不在祭祀之中。诸侯也是同样的；而大夫则是祭祀父庙，祖父庙、曾祖庙、高祖庙、始祖以上的均为鬼。士人则祭祀父庙、祖父庙、曾祖庙。除曾祖以外，曾祖以上的均为鬼。众人，也就是一般民众，死亡之后就称为鬼。其二，关于神的第二种含义：天子郊祭所祭的天神——太阳神、月亮神，祭日于东，祭月于西，还有山川之鬼神。日月山川是对人类有益有利之物，祭祀是报答日月山川的恩德。六十四卦中，凡是有"用涉大川"，或"利涉大川"或"不可涉大川"者，均是与天子祭祀天地先祖有关，因为只有天子才可以祭祀名山大川，所以"涉大川"，就

---

① 方向红校理，[明]张介宾.中医与易学[M].学苑出版社，1993：508.

是天子祭祀天地先祖的代称。

  5.《礼记》中规定的应该祭祀的对象与神的含义。《礼记·祭法》曰："夫圣王之制祭祀也：法施于民则祀之，以死勤事则祀之，以劳定国则祀之，能御大菑则祀之，能捍大患则祀之。是故厉山氏之有天下也，其子曰农，能殖百谷；夏之衰也，周弃继之，故祀以为稷……"① 这是《礼记》规定的树立祭祀对象的标准：凡是为民众树立典范的便祭祀，凡是为公众利益献身的便祭祀，凡是为安邦定国立下功劳的便祭祀，凡是能抵御大灾难的便祭祀，凡是能制止大祸患的便祭祀。所以我们建立神农庙、皇帝陵、后稷庙、周文王庙、周武王庙、周公庙，就是为了祭祀他们，不忘他们的恩德，因为他们既是我们的先祖，又是对中华民族有伟大贡献的历史人物。之所以称之为神，就是因为他们是我们的精神领袖，是中华民族的英雄，是中华民族的骄傲，是我们学习敬仰的楷模。《易经》哲学关于人死生之道和鬼神理论，是对自二皇、五帝、三王以及春秋战国时期，古人对生命科学认识的总结和评定，它对推动生命科学和医学科学的发展有着重要的意义。

  所以，人的死生之道，就是自然之道。鬼神之理也是自然之理，更是人心之理。

---

  ① 钱玄、钱兴奇等注译.礼记[M].岳麓书社，2001年：609.

第二章　《易经》哲学形而上者谓之道

第一节　关于哲学界的形而上学与《易经》哲学的形而上之道

一、关于形而上学的概念

谈到形而上，就会想到存在于哲学界关于形而上学的概念，即用"孤立的、静止的和片面的观点去看世界"。

关于形而上学，恩格斯在《反杜林论》中，将形而上学的思维方式概括为"他们在绝对不相容的对立中思维"。它的思维方式即是"是就是，不是就不是；除此之外，都是鬼话"。这是恩格斯关于形而上学思维在日常生活中常识的确定性和合理性；但是恩格斯又指出，形而上学这种思维方式"常识在日常应用的范围内虽然是极可尊敬的东西，但它以跨入广阔的研究领域，就会碰到极为惊人的变故"。恩格斯指出了形而上学思维的合理性与局限性。恩格斯又指出："形而上学的思维方式，虽然在依对象的性质而展开的各个领域中是合理的，甚至是必要的，可是它每一次迟早都要达到一个界限，一超过这个界限，它就会变成片面的、狭隘的、抽象的，并且陷入无法解决的矛盾，因为它看到一个一个的事物，忘记它们相互间的联系；看到它们的存在，忘记它们的生成和消逝；看到它们的静止，忘记它们的运动。因为它看见树木，不见森林。"① 恩格斯认为形而上学思维本身并没有错，但是它存在着局限性、片面性和狭隘性等。恩格斯对形而上学观点的论述是正确的，因为形而上学的观点确实存在于哲学界。

哲学界为什么将"片面的、狭隘的、静止的、抽象的"看问题的方式称之为"形而上学"呢？当然"形而上学"这个称名不是马克思、恩格斯、列宁发明的，他们只是沿用哲学界的称名而已。

---

① 马克思恩格斯选集（第3卷），人民出版社，1995年版，360页。

二、关于形而上学来源的论述

（1）形而上学的英文名来源于古希腊语 metaphysics，意思是物理学之后。原是古希腊罗德岛的哲学教师安德罗尼柯给亚里士多德一部著作起的名称，它本来只是表示书籍的位置的名称，但后来，人们觉得这个名称与这个学问的内容也是很贴切的，所以 metaphysics 就成了合法的哲学词汇。metaphysics，意思是物理学之后，而 meta 这个词根也有背后的意思，因而就是更深的意思，所以 metaphysics 就是超越物理学的学问或比物理学更深的学问。

（2）《物理学之后》，所论述的基本上都是重要的哲学问题，中文译名《形而上学》取自《易传》中"形而上者谓之道，形而下者谓之器"一语。

（3）"形而上学也叫'第一哲学'，如笛卡尔的《第一哲学沉思录》也称为《形而上学沉思录》。《形而上学沉思录》的中文译名'形而上学'是根据《易经·系辞》中'形而上者谓之道，形而下者谓之器'一语，由日本明治时期著名哲学家井上哲次郎翻译的。晚清学者严复则采用了'玄学'这一翻译，后经清末留日学生将大批日制汉语（日本称和制汉语）带回国后，'玄学'这一译法渐渐被形而上学取代。严复拒绝使用井上哲次郎的翻译，根据老子《道德经》'玄之又玄，众妙之门'，把其译为'玄学'，但由于日本翻译的一些词汇虽然不甚贴切，却往往更为简单易懂，更容易被当时受教育程度普遍较低的中国民众所接受，'形而上学'一词扎根在了汉语之中。"

以上三段网文摘录是笔者看到的哲学界关于形而上学最早的起源的论述。

三、笔者对亚里士多德和笛卡尔的认识

1. 关于亚里士多德[①]

亚里士多德的《物理学之后》完成于公元前384—322年之间，是两千多年以前的哲学著作。亚里士多德把科学分为：

（1）理论科学（数学、自然科学和后来被称为形而上学的第一哲学）。

（2）实践科学（伦理学、政治学、经济学、战略学和修饰学）。

（3）创造科学，即诗学。亚里士多德在哲学上的最大贡献，在于创立了逻辑思维形式。而《物理学之后》的主要内容，则是对"天"的认识进行论说。他认为空间不是独立的实体，要依赖于事物，依赖于运动，否认空间的虚空存在；主张时间不是运动，而是运动和运动持续的尺度。他认为宇宙中一般的时间是无限的，而

---

① 古希腊亚里士多德著. 物理学之后 [M]. 商务印书馆, 2006.

具体的时间是有限的，^① 等等。总之，亚里士多德对"天"的这些概念的论述，是从物理学概念进行论述的，有些类似于中华民族传统哲学关于"天道"循环概念的探讨，因为老子和《易经》关于天道自然功能的探讨，也是以人的感官系统能感觉到的物理学概念为基础，因此将亚里士多德的《物理学之后》，译名为《形而上学》，也是与中国形而上哲学内容的意义有相似性的。

2. 关于笛卡尔

笛卡尔生于公元 1596—1650 年代，笛卡尔的《第一哲学沉思录》完成于公元 1641 年。日本明治开始于 1869 年，严复则生活在 1854—1921 年之间。笛卡尔的《第一哲学沉思录》被井上哲次郎译为《形而上学沉思录》，是此书出版三百多年以后的事情。当时严复先生反对这个译名，也许说明这个译名是不恰当的。亚里士多德的《物理学之后》被译为《形而上学》是两千多年以后的事情。也就是在笛卡尔的《第一哲学沉思录》被井上哲次郎译为《形而上学沉思录》之后而发生的事情。

现在我们来看看笛卡尔《第一哲学沉思录》的主要内容是否与形而上学有相关之处。笛卡尔在《第一哲学沉思录》中，论述了六个沉思，怀疑一切可以怀疑的事物，为的是得到真的事物。论人的精神的本性以及精神为何比物体更容易被认识。论上帝及其存在；论真理和错误；论物质性东西的本质，再论上帝及其存在；论物质性东西的存在，论人的灵魂和肉体之间的实在区别。^②

笛卡尔的《第一哲学沉思录》，是专门论述意识、思维、思想、心灵本身的重要性的哲学。他认为他自己就是一个一个在怀疑、在沉思、在领会、在肯定、在否定、在愿意、在不愿意、在想象、在感觉、在思维的东西；他认为天、地、星辰凡是他的感官所感觉到的非常清楚的东西，无非是这些东西在他心里呈现的观念或思维而已；他认为他意识思维中存在的观念中，有些是与他与生俱来的，有些是外来的，而外来的，有些是自己的思维凭空想象出来的。他认为一个东西、一个真理或一个思想的功能，不是外来的，而是自己的本性；每个观念都是精神的作品，观念只是思维或精神的一个样态；也就是说观念只是思维的一种方法或方式，他认为无中不能生有。

例如，笛卡尔的上帝存在论，他认为，一个至高无上的、永恒的、无限的、不变的、全知的、全能的、他自己以外的一切事物普遍创造者的上帝，是笛卡尔自己的这个关于上帝的观念，是他存在于自己心中的无限的关于上帝概念的观念，这个观念不是他自己无中生有生出的，而是他的精神清楚、明白、领会实在和真实存在

---

① 古希腊亚里士多德著. 物理学之后 [M]. 商务印书馆，2006：135—136.
② ［法］笛卡尔著：庞景仁译. 第一哲学沉思录 [M]. 商务印书馆，1999.

的观念，所以，笛卡尔认定上帝所具有的观念在他心中的一切观念都是最真实、最清楚、最明白的。

所以说，笛卡尔的《第一哲学沉思录》，就是纯粹的意识思维论，也就是对意识思维重要意义的论述，其重要意义就如对没有感官认识的上帝，只要他的意识、思维中存在这个万能上帝的观念，那么上帝就存在于他的意识、思维、心灵之中，所以他提出"我思故我在"的理论，他所论述的完全是意识思维心理的作用。他在文中对意识、思维的用辞有：精神、灵魂、观念、理智、思维、意志、情感、智力、想象、感觉、认识等，所以从纯粹的意识思维论而言，有些与中国哲学始祖《老子》论道德的目的性和《易经》关于教化的目的性相似，虽然他们的具体内容含义不同，单纯从论述意识、思维、精神的重要意义而言，还是有其相似性的。所以译名为《形而上学沉思录》也就是因为其意识思维重要性的相似性而言的。

虽然《老子》所论述的也是纯粹的意识、思维、思想的形而上哲学，与《第一哲学沉思录》同属于意识、心灵、思维的论述。笛卡尔论述的是意识、思维的重要性，意识思维可以将没有物质基础的概念，认定为真实可靠的存在观念，所以他属于唯心论。

《老子》之道德论，有感官系统观察、研究、探索的物质基础，是以探索研究天道天德的特性为基础，论述圣人君子效法天道天德如何纯粹、纯净、纯朴自己的意识、心灵、思想、行为，使之与天道天德同一的唯物辩证观点；而且《易经》关于上帝的认识，是与笛卡尔截然不同的存在观念，因为《易经》关于上帝的观念，首先来自于我们的先帝和曾经为帝王的先祖的真实存在，他们去世后，他们的精神、思想、功德、意志、遗愿、事业、音容笑貌存在于后代意识、思维、精神之中，成为我们意识思维精神的支柱，成为我们继承先帝先祖意志的动力，他是真实存在过的，与我们近在咫尺的事情，不是我们无中生有创造出来的；而且《易经》的形而上哲学是以《老子》道德论为阐释的形而上哲学的具体规则，所以是与笛卡尔的《第一哲学沉思录》形而上学有着截然不同的哲学意义。

通过对亚里士多德的《物理学之后》和笛卡尔的《第一哲学沉思录》译名的研究，可以认为早期哲学界对中华民族的哲学，是有一定的研究了解的；也说明日本哲学家井上哲次郎对中华民族的传统哲学的研究也是很深入的，他已经认识到中国形而上哲学的意义，否则就不会出现如此的译名。

因此可以认为，形而上学是一种哲学思维形式。依据马克思主义哲学理论，形而上学对唯物辩证观而言，它存在用"孤立、静止、片面、表面的观点去看待事物"的问题，但这只是对哲学界这种思维方式的批判，并不是对中国形而上哲学的批判，因为这些哲学观点既来源于西方哲学界，又来源于中国哲学家对自己形而上哲学来源没有深刻的了解；所以，哲学界才会出现将中华民族的形而上哲学等同于哲学界存在的那种用"孤立、静止、片面、表面的观点去看待事物"的形而上学哲学观点。

四、中国形而上哲学的特点

我们先简要地认识一下中国形而上哲学的几个特点：

（1）形而上哲学是中国哲学独特的思维方式。这个思维方式，是依据天道自然的表现形式体现出来的自然善性思考人性、人心、人的行为的学问。

（2）形而上哲学是中华哲学具有认定性和目的性的一种哲学思维。其认定性，就是哲学家对事物在意识、心灵、思维中通过唯物辩证得出肯定理解的哲学，这种肯定理解的依据即是：哲学家依据天道自然存在的永不改变的天道本性，天道自然有益于万物而不图回报的自然善性抽象而来。这种善性，只要乾坤存在，就会永远存在。哲学家效法天道的自然善性，来完善人类意识心灵中原本存在的善性，使人类自己的善性得到启发复活，而永远根植在人类意识、心灵、思维、行为中，永不改变。从这个意义而言，它存在着静止性，不改变就是静止性，但是其他如孤立的、片面的、表面的观点就不存在了。

（3）形而上哲学的目的性。形而上哲学是一种在意识、思维、心灵认定的自然哲学与人性哲学合一的哲学。形而上哲学的心灵认定的目的，就是用这种认定的天道自然本性之善性与人自身之善性的复活而合而为一的众多学问，以使人修身养性、进德修业。所谓修身养性应该是对于形而上哲学认定的，具有纯正意识、纯正心灵、思维、行为作用的教化学问，人认真学习思维记忆，并通过自我省察，以达到使意识心灵纯洁，使心性行为达到这种学问要求人像天一样公正以善待万物的最高境界，甚至是达到与这种学问在意识、思维心灵、行为相一致的境界，就是天人同一的境界。使人的德行更加美好，使为人民谋利益的事业发扬光大。以上是中华民族形而上哲学的简明特点。

《老子》通过对上古众多圣哲的意识、心灵、思维、行为与天道天德同一的表现形式，肯定这是纯正执政者意识、心灵、思维、行为的一种最佳教化方式；其目的性就是，期望通过这种教化方式，使治国者达到如天道天德如圣人般的最高思想思维境界，也就是期望教化出天人同一的治国者。《易经》哲学与《老子》之道德论有着同等重要的哲学意义。因此可以认为，形而上哲学是中国古代哲学的思维方式，是一种意识、思维、心灵、行为认证的哲学。所以，《易经》"形而上者谓之道"，源于《老子》之道德论；《老子》之道德论属于上层建筑形而上之道的治国平天下的哲学。《老子》之道德论，既来源于天道天德和圣人君子之道德，又是为匡正规范居于上位的治国者和众人的意识思维、道德思想水平行为而作，是纯正的形而上之作。

《易经》形而上哲学，一方面要求执政者用形而上之道纯正意识、思维、心灵、意志、具体作为，以治天下，和谐万民，实现天下太平；另一方面，则通过"观天之神道，而四时不忒，圣人以神道设教，而天下服矣"。也就是将大法挂在大观上让万民观看，圣人设置的以教化万民的意识、思维、心神为出发点，使天下万民信服而顺服的这种教化方法，就是让民众的意识、思维、心灵受到深刻的震慑，而产生深刻的记忆，从而不触犯法规，不犯过失，一心一意安静过日子。更重要的是，《老子》和《易经》形而上哲学，就是要通过"履霜坚冰至""驯致其道，至坚冰也"的过程，使人的心灵达到至善至美、至公无私的习惯，自然而然地体现出真善美之形象。同时《老子》和易学形而上哲学，同样是属于唯物辩证的哲学，因为《老子》之道德的依据是天道天德，是圣人君子之道德，是对天道天德与圣人君子效法天道天德治天下之哲学思想的总结。

《易经》，既有形而上之道，又有形而下之器的论述。《易经》之形而上，是孔子融会贯通《老子》之形而上哲学的意义，融《老子》之形而上哲学的意义于《易经》，用以匡正人的意识形态、思想道德、规范人的行为标准；是政治的、社会的各种意识形态和教化民众的规则及基本法则路线的规则。尊道德而为者，就是有道德者；失道德而为者，就是无道失德者。

通过对亚里士多德和笛卡尔关于形而上学来源的研究，依据恩格斯对形而上哲学的批判，依据马克思主义哲学理论，形而上学对唯物辩证观而言，它是用"孤立、静止、片面、表面的观点去看待事物"的唯心论哲学。

毛泽东主席在《矛盾论》中关于形而上学的论述："形而上学，亦称玄学。这种思想，无论在中国，在欧洲，在一个很长的历史时间内，是属于唯心论的宇宙观。并在人们思想中占了统治地位。在欧洲，资产阶级初期的唯物论，也是形而上的。""所谓形而上学的庸俗进化论的宇宙观，就是用孤立的、静止的和片面的观点去看世界。这种宇宙观把世界一切事物、一切事物的形态和种类，都看成是永远彼此孤立和永远不变化的。如果说有变化，也就是数量的增减和场所的变更。而这种增减和变更的原因，不在事物的内部而在事物的外部，都是由于外力的推动。"[①]

毛泽东主席前一段的论述说明形而上学在西方、在中国曾经占主导地位，形而上学是唯心论。毛泽东主席第二段论述，是对什么是形而上学宇宙观的说明，也就说明在中国学术界、在西方学术界确实存在着毛泽东主席所说的唯心论的形而上学观点。

---

① 毛泽东选集（第二卷），人民出版社，1966年版，275页。

毛泽东主席关于"形而上学"的观点，是引用了马克思恩格斯列宁关于形而上学的观点，因为形而上学，本身就是哲学界一个不够严密明确的哲学概念。

形而上学在哲学中好像有二种含义，其一，就是"用孤立的、静止的和片面的观点去看世界"。其二，形而上学的含义，就是透过现象看本质，这是哲学界的观点，至于怎么透过现象看本质？值得深入研究。

那么通过学习马克思恩格斯列宁毛泽东对形而上学的批判，与中华民族形而上哲学的对比分析，可以肯定地认为：西方的形而上学哲学与中华民族的形而上哲学是两个完全不同的哲学概念，西方的形而上学是唯心论的哲学思维。中华民族的形而上哲学是唯物辩证思维，因为它既有形而上，又有形而下相对应。《易经》形而上哲学的产生既有天地之道自然本性的真实体现为依据，又有目的性和认定性，依据就是唯物；目的性和认定性就是辩证思维。

所以说研究哲学和《易经》的学者，首先搞明白西方形而上学与《易经》形而上哲学的分界线，要严格区分西方的形而上学与中华民族自古以来的形而上与形而下哲学的特点，不能将西方的形而上学与《易经》的形而上哲学混为一谈，这一点是非常重要的，因为西方形而上学是唯心论，而《易经》的形而上哲学是唯物辩证论。

以上的诸多论述中，我们将研究论述规律性的问题，研究智慧、知识性的问题，研究思想思维、意识形态方面的问题归于形而上，将研究方法方式和具体推行方面的问题归于形而下。所以，我们将在以下章节中分别对其具体意义作一些研究。

第二节 《易经》哲学形而上者谓之道的一般意义及哲学意义

第一节我们探讨了哲学界的形而上学，亚里士多德的《物理学之后》之所以被译名为《形而上学》，是因为它是关于"天"的认识的论说，有些像中华民族传统哲学关于"天道"概念的探讨。笛卡尔的《第一哲学沉思录》之所以被译名《形而上学沉思录》，是因为其有些内容与《老子》道德论和《易经》教化的目的性相似。

恩格斯之所以认为形而上学是唯心论，是因为哲学界的形而上学是一种意识、思维、心灵深处对事物肯定认定的哲学，也就是意识、精神、心灵是第一性的。

但是中华民族的形而上哲学在《易经》哲学中既是意识、思维、心灵认定的哲学，又是唯物辩证的哲学，它所有的意识、思维、心灵认定的依据是天地有益于万物的自然本性，以及被人格化的天道天德的自然善性和美德；对上帝的认定是对有着与天道天德同一的我们的先帝先祖的意识、精神、思维、观念，作为，在后代的意识、思维、精神中的体现、继承、发扬光大。《易经》的形而上哲学与笛卡尔"只要在自己意识、思维、心灵中能够否定自己认为可以否定的事物,能够认定自己认为可以认定的事物,所以在他的意识、思维观念中肯定那个'具有至高无上的完满性上再也不能有所增加这样一个高度'的上帝的存在,就肯定上帝就存在了"的唯心论是完全不同的两个概念!所以,笛卡尔的形而上学《第一哲学沉思录》是唯心论的哲学。

形而上哲学在哲学界的各种认定称名,并不代表中国哲学"形而上者谓之道"的真实意义,《易经》的形而上哲学,与亚里士多德和笛卡尔的形而上学,只是在某些形式上有着相似性而已。《易经》的形而上哲学,是中华民族自古以来起点就极高的特色哲学,它的观点既不同于哲学界的形而上学哲学,又是中华民族形而上哲学概念的源头,更是唯物辩证论。它与西方的形而上学,有着本质的不同,首先是思维方式的不同,《易经》形而上哲学思维方式是唯物辩证论,因为《易经》哲学思维的基础是:首先物质是事物的形象;其次,是内容的截然不同,它来自对古圣人与天道天德同一的思想行为的真实感悟,是匡正规范人的意识、思维、行为形态的规矩,它有着真实的存在依据和具体的历史意义。

因为《易经》形而上哲学之"形",是天道天德各种自然表现的形式形象和古圣人的行为表现形式。"上",既是来源于天道天德之上,又是为居于上位的执政者匡正意识思维纯净心灵之上,以及人的心神之上,这个形而上之"上",不是随便命名的。

那么,《易经》"形而上者谓之道"的真实意义是什么呢?搜遍网上,也没有看到有那位学者对《易经》"形而上者谓之道"的意义有一个适宜的解读,好像自古以来也没有谁对这个问题有明确而合宜的解读;冯友兰先生著名的《中国哲学史》也没有对易学作更多的论述,更没有对这个问题的专门论述。中国台湾易学家傅佩荣先生也没有对这个问题作过明确的解读。所以笔者只有依据自己的研究,来解读这个哲学命题。(我们把研究规律性的问题,研究智慧、知识性的问题,意识思维思想方面的问题归于形而上,将研究方法方式和具体推行方面的问题归于形而下。)

一、关于形而上之"形"的意义

《易·系辞·上传》第十二章曰:"形而上者谓之道,形而下者谓之器。"

我们的先祖所发明创造的各种事物,无不是从天地自然变化现象,以及具体的物质和各种事物的道理中感悟效仿变化而来,改变、利用自然界的自然物质,而发明创造了生活物资、生产工具、屋宇、衣食住行的一切所需,运输运载工具,包括文字的发明,各种文字的意义,都是从自然界具体的自然事物或现象模仿感悟而来。部分八卦和六十四卦图形,实际就是中华民族最早用来表示天地自然变化现象和原理的象形、象声、象意的图形，也就是中华民族最早的文字雏形。八卦、六十四卦本身就是表示与具体的事物形象相像、相似、相同的图形。那么"形而上"之"形"，就是象形、物形的意思了。

《易经》依据"象"，也就是"自然之象"，全面深刻地揭示了天地自然变化规律和变化原理，而且古代占卜的目的，就是为了预测事物发展变化的大致趋势和结果，以利于人们趋吉避凶。所以说《易经》就是一部阐述天地自然变化现象，变化规律、以及万事万物变化规律的哲学巨著。变化是宇宙万物颠扑不破的固有规律，所以说变化是易学最为重要的哲学意义。正如《易·系辞》曰："易与天地准，故能弥纶天地之道。""范围天地之化而不过，曲成万物而不遗。"

形而上之"形"，就是将观察、感觉、意识到的天空中日月星辰运动的形式形态，风云雨雪雷电的变化现象、自然事物及其变化状况形象地描绘出来。这里的"形"，既有形象之形，又有画影随形、效仿、如影随形、模型、画图形、形状、形容之意。正如《易·系辞·上传》第八章曰："圣人有以见天下之赜，而拟诸其形容，象其物宜，是故谓之象。圣人有以见天下之动，而观其会通，以行其典礼。""圣人将见到的天下的玄妙的事物，模拟效仿形象其内容，使其与相应的事物相象，所以就称之为象。圣人又以见到天地万物的运动变化状况，而观察其运动的规律、次序、节律而融会贯通，以成为法则制度礼法的依据。"

这是《易·系辞》关于法象、法典、法规、制度、礼法产生意义的明确的论述；天下玄妙的事物，就是《老子》所论的"道"自然化生宇宙万物的过程及化生结果；而这些法典、法规、制度、礼法产生的依据是对天地万物运动变化的次序、节律的融会贯通，不是古圣人凭空想象而来的。

《易·系辞·上传》第一章曰："在天成象，在地成形，变化见矣。"在天空显现的是太阳的光热，月亮星辰的光亮，及其变化的风、云雨、雷电形成的自然现象；在地上显现的则是在地上形成的有形体的五行物质的变化现象，这就是天地变化万物、显现万物的现象。这是《易·系辞》关于天之象和地之形的说明：从天上看到的是自然存在物和自然变化现象，在地上看到的是有形的自然物质的自然变化现象。

所以形而上之"形"的含义就是：将形象、现象、变化为具有实质意义的事物。这个变化的方式，就是模拟、模仿、效仿、效法、形象，形容、推理、推断、抽象。

二、关于形而上之"上"的意义

"上"的本义是表示方位，即指上边、高处。引申指高位、君主、尊长。

"上"在甲骨文中的意义："上"是特殊指示字，由两横构成，底端一横较长，顶端的一横较短。古人用一代表混沌太初状态；用二（二，由两个"一"组成，两横一样长）代表从混沌太初中分化出来的、相并列的天与地。古人调整表示天与地是等长的二，以短横方向表示朝天，或朝地的方向。

甲骨文"二"将表示"天"的北端横线写得较短，表示天或朝天的方向；甲骨文"二"将表示"地"的南端横线写得较短，表示地或朝地的方向。造字本义为：与地相对的天。"上"是指物体的高处、表面或边侧，如；上面、天上、楼上等。表示时间或次序在前面的，如，上一辈、上几辈、上一月；表示在上位的、地位高的，如，天子、皇上、君王等。

"上"的本义为天，"下"的本义为地。《说文》曰："天，颠也，从一大。"颠"，就是高的意思，所以"上"就有了天、高、居于上位的、居于前面的意思。

三、关于形而上者谓之道之"道"的意义

道，首先是《老子》对自然生成天地之母的物质和天地之母生成的自然过程，以及天地之母生成天地的自然过程和天地生成万物的自然过程的命名。道，是宇宙生成的本源；道，是自然的象征；道，是自然生成的物质自然变化的过程，或者自然变化规律。其次，道，还有道理的意思，道化生宇宙万物，必然有其道理在其中。万物各有其生存的途径和道理，圣人以此而推论人类社会万事万物的道理，道便在其中了。

《老子》、孔子、《易经》所论的大道，是自然生成的物质自然变化之道，是自然的象征；而天道、地道，其实也是自然之道，其核心论述的是：天地自然而然显示出它们的功能给万物和人类带来的自然之利的自然现象。大道、天道、地道，其实都是圣人对天地自然变化现象的"象思维"的结果。

《老子》、孔子和《易经》所论的人道，其实就是人道之自然，那么如何实现人道之自然呢？那就是人为之道的问题了，我们的古圣人为了使人效法天地自然之道的自然功德给万物给人类带来的益处而作为的道理和规矩，圣人依照、效仿天地之道自然变化的现象、形象、形式、道理、规律、节律、次序，而人为地拟定出各种平和处置人与人、人与社会、人与自然的一切关系的方法或者规矩、制度、法规、教化之道来规范、节制人的行为，教化人心向善等举措，就是人为之道。这里人为之道的道，就是规矩、方圆、方法、规则、法则。这就有了天地人三才之道的意义，天地人三才之道，则是人类意识、思维、心灵对天地之道的功能给万物给人类带来益处的肯定、认识和实际效法、学习与利用的道理和过程。

道的本义是供行走的道路，它包含了路程、行程、方向、途径、方法、法则、规律、道理、道德的意义。

四、关于《易经》哲学形而上者谓之道的一般意义和哲学意义

大道，所展示和探求的是宇宙万物发生的本源和外在的自然变化过程，及其圣人所感悟联想推论出来的深刻道理，而不是地球、日月星辰的内在变化，所谓内在变化，如，太阳是如何或者为什么发光发热，地球为什么会发生地震等的内在原因，易学并未探讨。但是易学却告诉我们，太阳是自己使自己发光发热的，而且亘古不息，这就是"自强不息"之意的来源。所以这个外在，也就是形而上之上的含义之一，即外在的，上面的。

我们以上所探讨的无论是大道、天道、地道、万物生成之道、人道、阴阳之道，还是死生之道、变化之道，都是自然变化之道，天就是自然的象征，因为天道变化或有节有律有次序，或者急速快捷，其强大的力量任何外力都无法左右，一切都是那么自然，所以天就是自然的象征。天又是高的极致，正如《史记·礼书》曰："天者，高之极也；地者，下之极也；日月者，明之极也；无穷者，广大之极也；圣人者，道之极也。"①所以说天是至高无上的，道也是至高无上的，正如《淮南子·缪称训》曰："道至高无上，至深无下，平乎准，直乎绳，圆乎规，方乎矩。"汉代许慎《说文解字·一部》："天，颠也。至高无上，从一大。"②天和道都是至高无上的，正如《易·系辞》曰："天尊地卑，乾坤定矣。"这就是说天高大为尊，地低下为卑。也就是乾天居于高上之位，坤地居于低下之位。

南怀瑾先生说："乾知大始，坤作成物。乾卦代表了形而上。大家不要以为这里所谓的'形而上'是西方人的学说，实际上'形而上'这个名词最早是孔子提出来的。在《系传》里就有'形而上者谓之道，形而下者谓之器'的说法。"③南怀瑾先生虽然没有解释什么是形而上，但是他认为乾代表了形而上；乾，就是乾天的象征，乾天就是至高无上的象征，那么形而上之上，就是效仿天道天德。所以关于"形而上者谓之道，形而下者谓之器"的一般意义和哲学意义就止于此了。

张载："'形而上'是无形体者也，故形以上者谓之道也；'形而下'是有形体者，故形以下者谓之器。无形迹者，即道也，如'大德敦化'是也；有形迹者，即器也。见于事实，如礼义是也。"（张载易系辞上第十二章）

毛泽东主席在青年时期的文章《心之力》指出："人生于天地之间，形而下者曰血肉之躯，形而上者曰真心实性。血肉者化物质之所成，心性者先天地之所生。"④毛泽东认为"形而上者"就是人生成时随天地之性所生成的人的真心实性，也就是

---

① 李杰主编.史记[M].哈尔滨出版社，2003：398.
② 《说文解字》7.
③ 《南怀瑾全集·易经系传别讲》复旦大学出版社，2002：17、1—2.
④ 2001年至今网上流传不衰的文献。

心性。心性，就是指人的意识、思维、心灵。毛泽东对于形而上形而下的观点，为我们研究形而上和形而下提供了依据。

（1）总结以上推论研究的结果，从《老子》和《易经》之论的教化意义而论，"形而上者谓之道"的一般意义是：效仿模拟天道自然有益于万物的自然善性，推论抽象出各种匡正人的意识、思维、思想、道德、纯净心灵行为的道理是谓道。①

（2）从老子和《易经》论述治国平天下之道的哲学意义而论，"形而上者谓之道"的哲学意义是：效法模拟天道自然的运行规则和有益于万物的自然善性推论出来的道理，推论抽象拟定出匡正居于上位的执政者的意识、思维、思想、道德、行为，政治意识形态，规范国家意识形态、社会形态、治国宗旨的最高规则和基本路线是谓道。②

"效仿模拟天道自然的自然善性"就是天道运行的自然性、节律性和天道有益于万物的自然性、自然善性和不图回报、不图功名的自然功德等。

上，既是至高无上的天道天德之自然，又是具有至高无上权利和尊严的居于上位的执政者的意识、思维、心灵、思想、行为，还有所有人的意识、思维、心灵的意义在内。正如《素问·灵兰秘典论》曰："心者，君主之官也，神明出焉。""心者，生之本，神之变也。"③当然现代医学科学证明人的大脑才是思维意识的主体。所以，上，就有了天道，天德，在上位的执政者，主管神明意识思维的君主——人心，或者大脑的意思。

道，既有道理、规则的意思，又有路线的意思。最高规则就是效仿天道之自然而来的一切与治国相关的规则。

基本路线，既是总方向，或者行走的方向、东西南北中的方向，至于如何走，那就属于形而下者的规则了。

所以，"形而上者谓之道"的哲学意义：就是要使执政者和执政集团用"形而上之道"的具体内容和哲学思想，来武装他们的头脑，匡正他们的意识思想和思维精神，以使他们的意识、思维、思想纯洁、纯净无瑕疵，以纯正的天道天德，思考国家民族社稷、民众安危福气利益的事情；也可以是用形而上之道所论述的具体内容，来武装我们每一个人的头脑，以匡正每一个人的意识、思维、行为，使我们行走在正确的路线上，而少一些挫折。

这是笔者关于"形而上者谓之道"一般意义和哲学意义的观点。非常明确地说明易学的形而上哲学，与西方的形而上学的真实意义，有着本质的不同。

---

① 这是笔者对"形而上者谓之道"一般意义的解析。
② 这是笔者对"形而上者谓之道"哲学意义的解析。
③ 正坤编.黄帝内经·素问[M].中国文史出版社，2003：229.

中华民族的哲学，之所以称为形而上哲学，是因为中国哲学，其哲学道理的来源是天道天德的道理。其一般意义，就是用天道天德的道理，教化民众，使我们的意识、思维、心智、心性达到与天道天德同一的目的，实现天下万物和谐安乐；也可以说，中国哲学的哲学道理来源于天道，是为规范教化我们的意识、思维、行为，净化我们的心智、灵魂而产生和存在的，是教化人心向善的哲学。加上第一节谈到的中国形而上哲学的三条特点，就应该是中国形而上哲学的全部意义。

第三节 《易经》哲学形而下者谓之器的一般意义及哲学意义

《系辞·上传》第十二章曰："形而上者谓之道，形而下者谓之器。"

一、关于形而下之下的含义

在第二节我们对"形"已经做了研究探讨，现在我们研究探讨形而下之下的含义。甲骨文中，下："⌒"，也是由两横线组成，不过下字的两横是上面一横长，下面一横短，刚好与甲骨文"上"的笔画相反。其造字本义，与天相对。地与天相对，那么，下，就是坤地。

"地者，下之极也。"这就是说"下"，就是极低的坤地的象征，也是地道之自然的象征。所以下，就有了地、低下、低处、下面、居后等含义。

二、关于形而下者谓之器之"器"的含义

器：会意、从犬。《说文解字》："象器之口，犬所以守之。"[①] 意思就是，器物很多，用狗看守。本义：器具；器皿也。器，就是器皿、物器；就是石器、陶器、青铜器、玉器、铁器、木器、漆器等。器有大有小，有高有低，有圆有方，有扁有平等众多不同；物也有高低、大小、圆方、扁平之分，要想使物容于器内，就必须与器的大小高低、胖瘦基本一致，多的取舍，不够的增加，才能使物与器相宜，而容于器之内。器就是规矩，因为制造这些器具，就必须有具体的详细的尺寸大小长短，厚薄方圆、材质相应的规矩，这个规矩就是图纸和造器方法。无论是心中的图纸，还是画在纸上的图，都是制造这个器皿的规矩。器就是象，就是物象，正如《易·系辞·上传》十一节所言："见乃谓之象，形乃谓之器。"《易·系辞》说："能看见和显现的就是事物的形象，将事物的形象逼真形象地模拟形容出来就像照着图形

[①] 清代，段玉裁《说文解字注》344 页。

制造器皿一样。"这里的形,就是照着图形制造器皿,《易·系辞》对"形"下了一个形象的结论,形,就是物象,就是将事物的形象逼真地模拟形容表示出来。

易学关于"器"这个词的应用还有很多,如《易·系辞·下传》十二节曰:"吉事有祥,象事知器,占事知来。天地设位,圣人成能,人谋鬼谋,百姓与能。"吉事有吉祥的预兆,观察象所象征的事物就知道是什么器物,这里的器,仍然是器物。

《易系辞·上传》十一节曰:"备物致用,立成器莫大乎圣人。"其实所谓富有就是将人民生活生存所需要的资材准备齐全,以备随时应用;并建树成就一批有才能的人制造出适宜的器具,使其对天下人民的吃穿住行有利有用的事情,没有谁比圣人更伟大了。这里的器,仍然是器物。

《系辞·上传》第十章曰:"易有圣人之道四焉:以言者尚其辞,以动者尚其变,以制器者尚其象,以卜筮者尚其占。"圣人卜筮的四条基本原则是:其一,以说话者而言注重其言辞。其二,以动静而言注重其变化。其三,以使裁断者重视所观之象与所问之象差不多如影随形一样相像。其四,以筮卜者而言注重其占卜之后依据卜筮的结果及结合以上三方面的事实综合推断吉凶悔吝。这里的器,仍然器物。

《系辞·下传》第五章,易曰:"公用射隼于高墉之上,获之无不利。"子曰:"隼者,禽也。弓矢者,器也。射之者,人也。君子藏器于身,待时而动,何不利之有?动而不括,是以出而有获,语成器而动者也。"其意思是:《易·解卦》上六爻辞说:晋文公用他的才能射击凶猛的禽兽,结果一箭射中了高墙上的隼鸟。也就是重耳终于实现了他复国的志向,并且射中了诸侯之长的位置,没有什么不利。孔子说:"隼,这个东西,是禽兽之类,弓矢这个东西,是一种武器,射箭者是人。君子身怀仁德志向才能有武器,时刻等时机而行动,有什么不利呢?君子动而不阻塞且包容那些与自己意见不同者,不拒绝与小人的交往,所以就能获得出乎意料的成功。这是说君子具备了成器的条件再行动就能获得成功。"这里的成器,是有用的器材、武器,有才能德行有用的人。器,是器内藏有很多东西,是内涵。

《礼记·礼运》孔子曰:"故圣人作则,必以天地为本,以阴阳为端,以四时为柄,以日星为纪,月以为量,鬼神以为徒,五行以为质,礼义以为器,人情以为田,四灵以为畜。""礼义以为器,故事行有考也。"[①]

其实古人所谓的礼,就是指圣人效仿天地、日月星辰、四时等自然变化的次序,节律而制定的治理国家政事时排列的先后次序和具体制度。礼的基本要求就是通过君子的仁善之德,通过君子治理国家天下给人民带来的实际利益,通过君子祭祀天地、宗庙、山川的祭祀礼仪来体现君子之德,通过君子的祭祀和君子的具体表现来

---

① 钱玄、钱兴奇等注释.礼记[M].岳麓书社,2001:308.

实现对民众的教化作用。"礼仪以为器",器,是指规矩,以礼仪为规矩,其行为就有了考核的标准。所以说,规矩限制了事物的任意性、自由性,所以,"器",就是规矩的抽象象征之辞。

《礼记·礼器》篇曰:"礼器,是故大备;大备,盛德也。"①《礼记·礼器》指出:礼器,就是指礼所具备的极大功用;礼所具备的极大功用,就是德行完美的表现。这里的"器",是指礼的功用是去除邪恶,教化人正直,和谐万物人民。那么,器,就有包容和容纳的意思。

其实,地球本身就是一个巨大无比的器物,它容纳包藏承载了坤地上所有物质。

三、关于《易经》哲学形而下者谓之器的一般意义和哲学意义

《系辞·上传》第八章曰:"圣人有以见天下之动,而观其会通,以行其典礼。"《系辞》所论述的就是"形而下之道"产生的依据。

1. 形而下者谓之器的一般意义

从《老子》和《易经》之论的教化意义而论,"形而下者谓之器"的一般意义是:效仿模拟天地之道自然运行的次序、节律及其万物并生并存而互不相害的道理,所推论抽象拟定出各种规范约束众人行为保护众人合法权益的法规制度礼法是谓器。②

2. 形而下者谓之器的哲学意义

从老子和《易经》论述治国平天下之道的内容而论,"形而下者谓之器"的哲学意义是:效法模拟天地之道自然运行的次序、节律及其万物并生并存而互不相害的道理,推论抽象出与国家意识形态、社会形态、治国宗旨、治国目标相符的各种具有约束力,既能容纳万物,又能使万物并生并存、有条不紊而不相害的治国举措、以及利于保护人类自身和规范众人行为的众多法规制度礼法是谓器。③

这里的规则、制度、礼法包括《易经》六十四卦中所论的教化、刑罚、礼乐、婚姻家庭、伦理等规则和法规,及《礼记》中规定的治典、教典、法典等法规制度。

总之,"形而上者谓之道,形而下者谓之器",是《易经》哲学将天道地道自然的美好形象,引入匡正人道之美好形象的一种天地自然之道与人道合一的哲学方法。这种哲学方法只有存在于中国哲学之中,是任何西方哲学都替代不了的中国特有的哲学方法,而且易学之形而上哲学,既是关于治国理政的哲学,又是符合习近平主席提出的关于为绝大多数人服务的中华传统哲学,又是关于陶冶人的情操,提高人的道德修养的哲学。

---

① 钱玄、钱兴奇等注释. 礼记[M]. 岳麓书社,2001:314.
② 这是笔者对"形而上者谓之器"一般意义的解析。
③ 这是笔者对"形而上者谓之器"哲学意义的解析。

第四节　关于化而裁之谓之变等一系列论述之意义的总结

我们完成了对《易经》哲学"形而上者谓之道和形而下者谓之器"一般意义和哲学意义的界定后，再来研究《易·系辞·上传》第十二章的"乾坤其易之缊邪。乾坤成列，而易立乎其中矣。乾坤毁，则无以见易，易不见。则乾坤或几乎息矣。是故形而上者谓之道，形而下者谓之器。化而裁之谓之变，推而行之谓之通，举而措之天下之民谓之事业"的意义。这一段话的含义分两部分研究。

其一，"乾坤其易之缊邪。……则乾坤或几乎息矣。"《易·系辞》首先指出：天地其不是蕴含了《易经》所要阐述的深奥的道理吗？也就是说《易经》所阐述的深奥的道理其不是就蕴含了天地万物的变化之理吗？天地万物分类排列，《易经》所阐述的道理就存在于其中了。天地毁灭了，那么《易经》所阐述的道理也就不能显现了。《易经》所阐述的道理不能显现时，那么天地可能几乎已经消失了。《易·系辞》这一部分的论述，告诉我们《易经》所阐述的这些道理的来源，其来源于圣人对天地万物变化之理的考察研究，不是凭空想象出来的，既说明《易经》哲学是唯物论的观点，又说明论述天地万物变化之理的哲学，就是辩证的观点。那么，《易经》哲学就是唯物辩证哲学。这是《易·系辞》对《易经》所阐述道理的重要性的说明，《易经》所阐述的就是天地万物自然变化的各种道理，只要天地永远存在，《易经》所阐述的这些道理就永远存在，而且不会过时。正如朱熹所言："性是形而上者，气是形而下者。形而上者全是天理，形而下者只是那查滓。至于形，又是查滓至浊者也。"

其二，从"是故形而上者谓之道"到结束，这一部分是从治国平天下的哲学意义而言。《易·系辞》指出："效法模拟天道自然的运行规则和有益于万物的自然善性，推论出来的道理，推论抽象拟定出匡正居于上位的执政者的意识、思维、思想、道德、行为，政治意识形态，规范国家意识形态、社会形态、治国宗旨的最高规则和基本路线是谓道。效法模拟天地之道自然运行的次序、节律及其万物并生并存而互不相害的道理，推论抽象出与国家意识形态、社会形态，治国宗旨、治国目标相符的，各种具有约束力，既能容纳万物，又能使万物并生并存、有条不紊而不相害的治国举措，以及利于保护人类自身和规范众人行为的众多法规制度礼法是谓器。依据不同情形对器的规格适当简化取舍使其适宜不同民族风俗，便于施行是谓变通；使道与器得到广泛实行是谓通行；从民众中推举各类德才兼备的人才，采取各种措施，筹划举办各种能为天下人民谋利益的事务，并将其错综复杂千头万绪的事务，处置得井然有序不相冲突，以实现使人民得到利益福气，天下得到太平安乐的目的是谓事业。"

《易·系辞》这一段文词的具体含义有五：

其一，从教化意义而论："效仿模拟天道自然有益于万物的自然善性，推论抽象出各种匡正人的意识、思维、思想、道德、纯净心灵行为的道理是谓道。"从哲学意义而论："效法模拟天道自然的运行规则和有益于万物的自然善性，推论出来的道理，推论抽象拟定出匡正居于上位的执政者的意识、思维、思想、道德、行为，政治意识形态，规范国家意识形态、社会形态、治国宗旨的最高规则和基本路线是谓道。"

其二，从教化意义而论："形而下者谓之器"的一般意义是："效仿模拟天地之道自然运行的次序、节律及其万物并生并存而互不相害的道理，推论抽象拟定出各种规范约束众人行为保护众人合法权益的法规制度礼法是谓器。"从哲学意义而论："形而下者谓之器"的哲学意义是："效法模拟天道自然的运行规则和有益于万物的自然善性，推论出来的道理，推论抽象拟定出匡正居于上位的执政者的意识、思维、思想、道德、行为，政治意识形态，规范国家意识形态、社会形态、治国宗旨的最高规则和基本路线是谓道。效法模拟天地之道自然运行的次序、节律及其万物并生并存而互不相害的道理，推论抽象出与国家意识形态、社会形态、治国宗旨、治国目标相符的，各种具有约束力，既能容纳万物，又能使万物并生并存、有条不紊而不相害的治国举措，以及利于保护人类自身和规范众人行为的众多法规制度礼法是谓器。"

其三，对所制定的制度法规等依据具体的不同的情形，对其作适当的变易，使其与当地的民风民俗相适应是谓变通。

其四，建立适合广大民众利益，能够通行天下的通法。

其五，推举贤能人才，发展举办各种能为人民谋求利益的事业。

《易·系辞》这一段话，既说明了制定法典制度各种规则的依据，又说明了制定这些规则的目的，就是为了发展实现为人民谋求利益的事业，正如《易·系辞》曰："富有之谓大业，日新之谓盛德。生生之谓易。"《易经》所要成就的大业，就是圣人所要成就的伟大事业，圣人所要成就的伟大事业就是使天下国家强盛人民富有；圣人所要累积的盛德就是要使人民的生活发生日新月异的变化，让人民世世代代容易生存而且安乐地生活，这也是《易经》作者作易的目的——发扬光大先祖所要成就的伟大事业，教化子孙后代不忘记先祖的功业，从而使世世代代继承完成先祖的大业和盛德。

我们在探讨各种道的时候，就已经认识到，《易经》哲学的本体论是道本体论，道本体论又派生出三才之道——天道、地道，人道。从天道中抽象出形而上者谓之道，从天地之道的运行次序、节律中抽象出形而下者谓之器，从人道中抽象出做人的基本道理——仁与义。可是怎样做到仁与义，就涉及到很多复杂的问题。而且我们已经认识到《易经》论道的目的是以道论人，人道就是《易经》哲学的终极之论。所以《易·系辞》的这一段辞文就是规范人道的总方针、总纲领。

综上所述，《易经》哲学形而上形而下之道，其实就是一种哲学思维方法而已；其哲学思维方法就是效法，效法天道的基本规则，来匡正人心；效法天地道的基本规则秩序来规范人的行为；也是规范人道的方法。

人道，其实就是人为之道，也就是人为地制定的各种使人达到仁与义的制度、法规、礼法等，以教化规范人群的行为德行，达到人道的最高境界，这也是人道所要达到的目的。

人道，就是人为之道；人为之道，就是圣人以自己对天地之道的观察研究感悟之情和人情之精髓，对人类社会，对人类所期望的美好事物的设想所作出的各种规划，以使我们所期望的美好事物、美好社会能更加统一、快捷地实现而已。当然，所谓大道、天道、地道等都是圣人象思维的结果，都是人为之道，所以《老子》说："故道大，天大，地大，人亦大。域中有四大，而王居其一焉。"《老子》为什么说"人亦大……"呢？依照老子的观点，这个王，就是圣王，就是圣人，只有圣人才明白道大、天大、地大的道理。人之所以大，就是因为人，也就是一般人都能用自己的能力生存在天地之间，而圣人则能认识感悟到道大、天大、地大的道理，以其道理感化天下民众，而实现人心向善。

北宋儒学家张横渠有"四为"句名言："为天地立心，为生民立命、为往圣继绝学，为万世开太平。"① 这里我们先来了解他前两句的意思，即何为"为天地立心，为生民立命"。天地本无心，天地之心从何而来？

毛泽东在他的《心之力》中指出："宇宙即我心，我心即宇宙。细微至发梢，宏大至天地。世界、宇宙乃至万物皆为思维心里所驱使。博古观今，尤知人类之所以为世间万物之灵长，实为天地间心里最致力于进化者也。夫中华悠悠古国，人文始祖，之所以为万国文明正义道德之始作俑者，实为尘世诸国中最致力于人类自身与天地万物间精神相互养塑者也。盖神州中华，之所以为地球文明之发祥渊源，实为诸人种之最致力于人与社会与天地间公德、良知依存共和之道者也。古中华先贤道法自然，文武兼备，运筹天下，何等之挥洒自如，何等之英杰伟伦。"毛泽东在这里指出，宇宙万物的存在，都是由于人类之心的意识思维感悟认识所驱使；中华民族之所以成为万国文明、正义、道德之创始者，就是因为中华民族的先祖，是最致力于人类自身与天地万物之间的精神相互培养和塑造；中华民族之所以成为地球文明之发祥渊源，这是因为中华民族的先祖是最致力于研究实施人与社会与天地之

---

① 刘学智、方光华主编.张子全书[M].西北大学出版社，2015：259.

间的公德、良知相互依存、共同和谐相处之道的智者！

"宇宙即我心，我心即宇宙"，这是说我们的中华民族的先祖先圣，通过对宇宙万物的变化规则的观察研究，对宇宙万物之理的感悟，而为宇宙天地塑造了善良、公正无私、正直、光明正大、给万物益处而不图回报、包容、伟大、深厚、宽广等似人心一样的美德，也就是为天地树立了人心，使天地人心同一在道德的范畴。毛泽东的这些话，就是对《老子》、孔子、易学所论的大道、无为之道、三才之道，人为之道的总结概括，我们的先祖先圣所论的道，就是先祖致力于人与天地万物之间精神的相互塑造培养的经典之作；就是为了实现达到人与社会天地之间公德、良知和平共处之道的经典之作。《易经》"形而上者谓之道，形而下者谓之器。化而裁之谓之变，推而行之谓之通，举而措之天下之民谓之事业。"这五句话，则是对这些经典之作的总结概括。正如《礼记·礼运》孔子所言："故人者，天地之心也，五行之端也，食味、别声、被色而生者也。"[①] 也如《易·复卦》象辞曰："复，其见天地之心乎？"

所以，"为天地立心"，这是张载对古代哲学家为天地树立人心使天地人之心同一所做的各种论述和作为的综述，也是张横渠先生对儒家历史使命的认定。

"为生民立命"，就是古圣人为了天下的民众而设立了"天命"，以天命治理天下国家的道理意义，以及古代圣王为了真正实现天下太平安乐的大同社会，以天命为准则，甚至舍弃自己的性命而不顾的伟大精神。

什么是天命呢？毛泽东在他的《心之力》中指出："人心即天命，故曰天视自我民视。天命何？理也。能顺乎理，即不违乎人；得其人，斯得天矣。然而不成者，未之有也。"毛泽东认为，人心即是天命，那么自古以来民众之心是什么呢？当然就是《老子》笔下的小国寡民时代的太平盛世；孔子所言的三王时代的天下大治的大同社会的太平盛世；文景之治的小康社会；贞观之治的天下太平的大同社会；毛泽东所论的历史上农民革命运动所要达到的人人有饭吃，人人有衣穿，人人平等的太平目的；孙中山先生的"天下为公，天下大同"的革命目的。也是当今共产党人提倡的民族复兴，所要实现的是我们的先祖已经实现了的，但却要在各种物质、生活环境、人文精神极大超越古代大同社会的新型的大同社会。

也就是说"为生民立命"，就是为了天下民众所祈求的太平安乐的生活，顺从宇宙万物生存的道理，而设立的以"天命"治天下的意义。以天命治天下，就不会违背民众的心愿，就能得到民众的拥护，从而得到天下的道理或者得到天下；得到天下，就是为了治理天下，而使人民得到更多的福气利益。

---

① 钱玄、钱兴奇等注释. 礼记[M]. 岳麓书社，2001：307.

人道，也就是人为之道，是《易经》哲学以道论人的终极目的。人道，就是通过各种人道的规矩、方式方法达到上下统一目标，统一志向，实现我们为之奋斗的目标。

第二编

《易经》哲学人道论之形而上形而下规则

这一编主要内容，是通过对形而上人道论中的相关问题的论证，如治国者自身所必须遵循的形而上规则的论述，对治国者必须遵循的治国宗旨、目标的论述，以及形而下的各种规则的论证，证明《易经》本身就是一部论述古代圣王是如何治国平天下、为人民大众谋福气利益的哲学著作。也就是说，《易经》哲学就是一部教化治国者如何治国平天下，为人民谋利益福气的形而上哲学。

第一部分　《易经》哲学人道论之形而上最高规则

第一章　《易经》哲学人道论之形而上最高规则之天子之道

《易经》哲学人道之形而上的最高规则首先是指依据天道的道理而效法、抽象、拟定的帝王之道，包括真龙天子应具有的品德，真龙天子的言行作为、治国纲领、治国目标等等一系列规则。

关于《易经》六十四卦的阴阳属性问题，易学界还没有什么统一的归属。因为天道属于形而上，天地之道的运行次序、节律属于形而下，所以笔者对六十四卦天道、地道的划分，是以卦形结构的阴阳爻数的多寡为划分基础，以卦形结构所象征的事物为变数，来确定天道地道的内容。

一、天道的划分基础

（1）以卦形结构中的阳爻占多数为阳卦为天道的划分基础。比如《乾卦》䷀，六爻全为阳爻，其内容也是与天道相关，所以就是天道的象征。又比如，䷫《天风姤卦》阳爻居多，所以也是天道的卦形。

（2）以卦形结构所象征的事物为变数划分天道。比如《水雷屯卦》䷂，虽然卦形结构中阳爻居于少数，只有两个阳爻，但是水可以为天上之云彩，雷是天上形成发生的，所以，就为天道之物。又如《雷火丰卦》䷶，虽然阴阳爻数目相等，但是雷为天上之物，火为天之太阳，为电，所以就为天道之物。又比如《震卦》䷲，虽然震卦只有两个阳爻，但雷震是发生在天上之物，就为天道之物。

二、地道的划分基础

以卦形结构中阴爻占多数为地道。例如，《坤卦》䷁，六爻全为阴爻，其内容也是与地道柔顺之德相关的内容，所以就是地道的象征。又如《谦卦》䷎的卦形结构，阴爻居多，属于地道之卦形。在地道的卦形结构中，还不存在以所象征的事物为变数划分地道。

三、天地之道的划分基础[①]

一般都是以阴阳爻数目相等为划分基础。例如《泰卦》䷊、《否卦》䷋，就属于天地之道的卦形；但是在具体研究天道、地道时，还要看其所象征的具体事物是属于天道，还是属于地道，《泰卦》䷊，所述为天子的治国目标的问题，所以将其归于天道。而《否卦》䷋所述的是君子之德的问题，所以，将其归于地道的范畴。

第一节 《乾卦》是对真龙天子德行的论述

《乾卦》䷀，六爻全为阳爻，阳爻的多寡是天道的象征，所以乾卦就是天道的象征，更是对形而上者谓之道最高规则作全面阐述的卦象，也是对《老子》之道德论的升华和高度抽象。

一、《乾卦》卦辞对真龙天子意识、思维、思想、道德、行为规则的论述

真龙天子形而上之道和德的规则，属于形而上之道的首位，因为只有真龙天子的意识、思维、思想、道德、行为具备了圣人所抽象的天之道德的德行模式，才是一个有道德的有利于国计民生的圣王。这里，我们记住形而上者谓之道的哲学意义是："效法模拟天道自然的运行规则和有益于万物的自然善性，推论出来的道理，推论抽象拟定出匡正居于上位的执政者的意识、思维、思想、道德、行为；政治意识形态；规范国家意识形态、社会形态、治国宗旨的最高规则和基本路线是谓道。"以下就以其意义的含蕴，来分析研究形而上之道与真龙天子之德的关系。

《乾卦》卦辞和《乾·文言》是《易经》作者依据天道的特征，对真龙天子的道德所包含的思维意识行为的抽象和评定，也是易学对《老子》之道德意义的概括升华抽象和应用。

䷀卦辞曰："元、亨、利、贞。"《乾·文言》曰："'元'者，善之长也。'亨'者，嘉之会也。'利'者，义之和也。'贞'者，事之干也。君子体仁，足以长人，嘉会足以合礼，利物足以和义，贞固足以干事。君子行此四德者，古曰：

[①] 《易经》的原著，主要依据天白编著、长春出版社 1991 年 12 日出版的《易经图解》。关于对《易经》解释方面的内容，主要参考笔者已经出版的《周易新解》的内容。

乾，元、亨、利、贞。"

《乾卦》卦辞说："乾天一开始就通达、有利、正确。"

《乾·文言》说："'元'，是说仁善是大人君子之德的第一位。'亨'是说能够亨通，是因为大人君子能使一切美好的品德汇聚在自身。'利'就是用合宜公正的道德、行为方式使人与人、人与社会、人与万物和谐。'贞'是说，以坚贞不屈的精神，正当的才干和言行致一的品德求取事业的成功。大人君子能以仁善为根本，就足以能成为人民的首领。能使美好的品德汇聚于一身，就足以合乎礼的规范。能有利于万物和谐，就足以合乎义理；能以天所固有的公正无私，坚定不移的品德去求取事业的成功，就足以成就事业。君子若是能实行以上四种美好品德，就如古人所说的：'像乾天一样，能以仁善开始，就能通达顺利，有利于万物和谐生长变化，而且恒固长久。'"这是《乾·文言》对《乾卦》卦辞的解释。也是对帝王之道德标准的抽象和评定。为什么说这是对帝王之道德的抽象评定呢？因为孔子在《礼记·经解》中说："天子者，与天地参。故德配天地，兼利万物，与日月并明，明照四海而不遗微小。"[①] 只有古代圣王之德与天地并列为三，因为圣王长久地施行无为之道，所以就能做到其德与天地相匹配，是真正达到天人同一的典范。这里的"与天地并列为三"之三，就是《老子》所言的"故道大，天大，地大，人亦大"之大，之所以"并列为三"，是因为"道大，天地大，人也大"。

《乾·文言》又曰："乾'元'者，终而亨者也。'利贞'者，性情也。"《乾·文言》所说的"元、亨"，是指大人君子能从始到终，周而复始地让仁善及一切美好的品德汇聚一身，所以亨通无阻。"利贞"就是性情的意思。性情就是说大人君子的思维意识、思想、情感、性格特点的具体表现。大人君子的思想情感是什么呢？就是仁善，善良，诚信。大人君子的性格行为有什么特点呢？就是品德高尚，行为适中合乎礼义，又有渊博的知识和才能以及坚定不移、自强不息的精神。正如《乾·文言》对《乾卦》九五爻"大人"的解释是："夫'大人'者，与天地合其德，与日月合其明，与四时合其序，与鬼神合其凶吉。先天而天弗违，后天而奉天时。天且弗违，而况于人乎，况于鬼神乎。"

从《乾·文言》对《乾卦》卦辞的解释，足以说明中华民族的先圣道法自然，道法天地之德而抽象出很多具体的规则，以实现人道思维意识思想行为之仁与义的基本意义。当然"元、亨、利、贞"也是君子之德行表现的基本准则了。"元、亨、利、贞"更是对真龙天子子道德标准的具体的规定。

仁善是君子之德的第一位，集乾天坤地及所有帝王君子之德于一身，能和谐人

[①] 钱玄、钱兴奇等注释. 礼记 [M]. 岳麓书社，2001：655.

与人、人与社会、人与万物的关系，有坚贞不屈的精神和真正的有正当才能、言行致一的品德，就是真龙天子。真龙天子有如乾天一样伟大的德行而不言其功。

《乾卦》卦辞，其实是对《老子》之道德论所论的圣人之道德意义的高度概括抽象，也是对关于真龙天子之道德的概括，也是对真龙天子必须具备的意识、思维、思想、品德的论述。这就是形而上之道的意义，要求居于上位的真龙天子，必须在意识、思维、心灵、行为上具有与天道天德一样的实际表现，才能符合真龙天子的道德标准。

关于《乾卦》卦辞："元、亨、利、贞。"在《王弼·周易略例》中指出："凡体具四德者，则转以胜者为先，故曰'元亨，利贞'也。其有先贞而后亨者，亨由于贞也。"而张载在《横渠易说·上·乾》中也有关于"元、亨、利、贞"的解读："乾，元亨利贞。""乾之四德，终始万物，迎之不见其首，随之不见其后，然推本而言，当父母万物。"

二、《乾卦》从初九爻辞至六五爻辞相对应的《乾·文言》是对真龙天子具体政务规则的规定

《乾卦》初九爻辞至六五爻辞相对应的《乾·文言》是对真龙天子以无为之道治天下，以及具体政务规则的明确规定，真龙天子在具体的时间季节、具体的空间，做天子应该作的事情的论述。上九爻辞则是对违背真龙天子之道德的结果的论述，用九爻辞则是对真龙天子以天命为民谋利益的宗旨治天下，实现了大同社会的社会情境的描述。《乾卦》爻辞的具体内容如下。

初九爻辞：潜龙勿用。爻象辞：潜龙勿用，阳在下也。

九二爻辞：见龙在田，利见大人。爻象辞：见龙在田，德施普也。

九三爻辞：君子终日乾乾，夕惕若厉，无咎。爻象辞：终日乾乾，反复道也。

九四爻辞：或跃在渊，无咎。爻象辞：或跃在渊，进无咎也。

九五爻辞：飞龙在天，利见大人。爻象辞：飞龙在天，大人造也。

上九爻辞：亢龙有悔。爻象辞：亢龙有悔，盈不可久也。

用九爻辞：见群龙无首，吉。爻象辞：天德不可为首也。

1. 初九爻辞是对真龙天子遵循天道之无为以治天下的论述

初九爻辞："潜龙勿用。"爻象辞："潜龙勿用，阳在下也。"

初九爻辞是指真龙天子隐藏自己的才能，就意味着要发动有才能的臣子发挥功用。也就是说天子只要执掌好治国宗旨——无为之道，尽量发动每个有才能的臣子发挥才能，去做具体的事务；治理好国家。正如《乾·文言》曰："君子以成德为行，日可见之行也。'潜'之为言也，隐而未见，行而未成，是以君子弗'用'也。"

《乾·文言》对初九爻辞的解释是："君子为了实现道德而行动。从日常表现中就可以见其德行。所言'潜'者，就是隐藏不见的意思，有言行而不依靠自己成就大业，所以君子不用表现自己的才能。"

初九爻辞指出，真龙天子居于无为之道，静观静思国家的各种治理问题，民生问题，最后提出问题，发布命令由有才能的臣子们发挥作用。

所以初九爻辞的意义与《老子》之道德论的意义相一致。《老子》第四十五章曰："静胜躁，寒胜热。清净为天下正。"《老子》所论的就是天子清静无为，冷静地观察思虑治国之道，以清净无为之道治理国家天下，才能实现天下正。

《庄子·天道》曰："夫帝王之德，以天地为宗，以道德为主，以无为为常。无为也，则用天下而有余；有为也，则为天下用而不足。故古之人贵夫无为也。上无为也，下亦无为也，是下与上同德，下与上同德则不臣；下有为也，上也有为也，是上与下同道，上与下同道则不主。上必无为而用天下，下必有为而为天下用，此不易之道也。故古之王天下者，知虽落天地，不自虑也；辨虽雕万物，不自说也。能虽穷海内，不自为也。天不产而万物化，地不长而万物育，帝王无为而天下功。"①

庄子的这一段话是对真龙天子如何治天下的具体说明，也是对《老子》之论的解读说明。圣人君子治理国家天下，必定以天地自然无为之道为宗旨，以道德为纲领，以无为之道为治国治天下的常道。以无为之道用来治理国家天下而永远用之不竭，以有为的聪明才智的方法来为人民为国家谋利益却还显得不够用。所以圣人就特别重视以无为之道治理国家天下。圣人君子以无为之道来任用有贤德才能的人，辅助自己治理天下，这是上无为而下有为的道理；圣人君子虽然很有才、有德、有智慧，而且他们的才德、智慧虽然除不能与天地相比以外，是没有什么人能够与他们相比的，但是却从来不思虑显示自己的德能；圣人君子虽然能辨别刻画万物的形象特征，但是却从来不表现言说自己的才能；圣人君子的才能虽然穷极四海，但是却不自己独自作为，而是任用贤能有德的臣子辅助自己成就大业。这就是真龙天子之德，也是无为之道的体现。无为之道就与天不用谋划而万物自然化生，地不用谋划而万物自然化育，圣人无为而天下万物自化的道理是相同的。正因为如此，圣人才会重视无为之道，以无为之道作为治理国家天下的宗旨。这就是说，圣人只要把握无为之道这个治国之道，任用贤能有德有才智者，赋予他们相应的职责，使他们发挥自己的智能来辅助自己治理国家天下，那样更容易取得成功。

所以说，"潜龙勿用"，就是真龙天子以清静无为之道治天下，隐藏自己的才能不用，而鼓励发动有才能的臣子贤者做有为之事。这里的"勿用"，就是隐藏自

---

① 张光裕编著. 老子（附庄子）[M]. 北京燕山出版社，2000：153.

己的德能而不显现，以清静隐藏为德。

所以初九爻象辞说，龙德潜藏不显现，就是天道隐藏不显，天子也不自我显示他的德能。

2.九二爻辞是对真龙天子在具体的时间空间的具体作为的论述

九二爻辞："见龙在田，利见大人。"爻象辞："见龙在田，德施普也。"

九二爻辞是指真龙天子出现在田野里，由于真龙天子在田野出现，有利于显现大人。那么这个大人是什么样的人呢？显现这位大人有什么意义呢？《乾·文言》九五爻辞曰："夫，大人者，与天地合其德，与日月合其明，与四时合其序，与鬼神合其凶。先天而天弗违，后天而奉天时。天且弗违，而况于人乎！况于鬼神乎！"这是《乾·文言》对九五爻辞"大人"的解释，也是对九二爻辞"大人"的解释。所谓"大人"，是说他的品德与天地之道德相合，他正大光明与日月一样，他礼义适宜合乎四时的秩序。他用鬼神辅助治理国政以合吉凶之义。天地生成之道，先天地而生成天地的生成之道，天都不敢违背，而且始终如一遵从。有了天地后，天地生成的万物遵从天时的变化不违背而能存其身，天况且不违背天道的变化，何况是人呢！更何况是鬼神呢！《乾·文言》对"大人"的解释就是不违背天道，与天地日月同德的圣人，大人就是圣人，圣人就是大人。

因为九五爻也有"利见大人"的爻辞，所以《乾·文言》对大人之德的解释，就是《乾卦》卦辞所说的有像乾天一样品德的真龙天子，那么这个真龙天子在田野干什么呢？是让人看见他游玩吗？是让人民看见他显示威仪吗？当然不是了，那么他为什么要让人民看见他呢？

"见龙在田，利见大人"，一方面是说春天之时，可以在田野里看见天子、大臣的踪迹；另一方面是说春天之时，正是天子、大臣们向人民显现仁德之时。而且天子大臣确实在向民众施行仁德。

"见龙在田，利见大人"，到底显现了大人的什么呢？《乾·文言》曰："见龙在田，时舍也"。看见真龙天子在田野里，是因为天子要依据时气节令的变化向人民施舍恩惠，而对真龙天子在这些具体时间空间的具体活动规则，《礼记·月令》中有明确规定。

其一，天子在每一个季节所要进行的野外活动，如立春之后，天子要在正月的第一个辛日祭祀先帝，并祈祷先帝保佑五谷丰登。同时，天子还要择吉日率三公九卿，诸侯大夫、亲耕于籍田。古代天子亲耕籍田是一个重要的仪式，天子亲耕，以鼓励民众为民众作耕田榜样以显示农耕的重要性。天子所做的这些活动是《礼记·月令》所明文规定的法礼。《礼记·月令》曰："是月也，以立春。""是月也，天子以元日祈谷于上帝。乃择元辰，天子亲载耒耜，措之于参保介之御间，帅三公，九卿，大夫，躬耕帝籍。"①

其二，立春之时，天子率朝廷官员到郊东迎春之后，赏赐官员，诸侯大夫。并命令三公颁行道德规范，宣布禁令，褒扬善德，施人恩泽，遍及大众。天子还要在春天布施政德，命令官吏开放粮仓，赏赐贫穷，救济贫弱，周济天下民众。正如《礼记·月令》曰："立春之日，天子亲帅三公九卿，诸侯大夫以迎春于东郊。还反，赏公卿、诸侯、大夫于朝。命相布德和令，行庆施惠，下及兆民。"②"是月也，生气方盛，阳气发泄，句者毕出，萌者尽达，不可以内。天子布德行惠。命有司发仓廪，赐贫穷，振乏绝；开府库，出币帛，周天下，勉诸侯聘名士，礼贤者。"③

《礼记·月令》，这些礼法规定都表示了春天之时，真龙天子既活跃于田间野郊外，又活跃于朝廷内外，向人民布德施惠的事实，也是"见龙在田，利见大人"的真正含义。"利见大人"，就是有利于让民众看见和享受到天子的恩德德。正如《乾·文言》曰："见龙在田，天下文明也。"《乾·文言》指出，真龙天子出现在田野，这是天下文明的象征；天子向天下人民普施恩泽，褒扬众人的善德，使人人向善，修身明道；人人遵道敬德，守法遵纪，个个尊老爱幼，而天下安乐太平的景象，是"天下文明也"的象征。

"利见大人"还包括朝廷春天所颁布的一系列政令、禁令，体现了大人对万物和谐的相关见解。正如《礼记·月令》曰："是月也，不可以称兵，称兵必遭殃。兵戎不起，不可从我始。毋变天之道，毋绝地之理，毋乱人之纪。""禁止伐木，毋覆巢，毋杀孩虫、胎、夭、飞鸟，毋麛、毋卵、毋聚大众，毋置城郭，掩骼埋胔。"④这是古人为了达到万物和谐而发布的一系列政令。古人认为只有在适当的时间做适当的事情，才能辅助万物的生长化育，尽力实现万物和谐的目的。

这是九二爻辞所包含的意义——天子在一定的时间，出现在一定的空间，为天下万民普施德惠。所以九二爻象辞说，看见真龙天子出现在田间朝廷内外，广施恩泽于万民。"德施普也"，就是恩德普遍施行天下。

《乾·文言》"'九二曰：见龙在田，利见大人。'何谓也？"子曰："龙德而中正也。庸言之信，庸行之谨。闲邪存其诚。善世而不伐，德博而化。易曰：'见龙在田，利见大人。'君德也。"《乾·文言》对九二爻辞的解释是用孔子之言来说明的，也就是说为什么真龙天子出现在田野，就有利于显现大人呢？孔子说："这是龙德而且中正呀。龙德的表现是：平时说话要守信用，平时的行为要恭谨，防止

---

① 钱玄、钱兴奇等注译.礼记[M].岳麓书社，2001：196.
② 同上，199.
③ 同上，208.
④ 同上，201.

偏斜而遵从诚信。善待世间万民万物而不夸耀功劳。其德博大而造化万物。所以，九二爻辞说：'看见龙出现在田野，有利于显现大人的功德。这是说的天子之德啊。'"这是孔子对九二爻辞的解释，也是对君子之德的论述。君子之德的中心内容是：中正无私，诚信恭谨，善待万物而不夸耀功劳，其德博大而造化万物。

3. 九三爻辞是对真龙天子尊天道而自修其德使其思维意识思想行为符合道德的论述

九三爻辞："君子终日乾乾，夕惕若厉，无咎。"爻象辞曰："终日乾乾，反复其道也。"

九三爻辞是对君子之德的进一步说明：君子终日学习天道，进修天德，日夜警惕就如要发生危险一样，君子这样做没有过失。爻象辞则是对爻辞的解释，也就是说，什么是君子终日乾乾呢？就是君子一次又一次，不计其数地以天道为命令，反复进修德业，使自己的德业更深更广。那么君子这样做，为什么就会没有过失呢？这就是《乾·文言》所说的道理。

《乾·文言》九三曰："君子终日乾乾，夕惕若厉，无咎。"何谓也？子曰：'君子进德修业。忠信，所以进德也。修辞立其诚，所以居业也。知至至之，可与言几也。知终终之，可与存义也。是故居上位而不骄，在下位而不忧。故乾乾因其时而惕，虽危无咎矣。'"《乾·文言》指出："君子依照天道，终日进修善德，终日为使自己的德行进步而奋斗不息，并力求自己的善德与天道相近，而且始终如一，日夜反复担心过失就如有危险即将发生一样，最终就没有灾难或过失发生。这是为什么呢？孔子说：'这是因为，君子日夜不断地学习进修自己的德行，日夜不断地学习以提高自己的才能而成就事业。坚守忠信，所以就能累积他的德行。努力修养自己美好的言语以建立他的诚信，所以就能蓄积成就他心中的大业。明白了圣人之道高大极天而至诚的道理，才可以与其谈论道的隐微不显的道理；明白道诚信的全部道理而至于诚信，那么诚信的意义就到处存在了。所以当君子身居高位时，就不会自高自大、妄大非为，当君子身处下位时也不会养尊处优和担忧。所以说君子终日学习天道进修德业，日夜警惕过失，虽然担心而终究没有灾祸发生。'"

这是《乾·文言》用孔子之言对九三爻辞的解释，也就是对真龙天子尊天道而反复不断的进修德业的论述，真龙天子的这种作为，就是圣人之道。

《乾·文言》又曰："九三重刚而不中，上不在天，下不在田，故'乾乾'因其时而'惕'，虽危'无咎'矣。"《乾·文言》指出，九三爻重复三阳，是刚健已极而有些不中正，既不在上位发挥天德的威力，又不在下位发挥龙德的功能，所以只有终日以天道为命令，终日为增进自己的德行、才能而奋斗不息，又时刻警惕自己的过失，就如有危险发生一样。也只有端正自己的品德，才能最终没有过失和灾难发生。其实九三爻辞的意思，是告诉我们，真龙天子隐藏不显其德能在干什么的问题，他自己隐藏自己的德能，发动各位臣子大显身手，难道他自己在享乐游玩吗？当然不是了，他在学习，在不断地学习，不断地进修德业。

《乾·文言》对九三爻辞的两段解释，其意思基本是一致的。这里要特别注意几个问题，作为真龙天子：其一，要时刻警惕危险灾难发生，也就是居安思危的意思；这个危险灾难不是自身的安危，而是国家命运前途的安危，是治国宗旨的安危，是人民大众利益的安危。其二，要不断的学习，反复学习，进修德业，增长学问、提高才能、累积德业。其三，要明白诚信的道理，坚守诚信，不背弃遗忘自己心中的抱负，成就使国家富强人民富有的大业。其四，身居上位而不骄，在下位而不忧。身居上位不骄傲自满，不妄自菲薄；隐居下位不养尊处优和担忧。这里的"下位"，对真龙天子而言，就是闲居之时，不养尊处优也不用担忧。

这就是真龙天子身居天子之位的思想轨迹，身居高位，而不断反复自修其德。身居高位的天子，不是养尊处优，不是什么作为也没有，而是心怀天下，心怀民众的利益福气的天子。正如《文言》曰："终日乾乾，行事也。"君子终日小心谨慎，反复进修德业，防止过失，以诚信谋划为天下人民谋利益的事业。

4.九四爻辞是对天子在遇到重大的、不能解决的疑虑时，到清静的地方，以自己的智慧思考解决问题方法的论述。

九四爻辞："或跃在渊，无咎。"爻象辞曰："或跃在渊，进无咎也。"

九四爻辞的意思，正如《乾·文言》曰："九四重刚而不中，上不在天，下不在田，中不在人，故'或'之。或之者，疑之也。故无咎。"《乾·文言》指出，九四爻辞所示位置是居于第四阳爻，第四阳爻刚健至极而不中正，既不在上位思谋天道，又不在田野发挥龙德，中又不在民间观察民情体验生活，所以用"或"之。之所以是"或"，是因为有疑虑存在，所以就活跃在深水边，一边思考，一边明访暗查，以查明真相。所以他这样做本身没有过失，也是为了防止灾难发生。这里"渊"，是一个象征辞，象征存在的问题很深很大，疑问、疑虑很深很大，就要在安静处深思熟虑。那么天子的疑虑是什么呢？当然首先是担心自己是否有违背天道先帝的过失，再者就是疑虑为民众谋福祉的政策有否偏差；其次，是疑惑可能发生的违背最高宗旨甚至妖言惑众的事情，或者有颠覆江山社稷的事情发生。

《乾·文言》曰："或跃在渊，乾道乃革。"《乾·文言》指出，或者活跃在深水边，那是因为有要改变天道的事情发生！要改变天道是在说，在以天道为治国宗旨的过程中，出现了偏离以天道为治国宗旨的事情；或者是有叛逆者要谋权篡位，或者天子在思考如何更好地治理国家的道理或方法，所以真龙天子才深入下层，或者居于幽静之地，独居思考解决问题的方法。

所以九四爻象辞说，或者活跃在深水边，只有思考出如何解决问题的方法，才会使社会前进就不会有灾难发生。也就是说只有将存在的问题解决了，才不会发生灾难。

这是《乾·文言》对九四爻辞的解释，这里的"乾道乃革"，就是以天道之无为为民众谋利益的治国之道有被取消、革除的可能，所以天子才在安静的水岸沉思解决问题的方法，只有寻找到解决问题的适宜方法，才会使社会不断进步，才不会发生灾难。

5.九五爻辞是对什么是真正的真龙天子的论述

九五爻辞："飞龙在天，利见大人。"九五爻象辞曰：飞龙在天，大人造也。"

九五爻辞说，飞腾的巨龙在天上，有利于显现大人。爻象辞说："巨龙在天上飞腾，非常明显，而这条巨龙则是大人造就的。"爻象辞说在天上飞腾的巨龙是大人造就的，那么这个大人到底是什么形象呢？

《乾·文言》回答了这个问题："夫，大人者，与天地合其德，与日月合其明，与四时合其序，与鬼神合其凶。先天而天弗违，后天而奉天时。天且弗违，而况于人乎！况于鬼神乎！"这就是大人的形象，就是真正的真龙天子，也是九二爻辞所言的大人形象的解释。也是对大人造就的真龙天子之德的描述。因为有真正的真龙天子，在上位掌握治国之道，所以天下国家才能得到治理。这也就是说，真龙天子在水岸边将"乾道乃革"的问题思考清楚了，要在朝廷上发表关于"乾道乃革"的政令，重正朝纲，首先使各类官员得到治理，充分显现了真龙天子的威力。

正如《礼记·经解》所言："天子者，与天地参，故德配天地。兼利万物，与日月并明，明照四海而不遗微小。其在朝廷，则道仁圣礼仪之序；燕处，则听雅颂之音；步行，则有环佩之声；升车，则有鸾和之音。居处有礼，进退有度，百官得其宜，万事得其序。"[①]

从《礼记·经解》之言，可以看到，九五爻辞和《乾·文言》所言的大人，就是真龙天子的象征，也就是说九五爻辞所言的"飞龙在天，利见大人"，就是对真龙天子时刻以天道自修明德，以天道治理国家天下，使天下得到大治，而真正地显示出了真龙天子之德，也是对真龙天子之德的描述，这个大人之德，就是真龙天子的象征，就是真正的真龙天子之德的显现。

《乾·文言》又曰："飞龙在天，上治也。"这就是说，真龙天子经过在深水边的沉静长久的思考，终于得到了解决问题的方法，已经将出现的各种重大的违背天道或先帝之德的问题解决，而使自己得到经验教训，使各级官员得到了教育治理，

---

① 钱玄、钱兴奇等注释.礼记[M].岳麓书社，2001：655.

使他们都成为具有深厚道德的君子，使天下得到治理，实现了天下大治的目标，真正实现了天下太平安乐的大治。所以《乾·文言》说，飞腾的巨龙在天上，这是上面得到治理之象，也是依照天道处置了各种问题事件，而使上位的君臣得到经验教训。

6.上九爻辞是对失道的天子违背道德之作为的批判

上九爻辞："亢龙有悔。"上九爻象辞曰："亢龙有悔，盈不可久也。"

《乾·文言》对上九爻辞的解释是："亢龙有悔，穷之灾也。"《乾·文言》指出，高傲骄横无德的龙将有灾难发生，他的处境困窘，已经无路可走了。这是说，如果哪位天子失道无德成为骄横无德高傲的人，他就只有自己灭亡或者使整个朝代灭亡；这也是指天子自己不修道，不以天下民众苍生的利益为己任，而只顾自己的利益；还在于天子不重视畜养重用有道有德的贤者为臣，而重用那些无德的小人，所以才会走投无路。正如《乾·文言》上九曰："亢龙有悔，何谓也？"孔子曰："贵而无位，长而无民，贤人在下位而无辅，是以动而有悔也。"这是《乾·文言》以孔子之言对"亢龙有悔"的解释，为什么身居高位的那位高傲无道无德的天子，会有灾祸发生呢？孔子说："这是因为那些崇尚先帝之道德的君子，居于下位而没有应有的地位；身居高位的君王没有道德而得不到人民的信任；居于上位的君王又不任用贤人，贤能有德的君子居于下位，不能辅佐君王以天命治理国家天下，所以居于上位的君主的就会有灾祸发生。"

这就是说，假如天子失道无德，不能以为天下民众谋利益为己任，又重用小人，残害无辜，不听贤臣谏言，就会亡国亡己。所以真龙天子必须不忘以大人造就的真龙天子之德修为自己的德行，不忘先帝先祖的治国宗旨，重用贤者为臣为辅佐，还必须整日小心翼翼，谨慎行事，才不会发生灾祸。正如《易·夬卦》卦辞曰："夬：扬于王庭，孚号，有厉，告自邑，不利即戎，利有攸往。"《夬卦》卦辞说：为王者立于王庭，就要宣扬遵奉天道，以天道治天下，以诚信称号天下，而使人民称颂。如果为王者，不仅不能宣扬尊奉天道以治天下，还危害人民，失信于民，这时就会有遵道的贤者挺身而出，在朝廷上直谏君王，希望君王守信用，遵天道以治天下，为民众谋利益；如果屡谏不听，并且对劝谏的臣子与有怨言的百姓进行报复和伤害，而不利于人民时，就意味着其失道无德之王已经穷途末路，不可救药，那么就会有有道者和有志之士，果断坚决地向自己所属城邑的百姓宣告，王不利于天下人民，他们就会组建军队，聚集人马，用武力将无道的君王拉下马，赶下历史舞台。只有由有道者来治理国家天下才会有利于人民，人民才会悦服，才会继续过太平安乐的生活。这就更加说明真龙天子尊奉大人造就的真龙天子之德的重要意义。

所以说，上九爻辞既是对失道无德的天子之结果的评判，又是对真龙天子要始终修己明德的警示，假如天子不能像九三爻辞所说的"君子终日乾乾，夕惕若厉"，不能尊奉大人造就的真龙天子之德，那么就有可能发生如上九爻辞所说的"亢龙有悔"的事情了，如果这些灾祸真的发生了，那就是亡国亡天下亡自己的时候，所以真龙天子就要时刻不忘自修明德，时刻不忘民众苍生的利益。

7.用九爻辞是对真龙天子以天道之无为治天下，实现天下大治时代，天下达到和谐社会的大同社会状态的描述评价

用九爻辞："见群龙无首，吉。"爻象辞曰："天德不可为首也。"

《乾·文言》对用九爻辞的解释是："乾元用九，乃见天则。""乾元用九，天下治也。"《乾·文言》指出，乾元用九爻辞所说的"见群龙无首"。是指看见群龙井然有序地在一起工作、聚会、交往、游乐、但是没有看见他们的首领，这就真正的显示了天道自然无为的法则，显示了以天道治天下所达到的最高理想和目标。

那么，这是为什么呢？这是因为，从一开始，真龙天子就效法天道之无为以作为治理天下的准则，使天下大治，而实现了天下太平安乐大同社会的目标。使臣民都有高度的道德品德，已经能自然而然地遵守各种规则、道德、习惯，自由自在地工作，守规则已经成为所有公民的自然习惯，所以不用首领管理。

《乾·文言》指出的"乾元用九，乃见天则。乾元用九，天下治也"就是治理国家天下者从一开始就依照《乾卦》所论的道理方法治理国家天下，使天下得到大治时，天下太平安乐，人民自由自在，纯朴敦厚，公正公平，就是天道天德的自然体现，也是达到了自然而然的通达安泰的境界。那时的天下，人人平等和睦，万物和谐相处，没有相互伤害，就如戏水入地、飞天、吞云驾雾无所不能的神龙一样自由自在。这里用"乾元用九，乃见天则。乾用九，天下治也"来表示，治天下者，只要能够应用《乾卦》所说的道理治天下，也就是用《乾卦》所说的君子之德治理天下，就能达到圣人治天下所要达到的目标，使天下大治，实现天下太平安乐的目的。实现了天下太平安乐，天下大治的大同社会时代，就是未来的共产主义社会，那时的人民，都有高度的社会道德，都有美好的品德，人人自觉自愿地习惯成自然地遵守各种法规制度，而无须有专门的人来监督。就如在周成王、周康王时代，实现了天下大治，那时就连刑法都有四五十年派不上用场一样，所以说"群龙无首"，象征的就是天下大治，天下太平的和乐景象。这也是孔子所言的大道实行的时代，正如《礼运》孔子曰："大道之行也，天下为公，选贤与能，讲信修睦。故人不独亲其亲，不独子其子，使老有所终，壮有所用，幼有所长，鳏寡孤独废疾者皆有所养，男有分，女有归。货恶其弃于地也，不必藏于己；力恶其不出于身也，不必为己。是故谋闭而不兴，盗窃乱贼而不作，故外户而不闭，是谓大同。"[①] 这是对西

---

① 钱玄、钱兴奇等注释.礼记[M].岳麓书社，2001：296.

周时代天下得到治理时的理想社会的理想形象的写照。

这里的群龙,当然是象征着中华民族的后世子孙,龙的传人。这也是《易经》作者对龙的传人所寄予的厚望,是中华民族子子孙孙所追求的目标,也是当今中国共产党人治理国家所要实现的最终目标——和谐社会和未来的共产主义社会所要达到的社会政治面貌。

也就是说,治理国家天下者依照《乾卦》所讲的道理治理国家天下,使天下得到大治,天下太平安乐,人民自由自在,纯朴敦厚,公正公平,万物和谐,就是天道天德的体现。

其实用九爻辞,就是对《乾卦》所述内容的总结,因为《乾卦》所讲的首先是使治国者思维、意识、心灵、行为得到纯正的天之道德,使自己的思维、意识、心灵、精神、行为表现深深印记着时刻与天之道德同一的思维模式;使治国者本身的心灵深处,印记着自己的历史使命,时刻以天之道德修治自己的心性,时刻牢记治理国家天下的宗旨、方法和原则、以及治理国家天下所要达到的目标,这就是形而上者谓之道的意义,形而上,首先是为治国者制定的必须遵守的规矩。

8.《乾卦》象辞:"首出庶物,万国咸宁。"是真龙天子治理国家天下所要实现的目标。象辞说:"圣人首先创造出众多的治国治天下的事物,以天命治天下,以为人民谋利益福祉为治国宗旨,使天下人民受到教化而感化,而达到万物和谐,天下众多国家的人民和谐相处,以实现天下万物都得到安宁,人民幸福安康的太平社会。"

这是《乾卦》卦辞、爻辞和部分象辞关于如何做一位真龙天子,以天道治理国家天下,而实现天下太平安乐的大同社会的一系列条件的分析,也是对真龙天子之道德的论述。

其实,《乾卦》的所有内容,应该是《易经》对老子关于圣人君子之道德的概括综述,因为《老子》所论的圣人君子之道德本身就是圣人君子与天之道德同一的论述,《道德经》本身就是一部关于圣人君子天人同一论的著作。

第二节 《易经》哲学关于真龙天子职责言行及如何守住帝位的规则

真龙天子的职责和言行规则也属于形而上者谓之道最高规则的范畴,真龙天子的职责和言行关系到天下苍生的生死存亡之道,真龙天子的一切行为都与民生社会相关,所以,就要求真龙天子首先在意识、思维、心灵深处牢记其历史使命。

一、《易经》哲学关于真龙天子的职责和如何守住帝位大规则

真龙天子承担着以天命治天下保护爱护民众让民众安居乐业的责任，就要认真履行自己的职责，真龙天子的职责正如《易·系辞》曰："天地之德乎生。圣人之大宝曰位，何以守位曰仁，何以聚人曰则，理财正辞，禁民为非曰义。"《易·系辞》指出，天地的大德是化生万物。圣人最大、最宝贵的事情是坚守帝位，如何才能守住帝位，在于天子施行仁善之德，如何才能聚集人民拥护天子，在于天子能否效法天道以天命治理国家天下为民谋利益这个法则，管理好国家资材为民众创造财富、端正言辞，禁止人民违背道义就是天子应尽的义务。

《易·系辞》这一段话的含义包括以下几个方面：

其一，天地的大德是滋生化育万物。

其二，天子最重要的事情就是要守住天子之位，因为要想实施以天命治理国家天下，为天下民众谋利益的治国宗旨，没有极大的权利是行不通的。

其三，天子守住帝位是很重要的事情，那么如何才能守住帝位呢？那就是施行仁德，施行以天命治天下为民谋福祉利益，使天下民众都能得到福祉，得到安康幸福、就能得到民心，就能受到广大民众的拥护。正如老子曰："治人事天，莫若啬。夫唯啬，是谓早服；早服，谓之重积德。重积德，则无不克；无不克，则莫知其极；莫知其极，可以有国；有国之母，可以长久。是谓深根固柢，长生久视之道。"① 老子之言，就是对天子如何守住帝位的最好解答，天子治理国家天下的事情就是奉行天命以治天下，而奉行天命的事情就是及早顺服无为之道，顺服无为之道的关键，就是重复累积为人民谋福祉的仁德；重复累积为人民谋福祉的仁德，就没有什么不能够战胜；没有什么不能够战胜，天下人就没有谁不知道他已经有了极大的仁德；那么人民就会拥护他而聚集在他的周围，有了人民就可以拥有国家；拥有国家的根本就是拥有人民。只有拥有人民的帝王，国家才可以长久。拥有广大人民的国家才是根深蒂固不可动摇的国家，只有根深蒂固的国家才是能长久生存的唯一途径。也正如《大学》所言："道得众则得国，失众则失国。是故君子先慎乎德，有德此有人，有人此有土，有土此有财，有财此有用。德者本也，财者末也。"②

其四，天子如何才能受到民众的拥护，使人民凝聚在一起，就在于天子能否效法坚守以天命治理好国家，使人民得到太平安乐这个法则。正如《老子》第五十九章曰："治人事天，莫若啬。夫唯啬，是谓早服；早服，谓之重积德。重积德，则无不克；无不克，则莫知其极；莫知其极，可以有国；有国之母，可以长久。是谓

---

① 刘文秀、孙燕、孙兰.道德经新解[M].中国出版集团世界图书出版公司，2013：223.
② 韩维志译评.大学·中庸[M].吉林文史出版社，2001：31.

深根固柢，长生久视之道。"

其五，如何才能将国家治理好，或者如何才算是将国家治理好了？那就是管理好国家资材为民众创造财富，使民众真正得到实际利益，而且要端正自己的言辞，使民众不违背道义，不违背国家利益，使国家人民安定安乐和谐。正如《礼记·经解》所言："发号出令而民说，谓之和。上下相亲，谓之仁。民不求其所欲而得之，谓之信。除去天地之害，谓之义。义与信，和与仁，霸王之器也。有治民之意而无霸王之器，则不成。"[①]

所以，真龙天子的职责就是坚守帝位，就是要坚守仁义道德的规则，坚守以无为之道治理国家天下的规则，就是要管理好和利用好国家资材为民众谋取利益福祉，还要端正自己的言行，坚持诚信，做好表率，以自己的言行为榜样，教化民众不要为非作歹，不要违背道德仁义。

二、《易经》哲学关于真龙天子言行的规则

1.《易·系辞》关于真龙天子之言行规则"理财正辞"的意义

《易·系辞》所言的"理财正辞"中的"正辞"，就是端正言辞，那么真龙天子如何端正自己的言辞呢？《易·系辞》对此则有明确的说明："鸣鹤在阴，其子和之。我有好爵，吾与尔靡之。"子曰："君子居其室，出其言善，则千里之外应之，况其迩者乎。居其室，出其言不善，则千里之外违之，况其迩者乎。言出乎身，加乎民。行发乎迩，见乎远。言行，君子之枢机，枢机之发，荣辱之主也。言行，君子之所以动天地也，可不慎乎？"这是《易·系辞》对《中孚卦》九二爻辞的解释，鹤在暗处鸣叫，其弟子也会一齐附和它的声音。鹤鸣叫什么呢？可以说我有好爵位，我愿与你一起分享！或者说，我有好酒，愿与你一同奢侈。孔子说："居于上位的君王虽然在自己的宫室说话行动，但是其言行善美时，则千里之外的民众都会响应，何况是近处的臣民呢？若是君王的言行不美善，就连千里之外的民众都会拒绝执行，更何况是近处的臣民呢？虽然君子的言行只是出自自身，但是言行的善恶就会在天下民众的身上体现出来。君子的言行虽然发自近处，但是天下到处都能见到效果。所以说，君子的言行就是天下人言行的枢纽，枢纽所发出的言行，就是天下荣辱的主导。君子的言行是可以惊动天地万民的，所以君子的言行怎么可以不慎重啊！"

这是孔子对天子言行规则之一的说明，那就是作为天子，其言行关乎到天下的兴衰荣辱，关乎天地万物人民的和谐安乐，所以天子的言行一定要慎重谨慎。

---

① 钱玄、钱兴奇等注释. 礼记[M]. 岳麓书社，2001：655.

2.《易·系辞》中孔子对天子言行规则慎重意义的论述

《易·系辞》子曰:"乱之所生也,则言语以为阶。君不密则失臣,臣不密则失身,几事不密则害成,是以君子慎密而不出也。"这是孔子对天子言行规则的又一明确论述。孔子认为天下乱子之所以产生,是因为言语以为阶梯。在上位的君王说话不慎密、不节制、不守信用,就会失信于臣子;臣子说话不慎密就有可能失去自己的性命。多次发生说话不慎密的事情就会造成灾祸。所以君子要慎重严密而不随便说话,以免天下发生混乱。

这就是《易经》哲学记载的圣人为帝王规定的端正言辞的方法和基本原则。即是天子说话要慎重严密,要以道德为基础,要以国计民生为己任,不随便乱说话,说出的话要有真实内容,对民众许诺的事情就一定要兑现,不能不守信誉,不能朝令夕改,也就是说帝王的言行就是天下人行为的准则。

要做到这些,就需要天子在自己的意识、思维、心灵中打上这些规矩的烙印,只有意识、思维中有以无为之道为民谋福祉利益的印记,才不会发生言行的差错。

第三节 《易经》哲学关于天子治国目标的论述

天子的治国目标,是形而上者谓之道中的重要的内容。一个真正的真龙天子,就要以天命治理国家天下,也就是以《老子》所论的天道之无为治理国家天下,或者是以《老子》之道德治理国家天下,实现国家强盛、人民富有、天下太平安乐的大同社会。

一、《易·系辞》关于真龙天子治理国家天下的总目标

《易·系辞》曰:"富有之谓大业,日新之谓盛德。生生之谓易。"《易·系辞》对天子治理国家天下的总目标作了明确规定,其目标就是,天子治理国家天下,就要达到实现国家强盛、人民富有,而且将这个目标规定为"圣人所要成就的大业",也就是我们的先圣所要成就的伟大事业。那么世代天子就要继续不断地完成实现这个伟业,而且还要达到圣人所要累积的盛德,那就是使人民的生活发生日新月异的变化,使人民达到生生不息、容易生存生活的目的。

使国家富强、人民富有、天下太平就是真龙天子治国治天下所要达到的最高目标,不依照圣人规定的治国之道治理国家天下,就达不到基本的治国目标——民众丰衣足食太平安乐,这就会失去民众的拥护,就有丧失帝位的危险。

总而言之,能使国家强盛、民众富有、天下太平安乐,就是实施了以道德治理

国家天下的目标，就是真龙天子成功地坚守了其应坚守的规则。

二、《泰卦》卦象辞关于真龙天子治国目标的论述

真龙天子要实现圣人规定的天下太平的治国目标，不是只靠天子自己就能完成的，需要广大民众的参与，《易·泰卦》的卦形结构虽然属于天地之道的范畴，但是《泰卦》所述的内容，却关系到天子的治国目标如何实现的问题，所以将《泰卦》归于形而上者谓之道的最高规则之列。

☷☰ 卦象辞曰："天地交泰，后以财成天地之道，辅助天地之宜，以左右民。"这是《泰卦》卦象辞关于天子治国所要达到的目标的论述。

"天地交泰"，《泰卦》的卦形结构，上卦为坤地、为阴柔、为柔顺；下卦为乾、为天、为天道。象征天气下降，地气上升，天地阴阳之气自然相交相感而化生适宜、平和、适时的风云雷雨资生化育万物，天地和同，草木萌动，春风和煦，和风细雨，风调雨顺，百花齐放，百鸟齐鸣，人欢马叫，以及人们在田间地头忙碌的春天，天地万物人自然和乐的自然景象，达到了自然的天地通达安泰的自然景象。

"天地交泰"，实现天下太平安乐，这是古圣人效法天地自然的通达安泰的自然之象，而抽象出的人为地将天下国家治理到就如天地自然人通达安泰和乐的自然和乐的社会景象一样，就是为民众创造了利益福气，所以就有了《泰卦》所论的如何人为地实现天地人万物通达安泰的具体的方式方法。

所以天地交泰，在这里象征人类社会在真龙天子的治理下，人为地实现天地人通达安泰的大同社会的景象。就如孔子关于"三代之英，大道实行的时代"时，天地人和乐的景象。那时，是"天下为公，选贤与能，讲信修睦，人人有所养，人人得其养，人人有事做，人人有衣食，阴谋诡计不兴，战争不起，人人和睦相处，盗窃乱贼不作，外户而不闭的大同社会"。这是孔子对圣人天子以道德治天下已经实现了的天地人和乐的大同社会的真实写照，也是自古以来我们的先祖和近代人孜孜追求的和乐社会。

实现天下太平安乐，不是用大话说出来的，是要有一定的条件才能实现的，那就是要有丰富的财货供给人民，使人人都拥有一定数量的财货物质、器具等，应有有用的东西样样件件方便使用才可以使人人和乐。这个丰富的财货所要达到的程度，正如《老子》第八十章所言："小国寡民，使有什伯之器而不用；使民重死而不远徙。虽有舟舆，无所乘之；虽有甲兵，无所陈之。使民复结绳而用之。甘其食，美其服，安其居，乐其俗。邻国相望，鸡犬之声相闻，民至老死，不相往来。"

《老子》所说的，是古代诸侯国疆域小，人民少，好治理，所以，人民有十倍百倍的器具而用不完；人民珍重生命而不做无用的远行。如此船车虽多但却没有几辆几艘运行；虽然有武器装备精良的军队，但却没有多少军兵用于陈兵布阵，而是为了防御敌人，使民众返回到就如用结绳记事时代一样的淳朴状态。这样极为和谐的社会里，人民有甘美的饮食、华美的衣服、安定的居处，快乐地适从当地的风俗习惯。与临近之国相互能看得见，就连鸡犬之声都能听得见，百姓却自始至终不相往来。

　　常常看到很多学者将《老子》的"小国寡民"的这一论述，看作是《老子》所追求的是小国寡民的社会，这个理解是不全面的，应该认为这是《老子》》对上古时代二皇五帝、三王治理国家天下之时已经达到的和谐美好社会的赞美和向往，更是《老子》对古代圣人帝王治理国家天下，使天下达到大治时，其安乐和谐生活情景的描述。《老子》指出那时的诸侯国因为人口少，疆域小，原本就比较好治理，而在有道君王的治理下，天下实现了大治，各诸侯国都得到了治理，天下太平安乐，人民有很多用不完的器具，有安定的生活环境，有甘美的饮食，有华美的服装，那么人民自己就会非常珍视自己的生命，珍惜安乐的生活，而不愿意做那些无用无益的事情。这里我们应该注意到的是：器具多的使用不完，有美食华服，没有战争，没有劳役，尤其是财物极为丰富，而没有用处。财物虽多而不用，这不就和没有财物一样吗？没有财物的时代，就是古代结绳记事的时代，也就是说人民有丰富的财物而不用，就如又回到了结绳记事的时代一样，过安然自在的生活。

　　"天地交泰，天下太平安乐"，是古人已经实现了的最为理想的社会状态，所以古人才将天地交泰、天下太平安乐，作为治国治天下所要达到的最高目标，这也是顺应人类的意志而顺时针发展的社会目标。天地交泰，古圣人才将这种天地自然实现的天地万物人和的自然状态的天地人合乐之道，用来作为治国治天下者所要达到的最高目标。这也是象辞："后以财成天地之道"的含义之一。这里，后，就是古代帝王；以，就是用。

　　"天地交泰，后以财成天地之道，辅助天地之宜，以左右民"是说：古代帝王将"天地交泰，天下太平安乐"用来作为治国治天下的最高目标去追求。"后以财成天地之道"的财，既有财物之意，又有才之意。财物，包括自然资材的开辟利用，创造财富；还包括人才，才能等，还包括完成这一系列事情的组织领导及一系列有序的具体的操作实施和作为过程，将其同时纳入天地交泰，天下太平安乐的实际内容之内，教导、教化鼓动民众共同参与。只有君臣民众上下一同参与，才能达到目标。这也是"左右民"的含义。

　　所以，《泰卦》卦象辞，"天地交泰，后以财成天地之道，辅助天地之宜，以左右民"。就可以理解为：天地阴阳之气相交相感，平和而化生万物，使天地间一片和乐安详太平之象；君臣民众上下相交、相感同心协力共创天下文明安乐的社会生活，确实实现了太平安乐的社会；帝王才将曾经实现了的天下太平安乐的社会状况，以及实现天下太平的各种方法条件，作为实现天地通达安泰的目标，用这个目标来教导、鼓励、号召人民和所有有德、有才的人，共同为人民、为国家创造财富，创造资源，奉献我们的有余，为实现天下太平安乐的社会而努力奋斗。天地交泰是国家太平盛世的象征。

三、《泰卦》爻辞关于实现天地人通达交泰具体方法的论述

天地交泰，不但体现了大同社会的文明状况，还表现了天道、地道、人道三才之道的同一所达到的天地人万物和谐的自然状态。那么古代帝王是如何实现这种理想的社会状态呢？这就是《泰卦》爻辞所要阐述的问题了。《泰卦》爻辞如下：

（一）《泰卦》爻辞原文

初九爻辞："拔茅茹，以其汇征，吉。"爻象辞："拔茅征吉，志在外也。"

九二爻辞："包荒，用冯河，不遐遗，朋亡，得尚于中行。"爻象辞："包荒，得尚于中行，以光大也。"

九三爻辞："无平不陂，无往不复，坚贞无咎，勿恤其孚，于食有福。"爻象辞："无往不复，天地际也。"

六五爻辞："帝乙归妹，以祉元吉。"爻象辞："以祉元吉，中以行愿也。"

上六爻辞："城复于隍，勿用师，自邑告命，贞吝。"爻象辞："城复于隍，其命乱也。"

（二）《泰卦》爻辞的意义

1.初九爻辞为实现天下太平安乐进献良言

初九爻辞："拔茅茹，以其汇征，吉。"爻象辞："拔茅征吉，志在外也。"

初九爻辞指出，进用很多贤能有德的人才，为其汇征之途，吉祥美好。爻象辞是对初九爻辞的解释，圣人亲君子，远小人，选用了很多贤能有德的人才，其目的就是发挥贤能人才的才能而为天下人民谋利益，创造太平盛世；圣人君子不辞劳苦终日为民众之事操劳，其目的就是为了实现天下太平安乐的志向。"志在外"，是指将志向表现在治国治天下的目标之上。

初九爻辞是说国家要想富裕强盛、天下太平，首要的是君王要招募很多贤能之才，各位贤能人才还要相互推荐更多的有用之才，任用他们为辅佐来治理国家天下，就会吉祥如意。

初九爻辞还在于说明，天下太平，是圣人先帝们从一点一滴做起，逐渐累积起来的许多应对自然变化的宝贵经验，逐渐累积起来的许多治理国家天下、使人民丰衣足食的宝贵经验。总之，这些经验都是逐渐累积而来的，不是一朝一日而成就的。

从而说明事物变化的基本规律，即是从小到大、由少到多、由低到高的顺变过程。因为在目标一致的情况下，治国者只要坚持从一点一滴的事情去做，为民众谋取更多的利益，并且能达到天地人同一，万物和谐，便会实现天下太平。

成语"拔茅连茹"和"汇征之途"来源是"拔茅茹，以其彚征"。"拔茅连茹"，比喻的是国家选用了很多贤能的人才。"汇征之途"，比喻志趣相投的贤者，相互引荐，推举更多的贤能人才，使更多的贤能人才汇聚在一起，以辅助君主治理国家天下。所以，初九爻辞本身就是象，就是象征比喻用辞。用成语象征选用推荐很多贤能有德的人才，这也是为天子实现治国目标进献的金玉良言。

2.九二爻辞为实现天下太平安乐进献良计

九二爻辞："包荒，用冯河，不遐遗，朋亡，得尚于中行。"爻象辞："包荒，得尚于中行，以光大也。"

九二爻辞意义之一，为了实现天下太平安乐，还要包含容纳，并且征用包容那些敢于"暴虎冯河"的勇士，不疏远遗弃他们，并且给予教化，使他们不结党营私；还要使他们的不足之处——有勇无谋消失，变得有勇有谋，而为国家效力，使他们成为朋友，而不是消灭他们。"得尚于中行"，指这些勇士得到了应有的教化，使他们崇尚道德，仁义而为国家效力。"包荒"，古词语中，把求人包容海涵叫"包荒"。而"冯河"，则是成语"暴虎冯河"的缩减，暴虎冯河，比喻非常勇猛，能空手打虎，能徒步过河，这是指那些有勇无谋之人。

九二爻辞意义之二，先圣、先王们为了辅助天地阴阳和谐，而达到天地交泰的有效结果，使民众不因天气的变异而缺衣少食，所采取的应对天地自然灾害的几种方法。因为只有人民丰衣足食，才是天下太平的首要条件。这些方法包括：开垦荒地，种植农作物；利用河水灌溉农田，连远方的人民都不会遗忘。这样做，当人类的朋友太阳的意义暂时消亡时，也就是当天气发生异常变化，给人民生产生活带来灾害，如干旱雨涝之时，由于早就采取了一定的应对方法，所以仍然能够取得较好的收成，或者由于国家库存丰厚，也不至于使民众缺衣少食而动荡不安和产生不安全因素，这是得益于治国者崇尚发扬光大中正的天道的结果。这里的"包荒"，包括了垦荒、荒年的意义在内。"冯河"，则是凭借、依靠河水的意思。

九二爻象辞是对九二爻辞的补充说明。爻象辞指出，容纳包容勇士，并给予教化，使他们崇尚道德仁义，成为有勇有谋之士，以发扬光大中正的道德；人类充分利用自然资源，改变生存方式，改变生存环境，创造生活物质，即使在荒年之时，也有适宜的应对方法，使人类有比较稳定的生活，这也是治国者不断地发扬光大以天道之无为治国、治天下的结果。

3.九三爻辞是对自古以来的君王为了实现天下太平艰难历程的记载评定

九三爻辞："无平不陂，无往不复，坚贞无咎，勿恤其孚，于食有福。"爻象辞："无往不复，天地际也。"

九三爻辞说，没有平地，就不显山坡，没有公平正直，就不显邪恶。没有去，就没有返回；没有过去就没有将来，坚持正确的就没有过错。不要吝惜其诚信，这是对于人民的饮食有福气之事。爻象辞说，往复循环，就是天地阴阳交替、昼夜交替、四时交替、往复循环逐渐变化的过程。也就是说，自古以来，人们前仆后继、后浪推前浪、有去有来、有往有复是推动历史不断前进的动力。表示人类掌握了自然规律，利用自然物质的各种特点，改造自然，人为地为达到"天地交泰"而创造风调雨顺的环境，使民众丰衣足食的各种方式。这就是说，实现天下太平，使人民丰衣足食则是最为重要的事情。

九三爻辞和爻象辞用了抽象的辞语，说明自古以来的圣王为实现天下太平，使人民安乐地生活所做的努力，如大禹历尽了艰难困苦，终于制服了水患，也就是说没有古代帝王的诚信，没有古代帝王所做为民谋福祉的各种具体事情，就不会有今天继续为民谋福气谋利益的事情，这也是告诉我们，天下太平安乐是自古以来的圣王所追求的事业，我们现在所做的只是接替前人的事业而已。

所以九三爻辞实际是指大禹为了解除水患，确保民众平安，治理了九州的山脉，疏通了九州的河流，给九州的湖泽都筑起了堤防，使九州得到治理，人民不再受洪水的危害，可以在四方的土地上安居了。正如《尚书·禹贡》曰："九州攸同，四隩既宅。九山刊旅，九州涤源，九泽既陂。四海会同，六府孔修。"[①] 这是说，九州由此统一了，四方的土地都可以居住了。九州的山脉都开凿修治好了，九州的河流都疏通好了，九州的湖泽都修筑了堤防。四海之内的道路可以汇合了，金木水火土谷六府的政务都治理得很好。所以九三爻辞既是对大禹功德的赞美，又告诉我们，实现天下太平是我们在接替前人的事业，继续完成前人所追求的事业，所以要有诚信，不怕艰难困苦，为民众丰衣足食、天下太平而继续努力。

爻象辞所言的"无往不复，天地际也"际的本义为两墙相合之缝。引申交界之处，交替。所以爻象辞说，没有去就没有返回，去与返回的距离，就如天地相接壤的一线缝隙。这是说去与返回的距离是很近的，到了目的地，返回就是一个转身的过程，面朝前和转过身返回就是一步之遥。也是说没有过去，就没有现在，更不会有未来。九三爻辞和爻象辞用这样抽象的语言，说明我们国家的基业，要是没有古代圣人先人一代一代重复累积，就不会有现在的事业，更不会有未来的事业。也是

---

① 徐奇堂译注.尚书[M].广州出版社，2001：44.

在告诉我们后人接替继续去重复前人的所追求天下太平的事业,就如天地阴阳交替、昼夜交替、日月交替、四时交替、往复循环一样自然而然。我们有什么理由不去重复着做呢!

也就是说,自古以来,各位圣人和治国者以及人民反复做的事情,其实最为重要的就是解决民众的衣食住行问题,前人不断地做,后人接着前人的历程继续反复不断地做,也就是说周族自先祖后稷、公刘、古公、王季到周文王,前仆后继,往来反复从事的是能让民众丰衣足食的农业生产。"天地际",在这里表示了先祖与后辈子孙相互交替而使其所从事的事业始终如一并发扬光大。

4.六五爻辞指出为了天下太平,商王帝乙将商族女子下嫁给周族的周文王

六五爻辞曰:"帝乙归妹,以祉元吉。"爻象辞:"以祉元吉,中以行愿也。"

六五爻辞指出,商王帝乙将商族的女子下嫁给诸侯,为商王朝祈求长期的福气和太平,为了祈求商朝与周族关系的长期和洽。爻象辞又补充说,帝乙将商朝诸侯的女子嫁于周族的周文王,用这个婚姻关系来求得商朝长期的福气安宁,这是以中正之道而实现心中的愿望啊!

帝乙归妹是一个历史事实,这是帝乙在商朝政权不稳的情况下,为了稳固商朝的政权,缓和与周族的关系,祈求商朝的太平,所采用的折中手段。这个历史事实在《归妹卦》中有明确的记载,其所论的是婚姻伦理问题。《归妹卦》指出帝乙嫁给周文王的商族女子,即周文王的第三位妻子太姒是天下人幸福婚姻的典范。《诗经·大雅·大明》也有明确记载:"有命自天,命此文王,于周于京,缵女维莘,长子维行,笃生武王。"[①]这是商王帝乙又一次命令周文王娶了商朝莘国的女子为妻,这是周文王的第三位妻子,这个妻子就是周武王之母太姒。太姒是一位有贤德的夫人,周文王与太姒的婚姻是天下人婚姻美满的象征。六五爻辞在于说明,古代帝王为了求得太平,用联姻这种手段,是无可非议的,是可以理解的一种政治策略。

5.上六爻辞指出,实现了天下太平以后,若是不继续施行以天道治天下的规则,就会有国家沦丧、国土亡失的事情发生

上六爻辞:"城复于隍,勿用师,自邑告命,贞吝。"爻象辞:"城复于隍,其命乱也。"

上六爻指出,城墙又一次倒塌于护城壕内,这既不是众人推倒的,也不是军队攻破的,而是城邑自己宣告终结了自己的命运,这既正常又耻辱。

"城复于隍"中的"复"很重要,是说城墙不是第一次倒塌了,最少两次为复。这里就必须探究城墙为什么会一次又一次地倒塌,不外乎根基不实不正,不外乎年

[①] 刘文秀、孙燕、孙兰.诗经新解[M].中国出版集团世界图书出版公司,2012:270.

久失修，风吹日晒，风化腐败。因为城墙倒塌在没有水的护城壕里，而不是倒塌在护城河中，壕中无水，所以水腐蚀侵化作用很小。

"自邑告命"，是说这个城的国都自己宣告沦陷败亡。为什么呢？不是军队攻打的原因，原本好好的城邑，为什么会自己宣告灭亡呢？爻象辞明确指出城墙再一次陷落，是因为在上位的天子背离了天道，惑乱了天命。

上六爻辞是在告诫人们，实现了天下太平安乐之后，执掌天命的天子一定要继续不断地以天道修身明德，时刻警惕灾难的发生，还要教化后代以天道修身明德，以继续接替完善先祖所追求的为民谋福祉的事业，否则就会有灾难降临。

上六爻辞还告诉我们，凡是违背天命道德而君临天下者，必定逃脱不了自取灭亡的命运。同时还指出，遵天命而治天下，就是以仁德为天下人民谋利益，为人民谋求的利益越多，治国者的德行就会累积得越多；但是当天下太平安乐之时，治国者若是忘记了道德的宗旨，忘记了原本的历史使命，不能继续修身明德，就会逐渐违背道德，惑乱天命而遭遇灭亡。

《泰卦》不但为真龙天子规定了治理国家天下所要达到的目标和具体方法，而且还告诫真龙天子不以天命治天下，就会有灭亡的危险。这就要求执政者在意识、心灵、思维、行为中不忘自己的历史使命，不忘先祖的教化。这也说明了形而上之教化的重要意义。

《泰卦》所论的是如何实现天下太平安乐，但是《泰卦》六四爻辞论述的是邦交之礼，因为《泰卦》属于天地之道，所以就将《泰卦》六四爻辞所论述的天子的邦交之礼，放在地道中探讨。

第四节　《益卦》关于真龙天子治国治天下的宗旨及改朝换代的依据

《益卦》卦辞、彖辞、卦象辞、爻辞的所有内容，是阐述真龙天子治国治天下的宗旨和如何守住帝位的卦象。

一、《益卦》原文

卦辞："䷩益，利有攸往，利涉大川。"

彖辞："益，损上益下，民说无疆。自上下下，其道大光。利有攸往，中正有庆。利涉大川，木道乃行。益动而巽，日进无疆。天施地生，其益无方。凡益之道，与时皆行。"

象辞："风雷，益。君子以见善则迁，有过则改。"

初九爻辞："利用为大作，元吉，无咎。"爻象辞："元吉无咎，下不厚事也。"

六二爻辞："或益之，十朋之龟弗克违，永贞吉。王用享于帝，吉。"爻象辞："或益之，自外来也。"

六三爻辞："益之用凶事，无咎。有孚中行，告公用圭。"爻象辞："益用凶事，固有之也。"

六四爻辞："中行，告公从，利用为依迁国。"爻象辞："告公从，以益志也。"

九五爻辞："有孚惠心，勿问，元吉。有孚惠我德。"爻象辞："有孚惠心，勿问之矣。惠我德，大得志也。"

上九爻辞："莫益之，或击之，立心勿恒，凶。"爻象辞："莫益之，偏辞也。或击之，自外来也。"

二、《益卦》卦辞阐述了有益于民众的事就要长久地反复地去做的道理

卦辞："益，利有攸往，利涉大川。"

卦辞告诉我们，凡是对国家民众有利有益之事，就要长久地反复地去做，以利于祭祀天地先祖鬼神。

《益卦》据《易·系辞》所述，发明于神农氏时代："包牺氏没，神农氏作，断木为耜，揉木为耒，耒耨之利，以教天下，盖取诸益。"这就是说，《益卦》之益的卦形符号，是在包牺氏、神农氏发明了耕种农作物的工具，教民学会农耕之后，将人民所得到的好处利益用益这个符号表示，以表示从耕种工具和耕种农作物所得到的益处。

"益，利有攸往"是说凡是对国家民众有利有益的事，就应当长久地去做。"益，利有攸往，利涉大川"，是说，凡是为国家民众做了好事，为民众谋求利益，使民众得到好处的人，都应该受到人民和后代的祭祀和尊重；也可以说，凡是受到祭祀的人，都是为国家民众做了好事，为民众谋求利益的有功之人。

《礼记·祭法》曰："夫圣王之制祭祀也，法施于民则祀之，以死勤事则祀之，以劳定国则祀之，能御大菑则祀之，能捍大患则祀之。是故，厉山氏之有天下也，其子曰农，能殖百谷。夏之衰也，周弃继之，故祀以为稷……汤以宽治民而除其虐。文王以文治，武王以武功，去民之灾。此皆有功烈于民者也。及夫日月星辰，民所瞻仰也，山林、川谷、丘陵，民所取材用也。非此族也，不在祀典。"[①] 这是《礼记》中关于受到祭祀的人物及事物和功德的评定，也是对祭祀意义的说明，这中间提到

---

① 钱玄、钱兴奇等注释. 礼记[M]. 岳麓书社，2001：609.

了黄帝、神农、尧、舜、禹等历代有功于民的帝王，都在祭祀范围之内。

这里，将"利涉大川"，解释为对先帝先王的祭祀，因为礼法规定，只有天子才可以祭祀天地、山川等，正如《礼记·曲礼》曰："天子祭天地，祭四方、祭山川、祭五祀，岁遍。"①

因为易学处处都是象，"利涉大川"就是易象，所以在研究解读《易经》时，要明白，易学中的"利涉大川"，就是涉及对先帝先王以及历代圣王和有功德之人的祭祀的象征。

也就是说，自古以来，凡是为人民做了好事，为人民救苦救难的人，就会受到人民的热爱，并永远祭祀怀念他们，这就是中华民族的优秀传统之一。因为人民喜欢热爱为民众谋利益的人，所以我们就应该努力去为人民谋求利益，做益事，使人民得到利益福气。

三、《益卦》彖辞阐述了应该永远继承先圣先王为民众做益事的事业

彖辞："益，损上益下，民说无疆。自上下下，其道大光。利有攸往，中正有庆。利涉大川，木道乃行。益动而巽，日进无疆。天施地生，其益无方。凡益之道，与时皆行。"

彖辞指出，益，就是天上日月不断减损自己的光芒而有益于天下万物。上古圣人，不断减损自己的体力、精力而有益于天下万民。日月和圣人的功德使人民无限喜悦悦服顺服。上古圣人都是一代一代有益于天下万民，使天道地道人道大放光明，有利于长久地去作为，中正又值得赞美。利用祭祀赞美怀念他们，赞美怀念他们为民众所做的益事。顺从先王先祖为民做益事的道理去行动。为人民做益事既要顺应先圣先王之志，又要顺应人民的利益，使人民的生活永远日新月异。就如天施行的以光热照耀万物资助万物，地化生万物的善德一样，天地圣人先祖使万物万民得到的好处无止境。凡是对万民有益的事情，都与时间同时行进。

老子曰："天之道，损有余而补不足。人之道，则不然，损不足以奉有余。孰能有余以奉天下，唯有道者。"老子认为天的道理就是自然地将自己多余的光热不断减损，以补充天下万物的光热；而做人的道理就是效法天道有利于万物人类的道理，将自己的不足也就是自己不利于人民的缺点减损，将自己多余的精力、体力、智慧奉献给人民，以给民众谋利益福祉。而这个为民众谋利益福祉的人只能是有道者，就是尊奉天道而作为的有道者。

所以彖辞指出，凡是炎黄子孙都应该像先王先祖一样，永远将为人民作益事谋

---

① 钱玄、钱兴奇等注释. 礼记[M]. 岳麓书社, 2001: 49.

利益当做日常事务自然而然地去作为，不应随着时间的改变而改变，而要将为人民谋利益做益事的事情与时间的变化同时进行。

四、《益卦》卦象辞指出，凡是不符合人民利益的事情就要改正

象辞："风雷，益。君子以见善则迁，有过则改。"

卦象辞指出，君子见到美善的就以美善为高尚而向美善迁移，有了错误就要及时改正。这句卦象辞，是《易经》作者依据全卦所论的内容抽象而来的。

君子依照天地之道，公而无私，自然自觉自愿地为天下民众谋利益，要为天下民众谋利益，就得无私心、无偏见，还要像天地自然变化一样，不作假、不伪装、不夸功、不显能；就得不断地克己修己以正道德，抑制私欲，抵制与道德相违背的行为。"见善则迁"，迁，在这里是变动，变更之意。君子见到有利于民众的事情，就应该去做。那么原来正在做的事、正在思考的事，就得随着为民谋利这个原则而变更。"有过则改"，就是指做了不符合道德、不符合民众利益的事情，要及时改正。做了损人利己不符合大多数人利益的事情就是过失，就必须及时反思改正。正如孔子所言："见贤思齐，见不贤而内省也。"[①]

五、《益卦》初九爻辞是对圣人君子如何为民众做益事的具体说明

初九爻辞："利用为大作，元吉，无咎。"爻象辞："元吉无咎，下不厚事也。"

初九爻辞指出，做益事，就是圣人君子为民众做大事业的事情，为民众做大事业，就是为民众谋利益福气，所以从一开始就是吉祥如意的事情，没有过失。爻象辞补充指出，初九爻辞之所以说元吉无咎，就是那些在下位为天下民众谋利益的贤能者，一心为人民谋利益，而不是在下面为自己谋取丰厚的报酬。初九爻辞这是告诉我们，为人民谋利益做好事，使人民得到福气利益安乐，就是做益事，就是圣人所要成就的大业。

六、《益卦》六二爻辞、六三爻辞、六四爻辞论述了治理国家天下的宗旨和作益事的原则以及改朝换代的依据

1.六二爻辞："或益之，十朋之龟弗克违，永贞吉。王用享于帝，吉。"爻象辞："或益之，自外来也。"六二爻辞告诉我们，如若想为国家、为人民做有益的事，只要不违背同用"千言十当，十战十胜"的神龟卜筮决吉凶的十位古圣人为人民谋利益福祉的治国宗旨，就能永远符合人民的利益而吉祥如意。后世的君王将这十位

[①] 刘琦译评. 论语[M]. 吉林文史出版社，1999：26.

为人民谋利益的圣人，也就是二皇、五帝、三王作为上帝来祭祀，以缅怀他们的功德，吉祥如意。爻象辞补充说，或者想为国家人民做益事的那些人，学习发扬先圣先帝的高尚品德，向外人学习，应用于己而为外来之，为民众谋求利益，使民众安居乐业，丰衣足食；或者由于有道之君，为人民谋利益，使人民得到安乐和谐的生活，有道之君所受之益来自于忠诚地尊奉先圣先王之道，尊奉天道，为自外来也。六二爻辞在这里指出的是二皇五帝三王，而不是三皇五帝三王。依据《易·系辞》所记载的二皇是伏羲氏、神农氏；依据《史记》记载的五帝：黄帝是五帝第一帝，第二位是黄帝的孙子帝颛顼高阳，第三位是黄帝的重孙帝喾高辛，第四位是帝喾的儿子尧，第五位是经过尧帝考察挑选让帝位的舜帝。当然，三王就是夏禹、商汤、周文王了，也就是二皇五帝三王，就是十位用神龟卜筮的圣人了。笔者以为《易经》记载的历史事件，有它自己的依据，只要我们依照这十位圣人始终为人民做益事、谋利益的宗旨去作为，人民就一定会得到福气安乐。2. 六三爻辞："益之用凶事，无咎。有孚中行，告公用圭。"爻象辞："益用凶事，固有之也。"六三爻辞告诉我们，所谓益事，就是用来对待凶险之事，也就是当凶险之事发生，民众处在灾难之中时，就去救助他们，使他们脱离灾难，不再承受灾难。六三爻辞还告诉我们，要用诚信、中正、无私的行动，去为民众做益事，告诫诸公用圭的来历。圭，是古代用作凭信的玉，形状上圆下方，帝王诸侯在举行朝会、祭祀典礼时拿的一种玉器。"告公用圭"，是指因为这十位古圣人有功于民众，所以他们才能拥有帝王之位，才能称王，才能有权利给上公、诸侯、伯长、子男等颁发六圭，也就是告诉我们，天子颁发六圭的作用。所以爻象辞说，做益事就是用来救助凶险的事，这是自古以来就有的事情。那么，我们后世之人就更应该继续不断地为人民做益事谋利益。3. 六四爻辞："中行，告公从，利用为依迁国。"爻象辞："告公从，以益志也。"六四爻辞告诉我们，要中正地顺从二皇五帝三王十位圣人为民众谋利益的治国宗旨，宣告天下诸侯和君王顺从这个宗旨。六四爻辞还告诉我们，利用能否遵从这个为民谋利益的宗旨作为迁移国址、更换朝代国名的依据，也就是说，若是执政者违背二皇五帝三王为民谋利益的宗旨，就会被当作革命的对象，被赶下历史舞台，而发生改朝换代的事情。所以爻象辞更明确地提示我们，告诉君王和诸位诸侯众人顺从，遵圣王之道而行，为天下民众谋利益，这是自古以来，中华民族历史上层出不穷的杰出人物的共同志向。要实现伟大的志向，不是一个人就能实现的事情，所以必须向天下民众宣告志向，宣告无道者的危害，宣告推翻无道者的策略，争取民众的支持参与，才能成功。益志，就是让民众参与，增加实现志向的力量。六四爻辞所论的内容，是非常重要的问题，所以不但君王、诸侯以及所有朝廷官员要顺从，而且民众也要顺从，这是对民众有益的宗旨，所以民众就有了直接参与和监督的义务与权力。

七、九五爻辞和上九爻辞论述了为民作益事以增加善德和不要伤害人民的原则

1. 九五爻辞："有孚惠心，勿问元吉。有孚惠我德。"爻象辞："有孚惠心，勿问之矣。惠我德，大得志也。"九五爻辞告诉我们，要有诚信仁惠之心，做益事不用卜问就是善美大好之事。有诚信仁惠之心而施行恩惠于人以增加我的善德。这就是说，为民众做益事，不但是要做大事，立大功业，而且要用自己诚信去做自己能做的事情，如诚心帮助别人解除困难，就是施行仁惠之心，而受到别人的感激尊敬。所以爻象辞说，只要用诚信真诚的仁惠之心为天下民众谋利，不用干预，天下民众就会归服于你。让天下民众得到了实际的利益恩惠，就是累积了德行，用德行使天下民众归服顺从，就是实现了伟大的志向。

2. 上九爻辞："莫益之，或击之，立心勿恒，凶。"爻象辞："莫益之，偏辞也。或击之，自外来也。"上九爻辞告诉我们，如果作为君王或者官员，不为人民作益事，或者攻击伤害人民，又无立刻改正过失的恒心，这是凶险之兆，就会受到人民的反对，或者改朝换代，或者丢失官位，因为作为帝王或官员，不为人民利益着想，反而伤害人民，又不知悔改，这样的帝王或官员还有什么用呢？所以爻象辞说，如果不做益事，偏斜不正还不听劝告；或者攻打人民，就是以外力伤害人民，所以这些人的结果就是他们自己最终会得到凶险的结果。

《易·系辞》孔子曰："君子安其身而后动，易其心而后语，定其交而后求。君子修此三者，故全也。危以动，则民不与也；惧以语，则民不应也；无交而求，则民不与也；莫之与，则伤之者至矣。易曰：'莫益之，或击之，立心勿恒，凶。'"[①]孔子说：君子应该以正使自己安身立命，而后再谋求治理国家；改变私心和不正之心，而后发表言论；确定交往的目标然后请求帮助；君子能有以上三种美好品德就是保全了道德。用残酷的手段伤害人民，人民就不会亲附；以恐怖的语言恐吓人民，人民就不会响应，没有交往而求助于人，人民就不会给予帮助。人民不跟随、不响应不帮助就是对人民已经伤害到极点了。正如《益卦》上九爻辞说：不能遵循先帝的治国之道为人民谋利益，反而经常发动战争，或者经常攻打伤害人民，又没有恒心改正罪过，最终只会是凶险的结局。

《益卦》阐述评定了上古圣人二皇五帝三王为人民谋利益、做益事的美好品德，以及以十位圣人为民谋利益福祉作为治国治天下的宗旨，而且益卦特别将能否为人

---

① 浩文. 易数精解 [M]. 中国文史出版社，1991：123.

民谋利益做益事善事，作为改朝换代的唯一依据，也就是说，凡是不能以天下人民的利益为己任的执政者，都会受到改朝换代的革命。这里之所以说是二皇五帝三王，是因为《史记》只记载了五帝三王，没有记载三皇，而《易·系辞》只记载了二皇，那就是"仰则观天象，俯则观法于地，观鸟兽之文，与地之宜，近取诸身，远取诸物，而作八卦"的伏羲氏，以及教民种植百谷、发明交易、发明八卦的神农氏。二皇五帝三王加在一起就是六二爻辞所说的"十朋之龟"了。这是《益卦》为天子制定的如何守住帝位的规矩，只有始终坚持为人民谋利益做益事的天子，才能得到民众的拥护而守住帝位，否则就会遭遇改朝换代、迁移国址而灭亡的灾难。

第五节　《易传·说卦》关于真龙天子位置的规则

真龙天子之位置，是指天子在朝廷上面对臣子时，所处的位置，这一点《易传》中有明确的规定。正如《易·说卦传》曰："帝出乎震，齐乎巽，相见乎离，致役乎坤，说言乎兑，战乎乾，劳乎坎，成言乎艮。万物出乎震，震，东方也。齐乎巽，巽、东南也。齐也者，言万物之洁齐也。离也者，明也，万物皆相见，南方之卦也。圣人南面而听天下，向明而治，盖取诸此也。坤也者，地也，万物皆致养焉，故曰致役乎坤。兑，正秋也，万物之所说也，故曰：说言乎兑。战乎乾，乾，西北之卦也，言阴阳相薄也。坎者，水也，正北方之卦也；劳卦也，万物之所归也，故曰：劳乎坎。艮，东北之卦也，万物之所成终而所成始也，故曰成言乎艮。"《易·说卦传》明确指出，帝王的德行是出于东方升起的太阳为万物带来益处的象征。德行升高到巽柔顺之位就齐全了，德行显现就如南方的太阳一样正大光明，直达到像仆役一样顺从的坤地之德。所说之言就如兑一样使民众喜悦悦服，还要有像强大无比、战无不胜的乾天一样的精神；也要像坎水一样劳苦功高而不言，又要像艮一样成就万物终始、衰败又开始，往复循环。万物的滋生化育出于东方升起之太阳的美德。震，就是东方和春天的象征。使万物一齐生长的是巽，巽就是东南方的象征。所谓齐，就是说万物全都一齐生长。所谓离，就是太阳光明温暖，使万物生长壮大到相互都能看见。离是南方之卦象，也是夏天的象征。圣人取面向南而听取臣子呈报天下之事，就是响应太阳正大光明持久地照耀万物而治理天下的意思，也就是圣人效法太阳自然地光明温暖而取其面朝南面以治天下的意思。所以说天子面朝南以听万民之声的依据，就是《说卦传》所论的意义。这不仅是一个方位的问题，而且是思维、意识、心灵中装满正大光明温暖万物民众的大是大非的问题，也就是天子在面朝南听取各位臣子禀报国事时，要用正大光明、公正无私之心去判断，心中想着天下万民，这才是面南而坐的意义。

《易·说卦传》关于帝位美德的出处的意义及方位的一段辞文，是对周文王的八卦方位图的方位、季节的象征意义，以及圣人效法方位季节的特殊意义而为治理国家天下的方式方法意义的阐述，包含了以下几种意义：

其一，帝王的德行，也就是帝王的仁善之德，出于对东方升起的太阳之德的效法。为什么呢？因为太阳是万物的主宰，万物生长靠太阳，没有太阳的光明温暖，就没有万物的生长化育、成熟；所以帝王效法太阳给万物以温暖光明，使万物得到生长化育的善性以治天下，以使民众得到福气，得到利益，得到安乐。帝王使民众得到的福气越多，就越像太阳照耀温暖万物之德，当然，还包含着太阳无物不照的公平公正的意义在内。

其二，《巽卦》，是极为柔顺的象征。因为巽为风，为草木，草木顺风而伏；也就是说帝王还要有柔顺之德，要柔顺地顺服先帝先祖之德，顺服天命，顺服先帝先祖之事业，顺应民心民情。所以天子要极为柔顺地顺应天道天德，顺应天命而治天下，符合"齐乎巽，巽，东南也。齐也者，言万物之洁齐也"。

其三，使万物发生变化的是从东方升起的太阳。震是春天的象征，天子要像东升的太阳一样，以光明温暖使万物都得到生长化育、四季安泰。所以说，"万物出乎震，震，东方也"。

其四，最能显现德行的是离卦。因为离为火，火，就是太阳温暖光明的象征，所以说："离也者，明也，万物皆相见，南方之卦也。南面而听天下，向明而治，盖取诸此也。"天子效法太阳给万物温暖光明之德最为茂盛之地是南方，天子面向南方听取臣子禀报天下事，与臣子商议治国策略而治天下。

其五，像仆役一样顺从的是坤地。因为坤地既柔顺地顺应乾天的变化，又顺应万物的变化，藏纳万物，养育万物；还要顺应人类的各种需要而变化，所以天子要效仿坤地的柔顺之德，而养育万民。

其六，兑，象征的是中秋的收获之季。是说万物成熟收获喜悦；兑，所象征的方位是正西。所以天子养育万民，就要使万民收获丰富的物产，使万民得到福气而喜悦。

其七，强大无比的是乾天。乾天资助万物化育，成就万物，又时不时地伤害万物，人类无法左右，无法改变；所以说"战乎乾，乾，西北之卦也，言阴阳相薄也"。阴阳相薄，就是阴阳变化的过程是极快的，距离是极近的，就如盛夏之阳过去就是秋冬之阴来临一样。

其八，表示劳苦功高的是坎卦。万物经过化育、生长、壮大、收获到归藏休养，所以说坎就是劳苦功高之义，所以说"坎者，水也，正北方之卦也，劳卦也，万物之所归也,故曰:劳乎坎"。

其九,成就万物所言的是艮卦。艮卦象征万物归藏而静止;静极而动,冬至之后一阳生,阳气在地下孕育万物。所以说艮是万物完成使命而终,又开始萌动而生的象征,所以说艮就是终止与开始相交的意思。

这是《说卦传》对八卦的哲学意义的说明,更是天子之德,天子的职责,天子所遵循的治国之道、治国目标等规则的总结。

第六节 《易经》哲学关于天子选皇后的条件和皇后的职责

一、《姤卦》卦辞、象辞、彖辞明确规定什么样的女子不可以做皇后

《姤卦》卦辞说明什么样的女子不能娶来当皇后:

☰ 卦辞曰:"女壮,勿用取女。"《姤卦》卦辞告诉天子,女人姿色势力过于强盛,不能娶此女为皇后。《姤卦》彖辞更明确地告诉天子什么样的女子不能娶来当皇后。彖辞曰:"姤遇曰,柔遇刚也。勿用取女,不可与长也。天地相遇,品物咸章也。刚遇中正,天下大行也。姤之时义大矣哉。"彖辞告诉天子,假如阴柔寡断的君王与后娶的美丽而刚烈无德的王后相遇合是不行的,不需要娶这样的女子为皇后,这样的女子是不可以作为天下妇女的首领的。因为天地阴阳之气相遇合,万物都得到化育而有条理。刚健与中正的意义,就是天道天德大行于天下太平的象征。天子所遇到的皇后是否美善有着划时代的重大意义!彖辞明确指出,天子所娶的皇后,有着天下母仪的教化意义,所以天子娶皇后重要的是看其德行,而不能单凭姿色美丽,更不能娶强横无德能的女子为皇后。

"女壮",这里是指女人的势力过于强盛时,则会对男人的事业造成影响。也就是说女人只凭姿色而无德无能,蛮横无理所形成的强盛。一个没有道德修养的王者,与其无德无能的皇后同流合污,而成为一对祸国殃民的妖魔。所以这样的女人是不能娶为妻子的,更不能娶来作为皇后的。这就为天子娶皇后、纳妾作出了明确规定。天子所娶皇后的好坏,与社稷的兴衰、民众的生死息息相关。同时向世人发出警告,娶妻不能只重外表,其品德才是最为重要的。同样也告诫天下女子,外貌与品德一样美,才是天下最美好的女人。

《姤卦》卦象辞发号施命以告诫天下四方,天子如何选娶皇后。象辞曰:"天下有风,姤。后以施命诰四方。"卦象辞说:"天下有风,姤。"《姤卦》上卦为乾为天,下卦为巽为风为长女。两卦相合构成姤卦。它所象征的是天在上,风无论

如何变化，都是在天下面变化，在天下面流动，而不能出于天之外，但是强风会给万物带来大灾难。《姤卦》上卦为乾为天，为天道、天德、为王者之道德。下卦为巽为风，为长女。"天下有风"，其一，是说，在上位的君王的所作所为，均会像风一样传遍天下四方，无论是有道有德，还是无道无德，均会是天下人效仿的榜样。所以，姤，就是看天下人遇到什么样的君王，天下就会流行什么样的风气。其二，是说乾为天，为天子；巽为女、为皇后，皇后应有母仪天下的风范，母仪天下的风范就是天下女子的榜样。如果天子娶了姿色势力强盛而无德能的女子为皇后，则会危害天下；若是娶了就如周族的周姜、太任、太姒一样的女子为皇后，就是天下妇女的榜样，而使天下女子都成为有妇德的女子。

《姤卦》用风在天下肆无忌惮地肆虐万物，象征那些姿色美丽动人而无德能的女人，依靠强权而强取豪夺，为丈夫带来灾难，甚至为国家带来灭顶之灾的社会现象。当然"天下有风"，还象征母仪天下之风行遍天下，天下女子人人贤淑有德。

"后以施命诰四方"指圣人后来发号施命以告诫天下四方，天子娶皇后是关系到国家存亡的大事情，不可不慎重，不能娶无德蛮横无能、单凭姿色取宠的女子为皇后。

"后以施命诰四方"，其意义首先就是，圣人通过历史上天子纳娶王后的正反结果得出结论，而发号施命：天子纳娶皇后，是关系到国家存亡的大事，告诫后人，正如《姤卦》卦辞所言："女壮，勿用取女。"不要娶无德无能单凭姿色争宠争强、蛮横无理惑乱朝政的妇人做皇后。其次，要娶什么样的女子为皇后，那就是《诗经》第一首诗歌《关雎》所描述的女子，这样的女子应该是贤淑有德美丽的女子。要娶就娶如母仪天下的太夫人周太姜、周文王的母亲周太任、周文王之妻周太姒一样的皇后，以后天子选择伴侣，一定要以周家母仪的风范为标准，娶贤德而貌美、能辅助天子成就大业者为皇后。

二、《咸卦》卦辞、象辞明确规定什么样的女子可以娶来当皇后

1．《咸卦》卦辞关于天子娶皇后的规定

卦辞："亨，利贞，取女吉。"卦辞告诉天子，作为皇后，她所做之事能使人心感动，使人心感化而向善，使事情亨通顺利，有利而永远正确。娶这样的女子为妻为皇后，就会吉祥如意。

"取女吉"，就是取吉女。吉女，就是有妇德妇能，而又通情达理，能感动众人之心的女子。

2．《咸卦》象辞关于天子娶皇后的进一步说明

象辞："咸，感也。柔上而刚下，二气感应以相与，止而说，男下女，是以亨利贞，取女吉也。天地感而万物化生，圣人感人心而天下和平。观其所感，而天地

万物之情可见矣。"象辞指出，咸，就是感的意思。上柔和柔顺而下刚健，阳刚之气与阴柔之气相感所以相遇，止足相观而喜悦。也就是说，阳男使阴女感动，所以亨通而利于恒固，娶此女吉祥。天地阴阳之气相感相交而化生万物，圣人感化人心而使天下和平。观看天地万物之感，天地万物阴阳相交相感的情形相同的道理就可以显现出来了。

《咸卦》上卦象征阴柔之气，阴柔之气是女子的象征；下卦象征阳刚之气，阳刚之气是男子的象征；一女一男阴阳二气相遇而相互感应，止足相互观察两情相悦，而且是阳刚之男使阴柔之女感动，二人心气相投而结为夫妇，就会永远正确而亨通吉祥如意。这是象辞从《咸卦》的卦形结构和八卦的象征意义来解释象辞的含义。

《咸卦》上卦为泽、为兑、为说、为悦，为口舌为少女；下卦为艮、为止、为山、为少男。因此既可以说阴阳二气相感而化生万物，又可以说阳男与阴女二人相感而心心相印，两情相悦，心气、秉性相投。这样的男女结合为夫妇就会亨通而有利于夫妇和谐，尤其是有道德的君主使有妇德柔顺的吉祥女子感动而结为夫妻，更有利于君王为人民树立榜样，有利于君王以正治理国家天下，有利于国家和谐安定。这是象辞对卦辞意义的进一步说明，作为天子，一定要娶有妇德而柔顺的女子为妻子，为皇后，才能有利于天下。

象辞所说的"天地感而化生万物，圣人感人心而天下和平。观其所感，而天地万物之情可见矣"，是说君王娶吉女的意义。天地阴阳之气相感相交变化风云雷雨滋润化生万物，使万物和谐，以四时之序按时生长、壮大、收敛、归藏，而天地交泰平和。君王娶贤淑有德的女子为皇后，使其成为天下女子的榜样；圣人贤者以天之道德修身养性持家治国，为人民谋利益；圣人之家安定平和而为天下人民的表率，圣贤君王与贤淑有德的女子结合使人民受到教化，感动人心，人人以道德修身养性，天下家庭人民和睦，万物和谐而天下太平的道理和意义是相通的，情形是一致的。

三、《归妹卦》六五爻辞关于天子娶皇后的标准

六五爻辞指出，天子所娶的皇后就要如帝乙为周文王所赐的皇后一样，母仪天下。正如《归妹卦》六五爻辞："帝乙归妹，其君之袂，不如其娣之袂良，月几望，吉。"六五爻辞说，商王帝乙将商族的女子太姒嫁给一个身份不如商族地位的人，但是经过长时间观察，这对男女却是天下最美好婚姻的典范，男女均是天下人民效仿的榜样。周文王是天下人民的典范，而周家的夫人，周太姜、周太任、周太姒都是天下妇女的典范。

四、《礼记》关于皇后职责的规则

《礼记》以仪礼的形式规定：女子必须习妇德，尤其是作为皇后的女子，必须要有母仪天下的风范。正如《礼记·昏义》："故曰：天子听男教，后听女顺；天子理阳道，后治阴德；天子听外治，后听内职。教顺成俗，外内和顺，国家理治，此之谓盛德。"[①]《礼记》指出，天子掌管治理臣民的政教，皇后掌管治理妇女的柔顺之德；天子掌管治理国家天下的基本纲领教化，皇后掌管治理柔顺地顺承基本纲领的教化；天子掌管天下的大事，皇后掌管皇宫内部的职事。政教，柔顺之教形成风俗，内外和顺，国家与家庭都得到治理，这就叫作天子的盛德。

又曰："故天子之与后，犹日之与月，阴之与阳，相须而后成者也。天子修男教，父道也；后修女教，母道也。故曰，天子之与后，犹父之与母也。"天子掌管天下的大事，掌管治理天下的基本纲领和教化；皇后掌管后宫和天下女子之德的教化，就如日月，就如阴阳相合，而教化无穷，而使天下臣民安顺有礼仪。

天子应具有的品德的规则、天子如何做好天子的规则、天子言行的规则、治国目标的规则、天子如何守住帝位的规则、天子治国的最高目标的规则、天子位置的规则、天子选娶皇后的规则和皇后职责的规则，都属于形而上最高规则的范畴。作为天子的一整套规则应有尽有。一个真正的真龙天子，只要在意识、思维中存有这些严格规则并依照规则行事，那么一个太平安康的盛世就会很快出现，一个国家的强盛富有，执政者肩负着重任，一个执政者时刻将为民众谋福祉、谋利益的宗旨深刻印记在自己的意识、思维、心灵中，他就能做一个好皇帝，就是好的执政者，就会受到人民的拥护而使国家的命运天长地久！正如老子曰："治人事天，莫若啬。夫唯啬，是谓早服；早服，谓之重积德。重积德，则无不克；无不克，则莫知其极；莫知其极，可以有国；有国之母，可以长久。是谓深根固柢，长生久视之道。"

---

① 钱玄、钱兴奇等注释. 礼记[M]. 岳麓书社，2001：815.

第二章 真龙天子最早的治国宗旨——天命论

第一节 真龙天子最早的治国宗旨——模糊的天命论

关于天命，上古时代只有"天命"这个词在各种文献中出现，至于什么是天命，确实没有明确的概念。

从二皇五帝至于三王，他们都是奉天命以治天下，有实际文字记载的西周时代，也就是成康时代，终于实现天下大治，实现了大同社会，那时就连刑法都没有了用处。这在《史记·周本纪》中有明确的记载。

一、《尚书》关于天命的观点

天命就是二皇五帝三王的治国之道。天命就是古代圣人自觉自愿效法天无私照耀温暖万物、地无私承载孕育万物的美德当做天的命令来治理国家天下的治国之道。《尚书·皋陶谟》曰："无教逸欲，有邦兢兢业业，一日二日万机。无旷庶官，天工，人其代之。天叙有典，敕我五典五惇哉！天秩有礼，自我五礼有庸哉！同寅协恭和衷哉！天命有德，五服五章哉！天讨有罪，五刑五用哉！政事懋哉懋哉！天聪明，自我民聪明。天明威，自我民明威。达于上下，敬哉有士！"[①]

皋陶谟说："不要教人放纵贪欲，各位君主要有兢兢业业的精神，一日二日、乃至千秋万代不改变。不要荒废百官的职责，这样天的功德，或许人就能代替。天的秩序有常道，天敕给我们五种法典和五种惇厚人品德的典章！效法天地的秩序就有了礼，自此我们的五礼就有用了啊！大家共同敬让、和洽、谦恭、和善、忠诚啊！天命就是有德的天子、诸侯、卿、大夫、士以五种不同色彩的服饰区分等级！天命就是要我们讨伐有罪者，用五种刑法来惩罚五种犯罪者！只有如此我们的政事才能盛大美好啊！天上观察明白的道理，也是我们自民众中查看明白的道理；天明示了使人敬畏的威力，我们民众自己要明白敬畏威力的道理。使天理法则达于上位及民众，恭敬的各位士子们啊！"这应该是文献上最早的天命论，"天命"简单地说，

---

① 徐奇堂译注. 尚书[M]. 广州出版社，2001：18.

就是天的功德，由人来代替，以法典秩序协调万民，惩治有罪者，以和谐人与人和社会万物。

二、天命的来源和意义

关于天命的起源，有学者认为天命起源于夏代，兴盛于殷商西周。除前面提到的《尚书·皋陶谟》中第一次出现的"天命"这个辞外，本文中还有几处关于天命的出处：大禹说："安汝止，惟几惟康。其弼直，惟动丕应徯志。以昭受上帝，天其申命用休。"大禹对舜帝说："你安静安稳地坐在帝位上，唯有帝位坐的牢固和安宁，辅佐你的臣子正直，你的一举一动天下人期待大应和你的志向，以彰显上几位帝王的德行，天就会不断地延伸天命而施行不止。"舜帝说："敕天之命，惟时惟几。"[①] 舜帝说："宣敕天的命令，时时刻刻。"这两句是说，告诫臣子们时时刻刻牢记天命存在的意义。

《皋陶谟》这篇文章中几处关于天命的记载，应该是最早的关于天命的具体记载，但天命论具体起于何时？还没有确切的证据。关于尧舜时代的文献较少，从《史记·五帝本纪》中也未找到关于天命的出处，但是从《皋陶谟》中，这几处天命的记载，我们可以看到，有文献记载的天命最早起于舜帝时代，当然可能在尧帝甚至黄帝时代就存在了，只不过是没有文献证明而已。

从文献中看到，乾天的自然功能体现出来对万物的仁善功德，由人来代替，由人来代替天施行天的仁善之德，以仁善之德待万物万民，而且就连有德的天子、诸侯、卿、大夫、士以五种不同色彩的服饰区分等级都是天命的内容之一；还认为从天上观察感悟明白的道理，也是我们自民众中查看明白的道理。天明示了使人敬畏的威力，以及只要牢固地守住帝位，正直无私，就能受到天下人的应和，这样天命才会继续延伸不断。所以，所谓天的命令，就是人赋予天以有思维记忆、能说会道的人心，以发布命令，以表现天和人的美善之德，其实就是由最早的有道德的圣人，发布了天命这个命令，以人代替天实施天命，以保护、爱护和睦天下万民，和谐万物。所以说，天命，一方面是圣人赋予天以人心，拟人化地发布命令。另一方面，就是最早的有道德的圣人，发布天命这个命令，建立各种典章、制度、礼仪，以作为天的命令来执行传承。所以说，天命可能起源于更早的炎黄时代，只是舜帝时代才有文献记载了天命的意义和延伸实施天命的根源。

天命在舜帝至夏代是施行时代，而在商周时代，是谨慎小心地施行巩固时代，到周公代成王执政期间，唯恐失去实施天命的机遇，而至于西周后期，周幽王已经

[①] 徐奇堂译注. 尚书 [M]. 广州出版社，2001：22.

不知道天命为何物了，所以亡了西周。《老子》将就模糊的天命治国论，升华概括为道德，老子期望能有有道者出现，而救民众于战乱不止的灾难之中，然而老子的愿望没有实现。孔子效法老子，学习、推广、记载古代圣人的品德，治国之道，又以游学设教等教化方式，期望培养出一位能拯救民众于水深火热之中的治国者，然而孔子的愿望还是没有实现。

在《易经》系统中，最明显的例子就是用拟人化的意象来表达天道、地道的功能特点，也就是以人格化的意境，将从天地有利于万物的自然现象中，感悟到的天地自然有利于万物的善性，又以人心、人的意志，给天地赋予人的心意、人的美善之德、人的精神意志，使天地之道与人之心同一，人与天地同道同德，而实现天地人同一的目的，这应该是天命的来源和意义。

第二节　《易·说卦传》及《中庸》关于天命的论述

一、《易·说卦传》关于天命意义的论述

《易·说卦传》曰："昔者圣人之作易也，幽赞于神明而生蓍。参天两地而倚数，观于阴阳而立卦，发挥刚柔而生爻。和顺于道德而理于义，穷理尽性至于命。"这是说：从前圣人之所以创作八卦和六十四卦的内容，是为了深远地赞颂古圣人的聪明才智和高尚的德行，而产生了筮卜。筮卜的规则是用天数二、地数三相合为五，为奇数；从天地生成数五十五中减去奇数五为五十，就是筮卜时所用的蓍草的最大数目。观察阴阳变化规律而设立了八卦六十四卦，发挥了阴阳刚柔变化的特点而产生爻象。文辞和顺于道德而道理合乎于礼义，穷究天地自然变化的道理，尽可能将天地自然有益于万物的固有本性揭示出来，于是将施行以天之善性为治理国家天下的最高宗旨命名为"天命"，是谓天命。

从《说卦传》的这一段话，我们可以看出，所谓天命，是古圣人将人效法天地自然有益于万物的固有本性，作为保护、爱护民众的"天的命令"来执行，就是古人效法天地有益于万物的固有本性作为治理国家天下的最高宗旨，使人民得到利益，就是天命；也就是说，天有益于万物的功德，由人代替实施，并将其命名为"天的命令"，就是天命的由来。那么天地有益于万物的固有本性是什么呢？就是孔子所言的"天无私覆，地无私载，日月无私照"。人以天地自然有益于万物的固有本性，作为"天的命令"和治理国家天下的最高宗旨，使万物万民得到利益安乐，就是实施了天命。

其实依据《说卦传》的意义，去解释"天命"的意义，应该是比较清晰明白了，

"天命"就是将天有益于万物的固有本性,命名为"天的命令"作为治理国家天下的最高宗旨,这样天有益于万物的功德,就由人顺理成章地代替执行了。人用天有益于万物的道理来为天下万民谋利益福气,保护、爱护人民,就是天命的来源和意义。

二、《中庸》关于天命的意义

《中庸》曰:"天命之谓性,率性之谓道,修道之谓教。道也者,不可须臾离也,可离非道也。"①《中庸》指出,"天命"这个称谓是指天的固有本性,天的固有本性就是自然而然地、无私永久地以光明温暖照耀万物而有益于万物的本性,也就是指天所表现出来的自然有益于万物的善性。遵循天之自然有益于万物的固有善性去作为就称为遵循天道;明道遵道修身、齐家使道发扬光大称作教化。遵道者,时刻不可以背离大道,如果可以背离就不是有道者了。这是《中庸》对天命的观点,天命就是指天之太阳,自然而然地照耀温暖万物而表现出来的有益于万物的自然善性,依照天自然而然有益于万物的本性去作为,就是有道者了,有道者自觉自愿遵道而为人民谋求利益、谋求幸福,就是遵天命。这应该是孔子弟子对孔子思想中关于"天命"的直接解释,其实《中庸》关于天命的意义,与《说卦传》所论的天命的意义是一致的。

从这里我们就可以更加明确地看出,古人将天地拟人化的心理轨迹,将天地拟人化,以有意识、思维、善良之心的人为天地之正道的象征物,是易学象思维表现手法中极为重要的一个历史事实。太阳公公、月亮婆婆,老天爷这些如同称呼亲人似的称呼,不就是对太阳、对天的拟人化吗?为什么关于天命这个问题,就非要与天帝、上帝、神仙有关呢?怎么一看到具有重要哲学意义的"天命论",就要给它安上,君权神授的愚弄民众的解读呢?所以我们研究《易经》哲学,首先要搞清楚这些基本概念,《易经》系统没有那种所谓的鬼神之论,只有科学的鬼神论,而所谓鬼神就是对我们已经去世的先祖的命名而已。《易经》中没有西方所谓的上帝,《易经》中的上帝是指居于上位的帝王和已经亡故的上几位帝王。所以分清这些概念,才能有利于研究《易经》哲学与西方哲学的不同之处。

第三节 《易·乾卦》部分象辞关于天命意义的论述

☰象辞曰:"乾道变化,各正性命,保合大和,乃利贞.首出庶物,万国咸宁。"

---

① 钱玄、钱兴奇等注释.礼记[M].岳麓书社,2001:643.

这里，我们必须明白这一段辞文的含义，才能理解关于天命的意义：乾天变化的道理，包括乾天太阳的固有本性——光明温暖，大明始终，及其变化风云雨雪雷电、昼夜四时的功能；这些变化，以有益于万物的正常变化为本性，为命令；保证阴阳相交相合平和大和，才会有利于万物长久生长变化"。

"乾道变化，各正性命，保和大和，乃利贞。"应该是天命的基本内容，命令天道的各种变化以有利于万物的正常变化为本性为命令，阴阳之气平和和顺，以保证万物和谐，天下太平为根本命令。从这个意义而言，是我们的古圣人在命令天，命令天发布"乾道变化，各正性命，保和大和，乃利贞"的命令，所以笔者以为易学用象征的方法，使天人格化，为天赋予特定的意义，就是赋予天地与人心灵相通的灵性，将从大自然观察感悟到的天地自然有益于人类万物的同一性——"乾道变化，各正性命，保和大和，乃利贞"，作为天人万物共同的目的，作为天的"命令"来实施。这是《乾卦》关于天命意义的论述。

所以古圣人效法坤地，顺应天道之常，以天道之常所表现出来的中正无私，正大光明、清静无为，诚信永久以善待万物的本性为命令，为天命、为治理国家天下的最高宗旨，才会有利于人民，这也就是天命的由来。天命，就是圣人依据天之固有本性所表现出来的有利于万物的善性，而拟人化地制造出"天的命令"，当作治理国家天下的最高宗旨来执行，以天命治理国家天下，为人民谋求利益，使人民得到幸福，并以天命来以惩罚不仁善者，而达到万物和谐，人民和谐、天下太平安乐的目的。

天命观，既是古代圣人为执政者治理国家天下制定的最高宗旨，更是古代的历史事实，也是《易经》法象思维的一种具体表现。《易·系辞》曰："是故法象莫大乎天地，变通莫大乎四时。"古圣人效法天地自然有益于万物之常德，抽象出"天命观"，使天地如圣人一样发布命令，命令天地"乾道变化，各正性命，保和大和，乃利贞"，这其实就是我们的古圣人向天下宣示了天地有益于万物，有益于人类，以及人如何效法天地自然有益于万物和人类自己的价值观，只有达到天地人和谐同一，才能实现天下太平安乐。

天命观，其实也可以认为是古圣人假借乾天发布命令，以天命治理国家天下，实现天下通达安泰的治国宗旨。

我们不能将天命理解为上帝的命令，或者"君权神授"，而应该依据《易经》所论的精神来理解天命的意义，这样才会符合《易经》哲学的真实意义。也会更符合中华民族历史的真实意义！

第四节 《易·无妄卦》象辞关于天命意义的论述

☰☳象辞曰:"无妄,刚自外来,而为主于内。动而健,刚中而应,大亨以正,天之命也。其匪正有眚,不利有攸往。无妄之往,何之矣?天命不佑,行矣哉?"象辞指出,不胡作非为,不轻举妄动,没有不正的品行,没有荒谬的言论行为,为什么会没有呢?因为有来自于外部的刚健正直、强大有力的约束力和教化力,而使人内心受到感化,所以他的作为就不敢偏斜。那么这种刚健正直,强大有力的约束力和教化力是什么呢?就是"动而健,刚中而应,大亨以正,天之命也"的意义;也就是说乾天太阳的本性就是以强健有力的功能——发光发热,其光热强大中正不偏斜而应和万物的需要,其道大亨通以正大光明待万物,这就是天命的内涵。如果不以天命之中正大光明去作为,非要胡作非为,就会有灾难降临,胡作非为不利于走向长远目标。非要妄言妄行胡作非为地去作为不行,为什么啊?天命不保佑,能行得通吗?

《无妄卦》象辞所言的,胡作非为不利于走向长远目标,那么这个长远目标是什么呢?当然就是以天命治天下,实现国家强盛、人民富有、天下太平的长远目的,作为真龙天子,不依照治国宗旨和治国目标治理国家天下,非要任意作为,那治国的目标能实现吗?不但不能实现,而且会遭到革命者的革命而失国、失去自己的性命,这是国家人民的灾难,也是他自己为自己制造的灾难。

《无妄卦》是对天命基本内涵的评述,天命的基本内涵就是刚健正直、强大有力而有应和力,正大光明而能大亨通。所以不胡作非为,以天命作为外在的约束力,而制约不正之风,以发扬正气。天命的内涵,也就是天命的真实意义所在,它并不是什么天神天帝的命令,而是我们的古圣人效法天道的特征而创造出天的命令,假借乾天来发布命令,以使万人服从,以使治国者执掌天命而治天下。

第五节 《易·萃卦》象辞关于天命意义的论述

☱☷象辞曰:"萃,聚也。顺以说,刚正而应,故聚也。王假有庙,致孝享也。利见大人亨。聚以正也。用大牲吉,利有攸往,顺天命也。"

《萃卦》象辞所论:其一,是指孝享先王先祖的祭祀之礼。祭祀先祖先王,就是为了继承先祖先王以天命治理国家天下的宗旨,就是为了不忘记为我们创立美好的治理国家宗旨的天命论的先祖,就是为了不忘记先祖之德,不忘记先祖对我们的养育之恩。不但要祭祀先祖,还要祭祀天地,祭祀对万物有益有利的各种人和事。

祭祀天地就是为了使子孙后代永远牢记天命的来源和意义，牢记以天命治理国家天下的意义。

其二，象辞是指天子郊外祭天的礼仪和意义。郊外祭天的意义，一方面是迎接夏至日的来临，报答太阳给万物，给人类带来的益处；另一方面，是为了明示天道，顺从天命以治天下，正如《礼记·郊特牲》曰："天垂象，圣人则之，郊所以明天道也。"[①]《礼记》指出，天所垂挂的各种自然现象，圣人就效法天所垂挂的自然现象所显示的自然善性中感悟出天之道德，而作为天之命令来执行以治天下，以作为治国治天下的最高宗旨，所以郊外祭天，就是为了彰明天道的意义。

"用大牲吉，利有攸往，顺天命也。"就是指用祭牛祭天，是为了彰明天道，为了有利于继续不断地发扬光大天之道德，以顺从天命。古代君子，对于有利于人类的事物，都一定要报答它们，所以郊外祭天就是以最隆重的礼仪来报答天，报答太阳给人类带来的好处．就是为了彰明天道天德，为了教化后代子孙永远继承发扬光大以天命治理国家天下的道理。

"顺天命也"就是说祭祀天地，祭祀先祖，就是顺应天命，由于天命来源于天，来源于圣人对天道天德的效法，古圣人假借天命以治天下，那么祭祀天，就是祭祀天命，而顺应天命的意义治天下，就是要顺应天道天德给万物和人类带来的益处为命令，为天下人民谋利益，谋福祉，以使人民真正得到利益福祉。

祭祀先祖，不忘孝敬先祖，这是人之常情。先祖为我们创造了美好的事业，美好的家园，美好的生活，先祖继承发扬了天命治天下的最高宗旨，更应纪念尊重不忘先祖之德。如果一个人，一个国家，连自己的先祖，连为我们创造了幸福、带来福气的先辈都不尊重、不记念，就是忘本。忘本者，是不能很好地继承发扬先祖先辈们的志向的，所以我们不能忘本，不能忘记革命的先辈先烈。

第六节　《易·大有卦》卦象辞关于天命意义的论述

䷍象辞曰："火在天上，大有。君子以遏恶扬善，顺天休命。"

《大有卦》，上卦为离为火为太阳，下卦为乾为天，为天道。火在天之上，也就是太阳在天上。太阳在天上大放光明，温暖无比，万物得益无比，以象征天道大放光明；象征君子之德就如太阳，如乾天一样光明正大。在古词语中，称丰收之年为"大有"，那么"大有"在这里就象征君子之德如丰收之年各种丰收的物质一样

[①]　钱玄、钱兴奇等注释．礼记[M]．岳麓书社，2001：345.

很多很多。那么君子之德的重要特点是什么呢？就是"君子以遏恶扬善，顺天休命"。

君子能遏制阻止邪恶、罪恶，惩处恶势力，能发扬光大天之善德，发扬光大先王先祖之美德，能称颂别人的美德，而且能以顺应天之美善之德为天之命令，作为君子的行为准则。也就是说，作为国家的君王必须以这个准则行事，才能将天下的治理达到太平盛世。

《大有》卦颂扬的是周武王之德，所以这是易学从周武王的美好品德中总结出来的做君王、做官、做人的经典名言。作为天子，如果不能遏制阻止惩处邪恶、罪恶、恶势力，顺应遵从天命以治天下，则君位危也。

"顺天休命"，"休"，在这里是美好、美善的意思。顺应美好的天命，以美好的天命治天下，就是要惩恶扬善，不惩恶扬善，天命就得不到很好地施行。所以，这里的"顺天休命"就是号召君子要施行美好的天命以治天下。

《大有卦》关于顺天休命的意义，就在于对天命内涵的补充论述。天命内涵的意义，就是要以天有益于万物和人类的常德行事，以天命为准则，就要遏制恶势力。恶势力当然包括假丑恶，也就是要遏制、打击、铲除假丑恶，发扬光大真善美，发扬光大乾天于万物为善的美德，以天命治理国家天下，使民众得到幸福，使真善美到处生根发芽开花，天下到处莺歌燕舞、升平安乐，这就是圣人顺天命以治理国家天下所要实现的最终目标。

第七节 《易·巽卦》彖辞与周公关于天命意义的论述

☴彖辞："重巽以申命，刚巽乎中正而志行。柔皆顺乎刚，是以小亨，利有攸往，利见大人。"

彖辞指出，柔顺顺服以申明天命，刚健顺乎中正而且志向实现。柔顺都顺乎刚健，所以小亨通，利于长远反复去做，利于显现大人。

"重巽以申命"，就是再三告诫说明顺从天命，顺从先王的命令。天命和先王的命令是什么呢？就是"刚巽乎中正而志行"。也就是说治国者的治国纲领要顺应天之刚健中正公平正义的天命，顺应先王以天命治天下之志，使先王治国的政治纲领得到发扬光大，得到实行。"刚"代表天命，代表先王的治国宗旨。

"柔皆顺乎刚，是以小亨，利有攸往，利见大人"，是对周公所做的一切都柔顺地顺应天命，顺从先王治国宗旨的评价。之所以说是小亨通，是因为先王已为我们创立了治国的政治纲领，只要认真执行就可以了。这样做有利于实现先王之志，有利于天下人民安稳太平，所以就要长远反复去做，也有利于显现圣人天子的功德。

《巽卦》主要阐述的是周公之德，象辞是指周公为了教育周成王，教育幼弟康叔封，反复地，一而再、再而三地发布诰命，以重申天命，重申先王以天命治理国家天下的命令。如周公为了教育幼弟康叔封，曾再三发布诰命《康诰》《酒诰》《梓材》等以告诫康叔封要牢记先王的德政，用先王的德政治理臣民，以保天下臣民康乐，以协助君王巩固天命，改造好殷民。正如《康诰》曰："已！汝惟小子，乃服惟弘。王应保殷民，亦惟助王宅大命，做新民。"①周公说："唉！你这个小子封虽然年幼，但从事的事业是伟大的。你既然响应天子的命令前去安抚治理殷民，那么也只有帮助天子永远居于伟大的天命之位，才能改造好殷民做周朝的新民。"

周公为了教育周成王，除了担任严父严师等职外，又再三发布诰命，如《无逸》《立政》《洛诰》等，以告诫周成王如何继承先王之志，如何维护天命，以保民安康。正如《洛诰》曰："朕教汝于棐民彝，汝乃是不蘉，乃时惟不永哉！笃叙乃正父，罔不若予，不敢废乃命。汝往敬哉！兹予其明农哉！彼裕我民，无远用戾。"②周公说："我教给你一些治理百姓的常法，你如果不勉力的话，那么你的政命就不会长久啊！你要厚待你的同姓诸侯们，他们就会无不像我一样给你帮助，他们就不敢废弃你的命令。你要处处恭敬啊！还要更加明智地对待人民啊！使无论远近的人民都不背离你。"

周公为了教化殷商遗民，使他们接受天命，接受周王朝的统治，以天下人民利益为重，多次发布诰命，如《洛诰》《多士》《多方》等，再三向殷商遗民告诫申明天命和先王之志，正如《多方》曰："今我曷敢多诰？我惟大降尔四国民命，尔曷不忱裕之于尔多方？尔曷不夹介乂我周王享天之命？今尔尚宅尔宅，畋尔田，尔曷不惠王熙天之命？"③周公说："现在我岂敢过多地告诫你们？我曾向你们四方臣民降下大命劝导你们，你们为何不相信我们会给你们众人以宽恕呢？你们为何不参加到我们中间共同治理国家与我周王共享天命呢？现在你们还居住在你们的居所，还耕种着你们的田地，你们为什么不柔顺地惠顾我王光明伟大的天命呢？"

周公为了维护天命，为了实现先王之志，一而再、再而三地向康叔封、向成王、向殷商遗民发布诰命，以申明天命所归，实现先王之志。所以，"重巽以申命，刚巽乎中正而志行。柔皆顺乎刚，是以小亨"。就是指周公反复地再三地发布诰命，以申明天命，以顺应天命，以顺从先王以天命治天下之志。

综上所述，所谓天命，就是二皇五帝一直遵循的效法天地自然为万物带来益处利益的自然本性，有利于万物生长化育，收敛衰败藏纳的善性而治理国家天下，使

---

① 徐奇堂译注.尚书[M].广州出版社，2001：123.
② 同上书 167.
③ 同上书 213.

天下万民得到福气、得到利益而安静和谐地生存生活并与万物和谐相处相存的治国宗旨；也是三王时代谨慎小心尽力维护施行的"要长期领导保养人民，使人民安宁"的治国之道。《易经》哲学对天命的定义，如《无妄卦》彖辞所说："动而健，刚中而应，大亨以正，天之命也。"天命就是如天之太阳一样，强健有力、自强不息、刚直中正、公正无私、正大光明，以美善诚信待万物。这是易学对天命意义的界定。所以说为了顺利实施天命治天下的宗旨，作为天子不但自己要实施天命，还要宣扬天命，教化后代顺服天命，才能长远地履行天命。所以说，巽卦"重巽以申命"，就是周公反复重申天命的意义，重申如何执掌行使天命治理国家天下，小心谨慎地维护天命的意义。

第八节 《老子》之道德及孔子的三无私精神与治国之道

一、《老子》之道德与治国之道

三王时代竭力维护实施天命治天下的天命观，至于《老子》之道德论，论述了天道天德，论述了圣人君子尊天道天德而作为的道理和具体表现，圣人效法天道之无为而治理国家天下的基本原则，以及圣人对战争等问题的观点，无不在说明道德的意义。《老子》之道，就是以天道之无为前去治理国家天下，实现天下安乐太平。《老子》之德，就是以无为之道治天下，使人民得到安乐福气，就是道德的意义。

《老子》之道德，是对神秘模糊的以天命治天下的理论的高度升华概括和抽象。《老子》的无为之道，就是天地之道。无为之道，就是无须思谋，自觉自然依照天地自然有益于万物的本性去作为。无为之道就是忘我的精神，就是君子之道。《老子》将圣人效法天道之自然变化万物，使万物得到生长化育的自然而然的结果，称为无为之道。《老子》将天道之自然使万物得到益处，得到生长化育称为天德；将圣人君子自然而然以道去作为，以无为之道治理国家天下，使民众得到福气安乐幸福称为圣人君子之德，合而为道德。《老子》之道德，就是对神秘模糊的天命论的高度升华和概括，其目的就是以无为之道治理国家天下，使人民得到福气、安康太平。

1. 老子关于天道天德的论述

《老子》曰："故道生之，德畜之；长之育之；亭之毒之；养之覆之。生而不有，为而不恃，长而不宰，是谓玄德。"《老子》指出，道化生万物，道使万物得到蓄养；道使万物生长壮大并养育后代，道使万物依据各自的本性而发展，并适时惩戒养育包容万物。道化生万物而没有刻意显现自己，成就万物而不恃功自傲，蓄养万物而不主宰万物，这就叫作天德。天德，就是天的固有功能，就是日月的光热；

就是日月无私地照耀万物，天无私地覆盖万物；就是天的变化功能，变化适宜适时的风云雷雨滋润万物，有时还会变化恶风恶雨或无风无雨而毁坏万物。但是天以其固有功能资助万物化育为常性，毁坏万物只是偶尔对万物惩罚而已。天资助万物化育，资助万物生长壮大，资助万物养育后代而从来不会自我显扬功德，不自以为是万物的主宰，这就是天德。天德的象征意义是自然而然地使万物得到化育，得到生长壮大，得到益处。

2.《老子》之道德与天命的意义是一致的

所谓天道天德，正如《老子》第五十一章所言："道之尊，德之贵，夫莫之命而常自然。"《老子》告诉我们，万物之所以尊道、贵德、是因为道与德是没有谁命令而常常自然存在的、相辅相成的、有益于万物生长化育的自然变化。

关于天命，在前几节我们有了一些认识，天命就是"圣人效法天之太阳，自然而然地照耀温暖万物而表现出来有益于万物的自然善性，作为天的命令来治理国家天下，以保护、爱护民众为民谋利益的治国宗旨。依照天道自然而然有益于万物的本性去作为，就是尊天命，就是有道者了。有道者自觉自愿尊道而为人民谋求利益，谋求幸福，就是遵天命"。所以从这个意义而言，老子所论的天之道德的意义与天命的内涵是一致的，道德，那就是圣人君子效法天道自然无为使万物得到生长化育，得到生存衍生；效仿天道自然无为、自觉自愿为民众谋福气，使民众得到福气得到安乐幸福是谓道德。正如《老子》第五十四章所言："修之于身，其德乃真；修之于家，其德乃余；修之于乡，其德乃长；修之于国，其德乃丰；修之于天下，其德乃普。"

《老子》之道德论，应该说是老子对古代帝王治国经验与教训的感悟，更是对模糊神秘的天命论的高度升华概括和抽象。《老子》的道德论，可以说首先是为执政者创立的治国宗旨，是关于执政者的执政宗旨的道德。

《老子》研究论述无为之道的目的是什么呢？难道《老子》只是为了研究自然变化现象吗？当然不是。《老子》研究无为之道，是为了让执政者以无为之道治理国家天下，也是让执政者和天下民众以天道之无为为天下人学习效仿的模式，自然自觉、毫无怨言、不计较自己得失地去为天下人民谋利益，去治理天下，使天下得到治理，而实现天下太平安乐。正如《老子》第十四章所言："执古之道，以御今之有。能知古始，是谓道纪。"《老子》告诉我们，持古圣人所创建的大道，以为现今拥有国家天下者，驾驭治理国家天下的常道。能知晓古圣人创建应用道德治理天下的始末，就是知道了治理天下的基本纲领。

《老子》明确指出了治理国家天下者，持古圣人创建的自然无为的治国之道，来驾驭治理国家天下，以实现先王已经实现了的太平安乐的和谐社会。可是在老子时代，老子的期望没有实现，这是老子的心病，也是中华民族历史的不幸。老子时代和老子之后的长期战乱，人民饱受了战争之苦，是中华民族的悲哀！

3.老子关于以天命治理国家天下的相关论述

在《老子》第五十九章中，老子提到了天命。正如经文所言："治人事天，莫若啬。夫唯啬，是谓早服；早服，谓之重积德。"《老子》指出：治理国家的事情是奉行天命，奉行天命不如记住一点就行了。这仅有的一点，是早早顺服无为之道，早早顺服无为之道是谓重复累积仁德。又第六十七章曰："天将救之，以慈卫之。"老子说："用天命作为拯救天下人民的最高宗旨，以仁慈使人民的利益得到卫护。"

在这两章的经文中，《老子》虽然没有直接阐释天命，但是我们依照《老子》之道德论的内涵分析，依照治理国家天下的规则分析，道德就是教化人民、治理国家天下的根本宗旨，而道德是对天命的尊崇。按照经文的含义，可将其解释为"治理国家人民的事情，就是奉行天命"。将"天"解释为天命比较合理，"事"既可以是事情，又可以是奉行、行使。这里《老子》讲执行天命的唯一方法就是早早顺服无为之道。只有早早顺服无为之道，才能不断累积德行；只有不断累积德行，使德行高大，才能得到人民的拥护，才能建立国家，才能施行为人民谋利益的事业。《老子》第六十七章曰："今舍慈且勇，舍俭且广，舍后且先，死矣！夫慈，以战则胜，以守则固。天将救之，以慈卫之。"这是说，那些争王称霸者舍弃无为之道而任意作为，使天下人民遭受灾难困苦，只有有道者才能以天命拯救天下人民，将人民从水深火热之中拯救出来，然后再以仁善之德使人民得到安乐太平，并维护人民的安乐幸福。有些学者，将"天将救之，以慈卫之"解释为"天想救护谁，就以仁慈维护他"。笔者对此不能苟同，因为天没有意识思维，天命也是我们的古圣人效法天道天德的善性而假借天的命令，来表达人类的期望，人类的思维意志。我们的先圣先祖期望的是人人得到拯救，得到仁慈，得到安乐幸福，而不是天自己的意愿所能做到的事情。所以只有聪明睿智的圣人，有道德的君子，只有我们伟大的先祖才能效法天地的美德，以天命的意义救护受苦受难的人民，以仁善之德维护人民安乐、太平、和谐的生活。

所以说，天命至于老子，已经被老子升华概括为道德，以道德作为治理国家天下的最高宗旨。正如《老子》第三十五章所言："执大象，天下往。往而不害，安平太。"这就是老子论述道德的目的。《老子》指出：持着大道的基本表现形式，前往治理天下。反复治理使万物和谐相处而不相互伤害，那么天下就安乐太平了。这里，《老子》所说的大象，就是大道，因为《老子》对大道天道都是以象形抽象的方式来描述，所以《老子》将大道天道称之为大象。

《老子》研究论述道德的目的，就是要治国者以天道之无为来治理国家天下。

治理国家天下者以公正无私、正大光明、诚信仁善宽厚之心来为人民谋求利益，天下就会得到治理而太平。

二、孔子的三无私精神与治国之道

孔子的三无私精神，应该是天命的内涵，《礼记·孔子闲居》："天无私覆，地无私载，日月无私照，奉斯三者以劳天下，此之谓三无私。"[①]孔子指出：用天无私覆盖万物、地无私承载万物、日月无私照耀万物的精神治理天下，就是三无私。这种三无私的精神，就是《老子》所论的无为之道，也是天命的内涵，更是对天地固有本性的阐述。

《老子》所论的无为之道，就是如天地自然一样公正公平地给万物带来益处，而不图回报，不显示功劳，这就是无私精神，所以孔子的三无私精神，就是老子的无为之道意义的阐述。

依据《易·系辞》《中庸》中孔子关于天命意义的说明，六十四卦相关象辞关于天命意义的论述，以及周公重申天命的目的意义的研究和《皋陶谟》关于天命意义的论述，可以认为：所谓"天命"，就是古圣人以天地自然所表现出来的自然善性作为天的命令自觉自愿遵守执行，将其作为治理国家天下的最高宗旨，最高准则，世世代代永不背离，永远为人民谋利益，使天下国家太平安乐、国家富强的一种方法、原则。天命，也可以认为，古圣人将天地拟人化，将其比作有良心、善心、美德，有思维的人一样，而发布命令，其命令就是爱护、保护天下人民并为他们谋福气。

《易经》《诗经》《尚书》，以及《中庸》中所论述的天命，是最早期的治国宗旨的意义，后经由《老子》将天命的意义升华概括为道德，就是《老子》为治国者概括升华的治国宗旨。

这里必须明白，天命并不是所谓的天帝、上帝的命令，正如《尚书·皋陶谟》所言："天工，人其代之。"[②]天的功德，或许人就能代替，也就是由人来代替天施行仁善之德，使万物得到生长化育，使万民得到福气利益。就是圣人用意象思维，以拟人化、人格化方式，使天发布命令，也就是乾天之命令，其实应该是先祖圣人发布的命令，命令所有炎黄子孙以天道之无私公正有益于万物万民，为万物万民带来福气利益的仁善之德为治国宗旨。天命被老子升华概括为道德，而后的历史发展中，以黄老之道为治理国家天下的宗旨而实现的"文景之治""贞观之治"就是明证。

这也是真龙天子所要履行的治国之道，在中国的历史上，古代时期凡是能以天

---

① 钱玄、钱兴奇等注释. 礼记[M]. 岳麓书社，2001：675.
② 徐奇堂译注. 尚书[M]. 广州出版社，2001：18.

命治天下者，就能实现天下大治而国泰民安，如二皇五帝三王时代。在后来就是依照黄老之道治天下者，也同样实现了天下太平安乐！就如西汉的"文景之治"和唐朝的"贞观之治"。"文景之治"和"贞观之治"都是执政者努力学习应用黄老之道的结果。

所以说，天命是古代圣人遵循的治国宗旨，而不是天帝神仙的命令。

无论是天命、《老子》之道德论，还是孔子的三无私，都是要求执政者、理政者，以及各级官员都要使意识、思维、心性得到纯正的教化，也就是以为天下民众谋利益的意识、思维、思想武装头脑，而不能有丝毫懈怠，才能在行动中表现出完美的为民众而作为的行为和美好精神。这就是形而上思维的教化力量。

第三章 《易经》哲学人道论之形而上最高规则之革命论

第一节 《易·革卦》象辞关于革命意义的论述

《革卦》卦辞、象辞指出天子这个太阳，如果不能始终坚持为天下人民谋利益，灾难就会降临，帝位就会被颠覆。

1.《革卦》卦辞关于革命的意义

䷰卦辞曰："巳日乃孚，元亨利贞，悔亡。"《革卦》卦辞说："是太阳就有诚信，有诚信就美善亨通有利正当，灾难消失。"卦辞将天子比作始终不变地照耀温暖万物的太阳，当然这个比喻来自于《尚书·汤誓》："夏王率遏众力，率割夏邑。有众率怠弗协，曰：'时日曷丧？予及汝皆亡。'"在《尚书·汤誓》中，商汤指出："民众说，'夏桀这个太阳何时丧亡，我们愿意与你一起丧亡。'"[①] 可见人民对夏桀这个天子是痛恨极了，因为夏桀这个象征太阳的天子，不为民众谋利益，反倒伤害民众，所以卦辞指出，作为象征太阳的天子，就要有诚信，要始终以美善之心对待人民，否则就如夏桀一样，会有灾难降临。

2.《革卦》象辞关于革命意义的论述

《革卦》象辞曰："巳日乃孚，革而信之。文明以说，大亨以正，革而当，其悔乃亡。天地革而四时成，汤武革命，顺乎天而应乎人，革之时大矣哉。"象辞说："是太阳就有诚信，革命而又有诚信，文明而喜悦，大亨通所以正大光明，革命而正当，其灾难就会消失。天地自然阴阳变化而四时形成；商武王革命，顺应天道而且顺应民心，革命的时间意义大极了啊！"

《革卦》卦辞象辞指出，天子这个太阳，当他以革命的手段取得革命成功后，就永远要牢记实施像太阳照耀温暖万物一样为天下民众谋利益福气的宗旨，如果违背了这个宗旨，而又不听劝谏，那么有志之士，有道者就会起来革命，而推翻不为民众谋利益的执政者。汤武王就是商汤，商汤以有道用武力征伐无道的夏桀，建立了商朝，开创了历史上第一个以武力推翻执掌天命的无道的天子的政权，具有划时

---

① 徐奇堂译注．尚书 [M]．广州出版社，2001：50．

代和开创历史新纪元的历史意义；以后的周武王也以有道用武力征伐无道的商纣王，建立周朝，这是继承了商汤的革命之道。

革命的意义，就是革除执掌天命的无道无德的天子执掌天命的权利。执掌天命权利的天子只要不能为民众谋利益福祉，又屡教不改，而且滥杀无辜，就会有有道者起来革除他执掌天命的权利，而由有道者继续执掌实施天命的权利和意义。这就是"革命"一词的来源和意义。

第二节　《易·比卦》卦辞及象辞关于革命意义的论述

《比卦》更明确地告诉天子和天下人民，假如天子使天下不安宁时，就要依照商汤的革命之道来革命。

1.《比卦》卦辞关于革命意义的论述

䷇卦辞："比：吉。原筮元永贞，无咎。不宁方来，后夫凶。"卦辞说："吉祥，原本卜筮从开始就永远正当，而且没有过失。当天下再度不安宁时，就用这个方法来革命，最后的那个君主有凶险。"这是《比卦》卦辞对革命的意义的论述，其意义就是，当天子使天下再度发生混乱，人民不能安宁地生活时，天下有志之士，就会领导民众用革命的手段将这个天子革除，那么最后的那位使天下不安宁的天子，就会面临凶险，有可能丢掉江山社稷，甚至丢掉性命。革命的前提是天子造成天下混乱不安宁时，就会发生革命。

2.《比卦》象辞关于革命意义的论述

《比卦》象辞曰："比，吉也。比，辅也。下顺从也。原筮元永贞，无咎，以刚中也。不宁方来，上下应也。后夫凶，其道穷也。"

象辞说："通过对比，说明遵道而行者吉祥。比，就是通过商汤任用贤臣伊尹为辅佐，与商汤的末代子孙商纣王任用小人为辅佐的比较，说明下一代帝王顺从先帝创建的天命以治天下，原本就连卜筮都认为永远正当吉祥，没有过失，因为商汤以公正无私的天命治天下。当天下再度不安宁时，就使用商汤开创的以有道伐无道的革命形式推翻无道者，以使天下安宁，这也是上顺应天道和先圣之德，下顺应民心和民情民意啊！后来的君王出现凶险之兆和凶险的结果，是因为他失道失德，失民心而无路可走了啊！"这是象辞通过对有道和无道的对比，说明有道者遵天命而治天下，使天下太平安乐；而无道者不遵天命治天下，就会使天下混乱，人民遭殃。那么天下混乱政局不稳时，革命就有可能发生，这也是对革命之所以发生的原因的论述。

夏朝的末代帝王夏桀这个太阳，失去了太阳的光辉，违背先祖夏禹为帝王的规矩，不为民众谋利益而残害民众；商汤，以武力革除夏桀之命，而建立商朝，上顺乎天道，下顺乎民心民情。同样，商纣王违背先祖商汤的治国之道，而且残害人民，当商纣王的臣子祖伊以祖训劝谏纣王时，纣王却说："我生下来不就有命在天乎！"商纣王以为他生下来，就有天命在身，天命是由天不由民众的，因此他继续胡作非为，周武王只好以武力革除商纣王之命，建立了周朝。这就是中国最早的以武力革除不为民众谋利益而残害民众的执掌天命者的权利，而建立新的能为民众谋利益的新政权，商汤开创了以武力革除不为民众谋利益而残害人民的夏桀执掌天命的权利，周武王继承商汤革命的方式，以武力革除不为民众谋利益而执掌天命的商纣王的权利，这两则革命成功的历史，就是中国革命历史的起源和意义。

《比卦》就是昭示帝王要牢记中华民族的最高治国宗旨，为人民大众谋利益福气，若是违反了这个最高治国宗旨，引起社会不安宁时，就会有革命者将失道之帝王推翻，用武力夺取其执掌天命的权利。

第三节　《易·夬卦》卦辞及象辞关于革命意义的论述

1.《夬卦》卦辞关于革命意义的论述

☱☰卦辞曰："扬于王庭，孚号，有厉，告自邑，不利即戎，利有攸往。"

《夬卦》卦辞说：为王者立于王庭，就要宣扬尊奉天道，以天道之无为治天下，以诚信称号天下，而使人民称颂。如果为王者，不能宣扬尊奉以天道之无为治天下，而且还危害人民，失信于民，这时就会有遵道的贤者挺身而出，在朝廷上直谏君王，希望君王守信用，遵天道以治天下，为民众谋利益；如果君王屡谏不听，并且对劝谏的臣子和有怨言的百姓进行报复和伤害，就意味着其失道无德之君王已经穷途末路，不可救药，那么就会有有道者和有志之士，果断坚决地向自己所属城邑的百姓宣告，君王不利于天下人民，而且他们还会组建军队，聚集人马，用武力将无道的君王拉下马，赶下历史舞台，夺取其执掌天命的政权。只有这样，由有道者执掌天命来治理国家天下才会有利于人民，人民才会悦服，才会利于人民继续长远地过太平安乐的生活。

其实这就是中华民族的历史。夏桀无道失德，被商汤王最先用武力攻克，而开创了中华民族历史的新纪元，也为中华民族以有道用武力伐无道而救民于水深火热之中，开创了先例；周武王以有道用武力伐无道失德的商纣王而建立周王朝；在周王朝的历史进程中，周厉王失道，以残暴的手段对待人民，又不听忠臣劝谏，最终被人民袭击驱逐而逃亡，由贤臣召公、周公两个辅相摄政，使西周有十四年没有君王，但却没有亡国。周幽王无道，又不听贤臣劝谏，而且失信于诸侯，被申侯联合诸侯、犬戎而攻伐，最终死于逃亡的大车之中，使西周王朝灭亡。

这就是中华民族古代最早的武力革命历史。其实这也是《易经》哲学对中华民族历史发展必然规律的预测和历史经验的总结，而且中华民族历史发展的历史事实也已经证明了《易经》的经验总结和预测是正确的。实际上也是《易经》作者通过对历史经验的总结和预言，为执政者明示出为政的简明而正确的治国之道。执政者只有遵天之道而治理国家天下，为天下民众谋利益福祉，才会使其国运长久不衰，否则，就会有有道者群起而攻之，使其灭亡。因此，"有攸往"，也就是说中华民族必然会有如此反复发展变化的历史过程。以武力推翻无道天子，夺取执掌天命治天下的权利，就是最早的革命论，也是马克思主义暴力革命的意义。

2.《夬卦》象辞关于革命意义的论述

《夬卦》象辞曰："夬，决也，刚决柔也。健而说，夬而和。扬于王庭，柔乘五刚也．孚号有厉，其危乃光也．告自邑，不利即戎，所尚乃穷也．利有攸往，刚长乃终也。"

《夬卦》象辞说：夬，就是决断，就是坚决果断地决断那些阴柔不决之事。以天道天德决断关乎国家安危、民族利益的大事，使天下人民悦服和顺；在朝廷上向天子直谏天道，众多有道德者向柔弱无道的君王宣扬天道。天子的诚信号令有危险，他自身危险而且正大光明之德没有了。告诉自己城邑的人民，天子不利于人民就要立即以武力征伐，因为天子应该崇尚的道德已经完结了。有道者聚集人马前往征伐无道者，以使天道长久地体现天下太平告终。

《夬卦》是在告诉所有执掌天命的天子"夬，决也，刚决柔也"。夬，就是以天道天德决断寡柔无德的天子不能决断之事。警示天子决断国家大事的依据就是天道天德，不能违背天道天德和违背为民众谋利益的宗旨。天子所作的决断，就要使民众"健而说，夬而和"，就是要以刚健强大的天道天德为依据作决断，所作的决断要使人民悦服和顺，这就是决断的基本原则。

假如天子违背了决断的原则，所作的决断不能使民众悦服和顺，则会有众多有道的贤者"扬于王庭"。也就是说，众多有道者在朝廷上向君王直谏，宣传天道天德，宣传先王之政治，宣扬君子之德的意义，宣扬遵道而行的意义：有道者遵道而行，以决断国家大事。

假如失道的天子不听劝谏，则会发生"孚号有厉，其危乃光也。告自邑，不利即戎，所尚乃穷也"的事情。众多有道者会组建武装队伍而以武力驱除无道失德的天子，使其执掌天命的权利被革除。这是《夬卦》警示天子应该重视的重要问题。

　　以上是《易经》哲学关于形而上最高规则革命意义的介绍。最高规则，是要执政者的思维、意识、心灵得到净化的思想道德规则，意识、思维决定行为，只要意识、思维中深刻存储了以天道之无为为天下人民谋利益福祉的规则，其行为品性就会自然而然地体现出来，自如地体现出为国为民的天下为公的作为。

第二部分 《易经》哲学人道论之形而上基本规则

第一章 《易经》哲学形而上基本规则之刑罚

基本规则有很多，这里探讨的是圣人效法天道之自然的表现形式所推断的基本规则。基本规则包括刑罚、饮食燕乐、家庭婚姻伦理、教化等。而六十四卦中出现最多的则是关于教化的内容。

第一节 《易·噬嗑卦》关于刑罚的处罚规则

一、《噬嗑卦》原文

䷔卦辞："噬嗑：亨，利用狱。"

彖辞："颐中有物，曰噬嗑。噬嗑而亨，刚柔分，动而明，雷电合而章。柔得中而上行，虽不当位，利用狱也。"

象辞曰："雷电噬嗑。先王以明罚勑法。"

初九爻辞："屦校灭趾，无咎。"爻象辞："屦校灭趾，不行也。"

六二爻辞："噬肤灭鼻，无咎。"爻象辞："噬肤灭鼻，乘刚也。"

六三爻辞："噬腊肉，遇毒，小吝，无咎。"爻象辞："六三，遇毒，位不当也。"

九四爻辞："噬乾胏，得金矢，利艰贞，吉。"爻象辞："利艰贞吉，未光也。"

六五爻辞："噬乾肉，得黄金，贞厉，无咎。"爻象辞："贞厉无咎，得当也。"

上九爻辞："何校灭耳，凶。"爻象辞："何校灭耳，聪不明也。"

二、《噬嗑卦》卦辞关于刑罚形成的原理

卦辞通过说明噬嗑的本意，说明利用噬嗑的原理，象征狱讼的道理。噬嗑的本

意就是上下门牙咬食有壳的或硬的食物所发出的声响。噬嗑就是将食物咬碎，嚼烂，顺利下咽，有利于消化和健康，达以亨通的道理。圣人利用噬嗑的原理和意义来建立刑罚，也就是用刑罚将人与人相处所发生的摩擦矛盾纠纷，甚至死伤等损害的事件一件一件处理，使摩擦矛盾纠纷得到解决或消除，以利于天下安定太平。

三、《噬嗑卦》彖辞关于刑罚产生的道理和意义

1. 彖辞的基本意义

彖辞对卦辞作了补充说明，也就是说，彖辞进一步解释了什么是噬嗑，彖辞对噬嗑的解释包含了两重含义：

其一，是指口中有食物，就要用牙齿撕咬磨碎，产生响声，就是噬嗑。因为撕咬嚼碎或者将嚼不烂咬不碎的东西吐出去因而通畅下咽，以利于消化、健康。

其二，利用雷电产生的原理，更进一步说明刑罚产生的道理。彖辞说，刚健柔弱分明，柔弱的云彩相互碰撞摩擦撕咬而产生强大的电光和雷声，雷电相合因而彰显了柔变刚的力量。柔弱的云彩适中地运动而爆发出强大的力量，因而将噬嗑纳入刚健的范畴，虽然噬嗑在刚健中没有适当的位置，利用其意义为狱讼刑罚足以产生强大的效果。

彖辞既阐述了刑罚产生的原理，又彰显了两种意义。其一，就是通过口腔的咀嚼作用而产生的使刚强变柔顺的道理。其二，通过柔顺的云彩上下左右运动相互摩擦撕咬而产生强大的电光和巨大的响声，雷电相合因而彰显了柔变刚的道理，也就是利用柔顺的事物适中运动而体现出柔弱变刚强的道理，以体现刑罚的意义。

2. 彖辞所体现的关于刑罚的意义

其一，抽象刚强变弱顺的意义，成为处理平和民众中是非摩擦纠纷的刑罚，将那些棘手的、难处理的矛盾、是非、混乱，用细嚼慢咽的方法逐渐化解、消失，而使大家都变得柔和，处理得合理平顺而和谐，以保护人民、保国家安定太平。

其二，利用刚强变柔顺的道理，对不遵法守纪者，利用强硬的手段，利用牢狱，利用各种刑罚，使其受到教化，而达到消除罪恶的目的。

其三，依据雷电产生原理的道理，也就是柔弱变刚强的道理，用柔和宽大的刑罚，也就是在执行具体的刑罚之时，既要用强硬的手段使罪犯服从法律，还要尽量以宽大柔缓的刑罚处置犯罪者，使他们受到教化，而彰显刑罚强大的威力效果。彖辞中的刚柔也有执行刑罚过程中手段与目的的区分。正如《尚书·吕刑》所言："士制百姓于刑中，以教抵德。""典狱非讫于威，惟讫于富。"[①]《尚书·吕刑》说："士师用适中的刑法制止民众犯罪，以教导民众敬重德行。"又说："主持案狱的

---

① 徐奇堂译注. 尚书[M]. 广州出版社，2001：250、251。

人，不是以威罚作为最终目的，而是以仁厚作为最终的目的。"

其四，依据雷电产生的道理，"雷电合而章"，也就是利用刚柔结合的方式，使犯罪者得到教化而顺服。所以主持狱讼者要光明正大，秉公办事，以先王创立的刑罚给犯罪者以适当的处罚。对罪犯者的判处要依据事实，根据具体案情、犯罪动机、详细慎重地判处，既要以柔和的手段、仁厚的目的判处罪犯，但柔和仁厚要适中，要符合法律规定，不能对罪犯判处与犯罪事实不符的过高或过轻的刑罚；而且还要对于适于减刑或加刑的罪犯，也应按刑罚规定的严格界线，不能随意减刑、加刑。正如《尚书·吕刑》所言："上下比罪，勿僭乱辞。勿用不行，惟察惟法，其审克之。上刑适轻，下服。下刑适重，上服。轻重诸罚有权。刑罚世轻世重，惟齐非齐，有伦有要。"①《尚书·吕刑》说："对于重罪和轻罪要加以比照，对于犯人的供词不要错乱。不要采取已经废除了的法律，一定要明察其罪行，一定要依法办事，你们要详细核查啊！重刑宜于减轻者，可减一等来处罚；轻刑宜于加重者，可加一等来处罚。刑罚是轻是重，应当根据具体情况灵活掌握。刑罚是轻是重，相同或不同，都有它的条理和纲要。"也就是指按刑罚条例及具体情况，对于轻重刑加刑或减刑来具体规定。

其五，用刚柔相济的方法，使犯罪者真心悔改，对于已判处的刑罚，又依据不同的情况加刑或减刑。虽然与当时判处的刑罚的情形不同，但这样做是为了利用这种减刑或加刑的方法，使犯罪者明白刑罚的目的，听从教化，真心悔过，能以实际行动服从教化者，可适当减刑，以示牢狱的教化作用；而不听从教化，不真心悔过自新者，又表现不佳或继续犯罪者，可适当加刑，这也是为了实现教化的目的。利用狱，就是利用牢狱的教化作用达到消除罪恶的目的。

以上五点，就是《噬嗑卦》象辞要阐述的全部意义。这里值得注意的是："刚强变柔顺""柔弱变刚强"的道理、方法目的和意义。这是刑罚产生的原理、依据的唯物辩证观的哲学意义。

四、《噬嗑卦》卦象辞的意义

象辞曰："雷电噬嗑。先王以明罚勑法。""雷电噬嗑"中的"噬"，就是咬的意思，嗑，是用牙齿咬坚硬的东西并发出声响。"雷电噬嗑"，所展示的是上卦为离、为火、为日、为电；下卦为震、为雷，二卦相合构成了《噬嗑卦》的卦形结构。它象征的是雷电产生的原理，雷与电的产生是因为带电的云团在天空上下左右移动，而相互碰撞、摩擦、切割、撕咬从而产生巨大的火花和声响，这就是雷电。

---

① 徐奇堂译注. 尚书 [M]. 广州出版社，2001：259.

《易经》作者彰显了先圣先王以天道自然雷电产生原理的道理，推论联想创建刑罚法典的过程和意义。

"先王以明罚勑法"中的"罚"，本义：处罚、惩办。"勑"：帝王的诏书，命令；通"饬"，整顿，整治。先王以雷电产生的原理——噬嗑，推理、联想到人与人发生摩擦、碰撞，个人与社会发生摩擦、碰撞，甚至动武等纠风时，如何处理平息，所以先王明确了刑罚的处罚规则，并发布命令整治法典遵守法典。"明罚勑法"包括明确先王制定刑罚的基本原则和刑罚的使用原则。勑法就是整顿，完善法律，告诫臣民知法守法，就不会触犯刑罚。

五、《噬嗑卦》卦爻辞的意义

《噬嗑卦》全卦从卦辞、彖辞、卦象辞，以及爻辞均是关于刑罚的相关问题的论述，所以爻辞更是对刑罚具体细目的论述。

1. 初九爻辞的含义

初九爻辞："屦校灭趾，无咎。"爻象辞："屦校灭趾，不行也。"

初九爻辞用对比的手法说明对触犯刑罚者处置的目的。爻辞说：脚上穿上麻葛制作的鞋，掩没脚趾是为了防止脚受伤害，也是为了文明礼貌，会有什么过失呢？爻象辞解释说：其一，犯了过失，给戴上刑具，是为了不让其再犯过失，不再行不义之事。其二，受到刖刑的处罚，当然不能行走了。

初九爻辞用脚穿麻鞋以保护脚趾来象征，对那些经常践踏法律、不遵法守法的人，脚上戴上刑具，也是为了其不再犯罪，不再犯过失罪，以及这样做的执法者本身也没有过失。

初九爻辞还指对犯罪者，根据罪行的大小，而处以断足之刑。刖刑，就是把足砍掉的一种肉刑。

2. 六二爻辞的含义

六二爻辞："噬肤灭鼻，无咎。"爻象辞："噬肤灭鼻，乘刚也。"

六二爻辞说：损伤皮肤、割掉了鼻子，没有过失。爻象辞说，受到肉刑的处罚，是依照法律的条款处置犯罪者。

六二爻辞指犯了罪的人会依据所犯罪行的程度，受到不同刑罚的处置，有的会受到损伤皮肤或割掉鼻子的肉刑处罚，使他们有切肤之痛，而不敢再蔑视法律。"无咎"是指通过刑罚的制裁，使人不敢再犯罪过。

六二爻辞还指对于犯了过失罪而处以罚金的人，虽然其本身未受到伤害，但是通过罚金的处置，使其有切肤之痛，而感到非常痛苦。

3. 六三爻含义

六三爻辞："噬腊肉，遇毒，小吝，无咎。"爻象辞："遇毒，位不当也。"

六三爻辞说，咬噬干肉，遇到了毒，是小的耻辱，没有过失。爻象辞说，遇到残酷的肉刑，是因为他犯了罪，没有正确地把握自己，失去了权衡之故。

"噬腊肉，遇毒"：用吃干肉时，却遭遇到了干肉上有毒而中毒的这个突然发生的事件，象征刑罚中的偶发事件，也象征在刑罚之中，对偶发、突然发生的过失罪的刑罚处罚，突然发生的过失罪并不是有预谋的，只是出于偶然。那么对犯这种罪过者如何处理呢？那就是"小吝，无咎"。这一方面若是遇毒之人受到小的伤害，那么对犯这种突发过失罪之人的处理要依具体情节来定罪，只是受到小的惩罚；另一方面是指犯了过失罪的人，根据其情节及偶然性，可以从轻处罚。这是依据《尚书·康诰》所言："呜呼！封，敬明乃罚。人有小罪，非眚，乃惟终，自作不典。式尔，有厥罪小，乃不可不杀。乃有大罪，非终，乃惟眚灾，适尔，既道极厥辜，时乃不可杀。"[①]周公对封说："唉！封，你要恭谨而严明地对待刑罚。一个人犯了小罪，如果不是过失，而是经常犯法，这说明他是有意不遵守法典。如此，他的罪即使很小，也不可以不杀掉他。一个人犯了大罪，但不是经常犯法，而只是因为过失偶然犯罪，既然他全部说出了他的罪过，这样也不可杀掉他。"也就是说对过失罪要按照情节区分对待。

六三爻辞还指肉刑之一的宫刑。宫刑就是割掉生殖器官，而对人的生命没有过大损伤。

4. 九四爻的含义

九四爻辞："噬乾胏，得金矢，利坚贞，吉。"爻象辞："利坚贞吉，未光也。"

九四爻辞说，咬噬干的带骨头的肉，得到金钱弓矢，利于持久正当，吉祥。爻象辞说，利坚贞吉，是未光大的意思。

九四爻辞是指如何对待民众的狱讼之事。民众的狱讼是很麻烦且纠缠不清的事情，所以就不能随便让民众为鸡毛蒜皮之事而发生狱讼，也不能像啃噬干骨头上的干肉一样，费劲而吃不到肉，所以为了防止民众随意打官司，制造狱讼之事，凡打官司者，原告、被告双方对簿公堂时，诉讼的双方都要向法庭交纳一百支箭作为保证，而且原告被告双方都要出具狱词，用这种方法禁止诬告的刑事诉讼；同时双方都要向法庭交纳三十斤铜作为保证金，才能受理诉讼。正如《周礼·秋官·大司徒之职》曰："以两造禁民讼，入束矢于朝，然后听之。以两剂禁民狱，入钧金，三日乃致于朝，

---

① 徐奇堂译注. 尚书[M]. 广州出版社，2001：125.

然后听之。"① 所以这里的"得金矢",矢,是箭,就是法庭得到一百支箭以为保证;金,就是交纳三十斤铜为保证金。金既是保证金,也是指交纳金属铜为保证金。用这种交纳保证金的方法,使民众明白打官司、辨狱讼不是一件随意之事,所以平时必须约束检点自己的行为,不要制造狱讼。另一方面是指这样做公平、合理,也是指断狱讼必须公正公平。

九四爻辞还指肉刑之中最轻者黥刑。就是用刀刺刻犯人的面额,再涂上墨,即墨刑。"噬乾胏",就是用金属物在面额上刺字,在面额上刺字,不就是在有骨头的肉上刺字吗?对其施行墨刑,将会使其身心永远留下刑罚的灼痛。贞是施行相宜的刑罚之意;吉,应该是指对人身体没有伤害之义。

5. 六五爻辞的含义

六五爻辞:"噬乾肉,得黄金,贞厉,无咎。"爻象辞:"贞厉无咎,得当也。"

六五爻辞说,咬噬干肉,得到了黄金,正当危险,没有过失。爻象辞说,"贞厉无咎"的含义就是处理得当之意。得当,是指以罚金来制裁对判处五刑有疑问者之处罚,使这些犯罪者得到了适当的处罚。

六五爻辞用"咬噬干肉,得黄金"说明咬噬干肉毕竟是不容易,难咬,难嚼,难消化之物,来象征判处刑罚的不易和艰难。所以说,六五爻辞是指判处五刑的不容易,艰难,有时经过查、审、推测、研究,但终于还是由于证据不足,或者事实不清,或其他原因,对原判之刑发生了疑问,或者使犯人不服。这时应该怎么处理呢?那就是根据案情,适当地从轻发落,还指审判狱讼要公正、公平、无私,就是要依天之道德来衡量而判处狱讼。

"得黄金,贞厉,无咎。""得黄金",在这里指对那些判处五过之刑有可疑之处者,从轻发落的原则和具体方法,那就是交纳罚金。黄金,就是指罚金而言。这在《尚书·吕刑》上有明确的规定。也就是说这样判处之正确,虽然罚了罚金,损伤了钱财,但对犯罪之人却没有生命之忧。

6. 上九爻辞的含义

上九爻辞:"何校灭耳,凶。"爻象辞:"何校灭耳,聪不明也。"

上九爻辞说,为何戴上刑具或被割掉耳朵,而凶险呢?爻象辞说,"聪不明也"就是耳朵听不见。为什么会戴上刑具或被割掉耳朵呢?为什么不听良言,不听教化,而犯下杀身之祸呢?是因为这些人不明智,不听教化,不遵纪守法,而且自以为是的结果。

正如《易·系辞》孔子曰:"善不积不足以成名,恶不积不足以灭身,小人以

---

① 钱玄、钱兴奇等注释. 周礼[M]. 岳麓书社,2001:324.

小善为无益而弗为也，以小恶为无伤而弗去也，故恶积而不可掩，罪大而不可解。《易》曰：'何校灭耳，凶。'"[1] 这是孔子对上九爻辞的解释。犯了过失，不听劝告，屡教不改，还不断地犯，只能送进牢狱，戴上刑具，接受再教化。

《噬嗑卦》原本是对西周时代刑罚目的意义和一些具体刑罚的细目与条款的论述，也是如何实施刑罚的具体方法。卦辞阐述的是刑罚产生的原理，彖辞阐述了刑罚的意义，象辞阐述了先王制定刑罚的基本原则和刑罚的使用原则，爻辞则是对几种具体刑罚判处条目和意义的阐述。所以《噬嗑卦》的全部意义，就是告示天子和执掌法律刑罚的官员明白刑罚的意义，明白如何依据天道的法则，公平公正地实施刑罚。

《易经》作者用雷电产生的原理彰显先圣联想推论创建刑罚的意义，刑罚的细目及刑罚的处置规则，这是何等的聪明智慧，因为雷电本属天上之物，所以将其归于天道。

第二节　《易·丰卦》论述了如何判断狱讼

《丰卦》以天道之自然雷电皆至，以及过于猛烈的雷电雷雨，所产生的后果联想到刑罚判处的适时适中和结果。

一、《丰卦》原文

卦辞曰："丰，亨，王假之，勿忧，宜日中。"

彖辞："丰，大也。明以动，故丰。王假之，高大也。勿忧宜日中，宜照天下也。日中则昃，月盈则食。天地盈虚，与时消息，而况于人乎？况于鬼神乎？"

卦象辞曰："雷电皆至，丰。君子以折狱致刑。"

初九爻辞："遇其配主，虽旬无咎，往有尚。"爻象辞："虽旬无咎，过旬灾也。"

六二爻辞："丰其蔀，日中见斗，往得疑疾，有孚发若，吉。"爻象辞："有孚发若，信以发志也。"

九三爻辞："丰其沛，日中见沫。折其右肱，无咎。"爻象辞："丰其沛，不可大事也。折其右肱，终不可用也。"

九四爻辞："丰其蔀，日中见斗，遇其夷主，吉。"爻象辞："丰其蔀，位不

---

[1] 浩文著.易数精解[M].中国文史出版社，1991：122.

当也。日中见斗，幽不明也。遇其夷主，吉，行也。"

六五爻辞："来章，有庆誉，吉。"爻象辞："六五之吉，有庆也。"

上六爻辞："丰其屋，蔀其家，闚其户，闃其无人，三岁不觌，凶。"爻象辞："丰其屋，天际翔也。闚其户，闃其无人，自藏也。"

二、《丰卦》卦辞的意义

卦辞曰："丰，亨，王假之，勿忧，宜日中。"

卦辞说："盛大盛多，亨通，天子是宽容的，不要忧虑，应该如日中的太阳一样正大光明。"卦辞所指的是，王恩浩大，圣王借用众多的刑罚，是以宽容为怀，主持狱讼的目的不是为了威罚，而是为了教化民众敬重德行，所以就要以宽容仁厚为怀，不要忧虑，无论是谁，都应似日中的太阳一样公正无私，主持狱讼的人，更要正大光明，公正无私。

卦辞阐述的是先王制定刑罚的目的和主持狱讼的目的，不是为了显示威风威罚，而是借助刑罚教化臣民尊法敬德。

三、《丰卦》象辞的意义

象辞："丰，大也。明以动，故丰。王假之，高大也。勿忧宜日中，宜照天下也。日中则昃，月盈则食。天地盈虚，与时消息，而况于人乎？况于鬼神乎？"

象辞说："丰，就是大的意思。大就是太阳正大光明而行动，所以为大。天子宽容借助刑罚处罚犯罪者，但是处罚的手段是以宽大仁厚为目的的，这是天子德行高大的体现。执法者不用忧虑，应该如日中的太阳一样高大光明，适宜地照耀天下万物。太阳逐渐升到高空中间最大最明亮，就又逐渐向西偏斜；月亮盈满之后就又逐日变为月缺。天地万物的盈满与减少都是与时间的变化同时增长与减少的，而何况是人呢？何况是鬼神呢？"

其一，象辞解释什么是丰和为什么丰。丰就是盛大，光明正大，就如中午的太阳一样光明正大，所以为丰。这是指周王朝所使用的刑罚，典章内容众多、条款清晰，而且公正、公平、盛大完美。

其二，象辞说明君王借助刑罚处罚犯罪者，但是处罚的手段则是以宽大仁厚为目的，刑罚的执行过程中，要求执法者以光明正大、公正无私的德行对待刑罚，以充分体现出君王的高大美好的仁德。这里"王假之"之"假"就是宽容和假借的意思。执法者不要忧虑，应该如日中的太阳一样正大光明，用如太阳公正无私地照耀天下万物一样的美善之德执行刑罚，就不会有担忧之事。

其三，象辞用天地日月的自然变化规律说明天地日月的自然变化，是与时日的运行变化同时运行变化的，何况是依照天地自然变化规律而生存的人呢？何况我们的先祖的灵魂呢？象辞利用天地日月自然变化的规律说明，任何事物都有明显和隐微的变化，都有真实存在和虚无存在的可能。所以对于执法的官员而言，审理狱讼案件一定要以事实为依据，而不能以毫无依据的虚假之辞为依据。因为真的就是真的，假的就是假的，就连没有思维的鬼神都要遵守自然变化规律，何况我们是有思维灵性的人呢？何况是代理天子执行刑法的执法者呢？

四、《丰卦》卦象辞的意义

卦象辞曰："雷电皆至，丰。君子以折狱致刑。"

卦象辞"雷电皆至"，丰卦下卦为离、为火、为电；上卦为震、为雷。上震下电火花，就是雷电齐鸣，先看到电光而后听到雷声。既有很亮丽的电光闪耀，又有震耳欲聋的雷声轰鸣，接着就会是狂风暴雨。这是"雷电皆至"的意思。丰，是盛、多、大的意思，但是过于亢盛、过多、过大的雷电、狂风暴雨，会给万物、给人类造成损害，而适中适时的雷电风雨会给万物带来益处。

"君子以折狱致刑"，折狱，折，就是判断。卦象辞说："君子判断狱讼应细致地判处刑罚。"卦象辞指出，君子在审理判断狱讼案件时，一定要通过周密细致的审理研究，公正无私地判断清楚案件事实的真伪，以罪行的大小量罪判刑，用适当的刑罚来处置罪犯，以仁德与真实的事实使罪犯信服。《丰卦》主要是对判处牢狱之刑的基本规则的论述，公正地判处各种刑罚，以体现天子公正无私之德。

《丰卦》原意是阐述记载周穆王重新修治明示刑罚的意义。施行刑罚不是以威罚为目的，是以宽容仁厚之德教化民众为目的。刑罚的目的是明确的，刑罚的判处就要如正大光明的太阳一样正大光明而公正无私，这样才能体现刑罚的目的意义。

五、《丰卦》爻辞的意义

1. 初九爻的意义

初九爻辞："遇其配主，虽旬无咎，往有尚。"爻象辞："虽旬无咎，过旬灾也。"

初九爻辞说，遇到了与他相匹配的大夫，虽然二人都是七旬、九旬的老人了，但是他们能够抓住时机去做应该做的事情就不会错过时机，只要去做就会受到尊崇。爻象辞说，周穆王与吕侯虽然在年纪衰老之时，重新修定刑法，他们没有错过时机。如果错过了时机，年龄更大，可能修定刑法的愿望就无法实现了。

初九爻是指周穆王年已九旬在位五十五年之时，终于采纳了年已七旬的吕侯的建议，而修治刑罚，也就是年已七旬的吕侯所提出的修治刑罚的建议终于得到了年已九旬的周穆王的重视，而被采纳。

2.六二爻辞的意义

六二爻辞："丰其蔀，日中见斗，往得疑疾，有孚发若，吉。"爻象辞："有孚发若，信以发志也。"

六二爻辞说："用大物体遮蔽，太阳升到中空只能看见如北斗星一样的亮光。过去得了惑乱的毛病，假如有诚信表现，吉祥。"爻象辞说："以诚信公正无私的狱官审理狱讼，公正地判处罪犯，就是以诚信教化犯罪者，使罪犯牢记教训。爻象辞还说，犯罪者能诚心悔过自新，悔改罪过，就会永远牢记教训，而不再犯罪。"

其一，六二爻辞用"丰其蔀，日中见斗"来象征黑暗无光，就如用很大的物体遮蔽了太阳似的，就是到了中午时，也只能看到就如北斗星一样的光亮的牢房。六二爻辞所描述的是犯了罪过者就要被关闭在昏暗无光的牢房之中，悔过自新。昏暗的牢狱之中，无窗而小门紧闭，就如用厚重的遮蔽物将光明阻挡在外一样，就是到了日中之时，才能看到就如北斗星一样的一点亮光。这里"蔀"是用来遮蔽物体的东西。

其二，对为什么会住进这个暗无天日的牢房作了说明，那就是"往得疑疾"，也就说是因为以往犯了惑乱法纪、法规的罪过。这里"疑"，是惑乱之意。

其三，对悔过自新者，得到的判决结果的描述，这就是："有孚发若，吉。"是说在牢房悔过自新，只要有诚心有悔过的表现，就能得到公正的处罚。正如《周礼·秋官》曰："以圜土教罢民，置之圜土而施职事焉，以明刑耻之。其能改者，反于国中，不齿三年，其不能改而出圜土者，杀。"[①] 六二爻辞是关于犯罪者被关进牢房的刑罚，爻辞就是对牢房形象的描述，爻辞所描述的形象使我们感到牢房的恐惧，所以只要诚心悔过，牢记教训，就吉祥。

3.九三爻辞的意义

九三爻辞："丰其沛，日中见沫。折其右肱，无咎。"爻象辞："丰其沛，不可大事也。折其右肱，终不可用也。"

九三爻辞说，"丰富充沛的证据，显现正午的太阳光明正大不昏暗。折断了左右股肱，没有过失。"爻象辞说："以充足的证据来审断狱讼案件，就是为了不扩大案情的事实，也是为了不使那些证据不足的罪犯，被处以超过事实依据的惩罚。折断了左右股肱，终于不可以再使用了啊。"

其一，九三爻辞用 "丰其沛"象征狱官在判处案件时，应有充足的证据，要通过详细明察、核实口供等方法，掌握充足的证据，依据证据正确判断五刑。正如

---

① 钱玄、钱兴奇等注释.周礼[M].岳麓书社，2001：324.

《尚书·吕刑》曰："两造具备，师听五辞。五辞简孚，正于五刑。五刑不简，正于五罚。五罚不服，正于五过。"①

其二，用"日中见沫"来比喻那些不能依照充足的证据公正无私、正大光明地审理狱讼的狱官，就如日中的太阳本应是最光明正大之时，却显现出昏暗无光的景象，那些不能正大光明、公正无私审理案件的官员，昧着良心，接受罪犯的贿赂，或者索取钱财，或者依仗权势，借机会报怨报恩，而不依照事实真相审理案件，使犯罪者得不到公正的处罚和应有的教训。这里"沛"是充足；"沫"，是昏暗，昧良心之意。

其三，用"折其右肱，无咎"象征那些昧着良心处置狱讼的狱官自己同样也要受到刑罚的处罚，使他们失去作为天子、君主股肱的作用，对于这些失职的狱官处以刑罚，是没有罪过的。正如《尚书·吕刑》曰："五过之疵，惟官，惟反，惟内，惟货，惟来。其罪惟均，其审克之。"②这是指出了官员所犯的五种过失罪的具体内容。惟官，就是依仗官势；惟反，就是借机报怨报恩；惟内，就是用谄媚内亲求取私利；惟货，就是索取财货贿赂；惟来，就是接受来人求情。若果狱官犯了上述罪行，就要依过失罪受到同其他犯人一样的惩罚。君王将如此重要的重任托付于作为君王左膀右臂的官员，而个别官员却不能严明法纪，使自己受到了法律的惩罚，这样他们就不能再做君王的左膀右臂了。对这些犯了过失罪的官员处以适当的刑罚，是没有过失的，是为了教化其他官员，不要重复这些官员的错误。

爻象辞用"丰其沛，不可大事"，来说明狱讼官员对五刑的判处，若果证据不充足，就按五罚处罚。五罚还不能使犯人心服，就按五种过失罪的情节给予处罚，也就是尽量不使证据不足的犯罪者被处以大刑。又用"折其右肱，终不可用也"说明那些犯了五种过失罪的官员，最终只能受到刑罚的处罚，再也不能被君王任用为股肱了。

4. 九四爻辞的意义

九四爻辞："丰其蔀，日中见斗，遇其夷主，吉。"爻象辞："丰其蔀，位不当也。日中见斗，幽不明也。遇其夷主，吉，行也。"

九四爻辞说，"用大物体遮蔽，太阳正午时才能看见如北斗星一样的亮光，遇到平定天下之主，吉祥。"爻象辞说："九四爻辞说滥用刑法，残害杀戮无辜的人民，使人民终日就如生活在暗无天日的牢狱之中一样，那些残害人民的人自己昏暗不明，不懂道德仁义，而用昏暗不明、残暴的酷刑残害人民是不恰当的，人民遇到

---

① 徐奇堂译注. 尚书[M]. 广州出版社，2001：256.
② 同上书 258.

了明主，铲除了幽暗不明的无道者，又命令伯夷制定了法典，依法典惩处了那些危害人民的昏暗不明者，使人民恢复了以往的美好生活。

九四爻辞阐述的是《尚书·吕刑》中提到的古代苗民作乱，他们发明了五种残酷的刑罚，相互欺侮，并杀戮无辜的人民，他们的胡作非为，使人民就如生活在暗无天日的人间大地狱，遇到了有仁德能平定天下的君主——舜帝，他命军队将这些祸害人民的暴虐之徒铲除，使人民消除了灾难；又命令伯夷作法典，以法典来惩处那些不遵守政令而残害人民的人。最终使天下太平，人民安乐为吉。

5. 六五爻辞的意义

六五爻辞："来章，有庆誉，吉。"爻象辞："六五之吉，有庆也。"

六五爻辞说："来彰显法典，有奖赏称赞，吉祥。"爻象辞说："六五爻辞所言的吉祥，就是说只要审理狱讼案件的官员，能够严格依照法典、法规制度，公正无私地审理案件，使人民信服，就会得到人民的称赞，君王的嘉奖、赏赐。"

六五爻辞指《尚书·吕刑》中能严格依照法典刑罚的规定而审理狱讼案件，谨慎使用五刑，使人民信服而接受的官员，他们彰显了法典的威力，那么他们就是为人民带来福气，使人民得到益处，天下得到治理，就会受到人民和君王的称赞和奖赏。

6. 上六爻的意义

上六爻辞："丰其屋，蔀其家，窥其户，阒其无人，三岁不觌，凶。"爻象辞："丰其屋，天际翔也。窥其户，阒其无人，自藏也。"

上六爻说："居住在四周被厚重的围墙封闭的屋子里，其门窗还被严严实实地遮蔽着，只能从小缝隙或者小孔中向外窥看，里面寂静得好像没有人一样，而且要在这样的屋子里居住三年，不得与家人相见，这是凶险之兆。"爻象辞说："居住于牢狱中的罪犯，是经过执掌司法的官员，以天道之公正无私，仔细翔实核对案件的真实情况，依据罪犯所犯罪行的实际情况而界定罪犯应受到的刑法种类，以及对罪犯处以合乎犯罪事实的公正的处罚。而这些罪犯之所以会居住在暗无天日、寂静无声的牢房之中，是他们自己将自己封闭在牢房之中，这是他们不听教化，咎由自取的。"

上六爻辞主要是指犯了过失罪，而够不上判处五刑的罪犯，就要在牢狱中，居住三年而接受教化。

上六爻辞用"丰其屋，蔀其家，窥其户，阒其无人"来描述古代关押犯人的圜土的牢房形象。正如《周礼·秋官》曰："司圜：掌收教罢民，凡害人者弗使冠饰，而加明刑焉，任之以事而收教之。能改者，上罪三年，中罪二年，下罪一年而舍。

其不能改而出圜土者，杀。^①"爻辞又用"三岁不觌，凶"描述犯了过失罪而受到刑罚判处的结果，就是这个罪犯犯的罪过是"上罪三年"。上罪三年，应该是过失罪中判刑最重的罪刑。这里"窥"，是从小孔或缝隙中观看的意思。"阒"，形容寂静无声的样子。

《丰卦》卦辞阐述的是先王制定刑罚的目的和主持狱讼的目的。彖辞是对卦辞的进一步解释说明，象辞是对狱讼官员如何正确地判处狱讼的说明。六二爻辞是对犯罪者进入牢房中服刑之状况和结果的阐述，九三爻辞，其一，阐述了判处狱讼的依据就是充足明晰确凿的证据。其二，是对狱讼官员若不能以刑罚条目公正公平地判处罪犯，就会受到同样的牢狱之灾。

六五爻辞阐述的是公正公平执法如山的狱讼官员应该得到上下的嘉奖和赞赏。上六爻辞是对具体刑罚判处的阐述。总之，《丰卦》是古代刑罚内容的重要部分，也是对各级管理狱讼官员职责的明确阐述，假如官员犯了过失罪，同样会受到刑罚的严惩。这更明确地说明刑罚的目的意义，无论什么朝代，刑罚必须坚持天道之公平正义，才能彰显刑罚的威严威力。

第三节　《易·解卦》彖辞和卦象辞关于如何赦免饶恕有罪过者

《解卦》，以天道之自然及时适量的雷雨解除干旱为万物带来勃勃生机的意义，推理联想刑罚中适当赦免、饶恕有罪过者，就如及时雨解除干旱一样，为有罪过而知悔改者留一线生机。

《解卦》的内容主要是对春秋时期的晋文公重耳，如何举贤任能，省刑薄敛，通商礼宾，拯寡救贫，解除无德之小人之罪行，与其和解，以宽大的胸怀容纳那些有才能的小人为国效力，而使晋国得到大治、称霸诸侯的历史。

《解卦》彖辞后半部分曰："天地解而雷雨作，雷雨作而百果草木皆甲坼。解之时大矣哉。"彖辞说："雷雨及时发作而天地解除干旱，雷雨及时发作而使百草果木的种子都裂开发芽。解除危难的时间意义大极了啊！"春风解冻，天阳渐盛，天地阴阳之气交通，春风春雷春雨及时而至，雷雨及时而至使草木的种子发芽，使种子的外壳破裂而露出胚芽，也就是种子萌芽破壳而出，说明春风解冻及时，说明雷雨解除干旱的时间意义重大。君子要成就事业，解除人民的疾苦，就要及时利用

---

① 钱玄、钱兴奇等注释．周礼[M]．岳麓书社，2001：344．

适当的机会、适当的事件，及时行动。

《解卦》卦象辞曰："雷雨作，解。君子以赦过宥罪。""雷雨作，解。"《解卦》上卦为震、为雷、为木；下卦为坎、为水、为艰难险阻。象征乾天打雷下雨及时，使万物得到及时雨而适时化育。

"雷雨作，解"，在这里阐述了及时雨的作用和结果，其象征意义如下：

其一，正如《解卦》彖辞所言："天地解而雷雨作，雷雨作而百果草木皆甲坼。"这是指春风解冻，春雷一声震天响，春雨润物细无声，草木萌动，使草木种子的甲壳开裂向上萌生的情景。

其二，"雷雨作"，可能会是狂风暴雨，狂风暴雨虽然解除了干旱，但却使快要成熟的果木开裂破碎而散落，甚至发生败坏毁亡的惨烈情景。

其三，"雷雨作，解"，象征君子要像春风春雷一样，鼓动万物向上，向着新的希望前进；象征君子以天道仁善之德，像春风鼓动万物一样，鼓励那些犯有罪过的人悔过自新，重新做人，而不要像狂风暴雨摧残万物一样，置那些犯有罪过的人于死地。

其四，"雷雨作，解"还象征君子以雷厉风行的作风迅速解除人民的危难。

"君子以赦过宥罪"，君子用赦免、饶恕有罪过者的方法，体现天道仁德，体现圣人君子关于刑罚的目的，也就是说君子为什么赦免饶恕和怎样赦免、饶恕有罪之人。君子宅心仁厚，对人宽厚仁慈，只要有罪者能痛改前非，就已达到了治罪的目的，因为治罪就是为了让其悔过自新。

治国者不把刑罚当作治国的主要手段，而应当用仁德、诚信、礼仪道德作为治国的主要手段。

"君子以赦过宥罪"，体现了君子以天道治天下的目的：赦过宥罪，体现了君子的仁德，感化那些不听从教化者，感化那些罪犯家属，解除他们的困扰，使君子的仁德誉满天下，人民归服，一起为解除国家的危难而奋斗。

所以，"君子以赦过宥罪"就是告诉掌管刑罚和制定刑罚者，为什么和怎样赦免那些犯有罪过者，使其对自己的罪过悔过自新。施行刑罚不但要体现刑罚的威严，更要体现有道天子的宽怀仁德，以仁德感化犯罪者。

第四节　《易·中孚卦》卦象辞关于以诚信对待狱讼的规则

《中孚卦》依据卦形结构的特点，推论诚信的道理，并以此效法诚信，以诚信来商议论证狱讼的判处，以体现天道及天子尊道而行的规则。

䷼卦象辞曰："泽上有风，中孚。君子以议狱缓死。"

"泽上有风，中孚。"《中孚卦》下卦为泽、为兑、为说、为悦；上卦为巽、为风、为草木、为柔顺。上巽风，下泽兑，构成了《中孚卦》。《中孚卦》六爻之中，上二爻、下二爻均为阳爻，象征阳刚之气；中间二爻为阴爻，象征虚心，谦恭之礼。《中孚卦》的卦形结构，就是中正诚信的象征。

"君子以议狱缓死。"议的本意是商议、讨论。缓的本义是宽松、宽大。所以卦象辞说："君子一定要以中正无私诚信之心去审理狱讼，一定要通过反复论证商议、讨论、评断案件，要以公正公平的判决使人信服。审理案件狱讼一定要公正、公平地使用刑罚，以公正、公平、宽松、宽大的原则判处案件，不要轻易判处死刑。"

正如《尚书·吕刑》曰："非佞折狱，惟良折狱，罔非在中。察辞于差，非从惟从。哀敬折狱，明启刑书胥占，咸庶中正。其刑其罚，其审克之。狱成而孚，输而孚。"[①] 其意思是："如果不是由花言巧语的人来审理案件，而由正直善良的人来审理案件，就没有不公正、公平的。如果能明察犯人供词中矛盾的地方，不服从的也会服从。应当怀着同情慎重之心来处理案件，明白清楚地论证刑书中的犯罪事实，依据法律的规定，认真仔细论证，使所有狱讼都能得到公正公平的判处。是判刑还是处罚，都能够明白审查。胜讼要使人信服，败讼也要使人信服。"那么如何做到这些呢？是不是需要君王亲自审理狱讼才能做到公正公平，使人信服呢？这就是爻辞所要阐述的问题。爻辞所阐述就是君王通过射礼、燕礼、聘礼而真正选拔到有贤德才能的人才，给他们封爵进禄，委以重任，使他们各自在适宜的岗位上发挥自己的才能，辅助君王公正、公平地处理好狱讼。

"中孚"之"中"，就是中正、公正、正直；"孚"，就是诚信，信用的意思。《中孚卦》卦辞是关于祭祀之礼的相关内容的论述，从六四爻辞到上九爻辞则是关于中庸之道相关内容的论述，《中庸》之道的显著特点就是天道之诚信。所以《中孚卦》卦象辞就是说要以诚信对待狱讼，以公正、公平、宽松、宽大的原则判处案件，不要轻易判处死刑。

《中孚卦》的卦形结构，上巽下泽，既不属于天道之形而上，又不属于地道之形而下；就卦形结构而言，泽上有风，会出现什么样的自然变化呢？泽上有风，不是水上有风，当然这个风不会刮起滔天大浪，也不会引发对人的自然灾害。所以，《易经》作者，就其卦形结构而推论联想中庸之道，实在是太有创造性了。

---

① 徐奇堂译注. 尚书[M]. 广州出版社，2001：259.

第五节 《易·屯卦》六三爻辞关于山林管理的法规

《屯卦》以天道之自然乌云雷雨聚集可能造成各种灾难，而制定了相关防止灾难发生的法律，礼法。《屯卦》六三爻辞则是关于山林管理的法规。所以，就只研究六三爻辞的意义。

《屯卦》六三爻辞："即鹿无虞，惟入于林中，君子几不如舍，往吝。"爻象辞："即鹿无虞，以从禽也。君子舍之，往吝穷也。"六三爻辞说，即使山麓没有山林官员管理，只要鹿进入山林中，君子几乎快要追上了不如舍弃，前往就会遭受耻辱。爻象辞说，即使山麓没有山林官员管理，也不准随便进入山林捕杀麋鹿，是为了顺从禽兽求生的欲望，是为了使禽兽顺利生长。君子射猎，即使几乎快要追上猎物了，但是若是禽兽进入林中，就要舍弃，若是不舍弃继续前往林中射杀猎物，不但自己会受到耻辱、陷入窘困，禽兽也会丧失性命。

《屯卦》六三爻辞主要阐述的是《周礼》关于山林管理的相关法规的内容。六三爻辞告诉我们，即使鹿进入无山林管理员管理的山林，君子也不能捕杀它们，因为山麓法规规定，山林中不准捕杀麋鹿，麋鹿只有在山林中才能生存。君子经过周密考察，制定了许多关于禁止随便捕杀禽兽和随便砍伐森林的法规，是为了使万物和谐，若是违反法规，随便捕杀砍伐，就会使禽兽和树木逐渐减少而匮乏；而违反法规者，就要受到法典的制裁。正如《周礼·地官司徒·迹人》曰："掌国之地政，为之厉禁而守之。凡田猎者守令焉。禁麛卵者与其毒矢射者。"[①] 这是关于禁止捕杀鹿的幼子的法规。《周礼·地官司徒·川衡》曰："掌巡川泽之禁令而平其守。以时舍其守，犯禁者，执而诛之。"[②]《周礼·地官司徒·山虞》曰："掌山林之政令，物谓之厉为之守禁。"[③] 这是关于山虞官员职责的法规，凡违反禁令者，山虞官员有权将其拘禁，使其受到惩罚，而且有些还是处以死刑的惩罚。这些山林管理的刑罚，足以体现出古人对自然环境、森林和动物的爱护保护之刑罚的严厉。

爻象辞则进一步阐述了山林管理法规的细则和重要意义，这在《礼记·王制》和《曲礼·王制》中也有明确的规定。《曲礼·王制》曰："天子不合围，诸侯不掩群。天子杀则下大绥，诸侯杀则下小绥。""不麛、不卵、不杀胎，不殀夭，不覆巢。"《曲礼》曰："国君春田不围泽，大夫不掩群，士不取麛卵。"[④] 这些都是为了保护动物而专门设立的法律，对天子、诸侯的规定尚且如此严明，庶人当然

---

① 钱玄、钱兴奇等注释. 周礼 [M]. 岳麓书社，2001：157.
② 同上，156.
③ 同上，154.
④ 木子主编. 曲礼 [M]. 广州出版社，2001：86.

一样要严格遵守。

  由此可见，古代关于动物保护、森林保护以及环境保护的法规之严，而这些法规，对于当今社会也有同样重要的社会意义。古人尚且如此重视森林和动物保护，我们现代人，更应该从意识、思维、心灵中，重视森林保护和动物保护，遵守国家的法律法规，以保护我们的生存环境、保护生态平衡。

第二章 《易经》哲学形而上基本规则之教化

第一节 《易·同人卦》卦辞、象辞、卦象辞关于天人同一的教化

《同人卦》以天与火相同的意义，推论天子之德，以实现相关的教化。这里我们只研究《同人卦》的卦辞、象辞、卦象辞的意义。

一、《同人卦》卦辞、象辞、卦象辞原文

☰卦辞："同人：同人于野，亨。利涉大川，利君子贞。"

象辞："同人，柔得位得中，而应乎乾，曰同人。同人曰同人于野，亨，利涉大川，乾行也。文明以健，中正而应，君子正也。为君子为能通天下之志。"

卦象辞："天与火，同人。君子以类族辨物。"

二、《同人卦》卦辞关于天人同一的观点

卦辞说，在上位的天子，与天同道同德，对下位的民众一视同仁，与民众同心同德，共同创造幸福美好的太平生活，就会亨通无阻。这样有利于祭祀天地先祖，有利于教化子孙后代，有利于君子保持正直无私的美好品德。

卦辞所言之"同人"，就是说太阳与火同属天上之物，属于天道，圣人君子之作为与天道天德相同，天道之太阳自然地有益于万物人类，圣人君子与天道天德同一，当然也能与天下民众同心同德，像天道之自然一样，有益于天下万民。

三、《同人卦》象辞关于天人同一的论说

1.象辞说："天与太阳是同一物；圣人之德与天道天德相同，圣人柔顺地顺应天道天德，得到了应有的地位，得到中正之德，而应乎天道天德，就是同人。也就是圣人首先与天道天德同一，是谓同人。与天道天德同一，与天下民众同心同德，亨通无阻，有利于祭祀天地先祖，也就是天道天德大行于天下。与天下民众同心同德，共同实现天下文明就如绚丽的天阳一样刚健强大，君子中正无私上应天道天德，

下应民心民情,这是圣人君子正大光明的美德。唯有这样的君子才能贯通知晓天下人民的志向。"那么天下人民的志向是什么呢?就是天地通达安泰,上下相交,上下同心同德,共享太平盛世。这是《同人卦》关于圣人君子与天道天德同一,与天下人民同心同德的论述,也是《易经》哲学关于圣人君子与天同道、与天同德、与天下人民同心同德的天人同一观。《易经》哲学的天人同一观,说明圣人君子履行天道以治天下,圣人君子与万民同心同德,就会受到万民的拥护而统一天下,治理天下。易学的天人同一观,是对老子之天人同一观的引申光大。2.《老子》的天人同一观:《老子》第二十三章曰:"故从事于道者,同于道;德者,同于德;失者,同于失。同于道者,道亦乐得之;同于德者,德亦乐得之;同于失者,失亦乐得之。"《老子》指出:"所以遵从侍奉天道者,就要与天道的表现形式相同;有德者,其德行表现也要与天德的表现形式相同;有过失者,也要与天道之过失的表现形式相同。所以与天道相同者,天道也乐于得到有道者;同于天德者,天德也乐于得到有德者;同于天道之过失者,天道之过失也乐于得到很快纠正过失者。"

《老子》的天人同一观,就是同天道,同天德,同天道之过失。《易经》哲学关于天人同一的意义与《老子》之道德论一样,同样是要求执政者和治国者,要在意识、思维、心灵深处作灵魂革命,不忘记自己的历史使命:要爱护保护人民,为民众谋利益福气,强国富民。

四、《同人卦》卦象辞关于同人的意义

卦象辞:"天与火,同人。君子以类族辨物。"

"天与火,同人。"《同人卦》上卦为乾、为天;下卦为离、为火、为太阳。象征天和太阳同属于天,《易经》哲学用上天、下火的卦形结构图,象征天与太阳的意义是同一的,是同一类,同属于天,属于天道之自然。

"君子以类族辨物"卦象辞说,君子要与天道同属一类,施行天道以治天下,而且要通过一定的方法或形式,辨别清楚自己的同类,辨别自己族姓的具体情形,也就是分辨清楚,自己的家族先祖是否是与自己同类的有道德的先祖;是有道德的家族先祖,那么就要与自己同类的族姓,也就是与自己有道德的先祖先帝及仁人志士同类,继承发扬先帝先祖之德;更要通过专门的机构实施,如"教之以训典,使知善类"的教化;通过训典的教化,使子孙后代察看分辨自己先祖宗族的善德,以使自己与天道天德、先祖、宗族子孙属于同一类,以继承发扬光大先祖宗族的美善之德。也就说天子、君子要通过祭祀,通过学习辨别金鼎上的铭文,认识并记住先祖的功德,使自己与先祖同道同德,才能更好地与天下民众同心同德。

《同人卦》卦辞是对同人意义的阐述;彖辞是对卦辞意义的进一步说明;象辞

则是阐述如何做到同人，那就是"以类族辨物"，辨别清楚同人的对象，再共同谋求进步发展。所以说，《同人卦》阐述的是君子如何做到与天道天德，与民众同德同心，与自己有道德的先祖同心同德的教化，也是君子展现自己为国为民的价值观的体现。

第二节 《易·无妄卦》卦辞和卦象辞关于不妄作非为的教化

《无妄卦》以雷在天下横行造成的灾难，推论联想君子和众多人物，如果就如雷在天下横行无阻，伤害万物，伤害民众一样，那么天下就会混乱。所以，以雷在天下横行的恶果，告诫天子和众多人物，如何平和地以天道天德为人处世，以有利于万物和人类自己。这里我们只研究《无妄卦》的卦辞和卦象辞的意义。

一、《无妄卦》卦辞、卦象辞原文

卦辞曰："元亨利贞。其匪正有眚，不利有攸往。"

卦象曰："天下雷行，物与无妄。先王以茂对时育万物。"

二、《无妄卦》卦辞的意义

卦辞说：不要胡作非为，不要妄言妄行，只有这样才会从始至终有利，正确而通达。如果不正大光明，非要妄作非为就会有灾难发生，不利于有所作为。这是《无妄卦》卦辞关于不妄作非为的教化，以告诫人们不要妄言妄行，而要正大光明、义正词严、平和地作为，这样才有利于自己的作为。这里"眚"：过、灾祸。

三、《无妄卦》卦象辞的意义

卦象辞曰："天下雷行，物与无妄。先王以茂对时育万物。"

《无妄卦》上卦为乾、为天，为天道；下卦为震、为雷。上天下雷构成了《无妄卦》。"天下雷行"，一方面在这里用雷在天下响，传遍九州四方来象征天道就如雷声传遍天下一样到处宣扬，使人如雷贯耳，明白天道；也象征着要使先王治国治天下的美德如雷贯耳一样传遍天下，使之发扬光大。另一方面，则是象征雷在天下横行无阻，就会给万物造成严重灾难。

"物与无妄"，天下万物数不胜睹，美不胜收，君子若不以先圣先王创立的道德、法典、礼仪、制度、仁厚之德来陶冶情操，约束自己的欲望，以做到无妄，那么就会变成有妄而不正。有妄不正、物欲无穷无尽，则会害己害人、祸国殃民。

"先王茂对时育万物"茂：美好的盛德。时，是时间，季节。先王以美好的盛德对不同季节的万物采用不同的方法或者法律法规以爱护、保护，促进其生长化育。

先王有哪些方法或法规保护爱护万物呢？比如《礼记·月令》规定春天之时："禁止伐木，勿覆巢。毋杀孩虫、胎、夭、飞鸟、毋麛、毋卵、毋聚大众，毋置城郭。掩骼埋胔。是月也，不可以称兵……"①

礼仪规定天子祭祀天地山川社稷，郊祭祭天，是为了报答天上的太阳，正如，《礼记·祭义》曰："郊之祭，大报天而主日，配以月。"②

《礼记·郊特牲》曰："天子适四方，先柴，郊之祭也，迎长日之至也，大报天而主日也。""社祭土而主阴气也。……社，所以神地道也。地载万物，天垂象，取财于地，取法于天，是以尊天而亲地也。故教民美报焉。家主中霤，而国主社，以示本也。"③《礼记·礼器》曰："是故昔先王之制礼也，因其财物而致其义焉尔。是故大事必顺天时，为朝夕必放于日月。为高必因丘陵，为下必因川泽。是故天时雨泽，君子达亹之焉……是故因天事天，因地事地，因名山升中于天，因吉土以飨帝于郊。"④《礼记·祭法》曰："及夫日月星辰，民之所瞻仰也；山林，川谷，丘陵，民所取财用也，非此族类，不在祀典。"⑤

这是说，日月星辰、山林、丘陵、川谷都在祭祀的法典之内。祭祀它们，就是尊敬爱护它们，回报它们为民众带来的有利有用的资材，而且先王不仅通过法规法典祭祀它们，就如《诗经》所记载的周之先祖公刘，恩及草木，牛羊六畜，且犹感戴，而不忍践踏草木，何况其德施于民众呢！正如《诗经·大雅·行苇》曰："敦彼行苇，牛羊勿践履。方苞方体，维叶泥泥。戚戚兄弟，莫远具尔。"⑥这就是先王茂对时育万物的事迹的记载。

通过"先王茂对时育万物"的教化，使天子明白如何对待天地万物，天地万物于人类有益有利，所以天子不但要与天地人同道同德同心，还要尊敬爱护万物，包括日月、山水、丘陵、川谷、草木、生物等。爱护、保护它们，才能与其和谐同一。

---

① 钱玄、钱兴奇等注释. 礼记[M]. 岳麓书社，2001：201.
② 同上，619.
③ 同上，342、343.
④ 同上，327.
⑤ 同上，609.
⑥ 刘文秀、孙燕、孙兰. 诗经新解[M]. 中国出版集团世界图书出版公司，2012：294.

第三节 《易·大壮卦》卦辞、象辞、卦象辞关于君子以非礼弗履的教化

一、《大壮卦》卦辞、象辞、卦象辞原文：

☷ 卦辞："大壮，利贞。"

象辞："大壮，大者壮也。刚以动，故壮。大壮利贞，大者正也。正大而天地之情可见也。"

卦象辞："雷在天上，大壮，君子以非礼弗履。"

二、《大壮卦》卦辞、象辞的意义

《大壮卦》卦辞曰："大壮，利贞。"卦辞说："大壮，有利而正确。"

象辞曰："大壮，大者壮也。刚以动，故壮。大壮利贞，大者正也。正大而天地之情可见也。"象辞说："大壮，就是因为强大有力所以才为大壮。就如乾阳之动强健有力，所以为大壮。大壮利于贞固，是因为大就是乾天之太阳中正正大光明公正之大。因为乾天之太阳正大光明、公正公平对万物一视同仁，因而天地万物变化的情形才可以显见了。"

《大壮卦》卦辞指出，大壮的功能是有利而正确。为什么呢？因为首先是指太阳的功能强大有力的公正正确；其次是指治国者以天命治天下而实现了国强民富，所以有利而正确。

《大壮卦》象辞指出了乾天太阳功能的强大有力有利而正确的意义。因为太阳功能的强大公正公平，所以才使万物都得到生长化育，显现万物变化的情景。

三、《大壮卦》卦象辞的意义

"雷在天上，大壮。"《大壮卦》上卦为雷、为震，下卦为乾、为天，为雷在天上。这也是《大壮卦》卦名的由来。《雷天大壮》，象征惊雷一声震天响，就如天之命令，就如一颗响雷震惊告诫天下。使国家强盛，使民众富有，是比天还要大的事情。那么如何完成乾天的命令呢？就要像先王一样，遵天道而行，用天之道德治天下，使民众得到真正的利益，国家才会强盛太平。凡是遵照先王的法则治天下者，必定会使国家强盛，国力壮大，人民富有；而凡是违背、废弃先王之法则者，必然会使天下混乱，祸乱不断，人民遭受苦难，甚至亡失国家。《大壮卦》以雷在天上大行其道，就如天道在天下行。推论联想君子以天道治理国家天下，处理政务，有规矩、有礼仪、有法度行事，使天下万民得到福气。

"君子以非礼弗履。"卦象辞说："君王要以仁德治理国家天下，而仁德的总

纲领，就是不符合先王礼法的言论行动，不要付诸行动。"正如《论语·颜渊篇》孔子所言："克己复礼为仁。一日克己复礼，天下归仁焉。为仁由己，而由人乎？"颜渊曰："请问其目。"子曰："非礼勿视，非礼勿听，非礼勿言，非礼勿动。"①

《大壮卦》象辞告诉君子，不符合先王礼法的言论行动，就是不符合国家人民利益的言论行动，那么不符合国家人民利益的言论行动就不要看、不要说、不要付诸行动，否则就是违背了先王的意愿，违背了道德的意义，就会危害国家人民的利益。那么就要说有利于国家人民利益的话，做有利于国家人民利益的事情，人人这样做才会团结一心，才能使国家强盛、人民富有。这些教诲对于现代的每一个人都是有意义的教诲，比如多创作一些有利于国家人民利益的影视作品让人民看，多说一些宣传如何使人民安定团结的话，多做一些有利于国家人民利益的事情，才符合"君子以非礼弗履"的教化原则。

其实，《大壮卦》卦象辞的意义，是《易经》对老子和《易经》所要实现的形而上者谓之道教化方法的论述，我们论述老子之道德和《易经》形而上教化的目的，就是要使"居于上位的执政者意识思维思想道德行为和人的意识思维思想"得到教化，得到匡正。那么如何才能达到这个教化目的呢？孔子给出了答案，那就是"非礼勿视，非礼勿听，非礼勿言，非礼勿动"。不符合礼的事情不看不听，就从意识思维上杜绝了不符合道德仁义的事情了。要看要听符合道德仁义礼仪的事情，那么就会从意识思维上得到了道德仁义礼仪的教化。不符合礼的话不要说，不符合礼的事情不要做，就是要说符合道德仁义礼仪的话，做符合道德仁义礼仪的事情；就是要依照先圣为我们制定的各种规矩法则而说话行动。

要依照孔子之教，从意识思维思想上都要在符合道德仁义礼仪的法度下，看我们应该看的事情，听我们应该听到的事情，说我们应该说的话，做我们应该做的事情，那么天子应该做的事情，就是以先圣创建的天命论治理国家天下，使人民得到安乐幸福。正如《礼记·经解》曰："天子者，与天地参。故德配天地，兼利万物，与日月并明，明照四海而不遗微小。其在朝廷，则道仁圣礼义之序；燕处，则听雅、颂之音；行步，则有环佩之声；升车，则有鸾和之音。居处有礼，进退有度，百官得其宜，万事得其序。"②

对于我们一般人而言，则是以孔子之教，以形而上哲学的意义，自觉地约束我们自己的意识思维思想行为，使自己成为一个有道德的人。

---

① 刘琦译评. 论语 [M]. 吉林文史出版社，1999：91.
② 钱玄、钱兴奇等注释. 礼记 [M]. 岳麓书社，2001：655.

第四节 《易·屯卦》关于法典的教化

《屯卦》是关于天子建国封侯、制定各类法规法典以及女子婚前教化和求婚嫁娶丧礼的教化。

《屯卦》上卦为云雨，下卦为雷震，所以将其归于天道之形而上基本的规则。

《屯卦》以乌云雷雨聚集在天空，同时电闪雷鸣，可能会有恶风恶雨，给万物给人类造成严重甚至是毁灭性灾害，以此推论让人民聚集居住在一起，人与人，人与社会也可能会发生意想不到的灾难，这就体现了建立国家、设立官府、委派官员的重要性，以及天子要及早制定各种纵横交错的法规法典制度，以防止自然灾难和人与人之间的灾难发生。《屯卦》六三爻辞是关于山麓法规的论述，前面已经做了了解，所以这里不再赘述。

一、《屯卦》原文

卦辞："屯：元亨，利贞。勿用，有攸往，利建侯。"

彖辞："屯，刚柔始交而难生，动乎险中，大亨贞。雷雨之动而满盈，天造草昧，宜建侯而不宁。"

卦象辞："云雷屯。君子以经纶。"

初九爻辞："磐桓，利居贞，利建侯。"爻象辞："虽磐桓，志行正也。以贵下贱，大得民也。"

六二爻辞："屯如邅如，乘马班如，匪寇婚媾，女子贞不字，十年乃字。"爻象辞："六二之难，乘刚也。十年乃字，反常也。"

六四爻辞："乘马班如，求婚媾，往吉，无不利。"爻象辞："求而往，明也。"

九五爻辞："屯其膏，小贞吉，大贞凶。"爻象辞："屯其膏，施未光也。"

上六爻辞："乘马班如，泣血涟如。"爻象辞："泣血涟如，何可长也。"

二、《屯卦》卦辞、彖辞、初九爻辞的含义

《屯卦》卦辞、彖辞、初九爻辞是关于有道的君王，建立都城、建立王宫、设立官府、官职、官员、制定各种法规法典意义的论述，所以将这三者归于一起来研究论述。

1.《屯卦》卦辞的含义

卦辞："屯：元亨，利贞。勿用，有攸往，利建侯。"

卦辞说：建立国都，让人民聚集在一起居住，从一开始就要利用各种中正的法规、法典引导教化人民向善，就会亨通利贞，就能使人民得到治理而邦国正。如果

不能用法规、法典教化人民就会使邦国反复发生混乱。"利建侯"是说，谁来实施这些事情呢？当然就要建立邦国、设置各种有利于实施各种事务的官府，设置官职、官员，让他们来为人民实施这些事情。《屯卦》卦辞所阐述的是聚集民众，建立国都，制定各种法典法规，设立各种官职，以及设立官职的目的意义。制定各种法规法典，设立官府、官职、官员的目的是帮助民众避免各种灾难，使民众安全团结，共享太平。

2.《屯卦》彖辞的含义

彖辞："屯，刚柔始交而难生，动乎险中，大亨贞。雷雨之动而满盈，天造草昧，宜建侯而不宁。"

彖辞说：屯，就是天地阴阳之气聚集在一起，阳气与阴气开始强烈地交汇在一起而使灾难发生，灾难发生因而一切事物都在艰险中运行，但却大亨通而正当。乌云雷雨也聚集而来，因而使大地之间充满了雨水，天气匆忙草率地变化使万物混乱不堪，万民遭殃，出现了不安宁，宜及时建立邦国，设立官府、设置官员而治理不安宁，使万民得到安宁。彖辞是对卦辞的说明，那么为什么灾难发生，却大亨通而正当呢？这是因为国家设立了官府、官职、官员，在灾难发生前和发生时，及时防止灾难的发生，以及及时救助了遭遇灾难者，及时治理了灾难所造成的混乱，减少了民众的损失。

3.《屯卦》初九爻辞的含义

初九爻辞："磐桓，利居贞，利建侯。"爻象辞："虽磐桓，志行正也。以贵下贱，大得民也。"

初九爻辞说，建立固定的都城，建立王宫，建立固定的居住地，有利于人民聚集居住而逗留，有利于国君治理邦国。爻象辞说，君主建立国都，设置官府，使人民聚集逗留、有安定的住所，有志之士的志向得到正确实行。君主为人民利益设想，就会得到人民的拥护，就会得到更多的人民，有了人民国家才能发展壮大。

初九爻辞主要阐述的是建立都城、城邑、王宫让人民聚集在一起居住的意义。人民聚集在一起，居住在都城和都城周围，就能很方便地管理民众，尤其是当他们遭遇灾难时，就能及时救助。当然卦辞、彖辞、初九爻辞是为了说明建立官府、设立官职、配置官员的目的意义，是为了管理、救助民众，而不是为了搜刮民众钱财、残害人民。管理帮助民众安乐生活，这是作为天子、官府、官员应有的职责和义务。

三、《屯卦》卦象辞、爻辞从六二爻辞到上六爻辞是关于制定各类法律法典的论述

1.《屯卦》卦象辞的含义

卦象辞："云雷屯。君子以经纶。"

卦象辞所言的"云雷屯",《屯卦》上卦为坎、为水,为云雨;下卦为雷、为震,构成了云雷屯卦,象征强大的雷电风雨聚集一齐而来对万物所造成的严重危害。

"君子以经纶",君子要分清条理,分门类别地制定各种纵横交错适宜的法规、法典、制度、礼仪,树立治理天下的大根本,以及君子要宣扬、推广执行、完善治理国家天下的纲领、法典、法规、礼义。"君子以经纶"是治理国家的执政者治理好国家必须要做的重要事情。正如《中庸》曰:"为天下至诚,为能经纶天下之大经,立天下之本,知天地之化育。夫焉有倚!肫肫其渊,浩浩其天。苟不固聪明圣知达天德者,其孰能知之。"[1]

《中庸》指出,唯有天下最诚信的人,才能规划治理天下的大纲,也就是只有真龙天子,圣人才能规划治理国家天下的大纲。《屯卦》的卦辞和卦象辞指出制定修订各种法规法典、礼仪的意义和重要性。《屯卦》的象辞和卦辞的后一句"利建侯",以及初六爻辞"磐桓,利居贞,利建侯",则指出了建立都城、建立王宫、建立邦国,使人民聚集居住;设置官府、官职、配置官员的目的是保护民众不受伤害,治理天下的不安宁而使天下安宁太平。

2.《屯卦》六二爻辞的含义

六二爻辞:"屯如邅如,乘马班如,匪寇婚媾,女子贞不字,十年乃字。"爻象辞:"六二之难,乘刚也。十年乃字,反常也。"

六二爻辞说:"假如聚集居住、假如遭遇困境,不如趁着困境没有发生立即颁布法律。不是抢夺婚姻,是关乎女子贞洁的法典,女子不出嫁,十年后再出嫁。"爻象辞说:"六二爻辞说的难关,是趁着混乱还未发生之前,马上颁布相关法规,教化人民,以防止混乱发生。女子十年不出嫁,这不是反常吗?所以这不是说的女子十年不出嫁的问题,而是说女子十岁时,要以反常态,在家中接受婚前的各种教育,再过十年到二十岁时才出嫁。"

六二爻辞是指对聚集居住在都城里的人群,趁着混乱没有发生时,马上颁布相关的法典、法规,以对其进行教化,以防止遭受困境。如对女子进行正常的婚前教育、婚礼教育、妇德、妇能教化使女子有道德操守。女子十岁时虽然不出嫁,但要在十岁时就开始婚前的各种教育,让女子学习相关的知识技能,再过十年等到二十

---

[1] 钱玄、钱兴奇等注释.礼记[M].岳麓书社,2001:716.

岁就要出嫁。

六二爻辞的后半部分爻辞："匪寇婚媾"，是"不是匪寇抢夺的婚姻"。"字"是女子出嫁。"不字"是女子不出嫁，待字闺中。

3.《屯卦》六四爻辞的含义

六四爻辞："乘马班如，求婚媾，往吉，无不利。"爻象辞："求而往，明也。"

六四爻辞说："假如颁布乘驾马车，求婚嫁娶的法规先后次序，前往，没有什么不利。"爻象辞说："遵循婚礼的先后次序前去求婚，迎娶新娘，就要明白这些礼仪的意义和先后顺序，以及各个环节中的具体礼节。"

《屯卦》六四爻辞所言的"乘马班如，求婚媾，往吉，无不利"是指按照婚礼次序，从男家求婚，女家许婚，迎娶、成亲的礼仪操办婚礼，就吉祥而无不利。也就是对婚姻之礼的具体阐述。正如《礼记·昏义》曰："婚礼者，将合二姓之好，上以事宗庙，而下以继后世也，故君子重之。是以婚礼纳采、问名、纳吉、纳征、请期，皆主人筵几于庙，而拜迎于门外，入，揖让而升，听命于庙，所以敬慎重正婚礼也。"[①]

4.《屯卦》九五爻辞的含义

九五爻辞："屯其膏，小贞吉，大贞凶。"爻象辞："屯其膏，施未光也。"

九五爻辞说："牢记在心中，小的正当吉祥，太过的正当凶险。"爻象辞说："从小受到关于女子贞操的教化，心中牢记着女子的贞操，以实行女子的三从四德为光荣，甚至以生命为代价来维护女子的贞操，但是生命只有一次，人死了，虽然光荣，但却没有了生命的时光。"

九五爻辞是《易经》作者对如何对待女子过于刚烈地保护自己的贞节问题，提出了明确的观点：女子保护自己的贞节，这是应该提倡和遵循的美德，但是有些过于刚烈的女子以死来明志，虽然精神可嘉，但是人死不能复生，生命只有一次，死了，就再也不能延续生命了，所以《易经》作者应该是不提倡这种过于刚烈的保护贞节的方式。九五爻辞也是关于女子贞操、贞节之礼的正确认识和应有的态度。

5.《屯卦》上六爻辞的含义

上六爻辞："乘马班如，泣血涟如。"爻象辞："泣血涟如，何可长也。"

上六爻辞说："乘着马车如有先后次序，伤心哭泣的眼中流血连续不断。"爻象辞说："孝子守孝三年之中，连续不断地为亲人守孝，祭祀、哭泣的眼中流血，但是三年的时间很快就会过去，怎么会感到时间长呢？正如《礼记·三年问》曰："故三年以为隆，缌，小功以为杀，期九月以为间。上取象于天，下取法于地，中

---

① 钱玄、钱兴奇等注释. 礼记[M]. 岳麓书社，2001：811.

则则于人，人之所以群居和壹之理尽矣。故三年之丧，人道之至文者也，夫是之谓至隆。是百王之所同，古今之所壹也，未有知其所由来者也。孔子曰：'子生三年，然后免于父母之怀；夫三年之丧，天下之达丧也。'"①

《屯卦》上六爻辞是对丧礼进行时礼仪先后次序的具体阐述。丧礼礼仪的次序如下：

其一，"乘马班如"，是指助丧、送丧，帮助丧家修筑坟墓的先后次序和称名。包括：以车马助人办丧事的礼义。古代以车马助丧家谓之"赗"。出柩曰驾輀，驾輀就是驾丧车，灵柩用马车运送谓之驾輀。马，古代的坟墓有修成马鬣形的，马鬣是马颈部的长毛；把坟墓修建成马鬣的形状，所以称之为"马鬣封"。

其二，"乘马班如"在这里还指孝子为亲人服丧守孝的三年时间，就如乘着四匹马拉的车从缝隙中一闪而过一样，很快就过去了。正如《礼记·三年问》曰："将由夫修饰君子与，三年之丧，二十五月而毕，若驷之过隙，然而遂之，则无穷也。是故先王焉，为之立中制节，壹使足以成文理，则释之矣。"②

其三，"泣血涟如"，亲人去世，孝子痛哭流涕，百日和三年守孝期间，连续不断祭祀哭泣，伤心哭泣的眼睛中流出了鲜血。亲人去世，为亲人守孝三年，三年之中的祭祀连续不断。百日内的祭祀称为泣血，百日之外的祭祀称为稽颡，稽颡就是用头触地磕头。死后一周年的祭祀称为小祥。两周年的祭祀称为大祥。穿九个月的丧服称为大功，穿五个月的丧服称为小功，穿三个月的丧服称为缌麻。三年丧期的祭祀称为禫礼，也就是三年服丧期满。禫：除丧服之祭。用粗麻布做丧服，左右和衣边不缝为毛边的称为斩衰，衣边缝起来的称为齐衰。这就是关于丧礼的一系列礼仪规则。

《屯卦》的爻辞，从六二爻辞到上六爻辞论述了关于女子的法典，六四爻辞是关于婚姻之礼的规定，九五爻辞则是关于女子贞节之礼的教化，上六爻辞是关于丧礼的相关规则。《屯卦》是真正的关于法典的卦象。因为水是天上之云雨，雷更是天上之物，所以将《屯卦》归于形而上之道的意义是成立的。

从《屯卦》可以明白制定法律法规，以及设立官府、官职、官员的重要意义，所以治国者必须要明白和坚持先王制定的这些规则的正确意义。

---

① 钱玄、钱兴奇等注释. 礼记 [M]. 岳麓书社，2001：776.
② 同上，774.

第五节 《易·离卦》卦卦、象辞、卦象辞关于君子继修明德的教化

《离卦》卦辞、象辞、卦象辞关于君子永远连续不断地以光明温暖照耀天下的教化。

《离卦》用日月双双在天上明照万物,象征天道天德,而警示天子、君子要像日月一样永远不息地为万物为万民带来利益福气。

一、《离卦》卦辞、象辞、卦象辞原文

☲卦辞:"离:利贞亨。畜牝牛,吉。"

象辞:"离,丽也。日月丽乎天,百谷草木丽乎土,重明以丽乎正,乃化成天下。柔丽乎中正,故亨,是以畜牝牛吉也。"

卦象辞:"明两作,离。大人以继明照于四方。"

二、《离卦》卦辞的含义

卦辞:"离:利贞亨。畜牝牛,吉。"

卦辞说:"离火,就是太阳,太阳公正无私地照耀万物,有利于万物亨通正常生长化育。坤地就如太阳蓄养的母牛一样温顺地顺应太阳的变化,吉祥。"

卦辞所言的"利贞亨",是说太阳自然而然以光明温暖公正无私照耀万物之德,有利于万物正常生长化育,亨通无阻地生长变化。离,就是太阳公正无私的象征;同时还象征只有效仿太阳无私照耀万物,温暖万物的善性,为人民谋利益,而不违背天之善德,才能亨通利贞。"畜牝牛,吉"是说我们人类应该如坤地柔顺地顺应乾天一样,柔顺地顺应、效仿、学习太阳,也就是效仿天道之善性,而有益于万物,有益于人民,不能背离道德。这应该是《离卦》卦辞的重要意义。卦辞是从《离卦》所述的历史事件中提醒警告后人:作为君王就要像太阳一样永远不断地为万物为民众带来光明温暖,就会吉祥,否则就会有如《离卦》所述的凶险之事发生。

三、《离卦》象辞的意义

象辞:"离,丽也。日月丽乎天,百谷草木丽乎土,重明以丽乎正,乃化成天下。柔丽乎中正,故亨,是以畜牝牛吉也。"

象辞说:"离,就是华丽美丽。日月双双日以继夜地照耀万物;日往月来,月往日来,使天空和天下光明而美丽。日月双双美丽于天空,使万物得到益处;万物

百草及各种农作物果木,在日月光明温暖的照耀下,美丽兴盛地生长在土地上,给人类以益处;日往月来,月往日来,日月双双以公正无私之善性照耀万物,使天下万物化育化生。柔顺美丽而又中正,所以亨通吉祥。圣人效仿坤地,就如太阳蓄养的母牛一样柔顺地顺应乾天美好的善德而使天下正,使人民得到利益,使天下太平安乐。"

《离卦》象辞更是以日月双双照耀万物、照耀人类,使天下万物得到利益为依据,警告天子,要像圣王一样,效法坤地柔顺地顺承乾天有益于万物,有益于人类的美德,不要忘记天子为民谋利益福祉的职责。

四、《离卦》卦象辞的含义

卦象辞:"明两作,离。大人以继明照于四方。"

卦象辞说:"明两作,离。"离卦上下均为离,一个离,象征太阳,一个离象征在太阳的光芒照耀下而光明的月亮。象征日月双双日夜连续不断地照耀光明温暖万物。

"大人以继明照于四方。"治理国家天下的天子,要像日月双双日夜连续不断地照耀万物一样,要连续不断永远以光明温暖给天下四方的人民创造幸福,使天下人民就如得到日月的光明温暖一样,得到利益。治理国家天下者,要永远继承发扬光大先帝、先王、先祖所创立的以天命治理国家天下的宗旨,为人民谋利益。

"大人以继明照于四方",简单说,就是天子要沿着先帝先王的足迹,继续以日月双双照耀温暖万物之仁德,照耀天下四方,为万民谋求利益福气。

《离卦》以记载周幽王背离道德,背离先祖之德政,而亡西周的历史事实,来说明作为君王,其职责就是要像日月一样,双双日夜连续不断给人民以光明温暖,不能弃人民的利益而不顾,否则就会给人民带来灾难,使自己灭亡。其实《离卦》还是在论述尊天道天德以治天下的重要意义。

第六节 《易·小畜卦》卦象辞关于君子以懿文德的教化

☰《小畜卦》卦象辞曰:"风行天上,小畜。君子以懿文德。"

其一,"风行大上,小畜"是指小畜卦的卦形结构。小畜卦上卦为巽、为风,下卦为乾、为天,巽风在乾天之上,为风行天上。

其二,"风行天上",应该是《易经》作者在告诉我们,风气在极高的天空存在很少,很少的风在极高的天空运行,所发挥的威力很小,谓之小畜。

其三，就小畜卦的内容而言，象征周武王与诸侯在孟津的聚会，虽然秉承天道而聚会，但却就如风在天上吹过一样，很快聚集，未行动，未发挥威力又很快散开。

"君子以懿文德"，懿，本义：美好。象辞说：君子应依照周文王那美好的德行去作为。文德是指文王之德。正如《诗·颂·清庙》曰："于穆清庙，肃雍显相！济济多士，秉文之德。对越在天，骏奔走在庙。不显不承，无射于人斯！"① 又如《诗·颂·维天之命》曰："维天之命，于穆不已。于乎不显，文王之德之纯！假以溢我，我其收之。骏惠我文王，曾孙笃之。"② 又如《诗·颂·武》："于皇武王，无竞维烈，允文文王，克开厥后，嗣武受之，胜殷遏刘，耆定尔功。"③

"君子以懿文德"，文德，就是文王之德。如《诗经·颂·时迈》曰："我求懿德，肆于时夏，允王保之。"④《诗经·大雅·烝民》："天生烝民，有物有则。民之秉彝，好是懿德。天监有周，昭假于下。"⑤

"小畜"，在这里是指周武王伐纣王之后，虽然贵为天子，但周武王自己感到自己的德行浅薄不及五帝及先祖，所以贬帝号，不称帝而称王，也因为周武王在位只有十四年，其仁德、历经年历少，所以为"小畜"。正如《易·系辞·杂卦》曰："小畜，寡也。"就是畜积的德行较少。

周文王是有文献记载的具有上古圣王之德兼柔顺诚信的最有仁德的王者，所以君子学习文王之德，使自己成为有诚信美德之人。正如《诗经·文王》曰："上天之载，无声无臭。仪刑文王，万邦作孚。"⑥ 又如《诗经·棫朴》曰："倬彼云汉，为章于天。周王寿考，遐不作人。追琢其章，金玉其相。勉勉我王，纲纪四方。"⑦

所以"风行天上，小畜。君子以懿文德"就是教化所有的君子，尤其是所有的帝王都应该以周文王为榜样，学习周文王的品德，蓄积自己的德行，既要继承先帝先祖的事业，又要开拓新的事业，不断为天下民众谋求福气利益，以实现国泰民安，天下太平为治国者的责任和目标。君子的美好德行就会如风一样，迅速流行到天下，而成为天下人的榜样。

---

① 刘文秀、孙燕、孙兰.诗经新解[M].中国出版集团世界图书出版公司，2012：346.
② 同上，347.
③ 同上，359.
④ 同上，351.
⑤ 同上，330.
⑥ 同上，268.
⑦ 同上，277.

第七节　《易·震卦》卦象辞关于君子在恐惧中反省修德的教化

《震卦》以雷震震惊万里，震动天下所造成的恐惧，联想推论君子应该在震惊恐惧中自省德行、修身自省，以减少错误发生。

☳☳象辞曰："洊、雷震。君子以恐惧修省。"

"洊，雷震"，洊，是再、屡次、接连的意思。《震卦》是由二震卦相重而成。两个震卦相重，它所表示的是雷震震动的强度非常之大，而且是震耳欲聋的雷鸣一声一声连续不断，使人感到恐惧的自然之象。

"君子以恐惧修省"，君子在恐惧中反省自己的德行，修治自己的品德，以利于及时改正过失；也可以是君子时刻担心害怕自己的言行出差错，怕自己背离了大道，背离了先王所开创的事业，所以时时处处反省自己，而修正过失，以保大道不失。正如《中庸》曰："道也者，不可须臾离也，可离非道也。是故君子戒慎乎其所不睹，恐惧乎其所不闻。莫见乎隐，莫显乎微，故君子慎其独也。"[1]

《震卦》卦象辞是借助雷震引起人恐惧的自然之象，推断假如一个人做了错事、坏事，在遭遇如此恐惧之事时，就可能会浮想联翩更加恐惧。联想什么？恐惧什么？这是做坏事、错事之人心中的秘密，虽只有自己知道，但是天理不容；所以，君子用在恐惧中的联想，来修正自己的错误，省察自己的过失，及时修正，以使自己的过失造成的损失减少到最低；也可以说，我们不但平时要及时反省自己的过失，当遇到非常恐惧的灾难发生之后，更要及时反省，为什么会发生如此严重的灾难呢？如果是我们在思想上没有认识到灾难发生的可能性，没有及早采取足够的安全措施、防护措施，而使严重的自然灾难发生造成了重大损失，那我们就要对可能发生的各种灾难，有足够的思想认识，要有及时而且强有力的应对措施，及时采取安全防护措施，以防后患。

第八节　《易·既济卦》卦辞、象辞、卦象辞关于如何预防灾难发生的教化

《既济卦》以云在天上飞速运行，推论即将来临的大暴雨会对万物、对人类造成严重伤害，而指出提前预防灾害发生的措施。这是《既济卦》卦辞、象辞、卦象

---

[1] 钱玄、钱兴奇等注释. 礼记[M]. 岳麓书社，2001：693.

辞所要论述的问题。

一、《既济卦》卦辞、象辞、卦象辞原文
☲☵卦辞："既济：亨，小利贞，初吉终乱。"

象辞："既济亨，小者亨也。利贞，刚柔正而位当也。初吉柔得中也。终止则乱，其道穷也。"

卦象曰："水在火上，既济。君子以思患而豫防之。"

二、《既济卦》卦辞、象辞、卦象辞的含义
1.《既济卦》卦辞和象辞的含义

卦辞说："已经成功，亨通，有小的利益和吉祥，开始吉祥、最终混乱。"

象辞说："事业成功亨通，小的成功也亨通。利于发展正当，刚健、柔顺、正大而居于正当之位。开始吉祥美好是因为柔顺得当适中。终止了正大光明之德则发生混乱灭亡，是他的道路穷尽了啊！"

《既济卦》卦辞和象辞所论的是：事情已经成功了，而且亨通吉祥如意的原因和最终又发生混乱灭亡的原因。那么开始为什么能够成功而且亨通吉祥呢？是因为开始坚持了正道，就是坚持了天道，所以才会成功顺利。而最终混乱灭亡，是因为终止了正大光明的天道，最终穷途末路，所以灭亡了。当然《既济卦》所论的是商汤和商纣王的历史事件。也就是说，商汤因为履行天道，以天命拯救天下万民，为天下民众谋利益，所以才能成功革除夏桀之命，建立商王朝，实现天下安乐太平。而商汤的末代子孙商纣王，因为不履行以天命治天下，为人民带来灾难，所以最终灭亡。这也是卦辞、象辞对商王朝成功建立而兴盛和商王朝最终灭亡原因的历史的论述。

2.《既济卦》卦象辞的含义

《既济卦》卦象辞前一句："水在火上，既济。"《既济卦》下卦为离、为火、为太阳；上卦为坎、为水、为云雨，为"水在火之上"。其意义如下：

其一，象征坤地之阴在太阳光热的照射下，已经变化为云，天空布满了阴云，遮蔽了太阳，这是下雨的征兆。雨，有和风细雨，及时雨，以滋润万物，也就是阴云已经布满天空，已经下雨了，能够救助万物了。

其二，雨，特别是狂风暴雨，会对万物造成灾难，所以就要在狂风暴雨来临之前，考虑如何预防灾难的发生以救助万物，也是未雨绸缪的意思。

"君子以思患豫防之"，是说依据中华民族的历史经验，都是以有道有德、为人民谋利益的天子开创了鼎盛太平盛世的历史时代，而最终却以最后的君王无道失

德而失去江山社稷告终的历史经验中总结出来的历史教训，君子应该思考如何才能预防这样的事件发生呢？就是应该采取适当的教化措施，教化防止后代子孙发生失道无德的事情，而避免国家混乱、人民遭殃的事情发生。那么如何避免此类事情发生呢？这是每一位有道的执政者应该认真思考的问题。

《既济卦》总结了商朝历史发展过程中商汤使商朝鼎盛，到高宗武丁又使商朝的事业重新振兴，而商纣王又使商朝灭亡的发展变化的历史事实说明，中华民族历史前进的车轮，只有沿着中华民族先圣、先祖创立的正大光明的以天命治天下的历史大道运行，就能成功，就能立于不败之地。若是背离先圣、先祖所创建的正大光明的治国之道，就会受到历史的惩罚。也就是失道者，必然会被有道者的惩罚推翻，将失道者从历史的战车上拉下来，被历史前进的车轮碾得粉碎。有道者将历史的车轮，重新驶向光明正大的大道，继续前进。中华民族历史的发展已经证明，中华民族只有行驶在为人民谋利益福祉，使国家强盛人民富足正大光明的康庄大道上，才会吉祥如意。从中华民族历史发展的过程总结经验教训，那就是如何预防历史列车偏离光明正大的大道的问题，是历朝历代的执政者都要思考的重要问题。

那么如何预防像商纣王、周幽王之类的帝王亡国亡己的历史再重演呢？那就是君子要修己明德，时刻不忘记天子的职责义务，同时要教化后代子孙以道德仁义礼仪，牢记以先帝先王开创的以天命治天下为民谋利益的治国治天下的宗旨。当然这是一个历史性、政治性很强的问题，是需要政治家，哲学家、执政者、教育家、民众共同认真对待的问题。

《易经》哲学虽然早就提出了预防王朝兴衰历史重演的问题，但是历代君王却没有一个能具体预防的法则，致使历史不断地重复着开始正大光明且吉祥兴盛，末尾晦暗不明而灭亡的历史周期律。只有毛泽东，对这个"其兴也勃焉，其亡也忽焉"的问题，提出具体预防措施。比如1945年7月，黄炎培到延安考察，谈到"其兴也勃焉，其亡也忽焉"的问题，称历朝历代都没有能跳出兴亡周期律。毛泽东表示："我们已经找到新路，我们能跳出这个周期律。这条新路，就是民主。只有让人民来监督政府，政府才不敢松懈。只有人人起来负责，才不会人亡政息。"[①] 毛泽东这个跳出历史周期律的观点方法是《易经》形而上思维的具体体现。

毛泽东同志在《新民主主义论》中指出："在无产阶级领导下的一切反帝反封建的人们联合专政的民主共和国，这就是新民主主义的共和国……中国现在可以采取全国人民代表大会、省人民大表大会、县人民代表大会直到乡人民代表大会的系

---

① 2018年1月19日CAICT中国信通院纪委廉政文化用典品读。

统，并由各级人民代表大会选举政府。①

所以 1949 年 9 月中国人民政治协商会议通过的《共同纲领》规定："中华人民共和国的国家政权属于人民。人民行使国家政权的机关为各级人民代表大会和各级人民政府。各级人民代表大会由人民用普选方法产生之。各级人民代表大会选举各级人民政府，各级人民代表大会闭会期间，各级人民政府为行使各级政权的机关。"② 在旧中国毫无政治地位的广大工农大众第一次成为了国家的主人，他们的代表加入了各级政权机关，也成为各级人民代表构成中的主要成分。在政治制度的设计中，人民第一次成为国家的主人，这在中国历史上是没有先例的，这更是毛泽东找到的防止历史周期的新路，就是人民当家作主，监督政府和国家工作人员。

第九节　《易·未济卦》卦象辞关于君子以慎辨物居方的教化

《未济卦》用太阳在天上，水不能变化为云雨，天下干旱，万物遭受灾难而联想到，君子教化民众慎重辨别物象，辨别事物的利弊，既要有适宜居住的地方，又要适宜的储存物资，积蓄物资仁德的道理，以防止灾难降临时有备无患。

☲☵象辞曰："火在水上，未济。君子以慎辨物居方。" 1. "火在水上，未济"的含义。《未济卦》下卦为坎、为水、为艰险；上卦为离、为火、为太阳。火在水上，未济。其象征意义：其一，象征天地阴阳背离，阴阳不交，水不能变化为云雨，太阳仍旧在天空照耀，太阳的光热过于盛大，天不下雨而过度干旱，会对万物、人类造成灾难。也就是说"未济"，象征天未及时下雨，万物长期遭遇干旱所带来的灾难。其二，象征事业还没有成功、没有成就的情况下，如何作为的问题。2. "君子以慎辨物居方"的含义。君子认为应该慎重地辨别各类事物的状况，使民众有适宜的居住地域和地方；也可以是，事业还未成功，君子应该慎重谨慎地辨别成就事业的环境和方法，在适当的环境以适宜的方法取得事业成功。

"君子以慎辨物居方"，是说由于干旱，火灾随时可能发生，所以君子应慎重地辨别各类事物，尤其是查明水火对万物的利害关系，选择距离水源较近，但不易发生水患的地方居住，或者开凿水井水道，兴修水利，以造福万民。

《未济卦》所论之事，对事业还未成功者而言，君子处于某些特殊情况时，要

---

① 毛泽东选集（第二卷），人民出版社，1966 年版，635—638 页。
② 中国人民政治协商会议共同纲领（单行本），新华社发行，第 3 页。

小心谨慎地辨别察看清楚事物的各种状况，选择适宜恰当有利有益的环境和方法，而不要单凭善良的愿望出发，一定要三思而后行，才会成功而正确。

《未济卦》记载的是周幽王无道失德，胡作非为，最后被其臣子，也是其岳父申侯等人联合犬戎攻打，被犬戎所杀，这是西周灭亡的历史经过。所以从申侯不思谋，不辨别敌友，而盲目地与犬戎合作，最后造成西周的百姓被残杀，天子被杀、城郭被烧毁、财物被犬戎极大掠夺，使西周不能在西周之地安居而灭亡的结果，告诉我们每个人凡是做重大事情，一定要慎重地辨清敌友，不能因一时的冲动，而与敌人合作，否则不但使想要做的事情没有成功，反而使自己受到更大的伤害，从而使自己和家人，以及国家没有了安居的地方。所以《易经》作者得出结论："君子以慎辨物居方。"这个教训不可不慎重牢记啊！

这是《未济卦》卦象辞所提出的忠告，这个忠告是以血的教训得来的，不是凭空想象得来的，所以我们一定要牢记这个血的教训。

第十节　《易·益卦》卦象辞关于君子改正过失的教化

䷩卦象辞："风雷，益。君子以见善则迁，有过则改。"

"风雷，益"是指《益卦》发明的历史意义及产生原理。《益卦》如《易·系辞》所述，发明于神农氏教民耕种农作物的时代，据史料记载，神农氏时代，人类繁衍已经很旺盛，仅靠原有的狩猎捕鱼的生活方式已经很难使民众生存。氏族中经常因为分不到食物饥饿而亡。所以神农氏尝百草，制作农具，教民耕种收获百谷。因为神农氏教民众种植百谷，是为民众谋利，是有益、有利于民众的事情，所以用"䷩"这个符号来表示耕种农作物的有利有益。《益卦》上卦为巽、为风。因为风之动见于草木之动，所以巽又为草木的表示。现代物理学描述机械振动现象时指出，在微风中树木的摇摆属于振动现象。而《益卦》上为巽、为风、为草木，下卦为震、为雷。一方面表示风与雷均可以引起物体振动；另一方面表示种植农作物要依时而定论，所以"风雷益"，还象征春雷一声振天响，春风拂动草木之时，正是农人播种农作物最有利的时节，这就是《益卦》发明的历史意义及其产生的自然原理。

神农氏在春风春雷拂动万物之时，教民适时播种农作物，有了农作物的收获，使民众的生活得以改善，民众不因风雷雨雪之害冻饿而亡，所以益就是为民众做好事，为民众谋利益的意思。

"君子以见善则迁，有过则改"，象辞说："君子见到美善的就以美善为高尚而向美善迁移，有了错误就要改正。"

君子依照道德，公而无私，自然自觉地为天下民众谋利益。要为天下民众谋利益，就得无私心，无偏见，就得像天地自然变化一样，自然而然地不作假、不伪装、不夸功、不显能，就得不断地克己修己以正道德，抑制私欲，抵制与道德相违背的行为。"见善则迁"的迁，在这里是变动、变更之意。君子见到有利于民众的事情，就应该去做。那么原来正在做的事、正在思考的事，就得随着为民谋利益这个原则而变更。"有过则改"，是指做了不符合道德、不符合民众利益的事情，要及时改正。做了损人利己不符合大多数人利益的事情就是过失，就必须及时反思改正。正如《论语》所言："见贤思齐焉，见不贤而内自省也。""法语之言，能无从乎？改之为贵。巽与之言，能无说乎？绎之为贵。说而不绎，从而不改，吾末如之何也已矣。"[1] "三人行，必有我师；择其善者而从之，其不善者而改之。"[2] "过而不改，是谓过矣。"[3] 子贡曰："君子之过也，如日月之食焉。过也，人皆见之；更也，人皆仰之。"[4] 这是孔子关于君子"见善则迁，有过则改"的至理名言，也是君子"见善则迁，有过则改"的意义和具体方法。

"见善则迁，有过则改"，对于我们每一个人都是适用的，我们看到美善的事物、品德就要改过自己不美善的方面，有了过失及时改正，这也是我们每个人做人的基本原则。

"君子以见善则迁，有过则改"是教化君子要为民众做好事、谋利益，就必须见到好的、有利于民众的事情就去做，见到不好的、不利于民众利益的事情就及时改正。

正如毛泽东主席在党的七大报告中指出："我们共产党人区别于其他任何政党的又一个显著的标志，就是和最广大的人民群众取得最密切的联系。全心全意地为人民服务，一刻也不脱离群众；一切从人民的利益出发，而不是从个人或小集团的利益出发；向人民负责和向党的领导机关负责的一致性；这些就是我们的出发点。共产党人必须随时准备坚持真理，因为任何真理都是符合于人民利益的；共产党人必须随时准备修正错误，因为任何错误都是不符合于人民利益的。"[5] 毛主席之言，就是对易学"君子以见善则迁，有过则改"的准确阐释，更是我们每个人的行动行为之指南。

---

[1] 刘琦译评. 论语 [M]. 吉林文史出版社，1999：70.
[2] 同上，52.
[3] 同上，129.
[4] 同上，161.
[5] 毛泽东选集（三卷），人民出版社，1966年版，1043页。

第十一节 《易·夬卦》卦象辞关于君子以施禄及下居德则忌的教化

《夬卦》阐述的是君子为什么和怎样"施禄及下、居德则忌"的教化，《夬卦》通过卦形结构的象征意义和卦象辞的意义论述了这个教化的意义。《夬卦》的卦形结构为五阳爻一阴爻，为阳卦。其上卦为泽，泽在五行与乾同属于金，金属有光泽，泽也可以为天上星辰之光辉，所以将其列入形而上之教化。

《夬卦》䷪卦象辞曰："泽上于天，夬。君子以施禄及下，居德则忌。"

"泽上于天，夬"是指《夬卦》的卦形结构。《夬卦》上卦为泽、为兑、为悦、为光亮；下卦为乾、为天、为天道、为天德、是为泽上于天。"泽上于天"，象征太阳的光芒无际无涯；象征天道永放光明；象征履行天道美善之德使人民喜悦和乐；象征为人臣者，要以天道天德进谏君王，使君王悦服，以天道治天下，使人民悦服。

"君子以施禄及下，居德则忌"，卦象辞说，君子治理国家天下，要施福禄于下位有功德的臣子，更要施福禄于天下民众，自己有功德则禁忌居功自傲。还可以理解为：有道德的君主治国治天下，要时刻把为天下人民谋取利益福气，作为治国的目标，而要禁忌那些因为自己或家族有功德于民众而居功自傲，妄作非为的行为。

《夬卦》记载的是周厉王独断专行，不听贤臣劝谏而被国民驱赶出国的历史事实，以及周幽王荒淫无道不听贤臣劝谏而亡西周的历史事实。《夬卦》是对无道君王批判的卦象，《易·序卦传》曰："夬者，决也。"夬，就是决断的意思，也是作为天子如何决断国家大事的意思。因为周厉王和周幽王不懂得"施禄及下、居德则忌"的规则，而是以为自己是天子，就不顾人民的死活，不顾臣民的意愿，只知道享受天子的权利福分，所以，《易经》作者特别总结抽象出如此箴言，以告诫君子。

正如《尚书·洪范》曰："九，五福；一曰寿，二曰富，三曰康宁，四曰攸好德，五曰考终命。"[①] 箕子对周武王说："第九条就是关于为民众求取五种福气的事情，一是让人民健康长寿，二是使人民富裕，三是使人民康乐安宁，四是使人民都有美德，五是使人民年老善终。"这是箕子对周武王所说的作为人民的君王，就要向人民谋求五种福气，使人民生活得美好幸福；君王治国治天下的目的是为了人民，而不是为了自己享乐。

君子向人民施行福气，施行仁政，给人民施行福禄，使人民长寿富贵，有美好的品德，能康乐安宁，长寿而善终；君子不居功自傲，不以自己有功德于人民，而向人民求取回报，也就是君子向人民施行福禄，而禁忌向人民显扬功德和因自己有

---

① 徐奇堂译注. 尚书[M]. 广州出版社，2001：101.

功德而得意忘形。

正如《老子》第二章曰："是以圣人处无为之事，行不言之教，万物作而弗始，生而弗有，为而弗恃，功成而弗居。夫唯弗居，是以不去。"《老子》说："所以圣人依照自然无为之道处事，不用说教而以自己的美好行为使民众得到教化；万物依自然变化规则而兴盛衰败不止，自然变化规则化生万物而不占有万物；造就万物而不依赖万物；成就万物的生长化育而不居功自傲；只有不居功自傲，才会永远存在。"

虽然"施禄及下"与一般人的关系不大，但是"居德则忌"，则对于我们每一人都适应，当我们在工作中取得成绩时，或者有重大功德和贡献时，不要骄傲自满，不要以为自己有功德而沾沾自喜、自以为是，而是要更加努力地学习工作，以取得更好的成绩。

第三章 《易经》哲学形而上基本规则之饮食宴乐

第一节 《易·需卦》卦象辞和爻辞关于饮食宴乐之基本规则

《需卦》用云在天上运行,推论到云在天上,会及时下雨,而滋润万物,滋润禾苗生长,使农作物丰收。联想到农人种植五谷的不易和种植方法,以及农业丰收以后,农人欢悦的心情,所以就有了关于饮食来源的记忆,并如何在丰收后宴请宾客和表达喜悦的情感的饮食宴乐规则。

一、《需卦》卦象辞关于饮食宴乐的意义

象辞曰:"云上于天,需。君子以饮食宴乐。"

"云上于天,需。"首先表示的是《需卦》的卦形结构;《需卦》上卦为坎、为水、为云,水汽飘浮在天上,就是云彩。下卦为乾、为天,天空布满云彩,预示着一场及时雨的来临,也可以预示着一场狂风暴雨的来临。天气变化无常,但是,天之阳及其变化还是以平和中正为常德,云雨雷电正常变化,万物才得以繁衍不息。

"云上于天",在这里还象征着五行生成次序之一"天一生水,地六成之"的道理。坤地需要的是及时雨,而云雨则是天之阳变化地之阴而来。天一生水,水是生命的摇篮。天之阳资助水中的分子物质,逐渐演变为水中生命物质,水中生命物质在原始海洋中经过漫长的进化演变过程,又经历了陆地的漫长的演化过程,最终产生了人类。人类是由哺乳动物中的一支灵长类,通过劳动最终进化为人类。人类最基本的劳动就是寻找饮食之源。远古时代的人类通过自己的劳动,捕捉各类生物,茹毛饮血,以解除饥饿。灵长类动物进化为人类的基础就是劳动,所以人类总是在不断地劳动,通过劳动不断改变自己的生存环境,改变饮食状况,才使人类得以生存和繁衍不息。

《需卦》,就是阐释人类是如何种植农作物、改变饮食状况,而逐渐达到使人民丰衣足食、不再受饥饿寒冷的威胁,以及随之而来的歌乐产生的历史事实。

"云上于天"象征着人类对天地自然变化规律的不断认识过程;还象征着人类

从事稼穑，需要及时雨以助百谷丰登的期望。

"君子以饮食宴乐"包括四个方面的内容；饮、食、宴、乐：1.饮，指丰衣足食之后，造酒技术产生的过程，以及圣王明君对饮酒的态度。2.食，首先是指人类食物的演变过程，其次指人民从事稼穑而丰衣足食的辛劳。3.宴，本身就是快乐的意思，指丰衣足食之后，人民安逸的生活；还指用酒饭招待客人。4.乐，在这里指歌乐产生的物质基础，那就是只有在民众丰衣足食之后，才会有真正表示快乐幸福的歌乐产生，人才会以歌乐的形式来表达心中的欢乐。正如《吕氏春秋·大乐》曰："天下太平，万物安宁，皆化其上，乐乃可成。成乐有具，必节嗜欲。嗜欲不辟，乐乃可务。务乐有术，必由平出。平出于公，公出于道。故惟得道之人，其可与言乐乎！"[①]吕氏说："天下太平，万物安宁，都是潜移默化于上圣之德，这时真正的歌乐才可能成功产生。制作音乐要具备一定的条件，必须节制嗜欲，嗜欲不邪僻，才能从事音乐的创作。从事音乐创作要有一定的技巧，一定是从平和中产生。平和从公正中产生，公正从天道中产生。所以只有有道的人，才可以与他讨论歌乐吧。"这就为我们阐明了音乐产生的物质基础，创作音乐的条件，音乐产生的物质基础，就是圣人君子以天道治天下，使天下太平安乐和谐时，人民高兴喜悦，就会用歌乐来歌颂为自己带来幸福安乐的人，也会用歌乐颂唱自己心中的喜悦快乐，这是一般歌乐产生的意义。而真正的歌乐是有道者才能创作成功的，因为有道者创作的音乐是平和公正的，是符合人心的，是快乐的享受。

二、《需卦》爻辞关于饮食宴乐的意义的论述

1.《需卦》爻辞原文

初九爻辞："须于郊，利用恒，无咎。"爻象辞："需于郊，不犯难行也，利用恒，未失常也。"

九二爻辞："需于沙，小有言，终吉。"爻象辞："需于沙，衍在中也。虽小有言，以吉终也。"

九三爻辞："需于泥，致寇至。"爻象辞："需于泥，灾在外也。自我致寇，敬慎不败也。"

六四爻辞："需于血，出自穴。"爻象辞："需于血，顺以听也。"

六五爻辞："需于酒食，贞吉。"爻象辞："酒食，贞吉，以中正也。"

上六爻辞："入于穴，有不速之客三人来，敬之终吉。"爻象辞："不速之客来，敬之终吉。虽不当位。未失大也。"

---

① 冯凌云主编.吕氏春秋[M].陕西旅游出版社，2003：61.

2.《需卦》爻辞的意义

初九爻辞："须于郊，利用恒，无咎。"爻象辞："需于郊，不犯难行也，利用恒，未失常也。"

初九爻辞说，人类要想生存，要想没有饮食之忧，就必须长期在野外从事稼穑之事，这样才不会有灾难。爻象辞说：必须在野外从事稼穑之事，就是为了使民众不再为衣食之事犯难发愁所需要的行动。

九二爻辞："需于沙，小有言，终吉。"爻象辞："需于沙，衍在中也。虽小有言，以吉终也。"

九二爻辞说：需要仔细挑选种子，且还有小的言论，终于很吉利。爻象辞说：种植农作物，虽然要经过许多繁琐、艰苦而精细的过程，但经过我们先祖坚持不懈地辛勤耕耘，终于使我国古代的农业生产得到空前的发展，而且收获盛大，所以，为终吉也。

九三爻辞："需于泥，致寇至。"爻象辞："需于泥，灾在外也。自我致寇，敬慎不败也。"

九三爻辞说：需要在泥土中劳作，那些种子就如贼寇一样侵入到泥土之中去。爻象辞说：需要在泥土中劳作，土地遭到自外而来的水和种子的入侵，这是土地自己招致种子和水像贼寇一样入侵的，土地和人类恭迎种子在其内发芽、生根安居，人类细心呵护其长大开花结果成熟，被人类收获。

《需卦》从初九爻辞到九三爻辞记载了人类自己寻找到了解决饮食之源的方法，这也是真正的饮食之源产生的过程，人类选择了自己种植农作物，以解决食物不足的问题；还记载了种植农作物，从开垦土地、选种子到将种子种入泥土中的种植过程。

六四爻辞："需于血，出自穴。"爻象辞："需于血，顺以听也。"

六四爻辞说：人类饮食之源还需要那些动物的血肉，这些动物出自巢穴，也就是它们原先居住于原始的巢穴之地。爻象辞说：人们所需要的那些动物的血肉，本来是出入于野外的洞穴之中，被人们从野外捕捉回来，加以驯化、饲养，使其温顺，任凭人们宰割。六四爻辞记载了饮食之源需要那些原先居住在穴洞里的动物的血肉，也就是饲养驯化动物为家禽家畜，使饮食之源增加了禽肉的过程。

六五爻辞："需于酒食，贞吉。"爻象辞："酒食，贞吉，以中正也。"

六五爻辞说：人类饮食还需要饮酒业的发展，就更吉祥。爻象辞说：人们需要酒食，于是就使造酒业兴盛，但对饮酒要正确认识，要适量有时，不得狂饮而误事误时。"以中正也"，就是正确对待饮酒，适量有时，不可过量。六五爻辞记载了酿酒业的产生过程。

上六爻辞："入于穴，有不速之客三人来，敬之终吉。"爻象辞："不速之客来，敬之终吉。虽不当位。未失大也。"

上六爻辞说：进入到家中，有不用邀请就来到家中的三位客人，只要敬之以饮食，就没有过失。爻象辞说：将父母兄长视为客人，就应以丰盛的膳食敬奉他们。敬奉他们是没有过失的；勤勉地侍奉父母兄长以尽孝悌之心，作为百姓，敬奉他们饮酒，虽不恰当，但能尽孝悌之心，为"未失大也"。因为人之行，莫大于孝，能给父母兄长尽孝悌，是为最大的孝心。上六爻辞阐述的是有了足够的食物酒肉，不忘记宴请自己的父母兄长，不忘孝敬之礼。

以上是依据《易经》哲学效仿天道之自然的基本法则。这些法则包括刑罚，饮食宴乐和教化。天道所论的是乾天自然而然地显示出来的有益于万物，有益于人类的自然本性，圣人效法天道有益于万物的自然本性，依据圣人与天、与民同一的美好信念，依据天道与人类同节律的自然规则，制定出各类有益于人类自己的规则、法典、礼乐制度，以教化规范在上位的天子，各级官员的行为，以教化在上位的天子和官员如何做到与天同道同德，与民同心同德，如何治理国家天下，如何实现天下通达安泰，这是形而行上最高规则和基本规则的基本内容。

形而上最高规则和基本规则的划分，主要是依据卦形结构来划分，其次就是以其所论之事来划分。

第三部分 《易经》哲学人道论之形而下众多规则

对于形而下内容，是依据地道的特征、卦形结构图，以及所述内容来区分的，这在论述天道地道时，已有说明，这里不再赘述。

第一章 《易经》哲学形而下规则之建国邦交为官之道论

形而下众多规则包括建国、为官之道、刑罚、教化、礼乐、婚姻、家庭伦理、孝道、为师之道、为学之道、尊师之道、学习之道、孝敬之道、不易、变易、交易、简易、变革，革命之道、变不易为易之道。

第一节 《易·比卦》卦象辞和《豫卦》卦辞、象辞关于建国亲诸侯的论述

一、《比卦》卦象辞关于形而下之建国亲诸侯论的论述

䷇象辞曰："地上有水，比。先王以建万国，亲诸侯。"

《比卦》上卦为坎、为水，下卦为坤、为地，是为"地上有水。"也就是说，地上有水和地上无水是不同的，地上有水，泥土是能粘合的；地上无水，土是干的，是不能黏合的。所以用"地上有水"一方面象征君王建立国家，必须要得到人民的拥护、亲附、才能成功，才能在地上建立江山，站稳脚跟。另一方面，指古代君王建立国家都城时，要通过观察比较,选择有河流、有水而且比较平坦的地方作为国都。

"先王以建万国，亲诸侯"象辞说，先王之所以能建立万国，而受到诸侯亲附，受到人民拥护，是因为先王能遵天命，敬天德，能以天道天德治天下，能以诚信为

人民谋利益，能爱护人民，正如《大学》曰："道得众则得国，失众则失国。是故君子先慎乎德，有德此有人，有人此有土，有土此有财，有财此有用。"[①]

《比卦》，"水在地上"，还象征水能载舟，也能覆舟的道理。地上有水，象征执政者就如在大海中航行的船舟的舵手，受到广大人民的拥护，就能使其掌舵的船舟顺利通行到达目的地；如果执政者不为广大民众谋利益，人民在忍无可忍的情况下，就会使执政者的船舟倾覆。

所以，《比卦》卦象辞就是指建国封侯必须具备的条件，也就是通过比较，有道德，能以道德治理国家天下者，才会得到人民的拥护，才能建国封侯，否则就会失去人民，就是已经建立的国家和已经分封的诸侯也会叛离，从而失去人民和国家。

二、《豫卦》卦辞、象辞关于建国行师的论述

1.《豫卦》卦辞、象辞原文

䷏卦辞："豫：利建侯行师。"

象辞曰："豫，刚应而志行，顺以动，豫。豫，顺以动，故天地如之，而况建侯行师乎？天地以顺动，故日月不过，而四时不忒。圣人以顺动，则刑罚清而民服。豫之时义大矣哉。"

2.《豫卦》卦辞和象辞的含义

卦辞说，当天下再度太平之时，有利于分封建立诸侯，有利于实行乐师制乐曲演奏以颂扬先王之德，颂扬太平盛世以报先祖。这里"豫"既有安乐、和乐、快乐之意，又有事先准备之意。

象辞说，豫，就是顺应天命，顺应先祖之德，从事先祖的事业，就是顺应完成先祖的志向，顺应先祖之功业而行动。豫，就是和乐、柔顺地顺应天道和先王之德而行动，所以说天地也是如此顺应天道，何况是分封诸侯效法颂扬先祖之德呢？天地以柔顺、柔和、平静的常规运动，所以日月运动就不会超过常规，而四时就不会有差错。圣人以柔顺地顺应天地之道四时的常规治理国家天下，于是刑罚就清静而万民顺服。太平安乐和乐的时代意义大极了啊！

《豫卦》卦辞主要是指周公代成王执政，伐武庚，管蔡之乱，建洛邑，教化殷民，使周朝大治，天下太平安乐之时，也就是周公代成王执政六年之时，制作礼乐，颁度量，使天下大服。成王七年时，周公还政于成王。周公去世之后，成王又重新分封周公，赐周公以天子之礼乐。这也说明了只有真龙天子才能实现太平盛世，太平盛世与这些被分封的诸侯之功德是分不开的，所以应该对有功勋者进行分封，并

---

① 韩维志译评.大学中庸[M].吉林文史出版社，2001：31.

以歌乐颂扬一代一代的真龙天子之德。

《豫卦》象辞有三方面的含义：

其一，"豫，刚应而志行，顺以动，豫。"什么是豫呢？就是要顺应先王先祖以道德治天下的志向，实现先王先祖已经实现了的天下太平和乐的社会。只有实现了天下太平和乐，才能人人和乐，万物和谐。豫就是欢喜、快乐、安闲的意思。

其二，"豫，顺以动，故天地如之，而况建侯行师乎？天地以顺动，故日月不过，而四时不忒。"豫，以顺为常，也就是以顺应天道天德为常，以顺应先帝先祖之德为常。因为天地自然变化本来就是以顺为常，何况是树立彰显诸侯之德威，何况是效法颂扬先帝先祖呢？树立诸侯的德威就是要树立那些能顺应先帝先祖之德，能以效法先帝先祖之德为常德，为天下人民作出重大贡献的诸侯。天地自然变化以顺为常，所以日月的运行规律才不紊乱，四时的变化才没有差错。那么，彰显那些以顺应先帝先祖之德为常德的诸侯的功勋，以使人民和子孙后代受到教化，以使先帝先祖之道德发扬光大。

其三，"圣人以顺动，则刑罚清而民服，豫之时义大矣哉。"圣人顺应天地之善德为天命而治理国家天下，使人民得到福气，人民顺服圣人的治理，而天下安静太平，刑罚不用也。所以，只有天下实现了太平安乐之时，真正的逸乐、太平颂歌才能兴起。这也是指周公辅助成王治理国家，使国家得到大治，而天下太平，就连刑罚都没有了用处，那该是多么美好的时代啊！这在有文字记载的历史中，在西周的成康时代，就实现了天下太平安乐的大同社会，有四五十年就连刑罚也失去了用处。

《豫卦》卦辞和象辞是对天子分封诸侯、建立诸侯国条件的论证，天子分封诸侯，建立诸侯国，不是说想分封谁，就能分封谁的事情，而是要分封那些能辅助天子成就大业者，分封那些在天子建国立业中顺应先圣、先王、先祖之德的有德有功者，有特殊贡献者，这是天子分封诸侯，封官进爵的必需条件。

以上是《易经》哲学关于天子建立国家，分封诸侯和亲睦诸侯的意义方式基本规则的论述。

第二节　《易·泰卦》六四爻辞关于天子的邦交之礼

䷊六四爻辞："翩翩，不富以其邻，不戒以孚。"爻象辞："翩翩不富，皆失实也。不戒以孚，中心愿也。"

六四爻辞说："轻松愉快地生活，对于那些不富裕的国家及其邻国，不要以武力戒备森严，要以诚信相待。"六四爻辞是指，真龙天子治天下，就是为了让人民轻松愉快地生活。而要实现这些，一个重要问题就是不要对那些贫穷弱小邦国的人民戒备森严，不要以武力去征伐，而要以诚信去帮助他们，使他们共同富足安乐。

六四爻辞其实就是指真龙天子的邦交之礼，邦交之道。所以六四爻辞的意思就是要实现天下太平，使民众丰衣足食，欢乐愉快、自由自在地生活，就必须以天命治天下，对于不富裕的邻国人民，也要以德使人心归服。正如《老子》第六十一章所言："大邦者下流，天下之牝，天下之交也，牝常以静胜牡，以静为下。故大邦以下小邦，则取小邦。小邦以下大邦，则取大邦。故或下以取，或下而取。大邦不过欲兼畜人，小邦不过欲入事人。夫两者各得其所欲，大者宜为下。"

六四爻象辞说："民众不能轻松愉快、自由自在、丰衣足食地生活，都是那些如夏桀、商纣等帝王，失去了诚信，不能实实在在地继承先帝、先祖之德造成的。不用戒备之心，不用武力征伐使人归服，而以诚信仁德使人归服，是因为人心中高兴喜悦而愿意归服。"正如《孟子·以力假仁者霸》曰："以力假仁者霸，霸必有大国；以德行仁者王，王不待大——汤以七十里，文王以百里，以力服人者，非心服也，力不赡也，以德服人者，中心悦而诚服也。如七十子之服孔子也。《诗》云：'自西向东，自南向北，无思不服。'此之谓也。"①

这是《泰卦》六四爻辞关于天子的邦交之礼的基本礼仪的论述，而《老子》所言的是："大邦国君主的恩泽向小邦国流布，就能成为天下国家之母，天下国家的交往，天下之母以清静无为之道就能感化天下之子，所以，就应该以清静无为之道礼遇下属邦国。所以说大国以恩泽礼遇小邦国，就能取得小邦国的信任。小邦国能以谦卑之礼礼遇大邦国，就能取得大邦国的信任。无论是大邦国以恩泽取得小邦国的信任，还是小邦国以谦卑之礼取得大邦国的信任，它们相互取得信任的目的，大邦国不过是为了兼有蓄养小邦国人民的职责，小邦国只是想加入大邦国侍奉君王而已。如果二者都想使自己的欲望得到实现，那么大邦国的邦交就应该以恩泽礼遇小邦国。"

《老子》指出，大邦国以恩泽礼遇小邦国，就能得到天下国家之母的称谓，因为无论是大邦国，还是小邦国，都需要和平安乐的环境，而且只要大邦国能以恩泽礼遇小邦国，就能得到小邦国的信任，大邦国就如天下国家的母亲一样，以母亲爱护儿子的心情去与小邦国交往，帮助小邦国的人民，这样就会感化小邦国的人民，使小邦国人民归服大邦国。当然与别的国家交往的目的无论是大国还是小国，都只是为了和平，而不是为了占有，这样就能得到相互的信任和利益。这也是《老子》对古代圣王治理国家经验的总结。比如周文王与那些不服从商朝统治的小邦国交往，

---

① 梁海明译注. 孟子[M]. 山西古籍出版社，1999：56.

总是以仁善礼仪对待小邦国的人民，并没有以为自己是天子派来的征伐不服小国的大国使者，对小邦国的人民进行杀戮，而是在爱护小邦国人民、与人民同心同德的基础上交往，终于感化了小邦国的人民，使其归服了周文王。《老子》在这里特别指出，大邦国与小邦国交往的目的，只是为了帮助、蓄养小邦国的人民，使小邦国的人民也有安乐和谐的生活而已，并不是为了役使小邦国的人民，更不是为了掠夺小邦国人民的资材；小邦国也只是为了加入大邦国，顺服君王的治理和得到大邦国的帮助而已。它们的目的都是为了使人民得到安乐和谐的生活，而不是侵侮欺夺奴役别国的人民。这是《老子》对古代圣王外交经验的总结，也是中华民族传统外交规则的体现。如今我们中华人民共和国的外交政策，正是创造性地继承发展了我们的邦交之礼，与世界各国人民交往，与世界大小国家交往，无论它们国家是大是小，无论它们贫穷或富裕，都依照邦交之礼进行外交，这就是我们中华民族的光荣传统。大邦国以谦恭之礼礼遇小邦国，小邦国同样以谦恭之礼礼遇大邦国，这是中华民族传统的外交礼仪，也是执政者应该遵守传承的外交礼仪。

第三节　《易·随卦》爻辞关于为官之道的论述

《随卦》向为官者指出为官之道的规则。

一、《随卦》爻辞原文

䷐爻辞：

初九爻辞："官有渝，贞吉，出门交有功。"爻象辞："官有渝，从正吉也。出门交有功，不失也。"

六二爻辞："系小子，失丈夫。"爻象辞："系小子，弗兼与也。"

六三爻辞："系丈夫，失小子。随有求得，利居贞。"爻象辞："系丈夫，志舍下也。"

九四爻辞："随有获，贞凶。有孚在道，以明，何咎。"爻象辞："随有获，其义凶也。有孚在道，明功也。"

九五爻辞："孚于嘉，吉。"爻象辞："孚于嘉，吉，位正中也。"

上六爻辞："拘系之，乃从维之。王用亨于西山。"爻象辞："拘系之，上穷也。"

二、《随卦》爻辞的意义

初九爻辞："官有渝，贞吉，出门交有功。"爻象辞："官有渝，从正吉也。

出门交有功，不失也。"

初九爻辞说："为官有坚贞不渝的为官之道，既要公正美好，又要出类拔萃，还要双方相互交往有功效。"爻象辞说："为官者必须追随顺从先帝先王公正无私为人民去做一切美好仁善事情的为官之道，以自己的德能尽力将为人民所作之事做好，而没有失误。"

初九爻辞阐述的是君子的为官之道。"官有渝"，是说作为为人民谋利益的国家官员，无论是什么官职，都要坚贞不渝地顺应先王的为官之道。那么先王的为官之道是什么呢？就是"贞吉，出门交有功"，这句话的含义是：君子要公正无私，要为人民做一切美好仁善的事情，而处理好政务既要显现出自己出类拔萃的能力，又要与同僚，部属相互协作，力求把为人民所做之事做到最好。这是为官者的条件和必须要取得的功效。

所以，初九爻辞的含义是指为官者必须顺从先王的为官之道，为官之道包括为官的条件和当官的目的。

六二爻辞："系小子，失丈夫。"爻象辞："系小子，弗兼与也。"

六二爻辞说："是小人，就失去了大丈夫，或者说有了继承事业的小儿子，却失去了丈夫。"爻象辞说："是小人，就不是君子，君子的品德与小人的德行是不能同时体现在一个人身上的。"

六二爻辞是指，凡是小人，就会背弃先圣、先王、先祖之德。也就是说，凡是违背先王之德而作为者，就是小人。

六二爻辞还指，有了继承先祖遗志的儿子，却失去了丈夫，这是指周武王虽然有了传宗接代的儿子，但他却不幸早逝。也就是说当继承事业的儿子还没有长大成人，而父亲却去世了。

六三爻辞："系丈夫，失小子。随有求得，利居贞。"爻象辞："系丈夫，志舍下也。"

六三爻辞说："是君子，就会远离小人。追随先王先祖有所索求终于得到了索求，利于忠贞不渝地居于公正之德。"爻象辞说："是大丈夫，其志向就是要使下一代君王真正继承先王先祖的事业，实现先王先祖的志向。"

六三爻辞是指只要始终不渝地追随先王先祖之志之德，教化后代，就能实现教化出一位真正有明王之德的君王，这也是作为天子老师的责任，必须以先圣先王之德教化新一代天子。六三爻辞所言的也是指真正的君子，不是小人。就必须追随求索施行先王之德的重要方式方法。

九四爻辞："随有获，贞凶。有孚在道，以明，何咎。"爻象辞："随有获，其义凶也。有孚在道，明功也。"

九四爻辞说："追随就能获得，正当有凶险。有诚信在于坚贞不渝地追随先王、先祖治国治天下之道，所以光明正大，有什么过失呢？"爻象辞说："为了私利而追随先王先祖，追随的目的不正，所以凶险。真心实意追随先王的治国之道，为了人民的利益，其功德不用标榜就能显明。"

九四爻辞指出，当官者不要以为只要追随、顺从先王之道就能获得名利，获得君子之称，为什么呢？答案就是"贞凶"。贞，是指追随先王之德政的目的要正，目的就是发扬光大先王之德，就是要为天下人民谋利益。这样的作为，不用自我标榜就能获得民众的嘉奖；若是反其道而行之，追随顺从先王之德的目的是为了标榜炫耀自己，就是打着先王的旗号，为自己赢得虚名，获得私利，其结果是不但不能获得名利，而且会面临凶险。所以只要有诚心诚信，只要追随先王之德的目的在于为人民谋利益，只要能辨明是非曲直，目的端正，会有什么过失呢？九四爻辞所言的道理，也是当代为官者必须牢记的为官之道。

九五爻辞："孚渝嘉，吉。"爻象辞："孚渝嘉，吉，位正中也。"

九五爻辞说："诚信始终不改变就美好、吉祥。"爻象辞说："诚信、守信用，是君子美好德行的具体表现，而诚信则是道德的根本，君子尊天道而道诚信，就是真正居于中正之道的有道者。

九五爻辞是指为官者要始终坚守诚实、守信，这是君子最美好的德行，也是实现先王之德的最好保证。诚信是为官者应具有的基本品德，也是为人之道应具有的品德。

上六爻辞："拘系之，乃从维之。王用享于西山。"爻象辞："拘系之，上穷也。"

上六爻辞说："拘于礼仪和周公之德的关系，于是就遵从维护他，用天子之礼祭祀在西岐。"爻象辞说："周公享受到了君王的最高礼仪。上穷，就是说，只有帝王所享受到的礼仪才是最高的、至高无上的，没有比帝王享受的礼仪更高了。

上六爻辞是指周公终生追随顺从先王之德，拘礼而行，最终享受到如周文王一样的祭祀之礼。追随顺承先圣先王之德，也是为官之道。顺承追随先王先祖以天命治天下的宗旨，才能得到善终。

总之，《随卦》的爻辞，就是真龙天子的为官之道。有真龙天子，就有真龙天子的追随者，就有无数为真龙天子的无为之道治天下而奉献才能智慧的官员和君子。为官之道的根本是诚信，为官之道的目的是为天下民众谋利益，继承先王、先祖的治国之道。为官不是为了自己的欲望、名利和权利。

第二章　《易经》哲学形而下的众多规则之刑罚

第一节　《易·贲卦》卦象辞关于明庶政断狱讼的规则

☶☲卦象辞："山下有火，贲。君子以明庶政，无敢折狱。"

"山下有火，贲。"《贲卦》上卦为艮、为山、为止；象征坚定不移。下卦为离、为火、为太阳、为丽。上艮下离组成了《贲卦》。"山下有火，贲。"象征君子坚定不移，就如光明的日月始终照耀万物一样，在下位为人民谋取利益而坚定不移。

"山下有火，贲"，还象征火在山的内部燃烧，其热能蓄积到一定程度时，就会以强大的能量喷发出来，就是火山喷发的原理。那强大的火焰既美丽而又使人震撼，而又束手无策。

"君子以明庶政，无敢折狱。"君子要明白众多政务的治理之事，明白将精力用在以天命治理国家、使国家百姓富庶的众多政事之上的道理，不敢将精力用在审断狱讼的事务上，审断狱讼的事务由专门从事此项工作的官员进行。这是根据全卦所述的内容，对周文王治理国家经典经验的评定总结。

这是为天子指出了执政的方法：天子要将主要精力集中在强国富民的政事上，而将具体的事务交由具体的各级官员去处理，天子不能干涉审判狱讼的事务，要尊重各级官员的正确判断。

第二节　《易·旅卦》卦象辞关于慎重使用刑罚的规则

☲☶卦象辞曰："山上有火，旅。君子以明慎用刑，而不留狱。"

"山上有火，旅。"《旅卦》下卦为艮、为山、为止；上卦为离、为火。上离下艮构成了《旅卦》，它与《贲卦》的卦形结构刚好相反。它象征山上之火，是醒目之火，山上有火，大火无情，却偏要去火山旅行，这就是不明智的选择了。离为火，为太阳，是天道的象征，所以"山上有火"，象征君子在山下遥望太阳，思天之道，思圣人之美德，而失道无德作恶不止者，则是玩火者必自焚。

"君子以明慎用刑,而不留狱。"卦象辞说:"作为君王,要明确自己职责所在,谨慎使用刑罚,天子要执掌以天命治理国家的大任,选贤与能,设立专门的官职官员,让各类官员专门负责具体的工作,以执掌狱讼的官员去做狱讼之事,君王不要将自己的精力停留在狱讼之事上。正如《尚书·立政》曰:"文王惟克厥宅心,乃克立兹常事司牧人,以克俊有德。文王罔攸兼于庶言。庶狱庶慎,惟有司之牧夫是训是违;庶狱庶慎,文王罔敢知于兹。"[1]周公说:"由于文王能够考察官员的思想,因而他能设立各种负责政务,理民、执法的官员,选拔任用那些贤能有德的贤士,文王不管发布政令的事务,对于各种狱讼案件和各种敕戒之事,他只顺从有关官员和牧夫的意见来决定用还是不用,对于各种狱讼案件和各种敕戒之事,文王是不随便过问的。"这也是天子对待狱讼的态度和具体作为的提示,天子不能将过多精力停留在狱讼等事务上,而要以国家强盛为民谋利益为第一要务。

---

[1] 徐奇堂译注. 尚书[M]. 广州出版社,2001:224.

第三章 《易经》哲学形而下之众多规则之教化

第一节 《易·蒙卦》关于启蒙教育的论述

一、《蒙卦》原文

☷☵卦辞："蒙，亨，匪我求童蒙，童蒙求我。初筮告，再三渎，渎则不告，利贞。"

彖辞："蒙，山下有险，险而止，蒙。蒙，亨。以亨行，时中也。匪我求童蒙，童蒙求我，志应也。初筮告，再三渎，渎则不告，渎蒙也。蒙以养正，圣功也。"

卦象辞："山下出泉，蒙。君子以果行育德。"

爻辞：

初六爻辞："发蒙，利用刑人，用说桎梏，以往吝。"爻象辞："初六：利用刑人，以正法也。"

九二爻辞："包蒙吉，纳妇吉，子克家。"爻象辞："九二：子克家，刚柔接也。"

六三爻辞："勿用取女，见金夫，不有躬，无攸利。"爻象辞："六三：勿用取女，行不顺也。"

六四爻辞："困蒙，吝。"爻象辞："六四：困蒙之吝，独远实也。"

六五爻辞："童蒙，吉。"爻象辞："六五：童蒙之吉，顺以巽也。"

上九爻辞："击蒙，不利为寇，利御寇。"爻象辞："上九：利用御寇，上下顺也。"

二、《蒙卦》卦辞的意义

卦辞："蒙，亨，匪我求童蒙，童蒙求我。初筮告，再三渎，渎则不告，利贞。"

卦辞说："启蒙教育亨通。不是我前去求蒙昧的童蒙，而是那些蒙昧的童蒙前来求我接受启蒙教育。第一次卜筮就告诉结果，再三卜筮就是亵渎，亵渎就不再告诉，这样有利而正确。"卦辞所说的是启蒙教育的意义和启蒙教育的具体方式，是受教育者前去求老师或者到学校接受启蒙教育。那么接受启蒙教育者，就要尊重老师和老师所教授的知识，不能亵渎知识。

三、《蒙卦》象辞的意义

象辞："蒙，山下有险，险而止，蒙。蒙，亨。以亨行，时中也。匪我求童蒙，童蒙求我，志应也。初筮告，再三渎，渎则不告，渎蒙也。蒙以养正，圣功也。"

象辞说，"蒙，山下有艰险，有艰险而停止，就是蒙昧不知艰险原因所在。启蒙教育，亨通，以亨通的方法进行启蒙教育，适时而中正。不是我去求童蒙，而是童蒙前来求我接受启蒙教育，这是实现志向的必由之路。第一次卜筮告诉结果，是为了中正公平。再三亵渎教化，亵渎就不再告喻，因为这是在亵渎教化。启蒙教育以各种教化方式进行教化，是为了培养正直无私之人，这就是圣人开办启蒙教育的功德。"

象辞是对卦辞的进一步解释，象辞所说的"山下有险，险而止，蒙"是对《蒙卦》卦形结构的说明。《蒙卦》上卦为艮、为山、为止。下卦为坎、为水、为艰险，是谓山下有险，险而止。这里象征山下有险水，山上又雾蒙蒙的什么也看不清，看不清怎么办呢？那就得下定决心超越艰险，只有超越艰险，上到高山之上，才能看到高山的美景。这里用《蒙卦》的卦形结构比喻教学和学习都是一件艰难的事情，但是只要方法得当，就一定能得到启蒙教育的成功。象辞还对教化的重要性作了说明，接受教化者要认真对待老师的教化，不能亵渎知识，亵渎教育。

四、《蒙卦》卦象辞的意义

卦象辞："山下出泉，蒙。君子以果行育德。"

卦象辞的前一句"山下出泉，蒙"，这是对《蒙卦》卦形结构及其象征意义的说明。艮山之下有泉水，就是《蒙卦》的卦形结构。山下流出泉水，泉水清凉甘甜；这里象征民风淳朴，人民安居乐业，天下太平。就如饮水思源一样，要明白这甘甜的泉水从何而来，太平盛世是如何实现的，是君子坚持实行仁义道德教化，并以天命治理国家天下而实现的。

卦象辞的后一句"君子以果行育德"象辞说："君子应该果断地实现、推行教育，而培育有道德有仁德的君子。"

"君子以果行育德"，君子应该果敢地执行先帝所创建的教化方式，以各种教化方式教化民众和蒙童，培育民众和蒙童成为有美好品德、智慧才能的人才，这也是对《蒙卦》卦形结构象征意义的回答，也是对教化目的的总结。

《蒙卦》利用其卦形结构特点而推论启蒙教育。启蒙教育是一件不容易的事情，老师教学不易，学生学习也不易，所以办学者、为师者、为学者、都要严肃认真对待。《蒙卦》用"山下出泉"，象征受教化者，要像吃水不忘挖井人一样，感恩老师的教化；用"君子以果行育德"，指出君子要重视教化教育的作用。

五、《蒙卦》爻辞的意义

1. 初六爻辞的意义

初六爻辞："发蒙,利用刑人,用说桎梏,以往吝。"爻象辞："初六:利用刑人,以正法也。"

初六爻辞说:"启发蒙昧,利用对犯罪之人受到刑罚判处的教化,用来说双脚或双手戴上刑具的刑罚,以已往所犯罪过为耻辱。"爻象辞说:"利用受刑之人的刑罚教育,使人民知法懂法而不违法,利用刑罚教化犯罪者,对犯罪者监禁,是为了教化他不再犯法,以匡正法律的正义。"

所以初六爻辞是指刑罚教育的意义和目的,那就是启发对法律知识的蒙昧无知的认知。通过刑罚的启蒙教育,知道已往所犯罪过的耻辱。

2. 九二爻辞的意义

九二爻辞："包蒙吉,纳妇吉,子克家。"爻象辞："九二:子克家,刚柔接也。"

九二爻辞说:"启蒙教育包括了,吉祥美好之事的教育,就如纳彩定亲娶亲的吉祥之礼,以及男子能够娶亲成家的礼仪的教化。"爻象辞说:"通过对男子女子的教化,使男子有阳刚之气和谦让之礼,使女子有柔顺之德,阳男柔女定亲纳彩结合为夫妇,是谓刚柔接。"

九二爻是指关于男女纳彩定亲娶亲的礼仪和教化女子如何做个好女人,也是指《周礼》中施行十二教内容中包括对女子进行教化的阴礼之教,使有阳刚之气的男子能够与有妇德、妇容、妇功而柔顺的女子纳彩定亲结为夫妇,组成幸福美好的家庭。

3. 六三爻辞的意义

六三爻辞："勿用取女,见金夫,不有躬,无攸利。"爻象辞："六三:勿用取女,行不顺也。"

六三爻辞说:"不要选取女子参与,见到的是能够举弓射箭舞弄刀枪之人,女子不要亲身参与,因为亲身参与并没有什么好处。"爻象辞说:"之所以不选取女子参与阳礼之教的学习,是因为这不是属于女子的行业,不是女子所要干的事情。"

六三爻辞是指《周礼》中十二教中对男子进行教化的阳礼之教。这些教化不选取女子参加,因为这些教育包括乡射之礼,饮酒之礼,都是与弓箭、刀枪打交道的事情,女子不能亲自参与,亲自参与对女子并没有什么好处。

4. 六四爻辞的含义

六四爻辞："困蒙,吝。"爻象辞："六四:困蒙之吝,独远实也。"

六四爻辞说:"对贫困者进行启蒙教育,使其不遭受耻辱。"爻象辞说:"以世代相传的专门技艺教授给人民,使其有独特的技能,高超的技术,用自己的技能为自己创造实际利益,而远离贫困。"

六四爻是指《周礼》十二教之十,包括"以世事教能,则民不失职"。① 以工、农、商等各种世代相传的技艺教授给人民,使人民都有职业可干,人民有技能,而不失业,就不会贫困,就不会遭受耻辱。这也是指对民众的职业教育。

5. 六五爻辞的含义

六五爻辞:"童蒙,吉。"爻象辞:"六五:童蒙之吉,顺以巽也。"

六五爻辞说:"启蒙教育教化无知者,吉祥。"爻象辞说:"童蒙的意思就是教化人民顺从,柔顺退让之礼。"

六五爻辞是指《周礼》中十二教之五教曰:"以仪礼辨等,则民不越。"② 仪礼是指尊卑贵贱,上下等级的教育,使人民知道尊卑上下的等级,知道各类人应该从事的事情,人民就会顺从尊长之教,而不犯上,所以吉祥。童蒙,就是教化对这些知识无知的人,懂得明白这些事物的道理,就会尊人尊己而不受辱。

6. 上九爻辞的含义

上九爻辞:"击蒙,不利为寇,利御寇。"爻象辞:"上九:利用御寇,上下顺也。"

上九爻辞说:"攻击的启蒙教育,不是为了做敌寇,有利于防御敌寇的侵犯。"爻象辞说:"以誓教教化人民防御敌寇,应对敌人的袭击,当敌寇来袭时,全国上下军民一致顺应保护国家、保护家园、保护自己的号召。

上九爻阐述的是《周礼》十二教中的誓教的目的。正如《周礼》十二教曰:"八曰以誓教恤,则民不怠。"③ 誓教是指对人民进行军旅行动的正常教化,一方面用于在战争中如何积极抗敌,不消极怠工或者害怕而临阵逃跑造成犯罪受到刑罚的处决。誓教的目的不是为了前去侵犯别国的领土,不是为了前去当盗匪,而是为了防备敌人来侵犯我们的国土。

因为古代人民都是以军旅为编制而居住生活的。其编制是;五人为一伍,五伍二十五人为一两,四两为一卒,五卒为一旅,五旅为一师,五师为一军,以这样的编制,完成田猎,徒役等事,并且在战争时能追逐敌寇,伺机捕捉敌寇,以及推行贡赋等政令。其实田猎就是实际的作战训练。所以对人民经常进行誓教,有利于防御敌寇。

《蒙卦》卦辞说明了启蒙教育是非常好的事情,还说明教育者,也就是做老师的人能受到别人的尊敬,又指出了启蒙教育是好事情的原因,指出了教化的基本方

---

① 钱玄、钱兴奇等注释. 周礼 [M]. 岳麓书社,2001:91.
② 同上,91.
③ 同上,91.

式，那就是由学生来到相应的学校，求老师教给自己知识。也指出了启蒙教育的最佳方式，就是开办各种学校，一定要到学校求老师教授知识。还指出了老师应该以良好的教学方法教育学生，学生学习要掌握正确的学习方法，认真学习老师所教，而不能亵渎轻慢老师及老师所教的知识，再三亵渎就不再告喻。

《蒙卦》卦象辞则是对君子应该实现、执行先帝所创建的教化方式，以各种教化方式教化民众和蒙童，以培育人民有美好的品德，智慧才能，这也是对《蒙卦》卦形结构象征意义的解释，也是对教化目的的总结。而《蒙卦》爻辞则是对刑罚教育的意义目的、男女纳彩定亲娶亲的礼仪的教化、男子阳礼之教、对贫困者脱离贫困的启蒙教育、对退让之礼的教化，以及预防敌寇来犯的誓教。

总之，《蒙卦》是关于众多启蒙教育意义方式及其有关教化内容的具体阐述。

第二节 《易·师卦》关于学校规则、尊师以及表率的论述

《师卦》用土地、水比拟象征君王和民众的关系。土，是地球的主要物质，水也是地球和人类必需物质的主要部分，而且所有的动植物都生存在地球上，并且需要依靠水和水中的物质，需要土地和生长在土地上的物质生存。人类更是如此，君王只是人类的一分子，人民就如土地和水，君王离开了人民，就如同没有了可以生存的土地和水，所以《易经》作者就用土地、水与君王的关系，说明君子既要容纳人民养育人民，又要通过各种教化方式教化人民，教化青年，使他们成为有用之才。

一、《师卦》原文

☷☵卦辞："贞，丈人，吉无咎。"

彖辞曰："师，众也。贞，正也。能以众正，可以王矣。刚中而应，行险而顺，以此毒天下而民从之，吉又何咎矣。"

卦象曰："地中有水，师。君子以容民畜众。"

爻辞：

初六爻辞："师出以律，否藏凶。"爻象辞："师出以律，失律，凶也。"

九二爻辞："在师中，吉无咎，王三锡命。"爻象辞："在师中吉，承大宠也。王三锡命，怀万邦也。"

六三爻辞："师或舆尸，凶。"爻象辞："师或舆尸，大无功也。"

六四爻辞："师左次，无咎。"爻象辞："左次无咎，未失常也。"

六五爻辞："田有禽，利执言，无咎。长子帅师，弟子舆尸，贞凶。"爻象辞：

"长子帅师，以中行也。弟子与师，使不当也。"

上六爻辞："大君有命，开国承家，小人勿用。"爻象辞："大君有命，以正功也。小人勿用，必乱邦也。"

二、《师卦》卦辞的意义

卦辞："贞，丈人，吉无咎。"

卦辞说："正确，德高望重的老人，吉祥，没有过失。"

《师卦》卦辞是指邀请乡间德高望重的老人对不听教化者进行再教化是正确的，是吉祥的好事，所以没有过失。无咎还指通过再教化，使不听教化者改邪归正，没有过失为吉。贞，是指各个教学环节的正常、正确，当然就会吉利而无过失了。这也是对作为老师第一层含义的说明，那些德高望重的老者，是参与教化的重要老师。

三、《师卦》象辞的意义

象辞曰："师，众也。贞，正也。能以众正，可以王矣。刚中而应，行险而顺，以此毒天下而民从之，吉又何咎矣。"

象辞说："师，就是众多的意思。贞，就是正的意思，正又有正大、正确、正直、正常之意。能率领众人正直，就可以成为天下的君王。以道德教化民众，以道德治理天下，使民众响应。行程艰难而会顺利进行，以此方法治理天下而人民顺从他的治理，吉祥如意又会有什么过错呢？"

象辞对天子、诸侯举办学校、聘请老师教授学生的目的作了补充说明，老师的责任就是以道德教化大学生，为国家培养治国人才，培养出治理国家天下的领袖。老师能够培养出一位杰出的、有先帝、先王之德，尊天命以治天下的天子，对国家对人民，将是很大的功德！正如《大学》曰："大学之道在明明德，在亲民，在止于至善。"这里象辞"以此毒天下"之毒，通"督"，是治理的意思。

四、《师卦》卦象辞的意义

卦象辞："地中有水，师。君子以容民畜众。"

"地中有水，师"象征水和土是地球结构物质中最多、最常见、最重要的物质，而且土可以容纳大量的水液，这里以坤土容纳水液来象征坤土容纳万物、容纳人类。而人类生存在地球不同地域，风俗习惯各不相同，如果不进行教化，使其明白事理，统一目标，那么不同风俗习惯之人就会因不同而发生混乱。所以教化就是为了达到能像坤地容纳水一样能容纳万物，使万物和谐相处，但是作为教化者，为人师表，就需要老师能象坤土容纳万物一样容纳知识、能力、道德，才能起到教化作用。这里"师"既有众多之义,又有老师之义。

"君子以容民畜众",君子要像坤地容纳水液、容纳蓄养万物一样容纳天下民众,并且要畜养民众。畜养就是要使人民聚集在周围,而且要养育他们。那么君子如何才能做到容纳民众,使民众聚集,养育他们而不发生混乱呢?这是一个很重要的问题,这也是《师卦》卦爻辞所论述的具体问题。

《师卦》卦象辞是说君子要想容民畜众,首先要选择优秀的老师,跟着老师学习容民畜众的方法。其实"容民畜众",就是指君主如何能使民众聚集追随在自己周围,要使民众追随其左右,就要有容纳蓄养和养育民众的方法。能使民众追随其左右、能畜养容纳民众者,也必须是有道德、能为天下民众谋利益之人。能为天下民众谋利益,天下民众自然就会追随在左右了。要明白和施行这些,就必须择明师以教之、学之。那么作为君主,达到什么样的道德标准,才能容民畜众呢?就要像周文王那样,作为人民的君主能居于仁爱,作为天子的臣子又能恭敬不止,作为父母的儿子能居于孝顺,作为儿女的父亲能居于慈爱,与国人交往能居于诚信。这样就能容民畜众。周文王是有文献记载的真正的能容民畜众的君子。

关于《师卦》,很多学者,将其解释为军旅之师,解释为将帅领旨出征,军队出兵打仗,养兵聚众,出师攻伐之象。可是这些文辞没有一个字词是与军队打仗或战争相关的,为什么会有这样的理解呢?而且老子、孔子对待战争的态度是很明确的,是不主张战争的。《易经》无所不论,但是就是没有医学和战争的论述,因为那时已经有《黄帝内经》和《孙子兵法》了,所以孔子赋予《易传》的内容,就没有必要将关于战争、医学纳入《易经》哲学内容之中了。

五、《师卦》爻辞的意义

1.初六爻辞的含义

初六爻辞:"师出以律,否藏凶。"爻象辞:"师出以律,失律,凶也。"

初六爻辞说:"办学校,做老师,当学生必须有一定的规则,否则,则隐匿着祸患凶险。"爻象辞说:"办学、教学、教师、学生应遵守关于学校教学、学习的各种法令、规章制度;若是不遵守这些法令、规章、制度,则会使教育不会成功,所以凶。"

初六爻辞指出的"师出以律"之"律"具体规则包括了以下几方面的内容:

其一,学校办学,教授学生学业,必须遵守国家关于办学教学的相关法规、法令。

其二,要选择有道德,有学问、有才能,并且善于教学,懂得教学方法的人为老师。

其三,学生入学学习必须尊敬老师,虚心听取老师教导。还指出了"否藏凶"

之"凶"的含义，那就是说如果学生不遵守"师出以律"之律，则教育就不会成功，以及老师若不诚心教育学生或学生从心中厌恶学习、憎恶老师，那么教学也就不会成功。

2. 九二爻辞的含义

九二爻辞："在师中，吉无咎，王三锡命。"爻象辞："在师中吉，承天宠也。王三锡命，怀万邦也。"

九二爻辞说："老师在学校教授学生和学生正在学校接受老师教育，吉祥没有过失。天子三次赐予关于教学的命令。"爻象辞说："学生能进入国学，也就是进入大学进行学习，老师能在国学中教授学生学习，这就是承受到天子的宠爱；也就是说，天子非常重视教育事业。因此君王就对教育结果的考察赐给三种方式，天子心怀天下国家，教育的目的就是给国家培养栋梁之材，以辅助国君治理国家，安抚天下，而使天下国家太平安乐。"

九二爻辞首先是指学生已经进入学校学习，老师正在学校教授学生，学生好好学习老师所教学问，老师认真教授学生，是谓"吉无咎"。"王三锡命"，是指君王对大学教育赐给的三次教育方法，第一次是学校老师的正常教育；第二次是对不听教化者的三公教育；第三次是三公教育无效之后君王亲临学校教育。经过三次教育还不改正者，君王就用三天不用乐来表示对这些不听从教化者的痛心之情，所以说，"王三锡命"就是君王因为心系天下国家人民，所以就发布了与三相关的关于教育的命令，也就是指君王对大学教育赐给的三次教育方法，三公教育，王三天不用乐等与三相关的命令而言。从这些文辞中，可以看到，古代明君对于教育是非常重视的，因为天子心怀天下，学校教育又是为国家培养栋梁之材的地方，所以天子特别重视。

3. 六三爻辞的含义

六三爻辞："师或舆尸，凶。"爻象辞："师或舆尸，大无功也。"

六三爻辞说："对于老师或者祭祀时假扮先祖尸位者，不以敬重之礼对待，则凶。爻象辞说："如果不尊敬老师，不尊敬先祖，就说明老师的教育没有成功，老师就没有功劳可言，否则，怎么会出现不尊老师、不敬先祖的事情呢？"

六三爻辞所阐述的是对老师尊敬的道理。就是说，当臣子是君主的老师之时，君主就要以师生之礼对待老师，而不能以对待臣子的礼仪对待老师，以表示君主对老师的尊敬，及其对老师所讲学问的尊重。

"尸"，是指当君王的儿子在祭祀之时扮作父尸，君王就要将担任父尸的儿子，当作父亲的替身行以孝敬之礼对待，而不能当作儿子对待。"凶"，是指天子，君主对老师和祭祀时担任父尸的儿子若是不尊敬，那就是失礼、失德、为大不敬；因为老师是师长，是传授知识之人；尸是先父的替身，若是不尊敬，就是上不敬先祖，下不敬师长；君主失德、失礼、则天下混乱，所以凶。六三爻辞实际就是说天子如何对待老师和祭尸的问题。祭尸，是古代君主祭祀先祖之时，让其儿子假扮其父的尸身坐在上位，让君王行进献礼，以教化儿子和民众孝敬之礼的道理。正如《礼记·学记》规定："凡学之道，严师为难，师严然后道尊，道尊然后民知敬学。是故君之不臣于其臣者二：当其为尸则弗臣也，当其为师则弗臣也。大学之礼，虽诏于天子，无北面。所以尊师也。"[①] 是说，当儿子为父尸时，君主就不能将其当做臣子或儿子对待；当臣子是君主的老师之时，君主就要以师生之礼对待老师，而不能以君主对待臣子的礼仪对待老师，以表示君主对老师的尊敬，对老师所讲学问的尊重，天子君主尊师重教，学生民众才会知道学习的重要性。

4. 六四爻辞的含义

六四爻辞："师左次，无咎。"爻象辞："左次无咎，未失常也。"

六四爻辞说："学校设立在君主宫室的左侧，没有过失。"爻象辞说："小学办在君主宫殿左侧，是天子规定的办学位置的常法；将不听教化者左右交换进行再教化，也是按天子规定的常规行事，以天子的法令、法规行事，为未失常。未失常就是没有失去常法。"

六四爻辞首先是指国君之学，设立的位置方向。其次，"师左次"，在这里是指《礼记》规定的对民众的教化以及对民众之中不听从教化者，实行左右乡相互交换教化的教化方式以进行再教化。正如《曲礼·王制》曰："命乡简不帅教者以告，耆老皆朝于庠，元日习射上功，习乡上齿，大司徒帅国之俊士与执事焉；不变，命国之右乡简不帅教者移之左，命国之左乡简不帅教移之右，如初礼；不变，移之郊，如初礼；不变，移之遂，如初礼，不变，屏之远方，终身不齿。"[②]

5. 六五爻辞的含义

六五爻辞："田有禽，利执言，无咎。长子帅师，弟子舆尸，贞凶。"爻象辞："长子帅师，以中行也。弟子与师，使不当也。"

六五爻辞说："田野里有禽兽，打猎也捕捉到了禽兽，是因为学习了利于射猎禽兽的技艺，学习了有利于各种语言辩论的语言技艺，没有过失。长子起到尊敬老师同学的表率，弟子与扮尸的关系不正，则凶险。"爻象辞说："长子在学校能以尊让谦和之礼对待师长、同学，就能起到表帅作用；长子起到表率作用，使民众从中明白学会尊让之礼与长幼之礼，明白父子、君臣、长幼之道，相互敬让，和睦相处，

---

① 钱玄、钱兴奇等注译. 礼记[M]. 岳麓书社，2001：490.
② 木子主编. 曲礼[M]. 广州出版社，2001：97.

则天下太平安定。爻象辞还说，儿子充当父尸，也就是主祭人的儿子充当亡父之尸是正确的。若是主祭人之兄弟充当亡父之尸，是不正当的，不利于让后代亲自体会子侍奉父亲之道，也就不能继承和发扬光大先祖的事业，所以为'使不当也'。""使不当"，就是因为使用不正当的人，就起不到应有的作用。

六五爻辞有以下几种含义：其一，是指男孩子在十五岁时就开始学习射箭驾车之术。

其二，是指学习有利于各种言论、论辩等语言之术。

其三"长子帅师"，长子，是指天子及诸侯的太子，太子一般都是正妻所生的大儿子。帅师，帅是率领、表率。帅师是教育长子，长子尊师敬师，与同学谦让，就可以起到表率的作用。

其四，"弟子舆尸，凶"是指君主之子和兄弟与尸之间的关系；指担任尸的人是君主的儿子，也就是祖父的孙子，而不是君主的兄弟，也就不是祖父的儿子。也就是祭祀时由君主的儿子来担任君主之父的尸位，君主是主祭人，让主祭人之子担任主祭人之父的尸，祖父的孙子坐在尸位之上，主祭人向充当父尸的儿子行祭祀之礼，以向儿子传授侍奉父亲的孝敬之礼。

六五爻辞用"田有禽，利执言，无咎。长子帅师，弟子舆尸，贞凶"十八个字，就包含了这么复杂的四个大问题，而每一个大问题中又包含了若干小问题，这就是易学之象的文学表现手法的威力。每一句话都像一个谜语一样，用具体的文献资料来解析它的含义，言简意骇。

6.上六爻辞的含义

上六爻辞："大君有命，开国承家，小人勿用。"爻象辞："大君有命，以正功也。小人勿用，必乱邦也。"

上六爻辞说："先帝先王有命令，凡是开创建立国家或者继承先祖事业的君子，对小人一概不能使用。不用小人，那当然是使用贤良之才了。"爻象辞说："君王命令对所有具有贤德良才之人的选拔任用，就是为了恰当地使用在学业上有成就和有功德之人。爻象辞还说，任用贤良有才德之人而不用小人，是因为小人会惑乱国家政令，败坏道德而亡国亡天下，所以不用小人。"

上六爻辞首先是指在大学接受教育的贵族子弟，如若经过反复教化之后，而不能向善去恶，那么就得摒弃到远方，永远不录用。其次，还指经过大学教育之后，对于推荐上来的贤者，由君主亲自考察，量才录用；对于那些不能胜任官职的大夫就要被罢免官职，终生不再使用他们。正如《大学》曰："长国家而务财用者，必自小人矣。彼为善之，小人之使为国家，灾害并至，虽有善者，亦无如之何矣。此谓国家不以利为利，以义为利也。"①

总之，《师卦》论述了教化的意义和教化的方式，包括小学教育、大学教育，以及乡、村、族对民众的教化和对不听教化者的再教化方式。论述了为师之道、学生的学习之道、尊师之道、老师教授的具体内容以及学子的最后出路等，不失为论述教化的卦象。其内容复杂而含义明确。所以，《师卦》的哲学意义，就是教育教化的方式和重要意义。

第三节 《易·兑卦》关于说教意义的论述

《易经》哲学利用六十四卦《兑卦》的卦形结构特点和内涵意义，模拟其意义特点而创造出一种新的象征意义。比如䷹，《兑卦》上下均为兑，兑为泽、为金属，两块金属相遇碰撞会发出清脆响亮悦耳的声音，以这种声音象征人类说话的语言之声，歌唱之声，是多么美妙悦耳动听，会感染震撼多少人的心灵，所以说人类的语言是解决一切问题的最有效、最生动的一种表达方式，是使事物亨通顺利进行的有效有利的工具。

一、《兑卦》原文

䷹卦辞："兑：亨，利贞。"

彖辞："兑，说也。刚中而柔外，说以利贞是以顺乎天，而应乎人。说以先民，民忘其劳。说以犯难，民忘其死。说之大，民劝矣哉。"

象辞："丽泽，兑。君子以朋友讲习。"

爻辞：

初九爻辞："和兑，吉。"爻象辞："和兑之吉，行未疑也。"

九二爻辞："孚兑，吉，悔亡。"爻象辞："孚兑之吉，信志也。"

六三爻辞："来兑，凶。"爻象辞："来兑之凶，位不当也。"

九四爻辞："商兑，未宁，介疾有喜。"爻象辞："九四之喜，有庆也。"

九五爻辞："孚于剥，有厉。"爻象辞："孚于剥，位正当也。"

上六爻辞："引兑。"爻象辞；"上六引兑，未光也。"

---

① 韩维志译评. 大学. 中庸 [M]. 吉林文史出版社，2001：32.

二、《兑卦》卦辞的意义

☱卦辞："兑：亨，利贞。"

卦辞说："志于道，悦于道，顺于道，说于道，行于道，就有利于大道的畅通无阻，天下太平；所以，悦于道，是人间正道。"

卦辞是对"兑"，也就是对说教的意义的阐述。

三、《兑卦》彖辞的意义

彖辞："兑，说也。刚中而柔外，说以利贞是以顺乎天，而应乎人。说以先民，民忘其劳。说以犯难，民忘其死。说之大，民劝矣哉。"

彖辞说："兑，是说、是喜悦的意思。刚居于中而柔顺居于外，喜悦而说，利贞是因为顺乎天道，顺应人民之心。说到先民为了生存的艰辛，人民就会忘记自己的辛劳。说到犯难难办之事，人民就会忘记自己的生死。所以说的意义非常重大，说能够劝说人民顺应道德，说能够劝说说服人民为追求幸福生活、天下太平而去奋斗啊。"

彖辞更加明确具体地阐述了说教的重要意义。教化教育，是要通过老师的讲解、说教，还要有一整套学说、理论，通过各种教化方法，使人能心悦诚服地接受和执行，而达到教化的目的。彖辞既对现代教育有重要意义，也有现代关于宣传的意义在内。

四、《兑卦》卦象辞的意义

卦象辞："丽泽，兑。君子以朋友讲习。"

卦象辞，"丽泽"这一词语，在古词语中，是用来比喻朋友之间相互资助支持的意思。所以，"丽泽，兑"就是说朋友之间相互资助支持，用美好的语言来宣讲、宣扬大道、宣讲为人之道、为政之道，讲习仁义、礼乐、信、善、美等学问。

"君子以朋友讲习"卦象辞说："君子因为朋友相互资助支持而讲学或学习，探讨学习心得以实现君子的志向，而为天下人民谋求利益。"卦象辞指出了君子学习知识和讲习学问的过程和目的。

卦象辞是指君子与众多志同道合的朋友一起讲习君子之道、为君之道、为人之道等的学问。卦象辞还指出应该有很多志同道合的朋友一起参与到教化教育这个行业中，以使教化的作用发挥到极大。

五、《兑卦》爻辞的意义

1. 初九爻辞的意义

初九爻辞："和兑，吉。"爻象辞："和兑之吉，行未疑也。"

初九爻辞说："和悦和顺的说教，吉祥。"爻象辞说："用和兑的方法达到好的教化效果，就是为了使人的品行不发生惑乱。"

初九爻辞是指施行教化者，必须具有一定的教学方法和达到一定的教学效果，而使受教育者悦服和顺为吉。正如《礼记·学记》曰："故君子之教喻也，道而弗牵，强而弗抑，开而弗达。道而弗牵则和，强而弗抑则易，开而弗达则思。和易以思，可谓善喻矣。"①《礼记·学记》指出，君子的教化要是做到和、易、思这三点，就可以称得上是善于教育的人了。也就是说，为师者要有为师之道，才能教化好学生。

2. 九二爻辞的意义

九二爻辞："孚兑，吉，悔亡。"爻象辞："孚兑之吉，信志也。"

九二爻辞说："说教者必须以诚信对待被教化者，以诚信对待被教化者，就会吉祥，灾祸就会消失。"爻象辞说："以诚信对学生说教，让学生确实记住老师所讲授的知识，并能举一反三，而起到教化的效果。"

九二爻辞阐述了老师要以诚心教育学生。老师以诚心教育学生，学生的学习就能收到很好的效果，学生就不会厌恶学习，不会憎恨老师，也不会感到学习困难。正如《礼记·学记》曰："今之教者，呻其占毕，多其讯言，及于数进而不顾其安，使人不由其诚，教人不尽其材。其施之也悖，其求之也佛。夫然，故隐其学而疾其师，苦其难而不知其益也，虽终其业，其去之必速。教之不刑，其此之由乎？"②《礼记·学记》指出了老师在教学中存在的问题，而这种问题不但是古代教学中的问题，也是当今社会教学中存在的重要问题。

3. 六三爻辞的含义

六三爻辞："来兑，凶。"爻象辞："来兑之凶，位不当也。"

六三爻辞说："前来说教，凶险。"爻象辞说："前来说教的凶险，就是处在不适当的位置。"

六三爻是对几种教化方式和师生的自信问题作了阐述，主要包括：

其一，应招前去教学的老师，不能教化别人。

其二，召唤老师来教的人不可以教化。

其三，自卑的老师前去教化别人就不能使人相信。

其四，看不起老师而又前来听老师的教授，却又不相信老师的教导。正如《吕氏春秋·劝学》曰："故往教者不化，自卑者不听，卑师者不听。师操不化不听之术而以强教之，欲道之行，身之尊也，不亦远乎？学者处不化不听之势而以自行之，

---

① 钱玄、钱兴奇等注释. 礼记[M]. 岳麓书社，2001：489.

② 同上，487.

欲名之显，身之安，是怀腐而欲香也，是入水而恶濡之也。"

六三爻辞"来兑，凶"的意义，与《蒙卦》卦辞"匪我求童蒙，童蒙求我"的意义是一致的，也就是学生应该到学校求老师进行教化，而不是学生召唤老师去家中教化。

4.九四爻辞的意义

九四爻辞："商兑，未宁，介疾有喜。"爻象辞："九四之喜，有庆也。"

九四爻辞说："商讨请教说教，不安宁，存有介蒂、厌恶又有喜悦。"爻象辞说："学生努力学习背诵研读，认真听讲，不违背老师的意志，顺从老师耳目，认真思考，学习老师所讲之真谛，就会取得良好的学习成绩，当然是有喜而值得庆贺之事了。"

九四爻辞是指学生的学习态度和具体的学习方法而言。"商兑"就是如何向老师请教学问。"未宁"，是指心中有疑惑而不安宁时，就去请教老师。"介疾有喜"的"介疾"，就是指对老师所厌恶的就不要违背他的界线。"有喜"，一方面是指顺从老师的喜闻乐见；另一方面是指不违背老师的意志，就会使老师高兴而能愉快地给学生讲解，回答学生的提问，学生就会有很大的收获。

5.九五爻辞的意义

九五爻辞："孚于剥，有厉。"爻象辞："孚于剥，位正当也。"

九五爻辞说："诚心于劳动，有磨炼。"爻象辞说："学生诚心诚意地为老师作一些事情，是正当的行为。"

九五爻辞是指学生诚心为老师做一些力所能及的具体事情，以表示对老师的尊敬之情，以便磨炼自己的意志，而且要以恭敬严肃的态度去做这些事情。所以，"孚于剥，有厉"就是说学生要诚心诚意地为老师做一些具体的事情，就如学生心甘情愿地受老师的剥削一样，这是恭敬严肃地尊敬老师的方法。

6.上六爻辞的意义

上六爻辞："引兑。"爻象辞："上六引兑，未光也。"

上六爻辞说："学生在接受老师的教育之后，在发表议论、说明问题的意义时，一定要称颂引用老师的理论和道理，以使老师的理论发扬光大。"爻象辞说："如果不能赞颂引用老师的理论，就不能发扬光大老师的思想。"

上六爻辞是指君子接受老师的教导、学业有成之后，在说明某个问题的意义之时，一定要称颂引用老师所讲的理论来讨论道理，听从老师的教导就一定要把老师的正确理论明显地发扬光大。

《兑卦》的哲学意义在于阐述了说教的意义和正确的说教方法。说教，也就是兴学、办学、讲学的重大意义。《兑卦》卦辞所说的"兑：亨，利贞"就是对说教意义的肯定和认知。《兑卦》的象辞则阐述了教化的重要意义。教化教育，是要通过老师的讲解、说教，还要有一整套学说、理论，通过各种教化方法使人能心悦诚服地接受和执行，而达到教化的目的。卦象辞则是对说教意义的总结和提升。总之，《兑卦》阐述的是对学校教学意义的肯定，老师的教学方法、教学态度，学生对教化和学习态度、如何学好老师所教授的道理和如何发扬光大老师所教的道理，以及尊敬老师的方法等。《兑卦》确切地说，也是对学校教化之意义方法真正起到宣扬传承作用的卦象。

其实《兑卦》关于教学的意义也很适合现代的教学意义。

第四节 《易·观卦》关于万民观教的意义和一般教化方法的论述

《观卦》用风在地上行，象征某些教化方式所产生的结果，就如风在地上刮一样，很快就会看见地上的一些事物随风摆动的状态。

一、《观卦》原文

☷ 卦辞："观：盥而不荐，有孚颙若。"

象辞："大观在上，顺而巽，中正以观天下，观，盥而不荐，有孚颙若，下观而化也。观天之神道，而四时不忒，圣人以神道设教，而天下服矣。"

卦象辞："风行地上，观。先王以省方，观民设教。"

爻辞：

初六爻辞："童观，小人无咎，君子吝。"爻象辞："初六童观，小人道也。"

六二爻辞："窥观，利女贞。"爻象辞："窥观女贞，亦可丑也。"

六三爻辞："观我生，进退。"爻象辞："观我生进退，未失道也。"

六四爻辞："观国之光，利用宾于王。"爻象辞："观国之光，尚宾也。"

九五爻辞："观我生，君子无咎。"爻象辞："观我生，观民也。"

上九爻辞："观其生，君子无咎。"爻象辞："观其生，志未平也。"

二、《观卦》卦辞的意义

卦辞："观：盥而不荐，有孚颙若。"

卦辞说："在洗器中洗手观看而不用进献祭品，有信服肃敬而顺从。"

《观卦》卦辞所阐述的是先祖先王为了对民众实行教化而采取的一种教化方式。

其方式就是：在每年正月的吉日，将写有法典、法规、法令的木板挂在宫廷大门外两旁的高台上，让万民观看。将写有法典的木板挂在台观上让民众观看，就如用洗器中的水洗涤一样，将自己不合乎道德法律的行为洗涤干净，以成为遵法守纪之人。因为古代对法典的教化，不仅显于都市，而且对于诸侯各国及州、里、乡、党、族等，层层学习宣传，而且月、季、年终都要考问、考察、审核教化的效果，对不听教化者另外进行教化或者限期改正。这里的观既有观看之意，又有古代"宗庙或宫廷大门外两旁很高的建筑物称之为'台观'"之意。"盥"，既有洗浴之意，又有观看之意。"颙若"，就是肃敬顺从。

三、《观卦》彖辞的意义

彖辞："大观在上，顺而巽，中正以观天下。观，盥而不荐，有孚颙若，下观而化也。观天之神道，而四时不忒，圣人以神道设教，而天下服矣。"

彖辞说："将大法挂在台观上，让万民观看学习，以顺服法规、顺服道德，中正无私以观天下万事万民。观，就如用洗浴器具洗手而不用荐献祭祀用品一样，让民众肃敬顺服，让天下万民观看学习大法，受到教化，得到感化而发生变化。让万民观看大法这种教化万民心神的方法，一年四季没有差错，圣人设置的以教化万民心神为出发点的这种教化方法，使天下万民信服而归服。"

《观卦》彖辞进一步说明这种教化方式的意义，说明法律、君王、执法者的公正公平，以及民众知法、懂法的意义。这里提醒读者的是"观天下神道，四时不忒"神，在这里是指人的精神、心理、意识思维、思想，是大脑的思维活动。当然，古代人认为思维不在大脑而在心，认为心主神，也就是心是思维活动的主体。所以神是指心神，而不是什么神仙之类。观又是什么呢？观就是看、观察、观看，看的目的是为了感知事物，了解事物的真实状况，学习事物的相关知识和技巧。观就是人通过眼睛的功能，将外界的事物、信息感知于人的大脑。观与神，是人感知系统的统一。通过感知，才会有记忆。通过思维，才会有思想，有思想才会知道什么该做，什么不该做和应该怎么做。正如《易·系辞》曰："神也者，妙万物而言者也。"神就是通过仔细观察，深刻记忆，认真思维而能惟妙惟肖地描述出万物各种形象状态的思维意识。神，就是指人观察、认识、感知、思维记忆事物的综合能力。

所以神就是指人的思维思想，而"道"则是方式、方法。"不忒"，是没有差错。所以，"观天下神道，四时不忒"，就是将各种法典、法令公布于天下，让人民观看学习，使人的心神受到震撼的方法，是使人受到教化，一年四季都不犯差错的有效教化方法。

"圣人以神道设教，而天下服也"，圣人设置的以教化万民心神为出发点的这一整套教化方式，从观法、讲习法令、法规，到经常考察民众的德艺表现，以及随时纠正不符合法令法规、民俗、道德礼义的教化形式，实际上是使人的精神思想受到震慑，使人的思想受到深刻的感化，让人民懂法、知法，才能尊法守法。心中明辨是非，心中明理，心中悦服。这里的"天下服也"，就是使天下人民心服口服、完全顺服，服从法律和教化而不违背法律道德，以及归服有道明君。这也是形而上之道的教化作用。易学思维，本身就是形而上的教化思维，就是对每个人意识思维心灵行为的教化作用。所以，不要把"神道"视为神仙之道，也不能将其与天道相混淆，更不能认为是"百姓看到国王在宗庙祭祖中举行盥的隆重典礼，从而对神道产生敬信"。因为这些教化之道，在《周礼》"天官，地官"中有明确的规定，也是必须要对万民施行的教化之道，不是任我们随便解释的事情。

四、《观卦》卦象辞的意义

卦象辞："风行地上，观。先王以省方，观民设教。"

卦象辞说，"风行地上，观"。观卦上卦为巽、为木、为风、为顺；下卦为坤、为地、为柔、为众人。这里象征将写有法令的木板挂在"观"上，让万民观看的效果，就如风在地上吹拂一样很快起到作用，而柔顺地遵守法律。

"先王以省方，观民设教。"卦象辞说："先王省察天下四方，制定了各种并行并列使民众不犯过失的法典、法规，并设立了让万民观看、学习法律法典，使人的意识思维思想受到教化、感化、约束，而不违法乱纪的教化方式。"

正如《周礼·天官·大宰之职》曰："正月之吉，始和布治于都鄙，乃悬治象之法于象魏，使万民观象，挟日而敛之。乃施典于邦国，而建其牧，立其监，设其参，傅其位，陈其殷，置其辅。"[①]这里所谓的"治象"，就是"治典"，是指治理政务的法典。"象魏"就是台观。此外，还有教典、礼典、政典、刑典、事典等都要采取同样的方式向万民宣布，让人民观看学习，以使人民受到教化和知道执政者在这一年中所要做的事情。

"先王以省方，观民设教"，是说先王制定了各种并行并列使民众不犯过失的法典、法规，为了方便让万民观看学习法典、法规而设立的一种教化方式。卦象辞总结性说明"圣人以神道设教，而天下服矣"的意义和方式。

这种教化方式是一个很好的宣传教化作用，对于现代的教化也很有借鉴作用。其实，这也是《复卦》卦象辞"复，先王以至日闭关，商旅不行，后不省方"所得到的结果。

---

① 钱玄、钱兴奇等注译.周礼[M].岳麓书社，2001：17.

所以说，这些每年正月挂在台观上让万民观看的法典法规等，都是冬至后，正月前天子和各位臣子在朝中商定的教化臣民的"不省方"，也就是使众人不犯过失的方法和知道国家政治的方法。使臣民通过观看学习法典法规受到教化，这就是不犯过失的方法。

五、《观卦》爻辞的意义

观卦六三爻辞是属于孝敬之礼的范畴，六四爻辞是属于天子观察社稷民情之礼的范畴。所以，将在礼乐章论述，这里不赘述。

1. 初六爻辞的意义

初六爻辞："童观，小人无咎，君子吝。"爻象辞："初六童观，小人道也。"

初六爻辞说："儿童观看，小儿没有过失，君子吝啬。"爻象辞说："初六爻辞所说的童观，就是是指对儿童的教育看护方法和具体的道理。"

初六爻辞"童观"是指对儿童的看护和教育方式。"小人无咎"是指对儿童进行教化的目的是为了避免儿童犯过失。"君子吝"是指父母对儿童舍不得教育的吝啬之情。也就是说父母若是过分溺爱儿童，对其教育过少或舍不得教育，或教育不当，其结果就会给父母带来耻辱，这也是做父母的过失。所以初六爻辞阐述的是对儿童的教化方式。

2. 六二爻辞的意义

六二爻辞："窥观，利女贞。"爻象辞："窥观女贞，亦可丑也。"

六二爻辞说："从小缝隙观看，有利于女子贞洁。"爻象辞说："女子有美德，女子贞洁，但若是有人暗中偷看女子的贞洁，这也是可耻的。"

六二爻辞是指对女子的教化方式，女子在家里，不能出门；只能从窗户或缝隙向外观看，这有利于女子之正。因为古代女子长到十岁时，就不能出门，在家中学习女子的相关事务，是为了女子的贞洁和品行端正。这与《屯卦》六二爻辞"女子贞不字，十年乃字"的意义是一致的。

3. 九五爻辞的意义

九五爻辞："观我生，君子无咎。"爻象辞："观我生，观民也。"

九五爻辞说："观察我所治之民的生活状况，君子没有过错。"爻象辞说："'观我生'的意思就是天子到民间巡察，以观察人民的生活状况，观察民风民俗，喜恶及教化是'观我生'，就是观察体验民风民情和人民的生活状况的一种具体活动。"

九五爻辞是指天子到各地观察天下人民的生活状况；天子为民之父母，天子外出巡守，以观察天子所治的人民生活生存状况。这里的天下，就是天子治下的所有诸侯国。天子视察之后，对有政绩的官员给予赏赐，对有政绩有功德的官员进行分封进爵，也就是说，那些能为人民谋利益的君子，为人民利益作出了贡献的君子，就会受到天子的赏赐。所以九五爻辞是关于天子赏赐有贡献的诸侯的教化。正如，《礼记·曲礼·王制》曰："天子五年一巡守。岁二月，东巡守，至于岱宗，柴，而望祀山川。观诸侯，问百年者，就见之。命大师陈诗，以观民风。命市纳贾，以观民之所好恶，志淫好辟。命典礼考时月，定日，同律，礼乐，制度，衣服，正之。"① "有功德于民者，加地进禄。"② 那么对人民有功德的人就是君子，因为他们有功德，而没有过失，所以他们就会得到天子的封赐。

4. 上九爻辞的意义

上九爻辞："观其生，君子无咎。"爻象辞："观其生，志未平也。"

上九爻辞说："观看生民的其他情况，君子没有过失。"爻象辞说："天子外出巡视，为的是和睦邦国，对有功者赏，对有过失者纠正，使其遵守道德为民谋求福气。假如出现不敬、不孝、不从和反叛者，天子依照法典给予处罚，这是天子所不愿意看见的事情；如果出现这种情况，天子和睦邦国，为人民谋求福气，实现天下太平的志向就未能实现，是志未平也。"

上九爻辞是指天子外出巡守时，观察诸侯等官员和民众的生活状况，由此就能看到这些官员的德能，并观察他们在处理日常事务的过程中所发生的一些其他事件的性质，以对他们进行赏罚，只要是有道德、遵天命而作为的君子就不会有过失，也一定会得到天子的赏赐。正如《礼记·曲礼·王制》曰："山川之神祇有不举者为不敬，不敬者君削以地；宗庙有不顺者为不孝，不孝者君绌以爵；变礼易乐者为不从，不从者君流；革制度衣服者为畔，畔者君讨。有功德于民者，加地进禄。"③ 所以上九爻辞就是天子利用外出巡查之时，考察诸侯的政治状况，考察他们日常对法典制度、礼仪的遵守状况，考察他们对人民所作的贡献而给予赏罚。只有君子是对人民有贡献，有功德之人，就不会受到处罚。

观卦初六爻辞、六二爻辞、九五爻辞、上九爻辞主要阐述的是对民众的教化方式，其一，就是层层讲解观看各种法规法典、制度，并实行考核制度等。其二，就对儿童和女子的教化制度。其三，是关于天子对下级各级官员的教化制度。观卦也是具有实际教化意义的卦象。

---

① 钱玄、钱兴奇等注译. 礼记[M]. 岳麓书社，2001：168.
② 同上，168.
③ 同上，168.

第五节　《易·临卦》关于天子如何君临天下的论述

《临卦》是以卦形结构特点和内涵，象征天子以天道君临天下、教化容纳保护民众的意义，也就是指天子如何以天道君临天下，而使民众得到适宜的教化。

一、《临卦》原文

䷒卦辞："临，元亨，利贞，至于八月有凶。"

彖辞："临，刚浸而长。说而顺，刚中而应，大亨以正，天之道也。至于八月有凶，消不久也。"

卦象辞："泽上有地，临。君子以教思无穷，容保民无疆。"

爻辞：

初九爻辞："咸临，贞吉。"爻象辞："咸临贞吉，志行正也。"

九二爻辞："咸临，吉无不利。"爻象辞："咸临，吉无不利，未顺命也。"

六三爻辞："甘临，无攸利。既忧之，无咎。"爻象辞："甘临，位不当也。既忧之，咎不长也。"

六四爻辞："至临，无咎。"爻象辞："至临无咎，位当也。"

六五爻辞："知临，大君之宜，吉。"爻象辞："大君之宜，行中之谓也。"

上六爻辞："敦临，吉无咎。"爻象辞："敦临之吉，志在内也。"

二、《临卦》卦辞的意义

卦辞："临，元亨，利贞，至于八月有凶。"

卦辞说："天子君临天下，美善亨通，有利于国泰民安而长久。达到八个月的灾难时君王应遵守的法规。"

《临卦》卦辞阐述的是天子以天道之诚信君临天下，就能亨通，有利于国泰民安而长久。"至于八月有凶"至是达到，八月是八个月。这里指对天子及相关人员在国家遭受自然灾害时，相关法规的规定。正如《礼记·玉藻》曰："至于八月不雨，君不举，年不顺成，君衣布搢本，关梁不租，山泽列而不赋，土功不兴，大夫不得造车马。"[1]

所以"至于八月有凶"就是说在八个月不下雨而遭受自然旱灾时，国君为了与民众同甘共苦，不杀生，吃饭不吃肉，穿麻布衣，不征赋税，不兴土木，大夫不能为自己造车，以及以其他相关行动来表示对民众的关爱之情，以体现其仁德。

---

[1] 钱玄、钱兴奇等注译. 礼记[M]. 岳麓书社，2001：403.

当然，在国家遭受灾荒之时，国家还有十二项具体的救济饥荒的政策来救助灾民，也就是说在国家遭遇严重灾害时，天子如何实施仁政，以救助民众。天子在民众遭遇灾害时，以具体的方式去救助民众，使民众不因灾害而无法生存，这也是卦象辞所言的"君主容纳保护民众"的具体内容之一。

我们看到《礼记》和《易经》哲学关于遭受自然灾害时，对领导人的具体行为的规定。联想到我们的人民领袖毛泽东，在三年自然灾害时，没有人也没有法律规定，而毛泽东自觉不吃肉，和民众一样用瓜菜代食，以至于浮肿，与民众同甘共苦的精神，是多么符合《易经》哲学的精神，所以他是我们心中的人民的领袖。

三、《临卦》彖辞的意义

彖辞："临，刚浸而长。说而顺，刚中而应，大亨以正，天之道也。至于八月有凶，消不久也。"

彖辞说："天子以刚健有力的天道之无为滋润天下人民，而使道德逐渐增长。喜悦而顺服，刚健中正而顺应民心，正大光明而亨通，这是天道的体现。至于达到八个月的所有凶灾，就会消失而不会长久了。"

《临卦》彖辞阐述的是君王以刚健有力的无为之道君临天下，而使道德逐渐增长，使人民喜悦而顺服。君王以刚健中正的天道诚信君临天下而顺应民心，正大光明而亨通的道理，正如《礼记·坊记》孔子曰："上酌民言，则下天上施。上不酌民言，则犯也；下不天施，则乱也。是故君子以信让以莅百姓，则民之报礼重。"[①]这一段辞文的意思是："在上位的人经常斟酌倾听民众的意见，那么下位的民众就会把上位之人施行的的政治看作上天施行的仁德一样。假如上位的君主不能经常倾听民众的意见，不为人民利益着想，那么人民就会犯上作乱。下位的民众认为天子不施行仁德，那么天下就会混乱，所以君子以诚信礼让君临百姓，人民就会以极重的礼仪相报。"孔子指出，天子以诚信礼让君临天下，随时倾听民众的意见，时刻不忘为民谋利益福气，就会使民众顺服，这在当今社会也有非常重要的意义。

四、《临卦》卦象辞的意义

卦象辞："泽上有地，临。君子以教思无穷，容保民无疆。"

"泽上有地，临"，《临卦》下卦为兑、为泽、为悦、为说；上卦为坤地、为众人、为柔顺。坤地在泽兑之上而构成了《临卦》。"泽上有地"，象征的是通过说、宣扬天道以天道君临天下，使人民喜悦就如坤地柔顺地依附乾天太阳一样，顺

---

① 钱玄、钱兴奇等注释. 礼记[M]. 岳麓书社，2001：681.

服君王的治理。

"君子以教思无穷,容保民无疆"君主教化自己和民众的意识思维心灵思想的方式是无穷尽的,使自己和民众在意识思维心灵行为中有以天道治天下的体现,才能容纳保护民众天长地久。

君主以天道之无为诚信君临天下,长期以道德教化自己和民众,使自己和民众的意识思维思想认识到天道自然的意义,也就是以天道自然以善待万物而不图回报的善性治理国家天下,也要善待天下万物,爱护天下万物和容纳自己的人民,才是人类自己容纳保护自己的方式,这也是君王容纳保护人民天长地久的方式之一。当然君王以自己完善的德行、自己的智慧、诚信为天下民众谋福气利益,使人民得到利益,这是容纳保护民众无穷无尽、永远太平的具体作为。

正如《中庸》所言:"惟天下至圣,为能聪明睿智足以有临也,宽裕温柔足以有容也,发掘刚毅足以有执也,齐庄中正足以有敬也,文理密察足以有别也,溥博渊泉而时出之。溥博如天,渊泉如渊。见而民莫不敬,言而民莫不信,行而民莫不悦。"[①]这一段文辞的意思为:"只有天下最伟大的圣人,才能具有聪明智慧通达,足以君临天下,宽广充裕,温柔和顺,足以容纳一切,不屈不挠、刚毅、果敢,足以决断天下大事,恭敬庄重中正而足以令人敬畏。条理精细、明察表理,足以辨别是非。他的德行周遍高大如天,深沉广博如渊泉。他的大德流传在外,人民看见没有不尊敬的,他说的话人民没有不相信的,他的行为民众没有不悦服的。"孔子之言对我们的教化如醍醐灌顶。

五、《临卦》爻辞的意义

1.初九爻辞的意义

初九爻辞:"咸临,贞吉。"爻象辞:"咸临贞吉,志行正也。"

初九爻辞说:"天子以感化临位,正大美好。"爻象辞说:"天子以天道治天下,为天下人民谋利益,民众感应,受到感化而归附,这是长久而美好的治国之道,也是自古以来历代圣明君王的志向,君王奉行正确的治国之道,就是正确远大的志向得到实现。"这里"咸",是感应、感动、感化的意思。

初九爻辞阐述的是君王以天道天德君临天下,长久地为人民谋利益,使人民真正得到福气利益,民众感应而感化的道理。正如《论语·为政篇》孔子所言:"为政以德,譬如北辰,居其所而众星共之。"[②]

[①] 钱玄、钱兴奇等注译.礼记[M].岳麓书社,2001:715—716.
[②] 刘琦译评.论语[M].吉林文史出版社,1999:7.

2. 九二爻辞的意义

九二爻辞："咸临，吉无不利。"爻象辞："咸临，吉无不利，未顺命也。"

九二爻辞说："感化临位，美好没有什么不利。"爻象辞说："以天道治天下和用道德教化民众的主张，民众感应而全都得到感化，所以吉无不利，因为民众还未完全顺应天命。"

九二爻辞阐述的是君王对民众的教化方式。君主自己以道德为自己德行的基础，用自己的实际表现君临天下，用不言之教使民众受到感化而都有正确的道德标准，也就是以道德作为教化的基本原则，以礼作为约束民众的手段，民众受到感应而感化，使民众都有正确的道德标准，当然就会吉祥，而且没有什么不利。正如《礼记·缁衣》孔子所言："夫民，教之以德，齐之以礼，则民有格心。教之以政，齐之以刑，则民有遁心。故君民者，子以爱之，则民亲之；信以结之，则民不倍；恭以莅之，则民有孙心。"[①]

3. 六三爻辞的意义

六三爻辞："甘临．无攸利。既忧之，无咎。"爻象辞："甘临，位不当也．既忧之，咎不长也。"

六三爻辞说："君子要是只用美好动听的甜言蜜语来君临百姓，就不会有什么好处。因为说得好听，又担心做不到，还不如不说，这样就不会有过失了。"爻象辞说："君王只用甜言蜜语君临百姓，又担心说的话做不到，这样对百姓就会产生负面影响，身为君王，这是不恰当的。既然担忧说出的话做不到，那么以后就不要用甜言蜜语君临百姓，过失就不会增长了。"

六三爻辞阐述的是天子不要用甜言蜜语君临天下，要用实际行动使民众得到福气。正如《礼记·缁衣》孔子所言："王言如丝，其出如纶；王言如纶，其出如綍。故大人不倡游言。可言之，不可行，君子弗言也；可行也，不可言，君子弗行也。则民言不危行，而行不危言也。《诗》云：'淑慎尔止，不愆于仪。'"[②]孔子之言就是对六三爻的解释。

4. 六四爻辞的意义

六四爻辞："至临，无咎。"爻象辞："至临无咎，位当也。"

六四爻辞说："以最完美至高的美德君临天下，就不会有过失了。"爻象辞说："像周文王一样，以最完美的德行君临百姓，君临天下，这是最为恰当的了。"

六四爻辞阐述的是以最为美好的德行君临天下，不但自己不会有过失，而且天

[①] 钱玄、钱兴奇等注译．礼记[M]．岳麓书社，2001：737．

[②] 同上，739．

下民众也会得到极大的幸福。正如《大学》所言："《诗》云：'穆穆文王，于缉熙敬止。'为人君，止于仁；为人臣，止于敬；为人子，止于孝；为人父，止于慈；与国人交，止于信。"① 这是指周文王以最完美的德行面对天下民众，民众喜悦信服而归附他。这就是六四爻辞的意义。

5. 六五爻辞的意义

六五爻辞："知临，大君之宜，吉。"爻象辞："大君之宜，行中之谓也。"

六五爻辞说："君王以良知、知识和智慧君临天下，这是伟大君王最适宜的行为，所以吉祥如意。"爻象辞说："圣明伟大的君主以良知、知识、智慧君临天下，是说其行为适中中正啊！"

君王以善良美好和有智慧、知识的心灵君临天下，那么就会给万民带来福气利益，万民喜悦而天下太平。君王君临天下既要有善良之心，又要有见识、有知识、有智慧，要知道获得各方面的有益知识和道理，才是最伟大、英明最适宜主持天下之事的伟大君王，所以吉祥。

"知临，大君之宜，吉"是说作为国家君主，要想治理好天下，既要有善良之心，又要知道如何君临天下，要以天道之善性为天下人民谋利益福气，也要知道自己应该干什么和怎么做的道理。那就是要探究学习明白万事万物的道理，使自己有知识、有见识、有智慧、有能力；要实实在在地效仿天之道德使自己心诚，端正自己的心志，以天地万物变化的道理修身齐家，成为天下人的榜样，而使天下大治，实现天下太平的伟大抱负。这才是伟大君主适宜之作为，所以吉祥。正如《大学》所言："古之欲明明德于天下者，先治其国；欲治其国者，先齐其家；欲齐其家者，先修其身；欲修其身者，先正其心；欲正其心者，先诚其意；欲诚其意者，先致其知；致知在格物，格物而后知至，知至而后意诚，意诚而后心正，心正而后身修，身修而后家齐，家齐而后国治，国治而后天下平。"②

6. 上六爻辞意义

上六爻辞："敦临，吉无咎。"爻象辞："敦临之吉，志在内也。"

上六爻辞说："君主以诚实、诚信君临天下。也只有以诚实、诚信、宽广仁厚之心君临百姓，才会吉祥而没有过失。"爻象辞说："以宽厚、真诚、诚信之心面对民众，君临天下，吉祥如意，这是人之本性的体现。"心志体现在外，体现在民众身上，就是志在外之意。

上六爻辞阐述的是天子以诚信、仁厚之德君临人民，使民众得到真正的利益，

---

① 钱玄、钱兴奇等注译. 礼记 [M]. 岳麓书社，2001：800.

② 同上，796.

使民富国强，人民生活发生日新月异的变化，而真正实现天下太平安乐的目的，才会得到人民的拥护。正如《大学》所言："见贤而不能举，举而不能先，命也；见不善而不能退，退而不能远，过也；好人之所恶，恶人之所好，是谓拂人性，灾必逮夫身也。是故君子有大道，必忠信以得之，骄泰以失之。"①

总之《临卦》阐述的是天子如何君临天下的种种道理，通过君主自己言行的美善，全心全意为民众谋利益福气，使民众感应到天子带来的福气，因而感动感化民众；以诚信和最完美的德行、最美好的德能君临天下，以实现教化，感化民众，民众自然就会拥戴他，以及在民众遭受灾难之时，君子既要与民众同甘共苦又要以实际行动救助民众的相关规则。

第六节 《易·复卦》卦象辞关于天子相关制度的论述

依据《复卦》卦形图的结构特点和内涵，《易经》哲学创造性地赋予一个新名词，"地雷复"，《复卦》上卦为坤地，下卦为雷震，合而为地雷复，正如䷗卦象辞曰："雷在地中，复。先王以至日闭关，商旅不行，后不省方。"

《复卦》卦象辞"雷在地中，复"。《复卦》下卦为震、为雷、为草木；上卦为坤、为地，组成了《复卦》。它象征着，冬天之时，天气不能下降，地气不能上升，阴阳之气不得交通；地气潜藏在地之下，万物凋零的冬天景象。象征冬至后一阳复，阳气还在地下萌动；雷震复又在地中蕴藏，只待春来到的自然景象。

"先王以至日闭关，商旅不行，后不省方。"卦象辞说："先王规定，每年从冬至日起，就关闭关口要塞，使商家和旅行者不通行，准备结束一年的账务过冬过年；而君王在朝廷中与臣子们一起省察查看总结一年政令的得失，将有益于国计民生的政令保存，将不利于国计民生的政令取缔；天子与臣子共商修订众多并行、并列的新法典。"

《礼记·月令·冬令》中先王规定，每年冬天的冬至日关闭关口，使商旅不行，天子与臣子们在朝中总结，回顾省察一年的政令，以天道天德的标准修正那些不符合国计民生的政令，纠正那些由于政令不适宜而对国家民众造成的损害，这也是为了不使不适宜的政令再重复。正如《礼记·月令·冬令》曰："是月也，日穷于次，月穷于纪，星回于天，数将几终，岁且更始，专而农民，毋有所使。天子及公、卿，

---

① 钱玄、钱兴奇等注译.礼记[M].岳麓书社，2001：807.

大夫，共饬国典，论时令，以待来岁之宜。"①

《尚书·洪范》箕子曰："王省惟岁，卿士惟月，师尹惟日。岁月日时无易，百谷用成，乂用明，俊民用章，家用平康。"②箕子说："天子有了过失，就会影响国家一年国事的正常运行；卿士有了过失，就会影响国家一月国事的正常运行；一般官员有了过失，会影响当地一天政事的正常运行。如果年月日的时序没有改变，那么各种庄稼都会丰收，政治就会清明，有才能的人会得到重用，国家因此太平安宁。"从《尚书》之言，可以看出，天子与臣子们，"后不省方"的重要意义，也就是及时纠正天子政令之过失的重要意义，以及重新修正使民众不犯过失的新法典、新法规。

所以，《复卦》卦象辞的内容，是与天子相关的政令，而《临卦》所述的内容，则是《复卦》卦象辞"后不省方"的结果。

因为这两卦的卦形结构均与坤地相关，《临卦》是以坤地为上卦，以泽水、泽金为下卦；《雷复》是以坤地为上卦，以雷震为下卦。其实二者也是属于天地之道，因为泽为金，可以是日月的光辉，属于天道自然系统；雷震更是天道自然的变化物，所以也属于天道。这两卦的上卦均为坤地，坤为地、为众人，天道在坤土之下，象征天子在下位为民众谋利益，所以《临卦》与《复卦》就属于形而下之地道，其所述内容就是形而下之众多规则中帝王对民众的相关规则。

第七节　《易·坤卦》初六爻辞关于如何达到厚德载物的教化

☷，以坤土的卦形结构，来象征地球表面高低不平，起伏不定又连绵不断的地形、地貌特点，正如《坤卦》卦象辞第一句："地势坤。"

坤地深厚、广博、柔顺、藏纳、承载万物而不言其功的德性，是君子效仿的榜样。正如《坤卦》卦象辞曰："君子以厚德载物。"这是古圣人效法坤地之德，顺应天之道德以仁善之德而待万物之法则的体现。所谓厚德之厚，并不是说做一次两次好事就能达到的德行，而是从一点一滴、聚少成多不断累积德行的过程。而且要想有厚德，就得像天地一样坚持诚信，持久不变才可以达到。一方面是指君子要像坤地一样以深厚宽广的胸怀容纳善待万物。另一方面是指君子要不断累积德行，以

---

① 钱玄、钱兴奇等注译.礼记[M].岳麓书社，2001：247.
② 徐奇堂译注.尚书[M].广州出版社，2001：99.

坤地容纳承载万物而无怨无悔的品德，自觉自愿地为人民谋利益。

那么君子如何累积德行，如何才能做到有仁德；《坤卦》初六爻辞告诉了答案：

初六爻辞："履霜坚冰至。"爻象辞："履霜坚冰，阴始凝也。驯致其道，至坚冰也。"

初六爻辞说："踩着白霜直到坚硬的冰块形成。"爻象辞"履霜坚冰，阴始凝也"，所指的是坤地顺应天时变化而变化的状况。地之气为水气，九月霜降寒风至，水气遇寒凝成霜，逐渐到立冬之后地气闭塞不升，地面寒冷，水遇寒开始凝聚结冰，到数九寒天坚冰至的过程。

爻象辞"驯之其道，至坚冰也"是说"依照履霜坚冰至的变化规律，从很早就开始对其进行驯化，使其逐渐达到和顺善良，而且要使其和顺善良之性永远凝结于心中"。

初六爻辞告诉我们，古人效法坤地顺应天时，依照履霜坚冰至的规律和道理，而创造了利用教化的方式以教化人民，使其逐渐达到和顺善良的目的。其实这也是古代圣人从小教化为君者的教化方式。也是《易经》哲学对古人创立的依照君子之德教化众人，使其和顺，使人人善良和谐，不断累积仁德，逐步达到厚德载物的目的。

初六爻辞象征的意义是：其一，任何事物的发展都有从薄到厚的变化过程，这里也象征君子厚德从无到有、从小到大形成的过程。其二，阐述了如何实现达到自然无为，如何达到厚德载物，那就是从一开始就要一点一点不断地学习无为之道，学习君子的品德，使品德逐渐累积增厚而使习惯成自然，也就是爻象辞所说的"驯之其道，至坚冰也"的含义。其三，象征坤地顺应天时的变化而变化的征象。"履霜坚冰至"阐述的是从秋末的最后一个节气霜降开始，坤地上的草木黄落，蛰虫咸伏，地气下降，凝聚而成霜之时，就意味着寒风呼啸、大雪纷飞、水凝而成冰的数九寒天就要来临。它一方面向我们展示了"冰冻三尺，非一日之寒"的过程，同时还象征着坤地本身具有方位季节之分的特点，严寒表示的是北方的气候特点，冰又是水遇寒凝聚而成，所以它就象征坤地所容纳的万物之首——水是生命的摇篮，所以水为五行之首。

第八节 《易·坎卦》卦辞、象辞、卦象辞关于臣民应对艰难险阻的教化

《坎卦》以水的特性，象征艰难险阻，如大江大河或者大海横在我们面前，要想渡过去，就得想办法，办法当然就是用船舟渡过去，或者游过去。就是有现成的

船舟，却没有人会驾驶，或不会游泳怎么办呢？所以就要提前学习划船舟的技能和游泳的本领，这样遇到艰难险阻时，才不会被阻挡。也就是遇到艰难险阻，想办法解除艰难险阻，需要一个学习过程。这一节我们研究《坎卦》卦辞，彖辞，卦象辞的意义。

1.《坎卦》卦辞关于如何应对艰难险阻的教化

☵ 卦辞："坎：习坎，有孚，维心亨，行有尚。"

卦辞说："有艰险，就要学习应对艰险，只要有诚信，唯有心神亨通，行动就有超越。"

"维心亨"，就是说，只要人的意识思维精神意志通达，明白艰险所在，明白如何应对艰险，就能创造出超越艰险的行动方法，也就是说当我们遇到很大的艰险，而且艰险重重，如何面对艰险时，首先要从意识心灵中认识艰难险阻的严重性和危害性，那么就会从思维意志中产生学习应对艰险的思维，只要有诚信，认真思考总结经验教训，听取多方意见，认真研究，就能创造出超越艰难险阻的行动方法。这里显示的仍然是人意识思维心灵活动的重要意义，也是形而上哲学的教化意义。人在思想上重视问题所在，并且在思想上确定一定要想法解决存在的问题，那么随之而来的，就是以高度集中的思维状态，利用各种方法集思广益，研究思考解决问题的方案，最终就会创造出解决问题的行动方法。这就是我们平时所说的"心想事成"的意思。当然，"心想事成"，是在自己力所能及的范围内的"心想事成"，是经过自己努力创造条件努力实践的"心想事成"，而不是用不正当的手段，将别人的东西占为己有的"心想事成"。

2.《坎卦》彖辞关于如何应对艰难险阻的教化

《坎卦》彖辞："习坎，重险也。水流而不盈，行险而不失其信。维心亨，乃以刚中也。行有尚，往有功也。天险不可升也，地险山川丘陵也。王公设险以守其国，险之时用大矣哉。"

彖辞说："学习应对艰险的方法，艰难险阻重重。水流而不盈满，行于艰险而不失诚信。唯有心灵通达就能亨通，就是以刚健中正的天道为根本。行动有超越，已往有功劳也。天然存在的险阻不可能升高，地上存在的险阻就是山川丘陵之地。王公大臣设置艰险或者利用天然的艰难险阻是为了守护国家的国土，及时利用自然存在的艰难险阻和设置艰险守护国家，或者及时解除艰难险阻的时间意义大极了啊！"

《坎卦》彖辞是对卦辞的补充说明，也是对卦辞的解释。因为《坎卦》是对周公代成王执政而受到管蔡之流的诽谤，管蔡伙同武庚以及殷商的遗民、淮夷之族反叛周室，成王年幼，周朝的政权建立最多也就是三四年的时间，周武王灭商之后，又解散了军队,周公奉成王之命将要征伐反叛者,而又受到周朝一些人士的反对。这就是说西周和周公遇到了重重艰难险阻,如何解除艰难险阻,就是摆在西周和周公面前的重要任务,那么周公如何应对这种重重艰难险阻,就是象辞所论的内容。象辞的内容包含以下几点:

其一,象辞指出艰难险阻所在,那就是管蔡武庚叛乱,以及周公遭到的流言蜚语的反对和诽谤等。

其二,就是"水流而不盈,行险而不失其信"的含义,艰难险阻象江河湖海的水一样多,但是水流而不聚不满盈,象征用水流而不满盈的方法,疏导打开解决艰难险阻的通道;而打开通道,没有诚信意志的力量是不行的。

其三,只有用诚信诚心疏导众人众官员,使他们心灵相通,明白事理,明白以刚健中正的天道、先祖的事业为重,就会使众人齐心协力超越艰险,就会战胜艰难险阻。

其四,象辞补充说明了自然艰险在国家防御外敌中的重要意义。也就是说,有些艰难险阻是人为造成的,那么就要想尽各种办法,及时将其化解消除;有些自然艰险,我们可以利用它们,使这些自然的艰险成为具有用武之地的功能,作为防御敌人、守卫国家的天然屏障。这就是《易经》形而上哲学的唯物辩证观。

3.《坎卦》卦象辞关于如何应对艰难险阻的教化

坎卦卦象辞:"水洊至,习坎。君子以常德行,习教事。"

卦象辞:"水洊至,习坎。"洊,是再的意思。坎卦上下二坎相重,也就是一个坎,再有一个坎。坎为水、为艰险,象征一个艰险又一个艰险,艰难险阻已经达到了极点,为了超越艰险,就必须学习应对艰险的方法。

"君子以常德行,习教事。"所谓常德,就是以天道天德行事,也是以自古至今流传下来的圣王以天命治天下的宗旨而作为。"君子以常德行,习教事",就是以先王所实行的仁德、先王的美好品德去作为,让子孙后代和民众学习先圣先王的美德,以发扬光大先祖的功业教化的事情,成为经常进行的事情,也就是说,为了卫护国家的政权,为了卫护人民的利益,为了使子孙后代牢记先祖的功德,必须利用各种适宜的方法,让人民、让子孙后代学习而得到教化的各种事宜。

《坎卦》之水,属于地上之水,所以列入形而下之地道教化类。至此,形而下之道教化类基本列举完毕。我们通过以上关于教化内容的分析,可以看到,所谓教化,就是要通过一定的教化方式,使人的意识思维心灵深处得到净化,以纯正的道德作为民众意识思想行为的模式,使人人德行美好,才能人人和谐、社会和谐,民众才会一心一意为创造美好生活而作为,这就是教化的作用。

第四章 《易经》哲学形而下众多规则关于礼的规则

第一节 《易·中孚卦》卦辞、象辞、初九爻辞关于射礼、燕礼的规则

《中孚卦》，其卦辞、象辞从不同角度阐述了天子的射礼、封赏之礼、聘用之礼。而初九爻辞则从不同角度阐述了与射礼、燕礼，聘礼相关的内容。

一、《中孚卦》卦辞、象辞、初九爻辞原文

☲卦辞："中孚：豚鱼吉，利涉大川，利贞。"

象辞："中孚：柔在内而刚得中。说而巽，孚，乃化邦也。豚鱼吉，信及豚鱼也。利涉大川，乘木舟虚也。中孚以利贞，乃应乎天也。"

初九爻辞："虞吉，有它不燕。"爻象辞："初九虞吉，志未变也。"

二、《中孚卦》卦辞、象辞的意义

1.《中孚卦》卦辞的意义

卦辞："中孚：豚鱼吉，利涉大川，利贞。"

卦辞说："中正诚信；猪，鱼吉祥，有利于祭祀天地先帝先祖，有利而正确。"

这里"豚鱼吉。"并不是说猪、鱼本身之吉，而是指天子、诸侯通过射礼，就如武艺高强的猎手射猎一样，一箭能射中很多各种各样大大小小的猪豚，将那些沉在水底的人才射猎出来，并根据他们的才能赐给爵禄，使他们能忠心耿耿地为国家、为人民效力。正如《诗经·召南·驺虞》曰："彼茁者葭，壹发五豝，于嗟呼驺虞。"[①] 意思是："天子就如本领高强的猎手，一箭能射五头母猪。哎哟那神奇的猎手！"这里的豝，是母猪，一头母猪后面跟随许多小猪，猪就会越来越多，也就是说，天子通过射礼，一箭射中了很多德才兼备的人才，而为天下人民谋利益。

---

① 刘文秀、孙燕、孙兰.诗经新解[M].中国出版集团世界图书出版公司，2012：24.

2.《中孚卦》象辞的意义

象辞："中孚：柔在内而刚得中。说而巽，孚，乃化邦也。豚鱼吉，信及豚鱼也。利涉大川，乘木舟虚也。中孚以利贞，乃应乎天也。"

象辞说："中正诚信，柔顺在内而刚健得以适中。人民喜悦而顺服；诚信，就能感化邦国万民。豚鱼吉祥，相信那些豚鱼。利于祭祀天地先祖，趁着宗庙的祭祀之礼谦恭地对有功德者封爵进禄。中正诚信所以有利正确，这是应乎天道了。"

《中孚卦》象辞具体论述了以下几种含义：

其一，象辞是对卦辞的解释和补充说明，也是对什么是中孚的解释，也是对天子以诚信招募贤者意义的解释。解释了"中孚，柔在内而刚得中。说而巽，孚，乃化邦也"的含义。象辞告诉我们什么是中孚。中孚，就是诚信在内心；诚信在人的内心，人就会自然而然地表现出适宜的正直，公正无私的品德。而这种品德使人悦服而且顺服。诚信，公正无私是天道的具体表现，以天之道德治理国家人民，就能感化天下人民，感化天下国家。正如《中庸》曰："诚者，天之道也；诚人者，人之道也。诚者不勉而中，不思而得，从容中道，圣人也。诚之者，择善而固执之者也。"① "惟天下至诚，为能尽其性；能尽其性，则能尽人之性；能尽人之性，则可以赞天地之化育；可以赞天地之化育，则可以与天地参矣。" "惟天下至诚为能化。"② 这就是说，只有天下最有诚信者，就如天地一样，能化育万物，能使人民悦服，能感化人民而使人民顺服。

其二，《中孚卦》象辞论述了射礼、聘礼的意义。"豚鱼吉，信及豚鱼也"，这是说，相信通过射礼，天子就像技艺高超的猎人一样，一箭能射猎到很多头猪。也就是说，相信通过射礼，天子就能得到很多如潜伏在深水中的鱼儿一样的贤能人才，将他们招贤、聘用，充分信任，任用他们为国家、为人民谋取利益。正如《中庸·哀公问政》曰："仁者，亲亲为大；义者，宜也，尊贤为大。亲亲之杀，尊贤之等，礼所生也。"③ "去谗远色，贱货贵德，所以劝贤也；尊其位，重其禄，同其好恶，所以劝亲亲也；官盛任使，所以劝大臣也；忠信重禄，所以劝士也；时使薄敛，所以劝百姓也；日省月试，既禀称事，所以劝百工也。"④ 这是说天子诚信、尊贤、任贤的重要意义。

其三，《中孚卦》象辞说明以诚信谦恭之礼礼遇贤能有德者的意义。"利涉大川，乘木舟虚也"虚，为没有。木舟就是《中孚卦》卦形结构的象征，木舟也是宗

---

① 钱玄、钱兴奇等注译. 礼记[M]. 岳麓书社，2001：708.
② 同上，709.
③ 同上，704.
④ 同上，706.

庙的象征。木舟之中没有他物，是空的，也是虚心的象征。在这里象征有盛德的天子趁着宗庙祭祀之礼，以诚心实意、诚信、谦恭、虚心之礼来爵有德，禄有功，而使人民悦服，得到教化而顺服。正如《礼记·缁衣》孔子曰："有国者，章善瘅恶，以示民厚。则民情不贰。"① 孔子说："拥有国家者，要表彰美善者，憎恨邪恶，以此让人民知道自己治理国家的深意，这样人民就会厚道诚实。"

其四，象辞说明中正诚信是天道的表现形式。"中孚以利贞，乃应乎天也"中正诚信，正直公正无私就是天道的基本特点和表现形式，遵循中正诚信天道之无为，应用中正无为之道治理国家天下，有利于君主之正，有利于人民，有利于国家富强，就是符合天道了啊！

三、《中孚卦》初九爻辞的意义

初九爻辞："虞吉，有它不燕。"爻象辞："初九虞吉，志未变也。"

初九爻辞说："演奏'驺虞'吉祥，有了'驺虞'的演奏，表示天子正在举行射礼，天子正在亲自射箭，而不是在举行燕礼。"爻象辞说："初九爻辞说演奏'驺虞'吉祥，是说天子招募选拔人才的志向从未改变。"

"虞吉，有它不燕"，可以说，天子举办的射礼正在进行，在射礼进行时，不宴请宾客；也可以是天子举行过燕礼之后，正在举行射礼，天子正在"驺虞"节拍的伴奏下专心致志地射箭，希望一箭能射中靶心。

西周的礼仪规定，天子举行射礼时，天子要亲自参加射礼，并且要第一个上场射箭，以表示天子举行射礼的目的，就是要一箭射中很多贤能人才。天子射箭时以"驺虞"为节拍，表示天子就如有高超射技的猎手一样，通过射礼选拔到了很多有贤德才能的人才，所以国家就能治理得更好。

正如《礼记·射义》曰："古者诸侯之射礼也，必先行燕礼；卿、大夫、士之射礼也，必先行乡饮酒之礼。故燕礼者，所以明君臣之义也；乡饮酒礼者，所以明长幼之序也。"②

又如《诗·驺虞》后半部分所言："彼茁者蓬，壹发五豵，于嗟呼驺虞。""驺虞"是指猎人，猎人射箭技术高超，一箭能射得五头猪，以象征君王通过射礼，选拔到了很多人才。《驺虞》的内容就是象征君王贤明，百官齐备而治理国家人民。

在天子射箭时，就以《驺虞》这首歌乐为节拍，以表示天子通过射礼得到了很多人才，而百官齐备的景象。正如《礼记·射义》曰："其节：天子以《驺虞》为

---

① 钱玄、钱兴奇等注释. 礼记 [M]. 岳麓书社，2001：741.
② 同上，825.

节，诸侯以《狸首》为节；卿大夫以《采蘋》为节；士以《采蘩》为节。驺虞者，乐官备也。"[①] 这里的"乐官备"，就是欢庆天子通过射礼得到了百官。"虞吉"，是指《诗经·召南》之中的一首诗《驺虞》，《周礼》规定，天子行射礼时要演奏《驺虞》，并以此为节拍，以行射礼。天子行射礼，演奏《驺虞》当然吉祥。因为天子行射礼的目的是为了给国家招募更多的贤能人才，意义重大。

"有它不燕""燕"就是指燕礼，燕礼是天子宴请宾客，天子正在举行射礼，当然就不能宴请宾客了，因为在举行射礼之前，燕礼已经举行过了，所以为"有它不燕"。初九爻就包含了射礼和燕礼两层含义；燕礼是天子和诸侯与群臣宴饮之礼。燕礼的仪节比较简约，以饮酒为主，有折俎而没有饭，只行一献之礼，意在尽宾主之欢。《周礼》曰："以宾射之礼，亲故旧朋友；以飨燕之礼，亲四方之宾客。"[②] 射礼属于嘉礼范畴。

以上是射礼，燕礼的规则。《中孚卦》从卦形结构和内容而论，是六十四卦中论述孔子《中庸》之道的卦象。

第二节 《易·萃卦》关于吉礼、对先祖祭祀之礼的论述

吉礼是五礼之冠，主要是对天、地祇、人鬼的祭祀典礼。《萃卦》卦辞，彖辞、六二爻辞从不同角度阐述了天子对天地、先祖的祭祀之礼。

一、《萃卦》卦辞，彖辞、六二爻辞原文

卦辞："萃：亨。王假有庙，利见大人，亨，利贞。用大牲。利有攸往。"

彖辞："萃，聚也。顺以说，刚中而应，故聚也。王假有庙，致孝享也。利见大人亨。聚以正也。用大牲吉，利有攸往，顺天命也。观其所聚，而天地万物之情可见也。"

六二爻辞："引吉，无咎。孚乃利用禴。"爻象辞曰："引吉无咎，中未变也。"

二、《萃卦》卦辞的意义

卦辞："萃：亨。王假有庙，利见大人，亨，利贞。用大牲吉。利有攸往。"

卦辞说："享献亨通。祖庙中有先王的假身，利于显现大人的功德，亨通，有

---

① 钱玄、钱兴奇等注译.礼记[M].岳麓书社，2001：826.
② 钱玄、钱兴奇等注译.周礼[M].岳麓书社，2001：180.

利而正确。用大牲畜祭牛祭祀天地吉祥，有利于反复进行。"

《萃卦》卦辞的的意义有以下几种：其一，是对天子祭祀先祖意义的说明。先王的假身被供奉在太庙祖庙之中，子孙在祖庙中用大牢牛羊猪，以及其他祭品荐献先祖，以使先王先祖享用子孙的祭祀和后代荐献的祭品。圣明君王利用在太庙祭祀先祖的日子，对有功德的贤人良士封爵进禄，祭祀先王先祖的意义是敬上尊贤尚德而教化后代，发扬光大先王之德。

其二，"用大牲吉"，是指天子祭祀天地的祭品，用特别饲养的祭牛一头。祭祀天，就是为了彰显天道。

"萃"的含义就是聚的意思，聚的含义之一，将各庙中先祖的神主，牌位聚合在太庙中合祭，使先祖的美德集中显现。萃的含义之二，就是使那些出类拔萃有德能的贤良人士聚合在太庙中，接受天子的封爵进禄，接受先王之美德的教化。这是《萃卦》卦辞关于祭祀先祖和天地的一般方法和意义的阐述。

三、《萃卦》彖辞的意义

彖辞："萃，聚也。顺以说，刚中而应，故聚也。王假有庙，致孝享也。利见大人亨．聚以正也。用大牲吉，利有攸往，顺天命也。观其所聚，而天地万物之情可见也。"

彖辞说："萃，就是聚的意思。顺应天地之德，顺应先祖之德而喜悦，顺应刚健中正的天道天命而治天下，所以使一切美好的事物汇聚在一起。祖庙中有先王的假身，向先王先祖荐献祭品致以孝敬之礼，有利于显现大人功德而亨通，这是正聚之意。用大牲畜祭祀天吉祥，有利于长久祭祀不断，祭祀天就是顺应天命以治天下。观看聚的各种形式和意义，就可以明白天地万物都依赖天地之正与顺而生存的情形是相同的。

彖辞是对卦辞的进一步解释：其一，就是萃的含义及其意义。"萃"就是"聚"，"聚"，有聚合，汇聚之意。而"聚"本身又包含了正聚与反聚两个方面。正聚就如卦辞所述的正常正确的汇聚，让天地之美德汇聚在一起，让先王先祖之美德聚合在一起，让贤能有德的贤者聚合在一起，以顺应天地之道德顺应天命，宣扬、继承先王之德，使天地之美德和先王之美德发扬光大，以为天下人民谋利益，使天下人民与有道之君主聚合在一起，使天下人民顺存、归附，共同实现天下太平安乐的目的，这就是"顺以说，刚中而应，故聚也"的含义。

反聚，就是不正常不吉利的聚合，就是违背天地之道、违背天命，违背先王先祖之德政的事情聚合在一起，越聚越多，造成祸患，危害国家和人民之聚。

其二，是关于祭祀先王先祖的意义的进一步说明。先王之神位，供奉在祖庙之中，享受子孙后代的祭祀，就包括了祭祀祖庙的时间、名称及所荐献的祭品，祭祀者的孝敬之情，君王凭借宗庙的祭祀活动，实现教化，使子子孙孙不忘发扬光大先祖之德和向先祖致以孝享之情。这是象辞关于祭祀意义的具体说明。

其三，"用大牲吉，利有攸往，顺天命也"这是指天子郊外祭天的礼仪和意义。天子郊祭，要燔柴祭天，每年的夏至之日，都要在国都的南郊举行。用专门饲养的祭牛一头祭天，将牛杀死之后，用其血祭祀上天。天子祭天，把牲体、生帛放在柴堆上焚烧以祭天，叫"柴"。祭祀于国郊的南郊。郊祭祭天是为了迎接夏至日的到来，报答天对万物的恩惠，报答的主体是太阳。郊祭的正祭是把地打扫得干干净净，用的器具是原始的瓦器，都是顺其天地自然本性的意思。正如《礼记·郊特牲》曰："郊之祭也，迎长日之至也，大报天而主日也。兆于南郊，就阳位也。扫地而祭，于其质也。器用陶匏，以象天之性也。于郊，故谓之郊。"①这是祭祀天的意义之一。

郊祭祭天还有一条重要意义，就是为了明示天道，顺从天命以治天下。正如《礼记·郊特牲》曰："天垂象，圣人则之，郊所以明天道也。"②所以郊祭祭天，就是为了彰明天道。"这是祭祀天的意义之二。

其四，"观其所聚，而天地万物之情可见矣。"《萃卦》的卦辞、象辞，阐述了天道，圣王尊天道为天的命令，顺从天命以治天下，使天下太平安定，所以受到历代明君和有道之士的尊重，为了发扬光大天之道德和先圣、先王的治国之道，天子对先圣、先王及天地行以祭祀之礼，以报答、发扬天地及先圣、先王之德，《萃卦》的卦辞，象辞将天子祭祀天，祭祀先圣先王先祖的形式礼仪、内容、所荐献之物，以及祭祀的意义聚合在一起，使后世之人明白其中的道理，这也是正聚的意义。

四、《萃卦》六二爻辞的意义

六二爻辞："引吉，无咎。孚乃利用禴。"爻象辞曰："引吉无咎，中未变也。"

六二爻辞说："引导人民向善，引用吉日祭祀天地先祖，没有过失。以诚信利用祭祀，就能教化民众。"爻象辞说："利用吉日，诚心诚意地祭祀先王先祖，引导人民遵从道德，始终遵从先王所开创的中正公平的治国之道不改变，就不会发生祸乱。""中未变"之中，就是始终坚持先王先祖所创立的中正的天命治天下的宗旨从未改变。

六二爻辞"引吉，无咎。孚乃利用禴"的意义：

其一，是对天子宗庙祭祀的时间和各种名称的象征。"引吉，无咎"，在这里

---

① 钱玄、钱兴奇等注译．礼记[M]．岳麓书社，2001：343．
② 同上，345．

可以看作是引用吉日，引导民众用诚信去祭祀先王先祖，以继承发扬光大先王先祖之德，就不会发生祸乱。正如《诗经·小雅·天保》曰："吉蠲为饎，是用孝享。禴祠烝尝，于公先王。君曰卜尔，万寿无疆。"① 这里"吉蠲为饎之"吉蠲"，吉：吉祥，吉日。蠲：清洁。饎：酒食，就是在吉日清洁酒食，以祭祀先祖的意思。"引吉，无咎"，还具有引导人民向好向美善的方面学习发展．或者是率领众人避开祸乱凶险，就不会有过失灾祸发生。

其二，"孚乃利用禴"孚，是诚信。禴：是指天子的春祭，在这里代表祭祀，代表天子宗庙祭祀。是说，只要利用祭祀的机会表达对先祖诚心的思念、敬爱、孝顺之情，而起到教化作用，以达到天下和顺、治理天下的目的。正如《礼记·祭统》曰："是故君子之教也，必由其本，顺之至也。祭其是与！故曰：祭者，教之本也。"② "凡治人之道，莫急于礼。礼有五经，莫重于祭。"③

通过对《萃卦》卦辞、象辞、六二爻辞所阐述的内容研究分析，可以明白，天地间万物赖以生存不息的根本是天，是太阳，也就是天地自然变化之正常与顺。正，首先是自然变化之正常；顺，是顺应正常变化而变化，日月正常运转不息，四季正常变化不移，风调雨顺，无有大灾大害，人类和万物正常繁衍不息。当然，要实现天下太平安乐，还得要有明君以天命治理国家天下。

天地正，人效法天地之正。天地正，万物正，天地顺，万物顺，所以明君必然很重视各种祭祀活动，以教化民众尊天敬地。正如《礼记·郊特牲》曰："地载万物，天垂象。取材于地，取法于天，是以尊天而亲地也。故教民美报也。"④ 也正如《礼记·礼运》孔子所言："大顺者，所以养生、送死、事鬼神之常也。故事大积而不苑，并行而不缪，细行而不失；深而通，茂而有间，连而不相及也，动而不相害也，此顺之至也。故明于顺，然后能守危也。"⑤ 这一段辞文首先是关于祭祀天地意义的论述：地无私承载万物，天施以各种自然变化现象。人生存所需之物取材于地，而人效法天地之善德以治人，所以祭祀天地是为了尊敬天而亲近地。因此要教导人民赞美和报答天地的美德。其次是孔子关于大顺意义的论述。所谓大顺，就是养生、送死、祭祀鬼神的常规。所以天下大事一件一件累积而不阻塞，众多事务同时施行却不错杂紊乱，微小之事也不会遗失，深奥的事可以通晓，复杂的事却有条理，相互连接却不牵扯，各种事物同时进行而不相互危害，此为和顺达到了极点。所以明

---

① 刘文秀、孙燕、孙兰．诗经新解 [M]．中国出版集团世界图书出版公司，2012：161.
② 钱玄、钱兴奇等注释．礼记 [M]．岳麓书社，2001：643.
③ 同上，635.
④ 同上，342.
⑤ 同上，312.

白了顺的意义，然后才能守正而防止淫邪和危害发生。所以，"观其所聚，而天地万物之情可见矣"。就是观看正聚与顺聚的意义，就可以明白天地万物都依赖天地之正与顺而生存的情形是相同的。古人顺从阴阳之义，祭祀天地、先圣、先王、先祖，期望天地阴阳和顺，上下和顺，人人和谐，天下太平之情是相同的。当然，观其正聚与顺聚，更期望一代一代天子都是明君，尊天命而治理国家天下，使天下长久太平安乐，否则，天下乱而祸害至也。

这是《萃卦》卦辞，象辞、六二爻辞关于天子祭祀天地先祖意义方式规则的论述，因为祭祀不是天子一个人的事情，它既要民众参与，又要实现教化子孙后代和民众的作用，所以属于形而下之众多规矩之一。

第三节　《易·观卦》六三爻辞和六四爻辞关于孝敬朝观之礼的规则

䷓六三爻辞和六四爻辞，从不同角度阐述了孝敬之礼，以及天子的朝观之礼。所以将其归在礼乐章论述。

观六三爻辞："观我生，进退。"爻象辞："观我生进退，未失道也。"

爻辞说："观看生养我的父母，知道进退之礼。"爻象辞说："观看生养我们的父母，对于生养我们的父母，恭敬地尽以孝敬之礼，这本身就是道德的主要组成部分，所以'未失道也。'也可以说未失去对父母的孝敬之礼。"

《观卦》六三爻辞是指对生养我们的父母的进退之礼，该进则进，该退则退，进退有礼，这是孝敬之礼的一个方面。"观我生，进退"，就是说为人子女者，要懂得观察生养我们的父母的喜怒哀乐，以对父母尽孝敬之礼。"进退"是指孝敬父母的进退之礼。正如《礼记·曲礼》曰："凡人子之礼，冬温而夏清，昏定而晨省，在丑夷不争。"[1] "见父之执，不谓之进不敢进，不谓之退不敢退，不问不敢对；此孝子之行也。"[2] "夫为人子者，出必告，返必面。"[3]《礼记·曲礼》之意就是观卦关于孝敬的进退之礼的论述。

观六四爻辞："观国之光，利用宾于王。"爻象辞："观国之光，尚宾也。"

六四爻辞说："观看国家天下风光，利用这个去做天子的宾客。"爻象辞说："天子利用各种宾礼，宴请四方宾客，以通消息，以通有无，以和睦与诸侯的关系。""尚

---

[1] 木子主编. 曲礼·礼运 [M]. 广州出版社，2001：6.
[2] 同上，6.
[3] 同上，8.

宾"就是尊敬崇尚宾客之义。

六四爻辞是指，君王一般情况下观察国家的光景，各种政治状况的礼仪。那么君王一般情况下是怎样观察国家的各种政治状况的呢？一般情况下是利用诸侯来朝见时，由诸侯进献贡物时报告自己所治之地的政治、年成等各种情况来观察其治理情况及当地的风土人情、生活状况等，而后天子以宾客之礼宴请来朝见的诸侯。正如《礼记·王制》曰："诸侯之于天子也，比年一小聘，三年一大聘，五年一朝。"① 又如《周礼·春官》曰："以宾礼亲邦国；春见曰朝，夏见曰宗，秋见曰觐，冬见曰遇，时见曰会，殷见曰同，时聘曰问，殷覜曰视。"② 这里将诸侯朝见天子礼仪的各种时序及称名，都一一作了说明。所以，六四爻辞是指诸侯或者诸侯派遣的官员前往朝廷向天子禀报自己所治理的诸侯国的治理情形的论述。

所以，"观国之光，利用宾于王"是指天子利用诸侯或诸侯所派遣的官员前来问候他之时，一方面听取他们对帮国治理情况的汇报，同时还要以宾客之礼宴请诸侯或诸侯派遣的官员，以加强与诸侯国的亲密关系，其中的宾礼名称包括：朝、宗、觐、遇、会、同、问、视八种形式。因此可以认为《观卦》六四爻辞属于天子的朝观之礼。这也是将《观卦》六三爻辞和六四爻辞纳入礼乐范畴的原因所在。

第四节 《易·谦卦》卦辞、彖辞、象辞关于谦恭之礼的论述

一、《谦卦》卦辞、彖辞、卦象辞原文

卦辞："谦；亨，君子有终。"

彖辞："谦亨。天道下济而光明，地道卑而上行。天道亏盈而益谦，地道变盈而流谦，鬼神害盈而福谦，人道恶盈而好谦。谦尊而光，卑而不可踰，君子之终也。"

卦象辞："地中有山，谦。君子以裒多益寡，称物平施。"

《谦卦》卦辞、彖辞、阐述的是谦恭、谦让、恭顺之礼；卦象辞阐述的是"裒多益寡，称物平施"的意义；而《谦卦》的爻辞阐述的则是谦谦君子、鸣谦、劳谦、撝谦，以及裒多益寡等关于谦的几种具体表现形式。

二、《谦卦》卦辞的含义

卦辞："谦；亨，君子有终。"

---

① 钱玄、钱兴奇等注释. 礼记[M]. 岳麓书社，2001：168.
② 钱玄、钱兴奇等注释. 周礼[M]. 岳麓书社，2001：180.

卦辞说："谦恭、谦让亨通，这是君子有始有终坚持的礼仪。"

"谦，亨"，其一，是指谦恭、谦让、恭敬之礼的亨通，顺利。君子尊礼而行，就能亨通。礼的基本原则是：自己谦卑而尊重别人。其二，是指圣人制定谦恭之礼的重大意义以及礼的用处。正如《礼记·礼器》曰："故先王之立礼也，有本有文。中信，礼之本也；义理，礼之文也。无本不立，无文不行。礼也者，合于天时，设于地财，顺于鬼神，合于人心，理万物者也。"①

"君子有终"，其一，是指君子始终遵循谦恭之礼，宣扬礼义之道，而不超越礼的范畴。其二，是指礼乐的象征意义：圣人依照天地自然变化之象，制作礼乐，象征天地自然始终相生，大小相处的自然规律。正如《礼记·乐记》曰："乐者，天地之和也；礼者，天地之序也。和，故百物皆化；序，故群物皆别。乐由天作，礼以地制。"②其三，是指圣人制作礼乐的目的，是为了教化臣民始终坚守美德不改变。

三、《谦卦》象辞含义

象辞："谦亨。天道下济而光明，地道卑而上行。天道亏盈而益谦，地道变盈而流谦，鬼神害盈而福谦，人道恶盈而好谦。谦尊而光，卑而不可踰，君子之终也。"

象辞说："谦恭谦让而亨通。天的道理就是日月的光芒向下普照万物而使天地间一片光明；地的道理就是地低下而地之阴气向上运行，与天之阳气相交相合而变化云雨雷电、滋润震动万物。太阳由地平线升起的红日逐渐上升到最高大、最明亮，又从最高大、最明亮逐渐减损到落日。月亮由月圆盈满逐渐亏损减少到月牙，或者日升月落，日落月升，就像日月相互谦让一样有礼有节。地上的万物满盈而又逐渐流失，就如满盈和流失相互谦让一样。我们的先祖害怕自满自傲没有谦恭之礼而使我们的福气减少，制定了谦恭谦让之礼，使我们懂得做人的道理就是要有谦恭、谦让、好谦之礼。谦恭、谦让受人尊敬而光荣。谦恭之礼就是无论是高贵、贫富贵贱，都要以自卑而尊人的原则对待任何人而不超越礼的规范，这是君子始终遵循的礼仪之道。"

象辞的意义包含了以下几个方面：1.象辞说明为什么谦虚、谦让就能亨通。其一，《谦卦》是指行谦恭、谦让、恭敬之礼就会亨通、顺利。君子尊礼而行，就能亨通。礼的基本原则是：自己谦卑而尊重别人。正如《礼记·曲礼》所言："夫礼者，自卑而尊人，虽负贩者，必有尊也，而况富贵乎？富贵而知好礼，则不骄不淫；贫贱而知好礼，则志不慑。"③又如《礼记·乐记》曰："知礼乐之道，举而错之

---

① 钱玄、钱兴奇等注释.礼记[M].岳麓书社，2001：314.
② 同上，502.
③ 同上，4.

天下无难矣。"①其二，是指圣人制定谦恭之礼的重大意义以及礼的用处。正如《礼记·曲礼》曰："道德仁义，非礼不成；教训正俗，非礼不备；分争辨讼，非礼不决；君臣、上下、父子、兄弟、非礼不定；宦学事师，非礼不亲；班朝治军，莅官行法，非礼威严不行；祷祠祭祀，供给鬼神，非礼不诚不庄。是以君子恭敬、撙节，退让以明礼。"② 2. 关于"君子有终"的含义。其一，是指君子始终遵循谦恭之礼，宣扬礼义之道，而不超越礼的范畴。正如《礼记·儒行》孔子所言："儒有中信以为甲胄，礼义以为干橹；戴仁而行，报义而处；虽有暴政，不更其所。其自立有如此者。"③其二，是指礼乐的象征意义。圣人依照天地日月自然变化之象，制作礼乐，象征天地自然始终相生、大小相处的自然规律。正如《礼记·乐记》曰："乐者，天地之和也；礼者，天地之序也。和，故百物皆化；序，故群物皆别。乐由天作，礼以地制。""是故清明象天，广大象地，终始象四时，周旋象风雨；五色成文而不乱，八风从律而不奸，百度得数而有常。大小相成，终始相生，倡和清浊，代相为经。"④其三，指圣人制定礼乐之道，使人通过目观威仪之礼，耳闻雅颂之音而陶冶情操，始终不被奸邪、流辟淫乱之情所困惑。正如《乐书》曰："故圣人使人耳闻《雅》《颂》之音，目观威仪之礼，足行恭敬之容，口言仁义之道。故君子终日言而邪辟无由入也。"⑤其四，指古代君子举行大的典礼，从始至终都十分敬慎，使人明白他的德行完美无缺，而使人民受到教化。正如《礼记·文王世子》曰："是故圣人之纪事也，虑之以大，爱之以敬，行之以礼，修之以孝养，纪之以义，终之以仁。是故古之人一举事，而众人皆知其德之备也。古之君子，举大事必慎其始终，而众安得不喻焉。"⑥其五，指君子终身孝敬父母的情感，始终不改变。

四、《谦卦》卦象辞的含义

卦象辞："地中有山，谦。君子以裒多益寡，称物平施。"

"地中有山，谦"《谦卦》上卦为坤、为地；下卦为艮、为山、为止。以《谦卦》的卦形结构象征山是地之余。也象征高山可以夷为平地，平地也可以变为高山。还象征地虽然卑下，山虽然高大，但山可以在坤地之下。山虽然高大，但山是由地变化而来。山虽然高大，但却自卑而遵地。以《谦卦》的卦形结构来象征礼的基本原则，就是自卑而尊人。

---

① 钱玄、钱兴奇等注释. 礼记[M]. 岳麓书社，2001：525.
② 同上，3.
③ 同上，790.
④ 同上，510.
⑤ 李杰主编. 史记[M]. 哈尔滨出版社，2003：408.
⑥ 《礼记·文王世子》293.

"君子以裒多益寡，称物平施"卦象辞说："君子应该去掉多余的，增加、补足那些不足的，使事物就如用秤称物一样平衡，不多不少，正好相等，处于不偏不倚，中正不偏斜的平衡公平状态。

"裒多益寡，称物平施"的含义：其一，是指老子对天道的认识。《老子》第七十七章曰："天之道，其犹张弓与，高者抑之，下者举之，有余者损之，不足者补之。天之道，损有余而补不足；人之道则不然，损不足以奉有余。孰能有余以奉天下，唯有道者。是以圣人为而不恃，功成而不处，其不欲见贤。"老子指出，天之日月自然变化的功能，就是裒多益寡，太阳不断减损自己的光热而给天下万物以光明温暖。君子之道就是将自己不利于人民的缺点、错误不足之处不断减少去掉，将自己的有余之处奉献给天下万物，奉献给人民。而要想将自己的不足之处去掉，就得学习圣人为我们制定的礼乐之道，学习君子、贤者的道德、仁义，学习天地之善德，才能使自己变为有道德、仁义、有知识、有才能的人，只有这样才能使自己有有余之处，而将自己的有余之处奉献给人民。老子指出只有有道者，才能奉有余以天下，也就是说那些自私自利者是不会将自己的有余奉献给人民的，而无德无才能的人，又拿什么来奉献给人民呢？所以"裒多益寡，称物平施"对于我们每一个人来说，就是通过不断地学习，不断吸取别人的长处，改正弥补自己的不足之处，使自己成为一个有多余的精力、智慧、技艺、美好德行可以奉献的人。

其二，"裒多益寡，称物平施"，是孔子《中庸》之道的体现。正如《中庸》子曰："舜其大知也与！舜好问而好察迩言，隐恶而扬善，执其两端，用其中于民，其斯以为舜乎！"[①] 依据孔子对舜为人之道的论述，说明《中庸》就是中正无偏斜的道理，也就是卦象辞所言的"裒多益寡，称物平施"的道理。

其三，"裒多益寡，称物平施"是古圣人制定礼乐的依据和目的。礼主谦，使人知道节制欲望，恭敬谦让以养安；乐主盈，乐所以动荡血脉，流通精神而和正人心，其感人深，而起到移风易俗的作用。正如《史记·乐书》所言："乐也者，动于内者也；礼也者，动于外者也。""故礼主谦，乐主盈。礼谦而进，以进为文；乐盈而反，以反为文。礼谦而不进则销，乐盈而不反则放。故礼有报，而乐有反。礼得其报则乐，乐得其反则安。礼之报，乐之反，其义一也。"[②] "满而不损则溢，盈而不持则倾。凡作乐者，所以节乐。君子以谦退为礼，以减损为乐，乐其如此也。"[③] "是故先王之制礼乐也，非以极口腹耳目之欲也，将以教民平好恶而反人

---

① 钱玄、钱兴奇等注释. 礼记[M]. 岳麓书社, 2001: 695.
② 李杰主编. 史记[M]. 哈尔滨出版社, 2003: 404.
③ 同上, 398.

道之正也。[①]"圣人制作礼乐的原则是：以谦退为礼，以减损为乐。而制作礼乐的目的不是为了满足口腹耳目的欲望，是为了教化人民明白辨别善恶，而真正返回到做人的正道上来。这既是圣人制礼乐的目的和真正意义，也是"裒多益寡，称物平施"的内涵。

其四，关于"裒多益寡，称物平施"的原则，不但体现于礼乐之道，而且是古代明君治理国家天下的基本原则。《周礼》中有许多关于"裒多益寡，称物平施"的礼法的具体规定，如《周礼·地官》曰："以土均之法辨五物九等，制天下之地征，以作民职，以令地贡，以敛财赋，以均齐天下之政。"[②]"乃均土地以稽其人民而周知其数……"[③]"均人，掌地之五政，均地守，均地职，均人民，牛马，车辇之力政……"[④]"调人：掌万民之难而谐和之。"[⑤]

所以说关于礼义的原则，也是治理国家天下万物的基本原则。"称物平施"就是要求君子处理一切政务，就要如用秤称物一样，公平合理、均等，体现了道德公正公平、正义无私的原则。这也体现了谦恭之礼的意义，君子处理一切政务，公平合理，而不高高在上，不以己之利为第一，于万民一视同仁。

第五节 《易·节卦》卦辞、象辞、卦象辞关于节俭节制的规则

一、《节卦》卦辞、象辞、卦象辞原文

䷻卦辞："节：亨，苦节不可贞。"

象辞曰："节，亨，刚柔分，而刚得中。苦节不可贞，其道穷也。说以行险，当位以节，中正以通。天地节而四时成，节以制度，不伤财，不害民。"

卦象辞："泽上有水，节。君子以制数度，议德行。"

二、《节卦》卦辞的含义

卦辞："节：亨，苦节不可贞。"

卦辞说："适当地节俭，节制自己的品行、欲望是正常的节制。这种节制是正

[①] 李杰主编. 史记[M]. 哈尔滨出版社，2003年：400.
[②] 钱玄、钱兴奇等注译. 周礼[M]. 岳麓书社，2001：92.
[③] 同上，102.
[④] 同上，124.
[⑤] 同上，129.

确的，是亨通无阻的。而那些只要人民终生劳苦不休，不要享乐的节制节俭是不可以采用也是不正确的理论。"

《节卦》卦辞所论的是，先王制作礼乐制度是为了适当地节制人的各种欲望，使其欲望的满足与物质的供给相适宜，不至于使欲望无穷无尽而劳民伤财，害人又害己。制定礼乐制度并不是要人民变成终日辛劳而无任何欲望之人。当然这也是对先王制定的礼乐之道的肯定赞美，也是对墨家提倡的"苦节"之节的批判。

三、《节卦》彖辞的含义

彖辞曰："节，亨，刚柔分，而刚得中。苦节不可贞，其道穷也。说以行险，当位以节，中正以通。天地节而四时成，节以制度，不伤财，不害民。"

彖辞说："节俭节制，亨通，刚健柔顺分明，而且刚健得以适中。苦节不可以实行和不正当，因为它没有出路。喜悦以行动面对艰险，恰当而节制，中正所以亨通。天地有节律地运行，因而有了四时的形成。用法律制度节制人的行为，就不会损伤国家资财，不会伤害人民的利益。"

《节卦》彖辞的含义有以下几点：

1.《节卦》彖辞是对节制节俭意义的阐述。也就是说先王制作礼乐以为天下人的制度，以教化民众，使其对真善美与假丑恶具有正确的判断力，以使民众尊奉人道的正确方向而行。

2. 彖辞是对"苦节不可贞，其道穷也"含义的说明。这是指墨子所提倡的"废礼乐，节丧葬，倡兼爱"的刑徒役夫之节是不正确的。

3. 彖辞指礼乐是用来节制人的欲望的，但礼乐之作，应合乎礼乐之情，而不可粗制滥造。礼义如果失去维系纲纪的宗旨，只是以大概的意思和形式来表现，那就失去了它的本意，就会发生偏差。

4. 是对先王所制定的节制之礼意义的说明。其意义：

其一，是为了表达喜悦之情。就是用最能表达人的欢乐和畅喜悦之情的音乐，用最能亲近万物秩序的礼仪来教化人民，使人民的行为得到适当的约束，节制自己的情志、欲望、行为，使其适中而不超越限度，以防止邪恶的发生。

其二，是说天地日月有节律的运行，才有了昼夜四时之分。如果天地日月四时失去了正常的节律，四时昼夜的运行秩序就会紊乱，而万物化生的节律就会被破坏。这是象征制定法典、礼乐、制度的重要意义。人类与万物共同生活在地球之上，若是没有法典、法规、制度来约束人的行为，人与人、人与万物的生存秩序就会发生混乱，而使人生活在险恶的环境之中。

其三，是指先王制定礼乐，设立法度的基本原则，是以不伤财、不害民为基本准则。

其四，是对墨子某些主张的赞颂宣扬。墨子认为：制定法度、法律制度时要从长远利益和民众的利益考虑，不要过度耗竭自然资源，以免使自然资源枯竭，以免影响国计民生，而要以人民安康和乐为基础。那些有钱的上层人士，不要过分地追求豪华奢侈的生活，聚敛珍奇异宝，更不要随便发动战争，以免使国家资材受到耗竭，人民受到伤害。这些主张既是先圣的祖训，又是墨子依据圣人之道所提的正确主张。正如墨子所言："去无用之费，圣王之道，天下之大利也。"①但墨子所提倡的"废礼乐，节丧葬，倡兼爱"②的刑徒役夫的主张不可行，是没有出路的主张。从这一点，我们可看出，《易经》并不是独尊儒术的产物，而是将百家争鸣时期，那些符合先圣先王之道的有意义的思想，集思广益于《易经》，以成为教化我们意识思维的精华。

四、《节卦》卦象辞的含义

卦象辞："泽上有水，节。君子以制数度，议德行。"

卦象辞："泽上有水，泽。"其一，指《节卦》的卦形结构而言，《节卦》下卦为泽、为兑，为悦、为说；上卦为坎、为水、为艰险。上坎水下泽兑构成了《节卦》。其二，象征先王制定法度，律典的艰难，以及执行的不易和使人受到约束的艰难。但是先王制定法典制度是为了使天下人民和悦，所以最终就能使人民喜悦。

"君子以制数度，议德行"，象辞说："君子依据天地阴阳律吕的度数来制定礼乐、法度、礼仪、法典、法规以度量评定人的德行。"

所以，《节卦》卦象辞的意义，首先是指先王以人的性情为出发点，审核天地阴阳律吕的度数，制定礼乐制度的目的意义。就是说礼乐的意义在于歌功颂德，使人民欢乐。那么通过观察一个诸侯国的礼乐，诗歌就可以考察到诸侯的德行如何，诸侯德行高尚，得到人民的爱戴，就会歌颂赞美他，否则就是讽刺之歌。这在《诗经》中就有很多这方面的内容。其次，君子遵礼乐法度而行，其德行表现，从其所喜悦或讽刺的歌乐中就可以体现出来。

《节卦》卦象辞指出，先王依据人的情性，制作礼乐，并且以天地阴阳律吕的度数作为考核人情的标准，以衡量是非的礼义作为制裁人情的典律。正如《乐书》曰："是故先王本之惰性，稽之度数，制之礼义，合生气之和，道五常之行，使之阳而不散，阴而不密，刚气不怒，柔气不慑，四畅交于中而发作于外，皆安其位而不相夺也。"③又如《礼书》曰："礼由人起，人生有欲，欲而不得则不能无忿，

---

① 严华英主编. 墨子[M]. 中国戏剧出版社，2003：122.
② 张光裕编著. 老子（附庄子）[M]. 北京燕山出版社出版，2000：268.
③ 李杰主编. 史记[M]. 哈尔滨出版社，2003：403.

忿而无度量则争，争则乱。先王恶其乱也，故制礼义以养人欲，给人之求，使欲不穷于物，物不屈于欲，二者相待而长，是礼之所养也。①故礼者，养也。"这就是"君子以制数度，议德行"的意义。

---

① 李杰主编. 史记[M]. 哈尔滨出版社，2003：396.

第五章 《易经》哲学形而下众多规则之乐的规则

第一节 《易·豫卦》卦象辞说明歌乐的意义

《豫卦》卦象辞阐述了先帝先王创作歌乐的意义和目的。

䷏卦象辞："雷出地奋，豫。先王以作乐崇德，殷荐之上帝，以配祖考。"

"雷出地奋，豫。"《豫卦》上卦为震、为雷；下卦为坤、为地。坤地在雷震之下，构成了《豫卦》。《豫卦》的卦形结构象征春雷，而春雷象征着和乐之声。二月春分之后，雷开始发声。雷声，是阳之声，古人认为阳气在地内不得出，故奋激而出为雷声；春雷一声振天响，使万物蠢动，草木虫兽万物欣欣向荣，蓬勃生长变化，象征春天的和乐之声。所以，"豫"在这里象征春雷和乐之声。

"雷出地奋，豫"，还指乐的起源。先王效仿春雷及万物的和乐之声而创造了音乐。正如《吕氏春秋·大乐》曰："乐之所由来者远矣，生于度量，本于太一，太一出两仪，两仪出阴阳。阴阳变化，一上一下，合而成章。浑浑沌沌，离则复合，合则复离，是谓天常。天地车轮，终则复始，极则复反，莫不咸当，日月星辰，或疾或徐，日月不同，以尽其行。四时代兴，或暑或寒，或短或长，或柔或刚。万物所出，造于太一，化于阴阳，萌芽始震，凝寒以形。形体有处，莫不有声，声出于和，和出于适，先王制乐，由此而生。"[①] 这说明先王制乐是根据万物变化的规律，天地之和声而制，不是凭自己的想象而制作。

"先王以作乐崇德，殷荐之上帝，以陪配祖考"，卦象辞说："历代圣明君王，都能在太平盛世时，作歌乐来颂扬先帝先祖之德以尊敬崇尚有德之人，歌颂他们的功德，以深厚的情感荐献给先帝，以使他所作之歌乐与先帝先祖之德相配；以教化子孙后代使其与先帝先祖之德相配，使先祖之功德永远流传不衰。"

其一，"先王以作乐崇德"，在于说明音乐产生的社会基础。正如《吕氏春秋·大乐》曰："天下太平，万民安宁，皆化其上，乐乃可成。成乐有具，必节嗜欲。嗜欲不辟，乐乃可务。务乐有术，必由平出。平出于公，公出于道。故惟有道之人，

---

① 冯凌云主编.吕氏春秋[M].陕西旅游出版社，2003：60.

其可与言乐乎！"①其含义是："天下太平，万物安宁，一切都由上德感化万物，音乐才可以产生制成。也就是说制作音乐必须具备一定的条件，即是必须节制自己对某些事物的特别嗜好的欲望，使欲望不超过法度，才可以从事音乐的制作工作。从事音乐创作要有一定的方法，那就是必由太平和乐时产生。太平和乐出自公正无私的治国之道，公正无私的治国之道来自天道。所以只有有道者，才可以与其谈论音乐啊。"

其二，"先王以作乐崇德"，是指先王制作音乐的目的。先王制作音乐，最重要的目的是教化人民爱憎分明，使人民回归到正道上来。正如《乐书》曰："故先王之制礼乐也，非以极口腹耳目之欲也，将以教民平好恶而反人之道也。"②

其三，先王制作礼乐，是为了崇尚有德者，以教化人民。正如《乐书》曰："昔者舜作五弦琴以歌《南风》，夔始制乐以赏诸侯。故天子之为乐也，以赏诸侯之有德者也。盛德而教尊，五谷时熟，然后赏之以乐。"③"乐也者，圣人之所乐也，而可以善人心，其感人深，其移风易俗易，故先王著其教也。"④就是说先王作乐是为了赏赐歌颂有功德的诸侯，而实现教化和移风易俗。

其四，卦象辞还指周公制作礼乐，以发扬光大先帝先祖之德，将他们尊敬崇尚先帝先王之德的深厚感情荐献给先帝先王先祖，以教育子孙后代，永远不忘先祖之德，而配得上做先祖的子孙。周公所作之乐，在《诗经》中记载的有《清庙》《维天之命》《天作》《思文》《酌》《武》等都是颂扬先祖先王之德的诗歌。

这里，"先王以作乐崇德，殷荐之上帝，以配祖考"之上帝，在易学中主要是指已故的帝王，这在《礼记·曲礼》中有明确规定；正如《曲礼》曰："王告丧，'天王登假'。措之庙，立之主，曰'帝'。"⑤但在《诗经》中，上帝，还指正居于上位的天子，所以，不能将上帝看作是天帝、神仙之类。

第二节　《易·随卦》卦象辞关于吉礼凶礼的用乐规则

《随卦》卦象辞对吉礼、凶礼所用礼乐的几种不同情形作了阐述。

䷐卦象辞："泽中有雷，随。君子以向晦入宴息。"

---

① 冯凌云主编．吕氏春秋[M]．陕西旅游出版社，2003：60．
② 李杰主编．史记[M]．哈尔滨出版社，2003：400．
③ 同上，402．
④ 同上，403．
⑤ 钱玄、钱兴奇等注译．礼记[M]．岳麓书社，2001：2．

"泽中有雷，随"，《随卦》上卦为泽、为悦、为兑、为说；下卦为震、为雷、为木，构成了《随卦》。雷声宏大而传播广阔，使人震惊振奋，它象征响乐之声的来源。

卦象辞说："君子用响乐，或昏暗不明时、要选择适合的音乐来适应宴会时或安息时的礼乐规则。"

周公在周成王六年之时制作礼乐。所以，"君子以响晦入宴息"是指在不同时间、不同事件时，选择使用合适的礼乐的相关规定。

响，是指有大响声的钟鼓之乐的使用情况，钟鼓之乐又称为大音。晦，是指日月晦暗不明时，也就是发生日食、月食，以及奇异灾害时，关于礼乐的应用之宜。入，是适合、恰好、合适的意思。宴，是指天子宴请宾客时，礼乐的应用之宜。息，是停止之意，是指在什么情形下停止使用礼乐的事宜。1.关于响、宴之乐的应用原则。《周礼·春官》中关于钟鼓之乐的应用原则是："王大食，三宥，皆令奏钟鼓。"① "环拜，以钟鼓为节。" "凡国之小事用乐者，令奏钟鼓。"② "飨食诸侯，序其乐事，令奏钟鼓。" "燕射，帅射夫以弓矢舞。乐出入，令奏钟鼓。"这是关于响乐之用的具体规定，包括了君王大食、三宥、宴请诸侯、射礼之响乐的应用原则，国家的一些小事也可以用响乐。响乐，也称大音，也就是老子所言的"大音希声"之大音。响乐是在天子大食，环拜，以及飨食诸侯，燕射时用响声很大的钟鼓乐。响、宴之乐属于嘉礼。嘉礼是和合人际关系、沟通、联络感情的礼仪。嘉礼主要包括有：饮食之礼、宾射之礼、飨燕之礼、脤膰之礼、贺庆之礼。婚、冠之礼也属于嘉礼，但是婚冠之礼，不用响乐。2.关于"晦息"之乐的应用原则。"晦息"是指不吉利之事情发生时，停止用乐的规定，这也是息的含义。《周礼·春官·大司乐》曰："凡日月食，四镇五岳崩，大傀异灾，诸侯甍，令去乐。大札、大凶、大灾、大臣死，凡国之大忧，令驰县。"③ "令驰县"，就是凡是遇到这种情况时，命令收起四季常悬挂的乐器不用。这就是"晦息"之意。晦息，属于凶礼。凶礼是哀悯吊唁忧患之礼。凶礼的内容有：以丧礼哀死亡，以荒礼哀凶札，以吊礼哀祸灾，以禬礼哀围败，以恤礼哀寇乱等。

《随卦》卦象辞的意思就是用"响"象征乐庆之事时用钟鼓之乐，表示庆贺。用晦象征大灾、大凶、日月食等不吉利之事时则停止舞乐，以表示哀伤之情。也就是指出了歌乐应用的基本原则。因为周公在代成王摄政的第六年时，制作礼乐，所以在颂扬周公之德时，也对礼乐的应用原则作一些说明，使我们更具体地理解西周

---

① 钱玄、钱兴奇等注译.周礼[M].岳麓书社，2001：210.
② 同上，212.
③ 同上，210.

礼乐的意义和周公之德。

第三节 《易·中孚卦》六三爻辞关于军礼、丧礼的用乐规则

《中孚卦》六三爻辞从不同角度，对军礼、丧礼的用乐规则作了阐述。军礼是指对敌得胜还朝时使用的礼乐，丧礼是指人死亡后用的礼乐。

䷼六三爻辞："得敌，或鼓或罢，或泣或歌。"爻象辞："或鼓或罢，位不当也。"

六三爻辞说："与敌战斗得胜还朝，或者用鼓乐或者不用，或者哭泣或者歌乐。"爻象辞说："视不同时间，不同事件，或使用鼓乐或不使用，或停止使用不同位次的乐器，就是或鼓或罢的意思。假如在不该使用时而使用，这是不适当的。"

六三爻辞所阐述的是指在不同场合下，应用适宜的、合乎诚信正直的礼乐，以军礼鼓舞士气，以丧礼表示哀悼之情，以实现教化的目的，或者不使用乐器，以表示不同的情感。

"得敌，或歌"，这是指抗击敌人得胜回朝，向祖庙呈现战果时，所用的军乐，就是教军队高唱凯歌。正如《周礼·春官·大司乐》曰："凡军大献，教恺歌，遂倡之。"[①] 这是说，天子出师得胜还朝到祖庙呈现战果，则命乐官演奏表示得胜的恺乐之歌，并领唱。军乐属于军礼的范畴，军礼是师旅操演、征伐得胜回朝的凯歌之礼。

"或鼓"，鼓是钟鼓之乐，钟鼓之乐又称大音。周朝之时，用钟鼓之乐的情形大约有三类：其一，国中举行小祭祀时，令奏钟鼓乐。其二，凡天子飨诸侯之时（飨，就是宴请），令奏钟鼓乐。其三，天子宴食宾客后，举行射礼时，令奏钟鼓乐。所以，"或鼓"就是在适当的情况下，或者用钟鼓乐，或者不用钟鼓乐，也就是指天子在宴请宾客，举行射礼时，奏钟鼓乐。响乐属于嘉礼。

"或罢"，是说在某些情况下，停止奏乐，停止使用乐器。正如《周礼·春官·大乐师》曰："凡日月食，四镇五岳崩，大傀异灾，大臣死；凡国之大忧，令弛县。凡建国，禁其淫声、过声、凶声、慢声。"[②] 这就是"或罢"的含义，就是在以上

---

① 钱玄、钱兴奇等注译．周礼[M]．岳麓书社，2001：212．
② 同上，210．

灾难之时，停止歌乐，在建国时，禁止某些歌乐的使用，因属于凶礼之乐。

"或泣"，是指在遇到哀伤之事时，歌乐使用或不使用的情况。正如《周礼·春官·乐师》曰："凡丧，陈乐器，则衰乐官，及序哭，亦如之。"①《周礼·春官·笙师》曰："大丧，廞其乐器而藏之。"② 这是说遇到丧事、哀伤之事，有些乐器要收藏起来不用，有些是主人喜欢的乐器，就要随墓葬放入坟墓之中。丧礼也属于凶礼。

凶礼是哀悯吊唁忧患之礼。凶礼的内容有：以丧礼哀死亡；以荒礼哀凶札；以吊礼哀祸灾；以襘礼哀围败；以恤礼哀寇乱。

其实，"或鼓或罢"与《随卦》卦象辞"君子以向晦入宴息"的基本意义是一致的。

---

① 钱玄、钱兴奇等注译. 周礼 [M]. 岳麓书社，2001：212.
② 同上，219.

第六章 《易经》哲学形而下众多规则之婚姻家庭伦理的规则

第一节 《易·归妹卦》卦辞、象辞、卦象辞关于婚姻婚礼的规则

《归妹卦》卦辞、象辞、卦象辞从不同角度对婚姻的意义、婚礼，以及对当时社会中几种婚姻形式作了阐述。这里就对卦辞、象辞和卦象辞的意义作一些阐述。

一、《归妹卦》卦辞、象辞、卦象辞原文

卦辞："归妹：征凶，无攸利。"

象辞："归妹，天地之大义也。天地不交，而万物不兴。归妹，人之终始也。说以动，所归妹也。征凶，位不当也。无攸利，柔乘刚也。"

卦象辞："泽上有雷，归妹。君子以永终知敝。"

二、《归妹卦》卦辞的含义

卦辞："归妹：征凶，无攸利。"

卦辞说："嫁女，出现了凶险的征兆，就没有什么好处。"

《归妹卦》主要阐述的是古代社会的婚姻的几种表现形式。古代婚姻的表现形式包括一夫多妻制，以及姊妹同嫁一夫的妻娣制、丈夫逝世后妻子不得再嫁的幽居制、年轻的女子嫁给老者为妾制，还有由于各种原因造成的有情人不能成为眷属而愆期的婚姻，以及有婚姻之名而无婚姻之实的痛苦婚姻。当然多数婚姻还是如周文王与太姒一样，都是以德行美好为基础的。

《归妹卦》卦辞是指：父母嫁女，给女儿选丈夫，以及女子自己挑选丈夫时，一定要选择品行好、有道德的人，不能只看外貌或者以财富为婚姻的基础，否则，就会陷入痛苦的婚姻之中，而痛苦一生。《归妹卦》卦辞提醒我们，那些不幸的婚姻，对男女双方都没有什么好处，所以要谨慎抉择。正如《诗经·小雅·我行其野》曰："我行其野，蔽芾其樗。昏姻之故，言就尔居。尔不畜我，复我邦家。我行其

野，言采其蓫。昏姻之故，言就尔宿。尔不畜我，言归思复。我行其野，言采其葍，不思旧姻，求尔新特。成不以富，亦祗以异。"[①] 这是一首描述妻子被喜新厌旧的丈夫遗弃的诗歌，诗文告诉我们，婚姻失败，虽然不是因为财富，但却因为有些人的喜新厌旧。喜新厌旧这是一部分人婚姻变故的原因。

三、《归妹卦》象辞的含义

象辞："归妹，天地之大义也。天地不交，而万物不兴。归妹，人之终始也。说以动，所归妹也。征凶，位不当也。无攸利，柔乘刚也。"

象辞说："嫁女，这是天地万物繁衍后代的大事情。天地阴阳不交，而万物就不能繁衍化生兴盛。嫁女，是人类有始有终地繁衍不息的大事情。经过媒妁之言，双方喜悦而行以嫁娶之礼，是谓归妹之意。出现凶险的征兆，是因为有些女子将自己置于不恰当的地位。之所以没有什么好处，是因为原本应该柔顺的女子却以刚烈不驯服之态克制原本应该刚强的丈夫，这个男子就没有娶到温柔贤惠的妻子，或者男子只是注重女子美丽的外表忘记了德行。"

"归妹，天地之大义也"是指婚姻的重要意义。婚姻嫁娶，是人世间的大事情。男娶女嫁，男女结合组成家庭，是关系到人类繁衍后代传宗接代、兴盛衰败的大事。人类男女相合、生物雌雄相交而繁衍后代的道理，与天地阴阳之气相交相合，而化生万物的道理是一致的。男娶女嫁，象征着文明时代的婚姻，象征着社会的进化、历史的进步、人类的文明。男不娶、女不嫁，没有男女之合，就没有人类社会的兴盛，而且男女明媒正娶的婚姻，是正当婚姻关系的确立，没有正当婚姻关系的男女结合，就人类文明而言，则意味着文明的衰退。当然现代社会虽然婚姻自由，但是在确定正常婚姻关系这一点上意义是相同的。无论现代人的婚姻多么自由，但是只有以结婚证为法律保障的婚姻才是符合道德的婚姻，有结婚证的婚姻，就是明媒正娶的婚姻，当然明媒正娶的婚姻不一定就是幸福的婚姻，所以男女在选择婚姻对象时一定要慎重。

"天地不交，而万物不兴。归妹，人之终始也"，天地不交为否，否是闭塞不通。天地阴阳之气闭塞不通，阴阳不交，没有风雨雷电，没有昼夜四时之变，万物就不能化生；万物不能化生，当然就不能兴盛。那么男不娶、女不嫁，就如天地之气闭塞不通一样，人类就不能兴旺。男娶女嫁是人类始终繁衍不息的保证。正如《礼记·昏义》曰："昏礼者，将合二姓之好，上事宗庙，而下以继后世也，故君子重

[①] 刘文秀、孙燕、孙兰.诗经新解[M].中国出版集团世界图书出版公司，2012：188.

之。"①"敬慎重正而后亲之，礼之大体，而所以成男女之别，而立夫妇之义也。男女有别，而后夫妇有义，夫妇有义，而后父子有亲，父子有亲，而后君臣正也。故曰：昏礼者，礼之本也。"②《礼记·郊特牲》曰："天地合而万物兴，夫婚礼，万世之始也。"③又《礼记·哀公问》孔子曰："古之为政，爱人为大。所以治爱人，礼为大。所以治礼，敬为大。敬之至矣，大昏为大。大昏至矣！大昏既至，冕而亲迎，亲之也。"④"合二姓之好，以继先圣之后，以为天地宗庙社稷之主。君何谓已重乎？""天地不合，万物不生。大昏，万世之嗣也。"⑤这些关于婚姻意义的礼仪，充分说明了男婚女嫁的重要意义。

"说以动，所归妹也"中的"说以动"，是依据《归妹卦》的卦形结构的象征意义来说明男娶女嫁的意义和举行婚礼时的热烈场面。《归妹卦》下卦为兑、为悦、为说、为喜悦；上卦为雷、为震。"说"，在这里既有说又有悦的含义，象征经媒妁之言的说和，以及男女二人相悦而相合。动，就是喜悦而后结婚，还象征举行婚礼之时欢声雷动的景象。

"征凶，位不当也"，是指有些女子因为没有能够挑选到情投意合、品德高尚的丈夫或者遇到将婚姻当作游戏、任意丢弃妻子的丈夫，将会痛苦一生，是谓不幸的婚姻。这里"位不当也"，就是将婚姻之事置于不恰当的位置，这是不恰当的。

"无攸利，柔乘刚也"，是指有些没有寻找到情投意合而又有妇德的妻子的男子，或者男子娶妻只以美丽的外表为基础，而娶到了外貌美丽却霸道无德的女子为妻，也是不幸福的婚姻。就如周幽王所娶之褒姒一样，结果是亡国、亡家、亡己，给国家人民带来了灾难。

四、《归妹卦》卦象辞的含义

卦象辞："泽上有雷，归妹。君子以永终知敝。"

《归妹卦》下卦为泽、为兑、为说、为悦、为少女；上卦为震、为雷、为长男；是谓泽上有雷。它所象征的是两情相悦，结合为夫妇的男女，结婚之时欢声雷动的热闹场面，以及归妹的目的，就是为了美好的未来。

"君子以永终知敝"卦象辞说："君子应该永远明白那些败坏、衰败、失败的事情，一切失败的婚姻以及由道德败坏而造成的不幸婚姻、不幸的事情，对人类都

---

① 钱玄、钱兴奇等注译. 礼记[M]. 岳麓书社，2001：811.
② 同上，813.
③ 同上，353.
④ 同上，661.
⑤ 同上，662.

是无益的，人类都是深恶痛绝的。"

所以，女子嫁丈夫，就要选择有道德的男子，将德行作为首要条件，否则，无论多么有贤德而贤惠的女子，若是嫁个道德败坏的丈夫，也会痛苦一生。

同样，男子选择妻子，仍然是要以德行为基础，不能只图外貌美丽而不论德行。就如商纣王与周幽王一样，只被妲姬与褒姒的外貌所迷惑，而造成国破家亡、亡己的灾祸。

这是《归妹卦》卦辞、彖辞、卦象辞关于婚姻意义和婚姻应有的条件的论述，因为爻辞所论述的是古代社会几种婚姻形式，所以就不在这里赘述了。

第二节 《易·家人卦》关于家庭伦理的基本规则

《家人卦》卦辞主要阐述了女子之德，其中包括对女子的教化，女子生存的良好环境是使女子德行贞洁的保证；彖辞则阐述了家庭伦理关系及人之义。

一、《家人卦》卦原文

卦辞："家人：利女贞。"

彖辞："家人，女正位乎内，男正位乎外，男女正，天地之大义也。家有严君焉，父母之谓也。父父，子子，兄兄，弟弟，夫夫，妇妇，而家道正。正家而天下定矣。"

卦象辞："风自火出，家人。君子以言有物而行有恒。"

爻辞：

初九爻辞："闲有家，悔亡。"爻象辞："闲有家，志未变也。"

六二爻辞："无攸遂，在中馈，贞吉。"爻象辞："六二之吉，顺以巽也。"

九三爻辞："家人嗃嗃，悔厉吉，妇子嘻嘻，终吝。"爻象辞："家人嗃嗃未失也。妇子嘻嘻，失家节也。"

六四爻辞："富家，大吉。"爻象辞："富家大吉，顺在位也。"

九五爻辞："王假有家，勿恤，吉。"爻象辞："王假有家，交相爱也。"

上九爻辞："有孚威如，终吉。"爻象辞："威如之吉，反身之谓也。"

二、《家人卦》卦辞的意义

卦辞："家人：利女贞。"

卦辞说："美好之家，利于女子贞洁。"

"利女贞"，女贞，古代女子有三从四德。三从是未嫁从父、既嫁从夫、夫死从子。四德是妇德、妇言、妇容、妇功。女贞，是指四德之一的妇德而言，妇德是谓妇女贞顺的德行；贞就是贞节、顺就是柔顺。

"利女贞"是说幸福美好的家庭，对德行贞洁的女子是最为有利的生存环境。如果一个德行贞洁的女子生活在不幸福的家庭之中，那将是她的不幸；如果一个德行贞洁的女子，与一个德行败坏的丈夫生活，那么她将会痛苦不堪。所以，"利女贞"，就是说，女子依照三从四德而为，有利于女子品行贞洁。女贞，女子之贞，在古代认为有以下几个方面：孝、贤、烈、节、才。也就是说女子之贞，有以孝闻名的，有以贤闻名的，有以贞烈闻名的，有以贞节闻名的，有以才学闻名的。虽然表现各不相同，但却反映了中国女子的传统美德。女贞，不能只认为是妇女丧夫坚持不改嫁就是贞。

贞，在词语解释中还有"正"的含义；"利女贞"，也就是妇女以坚守妇德，道德为正。在家中公正地处理各种事务、各种关系为正。妇德，还表现在女子柔顺如水的德性。其实妇顺、妇从，并不是说女子要毫无原则地顺从丈夫。从孔子关于人义的论述中，妇顺首先是建立在夫义的基础上，正如《礼记·礼运》孔子所言："何谓人义？父慈，子孝，兄良，弟弟，夫义，妇听，长惠，幼顺，君仁，臣忠，十者，谓之人义。"[①] 夫义，妇听，丈夫守义，妻子顺从，这是夫妻和顺的重要因素；丈夫不仁义，妻子顺从，那就是不仁义的帮凶了，还有什么德可言呢？实际上无论是在古代还是现代，夫妻关系的和谐是双方共同维持的，夫义，妻贤惠；妻贤惠，夫仁义这才是一个完美家庭的基本条件。

三、《家人卦》象辞的意义

象辞："家人，女正位乎内，男正位乎外。男女正，天地之大义也。家人有严君焉，父母之谓也。父父，子子、兄兄、弟弟、夫夫、妇妇、而家道正。正家而天下定矣。"

象辞说："一个家庭中妇人公正地处理家内事务，丈夫公正地处理外部事务，男女都公正，这是天下最公正合宜的道理。一个家庭中，父母是严师君长。做父亲的就要起到父亲的作用，尽到父亲的责任；做儿子的就要做好儿子，就要尽到做儿子的责任；做兄长的就要做个好兄长，就要尽到做兄长的责任；做弟弟的就要做个好弟弟，就要尽到做弟弟的职责；做丈夫的就要做个好丈夫、好父亲，就要尽到做丈夫、父亲的责任；做妻子的，就要做个好妻子、好媳妇、好母亲。只有各个角

---

① 钱玄、钱兴奇等注译. 礼记[M]. 岳麓书社，2001：306.

色做好了自己的职责，尽到了自己的责任，这个家庭的亲情才会长久而正常，尤其是天子之家、君主之家，只要一家均正，就能对天下人民起到教化作用，而使天下安定。"

《家人卦》彖辞所指的是每个家庭中各个成员之间的自然关系，尤其是以婚姻亲属关系为中心的自然法则，也就是家庭伦理的含义，家庭伦理就是家族中各个人都担当着家庭中的一个重要角色，既然是家庭中的一个角色，就要起到这个角色的作用，担当好这个角色的职责，只有各个角色尽到了自己的职责，这个家庭才会和乐幸福。每个家庭和乐幸福，那么社会才会安定太平。试想一个家庭中的成员，都不履行自己的职责，各自为政，那么这个家庭还是一个家庭吗？恐怕与一个动物园没有什么区别了？当然《家人卦》主要还是指天子之家的关系对整个社会和谐的影响的论述。

比如，天子之家的皇后，既要处理天子之家后宫的事务，又要有母仪天下的作用；天子既要肩负治理天下的重任，又是天下之人的典范。所以，天子和皇后都要正直无私，为天下人做榜样，天子之家正，就能对天下人起到典范作用，就能教化人民，天子和天下正，人民以天子之家为榜样，天下正的意义就更重大了。

所以，我们把家庭伦理，看作是家庭中各个成员应该履行的职责，因为有义务有职责，就会产生一系列与之相关的法律和制度。

《易·序卦传》曰："有天地，然后有万物。有万物，然后有男女；有男女，然后有夫妇；有夫妇，然后有父子；有父子，然后有君臣；有君臣，然后有上下；有上下，然后礼仪有所错；夫妇之道不可不久也。"《序卦传》所言的是礼仪产生的过程，也就是依据这些事物产生的先后次序，而产生了各种关系的意义，为了处理好这些繁杂的关系，就随之产生了各种礼仪的规定和法律的规定，以保证这些复杂关系的正常存在和不发生混乱。而伦理关系中，贯穿始终的就是孝。孝，对于一个家庭而言，就是孝敬父母，孝敬先祖，这是孝的基本意义。

"家有严君者，父母之谓也"，父母对子女严格要求，以道德仁善礼仪相教，则为严君，也就是一个家庭中有严格的父母的教化，是子女成才的一个重要方面。其意义有以下几点：

其一，"父父，子子，兄兄，弟弟，夫夫，妇妇，而家道正；正家而天下定"，是孔子所指的"父慈，子孝，兄良，弟弟，夫义，妇听，长惠，幼顺，君仁，臣忠之十义。"十义的含义，就是父亲慈爱、儿女孝顺、兄长善良、弟弟要有弟弟的样子而尊敬兄长；丈夫守义，妻子顺从；年长的爱护年幼的，年幼的顺从年长的；君王要有仁爱善良之心，臣子才会忠诚。这里首先是指天子之家的义务与权利明确、规范、家庭和谐，有仁义道德，而教化天下，天下民众顺从君主，所以天下安定。

其二，是指关于礼的重要意义。正如《礼记·哀公问》孔子曰："丘闻之，民之所由生，礼为大。非礼无以节事天地之神也，非礼无以辨君臣、上下、长幼之位也，非礼无以别男女、父子、兄弟之亲，昏姻疏数之交也。君子以此之为尊敬。然后以其所能教百姓，不废其会节。"① "政者正也。君为正，则百姓从政矣。君之所为，百姓之所从也。君所不为，百姓何从？"② "夫妇别，父子亲，君臣严。三者正，则庶物从之矣。"③ 这就是天子之正、天子之家正的重要意义。

其三，是指义务权限要能得到充分的实施，也就是每个人必须尽力完成自己的义务，完成自己权限之内的事务，不能只有权限，而不去履行自己应尽的义务。

四、《家人卦》卦象辞的意义

卦象辞："风自火出，家人。君子以言有物而行有恒。"

卦象辞："风自火出"的象征意义有三：其一，家人卦上卦为巽、为风、为木、为长女；下卦为离、为火、为中女；木与火相合，也就是风与火相顺；木见火，见风，则燃烧；在这里象征家庭主妇在家中从事中馈，烹饪饮食，而孝敬奉养家人的情景。其二，象征风的形成原理。离为火、为日，日就是太阳，太阳将地面上的空气晒热而上升，上升的空气流动而形成了风。也就是太阳将空气变化为风的原理。其三，象征五行相生，木生火的意思，木在这里既有木能生火的本意，又有风助火燃烧的道理。其四，包含了太阳之火热与风形成的关系，包括了只有通风通气使火燃烧的道理，说明风与火的关系是密不可分的。风离开太阳就不能形成，火离开风同样不能燃烧，也就是说它们是统一的，是不可分离的，当然风也可以将小火吹灭。它们又是相互矛盾的，《家人卦》的卦形结构就是一个矛盾的统一体。

那么"风自火出"与"君子以言有物而行有恒"有什么联系呢？君子的言行也就要像风与火的关系一样，说出的话要有分量，做出的事要与说的话相一致，而不能说的与做的事情相互背离；也就是君子所说之话要有实际意义，所做之事始终要言行一致，不能相互矛盾。

"君子以言有物而行有恒"的含义：其一，言有物，物是东西、物体。言有物就是君子说出的话必须符合事物的实际，也就是通过仔细察看分析之后说出事物的实际情况。其二，有物，必有分量、重量，言有物，说出的话有分量，要尽用，有用处。"行有恒"，恒是经常、恒久之意。说话算数，不随便改变，有根有据，有信有表，有信用，使人相信，而且说到做到、不说空话、假话、不做言与行相矛盾的事情。

"君子以言有物而行有恒"，依据《礼记·表记》孔子的思想有以下三点含义：

---

① 钱玄、钱兴奇等注译. 礼记[M]. 岳麓书社，2001：659.

② 同上，660.

③ 同上，661.

其一，是指君子不用空话来关心讨好别人，必须用真实的情感及实际的行动经常去做。正如《礼记·表记》孔子所言："君子不以口誉人，则民作忠。故君子问人之寒，则衣之；问人之饥，则食之；称人之美，则爵之。""口惠而实不至。怨灾及其身。是故君子与其有诺责也。宁有已怨。""君子不以色亲人，情疏而貌亲，在小人则穿窬之盗也与！""情欲信，辞欲巧。"①

其二，是指君子说话与所做之事要一致，也就是要言行一致，不能说的与做的事情相矛盾，而让民众无所适从。正如《礼记·缁衣》孔子所言："君子道人以言，而禁人以行。故言必虑其所终，而行必稽其所敝；则民谨于言而慎于行。"②

其三，指君子言必信，身必正，道义才能统一，才能使天下人信服。正如《礼记·缁衣》孔子所言："下之事上也，身不正，言不信，则义不壹，行无类也。"③"言有物而行有格也，是以生则不可夺志，死则不可夺名。故君子多闻，质而守之；多志，质而亲之；精知，略而行之。"④

《家人卦》卦象辞，以君子言有物行有恒，来说明君子如何齐其家，治其国，而让天下人信服，起到教化作用。

五、《家人卦》爻辞的意义

1. 初九爻辞的意义

初九爻辞："闲有家，悔亡。"爻象辞："闲有家，志未变也。"

初九爻辞说："贤人之家有一个娴雅的妻子、和睦的家庭，就不会有灾难。"爻象辞说："贤人治家，自修其身；正其心，而后以己之德去教化别人，而治其国。'志未变'，就是齐其家，正其身，后治其国，而明德于天下的志向未改变。"

"闲有家"，其一，是指无论是一个平常人之家，还是一个富家，其家庭主妇，即妻子在家庭中具有重要作用。妻子贤惠、娴雅，并且对妇女所主之事娴熟，有妇德，那么这个家庭就会安静、平和而温馨，其夫在外忙事务，就没有后顾之忧，所以悔亡。其二，是指贤人，圣人之家。贤人、贤者是有道德、有才能的君子，他们能正确处理家庭成员的各种关系，并且家有贤妇，所以家庭和睦团结，而不会发生人为的灾难。

2. 六二爻辞的意义

六二爻辞："无攸遂，在中馈，贞吉。"爻象辞："六二之吉，顺以巽也。"

---

① 钱玄、钱兴奇等注释. 礼记[M]. 岳麓书社，2001：734.
② 同上，740.
③ 同上，746.
④ 同上，746.

六二爻辞说："不出处所就在家中，于是就在家从事烹饪饮食之事，正当吉祥。"爻象辞说："六二爻辞之所以吉祥，就是因为'顺以巽'。"

"顺与巽"，都是顺之意。"顺以巽"是柔顺至极，在这里首先指妇人顺从有德义的丈夫，其实只有有德义的丈夫，才能使有贤德的妻子顺从。夫义、妇顺、子女也顺服；家庭顺服，和悦，其德义传于天下，天下人民受其教化，也顺服，所以为"顺以巽"。

六二爻辞是指，贤惠的妻子不出家门，在家中从事妇人之职事，虽然没有什么大的成就，但她们在家中烹制饮食，孝顺老人，相夫教子而成就了丈夫的事业，所以，贞吉。

3.九三爻辞的意义

九三爻辞："家人嗃嗃，悔厉吉，妇子嘻嘻，终吝。"爻象辞："家人嗃嗃未失也。妇子嘻嘻，失家节也。"

九三爻辞说："一家人有严厉严谨的父亲，悔悟勉励催促吉祥；母子嘻嘻哈哈，终究是吝惜或者是耻辱。"爻象辞说："父亲以严厉的态度要求教育子女，既未失父亲之尊严，又能使子女将来有出息而为家庭争光。母亲过于仁慈，则使子女得不到应有的教育，而失去家庭应有的家规。"

九三爻辞是指父严母慈对家庭子女教育所产生的不同结果。"家人嗃嗃"，是指父亲严厉严肃，虽然使子女不敢亲近父亲，但毕竟对子女的成长有利。子女得到严教，得到催促，得到勉励，使其对过失有所悔悟，就不会发生过错，所以严厉是一种好的教育形式。"妇子嘻嘻，终吝"，是指如若母亲过分仁慈，与子女亲密无度，就会对子女过分溺爱，而丧失母亲的尊严，不利于子女的成长。"终吝"，是指母亲亲而不敬，没有尊严。吝，在这里一方面指子女对母亲的尊敬显得吝啬；另一方面，慈母过于仁慈，对子女教育不得当，很可能会因子女而蒙受耻辱。吝，既有吝啬之义，又有耻辱之义。"失家节"，家节，是指家庭中父子、母子之间应有的家规，也就是正常的关系。这些正常的关系、义务失去了家庭的治理就失败了。

4.六四爻辞的意义

六四爻辞："富家，大吉。"爻象辞："富家大吉，顺在位也。"

六四爻辞说："富贵之家，大吉。"爻象辞说："富家大吉，就是顺在位。顺就是顺应道德，顺应先祖之德，顺应民心，顺应人义民情，各种事宜都做得恰如其分，所以为顺在位也。"

"富家，大吉"的含义：其一，是指治家的目的。治家既要使家庭和睦、孝敬、友爱，又要以家庭成员的能力使家庭富贵。当然，使家庭富且贵，则要取之有道，就是要以正当的方式使家庭富且贵。周室之富，是自周之先祖后稷开始。后稷从小就善于种植五谷，使家中五谷丰登富足。以后被舜帝重用，随大禹治水，教民耕种五谷，从事稼穑，为民谋利，被舜封为诸侯。其后代继承后稷之德志，继续从事稼穑，深受民众拥戴。直至周文王时，仍然"卑服，即康功，田功"，[①]又一次被商王分封为诸侯。因为周族能以农业为正当职业，而为天下人民创造了财富。正如《礼记·表记》孔子所言："后稷，天下之为烈也，岂一手一足哉！唯欲行之浮于名也，故自谓便人。"[②]孔子说："后稷建立的是天下的宏业，所以受益的不是一个人两个人，而是天下的民众。但他为了不使自己的行为虚浮于名声之上，而说自己只是一个懂得种稼穑之人。"这是孔子对后稷的高度评价。《论语》曰："富与贵，是人之所欲也，不以其道得之，不处也。贫与贱，是人之所恶也，不以其道得之，不去也。"[③]所以说"富家，大吉"是指君子应该以自己的才能，使自己的家庭富且贵。

其二，是指富贵之家，尤其是天子之家，以仁德，孝敬治家而表现的仁德礼义之宜。就是富贵之家对伦理关系的重视以及广而推之，以治天下的意义。正如《礼记·礼运》中所论的十义，以这种适宜的关系，义务治理国家，则臣子各守其位，各行其事，而守其职，相互协调，则天下太平。正如《礼记·礼运》孔子所言："父子笃，兄弟睦，夫妇和，家之肥也。[④]大臣法，小臣廉，官职相序，君臣相正，国之肥也。天子以德为车，以乐为御。诸侯以礼相与，大夫以法相序。士以信相考，百姓以睦相守，天下之肥也。"又如《诗经·大雅·思齐》曰："惠于宗公，神罔时怨。神罔时恫，刑于寡妻。至于兄弟，以御于家邦。"[⑤]又如《礼记·表记》孔子所言："君子之所谓仁者，其难乎！《诗》云：'凯弟君子，民之父母。'凯以强教之，弟以说安之。乐而毋荒，有礼而亲；威庄而安，孝慈而敬。使民有父之尊，有母之亲。如此而后可以为民父母矣。非至德其孰能如此乎？"[⑥]这就是说，以仁德、孝慈治家，治天下，使家和国治，所以大吉。

其三，是指富家在富贵之后，不忘其先祖之德政。以先祖之德义时时处处教育后代。正如《中庸》孔子所言："无忧者，其惟文之乎！以王季为父，以武王为子，父作之，子述之。武王缵大王、王季、文王之绪，壹戎衣而有天下，身不失天下之显名，尊为天子，富有四海之内，宗庙飨之，子孙保之。武王未受命，周公成文、武之德，追王大王，王季，上祀先公以天子之礼。"[⑦]这是说，周族的子孙后代，

---

① 徐奇堂译注. 尚书[M]. 广州出版社，2001：191.
② 钱玄、钱兴奇等注译. 礼记[M]. 岳麓书社，2001：727.
③ 刘琦译评. 论语[M]. 吉林文史出版社，3月版，24.
④ 《礼记·礼运》312.
⑤ 刘文秀、孙燕、孙兰. 诗经新解[M]. 中国出版集团世界图书出版公司，2012：280.
⑥ 《礼记·表记》728.
⑦ 《礼记·中庸》701.

周武王、周公富贵不忘其本，本者，先祖也，不忘其本，所以大吉。不忘记先祖，这是人之大义大孝。

5.九五爻辞的意义

九五爻辞："王假有家，勿恤，吉。"爻象辞："王假有家，交相爱也。"

九五爻辞说："天子借用有家即有国的道理治天下，不要担心，吉祥。"

"王假有家"就是指圣人、天子借用治家的道理、经验、榜样的作用，而推及天下，达到治理天下的目的。"勿恤"，即不要担忧，这样做不用忧虑。正如《礼记·哀公问》孔子所言："昔三代明王之政，必敬其妻子也，有道。妻也者，亲之主也，敢不敬与？子也者，亲之后也，敢不敬与？君子无不敬也，敬身为大。身也者，亲之枝也，敢不敬与？不能敬其身，是伤其亲；伤其亲，是伤其本；伤其本，枝从而亡。三者，百姓之象也。身以及身，子以及子，妃以及妃，君行此三者，则汽乎天下矣，大王之道也。如此，则国家顺矣。"① 这就是说，天子、明王借用治家爱护妻、子的道理而作为治理天下人民的楷模，因为自身、妻、子三者就是百姓的象征，君王能治理好自己的家，人民就会以君王之家为榜样，而争相效仿学习，而使天下得到治理。

爻象辞说："王假有家，就是交相爱。"君王借用治家的道理而治理天下，其实就是由敬重自己、妻子、子女的道理推想到百姓、自身和妻子、子女都是百姓的象征，所以由自身推想到百姓，由自己的妻子推想到百姓的妻子，由自己的子女推想到百姓的子女。爱护自己的家，就要爱护百姓的家。君子能以治家之礼推及天下，爱及天下百姓，礼也就会遍行天下。正如《礼记·哀公问》孔子曰所言："夫妇别，父子亲，君臣严，三者正，则庶物从之矣。"② "古之为政，爱人为大。不能爱人，不能有其身。不能有其身，不能安土。不能安土，不能乐天。不能乐天，不能成其身。"③

所谓"交相爱"，就是相互爱护，亲近。君王爱护天下百姓，必以使天下百姓安乐为上，百姓能安居乐业，则会顺敬君王。交相爱，当然表现在家中父子、母子、兄弟、姐妹等相互爱护之情。

6.上九爻辞的意义

上九爻辞："有孚威如，终吉。"爻象辞："威如之吉，反身之谓也。"

上九爻辞说："有诚信，有信用，就会产生威严威力，自始至终都会吉祥如意。"爻象辞说："威如之吉，就是返回自身之意。"

---

① 钱玄、钱兴奇等注译.礼记[M].岳麓书社，2001：662.

② 同上，660.

③ 同上，665.

上九爻辞所说的诚信,信用所产生的威力、威严始终吉祥,为什么呢?《中庸》曰:"故君子不动而敬,不言而信。""是故君子不赏而民劝,不怒而民威于铁钺""声色之于以化民,未也。"① 这是说为什么君子不必行赏,民众就会受到鼓励;不必发怒,民众对他的敬畏就已经超过了对刑戮的畏惧。正是因为君子在平时,在尚未做事之时,就已经怀着敬意;在尚未说话之时,从内心就有诚信了,民众受其感染,教化的力量就已显示出来了。教化的力量是在君子平时的表现中显示出来的,而不是专门做给天下人看的。正如《大学》所言:"所谓治国必先齐其家者,其家不可教而能教人者,无之。故君子不出家而成教于国。孝者,所以事君也,弟者,所以事长也。慈者,所以使众也。《康诰》曰:'如保赤子。'心诚求之,虽不中,不远矣。未有学养子而后嫁者也。""一家仁,一国兴仁;一家让,一国兴让;一人贪戾,一国作乱,其机如此。此谓一言偾事,一人定国。尧舜率天下以仁,而民从之;桀纣率天下以暴,而民从之。其所令,反其所好,而民不从。"② 这就是"有孚威如,终吉"的道理。

那么爻象辞所说的"威如之吉,反身之谓也",什么是返回自身呢?返回自身,也就是"躬身自问",反过来问问自己,反省自己,反问自己的过失,反问自己做事有无偏离正道,是否有诚信;自己是否具有君子应具有的美德;自己不喜欢的事,是否强加于别人等。正如《论语》孔子所言:"见贤思齐焉,见不贤而内自省也。"

反身,也可以认为是君子以身作则,以家作则,而治天下。正如《论语》孔子所言:"故君子以人治人,改而止。忠恕违道不远。施诸己而不愿,亦勿施于人。"又如《大学》曰:"是故君子有诸己,而后求诸人。无诸己,而后非诸人。所藏乎身不恕,而能喻诸人者,未之有也。故治国在齐其家。《诗》云:'桃之夭夭,其叶蓁蓁。子之于归,宜其家人。'宜其家人,而后可以教国人。《诗》云:'其仪不忒,正是四国。'其为父子兄弟足法,而后民法之也。此谓治国在齐其家。"③

所以,反身,也可以理解为先正己之身,而后以己为榜样,以治天下。"反",就是而后之意。

以上是《家人卦》的全部内容,《家人卦》象辞阐述了一个和睦美好的家庭,丈夫、妻子、兄弟、子女、父母各自要担负好自己的角色,尽到自己的职责,做好自己的本分,而且要有正义道德,才能引领这个家庭正常和谐生存的道理。

《家人卦》卦象辞阐述了君子所说之话和行动要统一,也就是要说到做到,而且要始终如一,这就是君子的诚信。

---

① 钱玄、钱兴奇等注译.礼记[M].岳麓书社,2001:718.
② 同上,802.
③ 同上,803.

《家人卦》卦辞阐述的是女子之德的贞顺。

初九辞，六二辞进一步阐述了妇人柔顺地顺从有德义的丈夫的道理；九三爻辞阐述的是父母的不同教化态度和方法所产生的不同结果，也就是所谓严父慈母的教化，对子女成长所产生的结果。六四爻辞是指那些圣王的教化方式和结果。九五爻辞阐述的是天子借用家庭教化的道理，教化天下；上九爻辞是说天子，君子无论做什么事情都要始终有诚信，始终如一，就如教化这些事情，就要始终坚持，始终从自身自家做起，始终真正做天下人民的榜样，而不能是为了教化臣民，而故意做样子给天下人看。只要天子有诚信，始终如一地使皇家的家庭为天下人的榜样，所产生的力量是无穷的。

至此，关于形而上形而下的意义，以及形而上的最高规则、基本规则和形而下的众多规矩，基本上都阐述了。还有一些属于天地之道的卦形结构，我们将在以后分别探讨。这里我们再温习一下形而上者谓之道和形而下者谓之器的意义和定义。

（1）从《老子》和《易经》哲学论述治国平天下之道的哲学意义而论，其哲学意义是：效法模拟天道自然的运行规则和有益于万物的自然善性，推论出来的道理，推论抽象拟定出匡正居于上位的执政者的意识、思维、思想、道德、行为，政治意识形态，规范国家意识形态、社会形态、治国宗旨的最高规则和基本路线是谓道。效法模拟天地之道自然运行的次序、节律及其万物并生并存而互不相害的道理，推论抽象出与国家意识形态、社会形态，治国宗旨、治国目标相符的，各种具有约束力，既能容纳万物，又能使万物并生并存、有条不紊而不相害的，以及利于保护人类自身和规范众人行为的众多法规制度礼法谓器。① 这是关于《易经》哲学形而上和形而下之之道的哲学意义，更是关于道德的意义，道，就是形而上者谓之道的意义，德，就是使人民得到利益福气天下得到太平安乐的目的，谓德。

（2）从《老子》和《易经》哲学之论的教化意义而论，关于"形而上者谓之道，形而下者谓之器"的一般意义是：效仿模拟天道自然有益于万物的自然善性，推论抽象出各种匡正人的意识、思维、思想、道德、纯净心灵行为的道理谓道。效仿模拟天地之道自然运行的次序；节律及其万物并生并存而互不相害的道理，所推论抽象拟定出各种规范约束众人行为保护众人合法权益的法规制度礼法谓器。②

形而上之道，是意识形态的问题，对于我们一般人而言，是属于使人的意识思维心灵美善的最高规则；形而下之器，就是容纳装载规范众人行为的规则。只要我们学习它、了解它，就能对意识思维心灵起到纯正作用，就能提高我们的思想道德

---

① 这是笔者对"形而上者谓之道、形而下者谓之器"哲学意义的解析。
② 这是笔者对"形而上者谓之道、形而下者谓之器"一般意义的解析。

水平，不要以为这是圣人君子的思维，我们一般人无法做到，其实这些哲学意义，对于我们每一人都有教化意义。

　　注：在第二编的研究中，存在一个让笔者难为的问题，就是对于《易经》的原文，是应该解释呢？还是只提供原文，如果句句解释，必然使篇幅增长，如果不解释，读者不容易了解原文的含义，必然也不会很明白笔者的论述，所以考虑再三，还是对原文加以解释为宜，这样便于读者查证。但是，笔者在解释这些原文时，没有对字辞进行解释，而是直接解释句子的意义，其目的就是减少篇幅，也因为这些字辞的注释，笔者在《周易新解》中已经有过解读。所以，此处就不想赘述。

论中国古代哲学形而上形而下之道

下册

刘文秀 著

中国书籍出版社
China Book Press

目 录

第三编 《易经》部分别卦的自然之象与卦象辞之象和卦象之象的哲学意义及传系统一些文辞的哲学意义

第一部分 《易经》部分别卦卦形结构图的自然之象与卦象辞和卦象的哲学意义及其归属························350
第一章 部分别卦卦形图的自然之象与卦象辞和卦象的哲学意义及其归属 350
第一节 《乾卦》和《坤卦》卦象辞的自然之象与哲学意义及其归属··· 352
第二节 《遁卦》和《大畜卦》卦象辞的自然之象与哲学意义及其归属··· 363
第三节 《否卦》和《泰卦》卦象辞的自然之象与哲学意义及其归属··· 371
第四节 《剥卦》和《谦卦》卦象辞的自然之象与哲学意义及其归属··· 385
第五节 《困卦》和《节卦》卦象辞的自然之象与哲学意义及其归属··· 398
第六节 《晋卦》和《明夷卦》卦象辞的自然之象与哲学意义及其归属························409
第七节 《萃卦》和《临卦》卦象辞的自然之象与哲学意义及其归属··· 418
第八节 《咸卦》和《损卦》卦象辞的自然之象与哲学意义及其归属··· 425
第九节 《蹇卦》和《蒙卦》卦象辞的自然之象与哲学意义及其归属··· 434
第十节 《小过卦》和《颐卦》卦象辞的自然之象与哲学意义及其归属 441
第十一节 《鼎卦》和《家人卦》卦象辞的自然之象与哲学意义及其归属 452
第十二节 《涣卦》和《井卦》卦象辞的自然之象与哲学意义及其归属 463
第十三节 《讼卦》和《需卦》卦象辞的自然之象与哲学意义及其归属 474
第十四节 《恒卦》和《益卦》卦象辞的自然之象与哲学意义及其归属 482
第十五节 《升卦》和《观卦》卦象辞的自然之象与哲学意义及其归属 491

第十六节　《大过卦》和《中孚卦》卦象辞的自然之象与卦象辞的
　　　　　　哲学意义及其归属 ································· 497
　　第十七节　《蛊卦》和《渐卦》卦象辞的自然之象与哲学意义及其归属 502
　　第十八节　《革卦》和《睽卦》卦象辞的自然之象与哲学意义及其归属 510
　　第十九节　《震卦》和《艮卦》卦象辞的自然之象与哲学意义及其归属 520
　　第二十节　《履卦》和《夬卦》卦象辞的自然之象与哲学意义及其归属 527
　　第二十一节　《姤卦》和《小畜卦》卦象辞的自然之象与哲学意义
　　　　　　　及其归属 ····································· 534
　　第二十二节　《同人卦》和《大有卦》卦象辞的自然之象与哲学意
　　　　　　　义及其归属 ··································· 542
第二章　部分具有哲学意义的别卦卦辞、象辞、爻辞的哲学意义及其归属 552
　　第一节　《旅卦》与《贲卦》卦辞、象辞、部分爻辞的意义与哲学
　　　　　意义及归属 ······································· 552
　　第二节　《兑卦》与《巽卦》卦辞、象辞、卦象辞的意义和哲学意
　　　　　义及其归属 ······································· 558
　　第三节　《随卦》卦辞和象辞的意义与哲学意义及归属 ············ 561
　　第四节　《离卦》九四爻与《坎卦》上六爻的意义和哲学意义及其归属 562
　　第五节　《无妄卦》六三、九五爻与《大壮卦》九三、上六爻的意
　　　　　义和哲学意义及其归属 ···························· 564
　　第六节　《未济卦》九四、上九爻与《既济卦》九五、上六爻的意
　　　　　义和哲学意义及其归属 ···························· 568
　　第七节　《归妹卦》六五爻辞的意义与哲学意义及归属 ··········· 570
　　第八节　《豫卦》六二爻和六三爻辞的意义与哲学意义及其归属 ······ 572
　　第九节　《比卦》初六爻、六二爻、六四爻辞的意义与哲学意义及
　　　　　其归属 ··· 574
　　第十节　《解卦》六五爻辞的意义与哲学意义及其归属 ··········· 576

**第二部分　《易·系辞》《说卦传》《序卦传》中一些文辞的意义与哲学意
　　　　　义及其归属** ·· **578**
　　第一章　《易·系辞》部分文辞的意义与哲学意义及其归属 ········· 578
　　　　第一节　《易·系辞上传》第一节八卦相荡的意义与哲学意义及其归属 578
　　　　第二节　《易·系辞上传》第四节乐天知命的意义与哲学意义及其归属 580

第三节　《易·系辞上传》第五节阴阳及生生之谓易的意义与哲学
　　　　　意义及其归属……………………………………………… 582
第四节　《易·系辞上传》第六节乾坤动静的意义与哲学意义及其归属 586
第五节　《易·系辞上传》第七节崇效天卑法地的意义与哲学意义
　　　　　及其归属…………………………………………………… 587
第六节　《易·系辞上传》第八节关于象的意义与哲学意义及其归属 588
第七节　《易·系辞上传》第十节关于占卜基本方法的意义与哲学
　　　　　意义及其归属……………………………………………… 590
第八节　《易·系辞上传》第十一节关于易为何物的意义与哲学意
　　　　　义及其归属………………………………………………… 591
第九节　《易·系辞上传》第十二节自天佑之的意义与哲学意义及
　　　　　其归属……………………………………………………… 595
第十节　《易·系辞下传》第一节关于变通的意义与哲学意义及其归属 597
第十一节　《易·系辞下传》第二节关于自然进化史的意义与哲学
　　　　　　意义及其归属…………………………………………… 599
第十二节　《易·系辞下传》第四节关于阴阳爻的象征意义与哲学
　　　　　　意义及其归属…………………………………………… 601
第十三节　《易·系辞下传》第五节第六段关于居安思危的意义与
　　　　　　哲学意义及其归属……………………………………… 602
第十四节　《易·系辞下传》第六节关于乾坤阴阳的意义与哲学意
　　　　　　义及其归属……………………………………………… 604
第十五节　《易·系辞下传》第七节关于作易者的忧患的意义与哲
　　　　　　学意义及其归属………………………………………… 605
第十六节　《易·系辞下传》第九节关于易之为书的意义与哲学意
　　　　　　义及其归属……………………………………………… 607
第十七节　《易·系辞下传》第十节关于三才之道的意义与哲学意
　　　　　　义及其归属……………………………………………… 608
第十八节　《易·系辞下传》第十一节关于易之兴的意义与哲学意
　　　　　　义及其归属……………………………………………… 610
第十九节　《易·系辞下传》第十二节关于乾坤卦的意义与哲学意
　　　　　　义及其归属……………………………………………… 611

第二章　关于《易·说卦传》部分文辞的意义与哲学意义及其归属 …… 613
  第一节　《易·说卦传》第一节关于圣人作易的目的意义与哲学意义及其归属………………………………………………………………613
  第二节　《易·说卦传》第二节关于三才之道的意义与哲学意义及其归属………………………………………………………………614
  第三节　《易·说卦传》第三节关于八卦相依相生相克的意义与哲学意义及其归属……………………………………………………615
  第四节　《易·说卦传》第四节关于八卦类象的意义与哲学意义及其归属………………………………………………………………616
  第五节　《易·说卦传》第六节关于八卦类事的意义与哲学意义及其归属………………………………………………………………617

第三章　关于《易·序卦传》部分文辞的意义与哲学意义及其归属 …… 618
  第一节　《序卦传·上篇》关于天地化生万物的意义与哲学意义及其归属………………………………………………………………618
  第二节　《序卦传·下篇》关于有万物,然后有男女的意义与哲学意义及其归属………………………………………………………619

第四编　《易经》哲学与现代社会的关系

第一部分　《易经》哲学的核心内容及中国哲学历史发展中的几位相关人物 …… 624
  第一章　《易经》八卦六十四卦的演变过程与《易经》哲学的核心内容　624
    第一节　《易经》八卦六十四卦的演变过程和意义……………… 624
    第二节　《易经》六十四卦的重要内容与核心内容及核心思想…… 627
  第二章　《易经》哲学所涉及的几个重要哲学问题 ……………………… 640
    第一节　《易经》哲学天人同一观的哲学意义…………………… 640
    第二节　《易经》哲学关于保合大和与平和的哲学意义………… 654
    第三节　《易经》哲学关于与时皆行的哲学意义………………… 659
  第三章　《易经》哲学历史发展中的几位相关人物 ……………………… 670
    第一节　《易经》哲学思想的总导师——孔子…………………… 670
    第二节　中华民族形而上哲学与道德的创始者老子……………… 686
    第三节　尊崇并忠实传承哲学始祖老子的庄子…………………… 702
    第四节　孟子是孔子形而上形而下思想的忠诚传承者…………… 716

第五节　张载四为句的意义及对形而上形而下论述的意义……… 729
　　第六节　王阳明良知、知行合一的形而上教化哲学……………… 757

第二部分　《易经》哲学的现代意义……………………………… **787**
　第一章　关于中国现代哲学………………………………………… 787
　　第一节　中国哲学的现状………………………………………… 787
　　第二节　中国哲学界存在问题的可能原因及相关建议………… 793
　第二章　《老子》和《易经》哲学的现代意义及《易经》哲学的重要意义 796
　　第一节　《老子》所论的圣人之道德与治国之学的现代意义… 796
　　第二节　综述《易经》哲学的意义及其教化…………………… 805
　　第三节　传统哲学与哲学创新…………………………………… 815

参考文献……………………………………………………………… 819
后　记………………………………………………………………… 822

第三编

《易经》部分别卦的自然之象与卦象辞之象和卦象之象的哲学意义及传系统一些文辞的哲学意义

　　本编的内容主要包括：《易经》哲学道论的最终目的，是以道论人，《易经》哲学有三才之道论，包括天道、地道、人道，也就是说《易经》哲学论天论地，就是为了论人。论人就是关于人道的论述，人之道，正如《易·系辞》所言"立人之道，曰仁与义"。这里《易经》所说的人之道，是指做人的基本规则，而《易经》所论的人之道还有最高规则和君子之道。最高规则是指《易·乾卦》卦辞所言的："元、亨、利、贞。"这是指作为真龙天子的最高规则，这个问题我们在形而上之最高规则中已经探讨过了。关于君子之道主要是指六十四卦的卦象辞而言，《易经》作者从六十四卦所叙述的内容中，以及从孔子、《老子》对一些问题的论述中，概括抽象出君子所要记住、所要吸取的经验教训，以及君子应该具有的品德，这就是所谓的君子之道。所以在这一编所要探讨的是部分别卦的自然之象与君子之道的真实意义和哲学意义及卦象的哲学意义，以及它们的哲学意义归属。

　　所谓哲学意义归属，就是指这些卦象辞和卦象的哲学意义，是属于形而上之道还是属于形而下之道的问题，当然这些卦象辞和卦象并不一定都具有哲学意义，因为有些卦象辞只是对与本卦所论内容相关的补充或提示性说明而已，所以它们并不一定都有肯定的哲学意义归属，但是它们都有各自的意义。

第一部分 《易经》部分别卦卦形结构图的自然之象与卦象辞和卦象的哲学意义及其归属

第一章 部分别卦卦形图的自然之象与卦象辞和卦象的哲学意义及其归属

一、关于卦形结构图

所谓卦形结构图是指由上下排列的二个经卦所组成的这个卦形的名称和象征意义。卦形结构图就是六十四卦图,也称别卦的卦形图。

别卦的卦象辞都是分为二部分。第一部分主要是对每一卦的卦形结构的说明和依照卦形结构所象征的事物的揭示;其所象征的事物意义又称为卦形结构之象。也就是说第一部分主要是对卦形结构自然之象意义的说明。第二部分主要是指君子之象。

1. 所谓卦形结构之象,不但指用阴阳爻,表示出来的卦形图,还指用文字来描述这一卦的卦形结构的语言所表示的含义。第一部分一般有二种表现形式。

第一种表现形式,就是别卦的卦形结构图;第二种表现形式就是卦形结构图后面所附的简短说明。

第一部分是别卦卦象辞的重要组成部分。所谓别卦的卦形图,本身就是对某种自然事物形象的表述,也就是某一种自然事物的象征。别卦的卦形图,各自都有不同的象征意义。

别卦的每一个卦形图都象征某一类自然事物,或者象征某一类自然事物发生的原理,或者象征某一自然事物的特殊意义,或者依据这一卦形图自身结构的象征意义来阐明某一事物的意义,这是别卦卦形图的基本意义。别卦每一卦的卦形图都属于喻象思维,卦形图后面所附的简短的说明,就是对卦形结构自然之象意义的说明。

2. 卦象辞的第二部分，大多数都属于君子之象的范畴。所谓君子之象，是《易经》为君子刻画的君子德行表现的形象。其内容的来源与依据，有些是《易经》依据卦形结构图和后面所附的简短说明、所显示的本卦的自然特性和自然本性抽象而来；有些是依据卦形结构图和后面所附的简短说明，以及本卦所述的内容抽象而来；有些则是依据卦形结构图和后面所附的简短说明，结合本卦所述的内容与孔子、老子等先哲的至理名言而来；有些则是对本卦所述内容的补充说明；等等。

二、卦形图的意义及其归属

1. 一般都是依照卦形图的阴阳爻的多少来归属天道、地道，或天地之道。

2. 别卦的卦形图，其实就是由一对阴阳爻相对相反、一对阴阳爻卦位相对应相反的卦形图和二对上下二个经卦图的方向相反的卦形图与卦名意义独立的八纯卦图形，及二十八对上下二个经卦图相反、卦名相反相对应的卦形图构成。

其一，八纯卦卦形图：包括阴阳相反相对应的 ☰ 与 ☷，及二对上下二个经卦图的方向相反的 ☳ 与 ☶、☵ 与 ☲，及一对阴阳爻卦位相对应相反的 ☴ 与 ☱。

其二，关于二十八对上下二个经卦图相反、卦名相反相对应的卦形图：比如：䷀与䷁、䷂与䷃、䷄与䷅、䷆与䷇、䷈与䷉、䷊与䷋、䷌与䷍等。

3. 关于二十八对上下二个经卦图相反、卦名相反相对应的卦形图的意思，就是说这二十八对五十六个别卦的图形均有与之对应的组成该卦的二个经卦的卦形图和上下位置相反卦名相反的卦形图，也就是说这二十八对五十六个别卦的图形，每一个卦形图，将其组成该卦卦形图的两个经卦的卦位上下互相换位而组成卦形图相反、卦名相反相对应的另一个别卦的卦形图。从列举的这八对十六个卦形图的结构，就可以明确地看到，它们都是组成该卦卦形图的二个经卦的卦位上下换位而组成一个与其相反相对应的新卦形；这也是部分别卦的一种组成方式。

4. 本编总共列举了十二对二十四个卦形图，其中有些卦象辞的意义在前面的相关章节已经有所分析，尤其是在第二编的阐述中，很多卦形结构图的象征意义已经做了阐述，但是由于研究叙述的需要，后面章节中所研究的二十二对，四十四个别卦中，有不少也重复论述了第一编、第二编中阐述过的一些内容。

三、卦象辞哲学意义的归属

依据其哲学意义归属为形而上或形而下之道。

四、在这一部分第一章的论述中包括以下几个方面的问题

其一，在论述该卦卦象辞哲学意义之前，一般都加入了对卦象辞意义的论述。

其二，加入了对卦辞的论述，因为卦辞是论述这一个内容的重点。

其三，加入了象辞意义解读，并对一些具有哲学意义的象辞、爻辞和爻象辞作了论述，还对一些爻辞的真实意义作了说明。这就是题目中所提到部分卦象的含义。

五、第二章是对第一章没有论述的具有哲学意义的卦辞、象辞、爻辞等作了论述。

第一节 《乾卦》和《坤卦》卦象辞的自然之象与哲学意义及其归属

一、《乾卦》卦形结构图自然之象的象征意义和卦象辞的意义

☰卦象辞："天行健；君子以自强不息。"

（一）《乾卦》卦形结构图自然之象的象征意义

1.☰卦形结构图和"天行健"的象征意义

其一，《乾卦》的卦形结构：《乾卦》上下均为☰，二个☰相重，表示乾天太阳独一无二的强大功能，无物不覆，无物不照，而又无物能伤，任何力量意志都无法改变或左右它，表示了万物生长靠太阳的意义。

其二，是乾天广大无垠和天道功能的象征。

其三，表示乾天的特性。以刚直的光热照耀万物，也就是说太阳的光线为直线，且表现了"乾天之动也直"的特点。直，是指乾天运动变化速度非常快速。

其四，象征乾天的自然本性。乾天之太阳是自己发热发光，是自己使自己强大无比的，是自己使自己以光明照耀温暖天下万物的，是乾天自然之象的象征。体现了乾天公平正直无私的自然本性。正如《易·系辞》曰："夫乾，天下之至健也，德行恒易以知险。"

其五，象征乾天善于变化，变化多端，变化四时风云雨雪雷电，变化温暖光明，变化旱涝风雨灾害，且任何力量都无法左右。

其六，象征乾天的阴阳属性，正如《易·系辞》曰："乾，阳物也。"乾天是一切阳性事物的象征。

其七，象征日月星辰、昼夜四季交替变化亘古不变的刚健诚信之德。

其八，"☰"，是最早表示"天"的符号。

2.《乾卦》卦象辞的意义

"君子以自强不息"，卦象辞说有志的君子，应效法乾天强大刚直不阿，公正

无私,而又能随时变化的品德勉励自己,以天之道德为实现天下安乐太平而奋斗不息。正如《道德经》第七十八章老子曰:"是以圣人云:受国之垢,是谓社稷之主;受国不详,是谓天下王。正言若反。"老子说:"圣人说过,'能够蒙受全国所有屈辱的人,可以说才配作君主;能够承受国家所有灾难的人,可以说才配作天下之王。'这正面的话听起来就好像是反话一样。"

二、《坤卦》卦形结构图自然之象的象征意义和卦象辞的意义

☷☷卦象曰:"地势坤,君子以厚德载物。"

(一)《坤卦》卦形结构图自然之象的象征意义

1.☷☷卦形结构图和"地势坤"象征意义

其一,《坤卦》的卦形结构:《坤卦》上下均为☷,二个☷相重,象征坤地的深厚广博的本性。

其二,它象征着地球表面高低不平、起伏不定又连绵不断的地形、地貌特点,也就是说《坤卦》的卦形结构图就是地球的地势地貌特点的象形写照。也就是"地势坤"的意义。

其三,象征坤地承载容纳藏匿万物的特征,以及坤地承载藏纳万物不言其功的善良本性。

其四,象征地道的功能。

其五,象征坤地的阴阳属性。正如《易·系辞》曰:"坤,阴物也。"坤地是一切阴性事物的象征。

其六,象征坤地的阴柔柔顺之德。

其七,"☷",就是最早表示"地"的符号。

2.《坤卦》卦象辞的意义

"君子以厚德载物","厚德载物"是古圣人对坤地之美德的抽象评定;"君子以厚德载物"是《易经》对君子德行形象的描述。坤地的美德有哪些呢?其一,坤地柔顺地顺应天道的变化而变化,并能弘扬光大天之道德。其二,坤土深厚广博,无私承载藏纳万物而不言其功,无私孕育万物无怨无悔,坤地广博深厚,容纳负载着江河湖海高山峻岭,宝藏美玉,财货草木禽兽和人类;容纳着污泥浊水;容纳着人类的肆意开辟,肆意遗弃;容纳着天气变化所造成的各种灾害;等等,这是多么深厚宽广的美德啊!

"君子以厚德载物",《易经》认为君子的胸怀就如深厚广博的大地,学习效仿坤地的美德,不断地为了国家人民的利益而奋斗不息,以累积自己德行,为了国家人民的利益,而自觉自愿地承受一切苦难,以仁善待万物。正如《道德经》第

七十八章老子所言："是以圣人云：受国之垢，是谓社稷之主；受国不祥，是谓天下王。正言若反。"老子指出，为了为万民谋求利益福气，就要能够承受全国所有屈辱和灾难、能够承受国家所有屈辱和灾难的人，可以说才能配做天下之王。

"君子以厚德载物"的厚德之厚，并不是说作一次两次好事就能达到的德行，而是从一点一滴堆少成多不断累积德行的过程，而且要想有厚德，就得象天地一样坚持诚信，持久不变才可以达到。

"君子以厚德载物"，就是要永远不停息地以诚信无私善待万物，善待人类自己，就像大自然的变化一样，在自然而然不知不觉的自然状态中辅助万物，为人类自身谋取生存之利。所以，"君子以厚德载物"一方面是指君子要像坤地一样以深厚宽广的胸怀容纳善待万物；另一方面是指君子要不断累积德行，以坤地容纳承载万物而无怨无悔的品德，自觉自愿地为人民谋利益。

三、《乾卦》与《坤卦》卦象辞的哲学意义及其归属
（一）依据《易·系辞》对乾坤卦的论述分析其哲学意义

1.《易·系辞下传》第六节，子曰："乾坤其易之门邪。乾，阳物也。坤，阴物也。阴阳合德，而刚柔有体，以体天地之撰，以通神明之德。"孔子说："乾坤两卦是进入易学的门户啊。乾，为阳刚之物。坤，为阴柔之物。坤地的阴柔之德与乾天的阳刚之德相合，则刚柔就有了体系，以体现天地万物的阴阳变化现象，以通达人类意识思维智慧的功德。"

2.《易·系辞下传》第一节曰："刚柔者，立本者也。变通者，趣时者也。吉凶者，贞胜者也。天地之道，贞观者也。日月之道，贞明者也。天下之动，贞夫一者也。"《系辞》说："地刚柔者，是万物生存变化的根本。所谓变通，就是及时适宜地变易取舍使其与事物的时间空间的变化相适应而已。所谓吉凶，就是占卜的目的是要以吉者战胜凶者。天地自然的道理，以正直显示天下；日月的道理，是永远以光明照耀万物的；天下万物的变化，永远依赖的是太阳独一无二的功能也。"

以上两段《系辞》的内容，应该是对乾坤二卦卦象辞自然之象哲学意义的论述。论述了乾坤二卦自然之象的阴阳属性，自然之象体现了乾坤二卦的自然德性，体现了天地自然阴阳变化的规律，体现了圣人的聪明才智。阴阳是乾天坤地的本性。乾天正直光明正大，以及日月的功能，万物生长靠太阳，太阳是万物生长化育变化的主宰。坤地刚柔的本性，是坤地上万物生存的根本所在，没有坤地，万物就没有立足之地，动植物就不能生成。

（二）依据☰的卦辞、象辞、部分爻辞分析其哲学意义

1. ☰卦辞"元、亨、利、贞"的哲学意义

首先是对乾天四种基本德行的抽象，乾天太阳从开始形成之时就亨通无阻，利于万物的形成，利于万物的生长化育变化，以正大光明温暖照耀万物。其二，依据乾天的四种伟大德行，老子将其升华抽象为天道天德和圣人君子之德。孔子在《乾·文言》中将其归纳抽象为圣人君子的四种品德，正如《乾·文言》曰："'元'者，善之长也。'亨'者，嘉之会也。'利'者，义之和也。'贞'者，事之干也。君子体仁，足以长人，嘉会足以合礼，利物足以和义，贞固足以干事。君子行此四德者，古曰：乾，元亨利贞。"又曰："乾'元'者，始而亨者也。'利贞'者，性情也。乾始能以美利天下，不言所利，大矣哉！大哉乾乎！刚健中正，纯粹精也。六爻发挥，旁通情也。时乘六龙，以御天也。云行雨施，天下平也。"

所以卦辞的哲学意义，就是对乾天和圣人君子四种至高无上的德行的抽象，属于意识、思维、思想、道德、行为的形而上之道的范畴。

2. ☰卦象辞的意义与哲学意义及其归属

☰象辞："大哉乾元，万物资始，乃统天。云行雨施，品物流形，大明终始，六位时成，时乘六龙以御天。乾道变化，各正性命，保合大和，乃利贞。首出庶物，万国咸宁。"

（1）象辞的意义。象辞说："伟大啊乾天之善德，万物凭借其光热开始化生。乃统御着乾天，云彩广布而均匀地降雨于天下，使众多事物变化而各有品类形体形象之特征，日月的光辉正大光明始终照耀万物，形成了昼夜四时，就如六条色彩各异的巨龙以统御乾天万物的变化。乾天的各种变化，风云雷电雨雪，昼夜、四时，各自端正以中正的本性为命令，保证天地阴阳之气相交相合，以平和而达到天下太平，就有利于万物正常化育。圣人首先创造出众多的治国治天下的事物，以天命治天下，以为人民谋利益福祉为治国宗旨，使天下人民受到教化感化，而达到万物和谐，各国人民和谐相处，以实现天下万物都得到安宁，人民幸福安康的太平社会。"

（2）象辞的哲学意义及其归属。象辞的哲学意义，包含了以下几个方面。

圣人对乾天美德的伟大之处做了论述品评，乾天的美德正如《乾·文言》所言："乾始能以美利天下，不言所利，大矣哉！大哉乾乎！刚健中正，纯粹精也。六爻发挥，旁通情也。时乘六龙，以御天也。云行雨施，天下平也。"

其一，论述了天道自然的强大功能。乾天太阳统御乾天的强大功能和其他星球依靠太阳之光而光明的道理。

其二，太阳统御乾天的强大功能是因为太阳自身能产生强大的光热照耀温暖万物的强大功能。

其三，统御着春夏秋冬四季与昼夜的变化。

其四，太阳之阳的变化功能，太阳是风云雨雪雷电形成的原始功力。乾天统御着"云行雨施"的自然变化，太阳之阳与地之阴相交相感相合而变化出来的风云雨雪雷，以滋润震动万物。

其五，"云行雨施"，是说乾天自然变化正常及时运行，是天下自然太平的根本。

其六，论述了圣人治理国家天下的目的，实现天下万国安宁太平大同社会。

其七，象辞是对卦辞的进一步论述与补充说明，属于形而上之道的范畴。

3.☰用九爻辞的意义与哲学意义

用九爻辞："见群龙无首，吉。"爻象辞："天德不可为首也。"

（1）用九爻辞的意义：用九爻辞说："看见很多龙井然有序地在一起聚会、交往、游乐、工作，但却没有看见他们的首领，这是最美好的时刻。"爻象辞说："天德是不可为首领或者为第一的。"

（2）用九爻辞的哲学意义及其归属：其一，用九爻，是对《乾卦》所述内容的总结，因为《乾卦》所讲的就是治国者治理国家天下的道理、方法和原则，以及治理国家天下所要达到的目标和已经实现了伟大目标的记述。其二，论述了圣人治国治天下的终极目的——大同社会的自然和乐景象。其三，圣人治国治天下的终极目的与马克思在《1844年经济学哲学手稿》中所说的"这种共产主义，作为完成了的自然主义，等于人道主义，而作为完成了的人道主义，等于自然主义，它是人和自然界之间、人和人之间的矛盾真正解决，是存在和本质、对象化和自我确证、自由和必然、个体和类之间的矛盾的真正解决"[①]的意义相一致。其四，用九爻辞的意义，就是说依照易《乾卦》所论的宗旨治理国家天下，最终达到了极为和乐自由的社会条件下，这些龙的传人，在自然状态下自然和乐地游玩或工作，他们之间没有任何矛盾，他们与自然界的其他物属也没有矛盾，所以他们才能如此自由自在地生活游乐或工作。其五，爻象辞说"天德不可为首也"，为什么呢？因为实现了大同社会，是中华民族的子子孙孙，龙的传人，圣人效法天道天德治天下，努力进德修业，以身作则为天下民众谋利益而教化感化了民众，使天下人顺服圣人的治理，君民齐心协力实现了天下大治，这不是天道天德本身的功能所能达到的，所以"天德不可为首也"，圣人和人民才是实现大同社会的主人，也是第一位的。

其六，☰用九爻属于国家意识形态、治国目标的最高规则的形而上之道的范畴。

---

① 马克思.1844年经济学哲学手稿（单行本），人民出版社，2005年版，77—78页。

（三）依据☷卦辞、象辞、部分爻辞分析其哲学意义

1. ☷卦辞的意义与哲学意义及其归属

☷卦辞："坤：元亨，利牝马之贞。君子有攸往，先迷后得，主利，西南得朋，东北丧朋。安贞，吉。"

（1）☷卦辞的意义：卦辞说："坤地从开始形成之时，就亨通，一开始遍布海洋的坤地有利于动植物的先祖水中生物的生成，而形成地球上的万物，而且坤地有利于柔顺地顺承乾天的正直和变化而不改变。君子对坤地的认识有着许多反复的过程，先是分辨不清，后来终于得到了正确的认识。总的来说，坤地是最有利于万物和人类生存之处了，坤地是人类赖以生存的根本。西南方位得到了朋友，东北方位丧失了朋友。坤地安稳安静按时顺应天时，永远不要作剧烈运动，对人类对万物都吉祥如意。"卦辞首先是对坤地之德行的抽象，也是说天地交泰，风调雨顺，万物和谐，天下就会太平安乐。

正如《坤·文言》曰："坤至柔而动也刚，至静而德方，后得主而有常，含万物而化光。坤道顺乎，承天而时行。"又如《易·系辞》曰："夫坤，天下之至顺也，德行恒简以知阻。"

（2）《坤卦》卦辞的哲学意义：其一，坤地与乾天一样，都是有利于万物人类的事物。其二，是对坤地柔顺地顺承乾天之德行的评定。其三，是对坤地的剧烈运动对人类万物伤害的评估。

（3）☷卦辞属于地道的范畴。

2. ☷卦象辞的意义与哲学意义及其归属

☷象辞："至哉坤元，万物资生，乃顺承天，坤厚载物，德合无疆，含弘光大，品物咸亨。牝马地类，行地无疆，柔顺利贞，君子攸行。先迷失道，后顺得常。西南得朋，乃与类行。东北丧朋，乃终有庆。安贞之吉，应地无疆。"

（1）☷象辞的意义

象辞说："广博啊！深厚啊！柔顺至极啊！坤土！它是万物滋生之母，仍然顺承乾天的变化而变化。坤土厚重无私承载万物，其德与天之德相合永久没有止境。坤土不但包含顺应天德，而且能以极其广大的能量使天德发扬光大，使众多事物变化而各有品类形体形象各有特征全都通达顺利亨通。坤土属于母马阴柔之类，坤地就如母马顺应乾天之公马一样永无休止地运行，坤地柔顺地顺应万物，顺应人类的需要而有利于人类，坤地之德如此美好。君子于是就行动，反复考察研究坤地柔顺地顺应天道而运行的道理，先是迷失茫然无知，不懂其中的道理和研究方法，经过反复考证研究终于顺利懂得了坤地自然运行的常规和方法。西南得到的朋友是与太阳光热的强弱和坤地上万物的生长类型及方式是一致的。东北丧失了朋友，但是人

类终于认识到了这些自然变化规律，也是福气。安定、安稳、坚定、正直、吉祥，顺应坤地之德而天下永久太平。"

象辞是对坤地之德的补充说明，而且说明了人类认识坤地之德和坤地运行规律的过程，其过程就是反复实际观察、研究考证的过程。

（2）䷁象辞："君子攸行。先迷失道，后顺得常"与"安贞之吉，应地无疆"的哲学意义

1. 这一段象辞的意义：其一，"君子攸行，先迷失道，后顺得常"，是对圣人君子反复实际考察研究坤地之德和坤地运行规律过程及结果的论述。君子反复实际考察，以大量事实证明坤地的美德和运行规律，也就是由开始迷茫不知到经过实际反复地考察研究，而终于有了结果，终于认识到坤地的运行规律。这说明我们的先人们对天地美德的认识，对日月星辰坤地运行规律的认识，不是凭空想象出来的，而是经过反复取证，实际考察研究，依据实际情况得出的实事求是的结果，这是《易经》辩证唯物论的重要依据。

其二，"安贞之吉，应地无疆"，"安"具有安定、安全、安稳、坚定的意思。所以坤地安稳安定地运行，不要做剧烈的运动，贞吉美好，顺应坤地之德没有穷尽。

2. 这一段象辞的哲学意义：其一，论述了人类对坤地自然变化规律和运行的认识过程。

其二，人类期望坤地安定安稳地运行不息，但是坤地却有它不由自主的意外运动现象，那就是地壳运动，坤地的意外运动，是万物人类的灾难。所以说万物人类之安、万物之长久，在于坤地之安，在于坤地自身之安静及天地交泰、风雨适时、风调雨顺，在于乾天清静常安而顺行。乾天之安，应于坤地，也就是坤地、万物之安更有利于人类长久安乐。坤地之安，其中一个重要问题就是坤地安静，不要发生地动山摇的地震。这是圣人对坤地的期望，是人类对坤地的美好期盼，既然人类对坤地的美好德行如此期盼看重，那我们人类自己不也更应该顺应坤地的美好德行，更应该爱护保护地球的自然环境，而使自己安定快乐吗？

其三，对坤地之德作了评定，这也是坤地之常德。坤地以安定安全无声坚定不移地自转和围绕太阳公转，并且正直无私，对万物一视同仁，那么人类理应永远顺应坤地的美好德行，以坤地厚德载物的品德善待万物、善待人类自己，天下因此而太平安乐、人民和谐幸福。

其四，坤卦象辞属于地道的范畴。

3. ䷁六五爻辞和上六爻辞及用六爻辞的意义与哲学意义及其归属

研究《坤卦》主要是以《坤·文言》为依据，其次结合《易·系辞》等内容，解读坤卦的含义。卦辞依据《坤·文言》是对坤地德性的解读；象辞是对卦辞的进

第三编 《易经》部分别卦的自然之象与卦象辞之象和卦象之象的哲学意义及传系统一些文辞的哲学意义　　359

一步说明；爻辞则包括了事物的发展规律及积善的结果的论述，君子之德对民众的教化作用，是周文王之德及其愿望，君子之德的一种表现形式，人民对西周君子品德的怀念，对春秋战国时期那些称王争霸诸侯混战之局面的简述。所以说《坤卦》的内涵复杂而庞大。

（1）䷁六五爻辞和上六爻辞及用六爻辞原文

六五爻辞："黄裳，元吉。"爻象辞："黄裳元吉，文在中也。"

上六爻辞："龙战于野，其血玄黄。"爻象辞："龙战于野，其道穷也。"

用六爻辞："利永贞。"爻象辞："用六永贞，以大终也。"

（2）䷁六五爻辞和上六爻辞及用六爻辞的意义与哲学意义及其归属

①䷁六五爻辞和上六爻辞及用六爻辞的意义

其一，六五爻辞说："黄色的下衣，从开始就大吉大利。"爻象辞说："黄色的下衣，从开始就大吉大利，是因为文化、文字、文辞、文雅、文明、文治、文王的含义就在其中。"

其二，上六爻说："那些与真龙天子相似的人，率领数以万计的民众，相互在田野之中残杀战斗。他们同样留着炎黄子孙的血液，为什么要相互残杀呢？"爻象辞说："那些与真龙天子相似的人，率领数以万计的民众，相互在田野之中残杀战斗，是因为治国之道阻塞不通，不能发扬光大先帝先王之德政，不能以先帝先王之道治天下，不能以周文王的法度治天下，所以这些有些仁德道义的人，就对德能不胜任的周天子不满意，而自己又想称王称霸，所以就发生了混战。"

其三，用六爻辞说："依照坤卦所阐述的君子之德，先帝先王周文王之德全部应用以治天下，就会有利于天下永久太平。"爻象辞说：用六永贞的意思就是永远继续不断地发扬光大先帝先王之德，以周文王的法式为准则，以治理国家天下，就会得到非常美好的结果，那就是天下永久太平安乐。

②䷁六五爻辞和上六爻辞及用六爻辞的哲学意义及其归属

其一，六五爻辞的哲学意义。"黄裳，元吉"，黄色的下衣。古代的上衣为衣，下衣为裳。上玄下黄的服制就来源于对天地的崇拜并把这种文化渗透于服饰之中。玄衣、缥裳，最能体现此特点。玄衣与缥裳是古代服饰中最高贵、端庄的搭配。玄、缥二色分别象征大地，玄，黑中扬赤，象征天的颜色；缥，黄里并赤，象征地的颜色，玄衣、缥裳是天子等参加各种祭祀时所着的冕服。冕服都是上玄衣、下缥裳的形制。另外，周礼婚制中婚服的色彩同样遵循"玄缥制度"。[1] 至今我们仍把各种衣服统称为衣裳。"黄裳"，虽然只是古人所穿的下衣，却也是象征着东南西北四

---

[1] 单明磊. 中国人的礼仪文化[M]. 化学工业出版社，2021.

方之位，土居其中，以发育成就万物的道理，象征圣人效法坤地至柔之性，尊德性而道学问，以顺应天道而治天下的仁德。

"黄裳，元吉"是《易经》对西周时代君子如厚土一样的美好品德的综述。只要效法坤地中正无私、包容滋生万物，成就万物的厚德，就会自始至终吉祥如意。

其二，上六爻辞的哲学意义。上六爻辞是对中华民族春秋战国时期的历史状况的真实写照，也是对当时这种历史状况形成原因的总结。其原因正如《坤·文言》所言："阴疑于阳必战，为其嫌于无阳也，故称龙焉。犹未离其类也，故称'血'焉。夫'玄黄'者，天地之杂也，天玄而地黄。"

上六爻辞还提示中华民族的人民大众龙的传人，若不顺应天地之常德，善待万物，不顾环境保护和对地球资源的保护，任意掠夺开采，使我们的地球资源开发殆尽，那么到了一定情况下，中华民族的大地上就无法负载我们这些龙的传人，使我们自己的生活陷于无路可走的征象，我们这些龙的传人，就会在面目全非的大地上为争夺生活物资和干净的水源而发生争夺战，其结局是可悲的。

其三，用六爻辞的哲学意义。与《乾卦》用九爻辞的意义是一致的，同样是对治国者治理国家天下的道理、方法和原则，以及治理国家天下所要达到的目标与实现伟大目标的期盼和对已经实现了的大同社会的赞美肯定。

其四，六五爻辞与上六爻辞属于地道的范畴。用六爻辞属于治国宗旨、治国目标的最高规则的形而上之道。

③《坤卦》六五爻辞和上六爻辞及用六爻辞所论的现代意义

其一，我们认识了古代服饰结构的特点：衣和裳分别指上衣和下衣，黄裳象征君子如厚土一样坚定包容万物的品德。所以我们要学习做一个真君子。

其二，"龙战于野，其血玄黄"，指出了我们这些龙的传人，若是不能柔顺地顺应天道，顺应坤地之德，保护好坤地的自然资源和自然环境，而是极力极快地将坤地上的自然资源开发浪费殆尽，不能很好地保护我们的自然环境，我们必定会受到天地自然的惩罚，最终因为自然资源短缺、环境破坏，生活资料和各种物品短缺，没有饮食之源，没有洁净的水源和没有了发展的道路，而发生争夺饮食之战，使我们因战争而流血，流出的血凝固变成了黑红色，这是《易经》在警示我们这些龙的传人要爱惜我们的坤地，爱惜我们的土地资源，以防发生不测。

其三，如用六爻辞所说，永远不断地发扬光大先王的治国之道，以周文王的法式为准则，以天道之无为治理国家天下，就会得到非常美好的结果，那就是天下永久太平安乐。那么中国共产党全心全意为人民服务为治国宗旨，就是继承发扬光大了先圣先祖的治国宗旨，就要永远坚定地施行下去，这样才会实现中华民族伟大复兴的中国梦。

（四）从乾坤卦的卦形结构图分析其哲学意义

1. ☰与☷，其卦形图是一对阴阳爻相对相反的二个八纯卦卦形图，它们就是天道地道的象征。从卦形图的结构来说，说明宇宙就是由乾阳和与其并列物坤阴上的万物相合而组成的阴阳相互对应合一的统一体。正如《易·系辞》曰："一阴一阳之谓道。"乾天之上有阳有阴，太阳为阳，月亮星辰为阴；坤地本身就有刚柔之性，坤地上的万物就有雌雄男女之别。正如《易·系辞》曰："昔者圣人之作易也，将以顺性命之理，是以立天之道，曰阴与阳，立地之道，曰柔与刚。"又《序卦传》曰："有天地，然后有万物。有万物，然后有男女。有男女，然后有夫妇。有夫妇，然后有父子。"天地阴阳之气相互交互平和而化生变化万物。

☰卦象辞的第一句"天行健"，是对乾天自然本性和特征的描述，它就是天道体现。☷卦象的第一句"地势坤"，是对坤地地形地貌自然特征的描述，它是地道的体现。

2. 阴阳的哲学意义

其一，阴阳就是表示天地的阴阳属性的表示方法。天为阳，地为阴。

其二，阴阳原本就是天气变化的表示方法：天晴太阳明亮为阳；天阴、下雨为阴。

其三，天地阴阳协调统一，四时时日变化顺常，万物和谐万民安乐。所以坤地既能发扬光大天道天德，又能虔诚地顺应乾天的变化而变化。正如《坤卦》象辞曰："至哉坤元，万物资生，乃顺承天，坤厚载物，德合无疆。含弘光大，品物咸亨。"

其四，阴阳是表示事物的开始、以及事物在发展变化中，相互联系相互对立又统一的变化过程和结果的一种表示方法，阴阳就是表示事物矛盾运动的一种方法。任何事物都具有阴阳二个对立面，阴阳表示了事物由量变到质变的变化过程和质变的结果。

其五，阴阳是古人用来表示事物运动强弱动静状态，或者表示运动变化过程和结果的一种方法，所以说阴阳是表示事物在同一时空运动状态的象征性归类方法。

其六，万事万物均有阴阳变化之理，所以可以说"一阴一阳之谓道"是谓天下之事的道理。

（五）乾坤二卦卦象辞的哲学意义及其归属

1. ☰卦象辞："天行健，君子以自强不息"哲学意义及其归属

其一，是圣人从乾天的自然本性中抽象出君子应该效仿学习乾天的本性，实现自己自立自强永不停息，又能强大刚直不阿，公正无私，能随时变化的品德勉励自己，以天之道德为实现天下安乐太平而奋斗不息。正如《老子》第七十八章所言："是以圣人云：受国之垢，是谓社稷之主；受国不祥，是谓天下王。正言若反。"

其二，"君子以自强不息"，是从《乾卦》乾天太阳自己使自己强大无比的功

能和《乾卦》所述的君子之德抽象感悟而来的，君子要像太阳一样自我强大，而自我强大必须要有自我强大的方法内涵。其强大的方法就是要有饱满的热情、忍辱负重、刚毅坚卓的信念，发愤图强的精神，每天不断地学习各种知识，不断地累积自己的仁德，力求进步，永不止息。自强，就要能够自立、自信、自爱，要有勇往直前的精神和勇气。

其三，一个人的强大，不只是指体力的强大，而且是指思想内涵的强大，具备了睿智聪慧和渊博广泛的知识技能，远大的理想和奋斗目标已经确定；具备了深厚的仁德，以为天下人民谋利益为己任，这是自强不息的内涵。自强不息，不是喊口号就能实现的，要以自己的实际努力去作为才能实现。

其四，当然对于我们一般人而言，自强不息，就是勉励我们每一个人都要自信，自己强大自己，为自己的理想奋斗不息！这里就有如何使自己强大的方法，那就是以仁善道德为基础，努力学习自己需要的各种知识，掌握成就自己事业的科学方法，树立乐观向上、发愤图强的精神，使内心有战胜一切困难的信念和知识，强大诚信，精神刚健不移等，这也是我们事业成功的基本要素。

2. ☷卦象曰"地势坤，君子以厚德载物"哲学意义

其一，"地势坤，君子以厚德载物"这是对君子效法坤地柔顺地顺承乾天之道德，以及坤地之德的赞美与评定。

其二，君子要效法坤地深厚广博承载藏纳万物而不以为有功的美德，永远不停息地以诚信无私善待万物、善待人类自己。

其三，对于我们现代人而言，就要学习坤地宽大广阔的胸怀，以仁善宽厚之心待人，与同事、朋友等和谐相处，不与他人计较得失。正如《老子》第六十三章曰："大小多少，报怨以德。"《老子》第七十九章曰："和大怨，必有余怨；报怨以德，安可以为善。"又如《礼记·表记》，子曰："以德报德，则民有所劝；以怨报怨，则民有所恶。""以德报怨，则宽身之仁也；以怨报德，则刑戮之民也。"

3. ☰卦象辞与☷卦象辞的归属，是圣人依据天地之道的自然本性和特征，从中抽象出君子的精神思维行为的二种形象，既属于形而上教化之道的范畴，又是教化君子如何实现君子之德的形而下的方法论。

第二节　《遁卦》和《大畜卦》卦象辞的自然之象与哲学意义及其归属

一、《遁卦》卦形结构图自然之象的象征意义和卦象辞的意义

☷卦象辞："天下有山，遁。君子以远小人，不恶而严。"

（一）《遁卦》卦形结构图自然之象的象征意义

"天下有山，遁"☷的卦形结构，上卦为☰、为天，为天道、为君子之德。正如《易传·说卦》"战乎乾""乾以君之"。下卦为☶、为艮、为山、为停止、为坚定、未开始，谓天下有山。正如《易传·说卦》曰："成言乎艮""万物之所成终，而所成始也，莫盛乎艮。""艮，止也。"

《易经》用乾天在上、艮山在下重叠，组成《遁卦》。其一，象征天道的道理像艮山一样坚定不改变，要像艮山一样使万物有所归，也要使万物有新的开始。那么作为天子，作为君子，实施天道，就要像艮山一样坚定不移；使万民一生有所归依，而且要不断地实施使万民生活发生日新月异变化的新政，使民众得到福气安乐幸福。

其二，"天下有山，遁"的意义，于遁卦的内容而言，象征君子之志，君子奉行天道的志向，如山一般坚实坚定而不动摇。

其三，象征遁的意义及方式。君子遵天道，行天德，在时机有利时，则仕而为天下民众谋利，在时机不利之时，则及时隐退于山林之中，自谋其食，而决不动摇其志向。

其四，象征高山无论如何高大而在天下顺服天道的自然之象。

（二）☷卦象辞的意义

"君子以远小人，不恶而严"卦象辞说："小人与君子的德行可以说有很大的差距和不同之处，君子不凶狠但却使人感到威严敬畏。"这是《易经》对君子德行形象的描述。

"远小人"，是指君子与小人的区别，也就是说君子与小人的言论和德行有很大的差距，或者是截然不同，向两个相反的方向运行，即二者背道而驰，不就是越行距离越远吗？也是说君子与小人的思想道德水平德行截然不同，距离很大。这里"远"，是指距离。正如《孟子·君子所以异于人者》所言："君子所以异于人者，以其存心也。君子以仁存心，以礼存心。仁者爱人，有礼者敬人。爱人者，人恒爱之，敬人者，人恒敬之。"[1]孟子所言的是君子与小人的不同之处，

---

[1] 冯凌云. 孟子[M]. 陕西旅游出版社，2003：145.

其不同之处主要在于存于内心的理念不同。君子内心存仁善，内心存礼。君子以仁善之心爱人，就会受到别人爱戴；君子以礼尊重别人，同样会受到别人的尊重。这也是我们平时生活中应有的品德，以仁善之心对人，不求回报。尊敬别人，这是最起码的道德品德。

所以不应该将"远小人"，看作是单纯地远离小人，因为现实生活中，彻底远离小人是不可能的，天下不单是君子的天下，而且是众人的天下，有君子存在，就有小人存在，否则就不会有君子和小人之分了，而且现实社会中，小人掌管实权的不在少数，所以君子就要用君子的思想、作为来影响、改变小人的思想作为。

"不恶而严"是指君子与小人具体的不同之处。因为君子品德高尚，本身又具有仁慈之心，不用恶言恶语教化训斥众人，不用杀戮暴政残害人民，但君子的作为却能使人感到其威严和威慑之力。《论语·尧曰篇》子张曰："何谓惠而不费？子曰：'因民之所利而利之，斯不亦惠而不费乎？择可劳而劳之，又谁怨？欲仁而得仁，又焉贪？君子无众寡，无大小，无敢慢，斯不亦泰而不骄乎？君子正其衣冠，尊其瞻视，俨然人望而畏之，斯不亦威而不猛乎？'子张曰：'何谓四恶？'子曰：'不教而杀谓之虐；不戒视成谓之暴；慢令致期谓之贼；犹之与人也，出纳之吝谓之有司。'"[1]孔子对子张问题的回答，就充分说明了君子不同于小人的具体表现。孔子指出，因民众所希望的利益而引导民众去做而使他们得到利益，这就是使民众得到实惠而不耗费；选择可以让百姓劳作而有益于他们利益的事情让百姓去做，谁还会有怨言呢？这样君子追求仁德便得到了仁，还有什么贪求呢？君子处事，无论人多人少，势力大小，都不怠慢他们，这就是庄重而不傲慢；君子自己衣冠整齐，目不邪视，庄重威严使人望而生敬畏之心，这就是威严而不凶猛；对犯罪的人不经教化便杀头叫作虐；事前不进行训诫便要求限期完成叫作暴；懈怠延误政令下达，下达后限期完成就叫作残害民众；同样是赏赐，却出手吝啬，叫作小气。这就是君子与小人的不同之处。

孔子后面关于四种恶行的论述，就是君子没有这四种恶行而自己本身又有威严的品德和外表，所以君子"不恶而严"。

当然君子与小人的不同之处还有很多，正如《礼记·表记》孔子所言，"归乎，君子隐而显，不矜而庄，不厉而威，不言而信，君子不失足于人，不失色于人，不失口于人，是故君子貌足畏也。色足惮也。言足信也。《甫刑》曰：敬忌而罔有择言在躬。"[2]从孟子和孔子对君子的品行表现的评论，足以看出君子的品行是不同

---

[1] 刘琦译评. 论语 [M]. 吉林文史出版社，1999：165.
[2] 钱玄、钱兴奇等注译. 礼记 [M]. 岳麓书社，2001：719.

于一般人和小人的，所以说，"君子以远小人，不恶而严"，就是指君子与小人的不同之处。

君子的品德就是我们学习的榜样，虽然我们可能达不到君子的品德，但是只要我们以君子为榜样去作为，就不会变为小人。

《遁卦》本意阐述记载的是有历史记载的几种不同方式的逃遁，隐遁的历史事实，阐述了以正当的方式隐遁，或者在功成名就之后以适当的时机及时隐退就会有利而长久吉祥，否则会招致灾难。

二、《大畜卦》卦形结构图自然之象的象征意义和卦象辞的意义

（一）《大畜卦》卦形结构图自然之象的象征意义

☰卦象辞："天在山中，大畜。君子以多识前言往行，以畜其德。"

"天在山中，大畜"是指《大畜卦》的卦形结构。《大畜卦》上卦为☶、为山、为止；下卦为☰、为天、为日月的光明、为天道。"天在山中"，其一，象征天道在山中得以实现。象征有道的君子隐藏在山中修己明德。

其二，以《大畜卦》的卦形结构象征周文王的美德就如大山一样厚重坚实，如乾天日月的光辉一样光芒四射，其德行比山深厚，比天高大。君子也要效仿周文王而畜积厚德大德。

其三，象征君子极大地累积了仁德，刚直坚定如山，正大光明诚信如天。

其四，象征有道的君子为民众创造了极大极多的衣食住行的生活物质，使人民坚定如山、正大光明地追随在君子周围。

（二）☰卦象辞的意义

"君子以多识前言往行，以畜其德。"卦象辞说："君子要多多认识并牢记先圣、先王，以及周文王等前辈们的言论、美好德行，效仿先王的美德，以使自己的美德畜积到如周文王一样厚重高大。"

这是《易经》特别为君子指出累积仁德的方法，那就是君子要多多认识并牢记先圣、先帝、先王、周文王等先辈们为天下民众作益事谋利益的言论方法，以及他们以往的美好德行；效仿先帝、先王、先祖为天下人谋利益作益事的美德，以使自己的美德畜积到如山一样厚重如天一样高大公正。

《大畜卦》所记载的是周文王的功德，是《易经》对周文王之功德的记载评定。周文王将先圣、先王、先祖的所有美德都畜积在自己身上，是为了为天下人民谋利益。正如《大畜卦》卦辞所言："大畜：利贞。"这是指周文王贤明，不忘先祖之志，继承发扬先祖之德，将先圣、先王、先祖的美德全都畜积于自身，其德正大光明，有利于实现先圣、先王、先祖为天下民众谋利益的愿望。

三、《遁卦》和《大畜卦》卦象辞的哲学意义及其归属

（一）依据《易·系辞》对《遁卦》和《大畜卦》的论述分析其哲学意义

1.《易·序卦传》曰："物不可以久居其所，故受之以遁。遁者退也。"事物不可能长久居于不变之位，所以命名为遁。所谓遁，就是隐退隐藏之义。

2.《易·序卦传》曰："有无妄，（物）然后可畜，故受之以大畜。"不妄作非为然后就能畜积德行而为人民创造生活物质，所以命名为大畜。物质丰富然后就能养育人民和贤者。

以下是《序卦传》对《遁卦》和《大畜卦》含义的说明。

其一，遁，就是隐退隐藏的意思。当然隐藏指圣人的德行是隐藏不显的，正如《乾·文言》子曰："龙德而隐者。不易乎世，不成乎名。遁世无闷，不见是而无闷。乐则行之，忧则违之。确乎其不可拔，潜龙也。"其二，隐退，是指君子在功德圆满时，及时隐退。正如《老子》第九章曰："功遂身退，天之道也。"又第十七章曰："功成事遂，百姓皆谓我自然。"其三，是指圣人的德行，正如《中庸》子曰："君子依乎中庸，遁世不见知而不悔，唯圣者能之。"其四，大畜，就是圣人君子极大的蓄积仁德和极大极多地为人民创造蓄积衣食住行的物资，以养育天下人民和贤者。正如《大畜卦》象辞所言："大畜，刚健笃实辉光，日新其德，刚上而尚贤。能止健，大正也。"极大地蓄积功德，其功德刚健如乾天，忠实诚信，光辉而光明，每日都能使功德更新增多，上艮山刚直而崇尚贤者。下乾天能达到天一样刚健、极大的公正无私之德。

（二）依据《遁卦》卦辞、象辞、部分爻辞分析其哲学意义

1. ䷠卦辞："遁亨，小利贞。"

䷠卦辞的意义：卦辞说："隐遁敛藏亨通。小有利且能长久正当。"卦辞是对隐遁意义的说明，及时隐遁亨通，就能使一些危机灾难化解。

《遁卦》阐述的是战国时期的吴国的阖闾、夫差与越国的勾践及范蠡等人几种不同方式的逃遁、隐遁的历史事实。卦辞则是对勾践的大夫范蠡隐遁的方式及结果的肯定。

2. ䷠象辞的意义

象辞曰："遁亨，遁而亨也。刚当位而应，与时行也。小利贞，浸而长也，遁之时义大矣哉。"

象辞说："隐遁和收敛亨通，以适当的形式和适宜的时机及时隐遁就会亨通。有道德的君主当位就应和辅佐，与时间地点的变化同时行动。小有利而正当，因为刚愎自用之气逐渐增长啊，及时隐遁的时间意义大极了啊！"

象辞是对功成名就而及时隐退的重要意义的论述。

3. ䷠ 九五爻辞和上九爻辞的意义与哲学意义

九五爻辞："嘉遁，贞吉。"爻象辞："嘉遁贞吉，以正志也。"

上九爻辞："肥遁，无不利。"爻象辞："肥遁，无不利，无所疑也。"

①九五爻的意义：九五爻辞说："及时美好的隐遁，正当而吉祥。"爻象辞说："把握时机，及时美好隐退的吉利，是为了不动摇自己坚定的志向。"

②上九爻的意义，上九爻辞说："隐遁而富裕，没有什么不利。"爻象辞说："隐遁而富裕，没有什么不利，因为没有什么所怀疑了。"

③九五爻辞和上九爻辞的哲学意义：九五爻和上九爻是对几类隐遁方式和结果的论证；九五爻是《易经》对范蠡在功成名就之后能把握时机，及时隐退这一行动正确的评价。上九爻是对范蠡及时隐退，既避免了灾难，又没有停止发挥他的才能的道理使自己富裕起来的好结果。

所以，其哲学意义就在于人不要贪得无厌不要不知足，以平和美好的境界对待处理好应该对待和处理的事情，就会得到好的结果。正如上九爻辞所言："肥遁，无不利。"

（三）依据《大畜卦》卦辞、象辞、部分爻辞分析其哲学意义

1. ䷙ 卦辞的意义与哲学意义

《大畜卦》卦辞阐述的是君子畜养贤者的道理。君子畜养贤者，就是为了实现以贤者辅助自己实现先帝先王的大业，辅助自己为天下民众谋求更多的福气。

䷙ 卦辞："大畜，利贞。不家食，吉，利涉大川。"

䷙ 卦辞的意义，卦辞说："极大地畜积仁德，有利而正确。不在家饮食，吉祥美好，有利于对天地先祖大山大川的祭祀。"

其一，《大畜卦》卦辞是指周文王为了天下人民的利益，而到处招募贤士，畜养贤者。也就是指这些贤士都不在自己家食宿，离开自己的家园，追随在周文王左右，由周文王畜养，与周文王共谋治理国家天下的大事。正因为有众多贤者的辅佐，才有了实现先祖愿望的机会，所以吉祥。正如《礼记·表记》孔子所言："事君大言入则望大利，小言入则望小利；故君子不以小言受大禄，不以大言受小禄。易曰：'不家食，吉'。"[①] 孔子所说的就是那些有仁德才能的君子追随有道德的君子，为其出谋划策，辅助其成就为天下民众谋福祉的伟大的事业，依据其功劳的大小，而得到相应的回报。"不家食，吉"，就是指这些贤者与有道德的君子一起为人民利益辛劳，而不能在家中过自己的日子，确实得到了好结果。

"利涉大川"，周文王畜积了先圣、先帝、先王、先祖的所有美德，继承了先

---

① 钱玄、钱兴奇等注译. 礼记[M]. 岳麓书社，2001：731.

祖的事业，就是最大的孝顺。周文王时刻不忘先祖之德，不忘先祖的亲情，对先祖的祭祀虔诚而恭敬。

"利涉大川"还指周文王既是纣王的臣子，要接受纣王的差遣，专管征伐不服之国。那些贤者跋山涉水来追随周文王，又随周文王跋山涉水，到处征伐不服之国，他们长期在外征伐，而不能在家中饮食。正因为有他们跋山涉水地征伐不服，所以才使周族的势力日渐壮大，所以吉祥。

当然，一般情况下，都将"利涉大川"解释为天子祭祀先祖先王祭祀天下四方的活动。因为只有天子才有祭祀天地和天下四方名川大山的权利，周文王虽然不是天子，但他是诸侯，他有祭祀周族所在地的名山大川的权力，更有参与殷商天子祭祀活动的机会。

其二，☰卦辞关于"大畜，利贞"的哲学意义：

"大畜，利贞，不家食，吉"，这是对大畜意义的阐述，什么是大畜呢？就是极大地畜积自己的德行，是有利而正确的。那么如何才能极大的畜积德行呢？这就是"不家食，吉"的意思了。其一，是指想蓄积德行的君子和被君子畜养的贤者，一直辛苦地在外为国家民族民众的利益而操劳奔波，既不能在家饮食，更不能享受亲情和家人团聚。其二，是指我们现实生活中，那些为了国家人民利益而长期奋战在自己工作岗位上的人，比如战士、警察、医护人员等，他们的美善之德值得我们敬仰学习。

总之《大畜卦》卦辞的哲学意义就是指畜积德行和畜积力量的重要意义与方式。畜积自己成就事业的力量，不忘记先祖之德，还要得到众多志同道合的朋友的帮助，事业才能逐渐成功，但是前提是自己必须有道德诚信，否则有谁会愿意追随一个没有道德诚信的人呢？正如《大畜卦》卦象辞所言："君子以多识前言往行，以畜其德。"

2.☰彖辞的意义与哲学意义

☰彖辞："大畜，刚健笃实辉光，日新其德，刚上而尚贤。能止健，大正也。不家食吉，养贤也。利涉大川，应乎天也。"

☰彖辞的意义，彖辞说："极大地蓄积了功德，其功德刚健忠实诚信、光辉光明如乾天，每日都能使功德更新增多，上艮山刚直而崇尚贤者。下乾天能达到天一样刚健，极大地公正无私。不在家中饮食，吉祥，是被这位有如天德一样的人蓄养的贤者。有利于祭祀先祖天地，有利于贤者追随他而跋山涉水，上应天道天德也。"

《大畜卦》彖辞主要阐述的是周文王之德，"大畜"是说周文王畜积了极大的仁德，他笃厚诚信、光明正大而崇尚贤者，能日新其德，刚正不阿，所以就有很多贤者追随其左右，他的德行顺应天道天德，是位真正的君子。

☲象辞"大畜，刚健笃实辉光，日新其德，刚上而尚贤。能止健，大正也"的哲学意义：

其一，这是《易经》对周文王美好品德的最高评价。其二，☷的下卦为☶、为山、为止；上卦为☰、为天、为光明正大、为天道。这里用☷的卦形结构来象征周文王的美德。天在山之下，象征周文王在山下暗修天道天德，所以，周文王的美德已经畜积到了极大极厚重，就如大山一样厚重、坚实；周文王之德就如乾天一样刚健、强大、美好。其三，他忠厚诚实，坚定不移地为人民利益而奋斗终生。他的大德就如日月一样光辉四射。他仍然不满足，仍然每日反省自己的德行，每天都在为人民的利益奋斗，所以使人民也受到感化。他有乾天一样的阳刚之气，而且还能崇尚贤者，经常为寻找接待贤者而不能按时饮食。周文王确实已经达到了乾天一样的美德，这是周文王公正无私的伟大美德的体现。

"大正也"，就是非常正大光明。就是说周文王之德非常正大光明，就如太阳一样。正如《礼记·祭义》曰："故德辉动乎内，而民莫不承所；理发乎外，而众莫不承顺。"[①] 这是说圣人的品德光辉四射，而感动了人民的内心，人民就没有不接受听从的。礼义的准则表现在外，人民没有不接受顺服的。圣人的品德、仁义、礼仪感动教化人民，人民受到感动教化就没有不顺服圣人、敬重圣人的。

《易·系辞》曰："日新之谓盛德"，每日都能使自己的德行有新的进展，进展表现在哪里呢？那就是每日都能为人民做益事，使人民生活发生日新月异的变化，就是大德，就是盛大的德行。周文王能日新其德，就是说周文王之德已经非常盛大了。正如《诗经·大雅·文王》曰："文王在上，於昭于天。周虽旧邦，其命维新。有周不显，帝命不时。文王陟降，在帝左右。"[②]

所以说，"大畜"的哲学意义，就是论述如何累积德行，那就是始终如一地坚持以天道为天下人民谋利益福气，将为人民做益事、谋利益当作终生的事业去作为，就会给人民带来幸福安乐，也就会得到人民的热爱，更会被载入历史史册。

3.☷上九爻辞的意义与哲学意义

☷上九爻辞的意义，上九爻辞："何天之衢，亨。"爻象："何天之衢，道大行也。"上九爻说："为什么道路会像天一样四通八达，广阔宽畅亨通无阻碍呢？"爻象辞说："这是因为君子拥有了天下四方的人民和土地，为天下人创造了极多的衣食住行的物资，而使通向大同社会的条条道路畅通无阻了。"

☷上九爻辞的哲学意义：☷卦辞是对"大畜"意义的论证。而上九爻辞则是对"大

---

① 钱玄、钱兴奇等注译.礼记[M].岳麓书社，2001：625。
② 刘文秀、孙燕、孙兰.诗经新解[M].中国出版集团世界图书出版公司，2012：267.

畜"结果的论证，只有极大蓄积美好德行和为天下人民创造极大极多的衣食住行的物资，使人民得到利益福气，就能使通向大同社会的道路畅通无阻，这也是中国共产党领导中华民族实现复兴的方法和目的。

（四）从《遁卦》和《大畜卦》的卦形结构图分析其哲学意义

1. ☰与☰的卦形结构图是由组成☰的上 ☰ 下 ☷ 二个经卦图形上下位置置换而组成了☰，这是天地之道的体现。天道体现了乾阳的正大光明公正公平之德，地道体现了坤地的刚直柔顺之德。从二卦本身的意义而论，其一，体现了有道者以天道变化的规律、阴阳圆缺、四时进退，而在功德圆满时，及时隐退，最后得到了更为美好的结果。其二，及时隐遁其身而并没有隐遁其聪明才智，所以极大地蓄积了德行和创造蓄积了极多的财富，以养育天下人民。其三，从遁到大畜的转化，体现了圣人君子遵照天道自然变化规律，发挥自己的聪明才智，创造财富的意义。

2. ☰卦象辞的第一句"天下有山，遁"与☰卦象辞的第一句"天在山中，大畜"是对天地自然物象的描述。

3. ☰与☰的卦形图属于天道的范畴。

（五）《遁卦》和《大畜卦》卦象辞的哲学意义及其归属

☰卦象辞："天下有山，遁。君子以远小人，不恶而严。"

☰卦象辞："天在山中，大畜。君子以多识前言往行，以畜其德。"

☰与☰的卦形结构属于天地之道的范畴。

1. ☰的卦象辞的哲学意义：其一，"远小人"，是指君子与小人德行的区别。其二，"不恶而严"，是指君子与小人具体的不同之处。也就是说，君子处事，无论对那些人多人少、势力大小的人，都不怠慢他们，一律平等对待；君子自己衣冠整齐，目不邪视，庄重威严使人望而生敬畏。其三，所以，《遁卦》卦象辞的哲学意义，在于每个人要严谨自己衣食容颜，尊重和平等待人。其四，卦象辞的哲学意义是依据孔子和孟子对君子之德与小人不同的评论抽象而来，是属于形而上教化之道。

2. ☰的卦象辞的哲学意义：其一，☰是依据该卦所述的内容抽象而来，它为君子指出了畜积德行的方法。正如《老子》第五十九章曰："治人事天，莫若啬。夫唯啬，是谓早服。早服谓之重积德；重积德，则无不克；无不克则莫知其极；莫知其极，可以有国。有国之母，可以长久。是谓深根固柢，长生久视之道。"从《老子》之言，就可以明白，只有为人民不断地谋利益，使人民的生活发生日新月异的变化，得到人民的拥护，就是累积德行。所以我们要时刻牢记先帝、先祖治理国家天下的经验理论以及他们的高尚品德，不断为人民谋利益，以累积自己的厚德。

其二，"君子以多识前言往行，以畜其德"，这对于我们现代人也有着重要的意义，我们学习传统文化，学习的就是先圣、先帝、先贤们的为国为民的优良传统，就是要多多研究圣贤的言行。研究学习传统文化的精华，就是以天地之道的自然善性来提高修治自己的思想思维心灵，永远记住为天下民众谋利益作益事的宗旨，以使自己德行厚重高大。正如孔子所言"温故而知新"，就是不断地温习先圣、先帝、先王的美德作为，以学习积累前人的经验智慧；还要不断地学习新知识、新技能，以使美德有用武之地。

其三，"君子以远小人，不恶而严"。就是圣人之言。当然圣人之言很多，这只是其中之一，君子与小人不同的特征，就是"不恶而严"，君子对待人民平易近人，不以杀戮残害人众使人民畏惧，而是以自己的威严使人民敬畏，所以记住认识圣人，先祖以往的言论德行，就能蓄积大德，成就大事业。

其四，☰☰卦象辞既有形而上的教化之道，又有形而下的方法论。

第三节 《否卦》和《泰卦》卦象辞的自然之象与哲学意义及其归属

一、《否卦》卦形结构图自然之象的象征意义和卦象辞的意义

1.《否卦》卦形结构图自然之象的象征意义

☰☰卦象辞："天地不交，否。君子以俭德辟难，不可荣以禄。"

"天地不交，否"，《否卦》上卦为☰、为天、为太阳、为阳、为天道、为在上位的帝王；下卦为☷、为地、为阴、为柔顺、为畜养万物的土地、为众人、为民众。《易经》用乾天在上、坤地在下的组合，构成《否卦》：其一，象征天之阳气在上，地之阴气在下，天地阴阳之气不相交通，闭塞不通，不能变化及时雨，以滋润万物，使灾难发生的自然之象。否，就是闭塞不通。其二，《否卦》上卦为天道天德，下卦为地道地德，象征居于上位的天子不实施天地之道以治天下，不与先祖先王之道相合，不与民众的利益愿望相合，自己闭塞不通，不顾民众的利益，一味求取自己的私利，就会发生帝位倾覆的危险。其三，象征天气上升，地气下降，天地阴阳之气不通，闭塞而形成冬季的自然之象。其四，象征"物极必反"就是量变到质变的变化过程；象征治国者以天道天命治天下，建功立业使功德逐渐累积到盛大，实现了天下大治而天下太平；而且要始终坚持以道德的意义教化治国者和臣民的意识思维思想，一刻都不能放松。假如，治国者违背了以天命治天下的宗旨，就会使已经实现了天下太平发生倾覆，而亡国亡天下。

2.☰☰卦象辞的意义

☰☰卦象辞："君子以俭德辟难，不可荣以禄。"俭：是指在人前人后都言行一

致，约束，不放纵。卦象辞说："君子应以道德法律为尺度，时刻约束检点自己的德行，以避免灾难。当君王失道无德，不听劝谏时，君子不可以贪图荣华富贵，而应及时隐退，以避免灾难殃及自己，使自己与无道无德的君王同流合污。"

卦象辞是《易经》对君子之德形象的描述，正如《礼记·表记》孔子所言："君子慎以避祸，笃以不掩，恭以远耻。""君子庄敬自强，安肆曰偷，君子不一日使其躬僟焉。如不终日。"①

《否卦》卦象辞是依据全卦对历代有道的君王如何建功立业使功德逐渐累积到盛大、失道无德的君王又使先王先祖的功德逐渐由大变小直至倾覆的评论，是对那些为臣者的警戒语。"不可荣以禄"，还可以是君子不可以为了自己的荣华富贵，贪图俸禄而与小人为伍，丧失道德，为自己带来灾难。正如《礼记·表记》孔子曰："事君三违而不出境，则利禄也，人虽弗要，吾弗信也。""事君慎始而敬终。""事君可贵可贱，可富可贫，可生可杀，而不可使为乱。"②孔子之言，就是对《否卦》卦象辞之意的解释。

二、《泰卦》卦形结构图自然之象的象征意义和卦象辞的意义

1. ䷊卦形图自然之象的象征意义

䷊卦象辞："天地交，泰。后以财成天地之道，辅助天地之宜，以左右民。"

"天地交，泰"，首先是指《泰卦》的卦形结构；《泰卦》上卦为坤地，为地道、为阴，为柔顺。下卦为为乾为天，为阳、为天道，象征天地阴阳之气相交相感而产生适宜平和适时的风云雷雨在天空，阴云雨雪遮蔽了太阳的自然之象；云雷雨雪适时下降飘洒大地资生化育万物，天地人和同，达到自然的天地通达安泰的自然之象。

其二，"天地交，泰"象征的是天气下降，地气上升，天地和同，草木萌动，春风和煦，和风细雨，风调雨顺，百花齐放，百鸟齐鸣，人欢马叫，以及人们在田间地头忙碌的春天和乐之象。

其三，"天地交，泰"象征人类社会在有道德的君王尊天命以治天下，人为地实现天地通达安泰万物和谐的社会景象；也是指孔子关于"三代之英，大道实行的时代"。那时，"大道之行也，天下为公。选贤与能，讲信修睦，故人不独亲其亲，不独子其子，使老有所终，壮有所用，幼有所长，鳏寡孤独废疾者，皆有所养。男有分，女有归。货，恶其弃于地也，不必藏于己；力，恶其不出于身也，不必为己。是故谋闭而不兴，盗窃乱贼而不作。故外户而不闭，是谓大同。"③

---

① 钱玄、钱兴奇等注译. 礼记[M]. 岳麓书社，2001：720.
② 同上，732.
③ 同上，296.

三代是指夏朝、商朝和周朝；三代之英是指夏禹、商汤、周文王、周武王等人。那时的圣明君王以天命治天下，使天地万物和谐，人人和乐，生活富足。据说周成王、周康王时期，连刑罚都派不上用场。那么这不是真正的天下太平的大同社会吗？孔子对人类所期望的美好社会，只分了小康社会和大同社会两种。最为理想的社会孔子将其称为大同社会，而大同社会则是孔子对古代人类已经实现了的古代文明社会的追述。

在这里，"天地交，泰"不但体现了大同社会的文明状况，而且还表现了天人合一，万物和谐的自然状态。那么古人是如何实现这种理想的社会状态的呢？这就是《泰卦》爻辞所要阐述的问题了。

"天地交，泰"指天下太平安乐，是古人已经实现了的最为理想的社会状态，所以古人才将天地交泰、天下太平安乐，作为治国治天下所要达到的最高目标，这也是顺应人类的意志而顺时针发展的社会目标。"天地交，泰"是古代圣人帝王将这种自然实现的天地万物人和的自然状态的天地人之道，用来作为治国治天下者所要达到的最高目标，也是"后以财成天地之道"的含义之一。

2.䷊卦象辞的意义

䷊卦象辞："天地交，泰，后财成天地之道，辅助天地之宜，以左右民。"

卦象辞说："天地阴阳之气相交相感、变化适宜、平和适时的风云雷雨，使风调雨顺滋助大地滋生化育万物，使百花齐放，百鸟齐鸣，六畜兴旺，人欢马叫，而达到了自然的天地通达安泰的社会和乐景象以后，圣人才将这种自然的天地通达安泰的社会和乐景象，奉为天地自然成就天下太平的方向法则，并人为地创造了各种辅助天地自然成就天下太平安乐的适宜方法，用这个法则和这些方法，教导鼓励号召人民和所有有德能、才能的人才，君臣民众上下一同参与，共同为人民为国家创造财富，创造资源，奉献我们的有余，为实现天下太平安乐而努力奋斗。"

"天地交，泰，后财成天地之道，辅助天地之宜，以左右民。"这是《易经》总结了古代社会实现天下太平安乐的大同社会的方法、目标和意义；也就是说，治国者将"天地交泰，自然实现的天下太平安乐"作为治国治天下的最高目标去追求。"财成天地之道。""财"即有才之意。因为有了天地交泰，有了圣人以天命治天下实现天下太平安乐所得到的经验和历史事实，所以圣人才将天地交泰，天下太平安乐作为治国治天下的最高目标去追求。"财"又有人才之意。要想实现天下太平安乐的目的，就必须要拥有更多有德能的人才，以辅助君王实现理想。"财"还有财物之意。财物包括自然资材的开辟利用及创造的财富等等；还包括完成这一系列事情的组织领导及具体的操作过程。也就是说要实现天下太平安乐的目标，就要经过一系列有序的具体活动，把这一系列有序活动的运作过程及这一系列活动所成就的，同时纳入天地交泰、天下太平安乐的实际内容之内，号召、教化民众共同参与其中，只有君臣民众上下一同参与，才能达到目标，这也是"左右民"的含义。"以左右民"，就是教导、鼓舞号召民众共同去做，为实现太平盛世去奋斗。左右包括了教化、指导民众的方法和过程，天地交泰是国家太平盛世的象征。

三、《否卦》与《泰卦》卦象辞的哲学意义及其归属

（一）依据《易传》对《泰卦》和《否卦》的论述分析其意义及哲学意义

1.《易传》对《泰卦》和《否卦》意义的论述

其一，《易·序卦传》曰："履而泰然后安，故受之以泰。泰者，通也。物不可以终通，故受之以否。"《序卦传》说："履帝王之位履行帝王之职，然后天下太平安乐，所以就命名为泰；所谓泰，就是如何达到天下通达安泰。但是天下不可能总是通达安泰，所以就命名为否；所谓否，就是倾覆安泰而不安泰。"

其二，《易·杂卦》曰："否、泰，反其类也。"《杂卦》说《否卦》和《泰卦》阐述的是两类相反的问题，即泰卦阐述的是如何实现天下通达安泰的问题，而否卦阐述的则是为什么会使国家社稷倾覆的问题。

2.《系辞》对《泰卦》和《否卦》论述的哲学意义

"泰"就是通达安泰，天下太平安乐；"否"就是国家社稷倾覆，天下不通达安泰。怎样实现天下太平安乐和为什么会发生国家社稷倾覆而不通达安泰？这就是需要我们认真对待和研究的哲学问题。

（二）依据《否卦》卦辞、象辞、部分爻辞分析其哲学意义

1. ䷋卦辞的意义与哲学意义

䷋卦辞："否：否之匪人，不利君子贞，大往小来。"

（1）䷋卦辞的意义

卦辞说："邪恶闭塞不通不是君子所为。不利于君子长久实现天下太平安乐的志向，大的失去了，小的来了。"

卦辞是对《否卦》所述内容的概括，也是对真实的"大往小来"原因的提示性说明。其原因是因为小人使君子已经实现了的太平和乐的社会倾覆了，使天下太平的盛世变为充满邪恶的混乱社会，失去了太平和乐的江山社稷。而失去江山社稷的族姓最后只能成为小百姓。

"大往小来"指失去江山社稷为大往，只剩族姓而变为百姓为小来。

（2）䷋卦辞的哲学意义

其一，䷋卦辞阐述的主要问题是大往小来的哲学意义，那么什么是大往小来？以及为什么会发生大往小来的事情呢？

其二，䷋卦辞"大往小来"是指事物由量变到质变的变化过程，也就是事物发

展到一定限度时发生逆变的自然规律。逆变就是由强大逐渐衰弱的变化过程和结果。"大往小来"也是"物极必反"的自然规律。

其三，是指在上位的帝王若不是真正的君子，那么他就是邪辟狂妄之人，他就会做出一系列不利于君子、不利于国计民生的事情，就会远君子，避贤人，任用邪恶的小人，而贤臣良士就会受到迫害打击。君王因此耳目闭塞，听不进贤臣良士之言和民众的呼声，不关心民众的困苦生死，反而会以民众的困苦死亡为快乐，因而失去民心，失去贤者，继而失去江山社稷。比如，夏桀、商纣王都是因为远贤人，亲小人，而逐渐失去国家社稷，使其由一个统一的大国而变成一个小小的诸侯国。其实就是这小小的诸侯国也是周武王分封给他们的。而夏桀的后代，最好的也就是变成一个普通百姓而已。这就是说，不是真君子的治国者，不利用大道实行，他失道失德而失去天下、失去江山社稷，最后只剩族姓而变为百姓，此为"大往小来"。

（3）䷋卦辞的象征意义

其一，象征天气上升，地气下降，天地闭塞不通而成冬，表示万物萧条，非人力可左右的自然之象。

其二，象征人道闭塞不通，上下不交，天下无邦的社会现象，则非人莫属，这种社会状况，虽然不利于正直的君子实现大道，但是应该明白，否极终会泰来。

其三，"大往小来"还象征以大国之尊，用仁人之德前去感化那些不服教化的小邦国，使其归附和顺，属于邦交之礼。

其四，"大往小来"象征的是人的生命自中年以后变化的自然规律，即人中年之后，就逐渐进入老年期。这是指人体和人体内部各种功能器官的变化由壮大逐渐衰弱的变化过程。壮年、中年时期，人的外貌、脏腑功能一般都属于由强健到稳定期，紧接着就由稳进期逐渐向老年期转化。老年时期，首先表现的是人的脏腑功能和脏腑结构方面的变化。依照《黄帝内经》理论，人的五脏六腑及皮肤骨骼等的自身结构是向相反的方面转化的。正如《黄帝内经·灵枢·天年》所言："人生十岁，五脏始定，血气已通，其气在下，故好走；二十岁，血气始盛，肌肉方长，故好趋。三十岁，五脏大定，肌肉坚固，血脉盛满，故好步；四十岁，五脏六腑，十二经脉，皆大盛以平定，腠理始疏，荣华颓落，发颇斑白，平盛不摇，故好坐。五十岁，肝气始衰，肝叶始薄，胆汁始减，目始不明；六十岁，心气始衰，苦忧愁，血气懈惰，故好卧；七十岁，脾气虚，皮肤枯；八十岁，肺气衰，魄离，故言善误；九十岁，肾气衰，四脏筋脉空虚；百岁，五脏皆衰，形骸独居而终也。"[1] 这是《黄帝内经》对人体生长变化从小到大、从大到小的变化规律的论述。人的生命过程就体现了小

---

[1] 正坤编. 黄帝内经·灵枢 [M]. 中国文史出版社，2003：606.

往大来和大往小来的变化过程。

其五,"小往大来"和"大往小来"体现了任何事物的发展变化都包含着"小往大来"和"大往小来"这两个变化过程,即《泰卦》阐述的则是"小往大来"的变化规律,《否卦》主要阐述的是"大往小来"的变化规律。所以,《泰卦》与《否卦》相合,就完整地体现了事物矛盾运动的"量转化为质和质转化为量"[①]的变化规律。

(4)☰☷卦辞关于"大往小来"的哲学意义

"大往小来"阐述的是事物发展变化的量变到质变的状态,事物发展变化达到了某种限度时,就会发生质的变化,也就是事物发展到一定限度时发生逆变的自然规律。事物逆变就是由强大逐渐衰弱的变化规律。正如《老子》第三十章所言:"物壮则老,谓之不道。不道早已。"《老子》指出,事物过于强大就会竭尽而衰弱,这就不是自然无为之道了,不符合自然无为之道就会早早停止或消亡。老子的物壮,就是指事物发展变化到过于强大时,就会逐渐衰竭。当然老子的意思也是在说每种事物如果都能平和自然地生存在自然界,而不以过于强大、过分耗费自己和不危害他物的方式生存,就能长久。

"大往小来"哲学意义就是"物极必反"的自然规律。"物极必反"是指事物的发展变化,随着数量的逐渐变化达到一定限度时,就会向事物发展相反的方向变化。这种变化是突然发生的吗?不是的,它转化的前提,既包含了小往大来的变化过程,也包含了大往小来的变化过程。这种规律,具体到治国治天下的道理,可以从《否卦》的全部含义分析,《否卦》既包含了小往大来的道理,又包含了大往小来的道理。所以,"小往大来"是指从夏禹治水,逐日、逐月、逐年、逐件、逐事地去做,为天下人民谋利益,累积功业,创造实现天下太平的各种条件,而终于实现了天下太平。而夏禹的后代,尤其是夏禹的末代孙夏桀,却将先祖所创建的大功大业逐日败坏衰亡,直到商汤灭夏桀建商。商汤建立商朝,使其功德由小到大逐渐累积,而商汤的末代孙商纣王却将先祖累积的大德大功逐渐由大到小,甚至全部毁灭的历史过程,充分体现了历史发展变化规律的小往大来和大往小来的变化事实规律。

"大往小来",具体到我们每一个人,那就是做事情别"捡了芝麻,丢了西瓜";别因贪小便宜,而失去大利益,得不偿失。

2.☰☷象辞的意义与哲学意义

☰☷象辞:"否之匪人,不利君子贞。大往小来,则是天地不交,而万物不通也。上下不交,而天下无邦也。内阴而外阳,内柔而外刚,内小人而外君子。小人道长,

---

① 马克思恩格斯选集(第四集),人民出版社,1995年版,311页。

君子道消也"。

（1）《否卦》象辞的意义

象辞说："闭塞不通不是正人君子所为，闭塞不通不利于君子之正。大的去了小的来了，就是天地之气不能交通，万物阴阳之气不能交汇而不能化生万物，使万物闭塞不通。居于上位的天子若不与先王先祖的治国之道相交通，以及不与天下万民交流，就会失道失国，而天下就会没有了邦国，没有了人民。《否卦》的卦形结构是下卦为坤、为内、为阴柔；上卦为乾、为外、为阳刚；下卦为内、为阴柔象征的是小人之道，上卦为外、为阳刚象征的是君子之道。《否卦》象征的是小人之道增长，而君子之道消亡，所以为否，为倾覆。"

《否卦》象辞是对全卦所述内容的提示性说明，"否之匪人，不利君子贞。大往小来"，这是与卦辞完全一致的；"大往小来"后面的辞句"则是天地不交，而万物不通也。上下不交，而天下无邦也"，是对"大往小来"象征意义的论述，最后几句"内阴而外阳，内柔而外刚，内小人而外君子。小人道长，君子道消也"是对《否卦》卦形结构象征意义的论述。

（2）关于☰☷象辞"大往小来，则是天地不交，而万物不通也。上下不交，而天下无邦也"的哲学意义

其一，"大往小来，则天地不交，而万物不通也"的哲学意义，是指由于太阳和地球的运动，形成的气候自然变化的真实现象；它表示的是当太阳光线的直射点向赤道以南逐渐移动时，太阳由强逐日变弱所形成的冬季与万物变化的关系。正如《礼记·月令》曰："天气上腾，地气下降，天地阴阳之气不能相交，闭塞而成冬。"[①]《礼记·月令》所论的是冬天时天气和地气远离的状况，也就是天气升高了，地气下降了，二者相互背离，不能相互交通了，这就是冬天的景象。古人认为寒冬之时，太阳的光热由强变弱，地气的蒸腾作用也由强变弱，天气与地气不相交通，万物得到的太阳光照由强变弱，呈现出草木不生，万物不荣的一片肃杀清冷的自然景象。

其二，"上下不交，而天下无邦也"的哲学意义在于天地自然的大往小来的变化与万物有非常密切的关系。我们的古圣人在这里是为了专门告诉我们天地自然的大往小来吗？当然不是，是《易经》以天地自然的大往小来的结果，结合历史变化的规律得出的经典结论：那就是居于上位的君王，其治国宗旨、方针纲领，若是不与先帝先王的治国宗旨方针纲领相一致，而违背了先王的治国之道，不顾人民的死活疾苦，不能与人民的愿望相交合，不能为天下人民谋利益，那么天下诸侯和人民就会远离无道无德的天子，甚至反叛无道无德的君主。人民不拥护的君主就等于他

[①] 钱玄、钱兴奇等注译. 礼记[M]. 岳麓书社，2001：338.

失去了人民，失去了诸侯，失去了天下国家，为"天下无邦也"。作为国家的君王，失去了人民，失去了国家，不就如遭遇寒冬一样，君王还能生存吗？

所以《否卦》的哲学意义是向我们说明了自古以来继承发扬光大先帝先王之德政的重要意义。先圣创建了以天命治天下的治国宗旨，后被《老子》升华概况为以道德治国治天下的宗旨，如果治国者背离了先帝先祖的治国宗旨、治国之道，那么就会给人民带来灾难，为先帝先祖带来耻辱，甚至会有亡国亡己的危险。所以我们必须不忘先祖的德政，不忘为天下民众谋福祉！正如《老子》第六十章所言："以道莅天下，其鬼不神。非其鬼不神，其神不伤人。非其神不伤人，圣人亦不伤人。夫两不相伤，故德交归焉。"《老子》指出，只要治国者的治国之道和德政能与先祖和圣人所推行的道德完全交汇融合在一起，我们的先祖圣人就不会悲伤，也不会悲天悯人。所以说老子之论，说明了《否卦》象辞的哲学意义。

3. ䷋初六爻辞、九五爻辞、上九爻辞的意义与哲学意义

初六爻辞："拔茅茹，以其汇，贞吉亨。"爻象辞："拔茅贞吉，志在君也。"

九五爻辞："休否，大人吉，其亡其亡，系于苞桑。"爻象辞："大人之吉，位正当也。"

上九爻辞："倾否，先否后喜"。爻象辞："否极则倾，何可长也。"

（1）䷋初六爻辞、九五爻辞、上九爻辞的意义

其一，初六爻说："圣明的君王通过各种途径，为国家重用招募选拔很多贤能有德的人才，这些人才又相互推荐引进更多的人才为其汇征之途，以辅助国君治理国家天下，使国运亨通，国家富强文明，天下太平安乐。"爻象辞说："选拔任用贤才的目的，就是为了辅助国君治理天下，实现天下太平和乐的目的。"

其二，九五爻辞说："不要邪恶，不要闭塞不通，大人贤者就会吉祥。国家社稷的兴盛衰亡安危，关系到天下民众的安危。"爻象辞说："大人贤者吉祥，是因为摆正了大人贤者的位置。"

其三，上九爻辞说："倾覆闭塞不通，先闭塞不通因而倾覆，而后又有喜事发生。"爻象辞说："邪恶闭塞不通到了极点就会倾覆灭亡，邪恶闭塞不通之势，怎么会长久存在呢？"

其四，九五爻辞提出了"休否"的观点。"休"是停止、不要的意思。"否"（pǐ）是不好、坏、邪恶、闭塞、阻隔不通的意思。所以爻辞的意思，就是停止邪恶，不要闭塞不通，大人君子吉祥。因为天下的兴亡关系到天下民众的生死存亡，只要大人君子端正自己的位置，就不会有邪恶和闭塞不通的情况发生。

其五，上九爻辞提出"倾否"的观点。"倾否"有二种含义，一方面是指邪恶、闭塞不通而致倾覆了，因为邪恶、闭塞不通至极，所以就倾覆了；另一方面是指邪

恶、闭塞不通致倾覆以后的结果是会有好事来临，也就是有否极泰来的事情发生。

《否卦》的内容是对商朝和西周历史上有道者如何建国立业，使功德逐渐累积到盛大，无道者失道而使先祖的功德逐渐由大变小直至倾覆的评论。

（2）䷋初六爻辞、九五爻辞和上九爻辞的哲学意义

①初六爻辞的哲学意义

初六爻辞的哲学意义与《泰卦》初九爻辞是一致的，都阐述了有道的君王治理国家天下，实现天下太平，不是只靠自己就能做到的事情，而是要招募聘用很多贤能有德的各种人才，来辅佐君王实现治理国家天下的目标。

《泰卦》阐述的是怎样实现天下太平安乐的方法，而《否卦》阐述的则是为什么会使已经实现了的太平安乐的社会倾覆以及倾覆原因。

②九五爻辞的哲学意义

九五爻辞指出，只有停止邪恶，停止闭塞不通，大人继续实现、发扬光大先圣先王的治国之道，才能实现天下太平安乐的目标。

"其亡其亡，系于苞桑"，不是你亡，就是我亡，这是关系到国计民生的大问题，也是一个非常重要的政治问题。大人、圣王的治国之道或政治与小人邪恶者的治国之道或者政治，有着被对方互为灭亡的可能，但是只要大人君子意识思维心灵中牢记真龙天子的"四德"，邪恶者一定会被有道者灭亡，也就是说邪恶势力随时有可能吞噬正义，正义随时可能战胜邪恶，二者必居其一。而这个正义与邪恶的较量存亡问题是关系到天下民众生死存亡的重大事情。也可以不是你亡，就是我亡，谁存谁亡，关系到民众拥护谁、推荐谁的问题，受到民众拥护爱戴的当然长存，不受民众拥护爱戴的当然灭亡。

"苞桑"，既是茂密而丛生的桑树，它包含了桑农、奴婢、农人、贤良之士，也就是广大的民众的象征。所以，"其亡其亡，系于苞桑"就是指国家的存亡安危，是关系到人民的存亡的事情。

正如《易·系辞》孔子曰："危者，安其位也。亡者，保其存者也。乱者，有其治者也。是故君子安而不忘危，存而不忘亡，治而不忘乱。是以身安而国家可保也。易曰：其亡其亡，系于苞桑。"孔子这一段话的中心意思就是，君子要居安思危，不要忘记自己的政治任务，不要忘记以正治国。否则就会使君位危而国家社稷不保。也是说君子如何治理国家天下，如何使国家社稷安定，这关系到广大人民的安危。也可以说君子在自身得到安定之后，不要忘记自己的志向，不要忘记广大民众的安危，这就为治国者提出了非常明确的政治目的，治国者能否将国家治理好，是关系到数亿人民大众的生存问题，所以治国者不可不慎重为之。

这正如当今的社会现状，腐败邪恶者猖獗，中国共产党以历史使命的正义之剑，

严厉惩罚腐败邪恶,将人民的利益至于至高无上的地位,这正是《系辞传》孔子所言的"乱者,有其治者也。是故君子安而不忘危,存而不忘亡,治而不忘乱。是以身安而国家可保也"的伟大意义。

③上九爻辞的哲学意义

上九爻辞"倾否,先否后喜"。否极而泰来,夏桀无道使天下大乱,商部族由小逐渐发展壮大,商汤举军旅灭夏桀而建商。商汤治天下而国泰民安,商王朝国土之大,盛德之大,人民得到的福气也大。而商朝的后期,其德政日渐衰亡,周部族的势力日渐强大。商纣王最终使商朝倾覆,周武王一举灭商而建周,而使天下人民又得到了福气。这就是先否后喜的含义。

"先否后喜"表示的是:否极泰来、物极必反的自然变化规律,也是阴极必阳的变化规律,是日月四时亘古不变的自然变化规则。正如老子曰:"物壮则老,谓之不道。不道早已。"这也正是唯物辩证法之量变转化为质变的过程、结果及其意义。

但是,《否卦》在这里并不是为了单纯地说明"否极泰来"的自然变化规律,而是在揭示中华民族自古以来的历史循环现象:"先否后喜",表示了当邪恶危害人民达到极点使人民无法忍受时,就会有有道者奉天命起来讨伐,使邪恶灭亡,使大道畅通无阻,使先帝先王的治国之道畅通无阻,使民众重新过安定太平的生活。这就是中华民族的历史事实。

中华民族的历史事实更是证明了这些光辉的理论。邪恶、黑暗终究是不会长久的,公正公平、正大光明、诚信是中华民族亘古不变与天地日月共存的传统道德之精粹,所以才会长久流传不衰,"何可长也",在这里即可以解释为什么传统道德会长久流传不衰。

(三)依据《泰卦》卦辞、象辞、部分爻辞分析其哲学意义

1. ☷☰卦辞的意义与哲学意义

☷☰卦辞:"泰:小往大来,吉亨。"

(1)☷☰卦辞的意义

卦辞说:"小的去了,大的来了,这是吉祥亨通之兆。"

《老子·第六十四章》曰:"其安易持,其未兆易谋。其脆易泮,其微易散。为之于未有,治之于未乱。合抱之木,生于毫末。九层之台,起于累土。千里之行,始于足下。"这是老子对事物发展变化的基本规律——小往大来的阐述,也是对《泰卦》卦辞哲学意义的阐述。

(2)《泰卦》卦辞"小往大来"的哲学意义

"小往大来"表示的是事物的变化总是从小逐渐变大,从少到多的量变过程。如福祸的变化规律是祸乱的苗头未出现时,或者有轻微的兆头时,如果能阻止其发生，就不会使小祸乱发展成大祸乱。还有居安不忘危的变化规律也一样，因为大的事物都是由小的事物发展变化而来的。泰卦卦辞论述的是事物量变的变化规律，由少逐渐增多，由小逐渐变大的量变的变化过程。

2.☷☰象辞的意义与哲学意义

☷☰象辞："泰，小往大来，吉亨。则是天地交而万物通也。上下交，而其志同也。内阳而外阴，内健而外顺。内君子而外小人。君子道长，小人道消也。"

（1）☷☰象辞的意义

象辞说："泰，就是指天下太平，实现天下天平体现了小往大来的变化规则，所以吉祥亨通。天下太平就是天地阴阳相交，阴阳平和而使天地万物通达安泰得到化育啊！君臣子民上下相交，而志同道合啊！内阳刚、刚正而外表柔顺、柔和，内自强不息而外表温顺，内亲近君子而外远离小人。君子之道长久，小人之道就消逝了啊。"

《泰卦》与《否卦》是一对卦形结构相反，内容相反相对应的卦象。《泰卦》论述的是小往大来的变化过程，《否卦》论述的是大往小来的变化过程。《泰卦》论述了天地阴阳之气相交通而化育万物的意义，《否卦》论述的是天地阴阳之气不相交通，不能化育万物的景象。《泰卦》论述的是君子帝王与天道先祖之德相交，帝王君子与臣民思想思维活动相一致的意义，《否卦》论述的是帝王小人不与天道天德先祖先帝之德相交而产生的结果。所以《泰卦》阐述的是君子之道增长长久的意义，《否卦》阐述的是小人之道增长而衰败的过程，《泰卦》与《否卦》二者是意义完全不同的卦象。

（2）关于☷☰象辞"泰，小往大来，吉亨。则是天地交而万物通也。上下交，而其志同也。"的哲学意义

"泰，小往大来，吉亨。则天地交而万物通也，上下交而其志同也。""泰"，是天下太平安乐的意思。天下太平安乐是自古以来，中华民族人民所追求的最为理想的生存环境，也是自古以来中华民族的治国者，所要达到的最高治国目标。据记载古代五帝三王时代，中国人民就已经过上了天下太平安乐的生活。当然这是五帝三王以天命治天下，而且是由君王和所有臣民志同道合，上下一同，从一点一滴、一件一件事情逐步地不断地创造各种生活物资，创造生存环境，利用有利的天时地利，不断总结归纳各种经验，而创造出一个有利于万物和谐生存的自然环境状态而实现的。"泰"，就是天地安泰，人和，万物兴旺，这是我们中华民族对美好生活的期望，也是古人用实践证明可以实现的最理想的社会状态，所以，吉祥而亨通。为什么呢？因为天地阴阳之气相交，阴阳和谐，风调雨顺，万物得风雨滋润，和谐生长，五谷丰登，六畜兴旺，社会和乐，人人安泰安乐；而且也是因为在上位的君

主光明正大，养贤用贤，亲民爱民，君民上下一条心，同心协力创造了天下太平安乐之故。

"小往大来"，一方面是指实现天下太平是不容易的事情，是上位的执政者和臣民上下齐心一致共同从一件一件事情做起，而累积起来的太平。另一方面是指好结果是由一步一个脚印的实际行动做出来的，不是等待而来的。表示事物数量变化的过程，是由少到多的累积过程。

从《泰卦》的内容，我们可以看到自古以来实现天下太平安乐就是治国者应该实现的治国目标，也是所有人民的美好愿望。而要实现这个愿望，则必须要上位的执政者和所有人民步调一致，同心协力去做实际具体的事情。而且要提高我们的道德水平，也就是亲君子远小人，做有益于人民的人。实现天下太平安乐，这也是中国梦的伟大目标！

3. ䷊初九爻辞和上六爻辞的意义与哲学意义

初九爻辞："拔茅茹，以其汇征，吉。"爻象辞："拔茅征吉，志在外也。"

上六爻辞："城复于隍，勿用师，自邑告命，贞吝。"爻象辞："城复于隍，其命乱也。"

（1）《泰卦》初九爻辞和上六爻辞的意义

其一，初九爻说："任用招募选拔很多贤能有德的人才，这些人才又相互推荐引进更多的人才为其汇征之，吉祥美好。"爻象辞说："圣人亲君子，远小人，就是为了发挥贤能人才的才能而为天下人民谋利益，实现创造太平盛世的志向。"

其二，上六爻说："城墙又一次倒塌于护城壕内，既不是众人推倒的也不是军队攻破的，而是城邑自己宣告终结了自己的命运，这既正常又是耻辱。"爻象辞说："城墙再一次陷落，是因为在上位的君主背离了道德，使天命惑乱的结果。"

（2）《泰卦》初九爻辞和上六爻辞的哲学意义

其一，初九爻的哲学意义是说，国家要富裕强盛，天下太平，首要的是君王要尊天命以治天下，还要招集很多贤能之才，各位贤能人才还要相互推荐更多贤能有德之才，任用他们为辅佐来治理国家天下，才能实现和终于实现了天下大治的志向。

其二，上六爻辞的哲学意义是在告诫人们，凡是违背天命道德而君临天下者，必定逃脱不了自取灭亡的道路。同时还指出，遵天命而治天下，就是以仁德为天下人民谋利益，为人民谋求的利益越多，治国者的德行就会累积的越多；但是当天下太平安乐之时，若是忘记了道德的宗旨，不能继续修己明德，就会逐渐违背道德，惑乱天命而遭遇灭亡。

（四）从《否卦》与《泰卦》的卦形结构图分析其哲学意义

1.《否卦》与《泰卦》的卦形结构图：䷋与䷊二卦的卦形结构是由组成䷊的上

卦 ☷ 与下卦的 ☷ 二个经卦图形的位置上下置换，而组成了上卦为 ☷，下卦为 ☰ 的 ䷋ 的卦形图。《否卦》与《泰卦》属于天地之道的范畴。

2.《泰卦》的卦形结构说明了天地阴阳之气相交平和化生万物，变化及时的风云雷雨滋润万物生长化育，万物兴旺人欢马叫，百鸟齐鸣天下太平的自然规律。

3.《否卦》的卦形结构表示了天地阴阳之气不相交通，不能化生万物滋润万物，使灾难发生的自然变化规律。

4. 也就是说"泰"与"否"均有自然之泰和人为之泰，也均有自然之否与人为之否。

所谓自然之泰：就是天地阴阳之气相交平和而形成的风调雨顺万物和谐的自然之象；人为之泰，就是圣人效法自然之泰，用很多治理方法辅助天地自然，人为地达到与自然之泰甚至比自然之泰更为美好的和谐社会。

所谓自然之否：就是天地自然阴阳之气不相交通，而造成的自然灾害；人为之否，就是治国者不为天下人民谋利益，不以天命治理国家天下，为人民带来灾难，甚至国家灭亡的大灾大难。这是引发有道者起来革命的根源。

5. 它们展示的是"小往大来"和"大往小来"的事物的变化过程和结果。"小往大来"，显示的是胜利美好，事物由小逐渐变大的量变过程和结果。"大往小来"显示的是衰败毁灭，事物由大逐渐变小的质变过程和结果。

6. ䷊卦象辞的第一句"天地交，泰。"与䷋卦象辞的第一句："天地不交，否。"描述的是天地自然变化规律特征的自然之象。

7. ䷋与䷊卦形结构之象属于天地之道的范畴。

（五）《否卦》和《泰卦》卦象辞的哲学意义及其归属

䷋卦象辞："天地不交，否。君子以俭德辟难，不可荣以禄。"

䷊卦象辞"天地交，泰。后财成天地之道，辅助天地之宜，以左右民。"

1. ䷋卦象辞的哲学意义

"天地不交，否"与"君子以俭德辟难，不可荣以禄"有什么关联呢？天地阴阳之气也有不相交而不能使万物兴隆的时候，所以君子也要在事业兴旺发达之时，不要忘乎所以，要时刻约束检点自己的德行，不可以贪图荣华富贵俸禄而不知道如何避免灾难的发生。正如《礼记·表记》孔子所言："君子慎以避祸，笃以不掩，恭以远耻。""君子庄敬自强，安肆曰偷，君子不一日使其躬僗焉。如不终日。"[①]

䷋是对有道者如何建国立业使功德逐渐累积到盛大，无道者失道无德而使先祖的功德逐渐由大变小直至倾覆的评论。这也是我们平时所言的物极必反和量变到质

---

① 钱玄、钱兴奇等注译.礼记[M].岳麓书社，2001：720.

变的变化过程。这里所言的"物极必反，量变到质变"，是指对治国者而言，要始终以天道之无为治理国家天下，使国家强盛人民富足，而且要始终坚持以为人民谋利益福气为宗旨和意义教化治国者和臣民的意识思维思想，一刻都不能放松。假如放松对治国者和各级官员的意识思维思想道德的教育，则会使治国者认为自己功大盖天，自以为是，而使其意识思维思想发生改变，而与先圣所创建的治国之道相背离；也会因为天子的榜样作用，而使那些立场不坚定的官员的思维意识思想道德发生改变，而背离为官之道，君臣背离道德的作为到一定程度，就会使国家的命运发生改变，而使国家命运倾覆灭亡。

☷卦象辞告诉我们，无论什么时候，都应该注意检点约束自己的行为，不可任意作为，尤其是在面对自己的命运前途时，不可以只是为了自己的命运前途，荣华富贵而忘记法律和道德底线。要牢记"达则兼济天下，穷则独善其身"的处事方法，就不会愧对自己的良心！更不会愧对天下人民。

所以《否卦》的哲学意义如下。

其一，不要邪恶，不要无道无德，否则就会倾覆。

其二，否极泰来。但是无论从哪个角度来分析否极泰来的这个过程，都是相当痛苦和不易的过程，尤其是国家的政治遭遇否极的这个过程，因那是民众遭遇困苦灾难的过程。所以我们还是不要否极这个过程，我们需要的是不要出现邪恶，不要出现无道无德无仁善之德的事情，要让我们的社会永远充满和谐光明温暖。

☷卦象辞是属于形而上教化之道。

2.☷卦象辞的哲学意义

其一，"天地交，泰。"与"后财成天地之道，辅助天地之宜，以左右民。"有什么关联呢？天地阴阳之气相交，自然地成就了风调雨顺，万物兴隆的和平安泰，所以圣人君子就将这种自然和平安泰作为治国治天下所要达到的最高目标，以适宜的方式方法辅助天地自然成就千秋万代的和平安泰，使万民永远享受和平安泰的生活。

其二，肯定评价了自古以来圣人治理国家天下所要实现的最高目标：天地通达安泰万物人类和谐的天下太平的大同社会。

其三，肯定评价了实现天地通达安泰万物人类和谐天下太平的大同社会的具体方法。

其四，☷卦象辞既属于形而上的治国目标的形而上之道，又属于治理国家天下的方式方法的形而下之道。

第四节 《剥卦》和《谦卦》卦象辞的自然之象与哲学意义及其归属

一、《剥卦》卦形结构图自然之象的象征意义和卦象辞的意义

1. 《剥卦》卦形结构图自然之象的象征意义

☷卦象辞："山附于地，剥。上以厚下安宅。"

"山附于地，剥。"☷的卦形结构：上卦为☶，为山、为止、为艮，是"万物之所成终，而所成始也"的途径；下卦为☷，为地、为阴柔、为众人。上☶山下☷地，高山依附在大地上组成了☷的卦形图。

其一，象征高山虽然依附在大地上，但是高山仍然会被风云剥蚀剥脱破坏的自然之象。

其二，☷的卦形结构是高山依附在大地之上的自然之象，它恰如其分地表示出山与地依附的正常关系。无论山有多高多大，它都是依附在大地之上，没有大地的依托，就没有高山的峻立。大地沦陷，高山随之就会崩塌，倾覆。

其三，象征风雨、风沙长期的剥蚀损害土地，或者象征由于地震发生时，会使低地变为高山峻岭，或者使高山夷为平地；或者因为洪水发生时，使大地受到洪水的冲击而变化为沟壑洼地。显示使高山变为平地，低地也可以变为高山的自然变化现象。

其四，象征成就万物终了，又成就万物重新开始的艮山若是失去了成就万物终了，成就万物重新开始的作用，那么柔顺的民众就会无所依、无所归、天下就会不安宁。

其五，象征帝王之位再高，也是依附于民众，没有民众的支撑拥护，帝王之位就会衰微甚至倾覆。

2. ☷卦象辞的意义

卦象辞："上以厚下安宅。"

"上以厚下安宅"卦象辞说："居于上位的君王要宅心仁厚以坤地厚德载物之德安抚保护民众，既要使天下民众有安乐之居，又要使民众有最好的归宿。"

《剥卦》卦象辞依据全卦所述大禹治水的内容，而抽象出居于上位的帝王，如何对待民生的哲学意义，那就是"上以厚下安宅"。

二、《谦卦》卦形结构图自然之象的象征意义和卦象辞的意义

1. ☷卦形结构图自然之象的象征意义

☷卦象辞："地中有山，谦。君子以裒多益寡，称物平施。"

"地中有山，谦。"这是对《谦卦》☷☶卦形结构的说明。《谦卦》上卦为坤为地，下卦为艮为山为止。

其一，以《谦卦》的卦形结构来象征山是地之余，高山可以夷为平地，平地也可以变为高山的自然变化之象。

其二，象征大地上有高山，高山虽然高大，但是离开大地的支撑，就会崩溃坍塌。

其三，象征坤地虽然卑下，山虽然高大，但山是依附大地而存在，所以山虽然高大，但却自卑而尊地。

其四，以《谦卦》的卦形结构来象征礼的基本原则，就是谦卑而尊人。

2. ☷卦象辞的意义

"君子以裒多益寡，称物平施。"象辞说：君子应该去掉多余的，增加、补足那些不足的，使事物的多少就如用秤称物一样平衡，不多不少，正好相等，处于不偏不倚，中正不偏斜的状态。

《谦卦》之谦是对谦的意义的解析，也是对谦谦君子周公之德的评论，以及在实际应用中，几种体现谦的方式的评论

三、《剥卦》和《谦卦》卦象辞的哲学意义及其归属

（一）依据《易·系辞》对《剥卦》和《谦卦》的论述分析其哲学意义

《序卦传》曰："致饰然后亨则尽矣，故受之以剥。剥者，剥也。""有大者，不可以盈，故受之以谦。"《易·系辞·下传》第七章曰："谦，德之柄也。""谦尊而光。""谦，以制礼。"

1. 关于"剥"的意义，是说天下文明而后尽享文明的所有利益，所以命名为剥。所谓剥，就是剥夺、剥蚀、减少、伤害、革除。

2. 关于"谦"的意义，功德盛多不可以自满骄妄，所以命名为谦。功德盛多而能谦恭卑己而尊人，是君子之德。"谦"，是《谦卦》"体现德行的根本。""谦虚恭敬者受到尊敬而光荣。""谦，就是谦卑而尊人的礼仪。"

3. 以上是《易·系辞》和《序卦传》对《剥卦》和《谦卦》真实意义的论说。

那么，因为"剥"具有罢免、革除、衰微、减少、伤害的含义，所以《序卦传》的意思是说在享受天下文明的利益时，就要想到自然灾害对文明社会和人类所造成的伤害，就要随时革除造成自然灾害和人为灾害发生的事物，以减少对文明社会和人类的伤害。

而"谦"就是谦虚、谦恭、谦卑等含义，所以谦虚、谦恭、谦卑而尊人就是君子的德行，谦卑而尊人这是制定礼仪的依据。

（二）依据《剥卦》卦辞、象辞、部分爻辞分析其哲学意义

1.☷☶卦辞的意义与哲学意义

☷☶卦辞："剥，不利有攸往。"

☷☶卦辞的意义

卦辞说："高山土地被风雨剥蚀，被风沙、冰川、被洪水侵蚀得面目全非，高山被夷为平地，平地变为河床，不利于万物的生存，而洪水和这些自然灾害却反复不断地危害着人民的生命安全。所以就有君子前往反复不断地去治理，最后终于获得了成功。"《剥卦》卦辞是对"剥"的含义和结果的阐述。

2.《易·剥卦》象辞的意义与哲学意义

☷☶象辞："剥，剥也。柔变刚也。不利有攸往，小人长也。顺而止之，观象也。君子尚消息盈虚，天行也。"

（1）《剥卦》象辞的意义

象辞说："剥，就是剥落、剥夺、剥蚀的意思。原本柔弱的水，突然变得异常凶猛刚烈。洪水反复泛滥不利万物、不利人民，有人前去反复治理，但洪水仍在泛滥危害人民的生命，这是小人长期治水的结果。又有人去治理洪水，顺着地势水势疏通水道治理，而终于使洪水停止泛滥，这是君子观察了地势和水势的自然流向崇尚天地自然的法则治水的结果。天地自然变化的法则是：当事物向着衰弱方向发展变化进而减少衰变到一定限度时，就又会以逐渐向着增长壮大的方向发展变化；而那些向着壮盛方向发展变化的事物，当其增长盈满到一定限度时，就又会向着逐渐虚少的方向发展变化，如此反复循环。这就是天地日月自然变化的自然法则，是昼夜、四时、月盈月晦变化的自然规律。"

"剥，剥也。柔变刚也"这是说明为什么会发生剥蚀、剥夺的事情，是因为原本柔弱的水，突然变得凶猛刚烈、横冲直撞之故。也就是说因为发生了大洪水，洪水泛滥，使土地剥蚀，民众被剥夺了居住和生活之地。

"不利有攸往，小人长也"是指尧帝派鲧前去治水，鲧治水九年没有成功，洪水仍旧泛滥，人民无法长久生存；舜帝又派鲧之子大禹前去治水，历经一十三年艰苦磨难，终于治水成功，而有利于人民使其能够长久生存了。

"顺而止之，观象也"，这是告诉我们大禹治水成功的原因，大禹观察研究水流之象，顺势引导疏通，终于将洪水导流到大海中，而消除了水患。

"君子尚消息盈虚，天行也"这是《易经》哲学从大禹治水中总结出的经典经验。

（2）☷☶象辞"剥，剥也。柔变刚也""顺而止之，观象也。君子尚消息盈虚，天行也"的哲学意义

①"剥，剥也，柔变刚也"的哲学意义

这是对"剥"的解释，剥，就是剥落、剥蚀、侵蚀、剥夺的意思。为什么会有这种现象呢？这是因为本来柔弱的水，突然变得横冲直撞、刚烈无比、凶猛异常而吞噬万物、侵蚀土地、残害万物，剥夺了人民生存的权利，这也是对尧舜时代洪水泛滥、危害苍生的历史的真实记载。

《易经》通过柔弱的水突然变得异常刚烈无比和给万物带来的强大灾难，来说明阴阳变化的道理。当阴柔的水自然地正常地展现它的魅力时，它就是人类的朋友，水是我们日常生活中不可缺少的物质，是动植物生长生存的必需物质；但是当它积聚过多过盛时，就会向着相反的方向变化，变成残害万物的凶器厉鬼，成为刚烈为阳刚之属。这虽然是事物两面性的表现，但是它又不单独是事物两面性的问题，这是《易经》告诉我们，水所引发的自然灾害的不可抗拒性、不可预测性和瞬息万变的残酷性；同时告诉我们"水能载舟，亦能覆舟"的两面性。这也是对事物量变引起质变的变化规律的表述，也是柔变刚的变化过程和结果的论述。

②"顺而止之，观象也"的哲学意义

在《易经》中，它是指大禹治水的具体方法。大禹治水，他先观察山势、地形、水势等各种关于水流的自然现象，由此而规划好治水的路线，顺水流之势挖沟开河、使水道疏通，并以导流、通道的方式，使水顺应地形地势向东南流入大海。大禹用了十三年的时间终于成功制服洪水。而大禹的父亲鲧，因为采用堵塞洪水的方法，哪里有洪水，就到哪里去堵塞，结果用了九年的时间，不但没有治服洪水，反而使洪水泛滥而更加严重地危害人民。

所以，《易经》通过大禹治水的方法告诉我们，凡是做事，都要观察研究事物的实际情况，然后依据事物的实际情况，制定符合事物实际情况的的工作方法，顺应事物的发展规律而作为，才会成功。

③"君子尚消息盈虚，天行也"的哲学意义

其一，这是《易经》通过对天地自然运行的规则和对大禹治水成功经验的总结，而概括出来的天地自然对应法则。这里《易经》用了"消与息，盈与虚"，两组对应词组，来说明自然事物对应的法则。消是减少，息是滋息、生长、增长；盈是充满、增多，虚是空虚、没有。自然事物对应的法则是：减少与增长相对应，盈满与虚无相对应，大禹治水的过程就充分体现了这一自然法则。也就是说，当洪水过度泛滥，危害苍生，使人民的生存安全度减少降低到毫无保障时，大禹用疏通水道的方法使洪水逐渐减少，终于治服了洪水，使洪水泛滥的次数及程度减少降低，而使人民生存的安全度增高，人民得到的利益也相对增加，充分体现了天地自然的对应法则。这是天道自然运行的法则。

其二，"君子尚消息盈虚，天行也"，这是唯物辩证法"量变转化为质变的规律，对立统一相互渗透转化的规律"的体现。君子崇尚发是天地自然消与息的盈虚变化法则，因为天地日月四时的自然变化法则就是如此。这种自然变化法则就是：增长与减少相对应，盈满与空虚相对应。也就是当事物由少逐渐向多增长的发展变化的过程中，当量增多到一定限度而盈满时，就会逐渐向着相反的方向发展，那就是逐渐向着较少和衰弱甚至消亡的方向发展。大禹治水充分应用了这一自然规律，而终于制服了洪水。

3.䷖初六爻、六四爻的意义与真实意义

初六爻辞："剥床以足，蔑，贞凶。"爻象辞："剥床以足，以灭下也。"

六四爻辞："剥床以肤，凶。"爻象辞："剥床以肤，切近灾也。"

䷖初六爻与六四爻的意义

其一，初六爻说："滔滔洪水弥漫泛滥，剥离河床，使谷底加深，河床变宽，河水到处泛滥，给人民造成极大的危害。如果蔑视洪水的危害，不去治理，这是不正确的，如果不正确对待水患，就会给人民造成更大的灾难。"爻象辞说："大水弥漫泛滥，足以使天下人民的生命和万物消亡覆灭。"

其二，六四爻说："洪水继续剥蚀河床而使洪水造成的灾难更大，人民面临更大的危险。"爻象辞说："洪水继续剥蚀扩大河床，人民面临着更大的灾难。灾难已经靠近人民，随时都有丧失生命的可能。"

其三，初六爻辞和六四爻辞是对《剥卦》之"剥"真实含义的描述。

（三）依据《谦卦》卦辞、象辞、部分爻辞分析其哲学意义

《谦卦》阐述的是谦谦君子，鸣谦、劳谦、撝谦以及裒多益寡等关于谦的几种表现形式。

䷎卦辞："谦；亨，君子有终。"

1.䷎卦辞的意义与哲学意义

（1）䷎卦辞的意义

卦辞说："谦恭、谦让亨通，这是君子有始有终坚持的礼仪。"《谦卦》卦辞是对"谦"的意义的说明。以及做到"谦虚、谦恭、谦让"是君子应该始终坚持实行的礼仪。

（2）䷎卦辞的哲学意义

"谦；亨"的哲学意义。其一，卦辞是对君子有始有终坚持的谦虚，谦恭礼仪的赞美评定。其二，"谦，亨"是指谦恭、谦让、恭敬之礼的亨通、顺利。君子尊礼而行，就能亨通。礼的基本原则是自己谦卑而尊重别人。其三，是指圣人制定谦恭之礼的重大意义以及礼的用处。正如《礼记·礼器》曰："故先王之立礼也，有本有文。中信，礼之本也；义理，礼之文也。无本不立，无文不行。礼也者，合于天时，设于地财，顺于鬼神，合于人心，理万物者也。"①

关于"君子有终"的哲学意义。其一，是指君子始终遵循谦恭之礼，宣扬礼义之道，而不超越礼的范畴。其二，是指礼乐的象征意义：圣人依照天地自然变化之象，制作礼乐，象征天地自然始终相生，大小相处的自然规律。正如《礼记·乐记》曰："乐者，天地之和也；礼者，天地之序也。和，故百物皆化；序，故群物皆别。乐由天作，礼以地制。"②其三，是指圣人制作礼乐的目的，是为了教化臣民始终坚守美德不改变。

2.䷎彖辞的意义与哲学意义

䷎彖辞："谦亨。天道下济而光明，地道卑而上行。天道亏盈而益谦，地道变盈而流谦，鬼神害盈而福谦，人道恶盈而好谦。谦尊而光，卑而不可踰，君子之终也。"

（1）䷎彖辞的意义。彖辞说："谦恭谦让而亨通。天的道理就是日月的光芒向下普照帮助万物而使天地间一片光明；地的道理就是地低下而地之阴气向上运行，与天之阳气相交相合融合而变化云雨雷电滋润震动万物。天地阴阳之气相交相合融合就如虽然尊卑有别但却相互包容融合相合彬彬有礼，无贵贱之别；天上的太阳由地平线逐渐升起，逐渐到高大明亮又逐渐减损到落日；月亮由圆盈满逐渐亏损减少到月牙；或者日升月落，日落月升，就像日月相互谦让一样更加有礼有节；地上的万物满盈而又逐渐流失，就如满盈和流失相互谦让一样；我们的先祖害怕自满自傲没有谦恭之礼而使我们的福气减少，制定了谦恭谦让之礼，使我们懂得做人的道理就是要有谦恭谦让好谦之礼，以谦恭谦让受人尊敬而光荣。谦恭之礼就是无论是高贵，贫富贵贱，都要以自卑而尊人的原则对待任何人而不超越礼的规范，这是君子始终遵循的礼仪之道。"

䷎彖辞论述了以下几个请问题：其一，彖辞论述了为什么谦虚歉让就能亨通。其二，论述了天地自然运行的次序和表现形式所显现出来的自然之谦自然之象。其三，论述了谦虚、谦恭、谦让之礼是如何产生的。其四，论述了"谦"重要意义。

（2）彖辞的哲学意义

①䷎彖辞"谦亨。天道下济而光明，地道卑而上行。天道亏盈而益谦，地道变盈而流谦"的哲学意义是从自然变化现象来说明谦亨的哲学意义，并论述了关于天地之道变化的含义，即日月、四时的变化，地低下而顺承天，天变化的风云雷雨使大地盈满但地却能使其盈满流失，天地之道的变化就如天地相互谦让似的。这也是

---

① 钱玄、钱兴奇等注译. 礼记 [M]. 岳麓书社，2001：315.

② 同上，502.

"天道下济而光明,地道卑而上行。天道亏盈而益谦,地道变盈而流谦"与"谦亨"的意义所在。

② "鬼神害盈而福谦"的哲学意义:鬼神是已经亡故的我们的先祖的象征辞。我们的先祖、先圣害怕我们骄傲自满,而没有谦让之心、谦退之礼,这会为我们带来灾祸。所以,先祖、先圣就为我们制定了以减退为礼、减损为乐的礼乐之道,谦让之礼,以节制、约束人情;而谦让、谦退之礼,为我们带来了福气,因为礼的基本原则是自卑而尊人,礼的实质是中正无邪;礼的基本形式是端庄诚敬,谦恭顺从。正如《乐书》曰:"是故先王本之情性,稽之度数,制之礼义,合生气之和,道五常之行,使之阳而不散,阴而不密,刚气不怒,柔气不慑,四畅交于中而发作于外,皆安其位而不夺也。"① 比如,先祖所研究的二十四节气有大暑、小暑,有小雪、大雪,有小寒、大寒,有小满,却无大满对应,这就是满而不盈的印照。

③ "人道恶盈而好谦"哲学意义:人道是指人生的道理。做人的道理是不喜欢盈满,不喜欢骄傲自满,不喜欢没有谦恭、谦让之德,所以做人就要有谦恭、谦让之礼。也就是说,先祖为我们制定的礼乐之道,为万物,为我们带来了益处,使万物各安其位,而不相互争夺,所以我们就要依照礼乐之道,而喜好谦恭、谦让之礼。正如《礼记·坊记》孔子曰:"君子辞贵不辞贱,辞富不辞贫,则乱益亡。""君子贵人而贱己,先人而后己,则民作让。"②

④ "谦尊而光,"哲学意义:其一,是指谦恭有礼者,受到众人的尊敬而光荣。这是我们中华民族的传统美德,我们应该发扬光大,而不应废弃。其二,是指礼的基本原则和实质,礼的基本原则是自卑而尊人,礼的实质是教化人民,使人民中正无邪。

⑤ "卑而不可踰"的哲学意义:其一,是指礼的基本要求,礼的基本原则是自卑而尊人。其二,是指礼的基本原则不可改变。其三,是指圣人制定的礼义高大厚重隆盛至极,而天下人没有人能够减少,也没有人能够增加。

⑥ "君子之终也"的哲学意义:其一,是指先祖、先圣制定的礼乐之道,后代圣明君王、君子始终严格遵守,而不踰越改变。其二,是指君子始终尊奉先圣、先祖制定的礼乐之道,而不踰越,不随便改变自己的志向。

《谦卦》爻辞阐述的是周公谦谦君子的美德,因此卦辞、象辞就对谦恭之礼的基本内容、基本形式、基本原则、谦恭之礼的表现形式,以及圣人创作礼乐的依据作了一些论述,以使我们明白谦恭之礼是中华民族的传统美德。

---

① 李杰主编. 史记[M]. 哈尔滨出版社,2003:403.
② 钱玄、钱兴奇等注译. 礼记[M]. 岳麓书社,2001:679.

3. ䷎ 初六爻、九三爻、六四爻的意义与哲学意义

初六爻辞："谦谦君子，用涉大川，吉。"爻象辞："谦谦君子，卑以自牧也。"

九三爻辞："劳谦，君子有终，吉。"爻象辞："劳谦君子，万民服也。"

六四爻辞："无不利，谦㧑。"爻象辞："无不利，㧑谦，不违则也。"

（1）初六爻的意义与哲学意义

①初六爻的意义

初六爻辞说："谦虚、谦让、谦恭的君子，用祭祀天地先祖体现谦恭之礼，吉祥如意。"爻象辞说："谦谦君子的意思，就是自卑而尊人。也就是说好像自己就是卑下的普通之人，甚至是低贱之人，对别人都以尊敬、恭敬、虔诚之心对待。"

初六爻辞是对什么是君子的论述，君子谦虚谦让，谦卑而尊人，并且用祭祀天帝先祖的机会，体现君子的谦恭之礼。

②初六爻辞的哲学意义

其一，关于"谦谦君子"哲学意义是指君子的美德之首，就是谦卑而尊人。正如《礼记·儒行》孔子曰："温良者，仁之本也；敬慎者，仁之地也；宽裕者，仁之作也；孙接者，仁之能也；礼节者，仁之貌也；言谈者，仁之文也；歌乐者，仁之和也；分散者，仁之施也；儒有兼此而有之，犹且不敢言仁也。其尊让有如此者。"[1] 君子温良恭敬谦让，体现了君子深厚的仁德，体现了君子博广的知识和才能，但却从不自夸，却将自己当作普通人，始终卑己而尊人，这就是君子之德。《礼记·曲礼》曰："博文强识而让，敦善行而不怠，谓之君子。君子不尽人之欢，不竭人之忠，以全交也。"[2] 君子既要博古通今，见识深广，而始终又有谦让、谦恭之心和具体的实际行动，以及实际的本领智慧和深厚的德行。修身躬行做事善美、仁厚而又孜孜不倦，这就是君子必备的条件。《礼记·曲礼》曰："夫礼者，自卑而尊人，虽负贩者，必有尊也，而况富贵乎？富贵而知好礼，则不骄不淫；贫贱而知好礼，则志不慑。"[3]

其二，关于"用涉大川，吉"的哲学意义一方面是指君子用博大宽容的胸怀容纳万事万物。君子具有大川、大江、大河、湖海吞纳水流、吞纳污泥浊水，而包容万物，容纳众人之胸怀。正如《礼记·儒行》孔子曰："儒有博学而不穷，笃行而不倦；幽居而不淫，上通而不困。礼之以和为贵，中信之美，优游之法，举贤容众，毁方而瓦合。其宽容有如此者。"[4] 另一方面是指天子用各种祭祀活动，显示其尊

---

[1] 钱玄、钱兴奇等注译. 礼记[M]. 岳麓书社，2001：794.
[2] 同上，4.
[3] 同上，791.
[4] 同上，730.

天地、尊先祖先王之德及尊崇山川大河给人类所带来的益处。

总之，初九爻辞告诉我们什么是君子，及如何做一个谦虚、谦让、谦恭的真君子。

（2）九三爻辞的意义和哲学意义

①九三爻辞的意义

九三爻辞说："君子始终劳苦功高，而从不居功自傲，吉祥。爻象辞说：君子为国家、为人民不辞辛劳，功德盛大而不居功自傲，不以功劳而向人民索取回报，将自己的一生奉献给国家人民，深受人民热爱、敬重，君子的美德使万民敬服。"

九三爻辞和爻象辞所说的一生劳谦使万民敬服的君子，就是周公的美德，周公的美德使天下人民顺服。爻象辞还说，以什么使万民归服顺从呢？那就是劳谦君子使万民敬服。那些为人民利益而牺牲自己，不顾自身利益的君子使人民敬服。

②九三爻辞的哲学意义

《易·系辞》曰："劳谦君子，有终，吉。"子曰："劳而不伐，有功而不德，厚之至也。语以其功下人者。德言盛，礼言恭，谦也者，致恭以存其位也。"这是孔子对九三爻辞的解释。"劳而不伐"，"劳"是功劳的意思；"不伐"就是不夸耀功劳。孔子说其劳苦功高而不自我夸耀，不自我标榜，不居功；有功德而不以功德自居，不以功劳要求得到报答，这是仁厚至极的品德。这是说有功德仍然能卑己而尊人的人，这个人所宣扬的都是先祖盛大的仁德，以及治理国家的方法原则，这个人所宣扬所遵循的都是君子的礼义，真是谦谦君子啊！正因为这个人是真正的谦谦君子，所以，最终得到了应该得到的受人尊敬的地位。那么孔子所说的这个谦谦君子到底是何人呢？当然就是具有谦恭之礼的周公了。

所以，九三爻辞的哲学意义就是九三爻辞告诉我们的，无论从事什么工作，都要有温良恭俭让的谦恭之礼。比如，君子侍奉君主，就要有侍奉君主的谦恭之礼，那就是"诚信、辛劳、谦恭，不妄言，忠厚有德"。正如《礼记·表记》孔子曰："事君先资其言，拜自献其身，以成其信。"[①]"事君，军旅不辞难，朝廷不辞贱；处其位而不履其事则乱也。故君使其臣，得志，则慎虑而从之；否，则熟虑而从之，终事而退，臣之厚也。"[②]"君子庄敬日强，安肆日偷。君子不以一日使其躬焉，如不终日。"[③] 这是君子对待上位君王的谦恭之礼的论述。

比如，君子侍奉父母，就要致之以恭敬孝敬之礼；既不违背父母的心意，又不能违背道德的大义，正如《论语》曰："事父母几谏，则志不从，又敬不违，劳而

[①] 钱玄、钱兴奇等注译. 礼记[M]. 岳麓书社，2001：733.

[②] 同上，733.

[③] 同上，720.

不怨。"①《礼记·坊记》子曰:"从命不殆,微谏不倦,劳而不怨,可谓孝也。"②《曲礼·内则》曰:"父母有过,下气怡色,柔声以谏。谏若不入,起敬起孝,说则复谏;不说,与其得罪于乡党州闾,宁孰谏。父母怒,不说而挞之流血,不敢疾怨,起敬起孝。"③ 这是君子以谦恭忠信之礼孝敬父母之礼。

比如,君子对待民众的礼仪,爱民敬民,尊敬民俗,对民众以仁义、礼让、诚信。正如《礼记·缁衣》孔子所言:"故君民者,章好以示民俗,慎恶以御民之淫,则民不惑矣。臣仪行,不重辞,不援其所不及,不烦则所不知,则君不劳矣。"④ "上好仁,则下之为仁争先仁。故长民者章志,贞教,尊仁,以子爱百姓,民致行己,以说其上也。""故君民者,子以爱之,则民亲之;信以结之,则民不倍;恭以莅之,则民有孙心。"这是君子对待民众的谦让、仁爱诚信之礼。

所以说,劳谦君子,事事辛劳而谦恭诚信,有功而不居功,才会使万民悦服。九三爻辞说明了如何做一个爱民敬上的真君子。

(4) 六四爻辞的意义和哲学意义

① 六四爻辞的意义

六四爻辞说:没有什么不利,指合乎情理而不违背原则的善意的谦让。爻象辞说:没有什么不利,是利用变通的方法既不失道德礼义原则,又能达到目的的方法,就是扐谦。

六四爻辞提出一个扐谦的问题,什么是扐谦呢?《孟子·舜之不告而娶》曰:"昔者有馈生鱼于郑子产,子产使校人畜之池。校人烹之,反命曰:'始舍之,圉圉焉,少则洋洋焉,悠然而逝。'子产曰:'得其所哉!得其所哉!'校人出,曰:'孰谓子产智?予既烹而食之,曰,得其所哉,得其所哉。'故君子可欺以其方,难罔以非其道。彼以爱兄之道来,故诚信而喜之,奚扐焉"⑤。孟子所说的是从前有人送活鱼给郑国的子产,子产对管理鱼塘的人说,把鱼放进池塘去吧,管理鱼塘的人把鱼吃了,却对子产说,鱼放到池塘里很活跃,游到深处看不见了。子产高兴地说,鱼找到好地方了。因此孟子说:"对于君子可以在方式上欺骗他,使他相信;但很难欺骗他不要崇尚道。像以爱兄长的姿态而来看舜,舜深信不疑而高兴,这就是扐谦啊!"这个故事说明扐的含义,扐就是合乎情理,同时又不违背原则,为了使事情得到圆满解决的善意的欺骗。因此"扐谦",可以理解为:用合乎事物常情

---

① 刘琦译评. 论语 [M]. 吉林文史出版社, 1999: 27.
② 钱玄、钱兴奇等注译. 礼记 [M]. 岳麓书社, 2001: 683.
③ 同上, 369.
④ 同上, 741.
⑤ 冯凌云主编. 孟子 [M]. 陕西旅游出版社, 2003: 155.

的手段、礼义，尤其是既不失去道德礼义原则又用不伤害别人的变通方法而达到目的，又能掌握应用自如的谓扮谦。

②六四爻辞的哲学意义

"扮谦"其实就是善意的欺骗。比如，有人遇到二个邻居因为一些小事吵架，吵得难分难解，很多人劝解也无法平息。这个人就灵机一动，到前院转了一下，然后又走过去对住在前院的那位邻居说，你在这吵什么呀？你家来客人了，在家门口等着，快回去吧，这样就连拉带推地将他拉出来了，而使这场凶猛的吵架到此结束了，这也应该是扮谦吧！

所以从《谦卦》这三个爻辞所阐述的意义，我们明白了三点：第一，就是谦谦君子的品德及谦谦君子受人尊敬。第二，就是劳谦君子的意义，指君子不但要谦虚谨慎，而且要以身作则，多做实际事情，不要只动嘴，不动手，就会受到大家的尊重。第三，就是扮谦的意义，一般可以理解为在不违背原则的情况下的善意的欺骗，这对于化解日常生活中的矛盾，以及解除某些心理负担有着一定的意义。

（四）从《剥卦》与《谦卦》的卦形结构图分析其哲学意义

1.䷖与䷎的卦形结构图，是组成䷖的上卦☶与下卦☷上下相互交换了位置，就组成了上卦为☷，下卦为☶的䷎。它们均属于地道的范畴。

䷖的卦形图展示的是高山、高塬、平地、河床被水流、风雨侵蚀剥脱而变化为沙滩、沙漠、以及洪水使高山变为低地，平原变为沟壑，使人与万物受到伤害的自然变化之象。

䷎的卦形结构图展示的是高山无论有多么高大雄伟，它还是附着在大地上的自然之象。所以高山不要以为自己高大就蔑视大地。

2.剥有自然之剥和人为之剥

其一，所谓自然之剥，就是大自然的风雨水患对大地的剥蚀破坏作用和所引起的灾难。

其二，所谓人为之剥，就是指那些权贵阶层对人民的剥削压迫，使人民忍无可忍之时，就会发生武装革命。

3.谦也有自然之谦和人为之谦

其一，所谓自然之谦，就如《谦卦》彖辞所言："谦亨。天道下济而光明，地道卑而上行。天道亏盈而益谦，地道变盈而流谦。"象辞说："谦恭谦让而亨通。"天的道理就是日月的光芒向下普照，帮助万物而使天地间一片光明；地的道理就是地低下而地之阴气向上运行，与天之阳气相交相合融合而变化云雨雷电滋润震动万物。天地阴阳之气相交相合融合就如虽然尊卑有别但却相互包容融合相合彬彬有礼，无贵贱之别；天上的太阳由地平线逐渐升起，逐渐到高大明亮又逐渐减损到落日；

月亮由圆盈满逐渐亏损减少到月牙；或者日升月落，日落月升，就像日月相互更加谦让一样有礼有节；地上的万物满盈而又逐渐流失，就如满盈和流失相互谦让一样。"这是自然之谦。

其二，人为之谦，就是我们的先帝先祖害怕自满自傲没有谦恭之礼而使我们的福气减少，而效法天地自然之谦的道理，为我们制定了谦恭谦让之礼。使我们懂得做人的道理就是要有谦恭谦让好谦之礼，以谦恭谦让受人尊敬为光荣。谦恭之礼就是无论是高贵，贫富贵贱，都要以自卑而尊人的原则对待任何人而不超越礼的规范，这是君子始终遵循的礼仪之道。象辞主要是在说明为什么谦虚谦让就能亨通；正如象辞曰："鬼神害盈而福谦，人道恶盈而好谦。谦尊而光，卑而不可踰，君子之终也。"

其三，☷与☷的卦形图属于地道的范畴。（依据阴阳爻的多少而论）

（五）《剥卦》和《谦卦》卦象辞的哲学意义及其归属

☷卦象辞："山附于地，剥。上以厚下安宅。"

☷卦象辞："地中有山，谦。君子以裒多益寡，称物平施。"

1.☷卦象辞的哲学意义有以下几点

其一，指在上位的君主应以厚德使人民安居乐业，就如大禹一样，为了人民的利益，为了人民能够安居乐业，在外治水十三年，三过家门而不入，最终治服了洪水，为人民带来了福气，而深受人民的爱戴。大禹是圣人君子以厚德利民爱民为人民谋利益的光辉典范。

其二，居于上位的执政者，要告诉民众在选择和修造屋宇之时，既要重视选择有利的地形，又要重视房屋结构，因为民众居住的简易房屋，会被风雨雷电洪水剥蚀，而终于不能居住。所以民众在修造屋宇时，既要重视选择有利地势，又要使屋宇结构与当地的气候特点相适宜，以避免被自然灾害轻易损坏。正如《周礼·地官·大司徒之职》曰："以土宜之法辨十有二土之名物，以相民宅而知其利害，以阜人民，以蕃鸟兽，以毓草木，以任土事。"[①] 这是说，大司徒的职责是依据不同的土地适宜于不同族类人民居住，不同鸟兽生活在不同地域及不同草木生长在不同地域的原则，辨别十二类不同地域中物类的名称，以便帮助人民选择居住之处，要明白趋利避害的原则，以使人民物阜民丰，以使鸟兽繁殖生长，以利于草木生长，以利于发挥土地的正常功能。

其三，"上以厚下安宅"，还应该包括执政者应该重视关心人民的衣食住行等与生活生存相关的事情，君子以为人民谋求利益为己任，居于上位的君主要以民为本，厚待在下位的子民，使人民安乐幸福地生活。君子以其美好德行为人民做益事

---

① 钱玄、钱兴奇等注译.周礼[M].岳麓书社，2001：92.

而积德行善的过程，也是君子累积厚德的过程。

就《剥卦》的内容和卦象辞之意而言，我们每一个人都要以宽厚仁爱之心待人，处事要宅心仁厚、仁义厚道，以道德准则而为；不可薄情寡义，不可以居心不良，心怀歹意，不可以没有良知。这就是《剥卦》的哲学意义。

其四，☷卦象辞属于形而上之道的范畴。

2.☷卦象辞的哲学意义

《谦卦》卦象辞："裒多益寡，称物平施"的哲学意义

其一，原本就是老子对天道自然规律的评定。正如《老子》曰："天之道，其犹张弓与，高者抑之，下者举之，有余者损之，不足者补之。天之道，损有余而补不足；人之道则不然，损不足以奉有余。孰能有余以奉天下，唯有道者。是以圣人为而不恃，功成而不处，其不欲见贤。"老子指出，天地日月自然变化的功能，就是裒多益寡，太阳不断地减少自己的光热而给天下万物以光明温暖。君子之道就是将自己的不足之处不断减少去掉，将自己有余之处奉献给天下万物，奉献给人民。而要想将自己的不足之处去掉，就得学习圣人为我们制定的礼乐之道，学习君子、贤者的道德、仁义，学习天地之善德，才能逐渐将自己的缺点、错误、不足之处改正，使自己变为有道德、仁义，有知识、才能的人，只有这样才能使自己有有余之处，而将自己的有余之处奉献给人民。老子指出，只有有道者，才能奉有余以天下。也就是说那些自私自利者是不会将自己有余的奉献给人民的；而无德无才能的人，又拿什么来奉献给人民呢？所以"裒多益寡，称物平施。"对于我们每一个人来说，就是通过不断地学习，不断吸取别人的长处，改正弥补自己的不足之处，使自己成为一个有有余之处可以奉献的人。正如《论语》孔子曰："三人行，必有我师焉，择其善而从之，其不善而改之。"[①]"见贤思迁，见不贤而内省也。"[②]

其二，"裒多益寡，称物平施"是古圣人制定礼乐的依据和目的。礼主谦，使人知道节制欲望，恭敬谦让以养安；乐主盈，乐所以动荡血脉，流通精神而和正人心，其感人深，而起到移风易俗的作用。正如《乐书》曰："乐也者，动于内者也；礼也者，动于外者也。""故礼主谦，乐主盈。礼谦而进，以进为文；乐盈而反，以反为文。礼谦而不进则销，乐盈而不反则放。故礼有报，而乐有反。礼得其报则乐，乐得其反则安。礼之报，乐之反，其义一也。"[③]"满而不损则溢，盈而不持则倾。凡作乐者，所以节乐。君子以谦退为礼，以减损为乐，乐其如此也。"[④]"是

---

① 刘琦译评.论语[M].吉林文史出版社，1999：52.
② 同上，26.
③ 李杰主编.史记[M].哈尔滨出版社，2003：404.
④ 同上，398.

故先王之制礼乐也，非以极口腹耳目之欲也，将以教民平好恶而反人道之正也。"①圣人制作礼乐的原则是：以谦退为礼，以减损为乐。而制作礼乐的目的不只是为了满足口腹耳目的欲望，更重要的是为了教化人民明白辨别善恶，而真正返回到做人的正道上来。这既是圣人作则制礼乐的目的，也是礼乐的真正意义。

其三，关于"裒多益寡，称物平施"的原则，不但体现于礼乐之道，而且是古代明君治理国家天下的基本原则。《周礼》中有许多关于"裒多益寡，称物平施"的礼法的具体规定。如《周礼·地官》曰："以土均之法辨五物九等，制天下之地征，以作民职，以令地贡，以敛财赋，以均齐天下之政。"②"乃均土地以稽其人民而周知其数……""均人，掌地之五政，均地守，均地职，均人民，牛马，车辇之力政……"③"调人：掌万民之难而谐和之。"④"司市：掌市之治，教、政、刑、度量、禁令。以次叙分地而经市，以陈肆辨物而平市，……"⑤"贾师：各掌其次之货贿之治，辨其物而均平之，展其成而奠其贾，然后令市。"⑥以及关于旅师、土均等等官职所掌事物的均平职责。这些都体现了先王关于"裒多益寡，称物平施"的原则，所以说关于礼义的原则，也是治理国家天下万物的基本原则。

其四，"称物平施"就是要求君子处理一切政务，要如用秤称物一样，公平、合理、均等，以体现天之道德公正公平无私的本质。

其五，䷮卦象辞属于地道的范畴。

第五节 《困卦》和《节卦》卦象辞的自然之象与哲学意义及其归属

一、《困卦》卦形结构图自然之象的象征意义和卦象辞的意义

1. ䷮卦形结构图的象征意义

䷮卦象辞："泽无水，困。君子以致命遂志。"

"泽无水，困。"䷮的卦形结构为：上卦为☱，为兑、为悦、为说；下卦为☵，为水、为艰难险阻。☱兑在☵水之上，构成了䷮。其一，这是沼泽湿地的自然之象：表面上看不出有水，是一片草地，而下面却是一片深水，是谓"泽无水"。"泽无水"

---

① 李杰主编. 史记[M]. 哈尔滨出版社，2003：400.
② 钱玄、钱兴奇等注译. 周礼[M]. 岳麓书社，2001：92.
③ 同上，124.
④ 同上，129.
⑤ 同上，131.
⑥ 同上，136.

是因为表面上看是无水的迹象，实则水隐藏在草地下面。其二，看到水岸边的一片草地时感到困惑，犹豫这下面有没有危险，能不能在上面行走？其三，那些不善于思考不善于观察者，盲目地踏进了这片沼泽之地，而陷入其中，被困其中，不能自拔，这时候应该怎么办呢？其四，《易经》以"泽无水，困"。象征人被人表面的和善喜悦所欺骗，而被其陷入困境。

也就是说如若我们没有养成观察研究事物实际情况的习惯，那么稍不留神，就会陷入沼泽之中，而且会越陷越深，随时都会有生命危险。所以，君子要及早养成观察研究判断事物实际情况的习惯，要依据判断事物的实际情况，小心谨慎行事，以防陷入困境。

2. ☱卦象辞的意义

"君子以致命遂志。"卦象辞说："当君子陷入困境时，君子宁可尽其生命而不顾，甚至舍弃生命，也要实现自己的远大志向。"

《困卦》记载评述了君子面对困窘之时，宁可尽其性命而不顾，或者以韬光养晦的方式，成就自己志向的品德。比如大禹、周文王、管仲、孙膑皆是如此。所以，卦象辞是从全卦所述的内容概括抽象而来的。

在中华民族历史的长河上，有着许许多多这样可歌可泣的英雄故事。中华儿女自古至今，为了民族大众的利益，而宁愿舍弃自己生命的英雄豪杰。他们就是推动历史前进的动力，尤其是中国共产党领导下的近代中华儿女们，那些无数先烈为了中华民族的利益，抛头颅洒热血，成就了中国革命的胜利，成就了新中国的历史伟业，造就了波澜壮阔的中华民族的历史。中华民族历史上有很多这样于自己生命而不顾的英雄豪杰，而成就了中华民族的伟大历史，从而推动了中华民族历史的发展。

正如《礼记·儒行》孔子所言："身可危，而志不可夺也。虽危，起居竟信其志，犹将不忘百姓之病也。其忧思有如此者。"[①]孔子说："君子虽然处在危险之地，而意志不可丧失。虽然危险，但是起居饮食之中竟然时刻想着如何伸展他的志向，仍然不忘记百姓的疾苦。儒者有忧国忧民的思想是如此者。"

这就是"致命遂志"之义，君子为了实现远大的志向，于是就尽其生命而不顾。

二、《节卦》卦形结构图自然之象的象征意义和卦象辞的意义

1. ☵卦形图的自然之象的象征意义

☵卦象辞："泽上有水，节。君子以制数度，议德行。"

"泽上有水，节"是指☵的卦形结构而言，☵下卦为☱为兑，为悦、为说；

---

① 钱玄、钱兴奇等注译. 礼记[M]. 岳麓书社，2001：791.

上卦为 ☵ 为水、为艰险，上坎下泽构成了 ䷻。

其一，"泽上有水，节"指有明显的艰难险阻的自然之象存在，既知道明显的艰难险阻所在，那么如何应对这些明显的艰难险阻呢？其二，象征以制定法度、律典、制度约束节制人的行为，以避免这些艰难险阻对人民造成危害，而使人民安乐喜悦。其三，明知艰难险阻所在，却要强迫人们直面对待艰难险阻，也就是象征墨家的"苦节"之节是不能使人民接受的，是行不通的观点。

2. ䷻卦象辞的意义

"君子以制数度，议德行。"卦象辞说："君子依据天地阴阳律吕的度数来制定礼乐、法度、礼仪、法典、法规以度量评论人的德行。"

这是《易经》对西周制定礼乐、法度、礼仪、法典、法规的依据和意义的说明，也是对"泽上有水，节"与"君子以制数度，议德行"关系的说明，也就是说"君子以制数度，议德行"，是为了使人民避免遭遇艰难险阻而安乐愉悦。

其依据和意义：其一，正如《乐书》曰："是故先王本之情性，稽之度数，制之礼义。合生气之和，道五常之行，使之阳而不散，阴而不密，刚气不怒，柔气不慑。四畅交于中，而发作于外，皆安其位而不相夺也。然后立之学等，广其节奏，省其文采，以绳德厚。律小大之称，比终始之序，以象事行。使亲疏、贵贱、长幼、男女之理皆形见于乐。"[1]又曰："礼乐皆得，谓之有德。德者，得也。是故乐之隆，非极其音也；食飨之，非致其味也。"[2]"故天子之为乐也，以赏诸侯之有德也。德盛而教尊，五谷时熟，然后赏之以乐。""然则先王之为乐也，以法治也，善则行象德矣。""故酒食者，所以合欢也；乐者，所以象德也；礼者，所以缀淫也。"[3]"乐也者，圣人之所乐也，而可以善人心，其感人深，其移风易俗易，故先王著其教也。"[4]"是故德成而上，艺成而下；行成而先，事成而后。是故先王有上有下，有先有后，然后可以有治于天下也。"[5]这是说礼乐的意义在于歌功颂德，使人民欢乐。那么通过观察一个诸侯国的礼乐、诗歌，就可以考察到诸侯的德行如何。诸侯德行高尚，得到人民的爱戴，就会歌颂赞美他，否则就是讽刺之歌。这在《诗经》中有很多这方面的内容。

其二，君子尊礼乐法度而行，其德行表现，从其所喜悦的歌乐中就可以体现出来。正如《乐书》曰："是故君子反情以和其志，比类以成其行，奸声乱色不留聪

---

[1] 李杰主编．史记[M]．哈尔滨出版社，2003：403．
[2] 同上，400．
[3] 同上，402．
[4] 同上，403．
[5] 同上，402．

明。惰慢邪辟之气不设于身体，使耳目鼻口心知百体皆由顺正，以行其义。"① "乐者，乐也。君子乐其道，小人乐其欲。以道治欲，则乐而不乱；以欲忘道，则惑而不乐；是故君子反情以和其志，广乐以成其教，乐行而民乡方，可以观德矣。" "德者，性之端也；乐者，德之华也。"②

《节卦》的内容是对先王制作礼乐的意义的阐述记载，同时与墨子的苦节理论做对比，以说明礼乐是教化人民既要有适宜的礼义，勤劳的品德，又要有适宜的逸乐情操，而墨子提倡的只要人民终生辛劳，而不要人民享受的理论是错误的理论，是没有出路的。

三、《困卦》和《节卦》卦象辞的哲学意义及其归属

（一）从《易·系辞》对《困卦》和《节卦》的论述分析其哲学意义

1.《易·序卦传》曰："升而不已必困，故受之以困。"指事物变化升而不停止，必然遭遇困顿，所以就命名为困。所以"困"就是阻碍、困顿、困难、挫折的意思。

2.《易·序卦传》曰："物不可以终离，故受之以节。"是说事物总不能一直处于分离涣散状态，所以命名为节。所谓节，就是节制、限制的意思。

以上是《序卦传》对《困卦》和《节卦》意义的解读，也是这二卦本来的意义。

（二）依据《困卦》卦辞、象辞、部分爻辞分析其哲学意义

1.《易·困卦》卦辞关于有言不信的哲学意义

☲卦辞："困：亨，贞，大人吉，无咎，有言不信。"

（1）☲卦辞的意义

卦辞说："困，亨通，正大，大人吉祥，没有过失，有些言论不可以相信。"

卦辞是《易经》对君子的优秀品德的评定。君子无论做什么事情，一定要身正、言而有信，才会亨通无阻而没有过失，而对那些没有依据的言论不可以相信。正如《礼记·缁衣》孔子所言："下之事上也，身不正，言不信，则义不壹，行无类也。"

（2）☲卦辞关于"有言不信"的哲学意义

"有言不信"是指君子优秀品德的另一种表现形式。正如《礼记·儒行》孔子所言："儒有合志同方，营道同术；并立则乐，相下不厌；久不相见，闻流言不信。其行本方立义，同而进，不同而退。其交友有如此者。" "往者不悔，来者不豫；过言不再，流言不极；不断其威，不习其谋。其特立有如此者。"这是孔子对真正的儒者品德的评定。

---

① 李杰主编.史记[M].哈尔滨出版社，2003：403.
② 同上，403.

所以，"有言不信"是指君子与朋友之间长期不见面，虽然不知道朋友的近况，但当有的朋友有流言蜚语流行时，不随便相信，不会因流言蜚语而随便厌弃朋友。对于流言蜚语既不相信也不追究，这就是君子的品德与别人不同之处。

困的本意是困窘、被困、困住之义。而《困卦》的卦辞、象辞、爻辞所阐述的是君子大人在遇到困窘之时，对待困窘的态度。如周文王被商纣王困在羑里；越王勾践被吴王夫差困入吴国阖闾墓侧的石室中；大禹在治水时，困于酒食衣物；齐国大夫管仲被困于囚车中；晋国大夫伯宗被人诬陷而杀害；孙膑被庞涓迫害而受到剔刖之刑等，但是他们为了实现自己的远大志向，能始终坚守志向不改变自己的品德，这是君子之美德的具体表现。正如困卦上六爻辞所言："困于葛藟，于臲卼，曰动悔，有悔，征吉。"上六爻辞说，困于藤条，于是动荡不安，要是稍一动荡就会有危险发生，但是所懊悔的不是自己，是自己的志向还未实现，这是吉祥的征兆。上六爻辞就是对古代那些致命遂志的贤德君子品德的高度评价。那些贤德君子都有着为了尊奉大道，推行大道，实现为天下人民谋利益的志向，因而不顾自己的生命，即使身处危险之地，也决不懊悔。

《困卦》卦辞的意义也是对我们每个人品德的预期，要以正义仁善之德而作为，对于真正的朋友，要相信他们的品德，不要听到流言蜚语就冷淡、怀疑他们，而要关爱帮助他们。

《困卦》卦辞阐述的是君子品德的表现之一，即君子正大光明有诚信，对社会上流传的关于不利于国家、自己和君子朋友的流言蜚语不相信，而是坚定地相信自己、君子、朋友的品德，当然《困卦》卦辞也只是概括地简述而已。

2.䷮象辞的意义与哲学意义

䷮象辞曰："困，刚揜也。险以说，困而不失其所亨，其唯君子乎？贞，大人吉，以刚中也。有言不信，尚口乃穷也。"

（1）䷮象辞的意义

象辞说："困，就是阳刚之气被凶险掩盖而不能出的意思。身处凶险所以要喜悦要说，是因被困而不失其所向往之事能够亨通，这样的人难道不是君子吗？坚贞不屈、吉祥，大人所以刚直不阿了。有流言蜚语不相信，那些崇尚口中流言蜚语者于是就没有出路了。"

（2）䷮象辞关于"困，刚揜也。险以说，困而不失其所亨，其唯君子乎？贞，大人吉，以刚中也"的哲学意义

其一，"困，刚揜也。险以说，困而不失其所亨，其唯君子乎？""刚揜"是说阳刚之气被阴晦之气掩盖了。"刚揜"在这里象征君子被困在阴暗之处。困在阴暗之处，就有危险存在，但是，虽然危险却并不苦恼，而却要喜悦要说；虽然被困

却没有忘记自己向往的事业而且最终亨通，这难道不是君子吗？这是说这些虽然被困而始终坚守志向不改变的君子的高尚品德。

其二，"贞，大人吉，以刚中也。"贞，是坚贞不屈，是正。所以说只有大人君子在身遇艰险，身处艰险之地时，才能坚贞不屈，才能以正确的方式方法，使自己的志向不迷失。比如大禹、勾践、孙膑皆是君子。

3.䷮初六爻辞、九五爻辞、上六爻辞的意义与哲学意义

（1）爻辞原文

初六爻辞："臀困于株木，入于幽谷，三岁不觌。"爻象辞："入于幽谷，幽不明也。"

九五爻辞："劓刖。困于赤绂，乃徐有说，利用祭祀。"爻象辞："劓刖，志未得也。乃徐有说，以中直也。利用祭祀，受福也。"

上六爻辞："困于葛藟，于臲卼，曰动悔，有悔，征吉。"爻象辞："困于葛藟，未当也。动悔，有悔，吉，行也。"

（2）初六爻的意义与哲学意义

①初六爻的意义

初六爻说："坐困于一株一株木头之中，就像进入昏暗幽深的夹道。三年不得相见。"爻象辞说："被困于监禁的牢狱之中，昏暗没有光明了。"

初六爻是指被困在牢狱之中，得坐三年牢，三年不能与家人相见。"也就是说，君子为了实现远大志向，被困于牢狱之中三年之久。这是对《困卦》实际内容之一的说明，也是对战国时期的越王勾践，在周敬王二十六年，越王勾践因战败而被吴王夫差将其与妻子和大夫范蠡一同囚禁于夫差祖父的坟墓旁的石室中达三年之久，以及勾践忍辱负重的目的和最后结果的说明。

②初六爻的哲学意义

在于说明君子的身体虽然被困，但其心灵思想并未被困住，其心中时刻酝酿着强国富民的谋略。

（3）九五爻辞的意义与哲学意义

①九五爻辞的意义

九五爻辞说："遭到割掉鼻子、砍足的刑罚，是因为被困于大夫之职，这就需要有时间慢慢述说，利用祭祀怀念他。"爻象辞说："割掉鼻子、砍足，志向未得到实现。于是就有一个漫长的故事要说，是因为过于中直之故。利用祭祀来祭祀他，是因为他使后人得到福气和他也得到后人祭祀的福气。"

九五爻辞是对《困卦》实际内容的说明，也是对战国时期孙武的后代孙膑因何被困，又如何脱离困境而终于实现了自己的志向的说明。

②九五爻辞的哲学意义

是对君子的身体虽然遭受了灾难困苦，但是不忘记等待时机实现自己远大的志向及精神意志的写照。

（4）上六爻的意义与哲学意义

①上六爻的意义

上六爻辞说："困于葛根的藤条，于是动荡不安，说要是稍一动荡就会有灾难发生，有懊悔有灾难，这是吉祥的征兆。"爻象辞说："贤人君子被困于葛藟，动荡不安，这是不恰当的。动荡有灾难，有懊悔吉祥，这是君子品行的表现。"

②上六爻辞的哲学意义

这是对古代那些致命遂志的贤德君子品德的高度评价。那些贤德君子为了尊奉大道，推行大道，实现为天下人民谋利益的志向，而不顾自己的生命，即使身处危险之地，也绝不懊悔；或者有懊悔，但不是懊悔自己的生死存亡之灾，而是懊悔自己的志向还未实现，还未实行，这是君子在困窘之时优秀品德的具体表现，也是后世人学习的榜样。正如《礼记·儒行》孔子所言："儒有今人与居，古人与稽；今世行之，后世以为楷，适弗逢世，上弗援，下弗推，谗谄之民，有比党而危之者；身可危也，而志不可夺也。虽危，起居竟信其志，犹将不忘百姓之病也。其忧思有如此者。"

（三）依据《节卦》卦辞、象辞、部分爻辞分析其哲学意义

1.《节卦》卦辞、象辞、爻辞原文

卦辞："节：亨，苦节不可贞。"

彖辞："节，亨，刚柔分，而刚得中。苦节不可贞，其道穷也。说以行险，当位以节，中正以通。天地节而四时成，节以制度，不伤财，不害民。"

六三爻辞："不节若，则嗟若，无咎。"爻象辞："不节之嗟，又谁咎也。"

九五爻辞："甘节，吉，往有尚。"爻象辞："甘节之吉，居位中也。"

上六爻辞："苦节，贞凶，悔亡。"爻象辞："上六：苦节贞凶，其道穷也。"

2.䷻卦辞的意义与哲学意义

（1）卦辞的意义

卦辞："节：亨，苦节不可贞。"卦辞说："适宜的节俭，节制自己的品行、欲望是正常的节制。这种节制是正确的，是亨通无阻的。而那些只要人民终生劳苦不休，不要享乐的理论是不可以采用和不正确的。"卦辞"节：亨，"是《易经》哲学对儒家之节观点的直接肯定。"苦节不可贞。"对墨家之节观点的直接批判。

（2）卦辞的哲学意义

是指先王制作礼乐制度的目的是为了适当地节制人的各种欲望，使其欲望的满足与物质的供给相适宜，不至于使欲望无穷无尽而劳民伤财，害人又害己。制定礼乐制度并不是要人民变成终日辛劳而无任何欲望之人。

3. ☱☵ 彖辞的意义与哲学意义

（1）彖辞的意义

彖辞说："节俭节制，亨通，刚健柔顺分明，而且刚健得以适中。苦节不可以实行和不正当，是因为它没有出路。喜悦以行动面对艰险，恰当而节制，中正所以亨通。天地有节律的运行，因而有了四时的形成。用法律制度节制人的行为，就是为了不损伤人民国家的资财，为了不伤害人民。"

（2）彖辞的哲学意义

①"说以行险，当位以节，中正以通"的哲学意义：其一，节卦的卦形结构是下卦为泽、为兑、为说、为悦，上卦为坎、为水、为艰险。上坎卦，下泽兑，合而为节卦，为"说以行险"。象征面对艰险，要以适当的方法应对，以避免险情发生。其二，"说"就是喜悦，用最能表达人的欢乐和畅喜悦之情的音乐，用最能亲近万物秩序的礼仪，来教化人民，使人民的行为得到适当的约束，节制自己的情志、欲望、行为，使其适中而不超越限度，以防止邪恶的发生。

②"天地节而四时成，节以制度，不伤财，不害民"的哲学意义：其一，天地日月有节律的运行，才有了昼夜四时之分。如果天地日月四时失去了正常的节律，四时昼夜的运行秩序就会紊乱，而万物化生的节律就会破坏。这是《易经》用天地自然的自节自律来比喻制定法律、礼乐、制度的重要意义。人类与万物共同生活在地球之上，若是没有法律、法典、法规、制度来约束人的行为，那么人与人，人与万物的生存秩序就会发生混乱，而使人生活在险恶的环境之中。正如《乐书》曰："天地之道，寒暑不时则疾，风雨不节则饥。教者，民之寒暑也，教不时则伤世。事者，民之风雨也，事不节则无功。"[①] 其二，是指先王规定事物，设立法度的基本原则，是以不伤财，不害民为准则。还指制定法度、法律、制度时要从长远利益和民众的利益考虑，不要过度耗竭自然资材，以免使自然资源枯竭，以免影响国计民生，以人民安康和乐为基础。而那些有钱的上层人士，不要过分地追求豪华奢侈的生活，聚敛珍奇异宝，更不要随便发动战争，以免使国家资材耗竭，人民受到伤害。这些主张既是先圣的祖训，又是墨家依据圣人之道所提的主张，而墨家所提倡的"刑徒役夫"的主张不可行，但是这些主张还是圣人之道。正如墨子所言："去无用之费，圣王之道，天下之大利也。"[②]

---

① 李杰主编. 史记 [M]. 哈尔滨出版社，2003：402.
② 严华英主编. 墨子 [M]. 中国戏剧出版社，2003：122.

4. ䷵六三、九五、上六爻辞的意义与哲学意义

（1）六三爻辞的意义与哲学意义

①六三爻辞的意义

六三爻辞说："若果不以礼乐节制，就感叹叹息，没有过失。"爻象辞说："不原意用礼乐、道德，仁义节制自己的行为，使人叹息；而任意放纵自己的行为，使天理灭绝，天下混乱，这又是谁的罪过呢？当然这是为政者的罪过了。"

②六三爻辞的哲学意义

其一，这是对正常人为之节的重要意义和原则的论说，这也是儒家对符合先圣制定节制礼仪正确观点的肯定和论述。正如《礼记·礼运》孔子所言："故唯圣人为知礼之不可已也。故坏国，丧家，亡人，必先去其礼。故礼之于人也，犹酒之有糵也，君子以厚，小人以薄。故圣王修义之柄，礼之序，以治人情。"也正如《乐书》曰："人生而静，天之性也；感于物而动，性之欲也。物至知知，然后好恶行焉。好恶无节于内，知诱于外，不能反躬，天理灭矣。夫物之感人无穷，而人之好恶无节，则物至而人化物也。人化物也者，灭天理而穷人欲者也。于是有悖逆诈伪之心，有淫泆作乱之事。是故强者胁弱，众者暴寡，知者诈愚，勇者苦怯，疾病不养，老幼孤独不得其所。此大乱之道也。是故先王之制礼乐，人之为节。"①

其二，䷵六三爻象辞提出了"不节之嗟，又谁咎也"。不以礼乐节制自己的行为，使天理灭绝，天下混乱，使人叹息，是谁的罪过呢？当然是君主的罪过了，因为君主治国无道，才会使叹息混乱；而且因为君主是天下人行为的榜样，君主不正，天下就不会正。正如《礼记·礼运》孔子所言："故唯圣人为知礼之不可已也。故坏国，丧家，亡人，必先去其礼。故礼之于人也，犹酒之有糵也，君子以厚，小人以薄。故圣王修义之柄，礼之序，以治人情。"②

（2）九五爻辞的意义与哲学意义

①九五爻辞的意义

九五爻辞说："美好动听的节制，常常有人崇尚。"爻象辞说，美妙动听的音乐所体现出来的仁德，受人尊敬崇尚。有美德的君子尽心尽意地致意于礼乐以修身养性，他的日常行为所表现出来的自然而然的美好德行，使人民心甘情愿地顺服于君子。君子的美好德行，是音乐中正平和意念的体现。正如《乐书》曰："故乐者，天地之齐，中和之纪，人情之所不能免也。"③

---

① 李杰主编.史记[M].哈尔滨出版社，2003：400.
② 钱玄、钱兴奇等注译.礼记[M].岳麓书社，2001：311.
③ 《史记·乐书》404.

②九五爻辞的哲学意义

其哲学意义是指用美妙动听的音乐所表达的是人内心的欢乐喜悦之情，以美妙动听的和有意义的歌乐来节制人的欲望，以实现教化而使人性向善。

（3）上六爻辞的意义与哲学意义

①上六爻辞的意义

上六爻辞说："苦节和粗制之节，有正当之处，也有凶险、灾难。"爻象辞说："墨家让人民终日辛劳，而不享乐的苦节，为什么贞凶呢？因为苦节阻碍社会的发展进步而没有出路。但是墨子的其他主张还是值得穷究其深刻意义的。"

②上六爻辞的哲学意义

上六爻是说儒家与墨家在"节"这个问题上的不同之处。墨家的"刑徒役夫"之节，被儒家认为是阻止社会发展进步之节，所以行不通。正如《礼书》曰："人苟生之为见，若者必死；苟利之为见，若者必害；怠情之为安，若者必危；情胜之为安，若者必灭。故圣人一之于礼义，则两得之也，墨者将使人两失之也。是儒墨之分。"①"贞凶"，是指墨子的很多理论还是非常符合先圣关于道德的深刻意义的；正如墨子所言："王者淳泽，不出宫中，则不能流国矣。"②而墨家的"苦节"则是没有前途之节。

（四）从《困卦》和《节卦》的卦形结构图分析其哲学意义

1.䷮与䷯的卦形结构图：是由组成䷮的上卦☱与下卦☵上下的位置置换，而组成上为☵，下为☱的䷯的卦形图。它们属于天地之道的范畴。

䷮展示的是自然的困境"泽无水"的自然之象，也就是存在潜在的危机灾难。是面对这类潜在的危机灾难的自然现象，人的思想意识精神意志如何对待的问题。

䷯展示的是"泽上有水"的明显的自然危机之象，人们要采取什么方式方法应对这些明显的自然危机。

2.䷮与䷯均有自然之困、自然之节与人为之困、人为之节之分

其一，所谓自然之䷮，就是自然界原本存在的，潜在的和明显的艰难险阻，就是"泽无水"和"泽上有水"的自然环境和遭遇的自然困难。

其二，所谓人为之困，就是指人为的为他人制造了困难和灾难，以及君子面对明显的艰难险阻的正确作为。正如《困卦》象辞所言："困，刚揜也。险以说，困而不失其所亨，其唯君子乎？"小人将具有阳刚之气的君子用各种困境掩盖，君子虽然遭遇凶险的困境而坚贞不屈，而以喜悦亨通的方式心理应对处理，就是真正的

---

① 李杰主编.史记[M].哈尔滨出版社，2003：396.
② 严华英主编.墨子[M].中国戏剧出版社，2003：7.

君子。

其三，所谓自然之节，正如《节卦》彖辞曰："天地节，而四时成。"

其四，所谓人为之节，正如《节卦》彖辞曰："节以制度，不伤财，不害民。"

3.☵与☱的卦形图属于天地之道的范畴

（五）《困卦》和《节卦》卦象辞的哲学意义

☱卦象辞："泽无水，困。君子以致命遂志。"

☵卦象辞："泽上有水，节。君子以制数度，议德行。"

1.☱卦象辞"泽无水，困。君子以致命遂志"的哲学意义

卦象辞评定了君子面对困窘之时的几种应对方式：其一，宁可尽其性命而不顾而成就自己的志向。

其二，或者以韬光养晦的方式，成就自己的志向，比如大禹、周文王、管仲、孙膑皆是如此。

其三，"君子以致命遂志"，是《易经》从《困卦》所述的内容感悟抽象而来，是《易经》对那些为了实现自己的志向，虽受到不同形式的困窘困苦而坚定不移，终于实现了志向的君子的历史事实及美德的赞美评定。

其四，当君子在实现自己的远大理想的过程中，遭遇到了艰难险阻，甚至是生命危险时，君子为了实现远大的志向而尽其生命不顾，宁愿舍弃生命而成就自己的远大理想的哲学意义。正如《孟子·子好游乎》所言："尊德乐义，则可以嚣嚣矣。故士穷不失义，达不离道。穷不失义，故士得己焉；达不离道，故民不失望焉。古之人，得志，泽加于民；不得志，修身见于世。穷则独善其身，达则兼善天下。"[①]孟子之论，更是对"君子以致命遂志"另一种意义的解读。君子尊道积德，喜欢行义就能安详自若。所以士人穷困时不失去道义，得志时不离开道德。穷困时不丧失道义，所以贤士就得到了知己；得志而不背离道德，所以民众就不会失望。古代的君子在得志时，将恩泽施加给百姓，不得志时就自修其身以德显现于世。穷困时就好好地爱惜自己，得志时就使天下人得到好处。孟子在这里虽然不是对"致命遂志"的直接论述，但是，却更加鲜明地阐述了君子的美好品德。

我们从孟子之言可以看到，真君子在得志时，也就是自己的愿望志向实现时，不独享自己的成就，而是想方设法给人民谋取更多的利益，使人民得到恩泽。但是有些当官者，或者财大气粗的胜利者，却与君子之道截然相反，他们不但不为百姓谋利益，而且还打着为民做益事的幌子，为自己谋取利益，谋取资本，这是不可为的。

其五，当然在和平时代生活的现代人，在实现志向的过程中也有遇到各种困难

[①] 冯凌云主编.孟子[M].陕西旅游出版社，2003：207.

挫折的可能，所以就必须勇敢地面对成就事业的艰难、困苦、挫折，并逐一解决困难，挫败挫折，发挥自己的专业优势，争取事业的成功。

《困卦》卦象辞向我们昭示的是君子面对隐藏的困境和真正的具有生命危险的情况时，为了国家、人民的利益，而宁可舍弃生命而不顾也要实现自己伟大志向的形而上的精神意志心灵的伟大之象，是属于形而上的教化之道。

2.☷卦象辞"君子以制数度，议德行"的哲学意义

☷卦象辞的哲学意义：其一，☷卦象辞是指先王以人的性情为出发点，审核天地阴阳律吕的度数，制定礼乐的依据和目的。其依据就是依据天地阴阳律吕的度数来制定礼乐、法度、礼仪、法典、法规，其目的就是以这些礼乐、法度、礼仪、法典、法规来度量评论人的德行。

其二，依据☷卦象辞的意义来评论《节卦》所述的内容中各种观点是否符合这些礼乐、法度、礼仪、法典、法规的规则。

其三，☷卦象辞向我们展示的是用法律制度节制人的行为，就是为了不损伤人民国家的资财，为了不伤害人民的形而下的法规制度的范畴。

其四，☷卦象辞属于形而下之道的范畴。

第六节　《晋卦》和《明夷卦》卦象辞的自然之象与哲学意义及其归属

一、《晋卦》卦形结构图自然之象的象征意义和卦象辞的意义

1.☷卦形结构图的象征意义

☷卦象辞："明出地上，晋。君子以自昭明德。""明出地上，晋。"☷上卦为☲，为火、为太阳、为光明温暖；下卦为☷，为地、为地平线、为民众。

其一，☷的卦形结构是光明火红的太阳在地平线上冉冉升起的自然之象。象征光明温暖的太阳从地平线上冉冉升起，逐渐向上，以越来越光明温暖的光芒毫无偏私地普照温暖万物的自然之象。

其二，《晋卦》的卦形结构象征在上位的天子，就应像太阳一样，公正无私地善待万物，善待民众，以其为民众谋取的利益逐渐增多的方式使人民得到光明温暖，得到利益。

其三，《易经》用一个☲卦，一个☷卦相合，构成了☷，构成了光明温暖的太阳从地平线冉冉升起的自然之象。这就使人们产生了许多遐想：在这光明明媚温暖和煦的阳光下，在这美好的自然界，我们除了尽情享受这美好的时光外，还应该

做些什么事情呢？太阳是公正公平的，我们不也应该像太阳一样正大光明公正公平吗？我们不也应该像太阳一样为民众做一些有益的事情吗？

其四，《说文解字》云："晋者，进也，日出万物进。"①《说卦》曰："晋者，进也。"太阳升起，照耀温暖万物，万物在温暖光明的阳光雨露的沐浴下，逐渐成长壮大，生机勃勃地向上生长的景象。象征有志之士要像阳光雨露沐浴下的万物一样，努力进取向上，努力去做为民众谋福祉的事情。

其五，象征着在周成王、周康王二王时代，周王朝的政治，二人的政绩，就如东升的太阳，蒸蒸日上，人民生活康乐安定，国家人民富庶，天下一片太平光明之象，那个时代连刑罚都有四五十年派不上用场。这可能就是孔子所说的有文字可考的大同社会了。

2.䷢卦象辞的意义

"君子以自昭明德。"卦象辞说："君子应该以为人民谋取幸福的显明美德昭示天下。"

《说文解字》："昭，日明也。"②昭具有显著、显明、彰明、光明、美好等含义。"君子以自昭明德。"是《易经》对自古以来以至西周几代明王发扬光大先王先祖之道德以治天下之经典经验的总结。

《易经》从《晋卦》所述内容中感悟抽象出卦象辞"君子以自昭明德"是告诉君子如何才能使自己的德行昭著显明至厚德。

君子应该自觉自愿地以天之道德，以先王之德政治天下，以彰显先王之德，以彰显天道天德，以使自己德行显明。正如《国语·祭公谏穆王征犬戎》曰："惜我先世后稷以服事虞夏，及夏之衰也，弃稷弗务，我先王不窋用失其官，而自窜虞戎翟之间。不敢怠业，时序其德，纂修其绪，修其训典，朝夕恪勤，守以惇笃，奉以忠信。奕世戴德，不忝前人。至于武王，昭前之光明而加之以慈和，事神保民，无不欣喜。"③这是祭公谋父劝谏周穆王的谏辞，也就是说，作为周室的继承人，应该永远自觉自愿地发扬光大、彰显先王先祖之德，就是自昭明德。

"君子以自昭明德"，太阳逐渐从地平线升起，以越来越光明温暖的光芒照耀温暖万物，君子应该学习太阳的美德，自修明德，使自己的美德逐渐累积，并在为民众谋福祉的过程中像阳光雨露沐浴万物一样展现自己的美德，使自己成为一个对国家人民有用之才。

---

① 东汉，许慎.说文解字[M].中国戏剧出版社，2010：138.
② 同上，137.
③ 春秋左丘明著.国语[M].华林出版社，2002：1.

二、《明夷卦》卦形结构图自然之象的象征意义和卦象辞的意义

☷☲卦象辞："明入地中，明夷。君子以莅众，用晦而明。"

《明夷卦》卦象辞阐述的是君子如何以光明平和之德君临天下万民的问题，那么如何才能实现君子君临天下的志向呢？这就是"用晦而明"的意义了。

1. ☷☲卦形结构图自然之象的象征意义

"明入地中，明夷"是指☷☲的卦形结构，☷☲下卦为☲火、上卦为☷地，组成了☷☲。其一，象征光明的太阳逐渐落下山去，使天地间一片黑暗无光的自然之象。其二，象征光明正大的天道失落了，君王违背了以天命治天下的治国宗旨，使民间成为暗无天日，灾难不断的人为之灾的情景。其三，象征一种人为明夷的方式，那就是"用晦而明"的策略。

2. ☷☲卦象辞的意义

"君子以莅众，用晦而明"卦象辞说："君子以光明平和之德君临天下万民，先用晦暗不明韬光养晦，而后大放光明。"卦象辞是对明夷的目的、意义和结果的抽象论述。

《明夷卦》记载评定了商汤，周文王、箕子、王子比干等人为了实现自己的志向，而施行的几种不同的明夷方式，因为达到了目的，说明明夷就是实现目标的一种韬光养晦的方式。所以《明夷卦》的主要意义有四。

其一，就是以天道之无为君临天下，就如商汤和周文王一样。

其二，为了成就以天道君临天下的伟大志向，可以如商汤和周文王一样用晦而明的策略，以逐渐实现目的。

其三，就如箕子一样为了保持大道不变色，采用外表晦暗不明的策略，而实现志向。

其四，就如比干一样，为了保持光明正大的大道永不变色，以自己的生命为代价，而始终保持一颗鲜红明亮的心。这与我们无数先烈为了革命的胜利，而不惜牺牲自己的生命却没有人知道认识他们的道理是一样的。

所以"君子以莅众，用晦而明"，也可以解释为，君子为了实现以天道君临天下万民的目的，既可以用先隐蔽自己志向的策略方法明示德行，而逐渐实现光明正大的目标。也可以用鲜明的观点、坚定明确鲜明的态度表明自己的志向目的，实现以天道君临天下的目的。

三、《晋卦》与《明夷卦》卦象辞的哲学意义及其归属

（一）依据《易·系辞》对《晋卦》与《明夷卦》的论述分析其哲学意义

《易·序卦传》曰："物不可以终壮，故受之以晋。晋者，进也。"《易·序

卦传》曰："进必有所伤，故受之以明夷。夷者，伤也。"

《易·杂卦》曰："晋，昼也。明夷，诛也。"

《序卦传》说："事物总不能一直处于大壮之势，所以就命名为晋，所谓晋，就是前进，晋升之义。要前进晋升，就会有阻碍，有阻碍，就得排除，排除阻碍，就会有损伤，所以命名为明夷。所谓明夷，就是光明受到损伤之义。"

《杂卦》说："晋，昼也。""昼"，就是昼夜的意思，是说周公"昼日三接，一饭三吐哺，一沐三捉发"而辅助周成王的故事。"明夷，诛也。"明夷卦的含义就是诛杀，既是指纣王诛杀自己的亲族，王子比干刨心以明夷，又指纣王用残酷的刑罚诛杀人民，最终他自己焚烧自己而被周武王诛杀其头的意思。"

以上是《序卦传》与《杂卦》对"晋"与"明夷"实际意义的说明。

（二）依据《晋卦》卦辞、象辞、部分爻辞分析其哲学意义

1.䷢卦辞、象辞、部分爻辞原文

䷢卦辞："晋：康侯用锡马蕃庶，昼日三接。"

䷢象辞："晋，进也。明出地上，顺而丽乎大明，柔进而上行，是以康侯用锡马蕃庶，昼日三接也。"

初六爻辞："晋如摧如，贞吉。罔孚，裕无咎。"爻象辞："晋如摧如，独行正也。裕无咎，未受命也。"

六五爻辞："悔亡，失得勿恤，往，吉，无不利。"爻象辞："失得勿恤，往有庆也。"

2.䷢卦辞的意义与哲学意义

（1）䷢卦辞的意义。卦辞说："康侯因能治国安民受赏众多，一日连续三次被接见。"《晋卦》是对周公教导康叔成长的功德。周公为周朝的事业辛劳经常忙得就连吃饭时也要吃一口饭连续三次吐哺，洗头发之时也要一沐三捉发，来接代贤才，处理国事的功德；是对周公为周朝所做的奉献、康叔的功德、以及对周穆王的功德的记载评定。记载了卫康叔使卫国得到治理，而成为周朝真正的藩属国。但在周朝历史前进中的过程中也有些诸侯国出现了违背先祖之德的行为，以及周穆王努力学习继承先祖先王之德，使西周中兴的历史事实。

（2）䷢卦辞的哲学意义。这是《易经》对《晋卦》实际内容所论的康叔封和周公之德的评定。

3.䷢象辞的意义与哲学意义

（1）䷢象辞的意义

象辞说："晋，就是上进的意思，进就是前进、进步。光明明亮的太阳出现在地平线上，顺应天道的运行规则向上渐渐升起而美丽于天下直至天下大明，柔顺地向上行进以照耀温暖万物。所以康侯利用赏赐的众多人马成为众多屏障之一，一日内一饭三吐哺，一沐三捉发啊！"象辞是对卦辞的进一步说明，说明了"晋"的含义，以及康叔与周公的功德。

（2）䷢象辞的哲学意义

其一，䷢象辞"晋，进也"的哲学意义："晋"就是前进进步的意思。历史证明一个国家天下朝代的进步发展，只有依照先祖先王之道治理国家天下，只有继承发扬光大先王之德，才能使国家进步，而实现天下太平。

其二，䷢象辞"明出地上，顺而丽乎大明，柔进而上行"的哲学意义：一方面是指晋卦的卦形结构与象征意义，就如一轮红日从地平线上冉冉升起，渐渐向上，向高空上升，使天地间逐渐充满了光明温暖。所以，"晋"，就是象征太阳逐渐上升使天下充满光明温暖的意思。另一方面《易经》用"明出地上，顺而丽乎大明，柔进而上行。"象征在周成王、周康王时代，周王朝的政治、经济方面以及陈康二人的政绩，就如东升的太阳蒸蒸日上，人民生活康乐安定，国家人民富庶，天下一片太平光明之象，就连刑罚都有四五十年派不上用场。这个时期，就是孔子所说的有文字可考的真正的大同社会。

4.䷢初六爻辞和六五爻辞的意义与哲学意义

（1）初六爻辞的意义

初六爻辞说："前进就要摧枯拉朽，正当吉祥。不要没有诚信，要宽宏大量没有过失。"爻象辞说："周公以摧古拉朽之势摧毁了殷商的反叛者，其兄弟管、蔡也因参与反叛而受到应有的惩罚，只有周公独自行使正法他兄弟的责任。宽宏大量没有过失，是因为殷商之民还未接受周族行使天命的事实。"初六爻辞是对西周发展进步时期中所发生的真实历史事件的记载评定。

（2）初六爻辞的哲学意义

初六爻辞告诉我们，对于诸如旧势力反叛新政权这样的事情，诸如腐败邪恶等违背全心全意为人民谋利益的宗旨的事情，就要以摧枯拉朽之势将其摧毁，决不能遗留后患。同时作为新政权的领导人，既要有诚信，又要能以宽宏大量的胸怀容纳那些持有不同政见者，这样才能团结所有人，向新的时代前进。

（3）六五爻辞的意义

六五爻辞说："灾难消失了，失去了一些什么，或得到了一些什么都不要担忧，只要前进就会吉祥，没有什么不利。"爻象辞说"失去安宁与得到安宁，都不用担忧，只要继续不断地沿着先王的治国之道前进，就会使人民得到幸福。"

（4）六五爻辞的哲学意义

六五爻辞告诉我们，在前进过程中，总会遇到各种困难或灾难，所以就要在前进中不断地解决困难，消除灾难；而且总会失去或者淘汰一些旧事物，发现或者创造一些新事物。《易经》告诉我们，失去和得到都不要担忧，只要我们按照既定方向前进，沿着伟大目标前进，就一定会达到目的。这也是告诉我们每一个人，如何对待得与失的问题，失去和得到都不要过分在意，应该在意的是失去和得到时的态度和未来的发展方向和目标。

（三）依据《明夷卦》卦辞、象辞、部分爻辞分析其哲学意义

1.《明夷卦》卦辞、象辞、部分爻辞原文

☷☲卦辞："明夷：利艰贞。"

☷☲象辞："明入地中，明夷。内文明而外柔顺，以蒙大难，文王以之。利艰贞，晦其明也。内难而能正其志，箕子以之。"

☷☲爻辞：初九爻辞："明夷，于飞，垂其翼。君子于行，三日不食，有攸往，主人有言。"爻象辞："君子于行，义不食也。"

六四爻辞："入于左腹，获明夷之心，于出门庭。"爻象辞："入于左腹，获心意也。"

六五爻辞："箕子之明夷，利贞。"爻象辞："箕子之贞，明不可息也。"

上六爻辞："不明，晦，初登于天，后入于地。"爻象辞："初登于天，照四国也。后人于地，失则也。"

2.《明夷卦》卦辞、象辞、部分爻辞的意义与哲学意义

（1）☷☲卦辞的意义与哲学意义

①☷☲卦辞的意义

卦辞说："光明的太阳从地平线冉冉升起，利于坚定不移坚持以公正公平照耀万物。"卦辞是对"明夷"意义的论述。

②☷☲卦辞的哲学意义

卦辞的哲学意义是指作为人民的君主，就要像太阳一样以光明正大公正无私的德行，以明智的方式，以明确的方向，长期艰苦的奋斗，以利于实现国家太平安乐的远大目标。

（2）☷☲象辞的意义与哲学意义

①☷☲象辞的意义

象辞说："光明下降到地中，就是光明消失。内心文明而外表柔顺，并且蒙受大难，这就是文王的明夷方式。坚持正直，隐晦光明，内心遭受灾难而能端正自己的志向，这是箕子所坚守的明夷方式。"

②☷☲象辞"明入地中，明夷"的哲学意义

其哲学意义是指《明夷卦》的卦形结构和象征意义而言。

其一，象征这些有道的君子，为了实现自己的愿望，而利用柔和的策略方式，将自己原本光明正大的德行隐藏起来，在暗中对下位的人民施行仁德，以逐渐壮大自己力量，终于实现了自己的目标。

其二，象征那些无道者，就如商纣王一样，将先祖商汤创建的光明正大为民众谋利益的治国宗旨，逐渐毁坏消亡，而直至被有道者以革命的手段，将其赶下历史舞台，就如其光明入于地下，没有了光明。

③☷☲象辞"内文明而外柔顺，以蒙大难，文王以之"的哲学意义

周文王身为无道昏庸的纣王之臣，自己有深厚的仁德，并受到人民和诸侯的拥护，但他深明君臣之道的意义，即作为商纣王的臣子，就要尽臣子的职责，所以，他在外能够柔顺地为商王朝服务，执行纣王的命令为商朝专管征伐不服之国。周文王曾被纣王关押在商朝的牢狱之中，身遭大难，但周文王在牢狱中，并未因此而意志消沉，他专心地在牢狱中推演八卦变为为六十四卦的规律。周文王最后被纣王释放，仍然柔顺的尊奉纣王的命令，征伐不服之国，并且能及时上朝，按时进贡，诚心参加商王的祭祀。周文王无论是征伐不服之国，还是平时在周邦都能以仁德感化人民，周文王之时，天下三分之二的人民已经归服了他，但他仍然恭敬地侍奉纣王。

（3）初九爻辞的意义与哲学意义

①初九爻辞的意义

初九爻辞说："光明平和对飞鸟有利，飞鸟起飞前先下垂它的双翼，蓄积气力再飞行。君子在行动，三次说不食言，有所向往，主人有话要说。"爻象辞说："君子在行动，道义不应该食言。"

②初九爻辞的哲学意义

其一，初九爻辞"明夷于飞，垂其翼"是说大鹏鸟在展翅高飞之前，先垂其双翼，在低处养精蓄锐，蓄积力量以便展翅高飞。象征商汤为了实现自己的鸿鹄大志，为了铲除无道残暴的夏桀，长期修德明政，先从侍奉葛伯，夏桀开始，征伐不服，逐渐蓄积壮大力量，经过十几年的努力，蓄积力量，等待时机，终于铲除了夏桀，而建立了商朝。这也是商汤实现志向的明夷方式。

其二，初九爻辞"君子于行，三曰不食，有攸往，主人有言"指无道者不该三次食言，三次吃掉为其服务之人的饭菜，所以激起了有道者对其无道的愤慨，而发表言论，开始征伐无道者。

（4）六四爻辞的意义与实际意义

①六四爻辞的意义

六四爻辞说："用刀子刺入左腹，获得他那颗光明正大的心，于是其家族的人就走出了门庭。"爻象辞说："用刀子刺入左腹，获得他那颗光明正大的心了。"

②六四爻的实际意义

其实际意义是对商纣王剖开王子比干的左胸腹，将比干的心挖出来，其实挖掉的是比干那一颗忠诚无比光明正大公正忠诚之心。纣王将自己的亲族忠臣杀死在朝廷上，于是纣王同宗族的箕子就装疯，纣王的兄弟微子就逃出商朝的朝廷。王子比干以自己的死亡而明夷的方式值得赞美。

（5）六五爻辞的意义与哲学意义

①六五爻辞的意义

六五爻辞说："箕子将光明夷平隐藏，利于坚贞。"爻象辞说："箕子的坚贞，证明正大光明是不可能熄灭了。"六五爻辞是指箕子见纣王杀死了比干，自己又屡谏不听，只好装疯，以期望感动纣王，可纣王不但没有感动，而将箕子囚禁为奴。箕子虽为奴，但其心始终光明，将光明隐藏起来，只是为了坚持光明。

②六五爻辞的哲学意义

六五爻是《易经》哲学对箕子的这种明夷方法的肯定。箕子终于等到了有道者周武王，箕子被周武王释放后，箕子就带着商朝的祭器，自己绑缚自己，只要求周武王不要废弃商朝的祭祀，周武王分封武庚为商朝祭祀的继承者。箕子被武王分封于朝鲜，而不把箕子当作臣子看待。这是箕子的一种明夷方式。

（6）上六爻辞的意义与哲学意义

①上六爻辞的意义

上六爻辞说："昏暗不明，晦暗。开始光明升上天空，后来光明降落入地下。"爻象辞说："光明开始升上天空，照亮天下四方。后来光明落入地下，是因为君王失去了以天命治理国家天下的法则。"上六爻指晦暗不明的商纣王，荒淫无道，使商王朝的政治昏暗无光，使天下人民陷入了暗无天日的生活之中，使商汤所创建的如天上的太阳一样照耀万民的商王朝，一下子从天堂坠落入地狱。商纣王的昏庸无道，终于毁了商朝。周武王革除商纣王之命，而建立了周朝，将商朝从历史舞台上赶了下来。

②上六爻辞的实际意义

上六爻是指商朝由商汤建立商朝的鼎盛时期，终于走下了历史的舞台。这是因为商纣王昏暗不明违背先帝先祖治国之道的结果。

《明夷卦》是《易经》对商朝从商汤以天命治天下而实现天下太平的光明时代开始，直到末代子孙以无道而使商王朝的历史命运终结的历史事实的记载评价。

3.从《晋卦》与《明夷卦》的卦形结构图分析其哲学意义

☷☲与☷☷的卦形结构，是由组成☷☷的上卦☷与下卦☲上下位置置换，而组成了上☷下☲的☷☲卦，它们均属于地道的范畴。

☷☷卦象辞的第一句"明出地上，晋"描述的是太阳从地平线冉冉升起的自然之象。☷☷卦象辞的第一句"明入地中，明夷"描述的是太阳从地平线上缓缓落下的自然之象。

晋与明夷均有自然之晋、自然之明夷与人为之晋及人为之明夷。

（1）☷☷的自然之晋与人为之晋：其一，自然之晋正如《晋卦》彖辞所言："晋，进也。明出地上，顺而丽乎大明，柔进而上行。"彖辞说："晋，就是上进、前进、进步。光明明亮的太阳从地平线上升起，柔顺而美丽地向上渐渐升起直至天下大明，以照耀温暖万物。"

其二，人为之晋，也如彖辞所言："是以康侯用锡马蕃庶，昼日三接也。"第一，是指康叔在周公的教导下进步而成为护卫周朝最有实力和忠实的藩属国。第二，是指周成王周康王之时实现了大同社会，所以，天下太平，人民康乐。那时候，各种事业都进入鼎盛时期，万物生长繁茂，各种资材盈盛，而且已经大量使用金属器具和农具。对于家畜的饲养也已经有了很高的技术，尤其是马的饲养技术更为高超。而且那时候各种农作物，无论是谷类、蔬菜类还是果木类都已非常繁多。第三，是指周公为了周朝事业的前进，而经常是一日一饭三吐哺，一沐三捉发的辛劳。

（2）☷☷的自然明夷与人为明夷：其一，自然之明夷，正如卦辞曰："明夷：利坚贞。"也如象辞所言："明入地中，明夷。"

其二，人为之明夷，也如彖辞所言："内文明而外柔顺，以蒙大难，文王以之。利坚贞，晦其明也。内难而能正其志，箕子以之。"明夷的自然之象，是指明亮的太阳从下地平线上落下的自然现象。

其三，明夷的人为之象，就如象辞和爻辞所论的君子的几种明夷方式。

4.《晋卦》与《明夷卦》卦象辞的哲学意义及其归属

☷☷卦象曰："明出地上，晋。君子以自昭明德。"

☷☷卦象辞："明入地中，明夷。君子以莅众，用晦而明。"

（1）☷☷卦象辞的哲学意义："明出地上，晋。君子以自昭明德。"

其一，这是圣人受到自然之晋："光明明亮的太阳从地平线上升起，顺应天道的运行规则向上逐渐升起而美丽于天下直至天下大明，向上上升以照耀温暖万物"的启示，而向君子昭示出"自昭明德"的方式和目的：那就是为了人类文明进步，社会重心达到有历史记载的西周时代的大同社会，君子要以诚信自修累积为民众谋利益做益事的德行，成就为民谋福祉实现大同社会的伟大志向。

其二，这是《易经》从自古以来所有先圣先王为民谋利益福祉的具体作为的历史事实中概括感悟抽象而来，也是告诉君子如何才能使自己的德行昭著显明至厚德。

其三，这是《易经》为所有人提出了自修其德的理想理想模式：那就是以天道公正公平诚信为自修其德的基本标准，努力训练自己达到公正公平，以诚信待万物民众，成就为民谋福祉的事业。

其四，我们现代人，也应该自觉自愿地发扬光大、彰显先祖的道德，以道德约束自己，以成就自己的事业，使自己显现正大光明的德行。

其五，䷣卦象是属于形而下的教化之道。

（2）䷣卦象辞"明入地中，明夷。君子以莅众，用晦而明"的哲学意义：

其一，这应该是圣人受到自然明夷"光明温暖的太阳从地平线上消失"的启示，向君子昭示了几种有历史意义的"君子以莅众，用晦而明"的目的和几种明夷的方式方法。

其二，这是《易经》对䷣全卦所述内容中几位君子的明夷方式的赞美肯定。

其三，䷣卦象辞是一种实现目标的形而下的方法论。

其四，对于我们现代人，也是应该了解的历史文化知识。

第七节　《萃卦》和《临卦》卦象辞的自然之象与哲学意义及其归属

一、《萃卦》卦形结构图自然之象的象征意义和卦象辞的意义

䷬卦象辞："泽上于地，萃。君子以除戎器戒不虞。"

1.䷬卦形结构图自然之象的象征意义

"泽上于地，萃"䷬的卦形结构为：上卦为☱，为兑、为悦、为说；下卦为☷，为地、为柔、为顺。说而顺，顺而悦，组成了䷬"泽上于地"。

其一，是泽水聚集在坤地之上的自然之象。"萃"本义：草丛生的样子。荟萃、聚集起来的人或事物。

其二，"萃"在这里象征聚集在大地上的人与万物及如何使其和顺和乐相处。

其三，象征大地上聚集了很多水，如果不及时处理或处理不当，就会有灾难发生。也就是说大地上聚集了很多发生灾难的事件，君子论如何预防灾难发生。

从䷬的内容而言，上卦泽，代表天子的泽宫，泽宫是举行射礼、饮酒之礼的场所。天子龟卜选定郊祭的日期之时，要立在泽宫恭候卜问结果，这是取其天子恭顺地听从先祖教诲之义。正如《礼记·郊特牲》曰："卜之日，王立于泽，亲听誓命，受教谏之义也。"[1]

---

[1] 钱玄、钱兴奇等注译.礼记[M].岳麓书社，2001：344页。

2. ䷬卦象辞的意义

"君子以除戎器戒不虞。""除"是修整、去除之意。卦象辞说:"君子要修整武器,但不发动战争;修整武器的目的是警戒、戒备、预防忧患的;君子还要自修明德,戒备尔虞我诈。"

"君子以除戎器戒不虞"来源于《诗经·大雅·抑》,一般认为此诗是卫武公劝谏周厉王之诗,其实从诗的内容和卫武公为诸侯的时间而言,应该是卫武公劝谏周幽王的诗篇。主要是劝谏周幽王要以仁德和贤能治国,不要以自己的兴趣胡作非为而乱了国家之政。诗中指出周幽王颠覆了先王之德,沉湎于酒色;警告周幽王要崇尚皇天之德,也就是要崇尚天道先祖之德以治天下,要修整武器车马,用于预防不测。正如《诗》曰:"无竟维人,四方其训之。有觉德行,四国顺之。訏谟定命,远犹辰告。敬慎威仪,维民之则。其在于今,兴迷乱于政;颠覆厥德,荒湛于酒。汝虽湛乐,弗念厥绍。罔傅求先王,克共明刑。肆皇天弗尚,如彼泉流,无沦胥以亡。夙兴夜寐,洒扫廷内,维民之章。修尔车马,弓矢戎兵,用戒戎作,用遏蛮方。质尔人民,谨尔侯度,用戒不虞。慎尔出话,敬尔威仪,无不柔嘉。"①

《萃卦》记载了周厉王、周幽王不遵先王先祖之德,不尊奉天道,而只凭自己的兴趣胡作非为,使国家混乱,民众不安,犬戎乘机来犯,使国家衰弱的历史事实。《易经》以《萃卦》记载这些历史事实,以使为君王者吸取教训,作为国家的君王,一定要遵天道,遵先王之德以治理国家天下。但作为国家机器的军旅,要时时整顿训练军旅、修整武器、但却不要随便发动战争,整顿军旅的目的,就是保卫国家,防止敌人的突然袭击。"戒不虞"就是警戒应对意料不到的战乱发生。这也是《易经》对于战争的正确态度。

二、《临卦》卦形结构图自然之象的象征意义和卦象辞的意义

䷒卦象曰:"泽上有地,临。君子以教思无穷,容保民无疆。"

1. ䷒卦形结构图自然之象的象征意义

"泽上有地,临。"①是指《临卦》的卦形结构,《临卦》下卦为兑、为泽、为悦、为说,上卦为坤地、为众人、为柔顺,坤地在泽兑之上而构成了《临卦》。②是说泽水之上有一块一块土地,上面长满了茂密的芦苇杂草,水鸭、鹧鸪、鹭鸶等水鸟栖息育化幼鸟的自然之象。③"泽上有地"象征如何使大地上的民众和顺悦服。④说大地上有万民有高山流水禽兽,那么如何使人与万物和谐相处。⑤那就要通过对民众的说教,通过宣扬天道,通过教化,使民众喜悦如坤地柔顺地依附乾天

---

① 刘文秀、孙燕、孙兰. 诗经新解 [M]. 中国出版集团世界图书出版公司,2012:315—316.

太阳一样，顺服君主的治理和万物和谐相处。

2. 卦象辞的意义

"君子以教思无穷，容保民无疆。"卦象辞说："君主要对教化自己和民众的思维意识、心灵思想采取各种各样的教化方式，使自己和民众在思维意识心灵行为中有天下太平和乐的意识认知，以容纳保护民众天长地久。"

君主以天道之无为诚信君临天下，以自己完善的德行，以自己的智慧、诚信为天下人的榜样而感化民众，践行为天下民众谋福气利益的宗旨，使人民得到利益福气，这是容纳保护民众无穷无尽永远太平的具体作为；君主以天道自然善待万物而不图回报的善性，而善待天下万物，爱护天下万物和爱护容纳人类的土地，才能使人类自己容纳保护自己，这也是君王容纳保护人民天长地久的方式之一。

三、《萃卦》与《临卦》卦象辞的哲学意义及其归属

（一）依据《易·系辞》对《萃卦》与《临卦》的论述分析其哲学意义

《易·序卦传》曰："物相遇而后聚。故受之以萃，萃者，聚也。""事物相遇然后就会聚集在一起，所以就命名为萃。所谓萃，就是好事或坏事聚合在一起。"

《易·序卦传》曰："有事而后可大，故受之以临。临者，大也。""有蛊惑之事发生而后自大，所以命名为临。所谓临，就是天子以道君临天下正大光明。"

《易·杂卦》曰："萃聚，而升不来也。""萃，是聚集之义，而有道德者聚集仁德善行使德行上升，无道德者聚集罪恶使罪恶上升。"

《易·杂卦》曰："临观之义，或与或求。""临卦和观卦，就是给予教化和寻求教化的意思。"

以上是《易·序卦》和《杂卦》对"萃"和"临"实际意义的阐述，其实也是其哲学意义所在："所谓萃，就是好事或坏事聚合在一起。""有道德者聚集仁德善行使德行上升，无道德者聚集罪恶使罪恶上升。""天子以道君临天下正大光明，""就要以自己的榜样感化教化爱护保护万民。"

（二）依据《萃卦》卦辞、象辞、部分爻辞分析其哲学意义

1. 卦辞的意义与哲学意义

卦辞："萃：亨。王假有庙，利见大人，亨，利贞。用大牲吉。利有攸往。"

（1）卦辞的意义

卦辞说："亨献，先王的假身有祖庙立身，利于显现大人的功德，亨通，有利而正确。用祭牛祭祀天吉祥，有利于长久反复进行。"卦辞是关于祭祀天地社稷先祖的方式和意义的论述，也是对全卦所要论述的内容的提示。

（2）䷬卦辞关于"萃：亨。王假有庙，利见大人，亨，利贞"的哲学意义

其一，这是指对先王先祖的祭祀活动及其意义。先王的假身被供奉在太庙祖庙之中，享受后代子孙的祭祀，以实现对子孙的教化。

其二，圣明君王利用在太庙祭祀先祖的日子，对有功德的贤人良士封爵进禄。

其三，"利见大人，亨，利贞。"在这里是既有显示先祖先王功德的意思；又有利于显现贤人志士的功德学问及明君的圣明之德的意思。

2.䷬彖辞的意义与哲学意义

䷬彖辞："萃，聚也。顺以说，刚中而应，故聚也。王假有庙，致孝享也。利见大人，亨。聚以正也。用大牲吉，利有攸往，顺天命也。观其所聚，而天地万物之情可见也。"

（1）彖辞的意义

彖辞说："萃，就是聚的意思。顺应天地之德，顺应先祖之德而喜悦，刚健中正而顺乎天道，使一切美好的事物汇聚在一起。先王的假身有祖庙立身，向先王先祖荐献祭品致以孝敬之礼。利于显现大人之德而亨通，这是正聚之意。用大牲畜祭祀天地先祖吉祥，有利于长久祭祀不断，祭祀天地先祖就是顺应天命以治天下。观看聚的各种形式和意义，就可以明白天地万物都依赖天地之正与顺而生存的情形是相同的。"

（2）关于"用大牲吉，利有攸往，顺天命也。观其所聚，而天地万物之情可见也"的哲学意义

其一，是对天子郊祭祭天的礼仪的论述。天子每年的夏至之日，都要在国都的南郊举行郊祭。天子祭天时，所用的大牲畜牛，是专门饲养的专为祭天用的牛叫郊特牲。

其二，是对天子郊祭祭天的意义的论述及郊祭祭天的意义。天子用专门饲养的祭牛祭天，一方面是迎接夏至日的来临，以报答太阳对万物，对人类带来的益处，祭祀天主要是为了报答太阳；另一方面就是为了彰明天道，为了有利于继续不断地发扬光大天之道，顺从天命以治天下。

3.䷬初六爻辞、六二爻辞的意义与哲学意义

初六爻辞："有孚不终，乃乱乃萃，若号，一握为笑。勿恤。往无咎。"爻象辞："乃乱乃萃，其志乱也。"

六二爻辞："引吉，无咎．孚，乃利用禴。"爻象辞："引吉无咎，中未变也。"

（1）初六爻辞的意义

初六爻辞说："有诚信的先祖及后世子孙没有始终坚持诚信，乃使祸乱越聚越多。这时若是发布号令，即使民众已经掌握号令的内容也只是一笑而置之。不要担

心忧愁,只要继续坚持已往先王的治国之道和诚信,就不会有过失。"爻象辞说:"祸乱越聚越多,是因为君王的心意混乱,心志不正;没有记住先王先祖的德政,不能以诚信礼让君莅百姓;忘记了继承发扬光大先王先祖的德政;忘记了实现先祖之志就是不孝。"正如《论语·子路篇》子曰:"其身正,不令而行;其身不正,虽令不从。"[1]

(2)初六爻辞的哲学意义

初六爻辞是告诉治国者祸乱发生的原因所在,即君王若不能始终坚持奉行天道、坚守诚信奉行先王之德以治理国家,国家就会混乱,民众就会犯上作乱,使祸乱越聚越多,民众就不会将君王的命令当做命令执行。初六爻辞提出了"有孚不终,乃乱乃萃,若号,一握为笑"的观点,这是指出了祸乱发生的原因,这也正是初六爻辞的哲学意义所在。

(3)六二爻辞的意义

六二爻辞说:"引导人民向善,引用吉日,没有过失,有诚信,于是利用春季的祭祀。"爻象辞说:"利用吉日,诚心诚意的祭祀先王先祖,引导人民遵从道德,始终遵从先王所开创的中正公平的治国之道而不改变,就不会发生祸乱。"六二爻辞是指引导民众用诚信去祭祀先王先祖,以继承发扬光大先王先祖之德,那么国家就不会发生祸乱。

(4)六二爻辞的哲学意义

其一,指出了引导人心向善的意义,即人心向善,就会以善待万物,以仁善之心对待自己的同胞,人人相亲相爱而天下太平。

其二,用吉日引导民众用诚心去祭祀先王先祖,以继承发扬光大先王先祖之德,那样国家就不会发生祸乱。

《萃卦》卦辞是对天子祭祀天地社稷先祖的方式和意义的论述;爻辞则是对周厉王、周幽王失道无德,使国家祸乱越聚越多,人民遭受灾难,而国家发生灾难的历史事实的记载。它们的哲学意义就在于作为天下人民的君主,应该如何继承先帝先祖的治国之道而使人民得到安乐太平的生活。

(三)依据《临卦》卦辞、象辞、部分爻辞分析其哲学意义

1.䷒卦辞:"临:元亨,利贞,至于八月有凶"的意义与哲学意义

(1)䷒卦辞的意义

卦辞说:"天子君临天下,美善亨通,利于正大。国家在遭遇达到了八个月的凶年饥岁的灾难时天子与臣子应遵循的规则。"

---

[1] 刘琦译评.论语[M].吉林文史出版社,1999:102.

（2）䷒卦辞的哲学意义

其一，卦辞是对全卦所要论述的问题的提示，卦辞是指以天道君临天下则亨通，有利于国泰民安而长久。

其二，指出了君王臣子在国家发生达到八个月的灾难时应该遵守的相关礼仪，那就应该与民同甘苦。

2. 彖辞："临，刚浸而长。说而顺，刚中而应，大亨以正，天之道也。至于八月有凶，消不久也。"的意义与哲学意义

（1）彖辞说意义

彖辞说："临，君王以刚健有力的天道之无为诚信侵润君临天下且长久。使人民喜悦而顺服，刚健中正而顺应民心，正大光明而亨通，就是真正实行了天道。至于达到八个月的所有凶灾，就会消失而不会长久了。"彖辞是对卦辞的补充说明。

（2）彖辞"临，刚浸而长。说而顺，刚中而应，大亨以正，天之道也"的哲学意义

其一，说明了君王君临天下的原则，就是以天道君临天下。

其二，说明了什么是天道？天道就是刚健中正，大亨通而正大光明。

其三，说明了以天道君临天下就能使人民得到利益而喜悦并顺服。

3. ䷒初九爻、六三爻、上六爻的意义与哲学意义

初九爻辞："咸临，贞吉。"爻象辞："咸临，贞吉，志行正也。"

六三爻辞："甘临，无攸利。既忧之，无咎。"爻象辞："甘临，位不当也。既忧之，咎不长也。"

上六爻辞："敦临，吉，无咎。"爻象辞："敦临之吉，志在内也。"

（1）初九爻的意义与哲学意义

①初九爻的意义

初九爻辞说："感动临位，正大美好。"爻象辞说："君主以天道君临天下，为人民谋利益，民众受到感化而归附他，这是长久而美好的治国之道，也是自古以来圣明君王的志向，君王奉行正确的治国之道，就使正确远大的志向得到实现。"

②初九爻辞的哲学意义

初九爻是指君王以天道君临天下，长久地为人民谋利益，这是唯一正确而美好的治国之道，民众也受到感化进而恭顺的归附有道的君主。

（2）六三爻的意义与哲学意义

①六三爻的意义

六三爻辞说："君子君临天下要是只用美好动听的甜言蜜语就不会有什么好处。因为说得好听，又担心做不到，还不如不用甜言蜜语欺骗民众，也就不会增添过失

了。"爻象辞说:"只用甜言蜜语君临百姓,又担心说的话做不到,身为君王,这是不恰当的;既然担忧说出的话做不到,那么以后就不要用甜言蜜语面对百姓,过失就不会增长了。"

②六三爻的哲学意义

说明君王以天道诚信君临天下的意义,不要用甜言蜜语欺骗民众。

(3)上六爻的意义与哲学意义

①上六爻的意义

上六爻辞说:"君主以诚实、诚信面对民众。只有以诚实,诚信、宽广仁厚之心君临天下百姓,才会吉祥而没有过失。"爻象辞说:"以宽厚、真诚、诚信之心面对民众,君临天下,才能吉祥如意。这是人之本性的体现,即心志体现在自己内心。"

②上六爻的哲学意义

上六爻更明确地说明了以宽厚、真诚、诚信之心面对民众,君临天下的重要意义。

《临卦》是关于君王君临天下的一些法规和几种具体的君临天下方式的论述。它的哲学意义在于君王如何君临天下,也就是君王以美好正直的天道君临天下,就是人民的福气。

(四)从《萃卦》与《临卦》的卦形结构图分析其哲学意义

䷬与䷒的卦形图:是由组成䷬的上卦的☱与下卦的☷的位置上下互换而组成了上☷下☱的䷒卦的卦形图。它们属于天地之道的范畴。

䷬与䷒均有自然之"萃"自然之"临"和人为之"萃"与"临"。

其一,䷬卦象辞的第一句"泽上于地,萃"描述的是泽水聚集在坤地之上的自然之象,显明而水波粼粼,显示宁静的自然之象。人为之"萃",就是好事或坏事聚集在一起,好事聚集使人民得到利益福祉;坏事聚集在一起,使人民遭受灾难痛苦。

其二,䷒卦象辞的第一句"泽上有地,临"描述的是泽水之上有一块块陆地,上面长满了茂密的芦苇杂草,是水鸭、鹭鸶等水鸟育化幼鸟临时栖息的自然之象。人为之"临"是指君王如何君临天下,使万民得到福气,得到太平安乐的生活。

1.《萃卦》与《临卦》卦象辞的哲学意义及其归属

䷬卦象辞:"泽上于地,萃。君子以除戎器戒不虞。"

䷒卦象曰:"泽上有地,临。君子以教思无穷,容保民无疆。"

2.䷬卦象辞"君子以除戎器戒不虞"的哲学意义

其一,在于说明作为人民的君主如何继承先帝先祖的治国之道,使人民得到的利益越来越多,使人民得到安乐太平的生活;而不能违背遗忘先帝先祖的治国之道,使祸乱越聚越多，使人民处于水深火热之中的意义就是一定要遵天道、遵先王之德以治理国家天下。

其二，君子对作为国家机器的军旅，应时时整顿训练军旅、修整武器、但却不要随便发动战争。整顿军旅的目的，就是保卫国家，防止敌人的突然袭击。"戒不虞"就是警戒应对意料不到的战乱发生，也是《易经》对于战争的正确态度。

其三，"君子以除戎器戒不虞"同样是我们国家训练军队的规则和目的，以及对战争的正确观点。

其四，《萃卦》卦象辞属于形而下教化之道。

3.☷☱卦象辞"君子以教思无穷，容保民无疆"的哲学意义

临卦的哲学意义是对君主如何君临天下才能"容保民无疆"的论述。其一，君主要以天道之无为诚信君临天下。其二，通过君主自己言行的美善，以自己美好的德行感化民众以实现教化。其三，还要对民众通过各种教化方式，使其在思想心灵上得到真善美的提升，并在具体的行为中体现出来。

作为国家的君主要将为人民谋利益福气作为治国治天下的宗旨。首先，将保护民众的利益和生存作为君主应尽的责任。其次，在民众遭受灾难之时，君主能以仁道救助民众并与民众同甘苦。说明以天道之诚信君临天下的重要意义。

《临卦》卦象辞属于形而上教化之道。

第八节　《咸卦》和《损卦》卦象辞的自然之象与哲学意义及其归属

一、《咸卦》卦形结构图自然之象的象征意义和卦象辞的意义

☱☶卦象辞："山上有泽，咸。君子以虚受人。"

1.☱☶卦形结构图自然之象的象征意义

其一，"山上有泽，咸"是对《咸卦》卦形结构的说明，以及由卦形结构而演化的深刻哲理；《咸卦》上卦为☱，为兑、为说、为悦、为少女；下卦为☶，为山、为止、为少男。也就是说由八卦的☶山在下，☱兑在上，二卦相合而组成了☱☶。

其二，"山上有泽，咸"，意思是：山上有湖泊，是咸水湖，如青海湖就是如此；青海湖湖水晶莹明澈、光亮湛蓝而味咸。

其三，"山上有泽，咸"还表示了五行相生的土生金的含义，正如《说卦传》曰："天地定位，山泽通气。"这是说山石与泽金有着相互依存的关系，山石中有泽金，而泽金又全被山石掩埋；这就是"山泽通气"之意，也是山上有泽的象征意义。

其四，"山上有泽，咸"，泽为兑、为少女；艮为山、为止、为少男。象征男女阴阳二气相感相与，相互喜悦而结为夫妇；正如彖辞所言的："柔上而刚下，二气感应以相与，止而说，男下女，是以亨，利贞，取女吉也。天地感而万物化生。"这也是彖辞男下女的含义之一。

2.䷞卦象辞的意义

"君子以虚受人"卦象辞说："君子既要以敦厚诚意之心待人，又要虚心接受众人的建议批评。"

虚的原意是大土山，大土山象征的是敦厚诚实。"虚"是空、没有、虚假、虚心、虚情假意。"受"是授予、给予、接受。这是䷞的卦形结构所演化的象征意义。其实䷞卦象辞也是对《咸卦》所述内容的评论，说明君子应有的处世待人之法。

二、《损卦》卦形结构图自然之象的象征意义和卦象辞的意义

䷨卦象辞："山下有泽，损。君子以惩忿窒欲。"

1.䷨卦形结构图自然之象的象征意义

其一"山下有泽，损。"这是对损卦卦形结构的说明。䷨下卦为☱，为泽水、为说、为悦、为柔顺；上卦为☶，为山、为止、为坚硬、为刚。上☶山、下☱水组成了䷨。

其二，象征泽水日积月累对山石损坏的自然之象。

其三，象征山下的大水洪水对人与物的损害损伤的自然之象。

其四，象征君子以坚定不移的毅力，不断减损自己的私利，抑制自己的欲望，而日夜操劳人民、国家的事情，使人民、国家的利益不断增多，使人民的喜悦、欢乐不断增多，使自己精力体力不断减少。

2.䷨卦象辞的意义

卦象辞："君子以惩忿窒欲。"卦象辞说："君子应该经常惩戒自己，减少愤怒怨恨之心，阻塞那些产生欲望的孔穴。"

正如《老子》曰："塞其兑，闭其门，终身不勤。开其兑，济其事，终身不救。"《老子》说："堵塞那些产生私欲的孔穴，关闭那些产生是非的门户，终生不劳苦。若是打开那些产生私欲、是非的孔穴，不但无济于事，而且会使祸乱终生无休止，无法挽救。"[①] 所以，"君子以惩忿窒欲"，既是对《老子》之论的概括抽象，又是对全卦所述内容意义的概括抽象。

"君子以惩忿窒欲"的意义如下：其一，从《损卦》所述的内容而言，是指君

---

① 刘文秀、孙燕、孙兰. 道德经新解[M]. 中国出版集团图书出版公司，2013：308.

子以礼义而为，以周公损己利公的高尚品德，修身养性，要惩前毖后，不要有怨恨之心，要阻止自己的欲望无限制地发展，不要使自己不合乎礼仪的欲望产生。

其二，《损卦》阐述的是周公的美善之德，周公在代成王摄政六年时，制作礼仪，所以"君子以惩忿窒欲"，是指先王制作礼仪的意义。正如《史记·礼书》曰："礼由人起，人生有欲，欲而不得则不能无忿，忿而无度则争，争则乱。先王恶其乱，故礼以养人欲给人之求，使欲不穷于物，物不穷于欲，二者相待而长，是礼之所起也。故礼者，养也。"①先王为了防止因为人的欲望无度而引起纷争无度发生的混乱，所以才制定礼仪以防止纷争和欲望无度的发生。所以说"君子以惩忿窒欲"。既是对周公之德的赞美，又是对礼仪意义的论述。

三、《咸卦》与《损卦》卦象辞的哲学意义及其归属

（一）依据《易·系辞》对《咸卦》与《损卦》的论述分析其哲学意义

1.《易·序卦传》曰："有天地，然后有万物"，这是对《咸卦》的总结，因为《易经》认为"咸"是感的意思，而感又有交感、感应、感动、感觉、感受、感化之意。《咸卦》彖辞中就有："天地感而万物化生，圣人感人心而天下和平。观其所感，而天地万物之情可见矣。"所以下篇的开始部分，就是对《咸卦》产生意义的总结说明。

2.《易·序卦传》曰："缓必有所失，故受之以损。""缓解或者解除艰险，就必然有所损失，所以就命名为损，所谓损，就是减损或减少之义。"

3.《易·杂卦》曰："咸，速也。""《咸卦》是希望快速、紧急、急迫地实现志向的意思。""损、益，盛衰之始也。""《损卦》就是始终减少自己的缺点而使自己优点增多。"

4.《序卦传》与《杂卦》对"咸"和"损"意义的论说的哲学意义：☱☶"咸"的哲学意义在于天地阴阳之气交感平和而化生了万物，阴阳男女相互感应感动而结合以育后代，所以使人类恒固繁衍不息。"损"的哲学意义在于太阳不断减损自己的光热以适于万物的生长化育；人类自己要不断减少自己的缺点而使自己优点增多。君子则要以诚信减损自己的逸乐，耗损自己的精力才智体能，将自己的智慧才能奉献给国家人民，以有益于国家社稷，使天道得到实行。

（二）依据《咸卦》卦辞、彖辞、部分爻辞分析其哲学意义

1.☱☶卦辞：卦辞："咸：亨，利贞，取女吉。"

2.☱☶彖辞："彖辞：咸，感也。柔上而刚下，二气感应以相与，止而说，男下

---

① 李杰主编. 史记[M]. 哈尔滨出版社，2003：396.

女,是以亨利贞,取女吉也。天地感而万物化生,圣人感人心而天下和平。观其所感,而天地万物之情可见矣。"

3. ䷞部分爻辞

初六爻辞:"咸其拇。"爻象辞:"咸其拇,志在外也。"

九三爻辞:"咸其股,执其随,往吝。"爻象辞:"咸其股,亦不处也。志在随人,所执下也。"

上六爻辞:"咸其辅,颊,舌。"爻象辞:"咸其辅,颊,舌,滕口说也。"

（1）䷞卦辞的意义与哲学意义

①卦辞的意义

卦辞说:"所作之事能使人心感动,使人心感化而向善,就能亨通,有利而永远正确,如果能娶这样的女人为妻,就会吉祥如意。"

②卦辞的哲学意义

《咸卦》卦辞的哲学意义在于说明无论古代人还是现代人,都应该娶贤惠有德能的女子为妻。

（2）䷞象辞的意义与哲学意义

①象辞的意义

象辞说:"咸,就是感的意思。上柔和柔顺而下刚健,阳刚之气与阴柔之气相感所以相遇,止足相观而喜悦,也就是说阳男使阴女感动而结合以育后代,所以亨通而利于人类恒固繁衍不息。天地阴阳之气相感相交而化生万物,圣人以阳刚之气阴柔之仁德感化人心而使天下和平。观看天地万物阴阳之感和圣人之感,而天地万物阴阳之气相交感而化生万物的情形和圣人感化人心的情形是相同的道理就可以显现出来了。"

②关于象辞"天地感而万物化生,圣人感人心而天下和平。观其所感,而天地万物之情可见矣"的哲学意义

这是告诉我们,无论是万物的生成,男女后代的生成,都是阴阳雌雄之气的相互交感混合平和而化生的,自然地达到万物和谐;圣人以阳刚之气阴柔仁善之德为天下人谋利益福气的德行感化了天下人民,天下人人有幸福美满安乐的生活,那么人心就会平和,天下就会太平了,所以无论天地阴阳雌雄交感平和化生万物男女使万物和谐,还是圣人感动感化人心使人心平和的道理情形都是相同的。所以,实现天下和平的条件,就是要使天下人的衣食住行都有保障,都有安乐的生活,人心才会平和,天下太平才会实现。

（3）☲初六爻、九三爻、上六爻的意义与哲学意义
①初六爻辞的意义
初六爻辞说："女性用小忠小信来感动男人之心，而且男人之心已经开始有所感动。"爻象辞说："女性用小忠小信来感动男人之心，其志向已经显现在外了。"
②初六爻辞的哲学意义
初六爻指出了男子应该始终坚持道德的底线，不要被无德无良女子所诱惑，当然女子也应该坚持道德底线，不能只是一味追求金钱而使自己堕落。
③九三爻辞的意义
九三爻辞说："感动已经到了大腿，执意追随他，已往遭受了耻辱。"爻象辞说："感动到大腿，也没有在其所处之地停留多久。他的志向就是在于追随君子本人，所以达到目的之时，执意要隐退于下位。"
④九三爻辞的哲学意义
在于对有道德者诚心追随的目的是为了帮助其成就事业，在达到目的之后不会为自己争名夺利。
⑤上六爻辞的意义
上六爻辞说："感动了众人的面颊、口舌。"爻象辞说："感动了众人的面颊、口舌，众口齐一说一样的话了。"
⑥上六爻辞的哲学意义
在于众人对于有道德者的评论，感慨是众口齐声，没有不赞扬其美德的。
《咸卦》主要记载了晋国君主晋文公重耳的逃亡经历，以及追随重耳逃亡的介子推感动人心的事情；还有重耳作了晋国君主之后的一些具体作为的事例，来说明有道德的人会受到有道德之人的帮助，及有道德之人对自己所犯过失的诚恳悔过的感人之情。是对咸卦之咸的含义的解析。

（三）依据《损卦》卦辞、象辞、部分爻辞分析其哲学意义
1.☱卦辞的意义与哲学意义
☱卦辞："损：有孚，元吉，无咎，可贞，利有攸往。曷之用？二簋可享用。"
☱卦辞的意义：卦辞说："减损，有诚信，从开始就很美好，没有过错，可歌可泣正大光明，有利于长久反复。为何用二簋的祭祀之礼？用二簋之礼祭祀可以使他享用天子的祭祀之礼。"
☱卦辞关于"损：有孚，元吉"的哲学意义如下。
其一，《损卦》之损，所论的是君子耗损自己的精力体力和去除自己的不足之处，将自己的智慧才能精力奉献给天下民众，一心为天下民众谋利益的有道者。所以圣人为人民谋求利益而不凭借这些向人民索取回报；成就为人民谋利益的事业而

不居功自傲，他们是不愿意在人民面前显现自己的贤能之德。周公就是老子所言的"损不足以奉有余。功成而不处，其不欲见贤"有道者之一。

其二，"损"不能看作是论述损人利己的原则，损人其实也不会利己。因为那些损人者，自私自利，没有诚信，没有奉献精神。在他损人之时，他利己的目的已经显露无疑，他会失去朋友，失去别人的信任，他只能得到众人的厌恶，所以，我们决不能做损人而不利己的事情。

其三，中国共产党的革命先辈都是奉行天道损有余补不足的君子，是奉有余的仁人君子和有道者！他们为了人民的利益，甚至损失了自己的生命，甚至连姓名也没有留下来，这些无数的有名的、无名的先烈和革命者，是我们学习纪念祭祀的英雄人物！

其四，所以说，一个从开始就能以美好的德行，能以减损自己的不美善和精力、体力，一心为民众的利益而劳碌的人就是君子，就是我们学习的榜样。无论任何人，在现实生活中，无论怎样，都要坚守诚信、仁善之道，不要做损人利己的事情，而要以先烈们损己利民的精神为榜样。

2.䷨象辞的意义与哲学意义

䷨象辞："损，损下益上，其道上行。损而有孚，元吉无咎，可贞，利有攸往。曷之用？二簋可用享。二簋应有时。损刚益柔有时，损益盈虚，与时皆行。"

（1）䷨象辞的意义

象辞说："损，就是减损自己的逸乐，减损自己的精力才智体能，有益于国家社稷，使天道得到实行。减损自己而有诚信，从开始就吉祥无过失，可歌可泣，有利于国家政权长久的稳固。为何用二簋之礼祭祀？用二簋之礼祭祀可使他享受到天子的祭祀礼仪。用二簋之礼具有世世代代祭祀的意义。行天道减损自己的光热增多坤地万物的光热具有同时存在同时发生的时间意义，减少与增多，增多与减少，是同时发生进行的。"

（2）䷨象辞的哲学意义

①䷨象辞关于"损，损下益上，其道上行"哲学意义

其一，正如《老子》第七十七章所言："天之道，其犹张弓与？高者抑之，下者举之，有余者损之，不足者补之。天之道，损有余而补不足，人之道，则不然，损不足以奉有余。孰能有余以奉天下，唯有道者。是以圣人为而不恃，功成而不处，其不欲见贤。"[①]《老子》说："天的道理，岂不就如张弓射箭瞄准同理吗？射箭瞄准时弓弦举得过高，就向下按压一点，弓弦过低，就向上举高一点，弓弦拉得过

---

① 刘文秀、孙燕、孙兰.道德经新解[M].中国出版集团图书出版公司，2013：262.

紧就放松一点，弓弦拉得力量不够时，就增加一点力量。天的道理，是将自己的光热不断减损以补充给没有光热的万物。做人的道理则不然，那就是不断地去除自己的不足之处，也就是将自己不利于人民利益的缺点减损掉，而将自己的智慧才能奉献给天下人民。谁能将自己的才智精力无私地奉献给人民呢？只有有道者。所以圣人为人民谋求利益而不凭借这些向人民索取回报，而是成就了为人民谋利益的事业后就隐退，他们是不愿意在人民面前显现自己的贤能之德。"《老子》之言就是对"损下益上，其道上行"的解读。

其二，"其道上行"就是说君子"损下益上"的作为，实行的就是天的道理，那就是天阳将自己的光热不断减损以补充给没有光热的万物。

其三，只有有道者，才能做到像天的道理一样"损下益上。"而我们每一个平常人做人的原则，就是不损害国家人民利益，不损人利己。

其四，毛泽东思想指导下的中国共产党人，那些全心全意为人民服务的人，那些为了国家人民的利益而宁可牺牲自己生命的人，就是以减损自己的生命为代价，而成就国家人民的利益的君子？他们就是真正有道的君子！

②䷨ "损刚益柔有时，损益盈虚，与时皆行"的哲学意义

太阳减损自己的光热与资始坤地化育万物是同时发生的。减少与增多，增多与减少，也是同时发生进行的。当君子减少自己的利益时，为人民所做的好事就会增多；为了自己的私利而损害国家人民利益使自己的利益增多时，就会使国家人民的利益受到损失。也就是说一方的利益减少时，一方的利益就会增多，减少与增多是同时发生存在的。所以君子应该以减损自己的私利，而增加为人民谋求利益的机会。

3.䷨六三爻、六四爻辞的意义与哲学意义

（1）六三爻辞的意义与哲学意义

䷨六三爻辞："三人行，则损一人；一人行，则得其友。"爻象辞："一人行，三则疑也。"

①六三爻辞的意义

六三爻辞说："三人行事，则会减少一人。一个人行事，反而会得到一些朋友。"爻象辞说："一人行事，会主动寻求志同道合的朋友；而三人行事，有时会有一人与其他两人意见不同而持怀疑态度。"

正如《易·系辞》曰："天地氤氲，万物化醇。男女构精，万物化生。易曰：'三人行，则损一人，一人行，则得其友。'言致一也。"《易·系辞》说，天地阴阳之气相交相合，醇化万物。阴阳男女交媾，化生阴阳雌雄男女。万物经天地之醇化，男女经天地阴阳之气的化生，各有其性，各有阴阳属性，各有特点、长处和不足之处，所以易学说，三人行事，可能会因为有一个人的意见与自己不相同而减

少一个朋友；而一个人做事，就会主动寻求与自己志同道合的朋友一起谋求事业的成功，这是说做事情大家必须言行一致才会成功的道理。

②六三爻辞的哲学意义

其一，说明要想求得事业的成功，则应该主动团结寻求志同道合的朋友，主动听取多数人的意见，团结朋友，同谋发展。

其二，交友的选择对象，即选择志同道合的人为朋友；正如《论语·季氏》孔子曰："益者三友，损者三友。友直、友谅、友多闻，益矣。友便辟，友善柔、友便佞，损矣。"① 孔子说："有益的朋友有三种，有害的朋友也有三种。结交正直的朋友、诚信的朋友、知识广博的朋友，是有益的。结交谄媚逢迎的人、结交表面奉承背后诽谤的人、结交善于花言巧语的人，是有害的。"孔子曰："见贤思齐焉，见不贤而内省也。"② "道不同，而不相为谋。"③ 这也应该是我们的交友观。孔子的交友观，对于我们现代人，同样是至理名言，交有益的朋友对于我们每个人都有重要的意义，交友不慎，就有可能使自己误入歧途。

（2）☷六四爻辞的意义与哲学意义

☷六四爻辞："损其疾，使遄有喜，无咎。"爻象辞："损其疾，亦可喜也。"

①六四爻辞的意义

六四爻辞说："减损自己的缺点毛病，使缺点毛病快速停止而胜利喜悦，就没有过失。"爻象辞说："去除心病，也是可以庆贺的事。爻象辞还说，减少自己的缺点毛病，也是可以值得庆贺的事情。"

②六四爻的哲学意义

警示我们有了缺点毛病，就要及时发现，及时纠正改过，不要使自己的过失对国家人民和自己以及家人造成损害。

（四）从《咸卦》与《损卦》的卦形结构图分析其哲学意义

1. ☷与☷的卦形结构图

☷与☷的卦形图，是一对上下经卦图相反相对应的卦形图，组成☷的上卦☷与下卦的☷相互置换了上下的位置，即组成了上卦为☷，下卦为☷的☷。它们属于天地之道的范畴。

2. ☷与☷均有自然之☷与☷；也有人为之☷与☷

其一，☷卦象辞的第一句"山上有泽，咸。"描述了包括咸水湖的自然界，天地自然风调雨顺而自然地形成了天地人和乐的自然之象，以及天地阴阳之气相交相

---

① 刘琦译评. 论语[M]. 吉林文史出版社，1999：136.
② 同上，26.
③ 同上，131.

感而化生万物的自然之象。人为之咸描述了阳男阴女二气相感相与，相互喜悦而结为夫妇；圣人的美德作为感化感动人心，而实现天下和平；以及君子的美德使民众信服赞美。

其二，☶卦象辞的第一句"山下有泽，损。"描述的是天阳不断的减损自己的光热以温暖照耀万物的自然之象及山下的泽水风雨雷电所引发的自然灾害，对人与物的损害的自然之象。人为之损，指人为地对自然环境或国家财物造成的损耗；包括那些损人利己的人和事。然而更为重要的人为之损是指圣人君子损伤自己的利益而为人民谋利益；中国的革命先烈损伤了自己的生命，换来了今天的和平安乐；中国共产党人为了人民的利益而而舍弃私利；以及那些舍己救人救护国家财产的英雄不顾损伤自己生命而英勇献身的君子之德，才是值得我们每个人应该学习纪念的事情。

（五）《咸卦》与《损卦》卦象辞的哲学意义及其归属

☶卦象辞："山上有泽，咸。君子以虚受人。"

☶卦象辞："山下有泽，损。君子以惩忿窒欲。"

1.☶卦象辞"君子以虚受人"的哲学意义

其一，君子说话做事，要像大土山一样笃实，真心诚意使人信服、悦服而接受和拥护君子。

其二，君子不要空口说虚话，而要真心诚意给予别人帮助。正如《礼记·表记》孔子所言："君子不以口誉人则民作忠。故君子问人之寒则衣之，问人之饥则食之，称人美则爵之。""口惠而实不至，怨灾及其身。是故君子与其有诺责也，宁有已怨。"[①]孔子指出君子不用空话来讨好别人，君子问人是否寒冷时，就同时送衣服给他穿；问别人饥饿的同时就送食物给他吃；在称赞别人品德才能美好的同时，就封爵进禄给他。口中答应给别人好处，就要真正兑现。孔子的这一段明理至言就是对"君子以虚受人"含义的具体解释。

其三，君子虚心接受别人各种不同的见解，容纳保护众人。

其四，"君子以虚受人"，"虚"即谦虚、虚怀若谷的意思，又有敦厚诚信的意思，所以君子对待众人，无论别人对自己态度如何，都能谦虚地以仁善诚信之心对待，并虚心接受别人的批评意见，如大海能容百川。正如《老子》第四十九章所言："善者吾亦善之，不善者吾亦善之，德善；信者吾信之，不信者吾变信之，德信。"[②]

其五，"君子以虚受人"，对于我们现代人，同样有着重要的社会人生意义。

---

① 钱玄、钱兴奇等注译．礼记[M]．岳麓书社，2001：734．

② 刘文秀、孙燕、孙兰．道德经新解[M]．中国出版集团图书出版公司，2013：202．

现代人在树立自信、自强、自立、自爱的人生观基础上，同样要"以虚受人"，只有这样，才会团结吸纳更多的有志之士，共同为理想志向奋斗。

其六，在于君子的真实品德，君子要以诚信谦虚不分贵贱地对待每一个人，也就是以平等公平对待所以人。

2.䷨卦象辞"君子以惩忿窒欲"的哲学意义

其一，是指先王制作礼仪的目的意义。

其二，是指君子应该遵礼而行，要惩戒自己的愤怒、怨恨心情，要使自己过多的私欲停止，就不会对人民、对国家造成灾难。

其三，"君子以惩忿窒欲"，同样对于我们现代人有着重要的教化意义。我们现代人生活在物质资料极为丰富而急速变化的时代，但是我们每个人的资本不同，所得到的也只是属于自己能力以内的物质资材，我们应该享用自己能力范围内的物质资材，不要看到别人享有比自己更多的物质资材就产生怨恨嫉妒之心，要阻止自己非分的欲望无限膨胀，而造成不必要的伤害。正如孔子曰："小不忍，则乱大谋。"[1] 又曰："一朝之忿，忘其身以及其亲，非惑欤？"[2] 又曰："君子矜而不争。"[3]

其四，君子和每个人都要有自我省察惩戒自己私欲错误的品德，都要减损私欲，不要对别人有怨恨嫉妒之心，使自己心态平和地面对生活。

3.《咸卦》与《损卦》卦象辞均属于形而上教化之道。

第九节　《蹇卦》和《蒙卦》卦象辞的自然之象与哲学意义及其归属

一、《蹇卦》卦形结构图自然之象的象征意义和卦象辞的意义

䷦卦象："山上有水，蹇。君子以反身修德。"

1.䷦卦形结构图的象征意义

"山上有水，蹇"，这是对䷦卦形结构的说明。䷦下卦为☶，为山、为止；上卦为☵，为水、为艰难险阻。也就是下☶山，上☵水组成了䷦的卦形结构图。

其一，象征自然存在的大河高山对人行走造成的艰难险阻的自然之象。

其二，象征很多人在前进途中遇到了大山、大川、大江的阻隔，面对如此大的艰难险阻应该如何应对，这是需要认真对待，严肃思考的大问题。也就是说前进途

---

[1]　刘琦译评.论语[M].吉林文史出版社，刘琦译评，129页。
[2]　同上，97页。
[3]　同上，128页。

中遇到如此大的艰难险阻，要思考是冒险前进还是谨慎小心地观察研究实际情况，想出克服艰难险阻的方法后再前进的问题。

2.卦象辞的意义

"君子以反身修德"卦象辞说："君子用反省自身，修养自身的德行，提高自己的品德修养，以美好的德行使人信服，共同克服艰难险阻。"

"君子以反身修德"是依据这一卦所述内容概括抽象而来，也就是依据周文王在围困崇国一月而崇国人民不投降的情况下，就又返回到西周之地，然后反省修明自身的仁德，修整军旅之后，又重新返回崇国，通过与崇国人民的各种交流，累积自己的仁德，终于以仁德感化了崇国人民，而使崇国人民归服的历史事实。也是根据周文王以仁德感化人民的具体事实抽象出君子做事，凡是遇到关乎人民利益和人民生死的大事，在一时还不能成功之时，不怨天，不尤人，而要反省自己的德行，及时修正不符合人民利益的各种事宜，用仁德，以适宜的有利于人民利益的方式方法逐步进行，使人民理解接受，而后争取成功。正如《论语》："内省不疚，夫何忧何惧。""见贤思齐焉，见不贤而内自省也。"[①]

二、《蒙卦》卦形结构图自然之象的象征意义和卦象辞的意义

卦象辞："山下出泉，蒙。君子以果行育德。"

1.卦形结构图自然之象的象征意义

"山下出泉，蒙"，这是对卦形结构及其象征意义的说明。卦，上卦为☶，为山、为止，坚硬、坚固、艰难。下卦为☵，为水、为坎坷、为艰难险阻。也就是说是由上卦的☶山与下卦的☵水组成。

其一，"山下出泉"是指泉水的渊源，泉水一般都是从山下泉眼中流出，象征泉水清凉甘甜的自然之象。

其二，象征山下或者半山腰的清泉，为行走的路人解除干渴而使人顺服感激的自然之象。

其三，象征民风淳朴，人民安居乐业，天下太平。就如饮水思源一样，要明白这甘甜的泉水从何而来，太平盛世是如何实现的？是君子坚持实行仁义道德教化，并以天命治理国家天下而实现的。

2.卦象辞的意义

"君子以果行育德"象辞说："君子应该果断地实现、推行教育事业，以培育有道德有仁德才能的君子。"

---

① 刘琦译评. 论语[M]. 吉林文史出版社，1999：96、26.

为什么"君子以果行育德"呢？因为天下太平安乐是由有道德仁义的君王以天命治天下实现的，所以君子应该果敢地执行先帝所创建的教化规则，以各种教化方式教化民众和童蒙，教化民众和幼童有美好的品德，智慧才能，使其成为有道德仁义之人，还要培育出有道德仁义的治国者和各级官员。这是对蒙卦卦形结构象征意义的回答，也是对教化目的的总结。

正如《周礼·地官·大司徒之职》曰："因此五物者民之常而施十有二教焉：一曰以祀礼教敬，则民不苟。二曰以阳礼教让，则民不争。三曰以阴礼教亲，则民不怨。四曰以礼乐教和，则民不乖。五曰以仪辨等，则民不越。六曰以俗教安，则民不偷。七曰以刑教中，则民不暴。八曰以誓教恤，则民不怠。九曰以度教节，则民知足。十曰以世事教能，则民不失职。十有一曰以贤制爵，则民慎德。十有二曰以庸制禄，则民兴功。"[①] 这就是《周礼》规定的通过各种教化形式和教化内容的教化规则，通过教化使人民有忠孝、礼义、道德、才能、智慧、功德圆满，而又有谦让安和知足之心，所以天下才能太平安乐。

三、《蹇卦》与《蒙卦》卦象辞的哲学意义及其归属

（一）依据《易·系辞》对《蹇卦》与《蒙卦》的论述分析其哲学意义

1.《序卦传》曰："乖必有难，故受之以蹇。蹇者，难也。"

2.《序卦传》曰："物生必蒙，故受之以蒙。蒙者，蒙也。"

3.《杂卦》曰："蹇，难也。""蒙杂而著。"

4.《序卦传》说："违背常规必然就要有超越的承受能力，所以就命名为蹇。所谓蹇，就是困难重重而必须战胜"的事情。

5.《序卦传》说："生命生成之初必然蒙昧无知，所以命名为蒙。所谓蒙，就是启蒙教育和为什么要启蒙教育"的问题。

6.《杂卦》说："蹇就是艰难的意思，是说君子如何克服艰难险阻的事情。""蒙卦的内容虽然复杂，但是它的意义明显。"

以上是《序卦传》与《杂卦》对"蹇"与"蒙"的实际意义和实际内容的解读，它们的哲学意义就是如实告诉我们它们的实际意义和内容。

（二）依据《蹇卦》卦辞、象辞、部分爻辞分析其哲学意义

1. ䷦卦辞的意义与哲学意义

䷦卦辞："蹇，利西南，不利东北；利见大人，贞吉。"

---

① 钱玄、钱兴奇等注译.周礼[M].岳麓书社，2001：91.

（1）卦辞的意义

卦辞说："蹇，说的是君子的作为就要像西南方的太阳普照万物一样，以长久大量的光热给万物以光明温暖，以利于万物生长化育。不要如东北的太阳一样，时时以寒冷威胁万物的生长化育。只有这样才能显现圣人君子的品德，才能永远吉祥如意。"

（2）卦辞的哲学意义

"蹇"，就是艰难险阻。当圣人君子遇到艰难险阻时，就要像光明温暖的太阳照耀温暖万物一样，用道德仁义感化和温暖那些处在艰难险阻之中的人，使大家共同寻找战胜艰难险阻的方法，这样就能战胜艰难险阻；而不要用东北的寒凉冷漠对待遇到艰难险阻的人，这样大家就会齐心协力战胜艰难险阻。当然对于我们现代人，也是同样的道理，那些救险的队员就是君子，他们对于遇到艰难险阻的人的救助，就像太阳那样光明温暖伟大。

2. 彖辞的意义与哲学意义

彖辞："蹇，难也，险在前也。见险而能止，知矣哉。蹇，利西南，往得中也。不利东北，其道穷也。利见大人，往有功也。当位贞吉，以正邦也。蹇之时用大矣哉。"

（1）彖辞的意义

彖辞说："蹇，就是艰难之意，艰难险阻就在前面，遇见艰难险阻而能停止前进，这是智者的表现。遇到艰难险阻要像西南的太阳有利于万物生长化育一样，这是因为行于正道而得到了中正之德。不要像东北的太阳不利于万物生长化育一样对待艰难险阻，这是因为这样做没有出路。见险而止有利于显现圣人的功德。因为圣人已往就有功德，所以他当位为君主正确吉祥，他正大了邦国的势力威望。及时正确适宜地对待艰难险阻的意义大极了。"

（2）彖辞"蹇，难也；险在前也。见险而能止，知矣哉"的哲学意义

这是告诉我们，在遭遇艰难险阻时，应该具有的科学严谨的态度；当严重的艰难险阻出现在我们面前时，是不计后果地只依靠勇敢而前进呢？还是停止下来，调查研究依据具体的情形，采取适当有利有用的方法克服艰难险阻再继续前进呢？当然智慧者的选择就是后者了。

3. 初六爻辞和九五爻辞的意义与哲学意义

初六爻辞："往蹇，来誉。"爻象辞："往蹇来誉，宜待也。"

九五爻辞："大蹇朋来。"爻象辞："大蹇朋来，以中节也。"

（1）初六爻的意义与哲学意义

①初六爻的意义

初六爻辞说"正在前进时遇到艰难险阻，退回来就会得到赞美"。爻象辞说：

"前去攻伐敌国遇到了艰难险阻,返回来,修德明政,重振军旅,加强对军旅的教化,以等待适宜的时机,待机而行。"

②初六爻的哲学意义

初六爻辞明确地告诉了象辞所论述的对待艰难险阻的科学态度:"返回来,修德明政,等待适宜的时机。"

(2)九五爻的意义与哲学意义

①九五爻的意义

九五爻辞说:"当遇到极大艰难险阻时,同时也得到很多朋友前来相助。"爻象辞说:"遭遇了极大艰难险阻时得到朋友来助,然后等待适宜时机而行动。"

②九五爻的哲学意义

九五爻辞告诉我们,有道者在遭遇艰难险阻时,会得到很多有道的朋友的帮助。

(三)依据《蒙卦》卦辞、象辞、部分爻辞分析其哲学意义

1.☶卦辞的意义与哲学意义

☶卦辞:"蒙亨,匪我求童蒙,童蒙求我。初筮告,再三渎,渎则不告,利贞。"

☶卦辞的意义:卦辞说:"启蒙教育亨通。并不是我前去求蒙昧的童蒙,而是那些蒙昧的童蒙前来求我接受启蒙教育。第一次卜筮就告诉结果,再三卜筮就是亵渎,亵渎就不再告诉,这样有利而正确。"

关于卦辞"初筮告,再三渎,渎则不告,利贞"的哲学意义:是说老师对学生应该以良好的教学方法教育学生,学生学习要掌握正确的学习方法,认真学习老师所教,而不能亵渎轻慢老师及老师所教的知识。再三亵渎就不再告喻,也就是不再教授你知识。

2.☶象辞的意义与哲学意义

☶象辞:"蒙,山下有险,险而止,蒙。蒙亨,以亨行时中也。匪我求童蒙,童蒙求我,志应也。初筮告,再三渎,渎则不告,渎蒙也。蒙以养正,圣功也。"

(1)☶象辞的意义

象辞说:"蒙,山下有艰险,有艰险而停止,就是蒙昧,不知艰险原因所在。启蒙教育,亨通,以亨通的方法进行启蒙教育,适时而中正。不是我去求童蒙,而是童蒙前来求我接受启蒙教育,这是实现志向的必由之路。第一次卜筮就告诉结果,是为了中正公平。再三亵渎教化,就不再告喻,因为这是在亵渎教化。启蒙教育以及各种教化方式,是为了培养正直无私之人,这就是圣人开办启蒙教育的功德。"

(2)☶象辞"蒙以养正,圣功也"的哲学意义

这是说,君子推行各种教化方式,对儿童、大学生和广大民众进行各种教化,使人成为正直公平,遵纪守法,有仁义道德的人,这就是圣人推行教化所要实现的

目的，是圣人创办学校实行教化的功德。

3.☷初六爻辞"发蒙"和上九爻辞"击蒙"的意义与哲学意义

初六爻辞："发蒙，利用刑人，用说桎梏，以往吝。"爻象辞："利用刑人，以正法也。"

上九爻辞："击蒙，不利为寇，利御寇。"爻象辞："利用御寇，上下顺也。"

（1）初六爻的意义与哲学意义

①初六爻的意义

初六爻辞说："启发蒙昧，利用对犯罪之人受到刑罚判处的教化，用来说双脚或双手戴上刑具的刑罚，以知所犯罪过为耻辱。"爻象辞说："通过刑罚教育，使人民知法懂法而不违法；利用刑罚，对犯罪者监禁，是为了教化他不再犯法，以匡正法律的正义。"

②初六爻"发蒙"的哲学意义

"发蒙"在古代词语中有专门的含义，如敌人容易挫败曰"发蒙"；"发蒙"比喻做事容易，或者自身没有自卫能力，容易被打败。这里比喻对没有防御能力的民众进行刑罚教育，教授民众对那些用强暴的武力给没有自卫能力的人造成伤害者，就应该受到刑罚的制裁。所以，"发蒙"就是启发蒙昧者对刑罚的认识。

（2）上九爻的意义与哲学意义

①上九爻的意义

上九爻辞说："攻击的启蒙教育，不利于入侵者，有利于防御敌寇的侵犯。"爻象辞说："以誓教教化人民防御敌寇，应对敌人的袭击，当敌寇来袭时，全国上下，军民一致顺应保护国家，保护自己的宗旨。"

②上九爻"击蒙"的哲学意义

"击蒙"，是对待敌人来侵袭的启蒙教育以及教授民众如何防止敌人侵犯的方法，也是《周礼》十二教中的誓教的目的：正如《周礼》十二教曰："八曰以誓教恤，则民不怠。"[①]

（四）从《蹇卦》与《蒙卦》的卦形结构图分析其哲学意义

1.☷与☷的卦形图。☷与☷的卦形图，是一对经卦图形上下相反与第一句卦象辞意义相反的卦形图，组成☷的经卦是上卦为☵，下卦为☶，而组成☷的经卦是上卦为☶，下卦为☵，也就是组成☷的二个经卦图，上下位置置换而组成了☷。而☷卦象辞的第一句是"山上有水，蹇。"☷卦象辞的第一句则是"山下出泉，蒙。"它们均属于真实的自然存在的自然之象。

2.☷与☷均有自然之☷与☷与人为之☷与☷。其一，☷卦象的第一句"山上

---

① 钱玄、钱兴奇等注译.周礼[M].岳麓书社，2001：91.

有水，蹇。"包括自然存在的大河高山对人行走造成的艰难险阻和人出生时就存在的腿脚缺陷的自然之象。人为之䷦包括人为制造的艰难险阻及防御，以及人如何科学的对待遭遇到的艰难险阻。

其二，䷃卦象的第一句"山下出泉，蒙。"包括天水一色，雾蒙蒙的自然之象，以及天生的蒙昧者的自然之象。人为之䷃：主要是指用各种启蒙教育的方式，启蒙教化蒙昧者各种知识学问，以启发人民向文明社会前进。

3.䷦与䷃的卦形图属于地道的范畴。

（五）《蹇卦》与《蒙卦》卦象辞的哲学意义及其归属

䷦卦象："山上有水，蹇。君子以反身修德。"

䷃卦象辞："山下出泉，蒙。君子以果行育德。"

1.《蹇卦》卦象辞"君子以反身修德"的哲学意义

其一，是对有道的君子对待艰难险阻的科学方法的评定肯定：那就是"君子以反身修德"的意义与方式。

其二，"反身修德"不仅仅是修治仁德的问题，还有一个如何使仁德累积，也就是要有足够的仁德、足够的才能、足够的力量、足够的志同道合的朋友以适宜的方式，等待时机成就事业的问题。

其三，"反身修德"，对于我们每一个人都有重要的意义，我们生活在现实的社会之中，从事着与民众利益相关的事业，所以我们在平时的工作中，就要以道德的标准反思自己的德行，凡是不符合道德的言论行动都不要实施，要以道德的标准修己明德，而提高自己的道德修养，以利国家人民。

其四，"君子以反身修德。"这是需要用思维思考省察自己德行的心灵洗礼过程，所以，䷦卦象辞属于形而上教化之道。

2.《蒙卦》卦象辞"君子以果行育德"的哲学意义

其一，君子对待启蒙教育的正确态度和开展启蒙教育的目的，那就是"君子以果行育德。"

其二，是《易经》哲学对圣人创建的教化臣民思维意识精神心灵行为的各种方式方法的肯定赞美。

其三，君子果敢地推行各种教化方式，通过教化使人的思维意识、心灵精神能够与国家意识形态和社会形态、治国宗旨相符；以及增强自身的约束力，以利于增强保护自己和万物的能力，以实现人人和谐相处，人与社会和谐相处的天下太平安乐的和谐社会。所以，䷃卦象辞属于形而上教化之道。

第十节 《小过卦》和《颐卦》卦象辞的自然之象与哲学意义及其归属

一、《小过卦》卦形结构图自然之象的象征意义和卦象辞的意义

☳☶卦象辞："山上有雷，小过。君子以行过乎恭，丧过乎哀，用过乎俭。"

1.卦形结构图自然之象的象征意义

☳☶"山上有雷，小过。"这是对☳☶卦形结构的解释，☳☶下卦为☶，为山、为止、为坚硬、坚固、艰难；上卦为☳，为雷、为动。☶山在☳雷之上，构成了☳☶的卦形结构。

其一，象征高山上响雷，干打雷不下雨，雷声很大，雨量很小，不会产生大灾害的自然之象。

其二，或者是雷雨交加，对山上的草木山石人造成了损害。

其三，象征及时的雷雨滋润了万物。

其四，象征雷雨所造成的灾难，只是天的过失，但天地能及时改正过失。正如《老子》第二十三章曰："希言自然。故飘风不终朝，骤雨不终日。孰为此者？天地。天地尚不能久，而况于人乎？"[1]《老子》认为狂风暴雨的发生，只是天地自然变化短暂的恶行，天地所发生的短暂恶行，就如天地自然变化的过失，但是天地对自己的过失能及时纠正停止。

2.《小过卦》卦象辞的意义

☳☶卦象辞："君子行过乎恭，丧过乎哀，用过乎俭。"卦象辞说："君子的行为过于谦恭谦让，丧事过于哀伤，对礼仪的运用过于简约，这就是君子之礼。"

☳☶卦象辞表示的是君子之礼，谦恭敬让，对于丧亡的亲人真心实意的哀伤，以及君子对礼仪的简约而不繁琐的表现形式。

二、《颐卦》卦形结构图自然之象的象征意义和卦象辞的意义

☶☳象辞："山下有雷，颐。君子以慎言语，节饮食。"

1.《颐卦》卦形结构图自然之象的象征意义

"山下有雷，颐"首先是指☶☳的卦形结构而言；☶上卦为☶，为山、为止、为坚固、为艰难；下卦为☳，为雷。震在☶山之下，是谓"山下有雷。"

其一，象征山下之雷，雷声很响亮，震耳欲聋，对山上山下的万物都会造成很大损伤的自然之象。

---

[1] 刘文秀、孙燕、孙兰.道德经新解[M].中国出版集团图书出版公司，2013：144.

其二，象征及时雨的到来。

其三，象征人之口，即人张口则上牙如一排山，下牙也如一排山，而上下牙相撞则发出响声。也象征着话从口出，即人说话时，既有面颊之运动，又有舌齿之动，声音才能冲口而出。

其四，"山下有雷，颐。"象征君子之言论行为的份量及其重要性。

2.《颐卦》卦象辞的意义

"君子以慎言语，节饮食"。象辞说："君子说话做事要谨慎慎重，不能随心所欲，要以道德为准则，还要不随便吃别人的饮食。"

"节饮食"是指说话要慎重，吃别人的饭更应慎重。在这里的"节饮食"，应是指吃国家的俸禄或吃别人的东西应慎重。吃国家的俸禄就应为国家为民众谋利，吃别人的东西，也就是作为被别人畜养的人，或者那些谋求别人畜养的人，应有选择性，不能随便乱吃别人的饮食；凡有志之士，应该择良师益友而居，否则会陷入不仁不义，而迷失道德本性。正如《论语》孔子曰："君子食无求饱，居无求安，敏于事而慎于言，就有道而正焉，可谓好学也已。"① "乱之所生也，则言语以为阶。"②

三、《小过卦》和《颐卦》卦象辞的哲学意义及其归属

（一）依据《易·系辞》对《小过卦》和《颐卦》的论述分析其哲学意义

1.《序卦传》曰："有信者必行之，故受之以小过。"《序卦传》说："有诚信礼义者必然会有行动和行动的过程与结果，所以命名为小过。"

2.《序卦传》曰："物畜然后可养，故受之以颐。颐者，养也。"《序卦传》说："物质丰富然后就能养育人民和贤者，所以就命名为颐；所谓颐，就是畜养万民和贤者之义。"

3.《杂卦》曰："小过，过也。"《杂卦》说："过，就是经过、过失。也就是说小过卦阐述的是周武王灭商建周的建立功德的过程，以及在削减军队的问题上的小过失，也就是对周武王功过是非的评定"。

4.《杂卦》曰："颐，养正也。"《杂卦》说："颐卦阐述的是圣人畜养贤士，是为了得到贤者的辅助以畜养万民。"

以上是《序卦传》和《杂卦》对"小过"与"颐"的意义的论证。"小过"的哲学意义，在于易作者对《小过卦》中所记载的主人公周武王功过是非的评定。易作者认为周武王为了天下太平，不再作战而解散军队，收藏武器，疏散战马是非常

---

① 刘琦译评. 论语 [M]. 吉林文史出版社，1999：4.
② 刘文秀著. 周易新解 [M]. 山西科学技术出版社，2012：641.

崇高的行为，虽然在西周政权还没有巩固的情况下，就做了过于理想化的行动，只是小的过失，但是他的目的理想是崇高的，光明正大的。

"颐"的哲学意义在于有道者为了颐养天下人民，而需要颐养贤能有德的人，以辅助自己实现理想。

（二）依据《小过卦》卦辞、象辞、部分爻辞分析其哲学意义

1.☳☶卦辞的意义与哲学意义

☳☶卦辞："小过：亨，利贞，可小事，不可大事。飞鸟遗之音，不宜上宜下，大吉。"

（1）☳☶卦辞的意义

卦辞说："小过，就是稍微偏离了中正的原则，有时稍微刚强，有时又稍微柔弱，但都能亨通，有利而吉祥。可以将小事化了，不可以将小事扩大。飞鸟飞过时遗留的声音，不应该只是停留在上空，应该从高空向下传播，人们才能听见。"

《小过卦》之小，还指阳刚之气少于柔弱之气，但是柔而适中；也可以是阳刚之气稍微超过了中正平和之气，但是刚而不亢。

《小过卦》主要指周武王在刚刚灭商纣王建周之后，立即就解散军队，收藏武器，以表示为了让人民安乐太平，不再遭受战争之苦，而不再发动战争的决定的大事情。虽然事情目的纯正，意义深远伟大高尚，但是在当时的条件下，周朝的政权还未得到巩固，殷商遗民还未完全归服的情况下，这样做既违背了"可小事，不可大事"的原则，又违背了"不宜上宜下"的原则。也就是说周武王这种做法的期望过高，过于仁慈，未考虑到以后事情可能发生的变化和结果，也未能在稳中求进，因此使武庚之流有机可乘，而起反叛之心。这也是周武王的一个小过失。

"飞鸟"象征殷商，象征殷商的先祖契。

（2）☳☶卦辞关于"可小事，不可大事及飞鸟遗之音"的哲学意义

①关于象辞"可小事，不可大事"的哲学意义

其一，它蕴含的是"小事化了，大事化小"哲学意义，它告诉我们为人处世调和矛盾的一种理性方式。人生活在社会中，难免会与周围的人发生一些意想不到的矛盾，那么我们就应该依据"可小事，不可大事"的原则，尽量使小矛盾化解，大矛盾化为小矛盾，甚至完全化解的使大家和睦友好相处的处事方式，可以使大家都不犯过失。

其二，它告诉我们，做事情要依据实际情况，依照自己的能力，能够胜任大事，就要勇于担当，竭尽全力将该做的事情做好；如果没有胜任大事的能力和条件，就依据自己的能力和实际条件，尽善尽美地将自己所从事的小事情做好；如果不实事求是地处事，就会有过失发生，这是《易经》哲学告诉我们的为人处世的方法。

由此可见，《易经》哲学到处充满了唯物辩证发的规律，而且"可小事，不可大事"这句话，完整地体现了辩证法的三大规律：其一，小事变大事、大事变小事的量变质变的规律。其二，大小相互对立、相依相存、相互转变的规律；其三，实事求是，是经过调查研究否定不正确的选择，肯定正确的选择的否定之否定的规律。

②关于象辞"飞鸟遗之音，不宜上宜下，大吉"的哲学意义

其一，《小过卦》卦辞用"飞鸟遗之音，不宜上、宜下，大吉"，来比喻先帝、先王的功德，音容笑貌；象征人生就如飞鸟从空中疾飞一样易逝，祖先死后，对于后代来说，亲人的音容笑貌、功德、就如飞鸟婉转悠扬动听的鸣叫之声，飞逝而过；但亲人的一切仍然在后代的脑海中，但却永远不能再亲耳聆听先祖的声音和教诲。

其二，"飞鸟遗之音，不宜上、宜下，大吉"是告诉我们，为了使子孙后代永远深刻牢记和感悟继承，发扬光大先祖的美德，我们的先祖发明了祭祀这种方式来缅怀先帝先祖，以达到教化子孙的效果；并且要身体力行地以实际行动来发扬光大先祖的美德，也就是说让先祖的美德永远发扬光大，就是缅怀先祖的最好形式。这里的上，就是上一代、上几代，就是先帝、先王、先祖、先辈、前人；下，就是下一代、后代、后世、子子孙孙。也就是说，我们的先祖所创建的以天命治理国家天下，为人民谋利益福祉的治国宗旨、道德规范、各种治理国家天下的法规制度、各种发明创造、以及先帝、先祖的伟大功德、美德等，假如只是体现在先祖的时代，而不能继承发扬光大，那么先圣、先王效仿天道天德而创建的中华民族独具的、光明正确伟大的、神圣的、颠扑不破的、流传不息的为天下人民谋利益福祉的治理国家天下的宗旨和根本大法就不能流传下来！就不能继承发扬光大，就只能成为历史而已。

其三，假如当今中国共产党的开创者，开创建立的"全心全意为人民服务"的宗旨，如果只是停止在开创者的时代，那么就不能继承发扬；所以中国共产党的开创者，开创建立的"全心全意为人民服务"的宗旨，就需要一代一代的共产党的领导者和千千万万党员以及广大的人民群众永远继承发扬光大"全心全意为人民服务"的宗旨，才能使中国共产党的初心永远不改变，才能使社会主义江山稳固而万寿无疆！

其四，"飞鸟遗之音，不宜上宜下，大吉"告诉我们传承的重要意义是我们中华民族博大精深的传统经典文化，应该一代一代向下传承，我们的传统文化就会永远生生不息，发挥他伟大的教化意义，所以大吉；如果这些经典文化只是在发明创造时代流行，而没有人向下传承，我们的下一代也没有人去学习，去发扬光大，那么，我们优秀博大精深的传统文化就会因为失去传承而流失，我们再也听不到它们的声息了。

其五，当然《小过卦》卦辞对于我们每个人也是有一定的教化意义：第一，遵守中正的原则。第二，继承祭祀不忘先祖之德。第三，就是大事化小，小事化了的为人处世方式。第四，做一个学习传承传统文化的传承者。

2.☷象辞的意义与哲学意义

☷象辞："小过，小者过而亨也。过以利贞，与时行也。柔得中，是以小事吉也。刚失位而不中，是以不可大事也。有飞鸟之象焉，飞鸟遗之音，不宜上宜下，大吉，上逆而下顺也。"

（1）☷象辞的意义

象辞说："小过，就是稍微偏离了中正而且亨通。小过之所以有利而正当，是与当时的时宜相一致相统一的。柔顺得到中正，所以将大事化为小事而吉祥。如果用强硬的手段失去了应有的地位而且不中正，则不可以将小事变为大事。有飞鸟飞行的迹象，飞鸟遗留的声音，不应该只在上空鸣叫，应该向下流传，这才大吉大利，向上是逆反，向下是顺服和顺。"

象辞是对卦辞的进一步解释，一方面是对周武王功德的评定，另一方面是指被周武王分封为殷商宗庙主祭人的商纣王之子武庚反叛西周的政治事件，是将小事变大，违背先帝先王治国宗旨的大事情。

（2）☷象辞"小过，小者过而亨也。过以利贞，与时行也"哲学意义

"小过"，就是小的过失，有小过失而且能亨通的原因，是因为这个犯小过失者是为了人民不再遭受战争之苦的目的，是崇高伟大的，是有利于天下太平安乐的，是与犯这个小过失者当时灭商建周的目的是一致的。

《易经》之所以将周武王解散军队，收藏武器，放散军马，分封将士为诸侯，表示再不发动战争的行为称为小过失，是因为当时西周的政权刚刚建立，殷商的臣民还没有顺服，而且武庚之流乘机反叛的事实，也说明周武王这种将大事化小，小事化了的做法，是犯了小过失而已。

3.☷九三爻辞和上六爻辞的意义与哲学意义

☷九三爻辞："弗过防之，从或戕之，凶。"爻象辞："从或戕之，凶如何也。"

☷上六爻辞："弗遇过之，飞鸟离之，凶，是谓灾眚。"爻象辞："弗遇过之，已亢也。"

（1）九三爻辞的意义与哲学意义

①九三爻辞的意义

九三爻辞说："不要偏离中正，防止偏离中正。听从他人的教唆或跟随别人做残害杀害人民的事情，这就是凶险的征兆，是大罪过了。爻象辞说，参与或者亲自做残杀危害人民国家的事情，其结果如何呢？只有凶险在等待着他，如果没有悔过

自新的表现，就只有灭亡。

九三爻辞从全卦所述内容如下。

其一，指武庚禄父既然被周武王分封为诸侯，就应该吸取其父纣王的教训，防止再次发生罪过，但武庚却乘机反叛周朝，结果就只有灭亡了。

其二，指周武王在刚刚取得政权还没有重大灾难发生时，应该采取措施防止政权颠覆的灾难发生，加强保卫政权的武装力量，但他不但没有采取防备措施，反而却放松了警惕，使武庚之流有机可乘，而乘机反叛。

其三，管、蔡不应该听从武庚之流的教唆，而参与反叛危害自己宗室的事情，其结果只能受到惩罚。

②九三爻辞的哲学意义

九三爻辞告诉我们，不要犯违背国家人民利益的罪过，要防止这种罪过的发生，不要亲自参与这种危害国家民族利益的事情，更不能亲自参与残害人民的事情，因为这样做的结果是犯罪，会使自己陷入凶险。也就是说，凡事都不应该以损害国家人民利益为代价，凡是参与或者亲自做了损害国家人民利益或者残害人民的事情，是绝不能容许的，这也是如何防止过失发生的大原则！

（2）上六爻辞的意义、实际意义与哲学意义

① 上六爻辞的意义

上六爻辞说："不曾遇到过的事情发生了，那就是飞鸟飞离了应该所处的位置，这是凶险之兆，这就是灾难。"爻象辞说，不曾遇到过的事情发生了，这已经是过于亢盛了。

《小过卦》阐述的是周武王在伐商建周过程的功过是非，以及商纣王之子武庚不顺应历史潮流而反叛周朝的历史事实。商纣王身为天子，却失道无德，残害人民，又不听忠臣的劝谏，不悔过自新，最终只有灭亡。所以，上六爻辞是指刚刚建立政权的西周，遇到了不曾遇到的过于亢盛的反叛者，这是灾难。

②上六爻辞的实际意义

其一，是指周武王灭商建周之后，周武王在做了"建粢"之事后，最多只执政了三年时间就去世了，他的儿子成王还在襁褓之中，周公只好代成王摄政。这就是周朝不曾遇到过的事情，却遇到了君主年幼，由臣子代为摄政。

其二，西周的政权刚刚建立，君主年幼，不曾遇到的事情又遇到了，那就是纣王之子武庚伙同周族的人管蔡一同反叛了周朝，这无论是对周朝、对人民，还是对反叛者都是凶险之兆，是灾难。

③上六爻辞的哲学意义

其一，反叛者不顺应历史潮流，不从其父的罪过中吸取教训，而用非常激烈的

手段反叛，这违背了"可小事，不可大事"的原则，违背了"不宜上宜下的原则"。因为先圣创建以天命治理国家天下的最高宗旨，就是以有道能为人民谋利益、受人民热爱拥戴者为王，谁能为人民谋利益，谁就能做人民的君王，也就是说为王拥有国家者，必须以为人民谋利益为上，所以反叛有道者，就是违背了先帝先王先祖的德政，就是罪过，就应该受到应有的惩罚。

其二，通过认识上六爻辞的意义，可以使我们明白，当我们在日常生活和工作中突然遇到了已往未曾遇到的与国家人民利益相关的重大事情时应该怎么对待！当然卦爻辞没有告诉我们应对的方法，但是大原则就是一切以国家人民的利益为出发点，不能为了自己的私利或者苟活而忘记了国家人民利益！应时刻牢记国家民族利益高于一切！

④这种过失发生的原因

其一，是周武王自以为是地不再发动战争的善良之心，解散军队，没有了防备之心与防备的武力。

其二，是武庚违背了以"天命"治天下的原则。

（三）依据《颐卦》卦辞、象辞、部分爻辞分析其哲学意义

䷚卦辞：颐："贞吉。观颐，自求口实。"

1.䷚卦辞的意义与哲学意义

（1）䷚卦辞的意义

卦辞说："颐养，正当吉祥。观看颐养，自己求证所说之话的真实性和可靠性。"

䷚卦辞阐述的是君子自己求证自己所说之话的真实性的问题，如果自己所说之话经得起推敲求证，就无须自己求证，只需要事实证明即可；假如自己所说之话不真实，自己也会心虚，哪里能经得起事实的验证。

"颐养，正当吉祥"，为什么颐养正当吉祥？因为观看为王为臣者颐养的人，是有诚信、有道德的贤者，圣明之王养贤纳良，以辅国家，所以贞吉。

"观颐"，就是观察为王者，为臣者所颐养之人，所依赖的辅佐之人，是贤良之人，还是恶小之人，就可知其为君、为臣之道了。

《颐卦》阐述的是周幽王不畜养贤人而畜养小人失道失国的历史事实，说明畜养贤者的重要意义就是君子颐养贤者。被颐养者追随君子的颐养，就是正当吉祥；假如颐养者不是君子，被颐养者追随颐养者就失去了意义，只是小人愿意追随小人的颐养。卦辞一开始就指出颐养正当吉祥，那么就肯定了颐养的人和被颐养的人，都是有诚信有道德的贤能有德者，是颐养的正道。

（2）关于䷚卦辞"观颐，自求口实"的哲学意义

其一，一般解读是颐养天年之颐养，自养之道，在于自食其力，在于修养自身

的品德。这是从颐养天年的意义而言，养生不忘修德，所以贞吉。

其二，"观颐，自求口实"指观看口中所说之话的真实性和其诚信。那么为君为王为臣者自己对自己所颐养之人所说之话的真实性是可以信赖还是不可以信赖？这就要看为君为臣者自己是什么样的人了。自己是有道德、有诚信的君子，所畜养的人也一定是贤者，是可以信赖的有诚信的君子，当然正当吉祥。自己是无道无德无诚信之人，畜养的一定是无道无德无诚信之人，那么他们所说之话，只是为了他们私利的谋得之话。这对于他们也许是真实的，但对于万民则是虚假的、不可信赖的。

其三，"观颐，自求口实"，如何验证所说之话的真实性和诚信？即观看其能否以天道，以先王之道治国，颐养贤者，颐养万民，以及自己平日的言行是否符合道德、诚信标准。所以正如卦象辞所言："君子以慎言语，节饮食。"

其四，"观颐"，从全卦所述内容而言，还有察颜观色，观看别人说话时的脸色以思谋应对措施的含义在内。那么我们现代人如何正确对待这个问题，就要实事求是地对待，既不能一味地观看别人脸色以讨好别人，又要依据实际情形处理突发事件。

2. ䷚象辞的意义与哲学意义

䷚象辞："颐，贞吉，养正则吉也。观颐，观其所养也。自求口实，观其自养也。天地养万物，圣人养贤，以及万民。颐之时大矣哉。"

（1）䷚象辞的意义

象辞说："颐养正当吉祥，颐养者和被养者都正直就吉祥。观看颐养是观看他所养之人也。自己求证所说之话的可信度，是观看自己所养之人。天地养育万物，圣人颐养贤者以辅助自己治理国家，以养天下民众，养育的时间意义大极了啊！"

象辞是对卦辞的进一步论证，说明颐养的道理、方法和重要意义。

（2）关于䷚象辞"天地养万物，圣人养贤，以及万民。颐之时大矣哉"的哲学意义

①"天地养万物"的哲学意义

其一，是告诉我们，大道化生了万物，天地阴阳之气资助养育了万物。

其二，天地阴阳之气变化风云雷雨滋润震动万物。

其三，天阳以其光热温暖照耀万物。

其四，坤地以其厚土使万物在其上生长、壮大、变化、衰亡，而后又重新开始。这是天地资生养育万物的功德。《老子》第五十一章曰："故道生之，德畜之；长之育之；亭之毒之；养之覆之。生而不有，为而不恃，长而不宰，是谓玄德。"[1]

---

[1] 刘文秀、孙燕、孙兰. 道德经新解[M]. 中国出版集团世界图书出版公司，2013：206.

老子说："道化生万物，道使万物得到蓄养；道使万物生长壮大并养育后代，并公平地使其遭受危害，而又养育包容万物。化生万物而不占有万物，辅助成就万物而不恃功自傲，长养万物而不主宰万物，这就叫做天德。"

②"圣人养贤，以及万民"的哲学意义

这是指圣人颐养贤者的目的，就是为了辅佐自己颐养天下民众。圣人君子为了养护天下万民，需要招纳很多各种贤能有德者来辅佐，引导民众创造出各种衣食住行的物资，解决民众衣食住行的各种问题，才能养育万民，而实现天下太平。这正如《泰卦》初九爻辞所言："拔茅茹，以其汇征，吉。"初九爻说国家要想富裕强盛，天下太平，首要的是君王要召集很多贤能之才，各位贤能人才还要相互推荐更多的有用之才，任用他们辅佐治理国家天下，就会吉祥。

③"颐之时大矣哉"的哲学意义

是指圣人颐养贤者，颐养万民的时间意义，圣人及时适宜地颐养贤者，辅助自己成就为民谋利益的伟大事业，以及时颐养天下人民，否则，就不能及时颐养万民。

3.☲初九爻辞和上九爻辞的意义与哲学意义

初九爻辞："舍而灵龟，观我朵颐，凶。"爻象辞："观我朵颐，亦不足贵也。"

上九爻辞："由颐，厉吉，利涉大川。"爻象辞："由颐厉吉，大有庆也。"

（1）初九爻的意义与哲学意义

①初九爻的意义

初九爻辞说："放弃了你用来占卜吉凶的灵龟，却来观察我面颊表情一次次的变化而应对，这样做很凶险。"爻象辞说："君主畜养一些只会看主人脸色变化而行事的无德无能的小人来辅助自己，使君主失去了尊贵，那些小人难道也能尊贵吗？小人别以为自己能够看主人脸色行事，就能显示自己尊贵。"

初九爻辞用"舍尔灵龟，观我朵颐，凶"，来象征失道无德的周幽王不能畜养贤人，而畜养了一些只会察颜阅色看主人表情说话办事的无德无能的小人，周幽王决谋大事，不用灵龟占卜以听取大多数人的意见来决吉凶，而只是听信那些只会察颜阅色的少数人的无凭之言来作为谋划的依据，所以凶。因为古圣人决断大事之吉凶，用龟卜的目的是听取大多数有贤德才能之人意见的一种方式，如今放弃了龟卜、筮卜，就是放弃了听从贤士良人的意见，而只听从一些会察颜阅色小人无凭无据之言，所以凶。正如《诗经·小雅·小旻》曰："我龟既厌，不我告犹。谋夫孔多，是用不集。发言盈庭，谁敢执其咎？如匪行迈谋，是用不得于道。"[①]

《颐卦》阐述的是周幽王不畜养贤人而畜养小人，失道失国的历史事实，说明

[①] 刘文秀、孙燕、孙兰. 诗经新解[M]. 中国出版集团世界图书出版公司，2012：206.

了畜养贤者的重要意义。

②初九爻的哲学意义

初九爻辞对于我们现代人而言也是有重要意义的。我们为人处世，要学习做君子，凡事都要有符合正义道德的主见，不可以只靠察颜悦色为讨别人喜欢而放弃了道德仁义的原则；还要多多听取其他人的意见，不可独断专行。

（2）上九爻的意义与哲学意义

①上九爻的意义

上九爻辞说："由于颐养，勉励贤者吉祥，有利于祭祀天地先祖。"爻象辞说：因为君主贤明有德，能自修其德，蓄养贤人，尊贤用贤，严明法纪，以天命治天下，受到民众拥护，使国家社稷永保，所以吉，所以是值得大大庆贺的好事情。

②上九爻辞的哲学意义

作为国家君主能够自修明德，能够颐养贤者辅助自己养护民众，所以才能得到民众的拥护才能使国家命运长久。正如《老子》第五十九章所言："治人事天，莫若啬。夫唯啬，是谓早服；早服，谓之重积德。重积德，则无不克；无不克，则莫知其极；莫知其极，可以有国；有国之母，可以长久。是谓深根固柢，长生久视之道。"《老子》指出，"重积德，则无不克""有国之母，可以长久。是谓深根固柢，长生久视之道"。①《老子》认为，只要重复累积仁德，就没有什么不能战胜，那么重复累积的仁德是什么呢？当然就是重复养护人民的仁德了，只有能长久养育人民的国家，才能拥有广大人民，只有拥有广大人民的国家，才是根深蒂固不可动摇的能长久存在的国家；而只有用无为之道治理国家天下，才会得到人民的拥护。

正如《大学》所言："道得众则得国，失众则失国。是故君子先慎乎德，有德此有人，有人此有土，有土此有财，有财此有用。德者本也，财者末也。外本内末，争民施夺，是故财聚则民散，财散则民聚。"②

（四）从《小过卦》与《颐卦》的卦形结构图分析其哲学意义

1. ䷽与䷚的卦形结构图，是一对经卦图形上下相反及第一句卦象辞意义也相反的卦形图，䷽的上卦是由居于上卦的经卦☳卦与居于下卦的经卦☶卦组成；而䷚卦则是由组成䷽卦的上下二个经卦的位置置换，而组成了上卦为☶卦，下卦为☳卦的䷚卦。

2. ䷽卦卦象辞的第一句是："山上有雷，小过。"䷚卦象辞的第一句是"山下有雷，颐。"它们均属于地道的范畴。

---

① 刘文秀、孙燕、孙兰. 道德经新解 [M]. 中国出版集团世界图书出版公司，2013：223.
② 刘琦译评. 礼记 [M]. 岳麓书社，2001：805.

3. ☳与☶的卦均有自然之☳与自然之☶，也均有人为之☳与人为之☶。

（1）☳的自然之象与人为之象

其一，☳卦象辞的第一句"山上有雷，小过。"象征雷声从山上传来一呼而过，并没有下暴雨的自然之象。

其二，人为之☳，是不知不觉中犯了小的过失，就如周武王之小过。

其三，是指所犯小过失，有些是轻微的没有危及法律的小过失，而有些则是危及法律的小过失，也就是故意钻了法律的空子，而这种反复危及法律的过失，则是要受到法律制裁的过失。正如《尚书·康诰》周公所言："呜呼！封，敬明乃罚。人有小罪，非眚，乃惟终，自作不典。式尔，有厥罪小，乃不可不杀。乃有大罪，非终，乃惟眚灾，适尔，既道极厥辜，时乃不可杀。"① 周公对封说："唉！封，你要恭谨而严明地对待刑罚。一个人犯了小罪，如果不是过失，而是经常犯法，这说明他是有意不遵守法典。如此，他的罪即使很小，但不可以不杀掉他。一个人犯了大罪，但不是经常犯法，而只是因为过失偶然犯罪，既然他全部说出了他的罪过，这样就不可杀掉他。"

（2）☶的自然之象与人为之象

其一，☶卦象辞的第一句"山下有雷，颐。"象征的是人之口，即人张口则上牙如一排山，下牙也如一排山，而上下牙相撞则发出响声；以及象征话从口出，人说话时，既有面颊之运动，又有舌齿之动，声音才能冲口而出的自然之象。

其二，☶它的人为之象象征君子的话从口而出，所说之话份量和意义的重大。

（五）《小过卦》与《颐卦》卦象辞的哲学意义及其归属

☳卦象辞："山上有雷，小过。君子以行过乎恭，丧过乎哀，用过乎俭。"

☶卦象辞："山下有雷，颐。君子以慎言语，节饮食。"

1. ☳卦象辞的哲学意义

☳卦象辞是《易经》依据《礼记》有关论述君子礼仪的内容，总结概括而来，卦象辞也是《易经》对应该严格遵守的礼仪规则的明确的教化之词。

其一，《易经》指出了君子的行动，时时处处应以礼仪道德仁义为君子行动的规范标准。

其二，君子在举行亲人的丧礼时，以真心的哀伤、悲痛的情感为主。

其三，虽然礼的仪式繁纷复杂，但是君子使用的却是最为俭约的一种。正如《论语》子曰："礼，与其奢也，宁俭；丧，与其易也，宁戚。"② 《礼记·表记》子曰：

---

① 徐奇堂译注. 尚书[M]. 广州出版社，2001：125.
② 刘琦译评. 论语[M]. 吉林文史出版社，1999：15.

"恭近礼,俭近仁,信近情。敬让以行,此虽有过,其不甚矣。夫恭寡过,情可信,俭易容也,以此失之者,不亦鲜乎?诗曰:'温温恭人,惟德之基。'"[①] 所以说,君子之礼,谦恭敬让,对于丧亡的亲人真心实意地哀伤,以及君子对礼仪的简约而不繁琐的表现形式。

其四,这些礼仪的含义与卦辞所述内容的含义相符,与卦辞"可小事,不可大事。""不宜上宜下,"的意义相符,象辞的的意义在于说明君子对于礼仪事事处处以适中为宜;也就是说君子在使用礼仪时,小心谨慎,谦恭,既不超越礼的范畴,又要与具体事情的情形相适宜,也就是柔而适中,不能过大,也不能过小。它是属于形而下教化之礼。

2. ䷚卦象辞的哲学意义

其一,这是《易经》依据《颐卦》所述的内容总结抽象而来,因为《颐卦》阐述的是圣人君子颐养贤者以养育万民的道理方法意义。君子"慎言语"的哲学意义,在于君子应该实事求是辩证地看清楚颐养自己者是否为真君子,真正的君子要成就事业,要养育万民,那么作为被君子颐养者,说话做事就更要慎重,要为主人所要养育万民的事业目的而发表言论和做实际的事情,不能任意发表违背主人意愿的言论和行动。

其二,"节饮食",被养生者解读为适当节制饮食,有利健康。这只是一般意义的节制饮食和节约饮食观点,而不是哲学意义的"节饮食"。这一点一定要有区别。"节饮食"的哲学意义是指作为被颐养的贤者,一定要实事求是辩证地、谨慎地选择颐养自己的主人,选择真正的君子作为颐养自己的主人,依靠为主人成就颐养万民的事业出谋献策来食用主人发给的俸禄。

3. ䷚卦象辞也属于形而下教化之道。

第十一节 《鼎卦》和《家人卦》卦象辞的自然之象与哲学意义及其归属

一、䷱《鼎卦》卦形结构图自然之象的象征意义和卦象辞的意义

䷱卦象辞:"木上有火,鼎。君子以正位凝命。"

1. ䷱卦形结构图自然之象的象征意义

"木上有火,鼎。"是对《鼎卦》卦形结构的说明,䷱其下卦为☴,为草木、

---

① 钱玄、钱兴奇等注译.礼记[M].岳麓书社,2001:724.

为风；上卦为 ☲，为火、为日、为电；是谓木上有火。其一，象征木能生火的自然原理和自然现象。其二，象征鼎的功能之一是古人用来烹饪食物的器皿，鼎的下面可以放上木材，生火通风，使火燃烧，以烹饪食物。其三，象征鼎的其他众多功能，比如鼎铭、镇国之宝、一言九鼎等。

2.䷱卦象辞的意义

"君子以正位凝命。"卦象辞说："君子要端正自己的地位，任用那些公正无私的贤者作为辅助自己的官员，以凝聚贤能人才，以辅助君主巩固天命，稳定政权，使国家得到大治。"正如《论语》孔子曰："举直错诸枉，能使枉者直。"[①]孔子说："选拔正直的人放在邪曲人之上，就能使邪曲的人正直起来。"

"君子以正位凝命。"还可以是："君子要使自己身正，自身正，天下人民从其正，就能凝聚人民，凝聚贤能人才，以正治天下，使天命永保，而天下太平。"正如《礼记·哀公问政》孔子曰："政者，正也。君为正，则百姓从政矣。君子所为，百姓之所从也。君所不为，百姓何从？"[②]

二、《家人卦》卦形结构图自然之象的象征意义和卦象辞的意义

䷤卦象曰："风自火出，家人。君子以言有物而行有恒。"

1.《家人卦》卦形结构图自然之象的象征意义

䷤卦象："风自火出，家人。"是指䷤卦的卦形结构：䷤上卦为 ☴，为风、为草木；下卦为 ☲，为火；☴ 与 ☲ 相合，构成了䷤卦的卦形图。其一，象征风与火相顺；木见火，见风，则燃烧的自然之象。其二，"风自火出"：指风的形成原理。离为火、为日，日就是太阳，太阳将地面上的空气晒热而使其上升，上升的空气流动而形成了风。也就是太阳将空气变化为风的原理。其三，是指五行相生，木生火的意思，木在这里既有木的本意，又有风助火燃烧的道理。其四，象征家庭主妇在家中用鼎从事中馈，鼎下有草木，点燃草木并通风，使火燃烧而烹饪饮食，而孝敬奉养家人的情景。

2.䷤卦象辞的意义

"君子以言有物而行有恒。"卦象辞说："君子应该以所说之话与实际事实相符并且要有准则和规矩，而且所说之话要用实际行动长久地坚持。"

那么"风自火出"与"君子以言有物行有恒"有什么联系呢？"风自火出"，它包含了太阳之火热与风形成的关系，包括了只有通风通气才能使火燃烧的道理。

---

① 刘琦译评.论语[M].吉林文史出版社，1999：98.
② 钱玄、钱兴奇等注译.礼记[M].岳麓书社，2001：660.

说明风与火的关系是密不可分的,风离开太阳就不能形成,火离开风同样不能燃烧。也就是说它们是统一的,是不可分离的。那么君子的言行也就要像风与火的关系一样,说出的话要有份量,做出的事要与说的话相一致,而不能说的与做的事情相互背离。

三、《鼎卦》与《家人卦》卦象辞的哲学意义及其归属
(一)依据《易·系辞》对《鼎卦》与《家人卦》的论述分析其哲学意义
1.《序卦传》曰:"革物者莫若鼎,故受之以鼎。"
2.《序卦传》曰:"伤于外者必反于家,故受之以家人。"
3.《杂卦》曰:"鼎,取新也。""家人,内也。"
4.《序卦传》说:"变化食物味道者不如用鼎;所以命名为鼎。"
5.《序卦传》说:"在外面受到损伤必然返回家中,所以命名为家人。所谓家人就是家庭伦理教化之义"。
6.《杂卦》说:"鼎的作用,是将食物放到鼎内,经过烹饪后,就会得到一种美味可口与原来完全不一样的新食品。""家人卦阐述的是家庭、内室之事。"

以上是《序卦传》与《杂卦》对《鼎卦》和《家人卦》本来意义的论述。

(二)依据《鼎卦》卦辞、象辞、部分爻辞分析其哲学意义
1.䷱卦辞的意义与哲学意义

《鼎卦》阐述的是鼎的功能和鼎的象征意义。鼎是古代烹饪用的器物,最常见的鼎为三足两耳。鼎在古代有各种形状和用途,早期鼎是被用来存放食物和烹饪食物的器皿,随着鼎制造工艺的进步,鼎被用做镇国之宝,被用来盛装祭祀物品,在鼎上刻上铭文放在宗庙中,以纪念先祖的功德,以教化后代。鼎本身也有多种象征意义。

䷱卦辞:"鼎:元吉亨。"

(1)䷱卦辞的意义与䷱的象征意义及哲学思想

①䷱卦辞的意义

卦辞说,鼎,无论从构造还是功能上,从一开始就是对人类有用有益的的亨通之物。

鼎,从古人发明鼎开始,就是对人类有用有利的物品,所以,"鼎:元亨,吉祥。"最早的鼎为粗陶鼎,继而有细陶鼎、青铜鼎,以及用来观赏的各种玉鼎,具有金银装饰的鼎等等,所以,鼎,元吉亨。这是卦辞所阐述的"鼎"的历史用途。

②鼎的象征意义:正如象辞所言

其一,鼎对国家来说,鼎就像一言九鼎的君王。

其二,鼎的三足就像辅助君王治理国家的三公,三公有贤能之德,就能向君王

进献公正无私以天命为己任的治国良策，辅助君主使国富民强。而三公如果任用不当，如任用小人为三公，则会使国家社稷倾覆。

其三，鼎的双耳象征柔顺而且耳聪目明，就如君主能柔顺地倾听贤臣劝谏的耳朵。圣明的君王，能始终倾听贤者和民众的逆耳忠言，使耳目不阻塞。能听从贤者的忠言，就能使君王耳目聪明而明辨是非善恶，坚守中正无偏斜的治国之道，节制自己的不良欲望，所以就能亨通无阻。正如《鼎卦》上九爻辞："鼎玉铉，大吉，无不利。"爻象辞曰："玉铉在上，刚柔节也。"

其四，鼎，象征诚信中正，正如《鼎卦》六五爻辞："鼎黄耳金铉，利贞。"爻象辞："鼎黄耳，中以为实也。"君子应以诚信为本，诚信是《中庸》之道的根本。要像金铉横贯鼎耳一样始终如一，言而有信，金口玉言，始终如一地听信逆耳忠言，坚守诚信，这样就有利于国家之正，而不被小人倾覆。

鼎有如此多的象征意义，这就是易象，易象是《易经》的一种语言表达方式。

（2）鼎在古代的实际用途

①鼎就是一种用木材生火又能通风，而用来烹饪食物的烹饪器皿。

②圣人发明了用鼎盛装祭品，以祭祀先祖、先王。

③在鼎上刻上铭文以纪念宣扬先帝、先王、先祖的功德，以纪念宣扬贤能有德者的功勋。

④君王在祭祀先祖时，用鼎烹饪三牲，荐献先祖。

⑤贤者用鼎烹饪食物以畜养圣贤。

⑥鼎的使用，是人类与茹毛饮血时代真正告别的象征，鼎具有划时代的历史意义，所以，鼎元吉亨。

（3）"鼎"在历史上的定位和哲学意义

①"鼎"的历史定位

其一，在古代有很多与鼎相关的定位称呼，如比喻帝王为"问鼎、定鼎"，帝王之位为"鼎命"，帝王的大业为"鼎业"，科举考试殿试名列一甲为"鼎甲"，宰相为"鼎臣"，大臣为"鼎台"等。说明鼎对国家社稷、天子的权利和其他功能有很重要的意义。

其二，历史上有九鼎的记载。据传九鼎是大禹在建立夏朝以后，用天下九牧所贡之铜铸成，它象征大禹平水患考察地理时对华夏之地划分的九州。商代时，商汤驱逐夏桀后，将九鼎迁至其都城商（今河南商丘南）。后盘庚迁都于殷后（殷，今河南安阳西北），将九鼎迁移至殷都。商朝时表示王室贵族身份的鼎，曾有严格的规定，即士用一鼎或三鼎，大夫用五鼎，诸侯用七鼎，而天子才能用九鼎，祭祀天地祖先时行九鼎大礼。因此，"鼎"很自然地成为国家拥有政权的象征，进而成为国家传国宝器。

周武王灭商后，曾公开展示九鼎。周成王即位后，周公旦营造洛邑，将九鼎迁至洛邑。也有记载认为周武王在规划洛邑时，将九鼎从商朝的都城殷地直接迁至洛邑，这个记载应该比较正确。洛邑建成后，周公请成王亲自主持祭礼，将九鼎安放在明堂之中。《史记·周本纪》记载："成在丰，使召公复营洛邑，如武王之意。周公复卜申视，卒营筑，居九鼎焉。"[①] 据记载，秦灭周后第二年，秦昭襄王即把周王室的九鼎西迁咸阳，但是在迁移的过程中，唯图代表雍秦的豫州之鼎遗落泗水中，秦昭襄王只迁得八鼎于咸阳。但到秦始皇灭六国统一天下时，八鼎已不知下落。也有史学家认为，九鼎并非是九个，而是只有一个，因为代表九州，也叫九州鼎，简称九鼎。其后，有武则天铸九鼎，又有宋徽宗以铜二十二万斤铸造九鼎等，说明古代帝王对鼎作为镇国之宝作用的重视。

②"鼎"的哲学意义："鼎"对于我们每个有诚信有志向的人来说，鼎，就是诚信意志的象征，我们做事就要有诚信和坚定的意志，以自强不息的精神争取事业的成功。

有学者人为，中华人民共和国的组织结构和制度，就如稳定中华民族传承不衰的宝鼎。

2.☰彖辞的意义与哲学意义

☰彖辞："鼎，象也。以木巽火，烹饪也。圣人亨，以享上帝，而大亨以养圣贤。巽而耳目聪明，柔进而上行，得中而应乎刚，是以元亨。"

（1）彖辞的意义

彖辞说："鼎，就是象征之意。象征以木材草木烧火，用以烹饪食物。象征圣人大亨，以鼎中之物和鼎铭享献先帝，象征有道者用鼎烹饪食物以蓄养贤者，象征柔顺而且耳聪目明，象征三公柔顺地向居于上位的天子进献治国良策，治国良策就是得到中正而且应乎刚正无私的天道，所以从开始就亨通无阻。"

（2）☰彖辞"巽而耳目聪明，柔进而上行，得中而应乎刚，是以元亨"的哲学意义

①"巽而耳目聪明"的哲学意义："巽"，为入、为进退、为柔顺。"鼎"，有很多象征意义和实际用途。经过改进的鼎，有了双耳，鼎即是一言九鼎的君王的象征，那么鼎的双耳就是君王耳目的象征，有道的君王能柔顺地倾听臣民的逆耳忠言，以修正不符合人民利益的治国策略。

②鼎的三足既是辅助君王治理国家的三公的象征，那么君王任命的三公就能公

---

① 李杰主编. 史记[M]. 哈尔滨出版社，2003：20.

正柔顺地向君王进献金玉良言，进献治国平天下，为民谋利益福气的良策，使君王为国家强大人民富有的治国目标得到顺利实现。

③君王圣明，三公公正廉明，是因为君子持着中正而刚健的天道来治理国家天下。正如《老子》第三十五章所言："执大象，天下往。往而不害，安平太。"①也正如《无妄卦》彖辞所言："无妄，刚自外来，而为主于内。动而健，刚中而应，大亨以正，天之命也。"所以"元亨"了。

3.☲六五爻辞和上九爻辞的意义与哲学意义

（1）☲六五爻辞和上九爻辞原文

六五爻辞："鼎黄耳金铉，利贞。"爻象辞："鼎黄耳，中以为实也。"

上九爻辞："鼎玉铉，大吉，无不利。"爻象辞："玉铉在上，刚柔节也。"

（2）☲六五爻辞的意义与哲学意义

①六五爻辞的意义

六五爻辞说："鼎的双耳为黄色，用金属制作的铉来移动鼎的位置，就有利于将鼎扶正。"爻象辞说："爻辞所说的'鼎黄耳金铉'，就是以中正诚信为富有啊。"

正如《吕氏春秋·贵信》曰："凡人主必信，信而又信，谁人不亲？故《周书》曰：'允哉允哉！'以言非信则百事不满也，故信之为功大矣，信立则虚言可以赏，则六合之内，皆为已府矣。"②意思是说大凡做国君一定要守信用，那样的话，谁人不来亲近你呢？所以《周书》上说："诚信啊诚信！"说的就是如果不守信，那么百事都不能成功，所以守信用的功效是很大的。信用一经树立，那么虚假的话就可以鉴别了，虚假的话可以鉴别，那么天地宇宙之内就成为自己聚集收藏各种事物的府库了。吕氏之言，就是对六五爻辞和爻象辞的有力说明。

②六五爻辞的哲学意义

鼎就是诚信、中正的象征。它象征的是君子应以诚信为本，而诚信是中庸之道的根本。诚信要像金铉横贯鼎耳一样始终如一，言而有信，金口玉言，听信逆耳忠言，坚守诚信，这样就有利于国家之正，而不被小人倾覆。就如齐桓公，若是他能坚守诚信，不食言，能与小人决裂，则齐国就能强盛，就能称霸诸侯，就不会因为管仲、鲍叔牙去世而发生变故，就不会使国家被小人倾覆，自己也不会没有好下场。

（3）上九爻辞的意义与哲学意义

①上九爻辞的意义

上九爻辞说："鼎黄耳玉铉，则大吉而没有什么不利。"爻象辞说："鼎黄耳

---

① 刘文秀、孙燕、孙兰.道德经新解[M].中国出版集团世界图书出版公司，2013：171.
② 任明、昌明译注.吕氏春秋[M].山西古籍出版社，1999：163.

玉铉在上面，就是刚柔节制的意思。"

上九爻辞象征的是君子既要始终坚守中正的《中庸》之道，又要柔顺有节，因为过于柔弱则会有损于《中庸》之道。正如《礼记·表记》："仁者右也，道者左也。仁者人也，道者义也。厚于仁者薄于义，亲而不尊；厚于义者薄于仁，尊而不亲。"[①]孔子指出，仁就像人的右手，道就好像人的左手。仁是以人的本性去爱人，而道则是以人们必须遵循的法则为出发点。如果过分偏重于仁，那么义就会做得不够，这就会使人愿意亲近他却不大尊敬他；如果过分偏重于义，则会使人敬而远之而不亲近他。

② 上九爻辞的哲学意义

"鼎黄耳"，就是诚信、中正之道，是治国纲领的象征，而"玉铉"，则是仁慈、柔顺的象征。为君主者，既要坚持中正、诚信之道，又要有仁慈、仁善之心，有刚有柔，刚柔适中，所以就会大吉，而无不利。

《鼎卦》六五爻辞和上九爻辞告诉了我们坚守诚信的重要意义，那就是只要坚守诚信仁义道德，无论做什么事情最终还是会得到成功！但如果没有诚信，则寸步难行；其次就是坚守诚信要刚柔并举，不要一味为了诚信而忘记或者违背了仁善仁义之道。

（三）依据《家人卦》卦辞、象辞、部分爻辞分析其哲学意义

1. ☲ 卦辞的意义与哲学意义

☲ 卦辞："家人：利女贞。"

（1）☲ 卦辞的意义

卦辞说："美好之家，利于女子贞洁。"

（2）关于 ☲ 卦辞"利女贞"的哲学意义

"利女贞"，就是有利于女子的贞洁、贞节。"贞"，在词语解释中还有"正"的含义。"利女贞"就是指妇女以坚守妇德、道德为正。在家中公正地处理各种事务、各种关系为正。妇德，还表现在女子柔顺如水的德性。其实妇顺、妇从并不是说毫无原则的顺从。我们从孔子关于人义的论述中得知，妇顺首先是建立在夫义的基础上，正如《礼记·礼运》孔子所言："何谓人义？父慈、子孝、兄良、弟弟、夫义、妇听、长惠、幼顺、君仁、臣忠，十者谓之人义。"[②]夫义妇听，丈夫守义、仁义，妻子顺从，这是夫妻和顺的重要因素；丈夫不仁义，妻子顺从，那就是不仁义的帮凶了，还有什么德可言呢？这是指古代的夫妻关系。实际上无论是在古代，

---

① 钱玄、钱兴奇等注译. 礼记[M]. 岳麓书社，2001：721.

② 同上，306.

还是现代，夫妻关系的和谐都是双方的，夫仁义，妻贤惠；妻贤惠，夫仁义才是一个完美家庭的基本条件。

2.☰☰彖辞的意义与哲学意义

☰☰彖辞："家人，女正位乎内，男正位乎外。男女正，天地之大义也。家人有严君焉，父母之谓也。父父、子子、兄兄、弟弟、夫夫、妇妇，而家道正。正家而天下定矣。"

（1）彖辞的意义

彖辞说："一家人，主妇公正地处理好家庭内务；男主人公正的处理好家庭外部事务，也就是处理好外交事务；男女都公正，这是天地的大道理，（因为天地就是公正的象征）一家人之中有严厉的君长，就是父母。父亲与父亲，儿子与儿子，兄长与兄长，弟弟与弟弟，妇人与妻子的关系摆正，而天下国家就安定了。"

（2）关于"父父、子子、兄兄、弟弟、夫夫、妇妇，而家道正。正家而天下定矣"的哲学意义

这应该是孔子所论述的，父慈、子孝、兄良、弟悌、夫义、妇听、长惠、幼顺、君仁、臣忠之十义的哲学意义。

其一，是指家庭的义务与权利明确、规范，家庭就和谐，有仁义道德，而教化天下，天下民众顺从君主，所以天下安定。正如《礼记·哀公问》孔子曰："丘闻之，民之所由生，礼为大。非礼无以节事天地之神也，非礼无以辨君臣、上下、长幼之位也，非礼无以别男女、父子、兄弟之亲，昏姻疏数之交也。君子以此之为尊敬。然后以其所能教百姓，不废其会节。"[①]"政者正也。君为正，则百姓从政矣。君之所为，百姓之所从也。君所不为，百姓何从？""夫妇别，父子亲，君臣严。三者正，则庶物从之矣。"又如《礼记·礼运》曰："何谓人义？父慈、子孝、兄良、弟悌、夫义、妇听、长惠、幼顺、君仁、臣忠十者，谓之人义。"

其二，是指义务权限要能得到充分的实施，也就是每个人必须尽力完成自己的义务，实现自己权限之内的事务，不能只有权限义务，而不去实现。

其三，其哲学意义，正如《礼记·礼运》所言："讲信修睦，谓之人利。争夺相杀，谓之人患。故圣人所以治人七情，修十义，讲信修睦，尚辞让，去争夺，舍礼何以治之？饮食男女，人之大欲存焉；死亡贫苦，人之大恶存焉。故欲恶者，心之大端也。人藏其心，不可测度也；美恶皆在其心，不见其色也，欲一以穷之，舍礼何以哉？"[②]

[①] 钱玄、钱兴奇等注译.礼记[M].岳麓书社，2001：638.
[②] 钱玄、钱兴奇等注译.礼记[M].岳麓书社，2001：306.

3. ䷤ 九三爻辞和九五爻辞的意义与哲学意义

九三爻辞："家人嗃嗃，悔厉，吉；妇子嘻嘻，终吝。"爻象辞："家人嗃嗃未失也。妇子嘻嘻，失家节也。"

九五爻辞："王假有家，勿恤，吉。"爻象辞："王假有家，交相爱也。"

（1）九三爻辞的意义与哲学意义

①九三爻辞的意义

九三爻辞说："一家人有严厉严谨的父亲，悔悟勉励催促吉祥；母子嘻嘻哈哈，终究是吝惜或者是耻辱。"爻象辞说："父亲以严厉的态度要求教育子女，既未失父亲之尊严，又能使子女将来有出息而为家庭争光。母亲过于仁慈，则使子女得不到应有的教育，而失去家庭的家规。"

"失家节"，家节就是指父父、子子、兄兄、弟弟、夫夫、妇妇、父子、母子之间正常的关系和适宜的义务关系，这些正常的关系、义务失去了，家庭的治理就失败了。

②九三爻的哲学意义

九三爻辞是指一个家庭中父严母慈对子女教育所产生的不同后果；首先，父亲严厉严肃，虽然使子女不敢亲近父亲，但毕竟对教育子女的成长有利。子女得到严教，得到催促，得到勉励，使其对过失有所悔悟，使之不会发生过错，所以严厉是一种好的教育形式。其次，若是母亲过分仁慈，与子女亲密无度，就会使子女过份溺爱，而丧失母亲的尊严，对子女教育不当，会不利于子女的成长，甚至会为父母带来耻辱。

（2）九五爻的意义与哲学意义

①九五爻的意义

九五爻辞说："天子借用有家即有国的道理治天下，不要担心，会吉祥如意。"爻象辞说："天子借用有家即有国的道理治天下，使家人相互爱护，亲近融洽。"

②九五爻的哲学意义

九五爻辞论述的是君王、天子借用治家的道理、经验、榜样的作用，而推及天下，达到教化治理天下的目的。其哲学意义正如《礼记·哀公问》孔子曰："昔三代明王之政，必敬其妻子也。有道：妻也者，亲之主也，敢不敬与？子也者，亲之后也，敢不敬与？君子无不敬也，敬身为大。身也者，亲之枝也，敢不敬与？不能敬其身，是伤其亲；伤其亲，是伤其本；伤其本，枝从而亡。三者，百姓之象也。身以及身，子以及子，妃以及妃，君行此三者，则汽乎天下矣，大王之道也。如此，则国家顺矣。"① 这就是说，天子、君王借用治家爱护妻、子的道理而作为治理天下人民的楷模，因为自身、妻、子三者就是百姓的象征，君王能治理好自己的家，人民就会以君王之家为榜样，而争先效仿学习，而使天下得到治理。

（四）从《鼎卦》与《家人卦》的卦形结构图分析其哲学意义

1. ䷰与䷤的卦形图；䷰与䷤的卦形图是一对组成䷰与䷤的卦形图的上下两个经卦图相反，而两个卦象辞的第一句意义不同的卦形图。䷰是由居于上卦的经卦☲与居于下卦的经卦☴组成，那么将组成䷰的两个不同的经卦图上下的位置相互置换，就组成了上卦为☴，下卦为☲的䷤卦。䷰卦象辞的第一句是"木上有火，鼎。" ䷤卦象辞的第一句是："风自火出，家人。"它们均属于原理相同的自然科学的范畴。

2. ䷰与䷤均有自然之䷰与自然之䷤；也有人为之䷰与人为之䷤。

① ䷰的自然之象与人为之象

其一，䷰卦象辞的第一句"木上有火，鼎。"象征的是用鼎烹制食物时，需用柴草，柴草点燃时需要通风通气火才能燃烧的自然之象。

其二，䷰的人为之象，是指人制作鼎的用途以及鼎的各种象征意义。

② ䷤的自然之象与人为之象

其一，䷤卦象辞的第一句"风自火出，家人。"象征自然风形成的原理。

其二，䷤的人为之象，象征家庭主妇在家中用鼎为家人烹饪饮食，孝敬奉养家人的真实情感。

（五）《鼎卦》与《家人卦》卦象辞的哲学意义及其归属

䷰卦象辞："木上有火，鼎。君子以正位凝命。"

䷤卦象曰："风自火出，家人。君子以言有物而行有恒。"

1. ䷰卦象辞的哲学意义

其一，卦象辞应该是易作者依据本卦所述内容，以及孔子关于对"正"的意义的论述，总结概括抽象而来。

其二，《易经》通过本卦所述，齐桓公开始能"正位凝命"实现了国家大治而成为春秋时期第一个称霸的诸侯国的历史事实，与后期的齐桓公不能"正位凝命"，而使国运衰微以及使自己被小人活活困死的惨痛教训的对比，说明作为君主，"正位凝命"的极为重要的意义。

其三，"君子以正位凝命。"对于我们现代人也有着非常重要的意义，我们无论做什么事业，都要端正自己所处的位置，凝聚心神，完美完成自己所从事的事业

---

① 钱玄、钱兴奇等注译. 礼记[M]. 岳麓书社，2001：662.

的历史使命。

2. ☳卦象辞的哲学意义

"君子以言有物而行有恒。"其一，言有物，物是东西、物体；言有物就是君子说出的话必须符合事物的实际，也就是通过仔细察看分析之后说出事物的实际真实情况。

其二，有物，必有份量、重量，"言有物"指说出的话，就要尽用，有用处。"行有恒"，恒是经常、恒久，指说话算数，不随便改变，有根有据，有信有表，有信用，使人相信，而且说到做到，不说空话、假话。

☳卦象辞是依据《礼记·表记》孔子的思想总结概括抽象而来，卦象辞是对君子品德的赞美评定，告诉我们君子所说之话要与平常的行为相一致，不能使自己平常的实际行动违背自己的心意。"君子以言有物而行有恒。"依据《礼记·表记》孔子的思想有以下三点意思。

其一，是指君子不用空话来关心讨好别人，必须用真实的情感及实际的行动去做事。正如《礼记·表记》孔子曰："君子不以口誉人，则民作忠。故君子问人之寒，则衣之；问人之饥，则食之；称人之美，则爵之。""口惠而实不至。怨灾及其身。是故君子与其有诺责也。宁有已怨。""君子不以色亲人，情疏而貌亲，在小人则穿窬之盗也与！""情欲信，辞欲巧。"①

其二，是指君子说话与所做之事要一致，也就是要言行一致，不能说的与做的相背离，而让民众无所适从。正如《礼记·缁衣》孔子曰："君子道人以言，而禁人以行。故言必虑其所终，而行必稽其所敝；则民谨于言而慎于行。"②

其三，君子言必信，身必正，道义才能统一，才能使天下人信服。正如《礼记·缁衣》孔子曰："下之事上也，身不正，言不信，则义不壹，行无类也。""言有物而行有格也，是以生则不可夺志，死则不可夺名。故君子多闻，质而守之；多志，质而亲之；精知，略而行之。"③

以上三点，就是君子"以言有物，而行有恒"的含义。以君子言有物行有恒，来说明君子如何齐其家，治其国，而让天下人信服，从而起到教化作用。

3. ☶卦象辞与☳卦象辞的"君子以正位凝命"与"君子以言有物而行有恒"均属于形而上的教化之道。

---

① 钱玄、钱兴奇等注译.礼记[M].岳麓书社，2001：734.
② 同上，740.
③ 同上，746.

第十二节 《涣卦》和《井卦》卦象辞的自然之象
与哲学意义及其归属

一、《涣卦》卦形结构图自然之象的象征意义和卦象辞的意义

☴☵卦象辞："风行水上,涣。先王以享于帝,立庙。"

1.☴☵卦形结构图自然之象的象征意义

"风行水上,涣。"这是对☴☵卦形结构的解释。☴☵下卦为☵,为水、为艰险。上卦为☴,为风、为木。其一,木为船舟,风为风帆。象征木船、木舟,在水上乘风破浪向既定目标前进。其二,"风行水上,涣。"象征船舟行于水上,既需要顺风的推动,还需要水的漂浮推动,还需要有经验的舵手用楫划水,克服水的阻力,船才能前进。其三,还象征船舟在水上行驶的不易,以及水能行舟,也能覆舟的道理。其四,"风行水上,涣。"水能行舟,也能覆舟,象征改朝换代的缘由。其五,象征风水轮流转的自然之象。

《涣卦》据《易·系辞》描述发明于黄帝、尧帝、舜帝之时："刳木为舟,剡木为楫,舟楫之利,以济不通,致远以利天下,盖取诸涣"。船的前身来源于木舟,古人将大原木劈为两半,中间挖空为木舟,又将木头砍削制成划水的桨楫,划水行舟,以利水上交通。木舟、木排、竹排、木船等水上交通工具随着社会的进步,逐渐发明发展,这是人类意识思维的进化发展。船的创造发明,到商周时代,已经越来越先进,制船的工艺也日渐复杂。美观耐用的船舰是水上的交通工具,可用于捕鱼、商贸、运输、战争。据史料记载,船舰在战国时期,已经成为江南地区诸侯国水上战争的重要工具。

2.☴☵卦象辞的意义

"先王以享于帝,立庙。"卦象辞说:"改朝换代,先帝、先王、先祖应享受到先帝的待遇而立在帝庙中,享受到后世天子的祭祀。也就是说无论怎样改朝换代,只要能使先帝、先王、先祖宗庙中的祭祀不断,使先帝、先王、先祖的假身竖立于庙中,受后代的祭祀,就能使先帝、先王、先祖的功德发扬光大,就能使先帝、先祖创立的治国之道永远长存。将先帝的假身树立在庙中,让后人永远缅怀他们的功德,就是为了继承发扬光大他们的遗志。遵天命而为天下人民谋利益。"正如《礼记·中庸》孔子所言:"武王,周公其达孝矣乎!夫孝者,善继人之志,善述人之事者也。"[①]

所以"涣,先王以享于帝,立庙"所论述的就是永远不忘初心,也就是不忘我

---

① 钱玄、钱兴奇等注译.礼记[M].岳麓书社,2001:702.

们的先祖建国、治国的宗旨、目的意义，我们的先祖建国治国的宗旨是以天命治天下为民众谋利益；治国的目的就是要使国家强盛、人民富有，让天下人民世世代代安乐太平、和乐幸福健康地生活，那么祭祀先帝、先祖，就是不忘记他们为我们创建的治国之道，不忘记他们为天下民众谋利益的美好品德；不忘记他们为国家强盛、民众富有所创建的一切物质文明的功德；就是要继承发扬光大先帝、先祖、先圣为天下万民谋福祉的治国宗旨。

二、《井卦》卦形结构图自然之象的象征意义和卦象辞的意义

䷯卦象曰："木上有水，井。君子以劳民劝相。"

1. ䷯卦形结构图自然之象的象征意义

"木上有水，井。"是指䷯的卦形结构而言；䷯上卦为☵，为水、为艰险。下卦为☴，为风、为木。☵水在☴风上面，构成了䷯。其一，它象征木桶、汲水的辘轳，用草木之皮拧成的绳子为井绳，将绳子缠绕在辘轳上与水桶连接在一起，从水井中打上清凉甘甜的井水的自然过程。其二，象征广大农民要依靠土地上的草木之实，依靠水来养活自己和家人。农民离不开土地，离不开水。当然所有人都离不开土地和水的养育之功。

2. ䷯卦象辞的意义

"君子以劳民劝相。"象辞说："君子应鼓励农民在土地上辛勤劳作，勉励察看农民的辛劳。"这是说作为国家君主，就要安抚勉励辛劳的农民，在土地上建立功劳，以其功劳的大小而进行赏赐慰劳。君主还要勉励臣子、官员努力实行强国富民的新政策，根据时代的变化，审时度势，为君主提供有利于强国富民的新措施。而作为君主的臣子，要以有利于强国富民的具体措施，辅助君主使国家人民富强，而不要使国家人民贫困。

正如《诗经·大雅·民劳》曰："民亦劳止，汔可小康。惠此中国，以绥四方。无纵诡随，以谨无良。式遏寇虐，憯不畏明。柔远能迩，以定我王。"[①]这首诗歌虽然是周厉王时的臣子召公劝谏周厉王的诗篇，但是从这首诗歌中，就可以体会到"劳民劝相"的意义。当然这里的"劳民劝相"，具有勉励、安抚人民的含义，因为人民辛劳，而且又失去了土地，所以就要安抚、勉励人民，使人民不致于流离失所。人民的愿望其实很小很小，就是得到小小的安康而已，只要人民能得到安康，国家就能得到安乐太平，这也是"劳民劝相"的目的。

---

① 刘文秀、孙燕、孙兰. 诗经新解 [M]. 中国出版集团世界图书出版公司，2012：306.

三、《涣卦》和《井卦》卦象辞的哲学意义及其归属

（一）依据《易·系辞》对《涣卦》和《井卦》的论述分析其哲学意义

1.《序卦传》曰："涣者，离也。"

2.《序卦传》曰："困乎上者必反下，故受之以井。"

3.《杂卦》曰："涣，离也。""井通。"

4.《序卦传》说："所谓涣，就是改朝换代，将道德涣散者分离出去。"

5.《序卦传》说："居于上位的治国者在发展治国大业时，必然会受到旧制度的困扰，所以命名为井。所谓井，就是不可坐井观天，不能坚守旧制度不改变。"

6.《杂卦》说："所谓涣，就是改朝换代，将道德涣散者分离出去。""'井通。'是说井卦，是通行几个朝代兴盛于西周的井田制，最终处于困境而被废除。"

以上内容是《序卦传》与《杂卦》对《涣卦》和《井卦》本来意义的说明与论述，那么《涣卦》哲学意义就是改朝换代的原因、方法和结果。《井卦》就是通过井田制的兴起、传承、改革、兴盛、衰亡、消失的变化过程，说明土地制度对农民生活生存的重要意义。

☷是关于改朝换代的依据的问题，属于意识形态和治国宗旨的形而上之道。

☷是关于建立完善的土地制度的形而下之道。

（二）依据《涣卦》卦辞、象辞、部分爻辞分析其哲学意义

☷卦辞："涣：亨。王假有庙，利涉大川，利贞"。

1.☷卦辞的意义与哲学意义

☷卦辞所阐述的是改朝换代后，如何对待先帝、先王、先祖的问题。从改朝换代者对待先帝先王先祖的态度，就能看出这位改朝换代者改朝换代的目的，也就是说，只要能使先帝、先王、先祖的假身树立在各自的庙宇中，受到祭祀纪念，就说明改朝换代者的目的是要顺应先帝、先王、先祖的遗志，为人民谋利益，而不是为了满足自己为王的目的。

（1）☷卦辞的意义

卦辞说："涣、亨"，为什么涣就能通达顺利呢？因为"涣"就是社会发展变化中的改朝换代之"换"。改朝换代还不忘记先帝、先王、先祖；并及时分封先帝、先王的后代，分封先祖；使先帝、先王、先祖的假身有帝庙祖庙立身，受到后代和世人的祭祀，有利于发扬光大先帝、先王之德，从而教化子孙后代和人民，因此有利吉祥。

《涣卦》所记载的这个改朝换代，不忘先帝、先王、先祖之德的人是谁呢？就是灭商纣王，建立周朝的周武王。《涣卦》记载了周武王灭商之后还没有下车就立即分封二皇、五帝、先王的后代，使先帝、先王的假身立在宗庙之中，使其得到后

代及时地祭祀，又分封自己先祖的为王的历史事实和伟大的历史意义。

（2）☱卦辞的哲学意义

①卦辞"涣：亨"的哲学意义：其一，表示了《易经》对中华民族已经经历过的商换夏、周换商两个改朝换代的历史意义的肯定和评价。其二，是《易经》对以后的改朝换代历史的预期。因为只有改朝换代，推翻不能继承发扬光大先帝先王治国宗旨的执政者，由能继承发扬光大先帝先王治国宗旨者建立新的政权，才能使人民得到利益。这也是《易经》对改朝换代伟大历史意义的评定。

中华民族的历史上，自商汤以武力推翻夏桀的统治，开创了武力革命的历史新纪元开始，改朝换代就是谱写中华民族真正历史的历史了。历史上大多数的开国建朝换代的元君，都是以奉天道、遵天命为民请命，以伐无道的昏君开始，建立清平盛世的新朝代，但最终又以无道失德的昏君为末尾，又被有道者推翻。中华民族的历史上，商汤是第一个以武力征伐无道的夏桀而建立商朝，但商汤的末代子孙商纣王又无道失德，被有道而遵天命的周武王讨伐推翻，建立周朝。这就是中华民族历史上最早的两次改朝换代的革命行动。改朝换代推动了社会的进步，推进了历史的发展，变革了社会体制，使人民从无道失德的昏君的统治下解脱出来，而获得了新的生活，所以，"涣，亨"。

其三，"涣、亨"，这是《易经》对商汤和周武王以武力手段取得革命成功的历史意义的肯定；商汤是武力革命的首创者，周武王是武力革命的继承者；《易经》对武力革命意义的肯定，使中华民族历史上的无数次武力革命有了政治依据；中国共产党将马克思主义革命理论与中华民族历史上革命的意义相结合，领导中国人民用武装革命，赶走了日本侵略者，推翻了压在中国人民头上的三座大山，而真正获得了解放，获得了自由民主，使新中国逐渐走向富强。

其实，《易经》只是总结了自二皇五帝到三王[①]治理国家的历史经验。总结了商换夏、周换商的改朝换代的历史经验，就推断出中华民族历史发展的必然趋势，而且也是被中华民族的历史所证明了的经典论断，那就是中华民族的历史，必然是一个改朝换代的历史，所有为帝王、为将相、为官员者，必须以先圣们为我们制定的治国治天下的最高纲领为宗旨，以天之固有善性，为天下民众谋利益，以人民利益为根本，凡是违背这个最高宗旨者，无论是什么人，必然会被人民所唾弃，被历史所不容，而最终走向灭亡，从历史舞台上消失。而且这个最高宗旨，

---

① 二皇五帝：一般都以三皇五帝称名，但是《易·系辞》只记载了与《易经》有关的二皇——包牺氏，神农氏。并没有记载天皇燧人氏。《易·益卦》六二爻辞："或益之，十朋之龟弗克违，永贞吉。王用享于帝，吉。"十朋，就是指二皇五帝三王而言。所以在《易经》中只能称二皇五帝三王。

就是为帝王、为官之道,这个最高宗旨自古至今已经深入民心,普及到文学、艺术、戏曲、以及人民的日常生活和为人处世之道的各个领域。这个为官之道,已经被一句俗语所概括,那就是"当官不为民,不如回家种红薯"。这就是中华民族改朝换代的目的和历史意义,这就是改朝换代之亨。改朝换代的目的就是使人民能过安乐幸福的生活。

其四,无论怎样改朝换代,只要能使先圣们所创建实施的以天命治理国家天下,也是被老子升华概况为道德治理国家天下的最高宗旨,始终贯穿如一,就能亨通。无论末代的帝王如何无道,无论任何一个官员如何败坏,但是"正大光明,公正无私"的最高宗旨总是高高地悬挂在头顶,因为他们心中明白,他们所干的损公肥私的事情,毕竟不是正大光明的事情,心中毕竟还是有所顾忌的。

②卦辞"王假有庙,利涉大川,利贞"的哲学意义:在于无论怎样改朝换代,只要能使先帝、先王、先祖的假身在帝庙祖庙立身,受到后代和世人的祭祀,有利于发扬光大先帝、先王之德,教化子孙后代和人民,那么这个改朝换代者,就是不忘记继承先帝先祖德政的有道者。

所以,我们通过对周武王伐无道建立周朝,不忘对历代圣王明王的分封祭祀,可以看到古代明王的伟大胸怀,一个胸怀家天下的帝王,都不忘有史以来中华民族的先帝先祖,不忘记先帝先祖创建的为人民谋利益福祉的治国宗旨,何况我们现代人呢?

2.☰☱象辞的意义与哲学意义

☰☱象辞:"涣,亨。刚来而不穷,柔得位乎外而上同。王假有庙,王乃在中也。利涉大川,乘木有功也。"

(1)☰☱象辞的意义

象辞说:"改朝换代,亨通,是说无论怎样改朝换代,但是先帝先圣所创立的以天命治理国家天下的纲领不会改变,也就是说虽然有道者在外在形式上改朝换代登上了帝位,但在治国纲领上仍然柔顺地顺应先帝的治国纲领这一点是永远相同的。先王先祖的假身有帝庙祖庙立身,也就是代表先帝先王的精神、思想、品德、功德仍然在其中。利用祭祀,以教化后代不忘先帝先王的功德,并永远继承发扬光大先帝先王的功德,以先帝先王的功德及历史使命为舵手、为航向,乘着风帆继续永远沿着先帝先祖所期望的目标前进,以实现先帝先祖的愿望,使天下人民永远得到幸福安乐的生活,使天下永远通达安泰。"

(2)关于☰☱象辞"刚来而不穷,柔得位乎外而上同"的哲学意义

其一,改朝换代、变革社会体制、推动历史发展的依据,就是依照先圣所创立的天命,也就是以无为之道为治理国家天下为民谋利益的宗旨,而这种以天命

作为变革社会体制，改朝换代的历史将是无穷无尽的，只要有无道失德的治国者存在，就必然有改朝换代发生的可能，但是无论如何改朝换代，只要有仁德者得到了外在形式上的帝位，而柔顺地顺应先圣先王所创建的天命治理国家天下，为民谋利益的最高宗旨就永远与先圣的遗志是相同的。正因为如此，周武王改朝换代之后，马上对所有先帝、先王的后代进行分封，使先王的假身竖立在宗庙中，那么先帝、先圣、先王的思想、遗志、精神、道德就永远长存，而受到后世子孙和人民的祭祀、纪念、学习，以教化后代而不忘记先帝、先王、先祖的功德，并能发扬光大先帝的功德。

其二，指出了朝代的风水改变了，但是先圣、先帝、先王、先祖的功德永远不会改变，通过对先帝、先王、先祖的分封、祭祀，教化后代和人民，又以自身的功德来宣扬光大先帝、先王、先祖的功德，而使先圣们的功德更加显明。这就是"利涉大川，乘木有功也"的含义。祭祀先圣，缅怀先圣先祖的功德，继承发扬光大先帝先祖的功德，推动历史沿着先圣所指引的方向目的胜利前进。就如驾驭木船，张开风帆，乘风破浪前进一样。

其三，"风水涣"，其实也是风水轮流转的意思。朝代的更替，就如船在水上行驶一样，有一个好的舵手，借风势、水势，驾驭船顺利前进。不顺风时，凭借好舵手的技能，借水势使船前进。无论是顺风、顺水，还是逆风、逆水，船总是要前进的，前进的目标是不会改变的。这里用"风水涣"的意义，来象征朝代的更迭，就是为了实现以天命治理天下所要达到的目标——天下太平。无论怎样改朝换代，无论谁来执掌朝政，而以天命治理国家天下的最高宗旨，实现天下太平安康的目标是不能改变的。也可以说，无论谁来治理国家天下，这只是外在形式上的改变，而内在形式上，遵循先帝先王先祖以天命治理国家天下的宗旨和目的是相同的。

3.关于☷初六爻辞和六四爻辞的意义与哲学意义

初六爻辞："用拯马壮，吉。"爻象辞："初六之吉，顺也。"

六四爻辞："涣其群，元吉，涣其丘，匪夷所思。"爻象辞："涣其群，元吉，光大也。"

（1）初六爻辞与六四爻辞的意义

①初六爻辞的意义

初六爻辞说："拯救受苦受难的民众要兵强马壮，方能吉祥美好。"爻象辞说："初六爻的吉利，顺应天道了。"

②六四爻辞的意义

六四爻辞说："改换了一大群人的待遇命运，这是很大的美善之事。将他的居住地更换在丘地，这个人就是那个匪夷所思之人。"爻象辞说："分封一大群先帝、先王、先祖，是为了继承发扬光大先帝、先王、先祖的功德，所以从一开始就吉祥。"

（2）初六爻辞与六四爻辞的哲学意义

①初六爻辞"拯马壮，吉"的哲学意义

在于说明拯救受苦受难的天下民众，须要有强壮的兵马、人力、物力、财力和有强大有能力智慧的道德仁义者的领导运筹帷幄，才能成功的道理。

②六四爻辞"涣其群，元吉"的哲学意义

其一，是指周武王灭纣建周改朝换代后，所做的第一件事情就是对一大群先帝、先王及贤士的待遇进行改变，也就是对这一大群人进行了分封，这样就使先帝、先王都能受到后代的祭祀，周武王从改朝换代的开始就做得很正确。

其二，"涣其群，元吉"还包括周武王对先祖的分封；周武王追封古公亶父为太王，追封祖父王季为王，追封父亲周文王为王，是为了不使周族为王的后代子孙，不以君王之位面临地位低于自己的先祖，而是为了继承发扬光大先祖之德，周武王的作为体现了周武王的君子之德。也就是说周武王改朝换代后，所做的第一件事就是对一大群人进行了分封。

其三，"涣其丘，匪夷所思。"这是指周武王对另一个人的分封之地和所分封之人的特点，这个人被分封在营丘，其人不是一般的人，这个人的智慧是一般人所不具备的，那么这个人是谁的象征呢？当然是周武王的师傅姜太公姜尚的象征。姜尚被周武王分封在营丘之地，国号齐国，也就是齐桓公的祖先。"匪夷所思"是《易经》对姜太公其人的评价是姜尚品德高尚，学问渊博，智慧超群，他辅佐周文王实现了三分天下拥有其二的功业。辅助武王伐纣一举成功，被分封于齐国之后，将齐国治理的井然有序，协助天子征伐不服者，使齐国强盛。他就是"匪夷所思"之人。

（三）依据《井卦》卦辞、象辞、部分爻辞分析其哲学意义

1. ䷯卦辞的意义与哲学意义

䷯卦辞："井：改邑不改井，无丧无得，往来井井。汔至，亦未繘井，羸其瓶，凶。"

（1）䷯卦辞的意义

卦辞说："井卦：改变了都城的地址，不改变井田制，没有丧失什么也没有得到什么，往来在井田中井然有序。水井干涸至极，也没有井绳，细小的井绳只能系绕小瓶子打水，凶险。"

《井卦》实际是记载了井田制的发展历程和变化过程，以及井田制的兴盛、衰弱、消亡的实际历史历程。

（2）䷯卦辞"改邑不改井，无丧无得，往来井井"的哲学意义

因为《井卦》是对井田制实际历史的记载评定，所以卦辞这一段文辞的哲学意

义，就在于对井田制的兴起、传承和极为兴盛时代的论述评定。

其一，"改邑不改井"的哲学意义是指周武王灭商建周之后，只是改变了都城的所在地，而并没有改变井田制；也就说周武王将西周的都城设在周朝的都城镐京，而没有设在商朝原来的都城朝歌。但是周王朝却仍然沿用商朝的土地制度井田制。

其二，"无丧无得"的哲学意义是指西周虽然沿用了殷商的井田制，但是西周扩大了井田的地亩数，由殷商时期的每户七十亩，提高到每户一百亩，但是其税收制度仍然是十分之一。西周对井田制的这个改进，对税收制度而言，没有丧失税率也没有提高税率。正如《孟子·滕文公问为国》曰："夏后氏五十而贡，殷人七十而助，周人百亩而彻，其实皆什一也。"孟子说："夏代时给农户的地是每家五十亩，税收实行贡法。殷代时给农户的地是每户七十亩，税收实行助法。周代时给农户的地是每户壹佰亩，税收实行彻法，其实税收率实际上都是十分之一。"①

其三，据记载井田制大约始于夏朝，经过商朝的改进，至周朝时期，经过周朝的经营，使其发展得更为完善完美。"往来井井"，表示了西周治理经营井田，将井田以及井田的各种配套设施治理得井井有条，广大农民和农官在井田里来来往往，井然有序地耕种、管理、浇灌、除草、施肥、收获忙碌的热烈场面，呈现农业生产空前大发展的盛况。这在《诗经》中就有明确的记载；正如《诗经·颂·载芟》曰："载芟载柞，其耕泽泽，千耦其耘，徂隰徂畛。侯主侯伯，侯亚侯旅，侯疆侯以。有嗿其馌，思媚其妇，有依其士。有略其耜，俶载南亩。播厥百谷，实函斯活。"②又如《诗经·大雅·绵》曰："迺慰迺止，迺左迺右，迺疆迺理，乃宣乃亩。自西徂东，周爰执事。"③周人将井田规划的更为合理有序。井田中的设施包括分割土地，划分亩数，田间的排灌、沟渎、道路的布局等等，以及关于井田制的布局，在《周礼》中都有明确的规定。

2.䷯彖辞的意义与哲学意义

䷯彖辞："巽乎水而上水，井。井养而不穷也。改邑不改井，乃以刚中也。汔至亦未繘井，未有功也。羸其瓶，是以凶也。"

（1）䷯彖辞的意义

彖辞说："木下水上，是谓井；或者以木盛水而上水，是谓井。井水蓄养人而无穷尽。改变城邑而不改变井田制，那是因为井田制是公正公平的。至今井水干涸至极，也没有合适的井绳，水井没有功劳了。细小的井绳维系小瓶子打水，这是凶险之兆。"

---

① 梁海明译注. 孟子[M]. 山西古籍出版社，1999：78.
② 刘文秀、孙燕、孙兰. 诗经新解[M]. 中国出版集团世界图书出版公司，2012：363.
③ 同上，273.

象辞是对卦辞提出来的问题的原因的解析，也就是对卦辞"改邑不改井，无丧无得，往来井井。汔至，亦未繘井，羸其瓶，凶。"的补充说明。

（2）☵☴象辞"汔至亦未繘井，未有功也。羸其瓶，是以凶也"的哲学意义

其一，是指井田制发展到东周时期，因为没有圣明天子的出现，井田制的管理便衰弱了，而没有更好的管理制度，井田制的土地制度则不能养活耕种井田的农人了。

其二，井田制延续到东周时期，井田制依然存在，但井田制对人民已经没有多少利益可言了，因为随着生产工具的不断改进，铁器的使用，牛耕的发展，使生产力得到空前的提高；东周以来，没有圣明的君王出现，东周天子的统治已经日益衰弱，一些贵族就在井田之外另行开垦新田而据为己有，他们甚至逐步将原来天子赐封的井田地都据为私有，并用雇佣劳动力的办法招徕人力，这样在井田里劳作的人民，便得不到西周时期应有的实惠，而使他们逐渐失去了耕作土地的自主权利，那时就出现了"私门富于公室"的现象。

其三，东周末期，土地制度发生了变化，各国诸侯的新兴力量，对土地制度和赋税制度不断进行改革，承认土地私有制。这样井田制也就像冰块遇到春水一样逐渐解冻消融，以后又先后在各诸侯国被废除。直到战国中期，商鞅在秦国变法，明令废除井田制，从此井田和井田制就在中国历史上逐渐消失了。这时新兴的地主阶级的势力逐渐壮大，使失去耕作土地权利的农民的利益受到了极大的损害。

3.☴初六爻、九三爻、上六爻的意义与哲学意义

初六爻辞："井泥不食，旧井无禽。"爻象辞："井泥不食，下也。旧井无禽，时舍也。"

九三爻辞："井渫不食，为我心恻，可用汲。王明，并受其福。"爻象辞："井渫不食，行恻也。求王明，受福也。"

上六爻辞："井收勿幕，有孚元吉。"爻象辞："元吉在上，大成也。"

（1）初六爻的意义与哲学意义

①初六爻的意义

初六爻说："水井已经很久没有淘洗，淤泥充满其中，井水已经不能使用了。这是一口废弃的旧井，就连飞禽都不来光顾了。"爻象辞说："井底里充塞了淤泥无井水食用，水太少了。旧井没有鸟兽光顾，这是时代的舍弃。"

②初六爻的哲学意义

其一，指出了井泥不食的原因。为什么呢？土地制度的改革，使土地由国家所有制变化为新兴的地主阶级手中的私有制。人民能够有自主耕作权利的土地已经很少，人民得到的利益也很少很低了。

其二，指出了旧的井田制度，制约了生产力的发展，它已经随着时代的进步，

随着生产力的发展，王权的削弱，而无法制约土地私有制的发展了，井田制的废弃，是时代的发展变化的必然趋势。

（2）九三爻的意义与哲学意义

①三爻的意义

九三爻说："井水不能食用了需要淘除污泥，因此我的心很是悲伤，急切地期望有一位贤明的天子，使天下人民一并受到福气。"爻象辞说："井田制已经瓦解停止不用，农民失去生活依靠，而陷入困顿，这样使贤者心中感到悲伤，但其悲伤的并不是井田制的瓦解，而是为人民失去土地资源造成的生活困顿悲伤。希望求得一位贤明的君王，而使人民都能受到贤明君王的福气。"

②九三爻的哲学意义

九三爻是指井田制已经分散解体了，停止不用了，农民已经没有可以依赖的饮食生活资源而陷于困顿了。那些忧国忧民的贤者心中感到很悲伤，但他们悲伤的并不是井田制的消亡，而是广大农民失去了赖以养家糊口的土地和他们的生活困境，所以才会急切地希望英明的君王用可以能从水井中打出水来的方法，改变这种使农民困顿的现象，让天下人民一并受到君王的福气。其实这就是对春秋战国时期的土地制度的实际写照，说明一个好的君王与一个好的土地制度对人民生活生存的重要意义。

（3）上六爻的意义与哲学意义

①上六爻的意义

上六爻说："井田制已经瓦解收场了，但是土地制度的问题还没有解决。只要君王君子有诚信，就一定会使土地制度的问题得到完善的解决方案。使人民的生活重新得到很大的改善。"爻象辞说："美善吉祥在上，官府以奖励农耕的方法，使农民真心实意地在土地上劳动，而逐渐富裕起来，这是土地政策的大成功。"

②上六爻的哲学意义

上六爻是对战国中期以后，土地制度的改革结果的论述：其一，战国中期，随着井田制的消亡，土地私有制的合法化，各国诸侯为了强国富民，称霸争雄，普遍采用奖励农耕的办法，使农民又能诚心诚意地在土地上耕作，因而使农民的生活有了基本的保障。其二，秦国通过商鞅变法之后，井田制彻底废除，实行了"本富"的政策，奖励农民，男耕女织，若是收获的粟、帛多者就为良民，免其一家之役，而对懒惰贫困者，则将其收归为官家的奴仆，用这样的方法使农民诚心诚意地在土地上劳动，从而使他们富裕起来，生活得到了保障。

（四）从《涣卦》和《井卦》的卦形结构图分析其哲学意义

1. ☶与☵的卦形图，是一对组成他们的上下两个经卦图的位置相反，且卦象辞的第一句意义相近的卦形图。☴的上卦为☴，下卦为☵，组成了䷺。将组成䷺的两个经卦图，上下位置置换，就变成了上卦为☵，下卦为☴的䷯。

2.䷺卦象辞的第一句是："风行水上，涣。"䷯卦象辞的第一句是："木上有水，井。"之所以说他们的意义相近，是因为䷺与䷯均是人为之䷺与䷯，"涣"虽然有涣然冰释和风水轮流转的自然之象，但是"涣"在这里是"涣散"和"改朝换代"之"涣"，因为朝政涣散，所以才会改朝换代，这是人为之"涣"；"木上有水，井。"更是人为之木，人为之井。"风行水上，涣。"描述的是木船、木舟依靠舵手的精湛划船技术借风向风势在水上行驶的人为之象；"木上有水，井。"同样描述的是，人开凿深挖水井，制造打水工具木制辘轳，用草木之皮纺制井绳，制造木桶，从井中将水汲出以养活人众的人为之象。

3.䷺与䷯的卦形图属于天地之道的范畴。

（五）《涣卦》和《井卦》卦象辞的哲学意义及其归属

䷺卦象辞："风行水上，涣。先王以享于帝立庙。"

䷯卦象辞："木上有水，井。君子以劳民劝相。"

1.䷺卦象辞的哲学意义

"涣，先王以享于帝立庙"，这个训诫是从《涣卦》所述的内容中总结抽象而来的，《涣卦》卦辞象辞的内容首先是对周武王改朝换代历史意义的高度评价，以此来说明改朝换代的伟大意义。《涣卦》的爻辞主要是对周武王在改朝换代中所处理的一系列事件的记载，来说明改朝换代是为了更好地顺应先圣、先帝、先王、先祖之德政，为人民谋利益，而不是为了满足自己为王的私欲。通过周武王分封所有先帝、先王，以及自己先祖和有大功勋的姜尚的历史事实说明，只要顺应先圣先帝们的遗志，为人民做好事谋利益者，人民就会永远怀念和祭祀他们。所以，"涣，先王以享于帝，立庙"，说的不只是祭祀纪念自己的先祖、先王的问题，而是说要使所有对民众有功德的先帝、先王的假身树立在庙宇，使他们在各自的庙宇中受到祭祀，并要有铭文彰显他们的功德，使他们都得到祭祀纪念，使他们的功德得到后人的学习发扬。

那么我们现代人，参观庙宇、道观中的这些先帝、先王的塑身，并向他们进献自己所要进献的祭祀物品，首先就是要学习认识他们的功德，他们为民众谋利益的精神，这才是最为重要的。现在我们无论是在庙、在道观或在佛教的寺庙中烧香、磕头、捐献钱财时，大多数只是为了求平安或求财而已，已经将祭祀的本意忘记了，这是我们应该引以为戒的。

2.䷯卦象辞的哲学意义

其一，䷯卦是对井田制的兴盛消亡过程和原因的论述，它说明适宜的土地制度对于广大农民是至关重要的，而土地制度却与社会制度息息相关，如果国家的土地资源变为地主阶级的私有土地，那么广大农民就会因失去了生活的依靠而贫困，所以，易学在这里特别将井田制的兴起，土地是国家所有，而用纳税的方法根据劳动力的强弱分配，并且三年一轮换，公平合理，以养育人民加以说明。而井田制的消亡，则由于没有圣明君主能够制定出更为合理公平的土地制度，以及对土地制度适宜的管理，而使人民的生活进入贫困。因此，《易经》特别提出，就如象辞所言："君子以劳民劝相。"

其二，关于井田制的意义，正如《孟子·滕文公上》孟子曰："死徙无出乡，乡田同井，出入相友，守望相助，疾病相扶持，则百姓亲睦。"[①] 孟子说："丧葬、迁居不出乡里，每个乡里都同耕一块井田，出入劳作时相互伴随，抵御敌寇强盗时相互协助，有病痛事故时相互照顾，这样百姓就友爱和睦了。"

☷☷ 卦象辞："先王以享于帝，立庙。"是属于形而上教化之道。☷☷ 卦象辞："君子以劳民劝相。"是属于形而下教化之道。

第十三节 《讼卦》和《需卦》卦象辞的自然之象与哲学意义及其归属

一、《讼卦》卦形结构图自然之象的象征意义和卦象辞的意义

☰☵ 卦象辞："天与水违行，讼。君子以做事谋始。"

1. 卦形结构图自然之象的象征意义

"天与水违，讼"是指 ☰☵ 的卦形结构。☰☵ 是 ☰ 天在 ☵ 水之上。其一，象征天与水的方向背离。也就是天阳在上，地阴之水在下，不能变化云雨，是大旱的自然之象，大旱不雨，就是万物的灾难。其二，乾天代表天道代表道德，坎水代表艰险危难。违背了道德，则无德无仁义，胡作非为，一定会遭到狱讼的处罚，遭受牢狱之苦，这就是无道德仁义的结果；那些曾经使别人遭受艰难险阻的人，也一定会使自己遭受到艰难险阻的。

2. ☰☵ 卦象辞的意义

"君子以做事谋始。"卦象辞说："君子做事从一开始就要深谋远虑，从开始就要考虑如何消除争端争议争讼，还要从长远考虑，不能只顾眼前的利益，尽量要与人和谐相处。"

---

① 梁海明译注. 孟子 [M]. 山西古籍出版社，1999：79.

《讼卦》告诫我们，做事一定要以道德为准则，以诚信仁善之德待人，不要只考虑眼前的利益，只考虑自己的利益，而要思考事情的结果，而且要至始至终以道德为标准，才能善始善终。

二、《需卦》卦形结构图自然之象的象征意义和卦象辞的意义

☵☰卦象曰："云上于天，需。君子以饮食宴乐。"

1.☵☰卦形结构图自然之象的象征意义

"云上于天，需。"表示的是☵☰的卦形结构；☵上卦为☵，为云、为水，水气飘浮在天上，就是云彩。下卦为☰，为天。其一，象征云在天空运行，天要下雨的自然之象。其二，象征一场及时雨的来临，会使农业生产获得丰收，民众丰衣足食，生活富足安乐。其三，天空布满云彩，也预示着一场狂风暴雨将要来临。象征天气变化无常，但是，天之阳及其变化还是以平和中正为常德，万物才得以繁衍不息。其四，"云上于天。"在这里还象征着五行生成次序之一，即"天一生水，地六成之"的道理。坤地需要的是及时雨，而云雨则是天之阳变化地之阴而来。天一生水，水是生命的摇篮。天之阳资助水中的分子物质，逐渐演变为生命物质，生命物质经过漫长的进化演变过程，最终产生了人类。人类是哺乳动物中的一支灵长类，通过劳动最终进化为人类。人类最基本的劳动就是寻找饮食之源。远古时代的人类通过自己的劳动，捕捉各类生物，茹毛饮血，以解除饥饿。灵长类动物进化为人类的基础就是劳动，所以人类总是在不断地劳动，通过劳动不断改变自己的生存环境，改变饮食状况，才得以生存和繁衍不息。其五，"云上于天"，还象征着人类对天地自然变化规律不断认识的过程；还象征着人类从事稼穑，需要及时雨以助百谷丰登的期望。

《需卦》阐释人类是如何种植农作物，改变饮食状况，而逐渐达到使人民丰衣足食，不再受饥饿寒冷的威胁，以及随之而来的是歌乐产生的历史事实。

2.《需卦》卦象辞的意义

"君子以饮食宴乐。"这一句话，包括了四个或者四个方面的内容。

"饮"是指丰衣足食之后，造酒技术产生的过程，以及圣王明君对饮酒的态度。

"食"首先是指人类食物的演变过程，还指人民从事稼穑而丰衣足食的辛劳。

"宴"本身就是快乐的意思。宴，指丰衣足食之后，人民安逸的生活，还指用酒饭招待客人。

"乐"在这里指歌乐产生的物质基础就是只有在民众丰衣足食之时，才会有真正表示快乐幸福的歌乐产生，人才会以歌乐的形式来表达心中的欢乐。

所以，"君子以饮食宴乐"包括了饮食形成的过程，歌乐产生的物质基础和政

治基础。

三、《讼卦》和《需卦》卦象辞的哲学意义及其归属
（一）依据《易·系辞》对《讼卦》和《需卦》的论述分析其哲学意义

1.《序卦传》曰："物稚不可不养也，故受之以需。需者，饮食之道也。"

2.《序卦传》曰："饮食必有讼，故受之以讼。"

3.《杂卦》曰："需，不进也。讼，不亲也。"

4.《序卦传》说："因为生命过于幼小稚嫩。生命稚嫩幼小不可以不养育；所以命名为需；所谓需，就是讲饮食产生的过程。"

5.《序卦传》说："有了饮食生成的方法就可以养护众人，也就可能有因饮食而发生的争讼，所以命名为讼。"

6.《杂卦》说："需，不进也。"是说需卦阐述的是："贤能有德者不是进入朝廷为人民谋利益，而是在野外种植农作物而为人民谋利益的事情。""讼，不亲也。"是说"之所以会发生诉讼之事，是因为人与人之间不能相亲相爱的缘故。也就是说，干吗要发生诉讼呢？为什么不能和睦而亲密的相处呢？"

（二）依据《讼卦》卦辞、象辞、部分爻辞分析其哲学意义

1. ☰ 卦辞的意义与哲学意义

☰ 卦辞："讼：有孚，窒惕，中吉，终凶。利见大人，不利涉大川。"

（1）☰ 卦辞的意义

卦辞说："对待狱讼，要有诚信，抑制阻塞不通和担心，中正而吉祥，最终凶险。有利于显现大人的功德，不利于祭祀天地鬼神。"

《讼卦》所记载的是春秋时期的秦穆公，在第二次平定晋国之乱时所发生的不与人民争讼，而以仁德待人，最终得到回报的历史故事；也是对秦穆公之功德的评定。

（2）☰ 卦辞的哲学意义

①"有孚，窒惕，中吉，终凶"的哲学意义：是说君子做事要有诚信信用，在诚信的前提之下，还要能通达通变，不要阻塞不通，既要谨慎小心，也不要过于担心他人的诚信。做事之始，就要考虑到事情的结局，做事中正诚信有信誉，就会吉祥；否则最终会遭遇凶险。

②"利见大人，不利涉大川"的哲学意义：只有以诚信仁善之心待人，才能有利于显现君子的美好德行。如果一个人做事不以道德为准，没有信用，不能公平公正，以善待人，而且做事不考虑结局，只顾眼前利益，待遇到艰难险阻或灾难时，才想起祭祀天地先祖鬼神乞求他们的保佑，那是临时抱佛脚，是没有用的。也就是说，平时不积德行善，当自己遇到艰难险阻时，祈求老天爷先祖神灵保佑，也是没

有用的。

其一，《讼卦》的卦辞告诉我们如何防止诉讼的发生，那就是做事要以道德为前提，要有信用，既要小心谨慎，又要通达通变，以善待人，以君子之德处世为人，不要做不仁不义的事情。

其二，《讼卦》告诉我们，以仁善之心待人，在不违背原则的情况下，得饶人处且饶人，这也是防止诉讼发生的一种形式。

其三，对于我们现代人而言，诉讼是经常发生的事情，而发生诉讼是我们谁都不愿意发生的事情。在诉讼发生时，我们既要维护自己的权益，又要得饶人处且饶人；大家都以仁善诚信之心待人，和睦友好相处，防止诉讼发生，才能共建和谐美好社会。

2.☰☵彖辞的意义与哲学意义

☰☵彖辞："讼，上刚下险，险而健，讼。讼，有孚，窒惕，中吉，刚来而得中也。终凶，讼不可成也。利见大人，尚中正也。不利涉大川，入于渊也。"

（1）☰☵彖辞的意义

彖辞说："《讼卦》，上卦是刚健的天道，下卦是艰难险阻的坎水；既有艰难险阻又有刚健的天道。也就是说对待诉讼，要以正大光明的天道为根本，以善待人，以天道对待艰难险阻，面对诉讼。对待诉讼，既要有诚信还要阻塞戒惧之心，只要中正就会吉祥，以正大光明刚健的天道来对待诉讼而得到适中合宜的结果。最终虽然出现凶险的征兆，但是化险为夷使诉讼没有成立。有利于显现大人的功德，是因为大人崇尚正大光明中正的天道。不利于祭祀天地先祖，是因为平时不积德行善而作恶多端之人，遇到艰难险阻时才想起祈求先祖鬼神保佑无用也，只有跌入深渊了。"

彖辞是对卦辞所论述的问题解释，也是对有道德仁义者与没有道德仁义者最后结果的论述。

（2）☰☵彖辞"讼，有孚，窒惕，中吉，刚来而得中也。终凶，讼不可成也"的哲学意义

其一，这一段彖辞的本来意义："对待狱讼，要以诚信，阻塞戒惧之心，只要中正就吉祥，这是因为以正大光明刚健的天道来对待狱讼就能得到中正的结果。最终虽然出现凶险的征兆，但是化险为夷，使诉讼没有成立。"

其二，这一段彖辞的哲学意义是告诉我们每一个人，都要以诚信仁善之心待人，与人为善、和睦友好相处，不要与人发生诉讼之事，即使有诉讼之事发生，也要以道德为准则，以仁善中正诚信之心对待，使用法律武器，使狱讼之事得到公正的判处。

3.☰☵九五爻辞和上九爻辞的意义与哲学意义

☰☵九五爻辞："讼，元吉。"爻象辞："讼，元吉。以中正也。"

☰上九爻辞："或锡之鞶带，终朝三褫之。"爻象辞："以讼受服，亦不足敬也。"

（1）九五爻的意义与哲学意义

①九五爻的意义

九五爻辞说："无论是诉讼者，或是被诉讼者，还是主持狱讼者，从一开始就能以公正公平无私，光明正大、宽大、仁慈之心来对待，这是最好不过了。"爻象辞说："'讼元吉'的意思就是以公正公平无私之心对待诉讼。"

②九五爻辞的哲学意义

若能经常颂扬大道，颂扬道德，歌颂那些以道德君临天下的君主，使人民得到教化，则人人有仁善之心，有道德修养，则使诉讼不发生，天下就太平安乐也。

（2）上九爻的意义与哲学意义

①上九爻的意义

上九爻辞说："有时一连三次赐给他官服或大带，有时又一连三次革除了他的官职。"爻象辞说："如果以争讼得到官服、官职，并不一定能受到人们的尊敬，而就如尹令子文和柳下惠一样，三次得到官职，而不喜形于色；三次失去官职，而不怒于色，不以诉讼得到官职，反倒会受到人们的尊敬。"

②上九爻辞的哲学意义

说明争讼是争不来官职的，即使争到了，也并不可贵，因为贤明的君主喜欢的是贤能有德的将相良才，而他要用自己的实力得到贤明君主的任用，如果贤能有德的将相良才被免职罢官，那就说明他没有遇到贤明有道德的君主。

（三）依据☵卦辞、象辞、部分爻辞分析其哲学意义

1.☵卦辞的意义与哲学意义

☵卦辞："需：有孚，光亨，贞吉，利涉大川。"

（1）☵卦辞的意义

卦辞说："需：有诚信能持之以恒为人民谋求利益，发扬光大先祖的事业就亨通，是正确而吉祥的善事，有利于祭祀天地先祖。"

《需卦》卦辞阐述的是如何坚守诚信为民众谋利益的问题，只要持之以恒地坚守诚信，为民众谋利益，就会受到民众的爱戴拥护，这也是当今中国共产党人所坚持的光荣传统。

（2）☵卦辞的哲学意义

其一，《需卦》告诉我们最早的饮食之源产生的过程是一个漫长的过程，是古人从茹毛饮血的饮食之道逐渐走向食用熟食和家禽驯养之道的过程，所以这些成就了饮食之道的圣人君子的美好功德，是我们应该祭祀怀念的。

其二，《需卦》卦辞同时告诉我们，成就事业，不会一帆风顺，需要自身有成就事业的物质技术基础，需要有良好的思想素质，需要有开拓精神，需要克服重重艰难险阻，需要解决一个一个的矛盾困难，需要及时总结失败的经验教训。更为重要的是需要诚信、信心和正确方向，需要志同道合的朋友的支持，需要耐心等待成功的时机。

2.☴象辞的意义与哲学意义

☴象辞曰："需，须也，险在前也。刚健而不陷，其义不困穷矣。需有孚，光亨，贞吉。位乎天位，以中正也。利涉大川，往有功也。"

（1）☴象辞的意义

象辞说："需，就是需要和必须的意思。去做需要做和必须做的事情，是说艰难险阻在前面就必须刚正如天之德，而不被艰难险阻所阻断，不被陷入艰难险阻之中，这样做的意义是使民众不陷入无穷无尽的困苦中啊。有诚信，就能光大事业而亨通，正确而吉祥。这样做的功德就如天之德一样伟大，天之德就是以中正无私之德给万物以光明温暖，成就万物的化育，就能得到世代人民的祭祀，是因为以往有功德于人民啊！"

象辞首先是对《需卦》卦形结构的解释，其次是对"需"的意义的论述，再就是对卦辞意义的进一步论述。

（2）象辞："需，须也，险在前也。刚健而不陷，其义不困穷矣"的哲学意义

其一，象辞首先说明了"需"的意义，"需"就是必须、需要做的事情。

其二，是对☴卦形结构的说明，☴上卦为"☵"，为"险在前"；下卦为☰，为天道、为刚健。虽然前面有艰难险阻，但是依靠乾天阳刚之力，就不会陷入艰难险阻之中。

其三，是指那些先贤、先圣，受后人尊敬祭祀，尤其是五谷之神，他们为了天下人民的利益，奉天道而为，不怕艰难险阻，不被艰难险阻围困，而是不断地改进耕作技术，提高种植技艺，不断地发明创造有利于农耕的生产工具和技艺，使农业生产得到了空前的发展，民众丰衣足食之后，又发明了造酒技术，使人民的生活更加美好，心情安逸，随之而产生了歌乐，以歌唱美好的生活，以表达对先王先圣的敬爱之情。

其四，"需"是指圣人君子为天下人民解决人民所需要的饮食温饱问题和必须要做的大事情。如周族自先祖后稷自小就以非凡的智慧精神创造了许多种植农作物的技艺以来，直到成康之治，周族的子子孙孙都是在做着为民谋利益而实现大同社会所必须和需要的事。

其五，为人民创造饮食之源意义重大，是保障人类子孙繁衍不息的重大社会问题。

3.☰☵卦初九爻辞和上六爻辞的意义与哲学意义

初九爻辞："需于郊,利用恒,无咎。"爻象辞："需于郊,不犯难行也,利用恒,未失常也。"

上六爻辞："入于穴,有不速之客三人来,敬之终吉。"爻象辞："不速之客来,敬之终吉。虽不当位。未失大也。"

（1）初九爻辞与上六爻辞的意义

①初九爻辞的意义

初九爻辞说："人类要想生存,要想没有饮食之忧,就必须长期在野外从事稼穑之事,这样才不会有灾难。"利用恒"就是要依靠恒心,要经常、持久地去劳作。"爻象辞说："必须在野外从事稼穑之事,就是为了使民众不再为衣食之事犯难发愁所需要的行动。"

②上六爻辞的意义

上六爻辞说："进入家中,有不用邀请就来到家中的三位客人,只要敬之以饮食,就没有过失。"爻象辞说："将父母兄长视为客人,就应以丰盛的膳食敬奉他们,敬奉他们是没有过失的;作为儿子兄弟,勤勉地侍奉父母兄长以尽孝悌之心,而以此心敬奉三位客人饮酒,虽不恰当,但能以孝悌之心敬之,为"未失大也"。因为人之行,莫大于孝,能给父母兄长尽孝悌,是最大的孝心。"

（2）初九爻辞与上六爻辞的哲学意义

①初九爻辞的哲学意义

这是指自伏羲、神农、以及后稷、公刘、古公、直到周文王,这些先圣、先王,一代一代坚持不懈地为了解决民众的衣食之困,而长期辛勤地劳作于农耕之事,总结农业耕作技术发展农业生产的历史事实。初九爻辞是属于形而下的范畴。

②上六爻辞的哲学意义

上六爻辞的本意是指人民辛勤劳作一年,有了足够的衣食,在空余时间出外做些小工,挣些钱,年底之时,回到家中,宴请自己的父母兄长。敬奉父母、兄长,一家团聚。这就是说为人子弟者,尽孝敬之礼,会有什么过失呢?正如《商书·酒诰》周公曰："妹士,嗣尔股肱,纯其艺黍稷,奔走事厥考厥长。肇牵车牛,远服贾,用孝敬父母。厥父母庆,自洗腆,致用酒。"[①] 周公指出,用酒食孝敬父母兄长,自己也可以适当喝些,同时指出饮酒应有时间限制,不能无限制地饮酒。

上六爻辞应该属于孝敬之礼的范畴,无论是古代人还是现代人,对于春节这个节日都是很重视的,在外忙碌了一年的子孙们,趁着节日,在家好好宴请招待自己

---

① 徐奇堂译注.尚书[M].广州出版社,2001:135.

的父母兄长，以表示孝悌之心，以示全家团聚，让辛苦一生的父母兄长得到慰藉，这也是我们人人都需要做好的事情。从《需卦》上六爻辞我们明白了古人并不是时时处处事事需饮酒，而是在适当的时间用酒食孝敬父母兄长，自己适量饮酒，饮酒有时而适量，这是饮酒的规矩，也是我们现代人要明白的关于饮酒的规矩和孝敬之礼的表现形式，而不能将饮酒当作自己的生活常规。上六爻辞是属于形而下的范畴。

《需卦》阐述了周族的先祖，周族的子子孙孙，以及我们的先人是如何种植农作物和创造人民需要的饮食之源的过程与历史事实。《需卦》上六爻辞则是教化民众如何孝敬自己的父母兄长的孝敬之礼。

（四）从《讼卦》和《需卦》的卦形结构图分析其哲学意义

1.☰☵与☵☰的卦形结构图：☰☵与☵☰的卦形图是一对上下二个经卦图相反，卦象辞的第一句意义相反的卦形图。☰☵是由上卦的经卦图☰天与下卦的经卦图☵水组成。将组成☰☵的上下二个经卦图的位置上下置换，就组成了上卦为☵水，下卦为☰天的☵☰的卦形图。

☰☵卦象辞的第一句"天与水违行，讼"首先是指乾天太阳长时间在天上照耀，天上没有云彩，没有下雨征兆的自然之象。其次☰天象征天道，象征遵天道而行的正确道理。☵水象征艰难险阻，如若不尊天道而行，就会陷入艰难险阻之中，而是非不断，就会发生诉讼，狱讼之事。

☵☰的卦象辞的第一句"云上于天，需"。其一，象征天空布满了云彩，预示一场及时雨的降临，以解除干旱，以滋润万物的自然之象。其二，象征天空布满云彩，或者是一场狂风暴雨，对万物造成损害的自然之象。其三，象征种植农作物需要及时雨，以使农作物得到及时雨的滋润而获得大丰收，使人民欢欣鼓舞，放声高歌，宴请亲朋好友。

2.☰☵与☵☰的卦形结构图均属于天地之道的范畴。☰☵卦象辞的第一句"天与水违行，讼"属于天道人道的范畴。☵☰的卦系象辞的第一句"云上于天，需"属于天道自然的范畴。

（五）《讼卦》和《需卦》卦象辞的哲学意义

☰☵卦象辞："天与水违行，讼。君子以做事谋始。"

☵☰卦象辞："云上于天，需。君子以饮食宴乐。"

1.☰☵卦象辞的哲学意义

"君子以做事谋始。""谋"是计划、计策、考虑之意。卦象辞说，君子做事从一开始就要深谋远虑，开始就要考虑如何消除争端、争议、争讼，要谋仁善之德，要从长远考虑，不能只顾眼前的利益，尽量与人和谐相处。

其一，卦象辞是从《讼卦》所述的内容中总结抽象出来的训诫。《讼卦》记载的是秦穆公以美酒救助偷吃他良马肉的三百多村民而不与他们发生争讼，最后这三百多村民齐力杀敌而救了其性命的故事，以此来告诫我们，做事一定要以道德为准则，以诚信仁善之德待人，不要只考虑自己眼前的利益，而不思考事情的结果。而且要自始至终以道德仁善为标准待人，结果才能善始善终。

所以，这里的"谋始"，就是做事情要考虑如何善始善终，比如，《讼卦》所记载的秦穆公，他以仁善之德救助偷吃他良马肉的村野山民，使他们的身体没有因吃了良马肉而受到伤害，且不与这些人计较得失，也没有想到要他们的回报，这就是以美好开始；而这些村野山民却对其感恩戴德，后在秦穆公遇到生死攸关的大难时，这些村野山民就舍身杀敌，拼死相救，也没有想到要秦穆公的各种回报，这就是以美好的结果结束。所以"谋始"，就是做事情要思考如何善始善终，这是一个非常重要的问题，也是每个要成就事业的人必须思考的问题。

其二，"君子以做事谋始"对于我们同样适用。我们每一个人在做自己应该做的事情时，最基本的原则是既要成就自己的事业，又要不妨害他人；既要顾当前利益，也要从长远利益着想，而不能为了自己眼前的私利，不顾他人的死活。无论做什么事情，仁善良知都是不应忽视和忘记的，这是我们做人的基本原则。成就自己的事业，要有美好的开端，还要有一个始终如一的坚持过程，始终如一地坚持不忘仁善美德，就会得到更多的志同道合者的帮助，而使事业成功。事业成功更不要忘记美好的开始，始终如一地坚持不忘仁善助人的美德，事业才会兴盛不衰。

2. ䷅卦象辞的哲学意义

"需，君子以饮食宴乐。"其一，人类需要饮食宴乐。其二，圣人君子创造发明饮食之源的不易过程。其三，有了足够的饮食，人民生活富足，生活安逸之后，就会以酒食宴请宾客亲人朋友。其四，指出了歌乐产生的物质基础；那就是只有在民众丰衣足食之时，才会有真正表达快乐幸福的歌乐产生，人才会以歌乐的形式来表达心中的欢乐，以及表达为他们带来幸福生活的圣人君子的赞美感激之情。

3. ䷅卦象辞："君子以做事谋始。"属于形而上教化之道。䷅卦象辞："君子以饮食宴乐。"属于形而下教化之道。

第十四节　《恒卦》和《益卦》卦象辞的自然之象与哲学意义及其归属

一、《恒卦》卦形结构图自然之象的象征意义和卦象辞的意义

䷟卦象辞："雷风，恒。君子以立不易方。"

1. ䷟卦卦形结构图自然之象的象征意义

"雷风，恒。"首先是指䷟的卦形结构；䷟上卦为☳，为雷；下卦为☴，为风，☳雷与☴风相合，组成了䷟。其次象征雷与风的道理，雷与风的道理就是同样引起物体震动；在物理学上，风吹动树叶来回摆动属于震动的自然之象。再次象征雷风相合引起震动的能量恒久强大。然后象征君子谋事虽然雷厉风行，但是能够坚持长久不改变。

2. ䷟卦卦象辞的意义

"君子以立不易方"卦象辞说："君子以确立永不改变的以天命治天下为民谋利益的治国宗旨，也就是被老子升华概况为的以无为之道为治理国家天下之道。"

"恒卦"卦象辞说的是君子建立的为民谋利益的治理国家天下的宗旨要永远不改变，才能使人民永远得到利益福气。

二、《益卦》卦形结构图自然之象的象征意义和卦象辞的意义

䷩卦象辞："风雷，益。君子以见善则迁，有过则改。"

1. ䷩卦形结构图自然之象的象征意义

其一，"风雷，益。"䷩上卦为☴，为风；下卦为☳，为震；象征风之动见于草木之动的自然之象。

其二，象征☴风与☳震共同的象征物——草木和震动。因为现代物理学在描述机械振动现象中指出，在微风中树木的摇摆，属于振动现象。所以表示风与雷均可以引起物体振动的自然之象。

其三，表示了种植农作物要依时而定论，所以䷩还象征春雷一声震天响，春风拂动草木之时，正是农人播种农作物最有利的时节。

其四，象征君子为民谋利益雷厉风行的精神。

其五，是指䷩发明的历史意义及产生原理。据《易·系辞》所述，䷩发明于神农氏教民耕种农耕的时代，据史料记载，神农氏时代人类繁衍已经很盛，而仅靠原先的狩猎捕鱼的生活方式已经很难使民众生存。氏族中经常因为分不到食物饥饿而亡。所以神农氏尝百草，制作农具，教民耕种收获百谷。因为神农氏教民众种植百谷，是为民众谋利，是有益有利于民众的事情，所以用䷩这个符号来表示耕种农作物的有利有益。

2. ䷩卦象辞的意义

"君子以见善则迁，有过则改。"象辞说："君子见到美善的就以美善为高尚而向美善迁移；有了错误就要及时改正。"

正如《老子》第二章所言："天下皆知美之为美，斯恶已；皆知善之为善，斯

不善已。"① 老子说："天下人都知道美好是美好的，自然就厌恶和停止不美好的；天下人都知道仁善是美好的，自然就使不仁善的停止。"

又如孔子所言："三人行，必有我师；择其善而从之，其不善而改之。"②

三、《恒卦》与《益卦》卦象辞的哲学意义及其归属

（一）依据《易·系辞》对《恒卦》与《益卦》的论述分析其哲学意义

1.《易·系辞》曰："恒，德之固也……恒，杂而不厌……恒，以一德。""益，德之裕也……益，长裕而不设，困穷而通……益，以兴利。"

2.《序卦传》曰；"恒者，久也。"

3.《序卦传》曰；"损而不已必益，故受之以益。"

4.《杂卦》曰："恒，久也。""损、益，盛衰之始也。"

5.《系辞》说："《益卦》是德行增多增厚的唯一方法……《益卦》是长久的增多德行为人民做益事多多益善不设界限……'益'是兴起为人民谋利益做益事的有益之事。"

6.《系辞》说："《恒卦》是使德行恒古不变永久长存的方法……《恒卦》内容虽然庞杂，但意义深刻而使人不厌烦……《恒卦》是说治理国家天下的恒古不变的方法只有一个，就是以道德诚信为民谋利益为宗旨。"

7.《杂卦》说："所谓恒，就是持久之义。""所谓益者，就是为人民做益事，谋利益之意。"

以上是《系辞》《序卦传》《杂卦》对《恒卦》和《益卦》本来意义的论述。明确说明了"恒"与"益"的意义。

（二）依据《恒卦》卦辞、象辞、部分爻辞分析其哲学意义

1.☷卦辞的意义与哲学意义

☷卦辞："恒：亨，无咎，利贞。有攸往"。

（1）☷卦辞的意义

卦辞说："恒久，亨通，没有过失，利于正大。利于有所往复。"

卦辞是说恒久地以大道的表现形式而作为，就能亨通。没有过失，并有利于恒固坚守正大光明的大道，有利于国家人民，而且有利于反复作为。

☷卦辞阐述的是恒固、永久的道理，什么是恒固、永久呢？怎样做到恒固、永久呢？《恒卦》阐述的恒，主要是指天道恒久不变，圣人持久地施行天道以治天下

---

① 刘文秀、孙燕、孙兰.道德经新解[M].中国出版集团世界图书出版公司，2013：97.

② 刘琦译评.论语[M].吉林文史出版社，1999：52.

的策略不变,人们要树立永久的诚信之心,这就是《恒卦》的意义。

(2) ☶卦辞关于"恒、亨、无咎"的哲学意义

其一,"恒"就是持久、永久的意思;《恒卦》之恒,是指天道恒久不变,也就是说日月恒久不衰地在天上往复循环地运行,昼夜四季万物的变化现象才能永久存在。天道日月恒久地在天空自然运行,虽然每日运行的位置有所改变,但是东升西落的规律恒古不变,昼夜四季的变化恒古不变,这是天道自然之恒久。假如天道之自然的运行规律紊乱,那么天地万物距离毁灭就不远了。

其二,圣人君子永远施行以天道之无为治天下,为国家人民谋利益,有利于国家人民,国家人民就不会有人为的灾难发生;假如哪位君王背离了先帝先王的治国之道而作为,使人民失去了安乐幸福的生活时,那么这位君王距离被革命运动推翻也就不远了。

其三,"恒"具有长久、长远的含义。那么我们做事情既要以道德为准则,又要从长远利益出发,从近处着手,坚持长久地做实际的事情,不要因眼前利益而忘记长远利益,也不要因为只顾长远利益,忽视实现长远利益的关键是从一件一件具体的实际事情做起的。

其四,不要把恒久理解为相对平衡之衡,因为天道自然恒古不变是恒古不变的自然规律,无论你实施不实施以天道治天下,天道之自然还是恒古不变地存在着,没有什么力量意志能改变天道自然的自然运行秩序;但是当失道的君王不施行以天道治天下时,天下所有的事情将会失去平衡而混乱,人民就会遭受苦难,社会制度也会因此而混乱,等等,所以《恒卦》之恒,是关于永久地施行天道以治天下的问题,恒久地施行天道以治天下,就是治国者的诚信。而且要以长远的观点看问题的思维。

2. ☶卦象辞的意义与哲学意义

☶卦象辞:"恒,久也。刚上而柔下,雷风相与,巽而动,刚柔皆应,恒。恒,亨无咎,利贞,久于其道也,天地之道恒久而不已也。利有攸往,终则有始也。日月得天,而能久照,四时变化,而能久成,圣人久于其道,而天下化成,观其所恒,而天地万物之情可见矣。"

(1) ☶象辞的意义

象辞说:"恒,就是持久之意。刚正居于上柔顺居于下,雷与风相遇,柔顺而行动,刚柔一起响应,就能恒久。恒久亨通没有过失,利于坚定真诚,这是长久地施行天道的结果。天地之道,恒久运行而不停止,有利于天道长久往复循环,往复循环就是终了而又重新开始。日月得以在天上往复运行,因而就能恒久地照耀万物;春夏秋冬四时往复循环的变化,因而才能长久实现。圣人长久地施行天道以治天下,因而使天下万物的化育和对天下万民的感化得以实现。观看所以恒久的道理,天地

万物人道关于恒久的情形是相同的就可以显现了。"

象辞是对卦辞的提示性说明，说明了恒久的意义，恒久的来源，圣人恒久地以天道之无为治天下，使天下永久太平的意义。

（2）䷟象辞的哲学意义

其一，论述了"恒，亨、无咎，利贞"的原因，也就是说为什么能长久地坚守道德诚信，就能亨通而没有过失呢？这是因为长久的以天道之无为而作为的结果。

其二，论述了天地之道恒久的道理，天地之道恒久的道理就是"利有攸往，终则有始也。日月得天，而能久照，四时变化，而能久成。"

其三，论述了圣人长久地以天道之无为治理国家天下的结果；那就是"天下化成"。也就是圣人效仿天道之自然，自动自觉的以天道的自然本性而作为为天下人民谋求利益的宗旨，他们一代又一代永不停息地、自觉地为人民谋利益，使人民得到安乐幸福，从而使人民受到感化教化，以道德为做人的标准，来约束自己的行为，而使人人和谐，实现了天下太平安乐的大同社会。

其四，论述了天地万物恒久存在发展变化的道理情形是一致的。人类要实现大同社会，就要永远坚持为人民谋利益福气的治国宗旨，才能使人民得到利益福气而天下太平。

3.䷟九三爻辞和九四爻辞的意义与哲学意义

䷟九三爻辞："不恒其德，或承之羞，贞吝。"爻象辞："不恒其德，无所容也。"

䷟九四爻辞："田无禽。"爻象辞："久非其位，安得禽也。"

（1）九三爻辞和九四爻辞的意义

①九三爻辞的意义

九三爻辞说："不能长久地坚守道德信用，就要遭受其耻辱；坚守信用就不会遭受耻辱。"爻象辞说："不守信用，失德失信于人，这是君子之德所不能容忍的，失信失德就不是君子所为。"

②九四爻辞的意义

九四爻辞说："田猎没有猎到禽兽。"爻象辞说："所有的禽兽长久的没有居住之地，田猎怎么会猎得禽兽呢？"

（2）九三爻辞和九四爻辞的哲学意义

①九三爻辞的哲学意义

九三爻辞告诉我们坚守道德诚信的重要意义正如《论语·子路篇》孔子所言："南人有言曰：'人而无恒，不可以作巫医。'善夫！""不恒其德，或承之羞。"

子曰："不占而已。"① 意思是孔子说："南方人有一句话说：'人如果没有恒心，就连巫医都做不了。'说得好啊！""没有恒心坚守道德，也可能就要承受羞辱。""没有恒心的人，不要去占卜罢了。"

那么，为什么没有恒心的人，不要去占卜呢？因为占卜就是为了定吉凶，吉凶已定，就得坚持依吉的去做而避免凶的，如果没有恒心坚持，占卜又有什么用呢？

②九四爻辞的哲学意义

是指什么是长远利益和一时之利。首先，长远的利益，就是做事要从长远利益着想，不能为了一时之利而采用不正当的手段。比如，为什么"田猎没有猎到禽兽呢？"是因为捕鱼者为了当时捕到更多的鱼虾，把养鱼池的池水全部排干，鱼虾全部捕获；为了猎得禽兽，将禽兽赖以生存的草木树林全部焚烧，禽兽捕获不少，但是鱼虾禽兽没有了生存之地，怎么还会再次猎得呢？其次，以天道之无为，以天命作为治国治天下的宗旨，人民得到了利益福气，天下就会永远太平安乐。

（三）依据《益卦》卦辞，象辞、部分爻辞分析其哲学意义

1.䷩卦辞的意义与哲学意义

䷩卦辞："益；利有攸往，利涉大川。"

（1）卦辞的意义

卦辞说："凡是对民众有利有益之事，有利于长远反复不断的去做，利于祭祀天地先祖鬼神。"卦辞是对"益"意义的说明。

其一，"益"，就是为人民做益事，做有利于民众生活生存的事情。

其二，凡是对人民做了益事好事的人，都会受到后人的祭祀纪念。

（2）䷩卦辞的哲学意义

其一，是指自神农氏以来的帝王，凡是为人民谋利益福气与做了好事的君子，都会受到人民的爱戴祭祀纪念。

其二，凡是对人民有益有利的事情，就要反复长久地去做，这是中华民族实行大同社会的根本。

2.䷩象辞的意义与哲学意义

䷩象辞："益，损上益下，民说无疆。自上下下，其道大光。利有攸往，中正有庆。利涉大川，木道乃行。益动而巽，日进无疆。天施地生，其益无方。凡益之道，与时皆行。"

（1）䷩象辞的意义

象辞说："益，就是天上日月不断减损自己的光热而有益于天下万物；上古圣

---

① 刘琦译评.论语[M].吉林文史出版社，1999：107.

人以及在上位的执政者，不断减损自己的体力、精力而为天下万民谋利益福气；日月和圣人的功德使人民无限喜悦，悦服顺服。自天道到上古圣人有益于天下万民，使天地之道人道大放光明，有利于长远反复不断地去做人民喜悦的益事，中正又值得赞美。利用祭祀赞美怀念他们，赞美怀念他们为民众所做的益事，依照《益卦》所阐述的道理方法去作为，去发扬光大先祖为人民谋求利益的功德意义。圣人为人民做益事谋利益，劳作而柔顺地顺应天道，日日增进德行坚持不懈。天之太阳施行光热资助滋养万物化育，大地藏纳承载化生万物，天地对万物的益处无法计量。凡是天地圣人对万物有益的事情，是与时间的行进同时进行的。"

象辞是对卦辞关于"益"意义的具体论述，为人民做益事谋利益，这是自古以来就传承下来的治国宗旨，人民不会忘记为他们做益事谋利益的圣人君子，就用祭祀来赞美怀念他们。

（2）䷩象辞的哲学意义

《益卦》阐述的是二皇五帝三王十位圣人为人民谋利益做益事的历史事实，并且特别规定，将"能否为人民谋利益做益事，作为改朝换代的唯一依据。"所以象辞的哲学意义如下。

其一，天之太阳永远不断地减损自己的光热有益于天下万物。圣人君子效法天道而不断地减损自己的精力体力为民谋利益，使人民喜悦而顺服。正如《老子》第七十七章曰："天之道，损有余而补不足。人之道，则不然，损不足以奉有余。孰能有余以奉天下，唯有道者。"

其二，从二皇开始一直到三王的成康之王，天下实现了有文字记载的大同社会，就是因为他们继承发扬光大了先帝先王先祖为人民谋利益做益事的治国宗旨。

其三，天施行光热云雨温暖资助滋润万物化育，坤地是万物生长生存的基地，天地日月对万物的益处永久不衰。

其四，天地对万物的有益有利是时时日日都在进行的。中华民族自古至今一直延续继承为民谋利益的宗旨，新中国的领导者中国共产党更是传承中华民族为民谋利益的治国宗旨，最为实际的践行者，是使人民真正得到实际利益的领导者。

3.䷩六二爻辞和六四爻辞的意义与哲学意义

六二爻辞："或益之，十朋之龟弗克违，永贞吉。王用享于帝，吉。"爻象辞："或益之，自外来也。"

六四爻辞："中行，告公从，利用为依迁国。"爻象辞："告公从，以益志也。"

（1）六二爻辞与六四爻辞的意义

①六二爻辞的意义

六二爻辞说："如若想为国家，为人民做有益的事，只要能够不违背十位同用

'十言十当,十战十胜'的龟卜决吉凶的这十位古圣人为人民谋利益福祉的治国宗旨而不违背,就能符合人民的利益而吉祥如意。后世的君王将这十位为人民谋利益的圣人,也就是二皇、五帝、三王作为上帝来祭祀,以缅怀他们的功德吉祥如意。"爻象辞说:"或者想为国家人民做益事的那些人,学习发扬先圣、先帝的高尚品德,应用于己而为民众谋求利益,使民众安居乐业,丰衣足食。或者由于有道之君为人们谋利益,使人民得到安乐和谐的生活,而有道之君所受之益来自于忠诚的遵奉先圣先王之道,遵奉天道,为自外来也。"

②六四爻辞的意义

六四爻辞说:"中正地顺从二皇五帝三王十位圣人为民众谋利益的宗旨治理国家天下,宣告天下诸侯和君王众人顺从。利用能否遵从这个为民谋利益的宗旨作为迁移国址,更换朝代国名的依据。"爻象辞说:"告诉公众顺从,遵圣王之道而行,为天下民众谋利益,这是自古以来,中华民族历史上层出不穷的杰出人物的共同志向。要实现伟大的志向,不是一个人就能实现的事情,所以必须向天下民众宣告志向,宣告无道者的危害,宣告推翻无道者的策略,争取民众的支持参与,才能成功。""益志",应该是让民众参与,增加实现志向的力量。

(2)六二爻辞与六四爻辞的哲学意义

六二爻辞与六四爻辞论述的是同一个问题,那就是顺从二皇五帝三王开创的"为人民谋利益福祉的宗旨治理国家天下。"

六四爻辞特别规定了改朝换代的唯一依据,那就是"能否为人民谋利益福气";能为人民谋利益福气的君主就会得到人民的拥护热爱赞美,因而使国运长久。若是违背了这个宗旨,就会遭到革命者的革命而被改朝换代,迁移国址。

六三爻辞六四爻辞所论述的是属于形而上之道的核心问题。

(四)从《恒卦》和《益卦》的卦形结构图分析其哲学意义

1.䷟与䷩的卦形结构图

(1)䷟与䷩的卦形结构图是一对上下经卦图相反,而卦象辞的第一句意义相反的卦形图。䷟是由上卦的经卦图☳与下卦的经卦图☴组成。将组成䷟的上下两个经卦图的位置相互置换,就组成了上卦是☴,下卦是☳的䷩卦形结构图。

(2)䷟卦象辞的第一句是:"雷风,恒。"它所指的是雷与风都能引起物体震动的自然之象。而雷风与"恒"的关系:因为"恒"有恒久、长远、普通、常规、常法的含义,是指雷与风使物体震动是普通的常识。《易经》用䷟这个卦形图,表达了治国者和众人都应该以长远利益为目标的道理。

(3)䷩卦象辞的第一句是:"风雷,益。"它所指的是春风春雷对春天的万物复苏的自然意义。也是指圣人用䷩这个符号表示最早的圣人神农氏尝百草,制作农具，教民耕种收获百谷的有利有益。

2.☳与☴均有自然之☳与自然之☴，也有人为之☳与人为之☴

其一，自然之☳：雷与风都能引起物体震动的自然之象。

其二，人为之☳：圣人君子长久的以天道自然为天下民众谋利益而实现了天下永久太平安乐的大同社会。

其三，自然之☴：及时适宜的风雷雨雪震动吹拂滋润万物的自然之象，及春风春雷对春天的万物复苏的自然意义。

其四，人为之☴：表示圣人开创了为人民谋利益福祉的意义。神农氏在春风春雷拂动万物之时，教民适时播种农作物，有了农作物的收获，使民众的生活有所改善，不会因风雷雨雪之害冻饿而亡，所以益就是为民众做好事，为民众谋利益的意思。也指出了一代一代的君子永远继承为人民谋利益福祉的宗旨为治国治天下之道，实现天下太平安乐社会的深远意义。

3.☳与☴的卦形图属于天地之道的范畴。

（五）《恒卦》与《益卦》卦象辞的哲学意义及其归属

☳卦象辞："雷风，恒。君子以立不易方。"

☴卦象辞："风雷，益。君子以见善则迁，有过则改。"

1.☳卦象辞"君子以立不易方"的哲学意义

其一，君子建立了永远不改变的以天命治理国家天下为民谋利益的宗旨规矩，那就是以天道之无为为天下人民谋利益福祉，使人民真正得到利益而使国运长久，使天下永远太平安乐，使人民永远正直文明幸福安康。

其二，君子应该树立永远的诚信道德仁善作为人生的基本底线。

2.☴卦象辞"君子以见善则迁，有过则改"的哲学意义

其一，君子要为民众做好事谋利益，就必须做有利于民众利益的事情，而不好的不利于民众利益的事情就改正就不做。

其二，君子依照公而无私的道德，自然自觉地为天下民众谋利。要为天下民众谋利，就得无私心，无偏见，还要象天地之道一样，自然而然的不做假，不伪装，不夸功，不显能，就得不断的克己修己以正道德，抑制私欲，抵制与道德相违背的行为。

其三，君子见到有利于民众的事情，就应该去做。那么原来正在做的事，正在思考的事，就得随着为民谋利这个原则而改变。

其四，对于我们每一个人来说，如果做了不符合道德，不符合民众利益的事情时，要及时改正。做了损人利己不符合大多数人利益的事情就是过失，就必须及时反思改正。

3.☰卦象辞与☷卦象辞均属于形而上的政治意识形态、治国宗旨的最高规则的范畴。

第十五节 《升卦》和《观卦》卦象辞的自然之象与哲学意义及其归属

一、《升卦》卦形结构图自然之象的象征意义和卦象辞的意义

䷭卦象辞："地中生木，升。君子以顺德，积小以高大。"

1.䷭卦形结构图自然之象的象征意义

"地中生木，升。"这是对䷭卦形结构的说明，䷭上卦为☷，为地；下卦为☴为风、为草木。上☷为土；下☴为风，为草木，构成了䷭，是谓"地中生木。"

其一，"地中生木，升。"是指树木的种子本来就是从土地中得到一定的养分、湿度和温度而发芽、生长、升高、壮大、成才的自然之象。

其二，象征君子顺应自然规律，顺应道德，顺应先祖之德，利用土地的功能，不断地从土地之中为人民创造生活资材、饮食来源，使人民生活稳定、富庶、安逸，而不断地累积善德，使善德由小逐日增多，增大增高，受到人民的拥戴，而柔顺的归附于君子的君子之道。

2.䷭卦象辞的意义

䷭卦象辞："君子以顺德，积小以高大。"卦象辞说："君子以顺应先祖之德，顺应天道天德为人民谋利益，使先祖和自己的德行由小逐渐累积到极高极大。"

那么君子如何累积德行，使德行逐渐由少到多逐渐累积到高大呢？《老子·六十四章》曰："合抱之木，生于毫末；九层之台，起于累土；千里之行，始于足下。"[①]

二、《观卦》卦形结构图自然之象的象征意义和卦象辞的意义

䷓卦象曰："风行地上，观。先王以省方，观民设教。"

1.䷓卦形结构图自然之象的象征意义

"风行地上，观。"是指䷓的卦形结构而言，䷓上卦为☴，为木、为风、为顺；下卦为☷，为土、为地、为柔、为众人。其一，观看轻风拂面吹拂树枝草木轻轻摆动的自然景象，使人心旷神怡。其二，观看狂风暴雨在大地上施虐万物使万物受到

---

① 刘文秀、孙燕、孙兰.道德经新解[M].中国出版集团图书出版公司，2013：234.

伤害的情景，使人感到恐惧担心。其三，象征将写有法令的木板挂在"观"上，让天下人民观看，从而柔顺地遵守法律，以使其不用担心受到刑罚的制裁。

2.䷓卦象辞的意义

卦象辞说："先王以省方，观民设教。"卦象辞说："先王通过省察研究天下四方，制定了各种并行并列使民众不犯过失的法典、法规，并设置了将这些法令写在木板上，悬挂在台观上让人民观看、学习，使人的思想心神受到感化约束，而不违法乱纪的教化方式。"正如《周礼·天官·大宰之职》曰："正月之吉，始和布治于都鄙，乃悬治象之法于象魏，使万民观象，挟日而敛之。乃施典于邦国，而建其牧，立其监，设其参，傅其位，陈其殷，置其辅[①]。"这里所谓的治象，就是"治典"，是指治理政务的法典。其次还有教典、礼典、政典、刑典、事典都要采取同样的方式向万民宣布，让人民观看，以使人民受到教化和知道执政者在这一年中所要做的事情。"

三、《升卦》和《观卦》卦象辞的哲学意义及其归属

（一）依据《易·系辞》对《升卦》和《观卦》的论述分析其哲学意义

1.《序卦传》曰："聚而上者谓之升，故受之以升。"

2.《序卦传》曰："物大然后可观，故受之以观。"

3.《杂卦》曰："而升不来也。""临观之义，或与或求。"

4.《序卦传》说："仁善之德聚集而上升，所以命名为升。"

5.《序卦传》说："天子君临天下就要观看天下事物，所以就命名为观。"

6.《杂卦》说："使仁善之德累积，则灾害罪恶就不会来到。""临卦和观卦，就是给予教化和寻求教化的意思。"

以上是《序卦传》与《杂卦》本义的解读。䷭是累积仁善之德；䷓是接受和受到教化。

䷭与䷓从其卦形结构而论，属于地道的范畴；从其卦象辞的含义而论，䷭属于形而下的教化之道；䷓属于形而上的教化之道。

（二）依据䷭卦辞、象辞、部分爻辞分析其哲学意义

1.䷭卦辞的意义与哲学意义

䷭卦辞："升：元亨，用见大人，勿恤，南征吉。"

（1）䷭卦辞的意义

卦辞说："升，开始就亨通，需要显现大人的功德，不要担忧，向南地远行吉祥。"

---

① 钱玄、钱兴奇等注译.周礼[M].岳麓书社，2001：17.

（2）☷卦辞的哲学意义

说明只要是有道德的君子，无论在何处，都会以为人民谋利益创造财富为己任，所以就会使自己的仁德累积升高。

2.☷彖辞的意义与哲学意义

☷彖辞："柔以时升。巽而顺，刚中而应，是以大亨。用见大人，勿恤，有庆也。南征吉，志行也。"

（1）彖辞的意义

彖辞说："像树木能直能曲的变化随着时间的变化而升高，柔顺又柔顺，因为刚健正直因又顺应，所以大亨通，需要显现大人的功德。不要忧虑，有喜事也。向南地远行吉祥，志向得到实施了。"

（2）彖辞"柔以时升。巽而顺，刚中而应，是以大亨。用见大人"的哲学意义

其一，说明了什么是柔，"凡木曲者可直，直者可曲，曰柔。"也就是能屈能伸是谓大丈夫。

其二，说明了为什么能屈能伸柔和又柔顺呢？因为思维意识心灵中深藏着天道的刚健正直之德，所以才能屈能伸，能极大地亨通。

其三，而具备这种德行者，只有是实施天道为人民谋利益创造财富的大圣人了。

3.☷六五爻、上六爻的意义与哲学意义

六五爻辞："贞吉，升阶。"爻象辞："贞吉升阶，大得志也。"

上六爻辞；"冥升，利于不息之贞。"爻象辞："冥升在上，消不富也。"

（1）六五爻与上六爻的意义

①六五爻辞的意义

六五爻辞说："正大吉祥，升上一个台阶。"爻象辞说："正大吉祥，极大地实现了志向。"

②上六爻辞的意义

上六爻辞说："将死时还不忘累积升高仁德，有利于不停息的坚持继承先王先祖之德。"爻象辞说："将死不忘累积升高仁德，自己的生命到尽头了，没有多少时间了。"

（2）六五爻与上六爻的哲学意义

①六五爻的哲学意义

其一，是指有道的周成王登上帝位之后，凭借周公、召公的辅佐，凭借先王累积的仁德，不断地使先祖累积的善德增大增高而更上几层台阶，将周朝治理得更加美好，终于实现了有历史记载的大同社会。

其二，还指周成王对其子钊教导有方，成王病逝之后，其子钊登上王位为周康王。周康王推行先祖之政，巩固发展了先祖的德政，更加累积了周族的仁德，成王

康王的政绩，在历史上称作成康之治。据历史资料记载成康时期，有四五十年刑罚都没有了用处，那是真正的天下大治的升平大同社会。

②上六爻的哲学意义

是指有道的周成王，在快要病逝时，为了使先王先祖和自己事业的继承者——自己的儿子钊，不违背先祖的事业，继续累积升高周族的仁德，而向召公、毕公交代，一定要以先王之德辅佐其子姬钊为王，继承先王的事业，不要使康王陷于不仁不义的下场。成王的遗言有利于周族之王永不停息的累积德行，有利于周康王以天命治理国家天下而继续不断地为人民谋利益福祉。

（三）依据䷓卦辞、彖辞、部分爻辞分析其哲学意义

1. ䷓卦辞的意义与哲学意义

䷓卦辞："观：盥而不荐，有孚颙若。"

（1）卦辞的意义

卦辞说："只观看而不用进献祭品，也就是只是在洗器中洗手观看而不用进献祭品，有诚信信服肃敬严正而顺从。"

（2）卦辞的哲学意义

这是先帝先王先祖为了实行教化而采取的一种具体方法。在每年正月的吉日，将写有法典、法规、法令的木板挂在宫廷大门外两旁的高台上，让万民观看，大门两旁高大的高台，称为双阙，也叫台观。将写有法典的木板挂在台观上让民众观看，就如用洗器中的水洗涤一样，将自己不合乎法律的行为洗涤干净，以成为遵法守纪之人。

2. ䷓彖辞的意义与哲学意义

䷓彖辞："大观在上，顺而巽，中正以观天下。观，盥而不荐，有孚颙若，下观而化也。观天之神道，而四时不忒，圣人以神道设教，而天下服矣。"

（1）彖辞的意义

彖辞说："将大法挂在台观上，让万民观看学习，以顺服法规顺服道德，中正无私以观天下万事万民。观，就如用洗浴器具洗手而不用荐献祭祀用品，有诚信信服如此肃敬，让天下万民观看学习大法受到教化得到感化而发生变化。让万民观看大法教化万民心神的方法，一年四季没有差错，圣人设置的以教化万民的心神为出发点的教化方法，使天下万民信服而归服。"

（2）彖辞"观天之神道，而四时不忒，圣人以神道设教，而天下服矣"的哲学意义

其一，"观天之神道，而四时不忒。""神"是指人的精神思维意识心神；"道"是指方法。将各种法典、法令公布于天下，让万民观看学习，使万民的精神意识心神受到震撼的这种方法，是使人受到教化，一年四季都没有差错的有效教化方式。

其二,"圣人以神道设教,而天下服矣。"圣人设置的这一整套教化万民意识思维精神心灵的教化方式,从观法到讲习法令、法规,到经常考察民众的德艺表现,以及随时纠正不符合法令、法规、民俗、道德礼义的教化形式,使人民的精神思想给以震慑,使人的思想受到深刻的感化,让人民懂法、知法,才能遵法、守法。心中明辨是非,明理悦服,完全顺服服从法律和教化而不违背法律道德,以及归服有道明君的治理。

3. ☷☴ 九五爻、上九爻的意义与哲学意义

九五爻辞:"观我生,君子无咎。"爻象辞:"观我生,观民也。"

上九爻辞:"观其生,君子无咎。"爻象辞:"观其生,志未平也。"

(1)九五爻与上九爻的意义

①九五爻辞的意义

九五爻辞说:"观察我所治之民的生活状况,君子没有过错。"爻象辞说:"观我生"的意思就是天子到民间巡察,以观察人民的生活状况,观察民风民俗,喜恶及教化,就是"观我生"。

②上九爻辞的意义

上九爻辞说:"观看民众的其他生活情况,君子没有过失。"爻象辞说:"天子外出巡视,观看民众的其他生活情况,这是天子和睦邦国,为人民谋求福气,实现天下太平的志向;假如出现不敬、不孝、不从和反叛者,天子依照法典给以处罚,这是天子所不愿意见到的事情;如果出现这种情况,天子和睦邦国,为人民谋求福气,实现天下太平的志向就未能实现,是'志未平也'。"

(2)九五爻与上九爻的哲学意义的哲学意义

①九五爻的哲学意义

九五爻论述的是有道的明君会依据礼法规定,定期观察体验自己所治之下的民风民情和人民的生活状况,并对那些能为人民谋利益的君子,为人民利益作出贡献者,天子就给予赏赐,以及封官进爵,以资鼓励。

②上九爻的哲学意义

上九爻论述的是有道的明君考察观看人民生活其他情况,以及观察那些诸侯在处理日常事务的过程中所发生的一些事件的性质,以对他们进行赏罚。只有为民谋利益做益事的君子才会受到天子的赏赐,而对那些对山川神祇不举不敬者,给予削地的处罚;对那些对宗庙不顺不孝者,给予罢免爵位的处罚;对那些变礼易乐不从者,给予流放的处罚;对于那些革制度衣服而反叛者,天子将以兵力严讨其罪过。对那些有功德于民者,加地进律。

(四)从 ☷☴ 与 ☴☷ 的卦形结构图分析其哲学意义

☷☴ 与 ☴☷ 的卦形图是一对上下经卦图相反,而卦象辞的第一句意义相近的卦形图。

䷭的上卦是经卦之一☷、下卦是经卦之一☴。上下两个经卦图相合而组成了䷭。将组成䷭的两个经卦图的位置上下置换，就组成了上卦为☴，下卦为☷的䷓卦形图。

䷭卦象辞的第一句是"地中生木，升。"它体现的是草木的种子在土地中得到养分温度而发芽、生长、升高、壮大的自然之象。即草木只有在土地中生长升高长大的自然之象。也体现人类依靠土地来种植能够使人民得到饮食之源的草木，在地中发芽生长壮大并结出丰硕果实的人为之象。

䷓卦象辞的第一句是"风行地上，观。"因为䷓的上卦为☴，为草木，所以也可以是观看观察草木在地上生长的自然状况，观看体验微风拂面、草木的枝条随风摆动而使人身心愉悦和观看狂风暴雨使人胆战心惊的自然之象。而将写有法典、礼典等文告挂在台观上，体现的是让万民观看学习以威震万民心神的人为之象。

"地中生木"与"风行地上"在哲学意义上是一组意义相近的词语，讲的都是草木与土地的密切关系的问题。

（五）䷭与䷓卦象辞的哲学意义及其归属

䷭卦象辞："地中生木，升。君子以顺德，积小以高大。"

䷓卦象辞："风行地上，观。先王以省方，观民设教。"

1.䷭卦象辞论述的是圣人君子累积德行的方法和目的

其一，那么君子如何累积德行，使德行逐渐由少到多、逐渐累积到高大呢？那就是一代一代，子子孙孙继承先王先祖以为人民谋利益创造生活物资来累积家族的仁德，使人民得到利益福气是君子累积德行的目的。正如《老子》第六十四章曰："合抱之木，生于毫末；九层之台，起于累土；千里之行，始于足下。"又第五十九章曰："治人事天，莫若啬。夫唯啬，是谓早服；早服，谓之重积德。重积德，则无不克，无不克，莫知其极；莫知其极，可以有国；有国之母，可以长久。是谓深根固柢，长生久视之道。"[①] 老子指出了事物发展变化的正常规律，小往大来，也就是说积德之事是由少到多逐渐累积到高大。要使善德逐渐累积到高大，就要重复不断地去积德行善。而积德的最好方式就是早早遵从天道，以天道的表现形式，自觉自愿、毫无怨言地去为人民谋利益，为人民谋求的利益越多，累积的仁德就越高大。为人民谋求的利益越多，就会得到人民的拥护和爱戴，就能使国运长久不衰。

其二，当然我们每一个人也应该顺应先祖仁义道德仁善之德，而不能顺应那些无仁义道德、不善良之事。这也是我们做人的基本准则。

其三，对于我们一般人而言，积德的最基本原则就是仁善，多做善事，正如《易·系辞》所言："善不积不足以成名，恶不积不足以灭身。小人以小善为无益，

---

① 刘文秀、孙燕、孙兰.道德经新解[M].中国出版集团图书出版公司，2013：223.

而弗为也。以小恶为无伤，而弗去也。"《坤·文言》曰："积善之家，必有余庆。积不善之家，必有余殃。"也就是说不要以为积小善没有多大用处就不去做，大善大德都是由小善小德逐渐累积而成的，因为我们一般人没有更大的能力积大善大德，所以只要平时在实际生活中不忘记积小善小德，不忘做人之本，就是一个有道德之人。

2.䷓卦象辞："先王以省方，观民设教。"的意义

其一，䷓卦象辞论述的是先王通过对天下四方的实际考察研究，制定出教化感化万民的方法，即通过让民众观看写有治典、法典、礼典等各种法规制度的具体条文，并且是从各国到都城及洲、里、乡党族层层宣传学习教化民众心神思想，使人从心灵深处受到震慑而不敢违法，不敢胡作非为的教化方式和深远意义。

其二，这些每年正月挂在台观上让万民观看的法令法典等，就是《复卦》卦象辞所论的"复，先王以至日闭关，商旅不行，后不省方"所得到的结果，也就是人民观看的都是冬至后，正月前天子和各位臣子在朝中商定的各种治理国家天下的法规法典及教化臣民的"不省方"。不省方，也就是不犯过失的方法。

3.《升卦》阐述的是怎样累积了仁善之德的方法和过程，属于形而下教化之道。《观卦》阐述的是教化民众的心灵思维意识的形而上教化之道。

第十六节 《大过卦》和《中孚卦》卦象辞的自然之象与卦象辞的哲学意义及其归属

一、《大过卦》卦形结构图自然之象的象征意义和卦象辞的意义

䷛卦象辞："泽灭木，大过。君子以独立不惧，遁世无闷。"

1.䷛卦形结构图自然之象的象征意义

䷛卦象辞："泽灭木，大过。"首先是指䷛卦形结构而言，䷛上卦为☱，为兑、为悦、为说；下卦为☴，为风、为木、为生命。☱兑在上，☴风在下，组成了䷛。其次象征泽水过于强大，使草木难以生长的自然之象，为泽灭木。再次象征人的语言能够毁灭生命，尤其是那种无中生有的毁谤之言，会对正常人的生命生活带来无穷灾难。

2.䷛卦象辞的意义

䷛卦象辞说："君子应该有独立的见解和行为，更应该不惧怕危难危险，在不适合发表言论和出仕时，就隐遁不显现因而没有烦闷。"

"君子以独立不惧"是说君子应该有自己的品德特点，不必担心别人对自己的看法，也不必为世态的变化而恐惧。君子应时时处处依照大道的本性修身养性，尤

其要谨慎自己独处之时的品德表现。

二、《中孚卦》卦形结构图自然之象的象征意义和卦象辞的意义

☱ 卦象曰:"泽上有风,中孚。君子以议狱缓死。"

1. ☱ 卦形结构图自然之象的象征意义

"泽上有风,中孚。"是指☱的卦形结构,☱上卦为☴,为风,下卦为☱,为兑,组成了☱。它象征泽水之上有适宜的草木生长的自然之象。也象征人所说之话会像风一样迅速传播,中正的语言会使人喜悦悦服。

2. ☱ 卦象辞的意义

卦象辞"君子以议狱缓死。"卦象辞说:"君子在讨论审理狱讼案件时,要以中正无私诚信之心去审理案件狱讼,要以公正公平的判决使人信服。审理案件狱讼一定要公正公平地使用刑法,一定要通过反复论证,评断案件,以公正公平宽松的原则判处案件,不要轻易判处死刑。"卦象辞是关于刑罚使用判断的原则问题,以及如何判断审理狱讼的政治问题。

三、《大过卦》和《中孚卦》卦象辞的哲学意义及其归属

(一)依据《易·系辞》对☱与☱的论述分析其哲学意义

1.《序卦传》曰:"不养则不可动,故受之以大过。"

2.《序卦传》曰:"节而信之,故受之以中孚。"

3.《杂卦》曰:"大过,颠也。""中孚,信也。"

4.《序卦传》说:"人民得不到畜养就不能生存,所以就命名为大过。"

5.《序卦传》说:"能节制欲望而且有诚信,所以命名为中孚。"

6.《杂卦》说:"大过的意思,就是太过。太过于刚强时,就会遭到灭顶之灾。""中孚卦阐述的是中正诚信的问题。"

以上是《序卦传》对《大过卦》与《中孚卦》本义的论述;《杂卦》则是对《大过卦》上六爻辞和对"中孚"本义的解释,"中孚"就是中正诚信的意思。

(二)依据☱卦辞、象辞、部分爻辞分析其哲学意义

1. ☱ 卦辞的意义与哲学意义

☱卦辞:"栋桡,利有攸往,亨。"

(1)☱卦辞的意义

卦辞说:"太过,栋梁弯曲,利于有所向往,亨通。"

卦辞是指在国家政治不正之时,有利于表现出君子刚正不阿的高贵品德,利于君子所向往的精神展现。君子刚正不阿之品德的表现,可以是留在君主身边,继续

辅助君主力谏君主使其正，也可以隐遁，这样都有利于大道之正，所以，亨通。

（2）☱☴卦辞的哲学意义

阐述的是阳刚之气刚中而不亢和阳刚之气太过而亢盛，也就是阳刚之气刚中而不亢和过极时，对事物发展所产生的不同影响的道理。君子以刚中、中正而不过的德行来面对一切，就会立于不败之地，所以亨通。

2.☱☴彖辞的意义与哲学意义

☱☴彖辞："大过，大者过也。栋桡，本末弱也。刚过而中，巽而说行，利有攸往，乃亨。大过之时大矣哉。"

（1）☱☴彖辞的意义

彖辞说："大过，所谓大，就是太过之意。栋梁弯曲不直，其实指原本木质还是没有衰败。阳刚之气超越而中正，柔顺而喜悦行动，利于有所向往，于是就能亨通。大过的时间意义是大极了啊！"

彖辞是对辞的进一步论述，彖辞首先指出什么是大过。其次指出了君子的本质是正直刚正不阿的，但是当遇到不正直的君王时，应该怎样对待呢？那就是"刚过而中，巽而说行"，也就是说，当遇到"栋桡，本末弱也"的君主时，就要以君子的阳刚之气中正地对待，柔顺地劝谏使其喜悦听从而改过，这样有利于国家、自己的事业亨通。接着指出大过的时间意义大极了，也就是说能及时劝谏君王的不正，就能及时减少对人民利益的损害。

（2）☱☴彖辞"刚过而中，巽而说行，利有攸往，乃亨。大过之时大矣哉"的哲学意义

其一，君子之德刚强而又适中，不偏斜，不太过。

其二，君子顺应自己的品德，顺着自己的言论去作为；不违背自己的言论，不说空话，说到做到，所以亨通无阻。

其三，君子在不同的时代，不同的处境下，其道德品德的表现却是永远相同的，不会随着时间的变化而改变，只是在不同的时代和处境下，采用不同的方式以保持君子的品德而已。

其四，君子刚强而又适中，以不偏斜的中正之德，及时劝谏不正的君王改正过失，及时减少了对人民利益的损害。

3.☱☴上六爻辞的意义与哲学意义

☱☴上六爻辞："过涉灭顶，凶，无咎。"爻象辞："过涉之凶，不可咎也。"

（1）上六爻辞的意义

上六爻辞说："强行过河，致使大水淹没了头顶，这是凶险之兆。"爻象辞说："太过刚强，面临凶险也不惧怕，这是他们的性格所致，有什么可指责的呢？所以

不可以指责他们。"

䷼阐述了君子的品德不同于一般人的品德,也就是指君子品德的过人之处是"独立不惧,遁世无闷"。依据䷼的内容,上六爻辞涉及的是刚强的北方之人对待生死存亡的问题。北方人真是太过于刚强了,即使掉了脑袋,或者遭受致命打击也在所不惜。正如《中庸》曰:"衽金革,死而不厌,北方人之强也,而强者居之。"① 孔子说:"那些把兵器当作衣服,连睡觉都兵器不离身的人,就是面对死亡,他们都不会感到畏惧,这是北方人的坚强。而这只能是强者所能做到的。"北方人的性格如此刚直爽快,不怕死,不惧凶险,但他们又有什么过失呢?

(2)䷼上六爻的哲学意义

其一,是关系到国家民族利益时,即使面临死亡,我们也会在所不惜。

其二,在日常生活中,也许我们会遭遇很多艰难险阻,但我们一定要选择最有利于我们生存生活的方式方法,去解决困难,而不要一味地凭勇敢不怕死的勇气硬拼死磕,只有不违背道德的计谋智慧才是我们解除艰难险阻和困难的有效方法。

(三)依据䷼卦辞、象辞、部分爻辞分析其哲学意义

1.䷼卦辞的意义与哲学意义

䷼卦辞"中孚:豚鱼吉,利涉大川,利贞。"

(1)䷼卦辞的意义

卦辞说:"中正诚信;猪、鱼吉祥,有利于祭祀天地先帝先祖,有利而正确。"卦辞指出了中孚的意义,"猪,鱼吉祥"的意义和祭祀先王先祖的意义。

(2)䷼卦辞的哲学意义

其一,正直、诚信是中庸之道的主题。诚信是天道固有的特点,天地自然规律总是一成不变地显示出它的真诚信用。正直公正无私而永久按时地照耀万物。诚信,公正无私是古圣人对天地之美德的概括和效仿。

其二,有道的君王通过射礼,射猎招募选拔各种贤能有德的人才,为他们封官进爵,以为国家人民效力。

其三,有道的君王利用宗庙的祭祀活动,对贤能有德者封爵进禄的意义。

2.䷼象辞的意义与哲学意义

䷼象辞:"中孚,柔在内而刚得中。说而巽,孚乃化邦也。豚鱼吉,信及豚鱼也。利涉大川,乘木舟虚也。中孚以利贞,乃应乎天也。"

(1)䷼象辞的意义

象辞说:"中正诚信,柔顺在内而刚健得以适中,人民喜悦而顺服,诚信就能

---

① 钱玄、钱兴奇等注译.礼记[M].岳麓书社,2001:696.

感化邦国万民。豚鱼吉祥，相信那些豚鱼。利于祭祀天地先祖，趁着宗庙的祭祀之礼谦恭地对有功德者封爵进禄。中正诚信所以有利吉祥，那是应乎天道的本性了。"

象辞是对卦辞的进一步论述，象辞首先告诉我们什么是中孚？中孚就是诚信在人的内心，人就会自然而然地表现出适宜的正直，公正无私的品德。而这种品德使人悦服而且顺服。诚信、公正无私是天道的具体表现，以天之道德治理国家人民，就能感化天下人民，感化天下国家。然后补充说明了为什么"豚鱼吉"的意义。

（2）☱象辞"中孚以利贞，乃应乎天也"的哲学意义

这二句象辞论述了中正诚信有利吉祥的原因。之所以中正诚信，那是圣人顺应了天道的本性。正直公正无私是天道的本性，以天道中正诚信公正正直，治理国家天下，公正地为万民谋利益福祉，使国家强盛人民富有，就是符合天道了！

3. ☱上九爻辞的哲学意义

☱上九爻辞："翰音登于天，贞凶。"爻象辞："翰音登于天，何可长也。"

（1）上九爻辞的意义

上九爻辞说："不能高飞的鸡，却妄想登天，其愿望虽然美好，其结果却很凶险，只有失败。"爻象辞说："笨鸡妄想登上天空，怎么能够长久呢？"

翰音：古代宗庙祭祀之礼中，进献祭牲中将鸡称为翰音，所以"翰音"就是鸡的代名词。这里不能将"翰音"当作鸡的鸣叫声。

（2）上九爻辞的哲学意义

上九爻辞用"翰音登于天，贞凶"，来比喻那些不合时宜，而又独断专行，自作聪明的人的行为；这些脱离实际而空想的人，就如笨鸡妄想飞上天一样一意孤行，这注定是要失败的。愚笨的鸡想飞上天去，能上去吗？这既是违背常理，又是妄想，又怎么能不遭遇灾难呢？正如《诗经·小雅·四月》："匪鹑匪鸢，翰飞戾天。匪鳣匪鲔，潜逃于渊。山有蕨薇，隰有杞桋。君子作歌，维以告哀[①]。"

（四）从☱与☴的卦形结构图分析其哲学意义

☱与☴的卦形图是一对上下经卦图相反，卦象辞的第一句意义相近的卦形图。☱的上卦是经卦之一的☱，为兑；下卦是经卦之一的☴，为风；上☱下☴组成了☱。将组成☱的上下二个经卦图的位置相互置换，就组成了上☴下☱的☴。

☱卦象辞的第一句是"泽灭木，大过。"它所论的是水过多过于旺盛而使草木不能生长的自然之象。"草木"代表生命，那么在水过深过大时，有人却要强行涉水渡过去，而危及生命此卦的人为之象。

☴卦象辞的第一句是"泽上有风，中孚。"指水上有草木生长，是因为水不多

[①] 刘文秀、孙燕、孙兰. 诗经新解 [M]. 中国出版集团世界图书出版公司，2012：224.

不少刚好适合草木生长的自然之象。还指在泽水上生成的生命，失去适当环境，随时会有生命危险。《中孚卦》六爻之中，上二爻、下二爻均为阳爻，象征阳刚之气，中间二爻为阴爻，象征柔顺、虚心、谦恭之礼。中孚的卦形结构就是中正诚信的象征。

☱与☴的卦形图属于天地之道的范畴，在哲学意义上，它们是一组相辅相成的卦形图。

（五）☱与☴卦象辞的哲学意义及其归属

☱卦象辞："泽灭木，大过。君子以独立不惧，遯世无闷。"

☴卦象辞："泽上有风，中孚。君子以议狱缓死。"

1. ☱卦象辞的哲学意义

其一，"君子以独立不惧"，君子应该有自己的品德特点，不必担心别人对自己的看法和言论，也不必因世态的变化而恐惧。君子应时时处处依照大道修身养性，尤其要警惕自己独处之时的品德特点，其特点正如《中庸》所言："故君子戒慎乎其所不睹，恐惧乎其所不闻，莫见乎隐，莫显乎微，故君子慎其独也。"[①]

其二，"遯世无闷。"是说当国家政治不清明时，就悄悄隐遯，不显见自己，就没有烦闷。正如孔子所言："龙德而隐者也。不易乎世，不成乎名。遯世无闷，不见是而无闷。乐则行之，忧则违之，确乎其不可拔，潜龙也。"这是孔子在《乾·文言》中对乾初九爻辞"潜龙勿用"的解释。"遯世无闷"表现的是君子的品德。

2. ☴卦象辞的哲学意义

以天道之中正公平的刑罚审断狱讼案件，以确凿真实的证据判处案件，而使人信服，不要轻易判处死刑。

☱与☴的卦象辞，☱是对君子德行与众不同之处的评定，☴卦象辞是以天道之公平诚信对待狱讼的思维，二者均属于形而上教化之道的范畴。

第十七节 《蛊卦》和《渐卦》卦象辞的自然之象与哲学意义及其归属

一、《蛊卦》卦形结构图自然之象的象征意义和卦象辞的意义

☶卦象辞："山下有风，蛊。君子以振民育德。"

1. ☶卦形结构图自然之象的象征意义

☶卦："山下有风，蛊"，指☶的卦形结构。☶上卦为☶，为山、为止；下卦为

[①] 钱玄、钱兴奇等注译. 礼记[M]. 岳麓书社，2001：693.

☴，为风、为草木，上☶下☴组成了䷑。它象征风、空气对山体本身以及对山下之土地的风蚀损害的自然之象。风蚀、风化作用实际上就是指空气、风力、风沙等对地表岩石，以及土壤的破坏作用。说明山下之风是很有威力、有很大的破坏力。

2.䷑卦象辞的意义

"君子以振民育德"卦象辞说："治理国家天下的君王，应该以各种教化方式振奋民众的心志和精神，培育美好的德行，培育美好的道德情操。"

"君子以振民育德"是从《蛊卦》全卦所述的内容概括抽象而来。"君子以振民育德"使民众君臣心志精神振奋，有美好的道德情操，就不会发生蛊惑和被蛊惑的事情，不会发生臣诛君、子诛父的无道无德的混乱现象。

二、《渐卦》卦形结构图自然之象的象征意义和卦象辞的意义

䷴卦象曰："山上有木，渐。君子以居贤德，善俗。"

1.䷴卦形结构图自然之象的象征意义

䷴卦"山上有木，渐。"是指《渐卦》的卦形结构，䷴上卦为☴，为风、为草木；下卦为☶，为山、为止，上☴风下☶山组成了䷴。它象征树木在山上渐渐长大成才的自然之象，也象征山上之木长大成才所需的条件和用途，而树木要长大成才，需要风雨的滋润，需要人类的爱护，才能逐渐长大，才能为人类和禽兽所用。

2.䷴卦象辞的意义

"君子以居贤德，善俗。"卦象辞说："君子以居于贤能善行和以各种方式蓄积仁善之德，善于亲善不同风俗的民族兄弟。"

卦象辞是从全卦所述内容概括抽象而来；爻象辞是对真君子美德的赞美评定，君子据礼而行，用自己的实际行动和睦亲善了不同民族的兄弟姐妹，使他们同样过上幸福安乐的生活。正如《礼记·曲礼·王制》曰："修其教不易其俗，齐其政不易其宜。"[①]

三、䷑与䷴卦象辞的哲学意义及其归属

（一）依据《易·系辞》对䷑与䷴的论述分析其哲学意义

1.《序卦传》曰："以喜随人者必有事，故受之以蛊。蛊者，事也。"

2.《序卦传》曰："物不可以终止，故受之以渐。渐者，进也。"

3.《杂卦》曰："蛊，则饬也。""渐，女归待男行也。"

4.《序卦传》说："喜欢追随者必然有各自的目的，所以就命名为蛊；所谓蛊，

---

① 木子主编.曲礼[M].广州出版社，2001：94.

就是为了达到目的而发生蛊惑别人和被蛊惑的事情。"

5.《序卦传》说："事物不可以一直处于停止状态，所以命名为渐。所谓渐，就是循序渐进的意思。"

6.《杂卦》说："蛊卦是说有蛊惑，必然就会有教训，而从蛊惑的教训中得到整顿治理措施。（饬（chì）：是整顿，治理。）""渐卦，阐述的是已经出嫁的妇女，在家等待远征而迟迟不归的丈夫。"

以上是《序卦传》与《杂卦》对《蛊卦》与《渐卦》本义的解释。《蛊卦》论述的是蛊惑别人与被蛊惑的结果和解除蛊惑的方法。《渐卦》论述的是君子为了天下人民的利益，而只能使自己妻儿在家等待，以及不能养育妻儿父老的情形。

（二）依据☶卦辞、象辞、部分爻辞分析其哲学意义

1.☶卦辞的意义与哲学意义

☶卦辞："蛊：元亨，利涉大川。先甲三日，后甲三日。"

（1）☶卦辞的意义

卦辞说："抵御蛊惑，革除防止败坏，始终美善亨通，利于祭祀天地先祖山川。先有三个甲子日，后又有三个甲子日。"

（2）卦辞"先甲三日，后甲三日"的哲学意义

其一，"先甲三日，后甲三日"表示的是以十天干计时的时间概念。甲是指十天干之首位，十天干是：甲乙丙丁戊己庚辛壬癸。以十天干计时，十天干就是十日，甲三日就是三个十日甲，也就是三十日。以天干表示一个月的时间，一月之中就有三次十天干的轮回。也就是每一个月都有三个甲日，与地支配合，就是甲子日、乙丑日、丙寅日等以此类推。

其二，"先甲三日"表示时间的开始，即从某月的第一个天干"甲"开始轮回，一个月就有三个甲干日，为三十天，三个月九十天就是三个甲日的三倍。"后甲三日"表示时间的继续，也就是时间的连续性。时间又继续了三个月九十天三个甲干日的三倍，总共为六个月一百八十天的时间，它表示了无道无德者诛杀君主自立为君的短命，也就是说无道无德者，无论以何种方式取得君位，但其命运是得不到人民拥护的短暂命运。

2.☶卦象辞的意义与哲学意义

☶象辞："蛊，刚上而柔下，巽而止，蛊。蛊元亨，而天下治也。利涉大川，往有事也。先甲三日，后甲三日，终则有始，天行也。"

（1）☶象辞的意义

象辞说："革除和停止败坏，刚健居上而柔顺居下，柔顺停止，就是蛊。革除和停止败坏从开始就美善亨通使天下得到治理了。利于祭祀天地先祖山川，这是已

往有事情发生也。先有三个甲子日，后有三个甲子日，是事情的开始与终结啊！这是天道得到实行了啊！"

（2）☶象辞"蛊，刚上而柔下，巽而止，蛊。蛊元亨，而天下治也"的哲学意义

其一，说明了革除和停止败坏的依据与方法，及以刚健中正的天道的本性为依据，以地道柔顺的特点为方法。

其二，说明了以天道的本性和地道的柔顺使蛊惑与被蛊惑停止就是革除败坏。

其三，说明了革除和停止败坏的意义是革除蛊惑与被蛊惑，使败坏停止就会使天下人美善而事业亨通，那么天下也就得到了治理而太平安乐了。

3.☶初六爻辞、六四爻辞的意义与哲学意义

初六爻辞："干父之蛊，有子，考无咎。厉终吉。"爻象辞："干父之蛊，意承考也。"

六四爻辞："裕父之蛊，往见吝。"爻象辞："裕父之蛊，往未得也。"

（1）初六爻辞的意义与哲学意义

①初六爻辞的意义

初六爻辞说："干涉纠正父亲的迷乱过失，有儿子，考证死去的父亲的过失去挽救过失所造成的损失是没有过失的，虽危厉但终究吉祥。"爻象辞说："有儿子干涉父亲重整父亲之过失，其心意在于承担和力挽父亲的罪过。"

②初六爻辞的哲学意义

父亲有过失，作为儿子，应该用心认真考察承担父亲曾经所犯的罪过，以忠孝之意而考察弥补改正死去的父亲的罪过，励精图治，危厉戒惧，不复再蛊，就会吉祥；否则，则使其父及自己均陷于不仁不义，不忠不孝而危害国家社稷，国计民生的过失之中了。"正如《孝经》曾子问孔子关于孝的问题曰："敢问子从父之令，可谓孝乎？"孔子曰："是何言欤，是何言欤！昔者天子有诤臣七人，虽无道，不失其天下；诸侯有诤臣五人，虽无道，不失其国；父有诤子，则身不陷于不义。故当不义，则子不可以不诤于父，臣不可以不诤于君。故当不义则诤之，从父之令，又焉得为孝乎？"[①]孔子指出了关于孝的重要原则，那就是当父亲有过失时，其子就要用正当的方式规劝，力求使父亲不要继续将过失扩大，并力求消除父亲的过失，而不要与父亲同流合污，这才是孝，因为孝的根本就是道德，背离了道德，就使其陷入不仁不义，不仁不义者，就是不忠不孝。

所以初六爻的哲学意义，在于揭示了真正的仁义忠孝的意义：为臣的诤于君之无道，为忠为义。为子的诤于父之不仁不义，使父不陷于不仁不义，就是真正的孝。

---

① 李剑、刘道英主编.孝经[M].青海人民出版社，2002：22.

（2）六四爻辞的意义与哲学意义

①六四爻辞的意义

六四爻辞说："众多父亲的蛊惑过失，已往见到的都是耻辱。"爻象辞说："几位父亲教子无方，使儿子为国家为自己带来灾难，说明已往教子没有得到应有的效果，就等于没有教育儿子。"

②六四爻辞的哲学意义

六四爻说明众多父亲对儿子教育失宜的过失，也就是说父亲对子女的教育方法很重要，既不能溺爱子女也不能放纵纵容子女的过失，也不能依靠鞭打来教育子女，而是要有适宜的教育方法。

（三）依据䷴卦辞、象辞、部分爻辞分析其哲学意义

1.䷴卦辞的意义与哲学意义

䷴卦辞："渐：女归，吉，利贞。"

（1）䷴卦辞的意义

卦辞说："逐渐地，你们回来吧，吉祥，利于家庭吉祥。"

（2）䷴卦辞的实际意义

《渐卦》记载阐述的是君子和士兵们为了国家人民的利益，在外服役，有家不能归，而家中的父老妻儿殷切地期望他们回家的心情。

2.䷴象辞的意义与哲学意义

䷴象辞："渐之进也。女归吉也。进得位，往有功也。进以正，可以正邦也。其位刚得中也。止而巽，动不穷也。"

（1）䷴象辞的意义

象辞说："逐渐进步，逐渐有了进贡。你们归来吉祥。逐渐进步得到了应有的地位，是因为前往东征有功劳。以正道引导进步，就可以正大邦国。他的位尊而有刚健中正之德。停止而且顺服，其功德震动天下而无穷无尽也。"象辞是对卦辞的补充说明。

（2）象辞"进以正，可以正邦也。其位刚得中也。止而巽，动不穷也"的哲学意义

象辞是对周公代周成王执政期间，带领军兵前往东方东征，平息淮夷反叛之乱以后，仍然留在淮夷，帮助淮夷人民逐渐进步的真实历史的描述，周公与军兵们为淮夷人民作了很多好事，最为重要的是帮助淮夷人民建立了家园，教授淮夷人民从事农耕，使他们不但能以渔业为生，而且又有了农业收获，生活安定有了保障，而在自己的居住地安乐生活，并且舍不得让周公及其士兵们离开他们回家乡的真实情景记载。

所以"进以正，可以正邦也。其位刚得中也。止而巽，动不穷也"的哲学意义

是告诉我们，君子平息反叛不是依靠武力，而是以先王、先祖的仁善之德来感化，教化，帮助他们，帮助他们解除生活生存的具体问题，使他们的衣食住行得到稳妥的解决，使他们与天下人一起过幸福和乐的生活，那么天下太平就能够实现了。

3. ䷴九三爻、九五爻的意义与哲学意义

九三爻辞："鸿渐于陆，夫征不复，妇孕不育，凶，利御寇。"爻象辞："夫征不复，离群丑也，妇孕不育，失其道也，利用御寇，顺相保也。"

九五爻辞："鸿渐于陵，妇三岁不孕，终莫之胜，吉。"爻象辞："终莫之胜，吉，得所愿也。"

（1）九三爻的意义与哲学意义

①九三爻的意义

九三爻说："鸿雁逐渐在陆地上安居，丈夫东征不回来，妻子孕育了子女而丈夫没有养育，这是凶险之兆，但这是为了有利于抵御敌寇。"爻象辞说："这些东征的人士三年不能回来，是在帮助淮夷众多人民脱离那些令人憎恶的抢掠行为。东征之人的妻子孕育了子女而丈夫没有养育，失去了正常的生活秩序。是利用这些丈夫抵御敌寇了，为了使淮夷之族顺服相互保护了。

②九三爻的哲学意义

九三爻论述了在外服役的君子和士兵们以仁德感化帮助了那些反叛的淮夷之族，使他们过上了幸福和乐的生活。但是他们长期在外服役，使自己的家室得不到照顾，更不能养育自己的妻儿父母，但是他们的父母妻子明白这是为了国家人民的利益。

（2）九五爻的意义与哲学意义

①九五爻的意义

九五爻说："淮夷逐渐安居乐业不再欺凌别族人民，而且他们的待遇也得到上升。这是因为东征之人，三年不能回家乡，使自己的妻子三年不能怀孕生育子女，是因对淮夷人民施行仁德之故。东征之人得到的赞誉和东土人民得到利益终于没有谁能胜过他们，这是吉祥美好之事。"爻象辞说："周公东征，使东土人民得到了利益，使东征的人士得到嘉奖，没有什么人比得过他们，东土人和东征的人士，都得到了他们愿意得到的东西。"

②九五爻的哲学意义

说明了君子施行仁政平息反叛之族的结果和意义，既使反叛者得到了利益和提升了地位，又使君子和参与平息反叛的士兵们得到了至高无上的荣誉和赞美，但是因为他们在外服役，却使自己的妻子独守空房不能生育儿女。

九三爻与九五爻，其实就是对那些为了国家人民利益而在外辛劳的所有君子们的实际情形的概括和对其高尚行为的赞美。

(四)从䷑与䷴的卦形结构图分析其哲学意义

1.䷑与䷴的卦形结构图及分析：

（1）䷑与䷴的卦形结构图：是一对上下经卦图相反，卦象辞的第一句意义相近的卦形图。䷑是由上卦的☶山与下卦的☴风组成。将䷑的上下二个经卦图的位置相互置换，就组成了上卦为☴，为风，下卦为☶，为山的䷴的卦形图。

（2）䷑卦象辞的第一句是："山下有风，蛊。"首先它象征风、空气对山体本身以及对山下之土地的风蚀损害的自然之象。其次它象征小人像贼风一样蛊惑别人和自己被蛊惑而产生的不幸结果。

（3）䷴卦象辞的第一句是："山上有木，渐。"首先它表示了山上的树木是自然在山上渐渐长大成才的自然之象。其次它象征君子像山上的树木得到阳光的温暖，雨露的滋润，得到人类的保护而成为有用之才的人为之道。

2.䷑与䷴卦象辞的哲学意义

其一，"山下有风"与"山上有木"，其实也可以是"山下有草木""山上也有草木"之意，是由于他们的生长地不同，而使山下之木很容易被砍伐破坏，山上之木不容易被砍伐破坏，而逐渐长成有用之才。

其二，也可以是"山下有风""山上也有风"之意，只不过是山下之风对山、对草木、对人的影响较大；而山上之风对山与草木和人的影响较小而已。

其三，它们的哲学意义在于说明相同的事物在不同的环境与处理方式的不同下所产生的结果不同。

其四，其哲学意义与全卦所述内容和卦象辞的意义是一致的。

（五）䷑与䷴卦象辞的哲学意义及其归属

䷑卦象辞："山下有风，蛊。君子以振民育德。"

䷴卦象辞："山上有木，渐。君子以居贤德，善俗。"

1.䷑卦象辞的哲学意义

其一，"山下有风，蛊"，"蛊"是古人所说的毒虫，在这里象征山下的风就如蛊虫一样对地表土壤的风蚀蛊坏，是使大片土地沙化、荒芜，使大片绿地变成沙漠、荒滩的蛊废，使人类无法居住生存的自然现象。这虽然是自然界的自然现象，但古人早已认识到这些危害可危及人类，应想办法制止这种现象的发生。进而先圣们从自然界的蛊蚀现象，及人类自身的历史演化过程中所表现出来的与这种自然现象相类似的蛊惑与被蛊惑的历史事实，而得出的结论就是："君子以振民育德"，以防止人的蛊惑和被蛊惑的事情发生。

其二，现代科学关于防止山下之风对土地蛊废的有用方法，就是栽种各种既能抗旱又能防止风化的草木。

其三，据记载我国最早利用山下之风为民造福的风力机出现在三千多年前，人们利用风的威力碾米和提升水位，这是古人聪明智慧的体现。现代科学界，利用山下之风的威力创造出了风力发电，以利于人民生活，这是科学的进步。

其四，那么君子为什么要"振民育德"呢？"振"的本意是赈济、救济。因为君子治理国家天下目的，就是要达到天下太平安乐的理想境界，要实现这个理想境界，就必须先使民众得到救助，这个救助既包括治国者要以民为本，爱民养民，使民众物质生活富庶，又包括以道德为标准使民众具有一定的道德水准；对国家民众，危者安之，亡者存之，救其灾患，除其祸乱，还应表现在安疆域守国土，以振奋民众爱国家爱同胞的心志和精神，以美好的品德，上下齐心才能实现国泰民安的目的，而且要使仁义道德、传统美德永世传承。

正如《礼记·缁衣》孔子所言："夫民，教之以德，齐之以礼，则民有格心；教之以政，齐之以刑，则民有遁心。故君民者，子以爱之，则民亲之；信以结之，则民不倍；恭以莅之，则民有孙心。"[①]孔子之言，包含了君子如何做到"振民育德"的意义。

但是在科学技术发展的今天，民众的道德教育和个人的道德修养，仍然是一个严峻的问题，所以在现代，振民育德的意义和方法同样有着非常重要的社会意义。

其五，因为蛊惑与被蛊惑都是因为心灵精神意志缺乏道德的信念，所以"君子以振民育德"，是属于形而上教化之道。

2.☷卦象辞的哲学意义

其一，"山上有木，渐"是自然存在的自然事物，也是可以通过人为的改造而按照人的精神意志，逐渐变为对人类有用的事物。那么君子对于不同民族自然存在的风俗习惯，一方面要以仁善之德遵守，另一方面要对那些不符合大多数人民利益的陋习给以引导教化和适宜的约束，使他们逐渐改变，以使其成为对国家人民有利而不相互危害的文明民族，所以"君子以居贤德，善俗"既是对君子之德的赞美评定，又是国家民族政策的规则制度。

其二，《易经》从《渐卦》所论的周公继承文王之仁德而感化团结了不同风俗习惯，不同民族人民的历史意义中总结抽象出"君子以居贤德，善俗"的经典箴言，这也是国家对待不同民族施行不同政令的依据。也是《易·系辞》"化而裁之谓之变"的意义。

其三，当然这也应该是周公所修订的周朝的礼法制度之一，依照这样的原则安抚异邦的人民，使其安定地团结在天子周围，有利于天下太平安乐。

[①] 钱玄、钱兴奇等注译. 礼记[M]. 岳麓书社，2001：737.

《曲礼·王制》曰："凡居民材，必因天地寒暖、燥湿，广谷、大川异制。民生其间者异俗；刚柔轻重，迟速异齐，五味异和，器械异制，衣服异宜。修其教不易其俗，齐其政不易其宜。"[①]《曲礼·王制》这一段法规，阐述的就是对不同地域的人民，依据不同气候特点，不同的生活习俗，不同的性格特点而建立不同的制度，以美好德政教化他们而不改变他们的习俗，实行统一的政令而不必改变他们的生活方式和风俗习惯。

这也是执政者应该明白的道理。当然我们国家的领导人早已明白了这个道理，在各项民族政策中都有很好的体现。

其四，所以"君子以居贤德，善俗"属于形而上教化之道。

第十八节 《革卦》和《睽卦》卦象辞的自然之象与哲学意义及其归属

一、《革卦》卦形结构图自然之象的象征意义和卦象辞的意义

☱☲卦象辞："泽中有火，革。君子以治历明时。"

1. ☱☲卦形结构图自然之象的象征意义

"泽中有火，"是指☱☲的卦形结构；☱上，☲下，为☱☲。

其一，"泽中有火，"象征五行相克火克金的含义。也就是说，将含有金属的矿藏放入具有一定温度的冶炼炉中，经火烧烤的作用而发生变化，变成泽水，也就是变成金属溶液，而制造成各种用品以利民用。

其二，这个过程是一种强烈的化学反应，就是由一种物质变为另一种物质的过程，也就是物质的质变过程。那么，"泽中有火，"就是将矿石燃烧而变为金属的过程。

其三，这个过程象征变革和革命的形式，将不适合民众利益的执掌天命的政权，用强烈的革命手段革除，而变为由有道者执掌天命的政权的形式。

其四，最近看到有学者讲到汉朝时，说四川有一位道士研究《易经·革卦》卦象辞："泽中有火，"最终发现了天然气，而用天然气之火煮盐，那么在《易经》成书年代，是否也含有这种含义呢？笔者以为没有，这位学者说的是《易经》给人的启迪、智慧；而《革卦》的本义是变革，是革命；"泽中有火，"是指火克金，将矿石的性质改变而成为金属的过程。

---

① 木子主编. 曲礼[M]. 广州出版社，2001：94.

2. ☱ 卦象辞的意义

"君子以治历明时。"卦象辞说："君子要研究修治历法，明白年月日的精准计算方法，并精确使用。"

这个提示是《易经》依据历代改朝换代的历史总结而来，因为在古代每一次改朝换代之后，每一朝代都要实行自己朝代的历法和崇尚的德性。它包括了历法产生的历程，研究修治不断完善历法的过程，以及各朝代对历法使用修治方法等。

二、《睽卦》卦形结构图自然之象的象征意义和卦象辞的意义

☲ 卦象曰："上火下泽，睽。君子以同而异。"

1. ☲ 卦形结构图自然之象的象征意义

"上火下泽，睽"，是指☲的卦形结构。☲上卦为☲，为火；下卦为☱，为兑，组成了☲。首先它象征离火在上，泽水在下的意义。它与《革卦》的卦形结构相反。其次，"睽"象征事物的相反相成性的特征，也就是矛盾的同一性。正如《易·系辞》所言："睽，弦木为弧，刘木为矢，弧矢之利，以威天下，盖取诸睽。"古人将木头弯曲为弧形，用绳子固定制成弓，砍削木头制成箭，弓箭的作用威震天下，就将弓箭的发明和使用方法命名为睽。所以说，睽象征射箭的原理：射箭者的目光与箭头瞄准的方向相同，但是拉动弓弦时，用力的方向与射箭的方向相反，用适当的气力向后拉动弓弦，使箭弹射出去，射中一定距离的目标，射箭的原理包括了睽视和箭与弓弦的方向背离的意义。因此，射箭的原理，体现了事物运动的相反相成性的特征，也就是矛盾的同一性。

2. ☲ 卦象辞的意义

"君子以同而异。"卦象辞说："君子为了同一目的，而采用不同的方法，达到相同的目的。"

"君子以同而异"也可以是指君子与小人的不同之处，正如《论语·子路篇》孔子曰："君子和而不同，小人同而不和。"[①] 孔子说，"君子所讲的是在遵循道的基础上的和谐。而不是盲目的随从。小人所讲求的是无原则的盲目随从，而不是道义上的和谐一致。"

三、《革卦》和《睽卦》卦象辞的哲学意义及其归属

（一）依据《易·系辞》对《革卦》和《睽卦》的论述分析其哲学意义

1.《序卦传》曰："井道不可不革，故受之以革。"

---

① 刘琦译评. 论语 [M]. 吉林文史出版社，1999：107.

2.《序卦传》曰："家道穷必乖，故受之以睽。睽者，乖也。"

3.《杂卦》曰："革，去故也。""睽，外也。"

4.《序卦传》说："旧的不适合时代的制度不可不革除，所以命名为革。所谓革，就是革除、变革或变化之义。"

5.《序卦传》说："所以家庭伦理阻塞不通就会有违背伦理之事发生，所以就命名为睽。所谓睽就是违背之义。"

6.《杂卦》说："去故，就是去除旧的事物。汤武革除夏桀之命，建立一个新的商王朝。""睽，是背离、外面的意思，就是说外在的表现背离了道德的意义。"

以上是《序卦传》与《杂卦》对"睽"与"革"的真实意义的解读。

（二）依据☰☱卦辞、彖辞、部分爻辞分析其哲学意义

1.☰☱卦辞的意义与哲学意义

☰☱卦辞："革，巳日乃孚，元亨利贞，悔亡。"

（1）卦辞的意义

卦辞说："变革，是太阳就有诚信，有诚信就美善亨通有利正当，灾难消失。"卦辞是对全卦所述内容的概括，卦辞是说有如太阳一样诚信的天子，命运一开始就会亨通，利于实现天下大治，也不会有灾难发生。

（2）卦辞的哲学意义

其一，指出了天道太阳的诚信，那就是日日时时按时按季节照耀变化万物，以善待万物，就能享通无阻地利於万物正常生长化育，而没有灾难降临。

其二，天子是天下人民的太阳。天子这个太阳就要像天上的太阳一样，有诚信，以仁善之心为人民谋利益福气，从开始就能享通无阻，且有利于天子之正，有利于天子以正治天下，有利于天子实现天下安定太平的目标，有利于天子之事业的恒固长久，所以天子和这个朝代就不会发生被革命而改朝换代的事情。

2.☰☱彖曰的意义与哲学意义

☰☱彖曰："革，水火相息，二女同居其志不相得，曰革。巳日乃孚，革而信之。文明以说，大享以正，革而当，其悔乃亡。天地革而四时成，汤武革命，顺乎天而应乎人，革之时大矣哉。"

（1）彖曰的意义

彖辞说："革，就是水火相互作用使其相互减少，二女同居于一处，她们的志向各不相同，不能相依相得，就是革。是太阳就有诚信，革命而守信用，文明所以喜悦，大亨通所以正大光明，革命而正当，其灾难就会消失。天地阴阳变化而四时形成；商汤和周武王革命，顺应天道而且顺应民心，革命的时间意义大极了啊！"彖辞是对卦辞的补充说明，并对革的意义和商汤周武王革命的意义做了全面论述。

（2）彖辞"天地革而四时成，汤武革命，顺乎天而应乎人，革之时大矣哉"的哲学意义

其一，是指天地自然的变化对昼夜四季形成的原理：太阳和地球各自在自己的运行轨道上运行不息，太阳在自己的运行轨道上从东向西南方向运行，由于太阳在天空中位置的变化，形成了太阳与地球的不同的时空关系，使太阳对地球光热照射的强弱度不同而形成了春夏秋冬不同的气候特点是谓四季，天地革之革，在这里指太阳位置的改变和地球气候的变化。

其二，明确地告诉我们商汤开创的以武力革除夏桀之命，周武王继承商汤革命的方法革除商纣王之命，而改朝换代有着非常重要的历史意义：商汤和周武王以武力革命改朝换代的作为，上顺乎天道，顺乎自然变化规律，顺乎先帝之德，下又顺乎民情民心。这是《易经》对商汤周和武王遵天道而变革朝代，以武力革除无道者执掌天命的权利，建立以有道者执掌天命权利的建立新朝代的伟大历史意义的肯定。

3. ䷰六二爻、九五爻、上六爻的意义与哲学意义

六二爻辞："巳曰乃革之，征吉，无咎。"爻象辞："巳曰革之，行有嘉也。"

九五爻辞："大人虎变，未占有孚。"爻象辞："大人虎变，其文炳也。"

上六爻辞："君子豹变，小人革面，征凶，居贞吉。"爻象辞："君子豹变，其文蔚也。小人革面，顺以从君也。"

（1）六二爻辞的意义与哲学意义

①六二爻辞的意义

六二爻说："这个太阳的使命于是就被革除了，历史证明革除这个太阳的使命是美好吉祥的，革除这个太阳之命的人也没有过失。"爻象辞说："夏桀被商汤革除掉了，商汤的行动受到天下人民的拥护，称誉。"

②六二爻辞的哲学意义

商汤奉行天命，而革除了夏桀这个违背先帝、先祖之道而危害人民的太阳的命，是正确的，是没有过失的。

（2）九五爻的意义与哲学意义

①九五爻的意义

九五爻辞说："大圣人的革命雄猛威武，不用占卜就有诚信。爻象辞说："用'大人虎变'这个词语来形容商汤革夏桀之命的威力极大，革命非常彻底，成就非常显明，意义非常重大而光明。"

②九五爻的哲学意义

首先九五爻告诉我们，商汤开创的以威力革命的重要意义。其次指出了革命的手段和目的。

（3）上六爻的意义与哲学意义

①上六爻的意义

上六爻辞说："君子的革新似豹子的色彩变化般显明而勇猛，小人变革只是一些小革新或者只有一点小变化。出现凶险之兆，只要居于中正就吉祥。"爻象辞说："'君子豹变'，是用来形容君子的变革似豹子的色彩变化般显明而勇猛。小人改革只是一些小革新或者只有一点小变化，这些改革或革新顺应了先帝先王的德政。"

②上六爻的哲学意义

其一，"君子豹变"主要是指在殷商的历史进程中，如太宗、中宗、高宗一样的变革政治，使殷商三次再度中兴的意义。中兴，是中度兴盛，所以用"君子豹变"，形容三次中兴，不及商汤时强盛而显明。

其二，"小人革面"。"小人"在这里不是指一般意义的小人，而是指不及君子之君王，祖己帝和盘庚帝时，使殷商的政势有所复兴，但他们的变革不如太宗、中宗、高宗一样变革政治，使殷商兴盛，而只是小的复兴。可是他们能遵奉先王之德治国治天下，而使殷商之政治小有复兴。所以"小人革面"是形容他们的变革并不完全彻底，只是在某些方面做了小的修正变革，取得了小的成就而已。

其三，"征凶"是指在殷商的历史进程中出现了一次又一次凶险之征兆，但都能通过改革而化险为夷。

其四，"居贞吉""贞"是正，是永固。"居贞吉"是说身居帝王之位，只有以正治天下，只有坚持不懈地以先圣、先帝、先王之道治天下，才会吉祥如意，才能使国势永久不衰而天下太平。

其六，它们的哲学意义，在于说明革命、变革、革新意义的不同和结果。

（三）依据䷐卦辞、象辞、部分爻辞分析其哲学意义

1.䷐卦辞的意义与哲学意义

䷐卦辞："睽：小事吉"。

（1）卦辞的意义

卦辞说："若是违背道德，违背民心，违背民情、常情做事情，而且还能成功者，只能是小事了，也就只能成功于小事情。"也可以将卦辞解释为"看，小事成功的方法。"卦辞是对"睽"意义的说明，也是对全卦所述内容结果的高度概括。

（2）卦辞的哲学意义

"睽"，具有违背和观看二重含义：其一，《睽卦》所阐述的是秦孝公采用了违背圣王的治国之道，违背民心、民情，而采用以残暴高压强制手段的治国之道，而急于成就霸业的历史事实。其二，是指观看春秋战国时期第一个和后一个称霸诸侯的前因后果以及成就霸业的过程的历史事实。

2.☲☱彖辞的意义与哲学意义

☲☱彖辞："睽，火动而上，泽动而下。二女同居，其志不同行。说而丽乎明，柔进而上行，得中而应乎刚，是以小事吉。天地睽而其事同也。男女睽，而其志通也。万物睽，而其事类也。睽之时用大矣哉。"

（1）彖辞的意义

彖辞说："背离指火在上面向上运动，泽水在下面向下运行。二女同居于一室，其志向各不相同。喜悦而且美丽光明温暖向下，泽水之气柔顺运动而向上运行，得到中正而且应乎刚健之道，所以小事成功。天之阳地之阴上下相互观看，它们变化的事理是相同的。男女相互观看，他们的心志相通。万物相互观看，它们变化的情形是相类似的。观看的时间的用处大极了啊！"

（2）彖辞"天地睽而其事同也。男女睽，而其志通也。万物睽，而其事类也。睽之时用大矣哉"的哲学意义

①"天地睽，而其事同也。男女睽，而而其志通也"的哲学意义：其一，在于天在上，地在下，天地相向而遥遥相望，天上日月的光辉向下照射；地之阴气由下向上升高，天地之气各自背离自己的位置而在空中交会、相合，变化风云雨雪雷电而化生万物的结果是相同的。其二，指男女各自的结构，性情各不相同，但是男女通过相互观看、交往，其心志相感而通，就可以成为男女夫妇之情而成就后代的目的是一致的。这是说，商鞅通过与秦孝公的交谈、观察，终于达成了一致目的，那就是违背先圣先王的治国之道，而成就了霸业。

②"万物睽，而其事类也，睽之时用大矣哉"的哲学意义：其一，在于万物各有阴阳属性，各有特点，各不相同，但是万物依照日月光辉的变化，四时的变化而生而长，而收藏的大致规律是类似的。其二，指观看事物各个时期的变化状况，其变化规律是相同的；天道自然顺变常变是顺应天道天时人心，其结果是自然地实现了天下通达安泰。然后指逆变则是违背天道天时人心，其结果则是为万物带来意想不到的灾难。其三，指治国者要随时观看时势的变化，及时永远以先圣先王的治国之道治理国家天下，天下就会永远太平安乐。

3.☲☱六五爻、上九爻的意义与实际意义

六五爻辞："悔亡，厥宗噬肤，往，何咎。"爻象辞："厥宗噬肤，往有庆也。"

上九爻辞："睽孤，见豕负涂，载鬼一车。先张之弧，后说之弧，匪寇婚媾。往，遇雨则吉。"爻象辞："遇雨之吉，群疑亡也。"

（1）六五爻的意义与实际意义

①六五爻的意义

六五爻辞说："灾难消失了，就连祖宗、宗族的坟地都被挖掘出来，就连这个

人的皮肉都被吃得一干二净，这个人使人如此仇恨，那么他已往有什么罪过呢？"爻象辞说："就连祖宗、宗族的坟地都被挖掘出来，就连这个人的皮肉都被吃得一干二净，而这个人过去得到的封赏、荣耀及庆贺的事情太多了。"

②六五爻的实际意义

六五爻实际是指商鞅被秦惠文王五牛分尸车裂之后，对商鞅恨之入骨的百姓，争相吃其皮肉，须臾而尽。商鞅的宗族之人全都被灭亡，就连宗族之人的坟墓都被挖掘焚尸。商鞅死后，百姓载歌载舞，如释重负。为什么商鞅会得到如此的下场呢？这就是因为商鞅使用了违背先帝、先王之常道的方法，残暴地伤害人民，使人民饱受极刑残害的结果；也是商鞅骄横无道，只知进而不知退的结果。

（2）上九爻的意义与实际意义

①上九爻的意义

上九爻辞说："观看第一个，看见猪反而直立在路上，又如载了一车鬼怪，先张开了弓矢。后说的弓矢，不是强迫抢夺的婚姻；已往遇到金雨就吉祥。"

②上九爻的实际意义

其一，"睽孤"指观看春秋时期第一个称霸的诸侯齐国的称霸经过和观看战国时期最后一个称霸的诸侯秦国的称霸经过。

其二，"见豕负涂，载鬼一车，先张之弧。""见豕负涂，载鬼一车。"是说齐国从什么时间，以什么事件为界限，开始了称霸的历程。"先张之弧"指在齐国称霸的过程中张开弓矢都干了些什么事情。后一句是说秦国在称霸的过程中张开弓矢干了些什么事情。"见豕负涂"是说齐国的齐桓公之父齐襄公是一个乱伦无道失德的昏庸君主，他以失职之罪将守卫彭生杀死，在一次齐襄公驾车出游，初二日命举火焚林，准备田猎，当时只有齐襄公独自坐在车中，守卫孟阳在旁守护，此时只见一只象猪非猪，象虎非虎的大豕从火中奔出，直冲到齐襄公的车前蹲伏，齐襄公大喊让孟阳射杀大豕，而孟阳看到的却是彭生，齐襄公从孟阳手中夺过弓箭，向大豕连射三箭，大豕反而直立起来，仿人行走之状，且大声哀啼，其声哀惨而不敢听闻，齐襄公受到惊吓从车上跌落下来，跌伤了脚，有一只靴子被大豕衔着而去。此后齐襄公丢失的靴子又被追杀齐襄公的人在齐襄公藏身之处发现，而使齐襄公被杀，齐国因此而由齐襄公之子小白继位，为齐桓公。所以，"见豕负涂"是指违背道德伦理的齐襄公为了粉饰自己，冤杀了彭生，后当他出猎时，遇见了蒙受冤屈而死，变为大豕的彭生直立在大路上，终于使齐襄公的生命走到了尽头。"载鬼一车"是指齐桓公为齐国君主之后，一心想改正其父的过失和富国强民，成就霸业的心志。有一天，齐桓公狩猎于大泽之陂，竖貂为御，车驰马骤较射正欢之时，齐桓公忽然看到了一鬼物，无法说出此物的形状，齐桓公因此而大病。因为齐桓公看到的鬼物与车有不解之缘，其状如车毂，其长如车辕，紫衣而朱冠。其为物也，恶闻车轰鸣之声，闻则捧其首而立，故其名曰"委蛇"[①]。

其三，"后说之弧，匪寇婚媾。往遇雨则吉。"这是指秦国被周平王正式分封为诸侯国以后，就开始了称霸的梦想，有了称霸的梦想实现的时间次序，及其期间发生的一些事情；也就是指最后一个称霸诸侯的秦国的称霸经过。

（四）从☱与☲的卦形结构图分析其哲学意义

☱与☲的卦形图是组成☱与☲的上下二个经卦图相反，卦象辞的第一句意义也相反的卦形图；也就是说☱是由上卦的☱兑，下卦的☲火组成，而将组成☱的☱兑、☲火的位置上下互换，就组成了上卦为☲火，下卦为☱兑的☲。

之所以说卦象辞的第一句"泽中有火，革"与"上火下泽，睽"的意义相反，因为"革"的离火在下面，下面的火使上面的泽金被冶炼成为金属，改变了矿石的性质，象征圣人通过武力革命改变了社会的性质；又因为"睽"的离火在上面，因为离火的火焰向上，上面的离火不能使下面的兑金发生大的改变，也就是离火与兑金背道而行。"睽"又有看的含义，所以就是"看君子与小人的不同之处"；不同之处就是孔子说的："君子和而不同，小人同而不和。"也就是说君子和小人的本质就是有道与无道的区别。

（五）☱与☲卦象辞的哲学意义及其归属

☱卦象辞："泽中有火，革。君子以治历明时。"

☲卦象曰："上火下泽，睽。君子以同而异。"

1. ☱卦象辞"君子以治历明时"的哲学意义及其归属

"君子以治历明时"是指历法产生的历程，"治"，就是研究、修治、整治之意。"治历明时"，就是君子要研究修治历法，明确时日的精确计算。据记载，我国古代历法的起源是很早的。在原始的农牧业时期就有了原始的历法。早期的历法现在只留下了传说，难以深入考究。成文的历法从周末到汉初的《古四分历》开始，经过多次的历法改革，在改革中不断进步和完善，达到了相当高的科学水平，取得了一个又一个成就。我国古代的历法大都使用传统的阴阳历，但是所包含的内容却不仅仅是年月日时的安排，还包括日月五星位置的推算、日月食的预报、二十四节气的安排等。历法的改革，包括了新理论的提出、精密天文数据的测定、计算方法的改进等。我国古代的历法成就，在世界天文史上占有相当重要的地位。而且古代修订推算的历法、二十四节气、计时的天干地支等，一直沿用至今。

[①] 张光裕主编.老子(附庄子)[M].北京燕山出版社，2000年7月版，184—185页。《左传·庄公八年》78页。

《易·系辞》言："归奇于扐以象闰，五岁再闰，故再扐而后挂。乾之策二百一十有六，坤之策百四十有四，凡三百有六十，当期之日。"

这是《易·系辞》对治历明时方法的记载，也是对阴阳历推算方法和一年总天数计算方法的说明。它说明了以下几个问题。

其一，阴阳历的推算方法，是以月球绕地球绕一周所需的时间为一个月；而地球绕太阳一周，就是月球绕地球十二周又三分之一的时日，也就是地球绕太阳一周所需的时间 365 天或 366 天为一回归年；但是一个朔望月平均长度是 29.55306 日，乘以 12 月，就是 354 天，与阳历，也就是地球绕太阳一周的时间 365 天相差 11 天左右；所以，就要置闰月，使之与回归年的时间相应。所以说"归奇于扐以象闰"，就是将月球绕地球十二周为一年，而每年所剩余的天数，大约是十一日，累加三年就是三十三日，三年加一个闰月。还剩余三日或者四日，再累积两年，再置一闰年，也就是"五岁再闰"的含义。"故再扐而后挂"，就是再有余漏之数，用同样的方法将这些剩余之天数，三年或五年再置闰年的意思，也就是平时所言三年二头闰的含义。平均计算，十九年需置七个闰年，即有十二个平年，每平年十二个月；有七个闰年，每个闰年为十三个月（十二个月加一个闰月），这就是"故再扐而后挂"的含义。

其二，阴阳历一年天数 360 天的计算方法和象征意义：将阴历 354 天或 355 天与阳历年 366 天或者 365 天相加，二者的平均天数为 360 天，这就是我们平时常以一年 360 天为口头语。360 天就是阳历年的天数与阴历年的天数相加为 720 天的平均数。

其三，阴阳历的意义：阴阳历又叫农历，是一种调合阴历和阳历关系的历法，是一种兼顾月球绕地球和地球绕太阳运动周期而制定的历法，是一种阴月阳年式的历法。该历法以每一个月的月相——朔月为主。农历每月初一是朔日，朔日当天的月亮称为朔月，朔月又称新月，所以当天的月亮是看不见的。农历每月十五是望日，望日当天的月亮为望月，又称满月。人们把每月朔月、望月循环变化的过程称为朔望月，农历历月的长度是以朔望月为准的阴历月。

"扐"，是手指之间，也就是每年所剩余的天数，就如手指之间遗漏之数一样。"扐"，是一个象征辞。"归奇于扐以象闰"，就是每年剩余的天数，就如手指缝之间遗漏的数一样。

"君子以治历明时"指君子改变历法，以明确改世的时间。这是指古代君主改朝换代之后，一定要改变历法。《革卦》阐述的是商汤革夏桀之命，而建立商朝的历史，那么商朝就要改变夏朝的历法。

夏朝之时，以每年的一月为正月，也就是寅月为正月，而商朝改为以每年的十二月，也就是丑月为正月。周朝时则改为十一月为正月，也就是子月为正月。治历，就是改变历法，其实也只是改变月记而已，为的是区别朝代。正如《史记·历书》曰："正不率天，又不由人，则凡事易坏而难成矣。王者易姓受命，必慎始初，改正朔，易服色，推本天元，顺承厥意。"①"夏正以正月，殷正以十二月，周正以十一月。盖三王之正若循环，穷则反本。天下有道，则不失纪序；无道，则正朔不行与诸侯。"② 这是《历书》关于改朝换代改变历法意义的说明。

但是，孔子认为："行夏之时，乘殷之辂，服周之冕。"③（《论语·卫灵公篇》）孔子认为夏朝的历法最合理，也就是以元月为正月最合理，所以到了汉朝时，又将阴历改为夏历元月为正月，也就是如今我们所使用的正月历法。该历法是汉朝之时又恢复的夏朝的历法，因为汉朝崇尚土德，土为黄色，又因为历法的变化，自古以来都是与改朝换代相关，所以今人称阴历为"黄历"。

其四，"君子以治历明时"是说因为历法对于制定各种政令有着很重要的时间意义，所以其使用属于形而下的规章制度的范畴。

2. ䷥卦象曰："君子以同而异"哲学意义

"君子以同而异"的哲学意义之一，是指以不同的途径，得到共同期望的结果。正如《易·系辞》子曰："天下何思何虑？天下同归而殊途，一致而百虑。"孔子指出，天下有什么需要思虑的呢？天下人的目的都是一致的，只是实现目的的途径不同而已，而且目的一致却有百种考虑。

《睽卦》论述的内容，是指商鞅变法是为了成就秦孝公的霸业，也就是商鞅变法的目的与秦孝公的目的相同，但是所采用的方法与先圣先王的治国之道相背离，与民心相背离。从商鞅变法的最后结果而言，当用不同的方法达到了同一目的时，就应该及时修正那些不符合民心民意民情的方法，以使之与民心民情相通，而使其事业长久。

所以，"君子以同而异"哲学意义之二，就是在说明君子强国富民的目的一定要在不违背先圣、先王的治国之道，不违背民情、民心、民意的基础上，采用各种不同的方法进行，以实现天下太平。

"君子以同而异"对于我们现代人也有重要的教化意义。为了共同目标，同事们可以各尽所能，用各种不同的方式方法来行动，以求达到共同的目标；但是我们现代人所面对的事物太多了，所以我们一定要把握好同的含义，"同"，是指大目标相同，"异"，是实现目标的方法不同，与"求大同，存小异"的意义相似，但

---

① 李杰主编. 史记[M]. 哈尔滨出版社，2003：413.
② 同上，414.
③ 刘琦译评. 论语[M]. 吉林文史出版社，1999：126.

不完全相同。所以我们可以用"求大同，存小异"来处理现代事务，但不能用违背民心、民情、民意的方式达到自己的目标。也可以是，我们只要在大原则和目的上相同，对于一些小事情，可以不必计较，但是不能违背道德仁义。

第十九节 《震卦》和《艮卦》卦象辞的自然之象与哲学意义及其归属

一、䷲卦形结构图自然之象的象征意义与卦象辞的意义
䷲卦象辞："洊、雷震。君子以恐惧修省。"
1.䷲卦形结构图自然之象的象征意义
"洊、雷震"是指《震卦》的卦形结构而言。震卦是由两个☳雷相叠而成。其一，象征雷声非常响亮，轰隆轰隆响彻天下的自然之象。其二，表示雷震的强度非常之大，而且一声一声连续不断，使人感到恐惧。

2.䷲卦象辞的意义
"君子以恐惧修省"指君子在恐惧中反省自己的德行，修治自己的品德，以利及时改正过失。也可以是君子时刻担心害怕自己的言行出差错，怕自己背离了大道，毁了先王所开创的事业，所以时时处处反省自己，而修正过失，以保大道不失。正如《中庸》曰："道也者，不可须臾离也，可离非道也。是故君子戒慎乎其所不睹，恐惧乎其所不闻。莫见乎隐，莫显乎微，故君子慎其独也。"①

二、䷳卦形结构图自然之象的象征意义与卦象辞的意义
䷳卦象辞："兼山，艮。君子以思不出其位。"
1.䷳卦形结构图自然之象的象征意义
"兼山，艮。"是对䷳卦形结构的说明。䷳上下均为☶山，也就是由上下两个经卦☶相合组成了䷳。䷳为山、为止。其一，象征物体停止不动的自然之象。其二，二☶相叠，象征止而又止坚定不移坚持到底的精神。

2.䷳卦象辞的意义
"君子以思不出其位"出自《论语》孔子曰："不在其位，不谋其政。"曾子曰："君子思不出其位。"② 孔子说："不在那个位置上，就不要思考谋取与自己

---

① 钱玄、钱兴奇等注译.礼记[M].岳麓书社，2001：693.
② 刘琦译评.论语[M].吉林文史出版社，1999：61.

不相干的事情。"

三、《震卦》和《艮卦》卦象辞的哲学意义及其归属

(一)依据《易·系辞》对《震卦》和《艮卦》的论述分析其哲学意义

1.《序卦传》曰:"主器者莫若长子,故受之以震。震者,动也。"

2.《序卦传》曰:"物不可以终动,止之,故受之以艮。艮者,止也。"

3.《杂卦》曰:"震,起也。""艮,止也。"

4.《序卦传》说:"国君最器重的莫若长子,(主持国家祭祀之礼的毕竟是长子。)所以命名为震。所谓震,就是主持国家祭祀之礼的长子在雷震中反省自己的过失。"

5.《序卦传》说:"事物总不能一直处于过失的状态,所以命名为艮。所谓艮,就是要使过失停止之意。"

6.《杂卦》说:"震卦就是通过振动而引起反省。""艮卦本身的含义是止的意思,而艮卦阐述的是使过失停止。"

以上是《序卦传》与《杂卦》对"震"与"艮"的真实意义的说明。

(二)依据《震卦》卦辞、象辞、部分爻辞分析其哲学意义

1.☳卦辞的意义与真实意义

☳卦辞:"震:亨,震来虩虩,笑言哑哑。震惊百里,不丧匕鬯。"

(1)☳卦辞的意义

卦辞说:"震动,亨通,雷震突然来临,电闪雷鸣,震耳欲聋,狂风大作,使人非常恐惧害怕,正在谈笑风生的人们被突如其来的震雷惊得哑然无声。雷震虽然震惊数百里,却没有震失任何东西,就连一把勺子,一坛祭祀用的酒都没有丧失,人们又都笑颜逐开,欢声雷动。"

(2)☳卦辞的真实意义

《震卦》卦辞是指周成王之时,有一日突然发生大雷电、大暴风使已经成熟的禾稼全部受灾。大树被大暴风连根拔起,禾稼被全部刮倒;此事使周成王非常震惊,他在震惊中及时反省自己,并及时打开了周公当年深藏的"金滕"观看,及时省悟到了周公在代他执政七年治理天下,为什么使天下大治,诸侯服拜的功德;周公虽是代王摄政,但其功德是很显著的,他也应享受周朝之王的礼遇,所以周成王立即下令以天子之礼对待周公,并且亲自举行郊祭;结果,暴风反转方向,使被暴风刮倒的禾苗又被风吹直,死而复生,紧接着又下了一场及时雨,周成王亲自迎周公又命令国人给被大风刮倒的树木培土固根,树木也都复活了,到秋天时又获得了大丰

收。（这是《尚书·金縢》①中所记载的周成王在大雷震中如何作为的历史事件。）

2.䷲彖辞的意义与真实意义及哲学意义

䷲彖辞："震，亨。震来虩虩，恐致福也。笑言哑哑，后有则也。震惊百里，惊远而惧迩也。出可以守宗庙社稷，以为祭主也。"

（1）彖辞的意义

彖辞说："震惊，震动亨通，大雷震来时非常恐惧。因恐惧得到了福气，天下又呈一片鸟语花香人声鼎沸景象，以后就有了规则。震惊百里的大雷震，震动震惊虽然远而内心恐惧，却没有丧失一把汤匙和一坛子祭祀的香酒，人们出入可以有守宗庙社稷的权利，可以为祭祀天地社稷的主人啊！"

（2）彖辞的真实意义

其一，"震亨，震来虩虩，恐致福也。"彖辞说，震惊、振动，而后亨通，为什麼呢？因为大雷震大暴风使周成王震惊恐惧，他在震惊恐惧中能及时反省自己，寻找使他震惊的原因，借此纠正过失，而使大灾难没有造成损失，这就是因恐惧而得到的福气，所以亨。"亨"在这里还可以是进献祭品，周成王在震惊中反省自己，而以天子之礼向周公进献祭品，以祭祀周公。

其二，"笑言哑哑，后有则也。"之所以人们欢言笑语不断，是因为周成王在震惊中，及时反省自己对周公之贤没有深刻了解和理解，就及时纠正自己的过失，而及时分封周公为周王，使周公享受如周文王一样的君王之礼仪，又下达了关于对周公分封及祭祀礼仪的命令，成为后人遵从的规则。正如《礼记·祭统》曰："昔者，周公旦有勋劳于天下。周公既没，成王、康王追念周公之所以勋劳者，而欲尊鲁，故赐之以重祭。外祭则郊社是也，内祭则大尝禘是也。夫大尝禘，升歌《清庙》，下而管《象》，朱干玉戚，以舞《大武》，八佾以武《大夏》。此天子之乐也。康周公，故以赐鲁也。子孙纂之，至于今不废，所以明周公之德，而又以重其国也。"②就是说为了追念、褒扬、显扬周公之德，周成王赐以天子的祭祀礼仪歌乐于鲁国，使其成为子孙后代祭祀周公的礼仪。

其三，"震惊百里，惊远而惧近也。"大雷电、大暴风震惊周邦广大之地，大雷震、大风暴虽然使郊外的农作物和树木受到损坏，但是对周成王的震惊恐惧确是在心中，所以才使他震惊恐惧，使他及时反省自己，而纠正过失。

其四，"不丧匕鬯，出可以守宗庙社稷，以为祭主也。"大雷震大风暴没有对人民造成灾难，没有损失任何东西，是因为周成王在大雷震中及时反省自己，及时

---

① 徐奇堂译注．尚书[M]．广州出版社，2001：103.
② 钱玄、钱兴奇等注译．礼记[M]．岳麓书社，2001：252.

采取措施，及时以天子之礼祭祀周公，并来到郊外亲迎周公，以天子之礼分封周公，使周公守护周朝，发扬光大先祖之德的功勋得到显扬，并追封周公为王，使其成为宗庙社稷有功德的先祖，成为子孙后代祭祀的先王之一；也就是说追封周公为王，使周公也有祭祀天地的权利，成为祭祀江山社稷的主人。因为只有君王才有祭祀江山社稷、祭祀天地的权利。也可以说周公的后代出入有以天子之礼祭祀周公权利。

（3）象辞的哲学意义

说明了有道的君王对待灾难的态度；有道的君王在非常恐惧的灾难来临时，能及时反省自己的过失，并及时纠正过失，以及亲自参与灾难的救助。

3. ☳ 六五爻、上六爻的意义和真实意义与哲学意义

六五爻辞："震往来厉，亿无丧，有事。"爻象辞："震往来厉，危行也。其事在中，大无丧也。"

上六爻辞："震索索，视矍矍，征凶。震不于其躬，于其邻，无咎。婚媾有言。"爻象辞："震索索，中未得也。虽凶无咎，畏邻戒也。"

（1）六五爻的意义与实际意义

①六五爻的意义

六五爻说："已往大雷震来的非常厉害，计以数倍的损失最终却没有损失，这中间有很多事情。"爻象辞说："已往大雷震来的非常厉害，在危险中行动了。有事情在中间，使极大的损失变为没有损失。"

②六五爻的真实意义

是指过去周成王之时，大雷震、大暴风来的那么厉害，却能化解掉计以数倍的损失为没有损失。这是因为周成王在大雷震中做了很多事情，而使大损失变为没有损失。而周幽王在大地震中对人民却什么事情也不做，使人民遭受了严重的灾难。

（2）上六爻的意义与实际意义

①上六爻的意义

上六爻辞说："在大地震中搜索求取，目光左右惊顾掠夺不断，这是凶险的征兆。大地震中不要从自身私利出发，要以自己临近的先祖为借鉴，来对待他的居民，就不会有灾难发生。婚娶有话要说。"爻象辞说："大地震中求索搜索美女财物，未得到先祖的中正之道。虽然凶险，但自身暂时还没有灾难，应该敬畏临近先祖的警省啊。"

②上六爻的真实意义

"震索索，视矍矍，征凶"是指周幽王在大地震中，不反省自己之过，不求得先祖之德，而是不顾人民的死活，四处为自己求取搜索美女，使人民惊恐地左右为难，四处奔散，而周幽王不但不视察顾及人民的生命安全，却与周围的小人一起搜

刮掠夺人民的资材，这是凶险的征兆，是西周国运将尽的征兆。

"震不于其躬，于其邻，无咎"是指周幽王若是不从自己的私利出发，以自己临近的先祖周成王为借鉴，及时反省自身的过失，以先祖之德来修正自己的德行，就不会使他的居民因为地震而遭受灾难了，更不会有亡国的灾难发生了。

"婚媾有言"是指周幽王自大地震开始，就为自己求索美女，最终终于搜索到了美女褒姒，而废除了原先的皇后和太子，纳褒姒为皇后，立褒姒之子为太子，更加肆无忌惮地背离了先祖之德政，最终使西周国运终结而亡。

（3）六五爻与上六爻的哲学意义

通过实际对比，说明有道者与无道者的区别。有道者在灾难来临时，既能及时反省自己的德行，又能不顾危险，亲临现场，救助人民的灾难；无道者，在人民遇到大灾难时，不但不反省自己的过失，反而对人民遇到的灾难不闻不问，而且在灾难发生时，还四处为自己搜索美女搜刮钱财，祸乱朝纲，最终亡了西周和自己。

（三）依据《艮卦》卦辞、象辞、部分爻辞分析其哲学意义

1. ䷳卦辞的意义与哲学意义

䷳卦辞："艮：艮其背，不获其身，行其庭，不见其人，无咎。"

（1）䷳卦辞的意义

卦辞说："因为他正直，所以背离了主人。因为背离了主人，主人就不能得到他这个人，在主人的朝廷，就看不见他这个人，主人前去他家的庭院寻找，也没有看见他。他不见主人和主人寻找他都没有过失。"

（2）䷳卦辞的实际意义

卦辞是对艮卦全卦内容的概括性说明。《艮卦》是春秋时期第二个称霸诸侯的晋文公重耳与介子推历史事件的记载评定。介子推在重耳穷苦潦倒时，与其他追随者，一直追随重耳在外流亡十九年，而当重耳继位为晋国君主晋文公后，当介子推看到昔日同仇敌忾的朋友，在朝廷上相互攀比争功邀赏时，心中感到悲哀，而恰好重耳又忘记了给不为自己争功邀赏的介子推封赏，介子推与老母言其心中的不安，而后在母亲的支持下，一声不响地背离了重耳，与自己的老母隐退于绵山之中，重耳亲自上其家庭院寻找，亲自带领人上山寻找，均未看见介子推，晋文公只好放火焚烧了绵山，最终只看见介子推被烧化了的脊背骨，而重耳为了永生牢记自己的过失，就将绵山分封为介山，为介子推修建祠堂，命人专门祭祀介子推。

（3）䷳卦辞的哲学意义

其一，说明真正的君子对待名利利禄的态度和实际行动。

其二，说明君子弥补自己过失的真心实意。

其三，说明介子推与重耳都是真正的君子。

2. ䷳彖辞的意义与实际意义

䷳彖辞："艮,止也。时止则止,时行则行,动静不失其时,其道光明。艮其止,止其所也。上下敌应,不相与也。是以不获其身,行其庭不见其人,无咎也。"

（1）彖辞的意义

彖辞说:"艮,就是奔跑停止的意思。所以在应该停止追随时就停止,在应该追随时就奔跑不止,奔跑和停止都不失其时机,其道路是正大光明的。指停止是为了实现道义,奔跑和停止都不失其正义的目的。因为二人有抵触情绪,二人就不能相见。所以一个就躲避不见想要寻找他的人,而寻找他的人也就得不到要寻找的人,因此在朝廷和庭院都看不到这个人的身体。躲避不见和寻找都没有过失。"

（2）彖辞的实际意义

其一,彖辞是对卦辞的进一步解释。

其二,彖辞也是对全卦内容的概述与评定。

3. ䷳六五爻的意义与实际意义和哲学意义

六五爻辞;"艮其辅,言有序,悔亡。"爻象辞:"上九:敦艮,吉。"

（1）六五爻的意义

六五爻说:"停止辅助,说话有先后次序,懊悔消失了。"爻象辞说:"通过介子推之言与行为,以及重耳的懊悔之言与行动,充分体现了二位君子公正正直的品德。"

（2）六五爻的实际意义

指介子推决定隐退时所说之话的先后次序与意义,以及晋文公重耳寻找介子推时所说之话的先后次序和意义。

其一,介子推决定不要重耳的封爵不再辅助重耳时,母亲对介子推说:"应该让重耳知道事情的真象。"介子推说:"言语是一个人外表的文饰,连身体都要归隐了,还用得着文饰吗?若果再用文饰,等于希求显达。"于是,母亲同意与儿子一起隐居。那么六五爻就是说,身体与言论都归向隐遁。

其二,晋文公得知介子推隐居于绵山时,大为震惊,说道:"子推割股以进。今寡人大赏功臣,而独遗子推,寡人之过何辞?"随即悬赏寻找介子推曰:"有能言者,寡人并官之。"又曰:"若非悬书,寡人几乎忘了子推之功矣!"。并亲自上山寻找子推,当寻找不得时,又说道:"子推何恨寡人之深耶?吾闻子推甚孝,若举火焚林,必当负母而出矣。"后来放火烧山,子推终不肯出,母子相抱,被烧死于枯柳之下。晋文公为了纪念介子推,将其骨骸葬于绵山之下,立祠祀之。将环山一境之田,皆作祠田,使农夫掌其岁祀。重耳又下命曰:"改绵山曰介山,以志寡人之过。"重耳如此这般，感到自己的懊悔之情逐渐消失了。[①]

（3）六五爻辞的哲学意义：说明有道的君子对待自己过失的态度和改正过失弥补过失的真实情感和行动。

（四）从《震卦》和《艮卦》的卦形结构图分析其哲学意义

䷲与䷳的卦形图是一对组成䷲与䷳的上下两个经卦图的方向相反，而卦象辞的第一句意义相近的卦形图。䷲的上卦是☳，下卦仍然是☳；两个☳重叠组成了䷲。将䷲的卦形图颠倒过来，䷲就变成了䷳。

之所以说两个卦辞的第一句意义相近，是因为䷲卦象辞的第一句是："洊、雷震。"䷳卦象辞的第一句是："兼山，艮。"两个卦象辞的第一句都是说的本卦卦形图的结构，即两个☳重叠为䷲，两个☶为䷳。除此它们就没有更多的象征意义了。

䷲与䷳的卦形结构图，均属于地道的范畴。

（五）《震卦》和《艮卦》卦象辞的哲学意义及其归属

䷲卦象辞："洊雷震。君子以恐惧修省。"

䷳卦象辞："兼山，艮。君子以思不出其位。"

1.《震卦》卦象辞的哲学意义及其归属

䷲卦象辞："君子以恐惧修省。"

其一，卦象辞是从《震卦》所述的内容概括抽象而来，它指出了有道者对待恐惧是危害国家人民利益态度，是应该持有的正确态度。

其二，告诉我们，在国家人民遭遇灾难时，既要及时反省改正自己的过失，更重要的是要及时救助遭受灾难的人民，使人民的损失降到最低。

其三，告诫后人，在国家民族的安危时刻，在国家社稷受到危害之时，应当及时反省修正各种不利因素对国家民族带来的危害，尽力将损失减到最小，而不要一己当先，先为自己打算。

其四，"君子以恐惧修省"是属于形而上教化之道。

2.《艮卦》卦象辞的哲学意义及其归属

其一，"君子以思不出其位"，出自《论语》："不在其位，不谋其政。"曾子曰："君子思不出其位。"孔子说："不在那个位置上，就不要思考谋取与自己不相干的事情。"曾子说："君子考虑事情，不要超出自己的职权范围。"也就是说我们无论做什么事情，都要将自己所做之事做好，而不要过多思谋自己权限之外的事情。

其二，"君子以思不出其位"，也是本卦所述内容中介子推所履行的职责，在

[①] 李杰主编.史记[M].哈尔滨出版社，2003：523.

重耳被追杀逃跑时，他认为重耳是有道者，应该追随帮助他；在重耳回归成为晋文公时，既然重耳没有分封他所要主管的官职，那么介子推就认为自己追随帮助他为晋文公的目的已经达到，重耳如何治国，那是重耳的事情，不是他该考虑的事情，那么他就一心想着隐居。

其三，这也是对我们现代人对待人事的一种态度的提示，一个人在自己的工作岗位上，要首先做好自己的事情，不要将精力用于思考自己工作以外的事情；也就是不要思考自己职责能力范畴以外的事情。当然做好自己的工作与关心国家大事是不相矛盾的，即既要做好自己的事情，又要关心国家大事。

其四，"君子以思不出其位"是属于形而上教化之道。

第二十节　《履卦》和《夬卦》卦象辞的自然之象与哲学意义及其归属

一、☰卦形结构图自然之象的象征意义与卦象辞的意义

☰卦象辞："上天下泽，履。君子以辨上下，定民志。"

1.☰卦形结构图自然之象的象征意义

"上天下泽，履"，是指☰的卦形结构，☰上卦为☰，为天、为天道、为光明；下卦为☱，为水、为兑、为说、为悦，上下二卦组成了☰。

上☰下☱，象征上有乾天，下有大泽地、大湖泽；象征灿烂的阳光照耀在泽水湖泊之上，明亮闪闪发光犹如一面面闪亮的镜子的自然之象。

依据☰的内容，其象征的事物有：天道永放光明；有道的君王站在朝廷之上，向臣民说讲国家大事，使臣民悦服；君子履行天道的美善之德，使人民喜悦和乐。

2.☰卦象辞的意义

☰卦象辞："君子以辨上下，定民志。"卦象辞说："君子要分别使在上位的人和下位的人都得到治理，以安定民心。"这里，"辨"具有治、治理的含义，又有分辨、辨别之意。

卦象辞应该是从《履卦》所述的内容中直接抽象而来，使居于上位的君王的思维意识思想行为得到治理，就不会发生被革命而改朝换代的事情，在下位的臣子的思想思维行为得到治理，就能辅助君王成就实现天下大治的伟业。

二、☱卦形结构图自然之象的象征意义卦象辞的意义

☱卦象辞："泽上于天，夬。君子以施禄及下，居德则忌。"

1.《夬卦》卦形结构图自然之象的象征意义

"泽上于天，夬。"是指䷪的卦形结构而言，上卦为☱，为水、为兑、为悦，下为☰，为天，是为"泽上于天"。它象征云雨在天空，有及时雨下降润泽滋润万物的自然之象。还象征着为人臣者，要以天之道德劝谏君王，使君王悦服，君王以天之道德治天下为民谋利益，使人民悦服。

2.☱卦象辞的意义

"君子以施禄及下，居德则忌"卦象辞说："有道德的君王治国治天下，要永远把为天下人民谋取利益福气作为治国的目标，而要禁忌那些因为自己或家族有功德于民众而居功自傲，妄作妄为的行为。"

三、《履卦》和《夬卦》卦象辞的哲学意义及其归属

（一）依据《易·系辞》对《履卦》和《夬卦》的论述分析其哲学意义

1.《序卦传》曰："物畜然后有礼，故受之以履。"

2.《序卦传》曰："益而不已必决，故受之以夬，夬者，决也。"

3.《杂卦》曰："履，不处也。""夬，决也。刚决柔也。君子道长，小人道忧也。"

4.《序卦传》说："畜积德行必须要有礼义，所以就命名为履。"

5.《序卦传》说："为人民谋利益而不停止必然就要决断，所以命名为夬。所谓夬，就是决断之义。"

6.《杂卦》说："履卦阐述的是商汤履行天命，而伐无道的夏桀，使其不再居于帝位。""夬卦象辞曰："夬，决也，刚决柔也。"是说虽然居于上位的君主柔弱无能，但是只要众臣子能刚强而又能以先王的治国之道为使命，就会在朝廷上不断劝谏君王，说服君王遵从先王的遗志，以天之道德为人民谋利益。而且夬卦的卦形结构，就是上六爻为阴爻，象征在上位而阴柔无道的君王，而从初九爻到九五爻，均为阳爻，象征居于下位的众多臣子们，都是有道德、能继承先王之志的贤者，只要有他们的存在，他们就会在朝廷上，不顾个人安危，而极力劝谏君王，使君王听从，这也是"君子道长，小人道忧"的含义。君子的势力大于小人，君子就能成就事业，就会使犹豫不决的小人的思想得到改变，而成就君子的事业。

（二）依据《履卦》卦辞、象辞、部分爻辞分析其意义、实际意义与哲学意义

1.☰卦辞的意义与实际意义

☰卦辞："履：履虎尾，不咥人，亨。"

（1）卦辞的意义

卦辞说："踩到了老虎的尾巴，但老虎却没有咬人，所以亨通。"

(2) 卦辞的实际意义

《履卦》阐述的是商武王和周武王履行天命之亨。商汤以有道奉天命而伐残暴无德的夏朝的最后一位君王夏桀，建立商朝。周武王以有道奉天命而伐无道荒淫无德的商朝的最后一位君王商纣王，建立周朝。这两位末代君王虽然凶残无德，但是却没有咬伤征伐他们的二位武王，为什么呢？这就是象辞和爻辞所要阐述的问题。

2. ☱ 象辞的意义、实际意义与哲学意义

☰ 象辞："履，柔履刚也。说而应乎乾，是以履虎尾，不咥人，亨。刚中正，履帝位而不疚，光明也。"

(1) 象辞的意义

象辞说："履，以柔顺履行刚健的天命。喜悦而上应乎天道，所以踩到老虎尾巴老虎不咬人，而且亨通。刚健中正有道之人，践行天子之位而使人民不受到伤害，是践行天子之位正大光明啊。"

(2) 象辞的实际意义

其一，"履，柔履刚也"是对履卦卦形结构的说明，《履卦》上卦为乾，为天道；下卦为泽兑，为柔顺，为喜悦。

其二，告诉我们，为什么踩到了老虎的尾巴，而老虎不咬人的原因。为什么呢？因为商汤和周武王奉天命，以有道征伐无道者，拯救饱受无道者残害的人民，人民喜悦而拥护，所以踩到末代无道帝王的尾巴上，他们只顾保命，哪里还有气力咬人呢？

其三，商汤和周武王都是刚健中正的有道者，所以他们登上天子的位置，是正大光明的。

(3) 象辞"说而应乎乾，是以履虎尾，不咥人，亨"的哲学意义

论述的是为什么革命很快成功的道理，是因为这些末代帝王，无道无德，丧失了民心民情，所以人民喜欢拥护有道者举兵征伐无道的末代君王，所以就履行了捕捉那个正在垂死挣扎的看似强大的老虎的职责，但是他已经没有张牙舞爪的气力了，所以不能咬人了，所以有道者在民众的拥护下，很快地取得了革命的成功，而正大光明地登上了帝位，履行了保民爱民为民谋利益的职责。

3. ☱ 九四爻、上九爻的意义与哲学意义

九四爻辞："履虎尾，愬愬，终吉。"爻象辞："愬愬，终吉，志行也。"

上九爻辞："视履考祥，其旋元吉。"爻象辞："元吉在上，大有庆也。"

(1) 九四爻的意义与实际意义

① 九四爻的意义

九四爻辞说："为了踩住老虎尾巴，捉住老虎，先向众人诉说老虎的危害，结果得到大家的支持、帮助，最终捉住或杀死了老虎。"爻象辞说："有道者向民众诉说

无道者的罪过危害，终于得到人民的支持，而使有道者灭无道者的志向得以实现。"

②九四爻的实际意义

九四爻是指商汤为了革除夏朝那位末代无道的帝王夏桀之命，在行动前，通过《汤誓》先向军队和广大人民诉说夏桀的罪恶；周武王为了革除商朝那位无道的末代纣王，在行动前，通过《牧誓》向军旅和人民诉说商纣王的罪行。最终他们得到大家的拥护支持，而终于取得革命的成功。

③九四爻的哲学意义：说明无道者终究会受到革命者的革命而被赶下历史舞台的历史意义和历史事实。

（2）上九爻的意义与哲学意义

①上九爻的意义

上九爻说："观看考证所践行过的那些吉祥美好的历史事件，它一定会回归到原来美好吉祥的历史状态，使其永远流传不衰。"爻象辞说："爻辞所言的元吉在上，是说有道者商汤和周武王使治国治天下之道回归到原来先帝所创建的以天命治理国家天下为民众谋利益的轨道上，实现了天下大治、社会和谐、安乐太平的目的，这是天下人民的最大福气和幸福，也是值得庆贺的事情。"

②上九爻的哲学意义

这是《易经》哲学对商汤和周武王履行天命以有道伐无道取得革命成功意义的考证，说明有道者履行的是继承先帝先王先祖的治国之道，以"能否为人民谋利益"作为更换国址改朝换代的唯一依据的道理。

（三）依据《夬卦》卦辞、象辞、部分爻辞分析其哲学意义

1. ☰ 卦辞："夬：扬于王庭，孚号，有厉告自邑，不利即戎；利有攸往。"

（1）卦辞的意义

卦辞说："坚决果断，宣扬传播天道王道于天子的朝廷，王要以诚信发号施令，王不听劝谏即有祸患危险发生了，有道者向自己城邑的百姓宣告，王不利于天下人民，要用武力革除无道君王之命，将其赶下历史舞台；有利于有道者长久反复治理国家天下，有利于国家人民长久太平安乐。"

（2）卦辞的哲学意义

其一，卦辞是有道者向无道者的劝谏和宣战。

其二，是对中华民族历史发展必然规律的预测和历史经验的总结。

2. 象辞的意义与真实意义

☰ 象辞曰："夬，决也，刚决柔也。健而说，夬而和。扬于王庭，柔乘五刚也。孚号有厉，其危乃光也。告自邑，不利即戎，所尚乃穷也。利有攸往，刚长乃终也。"

（1）彖辞的意义

彖辞说："夬，就是决断，就是坚决果断地决断那些阴柔不决之事。以天道天德决断关乎国家安危、民族利益的大事，使天下人民悦服和顺。宣扬传播天道王道在君王的朝廷上，阴柔的君王居于众阳刚者之上。君王没有诚信的号令就有危险了，君王之位危险是因为其正大光明之德没有了。众阳刚者就告诉自己城邑的人民，王不利于人民要立即以武力征伐,因为众阳刚者所崇尚的道德在君王身上已经没有了；以武力征伐没有诚信的无道者有利于有道者长久反复地以天命治理国家天下，有利于国家人民长久太平和乐；这使刚健的天道长久地施行最终得到实现了。"

（2）☱彖辞哲学意义

其一，是对"夬"的意义的说明。其二，是对《夬卦》卦形结构和象征意义的说明，即☱一阴爻居于五阳爻之上，象征阴柔寡断无道的天子，五阳爻象征有道的众多臣子。其三，指众贤臣共同劝谏无道的君王，要以天道先王之德治天下。其四，说明革命发生的原因就是无道的君王不听劝谏，有道者就会组建军队，号召民众起来革除无道君王之命。

3.☱九四爻、上六爻的意义与实际意义和哲学意义

九四爻："臀无肤，其行次且，牵羊悔亡，闻言不信。"爻象辞："其行此且，位不当也。闻言不信，聪不明也。"

上六爻："无号，终有凶。"爻象辞："无号之凶，终不可长也。"

（1）九四爻、上六爻的意义

①九四爻的意义

九四爻说："没有股肱的大力相助，而且其品行很差，牵走羊灾难就会消失，但是听到这些劝谏之言却不相信。"爻象辞说："君王失道失德，又不听信君子之言，而为西周人民带来灾难，这是因为周幽王自身行为不恰当之故，不听忠言不相信忠言，就如失去听觉的聋子和失去眼目的瞎子。"

②上六爻的意义

上六爻说："没有人嚎叫，再也没有人向君王宣扬先王之道德号令礼法，最终只有凶险灾难。"爻象辞说："人民不说话，不等于人民能长期忍受暴政，没有人劝谏，不等于有道的君子赞同君王的胡作非为；这样的情形终究是不会长久的。"

（2）九四爻、上六爻的真实意义

①九四爻的真实意义

其一，"臀无肤，其行次且"指周幽王，嬖爱褒姒，将褒姒升为皇后，而且不任用贤人，使贤者纷纷逃离，或者不肯再为朝廷效力。而周幽王因为没有贤臣良士的辅佐，使其行为更加荒诞放纵，更加害国殃民，而使天下混乱。

其二,"臀无肤,其行次且"是指周幽王没有了股肱的辅佐,他的行为就更加放纵荒诞,而且每一次的放纵行为,都会对国家和人民带来危害。

其三,"牵羊悔亡","羊"是指犬戎之寇,因为周幽王之父周宣王曾亲自率兵征伐对抗王命的姜戎,以失败告终。此后犬戎在周幽王之时,经常来中原抢掠烧杀,给中原人民带来灾难。所以说,"牵羊悔亡"是说把犬戎之寇设法牵制住,或者赶走,那么人民的灾难就会消失了。

其四,"闻言不信",是指周幽王对贤臣良士之言不听不信,只是听信小人之言,而胡作非为,为人民带来灾难。

②上六爻的实际意义

其一,上六爻是指周厉王不听芮良夫、召公劝谏,而继续施行暴政,残害人民,人民再也不敢对政令发出怨言,三年以后,人民一个个都反叛了,周厉王遭到人民的袭击而出奔逃亡到彘这个地方,而使西周有十四年没有君王。正如《诗经·大雅·板》曰:"上帝板板,下民卒瘅。出话不然,为犹不远。靡圣管管,不实于亶。犹之未远,是用大谏。"①

其二,上六爻还指周幽王不听贤臣劝谏,还将贤臣赵叔带罢官,而申侯又退居回申国,就再也没有贤臣向周幽王宣扬先王之道,也没有人能够劝谏周幽王了,结果被那些小人迫害的官员和民众也不敢喊叫鸣冤,周幽王最终因胡作妄为,而使西周灭亡。正如《诗经·小雅·北山》曰:"或燕燕居息,或尽瘁事国;或息偃在床,或不已于行。或不知叫号,或惨惨劬劳;或栖迟偃仰,或王事鞅掌。或湛乐饮酒,或惨惨畏咎;或出入风议,或靡事不为。"②

③九四爻、上六爻的哲学意义:说明无道无德者给人民带来的灾难及其自己的最终结果,就是遭到人民的反抗。

(四)从《履卦》和《夬卦》的卦形结构图分析其哲学意义

1. ☰与☱的卦形图:☰与☱的卦形图是一对组成这二卦的上下二个经卦图的位置相对应相反,卦象辞的第一句意义相辅相成的卦形图。也就是说将☰的上卦☰与下卦的☱的上下位置置换,就组成了上卦为☱、下卦为☰的☱。

2. ☰与☱卦象辞第一句意义相辅相成:☰卦象辞的第一句是:"上天下泽,履"的自然之象是指天下有泽地有湖泽的自然之象;☱卦象辞的第一句是:"泽上于天,夬。"泽水在天上,就是云雨在天空的自然之象,云雨在天空,自然会降落到天下,成为地上之水,成为泽地、湖泽之水。而天下的泽水、湖泽之水可以变化为天上的

---

① 刘文秀、孙燕、孙兰. 诗经新解[M]. 中国出版集团世界图书出版公司,2012:309.
② 同上,226.

云雨；而天上的云雨下降在地上，也可以变成泽水、湖泽之水。

3. ☰与☱均属于天道的范畴，而"上天下泽，履"与泽上于天，夬"是相辅相成的辩证关系。

（五）《履卦》和《夬卦》卦象辞的哲学意义及其归属

☰卦象辞："上天下泽，履。君子以辨上下，定民志。"

☰卦象辞："泽上于天，夬。君子以施禄及下，居德则忌。"

1. ☰卦象辞的哲学意义

它的哲学意义是从《履卦》全卦所述内容概括抽象而来。

其一，"君子以辨上下，定民志。"君子为什么要"君子以辨上下，定民志"呢？因为《履卦》阐述的是商武王和周武王履行天命而征伐无道之亨通。商汤开创了以有道奉天命用武力伐无道的革命行动的先例；商汤征伐残暴无德的夏朝的最后一位君王夏桀，建立商朝。周武王以有道奉天命而伐无道荒淫无德的商朝的最后一位君王商纣王，建立周朝。这两位刚健中正的有道之人，践行天之道解除了人民的灾难，践行天之道是正大光明的。也就是说因为夏桀和商纣王作为天子没有辨明上下，不知道作为居于上位的天子应该做保民为国之事，不知道如何让下位的臣民安乐的问题，没有使天子自己得到治理，所以商汤和周武王才会用革命的手段将其推翻，而重新使上下之人得到治理，所以他们两位践天之道是正大光明的。

其二，那么如何使上下之位的人都得到治理呢？这当然是执政者需要考虑的重大问题，首先就要求治国者依照"形而上之道"的最高规则和基本路线，武装自己的头脑，纯正自己的意识思维，明辨天道，自修明德，以天道公正无私、正大光明的本性去作为，始终以天之道德为人民谋利益，使人民安乐喜悦，就能使人心安定，天下太平。否则，天子自身不正，则天下就很难治理。

其三，就是依据"形而下之器"的规则，各类人要辨别上下先后次序，要明白上下先后次序产生的依据。各类人依照上下先后次序，各自在自己的位置上做自己应该做的事情，使上下先后次序不紊乱，就能使上下都得到治理。正如《礼记·乐记》曰："是故德成而上，艺成而下；行成而先，事成而后，是故先王有上下，有先后。然后可以有制于天下也。"[①] 这是说，以道德成就了功业者，居于堂上朝南的尊位为天子，以才艺而成就事业的坐在堂下为臣子，以孝行成就事业的走在前面使人受到教化，以遵礼行义而行事的走在后面表示礼仪。所以先王依此而建立了上下前后的秩序，然后才能制定各种规章制度、礼乐法典，而大规模地治理天下。

"君子以辨上下，定民志"应该是执政者要明白的非常重要的道理，当然如果

---

① 钱玄、钱兴奇等注译. 礼记 [M]. 岳麓书社，2001：514.

大小官员都能明白这个道理，就能产生很好的教化作用。

《履卦》卦象辞是属于形而上教化之道。

2.☱象辞的哲学意义

☱卦象辞"君子以施禄及下，居德则忌。"

其一，《夬卦》记载的周厉王独断专行，不听贤臣劝谏而被国民驱赶出国的历史事实，以及周幽王荒淫无道不听贤臣劝谏而亡西周的历史事实为依据，说明夬的意义！夬卦是对无道君王批判的卦象。卦象辞也是从《夬卦》所述内容中总结抽象而来。

其二，在《尚书·洪范》中，箕子对周武王说："九、五福：一曰寿，二曰富，三曰康宁，四曰攸好德，五曰考终命。"[1]箕子对周武王说："第九条就是关于向民众求取五种福气的事情，一是让人民健康长寿，二是使人民富裕，三是使人民康乐安宁，四是使人民都有美德，五是使人民年老善终。"这是箕子对周武王所说的作为人民的君主，就要为人民谋求五种福气的事情，也是君主治国治天下的目的。君子以向人民施行福气，施行仁政，给人民施行福禄，能使人民长寿富贵，有美好的品德，能康乐安宁，长寿而善终，而不居功自傲，不以自己有功德于人民，而向人民求取回报，也就是君子向人民施行福禄，而禁忌向人民显扬功德。

其三，"君子以施禄及下，居德则忌""君子以施禄及下"是作为领导者能够做到的事情。而"居德则忌"对于我们现代人，也有极为重要的教化作用，我们为国家为人民贡献了自己的精力、体力、才智而立下了汗马功劳，但我们不能因为有功德就向国家人民索要回报或者显耀功德。

其四，☱卦象辞是属于形而上教化之道。

第二十一节　《姤卦》和《小畜卦》卦象辞的自然之象与哲学意义及其归属

一、《姤卦》卦形结构图自然之象的象征意义与卦象辞的意义

☴卦象辞："天下有风，姤。后以施命诰四方。"

1.☴卦形结构图自然之象的象征意义

"天下有风，姤。"首先是指☴的卦形结构而言，☴的上卦为☰，为天、为阳刚、为天道；下卦为☴，为风、为草木、为生命。上☰、下☴组成了☴。其次，象征天在上，风无论如何变化，都是在天下面和天之间变化流动，而不能出于天之

---

[1] 徐奇堂译注.尚书[M].广州出版社，2001：101.

外，但是遇到强风时会给天下万物带来大灾难。再次上卦为乾天为阳刚之男，下卦为巽为女、为长女。阳刚之男与长女结为夫妇，是人类繁衍不息的正常之象。

2.☰☴卦象辞的意义

卦象辞"后以施命诰四方"卦象辞说："后来发布诰命施行于天下四方，天子娶皇后是关系到国家存亡的大事情，不可不慎重，尤其不能娶无德无能单凭姿色取宠的女子。"

二、《小畜卦》卦形结构图自然之象的象征意义与卦象辞的意义

☴☰卦象辞："风行天上，小畜。君子以懿文德。"

1.☴☰卦形结构图自然之象的象征意义

"风行天上，小畜。"首先是指☴☰的卦形结构，☴☰上卦为☴，为风、为草木、为生命；下卦为☰，为天、为阳刚、为天道；其次，"风行天上，小畜。"象征风气在极高的天空存在的很少，故谓之小畜。再次，象征本文所记载论述的周武王与诸侯在孟津的聚会，就如风在天空中吹过一样，很快聚集，尚未行动，又很快散开。

2.☴☰卦象辞的意义

"君子以懿文德。"卦象辞说："君子应该有美好的文王之德。"懿（yì）：美好；文德：周文王的美德。正如《诗·颂·清庙》曰"於穆清庙，肃雍显相！济济多士，秉文之德。对越在天，骏奔走在庙。不显不承，无射于人斯！"[①]

三、《姤卦》和《小畜卦》卦象辞的哲学意义及其归属

（一）依据《易·系辞》对《姤卦》和《小畜卦》的论述分析其哲学意义

1.《序卦传》曰："决必有遇，故受之以姤。姤者，遇也。"

2.《序卦传》曰："比必有所畜，故受之以小畜。"

3.《杂卦》曰："姤，遇也，柔遇刚也。""小畜，寡也。"

4.《序卦传》说："决断必然就有遇合之事发生，所以命名为姤。所谓姤，就是遇合之义。"

5.《序卦传》说："有了比较必然就要蓄积德行，所以就命名为小畜。"

6.《杂卦》说："姤卦阐述的是阴柔寡断而又无道德之人，遇到了无德无能而又刚烈无贞节的妇人，灾祸至也。""小畜，就是较少的畜积。也是说小畜卦阐述的是周武王畜积的功德。"

以上是《序卦传》和《杂卦》对《姤卦》与《小畜卦》真实意义的解读。

---

① 刘文秀、孙燕、孙兰．诗经新解[M]．中国出版集团世界图书出版公司，2012：346．

（二）依据☰☴卦辞、彖辞、部分爻辞分析其哲学意义

1.☰☴卦辞的意义与哲学意义

☰☴卦辞："姤：女壮，勿用取女。"

（1）☰☴卦辞的意义

卦辞说："女子姿色势力强盛，不需要娶此女为妻。"

《姤卦》主要记载的是周幽王即位为天子后的第二年，在西周遭遇大地震之时，周幽王不顾人民的死活，搜寻到美女褒姒，并与其同流合污，而使西周政治混乱，使人民生活陷入穷困之中的历史事实，来告诉后代子孙，要以国家人民的利益为己任，不可贪图美色，置人民的死活而不顾，使人民遭遇灾难。所以卦辞说，遇到只以美色迷惑男人的女子，是不可以取来做妻子的。《姤卦》的内容在《诗经》《史记·周本纪》均有记载。

（2）☰☴卦辞的哲学意义

卦象辞告诉我们，男子娶妻不能只图女子的外表美丽，而要内外皆美，才能成为好夫妻。

2.☰☴彖辞的意义与哲学意义

☰☴彖辞："姤，遇曰，柔遇刚也。勿用取女，不可与长也。天地相遇，品物咸章也。刚遇中正，天下大行也。姤之时义大矣哉。"

（1）彖辞的意义

彖辞说，"姤"，就是相遇，阴柔寡断的君王遇到了刚烈无德的王后。不需要娶此女子，这样的女子是不可以作为天下妇女的首领的。天地阴阳之气相遇使万物都得到化育而有条理。刚健遇到中正，就是天道天德大行于天下而天下太平啊！天子所娶皇后之美善与否有着划时代的重大意义啊！

（2）彖辞的哲学意义

其一，彖辞论述了天地阴阳之气相交相感平和而化育万物，雌雄男女相遇相感相交而生育后代是天下的常理。

其二，彖辞论述了天子作为天下人民的君主，要具有阳刚之气，要履行天道为民众谋利益。

其三，论述了天子作为人民的君王，所娶皇后德行的重要性，因为天子是天下人的榜样，皇后就是天下妇女的榜样，所以刚健的天子要娶一个有中正之德的皇后，才能母仪天下，才能使天子为天下民众谋利益实现天下太平的理想得到实现。

3.☰☴九四爻、上九爻的意义与哲学意义

九四爻："包无鱼，起凶。"爻象辞："无鱼之凶，远民也。"

上九爻："姤其角，吝，无咎。"爻象辞："姤其角，上穷吝也。"

（1）九四爻的意义与哲学意义

①九四爻的意义

九四爻辞说："包括水中无鱼，厨房无鱼可煲，祭祀无鱼可荐献，发生凶险。"爻象辞说："水中无鱼，厨房无鱼可煲，祭祀无鱼可荐献的凶险，说明天子已经远离了天下民众了。"

②九四爻的哲学意义

九四爻辞论述了无道的君王不以天命治理国家天下，不为人民谋利益，使国家天下灾难不断，人民在水中捕捞不到鱼，因为水中的鱼已经被饥寒交迫的民众捕捞一光；所以厨房就没有鱼可以炮制，就连祭祀先祖也没有一条鱼可以荐献，那么人民在忍无可忍之时，就会发起革命运动，而革除这个无道无德的天子之命。

（2）上九爻的意义、实际意义与哲学意义

①上九爻的意义

上九爻说："相遇与其较量比较，耻辱，没有过失。"爻象辞说："相遇与其较量比较，是居于上位者没有出路而只有耻辱了。"

②上九爻的实际意义

因为无道无德又软弱无能的周幽王宠爱无德无能的褒姒，使国家混乱，已经到了穷途没日，使人民穷困已经达到了极点，所以周人将褒姒与具有周家母仪的周文王之母王季之妻太任来比较，认为褒姒为皇后，就是周族的耻辱，是天下人的耻辱；所以期望想象周幽王能娶一位有美德的夫人，而为人民带来福气。上九爻辞的内容来源于《诗经·小雅·车舝》："间关车之舝兮，思娈季女逝兮。匪饥匪渴，德音来括。虽无好友，式燕且喜。依彼平林，有集维鷮。辰彼硕女，令德来教。式燕且誉，好尔无射。虽无旨酒，式饮庶几。虽无嘉肴，式食庶几。虽无德与女，式歌且舞。陟彼高冈，析其柞薪。析其柞薪，其叶湑兮。鲜我觏尔，我心写兮。高山仰止，景行行止。四牡騑騑，六辔如琴。觏尔新婚，以慰我心。"[①]这首诗是周人为那个与褒姒相遇而使国家混乱、百姓遭殃的周幽王虚构的一场再婚的婚礼的美景。婚礼中的女子是具有天下母仪之美称的周文王之母王季之妻太任的形象，太任清静安逸无私欲、宽容、不猜忌、不争权夺利。不求美酒美食，能用宽厚的仁德劝告不仁。使天下人民受到教化的美好品德使人民永远怀念。

②上九爻辞的哲学意义

上九爻告诉我们结婚娶妻，一定要经过反复比较、度量，选择品德美好的角色，哪怕是没有贵重的酒器、美酒和美食，锦衣锦服，只要品行端正，能平安过日子，

---

① 刘文秀、孙燕、孙兰. 诗经新解 [M]. 中国出版集团世界图书出版公司，2012：243.

即使有些吝惜，只要不遭受耻辱就是福气。

（三）依据《小畜卦》卦辞、象辞、部分爻辞分析其哲学意义

1. ☰☴卦辞的意义与实际意义

☰☴卦辞："小畜：亨。密云不雨，自我西郊。"

（1）卦辞的意义

卦辞说："亨通，只是稠密的布云，集结而不下雨；只有自己在西郊部署力量。"

（2）卦辞的实际意义

"密云不雨，自我西郊"，是说周邦在殷商的西部，周武王自己在西周之地训练军兵，紧密锣鼓的部署军兵，做好了伐纣的准备。再就是指周武王渡过黄河到达孟津，到了殷商的西郊，周武王已经做好了伐纣的准备，但还没有作出征伐纣王的具体行动。所以卦辞是指武王在自己所属之地西周，已经充分周密地做好了伐纣的准备，但却并未急于实施伐纣的战争。这里的"密云"，是充分做好了伐纣的作战准备；"不雨"，就是还没有实施举兵打仗的实际行动。

2. ☰☴象辞的意义与实际意义

☰☴象辞："小畜，柔得位而上下应之曰小畜。健而巽，刚中而志行，乃亨。密云不雨，尚往也。自我西郊，施未行也。"

（1）象辞的意义

象辞说："小畜，柔顺得当而且上下都顺应是谓小畜。刚健而柔顺，刚健中正而且志向得到实现，所以亨通。只紧锣密鼓的部署，还未前往也。只有自己在西郊部署，做好了充分的部署准备，有部署却没有采取具体行动。"

（2）象辞"小畜，柔得位而上下应之曰小畜。健而巽，刚中而志行，乃亨"的实际意义

其一，"小畜，柔得位而上下应之曰小畜"是指周武王九年之时，只采取了一次小小的行动，只是向自己的将领军兵们发布了召告，并未向诸侯发布号令，然而却有八百多个诸侯响应，在商都的盟津与八百多诸侯不约而同的聚集在一起，其时周武王并未实施武力征伐商纣王，可以说只是一次伐纣力量的小畜积。

其二，"健而巽"是指刚健有道的周武王上顺天命，顺应先祖之德，而且其力量的聚集已经相当强大有力，但时机还未成熟，所以没有立即伐商纣王。

其三，"刚中而志行，乃亨。""刚"，是指周武王伐纣的决心坚定不移，周武王继承先祖之志的信念坚定不移；周武王伐纣奉先祖之志，依照天道为民除害，也就是说周武王继承文王之志，文王之德，奉天命决心要伐商纣王，为民除害，所以亨通。

3.☰九五爻、上九爻的意义与哲学意义

九五爻："有孚挛如，富以其邻。"爻象辞："有孚挛如，不独富也。"

上九爻："既雨既处，尚德载。妇贞厉。月几望，君子征凶。"爻象辞："既雨既处，德积载也。君子征凶，有所疑也。"

（1）九五爻的意义与哲学意义

①九五爻的意义

九五爻说："有诚信信誉连接在一起如何，富裕以及富裕他的邻国。"爻象辞说："周武王在伐纣成功之后，所表现出的不贪图钱财、不贪图美色的种种美德，以及对殷商之民所表现出的诚信、诚心，充分说明周武王伐纣的目的在于奉行天道、为天下民众谋福利，而不是为了自己当帝王，是为了使自己和周族的人富有而伐商。不独富，即不是为了自己富足的目的而伐商纣王。"

②九五爻的实际意义

九五爻是指诚信的周武王，在征伐残暴的商纣王成功之后，所表现出来的既不贪恋钱财，也不贪恋女色的美德。据《史记·周本纪》记载，周武王向已经自缢而亡的纣王的两位宠妾连射两箭，其意就是以诚心告诫天下人，过分沉迷于女色就会使国破家亡的道理。又指周武王"富以其邻"的诚心，据《史记·周本纪》记载，周武王伐纣的第二天，就命南宫括将纣王储藏在鹿台的钱财分散给殷商的贫弱百姓，又开放了殷商巨桥的粮仓，将粮粟分发给殷商贫弱的百姓。将钱粮分散给殷商之贫民，以救济他们，使他们过上安宁的日子，而并未将钱财运回西周。也就是周武王用商朝储存的钱财来富裕周族的邻邦殷商的人民，而不是据为己有。

（2）上九爻的意义与实际意义

①上九爻的意义

上九爻说："既下雨又处理事情，高尚的美德载入史册。妇人中正有危厉，几月几年内，君子有凶险之征兆。"爻象辞说："既下雨又处理事情，美德累积而载入史册。君子出现凶险征兆，是有所怀疑也。"

②上九爻的实际意义

其一，"既雨既处，尚德载"是指周武王经过周密谋划，耐心等待时机征伐纣王，终于得到了结果。就如乌云密布之后，终于下起了大雨。"雨"，在这里象征周武王伐纣的行动取得了成功，是期望中得到的结果。"既处"，在这里指伐纣成功，就得暂时居住在殷商之地，处理善后事务。比如，分封历代先帝、先王的后代以继承宗庙的祭祀；分封自己的近祖为王，不忘先祖的功德；分封自己的师傅姜尚；分封安抚被商纣王迫害的商朝的臣子，祭祀商朝的祖庙；分发商朝的钱财粮食给商朝的穷苦民众等。周武王伐纣前后的各种表现，充分体现了周武王继承发扬光大了周先祖的仁德，而使周家的功德累积的更多更大，其事迹被历史铭记并载入史册，被民众永远传颂。正如《诗经·颂·桓》："妥万邦，娄丰年，天命匪解，桓桓武王。保有厥士，于以四方。克定厥家，於昭于天。皇以间之。"①

其二，"妇贞厉"的意义指周文王之妻妾，也就是周武王及周公、召公、康叔等兄弟的母亲，周文王之妻太姒以及众妻妾，生男子约百个，其中周文王之正妃太姒所生的儿子共有十个，也就是周武王的同父同母兄弟共有十个：伯邑考、周武王发，管叔鲜、周公旦、蔡叔度、曹叔振铎、成叔武、霍叔处，康叔封和最小的儿子季载冉。周武王对其兄弟都有分封，而长子伯邑考被商纣王杀害而早逝，管叔鲜与蔡叔度原本是分封他们到商武庚之地，协助武庚管理殷商的事业的，但是管蔡却参与了武庚的反叛，管叔鲜被周公平息叛乱时处死，蔡叔度被流放，所以周公的同父同母兄弟就只剩下了七个。众多兄弟之中，绝大多都能继承文王之德，维护周家声誉。这些继承了周文王之德，为周王朝争了光彩的周家子男们，也就使其母亲倍感荣光而受人尊敬，所以为妇贞。而周文王的另一些儿子，如管叔、蔡叔因为反叛了周室，因而受到了惩处，那么管蔡之死以及管蔡的作为，也会使其母亲太姒伤心，以及在心理上蒙受耻辱，视为妇厉。

其三，"月几望，君子征凶"是指武王为王，到武王去世，以及周公代成王摄政的这一段时日。月几望是表示日月过去了多少，而使周朝的政权出现了危机，就是武庚与管蔡的反叛，使西周年幼的周成王、周公也面临凶险之兆。

其四，爻象辞"君子征凶，有所疑也。"一方面是指周武王伐纣刚刚成功，就息兵藏戈放松保卫政权的作为是被世人怀疑是否正确。另一方面是因为管蔡受殷商残余势力的挑唆，怀疑周公有专权之心，而导致管蔡反叛了周朝。

（3）小畜卦九爻、上九爻的哲学意义：九五爻、上九爻辞主要在于论述真正有道德的君子在得到权力地位之后的真实表现，真正体现出了君子的高尚品德。

（四）从《姤卦》和《小畜卦》的卦形结构图分析其哲学意义

1. ☰与☰的卦形结构图：☰与☰的卦形图，是一组组成☰与☰的上下二个经卦图的位置对应相反的卦形图即，将组成☰的上卦☰与下卦☰的位置上下置换，就组成了上卦为☰，下卦为☰的☰。

2. ☰与☰卦象辞的第一句意义相反：☰卦象辞的第一句是"天下有风，姤。"象征天在上，风无论如何变化，都是在天下面和天之间变化流动，而不能出于天之外，但是遇到强风时会给天下万物带来大灾难。而☰卦象辞的第一句是"风行天上，小畜。"象征风气在极高的天空存在的很少，故谓之小畜；或者风在天上流动，对

---

① 刘文秀、孙燕、孙兰.诗经新解[M].中国出版集团世界图书出版公司，2012：367.

地上的万物损害小。

3.☰与☴的卦形图属于天道的范畴。

（五）《姤卦》和《小畜卦》卦象辞的哲学意义

☰卦象辞："天下有风，姤。后以施命诰四方。"

☰卦象辞："风行天上，小畜。君子以懿文德。"

1.☰卦象辞的哲学意义

"后以施命诰四方。"其一，指诰命规定，作为君王，其娶妻的好坏，与民众的生死息息相关，所以，必须要选娶贤能有德柔顺的女子为皇后。其二，同时向天下四方人发出警告，娶妻不能只重外表，而其品德才是最为重要的。因为就如褒姒一样虽貌美，但却心底歹毒的女人是不能娶来作妻子的。其三，同样也告诫天下女子，外貌与品德一样美，才是天下最为美好的女人。

2.☰卦象辞的哲学意义

"君子以懿文德"是说"君子应该有美好的文王之德。"这就是《小畜卦》卦象辞的哲学意义。卦象辞的意思很简单，那么《易经》为什么要特别提出"君子以懿文德"呢？因为周文王是一位集所有先圣之德于一身的贤能有德之人，他的美德在《大学》《诗经》等文献中有很多记载，正如《大学》曰："诗云：'穆穆文王，於缉熙敬止。'为人君止於仁，为人臣止於敬，为人子止於孝，为人父止於慈。与国人交，止於信。"①《诗经·大雅·文王》"文王在上，於昭于天。""亹亹文王，令闻不已。""穆穆文王，於缉熙敬止。""上天之载，无声无臭。仪刑文王，万邦作孚。"②《诗经·大雅·棫朴》曰："倬彼云汉，为章于天。周王寿考，遐不作人。追琢其章，金玉其相。勉勉我王，纲纪四方。"③《诗经·大雅·文王有声》曰："文王有声，遹骏有声。遹求厥宁，遹观厥成。文王烝哉！"④《诗经·大雅·烝民》"天生烝民，有物有则。民之秉彝，好是懿德。天监有周，昭假于下。"⑤《诗·颂·维天之命》曰："维天之命，於穆不已。於乎不显，文王之德之纯！假以溢我，我其收之。骏惠我文王，曾孙笃之。"⑥

诗文中指出："效法周文王的法式，天下国家会兴起诚信。"是说"追述彰显文王法则，雕琢人民美好的品德。缅怀勤勉的周文王，用他的法则治理天下。"尤其是《大学》对周文王"仁义、敬让、孝顺、慈爱、诚信"美德的总结，意在教化

---

① 钱玄、钱兴奇等注译.礼记[M].岳麓书社，2001：800.
② 刘文秀、孙燕、孙兰.诗经新解[M].中国出版集团世界图书出版公司，2012：267.
③ 同上，277.
④ 同上，289.
⑤ 同上，330.
⑥ 同上，347.

我们每个人都要向周文王学习和践行他美好的德行。

☲卦象辞"后以施命诰四方"与☴卦象辞"君子以懿文德"都属于形而上教化之道。

第二十二节 《同人卦》和《大有卦》卦象辞的自然之象与哲学意义及其归属

一、《同人卦》卦形结构图自然之象的象征意义与卦象辞的意义

☲卦象辞："天与火，同人。君子以类族辨物。"

1. ☲卦形结构图自然之象的象征意义

"天与火，同人。"其一，是对☲卦形结构的解释。☲上卦为☰，为天；为光明、为温暖；下卦为☲，为火、为太阳、为光明、为温暖。象征天和太阳同属于天，其意义是同一的，同属于天道之自然。其二，象征太阳的光明温暖对天下万物一视同仁，公正公平无偏斜。其三，象征君子遵天命以治天下，与天道天德一视同仁对万物的表现相同，而且与天下民众同心同德。

2. ☲卦象辞的意义

卦象辞说："君子要与天道同属一类，施行天道以治天下；而且要通过一定的方法或形式，辨别清楚自己的同类；辨别自己族姓的具体情形，也就是分辨清楚自己家族的先祖是否是与自己同类的有道德的先祖一样是有道德的家族先祖，那么就要与自己同类族姓，也就是与自己有道德的先帝先祖及仁人志士同类，继承和发扬先帝先祖之德，更要通过专门的机构实施，如'教之以训典，使知善类'的教化；通过训典的教化，使子孙后代察看分辨自己先祖宗族的善德，以使自己与天道、先祖、宗族子孙属于同一类，以继承发扬光大先祖宗族的美善之德。这些事情，在古代朝廷中，有专门的官职负责族类辨物的事情。"

二、《大有卦》卦形结构图自然之象的象征意义与卦象辞的意义

☲卦象辞："火在天上，大有。君子以遏恶扬善，顺天休命。"

1. ☲卦形结构图自然之象的象征意义

"火在天上，大有。"其一，是指☲的卦形结构而言；☲上卦为☲，为火、为太阳、为光明、为温暖；下卦为☰，为天、为光明、为温暖，为"火在天之上"。其二，"火在天上，大有。"象征太阳在天上大放光芒，天下万物得到很多光明温暖的自然之象。也就是太阳在天上大放光明，光明无比，温暖无比，万物得益无比。

其三，象征君子之德就如太阳一样光明正大，以天命治天下，为民谋利益，使人民得到的利益福气很多很大。

"大有"，在古词语中，称丰收之年为"大有"。这里用"大有"来称赞周武王的大德，周武王遵天道，效法先王先祖之德，灭商纣王而建立周朝，救民众于灾难之中，并以诚心敬重历代先王，发扬光大先王先祖之事业，尊贤爱民，为了天下太平安乐，自动放弃武力，使民众解除战争之辛劳，其德就如丰年获得大丰收一样丰盛繁多。

2.☰卦象辞"君子以遏恶扬善，顺天休命"的意义

卦象辞说："君子因为能遏制阻止邪恶、罪恶，惩处恶势力，能发扬光大天之善德，发扬光大先帝先王先祖之美德，并且能称颂别人的美德，而且能以顺应天之美善之德为天的命令。"

三、《同人卦》和《大有卦》卦象辞的哲学意义及其归属

（一）依据《易·系辞》对《同人卦》和《大有卦》的论述分析其哲学意义

1.《序卦传》曰："物不可以终否，故受之以同人。与人同者"
2.《序卦传》曰："物必归焉，故受之以大有。"
3.《杂卦》曰："大有，众也。""同人，亲也。"
4.《序卦传》说："天下不可能总是处于不安静的状态，所以就命名为同人。"
5.《序卦传》说："同人就是对天下人一视同仁者必得天下，所以就命名为大有。"
6.《杂卦》说："大有卦阐述的是，周武王遵循先王之德，而救天下民众于水深火热之中。""亲，是爱的意思。也就是说同人卦阐述的是，在上位的执政者若如周文王一样，爱护天下人民，对于天下人民，无论穷富贵贱，都要一视同仁，也就能受到天下人民的亲近。"

以上是《序卦传》和《杂卦》对"同人"与"大有"真实意义的解读。

（二）依据《同人卦》卦辞、象辞、部分爻辞分析其哲学意义

1.☰卦辞的意义与哲学意义

☰卦辞："同人：同人于野，亨。利涉大川，利君子贞。"

（1）卦辞的意义

卦辞说："同人，就是天与天上之火太阳同一。在上位的君子不仅要与天同道同德，还应该对在下位的民众实现仁政，对民众一视同仁，与民众同心同德，共创幸福美好的太平生活，这样就会亨通无阻。这样有利于祭祀天地先祖，有利于教化子孙后代，有利于君子保持正直无私的美好品德。"

（2）卦辞"同人于野，亨"的哲学意义

其一，与天道天德同一的君子治理国家天下，要与民众同心同德，想民众之所

想,使民众共同得到利益福气,这样就能实现天下通达安泰。这是《易经》对周文王功德的概括。

其二,"同人",是指我们的思维意识心灵行为要与天道天德同一,与民众同心同德,才能有利于亨通。

2.☰象辞的意义与哲学意义

☰象辞:"同人柔得位,得中而应乎乾,曰同人。"同人曰:"同人于野,亨。利涉大川,乾行也。文明以健,中正而应,君子正也。唯君子为能通天下之志。"

①象辞的意义

象辞说:"天与太阳同一,圣人柔顺地顺应天道天德得到了应有的地位而得到中正,应乎天道天德,这就是同人;也就是说圣人首先与天道天德的表现相同,才是谓同人。同人还要与天下民众同心同德,才能亨通无阻,才能有利于祭祀天地先祖,使天道天德大行于天下。文明要与刚建的天道天德同一,中正而应乎天道应乎民众,这才是君子之正大光明的美德啊。唯有这样的君子才能贯通通晓天下人民的志向。"

②象辞"文明以健,中正而应,君子正也。唯君子为能通天下之志"哲学意义

其一,君子文明的依据,就是要与天道天德同一,要中正无私应乎民心民情,这样才是真正的君子。

其二,只有与天道天德同一,与民众同心同德的君子,才能贯通天下人民天地通达安泰,上下相交,上下同心同德,共享太平盛世的美好愿望。正如《易·系辞》曰:"子曰:'夫易,何为者也?'夫易,开物成务,冒天下之道,如斯而已者也。是故圣人以通天下之志,以定天下之业,以断天下之疑。"

3.☰初九爻、六二爻、上九爻的意义与哲学意义

初九爻辞:"同人于门,无咎。"爻象辞:"出门同人,又谁咎也。"

六二爻辞:"同人于宗,吝。"爻象辞:"同人于宗,吝道也。"

上九爻辞:"同人于郊,无悔。"爻象辞:"同人于郊,志未得也。"

(1)初九爻的意义与哲学意义

①初九爻的意义

初九爻辞说:"与先祖、祖父母、父母一样,共同从事同一类事业或者以同样美好的精神作为为人处世的基本准则,是没有过失的。"爻象辞说:"有的人不与先祖同心同德,而出门与别族的人同心同德,这又是谁的过失呢?"

②初九爻的哲学意义

子孙能继承先祖先父的事业,这在古代有特别的称名。比如,父亲创造了事业,儿子能够继承的称作"构肯堂";子承父业,叫做"绍箕裘";儿子能将父辈留下

的家业事业治理的兴旺发达，称作"子振家声"；子孙能效法贤能有德的先祖的事业，称作"克绳祖武"；官宦人家有贤德才能的儿子，称作"凤毛济美"；当然古人流传下来这些美称，都是对贤良者的赞美之词，足以看出古人对"同人于门"意义的深刻认识。所以我们每个人都应该继承先辈的美德，做好为人民服务的工作。

③初九爻象辞的哲学意义

"出门同人，又谁咎也。"不与先祖、祖父母、父母同道同德同行的人，这是谁的过失呢？这就需要"类族辨物"了，就需要察看辨别先祖是否是有美善之德、有道德的人了？先祖如是有美善之德、有道德的君子，而后代却背离了先祖之德，背离了先祖所谋求的事业，那就是后代的过失了。如商纣王、周幽王就是如此。要是先祖是无美善之德、无道德的人，后代能够与别族有道德的君子同心同德，后代是没有过失的。比如密须国之人，自己绑缚自己无道的君主，而投奔周文王，这些人是没有过失的。

（2）六二爻的意义与实际意义

①六二爻的意义

六二爻辞说："能与先祖同族之人同心同德，这是很少人能做到的。"爻象辞说："周文王与同宗同族之人同心同德，不改变先祖的功业，这是很少有人能做到的事情，可是周文王做到了。"

②六二爻的实际意义

是指周文王既能忠实地继承发扬光大先祖之德，周文王作为周族的有道德的族长，能继承先祖之德，能显明先帝的高贵品德和治国之道，正如《诗经·大雅·大明》曰："维此文王，小心翼翼，昭事上帝，聿怀多福，厥德不回，以受方国[①]。"诗文说："唯有这个贤能的文王，小心谨慎严肃有礼仪。又能显著显明了先帝之德，他心中藏着很多好事。他对先祖遗愿不改变，以收复天下四方国家为己任。"

（3）上九爻的意义与实际意义

①上九爻的意义

上九爻辞说："与国都外的所有人民同心同德，无怨无悔。"爻象辞说："周文王已经与天下三分之二的人民同心同德，商朝都城之外的土地和人民都归顺了周文王，而周文王并未急于实现灭纣建周的志向，也就是周文王未能实现先祖伐商纣王建立周朝而称王的志向。"

②上九爻的实际意义

上九爻是指是周文王已经与商朝都城以外广大的人民同心同德；也可以说，除

---

① 刘文秀、孙燕、孙兰. 诗经新解 [M]. 中国出版集团世界图书出版公司，2012：270.

商朝都城之内的商族之人外，天下所有的人民都已与周文王同心同德，都已归服了周文王，但是周文王仍然能安然无悔地侍奉商纣王。正如《吕氏春秋·顺民》曰："文王处岐事纣，冤侮雅逊，朝夕必时，上贡必适，祭祀必敬，纣喜，命文王称西伯，赐之千里之地，文王载拜稽首而辞曰：'愿为民请去炮烙之刑。'文王非恶千里之地，以为民请去炮烙之刑，必欲得民心也。得民心则贤于千里之地，故曰文王智矣。"①《论语》孔子曰："三分之天下有其二，以服事殷，周之德，其可谓至德矣。"② 也就是说周文王已经与天下三分之二的人民同心同德，周文王仍然安心地无怨无悔的侍奉纣王。

（三）依据《大有卦》卦辞、象辞、部分爻辞分析其哲学意义

1. ☰卦辞的意义与哲学意义

☰卦辞："大有：元亨。"

（1）☰卦辞的意义

卦辞说："其功德就如丰年获得大丰收一样丰盛繁多的君子，一开始就亨通。""元亨"，是指周武王从一开始就能遵从先王先祖之德，继承先祖之志，所以就能亨通无阻，所以就能建立丰功伟绩。

（2）卦辞的实际意义

《大有卦》是《易经》哲学对周武王之功德的评定与记载。周武王在位只有十二年左右，但是他始终没有忘记先祖的遗愿。在灭纣建周之后也只有二年左右主持朝政，但是他的功德却是非常盛大的；《诗经》中有不少记载颂扬周武王功德的诗歌，比如《大雅·下武》《颂·执竞》《颂·时迈》《颂·武》等诗篇，如《时迈》曰："时迈其邦，昊天其子之。实右序有周，薄言震之，莫不震叠。怀柔百神，及河乔岳，允王维后，明昭有周，式序在位，载戢干戈，载櫜弓矢。我求懿德，肆于时夏，允王保之。"③ 又如《武》曰："於呼武王，无竞维烈。允文文王，克开厥后。嗣武受之，胜殷遏刘。耆定尔功！"④ 都是颂扬周武王的诗文。

2. ☰象辞的意义与实际意义

☰象辞："大有，柔得尊位，大中而上下应之，曰大有。其德刚健而文明，应乎天而时行，是以元亨。"

①象辞的意义

象辞说："大有功德，柔顺而得到了尊贵的地位，极大的中正无私是上应天道

---

① 冯凌云主编. 吕氏春秋 [M]. 陕西旅游出版社，2003：102.
② 刘琦译评. 论语 [M]. 吉林文史出版社，1999：62.
③ 刘文秀、孙燕、孙兰. 诗经新解 [M]. 中国出版集团世界图书出版公司，2012：351.
④ 同上，359.

先帝先祖之德,下应民心民情人民利益,这就是大有。他的德行就如天一样刚建文明,应乎天之善德而时时处处行善积德,所以从开始就美善而亨通。"

②彖辞"其德刚健而文明,应乎天而时行,是以元亨"的实际意义

这是《易学》哲学对周武王功德的评定赞美之辞;周武王具有天一样刚健中正无私而文明的美德,上顺应天道天德时刻思虑谋划着继承完成先祖灭商建周的志向,时时不忘施行仁德,时时等待灭商建周的时机。也就是说只有有道者,才能继承实现先祖的志向。

3.☰所有爻辞的意义与实际意义和哲学意义

初九爻辞:"无交害,匪咎,艰则无咎。"爻象辞:"大有初九,无交害也。"

九二爻辞:"大车以载,有攸往,无咎。"爻象辞:"大车以载,积中不败也。"

九三爻辞:"公用亨于天子,小人弗克。"爻象辞:"公用亨于天子,小人害也。"

九四爻辞:"匪其彭,无咎。"爻象辞:"匪其彭,无咎,明辨晰也。"

六五爻辞:"厥孚交如,威如,吉。"爻象辞:"厥孚交如,信以发志也。威如之吉,易而无备也。"

上九爻辞:"自天祐之,吉无不利。"爻象辞:"大有上吉,自天祐也。"

(1)初九爻的意义与实际意义

①初九爻的意义

初九爻说:"没有征伐伤害人的人,不是他没有罪过,坚持就会无过失。"爻象辞说:"周武王继位后没有立即征伐危害人民的商纣王。也就是说没有立即与危害人民的商纣王交战。"

②初九爻的实际意义

"无交害,匪咎"是指周武王继位之后,没有立即征伐杀害残暴无道危害的人民的商封王。这并不是商纣王没有罪过,也并不是周武王不想征伐危害人民的商纣王,而只是认为时机还不成熟罢了。

"坚则无咎"是指周武王为了征伐残暴危害人民的商纣王,做了长时间的艰苦准备,训练军兵,统一民心,等待时机,一直等到周武王十二年二月甲子日那天,才正式起兵征伐商纣王,而且一举成功,消灭了商纣王。

(2)九二爻的意义与实际意义

①九二爻的意义

九二爻说:"以大车载着,于是就有反复,没有过失。"爻象辞说:"周武王用大车载着先父文王的神位,以号召积聚征伐纣王的力量,等待适当的时机而征伐商纣王,一举成功而没有过失。"

②九二爻的实际意义

九二爻是指周武王继位之后，立志继承先祖先父文王的遗志，完成先王的事业。在周武王九年时，为了检验伐商纣王的号召力，他用木头制作了先父文王的神位，用大车载着，置于军中，他自称太子发，表示自己发扬光大先祖的事业，表示自己是奉文王之命进行征伐，不敢自己专行。于是昭告各级官员，说明自己承袭先祖之功业的目的，并由太师尚父发布号令，前往盟津与诸侯会合。当时各诸侯虽然没有相约，但却有八百多个诸侯聚集在盟津，诸侯都一致表示商纣王应该征伐了。但是周武王认为时机还不成熟，还不能征伐，于是所有军旅又都返回自己的属地。周武王这一切作为都没有过错。

（3）九三爻的意义与实际意义

①九三爻的意义

九三爻说："共同享以天子的祭祀之礼，小人就不能够享受。"爻象辞说："周武王公正地追封有功德于人民的先帝先王，使他们共同享有天子的祭祀之礼，而那些危害人民的小人就不能享受这种礼仪了。"

②九三爻的实际意义

九三爻是指周武王伐纣灭商成功之后，能公正地追念历代先王的功德，并分封历代先王之后代，使历代先王包括神农、黄帝、尧帝、舜帝、大禹，以及商汤的后代，给这些先王的后代分别封以封地，使所有先王共同享有天子的祭祀之礼；周武王分封的是有功德的先王，而那些违背先王之德没有功德的小人就不能够享受到天子的祭祀之礼了。正如《礼记·乐记》曰："武王克殷反商，未及下车而封黄帝之后于蓟，封帝尧之后于祝，封帝舜之后于陈，封夏后氏之后于杞，投殷之后于宋。封王子比干之墓，释箕子之囚，使被商纣王罢官的商容复其位。"[①]

（4）九四爻的意义与实际意义

①九四爻的意义

九四爻说："不是彭咸的贤者，没有罪过。"爻象辞说："周武王对那些如彭咸一样没有罪过的贤者，能明辨他们的是非曲直，给以适宜的对待，说明周武王是一位明辨是非有先王之德的聪明智慧的明君。"

②九四爻的实际意义

指说的虽不是彭咸，但说的却是像彭咸一样的贤者，如殷纣王之时的王子比干、箕子等贤者。这是说周武王分封历代先王的同时又下令对被纣王残酷杀害挖心的王子比干之墓进行了维修，释放了被纣王囚禁的贤臣箕子，旌表了被纣王罢官的贤者

---

① 钱玄、钱兴奇等注译. 礼记 [M]. 岳麓书社，2001：522.

商容，并释放了被纣王囚禁的百姓。因为这些人本来就没有罪过，周武王这样做更没有过失，这是《易经》对周武王这种以天命而作为的品德的肯定和记载。

（5）六五爻的意义与实际意义

①六五爻的意义

六五爻说："虚心与诚信重叠相加，威严威力威信重叠相加，所以吉祥。"爻象辞说："厥孚交如，信以发志也。"是说周武王虚心诚信并从，是为了记住并实现发扬光大先王先祖的志向。"威如之吉，易而无备也。"是说周武王以他的仁德、诚信、虚心，树立威信、威严威力的吉祥，并且收藏武器，解散军队，改变军队的职能，这样并不是为了防备敌人，而是为了天下太平。

②六五爻的实际意义

六五爻具体指周武王忠诚地继承了先王先祖的事业，又能恭敬虚心地对待历代先王，他为了求得天下太平，灭商纣王建周朝之后，又收藏武器，表示不再发动战争等等一系列光明正大的行动，使其威信威力震慑四方。正如《诗经·颂·时迈》曰："时迈其邦，昊天其子之。实右序有周，薄言震之，莫不震叠。怀柔百神，及河乔岳。允王维后，明昭有周，式序有位，载戢干戈，载櫜弓矢。我求懿德，肆于时夏，允王保之。"[①] 这些诗句都是赞颂周武王之诗的一部分，通过这些诗句，我们就可以看到周武王威严威信威力重叠相加，而威震四海的德行。

（6）上九爻的意义与实际意义

①上九爻的意义

上九爻说："有来自天的帮助，是吉祥如意而无不利。"爻象辞说："大有极大极吉，是有来自天的佑助。"

②上九爻的实际意义

上九爻是指周武王遵天道、行天德，诚心尊敬对待历代先王，孝顺顺从先祖之志，伐纣灭商，救民于灾难之中，爱护尊重有贤德者，是得到来自天的保佑帮助。正如《易·系辞》曰："易曰：'自天佑之，吉无不利。'子曰：'佑者，助也。天之所助者顺也，人之所助者信也。履言思乎顺，又以尚贤也。是以自天佑之，吉无不利。'"孔子所说的是君主得到天的帮助，就是顺应天之道德，顺应先王的德政，尊崇贤者。君主处处时时以道德为行动的标准，去为人民求取福气，受到人民的拥护，使事业成功，当然就是得到天的帮助，当然是吉无不利了。所以说遵照天之道德去作为，就是得到天的帮助。

正如《诗·颂·下武》后一部分所言："媚兹一人，应侯顺德，永言孝思，昭

---

① 刘文秀、孙燕、孙兰.诗经新解[M].中国出版集团世界图书出版公司，2012：351.

哉嗣服。昭兹来许，绳其祖武。于万斯年。受天之祜。受天之祜，四方来贺，于万斯年，不遐有佐。"① 诗文指出，遵从顺应先祖之德，就能得到上天赐给的福气。因为先祖就是顺应天命，遵照天之道德而作为的，所以只要顺应先祖之德，也就是得到了天的帮助。

（7）爻辞的哲学意义

《大有卦》卦辞是对周武王功德的高度概括，象辞是对周武王为什么会有那么多功德缘由的论述，卦象辞则是从周武王依据天命的意义革除邪恶的商纣王之命，拯救受苦受难民众的行为中抽象概括而来,爻辞既是对周武功德的论述记载及肯定。说明周武王是一位真正能继承先王先祖之德的有道者，是为了天下太平而革命，是为了民众不在受战争之苦而解散军队，放逐战马，所以像周武王这样的君子，就应该受到我们后代人的尊敬和学习。

（四）从《同人卦》和《大有卦》的卦形结构图分析其哲学意义

1. ䷌与䷍的卦形结构图：䷌与䷍的卦形结构图是一对上下经卦图位置相反，而卦象辞第一句意义相同的卦形图。䷌的上卦为☰，为天，下卦为☲，为火。将组成䷌的☰天与☲火的上下位置置换，就组成了上☲，为火，下☰为天的䷍。

2. ䷌卦象辞的第一句是"天与火，同人。" ䷍卦象辞的第一句是"火在天上，大有。" "天与火是同一个事物，天就是太阳，太阳就是火。"与"太阳在天上大放光芒"的意义是同一的，没有区别的。

3. ䷌与䷍的卦形图是属于天道的范畴。"天与火，同人。"与"火在天上，大有。"是属于形而上教化之道。

（五）《同人卦》和《大有卦》卦象辞的哲学意义及其归属

䷌卦象辞："天与火，同人。君子以类族辨物。"

䷍卦象辞："火在天上，大有。君子以遏恶扬善，顺天休命。"

1. ䷌卦象辞"君子以类族辨物"的哲学意义

《同人卦》全文都是对周文王与天道天德同一，与先圣、先祖功德同一，与民众同心同德之功德的记载和肯定；卦象辞是从周文王之功德中概括抽象而来，所以其哲学意义如下。

其一，"君子以类族辨物"就是辨别清楚自己的族姓有哪些功德，自己如何与自己有道德仁义为民谋利益的先祖做同样的事情，并继承发扬光大先祖的功德。

其二，君子做事情应该分辨清楚自己所做之事是否符合贤能有德的先祖父母的德行，而且不能违背贤能有德的先祖父母的德行精神意志。

---

① 刘文秀、孙燕、孙兰.诗经新解[M].中国出版集团世界图书出版公司，2012：287.

其三，君子做事绝不能与无道德仁义者为伍，不做违背道德仁义的事情。

2.☰卦象辞"君子以遏恶扬善，顺天休命"的哲学意义

《大有卦》全卦都是对周文王之子周武王功德的记载和评定，卦象辞就是从对周武王遵天命革除无道无德邪恶的商纣王之命遏制了邪恶，发扬光大了天道天德，发扬光大了先祖的美德，并且将其功德归于先祖，不忘颂扬先祖的功德的美好德行中概括抽象而来；而"天命"被老子概括抽象为"天道天德"，简称道德，那么"君子以遏恶扬善，顺天休命"对于我们每个人来说，指但凡为人处事，都要以道德为准则，都要遏制不善良的事情，多做美好善良仁义的事情。

3.☰与☰卦象辞均属于形而上教化之道。

第二章　部分具有哲学意义的别卦卦辞、象辞、爻辞的哲学意义及其归属

第一节　《旅卦》与《贲卦》卦辞、象辞、部分爻辞的意义与哲学意义及归属

一、《旅卦》卦辞、象辞、部分爻辞的意义与哲学意义

☷卦辞："旅：小亨。旅贞吉。"

☷彖辞："旅，小亨，柔得中乎外，而顺乎刚，止而丽乎明，是以小亨，旅贞吉也。旅之时义大矣哉。"

☷六五爻："射稚，一矢亡，终以誉命。"爻象辞："终以誉命，上逮也。"

☷上九爻："鸟焚其巢，旅人先笑后号咷。丧牛于易，凶。"爻象辞："以旅在上，其义焚也。丧牛于易，终莫之闻也。"

1.☷卦辞的意义与哲学意义

（1）卦辞的意义

卦辞说："军队小，军兵少而亨通，是因为军旅是正义之军，所以就能取胜而吉祥。"

（2）《旅卦》卦辞的哲学意义

《旅卦》卦辞论述了军队的数量在战争中只是战争胜利的一部分作用，是以正义之旅而使军队训练有素，使士兵勇猛，武器精良，又有有智慧且德才兼备的将领指挥军队攻伐无道的失德之主的军队，正义有道者必定胜利。正如《吕氏春秋·简选》曰："简选精良，兵械铦利，令能将将之，古者有以王者，有以霸者矣，汤、武、齐桓、晋文、吴阖庐是矣。"[1]

2.《旅卦》象辞的意义与哲学意义

（1）《旅卦》象辞的意义

象辞说："军队小，军兵少而亨通"，是说少量的军兵取得战争胜利者，是因

---

[1]　冯凌云主编. 吕氏春秋[M]. 陕西旅游出版社，2003：58.

为柔顺得于中正的天道天德,而顺应刚正,静止在如日月一样正大光明的刚正之道上,所以虽然是小军旅也能战胜大军旅。小军旅取得胜利忠贞吉祥,说明军旅取胜有着"天时、人和、地利"的重要意义。

(2)《旅卦》象辞的哲学意义

《旅卦》象辞是对军旅对敌作战意义的论述。古人认为对敌作战,只要是以有道伐无道,军旅的数量多少是次要的,有道者的仁德、道德,是人心所向的依据;而指挥作战者的刚强果敢,决断者的智慧与勇气则是战争胜利的主要条件。正如《孟子·天时不如地利》曰:"天时不如地利,地利不如人和。"故曰:"域民不以封疆之界,固国不以山谿之险,威天下不以兵革之利。得道者多助,失道者寡助。寡助之至,亲戚畔之;多助之至,天下顺之。以天下之所顺,攻亲戚之所畔,君子有所不战,战必胜矣。"① 又如《吕氏春秋·决胜》篇曰:"夫兵有本义:必义,必智,必勇。义则敌孤独,敌孤独则上下虚,民解落;孤独则父兄怨,贤者诽,内乱作。智则知时化,知时化则知虚实盛衰之变,知先后远近纵舍之数。勇则能决断,能决断则能若雷电飘风暴雨,能若崩山破溃,别辨霣坠;若鸷鸟之击,搏攫则殪,中木则碎。此以智得也。"②

3.《旅卦》六五爻辞、上九爻辞的意义、实际意义与哲学意义

(1)六五爻的意义

六五爻辞说:"射击高高的城墙,一箭而亡。终于以受到赞誉而接受了天命。"爻象辞说:"周武王达到了先祖灭商建周的愿望,实现了以天命治理国家天下目的,为实现天下安乐太平的目的创造了条件。"

(2)上九爻的意义与实际意义及哲学意义

①上九爻的意义

上九爻辞说:"鸟烧毁了他们的巢穴,旅人先高兴而后大声哭叫。远祖老牛的功业很容易地丧亡了,这是凶险之兆。"爻象辞说:"以旅人居于上位,自己焚烧了自己,旅人的意义则丧失殆尽了。远祖老牛的功业很容易地丧亡了,终究是不曾听闻过的事情了。"

②上九爻辞的实际意义

其一,六五爻辞用"射稚,一矢亡,终以誉命"象征周武王攻伐商纣王的城墙,无论城墙多高,多坚固,而攻伐一举成功,使商纣王灭亡。就如用弓箭射猎野鸡一样,一箭射中,而猎获了猎物。周武王灭商纣王一举成功受到人民的赞誉,而且也

① 冯凌云主编.孟子[M].陕西旅游出版社,2003:87.
② 冯凌云主编.吕氏春秋[M].陕西旅游出版社,2003:59.

得到了以天命治理国家天下的历史使命。

其二，上九爻是指商纣王战败之后，自焚而亡，使殷商之人没有了自己的归附之处，殷商的人民因为有商汤以及后代明王的治理，殷商之族也有光辉而值得高兴自豪的历史，但是商纣王却使殷商灭亡，使人民非常痛苦而感到哀伤。商纣王终于使商朝的光辉历史丧亡在周族后代的手中。这是商族的不幸，对商朝的先祖而言，就是凶险之兆。

③上九爻辞的哲学意义

无道者被有道者以革命的手段革除了执掌天命的权利，有道者受到人民的拥护赞誉，无道者只有灭亡的下场，这就是中华民族改朝换代的历史事实。

二、《贲卦》卦辞、象辞、部分爻辞的哲学意义

☲卦辞："贲，亨。小利有攸往。"

☲象辞："贲：亨，柔来而文刚，故曰亨。分刚上而文柔，故小利有攸往。刚柔交错，天文也；文明以止，人文也。观乎天文，以察时变，观乎人文，以化成天下。"

初九爻辞："贲其趾，舍车而徒。"爻象辞："舍车而徒，义弗乘也。"

六二爻辞："贲其须。"爻象辞："贲其须，与上兴也。"

六四爻辞："贲如皤如，白马翰如，匪寇婚媾。"爻象辞："六四，当位疑也。匪寇婚媾，终无尤也。"

上九爻辞："白贲，无咎。"爻象辞："白贲无咎，上得志也。"

1.☲卦辞的意义、实际意义和哲学意义

（1）《贲卦》卦辞的意义

卦辞说："勇力快速行走亨通。小有成就有小利，有反复往来。"

（2）《贲卦》卦辞的实际意义

周文王的祖父古公亶父，继承了先祖的事业，带领周族人民在豳地创造了美好的生活。原本他可以在豳地享受乘车马富足的无忧生活，但是犬狄攻打他们，抢夺他们的财物，古公不但将财物奉送给他们，而且为了人民不受战争之苦，还放弃了他们在豳地创造的美好家园，长途跋涉搬迁到岐山定居，在岐山继续发扬光大了先祖的事业。这就充分体现了周族先祖质朴、纯正、深厚、仁爱之心的品德。

（3）《贲卦》卦辞的哲学意义

《贲卦》卦辞用文饰颂扬赞美先帝、先王，以及周族的先祖后稷、公刘、太王古公亶父、王季、周文王等，他们一个一个都既是为人民谋利益，舍生忘死，辛勤劳作的质朴纯正品德高尚之人，又都是具有道德礼义文质彬彬的君子。

2.☲象辞的意义与哲学意义

(1)《贲卦》象辞的意义

《贲卦》象辞说:"用文饰颂扬赞美周王朝那些文质彬彬的先祖,所以亨通。柔顺地顺服而文质彬彬又有阳刚之气,所以亨通。其光明之德分为上刚正似天德,下文明而柔顺,所以是小有利而反复不断。天上的太阳与月亮星辰的光辉刚柔交替相映辉,这就是天之文明;人效法天之文明而使文明至于人间至于人类,就是人类之文明。观看天之文明,以观看时间的变化对人文的影响;观看人类之文明,圣人以文明之德逐渐感化渗透人心,而使天下文明。"

(2)☲☶象辞的哲学意义

《贲卦》象辞是对中华民族文明发展的历史历程的记载,象辞界定了天文、人文、文明、文化的意义。《贲卦》的象辞,是对中华民族关于天文、人文、文明、文化的起源意义的阐述,也就是说在《周易·贲卦》象辞中首次提出并肯定了关于天文、人文、文明、文化的概念和意义。

关于"刚柔交错,天文也;文明以止,人文也。观乎天文以察时变,观乎人文以化成天下"的哲学意义如下。

其一,"刚柔交错,天文也"指天空中有阳刚之阳太阳,与阴柔之阴月亮星辰相互交错而构成了充满美丽温暖有阳光的白昼和绚丽多彩温柔的夜晚;也就是因为有日月星辰光辉阴阳的交辉映现,才使天空变得如此绚丽多彩,这是天的文明。

其二,"文明以止,人文也"是说那绚丽多彩阴阳交替变化莫测的天空,使人类的思维产生出许多美好奇妙的想象,想象着人间达到如天上的文明一样光明绚丽多彩,那是多么美好啊!这就使人类产生了许多与天之文明、天之美善之德相关的联想,因而产生了许多效法天之文明、天之美善之德而作为的道理和方法,这些道理方法包括治理国家天下的方法和为人民谋利益的具体行动;人们以天之道德治理天下的各种典章、制度、礼乐,生产出各种对民众有用有利的物品,使人民有足够多的衣食住行的资源物资,以及创作出描述记载这些事物的文字、文化、文采等等;人们以此治理天下国家,教化民众,使天下国家得到治理,使人民安居乐业,使人与人,人与万物和谐相处,就像天上的日月星辰一样美好安宁,而实现天下文明。所以"文明以止,人文也"就是使天上的文明来到人间而实现天下国家民众文明,就是"人文"。当然人间文明都是古人效仿天之文明和天地美善之德和天地自然变化现象而创造出来的,正因为如此,才使人类逐渐进入文明的历史时代。

其三,西周既是我国古代历史文明发展的鼎盛时代,又是具有历史文献和文字记载最多的朝代,所以"文明以止,人文也。"也可以说是中华民族文明社会的发展,从先帝先王,到西周的先祖开始,到西周的建立,以至于到周成王、周康王时期,是古代文明的至盛时期。也就是说周王朝的历史发展过程中,其政治、经济,以及社会文明和人的精神面貌的发展变化过程，就是周族一代一代的先祖，坚定不移的为人民谋利所付出的大德而创立的。它充分体现了周族的先祖，包括家庭主妇在内，在社会文明道德上的建树。

其四，"观乎天文，以察时变；观乎人文，以化成浅天下"。观察日月星辰运动变化的规律，以明察天时气候、风云雨雪的变化对人类的利弊；以天之美德，以时变、气候变化之利为人类之利，用人之美德为天下人民谋利益，使人民安居乐业，实现了天下文明。观察人类文明的发展史，并以人的美善之德治理感化天下人民，也感化那些如天地一时之恶而犯下罪过的人，使人类以高度的文明生活在高度文明的社会环境之中。而要保证实现天下文明的目标永远不改变，就要求一代一代的治国者，以自己为天下人民谋利益的美好德行，就如浅浅流水一样，逐渐地由浅到深地渗透、侵润人民的心田，感化、教化人民人心向善、精诚团结、齐心协力，共同创建安定舒适、美丽如绚丽多彩的天空一样美丽文明的环境生活。

3. ䷭初九爻、六二爻、六四爻、上九爻的意义和实际意义与哲学意义

（1）䷭爻辞的意义

初九爻辞说："勇力而迅速行走，舍弃车马，用双脚上下来回四处奔走，到处留下了他们的踪迹，其辛劳之情可想而知。"爻象辞说："周族先祖公刘舍弃乘车享乐的生活，认为自己有义务为了人民利益四处奔走辛劳，使人民能过上安乐的生活。"

六二爻辞说："为了继承发扬光大先祖的事业，必须勇力而迅速奔走辛劳。"爻象辞说："必须继续奔波辛劳，是为了与先祖一起兴盛。"

六四爻辞说："奔波辛劳到白发皤然，白马奔跑翰墨文辞如飞，不是匪寇抢夺强迫的婚姻，而是美满幸福的婚姻。"爻象辞说："六四爻，阴爻居于阴位而疑惑了。不是匪寇抢夺强迫的婚姻，最终没有过失了。"

上九爻辞说："纯洁中正无私的奔波，没有过失。"爻象辞说："纯洁中正无私的奔波，没有过失，使先祖的志向得到实现了。"

（2）䷭爻辞的实际意义

其一，爻辞记载的是周族的先祖，古公亶父为了周族的利益，为了发展农业而奔走不息的历史事实。

其二，记载了王季、周文王继续先祖的事业，继续奔波不息。

其三，记载了周族的先祖公刘、古公、王季、文王代代相传，为了发扬光大先祖的功业，为了人民的利益，一个一个马不停蹄地奔波辛劳，直到白发皤然，仍然辛劳奔波不止。而且一个一个都有一个美满幸福的婚姻和家庭，他们都有明媒正娶的妻子，他们的妻子都是他们的贤内助，而且他们的妻子为周族那些奔劳不息的男

人们生下了继承先祖功业的后代，他们的后代确实继承发扬了先祖的事业。周族这些君子的美好品德，不但得到众多翰墨文辞的赞美，而且周家这些贤内助的美好品德，同样受到众多翰墨文辞的赞美颂扬。

其四，纯正的周武王，始终牢记继承先祖之志，举兵伐商纣王，一举成功。终于使先祖的辛劳没有白费，灭商纣王建立周朝，实现了先祖的愿望。

（3）䷶爻辞的哲学意义

其一，记载和评定了周族的先祖以及先王，个个都是有道德的文质彬彬的君子。

其二，周族这些文质彬彬又文武双全的君子和周家母仪均得到众多翰墨文辞的赞美。

其三，周武王终于实现了先祖的志向，建立了周朝，最终实现了人民所期望的大同社会。

4.䷷与䷕卦形图的意义

（1）䷷与䷕的卦形图

该卦形图是一对组成其卦的上下二个经卦图的位置相反的卦形图。䷷是由上卦的☲火与下卦的☶山组成；将组成䷷上卦的☲火与下卦的☶山的位置上下置换，就组成了上卦为☶，为山，下卦为☲，为火的䷕。

（2）䷷与䷕卦象辞第一句的意义

䷷卦象辞："山上有火，旅。君子以明慎用刑，而不留狱。"

䷕卦象辞："山下有火，贲。君子以明庶政，无敢折狱。"

①䷷卦象辞的第一句"山上有火，旅"的象征意义

其一，这是对䷷卦形结构的解释。䷷下卦为☶，为山、为止；上卦为☲，为离火。上☲，为火，下☶，为山构成了䷷。

其二，象征山上之火，也可能是某种自然现象引起的山火，使山上的草木燃烧的自然之象。

其三，它象征山上之火，是醒目之火。山上有火，大火无情，却偏要去火山旅行，这就是不明智的选择了。

其四，离为火，为太阳，是天道的象征。在山下遥望太阳，思天之道，思圣人之美德，而失道无德做恶不止者，则是玩火者必自焚。

②䷕卦象辞的第一句"山下有火，贲"的象征意义

其一，是指䷕的卦形结构而言。䷕上卦为☶，为山、为止，象征坚定不移；下卦为☲，为离火、为太阳、为丽。上☶下☲组成了䷕。

其二，"山下有火，贲。"象征火在山的内部燃烧，其热能蓄积到一定程度时，就会以强大的热能喷发出来，就是火山喷发的原理。那强大的火焰既美丽又使人震

撼，又让人束手无策的自然之象。

其三，象征山下之火既可能会为众物得到益处，也可能会为众物造成灾难！

其四，象征君子坚定不移，就如光明的日月照耀万物一样，为人民谋取利益的品德。

☲与☷卦象辞的最后一句都是关于刑罚的教化，具体意义在第二篇已经有所探讨。这里不必赘述。

就其哲学意义而言，☲与☷的归属分别是：☲与☷卦形图和第一句卦象辞是属于天地之道的范畴，而☲与☷的卦象辞关于刑罚的论述，则属于形而下教化之道的范畴。

第二节 《兑卦》与《巽卦》卦辞、象辞、卦象辞的意义和哲学意义及其归属

一、《兑卦》卦辞、象辞、卦象辞的意义与哲学意义及其归属

☱卦辞："兑：亨，利贞。"

☱象辞："兑，说也。刚中而柔外，说以利贞，是以顺乎天，而应乎人。说以先民，民忘其劳；说以犯难，民忘其死。说之大，民劝矣哉。"

☱卦象辞："丽泽，兑。君子以朋友讲习。"

1. ☱卦辞、象辞、卦象辞的意义

（1）☱卦辞的意义

☱卦辞说："志于道，悦于道，顺于道，说于道，行于道，有利于大道的畅通无阻，天下太平；所以，悦于道，是人间正道。"

卦辞是对"兑"，也是对说教意义的阐述。

（2）☱象辞的意义

象辞说："兑，就是说的意思。刚健居于内心而柔顺居于外，说之所以有利正确是因为顺应天道，而且顺应人民之心。说到先民为了生存的艰辛，人民就会忘记他们自己的辛劳。说到犯难和难办之事，人民就会忘记自己的生死。所以说的意义重大，说能够劝说人民顺应道德，追求天下太平啊。"

（3）☱卦象辞的意义

卦象辞的第一句"丽泽"这一词语，在古词语中，是用来比喻朋友之间相互资助支持的意思。所以，"丽泽，兑"就是说朋友之间相互资助支持，用美好的语言来宣讲、宣扬大道，宣讲为人之道，为政之道，讲习仁义、礼乐、诚信、善美等各

种真善美的学问。

卦象辞："君子以朋友讲习。"卦象辞说："君子因为得到朋友的资助支持而讲学或学习，以实现君子的志向，而为天下人民谋求利益。"卦象辞是指君子学习的过程和目的。

2.☱卦辞、彖辞、卦象辞的哲学意义及其归属

（1）☱卦辞的哲学意义

卦辞是对说、教、讲、宣扬大道，遵循自然无为之道而为天下人谋利益重要意义的肯定赞美。

（2）☱彖辞的哲学意义

其一，说明了什么是"兑"，"兑"就是说，就是讲话，而说的意义具有说教、宣扬、宣传的含义。

其二，说明了为什么说有利正确？这是因为说讲者、宣传者，内心有刚健中正的天道，而外表以地道的柔顺之德说讲宣传天道，宣传天道以公正公平无私之德照耀万物，而且顺应民心民情民意，所以说教、说讲、宣传有利而正确。

其三，论证了说教、说讲、宣传的重要意义，说教、宣传可以使人明白道理，可以鼓舞人心，使人民忘记生死而为天下太平出力奋斗。

（3）☱卦象辞的哲学意义

兑卦象辞的哲学意义与☱初九爻："拔茅茹，以其汇征，吉"的意义相近，☱卦象辞是指朋友相互资助支持，而学习、说讲、宣扬为民谋利益的自然无为之道；☱初九爻是指国家任用了很多贤能的人才，而这些贤者人才，相互引进，推举更多的贤能人才，使更多的贤能人才汇聚在一起，以辅助君主治理国家天下，以实现天下太平。二者结合起来，就是一套完整的学习、宣传培养贤能人才人为之道和这些贤能人才施行具体的行动，以辅助天子实现了天下太平。

其三，☱卦象辞属于形而上教化之道的范畴。

二、《巽卦》卦辞、彖辞、卦象辞的意义与哲学意义及其归属

☴卦辞："巽：小亨，利有攸往，利见大人。"

☴彖辞："重巽以申命，刚巽乎中正而志行。柔皆顺乎刚，是以小亨，利有攸往，利见大人。"

☴象辞："随风，巽。君子以申命行事。"

1.☴卦辞、彖辞、卦象辞的意义

（1）☴卦辞的意义

卦辞说："小亨通，有利有所向往，利于显现大人。""小亨，利有攸往，利

见大人。"卦辞是说虽然是小顺利，小亨通，但却对国家人民有利。所以就要反复去做，这有利于显现大人君子的功德。这是指周公虽然为周朝的事业做出了贡献，但是周公毕竟是周公，而不是周王，周公一生都是有利于周朝，心中所向往的是周朝的事业，所以就要显扬周公的功德。

（2）☴象辞的意义

象辞说："'重巽'，是对☴卦形结构的说明。上下二个☴组成☴，柔顺而且顺从先帝先祖之德以申明天命，刚健顺乎中正而且志向实现。柔顺都顺乎刚健，所以小亨通，有利而有所向往，利于显现大人的功德。"

（3）☴卦象辞的意义

其一，卦象辞第一句："随风，巽。"是指的☴卦形结构而言，☴上下均为☴，为风、为木、为生命、为柔、为气、为入，顺风则易，逆风则难。为柔顺、顺从。"巽"古同"逊"，谦让恭顺。也就是上下二个☴相合组成了☴，☴是顺风之义。

其二，二个☴重叠，象征自然之风、草木、生命、柔顺的力量强大的自然之象。

其三，"随风，巽。"是指《巽卦》的含义，周公以强大的生命力就如顺风的草木一样，柔顺的顺遂先王之志，遵循天命以辅助周成王实现了天下太平的大同社会。

卦象辞："君子以申命行事。"卦象辞说："君子一而再，再而三的申明天命，申明先王之事业，以使后代子孙牢记并尊奉天命和先圣先王所追求的事业。"

卦象辞是指周公一而再，再而三地发布各种告命，向周成王、康叔封、向殷商遗民和更多的人申明遵天命，遵从先圣先王之志以治天下的道理，其目的就是为了让子孙后代永远牢记以天命和先王之道治理天下国家，以实现天下安乐太平的社会之道。

2.☴卦辞、象辞、卦象辞的哲学意义及其归属

其一，卦辞是对一生顺从先王之志为西周贡献心血的周公伟大功德的评定，说明凡是能继承先圣先王之志，为国家人民谋利益福祉者，都会得到人民的怀念，历史的公正评价和记载。

其二，象辞是对卦辞的补充说明，象辞说明了有道者为了实现天下太平所付出的艰辛，而终于实现了天下太平的志向，这也是对周公之德的评定和赞美。说明只有以天道之无为为天下人民谋利益福祉，才是实现天下太平的基本保证。

其三，卦象辞是从《巽卦》全卦所述的周公的作为中抽象概括而来，说明遵天命以治天下的重要意义，正因为周公顺从先圣先王之志而不懈的努力，辅助周成王终于实现了天下大治的大同社会，所以周成王之子周康王才能呕心沥血的继续保持大同社会的历史不变色，更加说明一代一代继承为天下苍生谋福祉才是天下太平和

乐的基本保证。

其四，☲卦象辞"君子以申命行事"是属于形而上教化之道。

三、☴与☴的卦形结构图的意义及其归属

1.☴与☴的卦形结构图的意义

☴与☴的卦形图是组成这一对卦形图的上下两个经卦图位置相反而成，即将☴的卦形图上下卦颠倒过来，就是☴的卦形图。它们是八纯卦之中的一对卦形图。

2.☴与☴的卦形图归属于天道的范畴。

第三节 《随卦》卦辞和象辞的意义与哲学意义及归属

䷐卦辞："随：元亨，利贞，无咎。"

䷐象辞曰："随，刚来而下柔，动而说，随。大亨贞，无咎。而天下随时，随之时义大矣哉。"

一、䷐卦辞与象辞的意义

1.䷐卦辞的意义

《随卦》卦辞说："追随先圣先祖的事业开始就亨通，有利而正当，没有过失。"

2.䷐象辞的意义

《随卦》象辞说："䷐下卦为震，震为刚；上卦为兑，兑为柔。这是阳刚居于阴柔之下，是君王礼下臣民，君王的所有行动，臣民都喜悦听从，所以就追随。这是极大的亨通吉祥而没有过失，而天下国家的治理之道为官为民之道随着时间的变化而不改变的意义大极了啊！"

二、䷐卦辞与象辞的哲学意义及其归属

1.䷐卦辞的哲学意义

卦辞论述了追随先圣先祖所创建开辟的伟大的治国之道、为官之道、为民之道的伟大意义。

2.䷐象辞的哲学意义

象辞是对卦辞的补充说明，首先它说明了为什么追随，是因为君王是有道的为民谋利益的君王，所以人民就追随。其次特别论述了天下万物的变化都是随着时间的变化而变化，但是天下国家的治理之道、为官之道、为民之道只要不随着时代的

变化而改变，中华民族就会兴旺发达，永远太平安乐。

3.☲卦辞象辞归属于形而下教化之道。

第四节　《离卦》九四爻与《坎卦》上六爻的意义和哲学意义及其归属

一、☲九四爻的意义、实际意义及哲学意义

☲九四爻："突如其来如，焚如，死如，弃如。"爻象辞："突如其来如，无所容也。"

1.九四爻辞的意义

九四爻说："突如其来地灾难到来了，突如其来地到处被焚烧了，突如其来地死期到了，突如其来地遭到遗弃了。"爻象辞说："众多突如其来的灾祸降临到西周，使西周突如其来的灭亡，没有了西周的容身之地。"

2.九四爻辞的实际意义

《离卦》记载的是周幽王背离道德，背离先祖之德政，使西周灭亡的历史事实。九四爻辞所描述的是西周因为周幽王之故，突如其来地遭到了许多变故，西周的宗庙宫室被突如其来地焚烧，西周的资财被犬戎掠夺，人民被突如其来地灾祸伤害而死亡，周幽王及其子以及褒姒被犬戎突如其来地杀死，使西周在西周之地突如其来地没有了容身之地，最后不得不放弃已经成废墟的西周城池，东迁洛邑，使西周突然地灭亡了。

3.九四爻辞的哲学意义

其一，我们将九四爻辞看作是《易经》在提示警告我们，在遭遇突如其来的灾祸时如何面对，以及总结为什么会发生这突如其来的灾祸的经验教训。

其二，《易经》哲学提示我们，父母无论如何忙碌，也不要疏忽对子女的教化，当然这种教化是指以思想上的仁义孝诚信为主的道德教育。

其三，《易经》哲学如何面对突如其来的灾祸，比如突然发生的火灾、车祸、疾病以及自然灾害等，是一个严峻的问题。灾害已经发生，只能坦然面对，设法让灾害的损害降到最低；依靠国家政府法律的力量，使灾害得到公平公正的处理。并总结教训经验，具体问题具体对待，防止灾害再次发生。

其四，自然灾害是我们人类无法抗拒的灾祸，这就要依靠国家政府和有智慧的贤能之人提前预测灾害的发生，而及时采取防御措施，防止民众遭到伤害。还有个人的防范意识也很重要，加强个人的防范意识，有助于防止灾难发生。

其五，这里还有一个问题，就是我们自身的防范意识和自以为是、得意忘形所引发的灾害。正如《老子》第五十八章所言："祸兮，福之所倚；福兮，祸之所伏。孰知其极？其无正也。正复为奇，善复为妖。人之迷，其日固久。是以圣人方而不割，廉而不刿，直而不肆，光而不耀。"①《老子》说："灾祸啊！常常与福气相随；福气啊！又常常隐伏着灾祸。谁能知道福祸相依相伏的界限标准呢？岂不是没有公正是非标准了吗？正常的反而变为不正常的，美好的反而变为邪恶的。人们对这些事物的迷惑不解，其时日确实已经很长久了。所以圣人品行方正而不伤害别人，清明廉洁而不刺伤别人，直率而不肆无忌惮，光明磊落而不炫耀自己。"《老子》在这里所说的福祸相依相伏并不是必定会发生的事情，但是却会常常发生，这是为什么呢？这就是《老子》最后几句话的意思："是以圣人方而不割，廉而不刿，直而不肆，光而不耀。"假如一个人平时的作为与《老子》之论相反，那就是品行邪恶而常常伤害别人；贪污腐败而损害别人或国家的利益；暴躁而且肆无忌惮；秉性阴险狡诈而喜欢炫耀自己，那么，一方面这些人对立面就会增多，另一方面这些人无法无天，不守规矩制度，就会有防不胜防的灾害发生。所以我们只有依据《老子》之言，正确作为，才能防止不该发生的灾祸发生。正确作为，正确防范，不要自以为是，也许就是防止福祸相依相伏的最好方式。

其六，上六爻属于形而下教化之道。

二、䷏上六爻的哲学意义及其归属

䷏上六爻辞："系用徽纆，置于丛棘，三岁不得，凶。"爻象辞："上六失道，凶三岁也。"

1. 上六爻的意义

上六爻说："用牢固的绳子捆绑起来，有的被用兵器杀死，有的被赦免，而放置于荆棘丛生的地方，三年不得回家，这是凶险的征兆。"爻象辞说："上六爻说的是因为武庚管蔡失去道德，危害周室，不但自己受到惩罚，还使西周的人士在外遭受三年的艰险。"

2. 上六爻的真实意义

"系用徽纆，至于丛棘"，是指周公东征对反叛者的惩罚。参与东土反叛的反叛者，武庚、管叔被诛杀，蔡叔被流放。古代被流放者，一般都是被流放到边远的荆棘丛生的荒服地区。"三岁不得，凶。"是指周公东征用了三年时间，三年中，周公与军兵都不得回家与家人团聚，而且他们经常面临凶险，有许多军兵死于东土，

---

① 刘文秀、孙燕、孙兰. 道德经新解 [M]. 中国出版集团世界图书出版公司，2013：221.

永远不得回家乡。

3. 上六爻的哲学意义

从上六爻的实际内容使我们更加明白，一个人无论做什么事情，都要站在卫护国家人民利益的立场上，绝不能做危害国家人民利益和违法乱纪的事情，否则，就会对国家人民利益和他人受到损害，也会因此受到法律的制裁。

4. 上六爻归属于形而下教化之道。

三、离卦☲与坎卦☵卦形图的意义

1. 离卦☲与坎卦☵的卦形图是一对组成其卦的上下两个八纯卦图的阴阳爻卦位相对应相反的纯八纯卦图形。离卦☲的上卦为☲离火，下卦还是☲离火，两个☲离火相重叠组成了离卦☲。坎卦☵的上卦是☵坎水，下卦还是☵坎水，两个☵坎水相重叠组成了坎卦☵。

2. 所谓阴阳爻卦位相对应相反的含义就是离卦☲与坎卦☵的卦形图，与其他卦形图不同，它们的上下两个经卦图无置换意义，而只是离卦☲的中间一爻为阴爻，而坎卦☵中间的一爻为阳爻，它们属于纯卦图形。

3. 六十四卦中有八个纯卦卦图形。这八个纯卦的卦形图，每一卦都是依据汉朝的"京房八宫排列法"规定的变化方法演变六十四卦的，八个纯卦都可以变化出另外七个六十四卦的卦形图，"京房八宫排列法"的八八六十四卦就是这样变化出来的。

4. 离卦☲与坎卦☵的卦形图属于天道的范畴。

第五节　《无妄卦》六三、九五爻与《大壮卦》九三、上六爻的意义和哲学意义及其归属

一、☲六三爻、九五爻的意义与哲学意义

六三爻辞："无妄之灾，或系之牛，行人之得，邑人之灾。"爻象辞："行人得牛，邑人灾也。"

九五爻辞："无妄之疾，勿药有喜。"爻象辞："无妄之药，不可试也。"

1. ☲六三爻和九五爻的意义

（1）六三爻的意义

六三爻说："众人没有妄作非为，却无辜受到了无妄之灾难，或如用细丝线拴牛，牛跑了，被过路的行人捡走了，全城的人却受到偷牛嫌疑犯的灾难。"爻象辞说："牛被行路的人捡走了，城邑内的人都遭遇偷牛嫌疑的无妄灾难。"

（2）九五爻的意义

九五爻说："没有妄言妄行妄作非为的毛病，不用吃药就有喜庆。"爻象辞说："不要去试用治疗妄作非为、贪图安逸、昏暗不明、无道无德的药物，因为试用的结果就是被有道者的革命行动革除，所以还是不试为好。"

2.☶ 六三爻和九五爻的哲学意义

（1）六三爻的哲学意义

其一，六三爻指出了众人受到无妄之灾的原因。六三爻把"用细丝线拴牛的人"比作那些为政当官者，拿着国家的俸禄，却对工作不负责任，不能为国家带来好处，使人民遭殃。

其二，比喻那些没有好德行的人，拿着国家俸禄，却妄作非为，为人民带来灾难，使人民怨恨。

其三，所以六三爻用"无妄之灾，或系之牛，行人之得，邑人之灾"来比喻那些当官拿国家俸禄，却不为国家尽心尽力效力而妄作非为之人，这样的人会使人民遭遇无辜之灾难，为国家带来灾难；那些拿着国家俸禄的人，不能为国家人民谋利益，就会使人民对君主和其政策产生怨恨之心，也就是因为这些不负责人和妄作非为的官员的作为，使君主和其治国策略受到人民的怀疑，造成了君主与人民的隔阂，因而使人民对君主不满而怨恨君主和国家的政策，结果是国家天下混乱。

（2）九五爻辞的哲学意义

其一，指君王美善的行为，君王依先圣、先王之法令道德，公而无私地为天下民众谋利。君王之行为美好仁善，则天时也会顺应人心。

其二，君王不妄作妄为，而行为美好，处处时时以道德为准则，就不会为人民带来灾难；也就是说没有妄作非为的毛病，就不用吃药医治，这就是人民之喜，国家之喜。

其三，君王若是犯了妄作非为的毛病可不是吃药就能治好的，所以说只有用先圣先王之政令，修正自己的品行，不再犯妄作非为的毛病过失，就会使国家天下人得利。

《无妄卦》爻辞的内容是以《尚书·洪范》箕子所述的关于帝王统治天下，治理天下的基本大法为主，从而使后代人明白，要以先王创立的天命治天下，以正治天下，不要妄作非为，天下就会太平安乐。否则，妄作非为，则会对国家对人民和自己带来灾难。

二、☱ 九三爻、上六爻的意义与哲学意义及其归属

☱ 九三爻："小人用壮，君子用罔，贞厉。羝羊触藩，羸其角。"爻象辞："小

人用壮，君子罔也。"

☷上六爻："羝羊触藩，不能退，不能遂，无攸利，艰则吉。"爻象辞："不能退，不能遂，不详也。艰则吉，咎不长也。"

1. ☷九三爻、上六爻的意义

（1）九三爻的意义

九三爻辞说："小人用不符合先王礼法的强壮，而君子不会使用；君子不用是正确的，小人使用就会有危难发生。其危难就是公羊的犄角犄到篱笆上了，最后只有将犄角缠绕在篱笆上了。"爻象辞说："只有小人才用强壮的武力来侵犯别人，君子则不用。"

（2）上六爻的意义

上六爻辞说："公羊的犄角犄到篱笆上，不能后退，不能遂心所愿，没有长远的利益，而艰苦努力就吉祥。"

2. ☷九三爻、上六爻的哲学意义

（1）九三爻的哲学意义

其一，只有小人才会用强壮的武力无故攻打别人，而遵照先王之德的君子就不会无故用武力去攻打别国的。

其二，用符合先王治国治天下的最高法则去治理国家天下，用中正的方法教化民众，使民众品行端正，使国家富强；否则，则为凶，为危险。

其三，周王朝在对待犬戎的事情上，形成了进退两难的境界。至今，人们还用"羝羊触藩"来比喻做事进退两难的情形。

（2）上六爻的哲学意义

其一，周穆王像一头公羊一样无辜触怒了蕃畿之国犬戎之族以后，一直到周宣王之时，又再次与犬戎发生了战争，此后，周宣王虽然赦免了犬戎之族之罪，但是周宣王去世之后，其子周幽王继位。因为周幽王失道无德而使犬戎之族与周王室的战争不断，周幽王失道无德，就更不能退敌，也不能使犬戎归附，这样对周王室，对人民都造成了灾难，其结果是周幽王被犬戎之寇杀死在逃亡的车中，而使西周灭亡。西周人民从此没有了归属之地。

其二，从这上六爻的实际意义而论，它说明了"君子以非礼弗履"的重要意义。君王治理国家天下要以天命仁德治理国家天下，而仁德的总纲领就是只要不符合先王之礼法的言论行动，就不要付诸于行动。

其三，不要为了炫耀武力的强盛，无故兴师动众，不惜发动战争，烦劳人民去远征邻国，而要与邻国和睦相处。

《大壮卦》是以《国语·周语》中记载的是周穆王不遵守先王先祖的礼法，无故发动征伐犬戎之族的战争，不听贤臣祭公谋父的劝谏，劳烦人民军旅的脚趾，最后终于以失败告终的历史事实。

三、☰与☰的卦形图的意义

1.☰与☰的卦形图是一对组成该组卦形图的上下两个经卦图的位置相反的卦形图。☰是由上卦的☰天与下卦的☳震相合而成，将组成☰上卦的☰天与下卦的☳震的位置相互置换，就组成了上卦为☳震，下卦为☰天的☰。

2.与☰卦象辞的第一句的意义

☰卦象辞："天下雷行，物与无妄。先王以茂对时育万物。"

☰卦象辞："雷在天上，大壮。君子以非礼弗履。"

（1）☰卦象辞的第一句的意义是："天下雷行，物与无妄。"

其一，是指☰的卦形结构而言。☰上卦为☰天，为天道天德。下卦为☳震，上☰下☳构成了☰。

其二，"天下雷行"象征雷声响彻天下的自然之象。

其三，"天下雷行"在这里用雷在天下响遍九州四方，来象征天道天德就如雷声传遍天下一样到处宣扬，使人如雷贯耳，明白天道天德。

其四，象征着要使先王治国治天下的美德如雷贯耳一样传遍天下，使之发扬光大。

其五，"物与无妄。"指天下雷行，万物会遭无妄之灾。就是说天下万物数不胜数，美不胜收，君子若不以先圣先王创立的道德、法典、礼仪、制度、仁厚之德来陶冶情操，约束自己的欲望做到无妄，那么就会变成有妄而不正而有妄不正物欲就会无穷无尽，就会害己害人祸国殃民。

（2）☰卦象辞的第一句的意义是："雷在天上，大壮。"

其一，是指☰的卦形结构而言，☰上卦为☳震，下卦为☰天，为"雷在天上。"

其二，象征雷声的发源之处在天空，雷声从天上传来的自然之象。

其三，这也是☰卦名的来由。"雷天大壮"象征惊雷一声震天响，就如天之命令，就如一颗响雷震惊告诫天下，使国家强盛，使民众富有，那是比天还要大的事情，那么如何完成乾天的命令呢？那就要像先王一样，遵天道而行，用天之道德治天下，使民众得到真正的利益，国家才会强盛太平。凡是遵照先王的法则治天下者，必定就会使国家强盛，国力壮大，人民富有；而凡是违背、废弃先王之法则者，必然会使天下混乱，祸乱不断，人民遭受苦难，甚至亡失国家。

3.☰与☰的卦形图属于天道的范畴，其卦象辞属于形而上教化之道。

第六节　《未济卦》九四、上九爻与《既济卦》九五、上六爻的意义和哲学意义及其归属

一、䷿九四爻、上九爻的意义与哲学意义及其归属

䷿九四爻辞："贞吉，悔亡，震用伐鬼方，三年有赏于大国。"爻象辞："贞吉悔亡，志行也。"

䷿上九爻辞："有孚于饮酒，无咎。濡其首，有孚失是。"爻象辞："饮酒濡其首，亦不知节也。"

1.䷿九四爻、上九爻的意义

（1）九四爻的意义

九四爻说："正确而吉祥，懊悔即消失了。东方之人在东方命令人征伐犬戎之族，费时三年成功，得到赏赐而成为大国。"爻象辞说："为什么'贞吉，悔亡'呢？因为秦襄公驱逐了侵伐西周领土、杀害平王之父的犬戎之寇，实现了周平王雪耻的志向。秦襄公完成了周平王的志向，得到了西周大片土地和人民。实现了秦的先祖成为大国的志向。"

（2）上九爻说意义

上九爻说："有诚信于是适当饮酒，没有过失。用酒精将他的头脑完全浸湿，那么就是有信用的人也会失去是非标准。"爻象辞说："饮酒浸昏了他的头脑，也不知道节制自己。"

2.䷿九四爻、上九爻的实际意义

（1）九四爻实际意义

说明秦族强大的原因，是因为周平王在东周的都城洛邑命令秦襄公前去征伐侵占大片西周之地的犬戎之寇，并许诺将犬戎之寇侵占的西周之地作为赏赐，而归于秦襄公。秦襄公用了三年时间，杀得犬戎七零八落，其大将字丁、满也速等人，俱死于战场。犬戎的君主远逃西荒。岐山、丰地，从此均为秦国所有。秦国从一个小的附庸国，在周平王的赏赐下，一下子变为一个拥有西周大部分疆土的东周的诸侯国[①]。

（2）上九爻的实际意义

䷿上九爻与䷾上六爻的意义基本相同，䷿上九爻是指周幽王在褒姒的蛊惑下，整日沉迷于酒色，而使西周灭亡的历史；䷾上六爻是指商纣王在妲己的蛊惑下，沉迷于酒色，而亡殷商的历史；那么就说明酒色对于一个想要成就事业的人，是要引以为戒的大事情。

---

① 李杰主编.史记[M].哈尔滨出版社，2003：29.

3.䷾九四爻、上九爻的哲学意义

（1）九四爻的哲学意义：顺应天道，抓住有利时机，就能实现愿望。

（2）上九爻的哲学意义：适当饮酒，不要被酒色迷乱了本性。

二、䷾九五爻、上六爻的意义与哲学意义及其归属

䷾九五爻辞："东邻杀牛，不如西邻之禴祭，实受其福。"爻象辞："东邻杀牛，不如西邻之时也。实受其福，吉大来也。"

䷾上六爻辞："濡其首，厉。"爻象辞："濡其首，厉，何可久也。"

1.䷾九五爻、上六爻的意义

（1）九五爻的意义

九五爻说："东方的邻居商王杀牛祭天，还不如西方的诸侯邻居祭祀先祖宗庙实际得到的福气大。"爻象辞说："具有祭祀天地之职的殷商天子商纣王时代，已经不如先祖庙之职的西周鼎盛了。虽然西周已经确实使人民得到了福祉，但是其美好的福祉还未完全光大到全天下。也就是说，周文王时代仍然是殷商的诸侯、臣子而已。"

（2）上六爻的意义

上六爻说："整日将精力用在淫乐饮酒之上而浸湿了头脑，不理朝政，最终为殷商带来了严重的灾难。"爻象辞说："作为国家人民最高首领的商纣王，整日将精力用在淫乐饮酒和残害人民的事情上，而荒废了朝政、先祖的功业，这怎么能够长久呢？不能长久，当然就只有灭亡了。"

2.䷾九五爻、上六爻的实际意义

（1）九五爻的实际意义

九五爻在于说明原本很有志向继承先祖事业的商纣王，在妲己的蛊惑下，已经不再有心思治理国家天下了，使商朝的国势日益衰弱，而西周的周文王虽为商朝的异性诸侯，但是他将周族治理的已经非常富有了。所以，这就说明了天子选择皇后的重要性；也可以认为，男子选择妻子要以德行为基本条件。

（2）上六爻的实际意义

上六爻是指淫乱的商纣王，整日沉迷于酒池肉林不理朝政，最终使殷商走向灭亡之路；说明对于一个天子，这就是罪过；整日过多饮酒，对于我们每个人都是有害的，所以要节制自己的欲望和饮酒。

3.九五爻、上六爻的哲学意义

（1）九五爻的哲学意义：治国者失道失德就会使民众失去福气。

（2）上六爻的哲学意义：适当饮酒，不要被酒色迷乱了本性。

三、☰与☷的卦形结构图的意义及其归属

1. ☲与☵的卦形结构图的意义

☲与☵的卦形结构图，是一对组成这二卦的上下二个经卦图的位置相反的卦形图；☲是由上卦的 ☲ 火与下卦的 ☵ 水组成。将组成☲上卦的 ☲ 火与下卦的 ☵ 水的位置上下置换，就组成了上卦为 ☵ 水，下卦为 ☲ 火的☵。☲与☵的卦形图，属于天地之道的范畴。

2. ☲与☵的卦象辞第一句的意义

☲卦象辞："火在水上，未济。君子以慎辨物居方。"

☵卦象辞："水在火上，既济。君子以思患而豫防之。"

（1）"火在水上，未济"的意义

其一，是对☲卦形结构的说明。☲下卦为☵，为水，为艰险。上卦为☲火、为太阳。

其二，☲火在☵水上，象征的是天地阴阳背离，水火不交，水还未变化为云雨，太阳仍旧在天空照耀，太阳的光热过于盛大，天没有及时下雨而过度干旱，对万物、对人类造成灾难的自然之象。

其三，这里象征周幽王这个太阳，就如久旱不雨的气候，对万物，对人民造成了严重灾害。

（2）"水在火上，既济"的意义

其一，是指☵的卦形结构而言。☵下卦为☲，为离火、为太阳；上卦为☵，为坎水、为云雨，组成了☵，为"水在火上"。

其二，象征坤地之阴在太阳光热的照射下，已经变化为云，天空布满了阴云，遮蔽了太阳，这是下雨征兆的自然之象。

其三，雨，既有和风细雨、及时雨，以滋润万物，又有狂风暴雨会对万物造成灾难。所以就要在狂风暴雨来临之前，考虑如何预防灾难的发生，也就是未雨绸缪的意思。

☲卦象辞与☵卦象辞都属于形而上教化之道的范畴。

第七节 《归妹卦》六五爻辞的意义与哲学意义及归属

一、☱六五爻辞的意义

☱六五爻辞："帝乙归妹，其君之袂，不如其娣之袂良，月几望，吉。"爻象辞："帝乙归妹，不如其娣之袂良也。其位在中，以贵行也。"

六五爻辞说："商王帝乙将商族的女子嫁给一个身份不如商族地位的人，但是

经过长时间观察，这对男女却是天下最美好婚姻的典范，男女均是天下人民效仿的榜样。"爻象辞说："帝乙为商族女子选择的对象，虽然地位不高衣着不华丽，但是其人是中正可信之人，帝乙尊重的就是周文王的品行可贵，难得。'即贵行也'即贵重周文王品行的美好，这就是最幸福美满的婚姻基本条件。"

二、☷☰六五爻的实际意义

《诗经·大明》记载了帝乙曾将商朝之邦国的两位女子嫁给周文王，第一位就是周文王的第二位妻子"大邦有子，俔天之妹。"第二位就是将商朝莘国的女子嫁给周文王为妻，也就是周文王的第三位妻子太姒，也是帝乙命令周文王所娶的第三位妻子。周文王与帝乙是同时代的人，周文王身为帝乙的臣子，因为终日辛劳，无暇顾及自身的装饰。因为古代人按照职位等级的不同，对服饰质量、式样等均有严格规定，所以用周文王的衣服不及周文王之妻的陪嫁之女的衣服质地良好，来象征帝乙将他们商族高贵的女子下嫁给周文王，当然也是说帝乙嫁女的条件就是因为周文王的仁德深厚。而且经过时间的考验，确实证明了周文王与太姒的婚姻是美好的婚姻。周文王是天下人民的典范，而周家的夫人，都是天下妇女的典范。周文王的第三位妻子，就是周武王之母太姒，太姒是一位有贤德的夫人，也正如爻辞所言；"月几望，吉。"《诗经·思齐》曰："思齐大任，文王之母。思媚周姜，京室之妇。大姒嗣徽音，则百斯男。"[①] 太姒就是文王之妻，她继承了祖母周姜和母亲大任的美好品德，辅助成就了周文王的功业。总之，六五爻是在告诉我们，夫妇结合就要以周文王和周家母仪天下为榜样。男女选择妻子丈夫的基础就是德行。记载的是帝乙将商朝之女下嫁给周文王的原因，以及周文王与第三任妻子太姒的婚姻是天下最美好的婚姻，是天人天下人民效仿的榜样。

☷☰地天泰卦六五爻辞："帝乙归妹，以祉元吉。"爻象辞："以祉元吉，中以行愿也。"六五爻说："商王帝乙将商族的女子下嫁给诸侯，为商王朝祈求长久的福气，以求大吉祥，以求商朝与周族关系长期的和洽。"爻象辞说："帝乙将商朝诸侯的女子嫁于周族的周文王，用这个婚姻关系来求得商朝长期的福气安宁，这是以自己心中的愿望求得商朝的安宁啊！"《泰卦》六五爻辞记载了帝乙将商女下嫁给周文王的目的。

三、☷☰六五爻的哲学意义及其归属

☷☰六五爻的哲学意义：我们从☷☰六五爻与☷☰六五爻可以明白，帝乙将商族的二

---

① 刘文秀、孙燕、孙兰.诗经新解[M].中国出版集团世界图书出版公司，2012：279.

位美女下嫁给其地位和衣着不如商族的周文王，一方面是看重周文王的品德，另一方面是为了笼络周文王，以联姻的方式来求得周文王不要反叛商朝，以求得商朝的安宁。

所以《归妹卦》六五爻辞的哲学意义就在于：无论结婚的原因和目的缘于什么？但是只有夫妇做到了夫义、妇听；一个家庭做到了父慈、子孝、兄良、弟恭、长惠、幼顺就是幸福美满的婚姻和家庭了。

所以，䷲六五爻与䷵六五爻均属形而下的方法策略的范畴。

第八节　《豫卦》六二爻和六三爻辞的意义与哲学意义及其归属

一、《豫卦》六二爻的意义与哲学意义

䷏所记载的是以周公代成王摄政六年，天下太平安乐，周公制作礼乐、颁度量，以歌乐颂扬先祖之德的历史事实，颂扬了周公的高贵品德；爻辞也是对周公之德的记载和评定。

䷏六二爻辞："介于石，不终日，贞吉。"爻象辞："不终日，贞吉，以中正也。"

䷏六三爻辞："盱豫，悔。迟有悔。"爻象辞："盱豫有悔，位不当也。"

1. ䷏六二爻辞的意义

六二爻辞说："如坚石一样居于中正，始终如一，正当吉祥。"爻象辞说："不终日，正当吉祥，如坚石一样，始终如一地站在中正的立场上毫不动摇，就是不终日。"

六二爻辞所说的"介于石，不终日，贞吉"，正如《易·系辞》曰："知几其神乎。君子上交不谄，下交不渎，其知几乎？几者，动之微，吉凶先见者也。君子见几而作，不俟终日。易曰：'介于石，不终日，贞吉。'介如石焉。宁用终日，断可识矣。君子知微知彰，知柔知刚，万夫之望。"孔子说："能够从隐微的事情之中发现事情即将发生变化的苗头或即将发生之事的吉凶，岂不是很神奇吗？君子在与上位的人相交时，不逢迎巴结讨好；在与下位的人相交时，不轻视、不亵渎，难道会不知道什么是隐微之兆吗？所谓隐微，虽然是事情即将发生变化的微小征兆，但是事物变化的吉凶结果，却可以从这些微小的变化中显现出来。所以君子只要发现隐微的变化，就立即采取行动制止凶险事情的发生，而不是等到事情发生了凶险的结果之时，才采取行动。《豫卦》六二爻辞说：'介于石，不终日，贞吉。'就是说君子做事必须始终站在中正的立场上，宁愿自始至终以中正之道为则，岂能是一朝一夕之用呢？一定要记住啊。君子既要知道隐微之事宜，又要知道显明之事宜，

既要知道和顺之事宜，又要知道刚强果断之事宜，这是众人所期望的啊！"

2.六二爻的哲学意义

孔子明确指出，君子做事一定要始终坚定地把握好中正的原则，始终坚定如石地站在中正之道上，而不是一朝一夕地站在中正之道上。也就是不能只有一时或一天站在中正之道上。这就是君子的原则，中正是君子始终如一坚守的原则，这也是中庸之道的中心意义，也是六三爻辞的哲学意义。

二、☷六三爻辞的意义与哲学意义

1.☷六三爻辞的意义

六三爻辞说："能够提前看清形势，盱衡大局，做好准备，防止灾祸发生。否则，迟早都会有灾祸发生，到时后悔也来不及了。"爻象辞说："为什么会有不能预知的灾祸发生呢？是因为我们各自所处的位置不同，或者观察问题的角度不同，或者认识不足之故。"这里"盱"是张目直视、观察分析的意思。

六三爻辞就《豫卦》本身而言，是指周公没有能预知武庚管蔡之乱，也就不能事先预防，所以才会发生武庚管蔡之乱，而使其兄弟管蔡遭杀身之祸，所以后悔也来不及了。爻象辞指因为管蔡和周公所处的位置不同，管叔、蔡叔是周公的兄弟，是周成王的叔父，是周邦的亲族，谁会料想到他们会反叛周朝呢？周公和周成王在上位，周公亲自前往平息了反叛，并亲自处死了参与反叛的亲兄弟。也就是说假如周公不是处在上位，就没有权利亲自处置自己的亲兄弟。

2.☷六三爻辞的哲学意义

其一，六三爻辞就《豫卦》的内容本身而言，是对周公功德的评定和记载，六三爻辞是说周公一生自始至终都站在中正的立场上为西周的事业奔波辛劳。它对于我们现代人来说，也具有现实意义：每个人都应该始终如一地站在中正的立场上对待我们所遇到的人或事，对任何事物的认识参与，都应以中正无偏私的态度对待，不可只是一时一事地站在中正的立场上。

其二，六三爻辞所言的"盱豫，悔。迟有悔"，对于我们每个人都有教化意义，我们平时做事情，尤其是做大事情时，要提前研究清楚事情的状况，研究分析完成这件事情所需要的各种条件，充分做好准备，才能顺利完成；还要对完成某一件事情的风险，提前进行分析研究，做好防御，才能避免灾难发生。

三、《豫卦》六二爻和六三爻辞意义的归属

六二爻和六三爻辞意义属于形而上教化之道。

第九节 《比卦》初六爻、六二爻、六四爻辞的意义与哲学意义及其归属

《比卦》阐述的是以商汤奉天命伐夏桀，救民于水深火热之中，建立商朝，与其后代子孙商纣王失道无德，使民众又重新生活在水深火热之中，最终使商王朝灭亡的历史事实的对比，说明治国治天下者，必须遵天道、有诚信、为民谋利益而行才吉祥如意。

一、䷇初六爻辞和六二爻辞及六四爻辞原文

初六爻辞："有孚比之，无咎。有孚，盈缶，终来有它，吉。"爻象辞："比之初六，有它吉也。"

六二爻辞："比之自内，贞吉。"爻象辞："比之自内，不自失也。"

六四爻辞："外比之，贞吉。"爻象辞："外比于贤，以从上也。"

二、䷇初六爻辞和六二爻辞及六四爻辞的意义及哲学意义

1.䷇初六爻的意义与哲学意义

（1）初六爻的意义

初六爻辞说："通过对有诚信和无诚信的对比，说明有诚信者不会有过失。有诚信者，其诚信就如盛酒的瓦器一样盈满，而且满而不溢。因为有道德、有诚信而来追随的人很多，终于因为他有诚信得到了成功。"爻象辞、初六爻辞所说的比较，就是有诚信和无诚信的比较；通过比较可知，还是有道德、有诚信者吉祥；因为只有有道德、有诚信者，才会受到人民的拥戴和尊敬；因为只有有道德、有诚信者，才会为天下人民谋利益，才会使天下太平安乐。

初六爻辞是说用诚信做比较，有诚信比无诚信者受人尊敬和信任。商汤有诚信而受到众诸侯的信任。商汤有诚信有道德，为天下人民所做的有益之事很多，他美好的品德就如瓦器装满了水，多得都快溢出来了，而且谦和不自满，所以诸侯们都信任他，百姓都拥戴他。因为商汤有道德、有诚信，所以才会取得伐夏桀的最终成功，所以吉祥如意。"终来有它，吉"中的"它"，在这里是指道德和诚信，有道德和诚信者永远吉祥。

（2）初六爻的哲学意义

初六爻的意义对于我们现代人而言：我们无论做什么事情，或者是想与谁结交朋友，都要依靠诚信。心怀诚信去做事情，心怀诚信去结交朋友，才能得到别人的信任，从而获得成功。也就是做人要有诚信，要有道德仁义，如此才能受到众人的

尊敬，才能有助于事业的成功。

2. ☷☷ 六二爻的意义与哲学意义

（1）六二爻的意义

六二爻辞说："经常以道德诚信与自己本身相比，能从内心省察并及时改正自己的过失，就会使自己永远正确吉祥。"爻象辞说："以天下百姓之心为镜子，经常对比自己是否为民众谋取了利益，是否真正地为人民着想了，以使自己不至于失去民众，不失去为民众谋利益的目标，不失去自己的道德诚信。"

（2）六二爻的哲学意义

六二爻辞指出：人若是能以水为镜子，来对照自己内心，将自己的表现与内心相比较，看其表现是否与内心相一致。也就是以自己的行为表现为镜子，对比自己的作为是否能以百姓之心为镜子，以百姓之心为己心，处处为人民着想，当然正确吉祥。爻象辞"比之自内，不自失也"，也就是说，只有明君，为了不使自己迷失大道，才会时刻将百姓的利益与自己的行为相比较，以省察自己的过失。正如《道德经》第四十九章所言："圣人无常心，以百姓心为心。善者，吾善之；不善者，吾亦善之，德善。信者，吾信之；不信者，吾亦信之，德信。圣人在天下，歙歙焉，为天下浑其心，百姓皆注其耳目，圣人皆孩之。"老子指出，圣人没有自己固定的心思，而是以百姓的心思为自己的心思。美好善良的，我善待他；不美好不善良的，我也以善良待他，这是因为圣人之德美善。诚实可信的，我信任他；不诚实可信的，我也以诚信待他，这是因为圣人之德可信。圣人居于治理天下之位，以天下安乐太平为目的，为了治理天下以质朴无私之心而作为，百姓全都专注自己的耳目注视着，百姓都认为圣人纯朴得就如小孩子一样。

所以，六二爻辞提示我们，要以自己内心的真诚实意对待别人，就不会失去自己的诚信，也不会失去朋友。

3. ☷☷ 六四爻辞的意义与哲学意义

（1）六四爻的意义

六四爻辞说："有贤德的君子，能经常以自己的德行与别的有贤德之人相比较，对于有贤德之人，不但要向其学习，还要招纳任用，以辅佐自己，实现理想，这才是正确吉祥的。"爻象辞说："商汤以真诚的情感，招纳聘用贤士伊尹，以辅佐自己成就大业。"

（2）六四爻辞的哲学意义

六四爻象辞"外比于贤，以从上也"，就是将自己的德行表现与外面的贤者相比较，使有贤德的人能跟随上位的君王，共同谋求大业。正如《孟子·公孙丑上》所言："尊贤使能，俊杰在位，则天下之士皆悦，而愿立于其朝矣。"

六四爻辞提示我们，一个人为了不使自己的诚信道德有瑕疵，还要和其他外部有诚信道德有才能的人做比较，发现别人的优秀之处不但要向别人学习，还要团结招纳他们，一起为远大目标做贡献。这是一个很重要的社会问题，如今在这竞争的社会里，人人都想得到一份职业，一个岗位，但是职业岗位有限，要想实现招纳有诚信道德才能的人，只有居于领导地位的贤能领导才能做到，如果一位居于上位的领导者有如此胸怀，就是一位贤能有德者的领导者了。

总之，《比卦》告诉我们诚信的重要意义，无论什么人做什么事情，只要有诚信，就能结识有诚信的朋友共谋事业的发展。

4. ䷇初六爻、六二爻、六四爻均属于形而上教化之道的范畴。

第十节　《解卦》六五爻辞的意义与哲学意义及其归属

一、䷧六五爻辞的意义与哲学意义

《解卦》是对春秋时期，在齐桓公之后第二个称霸诸侯的晋文公重耳称霸过程的记载。因为重耳平素有仁德，有才能，所以在他危难之时，有贤士帮助解除危难，最后终于复国而为晋文公的历史故事。

䷧六五爻辞："君子维有解，吉。有孚于小人。"爻象辞："君子有解，小人退也。"

1. ䷧六五爻的意义

六五爻辞说："君子只有用和解、劝解、理解的方法和永不懈怠的精神去作为，才能使纷乱、仇恨消除。就连对小人都能以诚信相待，这样做就连小人都会信任拥护你。"爻象辞说："君子能以宽宏大量的仁德谅解小人，并与小人和解，小人就不敢再施展小人之谋了，小人的阴谋就不会得逞了。"

六五爻辞就《解卦》本身而言，是记载和评定晋国君主晋文公重耳返回晋国复国后，能与昔日追杀他的勃鞮及盗窃他财物的头须和解，而体现了重耳宽厚仁慈的美德。

2. ䷧六五爻的哲学意义

六五爻对于今人而言，就是做人的基本行为准则，应以仁善之心宽厚平等待人，切不可因为别人有错于我，我就不原谅他，而以牙还牙，以错对错，以怨报怨；或轻视别人，或者因为别人与自己意见不同，就为难或孤立别人。这也就是"和为贵""和而不同"和包容的道德内涵。我们要效仿君子宽宏博大的胸怀，容纳一切可以容纳之事，对于与自己有成见的人，也应该如此。

正如《老子》曰："和大怨，必有余怨；报怨以德，安可以为善。"①《老子》说："大怨虽然能够和解，但是必然会留下余怨；如果以仁善之德来回报仇怨，怎么不可以成为最仁善最善于和解仇怨的人呢？"

《老子》和《易学》哲学站在道德仁义诚信的高度，告诉我们以宽广诚信的胸怀，容纳对待有过失者，以感化他们，团结他们，共同为我们祖国的事业奋斗。

二、䷏六五爻的哲学意义的归属

依据六五爻的哲学意义而论，它属于形而上教化之道的范畴。

---

① 刘文秀、孙燕、孙兰.道德经新解 [M].中国出版集团世界图书出版公司，2013：266.

第二部分 《易·系辞》《说卦传》《序卦传》中一些文辞的意义与哲学意义及其归属

第一章 《易·系辞》部分文辞的意义与哲学意义及其归属

第一节 《易·系辞上传》第一节八卦相荡的意义与哲学意义及其归属

一、《系辞·上传》第一节原文

"天尊地卑，乾坤定矣。卑高以陈，贵残位矣。动静有常，刚柔断矣。方以类聚，物以群分，吉凶生矣。在天成象，在地成形，变化见矣。是故刚柔相摩，八卦相荡。鼓之以雷霆，润之以风雨。日月运行，一寒一暑。乾道成男，坤道成女。乾知大始，坤作成物。乾以易知，坤以简能。易则易知，简则易从。易知则有亲，易从则有功。有亲则可久，有功则可大。可久则贤人之德。可大则贤人之业。易简而天下之理得矣。天下之理得，而成位乎其中矣。"

二、第一节八卦相荡的意义

天高大为尊，地低下为卑，乾坤之位确定。低下高上排列，明确了贵贱之位。天地运动变化有正常秩序，乾刚坤柔判别阴阳昼夜四时。存在于坤地上的物属以类别聚集在一起，万物以群来区分。这些事物对于人类而言可以滋生出吉祥美好之事，也可以有灾祸降生。在天空形成的是风云雨雪雷电的变化现象和在地上形成的有形体的五行物质的变化现象，这是天地变化万物、显现万物的自然之象。所以说天地刚柔阴阳之气相互摩擦、相交相感而变化化生了万物，八卦相互变动而包含了天地万物变化之理。天上显示的变化现象是能够震动万物的迅雷闪电和滋润万物的风雨。日月有序地运行，形成春夏秋冬四时。乾天变化的道理是具有阳刚之气的阳男的象征，坤地变化的道理就是柔顺地顺应乾天的阴柔之女的象征。从《乾卦》知道天地是以极大的太极分离开始的，从《坤卦》就能知道坤地兴起成就了万物的生成。乾天变化的道理可以从《乾卦》很容易认知，坤地变化的道理可以从《坤卦》很简要地认知。容易认知就容易明白，简约就容易适从。容易明白就能够使人亲近，容易适从就会有成效。能亲近就可以长久，有成效就可以发扬光大。能长久的是圣贤的大德，能发扬光大的是圣贤所推广的事业。《易经》哲学将天地万物变化之理简要地归于其中，天下万物变化之理归于《易经》哲学之中，圣贤所要成就的事业就居于其中了。

三、《易·系辞》第一小节内容的哲学意义及其归属

1. 使我们明白《易经》对天高地低的定位。也就是天在上，地在下，地就应该顺应乾天之德，实际也是坤地时时都在顺应乾天的变化，这是自然规律。

2. 关于"方以类聚，物以群分，吉凶生矣"的哲学意义及其意义可以有两种理解。

其一，"方以类聚"是说古人认为天圆地方，所以，这里的方，就是指地球。《易经》哲学认为存在于地球上的物属是依类别聚合在一起，如人类、植物类、禽兽类、矿物类等就是"方以类聚"的意思。也就说植物有植物生存的空间，禽兽类有禽兽类生存的空间。"物以群分"是指物类以群来区分，如老虎、狮子、鸟群、人群、树林、群山、日月星辰类等，这是"物以群分"的意思。《易·系辞》"方以类聚，物以群分，"这两句话的前一句是指地球上的同类事物聚在一起，后一句则是指天地万物的分类方法。"吉凶生矣"，是指正常情形下，这些事物各自以正常秩序运行，如日月给人和万物以光明温暖，但是若是旷日持久地日晒无雨，或者狂风暴雨则给人和万物以灾祸；又如人类过度开采植物和矿产资源，就会造成水土流失，气候失常；或者动物无处藏身而伤害人类等。这是说自然界动植物是相依相存的关系。

其二，甲骨文会意"方"是并行的两船，泛指并列、并行。《说文解字》说："方：併船也。象两舟省、总头形。"那么"方"就可以解读为：并行并列者是谓同类相聚，群聚者是谓同类；而后来流行的"人以类聚，物以群分"应该是由"方以类聚，物以群分"演化而来，比喻志同道合的人相聚在一起，同类的东西常聚集在一起。

3. 认识了"刚柔"的意义。"刚"就是乾天之阳——太阳、阳气、天道；"柔"是指坤地、阴柔之气、水汽、地气、生物之气。刚柔之气相摩擦、相交会而化生万物就代表几个卦象的相互组合、鼓动相荡的道理。八卦所包含的是天地日月电火、雷霆、风、雨；日月电火，就是乾、兑、离卦的象征；雷霆、风，就是震卦、巽卦的象征；雨就是坎卦的象征；艮、坤就是土地的象征。

4. 认识了八卦相荡的意义。关于"八卦相荡，"的含义，笔者在《周易新解》一书中解释为"八卦相荡而包含了万物"。后来又反复思考，认为八卦本身是古人造就的一个个象征物类的图形，是一个个不会动的图形，它们怎么会相互动荡呢？荡的引申意义，就是来回变动的意思；所以就联想到八卦阴阳交互变，变化出六十四卦的过程，六十四卦的卦形结构，包含了天地万物的变化之理，所以将其解读为"八卦相互变动而包含了天地万物变化之理"。这样就与《易·系辞》"易有太极，是生两仪，两仪生四象，四象生八卦"的意义相一致了。两仪就是天地，就是刚柔，就是阴阳。天地是万物化生之母，天地阴阳之气相互交感冲撞化生风云雨雪雷电。这里用"方以类聚，物以群分"来归类一下：云雨雪同属于水，电光热同属于光热，风属于流动之气，雷属于雷震。那么天上的四象就是：光热、云雨、雷震、风这四种了。天之四象与地之五行（木、火、土、金、水）相合而组成八卦。当然这个认识是否正确，还有待进一步论证。

5. 正确认识圣人所推广的伟大事业，就是人民富有，国家强盛。

6. 正确认识《乾卦》和《坤卦》所述的内容和目的。《乾卦》和《坤卦》所述的内容，就是以天命治理国家天下为民谋利益；以周文王之德为模式，教化众人，就能实现天下太平的目的。

7. 这一节所论的内容属于天地之道的范畴。

第二节　《易·系辞上传》第四节乐天知命的意义与哲学意义及其归属

一、《系辞·上传》第四节原文

"易与天地准，故能弥纶天地之道。仰以观于天文，俯以察于地理，是故知幽明之故。原始反终，故知死生之说。精气为物，游魂为变，是故知鬼神之情状，与天地相似，故不违。知周乎万物，而道济天下，故不过。旁行而不流，乐天知命，故不忧。安土敦乎仁，故能爱。范围天地之化而不过，曲成万物而不遗，通乎昼夜之道而知，故神无方而易无体。"

二、第四节乐天知命的意义

《易经》所阐述的道理是与天地万物自然变化的道理相一致的，所以能够包罗贯通天地自然变化的道理。因为圣人仰观于天文的变化现象，俯身观察于地理地利之象，所以能知道各种隐晦的、明显的变化缘由。知道万事万物的起源开始正反终始变化之理，所以也知道人生与死的学问。人的生死之理与精和气这两种物质密不可分，人之生精气凝聚为人的形体，气流动变化决生死。人之生，气入为生；人之死，气绝为死。所以知道鬼神变化就是人体之气与躯体最终变化为天地之气的组成成分，所以就不违背鬼神，也就不违背天地自然变化之理。遍知天地万物变化之理，而以道辅助天下万物的生长化育，所以不会超出万物变化之理。使道普遍通行有成效而不流于形式。乐于崇效天道，自然知道生命的道理，所以就无忧。安心如坤土一样仁厚，所以就能有仁爱之心。《易经》所阐述的道理的范围超不出天地万物的自然变化之理，曲折地完成了对万物化生变化道理的阐述而没有遗失；《易经》通晓昼夜变化的道理，所以《易经》说人的思维聪明才智无穷无尽，而《易经》的体裁也就没有固定的模式。

三、《系辞·上传》第四节的哲学意义及其归属

1. 知道了《易经》所阐述的道理的重要意义，那就是阐述了天地万物真实的变化之理。

2. 认识了人生死的道理。

3. 知道了天地万物的变化之理，就效法天地万物变化的道理，以天道之天命治理国家天下，以辅助成就万物的化育，成就人类世世代代生存的目的，就是《易经》哲学的目的。

4. 认识了乐天知命的意义。关于"旁行而不流，乐天知命，故不忧"。笔者将其解读为"使道普遍通行有成效而不流于形式。乐于崇效天道自然知道生命的道理，所以就无忧"。因为"旁"的本意是大、广的意思，又具有广泛、普遍的意思。有些学者将旁解读为旁门左道，试想，《易经》哲学能教习我们用旁门左道实现理想，成就事业吗？所以只能依据上一句的意思和旁的本意来解读，才比较符合《易经》哲学之意。"乐天知命"的"天"，是自然的象征，更是天道的象征。"乐天"，对于乐天派而言，就是乐于顺应自然，不用操心过多的事情，当然生死就是气的出入变化而已，死生自有它的自然规则，不必过分注重养生，自然平和为好。而对于君子而言，就要乐于崇效实施天命而且要明白天命的道理，所以才会无忧。

5. 认识了《易经》哲学内容广泛无所不论的意义。关于"屈成万物而不遗"，笔者将其解读为"曲折地完成了对万物化生变化道理的阐述而没有遗失"。因为《易经》哲学的形成并不是一帆风顺一次而成的，也是历经了多次变动修改的。这在《易·系辞》中也有明确的说明"其旨远，其辞文，其言曲而中，其事肆而隐""易之为书也不可远，为道也屡迁。变动不居，周流六虚，上下无常，刚柔相易，不可为典要，为变所适。"

6. 认识了"神无方而易无体"的意义。"神"是《易经》哲学对人的思维、聪明才智的抽象，其意义在《易·系辞》和传统医学中都有明确的解读。"方"是指四面、四方。"无方"，就是没有四面四方，那就是无边无际。"神无方"就是人的意识思维可以无穷无尽，没有边际，这也是《易经》哲学对人的意识思维功能的肯定和赞美。所以我们每一个人做事情，都要开动脑筋，多思维多考虑，并与志同道合者集思广益，才能获得事业的成功。

7. "易无体"，表达的是《易经》内容的体裁没有固定的模式，这主要是指六十四卦卦辞、爻辞的内容，由原先只用于占卜的卦辞、爻辞，几经变化，被孔子赋予"十翼"而不断修改，变化为具有历史意义、教化意义、治国之道的哲学著作。使其变成了论述天道、地道、人道三才之道的内容。其变化形式是依据六十四卦自然的排列顺序及每一个卦形结构的象征意义来象征具体的事物，再以其所象征的事物来论述具体的事物——三才之道的内容。

8. 南怀瑾先生对"易无体"解释说："易以用为体，体在哪里看到？体在用上看到。无用就是无体，体本身看不到它的功能，只有在用上才能看到它的功能。"① 南怀瑾先生的这个观点，与《老子》第十一章："故有之以为利，无之以为用"② 的意思相似，但是老子所论的是有与无、无与有相互生成或者相互依存的关系，所以"易无体"与《老子》之论是不能混为一谈的。

9. 第四小节的内容属于天地之道的范畴。

第三节 《易·系辞上传》第五节阴阳及生生之谓易的意义与哲学意义及其归属

一、《系辞·上传》第五节原文

"一阴一阳之谓道。继之者善也，成之者性也。仁者见之谓之仁，知者见之谓之知。百姓日用而不知，故君子之道鲜矣。显诸仁，藏诸用，鼓万物而不与圣人同忧，盛德大业至矣哉！富有之谓大业，日新之谓盛德。生生之谓易，成象之谓乾，效法之谓坤。极数知来之谓占，通变之谓事，阴阳不测之谓神"。

---

① 南怀瑾著. 易经系传别讲. 复旦大学出版社，1997.
② 刘文秀、孙燕、孙兰. 道德经新解[M]. 中国出版集团世界图书出版公司，2013：117.

二、第五节阴阳及生生之谓易的意义

一阴一阳的往复变化过程称之为道。能使一阴一阳之谓道的观点得到继承发展者是善于应用，能成就应用这个观点者就是体现了事物的固有本性。有仁德者听闻阴阳之道称为仁善，聪明睿智者听闻阴阳之道称为睿智，百姓平时应用阴阳而不知道阴阳之理，所以说君子应用阴阳之道很独特，阴阳之道只显示在成就万物的很多仁善美好之中，隐藏在日常运用之中，它鼓动成就辅助万物而不愿意万物与君子一同担忧。圣人君子的盛德大业就达到了啊；使天下国家强盛、人民富有，就是圣人所要成就的大业；使人民的生活发生日新月异的变化，就是圣人所要累积的盛德。使人民生生不息生存生活是谓《易经》的目的。形成和成就天象天德者是谓乾天乾卦，顺应效法乾天者是谓坤地坤卦；用大衍之数五十预知往来之事是谓占卜，通达知晓古今往来万事万物变化之理者是谓圣人之事；其意识思维通晓阴阳变化之理不用测度就能知道事物变化之道者是谓神机妙算。

也可以是说"一阴一阳之谓道"是谓天下之事的道理！因为万事万物均有阴阳变化之理，阴阳有：暗光、寒热、低高、下上、弱强、静动、缓快、内外、抑亢等诸多之象。

三、第五节的哲学意义及其归属

1. 认识了阴阳的哲学意义

阴阳是《易经》哲学归纳的表示事物发展变化过程的一种表示方法。《易经》用阴阳作为事物在同一时空运动状态的象征归类，阴阳其实也是易象的一种表现形式。

2. 认识了关于"继之者善也成之者，性也"的哲学意义

笔者将"继之者善也，成之者性也"解读为：能使一阴一阳之谓道的观点得到继承发展者是善于应用，能成就应用这个观点者就是体现了事物的固有本性。"继之者善也"，当然是继承发展"一阴一阳之谓道"的观点了。善是吉祥、好、善于、擅长的意思，那么这一句也可以解读为：能使其得到继承和发展者吉祥或者美好，这两者的意义是一致的。而"成之者性也"依据笔者的研究："能成就应用这个观点者就是体现了事物的固有本性"，那么事物的固有本性是什么呢？笔者认为：任何事物都是在运动着、变化着，且运动变化有快慢之别，有显明与隐晦之分，而这个快慢、显明与隐晦之分就是动静。动静就是刚柔，就是阴阳。天地有阴阳，万物均有阴阳属性，均有阴阳变化。"一阴一阳之谓道"，一阴一阳的往复变化过程称为道，也就是阴阳是表示事物强弱快慢变化的一种表示方法，而且是表示事物在同一时空运动状态的象征性归类的一种方法。所以，事物的本性就是运动变化。

3. 认识"圣德大业至矣哉"的哲学意义

"圣德",当然是指圣人的大德了,那么圣人的大德是什么呢?就是:"富有之谓大业,日新之谓盛德。"

南怀瑾先生对"盛德大业至"的解读是:"什么是富有?人都很贫穷,只有天地最富有。天地为什么这么富有?天地制造了万物,而不占有万物。它生出万物是给万物、给我们用的,它自己不要,因此它最富有。愈是想占有的人,愈是贫穷的,愈是布施出来的人愈是最富有的。真正伟大的事业是付出,而不是据为己有。"①南怀瑾先生对天之富有的认识是正确的,这天地之富有,天地富有万物,不占有万物,也是老子的观点,也是完全符合无为之道意义的观点。"真正伟大的富有是付出,而不是占有",这应该是最高尚的精神富有了。但是,天地的富有是自然的富有,自然存在的事物不能是事业,事业是要有人去作为才能是事业。也就是说,圣人的大业,就是要使国家强大人民富足;圣人的大德,是要让人民的生活发生日新月异的变化,实现天下太平安乐,这才是圣人的圣德大业。因为一个人虽然精神富有了,就要达到孔子所言的"君子问人寒则衣之,问人之饥则食之"的境界,但是我们可以想象一下,如果一个人想给予别人帮助,可是就连给别人付出一碗饭的能力都没有,这能算大业吗?

所以,笔者将这句话解读为"使国家强盛人民富有"就是圣人君子所要成就的大业,因为这个意思在《易·系辞》的其他章节也可以看到:"崇高莫大乎富贵。""夫易,圣人所以崇德而广业也。""圣人以通天下之志,以定天下之业。"所以这个观点是很重要的,圣人所要成就的是中华民族强盛的事业,也是中华民族历史上曾经实现了的太平盛世的事业,也就是当今中华民族所要复兴的伟大事业。

4. 认识"生生之谓易,成象之谓乾,效法之谓坤的道理"

(1)关于"生生之谓易",有学者认为:《易经》的道理就是生生不息。当然这些学者是从道的意义上来分析的,"生生"是指万物繁衍不息,也是指人类和所有生命物质的生存由不易到易的生生不息。生生不息是宇宙万物生成的基本规则,又是天地万物往复循环、推陈出新的基本规律《易经》哲学揭示了天地生成之道,万物生成之道,万物生生不息之道;圣人创新出为民之道,使民众易于生存之道,所以说"生生之谓易"。《易经》哲学的道本体论,论天道、地道、人道的三才之道的终极目标是人本体论,是为了论人,论人如何能与天地自然一样长久地生存的问题。所以对这个问题的认识:

其一,要从顺应圣人之大德而论,圣人之大德是要使国家强盛、人民富有,人

---

① 南怀瑾著. 易经系传别讲. 复旦大学出版社,1997.

民生活发生日新月异的变化。圣人这些作为的目的，当然是使人民世世代代生生不息容易生存了，这也是圣人强国富民的目的，也是先民的生活由不易变为易的过程。

其二，从《易经》内容而言，《易经》揭示了天地的生生之德，揭示了天地乾坤阴阳之气化生万物生生不息，生命物质繁衍不息的道理。《易·系辞》曰："天地之大德曰生。"

其三，天地本身所演化出来的象征意义之大和广"夫乾，其静也专，其动也直，是以大生焉。夫坤，其静也翕，其动也辟，是以广生焉"的意义。

其四，八卦变化出六十四卦的变化之道，它是由每一个八卦的阴爻变阳爻、阳爻变阴爻，各自变化出八个卦形，八个卦形再两两组合，八八六十四卦就是如此变化而来的。这也是"生生之谓易"的意义之一。

（2）关于"成象之谓乾，效法之谓坤"的认识：关于"成象之谓乾，效法之谓坤"，笔者原先的解释是：显现出日月的光明，风雨雷电成就万物化育的是乾天，效法乾天成就万物生长壮大衰老死亡化生的是坤地。后来经过反复思考推敲，认为以下的解释比较合乎《易经》哲学的本意：形成和成就天象天德者是谓乾天乾卦，顺应效法乾天者是谓坤地坤卦。原因如下。

其一，这一节是论述圣人之德的，论述了圣人对阴阳理论的观点；论述了圣人应用阴阳理论的意义；论述了圣人鼓动辅助万物生长化育而不愿万物与圣人同忧之德；论述了圣人的圣德大业；论述了圣人对天地之象的研究感悟而有了乾坤之卦所拥有的内容；论述了圣人占卜的方法和意义。

其二，圣人对天地之象的观察研究感悟的内容，就在乾坤二卦中体现出来，所以为"成象之谓乾，效法之谓坤"。《乾卦》的象辞论述了乾天之象的各种表现形式；卦辞则是圣人对乾天之象的感悟，其感悟既是乾天之德，又是君子真龙天子之德；爻辞则是对君子，真龙天子各种行为的具体规则；卦象辞则是君子应该效法乾天之德的主要精神。所以就解读为：形成和成就天象天德者是谓乾天乾卦。《坤卦》象辞论述了坤地滋生化育承载藏纳万物的厚德，论述了坤地顺承乾天发扬光大天道天德；其卦辞、象辞论述了圣人认识坤地之德的过程。《坤卦》六二爻辞还论述了坤地的运动规律，其他爻辞则是对具有天德而如坤地一样顺承商王的周文王之德的肯定。《坤卦》卦象辞则是君子应该效法坤地厚德载物的精神，所以解读为：顺应效法乾天者是谓坤地坤卦。所以笔者以为这样的解释也符合《易·系辞》曰："是故，法象莫大乎天地，变通莫大乎四时，悬象著明莫大乎日月。崇高莫大乎富贵。""天地变化，圣人效之。天垂象，见吉凶，圣人象之。"的意义。

5.关于"极数知来之谓占，通变之谓事，阴阳不测之谓神"的哲学意义

古代筮卜的方法，是通过用五十五根蓍草来占卜，五十五是谓极数，极数就是

最大的数五十五，也是天地生成数的最大数目。所以"极数知来之谓占"，是指用蓍草占卜时，使用蓍草的最大数目为五十五根，因为《易经》哲学指出天地生成数："天一，地二；天三，地四；天五，地六；天七，地八；天九，地十。天数五，地数五。五位相得而各有合，天数二十有五，地数三十。凡天地之数五十有五。"

"极数知来之谓占，通变之谓事，阴阳不测之谓神"这三句话论述的是圣人之德能。只有神圣的圣人才能通达古今往来之变化，因为圣人知古今往来天地万物的变化之理，所以圣人不用预测就能知道古今往来之事和天地万物变化之理。

6.这一节的意义属于天地之道的范畴。

第四节 《易·系辞上传》第六节乾坤动静的意义与哲学意义及其归属

一、《系辞·上传》第六节原文

"夫易广矣大矣，以言乎远则不御，以言乎迩则静而正，以言乎天地之间则备矣。夫乾，其静也专，其动也直，是以大生焉；夫坤，其静也翕，其动也辟，是以广生焉。广大配天地，变通配四时，阴阳之义配日月，易简之善配至德。"

二、第六节乾坤动静的意义

《易经》的内容包罗万象、广大无边，以广度而言，则无所不包，无所不及，无所不论；以近处而言，是讲天地清静而公正无私之德。所以说《易经》完全具备了天地间万事万物的道理。乾天清静无为、功能独特，而又强大专横至极，乾天的运动变化既是直线运动，又快捷如迅雷不及掩耳。所以圣人从乾天的德行中感悟出高大的概念。坤地，无论从感觉还是视觉上都是静止不动的，其实它是在永不停息地旋转着。由于它旋转不止，就形成了如人一张一合的闭目运动所产生的一明一暗的变化一样，是为昼夜之分。坤地似乎很平静，但其自身的地壳运动却有辟山倒海之势；但无论是天时辟地、人为辟地，还是坤地自身之辟，它仍然是厚土一片，所以圣人从坤地自身的德性中和顺应乾天，顺应万物的德性中，感悟出坤地广博、敦厚、柔顺的概念。所以，以高大配天，以广博、敦厚配地，以太阳在天空做往复运动时所达到的位置的不同高度，与地球表面所形成的不同气候变化相配合来区别春夏秋冬四季。对本来就刚直中正，强大有力的太阳配以阳刚之义，对依靠太阳之光而光明的月亮配以阴柔之义，《易经》将天地自然而然地表现出来的善德简约为道德，以配天地之大德、圣人君子之大德。

三、第六节的哲学意义及其归属

1. 这是《易经》对天地之德的论述。《易经》对天地之美德的总评价是正与静，什么是正与静呢？正就是正直，不偏斜，不偏斜就是一视同仁，谁也不偏向。不偏向就是公正无私，所以正就是公正公平无私。静就是清静，寂静无声。太阳无私照耀万物，温暖万物，却无声无息，就如天有利于万物却不言其利，这就是天之静。地无私承载藏纳万物，孕育万物，却无声无息，这是《易经》对天地公正无私照耀温暖负载孕育万物，却不言其功，不自夸自显其能的美德的评价，正如孔子说："天何言哉，四时行焉，百物生焉，天何言哉？"[①]

2. 这一节还对道德的来源作了说明，道德来源于圣人对天地自然之美德的感悟，也是对人类语言词汇产生基础的论证，我们所使用和应用的道理、文字、词语、物质、器皿等都是古人效仿天地自然物质和自然变化的道理而创造的，并不是凭空想象而来的。这里明确指出了将天地美善之德简约归纳，以配天地圣人君子之大德，就是道德的内涵，也是对老子之道德来源的论证和肯定。

3. 从这一节的意义而论，属于天地之道的范畴。

第五节　《易·系辞上传》第七节崇效天卑法地的意义与哲学意义及其归属

一、《系辞·上传》第七节原文

子曰："易其至矣乎！夫易，圣人所以崇德而广业也。知崇礼卑，崇效天，卑法地。天地设位，而易行乎其中矣。成性存存，道义之门。"

二、第七节崇效天卑法地的意义

孔子说："《易经》，它的意义真是大到极点了啊！这个《易经》，就是圣人用来尊崇道德而成就发扬光大伟大事业的学问，并使人知道崇尚高尚，礼遇卑微的道理，懂得崇尚效法天之道德，懂得地低下而顺承天的道理。天高地低、贵贱之位确立之后，《易经》所阐述的道理就贯穿在其中了。《易经》的目的就是为了将人心固有的善性与天的固有善性，深刻地存入印记在人心中，使人人有仁善之心，这才是实现道义的关键。"

---

① 刘琦译评．论语[M].吉林文史出版社，1999：146.

三、第七节的哲学意义及其归属

1.论述了《易经》的意义:《易经》是圣人尊崇天之道德而成就发扬光大伟大功业的学问,其伟大功业就是使国家强盛、人民富有安乐。

2.论述了《易经》所要达到的目的:《易经》要达到使人懂得崇尚高尚而礼遇卑微的道理。明白古人崇尚效法天道自然的道理,明白效法坤地低下而柔顺地顺承天的道理。

3.论述了《易经》与人的心灵思维的关系:为了使人将自己心中固有的善性与天的固有善性融合而深刻地存入印记在心中,使人人时刻有美善之心,就会逐渐养成美善之德。也正是由于中华民族的子孙将真美善的标准深深地印记在心中了,所以我们的传统道德才永远流传不衰。这就是《易经》所要达到的目的。

4.通过这一节的学习,我们明白了仁善、善良的意义,善良原本就是我们自生就有的本性。天地之善德,是古人依据天地对万物对人类无私无怨的奉献感悟而来的。所以我们每一个人都要有保持自己善良的心性,将善良仁善永远牢记心中,人人有仁善之心,我们的社会就会和谐而美好。

5.这一节的内容属于形而上教化之道。

第六节 《易·系辞上传》第八节关于象的意义与哲学意义及其归属

一、《系辞·上传》第八节第一段原文

"圣人有以见天下之赜,而拟诸其形容,象其物宜,是故谓之象。圣人有以见天下之动,而观其会通,以行其典礼。系辞焉以断其吉凶,是故谓之爻。言天下之至赜而不可恶也,言天下之至动而不可乱也。拟之而后言,议之而后动,拟议以成其变化"。

二、第八节关于象的意义

这是《系辞·上传》第八节中的第一段,是说圣人将见到的天下深奥的道理所表现出来的现象,模拟效仿其内容,使其与相应的事物相像,所以就称之为象。圣人将见到的天下事物的运动变化状况,观察研究它们而融会贯通它们的相似相通的道理特点以制成典法礼仪。用恰当适宜的辞句语言作为表示推断吉凶的依据,所以称之为爻辞。各种文辞所说的是天下极为玄妙深奥的道理是不可以败坏的啊!是说天下可以有极大的动荡但是不可以使天下混乱啊!先拟其形容,也就是先将其所形容的事情

与能表示其形象形式的卦形结构相配，而后再配上能说明此类事物的辞语句子以发表议论，所拟之形容与所配之辞语就构成了说明事物变化规律和道理的全部内容。

三、第八节第一段内容的哲学意义及其归属

1. 论述了什么是象。象就是圣人将见到的天下事物深奥的道理所表现出来的现象以及各种自然变化现象，圣人依照它的形象、特点、意义、内容，依照事物各自的形态模拟表示出来，就是象。也就是说，象就是与事物的原型、特点、意义、内容相像、相似、形象的意思，也就是具体事物象征的意思。

2. 论述了古代法典、制度、礼法的来源，也就是"圣人有以见天下之动，而观其会通，以行其典礼"的意义，圣人将见到的天下事物的运动变化次序状况，观察研究并而融会贯通它们相似、相通的道理特点，以制成法典、制度、礼法；也就是说古圣人效法天地自然变化的次序、各种变化运动形式、特点、性质、节律而制作了法典、制度、礼仪等。其实六十四卦的每一个卦形图，就是古人对天地自然万事万物变化现象的研究，而用其表示某一种事物的来源意义，以及成为象征某一具体事物的图形。

3. 论述了卦象、爻象的意义。卦象、爻象所论的是天下极为深奥的道理是不可以毁坏的，也就是说《易经》所论的是天下万事万物道理的至理名言，所以是不容许中伤诽谤的。天下的政局可以有动荡，但是，天下是不可以混乱的。政局，当然是指天下国家的政局。政局可以有变化，但是国家不能混乱，也就是说《易·爻辞》所阐述的内容是使天下安定安乐而不混乱的至理名言，是真理，只要能认真实施，天下就不会混乱。

4. 论述了六十四卦卦形结构之象。什么是卦形结构之象呢？卦形结构之象，就是指八卦、六十四卦的卦形结构图所包含的象征意义。如䷁的卦形结构，是由上下两个八卦☷构成，䷁卦象辞的第一句是："地势坤"，它所象征的就是坤地的地势地貌高低不平，时断时续的地形地势特点，这就是卦形结构之象。也就是辞文中所言的："拟之而后言，议之而后动，拟议以成其变化"的含义，也就是先将其所形容的事情与能表示其形象形式的卦形结构相配，而后再配上能说明此类事物的辞语、句子以发表议论，所拟之形容与所配之辞语就构成了说明事物变化之象和道理的全部内容。

5. 依据第八节第一段内容的意义，它属于地道的范畴。

第七节 《易·系辞上传》第十节关于占卜基本方法的意义与哲学意义及其归属

一、《系辞·上传》第十节原文

"易有圣人之道四焉，以言者尚其辞，以动者尚其变，以制器者尚其象，以卜筮者尚其占。是以君子将有为也，将有行也，问焉而以言。其受命也如响，无有远近幽深，遂知来物。非天下之至精，其孰能与于此。参伍以变，错综其数，通其变，遂成天下之文，极其数，遂定天下之象。非天下之至变，其孰能与于此。易无思也，无为也，寂然不动，感而遂通天下之故。非天下之至神，其孰能与于此。夫易，圣人之所以极深而研几也。唯深也，故能通天下之志。唯几也，故能成天下之务。唯神也，故不疾而速，不行而至。子曰：'易有圣人之道四焉'者，此之谓也"。

二、第十节的意义

《易经》有圣人占卜的四条基本原则：其一，以说话者而言注重其言辞；其二，以动静而言注重其变化；其三，以制造器皿者注重所观之象与所问之象差不多如影随行一样相像。其四，以著卜者而言注重其占卜之后依据卜著的结果及结合以上三方面的事实综合推断吉凶悔吝。所以君子将要有所作为了，将要行动而开始分析卜筮结果了，问卦者所问之事要以明确的语言相告。接受命令对卜著者所问的结果要如响雷一样响亮回应，无论是远近幽暗深奥的问题，君子都能知道其来源变化之道。而能够做到这些若不是对天地万物的变化之理有极为精深研究的人，谁能做到这些呢？

圣人参差变化天数五、地数五，错综天地生成数，于是就用各种辞语组成了表示阐述天地万物变化之道和万事万物的文辞；用五十五作为筮卜的最大数字，于是就确定了天下万事万物之象。若不是天下最能通晓天地万物变化之理的人，谁能做到这样呢？所以说《易经》的内容，不是圣人凭空想象出来的，而是通过长期观察研究总结天地万物自然变化现象和自然变化之道，安静思考而突然顿悟贯通天地万物变化之理的缘故。如果不是天下极为聪慧神圣的人，又有谁能有如此过人的本领呢？《易经》是圣人极深极细而反复长期研究的结果；只有极深的研究，所以才能贯通天下人的志向；只有极细的研究，才能从事天下人的事业。因为有极深的聪明才智，才能不用着急而迅速处理好事情，不用出门而能知道天下万物变化的道理。孔子说：《易经》所讲的圣人占卜的四条基本原则，就是这些道理。

三、第十节的哲学意义

1.《易经》哲学对圣人占卜的基本原则作了论述；其四条原则如下。

其一，在听取问卦者所问之事时注重问卦者的言辞。

其二，在听取问卦者阐述所问之事时注重问卦者的动静变化以及周围事物的动静变化现象，也就是听问卦人之言时同时也要观察周围之象的过程。

其三，以使裁断者重视所观之象与所问之象差不多象照图制造器物一样相像，也就是所观之象与所问之象有关联性，不是周围无论什么物象都可以用来决断卜问结果的。

其四，断卦者要注重自己占卜的结果，这是对占卜者而言，占卜者要用心占卜用心推断。

2.《易经》哲学对筮卜的道理作了论述。因为圣人极深极细地观察研究了天地万物变化的道理，才能对无论远近幽深的问题，都能作出正确的判断。

3. 论述了《易经》产生的依据：《易经》不是圣人君子凭空想象出来的，而是圣人君子通过长期极深极细观察研究,突然感悟融会贯通万事万物变化之理的结果。

4. 说明了圣人君子有极强的思维、感悟能力，有极深极细的对天地万物变化之理的知识，所以才能贯通天下人的志向，从事成就天下人的伟大事业。

5. 说明了圣人有极高的聪明智慧，所以才能感悟融会贯通万物变化之理相通的道理，所以才能不用出门，用蓍草卜筮而得到来问卦者所问之事的缘由和结果。所以这就使我们明白了卜筮不是臆断臆测，而是依据天地万物变化同理的道理和天地自然原始反终往复循环变化之理。

6. 关于预测学的原理：是古人对天地自然变化规律的自然性、变化性、有序性、往复循环性、必然性、对应性的应用而趋吉避凶而已，只是一般人不能做到这些，当然笔者自己也是做不到的，所以我们要将预测学当作一门自然科学的学问来学习，不要一提到预测，就以为是迷信唯心而排斥，当然我们也不提倡事事迷信占卜。

7. 就第十节的内容而言，它属于地道的范畴。

第八节　《易·系辞上传》第十一节关于易为何物的意义与哲学意义及其归属

一、《系辞·上传》第十一节原文

子曰："夫易，何为者也？夫易，开物成务，冒天下之道，如斯而已者也。是故，圣人以通天下之志，以定天下之业，以断天下之疑。"

"是故蓍之德圆而神，卦之德方以知，六爻之义易以贡。圣人以此洗心，退藏于密，吉凶与民同患。神以知来，知以藏往，其孰能与于此哉。古之聪明睿知，神武而不杀者夫，是以明于天之道，而察于民之故，是兴神物，以前民用。圣人以此斋戒，以神明其德夫。"

"是故阖户谓之坤，辟户谓之乾。一阖一辟谓之变，往来不穷谓之通。见乃谓之象，形乃谓之器，制而用之谓之法，利用出入，民咸用之谓之神。"

"是故，易有太极，是生两仪，两仪生四象，四象生八卦，八卦定吉凶，吉凶生大业。"

"是故，法象莫大乎天地，变通莫大乎四时，县象著明莫大乎日月。崇高莫大乎富贵。备物致用，立成器以为天下利，莫大乎圣人。探赜索隐，钩深致远，以定天下之吉凶。成天下之亹亹者，莫大乎蓍龟。是故天生神物，圣人则之。天地变化，圣人效之。天垂象，见吉凶，圣人像之。河出图，洛出书，圣人则之。易有四象，所以示也。系辞焉，所以告也。定之以吉凶，所以断也。"

二、第十一节关于易为何物的意义

孔子说："这个《易经》，是干什么的呢？《易经》是圣人用来开辟事物成就事业，冒昧陈辞天下之道的，就是如此而已的事情罢了。所以圣人就用《易经》贯通天下人的志向，用《易经》确定天下人的事业，用《易经》推断天下疑难之事。"

所以卜筮的功德是周到神奇的，六十四卦的功德是各种并行并列的道理，六爻的意义是以简易的处事方法进献。圣人以《易经》的意义洗心革面，退隐于隐蔽的地方，但却始终能与民众同吉凶共患难。圣人依据自己的聪明才智能神奇地预知未来，能知道已往发生的隐蔽之事，除了圣人谁又能做到这些呢？古人认为聪明豁达神奇勇敢而不败坏者是大丈夫，所以就能明白天道，能明察秋毫于民众所关心之事。所以兴起《易经》这个神奇之物，以前车之鉴而为民众解忧困。所以圣人以此斋戒整洁心神，以虔诚之心而显明《易经》和君子之德。

所以说黑夜的降临，月亮的升起，就如坤地关闭了它的门户而点燃了皎洁的灯光；白昼的来临，月亮的隐没，就如乾天之太阳，打开了坤地的门户，使天地间一片光明灿烂。一关一开的门户之说就是昼夜的变化现象。日月如此往来反复，循环变化就使昼夜四时变化畅通无阻。能看见和显现的是事物的形象，将事物的形象逼真形象地模拟形容出来就如照着图形制造器皿一样。依照事物的变化现象和形象制作出与之相似的事物以使用是谓效法。利用期间出入变化的道理教化人民，使人民全都感化而执行是谓精神心神的变化。

所以《易经》也有太极，《易经》的太极就是指卜筮之时蓍草应用的象征意义。

以五十五根蓍草，或者取一根以象太极，再取两根以象征天和地，再取一根以象征阴阳，再取两根折叠为四以象征四时以及天和的四象，天和地的四象相合就是八卦的含义。八卦本身就包含着天地自然变化的各种吉凶信息，圣人总是以筮卜这种取吉避凶的方法来成就伟大的事业。

所以说圣人所效法的各种物象没有什么能够大于天地，圣人所变易变通的事物也没有比四季的变通更大的了；悬挂的那些象征非常明亮的东西没有什么比日月的光明更光明了；再崇高的事业也没有比让国家富强、人民富有更崇高了！其实所谓富有就是将人民生活生存所需要的资材准备齐全，以备随时应用；并建树成就一批有才能的人制造出适宜的器具，使其对天下人民的吃穿住行做有利有用的事情，所以说没有谁比圣人更伟大了。因为圣人探究深奥的道理、求证精微的事物，获取深邃的事理而达到远大的目标，以确定天下之事的吉凶。成就天下美好事业的，没有什么比用来卜筮的神龟更伟大了。神龟是天地自然生成的有灵性的生物，圣人就利用它的灵性来效法天地自然变化之象，天地自然而然的变化现象表现出来的美德，圣人就效仿它；天空垂挂的各种自然变化现象所显示出来的吉凶，圣人就用八卦和六十四卦图形象征它。孟河出龙马之图，洛河出神龟之图，圣人效法它们制造出河图洛书；《易经》通过八卦将天之四象、地之物象明示出来，又通过各种文辞告知，以确定吉凶，以推断疑难之事。

三、第十一节的哲学意义：本文共有五个自然段，分别论述了以下几个问题

1. 第一自然段阐述了"《易经》作者创作《易经》目的"也就是《易经》的两大目的和三大功用，后面这三大功用，是为实现前两个目的而服务的。也就说后面三个功用是实现目的的辅助手段。这里所陈述的天下之道，就是陈述天下的各种道理，包括大道、天道、地道、自然变化之道、人道、阴阳之道、死生之道和效法天地自然之道而制定的人为之道的道理意义。其依据是《易·系辞》关于三才之道和其意义的论述，以及六十四卦所论的内容。

2. 第二自然段阐述了《易经》的意义。其意义就是："是故蓍之德圆而神，卦之德方以知，六爻之义易以贡。""蓍"是蓍草，古代常以其茎用作占卜，这里，蓍就是卜筮的象征。"德"是功德。卜筮的功德是周到神奇的结果；六十四卦的功德是各种并行并列的道理；六爻的意义是为我们贡献了简易的处事方法。所以第二自然段的哲学意义有以下几点。

其一，告诉我们，只要研读《易经》就能从中得到益处。这里"六爻之义易以贡"，"易"是简易、适宜之意；"贡"是贡献、告诉。所以这一句可以同六爻的意义是简易以告。

其二，阐述圣人对待《易经》的虔诚之心。这里，关于"神武而不杀者夫"，"杀"既有杀戮、杀人之意，又有败、衰败的意思。"夫"《说文》："夫，丈夫也。"旧时称成年的男子、渔夫、农夫、耕夫、万夫不当之勇。所以这一句，应该是神武勇敢而不败坏者是大丈夫。

其三，对什么是圣人作了说明。圣人即是："神以知来，知以藏往，其孰能与于此哉。古之聪明睿知，神武而不杀者夫，是以明于天之道，而察于民之故，是兴神物，以前民用。圣人以此斋戒，以神明其德夫。"

3. 第三自然段阐述了以下三个问题。其一，阐述天地昼夜四时的自然变化规律。其二，对什么是象又作了说明。其三，指出了什么是效法，也就是如何效法自然和圣人效法自然的目的。效法自然的目的即是：为了教化民众，使人心向善。

4. 第四自然段阐述了四个问题。其一，是对用蓍草蓍卜的意义作了进一步说明，其实也是对八卦来源的说明。关于"易有太极，是生两仪，两仪生四象，四象生八卦"的含义已经解释过了。其二，这里还有一个八卦之四象的问题：八卦之象，就是八卦所象征的自然事物，乾为天，坤为地，兑为泽，离为火，震为雷，巽为风木，坎为水，艮为山。这八种自然事物，就是天上的自然变化现象，日月电的光辉，风云雨雪雷，四象也就是光热、风、雨、雷四种天象，与地上的有形物质，金木水火土的变化现象相合而成为八卦的象征意义。其三，八卦之四象，包括了天上的光辉乾金与地之兑金；天上太阳之热、电与地之火为离火；天上之雷震为震，天上之风与地之草木为巽；地上之山石为艮，地上之土为坤。其四，指出了预测的目的。因为八卦、六十四卦本身就包含着吉凶变化的信息，所以预测学预测的目的，就是寻求取吉化凶的方法，以成就伟大的事业。

5. 第五自然段对圣人所效法的物象作了说明，圣人效法的物象即是：其一，效法天地自然变化之道所显示出来的仁善之德为天命以治天下。其二，效法四时变化的规律，即日月升降，风云雷雨等变化规律，予以变通制定各种秩序、法典、法规、制度等。其三，效法天地日月的光辉公平公正无私对万物带来的益处，而实现教化，教化人心向善。其四，对圣人之德和圣人所推崇的伟大事业的含义作了进一步说明。什么是最崇高的事业，难道还能有比让国家强盛人民富有更伟大的事业吗？没有。国家强盛、人民富有就是最崇高伟大的事业了，不是吗？中国共产党领导中国人民前仆后继地为人民服务，不就是为了让国家强盛人民生活幸福美好吗？其五，《易经》对什么是富有作了说明。所谓富有，就是将人民生活生存所需要的物质准备齐全，以供人民随时使用而已。并不是说将大量物质占为己有其至浪费随意挥霍就是富有。而为人民开创的这些事物，就是圣人的功德。其六，圣人用八卦预测的目的，就是为了确定天下之事的吉凶，以求取避凶趋吉的方法。这也就是筮卜的意义。其七，对天地自然变化和自然而然所显示的各种有利于效法的事物，以及具体效仿的事物，包括天地自然变化所显示的吉凶之象。对河图、洛书的效仿而绘制出河图、洛书，以及用八卦、六十四卦的形式，将吉凶悔吝，风雷云雨光明温暖之象展示出来，又通过各种文辞告知，以预测吉凶之事。

6. 通过对十一节的学习，我们明白了很多道理。其一，明白了《易经》作者创作《易经》的目的。其二，明白了什么是圣人。其三，明白了什么是象。其四，明白了天之四象的意义。其五，明白了什么是最崇高的事业，什么是富有。最崇高的事业就是让国家强盛、人民富有。所谓富有就是将民众生活生存所需的物质准备齐全，以使民众随时需要随时取用而已；而不是让某些人将国家人民的资材占为己有，甚至随意浪费就是富。这一观点是我们今人应该明白的道理。所以我们不要做损公肥私的事情，不要贪图国家人民的资材，要做个正直善良之人。

7. 这一节的内容属于形而上教化之道的范畴。

第九节　《易·系辞上传》第十二节自天佑之的意义与哲学意义及其归属

一、《系辞·上传》第十二节原文

易曰："自天佑之，吉，无不利。"子曰：'佑者'助也，天之所助者，顺也；人之所助者，信也。履信思乎顺，又以尚贤也。是以「自天佑之，吉无不利」也。子曰：'书不尽言，言不尽意。然则，圣人之意，其不可见乎？''圣人立象以尽意，设卦以尽情伪，系辞焉以尽其言，变而通之以尽利，鼓之舞之以尽神'。"

"乾坤其易之蕴邪。乾坤成列而易立于其中矣。乾坤毁则无以见易。易不可见，则乾坤或几乎息矣。是故形而上者谓之道，形而下者谓之器。化而裁之谓之变，推而行之谓之通。举而措之天下之民谓之事业。"

"是故夫象，圣人有以见天下之赜，而拟诸其形容，象其物宜，是故谓之象。圣人有以见天下之动，而观其会通，以行其典礼，系辞焉以断其吉凶，是故谓之爻。极天下之赜者存乎卦，鼓天下之动者存乎辞，化而裁之存乎变，推而行之存乎通，神而明之存乎其人，默而成之，不言而信，存乎德行。"

二、第十二节自天佑之的意义

《易·大有卦》上九爻辞说："有来自天的帮助，所以吉祥而没有什么不利。"孔子说："佑，是帮助的意思，所谓来自天的帮助就是顺应天道、顺应天命；受到人民的帮助是因为能诚心诚意地为人民谋利益。履行诚信还要思考顺应道德，又能尊崇贤者，所以就是得到了来自天的帮助，而且吉祥如意没有什么不利。"

孔子说："写书若是不能将所要说的话全部说出来，所说的话又不能完全表达所要表达的意思。那么圣人所要表达的思想，不就看不到了吗？"孔子又说："圣人设立象以尽可能表达所要表达的意思，设立六十四卦就是为了尽可能地辨别事物的真伪之情，利用各种文辞就是为了将所要说的话尽可能说出来，变通的目的就是为了尽可能有利于人民，以鼓舞振奋人民的精神意志。"

天地不就是《易经》所要阐述的深奥的道理吗？天地万物分类排列，《易经》所阐述的深奥的道理就存在于其中了。天地毁灭了，那么《易经》所阐述的深奥的道理也就不能显现了。《易经》所阐述的深奥的道理不能显现时，那么天地或者几乎已经消失了。效仿模拟天道自然有益于万物的自然善性，推论抽象出各种匡正人的意识、思维、思想、道德、纯净心灵行为的道理是谓道。效仿模拟天地之道自然运行的次序、节律及其万物并生并存而互不相害的道理，所推论抽象拟定出各种规范约束众人行为，保护众人合法权益的法规制度礼法是谓器。依据不同情形对器的规格适当简化取舍，使其适宜不同民族风俗以便于施行是谓变通；使道与器得到广泛实行是谓通行；从民众中推举各类德才兼备的人才，采取各种措施，筹划举办各种能为天下人民谋利益的事务，并将错综复杂、千头万绪的事务，处置得井然有序不相冲突，而达到道所要实现的目的是谓事业。

所以说所谓象，就是圣人将所有能见到的天下深奥的道理，而模拟其形象容貌，使其与具体的事物相像或者与某一类事物相宜就是象。圣人将见到的天下事物的运动变化状况，观察研究并融会贯通它们的相似相通的道理特点，以制成法规制度礼法，以恰当适宜的辞句语言作为表示推断吉凶的依据，所以称为爻辞。天下万物变化极为深奥的道理存在于六十四卦卦辞、爻辞、象辞之中；能鼓动振奋天下人的精神心神改变者在于各种文辞；对器的规格适当简化取舍使其适宜不同风俗便于施行在于变通；能够将圣人所推行的事业推广发扬光大在于通行；以聪明才智神清志明地明白《易经》的道理在于人的认识能力；默默无言而成就事业，不用言语而用诚信来成就事业者，在于其人的高尚品德。

三、第十二节的哲学意义

其一，阐述了"自天佑之，吉无不利"的含义：那就是顺应天道天命，真心诚信地为人民做益事，谋利益，就能得到人民的拥护帮助，这才是得到了来自天的保佑。所以，不能理解为求神拜佛就能得到天的保佑，因为天是公正无私无思维的自然物，它不会偏私任何事物，正如老子所言："天道无亲，常与善人。"所以我们平时要以仁善待人，多多帮助别人，多积德行善，就能得到别人的帮助，这是比祈求老天保佑更为有益的事情。

其二，更明确地解释了六十四卦卦辞和爻辞的意义。

其三，阐述了形而上者谓之道，形而下者谓之器的哲学意义即是：效法模拟天道自然的运行规则和有益于万物的自然善性，推论出来的道理，推论抽象拟定出匡正居于上位的执政者的意识、思维、思想、道德、行为，政治意识形态，规范国家意识形态、社会形态、治国宗旨的最高规则和基本路线是谓道。效法模拟天地之道自然运行的次序、节律及其万物并生并存而互不相害的道理，推论抽象出与国家意识形态、社会形态、治国宗旨、治国目标相符的，既能容纳万物，又能使万物并生并存、有条不紊而不相害的治国举措，以及利于保护人类自身和规范众人行为的众多法规制度礼法是谓器。

其四，对什么是象，作了进一步说明，并对六十四卦卦爻辞推断吉凶的依据作了说明。其实这一节也是对《易经》意义的说明。我们只要了解就可以了，最重要的是第一小段的意义。

其五，依据这一节的内容，其属于形而下教化之道的范畴。

第十节 《易·系辞下传》第一节关于变通的意义与哲学意义及其归属

一、《系辞·下传》第一节原文

"八卦成列，象在其中矣。因而重之，爻在其中矣。刚柔相推，变在其中矣。系辞焉而命之，动在其中矣。吉凶悔吝者，生乎动者也。刚柔者，立本者也。变通者，趣时者也。吉凶者，贞胜者也。天地之道，贞观者也。日月之道，贞明者也。天下之动，贞夫一者也。夫乾，确然示人易矣。夫坤，隤然示人简矣。爻也者，效此者也。象也者，像此者也。爻象动乎内，吉凶见乎外，功业见乎变，圣人之情见乎辞。天地之大德曰生，圣人之大宝曰位。何以守位曰仁，何以聚人曰财，理财正辞，禁民为非曰义。"

二、第一节关于变通的意义

"八卦重叠排列，卦象就在其中。所以二卦相重，六爻就在其中了。阴变阳，阳变阴，阴阳变化的规则就在其中了。用恰当适宜的文辞对卦象命名，卦象的变化就在其中。所谓吉凶悔吝，都是由变化引起的。天地阴阳者是万物生存变化的根本。

所谓变通，就是在不同时间空间对事物在万变不离其宗的情况下作的适宜的变易而已。所谓吉凶，就是占卜的目的是要以吉者超越凶者。天地自然的道理，以正直公正显示天下；日月的道理，是永远以光明照耀万物的；天下万物的变化，永远依赖的是太阳独一无二的功能；所以说，《乾卦》正确地将万物阴阳变化的道理向人简易地展示出来，《坤卦》以简易的方式安然柔顺地展示。卦爻辞就是效法阴阳柔顺易简之理，卦象就是像某一种事物的意思。爻象是由六爻的变动而得出的，吉凶征象就体现在卦外了，圣人所推行的功业在于变易。圣人的情志就体现在六十四卦的文辞之中了。天地的大德是化生万物。圣人最大最宝贵的是说要守住帝位，如何守住帝位就要施行仁善之德；如何聚集人民受到人民的拥护是说要效法天道之自然治理好国家的法则；管理好国家资材为人民创造财富、端正言辞，禁止人民违背道义是帝君应尽的义务。

三、第一节的哲学意义及其归属

其一，论述了八卦演化为六十四卦的意义，并对刚柔、吉凶、悔吝在六十四卦中的含义作了论述。还对六十四卦的命名作了说明，就是用相应适宜的文辞对相应的卦形图作了命名。也就是说每一卦的名称，都与每一卦的卦形结构相符、相适宜。

其二，指出了天地阴阳是万物变化的根本。这里的"刚柔"，就是天地，就是阴阳。

其三，认识了什么是变通。所谓变通，就是根据事物不同时间空间的情形在不改变主旨的情况下做一些适宜的变易而已。

其四，本文特别指出，天地万物变化的道理，是圣人长期观察研究感悟而得来的；日月变化的道理，就是永远以光明温暖照耀万物。"贞明"就是永远光明的意思。而且指出天下万物的生长变化，永远依赖的是太阳独一无二的功能。这里的"贞夫者一"，"贞"就是永远长久的象征；"一"就是独一无二，与"夫，乾，其静也专"的意思是一致的，"专"就是独有、独断专行，也就是太阳功能独一无二的象征。这里，笔者将以上文辞意思的解释，作了一些与原文辞排列意义相近的修改，但是其根本意义仍与笔者的《周易新解》中的意思相一致。

其五，指出《易经》通过乾坤卦将天地之道德，君子之道德明确简要地阐述出来，同时指出卦象和爻象的意义。

其六，指出了圣人如何推行功业，也就是将效法的事物、通过变易、创造使之成为有利有用有益于民众的事物而推广。圣人作六十四卦，就将圣人的情志、愿望、期望全都体现在内了。

其七，指出了天地的大德就是化生万物、成就万物，那么作为效法天地之道而治理国家天下的君王，就是要以道德守住帝位，这样才能利用手中的权利，领导人民创建幸福和谐的美好生活；而且对如何守住帝位，以及帝王所要实行的应尽的义务职责作了论述。作为人民的君主，能够以天道之无为治理天下，能够为人民谋利益，就能受到人民的拥护，就能守住帝位。

其八，这一节依据其内容而论，其属于天道的范畴。

第十一节 《易·系辞下传》第二节关于自然进化史的意义与哲学意义及其归属

一、《系辞·下传》第二节原文

"古者包羲氏之王天下也，仰则观象于天，俯则观法于地，观鸟兽之文，与地之宜，近取诸身，远取诸物，于是始作八卦，以通神明之德，以类万物之情。作结绳而为网罟，以佃以渔，盖取诸离。包羲氏没，神农氏作，斫木为耜，揉木为耒，耒耨之利，以教天下，盖取诸益。日中为市，致天下之民，聚天下之货，交易而退，各得其所，盖取诸噬嗑。神农氏没，黄帝、尧、舜氏作，通其变，使民不倦，神而化之，使民宜之。易穷则变，变则通，通则久。是以自天佑之，吉无不利。黄帝、尧、舜垂衣裳而天下治，盖取诸乾坤。刳木为舟，剡木为楫，舟楫之利，以济不通，致远以利天下，盖取诸涣。服牛乘马，引重致远，以利天下，盖取诸随。重门击柝，以待暴客，盖取诸豫。断木为杵，掘地为臼，臼杵之利，万民以济，盖取诸小过。弦木为弧，剡木为矢，弧矢之利，以威天下，盖取诸睽。上古穴居而野处，后世圣人易之以宫室，上栋下宇，以待风雨，盖取诸大壮。古之葬者，厚衣之以薪，葬之中野，不封不树，丧期无数，后世圣人易之以棺椁，盖取诸大过。上古结绳而治，后世圣人易之以书契，百官以治，万民以察，盖取诸夬。"

二、第二节关于自然进化史的意义

上古的包羲氏为王治理天下时，仰头观察研究天空的各种自然变化现象，低头观察研究坤地效法乾天变化的道理，又观察研究鸟兽身上花纹的变化，与土地地理地利变化适宜的道理；近取人体自身生命变化现象，远取众多事物的变化现象进行考察研究。于是开始创作八卦，以表示人类意识思维对事物的感悟认识功能，依据万物的情性分别归类于八卦。古时人类开始用草绳打结制作渔网，开始了一边耕种农作物一边捕鱼的生活，因此将古人这种进化的意义用"☲"这个符号来表示，这就是《离卦》的来源。

包羲氏去世后，神农氏做王治理天下，神农氏砍削木头制作成耙作为耕地的工具，又将木头弯曲制成犁柄和锄头，用耒耕地、用耨除草以种稼穑，并教授给人民耕种农作物的方法，而使农业耕作技术得到提高，使人民得到更多的利益，因此就将这种意义取名为益，用"☳"这个符号表示，这就是《益卦》的起源。神农氏时代还发明了商贸交易的方法，规定每天日中之时为交易的时间，号召天下人民，收集各种货物，用自己的货物交换自己没有但是需要的货物，人民依据自己的能力和需要，交换到自己需要的货物后，每天的交易就自动结束；因此就将商贸交易的意义方式命名为噬嗑，用"☲"这个符号来表示，这就是《噬嗑卦》的来历。

神农氏去世之后，是黄帝、尧帝、舜帝为王治理天下的时代。黄帝、尧帝、舜帝在总结先帝为民创造财富利益经验的基础上，更加融会贯通变易、交易、简易的意义，为了使人民不劳累，用他们的聪明才智变易更多对人民有益有利的事物，以适宜人民的应用。当时人民的生活穷困，而因为穷困，就有了改变穷困的思维，能改变穷困就没有阻碍，人民生活没有阻碍就能长久生存。所以说圣人为人民谋利益使人民得到益处的作为来自天的帮助，也就是因为圣人效法天地之道而作为的结果，所以吉无不利。黄帝、尧帝、舜帝发明了衣裳和穿戴衣裳的方法，使天下得到治理，因此取名为乾坤，用"☰、☷"这两个卦形符号来表示天地人安泰，这也就是《乾卦》和《坤卦》的来历。黄帝、尧帝、舜帝时代，将木头劈开刨空制成木舟，将木头砍削制成划舟的桨，有了舟楫的功能，就可以解除民众渡水不通的危难，使人民能到达远处而以利于天下万民，因此将舟楫的发明使用过程和意义命名为涣，用"☴"这个符号来表示水上致远的意义，这就是《涣卦》的来源。还发明了驯服牛马驮着货物，牵着牛马驮着很重的货物去远处交易，以利于天下货物的交换，因此将服牛乘马到远处交易的方法和意义命名为随，用"☱"这个符号来表示陆地致远的意义，这就是《随卦》的来源。重视敲打劈开木头制作门，是为了防止以暴力危害人民的安全，因此将屋门发明使用的意义命名为豫，用"☳"这个符号来表示，豫就是防止、预防之义，这就是《豫卦》的来源。为了使门的作用更大，又发明了砍削木头制作木杆，在地上挖坑将木杆栽在地上作为居处的门框，门和门框成功的使用确实起到了保护人民安全的作用，因此就将门和门框发明成功的意义命名为小过，用"☳"这个符号来表示，这也就是《小过卦》的来源。将木头弯曲为弧形，用绳子固定制成弓，砍削木头制成箭，弓箭的作用威震天下，因此就将弓箭的发明和使用方法命名为睽，用"☲"这个符号来表示，这就是"睽卦"的来源。上古之人茹毛饮血而居住于野外或者洞穴，后来又改变为宫室，宫室上面用木头作栋梁下面作屋檐，结实而安全，人居住于内既能避免风雨寒凉又能避免禽兽的袭击，因此就将发明屋宇的意义命名为大壮，用"☳"这个符号来表示，这就是《大壮卦》的来源。上古之人死亡后，给死者穿上厚衣服上面覆盖上柴薪，将其尸体葬在较远的野外，不封土也不建造坟墓，丧期没有限制。后来发明了用棺木装殓而葬，因此就将使用棺木埋葬死人的过程和意义命名为大过，用"☱"这个符号来表示，这也是《大过卦》的来源。上古之人用绳子打结以纪事，后世圣人改用刀刻事物图文数目的方法以纪事；设立百官来管理人民，使人民得到考察治理，因此就将文字发明的过程和意义以及设立官府官员的意义，命名为夬，用"☰"这个符号来表示，这就是《夬卦》的来源。夬就是决断的意思。

三、第二节的哲学意义及其归属

这一节，主要是对部分八卦、六十四卦起源的阐述，也是对人类告别茹毛饮血时代走向文明时代过程的阐述。这个过程是不易的艰难过程，在这个过程中，我们的先祖们通过利用自然物质和改变自然物质的形态而不断地发明创造，创造了饮食之源，逐步改善了民众的生活生存的不易，逐步创造民众交通运输、屋宇安全、饮食、文字的过程，而将这些发明创造的事物和事物的意义，用相应的符号标示出来，这就是部分八卦、六十四卦的来源，这些符号也应该是最初的文字的雏形，这是《易经》对上古历史进化过程的记载。这里提到的是二黄，那就是包羲氏和神农氏。其次就是五帝中的三位，那就是黄帝、尧帝、舜帝，五帝的其他两位帝应该是黄帝的孙子帝颛顼高阳和黄帝的重孙帝喾高辛。而尧帝则是帝喾的儿子。舜帝据记载是帝颛顼高阳的第七代子孙。所以，《益卦》中有"十朋之龟弗克违，永贞吉。"这十朋之龟，就是指二皇五帝三王，"永贞吉"是这十位先哲为民做益事谋利益的治国之道不要违背，就永远正确吉祥如意了。而《易·系辞》的这一节文辞，则证明了二皇五帝等人为人民所做的益事好事，因为他们为我们的先民创造了那么多利益福气，所以我们应该永远怀念学习祭祀他们。

这一节，依据其内容而论，其属于形而上教化之道的范畴。

第十二节 《易·系辞下传》第四节关于阴阳爻的象征意义与哲学意义及其归属

一、《系辞·下传》第四节原文

"阳卦多阴，阴卦多阳，其故何也？阳卦奇，阴卦偶。其德行何也？阳一君而二民，君子之道也。阴二君而一民，小人之道也。"

二、第四节关于阴阳爻的意义

八卦阳爻变阴爻，阴爻变阳爻，是什么缘故呢？这是八卦变六十四卦的方法。阳爻是一横（—）为奇数，阴爻是（--）两横为偶数。阴阳爻的德行象征什么？阳爻变为阴爻象征一位有道德的君主，得到多数人民的拥护，有道德的君主，实行的是君子治理国家天下的方法。阴爻变为阳爻象征二位无道无德的君主，只能得到少数小人的拥护，无道德的君主实行的是小人之道。

三、第四节关于阴阳爻的实际意义

这一节实际是对八卦阴阳爻变化的象征意义的阐述。阳爻变为阴爻，象征一位有道德的君王，得到多数民众的拥护；阴爻变阳爻，象征二位君主只得到少数小人的拥护，这也是有道与无道的象征。

四、第四节关于阴阳爻的哲学意义

第四节虽然用阳爻变阴爻与阴爻变阳爻象征君子之道与小人之道，但说明了君子之道是受民众拥护的与民同心同德之道，小人之道是违背民心民情民意不受民众喜欢没有出路之道。

五、这一节属于形而下教化之道。

第十三节 《易·系辞下传》第五节第六段关于居安思危的意义与哲学意义及其归属

一、《系辞·下传》第五节第六段原文

子曰："危者，安其位者也。亡者，保其存者也。乱者，有其治者也。是故，君子安而不忘危，存而不忘亡，治而不忘乱，是以身安而国家可保也。易曰：'其亡其亡，系于苞桑。'"

二、第五节关于居安思危的意义

孔子说："在国家社稷处在危亡的重要时刻，就要安定君主之位。在国家即将灭亡时，就要保存实力。在国家混乱之时，需要有道者去治理。所以君子在国家安定时不要忘记危亡之时，保存了实力就不要忘记亡国之时，治理国家就不要忘记国家混乱之时给人民带来的灾难。所以说君主自身得到安稳而国家社稷就能得到保

护。"正如《易·否卦》九五爻辞说："国家社稷的存亡，关系到天下民众的利益。"

三、第五节关于居安思危的实际意义与哲学意义及其归属

1. 第五节关于居安思危的实际意义

孔子这一段文辞是对《否卦》九五爻辞含义的解释，孔子以《否卦》九五爻为例，说明作为国家君主，对国家存亡应负有的重任，说明国家的存亡关系到天下人民的利益。作为君主，在国家安定时，就要想到如何使国家安定以及不再亡国，而不亡国的唯一方法就是以天命治理国家天下，君主要以正使自己安身立命，否则就有可能使国家衰亡。这里将："其亡其亡，系于苞桑。"之"苞桑"，解释为广大民众，这是因为"苞桑"这个词有其具体的来源。

"其亡其亡，系于苞桑。"这一句话的来源，应该是《春秋左传·僖公二十三年》篇和《东周列国志》第三十四回中所记载的，与晋文公重耳流亡期间的一段故事有关。重耳在逃亡期间的第二居住地是齐国，齐桓公为其娶妻姜氏，并资助财物，重耳在齐国一住就是七年，不思谋回国复位之事。众随从赵衰、狐偃等豪杰对重耳偷安惰志之表现非常不满，他们追随重耳的目的，就是希望重耳成就大业，而重耳在外已经流亡了十九年了，如今又沉浸于儿女私情，因此这些追随者相约聚集在茂密的桑林中密谋，要劫持重耳回国复位成就大业。赵衰等人的密谋恰好被一群在桑林中采摘桑叶的姜氏的婢女听见，而告知姜氏。姜氏为了成就重耳的大业，将婢女全部杀死，并极力规劝重耳以国事为重，重耳不听，姜氏只好与赵衰等人设计将重耳灌醉，又将其捆绑于车上离开了齐国。到达秦国后，在秦穆公的帮助下，重耳终于回晋国复位而做了晋文公。晋文公本是贤德之人，他又有许多贤者的辅佐，所以能扶弱抑强，济困助寡。他奉周天子之命，征战南北，后被周天子命为诸侯之长。笔者引用《春秋左传》中这一段实际记载，是对"其亡其亡，系于苞桑"来源的追述。

2. 第五节关于居安思危的哲学意义

从这个故事中，可以分析到如下几重含义。

其一，指出君子在自身得到安定之后，不要忘记自己的志向，不要忘记广大民众的安危。不要像重耳娶妻后享受安逸生活，忘记了复国之志。

其二，在茂密的桑林中所发生的故事，其结果可能有两种：一种是姜氏若是一个不通情达理的妇人，就会听信婢女之言，杀害赵衰等人，使丈夫留在自己身边。另一种就是前面提到的用一定的方式成就丈夫的事业。"其亡其亡，系于苞桑。"就是说不是你亡，就是我亡，二者必居其一，而这一切都是由桑林中众人的密谋和众多婢女所引起的，所以"苞桑"象征众人。

其三，"苞桑"是茂密而丛生的桑树，所以就包含了桑农、奴婢、农人、贤良之士，就象征着广大的民众。所以，"其亡其亡，系于苞桑"就是指国家的存亡安危，是关系到人民的安危存亡的事情。这是《易·系辞》和《否卦》关于居安思危的哲学意义。

其四，这一节最后一自然段子曰："君子安其身而后动，易其心而后语，定其交而后求，君子修此三者，故全也。危以动，则民不与也；惧以语，则民不应也。无交而求，则民不与也。莫之与，则伤之者至矣。易曰：'莫益之，或击之，立心勿恒，凶。'"孔子说："君子应该以正使自己安身立命，而后再图谋治理国家；先改变私心和不正之心而后再发表言论；先确定交往的目标然后再请求帮助；君子能有以上三种美好品德就是保全了道德。用残酷的手段伤害人民，人民就不会亲附；以恐惧的语言恐吓人民，人民就不会响应；没有交往而求助于人民，人民就不会给予帮助。人民不跟随、不响应、不帮助说明对人民已经伤害到极点了；正如《益卦》上九爻辞说："不能遵循先帝的治国之道为人民谋利益，反而经常发动战争，或者经常攻打伤害人民，又没有恒心改正罪过，最终只会是凶险的结局。"

最后一自然段是对《益卦》上九爻辞含义的解释，这里特别指出君子要以正使自己安身巩固君位，自己要有公正仁善之德，爱护保护人民，天下才能太平。天下太平时君子不忘记预防危难的发生，才能有利于人民。

其五，这一段的内容属于形而上教化之道。

第十四节　《易·系辞下传》第六节关于乾坤阴阳的意义与哲学意义及其归属

一、《系辞·下传》第六节原文

子曰："乾坤其易之门邪。乾，阳物也。坤，阴物也。阴阳合德，而刚柔有体，以体天地之撰，以通神明之德。其称名也，杂而不越。于稽其类，其衰世之意邪。夫易，彰往而察来，而微显阐幽。开而当名辨物，正言断辞则备矣。其称名也小，其取类也大。其旨远，其辞文，其言曲而中，其事肆而隐。因贰以济民行，以明失得之报。"

二、第六节关于乾坤阴阳的意义

孔子说："乾、坤两卦是进入《易经》的门户啊。乾为阳刚之物。坤为阴柔之物。坤地的阴柔之德与乾天的阳刚之德相合，则刚柔就有了体系，以体现天地万物的阴阳变化的功能，以通达人类意识思维智慧的功德。《易经》中的名称虽然庞杂，但并没有超越天地万物变化之外。被考察核实的事物类别,其中有世事衰微的意思啊!《易经》,彰显以往发生之事,明察秋毫未来之事,使隐微之事显明,将幽深之事清明。设立适当的名称以辨别物类,用正确的道理言辞判断事物的标准《易经》完全具备了啊。六十四卦每一卦的名称虽小,但其所取事物的类别范围很大。六十四卦的宗旨长远,其辞文、其语言表现事物的方式隐曲而中正,所阐述的既有明显的事物又有隐微的事物,因而能帮助指导人民的行为,使人民明白遗失道德和得到道德的结果。"

三、第六节关于乾坤阴阳的哲学意义及其归属

其一,对《乾卦》和《坤卦》的意义进一步作了阐述。对天地的阴阳属性作了明确界定,乾天为阳物之属,坤地为阴物之属。

其二,指出《易经》考证宇宙万物变化之理,归类万物变化结果的目的,是因为世事衰微,先圣先王的治国之道已经不能彰显了,也就是世事衰微,很多事情可能会被遗失遗忘,所以才要考证记载。

其三,《易经》具备了阐述古往之事、未来之事、隐微之事、幽深之事的道理,以适当的名称命名与之相宜的事物以辨别事物的物类,以及以正确的道理言辞为判断事物的标准。

其四,对六十四卦对万物的归类意义,以及六十四卦本卦的意义作了阐述,也就是对《易经》宗旨作了进一步说明。《易经》就是为了帮助教化人民有美好的行为品德,使人民明白有道德和无道德的结局,即有道德者永远受到人民的热爱怀念祭祀,无道德者只能受到人民的厌恶唾骂。

其五,这一节属于形而上教化之道。

第十五节 《易·系辞下传》第七节关于作易者的忧患的意义与哲学意义及其归属

一、《系辞·下传》第七节原文

"易之兴也,其于中古乎。作易者,其有忧患乎。是故,履,德之基也;谦,德之柄也;复,德之本也;恒,德之固也;损,德之修也;益,德之裕也;困,德之辨也;井,德之地也;巽,德之制也。"

"履,和而至。谦,尊而光。复,小而辨于物。恒,杂而不厌。损,先难而后易。益,长裕而不设,困穷而通。井,居其所而迁。巽,称而隐。"

"履，以和行。谦，以制礼。复，以自知。恒，以一德。损，以远害。益，以兴利。困，以寡怨。井，以辨义。巽，以行权。"

二、第七节关于作易者的忧患的意义

"《易经》的兴起，其实是中古时期啊！创作《易经》的人，他也有忧患啊！所以说《履卦》是德行的基础，《谦卦》是体现德行的要柄，《复卦》体现的是德行的根本，《恒卦》是使德行亘古不变永久长存的方法，损卦阐述的是简约而减少自己的私利是修治自己品德的最佳方法，《益卦》是德行增多增厚的唯一方法，《困卦》是君子品德分辨的原则，《井卦》是君子施行仁德的天地，《巽卦》是君子之德约束管束的法规。"

"所以说《履卦》是使人民和悦而天下得到治理的方法；《谦卦》是谦虚恭敬者受到尊敬而光荣；《复卦》的内涵虽小但是足以辨别有道和无道的事情；《恒卦》内容虽然庞杂，但意义深刻而使人不厌烦；《损卦》是周公终日损己利公、辅助周成王的艰难，而终于使天下太平的先难后易的过程；《益卦》是永远为人民谋利益做益事多多益善不设界限；《困卦》是为了实现志向而不怕穷困苦难终于使事业亨通的事实；《井卦》是井田制从创建兴盛而受到人民的拥护，一直到井田制衰败和消亡的变迁过程；《巽卦》是周公以履行天命，辅助周成王成就先祖的功业，稳固周朝事业利国利民之德著称而隐退的历史事实。"

"《履卦》以和悦上下万民而使天下大治；《谦卦》是谦卑而尊人的周公制作了礼仪；《复卦》是君子要明白自己过失的所在和不要重复犯过失；《恒卦》是指治理国家天下的亘古不变的方法只有一个，就是道德诚信；《损卦》是以减损自己的缺点过失，而增多自己的优点德行，既能使自己远离灾难又能使人民得到利益；《益卦》是为人民谋利益做益事而有利事业兴盛；《困卦》是君子为了实现志向而不怨天尤人；《井卦》是通过井田制兴衰变迁的历史事实来辨别君主的道义；《巽卦》通过周公再三发布告命，申明天命、道德的意义，明确自己的职则和行使的权利。"

三、第七节关于作易者的忧患的哲学意义及其归属

其一，对《易经》兴起的时间是中古时期作了肯定。中古时期，就是商纣王与周文王时期。因为创作《易经》的人，他忧患先帝先祖所创建的功业能否世代相传，而当时出现了失道无德的商纣王和有先帝先王之德的周文王，所以，创作《易经》的目的就是要通过商纣王和周文王的对比，而使人民明白，只有如周文王一样有仁德的君子，才能实现先帝先祖为天下人民谋利益的目的。

其二，所以就对六十四卦配上与卦意相应的词语为卦象辞，也就是我们需要学习的具体内容，而明白应该学习的道理。

其三，对《履卦》《复卦》《恒卦》《损卦》《益卦》《困卦》《井卦》《巽卦》的意义作了反复论述，因为这几卦对阐述君子之德有重要意义。

其四，这一自然段的内容属于形而上教化之道的范畴。

第十六节 《易·系辞下传》第九节关于易之为书的意义与哲学意义及其归属

一、《系辞·下传》第九节原文

"易之为书也，原始要终，以为质也。六爻相杂，唯其时物也。其初难知，其上易知，本末也。初辞拟之，卒成之终。若夫杂物撰德，辨是与非，则非其中爻不备。噫！亦要存亡吉凶，则居可知矣。知者观其彖辞，则思过半矣。"

"二与四，同功而异位，其善不同。二多誉，四多惧，近也。柔之为道，不利远者，其要无咎，其用柔中也。三与五，同功而异位；三多凶，五多功，贵贱之等也。其柔危，其刚胜邪。"

二、第九节关于易之为书的意义

"《易经》为书，其最初的要领与成书后的《易经》，其实质始终是一致的。六爻的内容相互交错，只是时代的产物罢了。开始比较难懂，经过长期研究后就比较容易懂了，这是事物发展的必然规律啊！最初拟定辞文，是仓促完成的。若是从阴阳夹杂的六爻所表示的事物中诠释道德以辨别是非，若没有爻辞就不能知道存亡吉凶的道理了。噫！还要与存亡吉凶之辞的配合使用，事物变化的各种状况就可以知道了。有智慧者只要观看研究那些象辞，就能思考到全卦内容的一半了。"

"一卦的六爻之中，二爻与四爻功效相同而所处的位置不同，所以其善于表示的事物就不同。二爻多数是赞誉之辞，四爻多数是恐惧之辞，这也是其功效相近而位不同的缘故。柔顺柔弱的道理，不利于过于悬殊，其实那些关键内容是完全正确的，是取其柔和中正之义。三爻与五爻，也是功效相同而位置不同，三爻多数是凶险之辞，五爻多数是功效之辞，以表示贵贱的等次。表示了柔弱危厉，刚正胜过柔弱。"

三、第九节的哲学意义及其归属

其一，对《易经》的成书的目的作了补充说明，特别指出了为什么会用六十四卦这种形式作为阐述辨别事物、诠释道德、辨别是非的形式呢？这就是"六爻相杂，唯其时物也"的含义了，这也是《易经》作者创作《易经》的时代意义。

其二，对《易经》的成书过程作了说明。笔者以为《易经》最后的成书时间大概是孔子晚年至战国末期，也就是孔子时代，是诸侯混战、天命不明、道德不存的时代。孔子因为担心忧虑先帝先祖开创的富民强国的伟大事业能否得到继承发展，所以就给原本存在的古人用来表达所创造的某种事物的意义，或者某种事物名称的八卦、六十四卦，以及用于预测的《易经》，以"十翼"为六十四卦配上新的卦辞、彖辞、象辞、爻辞、爻象辞，也就是给它们赋予与卦形结构图相应的特定意义，并使其与古人创造六十四卦的目的相配合，使其成为表示事物、诠释道德、辨别是非的《易经》，使《易经》有了更为重要的历史意义与哲学意义。而对《易经》内容的研究，象辞的含义是很重要的，也就是说，我们现在所看到的《易经》是在周文王编撰《易经》的基础上，又经过孔子及其弟子的编撰以"十翼"对《易经》赋予更深刻更新的意义了。

其三，特别指出《易经》这些辞文的拟定是经过了初期编撰的过程，后又经过了多人多次的修订、增补、删除、校对、核定而最后完成的，不是由一个人在一个时期内完成的。这也就是说孔子一生用自己的方式宣扬先王所创立的天命，宣扬《老子》之道德，就将先王、先圣、先祖以天命治国的方法、为人处世的方式、以及历代明王实现天下大治的经验和那些失道无德的君王失掉天下的经验教训，通过研究《易经》并加以评述的形式记载下来，以教化世人后代，以使我们不忘记先祖所开创的事业。

其四，这一节属于形而下教化之道的范畴。

第十七节　《易·系辞下传》第十节关于三才之道的意义与哲学意义及其归属

一、《系辞·下传》第十节原文

"易之为书也，广大悉备。有天道焉，有人道焉，有地道焉，兼三才而两之，故六。六者非它也，三才之道也。道有变动，故曰爻。爻有等，故曰物；物相杂，故曰文。文不当，故吉凶生焉。"

二、第十节关于三才之道的意义

"《易经》作为书，把天大地广万物之理全都囊括了。八卦三爻的象征意义是，最上面的第三爻为天道，中间的第二爻为人道，最下面的初爻为地道。一卦兼有三才之道，两卦相重变化而为六爻，则六爻就有两个三才之道。所谓六爻不是其他什么，而是象征三才之道的表示方法。方法有所变化，就是将两个不同或相同八卦相重变化出一个六爻的新卦形，所以为六爻。六爻有等次，所以说事与物混杂，就形成了六十四卦的辞文。文辞所表示的意义因位不同而不对等，所以就产生了吉凶不同的结果。"

三、第十节关于三才之道的哲学意义及其归属

其一，论述了什么是三才之道，所谓三才，就是每一个经卦（八卦）的初爻象征地之位，三爻象征天之位，二爻象征人居于天地之间。人和万物一样，也是天地自然变化的产物，人存在于天地之间，人与天地自然的关系密不可分。也就是每一个八卦的三个阴阳爻就是天地人的象征，也是人居天地之间的象征。每一个经卦分别与八个经卦相互重叠，组成一个新的卦形，这也是八八六十四卦的来历之一；这也是"道有变动，故曰爻"的意义所在，就是将一个经卦分别与其他经卦相互重叠的方法，就可以变化出六个爻的八个新卦形。而有六个爻的新卦形，就是六十四卦的卦形结构，每一个六十四卦都有两个天、地、人的象征意义。也有学者将六爻中最上面二爻称为天道，最下面二爻称为地道，中间二爻称为人道。其实，笔者认为以八卦相重的意义划分三才之道才合理。

其二，论述了因为六爻均有天、地、人不同的象征意义和所居的位置的不同，所表示的事物的意义不同，所以就有了表示这些不同意义的文辞，这也是"爻有等，故曰物；物相杂，故曰文。文不当，故吉凶生焉"的意义所在。六爻各自的位置不同，就有了第九节所论的"二与四同功而异位，其善不同。二多誉，四多惧，近也。柔之为道，不利远者，其要无咎，其用柔中也。三与五同功而异位；三多凶，五多功，贵贱之等也。其柔危，其刚胜邪"的意义。二爻是人道，四爻是地道，同属于柔顺或柔弱之道，但是所居的位置不同，二者善于表示的事物就不同。也就是二爻多数是赞誉之辞，四爻多数是恐惧之辞。这是因为柔顺之性相近，用的就是柔顺中正之道。三爻是天道，五爻是人道，人道效法天道之自然，所以也是功能相同而所居位置不同。三爻多数是凶险之辞，五爻多数是功绩成功之辞，以表示贵贱的等次。表示了柔弱的危厉，刚正胜过柔弱的意义。

其三，以《离卦》为例，六二爻辞："黄离，元吉。"九三爻辞："日昃之离，不击缶而歌，则大耋之嗟，凶。"九四爻辞："突如其来如，焚如，死如，弃如。"六五爻辞："出涕沱若，戚嗟若，吉。"

首先，我们分析一下《离卦》六二爻辞与九四爻辞的意义：六二爻辞说："中

正之人离去，大吉。"九四爻辞说："突如其来的灾难到来了，突如其来的到处被焚烧了，突如其来的死期到了，突如其来遭到遗弃了。"六二爻辞说的是大吉的赞誉之辞，而九四爻辞说的是大凶的恐惧之辞。

再次，我们分析一下《离卦》九三爻辞和六五爻辞的意义。九三爻辞说："太阳偏西的离别，不击瓦器而高歌，则像年老之人将亡时发出哀叹，这是凶险之兆。"六五爻辞说："周幽王亡西周之后，西周之人悲伤的涕泪就如滂沱大雨，叹息悲哀至极。这是对西周的怀念之情，所以吉。"九三爻说的是凶险之辞，而九五爻辞说的是历经了九四爻辞的凶险之事，虽然悲痛伤心，但是终于迎来了吉祥的好兆头；这也包含了"其柔危，其刚胜邪"的意义在内。之所以发生如此的大灾难，就是因为周幽王过于柔弱，受到强妻之欺而发生灾难，也说明只有刚正有力才能战胜灾难，也就是刚正比柔弱强大。

其四，本节属于形而下教化之道的范畴。

第十八节 《易·系辞下传》第十一节关于易之兴的意义与哲学意义及其归属

一、《系辞·下传》第十一节原文

"易之兴也，其当殷之末世，周之盛德邪？当文王与纣之事邪？是故其辞危，危者使平，易者使倾。其道甚大，百物不废，惧以终始；其要无咎，此之谓易之道也。"

二、第十一节关于易之兴的意义

"《易经》的兴起，岂不就是殷商的末世，周朝之德兴盛之时？不正是周文王与商纣王时代的事情吗？所以其辞文危厉，周文王使知危厉者均平，而商纣王使其容易者倾覆。其间的道理是很盛大的，百物没有废弃，担心畏惧先帝、先王开创的事业能否始终如一，《易经》成书的要旨是正确而伟大的，这就是《易经》所要传授的道理。"

三、第十一节关于易之兴的哲学意义及其归属

其一，对《易经》六十四卦的主要内容作了明确说明。六十四卦的主要内容就是阐述商纣王如何使先祖商汤建立起来的伟大功业被轻易地毁灭倾覆的；同时阐述了周文王如何使先祖创立的事业发展壮大兴盛的。

其二，阐述了创作《易经》的真正目的：《易经》之所以要记载讲述这些事情，就是担心先圣、先王、先祖所创立的伟大事业能否千秋万代地被继承发展，所以说《易经》的作者作《易经》的宗旨是正确而伟大的，所以对于《易经》的意义我们一定要精深全面地研究，而不辜负《易经》作者的期望。

其三，其实这一节也是对孔子之易的说明。孔子之《易经》，最先选择的是商纣王和周文王的历史事件，这也是孔子说易的第一次成书过程和具体内容；随后又反复修改，反复编撰，又增加了其他新的内容，以后又由孔子的弟子们逐步丰富和完善了《易经》的最后成书的内容《十翼》，这应该就是我们现在看到的《易经》的全部内容了。所以，我们依据《易·系辞》的各种提示性说明和解释研究《易经》，才能得出关于《易经》的真实意义。

其四，这一节的内容应该属于形而上教化之道的范畴。

第十九节　《易·系辞下传》第十二节关于乾坤卦的意义与哲学意义及其归属

一、《系辞·下传》第十二节原文

"夫乾，天下之至健也，德行恒易以知险。夫坤，天下之至顺也，德行恒简以知阻。能说诸心，能研诸侯之虑，定天下之吉凶，成天下之亹亹者，是故变化云为。吉事有祥，象事知器，占事知来。天地设位，圣人成能，人谋鬼谋，百姓与能。八卦以象告，爻彖以情言。刚柔杂居，而吉凶可见矣。变动以利言，吉凶以情迁。是故，爱恶相攻，而吉凶生。远近相取，而悔吝生。情伪相感，而利害生。凡易之情，近而不相得，则凶或害之，悔且吝。将叛者，其辞惭；中心疑者，其辞枝；吉人之辞寡；燥人之辞多；诬善之人，其辞游；失其守者，其辞屈。"

二、第十二节关于乾坤卦的意义

乾天，是宇宙万物之中最为强健有力者，德行恒久平易使知风险。坤地，是宇宙万物之中最为柔顺者，德行恒久简易使知险阻。《易经》能悦服众人之心，能研究探讨诸侯的疑虑，能确定天下事物的吉凶，是能成就天下美好事业的，所以说《易经》是变化有为之道。吉事有吉祥的预兆，观察象所象征的事物就知道器物的形状，占卜能知道未来之事。天尊地卑之位设立，显示了圣人成就事业的能力。后人的智谋先祖的智谋，就是为了使百姓能与人和睦亲善。八卦以万物之象告知，爻辞象辞是事物变化情况的言辞，阴阳交错居于一卦，而事物的利害关系就可以显现了。阴阳爻变动有利于论说吉凶事宜依具体情况而变动。所以说仁爱与罪恶相互抨击，吉凶的结果就产生了。远离或亲近爱恶，相互比较取舍，灾祸耻辱就产生了。真情与虚伪相感触，利与害的真实结果就产生了。大凡容易的事情，若是亲近而不能察看鉴别却容易得到的真伪情形，就会有凶险灾害之事发生了，或者就会有懊悔耻辱之类的事情发生了。所以说将要叛逆者，其言语有羞愧害怕之情；心中有疑虑者，其言语表述巧妙；好人的言语少；急躁之人言辞多而快；诬陷别人者，其言辞虚浮不实际；失去操守者，其理屈词穷。

三、第十二节关于乾坤卦的哲学意义及其归属

1. 首先是对乾坤二卦所述的天地之德和六十四卦所述的内容作了综合性说明，其次是对八卦和六十四卦所述吉凶产生的原因和结果作了阐述。

2. 对《易经》两大功能的意义作了说明。两大功能即是：其一，《易经》通过乾坤二卦对天地之功德的认识，尤其是对天地功能特点的认识。乾天以其功能强大著称，坤地以其极为柔顺著称。

其二，对《易经》的意义作了说明。《易经》能使天下人悦服，能解除诸侯的疑虑，能成就天下的美好事业，能判断天下事情的吉凶。《易经》是变化有为之道！为什么呢？因为《易经》论述了万事万物变化的道理和规则，规定治国者以天道之无为也就是以天命治理国家天下，为天下民众成就谋利益福气的伟大事业，当然就能成就天下伟大的事业了。

3. 论述了"凡易之情，近而不相得，则凶或害之，悔且吝"的意义：这里将"凡易之情，近而不相得"，解释为"大凡容易的事情，若是亲近而不能察看鉴别却容易得到的真伪情形，就会有灾祸凶险降临了。"开始将其解释为"凡是《易经》的所论之情由，虽然亲近却不能仔细判断得其要领，就会有灾祸凶险降临了。"后来反复对证比较，还是认为"大凡容易的事情……"这种解释合乎以上和以下的内容，而《易经》的这个观点，有着唯物辩证的意义，也就是我们平时所说的"天上不会掉馅饼""没有免费的午餐"的意思。也就是我们对于本来要费周折才能得到的东西，却突然很容易得到了，这其中必然有利弊的因素在内，所以我们要清楚判断才是。

4. 对各种人言辞特点的表现作了阐述。也就是如何从人的言语的表述中辨别真伪善恶，若能从言语中辨析出真伪善恶，就能减少灾祸和耻辱之事的发生。其实这一节也是对六十四卦所述内容的补充说明。

5. 这一节的内容属于形而上教化之道的范畴。

第二章　关于《易·说卦传》部分文辞的意义与哲学意义及其归属

第一节　《易·说卦传》第一节关于圣人作易的目的意义与哲学意义及其归属

一、《易·说卦传》第一节原文

"昔者圣人之作易也，幽赞于神明而生蓍，参天两地而倚数，观变于阴阳而立卦，发挥于刚柔而生爻，和顺于道德而理于义，穷理尽性以至于命。"

二、第一节的意义

关于圣人作易从前圣人之所以创作了《易经》，是为了深远地赞颂古圣人的聪明才智和高尚的德行而产生了筮卜。筮卜的规则是用天数三、地数二相合为五、为奇数（这里的倚读，jǐ）观察阴阳爻变化规律而设立了八卦基本卦象和六十四卦。它发挥了刚柔的特点而产生爻象，文辞和顺于道德而道理合乎于礼义，穷究天地自然变化的道理，尽可能将天地自然有益于万物的固有善性揭示出来，以至于将施行天之善性命名为天命。

三、第一节关于圣人作易的哲学意义及其归属

其一，对圣人创作《易经》的另一目的和筮卜产生的过程作了说明。这里特别对筮卜所用的蓍草数"大衍之数五十"的来源作了说明。《易·系辞上传》第九节，也有对大衍之数五十的来源的作了说明，而《说卦传》关于"大衍之数五十"也有一种说明，这就是说"大衍之数五十"的意义有两种，第一种是"参天两地倚数"的意义，从天地生成之数五十五，减去天数三和地数二，也就是天数三与地数二相加为五，为奇数，从五十五减去五为五十，而五十就是卜筮时的最大蓍草数。第二种就是从五十五根蓍草中减去天数一，地数四，用五十作为筮卜时所用的最大蓍草数。

其二，《说卦》对六十四卦变化的规律作了说明。也就是八卦变化为六十四卦

的规律，就是将每一个八卦的阴爻变阳爻，阳爻变阴爻，而变化出六卦之后，第六爻就不再变了；第六次变化是把第六卦的第四爻再重新变化，也就是第四爻如果是阴爻，就变为阳爻，如果是阳爻，就变为阴爻，就变化出了第七卦；第八卦是将第七卦的第一爻、第二爻、第三爻作阴变阳、阳变阴的变化，就变化出第八卦。八卦变化八卦的基本规律就是如此。如此这样，八卦变八卦就变化出六十四卦。

其三，对爻象产生的过程作了说明："发挥于刚柔而生爻"，"生爻"就是依据阴阳爻所居之位的特点，对每一爻赋予相应的爻辞，以象征相应的具体事物，就是"爻象"，也就是"生爻"的含义。

其四，对六十四卦所有文辞的意义和天命的意义作了说明。文辞合乎道德礼义，而所谓天命，是圣人对天地自然有益于万物的固有善性所作的命名。所以说天命是圣人把效法天地之善德而为人民做益事的宗旨当作天的命令来执行，人间的帝王，再大也大不过天，所以无论是帝王宰相臣民，都要以天的命令为根本，以天命作为治理国家的基本纲领，违背者是天理所不容的事情，会为国家人民带来灾难，甚至亡国亡家亡己。

其五，本节论述的是关于治国宗旨的形而上之道的问题。

第二节　《易·说卦传》第二节关于三才之道的意义与哲学意义及其归属

一、《易·说卦传》第二节原文

"昔者圣人之作易也，将以顺性命之理。是以立天之道，曰阴与阳；立地之道，曰柔与刚；立人之道，曰仁与义。兼三才而两之，故易六画而成卦。分阴分阳，迭用柔刚，故易六位而成章。"

二、第二节关于三才之道的意义

从前圣人之所以创作《易经》，就是为了顺应天地人的固有本性而对其分别命名，以确立乾天变化的道理，就叫作阴与阳；确立坤地变化的道理，就叫作柔与刚；确立做人的道理，就叫作仁与义。八卦的每一卦的三爻，就是天道、地道、人道的体现。六十四卦的每一个卦形结构都是兼并两个三才之道，也就是两个八卦相重叠而为六爻。所以说六十四卦的每一卦都是由六爻组成的，六爻又是由阴爻和阳爻组成的，交替应用阴阳爻的变化，所以六爻就是六十四卦卦形图结构的基本构成。

三、第二节关于三才之道的哲学意义及其归属

1. 这一节对八卦和六十四卦的象征意义又作了明确论述。圣人做八卦和六十四卦又为其分别命名的又一目的,就是为了顺应万物的固有本性的道理。

2. 关于三才之道:其一,《易经》将天的自然变化规律命名为阴与阳,那么天晴太阳高照就是阳,天阴下雨乌云蔽天日月不显就是阴,这是天道变化的规律。

其二,《易经》将坤地变化的规律命名为柔与刚,坤地柔顺地顺承天为柔,坤地自身的运动变化刚烈无比,地倾山覆,万物毁于一旦为刚,这是坤地自身固有的规律。

其三,《易经》将做人的道理命名仁与义,是指效法天地之道德、行仁善仁慈之事为仁,效法天地四时变化次序为礼仪仁义。也就是尽力做好自己应做之事,就是义务和职责,这是人的固有本性和人应该顺应坤地柔顺之德的规则。

其四,关于八卦的三才之论,三才就是八卦三爻各自所象征的物象,初爻为地道,三爻为天道,中间一爻为人道,因为人居天地之间。两个三才之爻合并为六爻是六十四卦卦形结构的爻数,六十四卦每一卦为六爻,而每一卦的上下卦均包含了天地之位、人居其中的道理。

3. 本节论述的是天道、地道、人道属性的形而上之道的问题。

第三节 《易·说卦传》第三节关于八卦相依相生相克的意义与哲学意义及其归属

一、《易·说卦传》第三节原文

"天地定位,山泽通气。雷风相薄,水火不相射。八卦相错,数往者顺,知来者逆,是故易逆数也。"

二、第三节关于八卦相依相生相克的意义

确定了天高地低之位万物分类居于其中了,艮山与泽金之气相通。雷与风的原理相近,水与火相互对抗。八卦阴阳爻交错排列,数字从小数依次往大数增数为顺数,从大数往小数递减为逆数,也可以是计算过去的事情,可以从事发之时顺时针计算为顺数,也可以从现在的时间向后推演为逆数;所以《周易》六十四卦六爻之数的排列是从下向上依此排列为逆数。

三、第三节关于八卦相依相生相克的哲学意义及其归属

1. 这一节是对万物依据天地之位的特征而作的分类

其一，山石与泽金在存在空间上有着相互依存的关系，山石中有泽金，泽金被山石掩埋，这就是"山泽通气"之意。

其二，雷与风在物理性质上同属振动，存在空间同为天空之物，这就是"雷风相薄"之意，"相薄"就是意义相近的意思。

其三，水与火的性质相反，水火相对而不相容，这就是"水火不相射"之意，"相射"，就是相互对抗、相互攻击。

其四，指出了八卦的三爻之中阴阳交错，天地之间的事物相一致的为顺，而相反的为逆。因此数字的运算方法可以顺数，也可以逆数；而六十四卦六爻的排列顺序为逆数，也就是从下向上数。

2. 这一节属于形而下之道的范畴。

第四节　《易·说卦传》第四节关于八卦类象的意义与哲学意义及其归属

一、《易·说卦传》第四节原文

"雷以动之，风以散之，雨以润之，日以烜烜之，艮以止之，兑以说之，乾以君之，坤以藏之。"

二、第四节关于八卦类象的意义

"震为雷，雷可以震动万物；巽为风，风可以使万物分散；坎为云为雨水，雨水能滋润万物；离为太阳为火，以光明温暖照耀万物；艮象征止息生养之义；兑象征说和喜悦之义；乾天统御天下，《乾卦》象征君王统领天下；《坤卦》象征隐藏之理。"

三、第四节关于八卦类象的哲学意义及其归属

1. 这一节是对八卦象征意义的阐述：其一，《震卦》象征雷。其二，《巽卦》象征风。其三，《坎卦》象征云雨水类。其四，《离卦》象征太阳与火之类。其五，《艮卦》象征坚定如山静止不动之类。其六《兑卦》是说和喜悦的象征。其七，《乾卦》象征君子之德君子之道。其八，《坤卦》象征柔顺隐藏之理。

2. 本节属于形而下之道的范畴。

第五节 《易·说卦传》第六节关于八卦类事的意义与哲学意义及其归属

一、《易·说卦传》第六节原文

"神也者,妙万物而为言者也。动万物者,莫疾乎雷;桡万物者,莫疾乎风;燥万物者,莫熯乎火;说万物者,莫说乎泽;润万物者,莫润乎水;终万物、始万物者,莫盛乎艮。故水火相逮,雷风不相悖,山泽通气,然后能变化,既成万物也。"

二、第六节关于八卦类事的意义

"所谓神,就是能精细美妙地描述万物形态意义的意识思维记忆和语言功能。能震动万物的,没有比雷震更快的了;能扰乱万物的,没有比风更快的了;能使万物干燥的,没有比火更好的了;能述说万物之妙者,没有比说更有效了;能够滋润万物的,没有比水更为有效了;成就万物的终了又成就万物的开始,没有比艮的意义更重大了。所以说水与火的力量对抗,谁的力量最大,谁就能战胜对方,而雷与风的道理是不会相互违背的。山石与泽金之气相通,然后才能发生变化,就成为万物的一部分了。"

三、第六节关于八卦类事的哲学意义及其归属

1.这一节对八卦所象征的具体事物的意义作了论述。其一,"神"就是能认识并巧妙地描述万物的人的思维记忆和认识功能,因为人有意识思维,才能有认识事物能力,才能依据万物的形态、意义、存在空间或者一致性,或者依据事物的对立对应性将其归类于八卦。所以说《兑卦》所表示的是说的意义,所谓说,就是表达人的思维意识认知能力的一种直接方式。

其二,雷震有使万物振动的特点,巽风有使万物紊乱的特征,火有能使万物干燥的特征,兑就是说、有能描述万物各种形象的特征,坎就是云雨水有滋润万物的天子,艮有使万物终了而复始的特征。

其三,说明了事物有相互对立、相互统一、相互依存、相互转化的生存规律,所以才能变化万物,成就万物的生长化育,这就是"故水火相逮,雷风不相悖。山泽通气。然后能变化,既成万物"的含义。

2.这一节以独特的语言,描述了八卦具体的象征物及其意义,它属于形而下之道的范畴。

第三章　关于《易·序卦传》部分文辞的意义与哲学意义及其归属

第一节　《序卦传·上篇》关于天地化生万物的意义与哲学意义及其归属

一、《序卦传·上篇》原文

"有天地，然后万物生焉。盈天地之间者唯万物，故受之以《屯》。《屯》者，盈也。物之始生也。物生必蒙，故受之以《蒙》。《蒙》者，蒙也，物之稚也。物稚不可不养也，故受之以《需》。《需》者，饮食之道也。饮食必有讼，故受之以《讼》。《讼》必有众起，故受之以《师》。《师》者，众也。众必有所比，故受之以《比》。《比》者，比也。比必有所畜，故受之以《小畜》。物畜然后有礼，故受之以《履》。《履》而泰，然后安，故受之以《泰》。《泰》者，通也。物不可以终通，故受之以《否》。物不可以终否，故受之以《同人》。与人同者，物必归焉，故受之以《大有》。有大者，不可以盈，故受之以《谦》。有大而能谦必豫，故受之以《豫》。豫必有随，故受之以《随》。以喜随人者必有事，故受之以《蛊》。《蛊》者，事也。有事而后可大，故受之以《临》。《临》者，大也。物大然后可观，故受之以《观》。可观而后有所合，故受之以《噬嗑》。嗑者，合也。物不可以苟合而已，故受之以《贲》。《贲》者，饰也。致饰然后亨则尽矣，故受之以《剥》。《剥》者，剥也。物不可以终尽，剥穷上反下，故受之以《复》。复则不妄矣，故受之以《无妄》。有无妄，然后可畜，故受之以《大畜》。物畜然后可养，故受之以《颐》。《颐》者，养也。不养则不可动，故受之以《大过》。物不可以终过，故受之以《坎》。《坎》者，陷也。陷必有所丽，故受之以《离》。《离》者，丽也。"

二、《序卦传·上篇》部分文辞的意义

"先有天地，然后才生成了万物。充满了天地之间的唯有万物，所以命名为《屯卦》。屯就是聚集和充满艰难困苦，也表示生命物质开始生成的状况。生命生成之

初必然蒙昧无知，所以命名为《蒙卦》。所谓蒙，就是启蒙教育和为什么要启蒙教育，是因为生命过于幼小稚嫩。生命稚嫩幼小不可以不养育，所以命名为《需卦》。所谓需，就是讲饮食产生的过程。有了饮食生成的方法而养护众人，就可能因饮食而发生争讼，所以命名为《讼卦》。争讼必然是由于众人的争夺而引起的，所以就命名为《师卦》。所谓师，就是教化众人……"

三、《序卦传·上篇》部分文辞的哲学意义

其一，"有天地，然后万物生焉。盈天地之间者唯万物。"这是中华民族形而上哲学唯物论的依据，有了天地以后，天地化生了万物，万物当然包括人类在内，而不是上帝创造了万物人类。

其二，"有天地，然后有万物。"这也是对《咸卦》象辞意义的总结，正如《咸卦》象辞曰："天地感而万物化生，圣人感人心而天下和平。观其所感，而天地万物之情可见矣。"

其三，依据人类对天地所化生的万物的认识及需要的先后次序而对六十四卦作了命名和排序。首先从对《乾卦》和《坤卦》意义的论述，依此类推从对《屯卦》意义的论述到《离卦》为止论述了前三十卦的本来意义。

其四，《序卦传》对六十四卦的排列顺序，也是我们常见的六十四卦的排列顺序。这是孔子所作"十翼"的内容之一，它的排列顺序是依据人类生成之后的生活次序的自然排列法。六十四卦的排列顺序的另一种方式，就是"京房八宫排列法"。它的排列方法是根据八纯卦化生八别卦的方式排列。八卦是指乾、兑、离、震、巽、坎、艮、坤八个纯卦。八纯卦变六十四卦的变化规律是：八纯卦的每一卦依照阳爻变阴爻；阴爻变阳爻的变化规律先变化出五个卦形，为第六卦，一般变到第五爻后，第六爻就不再变了，第六次变化是把第五卦的第四爻再重新按照阳变阴、阴变阳的变化规律，变化出第七卦，然后将第七卦的第一爻、第二爻、第三爻作阴变阳，阳变阴的变化，变化出第八卦，这样每一卦就有了八个基本卦形，八卦变化六十四卦，就是这样变化出来的。

第二节 《序卦传·下篇》关于有万物，然后有男女的意义与哲学意义及其归属

一、《序卦传·下篇》原文

"有天地，然后有万物。有万物，然后有男女。有男女，然后有夫妇。有夫妇，

然后有父子。有父子，然后有君臣。有君臣，然后有上下。有上下，然后礼义有所错。夫妇之道，不可以不久也，故受之以《恒》。《恒》者，久也。物不可以久居其所，故受之以《遁》。《遁》者退也。物不可以终《遁》，故受之以《大壮》。物不可以终壮，故受之以《晋》。《晋》者，进也。进必有所伤，故受之以《明夷》。夷者，伤也。伤于外者必反于家，故受之以《家人》。家道穷必乖，故受之以《睽》。《睽》者，乖也。乖必有难，故受之以《蹇》。《蹇》者，难也。物不可以终难，故受之以《解》。《解》者，缓也。缓必有所失，故受之以《损》。损而不已必益，故受之以《益》。益而不已必决，故受之以《夬》。《夬》者，决也。决必有所遇，故受之以《姤》。《姤》者，遇也。物相遇而后聚，故受之以《萃》。《萃》者，聚也。聚而上者谓之升，故受之以《升》。升而不已必困，故受之以《困》。困乎上者必反下，故受之以《井》。井道不可不革，故受之以《革》。革物者莫若鼎，故受之以《鼎》。主器者莫若长子，故受之以《震》。《震》者，动也。物不可以终动，止之，故受之以《艮》。《艮》者，止也。物不可以终止，故受之以《渐》。《渐》者，进也。进必有所归，故受之以《归妹》。得其所归者必大，故受之以《丰》。《丰》者，大也。穷大者必失其居，故受之以《旅》。旅而无所容，故受之以《巽》。《巽》者，入也。入而后说之，故受之以《兑》。《兑》者，说也。说而后散之，故受之以《涣》。《涣》者，离也。物不可以终离，故受之以《节》。节而信之，故受之以《中孚》。有其信者必行之，故受之以《小过》。有过物者必济，故受之以《既济》。物不可穷也，故受之以《未济》。终焉。"

二、《序卦传·下篇》部分文辞的意义

先有天地，然后化生万物。有了万物，然后才化生阴阳雌雄男女。有了男女，然后才有夫妇。有了夫妇，然后才有父子之情。有了父子之情，然后才有君臣之位。有了君臣之位，然后才有上下之别。有了上下之别，然后才有各种交错的礼义以维持秩序。所以维系夫妇关系的道理就是要使夫妇关系持久，所以命名为《恒卦》。所谓恒，就是持久之义。但是事物不可能长久居于不变之位，所以命名为《遁卦》，所谓遁，就是隐退隐藏之义……

三、《序卦传·下篇》部分文辞的哲学意义

1. 对天地化生万物的次序的论述。也就是"有天地，然后有万物。有万物，然后有男女"的意义所在。这更是中华民族形而上哲学是唯物论的依据。

2. 对"男女、夫妇、父子、君臣、上下、礼仪"形成的过程作了论述，即"有男女，然后有夫妇。有夫妇，然后有父子。有父子，然后有君臣。有君臣，然后有

上下。有上下，然后礼义有所错"。这也是《家人卦》象辞所论的意义所在。正如《家人卦》象辞曰："家人，女正位乎内，男正位乎外。男女正，天地之大义也。家人有严君焉，父母之谓也。父父、子子、兄兄、弟弟、夫夫、妇妇、而家道正。正家而天下定矣。"

四、《序卦传·上下篇》的意义

主要是关于六十四卦排列顺序和各卦本意的说明。对于六十四卦的排列顺序的意义，自古就有许多不同的论述。而依据《序卦传》对六十四卦排列次序的说明，按照人类产生之后，依据认识事物和需要处理的事物的先后次序而对六十四卦次序进行排列。其排列次序的意义如下。

其一，《序卦传·上篇》排列了从乾坤两卦开始的前三十卦。乾坤之后，再依据人类对其它事物的认识和物质创造发明的先后次序排列万物。也就是先有天地，然后有万物，万物是天地化生的。所以这里的天地，就是《乾卦》和《坤卦》产生的意义。

其二，天地之间充满了万物。随着万物的产生，人类也随着大自然的不断变化而逐渐产生。人类生成之后，对自然的变化一无所知，而大自然的变化对人类来说，到处都是艰难险阻，也就是说人类处处遭遇困境。所以就将这种现象取名为《屯卦》。屯，就是聚集和充满艰难困苦的意思。而《屯卦》所阐述的正好是因为人类经常会遭遇艰难困苦，所以就需要建立官府，设立官员来解除人民的艰难困苦。这就是《屯卦》产生的意义。

其三，因为人类对大自然的变化，对人类自己的生存、饮食、健康、疾病等一无所知，所以逐渐就有聪明智慧者对这些问题通过观察和研究，而对这些事物的规律有所认识，所以就用他们的知识教授人民，使人民知道如何应对自然变化，如何解决饮食问题，如何避免灾害，等等，所以就将这些意义取名为《蒙卦》。而《蒙卦》阐述的是启蒙教育的方法和意义。蒙，就是启蒙教育的意思，这就是《蒙卦》产生的意义。

其四，对于远古时期的人类来说，启蒙教育首先就是教授他们如何解决饮食的问题。所以古圣人如伏羲、神农、黄帝、尧帝、舜帝他们都是发明创造出饮食之源，对人民有功之人。也就是说人类生存需要饮食，而古人通过他们的发明创造满足了人民生活生存的需要，所以就将这种过程和意义命名为《需卦》。《需卦》的内容就是阐述了人类发明各种饮食之源的过程。这就是"需者，饮食之道也"的含义。

其五，以下类推，《序卦传·上篇》阐述了乾、坤、屯、蒙、需、讼、比、小畜、履、泰、否、同人、大有、谦、豫、随、蛊、临、观、噬嗑、贲、剥、复、无妄、大畜、颐、大过、坎、离前三十卦产生的意义。

其六，《序卦传·下篇》阐述了咸、恒、遁、大壮、晋、明夷、家人、睽、蹇、解、损、益、夬、姤、萃、升、困、井、革、鼎、震、艮、渐、归妹、丰、旅、巽、兑、涣、节、中孚、小过、既济、未济三十四卦产生的意义。

其七，所以《序卦传》就是对六十四卦排列顺序意义的说明。现在我们看到的六十四卦的排列顺序，多数都是按照《序卦传》的排列顺序，以乾坤卦开始，以既济、未济卦结束。

其八，通过《序卦传》对六十四卦排列次序的说明，也可以大致明白六十四卦所阐述的内容。如"颐者，养也"。就是说《颐卦》阐述的就是天地养万物，圣人畜养贤者的目的就是为了畜养万民，以及使万民自养的问题。如"故受之以节，节而信之，故受之以中孚"。这就是对《节卦》和《中孚卦》含义的解释；"节"就是以制度、道德来节制人的行为欲望而使人民合乎礼义的要求。"中孚"就是通过礼义的教化，而使人人都具有中正诚信的美德。所以说六十四卦排列顺序的意义，也是对六十四卦含义的分别解释。

第四编

《易经》哲学与现代社会的关系

本编论述的问题比较多，论证了《易经》的核心思想、核心内容和《易经》为群经之首的哲学意义。论证了什么是《易经》哲学的天人同一，论证了中华民族哲学发展历程中几位相关人物的哲学研究成果，论证了中国哲学的现状，论证了《老子》和《易经》的现代意义及《易经》哲学的重要意义，论证了《易经》哲学与现代社会发展的关系和意义，论述了《易经》形而上哲学与教化。

第一部分 《易经》哲学的核心内容及中国哲学历史发展中的几位相关人物

第一章 《易经》八卦六十四卦的演变过程与《易经》哲学的核心内容

第一节 《易经》八卦六十四卦的演变过程和意义

笔者将《易经》"十翼"的内容，分为两部分来研究，第一部分是《易·传》上下篇，《说卦传》《序卦传》上下篇，《杂卦传》《乾·文言》和《坤·文言》部分。第二部分是六十四卦的卦形结构图和所有文辞。这些文辞包括每一卦的卦辞、象辞、卦象辞、爻辞、爻象辞，这样的排列方法有利于直接对照研究。

一、《易经》系统的组成部分

《易经》的内容是由爻系统、卦系统、经系统和传系统组成的。爻系统就是阴爻、阳爻。卦系统是指由阴阳爻组成的六十四卦的卦形图。卦辞、爻辞属于经系统。而将象辞和卦象辞都归于《易传》系统。所以《易传》也叫《易·大传》或者《十翼》。《易传》系统包括《系辞》上下篇、《象辞》上下篇、《彖辞》上下篇、《文言》《说卦传》《序卦传》《杂卦传》等十篇，也叫《十翼》。翼的意思就是辅助，也就是说《易传》系统是对《经》系统的辅助说明，以及相关解释。

关于《易经》这些文辞作于何人，传统认为《易·十翼》系统系孔子及其弟子所作，六十四卦系周文王在殷商的羑里演绎而成，卦辞、爻辞也是周文王所作。《史记·周本纪》记载："西伯盖即位五十年。其囚羑里，盖益《易》之八卦为六十四卦。"[1]也有学者认为周文王演绎六十四卦，作卦辞和爻辞；孔子作传以解经。还有学者认为文王作卦辞，周公作爻辞，孔子作十翼。又有学者认为周文王作六十四卦的卦辞，

---

[1] 李杰主编. 史记[M]. 哈尔滨出版社，2003：17.

后来孔子及其弟子继承了周文王对《易经》的研究，而著了《易传》。

二、关于《易经》的演变过程

关于六十四卦的演变过程，笔者研究以为，周文王"盖益《易》之八卦为六十四卦"，益的本意是溢出、多、增加。那么应该是指周文王对八卦变化为六十四卦的变化原理有了更多的认识，而使八卦演变为完整的六十四卦，其理由如下。

其一，周文王将从伏羲氏时代开始创作的八卦、部分六十四卦卦名，如《离卦》《益卦》《噬嗑卦》，到神农氏、黄帝、尧帝、舜帝时代又创作的部分六十四卦，如乾坤二卦、《涣卦》《随卦》《小过卦》《睽卦》《大壮卦》《大过卦》《夬卦》等，通过八卦变化为六十四卦的推演方法，推演出完整的六十四卦的演变过程，并对其做了命名。

其二，周文王推演出了六十四卦阴爻变阳爻、阳爻变阴爻变化出六十四卦的变化规律，使原先的八卦和部分六十四卦，变化为完整的六十四卦。因为就六十四卦而言，原本就存在着《连山易》和《归藏易》，它们均有八卦和六十四卦，但各自没有八卦各自推演八卦、六十四卦的方法，是周文王发现了这个推演方法，也就是增多了一种八卦演变八卦成六十四卦的方法，所以为"周文王盖益《易》之八卦为六十四卦"。

伏羲氏时代就创作了八卦，用八卦将事物的意义、形态以及用八卦将万物的象征意义表示出来，也就是说八卦是象征事物意义或名称的符号，也就是最早的文字符号；伏羲氏还创作了部分六十四卦图形。

三、关于《归藏易》与《连山易》及《周易》的同异之处

1. 关于三易的排列问题

（1）关于《归藏易》和《连山易》，从目前学者的研究资料显示，好像是只有八卦，而没有六十四卦。但是在《周礼·春官·大卜》中记载："掌三易之法，一曰《连山》，二曰《归藏》，三曰《周易》。其经卦皆八，其别卦皆六十有四。"[①]这说明《连山易》《归藏易》也是有六十四卦的，但是其六十四卦如何排列，就不得而知了。

（2）关于伏羲六十四卦的各种排列图，一般认为是后世《易经》学者所为，因为虽然有伏羲六十四卦的各种排列图的存在，但还没有看见关于伏羲六十四卦的

---

① 钱玄、钱兴奇等注译.周礼[M].岳麓书社，2001：223.

研究报道。现已知《归藏易》《连山易》与《周易》八卦的排列的顺序和所对应的事物不同。

（3）依据华强先生的研究，[①] 伏羲氏八卦所对应的事物与《连山易》《归藏易》有着显著的不同。其一，伏羲氏八卦是：☷ 为地，☶ 为山，☵ 为水，☴ 为风，☰ 为天，☱ 为泽，☲ 为火，☳ 为雷，这与《周易》八卦的对应事物是一致的。

其二，《连山易》是以 ☰ 为臣，☱ 为兵，☲ 为物，☳ 为阳，☴ 为君，☵ 为象，☶ 为民，☷ 为阴。《连山易》以 ☶ 为开头，大概就是取两个山重叠为连山之意吧。这与《周易》和伏羲八卦的对应物是不一致的。

其三，《归藏》以 ☷ 为开始，以 ☰ 为第八卦。坤为土，为归藏，大概是取万物归藏于土地之意吧。《归藏》所对应的事物是 ☷ 为地，☴ 为木，☵ 为风，☲ 为火，☳ 为水，☶ 为山，☱ 为金，☰ 为天。这与《周易》和伏羲八卦的对应物也是不一致的。

其四，《周易》八卦是以乾卦 ☰ 为开始，以坤卦 ☷ 为第八卦。《周易》大概就是取其"天尊地卑，乾坤定矣"之意吧。《周易》八卦的排列顺序与对应物是 ☰ 为天，☱ 为泽，☲ 为火，☳ 为雷，☴ 为风，☵ 为水，☶ 为山，☷ 为地。《周易》八卦的排列顺序虽然与伏羲八卦的排列顺序不同，但对应物与伏羲八卦的对应物是一致的。

2. 三易的同异之处

以上是《周易》与伏羲八卦、《连山易》《归藏易》八卦的排列顺序与对应物的相同与不同之处。相同之处有二：其一，它们都有相同的八卦卦形图结构，它们都是由阴爻（――）和阳爻（―）组成的。其二，《周易》八卦的对应物与伏羲八卦的对应物是一致的。不同之处有二：其一，《连山易》和《归藏易》与《周易》和《伏羲》八卦所对应事物各不相同。其二，三种八卦的排列顺序也各不相同。

3. 现代学者对《周易》演变的研究

其一，现代学者华强先生研究认为，殷商甲古文中的八卦没有《周易》八卦中的称名，也就是没有乾、坤、兑、离、震、巽、坎、艮这八个字的名称。至于《连山易》与《归藏易》有无文字说明，目前虽然还没有资料证明，但从没有名称这个概念出发，也就可能没有文字说明了。

其二，八卦、六十四卦来源于伏羲氏、神农、黄帝、尧帝、舜帝的不断认知效法自然的发明创造，来自于先圣们对天地、自然事物的认识和效仿、模拟，以及对效仿自然事物所作的发明创造的事物的记载、效仿、模拟，它们就是最原始的记载模拟事物的图文，也就是最为原始的认识事物和效法事物的方法。直到黄帝时代仓

[①] 华强：居于上海的科研退休职工 2010 年的博文《易经起源的考证》。

颉发明了造字的方法，才有了字，才使文的意义转化为文字，但原始的文字仍然是对自然事物的效仿和模拟。而后随着人的智慧的演化提升，文字变为能精妙地描述、模拟、形象、比拟、记载人所见到、听到、想象到以及发明创造的事物和各种各样事物的工具方法。

4. 结论

由此而论，最早的六十四卦，根据其意义的不同，将两个不同或相同的经卦重叠在一起，组成一个新卦形结构，以成六十四卦。笔者以为《易经》六十四卦，是周文王在原先就有的八卦和部分六十四卦的基础上以阴爻变阳爻、阳爻变阴爻的推演方法，推演出八卦变化为六十四卦的规律，使八卦变六十四卦的方法增多了一种。不同时代的八卦图形，以及部分六十四卦的图形，是不同时代对自然事物或者某种发明创造或者对某事物意义认知的象征，也是中华民族文字的最早的雏形。八卦、部分六十四卦的卦形图，直至周文王以阴阳爻互变的方式，推演出八卦变化六十四卦的方法，才有了完整的六十四卦。后来孔子编撰《易经》，孔子及其弟子作《十翼》系统，对《易经》六十四卦赋予全新的内涵，这就是《易经》的历史变迁过程。正如《易·系辞下传》所言："《易》之为书也不可远，为道也屡迁，变动不居，周流六虚，上下无常，刚柔相易，不可为典要，唯变所适。其出入以度，外内使知惧，又明于忧患与故。""夫《易》彰往而察来，而微显阐幽。开而当名，辨物正言，断辞则备矣。其称名也小，其取类也大。其旨远，其辞文，其言曲而中，其事肆而隐，因贰以济民行，以明失得之报。""书"的本义是："著于竹帛谓之书。"也就是说，在周文王推演六十四卦以前，或者说在孔子编撰《易经》以前，八卦和部分六十四卦，或者六十四卦是没有成为书籍的，只是有关于八卦和六十四卦的卦形结构图存在而用于占卜吉凶而已，直到周公或孔子时代，才将其编撰为有文字有卦形结构图的书籍。所以说，我们目前能看到的《易经》六十四卦及其所有文辞，都是起于周代，或者源于孔子对《易经》的编撰而使其成为有图有文字的《易经》书籍而传承下来的，《易经》经过孔子的编撰，使其成为一部具有丰富内涵和深远的历史意义、哲学意义、文学意义和教化意义的人生教科书的《易经》。

所以笔者所研究的《易经》，就是孔子编撰后的《易经》。

第二节　《易经》六十四卦的重要内容与核心内容及核心思想

我们要研究《易经》的核心思想，或者核心内容，就必须研究《易经》那些用

"象"语言所表述的,似谜语而又深奥难懂的各种文辞的含义,明白这些文辞到底演绎的是什么内容。假如做不到这一点,又怎么能明白《易经》的核心思想和核心内容呢?笔者以为假如没有搞明白《易经》这些文辞的含义,其他一切的论述,都是不切合实际之言,当然这也只是笔者的浅显认识而已。

一、《易经》六十四卦的重要内容

关于《易经》这些文辞所演绎的重要内容,笔者依据《乾·文言》和《易·系辞》的提示来解读,认为其内涵有三种。

(一)《易经》记载描述了关于中华民族先祖自然进化的历程

中华民族先祖自然进化的历程,也就是人类自然进化的历程。所谓人类自然进化的历程,就是人类随着时间空间的自然变化而必然变化的各种变化状态;也就是人类在时间空间的自然变化过程中,所经历的必然变化,比如人类自身的变化、对自然改造的变化、物质生活需求的变化等。正如《易·系辞下传》所论:"古者包羲氏之王天下也,仰则观象于天,俯则观法于地,观鸟兽之文,与地之宜,近取诸身,远取诸物,于是始作八卦,以通神明之德,以类万物之情。作结绳而为网罟,以佃以渔,盖取诸离。包羲氏没,神农氏作,斲木为耜……"这些变化内容包括人类对自然变化认识的过程,如自然变化与气候、物候、天文、水文、农业种植、火的应用、饮食、动物的驯化饲养、制陶、冶金、车船、文字、书契、家庭、伦理、礼乐、教化、刑罚的认识过程等。这些都是随着时间空间的自然变化,人类进化所产生的必然结果。其实关于中华民族祖先的自然进化的历程,就是所谓不易、变易、简易三易的意义所在。

比如天时的变化与物候的变化正如《乾·文言》第九自然段提示的:"潜龙勿用,阳气潜藏。见龙在田,天下文明,终日乾乾,与时偕行。或跃在渊,乾道乃革。飞龙在天,乃位乎天德。亢龙有悔,与时偕极。乾元用九,乃见天则。"

关于这一方面的内容,笔者只是对极少数六十四卦关于人类随着时空的自然变化与人类必然变化作了一些研究,这在笔者的《周易新解》第三编第一章到第三章有简单的论述。

那么从这个意义而言,《易经》的重要内容应该是一部记载评定中华民族文明起源进化发展历程的历史史书。也就是《易经》的含义可以理解为周到全面地记载阐述人类战胜不易、寻找易而创立的许多变不易为易的变易方法,而且是具有伟大的历史意义、哲学意义和文学意义的文学巨著。

（二）《易经》记载评定了自二皇五帝三王以来至春秋时期，中华民族文明发展历程中的重要历史事件的演变状况

1.解读这个意义的依据

其一，《易·系辞上传》："易之兴也，其于中古乎。作易者，其有忧患乎。是故，履，德之基也；谦，德之柄也；复，德之本……""易之兴也，其当殷之末世，周之盛德邪？当文王与纣之事邪？是故其辞危，危者使平，易者使其倾。其道甚大，百物不废，惧以终始；其要无咎，此之谓易之道也。"

其二，《益卦》卦辞："益：利有攸往，利涉大川。"《益卦》六二爻辞："或益之，十朋之龟弗克违，永贞吉。王用享于帝，吉。"《益卦》整体上记载的是二皇五帝三王为人民做益事谋利益，而"损上益下，民说无疆。自上下下，其道大光"的历史事实。

其三，《剥卦》记载了尧帝委派大禹之父鲧治水的过程，记载了舜帝委派大禹治水的历史过程，以及大禹治水成功，舜帝让位于大禹，建立夏朝实现大治的历史。

其四，《履卦》《比卦》《革卦》等记载的商汤革夏桀之命，履帝位，实现商朝大治。以及商朝三次中兴的历史。

其五，《同人卦》《蹇卦》《坤卦》等记载了周文王累积德行谋划建立周朝的历史事实。《升卦》《晋卦》等卦记载了周族的先祖公刘、古公、王季、周文王，以及周家母仪等对周王朝的贡献。

其六，《大有卦》《旅卦》《小过卦》《小畜卦》等记载了周武王继承周文王之德，灭商建周的历史事实。

其七，《震卦》《随卦》《巽卦》《师卦》等记载的周成王、周公继承周族先祖的事业，实现天下大治的历史事实。

其八，《损卦》《渐卦》《巽卦》《坎卦》《谦卦》《随卦》《豫卦》都是对周公之德的阐述。

其九，《萃卦》《夬卦》《离卦》《颐卦》《未济卦》《姤卦》是对周厉王，周幽王失道无德的作为和结果的历史记载。

其十，《贲卦》既记载了周族的先祖之德，又记载的西周时期达到文明至盛的历史。

其十一，《睽卦》记载了春秋时期第一个称霸的诸侯国齐国的称霸经过，记载了战国时期最后一个称霸的诸侯国秦国的称霸经过的历史事实。

2.《易经》关于二皇五帝三王以来至春秋时期，中华民族文明发展历程中的重要历史演变状况的主要内容

其一，《易经》总结阐述了二皇五帝开创了以天命为宗旨的治国之道，治理国

家天下而使天下大治，实现了天下太平安乐的经验。

其二，《易经》记载传承了三王继承发扬光大维护以天命为宗旨的治国之学。

其三，《易经》阐述了中华民族革命运动产生的缘由，革命的手段，革命的目的意义，从这些意义而言，《易经》就是一部内容丰富的历史史书和阐述治国平天下之道的历史巨著。

其四，《易经》记载评定了周公、周成王、周康王继承先祖之德维护天命以治天下，而实现了天下大治，达到了天下文明至盛的大同社会的一系列功德的历史文化。

其五，《易经》总结阐述了夏桀、商纣王、周厉王、周幽王失道无德而使国家天下混乱、人民穷困、亡国亡己的历史事实，从而告诉我们以天命治理国家天下的重要性。天命被《老子》升华概况为道德，《老子》将道德作为治理国家天下的根本大法，所以从这些意义上说，《易经》就是一部讲授治国平天下之道、传授传统道德、具有深刻而广泛哲学意义的哲学巨著。

其六，《易经》记载评定了西周的婚姻伦理文化，并引用了《周礼》《礼记》《乐书》《礼书》《诗经》中关于礼乐、婚姻伦理、祭祀等相关内容，也就是记载评定了西周时代的教化文化、婚姻伦理、礼乐文化。

其七，《易经》记载评定了西周时代的刑罚诉讼文化，并引用了《尚书》《周礼》《吕氏春秋》《春秋左转》中相关内容以为依据，也就是记载评定了西周时代的刑罚、法典、制度等法治文化，以及井田制的兴盛消亡过程。

其八，《易经》开创了中华民族关于天文、文明、人文、文化的历史新纪元，以及由此演化出的关于人类文明、社会文明、天文、文化的文化知识。

（三）《易经》卦象辞君子思想是《易经》哲学的重要内容之一

1.《易经》六十四卦有六十四条卦象辞的内容。《易经》六十四卦的六十四条卦象辞，其中涉及先王的有七条，涉及天子应该做的事情有五条，其余是君子应该做的事情或应该遵循的道理。其实《易经》六十四卦卦象辞所涉及的问题包括君子品德有二十一条，涉及君子治国方法一类的问题有二十三条，涉及教化方面的有九条，涉及礼乐建国方面的有三条，涉及刑罚方面的有六条，涉及遵天命方面的有两条。

2.六十四卦关于君子之德的称名：厚德、容民畜众、育德、懿文德、俭德、遏恶杨善、崇德、保民、畜德、常德、明德、修德、顺德、贤德、居德则忌、修省等。《易·系辞下传》第七节："是故，履，德之基也；谦，德之柄也；复，德之本也；恒，德之固也；损，德之修也；益，德之裕也；困，德之辨也；井，德之地也；巽，德之制也。"

3.关于《易经》君子思想的现代意义，如我们常说的"自强不息""厚德载物"，就是要我们向天道地道学习的品德，天之太阳自己，自然不断地发热发光，自然不断地照耀万物，使万物得到生长化育。我们人类，自己自主地去做自己应做的有益之事，坚持到成功！学习太阳的品德，自觉自愿自然而然地强大自己，去做有益于人民的事情！

大地广大深厚无私，所以才能承载藏纳万物，我们人类自然自觉向天地自然学习其包容、无私、宽广和深厚，滋生成就万物生长化育之德，以向善之心，宽广包容之心，累积自己的德行。当然我们每一个人，只要能学习做到《易经》卦象辞中君子之德的其中一条，就应该是基本具备君子之德了。比如《困卦》卦象辞："君子以致命遂志。"君子宁可置自己的生命而不顾，甚至舍弃生命，也要成就自己的远大志向，为了正义而不顾自己生命的人，我们能不说他是真正的君子吗？那些在中国革命中牺牲的中国仁人志士、革命烈士都是君子。

总之，这些卦象辞都是启迪教化勉励我们意识思维思想行为向善、精神高大、胸怀宽广的形而上的精神食粮！是武装我们头脑的珍贵的武器，只要我们认真学习体验这些卦象辞的意义，就一定会得到意识思想精神行为的升华。

《易经》君子思想的意义，就是《易经》形而上者谓之道的一般教化意义，"效仿模拟天道自然有益于万物的自然善性，推论抽象出各种匡正人的意识、思维、思想、道德、纯净心灵行为的道理是谓道"。而我们学习君子思想，就是为了匡正我们自己的意识思维行为。

所以说，《易经》六十四卦卦象辞的君子思想是《易经》哲学的重要内容。而《易经》哲学的重要思想就是道德论，道德是《老子》将古代圣王治理国家天下的天命论概括升华为道德的形而上哲学，以为治理国家天下的治国宗旨。六十四卦记载了有道有德者治理国家天下顺应民心、民情、民意为民谋利益福气而成功的道理，记载了失道无德者治理国家天下违背民心、民情、民意而失败的道理，并教化君子预防失道、失德、失国、失民的事情发生，所以说《易经》哲学既是一部论述以道德治理国家天下的形而上哲学，又是一部以道德治理天下的形而下众多规则的哲学。

（四）《易经》是群经之首，是《易经》重要的哲学意义

1.群经之首的基本意义

《易经》是中国现存的最古老的一部珍贵文化典籍，它是中国文化史上长期被尊崇为"群经之首，大道之源"的哲学经典著作。《易经》是"群经之首"，这里的"群经"，首先是指六经，《易经》《春秋》《诗经》《尚书》《礼》《乐》；所以"群经之首"，就是指《易经》的思想既是群经的源头，又是诸经的第一部。

2.《易经》哲学是一切文化效法的依据

《易经》哲学的意义，不但在于《易经》哲学形而上者谓之道的意义，以及《易经》哲学核心内容和核心思想的意义，还在于它是群经之首。因为《老子》之道德论是形而上哲学的始祖，《易经》哲学既是对《老子》之形而上哲学的总结引申发展，又是对孔子仁义道德思想的综合阐述。《易经》引用传承发展光大了《老子》之道德的宗旨，因为道德是自古至今人们区分辨别真善美与假丑恶的标准，那么，《易经》哲学所阐述的核心内容和核心思想也就是区分辨别真善美与假丑恶的标准。《易经》哲学是群经之首的意义，就是《易经》哲学是群经的首领、首脑，是中华民族哲学文化和传统文化以道德为基本宗旨的主导者，是法典，是法规，是中华民族哲学文化和传统文化必须效法的依据，其效法的基本宗旨如下。

其一，治国者必须遵循的治国宗旨是民为邦本，治国者必须为民谋利益福气。

其二，一切哲学文化和传统文化均以为国为民为基本宗旨。

其三，一切哲学文化和传统文化，均以弘扬真善美，贬斥假丑恶为宗旨。

正因为有了《易经》哲学这个道德宗旨的法典，中华民族传统哲学和传统文化才能沿着这个宗旨传承发展，才能以忧国忧民、教化民心向善、和为贵的和谐文化而发展，才能传承发展以发扬光大真善美为基础的传承不衰的真善美文化。这也是《易经》最重要的哲学意义。

3.《易经》哲学开创了某些事物的存在意义

其一，《易经》为群经之首的意义在于"首"，还有第一、开头、开、最早的含义，因为《易经》哲学具有历史记载和创新的功德，《易经》使《易经》出现之前还没有出现的事物出现了，也就是说子孔子以"十翼"赋予《易经》新的内容之后，开创了这些事物存在的意义，比如：天文、人文、文明、文化意义的开创与记载，以及《易经》使原先没有文字记载的中华文明发展的历史有了明确的文字记载等。

其二，《易经》评定赞美开创革命文化的开创者商汤和革命文化的继承者周武王。

其三，《易经》哲学明确规定了治国者必须遵循的治国宗旨，那就是治国者必须为人民谋利益福气，否则就会被革命者革命而失去执掌天命的治国的权利。

因此，笔者认为，中华民族的传统哲学《易经》《老子》就是解决习主席提出来的"中华民族的哲学为什么人服务"的这个哲学问题，所以特此以本书《论中国古代哲学形而上形而下之道》作为对中华民族传统哲学意义的初步解析，以求广大哲学家、学者和读者共同研究评判。

二、《易经》哲学的核心内容

1.关于《易经》哲学的核心内容

《易经》哲学的核心内容是诸道论，也就是天下之道的论述。正如《易·系辞》

所言:"子曰:'夫易,何为者也?夫易,开物成务,冒天下之道,如斯而已者也。'"

天下之道,就是我们已经论述过的各种道的道理,包括大道、无为之道、天道、地道、人道、三才之道、人的生存之道、死生之道、为王为君之道、治国之道、为臣为官之道等。

《易经》所论的天下之道有很多,这在前面的相关章节中已经作了论述,我们先综述一下《易经》哲学的核心内容是"天下之道"的依据。

2.关于《易经》哲学核心内容为"天下之道"的依据

其一,《易·系辞》:"子曰:'夫易何为者也?夫易,开物成务,冒天下之道,如斯而已者也。'是故圣人以通天下之志,以定天下之业,以断天下之疑。"孔子指出,这个《易经》,是干什么的呢?《易经》是圣人用来开辟事物成就事业的。冒昧陈词天下之道的,就是如此而已的事情罢了。所以圣人就用《易经》贯通天下人的志向,用《易经》确定天下人的事业,用《易经》推断天下疑难之事。而天下人之志和大业,就是使人民的生活发生日新月异的变化,就是要实现民富国强,使天下太平安乐的目的。正如《易·系辞》所言:"富有之谓大业,日新之谓大德。"这就是《易经》的实质,也是《易经》具有的伟大哲学意义和历史意义。

其二,《易·系辞上传》第一节:"易简而天下之理得矣。天下之理得,而成位乎其中矣。"《易经》将天地万物变化之理简要的归于其中,天下万物变化之理归于《易经》之中,圣贤所要成就的事业就居于其中了。

其三,《系辞上传》:"夫易,广矣大矣,以言乎远则不御,以言乎迩则静而正,以言乎天地之间则备矣。"《易经》的内容包罗万象,广大无边。以广度而言,则无所不包,无所不论;从近处而言,是说天地公正清静的品德,所以说《易经》完全具备了天地之间万事万物的道理。

其四,《乾卦》象辞对天道的固有功能和变化功能及其功能意义作了明确论述。

其五,《坤卦》象辞对地道固有功能及其变化规律作了明确论述。

其六,《易·系辞》对天地阴阳刚柔变化之道和人的死生之道作了明确论述。

3.关于《易经》哲学核心内容三才之道的人道论的依据

其一,《易经》首先对圣人君子尤其是作为真龙天子应具备的德行作了明确规定;《乾卦》和《乾·文言》从第一自然段到第八自然段,是对《乾卦》卦辞和爻辞的解释,也是对天子应具备的德行和应尽的责任的解读;是对《乾卦》哲学意义的解读;更是对《老子》道德论内容的高度概括抽象。

其二,《易经》对君子之德作了全面论述:六十四卦的卦象辞和六十四卦中那些有道德的君子使国家强盛、人民得到利益的作为,就是证明。

其三:孔子之论的意义:《易·系辞》子曰:"易,其至矣乎。夫易,圣人所以崇德而广业也。知崇礼卑，崇效天，卑法地。天地设位，而易行乎其中矣。成性存存，道义之门。"这就是《易经》教化人心向善的最为有力的凭证。

其四，《易经》论述了六十四卦中所论的各种教化方式教化内容。这些内容都是教化我们人心向善、孝顺亲人、尊敬他人、爱护幼者、关爱人民、人人平等的教令。

其五，《易经》记载了六十四卦中关于礼乐、婚姻、家庭伦理等是教化我们为人之道的经典经验。

其六，《易经》记载了六十四卦中关于刑罚的内容，是教化我们遵纪守法的法典。

其七，《易经》记载了六十四卦中关于小人和君子的论述，是告诫教化我们做君子而远小人的意义。

其八，《易经》六十四卦中关于天命、道德、以及为人民做益事谋利益的教化，是治国者的治国宗旨，是教化我们懂得人生的意义，以公正公平之心对待他人，以为人民做益事谋利益是我们每个人应该具有的品德和历史使命。

所以说，《易经》哲学的核心内容就是人本体论的内容，是论述教化君王如何治理国家天下，使人民得到利益福气的规矩；是教导我们每一个人如何处世为人，与社会、与人与万物和谐相处的教科书，这就是《易经》哲学人本体论的重要依据。

4.关于《易经》论述三才之道的哲学意义

（1）《易经》哲学诸道论中的主要的内容就是三才之道，正如《易·系辞下传》第十节："易之为书也，广大悉备。有天道焉，有人道焉，有地道焉，兼三才而两之故六。六者非它也，三才之道也。"《易·说卦》第二节："昔者圣人之作易也，将以顺性命之理，是以立天之道，曰阴与阳，立地之道，曰柔与刚，立人之道，曰仁与义。"

（2）《易经》论述了三才之道的哲学意义。三才之道，构建了法自然文化。法自然文化主要是指对天地万物自然生成之道的认识感悟，对阴阳五行本意的认识，以及对人类与天地自然变化之道关联性的感悟，也就是人对天地万物自然化生之道与人同一的体认，人与天道的表现在思维意识行为上同一的体认。人对天地万物自然化生之道所显示出来的功德的感悟塑造，而确立了天道的变化规则——阴与阳，确立地道的变化规则——柔与刚，确立做人的规则——仁与义。由此而感悟推及效法抽象出治国之道——天命，道德——无为之道，推断抽象出法律制度、历法、礼仪秩序等。其主要表现在以下几个方面。

其一，每一卦的卦形图所象征的自然事物或者某一事物的意义，以及卦象辞的第一部分和某些卦象辞所表示的意义。

其二，《乾卦》象辞所论述的乾天自然功能和效法乾天正常功能而创建的各种保证天下太平和乐的礼乐、法典、制度、人伦秩序等的意义，以及卦象辞所提倡的应该效法乾天自强不息的精神。

其三,《坤卦》象辞所论述评定的坤地自然正常功能和异常功能与万物化生的密切关系,而产生的效法坤地柔顺之德和厚德载物的精神。

其四,《易经》论述了天道天德、地道地德、人道人德的意义,也就是天地人同一的天人思维。例如,部分六十四卦卦辞、象辞对天道、地道、圣人之道的阐述。如《恒卦》象辞:"天地之道,恒久而不已也。利有攸往,终则有始也。日月得天,而能久照,四时变化,而能久成,圣人久于其道,而天下化成,观其所恒,而天地万物之情可见矣。"

其五,《易经》哲学论述了天命、道德治理国家天下的意义与革命的关系。

其六,《易经》论述评定了中华民族热爱和平的历史文化,由《易经》所评定的中华民族的先祖为中华民族开创的以天命治天下,为人民谋利益,以能否为人民谋利益作为更换朝代,变更国都的依据,以及古圣人和古代明王治天下,力求实现而且已经实现了的天下通达安泰、人人和乐、天下太平、实现大同社会目标的和平、太和、和谐文明文化。

其七,《易经》记载、评定、总结了自然哲学文化,治国之道的哲学文化,君子之德的哲学文化,礼乐婚姻家庭伦理教化的人文文明的哲学文化。

其八,《易经》评论了古代圣王治理国家天下成功的经验,记载评定了古代那些治理国家天下者失去国家天下的历史教训。

其九,《周易·系辞》关于阴阳、人之生死的学科学文化的论述。

其十,《易经》六十四卦卦象辞关于君子之德的哲学意义。

其十一,所以,从《易经》哲学意义而言,其核心内容应该是三才之道的哲学意义,其核心思想应该是以人为本的治国思想和人治的道德思想。

因此,从《易经》哲学意义而言,《易经》就是一部教导我们以科学的人生观面对人生、面对社会、面对艰难困苦、战胜自我,弘扬中华民族传统道德,战胜不易,寻找"易"的人生教科书。

三、《易经》哲学的核心思想是以道德——天命治国的治国哲学

《易经》哲学的核心思想是圣人以天命治理国家天下,实现天下太平安乐的治国之道,治国宗旨就是强国富民天下太平安乐。

《易经》六十四卦论述记载了古代圣人治国平天下之道,并明确规定后世治国平天下者,必须依照古代十位圣者为人民谋利益做益事的宗旨治理国家天下,以实现国家富强、人民富有、天下安乐太平的和谐社会!

我们现在所研究的《易经》六十四卦的内容,无论是从中华民族的自然进化的

历程而论，从二皇五帝三王以来至于春秋时期，中华民族文明发展历程中的重要历史演变状况而论，还是从《易经》哲学的核心内容论，都涉及道和德的问题。

当然中华民族的自然进化历程，所涉及的是人类进化过程中的自然生存之道。也就是如何使生存得以延续不息的道和德，因为在古代哲学领域，得与德的意义是相通的，正如《礼记·乐记》曰："知乐，则几于礼矣，礼乐皆得，谓之有德，德者得也[①]。"这里的生存之道的"道"，就是指聪明睿智的圣者，用各种方法解决人民生存中遇到的各种艰难困苦，使民众得以生存。也就是道与德是相辅相成的关系。其实依据《老子》的自然之论，道与德，是道的自然功能使万物得到化生长育衰减变化，就是道德。

从中华民族文明发展中的重要历史演变历程而论，涉及的是如何实现达到天下文明和乐的社会问题。这就要求执政者、天子、要执行天命以治天下的治国宗旨，天命来自于圣人对天道天德的敬仰效法和人格化。有道的天子以天命治天下，实现天下为公，使民众得到利益福气安乐，使万物得到和谐。治理天下的天子、各级官员与万民上下一条心，力求达到五谷丰登、六畜兴旺，而天下祥和安乐；刑罚不用，民有职事，女有所归，矜孤寡独皆有所养，盗贼无有，夜不闭户，阴谋不兴，世界大同。这是我们的先祖已经实现了的文明社会的写照；这也是西周时期周成王、周康王时代社会大同社会文明历史的真实记载。这里道德就是指有道有德的天子以天命治天下，使万民得到福气安乐，就是道德。

1. 关于《易经》哲学的治国之道

（1）《易经》哲学的治国之道就如《老子》所论的道德，即是无为之道，也是孔子所言的："为政以德，譬如北辰，居其所而众星共之。"《易经》哲学的治国宗旨，是为人民谋利益福祉！《易经》哲学治国的目的是强国富民，《易经》哲学治国的目标是实现天下太平安乐的大同社会！这与当代中国共产党的治国宗旨、治国目标是一致的。当然这些内容在《易经》六十四卦和《易·系辞》中均有明确论述评定！

（2）关于无为而治的治国之道，《乾卦》初九爻辞："潜龙勿用。"九二爻辞："见龙在田，利见大人。"孔子在《乾·文言》初九中对其做了非常明确的解释："潜龙勿用。何谓也？子曰：'龙德而隐者。不易乎世，不成乎名。遁世无闷，不见是而无闷。乐则行之，忧则违之。确乎其不可拔，潜龙也。'"

《乾·文言》九二曰："见龙在田，利见大人。何谓也？子曰：'龙德而正中者也。庸言之信，庸行之谨。闲邪存其诚，善世而不伐，德博而化。'"

[①] 钱玄、钱兴奇等注译. 礼记[M]. 岳麓书社，2001：496.

因为《乾卦》卦辞所论的既是天德,也是天子必备的德行,所以《乾·文言》初九爻辞,孔子用潜龙的特征,象征无为之道,大道隐而不显,是谓潜龙。

《乾·文言》九二爻辞孔子用中正、守信、恭谨、诚信、善待万物而不夸耀功劳,其德博大而造化万物,象征天道之无为的内涵。《乾·文言》九三爻辞用:"君子终日乾乾,夕惕若厉,无咎"说明君子依照天道,终日进修善德,终日为使自己的德行进步而奋斗不息;并力求自己的善德与天道同一,而且始终如一;日夜反复担心过失就如有危险即将发生一样,最终就没有灾难或过失发生的遵道敬德的精神;君子以天道之无为进修善德,就是为了以无为之道治理国家天下。因为《易经》是象语言,所以就只能用象征、易象来表达无为之道的内涵。

(3)《易经》哲学的治国宗旨是为人民谋利益做益事,正如《易·益卦》彖辞曰:"益,损上益下,民说无疆。自上下下,其道大光。利有攸往,中正有庆。"《益卦》初九爻辞:"利用为大作,元吉,无咎。"六二爻辞:"或益之,十朋之龟弗克违,永贞吉。王用享于帝,吉。"六三爻辞:"益之用凶事,无咎。有孚中行,告公用圭。"六四爻辞:"中行,告公从,利用为依迁国。"

《易·益卦》彖辞指出:益,指天上日月不断减损自己的光热而有益于天下万物;上古圣人,不断减损自己的体力、精力而有益于天下万民。日月和圣人的功德就如停止不动的山一样厚重,使人民无限喜悦、悦服、顺服。上古圣人一代一代有益于天下人民,使天道人道大放光明,有利于往复行动,中正又值得赞美。

《益卦》初九爻辞指出:益,就是圣人君子利用它来做有大作为之事的,一开始就吉祥,没有过失。也就是说只有为人民做有益的事情,才能有大作为。

《益卦》六二爻辞指出:如若想为国家、为人民做有益的事,只要不违背二皇五帝三王同用"十言十当,十战十胜"的龟卜决吉凶的这十位古圣人为人民谋利益福祉的崇高品德,就能永远符合人民的利益而吉祥如意。

《益卦》六三爻辞指出:益,就是用它来对待凶险之事,也就是当凶险之事发生时,民众处在灾难之中时,用诚信中正无私行动去救助他们,使他们不遭受灾难,脱离灾难。

《益卦》六四爻辞指出:中正地顺从二皇五帝三王十位圣人为民众谋利益的宗旨,宣告天下诸侯和君王众人顺从。利用能否遵从这个为民谋利益的宗旨作为迁移国址,更换朝代国名的依据。

总之《益卦》的内容说明了《易经》所论的治国宗旨就是为人民做益事谋利益。这也是《易经》对自古以来的治国者治国宗旨的总结概括,是为所有治国者必须遵循执行的铁定的治国宗旨,因为自古以来的二皇五帝三王就是通过为人民谋利益做益事而实现天下太平安乐的。这是《易经》作为群经之首为治国者制定的治国宗旨,作为执政者，自古以来我们的先圣先祖所传承的治国宗旨，就是为了使天下人民得到利益福气，得到安乐幸福！所以，不但后世的治国者应该严格遵守，就是后世的哲学、文化、文学艺术等，也都必须遵循这个铁定的宗旨！

（4）《易经》哲学的治国目的就是强国富民。其一，关于强国富民，《易·系辞》曰："夫易，圣人所以崇德而广业也。""盛德大业至矣哉！富有之谓大业，日新之谓盛德。""崇高莫大乎富贵。"

其二，《家人卦》六四爻辞："富家，大吉。"《家人卦》"富家，大吉"，指治家的目的，治家既要使家庭和睦、孝敬、友爱，又要以家庭成员的能力，使家庭富且贵。当然，使家庭富贵，则要取之有道，就是要以正当的方式使家庭富贵。

《易经》治国的目标是实现天下太平的大同社会。其一，天下太平，《易·乾卦》象辞曰："乾道变化，各正性命，保合大和，乃利贞. 首出庶物，万国咸宁。"《泰卦》象辞曰："天地交，泰。后以财成天地之道，辅助天地之宜，以左右民。"

其二，《礼记·礼运》孔子曰："是故谋闭而不兴，盗窃乱贼而不作，故外户而不闭。是谓大同。"①

2.《易经》六十四卦还对诸多形而上之道的问题做了规范

比如天子的意识思想标准、政治意识形态、国家意识形态等，均有明确的规范。

其一，天子的思想道德水平标准，要达到如《乾·文言》所言的"夫'大人'者，与天地合其德，与日月合其明，与四时合其序，与鬼神合其凶吉"的最高境界。

其二，是对执政者政治意识形态的规范，其标准是：中正、诚信、向善、保民、爱民，为民谋利益。

其三，对国家意识形态的规范，国家意识形态，传统的国家意识形态即以民为本，就是《老子》所论的"有国之母，可以长久。是谓深根固柢，长生久视之道。"也是《尚书》所言的"民为邦本、本固邦宁。"②也是《大学》所言的"大学之道，在明明德，在亲民，在止于至善。"③

其四，对社会形态的规范：是《易经》对中华民族传统社会形态模式的总括，那就是：家国天下、分封制、天下为公，大同社会。

所以说，《易经》是一部教授治国者治国平天下的教科书，是一部内容极为丰富多彩而且完全符合人类最理想的教科书。《易经》既论述了形而上之道，又论述记载了形而下之器。《易经》所论的治国思想、治国目的与治国目标与中国共产党的治国思想是一致的，均是为了强国富民，为民谋利益，实现天下安乐太平。

---

① 钱玄、钱兴奇等注译. 礼记 [M]. 岳麓书社，2001：296.
② 《尚书·夏书·五子之歌》，网上下载阅读资料。徐奇堂译注的《尚书》，没有《五子之歌》。
③ 《礼记》，796.

所以说，《易经》哲学的核心思想，就是教授治国者治国平天下，为民谋利益福祉，实现天下太平安乐。

四、《易经》治国思想的哲学意义

从《易经》哲学的核心思想而论，是《老子》将二皇五帝三王以天命治理国家天下的治国宗旨，总结概括升华为道德，抽象为"无为之道"的形而上哲学，以作为治理国家天下的治国宗旨。正如《老子》第三十五章所言："执大象，天下往。往而不害，安平太。"《老子》这里的大象，就是大道的表现形式。

《易经》哲学就是道德哲学。《易经》对《老子》所论的天地万物生成之道、君子之道、圣人之道，做了实际的、概括的、抽象的综合应用，而形成了《易经》哲学的独特的天子之道、三才之道。三才之道是《易经》哲学的基础理论，更是《易经》哲学对《老子》道德论的升华概括。因为老子论圣人君子之道时，总是先论自然之道；论圣人君子之德时，总是先论自然之德，明确地论述了天道天德的实际意义，这本身就是天道天德与圣人君子之德的组合论。因为坤地之自然一般皆是顺应天道之自然的变化，所以天道天德之自然，就包含了坤地之道与德的自然属性，所以《易经》哲学将其概括升华为三才之道，也就是天地人之道。正如《易·系辞》所言："易之为书也，广大悉备。有天道焉，有人道焉，有地道焉，兼三才而两之故六。"《说卦》曰："昔者圣人之作易也，幽赞于神明而生蓍，参天两地而倚数，观变于阴阳而立卦，发挥于刚柔而生爻，和顺于道德而理于义，穷理尽性以至于命。"

所以说，《易经》哲学就是道德哲学，而这部道德哲学，所涉及的就是如何使人类生生不息。天子君王如何使臣民万物生生不息、社会安静太平，众人自身如何使自身生生不息，和谐安乐地生活，这就需要道德的制约。

道德上及天道天德，下及地道地德，中及人道人德。人道人德，涉及天子之道德，天子的治国之道、官员之道德、众人之道德。众人只有效仿学习、从意识思维心灵深刻印记，并践行天道自然之道德，才能与万物和谐相处，才能达到天人同一，万民万物同安乐，所以《易经》哲学的核心思想就是道德论，就是以道德之无为治理国家天下的意义。这里的天人同一，是指人的意识思维心灵行为与天道天德的的一致性，不是单纯的阴阳变化的一致性。

总之，《易经》哲学记载了中华民族的先圣、先祖们的历史功绩，从这个意义而言，《易经》哲学的核心思想就是一部具有重要历史意义的治国平天下的教科书和历史史书，通过《易经》哲学对那些具有重要历史意义的历史事实的总结性评定、肯定和记载，使中华民族的光辉灿烂的历史文化得以传播和发扬光大。因此正确地认识解释《易经》的内涵就有了非常重要的意义。

第二章 《易经》哲学所涉及的几个重要哲学问题

关于《易经》哲学核心内容和核心思想,在第一章已经做了一些简单的论述,但是每一个核心内容中,所涉及的内容非常广泛,所以《易经》哲学内容涉及很多单独的哲学问题,这里只探讨三个重要问题:第一个是《易经》哲学的天人同一观问题,第二个是《易经》哲学关于保合、大和、和平、平和的问题,第三个是《易经》哲学与时俱进的问题。

第一节 《易经》哲学天人同一观的哲学意义

关于《易经》哲学天人同一观,是当前《易经》的研究者提及最多的问题,在这个问题上,可以看到很多学者的各种表述,这些学者的观点各有特色,各有自己的论证,都有可取之处。但是,有些学者的论述也只是对传统医学的天人相应观和《易经》天人同一观的混合论述,而关于《易经》哲学天人同一观的具体定义却鲜有表述,所以这一节我们来研究一下《易经》哲学的天人同一观的问题。研究《易经》哲学天人同一观,首先要搞明白在《易经》哲学和其他经典中关于天人同一的几种表述形式的论述。

一、《易经》哲学的天人同一观的几种表述形式

《易经》哲学天人同一观,其实是对《老子》天人同一观的直接引申和升华。因为《老子》之道德论,本身就是一部天人同一的著作。老子与《易经》作者用象征形象的手法,将天地人格化,使天地成为有思维记忆能言能语有心智的天地,而能与人类同呼吸共命运,同言天地人之事的天地。《老子》的天人同一观,是关于圣人君子的天人同一观。《易经》《乾卦》的天人同一观,是对《老子》之道德论中所论的圣人君子天人同一观的概括升华。《易经》《同人卦》的天人同一观,是《易经》对具有天人同一品德的圣人君子周文王与天道天德和天下人民同心同德的评定记载。圣人君子与天道天德同一,与天下民众同心同德,就能以民众之心为己心,

这也是《易经》哲学对《老子》"圣人无常心，以百姓心为心"的具体人物的高度赞美评价；这也是《易经》天人同一的哲学意义所在。《易经》哲学天人同一观的表述形式有以下几种。

1.《易·复卦》为天地树立了人心

《复卦》彖辞曰："复，其见天地之心乎？"天地日月四时就如有记忆思维的人一样，没有忘记它们反复其道的规则，该在什么时空下反复运行自己的日升月落的昼夜之变，月圆月缺的月季之变，冬寒夏暑秋凉春温的四季之变。所以日月四时的往复循环节律，体现了天地之心。

"复，其见天地之心乎"，体现的是易象的天人同一观，也就是圣人将天地自然人格化，为天地自然赋予了人心，那么就使天地自然之心有了更多的内容，善良、仁义、美好、真诚、正直，当然也有相对的假丑恶等。以天地自然的真善美与假丑恶之行在人对真善美的追求中，对假丑恶的厌恶参照，而增进人品德的修养，就有了天地人共同遵守天地自然秩序的天人同一观。正如《乾·文言》曰："先天而天弗违，后天而奉天时。天且弗违，而况于人乎，况于鬼神乎。"

2.《易经》关于三才之道的天人同一观

《易·系辞》曰："有天道焉，有人道焉，有地道焉。""是以立天之道，曰阴与阳；立地之道，曰柔与刚；立人之道，曰仁与义。"这是《易经》哲学三才之道的同一观。

其一，三才之道的地道、人道、天道同时显示在每一卦的三爻中，两卦重叠而为六爻卦，每一卦中就有两个天地人的三才之道。

其二，三才之道的共同依据是阴阳之道。

其三，阴阳在天道，首先是指日月之阳阴的相对性，其次是指气候阴阳的变化性。

其四，阴阳在地道，是指坤地柔顺的本性和刚烈的变化性。

其五，阴阳在人道，则为仁善和正义。

其六，三才之道体现的是天地人万物均有阴阳属性的天人同一观。

3. 六十四卦《同人卦》的天人同一观

《同人卦》所阐述的是圣人君子与天道天德和天下人民同心同德的思维意识心灵行为同一的同一观。《同人卦》体现的是圣人君子与天道天德与民众同道同心同德、共同建造和谐社会的天人同一观。正如《同人卦》彖辞曰："同人，柔得位得中，而应乎乾，曰同人。同人曰同人于野，亨，利涉大川，乾行也。文明以健，中正而应，君子正也。唯君子为能通天下之志。"

4. 六十四卦部分卦辞、象辞、卦象辞也有关于天人同一的论述

5.《易·系辞·上传》第八节的天人同一观

子曰："君子之道，或出或处，或默或语，二人同人，其利断金。同心之言，其臭如兰。"

二、传统经典中关于几种不同层次的天人同一观的哲学意义

（一）关于意识思维思想心灵精神行为与天道天德同一的同一观的意义及哲学意义

1. 六十四卦中《同人卦》的天人同一观的意义及哲学意义

《同人卦》天人同一的论述：《同人卦》卦辞曰："同人：同人于野，亨。利涉大川，利君子贞。"

象辞曰："同人，柔得位得中，而应乎乾，曰同人。同人曰同人于野，亨，利涉大川，乾行也。文明以健，中正而应，君子正也。唯君子为能通天下之志。"

①《同人卦》卦辞、象辞的意义，已经在543页"《同人卦》卦辞、象辞、部分爻辞分析其哲学意义"中作了解读，这里就不必赘述。

②《同人卦》天人同一的哲学意义：《同人卦》的同人，是指圣人君子与天道同一，与天德同一，与下位的民众同心同德，这就是施行了乾天之道德，这是圣人君子中正无私的德行。《同人卦》的天人同一观，就是圣人君子意识思维心灵行为和天同道同德与人民同心同德的具体表现。

2.《乾卦》卦辞与《乾·文言》及象辞的天人同一的论述

《乾卦》关于天人同一的论述：《乾卦》卦辞曰："元、亨、利、贞。"《乾·文言》曰："'元'者，善之长也。'亨'者，嘉之会也。'利'者，义之和也。'贞'者，事之干也。君子体仁，足以长人，嘉会足以合礼，利物足以和义，贞固足以干事。君子行此四德者，古曰：乾，元亨利贞。"

《乾·文言》的含义：《文言》说："'元'是说仁善是君子之德的第一位。'亨'是说能够亨通，是因为君子能使一切美好的品德汇聚在自己身上。'利'就是用合宜公正的道德和行为方式使人与人、人与社会、人与万物和谐。'贞'就是以坚贞不屈的精神、正当的才干和言行一致的品德求取事业的成功。君子能以仁善为根本，就足以能成为人民的首领；能使一切美好的品德汇聚于一身，就足以合乎礼的规范；能有利于万物和谐，足以合乎义理；能以天所固有的公正无私，坚定不移的品德去求取事业的成功，就足以成就事业。君子若是能实行以上四种美好品德的话，就如古人所说的：'像乾天一样，能以仁善开始，就能通达顺利，有利于万物和谐生长变化，而且恒固长久。'"

《乾·文言》关于天人同一的哲学意义：这是《乾·文言》对《乾卦》卦辞"元、

亨、利、贞"的解释。也是对君子之德标准的阐述。《乾·文言》所论的"使一切美好的品德汇聚于一身",这个"一切美好的品德"是指老子所论的圣人君子之道德,能将老子所论的圣人君子之道德汇聚于自身,就是一个道德高尚的圣者,他就具备了天道天德,就如天一样始终光明正大地以仁善之心有利于万物,有利于人民的人。《乾·文言》对《乾卦》卦辞意义的解释,就是对老子之道德论意义的抽象升华,圣人君子具备了天道天德的各种美好的表现形式,那么他就是做到了与天道天德,与万物和天下人民同一,这是《乾卦》的天人同一论。《乾卦》的天人同一论,实际是对作为真龙天子应具有的道德品德的具体规定,一个真正的真龙天子,就必须具备像乾天一样的美好德行。所以,其哲学意义是《乾卦》卦辞所论的真龙天子与天道天德同一的观点,是要求真龙天子的意识思维心灵意志行为模式与天道天德的真正同一。

《乾卦》象辞所论的天人同一的哲学意义:《乾卦》象辞曰:"乾道变化,各正性命,保合大和,乃利贞。" 乾天的各种变化,风云雷电雨雪,昼夜、四时,各自以端正自己中正的本性为命令,保证阴阳之气相交相合极大的平和而达到天下太平,就有利于万物正常化育。其哲学意义是指天道自然有益于人类万物的本性,与人的意识思维精神心灵所期盼的天地自然的变化以有益于万物人类为常性的同一性。

3.《礼记》其他文献所论的天人同一的哲学意义

《礼记·经解》中关于天人同一的论述:《礼记·经解》曰:"天子者,与天地参。故德配天地,兼利万物,与日月并明,明照四海而不遗微小。"[①]其一,解读《经解》的含义,多数是将"参"解释为"三",也就是说,为天子者,与天地并列为三,天大,地大,王也大。所以天子之德就要与天地之德相配,像天地一样有利于万物,与日月一样正大光明,其光明照遍四海四方而不遗留任何细小的事物。

其二,《礼记·经解》天人同一论的哲学意义:《礼记·经解》这一段话后面,列举了很多证据,说明天子之德与天地之德相配的具体表现。这一段论述是对圣明君王之德的概论,它与《乾·文言》一样,都有足够的证据证明了它的正确性,天道哲学意义,是谓天子意识思维思想心灵行为与天地之德先相匹配的天人同一观。

4. 在《礼记·孔子闲居》中关于怎样才是与天地之德并列的论述

孔子关于怎样才是与天地之德并列的论述: 孔子曰:"奉三无私以劳天下。""天无私覆,地无私载,日月无私照。奉斯三者以劳天下,此谓三无私。"[②]"用三无私的精神治理天下就能与天地之德并列。""天无私覆盖万物,地无私承载万物,日月无私无私普照万物。遵奉这三种无私精神治理天下,就是三无私。"这也是孔

---

① 钱玄、钱兴奇等注译. 礼记[M]. 岳麓书社,2001: 655.
② 同上,675.

子对《经解》天人同一问题的解答。

孔子所论三无私的哲学意义：这是孔子论述的天地三无私，以及君子要具备如天地一样的三无私精神，就是与天地同一的三无私。也就是说君子具备如天地一样光明正大的美德，以三无私的精神思想治理国家天下，就能使人民得到利益与福气，就与天地之德并列同一了。这是要求治国者从意识思维思想行为上努力学习做到以三无私治理国家天下，所以这是意识思维思想行为与天地之德同一的天地人同一论。

所以说，《易经》、孔子所论的天人同一观，是教化我们从意识、思维、思想、精神、行为统一在天道天德基础上的天人同一观，属于人的意识、思维、精神、行为与天道天德统一的同一观，也就是形而上哲学意义的天人同一观。

5.《老子》形而上哲学的天人同一观

（1）《老子》之道德论的哲学意义

《老子》的道德论，本身就是一部天人同一的著作，因为老子论述了天道的表现，也论述了圣人君子如天道一样的表现形式。老子既论述了天德的表现形式，也论述了圣人君子如天德一样的表现形式。那么我们能不说《老子》的道德论就是一部天人同一论，就是一部描述我们的圣人君子与天道天德同一的具体表现形式的形而上之作吗？当然这是《老子》对圣人君子与天道天德同一的具体表现和结果所作的抽象概括。

（2）《老子》第二十三章的天人同一的意义及哲学意义

《老子》第二十三章所论述的天人同一意义：第二十三章曰："希言自然。故飘风不终朝，骤雨不终日。孰为此者？天地。天地尚不能久，而况于人乎？故从事于道者，同于道；德者，同于德；失者，同于失。同于道者，道亦乐得之；同于德者，德亦乐得之；同于失者，失亦乐得之。"[1]《老子》说："观察探究谈论自然现象。所以发现狂风不会持续一整天，暴雨也不会持续一整天。谁能做到这些呢？只有天地自然。天地自然的急剧恶变尚且不能持久，何况是人生人世的变化呢？所以遵从侍奉天道者，就要与天道的表现形式相同；所谓有德者，其德行表现也要与天德相同；有过失者，也要与天道的过失的表现相同。所以与道相同者，天道也乐于得到有道者；同于天德者，天德也乐于得到有德者；同于天道之过失者，天道之过失也乐于得到很快纠正过失者。"

《老子》第二十三章所论述天人同一的哲学意义：《老子》这一章所论的是圣人与天道同一、与天德同一、与天道之过失同一的三同之天人同一的同一观。《老子》的天人同一观，是圣人君子的天人同一观，也是老子对自己所论的圣人君子的

---

[1] 刘文秀、孙燕、孙兰. 道德经新解[M]. 中国出版集团世界图书出版公司，2013：144.

天人同一观的抽象概括。《老子》的天人同一观，是指圣人君子意识思维思想以及行为表现与天道天德的各种表现同一的同一观。其实老子关于圣人君子的天人同一观，应该是指圣人君子天生就有这样美好的自然德性，这种自然德性，就是不用思谋就能自然表现出来的无为之道。《老子》这一章所论的是：做到与天道同一，与天德同一，与天道之过失同一，就是做到了与天道在思维意识心灵行为同一的天人同一。这是老子对天人同一最重要的论述，也是老子对自己所论之道德哲学意义的概括抽象。

（3）《老子》第五十六章论述的天人同一的意义及哲学意义

《老子》第五十六章的意义："知者不言，言者不知。塞其兑，闭其门，挫其锐，解其纷，和其光，同其尘，是谓玄同。"①《老子》说："明智的人不多言，多言者不明智。堵塞那些产生私欲的孔穴，关闭那些产生是非的门户，挫败它的锐气，解析它纷乱的头绪，使其与日月一样光明，同尘世一起沉浮，这就叫做到了与天同一。"

《老子》第五十六章所论的哲学意义：《老子》这一章是对如何做到与天同一的论述。只要我们做到了不言，做到了挫、解、和、同，就是做到了与天道天德同一，也就是做到了真正的天人同一。而且这一章还要求我们，不但要不犯过失，即不犯多言和私欲而导致的各种过失，而且还要去研究揭示道的千头万绪理不清的症结。明白无为之道的意义，以无为之道修治自身，以达到自然无为，要使道发扬光大到与日月一样光明，与尘世一起沉浮。只有做到了这些，才算是真正做到了天人同一。

对于我们一般人而言，要做到与天道天德的表现形式相同，就必须要通过人的意识思维心智认真反复不断地学习训练，直至达到熟视无为，不用思维就自然自如得心应手的程度。正如《老子》第二十七章："善行，无辙迹；善言，无瑕谪；善数，不用筹策；善闭，无关楗而不可开；善结，无绳约而不可解。"②《老子》这一章所论，就是告诉我们如何达到自然无为之道的方法。所以这一章所论仍然属于思维意识心灵行为同一的天人同一观。

（4）《老子》第六十八章所论的天人同一的意义及哲学意义

《老子》第六十八章所论的意义："善为士者，不武；善战者，不怒；善胜敌者，不与；善用人者，为之下。是谓不争之德，是谓用人之力，是谓配天古之极③。"老子说："善于做将士的人，不做争强好胜的武夫；善于作战的人，不容易被敌人激怒；善于取胜的人，不采用正面与敌人硬拼硬打的方式；善于用人的人，做礼贤下士之事。这就叫不与人相争之德，这就叫用人的能力，这就叫其德与天德相匹配，

---

① 刘文秀、孙燕、孙兰.道德经新解[M].中国出版集团世界图书出版公司，2013：217.
② 同上，244.
③ 同上，153.

这就是古代最有道德的圣人。"

《老子》第六十八章所论的哲学意义：《老子》认为古代最为有道德的圣人，真正做到了不争之德。这个不争之德，包括会用人的德能，而这个有德能的人，则包括了善于做将士的人、善于作战的人、善于取胜的人。对于这些有德能的人，能够礼贤下士为己所用，这就是圣人的用人之道，能有这样的用人之道的人，就是能与天德同一了。当然要做到如《老子》所论的用人之道，就必须在思维意识思想行为与天道同一。

（5）结论：《老子》的天人同一观与《易经》一样，同样属于意识思维思想行为与天道天德同一的天人同一观。因为老子是形而上哲学的创始者，形而上哲学，就是教化人的意识思维思想精神行为与天道天德同一的教化哲学，所以，《老子》的道德论，本身就是记载论述圣人君子天人同一之道德的各种表现形式的形而上教化之学。

6. 庄子的天人同一观

（1）庄子也有天人同一的论述。《庄子·齐物论》曰："天地与我并生，而万物与我为一。"[①] 其实庄子之论是对《老子》在第三十三章所论的："不失其所者久。死而不亡者寿"的象征意义的解读，庄子说："天地与我一起生存，而万物与我为一体。"它的哲学意义就是指为人民利益而牺牲自己生命者与天地一起永久生存。为了国家人民的利益而牺牲自己生命的人，他的精神、品德、灵魂与天地万物一起长存，这是庄子对老子所赞扬的具有天人合一精神品德者赞扬的升华，当然也是庄子的天人合一观。

（2）《庄子·天道篇》关于天人同一的论述。庄子曰："静而圣，动而王，无为也而尊，朴素而天下莫能与之争美。夫明白于天地之德者，此之谓大本大宗，与天和者也；所以均调天下，与人和者也。与人和者，谓之人乐；与天和者，谓之天乐。"[②] 庄子说："清静无为而成为圣人，清静无为而作为就会成为帝王；无为而为而受到尊敬，本性淳厚素朴天下就没有谁可以跟他媲美。明白天地有益于万物的美德者，就是明白了大本源大宗旨，就是与天合同者了。所以就能均平公正地治理天下，就能与天下人民合同了。能与天下人民合同者，就是与人民同乐，与天合同者，就是与天同乐。"

庄子的这一段话包含了三方面的含义：其一，是指天地清静无为而使万物得到益处的无为之道。其二，明白天地无为而使万物得到益处的道理并付诸行动，是谓

---

① 张光裕主编. 老子（附庄子）[M]. 北京燕山出版社，2000：93.
② 同上，153.

与天同乐。其三,以无为之道的内涵治理国家天下,使天下人民得到利益福气,就是与天下人民同乐。这就是庄子的天人同一观。庄子的天人同一观包含了无为之道,包括实施无为之道,包括实施无为之道的结果,是谓庄子的天人同一的三同观。

(3)《庄子·天地篇》关于天人同一的论述。老聃曰:"有治在人,忘乎物,忘乎天,其名为忘己,忘己之人,是之谓入于天。"① 庄子说:"老子说:'天下有治在于治天下的人,而这个治天下的人则要忘记他物,忘记天,这就叫忘记自己,忘记自己的人,就是与天道之自然融为一体。'"这是庄子天人同一观的更深层的含义。忘记其他的一切,忘记自己,心中只有装着天下人民,才能使天下得到治理。

(4)《庄子·刻意篇》关于天人同一观的论述。《刻意篇》曰:"不思虑,不预谋。光而不耀,信而不期。其寝不梦,其觉无忧,其神纯粹,其魄不疲。虚无恬淡,乃合天德。"② 庄子说:"不用思考谋虑,不用预先谋划,光明正大而不炫耀,有诚信而没有期待。做到这些的人睡觉不会做梦,睡醒也没有忧愁,他的思想纯粹单纯,他的身体也不会疲惫。这就是虚无恬淡无为之道者,这样的作为就会符合天德。"这是庄子关于天人同一的另一观点,只要做到无为之道的全部内涵,就是与天道天德同一了。庄子的天人同一观,仍然属于形而上之道。

7. 关于意识思维思想精神天人同一的结论

其一,综上所述,《易经》、老子、孔子、庄子的天人同一观,是关于思维意识精神行为与天道天德、与圣人先祖以天地自然的善性而创立的最高精神境界意识思维同一观,是要我们从意识思维思想精神行为与天地自然的善性和圣人先祖的作为同一的天人同一观。那就是要求我们学习并做到与天之道德共同有益于天下万物,有益于人类自己,这是人类意识思维心灵精神境界行为表现与天同一的天人同一观,这是形而上之意识思维精神意志行为的真正的天人同一,这是《易经》、老子、孔子、庄子天人同一的关键,认识不到这个关键,只说天人合一、同一,那就是空话、空谈。

其二,《老子》之天人同一观与《易经》唯一不同的是:有了过失及时改正,就如乾天偶尔的疾风暴雨给万物造成灾难,《老子》用疾风暴雨不会持续一整天,说明疾风暴雨只是乾天一时的过失而已,圣人之道德与天道天德相同,所以也要与天之过失相同,有了不利于民人的过失,就要及时改正,以免影响国计民生

8.《易经》《礼记》《老子》《庄子》天人同一观的哲学意义

《易经》《礼记》《老子》《庄子》的天人同一观,是哲学层次的天人同一观,

---

① 张光裕主编.老子(附庄子)[M].北京燕山出版社,2000:147.
② 同上,166.

是意识思维思想心灵精神行为与天之道德相一致的同一观，因为圣人为天地安装了美善的心灵，天地所表现出来，显示出来的真善美，是人类心灵期望的真善美，也是圣人长期致力于人类自身与天地万物间精神相互培养塑造的结果，也是圣人为天地人塑造了共同的心智、意愿、志向、行为的心性同一观。天地之真美善，就是圣人君子效法学习真美善的真实表现，体现在圣人君子之身，就是圣人君子之真善美的具体表现。意识思维行为的天人同一观，是要我们思考学习并用于具体作为的天人同一观。

意识思维思想心灵行为与天道天德同一，是属于形而上哲学意象之抽象思维。

（二）关于意象思维认定的天人同一观

1. 关于意象概念

所谓意象，就是客观物象经过人的观察体悟，而得到的独特的情感感悟而表达出来的一种思维认证，也就是说，意象就是"寓意"之"象"，就是用来寄托主观情思的客观物象。

2. 经典文献中意象思维认定的天人同一的几种表现形式

（1）《泰卦》卦形结构和卦象辞所显示的天人自然同一的自然景象

《泰卦》卦象辞的天人同一的自然之象："天地交，泰"。《泰卦》的卦形结构，上卦为☷，为地、为阴柔、为柔顺；下卦为☰，为天、为天道，象征天气下降，地气上升，天地阴阳之气自然地相交相感而产生适宜平和适时的风云雷雨在天空，云雨雪适时下降飘洒大地资生化育万物，天地和同，草木萌动，春风和煦，以及人们在田间地头忙碌的春天，天地万物人自然和乐的自然景象，达到了自然的天地通达安泰。这是属于天地人自然的天人同一之象。

《泰卦》卦象辞的天人同一自然之象的哲学意义：《泰卦》天人同一的自然之象，是指天地自然的顺变实现了人类美好的心灵的期望，人类心灵的愿望与天地自然顺变的结果合一，而实现了天地人自然的同一之象。而这个天地人自然的同一之象，就是人的意识思维心灵的美好愿望与天地之道自然的自然变化同一，没有人的形而上意识思维心灵的认识期望的认定因素，就没有任何天人同一的存在意义。

《泰卦》的卦象辞和爻辞论述的是君民齐心协力达到真正天下太平的天地人同一，《泰卦》的卦象辞和爻辞也论述了，君臣民众上下相交相感、同心协力共创天下文明安乐的社会生活，确实实现了天下太平安乐的社会。也就是说，《泰卦》真正体现了天道、地道、人道三才之道的同一。天子与天同道同德，与民众同心同德、齐心协力共创太平文明社会，真正实现了太平文明社会就是真正的天人同一的大同社会的结果。大同，就是极大的天地人万物同一的社会自然景象。

（2）《萃卦》彖辞关于人民期盼认定天人同一

《萃卦》所论的意义：《萃卦》彖辞曰："观其所聚，而天地万物之情可见也。"《萃卦》彖辞主要论述的是，顺应天道天德，顺应先祖先王之德政，顺应民心民情，使一切美好的事物汇聚在一起的正聚顺聚之聚，那么观看顺聚正聚的意义，天地万物都依赖天地之正变与顺变而生存的情形是相同的道理就显现出来了。

《萃卦》彖辞所论之象的意义：其哲学意义是指万物人类均依赖天地自然的正常变化和柔顺平和的变化而安乐生存的道理，与民众期盼认定执政者顺应天道天德、顺应先祖的治国之道，平治天下而使民众正常平和安乐生存的道理是相同的。

（3）关于《礼记·乐纪》天人同一的论述

《礼记·乐记》曰："大乐与天地同和，大礼与天地同节。"① "乐者，天地之和也，礼者，天地之序也。"② 先王制作礼乐，盛大音乐是体现人与天地之道合同的，盛大的礼体现人所遵循的秩序是与天地的秩序相同的。所以说，音乐是体现天地人万物和谐的，礼是体现天地人共同秩序的。因此可以说，乐体现的是天地人同一的情感，礼是天地人秩序同一的体现。我们的圣人创建的礼乐也体现了天地人同一的意义，将礼乐提到更高的层次来认识，也就是说礼乐不是圣人君子为了自己快乐而制作的，而是为了体现宣扬三才之道的意义制作的。快乐，是人道的体现，哀伤也是人道的体现，音乐更是人道的体现，而且礼乐更是体现了天地人同道同德、同乐、同序的三才之道的天人同一观。

《礼记·乐记》所论的天人同一观的哲学意义：是古代圣人认定的礼乐与天地人万物同一意义的论述，乐体现的是天地人万物之道和谐的同一，礼体现的是人与天地同节律的同一。它既属于天地人自然的天人同一，又属于人道之无为的天人同一观。

（4）《礼记·礼运》天人同一的论述

其一，《礼记·礼运》天人同一的意义：孔子曰："故人者，其天地之德，阴阳之交，鬼神之会，五行之秀气也。" "故人者，天地之心也，五行之端也，食味别声被色而生者也。"③ 孔子之论，是对人类与天地自然阴阳的关系而言的。孔子这两段所论的是，人就是天地自然的造化，也就是说人是天地自然生成的，有人是天地自然的功德，没有天地，就不会有人类；天地是怎样生成人类的，是天地阴阳之气交会变化的产物，是天气地气汇聚的产物，是阴魄与阳魂相汇聚的产物，是五行之精气的产物。所以说人，就是天地的心脏，人就是万物之首，人是食五味听五声穿五色服饰而生存的。

---

① 钱玄、钱兴奇等注译. 礼记[M]. 岳麓书社，2001：500.
② 同上，502.
③ 同上，307.

其二，《礼记·礼运》天人同一的哲学意义：孔子在《礼运》中的论述，是古代圣人以及孔子意象思维认定的天地人同一，也是圣人、孔子对天地人同一的感悟赞美之情。

3.经典文献中意象思维认定的天人同一的哲学意义

《泰卦》和《萃卦》是所有人意识思维心灵期盼得到实现的认定的天人同一。

《礼记·乐纪》是古代圣人对礼乐与天地人万物同一意义的认定。

《礼记·礼运》是圣人、孔子对天地人同一感悟的认定，也是孔子最高层次的天地人同一的自然同一观，更是孔子关于天人同一本源的认定。

以上文献属于形而上哲学意象思维的认识论，它不同于《易经》、《老子》、孔子、《庄子》意识思维心灵精神行为的天人同一，因为《老子》、孔子、《庄子》意识思维心灵精神行为的天人同一是需要我们认真学习切实施行的天人同一观，属于抽象思维。

（三）《黄帝内经》的天人相应观

1.简述传统医学《黄帝内经》天人相应观的意义

《黄帝内经》的天人相应观专注的是阴阳、人的结构、生理变化、病理机理、养生、治疗、药物等的阴阳变化原理相似的天人相应观，相应，也就是相对应。《黄帝内经》天人相应观，其内容是多方面的，其最为重要的是体现天地阴阳之气与人体阴阳五行之气变化的原理是同一的。例如，《黄帝内经》依据五脏功能的特点对五脏六腑的阴阳属性分别做了论述："心者，生之本，神之变也；为阳中之太阳，通於夏气。肺者，气之本，魄之处也；为阳中之太阴，通於秋气。肾者，主蛰，封藏之本，精之处也；为阴中之少阴，通於冬气。肝者，罢极之本，魂之居也，此为阳中之少阳，通於春气。脾、胃、大肠、小肠、三焦、膀胱者，仓廪之本，营之居也。此至阴之类。阴中之阴脾也。"[1] 这是《黄帝内经》最基本的天人相应观，它是依据五脏六腑的生理功能特点，也就是依据五脏六腑的生理功能活动中所产生的阳气的旺衰程度来区分其阴阳属性，这就使人体脏腑的生理功能所产生的阴阳之气与天地阴阳之气的功能相对应，人体自身所生成的阳气与太阳的热能有着一样的功能，阴气与地之阴有着相似的意义。

2.《黄帝内经》关于人体的组织结构与天地结构及阴阳的相应观

①《黄帝内经》认为人体的结构与天地的形态结构有类似性对应。正如《灵枢·邪客》曰："天圆地方，人头圆足方以应之。天有日月，人有两目；地有九州，人有九窍；天有风雨，人有喜怒；天有雷电，人有声音；天有四时，人有四肢；天

---

[1] 正坤编.黄帝内经[M].中国文史出版社，2003：32.

有五音，人有五脏；天有六律，人有六腑；天有冬夏，人有寒热；天有十日，人有手十指；辰有十二，人有足十指，茎垂以应之，女子不足二节，以抱人形；天有阴阳，人有夫妻；岁有三百六十五日，人有三百六十五节；地有高山，人有肩膝；地有深谷，人有腋腘；地有十二经水，人有十二经脉；地有泉脉，人有卫气；地有草蓂，人有毫毛；天有昼夜，人有卧起；天有列星，人有牙齿；地有小山，人有小节；地有山石，人有高骨；地有林木，人有募筋；地有聚邑，人有䐃肉；岁有十二月，人有十二节；地有四时不生草，人有无子。此人与天地相应者也①。"这是《黄帝内经》从人体的结构特点来论述人与天地相应，而这种论述更是既形象又是对人与天地自然自然存在的类似性对应的客观实在意义的认定。《黄帝内经》以大量证据论证了人与天地相参，与日月相应的客观存在的各种具体状。经文把人体形态结构与日月之明，与地之结构形态，阴阳相对应，人体就是天地的缩影，也就是说，天地是大天地，人体就是一个个小天地。

②《内经》关于阴阳与人体，包括阴阳五行学说与人体组织结构、与人体生理功能、与人体疾病的病因病机、与人生长壮老病死、与人体经络、与辨证施治及药物学、疾病治疗、藏象学说，尤其是人体脏腑生理功能所产生阴阳之气的过程、意义，阴阳变化与天地阴阳之气有着相类似的功能意义，人体所产生的阳气有与太阳之光热相一致的意义，阴阳学说是传统医学的理论基础等。

3.《黄帝内经》关于四时之序与人的相应观

《黄帝内经》通过天地四时万物春生、夏长、秋敛、冬藏的变化规律，与人体生理功能变化相应做了论述，正如《灵枢·顺气一日分为四时》曰："春生、夏长、秋收、冬藏，是气之常也。人亦应之。""天有四时五行，以生长收藏，以生寒暑燥湿风；人有五脏化五气，以生喜怒悲忧恐。"②

4.《黄帝内经》关于人的生命意识思维产生之源的天人相应观

其一，经文论述了人的神智产生与天地阴阳之气的关系：正如《黄帝内经·素问·宝命全形论》曰："人以天地之气生，四时之法成。""夫人生于地，悬命于天，天地合气，命之曰人。"③《素问·阴阳应象大论》曰："阴阳者，天地之道也，万物之纲纪，变化之父母，生杀之本始，神明之府也，治病必求于本。"④《内经》指出了："人以天地阴阳之气而化生，秉承四时的变化而生存。天地阴阳之气相合相交，而使人存活于地。阴阳是《易经》确立的天地本质属性，天为阳，地为阴；

---

① 正坤编. 黄帝内经[M]. 中国文史出版社，2003：644.
② 同上，578.
③ 同上，101.
④ 同上，17.

阴阳是万物的基本属性和变化之理；阴阳是一切事物变化过程的体现；阴阳是万物生成的开始也是万物肃杀的开始；阴阳是人类精神智慧产生的府库，所以治病必求于阴阳变化之理。"这就指出了天地阴阳变化及其功能与人类生成的关系。人既是天地阴阳之气所化生，人的生命活动又受制于阴阳之气，而人类精神智慧的产生必须既依赖于天地阴阳之气，又依赖于人体自身不断地产生的阴阳之气的滋生润养，这更加说明天地阴阳之气与人体阴阳之气对人类精神智慧形成的重要意义。

其二，《黄帝内经》对天人相应观论述的范围非常广泛，比如《素问·生气通天论》曰："夫自古通天者，生于本，本于阴阳。天地之间，六合之内，其气九州九窍，五脏、十二节，皆通乎天气。"[①] 这是关于人体对外的孔窍，五脏六腑与天地阴阳之气密切关系的论述。还有关于天地阴阳之气的变化对人体的影响，以及人的生理、病理、疾病、诊断、治疗、养生、用药等与天地阴阳相应的论述。总之《黄帝内经》的天人相应观，是其核心思想之一。

4.《黄帝内经》的天人相应观的哲学意义

其一，应该说《黄帝内经》的天人相应观，是指人与天地自然在本质上是相通的，也就是说，《黄帝内经》的天人相应观，是人体与天地结构、与四时之序、思维意识的产生、运气等自然存在的类似对应的天人观，是天地自然之象与人体实体之象的自然特点相对应的论述，它说明了人类智慧的产生离不开天地阴阳之气和人体自身的阴阳之气，也就是人类意识思维精神与天地阴阳之气有着密不可分的关系，及其相类似相对应的特点，它属于象思维的类象思维。《黄帝内经》用足够的证据证明并经过实践验证了人与天地自然自然存在的类似性对应的客观实在的认知和应用的医学科学意义。

其二，天人相应观的关键，就是"应"，应的基本含义有对应、应用、应变、顺应、顺和、适应、应时等等。而这些关于"应"的意义，几乎全部体现在传统医学的应用中了。所以，《黄帝内经》的天人相应观，是中华民族传统医学具有哲学意义的特殊理论，是传统医学理论的纲领，因为传统医学理论不但论述了人与天地阴阳四时变化相对应，论述了人的结构、生理变化、病理机理、药物的药性与天地阴阳五行相对应；还论述了疾病的治疗、预防、养生等，要应时而变、要顺应天地阴阳五行之气的变化，要顺和、适应天地阴阳五行之气的变化等等。属于类象思维的实际应用和有实际意义的医学科学的范畴。

其三，《黄帝内经》的天人相应观中的阴阳五行理论，不仅是传统医学的理论基础，也是具有重要哲学意义哲学理论。

[①] 正坤编. 黄帝内经[M]. 中国文史出版社，2003：9.

5. 综述

其一，综上所论，真正的天人同一观，是老子、《易经》等所论的意识思维思想心灵行为与天道天德同一的天人同一观，是抽象思维下，圣人为我们确立的面对社会的人生观，是要我们毕生去作为、去实践、去体验的真正的人生观。

其二，经典文献中意象思维认定的天人同一，是意象思维下的认识观。

其三，《黄帝内经》的天人相应观，是类象思维形态下，具有特殊应用价值和自然真实存在意义的医学科学价值。

其四，《内经》天人相应观，是类象思维对天地阴阳的自然特性，运行的节律、次序、变化观象、性质等与人的组织结构，人生命活动的过程，结果、人体生理病理的各种变化现象，疾病治疗的药物的特性等，与天地自然阴阳五行所存在的自然的对应性和关联性的具体应用，以及被实践所证实认定了的医学科学价值，是具有实际医学意义、哲学意义、自然科学意义的唯物辩证学说。

其五，《内经》天人相应观所认定的医学科学价值，是中华民族医学，乃至世界医学与自然科学相结合的典范，而且创造出中华民族的特色医学——中医学。中医学能解释很多现代医学所不能解释的医学现象，是中华民族最卓越的传统医学。

6. 结论

在《易经》学界一般论说天人合一的比较多，但是通过分析研究，我们可以看到，《易经》、老子、孔子、庄子的天人同一观，是关于人的思维意识精神行为的与天人同一的天人同一观，而《内经》天人相应观，是类象思维的天人相应观，这是二个不同的概念，而《老子》《易经》《内经》等并没有天人合一的论说，所以说"天人合一"的论说是不存在的。只不过是我们的学者在认识上将二者合二为一而已。

《易经》《老子》、孔子所论的是真善美的哲学意义，经典文献中意象思维认定的天人同一观体现的是圣人对天地人同一顿悟拟人化法象践行的由衷赞美和向往；《黄帝内经》论述了真善美之真的自然存在意义和真实应用的真实意义。那么，这三者和合就体现了中华民族传统文化真善美的全部意义。

所以说《易经》哲学、《老子》的天人同一观和《黄帝内经》的天人相应观虽然不在同一层次，但是它们是统一在真善美的基础上的同一论，所以说它们是既有概念上的不同，又有真善美统一的存在意义。

三、关于《易经》哲学天人同一观的意义与定义

1.《易经》哲学的天人同一观的意义。其意义是关于人的意识思维精神意志行为表现与天道天德的功能表现相一致、相统一的天人同一观，它要求我们通过反复学习和践行天之道德真善美的意义与表现，一直达到就如自己的生活习惯一样自然

而然地表现出真善美的言行。它是属于《易经》哲学形而上之道的范畴。正如毛泽东《心之力》所言："人生于天地之间，形而下者曰血肉之躯，形而上者曰真心实性。血肉者化物质之所成，心性者先天地之所生。"①

2.关于《易经》哲学的天人同一的定义。通过反复学习天道天德的内涵，使其意识思维思想心性行为表现与天道天德的表现形式相一致，自然而然地表现出有益于万物、有益于人类自身、有益于民众利益的言行，是谓天人同一。

这些观点，只是笔者的认识，可能不全面，但是笔者关于《易经》天人同一的研究的思路是正确的，它与传统医学的天人相应观，是不在同一层次的两个观点。

第二节 《易经》哲学关于保合大和与平和的哲学意义

这一节我们通过探讨《易·乾卦》象辞关于"保合大和"的意义，以及《咸卦》象辞关于和平意义的论述，还有《易经》不论战争、老子对战争的观点，以及《黄帝内经》阴阳平和的观点来探讨它们的共同的哲学意义。其共同的哲学意义，就是人民要安乐幸福地生活，不要战争掠夺，国家天下要太平强盛，人民要健康安乐的生活，每个人自身就需要阴阳平和、心平气和才能健康长寿。

一、《易经》关于保合大和、和平的哲学意义

1.《易经》关于保合大和的哲学意义

保合大和原文出于《乾卦·象辞》最后一小节："乾道变化，各正性命，保合大和，乃利贞。首出庶物，万国咸宁。"它的含义是："乾天的各种变化，以各自的正常变化为本性、为命令，保证天地阴阳之气交合平和和顺，达到天下大和而太平，这样有利而正确。圣人首先创造出众多的治国治天下的事物，以天命治天下，以为人民谋利益福祉为治国宗旨，使天下人民受到教化感化，而达到万物和谐，各国人民和谐相处，以实现天下万物都得到安宁，人民幸福安康的太平社会。"

"乾道变化，各正性命，保合大和，乃利贞"的基本意义：就是天命的基本内容，天命命令天道的各种变化以正常变化为本性、为命令，阴阳之气交合平和和顺，以保证万物和谐、以天下太平为根本命令。也就是说只有乾天的变化以正变为本、为命令，才会风调雨顺，风和日丽；只有天之自然变化保持在平和状态，才会风调雨顺，才会五谷丰登；只有五谷丰登，人民的生活才有基本的保障，民众的生活有

---

① 毛泽东《心之力》2011至今时网上流传不息的经典文献6页。

了保障，才是体现明君治国之道的最佳时机。五谷丰登、万物和谐、国泰民安才有利于治国者的国运长久永恒。五谷丰登、万物和谐、国泰民安、天下和平是圣人以天命、道德治理国家天下所要达到的最高目标，也是人类对美好生活的最高期望。

从这个意义而言：是我们的古圣人在命令乾天发布"乾道变化，各正性命，保合大和，乃利贞"的命令，所以笔者以为《易经》用拟人化的方法，将乾天人格化，为天赋予特定的意义，就是赋予天地与人心灵相通的灵性，将圣人从大自然中观察感悟到的天地自然有益于人类万物的同一性，作为天人万物共同的目的，作为天的"命令"来实施，这是天命的本意。这是将"乾道变化，各正性命，保合大和，乃利贞。首出庶物，万国咸宁"纳入到"天命论"的范畴来论述，其实这也是这一段象辞的抽象意义，也是天道变化的自然和谐的基础，更是其哲学意义之一。

"乾道变化，各正性命，保合大和，乃利贞。"还象征古圣人效法坤地，顺应天道之常，以天道之常所表现出来的中正无私、正大光明、清静无为、诚信永久以善待万物的本性为天的命令来治理国家天下，才会有利于人民，这也就是天命的由来。天命，就是圣人将天地之固有本性所表现出来的有利于万物的善性作为天的命令来执行，以治理国家天下，来为人民谋求利益，使人民得到幸福；并以天之道德为命令，以惩罚不仁善者，而达到万物和谐、人民和谐、天下太平安乐的目的，这是其哲学意义之二。

这里我们还要探讨"保合大和，乃利贞"的另一哲学意义。"保"的本义是背子于背，负子于背谓之保，引申之，则负之者为保；再引申之，则有保养、安养、养育之义，又有保护、保证之意。"合"的本义是闭合、合拢、聚合、合和。"大"则与太的意义相同，极大，就是太大之意。"和"有和乐、和谐、和平之意。

那么，"保合大和，乃利贞"的哲学意义就是："背负养育、保养、聚合民众，太平和乐和谐的责任，就是有利于天下国家民众和万物的正确吉祥之事。"这当然是天子应该背负的责任，是治国者应该背负的责任。《易经》用"背负"所显示的是躬背背负重物而行的形象。这个形象表示的背负重物的艰难不易，象征的是责任的意义重大和沉重，如若没有强大坚强的脊梁，就不堪重负。这就要求天子，或者执政者要具有高度的道德修养和知识水平及能力，更重要的是要有爱民爱国爱民族的赤子之心。这是其哲学意义之三。这个意义就是治国者应负有的不可推卸的历史使命。

"保合"是保持、保证阴阳之气相交相合平和；"大和"就是极大的平和，达到天下安泰和平和谐之义，既是圣人以天命治理国家天下所要达到的最高目标，也是人类的最高期望。这也是自然生态平衡的最佳模式，只有在自然生态平衡的状态下，才会天地阴阳之气平和，阴阳之气相交相合平和，才会有风调雨顺、五谷丰登、六畜兴旺、万物和谐的自然和谐之象。

2.《易经》关于和平的哲学意义

"和平"一词出于六十四卦《咸卦·彖辞》:"天地感而万物化生,圣人感人心而天下和平。观其所感,而天地万物之情可见矣。"其基本意义是:"天地阴阳之气相感相交相合而变化风云雷雨滋润化生万物,使万物和谐,以四时之序按时生长、壮大、收敛、归藏,达到天地自然交泰平和;圣人贤者以天之道德修身养性持家治国,为人民谋利益;圣人之家安定平和为天下人民的表率,使人民受到教化,感动众人之心,人人以道德修身养性,天下家庭人民和睦,万物和谐而天下太平的道理和意义是相同的,情形是一致的。"

"和"是平和、和谐、和顺、平和之意。"平"的本义是语气平和舒顺,具有正、平安、太平的意义。

"天地感而万物化生"的意义,源于《老子》第四十二章:"道生一,一生二,二生三,三生万物。万物负阴而抱阳,冲气以为和。"[①] 这一章《老子》论述的是道化生万物的过程。也就是道化生了太初太极,太极生成天地,天地生成万物的过程,"天地感而万物化生",就是指"二生三,三生万物"的过程。天地阴阳之气弥漫相合相交之气称之为三,天地阴阳之气混合后的产物为三,这个三就是天地阴阳之气的混合物,这个三变化化生了万物。万物各自都凭借着阴与阳结合在一起而发生变化,天地阴阳之气相互冲撞混合适中而又不断地化生万物。

那么天地阴阳之气是什么呢?阳是指太阳的功能,也就是太阳的光能、热能;阴首先是指水和水汽的功能,其次是地球土地的功能。

"天地感而万物化生。"所显示的是自然的力量,显示的是宇宙万物均是自然变化的产物,显示的是所有的地球生物,都与人类有或远或近的血缘关系,这是中华民族哲学唯物主义的自然进化论。

"圣人感人心而天下和平"之"感"就是感化、感动之感。圣人如何感化感动人心呢?

其一,《老子》第二章所论之感:"天下皆知美之为美,斯恶已;皆知善之为善,斯不善已。故有无相生,难易相成,长短相形,高下相倾,音声相和,前后相随,恒也。是以圣人处无为之事,行不言之教,万物作而弗始,生而弗有,为而弗恃,功成而弗居。夫唯弗居,是以不去。"[②]《老子》所论之感,就是"处无为之事,行不言之教。"这是因为天下人都知道美好的是美好的,都知道仁善也是美好的,那么圣人以天道之无为为天下人谋求利益福气,不求回报,用自己的实际行动,用

---

① 刘文秀、孙燕、孙兰.道德经新解[M].中国出版集团世界图书出版公司,2013:186.
② 同上,2013:97.

自己的美好德行为天下人的榜样，圣人不用说教，天下人就会自觉自愿地向圣人的美好德行学习，因为天下人都知道圣人为天下人谋利益不图回报的德行是美好的。这就是圣人的不言之教的意义，使人人都有美好的德行、有善良的人心。人人有美好的德行和善良的人心，就会谦让、自尊、尊人、爱人、爱物而使得矛盾化解，纠纷消除，人人和睦，社会和谐，天下和乐，不就是天下和平吗！正如《大学》曰："一家仁，一国兴仁；一家让，一国兴让；一人贪戾，一国作乱。其机如此，此谓一言偾事，一人定国。""尧舜帅天下以仁，而民从之。桀纣帅天下以暴，而民从之。"

其二，圣人设立创建的各种教化方式，如观看学习法典文献，各级各类学校的教化作用，使民众受到教化，而使其心神得到感化，自觉做合法公民。比如《观卦》象辞曰："大观在上，顺而巽，中正以观天下，观，盥而不荐，有孚颙若，下观而化也。观天之神道，而四时不忒，圣人以神道设教，而天下服矣。"卦象辞曰："观。先王以省方，观民设教。"圣人设置的这种将每年修订的各种法典、法规等法令写在木板上，悬挂在台观上让人民观看、学习，让万民观看大法，以教化万民心神为出发点的教化方法，使天下万民信服而归服。使人的思想受到感化约束，而不违法乱纪，使人心得到教化而感化，人人有道德仁善之心，人人遵法守纪，人人得到公正公平的福气，天下太平和平。

其三，《易经》关于中正平和保合太和的意义：中正就是公正公平，是治国治天下者所遵循的治国之道的最高保证。保合、太和、和平，一方面是指天地阴阳之气平和，是保证万物安泰的重要条件；另一方面是指治理国家天下者，以太和、和平为目标，实现这个目标所必备的条件和具体实施的措施，以及以圣人之德教化人民，使人心平和、和谐。所以说，中正公平太和，是保证和平，使人类长久生存、幸福和乐美好的保证。

3.《易经》有关于战争观点的论述吗？

其实在《易经》内容中，根本就没有关于战争和军兵的论述，很多学者都把《师卦》之"师"解读为兵众，将"丈人"解读为用德高望重的长者来统率军队，才能吉祥胜利。其实师卦，严格说是关于古代大学教育的具体方法，也是关于尊师敬师的卦象，与军兵打仗战争没有任何关系。《易经》只是在《旅卦》中，通过周武王以正义之师即以军队数量少但军队训练有素、士兵勇猛、武器精良，和有智慧、且德才兼备的将领指挥的军队，以攻伐无道失德军兵众多之主的军队最终取得胜利，说明军队的数量，在战争中只是战争胜利的一部分作用，而正义有道者必定胜利的意义。

二、《老子》关于战争和安平太的和平观

1.《老子》关于战争的观点

《老子》在只有八十一章五千字的文章中，多处阐述了对战争的观点，如第三十章："以道佐人主者，不以兵强天下，其事好还。师之所处，荆棘生焉。大军之后，必有凶年。"[1]第四十六章："天下有道，却走马以粪。天下无道，戎马生于郊。"[2]有道的臣子辅佐君主，不会让君主以强兵强夺天下，有道者不随便发动战争，期望的是天下太平，这就是《老子》的战争观。《老子》紧接着描述了战争给自然环境和万民带来的灾难。

第三十一章："夫兵者，不祥之器，物或恶之，故有道者不处。"[3]第三十六章："国之利器不可以示人。"[4]第六十九章："用兵有言：'吾不敢为主，而为客，不敢进寸，而退尺。'是谓行无行，攘无臂，扔无敌，执无兵。"[5]

《老子》和《易经》一样，没有关于鼓动战争的观点，老子主张不用强兵利器于天下，因为战争给人民万物带来的只有灾难。

2.《老子》关于安平太的和平观

《老子》第三十五章曰："执大象，天下往。往而不害，安平太。"老子说："持着大道的基本表现形式，前往治理天下。反复治理使万物和谐相处而不相互伤害，那么天下就安乐太平了。"

这就是《老子》的和平观。学习施行大道，以道的各种有利于万物民众的表现形式治理天下，为民众谋取利益福气，天下就会太平安乐。

《老子》的和平观，也是《易经》哲学的和平观。《老子》和《易经》的和平观，既是对我们的先祖曾经实现过的天下太平和平的经验总结；又是对后世中华民族实现天下太平和平的期望与预期，更是自古以来中华民族人民心中的期盼。当然在中国西周以后的历史上，也有过西汉时期汉文帝、汉景帝的文景之治以及唐朝的李世民的贞观之治的天下太平和平，但是在以后中国的历史中，真正实现天下无战争，各民族团结一致的和平景象还是不多见的。直到中国共产党领导中国人民推翻了三座大山，建立了人民当家做主的新中国，才真正实现了中华民族的天下太平和平。

通过以上论述，充分说明中华民族自古以来就是一个热爱和平，反对侵略战争的民族，中国共产党更是完全继承了中华民族热爱和平，反对战争的优良传统，正

---

[1] 刘文秀、孙燕、孙兰.道德经新解[M].中国出版集团世界图书出版公司，2013：161.
[2] 同上，196.
[3] 同上，163.
[4] 同上，173.
[5] 同上，246.

在努力推广实现世界和平！

第三节 《易经》哲学关于与时皆行的哲学意义

《易经》哲学关于"与时皆行"和"时之义大矣哉"的观点，是出现在六十四卦彖辞中次数最多的辞句，是有着重要哲学意义的观点，以下我们就将六十四卦彖辞中与"与时皆行"和"时之义大矣哉"相关的彖辞摘录出来，分析它们的意义。

现在先了解几个辞的含义：时：时间、时日，合时宜的，适时的，经常、当时，通"是"。善：好、处于。皆的本义：都、全，通"偕、一同"。义的本义：正义，合宜的道德、行为或道理，情义、意义、意思、善、美。用的本义：使用、采用、治理、管理、执政、当权、行事、行动、功用、功能。行的本义：道路、行业、进行、流行。以下彖辞中，应用了"与时皆行""时用""随时之义""时义"等不同的关于与"时"相连的词语。

一、《益卦》和《损卦》彖辞关于与时皆行的象征意义

1.《益卦》彖辞关于"凡益之道，与时皆行"的哲学意义

（1）《益卦》彖辞的意义

《益卦》彖辞曰："益动而巽，日进无疆。天施地生，其益无方。凡益之道，与时皆行。"彖辞说："圣人为人民做益事谋利益劳作而柔顺地顺应天道，日日增进德行，无穷无尽。天之太阳施行光热资助万物化育，大地藏纳承载化育万物，天地对万物的益处无限量。凡是对万物、对天下民众有益的事情方法与时日一同进行。"

（2）《益卦》彖辞"凡益之道，与时皆行"的哲学意义

《益卦》本身所论的就是自古以来的圣人，二皇五帝三王为人民谋利益做益事的卦象。彖辞既论述了二皇五帝三王为人民谋利益做益事的依据，又对圣人君子为人民谋利益做益事的美好德行做了肯定赞赏，最后指出，为人民谋利益做益事就是自古至今治国者时时处处日日夜夜都要做的事情。也就是说彖辞所论的是如何为人民做益事谋利益，圣人为人民谋利益所做的益事无穷无尽，就如天地日月对万物带来的益处无法计量一样，所以就要随时随地、处处事事时时为人民做益事谋利益，而不只是一事一处一地一件的做益事，为人民做益事谋利益，就如天地日月照耀滋生化育万物一样无止境。这就是"凡益之道，与时皆行"的哲学意义。而且《益卦》还明确规定，将能否为人民谋利益做益事作为迁移国址更换社稷的依据，正如《益卦》六四爻辞曰："中行，告公从，利用为依迁国。"

2.《损卦》彖辞关于"损益盈虚,与时皆行"的哲学意义

(1)《损卦》彖辞的意义

《损卦》彖辞曰:"损刚益柔有时,损益盈虚,与时皆行。"彖辞说:"天道减损自己的光热、增多坤地万物的光热具有同时存在、同时发生的时间意义;减少与增多,增多与减少,是同时发生、同时进行的。"

《损卦》所论述的是周公减损自己的逸乐,减损自己的精力才智体能,有益于国家社稷的利益,而且有诚信,使天道得到实行的美好德行。这是对周公之德的评定赞美。也就是说,周公减损了自己的一切,而使国家社稷、人民得到了利益,所以在周公的辅佐下,周成王实现了天下大治的太平安乐的大同社会。

(2)《损卦》彖辞"损益盈虚,与时皆行"的哲学意义

《损卦》彖辞所论的是"损"的意义以及损与益的关系。损是减少、损失、损害的意思。益是增多、增加、有益、有利、得益、收益、受益的意思。也就是说,圣人减损了自己的体力、精力为民众谋取更多的利益。一个人以不正当的手段使自己的利益增多,当然就会使他人或者国家的利益受到损害而减少。

所以《益卦》和《损卦》告诉我们,要时时处处为人民利益着想,而不要时时处处损害他人和国家利益,这就是告诉我们损益的道理,因为损益的过程是同时发生、进行的。

二、《随卦》《豫卦》《姤卦》《遁卦》《旅卦》关于"时之义大矣哉"的哲学意义

1.《随卦》彖辞关于"随时之义大矣哉"的哲学意义

(1)《随卦》彖辞的意义

《随卦》彖辞:"大亨贞无咎,而天下随时。随时之义大矣哉。"彖辞说:"极大的亨通吉祥没有过失,而天下万事万物都是随着时间的变化而变化,但是先圣先祖创建的治理国家天下之道和为官之道却不能随着时间的变化而改变。因此随时的意义大极了啊!"

《随卦》主要论述的是周公之德,论述记载了周公顺从追随先王的德政和为官之道,以雷打不动、坚定不变的诚信来执行先王的为官之道,顺应人民的意愿为人民谋求利益福气,随着时间的变化,周公之德感化了天下人民和周成王,受到周成王的尊崇,周成王感念周公的功德,心怀谦让之德,于是就顺从了周公生前要将他葬在成周的愿望,将周公葬在毕邑,并以文王的祭祀之礼祭祀周公。

(2)《随卦》彖辞"随时之义大矣哉"的哲学意义

《随卦》所论的"天下随时,随时之义大矣哉"的哲学意义有二:其一,天下

的事物都会随着时间的变化而变化，周成王随着时间的变化对周公之德伟大的认识加深而改变了对周公的评价，改变了对周公的祭祀之礼。其二，天下的事物都会随着时间的变化而变化，但是先王的治国宗旨、先王的为官之道、诚信的意义不会随着时间的变化而失去时代意义；而是随着时间的变化更加显示出其时代意义，更加说明为官者要时时、处处、随时随地、终生终世遵奉、顺从先王的为官之道，为人民谋利益，才是为官者的目的。也就是永远不改变先圣先祖的治国之道而为官之道，这里的时间意义，就是永久、永远的意思！

2.《豫卦》象辞关于"豫之时义大矣哉"的哲学意义

（1）《豫卦》象辞的意义

《豫卦》象辞曰："天地以顺动，故日月不过，而四时不忒。圣人以顺动，则刑罚清而民服。豫之时义大矣哉。"象辞说："天地以顺变为常规，所以日月变化就不会超过常规，而四时变化就不会有差错。圣人以天地四时顺变的常规节律行动，于是刑罚就清明而万民顺服。所以太平安乐的时间意义大极了啊！"

《豫卦》论述记载的是周公顺应天地日月四时以顺动的规律，为了周朝的大业顺应先祖之志代成王执政，伐武庚、管蔡之乱，建洛邑，教化殷民，使周朝大治，实现了天下太平安乐，这时，也就是在周公代周成王执政六年之时，制作礼乐，颁度量，使天下大服。成王七年时，周公还政于成王。周公去世之后，周成王又重新分封周公，赐周公以天子祭祀之礼的历史事实。

（2）《豫卦》象辞"豫之时义大矣哉"的哲学意义

"豫"在这里就有大象、快乐、安乐的意义，而安乐，就有天下太平安乐的意义，大象的本意是象征动物"大象"之大的意思，在这里"大象"就是《老子》所言的"执大象，天下往。往而不害，安平太"的象征了。也就是说，实现天下太平安乐有着重要的时间意义，那就是只要执政者顺应天地日月四时以顺变为常而顺应先帝先王先祖的意志，将为人民谋利益福气作为己任，随着时间的推移，天下太平安乐一定会实现的，天下太平安乐的时间意义大极了！而这个时间意义，就是永久！就是天下人期盼的永久太平安乐，正如张载所言："为万世开太平！"

所以，《随卦》象辞"随时之义大矣哉"告诉我们的是，万物都在随着时间的变化而改变，这是随时变化之理。但是先圣先祖为我们开创的治国之道是不能随着时间的变化而改变的，如若改变了先祖开创的为天下人民谋利益的治国之道，那么人民就没有了活路，国家天下就有丧亡的危险。《豫卦》象辞"豫之时义大矣哉"告诉我们，只要我们始终以先圣先祖开创的治国之道治理国家天下，就会有实现天下安乐太平的一天！太平安乐永久的意义大极了啊！这两卦是说始终坚持不随时间的变化而改变的先祖创建的为民谋利益的治国之道，实现永久天下太平安乐的伟大意义！也就是不随时间的变化而变化的意义！

3.《姤卦》彖辞关于"姤之时义大矣哉"的哲学意义

（1）《姤卦》彖辞的意义

《姤卦》彖辞曰："天地相遇，品物咸章也。刚遇中正，天下大行也。姤之时义大矣哉。"彖辞说："天地阴阳之气相遇和，万物都得到化育而有条理。刚健遇到中正，就是天道天德大行天下而天下太平啊！所以天子所娶皇后之美善与否有着划时代的重大意义啊！"

（2）《姤卦》彖辞"姤之时义大矣哉"的哲学意义

《姤卦》彖辞的意思是指有道德的君主，娶到美丽贤惠有德能的好皇后，就如天地阴阳之气相遇相交相合化育万物，天下自然实现太平和谐一样，就能使天下得到治理而实现天下太平和谐安乐，所以说天子能否娶到美丽有贤能之德的好皇后，具有划时代的重大意义。《姤卦》彖辞所论的是，不改变先圣开创的为民谋利益的治国之道和不改变君子之德行，有道的执政者，要娶一个与自己志同道合的妻子，共同为天下太平安乐作为，就能更快地实现天下太平和谐安乐。

4.《遯卦》彖辞关于"遯之时义大矣哉"的哲学意义

（1）《遯卦》彖辞的意义

《遯卦》彖辞曰："遯亨，遯而亨也。刚当位而应，与时行也。小利贞，浸而长也，遯之时义大矣哉。"彖辞说："隐遯和收敛亨通，以适当的形式和适宜的时机及时隐遯就会亨通。有道德的君主当位就应和辅佐，依据时间地点的变化而有不同的相宜行动。小有利而正当，因为刚愎自用之气逐渐增长啊，因此及时隐遯的时间意义就大极了啊！"

（2）《遯卦》彖辞"遯之时义大矣哉"的哲学意义

《遯卦》论述记载的是战国时期吴国的阖闾、夫差与越国的勾践及范蠡等人几种不同方式的逃遯、隐遯的历史事实，阐述了以正当的方式及时隐遯，或者在功成名就之后以适当的时机及时隐退就会有利而长久吉祥，否则会招致灾难，这就是《遯卦》之遯的含义。

"遯之时义大矣哉"时，就有了随时、及时、时时、时间的含义。

《遯卦》所论的是依据事物发展的实际情况来判断自己应该持有的立场和方法，也就是当实际情况适合展现自己的理想抱负时，就很好地任劳任怨地工作学习；当实际情况不利于实现自己理想抱负而且随时有危险发生时，就要及时隐去，而不要计较暂时的得失。"遯之时义大矣哉"就是适时、及时隐退的意义！

5.《旅卦》彖辞关于"旅之时义大矣哉"的哲学意义

（1）《旅卦》彖辞的意义

《旅卦》彖辞曰："旅，小亨，柔得中乎外，而顺乎刚，止而丽乎明，是以小亨，旅贞吉也。旅之时义大矣哉。"彖辞说："军队小，军兵少而亨通，是说少量的军兵取得战争胜利者，是因为柔顺得于中正的天道天德，而顺应刚正，停止邪恶而如日月一样光明，所以小军旅就能战胜大军旅。小军旅取得胜利忠贞吉祥，说明军旅取胜有着'天时、人和、地利'的重要意义。"

（2）《旅卦》彖辞"旅之时义大矣哉"的哲学意义

《旅卦》彖辞的"旅之时义大矣哉"，是指军队打胜仗与天时地利人和的重要意义。正如《孟子·天时不如地利》曰："天时不如地利，地利不如人和。""域民不以封疆之界，固国不以山豁之险，威天下不以兵革之利。得道者多助，失道者寡助。寡助之至，亲戚畔之；多助之至，天下顺之。以天下之所顺，攻亲戚之所畔，君子有所不战，战必胜矣。"也就是适宜的天时、适宜的地利、适宜的人和与有道义的勇猛军旅才能取得胜利！

6."之时义大矣哉"的哲学意义

其一，万事万物随时的变化性。其二，不可改变性！就是时间的长久！永远存在！而不是只存一时一刻或一段时间，或一个时代！其三，不改变先圣开创的为民谋利益的治国之道和不改变君子之德行，具有划时代意义！其四，及时改变的意义！其五，适宜的意义！

三、《颐卦》《大过卦》《解卦》《革卦》彖辞关于"之时大矣哉"的哲学意义

1.《颐卦》彖辞关于"颐之时大矣哉"的哲学意义

（1）《颐卦》彖辞的意义

《颐卦》彖辞曰："天地养万物，圣人养贤，以及万民。颐之时大矣哉。"彖辞说："天地养育万物，圣人颐养贤者以辅助自己治理国家，以养育天下民众。圣人君子关于养育天下万民的时间意义大极了啊。"

（2）《颐卦》彖辞"颐之时大矣哉"的哲学意义

《颐卦》彖辞论述的是，天地养育万物，圣人颐养贤者和颐养万民的意义就是天地时刻养育万物，圣人君子时刻不忘颐养贤者以天命治理国家天下，以养育万民，也就是说，万民时时刻刻需要圣人君子以天命治天下，使天下太平，万民得到养育的道理，与天道无时无刻养育万物的道理是一致的，假如没有了圣人为民谋利益的治国之道，万民就会遭遇灾难而得不到养育，所以，执政者要时时刻刻记着自己的

责任，时时刻刻不忘养育好万民的责任！所以颐养的时间意义，就是治国者必须遵循先圣先祖规定的以永远长久养育万民为治国者的责任！

2.《大过卦》象辞关于"大过之时大矣哉"的哲学意义

（1）《大过卦》象辞的意义

《大过卦》象曰："刚过而中，巽而说行，利有攸往，乃亨。大过之时大矣哉。"象辞说："大过，所谓大，就是太过之意。栋梁弯曲不直，其实原本木质还是没有衰败。阳刚之气超越而中正，柔顺而喜悦行动，利于有所向往，于是就能亨通。所以大过合乎时宜的意义大极了啊！"

（2）《大过卦》象辞"大过之时大矣哉"的哲学意义

《大过卦》阐述的是阳刚之气刚中而不亢胜和阳刚之气太过而亢盛的哲学意义，也就是阳刚之气既阳刚又中正，是事物最为理想的表现形式，所以君子以刚正、中正而不过的德行来面对一切，就会立于不败之地而亨通。而阳刚之气过极时，对事物的发展就会产生不利的影响和结果。这是"大过之时大矣哉"哲学的意义之一。

《大过卦》象辞"大过之时大矣哉"的哲学意义之二：其一，君子的行为表现虽然与众不同，但是没有超越中正而合乎时宜。其二，君子在不同的时代，不同的处境下，其德行表现虽然有些与众不同，但却永远不会随着时间的变化而改变君子之德的本色，只是在不同的时代和处境下，采用不同的方式以保持君子的品德不改变而已。

（3）"之时大矣哉"的哲学意义

《颐卦》象辞所论的是执政者所肩负的历史责任，是不会随着时间的变迁改变的道理。《大过卦》象辞所论的是圣人君子是不会随着时间的变化而改变君子之德的实质的。这二卦告诉我们的是历史责任、刚正和适宜的美好品德、美好家庭的重要意义。无论任何时候，这二卦都有着不可改变的历史性意义。

3.《解卦》象辞关于"解之时大矣哉"的哲学意义

（1）《解卦》象辞的意义

《解卦》象辞曰："天地解而雷雨作，雷雨作而百果草木皆甲坼。解之时大矣哉。"象辞说："天地解除干旱是因为雷雨及时发作，雷雨及时发作而使百草果木的种子都及时裂开发芽。所以解除危难危机的时间意义大极了啊！"

（2）《解卦》象辞"解之时大矣哉"的哲学意义

《解卦》象辞论述记载的是遇到危险时，立即行动，就能及时解除危难，就如天不下雨天地同时干旱时，突然有几场及时雨就立即解除了干旱，使那些急待萌发的百草果木的种子都及时开裂而发芽，所以，"解之时大矣哉"，就是说及时立即解除危难的意义大极了啊！比如，看到有人落水，有能力者立即下水救人，就有可能使落水者获得生命，罗盛教就是如此不顾自己生命及时解救落水少年于危难的英雄。

4.《革卦》象辞关于"革之时大矣哉"的哲学意义

（1）《革卦》象辞的意义

《革卦》象辞曰："巳日乃孚，革而信之。文明以说，大亨以正，革而当，其悔乃亡。天地革而四时成，汤武革命，顺乎天而应乎人，革之时大矣哉。"象辞说："是太阳就有诚信，革命而守信用，文明所以喜悦，大亨通所以正大光明，革命而正当时，其灾难就会消失。天地阴阳转化而四时形成，商汤周武王革命，顺应天道而且顺应人心，革命的时间意义大极了啊！"这是《易经》哲学对商汤遵天道而变革朝代，以武力推翻夏桀之命，建立商朝，以及周武王继承商汤之道以武力革除商纣王之命的正确性和意义的肯定。

（2）《革卦》象辞"革之时大矣哉"的哲学意义

《革卦》象辞所论的"革之时大矣哉"的意义，是指商汤以武力革除夏朝末代帝王夏桀之命的伟大意义。其意义就是上顺天、下顺应民心民情民意，也就是孟子所论的人和的意义。为什么人和胜于有利的地理条件与有利的气候条件呢？因为地理条件和气候条件再有利，也不如众人齐心协力、团结一致的军民的力量更大，而能使军民一条心者，只能是有道德、爱护、保护民众的有道者了。所以"革之时大矣哉"，就是当还没有达到"人和"时，就不要急于发动革命，只有达到"人和"时，天时、地利适宜才能起到应有的作用。

结论：《革卦》的"革之时大矣哉！"与《旅卦》的"旅之时义大矣哉"两者正好是起到相互论证的作用，也就是《革卦》的"革之时大矣哉！"正好说明了《旅卦》中什么是人和的问题。

四、《坎卦》《蹇卦》《睽卦》象辞关于"之时用大矣哉"的哲学意义

1.《坎卦》象辞关于"险之时用大矣哉"的哲学意义

（1）《坎卦》象辞的意义

《坎卦》象辞曰："天险不可升也，地险山川丘陵也。王公设险以守其国，险之时用大矣哉。"象辞说："天然存在的险阻不可能升高，地上存在的险阻就是山川丘陵之地，王公大臣设置艰隘是为了守国，及时利用自然环境的艰难险阻和及时克服艰难险阻保家卫国的用处大极了！"

（2）《坎卦》象辞"险之时用大矣哉"的哲学意义

《坎卦》象辞所论的是及时利用艰险不易攻克的地势、地形以及设置险要工事，对卫护一个国家安全有着重要的作用和时间意义。有险要地势不能及时利用，或者

不能及时克服艰难险阻而保护国家的安全，那么随着时间的变化，国家的安危就会出现大问题。《坎卦》象辞是指及时利用艰险和及时克服艰难险阻与卫护国家安全的重大意义，也就是重大作用。

2.《蹇卦》象辞关于"蹇之时用大矣哉"的哲学意义

（1）《蹇卦》象辞的意义

《蹇卦》象辞曰："蹇，难也；险在前也。见险而能止，知矣哉。蹇利西南，往得中也。不利东北，其道穷也。利见大人，往有功也。当位贞吉，以正邦也。蹇之时用大矣哉。"象辞说："蹇，就是艰难之意，艰难险阻就在前面，见到艰难险阻而能停止前进，这是智者的表现。遇到艰难险阻，就要像西南的太阳有利于万物生长化育一样，以中正之德前往化解。不要像东北的太阳不利于万物生长化育一样对待艰难险阻，这是因为这样做没有出路。这有利于显现大人的功德，因为大人以往就有功德。所以他当位为君主正确吉祥，他正大了邦国的势力威望。所以正确适宜解除艰难险阻的时间的作用大极了。"

《蹇卦》论述记载了周文王奉纣王之命前去攻伐崇国，但是长时间没有攻克，遇到了崇国人民从思想上不愿投降的艰难险阻，因为周文王没有以自己是奉纣王之命而伐崇国就不顾崇国人民的安危强攻硬拼崇国的城墙，而是想以自己的仁德取得崇国人民思想上的信任，所以当长时间不能攻克崇国时，周文王就返回周邦修己整顿军旅一月，然后又返回崇国，做了更多有仁德礼仪的事情，以仁德感化了崇国人民，最终收服了崇国的历史事实，说明君子就要像太阳的光辉一样使人民得到光明温暖，处处时时以人民的利益为宗旨，就会得到人民的信任爱戴而归附于他。

（2）《蹇卦》象辞哲学意义

论述的是如何对待意识思维心灵上的艰难险阻的问题，也就是说遇到意识思维心灵的表现与期望的表现不相通的艰难险阻，不要盲目处理，而是要及时停止行动，寻找问题的症结所在，寻找解决问题的方法，寻找意识思维心灵上的症结所在，及时用真情实意化解症结，依据实际情况及时处理好矛盾。这应该是如何解除相互隔阂中艰难之事，也就是如何对待思维意识心灵中难以化解的问题，那就是及时发现问题所在，及时采用适宜的方法，长时间耐心地去做思想工作，用真情实意感化有思想症结者，逐渐化解其心中的症结，因为思维意识的问题，不是一时一刻就能解决的。

《坎卦》论述的是及时利用艰险和及时克服艰难险阻的方法和意义。《解卦》论述的是及时解除灾难危险的意义和方法。《蹇卦》论述的是如何对待思想上的难以化解的艰难之事，要长时间地去做工作，而不是立即就能解决的思想问题。前者是及时、立即的用处，后者是长期的用处，其哲学意义是实事求是、相辅相成。

我们从《坎卦》《解卦》《蹇卦》得到的是对待险阻危难的两种不同方法。《蹇卦》提出遇到思维意识方面的危难艰险时，应及时停止行动，寻找解除艰险的方法；而《解卦》《坎卦》提出，遇到危险时，是立即及时行动，立即及时解除危险。所以说，《蹇卦》是意识形态思想问题的为难求解之论的方法态度；而《解卦》《坎卦》是遇到危险时，应立即及时解除危险的态度方法，不立即及时解除危险，就会危及生命或者国家命运。

3.《睽卦》象辞关于"睽之时用大矣哉"的哲学意义

（1）《睽卦》象辞的意义

《睽卦》象辞曰："天地睽而其事同也。男女睽，而其志通也。万物睽，而其事类也。睽之时用大矣哉。"象辞说："天地阴阳上下相互观看，因而它们变化的事理是相同的。男女相互观看，因而他们的心志是相通的。万物相互观看，因而它们变化的情形是相类似的。所以，观看时间的用处大极了啊！"

睽的意义：《睽卦》之睽，具有违背和观看两重含义：其一，《睽卦》所阐述的是秦孝公采用了违背圣王的治国之道，违背民心、民情，用残暴高压强制手段的治国之道，而急于成就霸业历史事实。其二，观看春秋战国时期第一个和最后一个称霸诸侯的前因后果以及成就霸业的过程。

（2）《睽卦》象辞"睽之时用大矣哉"的哲学意义

其一，观看事物各个时期的变化状况，其变化规律是相同的。顺变常变者是顺应天道天时人心，其结果是兴旺发达；而逆变则是违背天道天时人心，其结果则是自取灭亡。

其二，观看时势的变化而及时修正不符合道德正义的思想观点方法和错误，回归到先圣的治国之道上，也就是回归到顺变正治的常道上，就不会有灾难降临。而违背献身先王治国之道者，就会有灾难降临，这里，"时用"就是指时间的用处。

所以说，《睽卦》是关于及时修正自己意识思维思想观点或方法方式的错误，及时回归到正大光明的正道上而作为的意义和方法和功用的论说。

五、结论

1.损益的哲学意义

通过对"凡益之道，与时皆行"与"损益盈虚，与时皆行"意义的研究，我们明白了凡是有益于人民利益的事情和为人民谋利益的各种方法，应该是没有时间地点限制的时时处处都要做的事情，而且损与益的事情也是同时发生存在的，所以不能为了自己的利益而损害他人和国家的利益。中国共产党提出的"与时俱进"的观点，是与"与时皆行"意义是一致的。

2. 随时可变与不可变之事的哲学意义

其一，有些事物就如天下万物随着时间的变化而变化一样，是可以随着时间的变化而可以改变变化的。

其二，有些事物，就如天地日月照耀承载万物恒久不变一样，是不会改变的，那么，我们的先帝先圣效法天地之道为我们创建的为人民谋利益的治国宗旨和为官之道也是不能改变的。

3. 随着时间变化不可变化的事情的哲学意义

其一，执政者时时刻刻不忘养育好万民的责任。

其二，君子无论在任何时代，都会以不同的方式保持君子的品德不改变。

其三，任何时代天子娶皇后的标准不可改变，这在《易经》有明确规定，正如《姤卦》卦象辞曰："后以施命诰四方。"

其四，圣人君子以天道之无为为天下人民谋利益的治国宗旨不可变，实现万世天平的目标不可改变！

4. 关于避免灾难的方法

其一，及时修正背离道德的思想观点或者方法，以符合道德标准的思想观点方法，避免灾难。这种方法既避免了自己的灾难，又避免了给人民造成的灾难。

其二，君子对待小人或刚愎自用者的方法，那就是及时隐遁，以避免他们给自己带来灾难。

5. 及时解除危险和如何解除思想上的危难之事

其一，立即解除危险，救人于危难之中。

其二，及时利用自然艰险和克服艰难险阻维护国家安全。

其三，对于思想上的危难之事，不是一朝一夕之事，而是需要用长久的时间和真情实意去解除的。

6. 革命成功的条件

无论是哪个时代的革命、革新、创新、变革，万变不离其宗，实现"人和"的方法就是以民众利益为首要目的，只有以为人民谋利益为治国宗旨，以为民众谋利益为目的，才会实现"人和"，实现永远的奋斗目标——天下安乐太平。

所以，依据以上观点的分析，可以认为"凡益之道，与时皆行"与"损益盈虚，与时皆行"的意义，与当今中国共产党人提倡的"与时俱进"的意义是一致的。

中国共产党提出："坚持党的思想路线，解放思想、实事求是、与时俱进，是我们党坚持先进性和增强创造力的决定性因素。与时俱进，就是党的全部理论和工作要体现时代性，把握规律性，富于创造性。"

中国共产党提出的"解放思想、实事求是、与时俱进。"本身就是唯物辩证观的体现，意识思维思想行为与时俱进，创新创造提高生产力与时俱进，但要实事求是，依据具体情形而决定行动。所以，"与时皆行""时义大矣哉""时用大矣哉"的意义，就是实事求是，依据不同情形的实际意义，"与时俱进"不是不加分析的而是辩证的"与时皆行"！

《易经》的哲学观，就是唯物辩证观。

第三章 《易经》哲学历史发展中的几位相关人物[①]

第一节 《易经》哲学思想的总导师——孔子[②]

通过对《易经》内容的全面研究，我们应该明白，现存的关于《易经》六十四卦的所有文辞均源于孔子及其弟子的编撰，孔子将《老子》思想与自己所创立的儒学思想相结合，而对《易经》编撰了"十翼"，孔子使只有预测功能的《易经》，成为具有丰富内涵的人生教科书的《易经》，使其成为治国者治国平天下的经典著作，使其成为中华民族哲学起源的综述归纳者。孔子就是中华民族哲学发展的总导师，但不能称其为中华哲学的始祖，因为一般认为老子既是中华民族哲学的始祖，又是形而上哲学的始祖。孔子生活于公元前551年9月28日（农历八月廿七）~公元前479年4月11日（农历二月十一）。

一、孔子是中华民族哲学发展发扬的总导师

1.孔子之儒是中华民族哲学编撰的总导师

其一，从《易经》内容就可以看到孔子在编撰《易经》时，首先将二皇五帝三王的治国哲学全部收纳于《易经》。

其二，《易经》归纳引用和抽象应用了《老子》的经典哲学。

其三，孔子及其弟子们引用了《尚书》《春秋左传》《诗经》《孟子》《吕氏春秋》《国语》《战国策》等文献中记载的相关历史事件；引用了《周礼》《礼记》等文献中的礼乐、礼仪文化和孔子哲学思想的内容；引用了《论语》《大学》《中庸》等文献中孔子的哲学思想，孔子对《易经》六十四卦的卦辞、爻辞，赋予新的

[①] 笔者之所以要介绍这几位先哲的经典文献的内容，其一，是因为笔者的这部著作中，引用最多的文献资料，就是孔子、老子、庄子、孟子、张载、王阳明等先哲的原文。其二，是因为笔者对除过《孟子》王阳明的著作外，对《老子》《庄子》《张载》的著作均作了精细全面的研究解读。

[②] 对孔子思想的解读，主要依据笔者在完成《周易新解》《道德经新解》的过程中，对关于孔子诸多文献的研究。

内涵，又以卦象辞、爻象辞、彖辞辅助说明卦辞、爻辞所论的具体事物。当然就《易经》哲学思想而言还是以孔子老子思想为主要思想，孔子的哲学思想来源于对古代圣贤思想的研究总结，以及对老子哲学思想的感悟。其实应该是《诗经》《孟子》《吕氏春秋》等著作引用了《易经》哲学的思想内容。

2. 孔子的志向

其一，正如《礼记·礼运》孔子曰："大道之行也，与三代之赢，丘未之逮也，而有志焉。"① 孔子一生的志向在于研究、探讨、记载传播先圣先王的德能、功业，研究探讨、记载传述周朝的礼乐、教化、刑法、婚姻伦理制度以及自然科学等具体的历史。从孔子的大量言论中，我们看到的是孔子对先圣先王之功德、品德的记载和评定；其内容上涉及到关于尧舜、后稷、大禹、商汤、周文王、周武王、周公、周成王、周康王的功德；那些亡国亡天下之君王，如商纣王、周幽王的亡国教训；以及天时、地理地利等论说最多，正如《中庸》所言："仲尼祖述尧舜，宪章文武，上律天时，下袭水土。辟如天地之无不持载，无不覆帱，辟如四时之错行，如日月之代明。万物并育而不相害，道并行而不相悖，小德川流，大德敦化，此天地之所以为大也。"②

孔子的大量言论集中起来，远比《老子》的五千言多几倍，可惜孔子没有自己的专门著作。从这个意义而言，孔子是一位务实的、有远大理想的思想家、教育家、哲学家，是一位肩负历史重任的历史学家、历史评论家，所以，对孔子的言论，应该从历史角度认识来分析。

其二，孔子的志向正如《论语·为政篇》所言："吾十有五而至于学。"又《论语·述而篇》孔子曰："述而不作，信而好古，窃比于我老彭。"又曰："志于道，依于仁，游于艺。"孔子十五岁就立志致力于学问的研究学习，学习研究什么呢？正如《论语·雍也篇》所言："女为君子儒，无为小人儒。"这就是说孔子要学习如何做一个真正的君子，也就是做一个是真君子的儒者。因为孔子学会了，所以孔子关于儒家思想行为标准的理论达十七条之多。所以孔子才会有："言必信，行必果。""儒有可亲而不可劫也；可近而不可迫；可杀而不可辱也。""儒有博学而不穷，笃行而不倦；幽居而不淫，上通而不困；礼以和为贵，忠信之美，优游之法，举贤而容众，毁方而瓦全。""身可危也，而志不可夺也"③ 的真君子之论。

其三，孔子喜欢阐述先圣先王先祖之道德，相信而且喜好研究记载古代的文明史，而不创作属于自己的著作，这就是孔子的志向。孔子一生的志向就在于研究、

---

① 钱玄、钱兴奇等注译. 礼记[M]. 岳麓书社，2001：295.
② 同上，715.
③ 同上，786.

探讨、记载和传播先圣先王的品德、功业；研究记载先圣先王的治国之道；研究、探讨、记载、传述周朝的礼乐、教化、刑法、婚姻伦理，以及自然科学等等的具体历史事务，而从孔子的大量言论中，我们看到的就是孔子对先圣、先王治国之道、功德、品德的记载，其内容上至尧舜、后稷、大禹、商汤、周文王、周武王、周公的功德，下至那些亡国之王，如商纣王、周幽王的亡国教训，还有天时地利等等，正如《中庸》所言："仲尼祖述尧、舜、宪章文、武，上律天时，下袭水土。"

其四，孔子使那些没有文字记载的先圣、先帝、先王的历史和口头流传的先圣们的历史变为有文字记载的历史文献，也就是自孔子以后，才有了这些文献，孔子为中华民族的历史文化学立下了丰功伟绩，也是对中华民族的传统文化立下了丰功伟绩。孔子将对古圣人的治国之道、之德、品德、思想、礼乐的研究内容，通过《易传》的形式来记载，而且出现在《礼记》中的为最多。也就是说，孔子将自己对三代精英、先帝、先圣的学问的研究内容，通过《易传》和《礼记》记载下来，以使其流传而起到教化作用。我们现在所能看到的《易经》中六十四卦的图形和所有文辞，就属于爻系统、卦系统、经系统、部分《易经》系统的内容。《易经》的所有文辞，就是孔子对上古圣人，先帝先王治国之道的记载和传播；就是对传统道德的记载传播；就是对先圣先帝先王君子之美德的记载传播；就是使那些没有文字记载和口头流传的先帝先王文明历史有了文字记载，而起到传播和教化后代的作用的《易经》了。

其五，孔子一生研究记载宣扬先圣先王的仁义道德，就是为了实现五帝三王时代，已经实现了的天下为公的大同社会。正如《礼记·礼运篇》孔子曰："大道之行也，与三代之英，丘未逮也，而有志焉。大道之行也，天下为公，选贤与能，讲信修睦。故人不独亲其亲，不独子其子，使老有所终，壮有所用，幼有所长，矜寡孤独废疾者，皆有所养；男有分，女有归，货恶其弃于地也，不必藏于己；力恶其不出于身也，不必为己。是故谋闭而不兴，盗窃乱贼而不作，故户外而不闭，是谓大同。"[①] 这是儒家的创始人孔子记载传播先圣之德和以实现教化所要达到的目的。

其六，《老子》是"为往圣继绝学"历史长河中的创始人物，而孔子则是对上古圣王、三代英王之治国之道、治国过程和所达到的美好社会，及其具体事件的记载和传承。他们均是对传统道德、传统文化的传承记载宣扬光大的伟大人物。而此二位的功德在于开创了中华民族传统文明文化的历史新纪元，但是他们均是在理论上的传承，而欠缺的是用真正的传统道德理论治理国家天下的实践。虽然历史上有汉文帝、汉景帝遵《老子》的无为之道治理国家天下，也就是以《老子》的道德理

---

① 钱玄、钱兴奇等注译. 礼记 [M]. 岳麓书社, 2001: 295—296.

论治天下，所以实现了历史上的"文景之治"；还有唐太宗的"贞观之治"，依据历史记载，是以"尊黄老之术，仁义诚信为治"实现了天下大治，历史上称作"贞观之治"的太平盛世。但是这在中华民族几千的历史长河中，出现太平盛世的机会也就仅此而已。

其七，孔子一生辛劳奔波，游学讲学，记载在《论语》《礼记》《孝经》《大学》《中庸》《易·传系统》《春秋左传》《孟子》《春秋公羊传》《谷梁传》以及《孔子家语》《史记·孔子世家》《孔子传》等文献中的孔子之言，均是出自他人之口笔。当然《易·系辞》《易·文言》是否出自孔子自己之口笔？不得而知。

二、孔子是人性论、仁论、平等论等人文科学的创始者

1.关于孔子的人性论

孔子的言论在《礼记·礼运》《礼记·哀公问》《礼记·仲尼燕居》《礼记·孔子闲居》《中庸》以及《中庸·哀公问政》等文献中，以大篇的文章，论述了政治、天道、人伦、礼仪、礼乐、祭祀之礼、五至、三无、三无私、中庸之道、修身治政、人情人义等，几乎无所不论。尤其是《礼记·礼运》关于"何谓人情？喜、怒、哀、惧、爱、恶、欲，七者弗学而能。何谓人义？父慈、子孝、兄良、弟弟、夫义、妇听、长惠、幼顺、君仁、臣忠，十者谓之人义"①的论述，孔子认为人的这七种情感与生并存，是不用学习就自然存在的，也就说孔子认为，人之初，人性是中性的、平和的。平和应该是善为先，因为人的父母亲朋好友都是善良美好的，受遗传和环境的影响，人的本性是善良的，遗传环境造就了人善良的本性。

人之初七种情感齐全，而随着年长以后的人性应该是受到家庭、自然环境、社会环境、阶级，以及后天的教化而发生变化的，所以自古以来，无论是帝王、庶人都非常注重后天教化的意义。当然我们也不否认，个别人从小就有恶性的表现，以至于成年后仍恶性不改，笔者认为，一般而言，这是一种病态人格的表现，只不过是没有人认真研究这些而已。

孔子的人性论被其弟子孟子分析比喻得恰如其分，孟子曰："水性，无分东西，无分上下乎？人性之善也，犹水之就下也。人无有不善，水无有不下。今夫水，搏而跃之，可使过颡；激而行之，可使在山。是岂水之性哉？其势则然也。人之可使为不善，其性亦犹是也。"

所以，从这个意义而言，孔子应是中华民族人文科学理论、人伦科学理论的创始者，是人文科学领域的哲学家。

---

① 钱玄、钱兴奇等注译.礼记[M].岳麓书社，2001：306.

所以孔子为世人建立了关于人情、人义、人伦、人文科学的基础理论。

2. 孔子是"仁"论的创始者

《论语·里仁篇》子曰："里仁为美，择不处仁，焉得知？""不仁者不可以久处约，不可以长处乐。仁者安仁，知者利仁。""唯仁者能好人，能恶人。""我未见好仁者，恶不仁者。好仁者，无以尚之；恶不仁者，其为仁矣，不使不仁者加乎其身。有能一日用其力于仁矣乎？我未见力不足者。盖有之矣，我未之见也。"

《论语·雍也篇》子曰："何事于仁！必也圣乎？尧舜其犹病诸！夫仁者，己欲立而立人，己欲达而达人。能近取譬，可谓仁之方也已。"

《论语·泰伯篇》子曰："好勇疾贫，乱也。人而不仁，疾之已甚，乱也。"

《论语·子罕篇》子曰："知者不惑，仁者不忧，勇者不惧。"

《论语·颜渊篇》颜渊问仁。子曰："克己复礼为仁。一日克己复礼，天下归仁焉。为仁由己，而由人乎哉？"颜渊曰："请问其目。"子曰："非礼勿视，非礼勿听，非礼勿言，非礼勿动。"颜渊曰："回虽不敏，请事斯语矣。"仲弓问仁。子曰："出门如见大宾，使民如承大祭。己所不欲，勿施于人。在邦无怨，在家无怨。"司马牛问仁。子曰："仁者，其言也讱。"曰："其言也讱，斯谓之仁乎？"子曰："为之难，言之得无讱乎？"樊迟问仁。子曰："爱人。"问知。子曰："知人。"樊迟未达。子曰："举直错诸枉，能使枉者直。"樊迟退，见子夏曰："乡也吾见于夫子而问知，子曰：'举直错诸枉，能使枉者直'，何谓也？"子夏曰："富哉言乎！舜有天下，选于众，举皋陶，不仁者远矣。汤有天下，选于众，举伊尹，不仁者远矣。"樊迟问仁。子曰："居处恭，执事敬，与人忠。虽之夷狄，不可弃也。"

《论语·宪问篇》子曰："君子而不仁者有矣夫，未有小人而仁者也。"

《论语·卫灵公篇》子曰："志士仁人，无求生以害仁，有杀身以成仁。"

《论语·阳货篇》子张问仁于孔子。孔子曰："能行五者于天下，为仁矣。""请问之。"曰："恭、宽、信、敏、惠。恭则不侮，宽则得众，信则人任焉，敏则有功，惠则足以使人。"

以上只是列举了《论语》中，孔子关于"仁"的论述，有学者统计："仁"仅在《论语》中就出现了 109 次，最后孔子对"仁"的总结就是"恭谨、宽厚、诚信、聪敏、慈惠"。

而关于"仁"，正如《孟子·离娄上》孟子曰："三代之得天下也以仁，其失天下也以不仁。国之所以废兴存亡者亦然。天子不仁，不保四海；诸侯不仁，不保社稷；卿大夫不仁，不保宗庙；士庶人不仁，不保四体。今恶死亡而乐不仁，是犹恶醉而强酒。"① 又《孟子·离娄下》孟子曰："君子所以异于人者，以其存心也。君子以仁存心，以礼存心。仁者爱人，有礼者敬人。爱人者人恒爱之，敬人者人恒敬之。"② 孟子既是对"仁"的意义的解读，也是对孔子"仁，爱人"及"能行五者于天下，为仁矣"的解释。

《庄子·天地》庄子曰："无为为之之谓天，无为言之之谓德，爱人利物之谓仁，不同同之之谓大，行不崖异之谓宽，有万不同之谓富。"③

通过孔子、孟子、庄子对"仁"的解读，其共同点是"仁"就是"爱人"。所以"仁"的核心就是"爱人"；而孟子、庄子对"仁"的解读，均源于对孔子之"仁"的解读、理解。所以说孔子是阐述"仁"的意义的创始者。

3.孔子是平等思想的创始者

"仁"的核心就是"爱人"，"爱人"当然是爱护所有人了，博爱大众，爱一切人，是"仁"的根本，也是平等意识的基础。

《礼记·礼运》孔子曰："大道之行也，天下为公。选贤与能，讲信修睦，故人不独亲其亲，不独子其子，使老有所终，壮有所用，幼有所长，矜、寡、孤、独、废、疾者，皆有所养。男有分，女有归。货恶其弃于地也，不必藏于己；力恶其不出于身也，不必为己。是故谋闭而不兴，盗窃乱贼而不作，故外户而不闭，是谓大同。""故圣人耐以天下为一家，以中国为一人者，非意之也，必知其情，辟于其义，明于其利，达于其患，然后能为之。何谓人情？喜、怒、哀、惧、爱、恶、欲，七者弗学而能。何谓人义？父慈、子孝、兄良、弟弟、夫义、妇听、长惠、幼顺、君仁、臣忠，十者谓之人义。讲信修睦，谓之人利。争夺相杀，谓之人患。故圣人所以治人七情，修十义，讲信修睦，尚辞让，去争夺，舍礼何以治之？饮食男女，人之大欲存焉；死亡贫苦，人之大恶存焉。""故礼义也者，人之大端也，所以讲信修睦，而固人之肌肤之会、筋骸之束也。所以养生、送死、事鬼神之大端也。所以达天道、顺人情之大窦也。"

《论语·颜渊篇》子曰："己所不欲，勿施于人。在邦无怨，在家无怨。"子曰："君子成人之美，不成人之恶。小人反是。"

《论语·里仁篇》子曰："富与贵，是人之所欲也，不以其道得之，不处也。贫与贱，是人之恶也，不以其道得之，不去也。君子去仁，恶乎成名？君子无终食之间违仁，造次必於是，颠沛必於是。"

《论语·季氏篇》孔子曰："求！君子疾夫舍曰欲之而必为之辞。丘也闻有国

---

① 梁海明译注. 孟子[M]. 山西古籍出版社，1999：112.
② 冯凌云主编. 孟子[M]. 陕西旅游出版社，2003：145.
③ 张光裕主编. 老子（附庄子）[M]. 北京燕山出版社，2000：143.

有家者，不患寡而患不均，不患贫而患不安。盖均无贫，和无寡，安无倾。夫如是，故远人不服，则修文德以来之。既来之，则安之。今由与求也，相夫子，远人不服而不能来也，邦分崩离析而不能守也，而谋动干戈于邦内。吾恐季孙之忧，不在颛臾，而在萧墙之内也。"

《论语·子罕》子曰："三军可夺帅也，匹夫不可夺志也。"

《论语·乡党》"乡人饮酒，杖者出，斯出矣。""孔子于乡党，恂恂如也，似不能言者。其在宗庙朝廷，便便言，唯谨尔。""厩焚。子退朝，曰：'伤人乎？'不问马。"

《论语·述而篇》子曰："自行束修以上，吾未尝无诲焉。"

《论语·卫灵公篇》子曰："躬自厚而薄责于人，则远怨矣。""有教无类。"孔子"有教无类"的思想，指人人都可以教育，不分贵贱、地域、贤愚、善恶。

又如《礼记·哀公问》孔子曰："古之为政，爱人为大，所以治。爱人，礼为大，所以治。"①哀公曰："敢问人道谁为大。"孔子愀然作色而对曰："君之及此言也，百姓之德也！固臣敢无辞而对？人道，政为大。"公曰："敢问何谓为政？"孔子对曰："政者正也。君为正，则百姓从政矣。君之所为，百姓之所从也。君所不为，百姓何从？"②孔子曰："古之为政，爱人为大。不能爱人，不能有其身；不能有其身，不能安土；不能安土，不能乐天；不能乐天，不能成其身。"孔子曰："昔三代明王之政，必敬其妻、子也，有道。妻也者，亲之主也，敢不敬与？子也者，亲之后也，敢不敬与？君子无不敬也，敬身为大。身也者，亲之枝也，敢不敬与？不能敬其身，是伤其亲；伤其亲，是伤其本；伤其本，枝从而亡。三者，百姓之象也，身以及身，子以及子，妃以及妃，君行此三者，则忾乎天下矣。大王之道也如此，则国家顺矣。"③

《礼记·曲礼上》曰："夫礼者，自卑而尊人。虽负贩者，必有尊也，而况富贵乎？富贵而知好礼，则不骄不淫；贫贱而知好礼，则志不慑。"④

以上列举了《礼记·礼运》孔子对古代，以至于西周时代，圣人治天下实现了人人平等的大同社会的社会情景，这就充分体现了孔子非常向往圣人治天下所实现的人人平等的社会。

《论语》中孔子论述了君子为人处事的平等观、对老者、乡党尊敬而一视同仁的平等观；对教育"有教无类"的平等观；对国家社会"不患寡而患不均，不患贫

---

① 钱玄、钱兴奇等注译. 礼记 [M]. 岳麓书社，2001：661.
② 同上，660.
③ 同上，662.
④ 木子主编. 曲礼 [M]. 广州出版社，2001：5.

而患不安"的平等观；尤其是《礼记·哀公问》中论述的"古之为政，爱人为大"的平等观。也就是作为执政者，要爱护他的子民，爱护天下的所有百姓。

《曲礼》"夫礼者，自卑而尊人。虽负贩者，必有尊也，而况富贵乎？"这是孔子之儒最为鲜明的平等观，所以说孔子是论平等思想的创始者。

孔子的平等观被庄子的评论证明是在古代等级制度森严的情况下，是无法实现的。

正如《庄子·齐物论》曰："'君乎！牧乎！'固哉！丘也与女皆梦也，予谓女梦亦梦也。是其言也，其名为吊诡。万世之后而一遇大圣知其解者，是旦暮遇之也。"①庄子说："君王尊贵，牧夫卑贱，这是恒古就有的社会观念，孔丘与你都在做梦啊，我说你做梦就是做梦啊；这是他说的话，他的称名有些奇异。等到万世之后遇到一位大圣人就知道怎样解开这个梦了，这是早晚会遇到的事情。""'君乎！牧乎！'固哉！丘也与女皆梦也，"庄子通过长梧子指出，因为君王和权贵者尊贵牧夫卑贱，这是自古以来就存在的社会等级制度，前一部分讲到孔子的儒学主张要搁置狡诈昏乱，以卑贱之态尊敬所有人，使劳苦不息的众人得到尊敬；使人人平等，对于每一个人，无论你身份有多高贵，无论你的身份有多低下，但是都应该相互尊重，没有贵贱之分。正如《礼记·曲礼》所言"夫礼者，自卑而尊人，虽负贩者，必有尊也，而况富贵乎？"所以庄子认为孔子之儒这是在做梦。庄子却通过长梧子明确预测到，"等多少年甚至几千年以后，有一位大圣人出现就能解开孔子在社会中实现人人平等的梦想了！"

三、孔子是理论家、思想家，也是实践家

孔子自觉地肩负起历史重任，而且认为有理想有抱负就要为理想抱负去奋斗，去作为，这也正是孔子所言的："君子遵道而行，半途而废，吾弗能已矣。君子依乎中庸，遁世不见知而不悔，唯圣者能之。"孔子指出，君子遵循大道而行，既不能半途而废，也不能学圣人当时机不适宜时就隐退的方式，"而是实实在在地去作为，孔子为了实现心中的理想抱负，不辞辛劳采用了多种方式，最终以教化学生和对《易经》的贡献，以及许多至理名言和礼仪道德仁义等规则教化后人，所以从这个角度而言，孔子是一位真正为理想而实干的实践家。

据《史记·孔子世家》和《孔子传》记载，孔子为了生活，为了实现理想，曾做过鲁国仓库委吏、乘田，且都能将这些事情做得很好。也曾以士的身份参加过鲁国的各种祭祀活动。后来孔子到周朝去学礼，而得到老子的教导。孔子从周朝学习

---

① 张光裕主编.老子（附庄子）[M].北京燕山出版社，2000：96.

回到鲁国，门下的学生就日渐增多，孔子最为主要的工作是教徒设教，其弟子很多。孔子修诗书礼乐，晚年喜欢研究《易经》，编撰《彖辞》《系辞》《象辞》《说卦》《文言》。孔子以《诗》《书》《礼》《乐》教授弟子，有弟子三千多，身通六艺者七十二人。孔子整理编纂《易经》《诗经》《春秋》《书》《礼》《乐》，后人称之为"六经"。

《易·系辞》充满了孔子对六十四卦的解释之辞，《易·文言》是孔子对《乾卦》和《坤卦》的解释。所以说孔子是一位伟大的教育家，这不仅是因为他教授的门徒弟子众多，也是因为他研究记载了古代先圣先帝先王的功德，以及各类书籍对他言论的记载，使他的言论思想、至理名言对后世之人的教化作用。

在学术界，孔子和其整理的"六经"被称之为中国学术的最大权威者，正如《国学概论·孔子与六经》所言："故言古者不可不慎。余于此编，盖将略而弗论，论其可知者，自孔子始，然于中国学术最大权威者二：一曰孔子，一曰六经。孔子者，中国学术史上人格最高贵之标准，而六经则是学术史上著述最高之标准也。自孔子以来，学者言孔子必及六经，当六经者亦必及孔子。"[①]

孔子之所以在学术史上受到如此高规格的敬重，其中就有孔子使那些没有文字记载的历史和口头流传的历史变为有文字记载的历史文献，也就是自孔子以后才有了这些历史文献，孔子对中华民族的历史有承前启后的伟大作用。

四、孔子设教授徒的目的

翻开《大学》第一篇，多读几遍，就可以明白孔子设教授徒的目的在于阐明显明光明的道德，并让学生明白道德的意义。道德的意义在于爱民，在于使人心居于善，以达到以善待万物，以善对待自己的同胞亲人，确定自己的志向。也就是教学的目的，就是给国家教化培养德才兼备的人才，培养有道德的治国者，培养真正的君子。培养出德才兼备的人才，以自己的德能、智慧为天下民众谋利益，而使自己得到养育，培养能够自立于社会、对社会有用的人才来建设和谐社会，使人民得到安乐福气。

五、孔子的中庸之道

孔子中庸之道的中心是"中"，中的本义是中心、当中，这是指一定范围内适中的位置；中还有平衡、端正的抽象意义，平衡又有平和的象征意义。而"正"就是不偏斜、正大光明、正直、正义、公正、公平，端正等意义。

---

① 钱穆的著.国学概论[M].商务印书馆出版，1997：2.

孔子对君子之中庸的解释就是"时中",君子之中庸,在心中时刻秉持中正平和,也就是说中正平和就是中庸。所谓中正,就是公平正直平和。正如《中庸》子曰:"君子中庸,小人反中庸,君子之中庸也,君子而时中;小人之中庸也,小人而无忌惮也。"①

这里笔者提到了"心中时刻秉持中正",因为《中庸》一开始就说:"喜怒哀乐之未发,谓之中;发而皆中节,谓之和;中也者,天下之大本也;和也者,天下之达道也。致中和,天地位焉,万物育焉。"②喜怒哀乐这些情感没有表现出来是谓情感在心中,表现出来能够节制使其中正,谓之平和和顺;中正是天地万物的最大根本;和合和平则是天下万物共同的最高目标。致力于达到中正平和,就是具有了天地以善待万物的地位,也就能使万物得到养育化生了。这是《中庸》对"中"的解读。这样,"中"就有了"心中""中节""中和"的意义。

关于《中庸》之道,孔子并未对其渊源作具体说明,也就是说,为什么要使用"中庸之道"这个称名,孔子只是指出:"舜其大知也与!舜好问而好察迩言,隐恶而扬善,执其两端,用其中于民,其斯以为舜乎!"③孔子认为,舜隐恶杨善,用折中的方法,调和太过与不及,将不美好的事物与特别好的事物隐藏起来,选用中性的,所有人都能做到的事情宣扬,这种使人人都有仁善之心的做法,就是舜的大智慧。这就是说,孔子的中庸之道,就是采用舜的折中之法,将天命、大道、无为之道、天道、地道、君子之道等诸道的内涵,统一在中正、中和的基础上,称之为"中庸之道"。因为诸道的内涵,就是中正、公平、正直、正大光明等意思,因为这在《易经》六十四卦中,天命的内涵,就是"大亨以正",大道、无为之道、天道、地道的内涵也是中正,无偏斜,也就是公正无偏斜。

庄子在《齐物论》中,对孔子中庸之道的来源有他自己的认识:"唯达者知通为一,为是不用而寓诸庸。庸也者,用也。用也者,通也;通也者,得也。适得而几矣?"④庄子指出:"无论是道化生无极太极也好,太极化生天地也好,还是天地生成万物也好,或者是万物生生灭灭如此反复变化不已全都是同一的道所为。唯有通达者知晓各种变化之道全是同一个道的缘由,为此不采用'诸道之道'这个称名而将诸多道的称名寄寓于'中庸之道'的称名。所谓庸,就是使用这些道的道理说明什么是中庸。能使用中庸者,已经通晓了中庸的道理;通晓通达中庸的道理者,就是得道。而符合懂得中庸之道的人有几个啊。"庄子在对"中庸"的论述中指出,因为孔子

---

① 钱玄、钱兴奇等注译.礼记[M].岳麓书社,2001:694.
② 同上,693.
③ 同上,695.
④ 张光裕主编.老子(附庄子)[M].北京燕山出版社,2000:92.

明白了万物的生生灭灭的变化都是同一个道所为，所谓"中庸"就是将关于道的各种称名，"无与有""大道""天道""道生一之道""无为之道""圣人之道"等的意义综合平衡，统统称之为"中庸之道"。这是庄子对孔子"中庸之道"的渊源的理解，庄子指出孔子是得道之人，也就是孔子是有道者，只可惜懂得"中庸之道"内涵的人太少了。这是庄子对孔子"中庸之道"来源和意义的论述肯定。

但是庄子在《齐物论》中又指出：无论天命、天道、墨子之道还是中庸之道，都不能将道的化生作用体现出来，而中庸之道虽然有它的意义，但它所体现的只是道的内涵而已，其内涵就是中正、中和的意义。因为无论是天命的内涵，天道的内涵、墨子之道的内涵，还是中庸之道的内涵，均体现的是中正平和，以善待万物的意义，所以庄子认为没有什么比老子推论的无为之道更适合了，因为只有老子的无为之道既体现了诸道的内涵，又明确地阐发了万能的道化生万物的功能，所以还是以无为之道的称谓最为合适。

那么我们研究孔子的中庸之道，就是要研究它的内涵，其内涵就是中正、中和、平和，这是上自治国者，下至众人都应该具有的一种正常的心态。而中正则是治国者应有的治国胸怀，力求公正公平待万民，力求实现天下太平和平。这既是《乾卦》象辞所期望的："乾道变化，各正性命，保合大和，乃利贞．首出庶物，万国咸宁"的内涵，又是老子所期望的："执大象，天下往。往而不害，安平太"的意义所在。

六、孔子关于和而不同的哲学意义

1. 和而不同的含义

孔子和而不同的观点，出自《论语·子路篇》："君子和而不同，小人同而不和。"孔子的"和合"文化被认为"不仅是一种思想观念，也是中华民族的基本精神"。那么孔子的"君子和而不同"的观点，到底如何理解呢？有学者认为，"和"是在仁、义、礼、中庸的基础上的和谐。

对孔子以上这两句论说的解释，一般认为是：君子是在遵循道的基础上与人和谐和悦和顺相处，而不是毫无原则地随同。小人则是为了利益毫无原则地随声附和但内心并不是为了和谐。也可以是：君子讲求和谐而不同流合污，小人只求完全一致，而不讲求协调。

从这个意义而言，"君子和而不同"，就是传统的"求同存异"观，这里"和"就是"同"的抽象，"不同"就是"异"的意思。共同的事业目的是谓"同"，保留不同意见或用不同的方法是谓"异"。

2. 和而不同的延伸意义

《易·系辞》孔子曰："天下同归而殊途，一致而百虑。"孔子说："天下人的目的都是相同的，只是实现目的的方法不同而已，而且目的一致却有百般不同的思虑。"那么天下人相同的目的是什么呢？那就是实现天下太平安乐和谐和乐的目的和天下人心中的期盼是相同的。而要实现这个伟大目标，就要如《泰卦》所论的，采用各种不同的方式方法，汇聚各类不同、容纳团结各种政见德能智能的人才，开展各类强国富民的事业等。所以，《易·系辞》之言，就体现了"和而不同"的意义，这里"和"就是目的，"不同"就是持有各种政见的各类不同德能智能的人才，当然这个观点是否正确，还有待广大研究者研究讨论。

3.《易经》哲学关于和而不同的方法

其一，应该包含了《谦卦》六四爻辞所论的"扐谦"的意思，"扐"的意思，就是合乎情理而又不违背原则，为了使事情得到圆满解决的善意的欺骗，也就是我们平常所说的善意的谎言。那么"扐谦"就是合乎情理而不违背原则的善意的谦让。比如作为领导者，在完成某项任务时，本来已经有了完成任务的意见方案，但是为了更好地充分地发挥民主，发挥大家的才能，谦让地说自己还没有很好的方案，相信大家能够拿出很好的方案或方法。这样经过大家充分地发表意见，将最好的符合自己方案的意见综合起来，归于大家的智慧，最后非常完美地完成了任务，所以说，扐谦应该是"和而不同"的一种方法，也是一种领导艺术。

也许这个例子并未完全说明"扐谦"的意义，但是谦卦之"扐谦"，是指周公代周成王执政期间，年幼的周成王犯了过失，周公作为臣子，不能行使父教子之过的教化方式，周公就只好用鞭打自己的儿子伯禽的方式，以示成王作为世子的规矩，使成王受到教化的这种方式，是谓扐谦。

其二，庄子在《齐物论》中所言的"朝三而暮四和朝四而暮三"的方法也可以为"和而不同"的方法之一。虽然庄子主要是用"朝四暮三"比喻孔子以"中庸之道"替代大道、天道、地道、墨子之道的内涵，其实它们的内涵是一致的，即中正平和，也就是比喻用不同的方法，达到同一的效果。也就是说，可以利用各种既不违背原则、又能有效达到目的的方法。

4.和而不同的社会学意义

其一，"和而不同"是哲学方法和自然观。"和而不同"，笔者以为是孔子建立的一种唯物辩证的哲学方法，即凡事都应该在明确具体情况的基础上，根据不同情况具体对待。这种唯物辩证方法，既可以用于治国之策，又可以用于外交。而其实际意义，就是"求同存异。"

孔子既然有"和而不同"的哲学观点，当然就应该有"和而同同"或者"和而合同"的观点，笔者以为孔子的"和而合同"的观点就是孔子的"天人同一观"。在"天人同一观"一节中，我们分析了老子、孔子之易关于"圣人君子天人同一"

的同一观内容，还分析了《黄帝内经》天人相应观的真实证据。孔子在《礼记·礼运》中说："故人者，其天地之德，阴阳之交，鬼神之会，五行之秀气也。""故人者，天地之心也，五行之端也，食味别声被色而生者也。"[①]孔子之论是对人类与天地自然的关系而言的，这也是真正的天地人自然同一的论述，真正体现了儒家天人同一的自然观点，这也是真正的天地人自然同一的论述。

如若将孔子的"天地人自然同一观"与"和而不同"联系在一起，就可以说，人与天地自然虽然有着自然的同一性，有着同一的和谐性，但是毕竟人是与天地万物不同的类型，人类有自己的意识思维行为，有着支配利用天地自然之源的主动性思维和行为等。

其二，"和而不同"的社会学意义：《易·系辞》曰："化而裁之谓之变，推而行之谓之通。"这两句的含义是："依据不同情形对器的规格适当取舍，使其适宜是为变通，使道与器得到广泛的推行是谓通行。"它的意义，是建立适合广大民众和各民族利益能够通行的天下的通法。通法就是和，适当取舍就是不同，这是治国策略上的"和而不同"。

《渐卦》卦象辞曰："山上有木，渐。君子以居贤德，善俗。"君子以居于贤能善行和以各种方式蓄积仁善之德，善于亲善不同风俗的民族兄弟。这是对周公以自己的美善之德帮助教化淮夷之族的人民，既尊重他们的风俗习惯，又帮助他们戒除不良的风俗习惯，教化他们以正当的劳动创造自己的幸福生活，因而使他们过上幸福安乐生活，而得到和谐天下人民的基本方法的历史事实的肯定和记载。这里，目的就是"和"，各种方法方式就是"不同"。这同样是治国策略上的"和而不同"。

《易·系辞》是指法规上的"和而不同"，也就是在基本法规统一的情况下，为了尊重适合各民族或不同地区的习俗而对基本法规作适当增加或减少，使其与基本法规有所不同，这样就有利于法规统一通行。

《渐卦》的"君子以居贤德，善俗"，是指君子以善德对待不同地区人民的习俗，既要尊重他们的习俗，使其保持不变；又要入乡随俗，还要依照当地人民的习俗生活处事和帮助他们逐渐去除陋习，使大家都有美好的德行。《易经》记载了周文王、周公用"和而不同"或"求同存异"的方法、实现了治国目标、民族和谐的历史事实。孔子的"和而不同"的观点、方法应该是总结先圣先王的治国之道而来，也是对先圣先王治国经验的总结，不是凭空而来。

中华人民共和国的宪法传承了"和而不同"的唯物辩证观。国家保障了各民族的合法权利和利益，全国人民团结一致，既要尊重少数民族的风俗习惯，还要有保

[①] 钱玄、钱兴奇等注译. 礼记[M]. 岳麓书社，2001：307.

护尊重少数民族的宗教信仰等一系列政策,这就完整地体现体现了"求同存异"策略。

中华人民共和国的外交政策,继承发扬了中华民族的政治传统,提出了和平共处的五项原则,是对世界和平和谐的伟大贡献。

七、孔子之儒和《老子》思想有什么不同之处

1.《老子》和孔子在目的一致的前提下研究事物的方式不同

笔者以为,老子和孔子之儒的分歧,首先在于各自所研究的内容和方式的不同,而不是因为道德仁义论引发的分歧。也就是说,孔子与老子有着不同的历史使命感,有不同的理论思维方式。他们的学说在研究内容的侧重面有着很大的不同,但是其道德仁义和共同目标是一致的。因为老子用他自己的研究方式总结概括了圣人治天下,而达到天下大治的理论标准和治理国家天下的方法。而孔子是以他自己的方式研究天下得到大治的原因和方法。可见他们的目的是相同的,只是研究方式和所研究的内容不同而已。老子将圣王治理国家天下的经验、圣人依照道治理天下的各种表现形式,总结归纳为道德的哲学意义;孔子既研究记载了各位圣王圣君的具体历史事迹、历史功勋和功过是非,又研究记载了老子思想,这在《易经》之中就可以体现出来,又从历代圣王的治国理念中,总结概括出仁义、礼仪、恭、宽、信、敏、惠,中庸以及很多关于修身养性的道理,以教化后人。

2.孔子是对《老子》之道德理解最为深刻的哲学家

孔子在很多方面对老子之论,作了深刻的解读和应用。比如《老子》第五十四章有关于"修之于身,其德乃真;修之于家,其德乃余;修之于乡,其德乃长;修之于国,其德乃丰;修之于天下,其德乃普。故以身观身,以家观家,以乡观乡,以邦观邦,以天下观天下"[①]的理论。《大学》则有:"古之欲明明德于天下者,先治其国;欲治其国者,先齐其家;欲齐其家者,先修其身;欲修其身者,先正其心;欲正其心者,先诚其意,欲诚其意者,先致其知;致知在格物,物格而后知至……"[②]这就是孔子对老子关于如何修身齐家,以及如何以身观国治国的具体解释和应用。

《老子》第五十七章有关于"以正治国,以奇用兵……我好静,而民自正;我无事,而民自富;我无欲,而民自朴"[③]的理论。《礼记·哀公问》中,孔子则有:"政者正也。君为正,则百姓从政也。君之所为,百姓之所从也。君所不为,百姓何从?"[④]孔子之言,就是对老子之言的解释,也就是说,孔子告诉了我们为什么君主无为、

---

① 刘文秀、孙燕、孙兰.道德经新解[M].中国出版集团世界图书出版公司,2013:212.
② 钱玄、钱兴奇等注译.礼记[M].岳麓书社,2001:706.
③ 《道德经新解》219.
④ 《礼记·哀公问》660.

好静、无事、无欲而人民能够正，能够自化、自富、而纯朴的道理，因为君主的作为，是百姓效法的榜样，君主正，人民效法君主，当然也会公正、正直而纯朴了。

又比如《老子》第十七章曰："太上，不知有之；其次，亲而誉之；其次，畏之；其次，侮之。信不足焉，有不信焉！"①《中庸》则有"王天下有三重焉，其寡过矣乎。上焉者，虽善无征，无征不信，不信民弗从；下焉者，虽善不尊，不尊不信，不信民弗从"。②又如《论语》有："吾说夏礼，杞不足征也。吾学殷礼，有宋存焉。吾学周礼，今用之，吾从周。""夏礼，吾能言之，杞不足征也；殷礼，吾能言之，宋不足征也。文献不足故也。足，则吾能征之矣。"《老子》第七十二章有关于"民不畏威，则大威至……"③的理论。孔子《论语·尧曰篇》则有："君子无众寡，无小大，无傲慢，斯泰而不骄乎？君子正其衣冠，尊其瞻视，俨然人望而畏之，斯不亦威而不猛乎？"④孔子之言，其实就是对老子"民不畏威，而大威至"的解释，也就是说人民不畏惧君子的威严，就会有极大的危险。因为君子对人处事，无论大小，无论有势无势，均是宽厚平等平和地对待，使人民觉得可亲可敬，但是君子的行为表现又庄重威严。诸如此类，数不胜数。因此可以认为孔子是对老子思想理解最为深刻的哲学家。

我们认为《老子》之道德论，是教化执政者和我们所有人要在意识思维思想道德行为上得到教化而达到天人同一的境界。那么这个教化如何实现，这就要求我们深刻地学习《老子》之道德论，体现《老子》之道德的意义。但是孔子却给我们提出了一种达到老子之无为之道的理想方式，那就是"非礼勿视，非礼勿听，非礼勿言，非礼勿动"，其意义就是"观看符合礼的事物，听符合礼的事物，说符合礼的话，做符合礼的事情"，这就使我们的意识思维思想言论行动真正统一到道德礼仪的范畴内，而使我们的意识思维思想言论行动没有偏离道德仁义而达到了天人合一的境界。这也是王阳明的知行合一的最高境界。

孔子将《老子》的道德思想与历代圣王的思想及作为和自己的思想结合而论，就有了《易经》主旨思想的升华，以能否为人民谋利益，作为执政者执政的标准。

八、孔子的道德仁义与老子的道德仁义是一致的

孔子一生宣扬推行的仁义、孝、信、恭、敏、惠、礼乐、教化、婚姻伦理，难道老子反对道德仁义礼仪吗？笔者认为不然！

---

① 刘文秀、孙燕、孙兰.道德经新解[M].中国出版集团世界图书出版公司，2013：129.
② 钱玄、钱兴奇等注译.礼记[M].岳麓书社，2001：714.
③ 《道德经新解》252.
④ 刘琦译评.论语[M].吉林文史出版社，1999：165.

《老子》第十八章曰："大道废，有仁义；智慧出，有大伪；六亲不和，有孝慈；国家昏乱，有忠臣。"[①] 第三十八章曰："故失道而后德，失德而后仁，失仁而后义，失义而后礼。夫礼者，中信之薄，而乱之首。"[②]《老子》在这里明确指出，无为之道丧失，治国者不以无为之道治理国家天下，使国家混乱，国人不和，君臣不和，家庭不和，使道德、礼义、仁孝、诚信丧失殆尽时，就会有道德仁义者出来宣扬、推行仁义道德，宣扬推行忠孝礼义。《老子》还指出：由于诚信的丧失缺少是混乱的罪魁祸首，这时就有有礼义忠信者，推行礼乐忠信，使其得到发扬实行。那么，孔子在礼乐崩坏、道德仁义丧失的春秋末期提倡宣扬推行的仁义、孝、信、恭、敏、惠、礼乐、教化、婚姻伦理，不正是按照《老子》之言，而努力通过教化来推行、提倡仁义、道德、忠信、礼仪、诚信吗？而且孔子所做之事，不正好验证了老子之言的正确性吗？

　　孔子一生辛劳，利用自己的方式，推行道德教化，孔子对《老子》关于道德的理论及许多至理名言都在《易经》中得到了肯定和记载。这些理论其实就是中国人心中的坚强信念，就是中国人民做人、治国的基本原则。道德就是中华民族历史发展的原始动力，就是中华民族历史变迁的根源。

　　其实，《老子》的道德论和孔子的儒学，其目的都是相同的，都是为了教化培养治理国家的有用之才。《老子》的道德理论是孔子施行教化的理论基础，在《大学》的开篇就明确地讲述出来了；《老子》的道德论是教育的纲领，孔子则是用具体的实际行动来实现老子的目标。《老子》之道与儒学是相辅相成的关系。从教化方法而言，儒学应用《老子》无为之道的意义和目的，以及原理为国家培养有道德、有才能的文人。而后来发展起来的正宗的道教，也是应用《老子》无为之道的意义、原理、修身养性、颐养身体，而培养有道义、有仁善之心的武人。所以从这个意义而言：儒学是文教，道教是武教，儒学、道教是中华民族文学和武学传统文化教育的两个支柱。

　　《老子》思想的传承者庄子在诸多文章中对孔子的思想作了解读，并且对孔子赞赏尊敬有加，而且庄子明确肯定孔子是有道者。所以说《老子》之道德与孔子之儒实际上没有真正意义的区别，只是他们对古代圣哲的研究方法不同而已。

　　所以说，孔子是中华哲学发源发展的总导师，因为他在《易经》论述中集合了各类符合道德意义的哲学思想。

[①] 刘文秀、孙燕、孙兰．道德经新解[M]．中国出版集团世界图书出版公司，2013：132.
[②] 同上，177.

第二节　中华民族形而上哲学与道德的创始者老子①

据历史资料记载，老子生于公元前 580 年~公元前 500 年，也有资料记载老子生于公元前 571 年~471 年。也就是说，老子生活的时代，正是《春秋左传》所记载的历史事件的时代。《春秋左传》所记载的是春秋时期，即公元前 722 年~公元前 481 年，以鲁国为中心的各主要诸侯国的重大历史事件，也就是记载了这些诸侯国的正常交往和非正常交往。非正常交往，即战争。那时候各诸侯国战争不断，强大的吞并弱小的，弱小的联合起来，抵抗强大的，而最终使西周所分封的众多诸侯国，只剩下了齐、楚、燕、韩、赵、魏、秦七国。这就是老子所生活的时代。按照年代推论，老子比孔子年长 20~29 岁。

一、关于民间流转的"老子天下第一"的由来

其一，唐朝以道家为先，儒家为次，佛家为末，有人说这是老子天下第一的来源。其二，还有神话传说老子在母腹中长了七十年，出生时正是天冻地寒之时，大地上的人已被冻死无数，很多人也已经奄奄一息，老子破冰修补了东北方出冷气的缺口，使地面恢复正常后，而救活了天下人，君王对灾难中立功的臣民论功犒赏，老子功劳最大，排在第一位。这便是老子天下第一的由来。其实关于老子天下第一的传说很多，说明老子为中华民族创造了很多丰功伟绩。

我们研究老子，首先要明确《老子》之道德的中心思想是什么？《老子》之道德论的中心思想，就是以无为之道为中心的治国之学，是为治国者如何以无为之道治理国家天下，使人民得到利益福气，实现天下安乐太平而总结升华的自古以来圣王的治国之道，这就是道德的全部内涵。正如《老子》第三十五章所言："执大象，天下往。往而不害，安平太。"

二、老子是中华民族形而上哲学和传统道德的创始者

1. 老子是中华民族形而上哲学的创始者

老子是中华民族形而上哲学的创始者。曾做过周朝藏书管理员的老子，应该能够阅读到周朝的所有藏书，当然这些藏书应该是很多种类的藏书，所以他能研究古代圣王治理国家天下的成功经验，能够总结那些失去国家者的教训。《老子》五千字的道德论是对古代圣王、明王、治理国家天下经验的抽象汇总。总结概括了先圣、

---

① 本文所参考的资料为刘文秀、孙燕、孙兰《道德经新解》，中国出版集团世界图书出版公司，2013 年 5 月第二版。

先帝、先王以天命治理国家天下的经典经验，将其高度概括升华抽象，将古代朴素的治国之道天命论升华概括抽象为道德理论，这是老子为我们创立的第一部集自然科学理论与道德理论于一书的形而上哲学经典；这部经典专门论述天道天德，论述圣人君子如何效法天道天德，使自己思维意识思想行为与天道天德同一，像天一样使万物和天下人得到利益福气，所以说老子是中华民族形而上哲学的创始者。

关于"形而上"的意义：其一，《老子》之道德所论的是天道、天德，即圣人君子效法天道天德而作为的圣人君子之道和圣人君子之德，也就是说老子只论述了天道天德，而没有关于地道地德的论述。其二，"形而上"，因为形者，既要天道天德表现的形式，又是效仿天道天德之形式的意义；所谓上，既有来源于天道天德之意，又有教化人自身最高长官之意，因为传统医学认为人心是主管意识思维智慧行为的最高长官。其三，所以"形而上者谓之道"的意义是"效仿模拟天道自然有益于万物的自然善性，推论抽象出各种匡正人的意识、思维、思想、道德、纯净心灵行为的道理是谓道"。

《老子》之道论的内容如下。

其一，论述了天地万物生成之道——大道。所谓大道，是老子对宇宙万物自然生成的自然过程和生成结果的命名，《老子》在道德论中论述了宇宙万物的起源及其生成过程。天地之母太极是由大道自然化生的太初的一团混沌之气，自然运动变化到极大的状态就是太极；天地是由天地之母太极自然的运动变化分离开来的天和地，万物是由天地阴阳之气自然的运动变化交融而化生的，人是自然变化的产物，而这个运动变化的自然过程，老子将其命名为大道。正如《老子》第二十五章曰："有物混成，先天地生。寂兮寥兮，独立而不改，周行而不殆，可以为天地母。吾不知其名，强字之曰'道'，强为之名曰'大'。大曰逝，逝曰远，远曰反。"又如第四十章曰："天下万物生于有，有生于无。"

其二，论述了天道。所谓天道，是指乾天日月星辰的自然运行规则，日月星辰的自然功能，以及其自然功能与万物人类的关系。正如《老子》第九章曰："功遂身退，天之道也。"

其三，天道的真实意义：是表示天之自然的本性及乾天自身变化的道理和变化结果。乾天自然的本性，就是始终如一公平的以其光热照耀温暖万物，使万物得到生长化育。

其四，天道的抽象意义：从天之太阳始终如一公平的以其光热照耀温暖万物的自然本性中，老子抽象出天道对万物公平公正无偏斜之善德，抽象出诚信的意义。正如《老子》第十六章曰："知常容，容乃公，公乃全，全乃天，天乃道，道乃久，没身不殆。"《老子》在这一章论述了天道的基本内涵是清静无为、诚信诚实、公正无私、宽容、包容，以善待万物。所谓天道，就是永远公正无私地善待万物，自始至终不懈怠。这是天道的基本内涵，也是乾天自然的美善之德。又如第二十一章曰："道之为物，惟恍惟惚。惚兮恍兮，其中有象；恍兮惚兮，其中有物；窈兮冥兮，其中有精；其精甚真，其中有信。"这是《老子》对天道之诚信的进一步论述。

其五，天道的本质就是自然。正如第十七章曰："功成事遂，百姓皆谓我自然。"《老子》第五十一章曰："道之尊，德之贵，夫莫之命而常自然。"

其六，论述了大道天道之无为。《老子》将大道自然化生天地万物的过程，以及使万物生生灭灭的自然变化过程；将天道自然始终如一以其光热照耀温暖万物资助万物生长化育不言其功的功能，概括升华为无为之道。所谓无为之道、大道、天地之道是没有思维意识、没有心思、没有专门作为的思维，但大道却无物不化生；太阳却无物不照，无物不覆；大地却无物不载、无物不藏、无物不生；所以大道、天地之道之无为，就是大道使万物自然化生，使万物得到生长化育，得到生老病死的过程。天道地道是使万物得到益处、受到伤害的自然过程和结果。正如《老子》第三十七章曰："道常无为而无不为。"又如第五十一章曰："故道生之，德畜之；长之育之；亭之毒之；养之覆之。生而不有，为而不恃，长而不宰，是谓玄德。"又如第二十一章曰："自今及古，其名不去，以阅众甫。吾何以知众甫之状哉？以此。"正如第八十一章曰："天之道，利而不害；人之道，为而不争。"

其七，论述了圣人君子的无为之道：《老子》在道德论中论述了圣人君子不用思维谋虑，依照天道自然自觉有益于万物和人类的真善美之德自然自觉去做有益于人类和万物的事情。依照天德使人民确实得到平安福气的事实。正如第五十七章曰："故圣人云：'我无为，而民自化；我好静，而民自正；我无事，而民自富；我无欲，而民自朴'。"

其八，论述了如何达到人道之无为的方法。正如《老子》第二十七章曰："善行，无辙迹；善言，无瑕谪；善数，不用筹策；善闭，无关楗而不可开；善结，无绳约而不可解。"

其九，论述了与天道同一原则和方法。正如《老子》第二十三章曰："故从事于道者，同于道；德者，同于德；失者，同于失。同于道者，道亦乐得之；同于德者，德亦乐得之；同于失者，失亦乐得之。"又如第五十六章曰："塞其兑，闭其门，挫其锐，解其纷，和其光，同其尘，是谓玄同。"

《老子》之道论，论述的是大道、天道的功能意义，论述了圣人君子以大道、天道之无为而作为，以达到与大道、天道之无为在思维意识心灵行为的天人同一的形而上之道，所以说，老子是中华民族形而上哲学的创始者。

2.老子应该是为往圣继绝学的开创者

老子用《道德经》开创了为往圣继绝学的历史使命；老子之道德论来源于我们的先圣先王以天命治天下而保护安定人民的模糊的治国宗旨；正如《尚书·梓材》周公曰："皇天既付中国民越厥疆土于先王，肆王惟德用，和怿先后迷民，用怿先王受命。已！若兹监，惟曰：欲至于万年，惟王子子孙孙永保民。"[①]周公说："先皇既然将治理国中臣民和国家疆土的天命托付于先王，现在的君主只有用先王的德政治理国家，和悦那些还未顺服的殷商遗民，以和顺先王所遵奉的天命。嗨！如果如此治理人民，只有说，要想继承的天命长久万年，只有王的子子孙孙永远长久地保护安抚天下，人民才会亨通。"先圣先王遵奉天命是为了治理国家天下，是为了长久的保护安抚人民的，这是先帝先王遵奉天命的目的。先帝先王所遵奉的保护安抚人民的天命，被老子升华概括为无为之道和德，这就是《老子》之道德论的来源。《老子》之道德来源于对古代圣王治理国家天下的天命论，老子的道德论，就是对中华民族传统道德的起源、含义和大自然的运行之道、人与大自然和谐相处之道、治国之道和人文之道，尤其是后世治国者如何实现往圣、先王、圣明先祖已经实现的天下安乐太平的大同社会，而使往圣，先王、圣明先祖的灵魂不悲哀，不悲天悯人的绝学总结、感悟和升华之作。正如《老子》第六十章曰："治大国，若烹小鲜。以道莅天下，其鬼不神。非其鬼不神，其神也不伤人。非其神不伤人，圣人亦不伤人。夫两不相伤，故德交归焉。"老子说："治理大国的事情，就如烹饪小鱼一样容易。以无为之道治理国家天下，那些妖魔鬼怪和专搞阴谋诡计的人就不会神气了。并非只是妖魔鬼怪和搞阴谋诡计的人不神气了，那些先祖的神灵也不会悲天悯人了。并非只是先祖的神灵不悲天悯人了，那些圣人也不会悲天悯人了，先祖和圣人都不悲天悯人了，就说明治国者所遵循的无为之道和所施行的道德与先祖和圣人所推行的道德已经完全交会在一起了啊。"老子指出，以无为之道君临天下，实现天下安乐太平的目的，这是我们的先祖至始至终所施行的，而且是先祖已经成功施行得到了的太平安乐的事业，以及期望后代继续永远发扬光大的伟大事业，而我们这些子孙后代，确实继承发扬光大了先祖所推行的事业，我们的行为目的与先祖、与各个时代的圣人的目的完全一致，就是为了实现国泰民安、人民安乐的生活。我们所遵循的治国之道就是为了人民，为了安抚保护人民，那么我们的先祖高兴还来不及呢！怎么还会怪罪我们呢？因为施行无为之道，以无为之道君临天下，所以治理天下就会很容易。

老子是道德理论的创始者。其一，《老子》之道德源于《老子》对二皇五帝等

---

① 徐奇堂译注.尚书[M].广州出版社，2001：149.

上古圣德贤王以"天命"治理国家天下而实现了天下太平意义的升华和概括。《老子》之道德的基本意义在于以自然无为之道治理国家天下，为人民谋利益，使人民得到福气安乐，国家天下实现太平盛世，这就是《老子》之道德的基本内涵。所以，所谓"道"就是治理国家天下的方法，即无为之道；所谓"德"就是以无为之道治理国家天下，使人民得到福气，得到安乐太平的生活是谓德，合而为道德。所以说，《老子》将二皇五帝三王以天命治理国家天下的治国宗旨，总结概括升华为道德，抽象为"无为之道"的形而上哲学，以作为治理国家天下的治国宗旨。正如《老子》所言："执大象，天下往。往而不害，安平太。"也正如《易·系辞》关于道德意义的论述："是故形而上者谓之道，形而下者谓之器。化而裁之谓之变，推而行之谓之通，举而措之天下之民谓之事业。"

其二，《老子》之道德论证明了老子是中华民族形而上哲学和道德论的创始者。《老子》之道德论理论虽然来源于老子对古圣人的治国经验的总结感悟，但是他的文章中，却没有谈到一个具体的圣人名称，而是概括了圣人君子依照天道、天德而作为的具体表现，这是形而上哲学的特点，也是理论家、哲学家的特点。老子是一位将自然科学、宇宙进化科学、社会科学融于治国之学的哲学家，应该是世界第一的自然科学家和哲学家，所以老子是中华民族形而上哲学和道德理论的创始者。

其三，《老子》所论的是道和德的理论，而不是谈论仁、义、忠、孝、礼、仪的理论，所以就不会有关于如何实现仁、义、忠、孝、礼、仪的理论，但这不等于老子反对仁、义、忠、孝、礼、仪。所以我们的研究者，大可不必用老子不谈仁、义、忠、孝、礼、仪，来区分儒家与道家的不同。

其四，《老子》之道德论的意义：《老子》的道德论，就是对古代圣人治国之道——天命论的升华抽象。天命论是老子道德论形成的基础，老子将天命论抽象概括为道德，道德是老子结合中华民族的历史实际和先祖治理国家天下的过程和结果的经验总结，是对天命论的创造性发展继承和升华，使天命论有了明确的理论基础和标准。道德论是老子为治理国家天下者制定的治理国家天下的最高宗旨。道德论的意义明了而易懂，这样就化解了关于天命论的神秘感和模糊感，而使其易于实行。自此以后，中华民族就有了道德的概念，道德就成为中华民族历史中道德文明的源泉；道德就成为中华民族衡量人品美善邪恶标准的分水岭。所以说老子就是中华民族形而上哲学的创始者，也是中华民族传统道德论的创始者，形而上哲学和道德论既是中华民族的天下第一，又是世界的天下第一。所以说《老子》之道德论，是中华民族形而上哲学的创始者，老子更是为往圣继绝学的开创者。

三、《老子》道德论的特点

1.《老子》之道德的意义

《老子》之道德论，应该说是老子对古代帝王治国经验与教训的感悟、总结、升华和抽象，是老子对他所处历史时期社会现状的批判和警示。老子以他独到的观察感悟力，从研究天地生成的自然过程、万物变化的自然规律开始，论述了道德的起源，论述了道德的内涵，论述了圣人治理国家天下所使用的最适宜、最符合人民利益、最能使人民利益得到保证的基本方法。老子论述了道德的起源和意义，论述了以道德治理国家天下，使人民得到利益的各种表现形式，论述了人生的经典经验，论述了古人认识事物的基本方法，论述了道德的表现形式。对道德的定义作了明确的论断，道德的意义就是天道天德、人道人德的表现形式。

2.《老子》道德论的意义

其一，《老子》的道德论，可以说是为执政者创立的，是关于执政者执政之道的哲学，也是对所有人为人处世之道的哲学。

其二，《老子》关于道德的论述，是自古至今流传不衰的至理名言，是教化我们成为有道德之人的教科书，是执政者治理国家天下的最高宗旨，是为了教化培养出真正能为人民谋利益的执政者的教科书，是执政者必学而且必须搞明白的执政策略。因为老子时代战乱频繁，很难有有道者出现，老子深忧先祖所创立的治国之道会因此而流失，会因此而没有人理解，没有人记得和执行，就将天命论的治国之道升华抽象为无为之道的治国之道，以《道德经》记载传承之，以使后世之人能够学习使用和传承。

其三，老子从哲学家的角度，对就如孔子所宣扬的先帝先圣的具体历史功勋作了抽象评论，因为老子是哲学家，他所注重的是从这些先哲效法天地自然而作为的过程和结果中感悟出的真理、道理、规律，而不是论述某一个人的功劳。那些先圣、先哲、先王已作古，但是他们的言论还在。历史在发展，社会在前进，改变社会不是效仿某一位帝王的具体方法就能做到的事情，而且古代关于天命论，原本就扑朔迷离，使人迷惑不解，而且还没有关于什么是天命的具体说明。虽然从《尚书·尧典》周公的很多告命中，得知治国者遵天命而治天下是为了保护养育人民。《周易·无妄卦》象辞中告诉我们天命是"大亨以正"。可是这些后世急于争霸的人物，又怎么能正确理解天命的意义呢？这是老子与孔子分歧的原因所在，也是庄子讽刺孔子的某些观点依据所在。正如《庄子·天运篇》曰："故礼仪法度者，应时而变者也。"

其四，老子的道德论是从论述自然到论述先圣、先帝、先王关于天命产生的根源、原理、性质、表现形式、特点以及创建天命论的目的、意义、道理等，而抽象概括出的真理、道理、意义，总结创作出治理国家天下的哲学专著《道德经》。老子之道德论既是治国者的治国之道，又是众人行为的规则。也就是说毕竟在世界上能将天地自然变化之道与治理国家天下的常道联系起来的，只有我们中华民族的先祖先圣以及老子了。恩格斯、康德、拉普拉斯并没有从这些自然变化规律中升华概括出治国平天下的哲学——无为之道，而我们的先祖先圣做到了，老子做到了，并用文字阐述记载了下来。所以，老子之道德论是中华民族形而上哲学和道德论的创始者，也是中华民族和世界的天下第一了。

3. 老子论道德的目的

其一，是为了教化出真正有道德的执政者。正如《老子》第四章所言："道冲，而用之或不盈。渊兮，似万物之宗。挫其锐，解其纷，和其光，同其尘。湛兮，似或存。吾不知谁子，象帝之先。"老子说："道虽然有很大的冲撞力，但是使用起来或者感到不充盈。道渊深啊！似乎是万物化生的本源。挫败它的锐气，解析它纷乱的头绪，使其与日月一样光明，同尘世一起沉浮。深沉啊，道！能与道相似，或者与道一起长存。我不知哪位君子，能像先帝一样使道明晰而长存。"老子在这里明确指出，他不知道哪位君子能像先帝一样，将道的内涵体现出来，使道的意义明晰且发挥作用并与世长存。这就是老子论道的目的之一。

其二，执政者以无为之道为治国宗旨去治理国家天下，是为了实现天下太平安乐。正如《老子》第三十五章所言："执大象，天下往。往而不害，安平太。"老子说："持着大道的基本表现形式，前往治理天下。反复治理使万物和谐相处而不相互伤害，那么天下就安乐太平了。"

其三，正因为如此，孔子一生才会不遗余力地以他自己的方式推行道德仁义，记载转录能够记载转录的先圣先王的思想。孔子一生都在致力于教育，以期望教化出一位真正的有道德的治国者，教化出很多能为国家人民奉献自己才能的有道德的各级官员，以使先祖的为民谋利益的治国之道永不遗失。所以说老子、孔子都是古代经典文化的传承者，是道德仁义的推行者。我们现代人要学习传统文化，就要学习老子和孔子的著作，从中吸取传统文化的精髓，使我们成为有道德的人。

其四，老子将他所感悟到的这些真理、道理升华抽象为道德，从而创作出《道德经》，以道德概括先圣、先帝先王效法自然而作为的过程和结果，以及意义、目的、作用等，老子期望以他的道德理论而启发教化春秋时期那些争霸者中，具有一定仁德的霸主，或者真正有先帝先王之德的贤者，来力挽狂澜，能使战争不断、混乱不堪的天下得到治理。《老子》在道德论第八十章唯一一次提到的我们的先祖曾经实现了的治国目标——"小国寡民"的美好社会状态。这里不能认为老子的理想就是追求"小国寡民"的社会。其实老子是对古代圣王治理国家天下，天下达到大治时代，其安乐和谐生活情景的描述。老子指出那时候的诸侯国因为人口少，疆域小，原本就好治理，又有圣王明君的治理，天下实现了大治，人民生活美好，没有战争，没有争夺，没有阴谋，夜不闭户，他们享受到了美好安逸的生活，不愿意做无谓的事情等等。而且就在周成王、周康王时代，有四五十年连刑罚都没有了用处，这样美好的生活怎么能不令人怀念呢！这样和谐的社会，简直就是老子心中的安乐园，终生的希望。从这个意义而言，他心中的怀念就是先圣先祖为民谋利益的治国之道已经实现了太平安乐的盛世，他为后世人能实现这个和谐美好的社会而创作了《道德经》。

其五，《老子》一书的成书时间：有文献报道有证据证明的是现代1983年在湖北荆州郭店挖出的《老子》竹简。根据古墓的时间可以认定成书至少是在战国中期以前，如果按出土文物为准，大概是2200年~2400年之间。（即是公元前470年~公元前220年为战国时期）有文献记载老子生于公元前580年~公元前500年，也有文献记载老子生存的时间约为公元前571年~公元前471年。也就是说老子出生在春秋中期，去世于春秋末期，大概生存了81~100岁左右。战国时期老子已经去世多年了，所以这个出书时间的推算是不准确的。《史记·韩非列传第三》曰："老子修道德，其学以自隐无名为务。居周久之，见周之衰，乃遂去。至关，关令尹喜曰：'子将隐矣，强为我著书。'于是老子乃著书上下篇，言道德之意五千余言而去，莫知其所终。盖老子百有六十余岁，或言二百余岁，以其修道而养寿也。"[①]假如以《史记》记载的老子的生存年龄为160~200岁而言，湖北荆州郭店挖出的《老子》竹简的考古时间也可能是正确的了。

其六，《老子》五千言真经，得于关令尹喜的诚心传承推广：据文献记载："周敬王时为函谷关令尹喜，先秦时邽县(今天水市人)，母鲁氏，生喜。眼有日精，天日之表。少好三坟《三皇之书》、索《八卦之书》、素《太公素书》、易《易经》之书。善天文秘纬。仰观俯察，莫不洞彻。不行俗礼，隐德行仁。后因涉览山水，于雍州终南山周至县神就乡闻仙里结草为楼，精思至道。因以其楼观星望气，故号其宅为楼观。周王闻之，拜为大夫。后复招为东宫宾友。尹喜为函谷关关令时见东方有紫气西迈，知有圣人将至。不久老子驾青牛薄板车至函谷关，迎入官舍，北面师事之。居百日，尹喜以疾辞官，复迎老子归楼观本宅，斋戒问道，并请老子著书，以惠后世。于是老子乃著道德五千言以授之，老子遂去，不知所终。之后，尹喜乃弃绝人事，按老子所授经法。精修至道，三年后，悉臻其妙。乃著《关尹子》九篇，发挥道德二经。"尹喜是天水籍历代文化名人中最早的先贤名士，闻名中外的《道德经》五千言，是由他承传推广于世的。两千多年来，在中国乃至世界哲学、政治、

---

① 李杰主编.史记[M].哈尔滨出版社，2003：668.

军事、史学等学术界影响极为深远，意义非常，尹喜的功德是无量的。"①

其七，《老子》五千多字的道德论，从《老子》成书的经过而论，就是为了传承先圣先祖为民谋利益的治国之道而已。至于《老子》道德论就在于将古圣人创建的天命论升华概括为道德，使它成为治理国家天下的最高宗旨，老子论道德的目的，就是想以道德为理论基础，为春秋战国时期培养出一位真正有君子之德的治国者，能够依照道德的内涵或者依据天命的意义，教化出一位能够拨乱反正的明君，来治理混乱的春秋时代。孔子用他自己的方式，全力以赴地推行道德仁义，也期望能够教化出一位真正有先王之德的明君，来治理混乱的国家天下，但是他们的愿望在春秋战国时期都未能实现。而真正利用老子道德理论治天下的君王，就是西汉的汉文帝、汉景帝的"文景之治"，以及唐朝唐太宗的"贞观之治"。"文景之治"和"贞观之治"都是执政者努力学习应用黄老之治的结果。所以说，老子创建的道德论，期望有道者能继承先帝先王的遗志，以道德治天下，使春秋时期的混乱局面得到治理，而恢复太平安乐，可惜老子的愿望在春秋时代没有实现，这使老子深感痛心和惋惜，所以老子不得不发出悲哀的叹息："吾言甚易知，甚易行；天下莫能知，莫能行。"②

4.《老子》之道德与无为之道的意义

（1）《老子》之道德的意义

其一，《老子》将古圣人效法天地自然的善性常性，作为治理国家天下的天命，概括升华为道德。"道"就是天地自然而然所表现出来的有益于万物的善性，称为无为之道；"德"就是使万物得到益处、得到好处、使人民得到利益、得到安乐和谐的生活。正如《老子》第三章所言："是以圣人之治，虚其心，实其腹，弱其志，强其骨，常使民无知无欲，使夫知者不敢为也，为无为，则无不治。"《老子》说："所以圣人治理天下，要使自己心中空虚无私无欲，但胸中却充满为人民做益事的愿望，减少自己的意愿，增强美好品德的修养而有骨气。只有以这样无私无欲无言之教，才会使人民纯朴善良而无须产生更多的欲望，使人民和谐而不敢胡作非为。圣人以无为之道行事行不言之教，则天下没有得不到治理的。"

其二，《老子》之道德，就是对天道天德与圣人君子效法天道天德而作为，是使人民得到利益福气的感悟的综合写照：首先是为治国者制定的治国宗旨，其次是为众人开创的为人处世的规矩。

其三，《老子》之道德论就是对那个在春秋时期，已经被治国者遗忘，或者根

---

① 360网《尹喜·上古人物简介》。
② 刘文秀、孙燕、孙兰.道德经新解 [M].中国出版集团世界图书出版公司，2013：248.

本就不明白的原本就模糊而神秘的"天命论"的高度升华和概括:《老子》指出,要持古圣人所创建的大道,以为现今拥有国家天下者,驾驭治理国家天下的常道,以前往治天下,而实现天下太平安乐!正如《老子》第十四章所论:"执古之道,以御今之有。能知古始,是谓道纪。"

(2)《老子》无为之道的意义

其一,《老子》的无为之道,就是天地自然无我、无私、无计谋思虑,自然而然使万物得到生化、得到变化、得到益处的自然过程。无为也是《老子》对大道、天道、地道、圣人之道的抽象概括。

其二,无为对于我们每个人而言,就是在完成一件重要事情时,达到忘我的境界,全神贯注地完成所做之事的过程的抽象。

其三,无为之道对于治国者而言,要达到心中自然无我,心中自然无私,心中自然公正公平就如天地自然而然地使万物得到生长化育、得到益处一样,使天下人民自然而然地得到利益福气安乐幸福。

其四,无为之道对于我们应用者而言,其实质是不用思谋,自然自觉地效法天地自然真善美之本性去作为。

其五,《老子》之无为,是为执政者创建的以公正无私仁善之心,为天下人民谋利益福祉的最高宗旨。

其六,《老子》之德的意义:正如《老子》第十章曰:"生之,畜之,生而不有,为而不恃,长而不宰,是谓玄德。"《老子》说:"所以道化生万物,养育万物,化生万物而不自以为有功;资助万物生长化育而不依赖万物,促使万物成长而不主宰万物,这就是天德。"又如第五十一章曰:"故道生之,德畜之;长之育之;亭之毒之;养之覆之。生而不有,为而不恃,长而不宰,是谓玄德。"《老子》说:"道化生万物,道使万物得到蓄养;道使万物生长壮大并养育后代,并公平地使其遭受危害,而又养育包容万物。化生万物而不占有万物,辅助成就万物而不恃功自傲,长养万物而不主宰万物,这就叫做天德。"其实这二章的意义是一致的,使万物得到益处而不主宰占有万物,就是天德。

四、《老子》之道是中国哲学本体论形而上哲学以及象应用创始者的天下第一

1.老子是中华民族哲学本体论的创始者

其一,《老子》之大道本体论的意义,在"本体论"的章节中已经探讨过了,这里不必赘言。从《老子》是中华民族哲学本体论的创始者的历史事实中我们明白,《老子》哲学所论的"大道",不仅是天地万物的总根源,更是人类产生的本源;

《老子》的"道本体论"也是"宇宙生成论"的本源；《老子》所论之大道、天道、圣人君子之道是与中华民族哲学"推天道以明人事"的普遍架构和理论宗旨的内在统一。

其二，《老子》的道本体论，要比西方所有哲学家的本体论早两千多年，这是历史事实，这也是中华民族的天下第一。

2. 为什么说《老子》之道德论是形而上哲学理论

其一，笔者在"形而上者谓之道"中，对"形而上"的观点作了论述。"形而上之形"，就是把观察感觉到的天空中日月星辰运动的形式形状、风云雨雪雷电的变化现象和自然事物及其变化的形象描绘出来。这里的"形"，既有形象之形，又有如影随形、模型、画图形、形状、形容之意。正如《易·系辞》所言："圣人有以见天下之赜，而拟诸其形容，象其物宜，是故谓之象。"《系辞》所说的"圣人"当然是指老子了，老子在他的道德论中，所论的"玄妙的道"，就是《系辞》所论的"天下之赜"；所论的"象"，就是《老子》第十四章所描述的那个"生一的道"的形象。

其二，"上"的本意是天，也有上一辈、上几辈、天子、皇帝的含义在内，笔者从老子和《易经》论述治国平天下之道的哲学意义而论；"形而上者谓之道"的哲学意义是："效法模拟天道自然的运行规则和有益于万物的自然善性，推论出来的道理，推论抽象拟定出匡正居于上位的执政者的意识、思维、思想、道德、行为，政治意识形态，规范国家意识形态、社会形态、治国宗旨的最高规则和基本路线是谓道。"从老子和《易经》之论的教化意义而论，"形而上者谓之道"的一般意义是"效仿模拟天道自然有益于万物的自然善性，推论抽象出各种匡正人的意识、思维、思想、道德、纯净心灵行为的道理是谓道"。

其三，依此意义和定义，"形"就有了模拟化、形象化、比喻、抽象、推理的诸多意义了。"上"则既有描述模拟天道之上的意思，又有人君之意在内。其实"人君"有两种含义：第一，当然是指居于上位的帝王了。第二，在传统医学中，称人的心脏为"君主之官"。正如《黄帝内经·素问》所言："心者，君主之官也，神明出焉。""心者，生之本，神之变也。"[①] 传统医学认为人的心脏，就是主宰人意识思维的君主，人的意识思维精神意志都出自心脏的功能。

所以，从这个意义而论；中华民族的哲学，之所以称之为"形而上哲学"，就是因为哲学的道理意义既来自天道，又是专门为人君者制定的意识思维行为的最高规则；也是为每个人自己的君主提供的使君主的意识思维神清意正专注于真善美之

---

① 正坤编. 黄帝内经·素问[M]. 中国文史出版社，2003：29.

道的学问。

3.为什么说老子是"象"应用的创始者？原因如下。

其一，《老子》论述了天道的所有特征意义，以及圣人君子效法天道而作为的各种表现形式，以及"道"形象。也就是说，没有老子对天道天德，圣人君子施行天道天德而作为的具体表现的论述，及对"道"的形象的效仿形容描述，孔子就不一定推论出"形而上者谓之道，形而下者谓之器"的最高规则的基本路线和众多规则。

其二，在《老子》道德论中，无论是"道篇"还是"德篇"，每论述一种具体事物之前，总是先论述一件，与其所要论述的具体事物的意义相对应的自然事物的形象或道理。

其三，在《老子》一些篇章中，先论述自然事物存在的形象特征，然后推论圣人之道。

其四，在《老子》有些篇章中，先论述一般事物的道理的表现形式，然后推论抽象出圣人君子之德。

其五，《老子》中用抽象的词语，抽象的词组句子，论述天道天德，论述圣人君子之道德。

其六，《老子》中应用了假设、假借、比喻、隐喻等文学表现手法，论述天道天德，论述圣人君子之道德。

"象"的应用，在《老子》和《易经》中的应用比比皆是。"象"就是《老子》和《易经》的文学表现手法。通过对老子之道德经创作的文学表现手法和孔子编撰《易经》的文学表现手法的分析，可以认为老子是将"象"这种文学表现手法应用到哲学著作的创始者。《老子》一书用"象"这种文学表现手法，通过五千多字，阐述了自然科学、宇宙进化、人文、政治、哲学、治国治天下的法则等诸多方面的内容，而创造出了至尊至圣的《道德经》。

孔子和他的弟子则是集"象"之应用大全，将"象"这种文学表现手法，在《易经》中的应用达到了极致，《易经》文辞中的每一个字、辞、句子都可能包含几种含义，而《易经》六十四卦的每一个卦形结构，都是各种具体事物的象征。同样，《易经》六十四卦的卦辞、象辞、爻辞、爻象辞总共也只有4900多字，但却记载评论了天文、地理、地利、自然科学、历史、政治、道德、教化、礼乐、刑法，婚姻伦理，以及经典哲理等内容，是一部内容极为丰富的哲学、文学巨著。

所以，从这个意义而言，老子、孔子和孔子的弟子都是文学水平极高的文学大师，因为无论什么文章，只要是用文字来表述的作品，首先就是文学作品，所以可以说，老子和孔子是文学家，是文学大师，而《老子》和《易经》则是具有文学意义的哲学著作的经典，所以说老子是"形而上哲学"的创始者，也是"象"应用的创始者。所以说，《老子》是形而上哲学和象应用方法创始的天下第一著作。

4.《老子》的天人同一观为天下第一

其一，《老子》之道德论本身就是一部圣人君子天人同一之论的经典之作，因为该书论述了圣人君子与天道天德同一的诸多表现形式，其实也就是全部形式。

其二，《老子》第二十三章"希言自然"这一章中专门论述了圣人与天道天德、与天道之过失的三同同一观。

其三，《老子》的其他章节也论述了他的天人同一的观点，比如第五十六章、第六十八章均有不同的论述。老子所论的天人同一观，是要求治国者和我们所有人，达到意识思维思想行为与天道天德同一的极高境界的天人同一观，所以说这是真正的人的意识思维思想行为与天道天德同一的天下第一的天人同一观，是世界上仅有的最高规格的天人同一观。

五、《老子》的宇宙生成理论是天下第一，而且证明老子是唯物辩证论的创始者

1.《老子》关于天地生成的理论是天下第一论

《老子》第二十五章："有物混成，先天地而生。寂兮寥兮，独立而不改，周行而不殆，可以为天地母。吾不知其名，强字之曰'道'，强为之名曰'大'。大曰逝，逝曰远，远曰反。"又第四十章指出："天下万物生于有，有生于无。"又第四十二章指出："道生一，一生二，二生三，三生万物。万物负阴而抱阳。冲气以为和。"这是《老子》的宇宙生成论。《老子》的宇宙生成论，是一个从无到有的自然生成过程。老子认为在天地之母生成之前自然生成、自然存在的自然物质——大道，生成了天地之母——混沌之物。道又使混沌之物自然运动变化到极大的混沌之物，自然变化生成了天地，那个极大的混沌之物是天地之母。也就说《老子》认为天地是道化生的混沌之物的变化物，也就是天地万物均是经由道自然生成的，不是谁想生成就能生成的。

《老子》关于天地生成过程的理论，产生于公元前 580~前 500 年，而德国哲学家康德于 1755 年在他的《自然通史和天体论》一书中，提出关于宇宙生成的假设"太阳系产生于一个共同的弥漫星云"。法国数学家拉普拉斯在 1796 年提出"太阳系是由一团弥漫的自转的气体星云逐渐凝聚收缩而来"[①]。这就是说《老子》对太阳系生成的理论要比康德、拉普拉斯早 2000 多年，而且《老子》对天地之母生

---

① 杨力主编.周易与中医学[M].北京科学技术出版社，1999：227.《恩格斯选集》人民出版社出版《恩格斯·自然辩证法》1995：267.

成天地过程的描述，可以称得上世界之最。笔者认为，康德和拉普拉斯的宇宙生成论，也有可能是受到《老子》宇宙生成论的启发而产生的。所以说《老子》的宇宙生成论是天下第一论。

2.《老子》的宇宙生成论证明老子是唯物辩证论的创始者

从《老子》的宇宙生成论，还可以证明老子是世界上第一个唯物论者，而且是唯物辩证论者，老子认为宇宙万物是自然生成的，不是任何力量能够左右改变的自然生成物。《老子》关于宇宙生成的论述是中华民族，甚至是全世界关于宇宙生成的最古老的唯物论，正如《老子》第一章曰："无，名天地之始；有，名万物之母。"又如第二十五章曰："有物混成，先天地生。寂兮寥兮，独立而不改，周行而不殆，可以为天地母。吾不知其名，强字之曰'道'，强为之名曰'大'。大曰逝，逝曰远，远曰反。"

也正如《庄子·齐物论》曰："古之人，其知有所至矣。恶乎至？有以为未始有物者，至矣，尽矣，不可以加矣！其次以为有物矣，而未始有封也。其次以为有封焉，而未始有是非也。"[①] 庄子说："古时候的圣人，他们的智慧有达到最高境界者了呀。为何是最高境界呢？有认为宇宙没有开始前就有物质存在的，这就是最高智慧啊！达到极限了啊！不可以再增加了啊！其次认为有物质存在，而还没有明显的界限。其次认为有明显的界限了啊！而还没有开始谁是谁非的的界限。"

六、老子对自然变化规律形象的描述及以天道无为治理国家天下的论述堪称天下第一

在《老子》第十四章，老子对自然变化规律形象的描述，要比恩格斯在《自然辩证法》中指出的"自然界中的普遍性的形式就是规律，而关于自然规律的永恒性，谁也没有自然研究家谈得多"早两千多年。而且这些谈论自然变化规律的永恒性最多的自然研究家，却没有人能够指出自然变化规律的基本形象或者样子是什么，更别说对自然变化规律的形象作出如此具体生动的描述，而早于两千多年的老子却做到了。老子不但是对天地万物生成过程的第一个描述者，而且是对自然变化规律的具体形象的描述者。《老子》第十四章的描述，使那个无形、无声、无状、无影、无法度量的自然变化规律的形象呼之欲出。《老子》所描述的道就是自然变化规律。自然变化规律在无形无声、无状无影的情况下，化生了万物。正如《老子》第十四章曰："视之不见，名曰夷；听之不闻，名曰希；搏之不得，名曰微。此三者，不可致诘，故混而为一。其上不皎，其不下昧，绳绳兮不可名，复归于无物。是谓无

---

① 张光裕主编.老子（附庄子）[M].北京燕山出版社，2000：93.

状之状，无物之象，是谓惚恍。迎之不其首，随之不见其后。执古之道，以御今之有。能知古始，是谓道纪。"

七、老子关于一般事物变化规律的论述堪称天下第一

《老子》第三十六章曰："将欲歙之，必固张之；将欲弱之，必固强之；将欲废之，必固兴之；将欲夺之，必固与之。是谓微明。"老子说："将要缩小的东西，必然原本是扩张的；将要衰弱的事物，必然原本是很强大的；将要废弃的事物，必然原本是很兴盛的；将要夺取的东西，必然原本是应该给予的。这就叫略微明白了事物发展变化之理。"这是老子对自然界一般事物发展变化规律的阐述。这个规律就是事物不断地由弱小变为强大，又由强大变为弱小，甚至灭亡。老子的这一认识，是对自然界自然变化规律特点的总结，万物不断化生、不断壮大、而由壮大又逐渐进入衰弱，直至消亡，这就是春生、夏长、秋收、冬藏的自然之象；也是对人类由出生到长大、强壮、衰老、死亡的自然过程的总结。

《老子》的这个论述，比恩格斯在《自然辩证法》中所论的："自然界不是存在着，而是生成着和消亡着。""但是一切产生出来的东西，都注定要灭亡"[①]的观点要早两千多年。所以《老子》指出圣人就以自然无为的中正之道处置一切，而不以太过的方式处置事物，以保持自然无为之道，以努力符合自然变化规律，以免很快消亡。当然中华民族的哲学家所研究的是天地存在时，以中正无为之道而作为的问题，只要乾坤存在，圣人所阐述的道理就永远存在。正如《易·系辞上传》第十二节曰："乾坤其易之缊邪。乾坤成列，而易立乎其中矣。乾坤毁，则无以见易，易不见，则乾坤或几乎息矣。"

八、老子的邦交之礼堪称天下第一

《老子》第六十一章对邦交之礼作了论述："大邦者下流，天下之牝，天下之交也，牝常以静胜牡，以静为下。故大邦以下小邦，则取小邦。小邦以下大邦，则取大邦。故或下以取，或下而取。大邦不过欲兼畜人，小邦不过欲入事人。夫两者各得其所欲，大者宜为下。"《老子》指出，大邦国以谦恭之礼与小邦国相交，就能得到天下国家之母的称谓，因为无论是大邦国还是小邦国，都需要和平安乐的环境。当然这是老子对古代圣王外交经验的总结，这也是中华民族传统外交规则的体现。而今我们中华人民共和国的外交政策，正是创造性地继承发展了传统的邦交之礼，与世界大小国家交往，无论它们是大是小，是贫穷还是富裕，都依照邦交之礼

[①] 《马克思恩格斯选集》，人民出版社，1995年版。267页、275页。

进行，这就是我们中华民族的光荣传统。所以说《老子》是开创邦交之礼的天下第一。

九、老子所阐述的有道德者对待战争的态度堪称天下第一

《老子》第六十九章曰："用兵有言：'吾不敢为主，而为客，不敢进寸，而退尺。'是谓行无行，攘无臂，扔无敌，执无兵。"老子指出，兵家用兵有言说："我不敢以主人自居而用发动战争进入别国。而愿意以宾客之礼对待别国，我不敢贸然前进一寸，而宁愿后退一尺。这就叫将要行动而还没有行动，虽然挽起袖子而不挥动胳膊，作好了战争准备却不急于攻击敌人。虽然军兵拿着各种精良武器，却不急于采取军事行动。"

又如《老子》第三十章曰："以道佐人主者，不以兵强天下，其事好还。师之所处，荆棘生焉。大军过后，必有凶年。"老子说："以无为之道辅佐君主的人，是不会以军兵用强弓弩箭等武力强行天下的，不以军兵强行天下这反而是好事情。因为以众多军兵强行天下，军队所到之处，土地就会荒芜而长满荆棘啊！大军攻伐之后，必定是荒年。"又第三十一章曰："夫兵者，不祥之器，物或恶之，故有道者不处。"老子说："各种武力征伐和兵器，都是不吉祥的物事，有些事物或者是不美好的，所以有道的君子不居于不美好的一面。"

当然《老子》对待战争的观点，是从中华民族古代圣王明王对待战争的态度方法中总结感悟而来，但是这个对待战争的观点，就是中华民族自古以来对待战争的观点和态度，也是中国共产党人对待战争的观点。

圣人主张不随便发动战争，而之所以有战争，是因为有无道失德者存在，而有道者的战争是以有道伐无道，所要伐的只是无道者，而不是人民。

所以说老子所阐述的有道德者对待战争的态度堪称天下第一。

十、老子对未来圣人的预言堪称天下第一

《老子》第四章："渊兮，似万物之宗。挫其锐，解其纷，和其光，同其尘。湛兮，似或存。吾不知谁子，象帝之先。"老子期望有一位真正的君子圣人出现，以解析道纷乱的头绪，挫败道的锐气使道与日月一起长存，与尘世一起沉浮；或者用与道相似的理论，像先帝一样使道发挥更大的作用。老子的期望终于在两千多年以后的公元1921年以后，中华民族的历史上出现了中国共产党，出现了将马列主义与中国革命的实际相结合而创立的"全心全意为人民服务"的毛泽东思想。毛泽东将《老子》的无为之道，将老子之道德，升华概况为"全心全意为人民服务"的理论，而作为中国共产党的治国宗旨。中国共产党"全心全意为人民服务"宗旨，就是与《老子》所论的道相似，而且明晰了道的意义，而且像先帝一样，使道大放

光明而长存的理论。因为老子的预言终于得到实现，所以老子是对未来圣人预言的天下第一。

老子的许多天下第一，都是出自《老子》的道德论！出自《老子》对教化君子和众人思维意识心灵行为的形而上哲学，所以说老子是中华民族形而上哲学和传统道德的创始者。

第三节 尊崇并忠实传承哲学始祖老子的庄子

庄子（约前369～286）名周，字子休（一说子沐），战国时期宋国蒙城（今安徽省蒙城县）人。一般认为庄子是著名思想家、哲学家、文学家，是道家学派的代表人物。其实庄子应该是老子哲学思想的忠实继承者和发扬光大者。庄子的学说涵盖了当时的社会生活，根本精神还是归依于对老子之道德的阐述。后世将他与老子并称为"老庄"，称他们的哲学为"老庄哲学"。

现今通行的《庄子》一书，分为"内篇""外篇""杂篇"三部分，共三十三篇，约65000字。以其深邃的思想内容和奇特的文学表现手法，在先秦诸子散文中独树一帜，是一部洋溢着浪漫主义气息的古代诗意散文集。但是笔者认为，研究庄子思想，必须要先研究明白老子、孔子、《易经》哲学思想，才能明白庄子之论的内涵。

一、庄子的"道德经"

对于庄子，笔者想用一些与传统认识不一样的观点来研究庄子。首先，庄子是一位最尊崇圣人的君子。几千年来，大家对庄子的真正了解，似乎比对老子的了解要少一些，因为庄子就是庄子，他的语言风格造就了他的文辞不容易被人了解，尤其是《齐物论》这篇文章，其大多数文句就如绕口令，就如谜语，这些文句比《易经》的文辞更难理解，而且从众多学者对《齐物论》的解释中可以看出并未解释清楚庄子的《齐物论》到底论的是什么？《齐物论》的意义是什么？其实笔者以为大多数的研究者都没有能够说清楚《齐物论》的意义，很是遗憾。

笔者通过对《庄子》全书的研究和对《齐物论》的研究解读认为：其一，庄子的《齐物论》就是一篇庄子语言风格的"道德经"。其二，"齐物论"之"齐"，有整齐、一致的意思；"物"的本意是万物、万，比喻极多，极多也可以是众多、诸多。所以《庄子·齐物论》的意义就是："一致诸道论于无为之道论"或者"统一众道论为无为之道论"，或者"齐一诸道论为无为之道论"，或者"统一万物生成之道论"。

下面用庄子《齐物论》中具体事实来证明笔者的观点。

1. 从《齐物论》的内容研究庄子的"道德经"

《庄子》的第二篇文章就是《齐物论》，这篇文章是《庄子》一书的中心，明白了《齐物论》的中心意义，就能明白《庄子》一书的基本意义了，所以，这里就以《齐物论》为主，谈一些颠覆传统的观点。

《庄子·齐物论》通篇是对老子《道德经》关于无为之道理论的复述！庄子《齐物论》之论的语言是庄子的独创，他不是解释老子的许多理论，而是将老子关于具有无为之道者的作为，也就是具有无为之道的圣人的道德观的众多论述，用自己的语言复述了《老子》之道德论几乎85%～90%的句子，甚至一些章节是全章的复述。全篇文章几乎都是像谜语，甚至像绕口令的文句，这也是《齐物论》这篇文章最为难懂的部分。

《庄子·齐物论》第一部分曰："大知闲闲，小知间间。大言炎炎，小言詹詹。"庄子这几句话的意思是知道得很多却好像还很空虚，像知道的只有一点点缝隙似的。所说之话像火苗升腾一样威力巨大，但却很少听到那些美好的言语。我们将其与《老子》第四十一章："明道若昧；进道若退……大音希声；大象无形；道隐无名"的含义作对比，老子之论的意思是说真正的有道者，对道的理解认识很明白，但其表现却好像是糊涂似的；对道的进修越深却好像越谦卑……所发出的音声就像鼓声一样雄浑雄壮传得很远，且振奋人心但却很少发出声音。《庄子》之言的意思是不是与老子之论的意思一致呢？

《庄子》又接着说："其寐也魂交，其觉也形开。"意思是他睡着也是魂魄一齐入睡，睡醒也形体舒放。《论语》孔子曰："饭疏食饮水，曲肱而枕之，乐亦在其中矣。（吃粗食饮清水，弯曲双臂作枕头就地而睡，快乐就在其中了。）"意思就是睡觉时双臂弯曲与灵魂一齐入睡，睡醒后双臂又放开了，也很快乐。所以，庄子的这两句就是用自己的语言对孔子所论的"曲肱而枕之，乐亦在其中矣"的抽象复述。

《庄子》又接着说："与接为构，日以心斗。"庄子是说："与木头上下左右连接起来和房子的基本构造有关，时时使内心争斗。"庄子所言的用木头上下左右连接起来和房子的基本构造有关，这是对上下或高低的抽象。将其与《老子》第八章："上善若水。水善利万物而不争"相比较，《老子》在此章说："最仁善者就如水一样。水善于滋润万物而不与万物争上下。"庄子之言则是水利万物而不与万物争上下。"日以心斗"是说"时时内心争斗"，争斗什么呢？每日反省自己，是否做到了不争？做到了仁善？两者的意思相近，且庄子所论与《老子》"居善地，心善渊，与善仁，言善信，政善治，事善能，动善时。夫唯不争，故无尤"也有相近之处。这就是说，庄子用隐喻、象征的语言，将老子之论表述出来，这就是庄子之论的奇妙高明之处。

《庄子》又接着说道："缦者、窖者、密者。"意思是说："有看不见者、有深藏没有影子者、有隐行者。"这是庄子对无为之道特征的隐喻抽象。《老子》第十四章："视之不见，名曰夷；其上不皦，其下不昧；搏之不得，名曰微；"这里"缦"就是看不见之意，因为没有花纹，所以就看不见。因为深藏就没有影子，因为"微"的本义就是隐秘地行走。

庄子又接着说："其留如诅盟，其守胜之谓也；其杀如秋冬，以言其日消也。"意思是"他留下来的话语就如咒语誓言，其操守经得起验证；其凋落就如秋冬的草木，所说之话就如太阳能消融冰块"，这是庄子用自己的语言对《老子》第十五章："豫兮，若冬涉川；犹兮，若畏四邻；俨兮，其若客；涣兮，若冰之将释……"的复述，也是庄子对老子关于无为之道的表现形式的复述。

《庄子·齐物论》第二部分曰："非彼无我，非我无所取。是亦近矣，而不知其所为使。若有真宰，而特不得其眹。可行己信，而不见其形，有情而无形。"庄子意思是说："不是他眼中无我而是看不见，不是我没有去捕捉而是抓不到！这个认识也近于道了吧！然而尚不知道为谁所命令？若是有真正的主宰者，而又得不到特别的征兆；可以行动而且是我的信约，而且看不见其形状，有情性而没有形状。"我们把庄子之言与《老子》第十四章所论的无为之道的表现形式，"视之不见""搏之不得"相对比，其实就是庄子用自己的语言将《老子》之论重复一次，而这个看不见、摸不着、无形无物的事物谁是它的主宰呢，当然就是《老子》所言的"故混而为一"，也就是化生混沌之物的大道，也就是道生一之道为主宰。而"可行己信，而不见其形，有情而无形。"前一句，是对《老子》这一章的最后四句"执古之道，以御今之有。能知古始，是谓道纪"的肯定，以大道为纲纪、为准则、为纲领，就是我的信约。而后两句就是对《老子》："谓无状之状，无物之象，是谓惚恍。迎之不见其首，随之不见其后"的具体论述。

《庄子·齐物论》第五部分曰："大辩不言，大仁不仁，大廉不谦，大勇不忮。"庄子的意思说："极会辩论者不说话，仁德已经极大却好像不仁善似的，极大的方正就像不谦虚似的，极大的勇敢但却不凶狠不伤人。"其一，我们将庄子这四句话的第一句"大辩不言"与《老子》第四十五章"大辩若讷"相对比，老子这句话是说："很会辩说但却好像不善于说话似的。"这就是会辩论者不喜欢辩论，喜欢辩解者不善于辩论的道理，这二者的意思是一致的。其二，"大仁不仁"与《老子》第四十一章："上德若谷；大白若辱；广德若不足；建德若偷"相对比，老子这句话是说："有高尚的仁德却好像还不美善似的，美德非常显明却好像辱没了德行似的，仁德已经是最高尚的但却好像还不足似的，建立了丰厚的功德却好像还不够厚重似的。"其三，将"大廉不谦，"与《老子》第四十一章所言的"大方无隅"，老子是说："极大的正直没有棱角"对比一下，极大的正直没有棱角，这好像就是一句不谦虚的话。其四，将"大勇不忮，"与《老子》第七十三章"勇于敢则杀，勇于不敢则活。"也就是老子说："勇敢但却不善于运用勇敢者容易受到伤害；勇敢又善于运用勇敢而不贸然行事者就容易生存"相比较，非常勇敢者善于应用勇敢，不凭勇敢胡作非为，胡乱杀人伤物，自己也不会受到伤害。二者的意思是不是一致呢？

通过研究分析，证明《庄子·齐物论》中，诸如此类对《老子》之道德论中隐喻的、象征的论述，甚至是直接论述的就有71处之多，也就是说庄子在《齐物论》中，那些如同绕口令一样的文辞，其实就是庄子用自己的语言，将《老子》道德论的内容几乎全部复述了一遍，如果庄子用如此绕口似的文辞论述自己的观点，那不就多此一举了吗？用自己的语言复述隐喻老子之论，这是庄子的一大发明，就《齐物论》而言，这样的论述几乎纵贯全篇文章。所以说《齐物论》就是庄子的"道德经"。

有学者认为庄子在《齐物论》中提出的"天地与我并生，而万物与我为一"的观点是其价值观的体现；有些学者则认为这是庄子唯心观的体现，它体现了人与自然合一的思想，也就是庄子的天人合一的思想。庄子这两句话的意思是"天地与我一起生存，而万物与我为一体。"如果说，这两句话，就是庄子的天人合一观，那么庄子的论据是什么？可是庄子并没有提出论据，而且也没有学者为庄子提供证据！其实庄子只是概括重复了《老子》关于死生的意义而已。《老子》第三十三章曰："不失其所者久。死而不亡者寿。"是说："不失去为人民利益而生、为人民利益而死的信念，死得其所者与天地一起长久生存。为了国家人民的利益而牺牲自己生命的人，他的精神、品德、灵魂与天地万物一起长存。"而庄子则说，死得其所者与天地一起永久生存，其精神品德永远不消失者与天地之德融为一体。所以说，庄子这句话只是将老子对死得其所的英雄、烈士之德与天地之德融为一体的重复而已。也可以认为这是庄子的天人合一观，那么他的论据就是老子之论，庄子也只是用自己的语言，复述老子"不失其所者久。死而不亡者寿"的意义而已。

老子是庄子心中的圣人。《庄子·齐物论》曰："古之人，其知有所至矣。恶乎至？有以为未始有物者，至矣，尽矣，不可以加矣！其次以为有物矣，而未始有封也。其次以为有封焉，而未始有是非也。是非之彰也，道之所以亏也。道之所以亏，爱之所以成。"庄子意思是说："古时候的圣人，他们的智慧有达到最高境界者了呀。为何是最高境界呢？有认为宇宙没有开始前就有物质存在的，这就是最高智慧啊！达到极限了啊！不可以再增加了啊！其次认为有物质存在，而还没有明显的界限。其次认为有明显的界限了啊！而还没有开始谁是谁非的的界限。是非之界限彰显出来时，大道所以会亏损了。大道之所以会亏损，是因为爱憎的是非成功了。"因为这个宇宙生成论，是《老子》提出来的，所以说，这是庄子对《老子》之德的赞美。庄子认为《老子》关于天地万物生成之道的理论是至高无上的、是没有任何人可以突破的理论，这一点笔者与《庄子》的观点相同，笔者也认为《老子》关于天地万物生成之道的理论是天下第一论，也是世界第一论。庄子将《老子》宇宙生成论分为四个层次，首先说老子认为在宇宙没有生成以前，就有物质存在，这个物质就是《老子》所论的"有物混成，先天地生"的理论，也就是有物生成了混沌之物的阶段，而这个生成混沌之物的物，就是大道。其二，是指老子说的有物混成的时期，只是一团混沌之物，混沌之气还没有分界，只是一团不断变化的混沌之气而已。其三，就是混沌之气混沌之物变化到极大分离开来，有了天地的区分，但是还没有关于万物的区分，万物还没有生成，也就不分彼此。也就是庄子所说的没有是非之分，也就是万物还没有生成的时期。其四，就是万物生成之后人类爱憎情感出现之后是非彰显的变化。

2. 关于《庄子·齐物论》的意义

《庄子·齐物论》的中心议题就是"一致诸道论于无为之道论"，或"统一诸道论为无为之道论"，或"统一万物生成之道论"。那么为什么说其中心议题是"统一诸道论于无为之道"呢？庄子在本文中，以极大的篇幅复述了《老子》的无为之道，又论述了孔子的中庸之道，还对墨子之道作了评论。庄子认为虽然孔子的中庸之道与《老子》的无为之道意义是一致的，都是中正无偏私，当然中庸之道的意义，无为之道的意义，与最早的天命论的意义也是一致的，因为天命的意义也是中正无私。

但是庄子认为天命论和孔子的中庸之道，以及墨子所论的圣人之道，均不能概括天地万物的生成过程，这也是《庄子·齐物论》第五部分第一段所要论说的问题。也就是天命和中庸之道不能解释关于《老子》的无、有。无之有，无之有的有，有之无的有的论述。因为庄子已经肯定地认为《老子》关于宇宙生成论，也就是天地万物生成论是至高无上的、是没有任何人可以突破的理论，所以，庄子强调指出其他们的理论不能说明无、有，与无之有、有之无的有的问题，所以庄子最后以影子与影子之影子的对话隐喻他庄子所论的问题都有依据，不是无根据地乱说。又通过庄子自己之梦说明万物变化的道理，所以这些学术界的争鸣者们，还是变化一下，归齐到《老子》的无为之道的认识上来吧。

在《齐物论》中，庄子通过啮缺与王倪的对话，通过论述人和地上生活的动物猿猴之类，与适合在空中生活的鸟与适合在地上生活的猴子之类的对比，说明各类动物都有适合自己生存的自然环境；又以人和几种动物的食物习惯不同，说明各类动物都有适合自己自然环境的饮食习惯；又以生活在不同自然环境的动物的配偶为例，说明这些动物也是它们生活的自然环境不同形成的而已；又以人对美的认识，推论到河中的鱼儿、空中的鸟儿，以及麋鹿对人所谓美的态度，说明这些动物看到的自然事物，是对它们的安全不利的事物，而不是美的。也就是说庄子从这几个方面说明事物的相同与不相同之处。其相同之处，就是所有动物都是依据自己所生活的自然环境自然而然地造就了它们的喜好，不同的就是不同的自然环境自然而然地造就了各自的不同，最后证明"无为之道，就是自然而然"。这是庄子对什么是无为之道的论述。

所以说，庄子的《齐物论》可以称得上庄子的"道德经"了。

所以说庄子的《齐物论》就是："一致众道论于无为之道论"，或"统一诸道论为无为之道论"，或"统一万物生成之道论"。当然更多的问题，只能从《齐物论》的内容中去研究了。

二、从《逍遥游》和《大宗师》的内容探讨庄子与老子和孔子

1. 从《逍遥游》探讨庄子对圣人的尊崇

从《庄子》文章的排列顺序而言，第一篇《逍遥游》的意义，无疑就是庄子对开创以武力夺取政权的商汤之所以能够成功的缘由的论述。商汤就如扶摇而上九万里的大鹏鸟一样，他为了实现扶摇直上九万里的大志，先垂其双翼，蓄意待飞，终于实现了扶摇直上九万里的志向，成就了建立商王朝的事业。这在《易经》记载商朝历史的《明夷卦》就有记载。正如《明夷卦》初九爻辞："明夷于飞，垂其翼。"

其一，庄子用大鹏鸟垂其双翼，蓄意待飞，一鼓作气扶摇直上九万里之志，象征商汤之志和取得成功的原因。也就是说商汤之所以取得革命的成功，凭借的是韬光养晦，养精蓄锐的韬略。这是庄子对圣王商汤的尊崇。

其二，庄子在《逍遥游》这篇文章中，提到"故夫知效一官，行比一乡，德合一君，而徵一国者，其自视也，亦若此矣。而宋荣子犹然笑之。"庄子是说："所以知道验证一个官员的德行，其德行具备了治理家乡的德能。其德行就被信任，就适合一位君主心意，而验证一国之君自己，他自己视察自己，也是如此对待。而宋荣子还讥笑这些道理。"这是庄子用自己的语言对《老子》第五十四章所论述的"修之于身，其德乃真；修之于家，其德乃余；修之于乡，其德乃长；修之于国，其德乃丰；修之于天下，其德乃普。故以身观身，以家观家，以乡观乡，以邦观邦，以天下观天下"的综述。《老子》说："修治自身使德行美好，他的美德才会真实；从修治自身到治理好他的家庭，那么他的美德就很宽裕；从治理好他的家庭到治理好他的家乡，那么他的美德已经增长；从治理好他的家乡到治理好他的国家，那么

他的美德已经很丰厚；从治理好他的国家到治理好天下，那么他的美德就已经非常广大。所以，以他自身的德能观察他的修为，以他的家庭观察他治理家庭的德能，以家乡的治理情况观察他治理家乡的德能，以他治理邦国的情况观察他治理邦国的德能，以他治理天下的情况观察他治理天下的德能。"庄子认为宋荣子的讥笑是错误的，因为《老子》之论，就是来自商汤，以及更早的尧帝的治国治天下的经验。《老子》之论的依据，就是商汤成就商朝的事业，首先是商汤有道德仁义，其次就是商汤从治理好他自己的邦国开始，修治自己的德行，从治理好自己的邦国到征伐诸侯国开始，逐渐蓄积了力量，经过十几年的韬光养晦，最终才取得了殷革夏命的成功，所以庄子用蜩与学鸠不知大鹏之志而批判那些讥笑《老子》之论的人。

其三，庄子指出，列子凭借天地之正气，而有控御六气变化的能力，所以才能遨游无穷无尽的太空，说明要想成就事业，就必须要有成就事业的条件，不学习知识，不学习技能，对社会人情之事一窍不通，凭什么成就事业。所以，我们学习《逍遥游》不能只看到逍遥快乐，而是要看到逍遥快乐之前的艰辛过程。所以庄子指出："至人无己，神人无功，圣人无名。"庄子之言的意思是："道德高尚至极的圣人有忘我的精神，聪明智慧至极的人不为功名利禄，圣人不求名声。"这是庄子对尧舜、商汤、老子、孔子等圣人的赞誉。

2. 从《大宗师》探讨庄子与老子和孔子

庄子认为老子和孔子是至人、圣人。正如《庄子·大宗师》曰："知天之所为，知人之所为者，至矣"。那么在春秋战国时代谁是庄子所说的"知道天的所作所为，知道人的所作所为的智慧极大极为聪明的人呢"？当然是老子和孔子了。因为《老子》的道德经论不就是论述天道人道的经典之作吗！孔子的学问不也是上论天文地理，下论人道君道吗！所以庄子所论的现实中的至人、圣人就是老子和孔子；当然庄子所指的古代圣人，也就是老子笔下抽象的圣人形象，以及孔子笔下的具体圣人形象，庄子自己笔下的神农、黄帝、尧舜、大禹等的形象。

3. 庄子心目中的老子和孔子就是大宗师大圣人

其一，庄子在《大宗师》论述了"夫知有所待而后当，其所待者特未定也"的意义：也就是这些至人、圣人知识来源的依据。其二，紧接着论述了什么是真人，从四方面对古代真人形象进行论述，又论述了现实存在的真人，老子之道，孔子之论，庄子所论的真人就是圣人，圣人就是大宗师。其三，那么庄子心中的大宗师是谁呢？通过对庄子之论的解读，说明老子是庄子心目中的圣人。在《大宗师》这篇文章中通过孔子与子贡的对话，可以看到庄子将孔子描述成既是一个"知天之所为，知人之所为者的至人"，又是一个极为谦虚好学的学者，说明孔子也是庄子心目中的大宗师大圣人。

三、庄子是老子之道的忠实推行者

1.《庄子》一书的所有文章是对老子之道德的复述解释和引用

在庄子的文章中，除了用自己的语言复述《老子》之道德论几乎全部内容外，还在很多篇文章中从正面对《老子》的论述作了延伸式或者解释式的论述，这样的论述笔者引用过的就多达 30 多条。如《庄子·天地》所言："夫失性有五：一曰五色乱目，使目不明；二曰五声乱耳，使耳不聪；三曰五臭熏鼻，困慑中颡；四曰五味浊口，使口厉爽；五曰趣舍滑心，使性飞扬。此五者，皆生之害也。"这是庄子对《老子》第十二章的解读。如《庄子·在宥篇》所言："故君子不得已而临莅天下，莫若无为。无为也而后安其性命之情。故贵以身于天下，则可以托天下；爱以身于天下，则可以寄天下。"这是庄子对《老子》第十三章的解读。象这样解释和引用的地方很多。

2.庄子用寓言的方式解读赞美老子和孔子

庄子在《寓言》篇中指出，他的全部的内容，寓言就占有十分之九，也就是说，他差不多每一篇文章中都有寓言，他还指出，他有十分之九的寓言，是借用外物论事的；而且他引用圣人君子自己的言论的就有十分之七。这些圣人君子是"年老可以为师之人"。所以他在《寓言》篇中，就借用孔子中庸之言，来赞美孔子，并且认为孔子所说的"夫受才乎大本，复灵以生（人禀受天地阴阳之气而初成，复感天地之灵气而生）"的观点是绝对正确的，那么孔子当然可以为人师了。庄子通过影子与影子之影子的对话，说明人的生死存在都有他自己的规律，就进一步证明了孔子之论的正确性。庄子最后用《老子》第四十一章的内容，说明那些不明白道，而自以为是的人的作为是要不得的，这些人就如阳子居一样。这也是庄子对老子圣人身份的认定。

庄子在《秋水》一文的第一部分，以河伯与北海的对话，论述了道之有无之理，道之自然有形无形、大小、多少、贵贱的意义，又有对孔子博学多识的赞美，更有对老子至德至智的赞美。进而说明什么是天，什么是人。正如北海曰："牛马四足，是谓天；落马首，穿牛鼻，是谓人。"那么，庄子为什么说"牛马四足，是谓天，落马首，穿牛鼻，是谓人"呢？这是因为，牛马四足是天生自然就是这样的，说明天就是自然；而人将马头控制掌握在自己手中以控制马的活动，给牛鼻子穿上绳索以控制牛的活动，这说明人能改造自然，也就是说庄子之论就是自然和改造自然之论。而《秋水》第三部分，则以孔子之言，来解读《老子》第五十章"出生入死"之谜。

庄子之寓言，绝大多数是对老子之道的解读应用。其一，庄子在《养生主》中列举庖丁为文惠君解牛的例子，说明如何修道的方法，这是最生动具体的关于《老子》无为之道的论述，诸如此类庄子关于对《老子》之道德的论述大概有十分之六。

其二，《庄子·在宥篇》，庄子借用云与鸿蒙的对话，引用《老子》第十六章之言，说明自然无为的意义，正如鸿蒙所言："意！心养！汝徒处无为，而物自化。"又

其三，《庄子·知北游》则通过知北游与无为谓，与黄帝的对话、妸荷甘与神农的对话、光曜与无有的对话来说明《老子》之无为。全篇几乎充满了对《老子》无为之道的解读和引用；如黄帝所言："彼无为谓真是也，狂屈似之，我与汝终不近也。夫知者不言，言者不知，故圣人行不言之教……故曰：'失道而后德，失德而后仁，失仁而后义，失义而后礼'……故曰：'为道者日损，损之又损，以至于无为。无为而无不为也。'（"夫知者不言，言者不知，故圣人行不言之教。"是《老子》第五十六章、第二章所论的内容。"失道而后德，失德而后仁，失仁而后义，失义而后礼。"是《老子》第三十八章的内容。"为道者日损，损之又损，以至于无为。无为而无不为也。"是《老子》第四十八章的内容"其实，黄帝在这一段对话中全是对《老子》之言的复述。

其四，《知北游》弇堈吊曰："夫体道者，天下之君子所系焉。今于道，秋豪之端万分未得处一焉，而犹知藏其狂言而死，又况夫体道者乎！视之无形，听之无声，于人之论者，谓之冥冥，所以论道而非道也。"（《老子》第十四章的内容）

其五，《知北游》光曜问乎无有曰："夫子有乎？其无有乎？"光曜不得问而孰视其状貌：窅然空然。终日视之而不见，听之而不闻，搏之而不得也。光曜曰："至矣，其孰能至此乎！予能有无矣，而未能无无也。及为无有矣，何从至此哉！"（《老子》第十四章的内容）这就是庄子之寓言的意义。

四、庄子与孔子之儒

1.从《齐物论》看庄子对孔子的尊崇。有学者指出，庄子全书中，孔子是庄子文章中出现频率最高者，全书庄子共提到孔子51次，仅《内篇》就提到10次。但是笔者以为，庄子全书中，首先是以论述《老子》之道德为第一，所以《老子》之道德的内容是庄子全书中出现频率最高者。

笔者虽然没有仔细统计，但是笔者以为庄子全书中，孔子出现次数肯定多于51次，因为在《齐物论》中，庄子在论述孔子的中庸之道时，虽没有直接指出孔子之名，但是庄子对孔子的中庸之道的意义论述得比孔子更为明确，比现代人对中庸之道的理解更为深刻。

其一，仅《齐物论》而言，庄子用自己独到的绕口令似的，又像谜语似的文辞，几乎复述了孔子《中庸》的全部内容。例如："道行之而成，物谓之而然。（大道运行而万物成，物成谓之明）"与《中庸》"诚者，天之道也……诚则明矣，明则

诚矣。"的意义一致。"可乎可，不可乎不可。"庄子说："可以这样准许这样，不可以这样不允许这样。"与《中庸》"凡事豫则立，不豫则废。言前定则不跲，事前定则不困，行前定则不疚，道前定则不穷"的意义一致。又如："恶乎然？然于然。恶乎不然？不然于不然。"庄子说："何谓明，明于明；何为不明？不明于不明"与《中庸》"自诚明，谓之性；自明诚，谓之教。诚则明矣，明则诚矣"的意义一致。庄子曰："物固有所然，物固有所可。无物不然，无物不可。"（物自然有所明。物自然有所相称；无物不应，无物不相称）"与《中庸》"诚者自成也，而道自道也。诚者物之终始，不诚无物"的意义一致。这只是列举了庄子在《齐物论》中对孔子之《中庸》部分辞文的论述，对比之下，是不是庄子在用自己的语言复述孔子之《中庸》的内容呢？

其二，庄子对孔子《中庸》的起源作了综述。庄子曰："其分也，成也；其成也，毁也。凡物无成与毁，复通为一。"（道化生太一之气分为天和地，天地阴阳之气化生成万物；万物不断地化生，又不断地毁灭又生成。其实凡是万物，无论是化生还是毁灭，如此反复变化全都是同一的道所为。）《中庸》曰："天地之道，可一言而尽也。其为物不贰，则其生物不测。"（天地变化万物的道理，可以用一句话来概括。天地本身为万物之父母而没有二心，它们化生万物层出不穷）。

其三，庄子对孔子《中庸》之道意义的深刻明确论述。庄子曰："唯达者知通为一，为是不用而寓诸庸。庸也者，用也。"（唯有通达者知晓各种变化之道全是同一类的缘由，为此不采用无为之道这个称名而将诸多道的称名寄寓于"中庸之道"的称名。所谓《中庸》，就是用这些道的道理说明什么是中庸。）庄子的这几句论说是庄子对孔子《中庸》名称的解读。孔子曰："君子中庸，小人反中庸，君子之中庸也，君子而时中；小人之中庸也，小人而无忌惮也。"（君子执行中庸之道，而小人违背中庸之道。君子的中庸之道，就是时时刻刻中正平和；而小人的所谓中庸，则是毫无顾忌地作为）。将庄子之论与孔子之论相对比，可以看到庄子对孔子之学的研究认识是深刻全面而正确的，庄子认为孔子之所以用"中庸之道"这个称名替代诸道的内涵，是因为孔子通达贯通了关于大道、天道、地道、圣人君子之道、墨子之道、以及天命的内涵，所以将诸道的内涵统称为"中庸之道"，因为诸道的内涵，就是中正公平，无偏斜。这是庄子对孔子"中庸之道"渊源的认识。所以庄子认为孔子是有道者，是一个贯通所有"道"的有道者。其实孔子自己也没有对"中庸之道"的缘由和意义有如此明确的论述。庄子在《齐物论》中关于孔子之《中庸》和孔子关于礼的论述多达五处，而直接提及孔子之名的文辞达到三处。

其四，庄子对儒墨之道的分歧作了分析。庄子在《齐物论》中，庄子用自己的语言对墨子之道的特点和儒墨之争作了论述。正如《庄子》曰："夫言非吹也，言者有言。其所言者特未定也。果有言邪？其未尝有言邪？其以为异于鷇音，亦有辩乎？其无辩乎？道恶乎隐而有真伪？言恶乎隐而有是非？道恶乎往而不存？言恶乎存而不可？道隐于小成，言隐于荣华。故有儒墨之是非，以是其所非而非其所是。欲是其所非而非其所是，则莫若以明。"庄子的意思是说："说话没有夸张，说论有主张。他所说之话没有特别固定的风格。果真有言论吗？其实未必有言论吧？他所说的话只是不同于雏鸟的鸣叫而已，是有辩论呢！还是没有辩论呢！为何大道精深微妙而有了真伪的存在呢？为何言论精深微妙而有了是非呢？大道怎么往复而不存呢？言论为何存在而不许可呢？大道被隐蔽于小成功中，言论被浮躁华丽的辞藻所隐蔽。所以就有了儒墨之争论，以对的说成是不对的，以不对的否定正确的。想以其不对的而反对正确的，就不如以明白正确的话为定论。"庄子指出，在当时百家争鸣，言论纷纷，尤其是对儒墨之争的缘由作了论述，这也是庄子对"墨子言多不辩"的隐喻，也是庄子对儒墨之争原因的论述，还是对墨子学说理论风格的论述，因为墨子所说话，没有夸大其词的浮华之词，而是不善于辩论的真实之事，没有一点装假做作的风格，也就是说墨子的言论就只是不同于雏鸟的叫声而已。这也是庄子对墨子一些正确主张的辩解，也就是庄子所言的"言恶乎存而不可"？这只是人们喜欢辞藻华丽的文辞，认为墨子没有论辩的学说，就如没有梳妆打扮的女子一样不讨人喜欢。所以就将墨家的一些正确的言论和主张说成是不正确的，那些争鸣者就以自己不正确的观点反对墨子一些正确的观点，这也正是庄子和争鸣者们认为儒墨之争的缘由之一。墨子的学说，传扬先王的真实事迹，论述宣传圣人的主张，墨子的学说宣扬大道精深微妙的道理，怎么还会有真假呢，怎么还有争论呢？正因为墨子的学说没有浮华的辞藻，所以就将墨子正确的言论认为是不正确的言论，这本身就是是非不明。所以庄子最后指出，自然存在的事物本身没有是非彼此，没有错与对，既然如此，还不如以已经明白正确的言论为定论，那么这个已经明白正确的言论是谁的言论呢？当然应该是庄子心目中的圣人老子和孔子了。也就是还是以《老子》所论的无为之道为天下模式，这是庄子通过对孔子"中庸之道"的研究，对墨子之道的研究，与《老子》关于无为之道的诸多论述的对比，得出的结论。正如《老子》第二十二章曰："是以圣人抱一为天下式。"所以圣人怀抱自然无为之道为天下模式，这是庄子认为的已经明白正确的定论，就是老子的无为之道。

2. 庄子的《人间世》基本上就是对孔子思想的宣扬推广。

3. 庄子的《德充符》通过孔子与那些残疾之人的交往谈论，说明孔子是一个德行完备的人；又通过鲁哀公对孔子的评价"吾与孔丘非君臣也，德友而已矣！"更说明孔子是一位德行高尚之人。

4. 庄子的《大宗师》中，孔子出现的次数就有十多次。由此而看，就《内篇》

而言，孔子就是庄子笔下不可缺少的人物，《大宗师》是庄子对老子和孔子许多言论的综合解读，也有对孔子之中庸的宣扬，因为在庄子心中，老子、孔子就是大宗师，孔子和老子一样都是大圣人。

5. 庄子在《天道篇》中则有庄子对儒家的《乐记》、对《易·乾·文言》的相关内容，对《大学》的相关章节解读。还有孔子与老子论述仁义的对话。

6. 庄子的《天下篇》的第一部分是对孔子之学的肯定："古之人其备乎！配神明，醇天地，育万物，和天下，泽及百姓，明于本教，系于末度，六通四辟，小大精粗，其运无乎不在。其明而在数度者，旧法世传之史尚多有之。其在于《诗》《书》《礼》《乐》者。""《诗》以道志，《书》以道事，《礼》以道行，《乐》以道和，《易》以道阴阳。"这不说的全部是孔子吗？

总而言之，庄子的所有文章中，论及孔子的次数除老子之外，是最多的了。也就是说，在庄子心目中，孔子的地位仅次于老子。庄子通过孔子之言，表达了老子之道德与孔子之仁义道德在理念上是一致的，这一观点其实在孔子的很多对老子之言解读中就能得到证明，孔子之儒与老子之道德并无根本上的区别。

7. 庄子也有天人同一理论。庄子《齐物论》曰："天地与我并生，而万物与我为一。"庄子《天道篇》曰："静而圣，动而王，无为也而尊，朴素而天下莫能与之争美。夫明白于天地之德者，此之谓大本大宗，与天和者也；所以均调天下，与人和者也。与人和者，谓之人乐；与天和者，谓之天乐。"庄子《天地篇》老聃曰："有治在人，忘乎物，忘乎天，其名为忘己，忘己之人，是之谓入于天。"庄子《刻意篇》曰："不思虑，不预谋。光而不耀，信而不期。其寝不梦，其觉无忧，其神纯粹，其魄不疲。虚无恬淡，乃合天德。"这些均是庄子关于天人同一观的论述，其基本意义在前文已经论述，这里不再赘述。

五、庄子是一位伟大的预言家

庄子在《齐物论》中指出："君乎！牧乎！固哉！丘也与女皆梦也，予谓女梦亦梦也。是其言也，其名为吊诡。万世之后而一遇大圣知其解者，是旦暮遇之也。"庄子说："君王尊贵，牧夫卑贱，这是亘古就有的社会观念，孔丘与你都在做梦啊，我说你做梦就是做梦啊。这是他的言论，他的称名有些怪异。等到万世之后遇到一位大圣人就知道怎样解开其中的奥秘了，这是早晚能遇到的事情。"庄子在这里提出了一个让我们思考无穷的问题，那就是"君乎！牧乎！固哉！丘也与女皆梦也"，为什么庄子认为孔子是在做梦呢？而且庄子说他说孔子在做梦的话，不单是庄子自己所说，而是他的言论，他的称名有些奇异，那么这个称名奇异的他是谁呢？当然应该是老聃老子了。老聃就是老子，老聃这个称名是不是有些奇异呢？老子有没有孔子做梦之类的言论不得而知,但是老子却有:"湛兮,似或存。吾不知谁子,象帝之先"的期盼式的预言。因为君王尊贵牧夫卑贱,这是恒古长存的社会观念,而孔子的儒学提出:"夫礼者,自卑而尊人,虽负贩者,必有尊也,而况富贵乎?"也就是说儒者认为人人平等,对于每一个人,无论你的身份有多高贵,或者多低下,都应该相互尊重,没有贵贱之分。孔子的的主张是美好的,但是庄子认为孔子之儒的提倡是在做梦,这是因为庄子认为在当时等级森严的社会现实中根本就不能实现,但是庄子并没有批判孔子,也没有认为孔子的这种思想不对,他只是认为孔子之儒学的这个理想愿望在孔子及其之后的多少年是不能实现的,而是要等到万世之后有一位大圣人出现,就能解开孔子之梦,就能使孔子的梦想变为现实。历史证明,庄子的这一预言是正确的,从孔子、庄子时代直至中国共产党出现之前的两千多年中,孔子这个美好的愿望都没有谁能真正实行过。

同时庄子明确预言:"万世之后而一遇大圣知其解者,是旦暮遇之也。"是说庄子预言等多少年甚至几千年以后,有一位大圣人出现就能揭晓在社会中实现人人平等的奥秘。笔者认为这位解开人人平等奥秘的大圣人,就是两千五百多年后出现的中国共产党的领袖毛泽东!中国共产党的领袖毛泽东很早就开始在中国人民解放军内部实行三大民主制度:即政治民主、经济民主、军事民主。追求平等是毛泽东一生的理想和奋斗目标。政治上实行人民民主专政,经济上实行生产资料公有制和供给分配制和按劳分配。在新中国成立之后,真正的全面的实现了人人平等,人人当家做主的平等社会。毛泽东就是庄子预言中万世之后出现的大圣人。中国共产党和毛泽东所实行的和平民主,人人平等的社会,就是孔子和庄子预言的实现者。

六、庄子之文风

就《庄子》全文的内容分析,可以看到庄子用各种文体的写作风格,以及独特的语言风格,主要在于阐述老子的无为之道、圣人君子的风格德行,阐述老子的思想。庄子对老子的无为之道的解释是完全正确的,是符合老子本意的。正如《庄子·大宗师》曰:"夫道,有情有信,无为无形;可传而不可受,可得而不可见;自本自根,未有天地,自古以固存;神鬼神帝,生天生地;在太极之先而不为高,在太极之下而不为深,先天地生而不为久,长于上古而不为老。"又如《庄子·知北游》曰:"故曰,为道者日损,损之又损,以至于无为也,无为而无不为也。"

庄子只用一篇《养生主》中庖丁解牛的例子,就将《老子》第二十七章"善行无辙迹……"的修道的方法全部论说到位了,这也是庄子对如何达到自然无为之道方法的最精辟、最生动的论述。其实庄子的文章大多数都是对《老子》的道德理论的论述,对孔子思想的论述,当然庄子对老子的思想又有所发展,但是庄子没有自己特别鲜明的哲学立论点。从庄子的文章分析，庄子与孔子、孟子一样，都对具体的圣王的功德做了揭示记载和宣扬，庄子的文章，无所不论，如天时地理、所有先圣、先帝、先王，以至于各类名人、贤者、恶人、鬼神、春秋战国时期诸侯的功过是非等等，比孔子有过之而无不及。

但是庄子的文章，每一篇都能使人心旷神怡，无论是褒贬之文，还是寓言，都给人一种超脱愉悦的感受，这说明庄子是一位真正的文学大师。据此而言，庄子是一位自由文人，是一位文学家、思想家。作为自由文人，其肩上就少了些沉重的历史使命感，不是说庄子没有历史使命感，而是因为老子和孔子都无力改变当时的社会状况，何况庄子呢！作为自由文人，庄子的文章就体现出奔放不羁、生动活泼的文风，这只是文学创作上的风格。文学创作上的风格，不等于哲学上的风格特点，因为庄子毕竟没有自己独特的哲学立论点，他其实就是老子之道德的忠诚传承光大者。庄子用独特的语言风格，尤其是用自己的语言复述与老子、孔子之言论意义相一致的语言特点，真正使后世之人迷茫无解，所以对庄子文本的解读往往是自说自话，不知所言。但是庄子独特而睿智的语言、独特的思维方式，却能给我们以快乐的人生观和为人处世之道。对于庄子的语言风格，自古至今，很多学者无不认为庄子是中华民族的语言大师。其语言具有创造性，并将哲理寓于形象中，寓于寓言之中。《庄子》一书中有二百多个寓言故事，都各自赋予一定的哲学意义。

七、道家与孔子的分歧

老子和孔子的分歧，也是庄子讽刺孔子的依据所在，正如《庄子·天运篇》曰："故礼义法度者，应时而变者也。今取猨狙而衣以周公之服，彼必龁啮挽裂，尽去而后慊。观古今之异，犹猨狙之异乎周公也。"庄子是说："所以说礼仪法度这些东西，应该是依据时代的变化而变化。假如给捕捉来的猿猴穿上周公的衣服，猿猴必定会用牙齿撕咬而使衣服拉裂，全部去除而后感到惬意。观看古代和现代的不同，就犹如猿猴与周公的不同。"庄子的意思是说古代的礼仪法度的具体条文不一定适应当代，庄子用猿猴和周公相比，周公是一个仁义道德礼仪诚信俱佳的真人君子，而猿猴则是一个什么都不懂的高等动物，来说明人类的智慧是随着时代的进步而不断进化的，在新的时代就要有适合新时代的礼义法规，而不能将古代的礼义法规条文搬来套用，这并不是说老子、庄子反对用礼义法规来教化约束人民。其实庄子的这个观点，具有历史性和现代性意义。看看我们现代人，学习传统文化，真正研究传统文化内涵者虽然为数不少，但是模仿者却也大有人在，难道穿上古代的衣服、行古代的礼节就是学习了传统文化吗？

而且庄子的所有文章中，大约有三分之一的文章中，都提及孔子，只有极小的一部分是论及老子与孔子的分歧,也就是上面所谈到的分歧,其他都是宣扬、解析孔子之言。如《庄子·外篇》的《达生》《山木》等文章中的多数内容都是与孔子有关,如《庄子·山木篇》,关于孔子在周游列国时,被围困于陈国和蔡国之间,庄子对其记载就非常详细,并对孔子的言行作了赞赏性的记载:"孔子穷于陈蔡之间,七日不火食,左据槁木,右击槁枝,而歌猋氏之风,有其具风而无其数,有其声而无宫角,木声与人声,犁然有当于人之心……仲尼曰:'无受天损易,无受人益难。无始而非卒也,人与天一也。今夫之歌者其谁乎……天地之行也,运物之泄也,言与之皆逝之谓也。为人臣者,不敢去之。执臣之道犹若是,而况乎所以待天乎……'"这些都是庄子对孔子在遇到危难之时的思想和具体作为的描写,而且有些其他史料上没有看到的孔子的一些观点。比如,庄子在《山木篇》记载孔子对颜回说"何谓人与天一邪?有人,天也;有天,亦天也。人之不能有天,性也。圣人晏然体逝而终矣"等,均是对孔子之学问的赞赏解释之词,并没有讽刺挖苦之意在内。

而《庄子·渔父》则通篇就是对孔子虚心求取学问的记载描述。而《庄子·天下》的第一部分就是对孔子之学的肯定:"古之人其备乎!配神明,醇天地,育万物,和天下,泽及百姓,明于本教,系于末度,六通四辟,小大精粗,其运无乎不在。其明而在数度者,旧法世传之史尚多有之。其在于《诗》《书》《礼》《乐》者。""《诗》以道志,《书》以道事,《礼》以道行,《乐》以道和,《易》以道阴阳,《春秋》以道名分。"这就是庄子对孔子关于六经之作的肯定和记载,因为这六经就是孔子及其弟子修编而成。所以说老子庄子之道德论,与孔子之儒并没有原则性分歧,只是在礼义法度的具体态度上的具体研究方法有所不同而已。

从以上对庄子思想的研究,可以看到庄子的学说之所以被世人称为"老庄之学",是因为庄子不但熟悉精研了老子之学,而且熟悉精研了孔子之学、墨子之学等诸多学问,所以他就能纵横道、儒的学问而用之,成就庄子的学说。所以,所谓老庄之学,就是因为庄子的思想与老子思想极为一致的意思。

第四节　孟子是孔子形而上形而下思想的忠诚传承者

孟子(约公元前 372 年~公元前 289 年),名轲,字子舆,战国中期邹国(今山东济宁邹城,距离孔子的故乡曲阜不远)人。孟子是著名的思想家、政治家、教育家,孔子学说的继承者,儒家的重要人物。孟子幼年丧父,家境贫困,孟母将其抚养成人,其母仉氏教子甚严,为教育孟子,且教子有方,其"迁地教子""三断机杼"等教子故事,成为千古美谈。孟子曾受业于子思的弟子,是孔子思想的忠诚传承者，有"亚圣"之称。

依据出生年代推算，孟子应该与庄子是同时代的人。孟子比庄子早出生三年，早去世三年，两人均活到八十三岁。从孟子的文章分析，孟子的文辞不像庄子的文辞那样复杂难懂，只要对《易经》、孔子、《诗经》、老子、《尚书》，以及孔子之儒的文献有所研究者，对孟子的文章就比较容易理解，笔者以为孟子不但对孔子的思想有很深的研究，而且对老子的思想也有很深的研究，这一点与庄子有些相似。

孟子对孔子的"以政为德"的思想有很深的研究，他继承孔子"以政为德"的思想，并将其发展为"仁政"思想。当孟子学业有成后，以士的身份到梁国、齐国、宋国、滕国、鲁国等国，以自己的"仁政"思想游说当时致力于富国强兵，企图通过暴力实现统一的诸侯。当时天下混乱，孟子虽然尽力游说，但是没有人能实现他的政治主张。所以孟子在政治抱负无法实现之后，六十多岁时就致力于教学事业。

一、孟子对孔子思想的传承

1.在孟子心中孔子是圣人

《孟子·公孙丑·上》曰："孔子也。皆古圣人也。""自有生民以来，未有孔子也。"孟子曰："子贡曰：'见其礼而知其政，闻其乐而知其德。由百世之后，等百世之王，莫之能违也。自生民以来，未有夫子也。'有若曰：'岂惟民哉？麒麟之于走兽，凤凰之于飞鸟，太山之于丘垤，河海之于行潦，类也。圣人之于民，亦类也。出于其类，拔乎其萃，自生民以来，未有盛于孔子也。'"孟子曰："伯夷，圣之清者也；伊尹，圣之任者也；柳下惠，圣之和者也；孔子，圣之时者也。孔子之谓集大成。集大成也者，金声而玉振之也。金声也者，始条理也；玉振之也者，终条理也。始条理者，智之事也；终条理者，圣之事也。智，譬则巧也；圣，譬则力也。由射于百步之外也，其至，尔力也；其中，非尔力也。"从孟子对孔子的这些赞美之辞中，可以看到孔子在孟子心目中，就是集所有圣人之知、之德、之能、之行、之事的大圣人。

2.孟子对孔子的人性论既有自己更深刻的见解，又有对孔子人性论的发扬光大

其一，孟子对孔子人性论的理解。《礼记·礼运》孔子曰："饮食男女，人之大欲存焉；死亡贫苦，人之大恶存焉。故欲恶者，心之大端也。人藏其心，不可测度也；美恶皆在其心，不见其色也。"[①]《论语·阳货》曰："性相近也，习相远也。"孔子认为喜、怒、哀、惧、爱、恶、欲这七种情感与生俱来，是不用学习就存在的，人的情感也会随着年龄的增长、社会环境的变化影响而发生倾向性变化，

[①] 钱玄、钱兴奇等注译．礼记[M]．岳麓书社，2001：306．

善恶欲望之念会藏在内心，一般不会表示出来。也就是说孔子认为由于人的情感与生俱来，但人会被社会生活环境影响而变化为善恶不同的人。孟子将孔子之论，深化为自己的语言，正如《孟子·告子上》曰"乃若其情，则可以为善矣，乃所谓善也。若夫为不善，非才之罪也。恻隐之心，人皆有之；羞恶之心，人皆有之；恭敬之心，人皆有之；是非之心，人皆有之。恻隐之心，仁也；羞恶之心，义也；恭敬之心，礼也；是非之心，智也。仁、义、礼、智，非由外铄我也，我固有之也。"孟子指出："如果就人的性情而言，就可以说是善良的啊！这就是所谓人性之善了。如果有的人不善良，并不是他生性不善良。因为恻隐、羞恶、恭敬、是非之心，人人都有；仁、义、礼、智、是非之心不是由外面融入人内心的，而是人内心与生俱来就有的。"这就是孟子的性善论。孟子的性善论，被南宋朱熹补充为"人之初，性本善"，明代王阳明继承并发展出"良知学说"。

其二，孟子之良知说。《孟子·尽心上》："人之所不学而能者，其良能也；所不虑而知者，其良知也。孩提之童无不知爱其亲者，及其长也，无不知敬其兄也。"孟子说："人生下来不用学习而会的事情，是人天生的善良的本性；人不用思虑而能知道的事情，是人天生就有识别善良的本能。小孩儿童，没有不知道爱自己的亲人的；等到年长，没有不知道尊敬自己的兄长的。"孟子这一段论述，更进一步说明了人性本善论是孟子的人性论，这一论断其实也是对孔子之论的认识和补充。因为孔子论的是人的各种情感与生俱来，孟子论的是善良和对善良的认知本能与生俱来，不善良并不是他本性不善良，是因为"性相近也，习相远也"的结果。孟子在这里第一次提出了"良知"这个观点。孟子用小孩子自小就有爱自己亲人的能力和尊敬兄长的德能，说明"良知"就是人与生俱来辨别善恶的本性。孟子的"良知论"被明代哲学家王阳明发扬光大，正如王阳明所言："若鄙人所谓致知格物者，致吾心之良知於事事物物也。吾心之良知，即所谓天理也。致吾心良知之天理于事事物物，则事事物物皆得其理矣。"

孟子与孔子在人性论上相互补充，而完善了人性本善的观点。孟子、孔子的人性本善论，是否与现代生理学研究的非条件反射的意义有关联，非条件反射是指人生来俱有的先天性比较简单的反射活动。还没有人将人性本善这种比较复杂的问题纳入非条件反射的研究，要是有学者从这方面研究，也许能从生理学得到对人性本善论的新突破。

其三，孔子的人性论被孟子分析比喻得恰如其分。《孟子·性犹湍水》曰："水性无分于东西，无分上下乎？人性之善也，犹水之就下也。人无有不善，水无有不下。今夫水，搏而跃之，可使过颡；激而行之，可使在山。是岂水之性哉？其势则然也。人之可使为不善，其性亦犹是也。"孟子关于人性的理论，就是对孔子"性相近也,习相远也"的具体解释。孟子认为水性虽然不分东西,但水也有向上或向下的特点。人向善的本性,就如水向下流的特点一样,人没有不向善的,水没有不向下的。拍击水可以使它高过人的头额,用戽斗汲它,可以引水上高山,这难道是水的本性吗?这是情势改变了水的方向而已,人也可以使他不善,也是情势环境使人改变的。人性就与水性一样,可以因为情势的不同而改变,但是人的本性是善良的。只要善于教导,并使其在良好的环境中受到教化,人性就不会变恶。这是孟子对人性的认识,其认识与孔子的观点是一致的,而且有着很深远的教化意义。

其四,孟子对孔子仁、义、智、礼、乐的解释。《孟子·离娄上》曰:"仁之实,事亲是也;义之实,从兄是也。智之实,知斯二者弗去是也;礼之实,节文斯二者是也;乐之实,乐斯二者,乐则生矣;生则恶可已也,恶可已,则不知足之蹈之手之舞之。"孟子指出了仁、义、智、礼、乐、仁的实质,其实就是对孔子仁、义、礼、智、乐的延伸和解读。孔孟之论,被董仲舒加之以"信",所以"仁、义、礼、智、信",就是儒家的"五常之道"。

3. 孟子人性向善避恶的思想

其一,孟子对孔子仁义思想的发展光大。《孟子·告子上》曰:"仁,人心也;义,人路也。舍其路而弗由,放其心而不知求,哀哉!人有鸡犬放,则知求之;有放心而不知求。学问之道无他,求其放心而已矣。"孟子发展了孔子"仁者人也。亲亲为大;义者宜也。尊贤为大"的深刻内涵,孟子认为"仁"就是人原本就有的爱亲人之心的本性;"义"是人必须走的道路。孟子最后指出,作学问的道理没有其他的,就是寻求曾经舍弃的良心。也就是说只要我们每一个人不舍弃自己的良心,就能永远做一个有仁爱之心的仁善者。

其二,孟子对君子的解读。《孟子·离娄下》曰:"君子所以异于人者,以其存心也。君子以仁存心,以礼存心。仁者爱人,有礼者敬人。爱人者人恒爱之,敬人者人恒敬之。"孟子认为,君子以仁爱礼义存于心中,就能爱人敬人,也能受到别人的敬爱。这应该是孟子对孔子关于君子之义的解读。孟子之言,正如《易·遁卦》卦象辞曰:"君子以远小人,不恶而严。""君子远小人"就是孟子所言的君子与小人不同的特点。君子与小人不同,就会有距离感,二者有一定的距离,就是"远小人"。《哀公问五义》:哀公曰:"善,何如则可谓君子矣?"孔子曰:"所谓君子者,躬行忠信,其心不买;仁义在己,而不害不志;闻志广博,而色不伐;思虑明达,而辞不争;君子犹然如将可及也,而不可及也。如此,可谓君子矣。"[1]孔子指出,君子亲身实行忠信,这个忠信之心不是买来的,仁义之心在于自己心中,

---

[1] 高明注译.大戴礼记今注今译[M].天津古籍出版社,1988年出版,《哀公问五义》第四十篇。

而不会伤害忘记；见闻广博、志向远大，面无自夸之色；思索考虑清楚达到极致，而言语从无争辩之辞。这就是君子之存心，君子心中存的就是仁爱、义务、忠信、博学多闻而不骄不争。

其三，孟子对孔子教育思想的继承。孟子继承了孔子"有教无类"的思想，提出"易子而教"的传统教育方法。《孟子·离娄上》曰："势不行也。教者必以正；以正不行，继之以怒；继之以怒，则反夷矣。'夫子教我以正，夫子未出于正也。'则是父子相夷也。父子相夷，则恶矣。古者易子而教之。父子之间不责善。责善则离，离则不祥莫大焉。"孟子主张，为了防止父亲溺爱子女而教育不严，提倡自己的子女让别人来教育，也就是由私塾或学堂的老师来教育，这也是对《易·家人卦》"家道正，正家而天下定"更深意义的解读。

其四，孟子关于身教言传的意义。孟子《尽心上》曰："仁言不如仁声之入人深也，善政不如善教之得民也。善政，民畏之；善教，民爱之。善政得民财，善教得民心。"孟子此言是指身教言传的重要意义，所以君子只要身体力行，就躬身践行施行仁政，并对民众施行教化，就能使民心向善。

4.孟子发展了孔子的"仁政""礼治""德政"和"民本"思想

（1）《孟子·离娄上》曰："有天下者，失民，则失天下；无天下者，得民，则得天下。"这是对《大学》"道得众，则得国；失众，则失国。是故君子先慎乎德。有德，此有人；有人，此有土；有土，此有财；有财，此有用"之论的深刻解读，其意义也是一致的。

（2）《孟子·尽心下》曰："民为贵，社稷次之，君为轻。故得乎丘民而为天子，得乎天子为诸侯，得乎诸侯为大夫。诸侯危社稷，则变置。牺牲既成，粢盛既洁，祭祀以时，然而旱干水溢，则变置社稷。"孟子说："百姓最为重要，国家其次，国君为轻。所以，得到民众拥护的做天子，得到天子信任的做国君，得到国君信任的做大夫。诸侯危害国家利益，就改立诸侯。祭品丰盛，祭品洁净，祭祀按时举行，但仍然遭受旱灾水灾使国家损害时，那就另立国家。"多数学者都将这一段话分为两部分研究，其第一部分是："民为贵，社稷次之，君为轻。"一般认为这是孟子的亲民思想，认为民众是最为重要的，因为只有有了人民，才能建立国家；有了国家国君才能成为国君，没有民众、没有国家，那个还存在的国君，只不过是一个亡国之君而已。其实关于这个问题，孔子从不同角度也有论述："君子贵人而贱己，先人而后己，则民作让。""有国家者，贵人而贱禄，则民兴让；尚技而贱车，则民兴艺。"

如果我们将全段文辞一起分析，就可以看到，孟子的这一论断，也是依据《易学·屯卦》的论述的意义和古代建国封诸侯的意义而来。《易·屯卦》卦辞指出：

"屯：元亨，利贞。勿用，有攸往，利建侯。"天子有天下，首先要建立国都，让人民聚集在一起居住，划分土地分封诸侯国。也就是说有了民众的拥护，天子才有了天下，才可以分封国家诸侯，诸侯不称职天子可以另立诸侯。天子可以更换不称职的诸侯，国家遭遇灾难而使民众流离失所，使这个诸侯国破败时，可以重新建立国家，但是百姓不能取消，不能流离失所，这也是天子诸侯治理国家的意义所在。

（3）因为孟子认为无论是一个大国还是一个诸侯国，民众是最重要的，只有拥有民众，才能拥有国家。所以，孟子的治国思想就是"仁政。"

其一，《孟子·梁惠王上》曰："地方百里而可以王。王如施仁政于民，省刑罚，薄税敛，深耕易耨。壮者以暇日修其孝悌忠信，入以事其父兄，出以事其长上，可使制梃以挞秦楚之坚甲利兵矣。彼夺其民时，使不得耕耨以养其父母，父母冻饿，兄弟妻子离散。彼陷溺其民，王往而征之，夫谁与王敌？故曰：'仁者无敌。'王请勿疑！"这是孟子仁政思想的具体表现，孟子游说几个诸侯国的君主，劝说他们施行仁政，爱护民众百姓，鼓励农人耕作，富庶国家民众，就可以得到民众的拥护，而聚集更多的民众，就能称王；反之则会失去百姓，而失去国家，但是没有人实行孟子的仁政。

其二，在孟子心中最为理想的仁政是省刑罚、薄税赋，不违农时、划分好田界，很好地实行井田制，使每个耕者都能很好地经营井田，以解除民众温饱之忧。正如《孟子·滕文公上》曰："子之君将行仁政，选择而使子，子必勉之！夫仁政，必自经界始。经界不正，井地不钧，谷禄不平。是故暴君污吏必慢其经界。经界既正，分田制禄可坐而定也。"

其三，孟子主张，对于民众则应该使他们有固定的产业和收入，使他们上足以赡养父母，下可以抚养妻子，这样就可以民安而国家兴盛了。正如《孟子·梁惠王上》曰："若民，则无恒产，因无恒心。苟无恒心，放辟，邪侈，无不为已。及陷于罪，然后从而刑之，是罔民也。焉有仁人在位，罔民而可为也？是故明君制民之产，必使仰足以事父母，俯足以畜妻子，乐岁终身饱，凶年免于死亡。"

5. 孟子对孔子中庸之道的理解

其一，孟子对孔子"中庸之道"的观点。《孟子·尽心下》曰："孔子'不得中道而与之，必也狂獧乎！狂者进取，獧者有所不为也'。孔子岂不欲中道哉？不可必得，故思其次也。"这是孟子对《论语·子路篇》孔子之论的引用解读，这里孟子只是说孔子难道不想与得到中庸之道者交流吗？只是在没有得到具有中庸之道者的情况下，才思考与有进取精神者交往。

其二，孟子对孔子之"中庸"的理解和解读。《孟子·离娄上》曰："居下位而不获于上，民不可得而治也。获于上有道，不信于友，弗获于上矣。信于友有道，事亲弗悦，弗信于友矣。悦亲有道，反身不诚，不悦于亲矣。诚身有道，不明乎善，不诚其身矣。是故诚者，天之道也；思诚者，人之道也。至诚而不动，未之不也；不诚，未有能动者也。"从孟子对孔子之中庸的这些解释可以看出，他只是对"中庸之道"的一些基本内容作了解读和复述，并没有对什么是"中庸之道"作论述，更没有像庄子一样对"中庸之道"的来源作更多的解读，所以在这一点上，孟子不如庄子对"中庸之道"的理解深刻。

6.孟子对儒学之礼的深刻理解与解读

其一，孟子对儒学之礼的解读。正如《孟子·滕文公上》曰："不亦善乎！亲丧，固所自尽也。曾子曰：'生，事之以礼；死，葬之以礼，祭之以礼，可谓孝矣。'诸侯之礼，吾未之学也；虽然，吾尝闻之矣。三年之丧，斋疏之服，饘（zhān）粥之食，自天子达于庶人，三代共之。"这是孟子对孔子、曾子关于侍奉父母之孝，以及丧礼的具体解读和引用。

其二，孟子借晏子之言解读天子巡狩之礼。《孟子·梁惠王下》曰："昔者齐景公问于晏子；晏子对曰：'善哉问也！天子适诸侯曰巡狩，巡狩者巡所守也；诸侯朝于天子曰述职，述职者述所职也。'"这是孟子引用晏子向齐景公讲解《礼记》所规定的天子之巡狩制度和诸侯朝见天子之制度的规则，是论述了"天下的巡狩之礼"，这也是孟子对孔子之儒礼法的具体宣扬光大。

其三，孟子对《周礼》关于学校教育的研究与深刻解读。正如《孟子·滕文公上》曰："设为庠序学校以教之。庠者，养也；校者，教也；序者，射也。夏曰校，殷曰序，周曰庠；学则三代共之，皆所以明人伦也。人伦明于上，小民亲于下。有王者起，必来取法，是为王者师也。"

7.孟子对先王之德的宣扬

孟子对先王之德的宣扬，上自二皇五帝三王，下至周武王、周公，以及春秋战国时期的贤者，管仲以其君霸，晏子以其君显，各诸侯的争战，无不一一论述。

比如，《孟子·梁惠王下》曰："文王之囿方七十里，惟仁者为能以大事小，是故汤事葛，文王事昆夷；昔者文王之治岐也。"《孟子·滕文公下》"周公相武王诛纣，伐奄三年讨其君，驱飞廉于海隅而戮之，灭国者五十，驱虎、豹、犀、象而远之，天下大悦。书曰：'丕显哉，文王谟！丕承者，武王烈！佑启我后人，咸以正无缺。'"

二、孟子对《易经》的解读

1.孟子对《易·大壮卦》卦象辞的解读。《孟子·离娄下》曰："非礼之礼，非义之义，大人弗为。"这是孟子对《易·大壮卦》卦象辞"大壮，君子以非礼弗履"的解读，也是对《论语》"非礼勿视，非礼勿听，非礼勿言，非礼勿动"的解读。

2. 何谓知言？是孟子对《易·系辞》的解读。《孟子·公孙丑上》曰："诐辞知其所蔽，淫辞知其所陷，邪辞知其所离，遁辞知其所穷。生于其心，害于其政；发于其政，害于其事。圣人复起，必从吾言矣。"这是孟子通过公孙丑所言，说明如何通过人的言论，而辨别人的心态，以及这种心态所造成的影响。《易·系辞下传》第十二节："将叛者，其辞惭；中心疑者，其辞枝；吉人之辞寡；躁人之辞多；诬善之人，其辞游；失其守者，其辞屈"的解读。这里孟子以自己的理解和语言对人的语言特点作了分析，也就是说孟子是得益于孔子之易而有了如何认识人的认识。

3. 孟子对《易·遯卦》卦象辞的解读更是透彻。《孟子·离娄下》曰："君子所以异于人者，以其存心也。君子以仁存心，以礼存心。仁者爱人，有礼者敬人。爱人者，人恒爱之；敬人者，人恒敬之。"这应该是孟子对《易·遯卦》卦象辞"遯。君子以远小人，不恶而严"的深刻解读。

4. 孟子对《易·蹇卦》卦象辞的解读。《孟子·离娄下》曰："有人于此，其待我以横逆，则君子必自反也，我必不仁也，必无礼也，此物奚宜至哉？其自反而仁矣，自反而有礼矣，其横逆由是也，君子必自反也，我必不忠。自反而忠矣，其横逆由是也，君子曰'此亦妄人也已矣。如此则与禽兽奚择哉？于禽兽又何难焉？'"孟子说："假如此处有人，他对我蛮横无理，那么君子一定会反身自问，我必定有不仁善之处，有无礼之处，否则此事为什么刚好到来呢？君子反身自问而达到仁，达到礼，而此人蛮横无理，还是原样子，君子必定还会反身自问，我必有不忠之处。自问达到忠义，那人蛮横无理还是原样子，所以君子认为，'此人依然是个狂妄之人而已，如此狂妄之人与禽兽有什么分别呢？对于禽兽又有什么可以责难的呢？'"笔者以为，这应该是孟子对《蹇卦》卦象辞曰："君子以反身修德"的深刻解读。

总之，孟子对孔子学说的研究解读全面而周到，基本上是无所不及，无所不论。但是孟子的重点在于施行仁政，在施行仁政无果的情况下，孟子则主要是以教育事业为重，他把"得天下英才而教育之"视为人生三大乐趣之一。孟子的人生三大乐趣："父母俱存，兄弟无故，一乐也；仰不愧于天，俯不怍于人，二乐也；得天下英才而教育之，三乐也。"

孟子四十岁以后，带领弟子游历各国，往来于诸侯之间，处处受到礼遇，如此度过了二十年的时光。晚年回故乡专事教学与著述。他的弟子很多，著名者如万章、公孙丑、乐正子、孟仲子、公都子、庐子等。

三、孟子与老子之道德论

1.《孟子·梁惠王上》："'故曰仁者无敌。'王请勿疑！"孟子说："仁善者其军兵勇敢无敌，君王不要疑虑。"《老子》第六十九章："故抗兵相若，哀者胜矣。"老子说："抗击敌人之时，假如敌我力量相当，则有仁善之心、爱护人民的一方必胜。"

2.《孟子·尽心下》曰："诸侯之宝三：土地，人民，政事。宝珠玉者，殃必及身。"《老子》第六十七章"我有三宝，持而保之。一曰慈，二曰俭，三曰不敢为天下先。"孟子之三宝虽然与老子之三宝的意义有所不同，但是他们的三宝却有着共同点，那就是均不把金银美玉当作三宝，这就是他们的高尚不同于常人之处。

3.《孟子·离娄上》曰："人之患在好为人师。"《老子》第二十七章："故善人者，不善人之师。"此二者的意义是一致的。

4.《孟子·告子下》曰："夫道，若大路然，岂难知哉？人病不求耳。"孟子说："道就像大路一样，难道难以明白吗？只怕人不去寻求罢了。"这应该是孟子对老子之"道"的深刻解读，也应该是孟子对《老子》第一章"道，可道，非常道"的解读。道就是道路之道，但并不是平常所说的道路之道。正如孟子曰："仁也者，人也。合而言之，道也。"孟子说："所谓仁，就是人心之良。人心之良和仁结合起来，就是所说的道。"

5.《孟子·尽心上》曰："无为其所不为，无欲其所不欲，如此而已矣。"孟子说："无为其实不是没有作为，无欲其实不是没有欲望，就是如此而已啊！"《老子》第四十八章："无为而无不为。"《老子》说："道无为而无所不为。"《老子》第三十七章："道常无为而无不为。侯王若能守之，万物将自化。化而欲作，吾将镇之以无名之朴。镇之以无名之朴。夫将不欲。不欲以静，天下将自正。"《老子》说："道常以自然无私无欲清静无为为表现形式但却无所不为，因为天地万物都是由道化生出来的，也就是说道无所不化无所不生。侯王若是能坚守无为之道去作为，天下万物万民自然会受到感化而自动顺服。用无为之道感化而仍然有想要胡作非为者，我认为用那没有名气的淳朴之道来震服他，那么他大概就不会有胡作非为的欲望了。天下没有了胡作非为的欲望因而安静，那么天下自然就会中正无邪而安乐太平了。"因为天地万物都是由道化生出来的，也就是说道无所不化、无所不生。孟子关于无为的含义与老子关于无为的意义是一致的。

6.《孟子·尽心上》第四十二节："天下有道，以道殉身；天下无道，以身殉道。未闻以道殉乎人者也。"孟子说："天下有道，天下政治清明，就终生献身于道；天下无道，就为道献身，还没有听说道献身于人的。"《论语·卫灵公》孔子曰："直哉史鱼！邦有道，如矢；邦无道，如矢。君子哉蘧伯玉！邦有道，则仕；邦无道，则可卷而怀之。"《老子》第三十二章："道常无名、朴。虽小，天下莫能臣。"《老子》第三十四章"大道泛兮，其可左右。"孟子、孔子、老子关于贤者、君对道的精神意义是一致的。

四、孟子恶杨墨之道

1. 孟子认为杨墨之道是歪理邪说。《孟子·滕文公下》曰:"圣王不作,诸侯放恣,处士横议,杨硃、墨翟之言盈天下。天下之言不归杨,则归墨。杨氏为我,是无君也;墨氏兼爱,是无父也。无父无君,是禽兽也。公明仪曰:'庖有肥肉,厩有肥马;民有饥色,野有饿莩,此率兽而食人也。'杨墨之道不息,孔子之道不著,是邪说诬民,充塞仁义也。仁义充塞,则率兽食人,人将相食。吾为此惧,闲先圣之道,距杨墨,放淫辞,邪说者不得作。作于其心,害于其事;作于其事,害于其政。圣人复起,不易吾言矣。"《孟子·尽心下》曰:"逃墨必归于杨,逃杨必归于儒。归,斯受之而已矣。今之与杨墨辩者,如追放豚,既入其苙,又从而招之。"

2. 孟子认为杨、墨、子莫之道无益于天下。《孟子·尽心上》曰:"杨子取为我,拔一毛而利天下,不为也。墨子兼爱,摩顶放踵利天下,为之。子莫执中,执中为近之,执中无权,犹执一也。所恶执一者,为其贼道也,举一而废百也。"

从以上孟子的言论,可以看到孟子对杨墨之道极为厌恶,他认为杨墨之道不停止,孔子之道就不会兴盛。他认为杨墨之道是两个极端,是不可能实现的。子莫主张中道而行,但是子莫的中道又缺乏变通,所以有损于大道。这也就是说孟子主张执中而变通之道,而不喜欢杨墨和子莫之道。

五、孟子对《礼记》《诗经》均有深邃的研究

1. 孟子对《礼记》的解读

其一,《孟子·梁惠王上》晏子对曰:"昔者齐景公问于晏子,晏子对曰:'善哉问也!天子适诸侯曰巡狩,巡狩者巡所守也;诸侯朝于天子曰述职,述职述所职业。'"这是孟子对《礼记》关于天子之礼仪规矩的解读。

其二,《孟子·滕文公上》曰:"不亦善乎!亲丧固所自尽也。曾子曰:'生,事之以礼;死,葬之以礼,祭之以礼,可谓孝矣。'诸侯之礼,吾未之学也;虽然,吾尝闻之矣。三年之丧,齐疏之服,饘粥之食,自天子达于庶人,三代共之。"

2. 孟子对《诗经》的解读和应用

其一,孟子曰:"民事不可缓也。诗云:'昼尔于茅,宵尔索绹;亟其乘屋,其始播百谷。'民之为道也,有恒产者有恒心,无恒产者无恒心。"这是孟子对《诗经·七月》中诗句的引用,以说明周族之人有自己的产业,而昼夜忙碌的情景。

其二,《孟子·告子上》曰:"欲贵者,人之同心也。人人有贵于己者,弗思耳。人之所贵者,非良贵也。赵孟之所贵,赵孟能贱之。诗云:'既醉以酒,既饱以德。'言饱乎仁义也，所以不愿人之膏粱之味也；令闻广誉施于身，所以不愿人之文绣也。"这一段是对孔子《论语·里仁篇》中，对其弟子所说的"富与贵，是人之所欲也，不以其道得之，不处也"的深刻解读。其中引用了《诗经·大雅·既醉》中的诗句，以说明虽然人人都想尊贵，但是没有仁德，没有美好的德行，想要尊贵是不可能的道理。

其三，《孟子·梁惠王上》："贤者而乐此，不贤者者虽有此不乐也。诗云：'经始灵台，经之营之。庶民攻之，不日成之。经始勿亟，庶民子来。王在灵囿，麀鹿攸伏。麀鹿濯濯，白鸟翯翯。王在灵沼，於牣鱼跃。'"这是孟子在梁惠王看见大雁、麋鹿而提出"有贤德的人也喜欢这些东西"的问题时，引用《诗经·大雅·灵台》的前两段诗文来回答贤能的周文王是如何经营灵台的。

其四，孟子曰："王说曰：'诗云：他人有心，予忖度之。'夫子之谓也。"这是孟子引用《诗经·小雅·巧言》之中的句子，以回应梁惠王的问题，来说明如何用心研究先王之道。

其五，孟子对曰："昔者大王好色，爱厥妃。诗云：'古公亶父，来朝走马，率西水浒，至于岐下。爰及姜女，聿来胥宇。'当是时也，内无怨女，外无旷夫。"这是孟子为应对梁惠王关于好色的问题，他用古公亶父喜爱妻子，携妻子一起为民谋利益的诗文，来回答什么是真正的好色。

总之，单从《孟子·梁惠王》上下章句，就可以看到，孟子引用了《诗经·小雅》《大雅》中很多诗句，来回答梁惠王的问题，足以说明孟子对《诗经》有深刻广泛的研究学习。

六、孟子的相关名言

孟子曰："君子所以异于人者，以其存心也。君子以仁存心，以礼存心。仁者爱人，有礼者敬人。爱人者人恒爱之，敬人者人恒敬之。"

孟子曰："天时不如地利，地利不如人和。""得道者多助，失道者寡助。寡助之至，亲戚畔之；多助之至，天下顺之。以天下之所顺，攻亲戚之所畔，故君子有不战，战必胜矣。"

孟子曰："古之人，得志，泽加于民；不得志，修身见于世。穷则独善其身，达则兼善天下。"

孟子曰："尊德乐义，则可以嚣嚣矣。故士穷不失义，达不离道。穷不失义，故士得己焉；达不离道，故民不失望焉。"

孟子曰："故天将降大任于斯人也，必先苦其心志，劳其筋骨，饿其体肤，空乏其身，行拂乱其所为，所以动心忍性，曾益其所不能。"

孟子曰:"人恒过,然后能改;困于心,衡于虑,而后作;征于色,发于声,而后喻。"

孟子曰:"鱼,我所欲也;熊掌,亦我所欲也,二者不可得兼,舍鱼而取熊掌者也。生,亦我所欲也;义,亦我所欲也,二者不可得兼,舍生而取义者也。生亦我所欲,所欲有甚于生者,故不为苟得也;死亦我所恶,所恶有甚于死者,故患有所不辟也。"

孟子曰:"天下有道,小德役大德,小贤役大贤;天下无道,小役大,弱役强,斯二者,天也。顺天者存,逆天者亡。"

孟子曰:"富贵不能淫,贫贱不能移,威武不能屈,此之谓大丈夫。"

孟子曰:"教以人伦,父子有亲,君臣有义,夫妇有别,长幼有序,朋友有信。"

七、关于孟子思想解读中一些问题的认识

1. 关于对《孟子·万章章句上》第五章解读问题的认识

《孟子·万章章句上》第五章曰:"然则舜有天下也,孰与之?"曰:"天与之。""天与之者,谆谆然命之乎?"曰:"否,天不言,以行与事示之而已矣。"曰:"以行与事示之者,如之何?"曰:"天子能荐人于天,不能使天与之天下;诸侯能荐人于天子,不能使天子与之诸侯;大夫能荐人于诸侯,不能使诸侯与之大夫。昔者,尧荐舜于天,而天受之;暴之于民,而民受之。故曰,天不言,以行与事示之而已矣。"曰:"敢问荐之于天,而天受之;暴之于民,而民受之,如何?"曰:"使之主祭,而百神享之,是天受之;使之主事,而事治,百姓安之,是民受之也。天与之,人与之,故曰,天子不能以天下与人。舜相尧二十有八载,非人之所能为也,天也。尧崩,三年之丧毕,舜避尧之子于南河之南,天下诸侯朝觐者,不之尧之子而之舜;讼狱者,不之尧之子而之舜;讴歌者,不讴歌尧之子而讴歌舜。故曰,天也。夫然后之中国,践天子位焉。而居尧之宫,逼尧之子,是篡也,非天与也。《太誓》曰:'天视自我民视,天听自我民听。'此之谓也。"从千篇一律的解释分析,好像很多学者都认为孟子所言的"天",就是上天,认为就是那个具有道德属性的精神实体的上天。认为孟子说舜继位天子的地位,是上天给予的。当然我们对于孟子的真实思想是不可知的,但是上天能给予人具体的事物吗?这当然是不能的,其实孟子和孔子一样认为天不言语,是不可能明命的,可是历代学者的解读为什么会有这样的认识呢?是孟子不明白天的含义呢,还是我们这些后辈们根本就明白不了孟子的思想和意思呢?

孟子说:"否,天不言,以行与事示之而已矣。"孟子说:"不是的。天不会说话,天只是以其自然表现与自然事件警示人而已。"正如《论语·阳货》孔子曰:

"天何言哉？四时行焉，百物生焉，天何言哉？"从孟子、孔子之论，我们就能明白孟子所说的"天"，是人天性善良仁义的自然本性，是这样的"天"成就了舜有天下成为天子的。

《孟子·告子上》曰："有天爵者，有人爵者。仁义忠信，乐善不倦，此天爵也。公卿大夫，此人爵也。古之人修其天爵，而人爵从之。今之人修其天爵，以要人爵；即得人爵，而弃其天爵，则惑之甚者也，终亦必亡而已矣。"那么，"天爵"就不能认为是天赐给的爵位，应该是"天生的善良仁爱秉性给予他天子之位"，因为他天生就有天道之仁善忠信，乐善好施，深受民众喜爱拥护。而"人爵"，就是那些有贤德才能的人经过以天道之性修养自身既能为民众谋事又有侍奉天子之德能，才能得到天子赐予的爵位。这里的"人"，是指天子了。

2. 孟子对老子、孔子之论的解读

《孟子·尽心上》曰："尽其心者，知其性也。知其性，则知天矣。存其心，养其性，所以事天也。殀寿不贰，修身以俟之，所以立命也。"孟子说："尽自己的良心做事者，就知道人的本性了。知道人的本性，就知道了天的本性。存人之良心，养人性之善，所以奉行天命！对死亡或长寿心态一样；修己之身以待天命，所以奉天命以立治国齐家之使命。"孟子用自己的语言复述老子、孔子之言论，而孟子则融合老子、孔子之论用自己的语言表达出来，也就是说孟子将《老子》第五十九章"治人事天"之论的意义，与《中庸》"天命之谓性，率性之谓道，修道之谓教"的意义合而为一，用自己的语言表达出来，这是孟子与庄子的不同之处。

3. 孟子对老子命运观之论的解读

《孟子·尽心章句上》第二章曰："莫非命也，顺受其正。是故知命者，不立乎岩墙之下。尽其道而死者，正命也。桎梏死者，非正命也。"孟子说："难道不是命运吗？顺应接受正常的命运过程，所以知道命运者，不立于将要倒塌的危墙之下。走完命运的自然历程，这是正常的命运。犯罪受刑而死的，不是正常的命运。"孟子之言，应该是对《老子》第五十章关于正常、非正常，或者其他原因死亡比例相等的分析有感而发，还是顺应命运的自然过程，对于生死要坦然对待，也正如孟子所言："殀寿不贰"，即对死亡或长寿心态一样，就是正确的命运观。

4. 对孟子"中天下而立"的认识

《孟子·尽心章句上》第二十一章曰："广土众民，君子欲之，所乐不存焉。中天下而立，定四海之民，君子乐之，所性不存焉。君子所性，虽大行不加焉，虽穷居不损焉，分定故也。君子所性，仁义礼智根于心。其生色也，睟然见于面，盎于背，施于四体，四体不言而喻。"关于孟子这一段论述中的"中天下而立"，一般的解释都是"居于天下的中央"或者"站立天下中央的位置"。笔者认为这样的解释是不正确的。因为治国平天下之道，有上古中正的天命，有老子的中正无私的无为之道，有孔子的中正无偏斜的中庸之道，没有中正的治国之道，怎么可以立于天下而治天下呢？所以笔者以为这里的"中天下而立"，应该是"以中正之道而立于天下"，因为没有中正治国之道，单凭站立在天下的中央，就能治国平天下，岂不是天方夜谭吗？

总之，应该说孟子是孔子思想的忠诚传承者，更是孔子思想的发扬光大者。但是无论孔子的仁义礼智信，还是孟子的仁政、良知、礼义智，以及孟子提出的仁政思想，企望将仁政推行于天下的的构想，在孔子、孟子时代都是不可能实现的，这也正是庄子所言的孔子的仁义礼智信平等爱人等构想是在做美梦，历史也证明庄子之论的正确性，在阶级等级森严的社会中，在战乱不止的混乱社会中，这是不可能实现的。

当然孟子仍然是战乱社会中，人心之正、良心之正的教育家、理论家、儒家哲学的继承者。他对孔子之儒的理论进一步引申和发扬光大，使儒学理论得到系统化发展，形成了系统的儒学理论体系，深远地影响着中华民族的传统文化。

通过对孟子、庄子的研究，可以认为，早期的儒学、道学并没有什么本质上的不同，老子的无为之道是公正无私，孔子的中庸之道是中正无私，孟子既研究儒学，又研究老子的无为之道。庄子也是既研究老子的理论，又研究孔子的中庸之道，而且庄子对中庸之道有极其精准的论述。而老子和孔子的分歧，只不过是他们所研究的方法不同罢了。

孟子不同于庄子的是：孟子和孔子一样，是一位实践家，他自己躬身前往一些诸侯国，劝解诸侯施行仁政，在施行仁政无望的情况下，只好以教书育人来传播继承儒学之道；庄子则是自顾自乐地宣扬传承老子之道德而已。

第五节　张载四为句的意义及对形而上形而下论述的意义

研究张载哲学，是因为常常听到和看到张氏横渠四为句："为天地立心，为生民立命，为往圣继绝学，为万世开太平"的豪言壮语。

张载（公元1020年~1077年），他出生于宋仁宗天禧四年，去世于宋神宗熙宁十年，他是北宋中叶著名的思想家、哲学家、教育家。他的主要著作有《正蒙》《横渠易说》《经学里窟》《张子语录》《文集佚存》《拾遗》等。

张载对《易经》《大学》《中庸》《诗经》《老子》《论语》《尚书》《礼记》《周礼》《庄子》等先秦经典著作无一不精通，对这些文献的解读认识也自有他的独到精妙之处。笔者以为张载应该是真正的融儒道之学为一家的大家，也不愧是"为往圣继绝学"的专家。

张载四为句的意义深远而真实地总结概括了儒家的历史使命和自己的远大抱负。张载的文章中关于"形而上"论述，与其他儒家学者比较是最多的，尤其是在《横渠易说篇》的《易·系辞上传》第十二章和《系辞·下传》第十二章对"形而上者谓之道，形而下者谓之器"意义的论述解读，实在是精辟独到而且非常正确，这也是笔者读到的对"形而上者谓之道，形而下者谓之器"意义解读得最高深正确的了！

一、张载横渠四为句的意义

1. 张氏横渠四为句的内容

张氏横渠四为句，出自《张子语录·中》第 22 条，原文是："为天地立志，为生民立道，为去圣继绝学，为万世开太平。"后来流传为"为天地立心，为生民立命，为往圣继绝学，为万世开太平！"①

当然现在流传的四为句，应该是后世的《易经》学家精心修改所致。如今流传的四为句，虽说与原本的四为句的前三句各有一字之别，但是更加确切地符合《易经》哲学的本意。

其一，"为天地立志"之"志"，就是"心志"，就是心中的志向。因为《易经》为天地直接树立的是"人心"，正如《易·复卦·象辞》曰："复，其见天地之心乎？"

其二，"为生民立道"之"道"，包括"大道、天道、地道、人道"，其实也就是三才之道。正如《易·说卦》第二章曰："昔者圣人之作易也，将以顺性命之理，是以立天之道，曰阴与阳，立地之道，曰柔与刚，立人之道，曰仁与义。"这是"道"的内涵。而修改为"为生民立命"，"立命"就是天下万民设立天命。正如《易·说卦》第一节曰："昔者圣人之作易也，幽赞于神明而生蓍，参天两地倚数，观变于阴阳而立卦，发挥于刚柔而生爻，和顺于道德而理于义，穷理尽性以至于命。"最后一句"穷理尽性以至于命"就是"极尽天地自然有益于万物的固有善性以至于为治理国家天下的命令为天命"。这就是"立命"意义的依据。

其三，"为去圣继绝学"是为故去的圣人继承他们那些造诣独到而且快要失传的学问。绝世的学问，这与"为往圣继绝学"的意义是一致的，"往圣"可以是过

---

① 本文的原文是依据刘学智、方光华主编，西北大学出版社 2015 年出版的《张子全书》，对张载之文的解释内容，主要依据是笔者还未出版的《张子全书部分文献新解》。

去、往昔、往古、以往等。即"为往古或者往昔的圣人继承他们那些造诣独到而且关乎国计民生的快要失传的学问"。

如今流传的张载四为句话的意思是："为天地树立如人一样的心，为天下万民设立了天命，为往古的圣哲继承他们那些造诣独到快要失传的的学问，为永世开创天下太平！"

2.张载横渠四为句的意义

其一，张载横渠四为句是对儒家、对孔子一生历史使命的总结概括！是对研究记载传承这些传统文化、传统道德的先哲们的历史使命的升华与概括，也是对中华民族传统文化的历史使命的高度概括。

其二，这也是张载人生志向的表达。张载的这个雄伟高大的鸿鹄之志，真是有着惊天地泣鬼神的气派。他的这个志向所表示的是他要继承学习先圣为没有心的天地设立人心的意义，为了生民的和乐安康设立了以天命治天下的治国之道，要学习继承研究老子、孔子等以往的圣人书写记载的先圣那些已经快要灭绝的治国之学，用这些精神学问，为开创永远的太平盛世留此心。我们研究阅读张载的所有文章，没有见到他对往圣绝学的解释之词，而是处处句句体现出张载传播宣扬炎黄周秦文化的原词原句的风范，这更加体现出张载作"为往圣继绝学"的真实意义。

其三，是张载先生对我们后世人寄予的远大期望，期望我们这些往圣的子孙后代能记住并传承"往圣们为天地所树立的心，为生民所创立的天命，记住学习传承往圣那些快要失传的关乎国计民生的绝伦经典，记住为万世开太平是我们的历史使命！"

3.张载的四为句是对儒学历史使命的总结抽象概括

（1）关于"为天地立心，为生民立命"的意义

其一，天地本无心，古代圣人为天地设立了人心，也就是古圣人将他们对天地自然变化规律的感悟、认知安装在天地之上，使天地变成一个以仁善待万物的人一样，这就是《尚书》《诗经》《老子》《论语》《易经》《史记》以及其他历史资料记载的五帝三王以天命保护安定人民的治国之道。天地本没有心，不会说不会道，哪里有天的命令啊！这就是古代圣王将天地公平公正无私照耀万物、藏纳万物、成就万物化育的美善之德，当作天的命令来执行以治理国家天下的治国之道，并效法天地日月四时昼夜自然运行的顺序，制定了各种制度、法典、礼乐、仁义、道德，以教化人民。而且以天地成就万物化育的美善之德，将天地阴阳交泰，风调雨顺，自然形成的万物蓬勃生长，人、草木、鸟兽和谐相处，人人丰衣足食，鸟兽安乐，天地间一片和乐安泰的自然景象，当做治理国家天下所要达到的目标而治理国家天下，而且通过以"天命"治理国家天下，确实实现了天下太平安乐，天地安泰，万

物和谐，人人和乐的社会景象，就是"为天地立心，为生民立命"的意义所在。

其二，"为天地立心"，就是为天地安装上犹如人一样的美善之心，并能发布命令；"为生民立命"，就是为了天下的民众而设立了"天命"，以天命治天下国家的道理意义，以及古代圣王为了真正实现天下太平安乐的大同社会，以天命为准则，甚至舍弃自己的性命而不顾的伟大精神，所以才能实现天下太平安乐的大同社会。

其三，孔子之儒学在《易经》和《礼记·礼运》中对我们的先祖圣人为没有心的天地设立人心的意义作了明确的论述记载，正如《易·复卦》象辞曰："复，其见天地之心乎。"这就是《易经》为天地所立之心，也是《易经》对先圣将天地人格化意义的评定。《礼记·礼运》孔子曰："故人者，天地之心也，五行之端也，食味、别声、被色而生者也。"① 因为天地本无心，我们的先圣先祖已经为天地设立了人心，天地之心就是人心的体现。正如张载《诗书》篇中说："天无心，心都在人之心。"天无心，圣人为天树立了人心，使天人同心同道同德，共同为万世开太平。所以笔者以为"为天地立心，为生民立命。为往圣继绝学，为万世开太平"。是张载对儒家、对孔子一生历史使命的总结概括！是张载对研究记载传承这些传统经典、传统道德的先哲的历史使命的升华与概括，也是张载对中华民族传统经典文化和传统哲学历史使命的高度概括。

其四，"为生民立命"是张载立志学习先圣先帝为了人民的利益而设立天命意义的誓言。正如张载《正蒙·天道篇》所言："天之知物不以耳目心思，然知之之理过于耳目心思。天视听以民，明威以民，故诗书所谓帝天之命，主于民心而已焉"的意义所在，也是张载对天命意义的解读，张载的解读是完全符合天命意义的。人心只有一个，天心当然也只能有一个，既然我们的先圣老祖宗已经为天地安装了人心，设置了天心之天命，那么我们就只能学习研究传承而已，难道张载还能为天地再安装一颗异样的心不成！当然这不是张载所要做的事情。也就是说使天地就如同有心的人一样，能够发布有利于万物人类安康幸福的命令，能与我们人类之心相通，命令人心向善，命令执政者执政为民，以正为公为万民。关于天命的意义，正如《易·无妄卦》象辞曰："动而健，刚中而应，大亨以正，天之命也。"天道之强健有力，刚健中正，亨通正大光明，就是天命的意义。《易经》对先圣为天树立的天命，作了记载和评定。天命的意义是中正、公正，那么儒者就要宣扬履行天命的意义。

---

① 钱玄、钱兴奇等注译. 礼记 [M]. 岳麓书社，2001：307.

（2）关于"为往圣继绝学"的意义

其一，为往圣继绝学，就是继承传播先圣那些造诣独到快要失传的，或者已经断绝，或者遗忘、遗失的，我们的先祖先贤自开创治理国家天下以来所创造的一切有益有用的学问、知识、文化，尤其是治理国家天下的学说，保护爱护人民的学问文化，各种为民众谋福利的学问文化等等。这也应该是指国学、传统文化、传统道德而言，继承、研究、传播、发扬光大这些已经不再流传或者传播不到位的学问，应该就是"为往圣继绝学"的意义了吧。

其二，这是张载研究学习宣扬继承儒道学问的志向。中华民族的哲学师祖老子唯恐先圣的治国之道灭绝，而著《道德经》；孔子恐怕先圣先王的治国之道灭绝遗失，而以《易经》继绝学，正如《易·系辞》所言："易之兴也，其于中古乎。作易者，其有忧患乎。"作《易经》的人，他忧患先帝先祖所创建的治国之道能否世代相传，所以用《易经》来开启事物成就事业，用《易经》陈述天下之道，用《易经》贯通天下人的志向，用《易经》确定天下人的事业，用《易经》推断天下疑难之事。孔子将没有文字记载的先圣先王的历史功绩记载评定，而有了先圣先王的历史功勋，正如《礼记·礼运》曰："大道之行也，与三代之英，丘未之逮也，而有志焉。"孔子的志向就在于研究、探讨、记载、传播先圣先王的品德、功业，研究、探讨、传播周朝的礼乐教化、刑法、婚姻伦理以及自然科学等等。所以，"为往圣继绝学"，既是张载对古代先哲老子、孔子传承先圣之学的历史意义的评价，又是张载继承传播以往圣哲学文化的远大志向的体现。而且张载真正做到了"为往圣继绝学"，在他的著作中，首先就《正蒙》的内容而论，真正体现了张载用经典著作《论语》《易经》《老子》《孟子》《中庸》《礼记》中的经典词句组成了他的独特的语言风格，也就是说张载将自己对这些经典的学习感悟理解之词，用这些经典的辞文，将对这些经典的原句的意义感悟理解表述出来。这是张载将这些经典研究熟读到烂熟于心中而运用自如的表现，张载的文章就是他"为往圣继绝学"的真实写照和具体表现！

（3）关于"为万世开太平"

其一，是张载对二皇五帝三王已经实现了的原始的大同社会的美好生活的追述。老子著《道德经》，就是为了教化治国者以无为之道治天下，而实现天下太平。正如《老子》所言："执大象，天下往。往而不害，安平太。"孔子及其弟子为《易经》赋以"十翼"，以宣扬记载先圣先王的治国之道。以实现"天下为公的大同社会"。正如《易·乾卦》彖辞曰："乾道变化，各正性命，保合大和，乃利贞。"所以说"为万世开太平"既是张载对孔子、老子以及先圣先祖意志的继承发扬光大，也是张载研究学习儒道哲学目的的体现。学习研究这些学问，就是为了教化出能为实现天下太平安乐而治理国家天下的治国者。

其二，是张载对老子以道德治天下为目的的概括，是对孔子一生奔波劳碌，推行仁义道德治天下实现大同社会目的意义的概括。

其三，是中华民族自古以来革命者革命的真正目的。自古以来，中华民族历史上的各种革命运动，各种农民起义运动，就是为了追求天下太平安乐的生活。

其四，"为万世开太平"是中华民族的万世太平，中华民族的先祖已经实现了太平，实现了大同社会；是对中国社会要实现的中华民族的未来的共产主义社会和原始的大同社会的期望，"天下为公"，这是原始大同社会和未来的共产主义社会制度的相同之处和一致之处。原始大同社会是中华民族的光辉灿烂的历史！未来的共产主义社会是中国人民梦寐以求的光辉灿烂的未来！但是实现未来的大同社会任重而道远，实现世界大同更是一个宏伟长远任重而道远的目标！因此中华民族必须先要实现中华民族的大同社会，使中华民族的人民人人都成为"讲信修睦，尚辞让，去争夺"的君子，而成为实现世界大同的种子，去世界各地播种，使世界大同的种子发芽，开花结果。

其五，"为万世开太平"对国家而言："乾道变化，各正性命，保合大和，乃利贞，首出庶物，万国咸宁。"对每个人而言，人心向善，人人善良；对社会而言，真善美完全彰显，假丑恶遏制消失；对万物而言，人类善待万物，善待生物，善待自然环境，人类与万物和谐相处。

所以说，"为天地立心，为生民立命，为往圣继绝学，为万世开太平！"是张载对中华民族传统道德和哲学起源与目的意义的概说、评定与传承。所以说"为天地立心，为生民立命，为往圣继绝学，为万世开太平！"是张载对中华民族传统道德、传统文化、传统哲学和中华民族的儒道学者所肩负的历史重任的概说和传承。而要学习和发扬光大中华民族的传统道德、传统文化、传统哲学、复兴中华民族如日中天的伟大事业——为万世开太平！则必须"为往圣继绝学"！因为往圣的哲学，就是教化我们人心向善的形而上哲学；中华民族的传统文化，是弘扬真善美的文化；中华民族的哲学文化，就是为万世开太平的哲学文化。

但是我们现代的学者，学习研究张载，却不学习孔子、《老子》《易经》《礼记》《论语》《大学》《中庸》等儒道的经典著作，解释张载的著作，却只是依据自己一厢情愿的理解解释，而不能将张载所论的问题，结合这些经典，找出所论之事的缘由，这样怎么能"为往圣继绝学"？我们看看，古代儒道的这些贤能者，哪个不是精研往圣之学，有感而发，而为书为"往圣继绝学"。

冯友兰先生曾在《中国哲学史新编》最后的结束语中对张载的四为句赞道："高

山仰止，景行行止，虽不能至，心向往之。"[1] 冯友兰用《诗经》中"高山仰止，景行行止"这两句赞美有母仪天下之德的周文王之母太任的诗句，来赞美张载的品行，虽然达不到那样的境界，但是其心向往学习传承践行古代圣人的品德的精神就已经足够了。

查看网上关于对张载四为句的解释，真是各式各样："为天地确立起生生之心，为百姓指明一条共同遵行的大道，继承孔孟等以往的圣人不传的学问，为天下后世开辟永久太平的基业。""为天地立心，是指为社会建立一套以仁、孝、等道德伦理为核心的精神价值系统。""社会必然会普遍接受仁孝之理等道德价值，为民众选择正确的命运方向，确立生命的意义，为前圣继承已绝之学统，为万世开拓太平之基业""'为天地立心'，就是使生之为人能够秉具博爱济众的仁者之心，和廓然大公的圣人之心。实则，恻隐之心，就是不忍人之心，也就是孔子的'己所不欲，勿施于人'，也就是仁所由出的起点。""'为天地立心'，可以理解为天地为人类社会，心为新的价值体系。'为生民立命'，指的是教育民众，让他们自发地选择自己的命运，确立自己的生存意义。'为往圣继绝学'，意思为反复思考圣贤之书，要将其中重要的思想道义流传于世，并不断的改良创新。'为万世开太平'，说的是暂时的太平很容易就能达到，但万世的太平需要不断地进行审视"等等，真是百花齐放啊！其实这都是对儒道的经典著作没有认真学习，不了解我们的先圣先祖已经为天地安装了人心，为万民设立了天命，天地人只有一颗心，而张载是不会再为天地树立一颗不同的心的。

所以我们必须明白张载四为句的真实意义，否则就不能传承张载的学问。

2016年4月26日，习近平总书记在"知识分子、劳动模范、青年代表座谈会上"指出："我国知识分子历来有浓厚的家国情怀，有强烈的社会责任感。'修身齐家治国平天下''为天地立心、为生民立命、为往圣继绝学、为万世开太平''先天下之忧而忧，后天下之乐而乐'，这些思想为一代又一代知识分子所尊崇。"那么我们这些人如何发扬担当习主席提出这一份份沉甸甸的责任，这是我们每一个人应该学习思考的问题。"为往圣继绝学"，就是要精研这些经典著作的本来意义，不是随心所欲，就能成就的事情。

二、张载《正蒙》的意义

张载《正蒙》十七篇文章包括：《太和篇第一》《参两篇第二》《天道篇第三》

---

[1] 冯友兰主编. 中国哲学史新编[M]. 商务印书馆，2020年11月出版. 此四句诗词出于《诗经·小雅·车舝》。

《神化篇第四》《动物篇第五》《诚明篇第六》《大心篇第七》《中正篇第八》《至当篇第九》《作者篇第十》《三十篇第十一》《有德篇第十二》《有司篇第十三》《大易篇第十四》《乐器篇第十五》《王禘篇第十六》《乾称篇第十七》。

《正蒙》是张载著作的第一部分，《正蒙》的意思，应该是出自《易·蒙卦》象辞最后一句"蒙以养正，圣功也"。蒙卦阐述的是古代圣王以正确的方式开展启蒙教育，启蒙教育的目的，以及各种具体的启蒙教化方式。而"蒙以养正，圣功也"。就是开展启蒙教育以养育正直公正之心，这是圣人的功德。

张载这十七篇文章的内容，每一篇都是通过对《老子》、孔子、《易经》《大学》《中庸》《论语》《孟子》《礼记·乐纪》《礼记·礼器》《礼记·表记》《礼记·哀公问》《礼记、礼运》《尚书·皋陶谟》《诗经》《周礼》《晏子春秋》《尚书·蔡仲之命》《荀子·君子篇》等诸多经典学习的感悟认知，而这种感悟认知作者却能巧妙地用受到感悟教化的经典原文的文句表达出来，这就是真正的融儒道之学为一家的大家的风范。

（一）关于《太和篇第一》所论内容的哲学意义

1. 张载太虚之气论是对《老子》宇宙生成论的深化论述

（1）一般认为，张载"太虚即气"的宇宙本体论，是张载新儒学的理学思想，弥补了原始儒家在本体论上的不足，建立了一个自己的本体论哲学。

张载在《正蒙·太和篇》曰："太虚无形，气之本体，其聚其散，变化之客形尔；至静无感，性之渊源，有识有知，物交之客感尔。客感客形与无感无形，惟尽性者一之。"张载在这里所言的"太虚无形，气之本体"中的"太虚"是指什么呢？笔者以为是指《老子》所言的"道生一"之"一"，《老子》一书中未言及"太极"只称"一"和"无"，那么这个"一"是什么呢？这也正是《老子》第十四章所言的："有物混成，先天地生"的那一团混沌之气。太极之初那一团混沌之气，就是气的本源。这个观点是对气的本源的论说，气的本源，就是《老子》所论的那一团混沌之物，之所以混沌，是因为组成气的成分很复杂，有清有浊，清浊之气混合在一起，就是混沌之气。

从这里我们可以看出，张载所言的："太虚无形，气之本体"，是指气的本源，源于太虚之时的无形无体的混沌之气，也就是气的本源是宇宙形成之前的混沌之气，也就是《老子》中所说的"一"，也是《易经》所言的"无极"。这里，张载所言的是"气"的本源，并不是说气是宇宙的本源，而只是对"气"本源的认识，气是道化生的，道是气化生的本源。

正如张载所言："太虛無形，氣之本體，其聚其散，變化之客形爾。""知虚空即气，则有无、隐显、神化、性命通一无二，顾聚散、出入、形不形，能推本所从来，则深於易者也。若谓虚能生气，则虚无穷，气有限，体用殊绝，入老氏'有生于无'自然之论，不识所谓有无混一之常；若谓万象为太虚中所见之物，则物与虚不相资，形自形，性自性，形性、天人不相待而有，陷于浮屠以山河大地为见病之说。""气之聚散于太虚，犹冰凝释于水，知太虚即气，则无无。故圣人语性与天道之极，尽于参伍之神变易而已。诸子浅妄，有有无之分，非穷理之学也。"

张载的这一段论述，大抵包含了三方面的问题：其一，太初的那一团混沌之物，就是气的本源。其二，知道天空就是气，或者知道虚无就是气，那么有与无、隐与显、神气与变化，人的性命统统都与气相关。其三，张载认为《老子》的"天下万物生于有，有生于无'为穷高极微之论。"也就是说，张载认为老子关于"有无、无有"相生的宇宙生成论，是没有再高再精妙再精微的论述了。正如张载所言："语天道性命者，不罔于恍惚梦幻，则定以'有生于无'，为穷高极微之论。入德之途，不知择术而求，多见其蔽于诐而陷於淫矣。"张载之论与庄子认为老子无生有的宇宙生成之道的理论是至高无上的，是没有任何人可以突破的理论的认识是极为一致的。正如庄子所言："古之人，其知有所至矣。恶乎至？有以为未始有物者，至矣，尽矣，不可以加矣。"其四，张载对老子关于"无"的观点，提出了自己的论证，张载认为所谓无，就是"气之聚散于太虚，犹冰凝释於水，知太虚即气，则无无"。也就是说，张先生认为"无"，就如大气聚散于太空，而看不见大气一样；就如冰块消融于水，而没有冰块一样。张载的论述，解释了太初太极之气之"无"，也就是说在太初太极之时，只有气，其他什么也没有，就是无。那么也就是说，《老子》所论的"无，天地之始"，就是混沌之气。

（2）张载又言："由太虚，有天之名；由气化，有道之名；"张载说由于太虚的存在，才有了天的称名；由于混沌之气的变化，才有了《老子》所说的"道"。《老子》认为是道化生了太虚之气，也就是"道生一"，《老子》的道生一之道，是说道自然生成、自然化生了自然运动变化的混沌之气。也就是说，《老子》之道，就是自然而然。张载说"太虚之气变化，才有了道的称名"，这就是说由于混沌之气的生成，才推论出道的存在，太虚之气就是道自然生成、自然存在、自然运动变化的气。

总之张载的《太和篇》，并不是专门论述气的问题，而是对《老子》和《易经》诸多内容的学习感悟之作。

2. 气论是张载第一个提出来的吗？

哲学界认为张载是哲学史上第一个提出"气"这个概念的人，笔者以为这个观点是不全面的，因为提出气论最早的是《老子》和《黄帝内经》。

其一，通过以上论述，证明张载之气论，来源于对《老子》宇宙起源的论述。

其二，关于太虚之气，西汉时期的《周易·乾凿度》曰："昔者圣人因阴阳定消息，立乾坤以统天地也，夫有形生于无形，乾坤安从生？故曰有太易，有太初，有太始，有太素也。太易者，未见气也；太初者，气之始也；太始者，形之始也；太素者，质之始也；气形质具而未离，故曰浑沦。浑沦者，言万物相混成，而未相离。视之不见，听之不闻，循之不得，故曰易也，易无形畔，易变而为一，一变而为七，七变而为九；九者气变之究也，乃复变而为一。一者形变之始，清轻者上为天，浊重者下为地。物有始、有壮、有究，故三画而成乾。"张载的太虚之气，应该是《周易·乾凿度》所言的太初之气，太初之气就是气开始形成的阶段。

其三，《老子》第四十二章有："道生一，一生二，二生三，三生万物。万物负阴而抱阳，冲气以为和"之论，老子所言的"道生一"之"一"，是指《易经》所言的太初的混沌之气以及太初的混沌之气变化到极大的太极。太初也就是老子所言的天地之母的初期，太极是天地之母的后期。那个由道自然生成自然存在自然变化生成的混沌之气太初，变化到极大，是谓太极，太极是一。

其四，关于"太虚"，与《易经》同时期的《皇帝内经·素问·天元纪大论》曰："《太始天元册》文曰：太虚廖廓，肇基化元。万物资始，五运终天。布气真灵，总统坤元。九星悬朗，七曜周旋。曰阴曰阳，曰柔曰刚。幽显既位，寒暑弛张。生生化化，品物咸章。臣斯十世，此之谓也。"①《黄帝内经·素问·天元纪大论》对"太虚"作了更为深入的论述。认为宇宙生成以前的元气，是宇宙化生的本源，一切有形之体皆依赖元气的生化而生成，明确阐明了宇宙万物均由元气生成。这就是说张载的"太虚之气"理论，是他在对古代文献《老子》《易经》《黄帝内经》通读精深研究的基础上感悟而来，这就更加说明张载的知识渊博深邃，也就是说太虚之气并不是张载第一个提出的。但是，这里我们应该明白，《黄帝内经》和张载的"太虚之气"是宇宙万物化生的本源，并不是否定《老子》之道是宇宙万物化生本源的道本体论。因为《老子》所论的道化生太虚之气，太虚之气化生宇宙万物的自然过程；而《黄帝内经》和张载所论的是实体物质"太虚之气"化生天地万物的结果，也就是太虚之气，是由道化生的，太虚之气也是经由道这个过程化生了天地万物。

3. 张载的气论是唯物辩证论

因为《老子》认为道化生了太初的混沌之气，宇宙就是那一团混沌之气经由道的途径运动变化而生成的。老子之道德论中关于宇宙的起源的论述，是中华民族唯物论的创始者，而经由孔子编撰的《易经》，更是唯物论的继承发扬光大者，而张

---

① 正坤编. 黄帝内经 [M]. 中国文史出版社，2003：37.

载之气论的依据，是《老子》的宇宙生成论，因此而言，《老子》的宇宙生成论是唯物论的始祖，张载继承了老子唯物论的观点。所以张载之气论，也是唯物辩证论，也就是说老子和张载认为宇宙是物质的，是一个从无到有的自然生成过程生成的，而不是什么主宰者创造出来的。所以张载更是为"为往圣继绝学"的典范，所以张载关于气论的观点，是唯物论的观点。正如《太和篇第一》曰："太和所謂道，中涵浮沈、升降、動靜、相感之性，是生絪縕、相盪、勝負、屈伸之始。""太虛無形，氣之本體，其聚其散，變化之客形爾；至靜無感，性之淵源，有識有知，物交之客感爾。客感客形與無感無形，惟盡性者一之。""氣之為物，散入無形，適得吾體；聚為有象，不失吾常。太虛不能無氣，氣不能不聚而為萬物，萬物不能不散而為太虛。"

（二）张载在《天道篇第三》对天道、大道、形而上、天德、贞观的论述

1.关于天道的论述

其一，"天道四時行，百物生，無非至教；聖人之動，無非至德，夫何言哉。"张载说："天地之道恒久运行而四时变化而能久成，万物就能化生，无非是圣人的最高教化。圣人的不言之教，无非就是以极大的善德善行为榜样，因为天什么也没有说。"这是作者对《易·恒卦·象辞》和《论语·阳货》孔子之论的学习感悟之辞。

其二，"'鼓萬物而不與聖人同憂'，天道也。聖不可知也，無心之妙，非有心所及也。"张载说："鼓动成就辅助万物而不愿意万物与君子一同担忧，这是天道啊。神圣不可知道啊，这是自然的微妙之处，并非人心所能达到的。"《易·系辞上传》第五节曰："故君子之道鲜矣。显诸仁，藏诸用，鼓万物而不与圣人同优，盛德大业至矣哉！"

其三，"聖人有感無隱，正猶天道之神""圣人有感触没有隐瞒，正如天道的神圣"。

2.关于大道的论述

其一，"運於無形之謂道，形而下者不足以言之"。张载说："运行于不知不觉中是谓道，形而下者谓之器者不足以论说。"

其二，"世人知道之自然，未始識自然之為體爾"。张载说："世人所知道的大道之自然，没有认识到大道之自然是天地万物化生的本源啊。"

3.关于形而上的论述

"形而上者，得意斯得名，得名斯得象；不得名，非得象者也。故語道至於不能象，則名言亡矣。"张载说："形而上者谓之道，获得了形象的意义就得到了称名，得到了称名就得到形象了；没有得到称名，是没有得到形象者了。所以说论说道以至于不像道，那么称名和言论的意义就都消失了。"这是张载第一次关于"形而上者谓之道"的论述，张载的意思是"形而上者"也只是一个意义明白的称名而已，也就是得到了一个形象的称名，如果没有得到这个形象的称名，所论的道就不像本来的道，其他论说也就没有了意义。

正如《张载·太和篇》曰"由太虛，有天之名；由氣化，有道之名；合虛與氣，有性之名；合性與知覺，有心之名。"张载说："由于有太虚，就有了天的称名；由于气化的功能，就有了道的称名；合并太虚与气，有了本性的称名；合并本性与人的知觉，有了人心的称名。"

4.关于天德、贞观的论述

其一，"有天德，然後天地之道可一言而盡"。张载说："天阳有化生、资助、滋长万物的功德，所以天地自然的道理可以用一句话而说尽。"其实"天地之道可一言而盡"这一句话就是《易·系辞》所言的"天地之道，贞观者也"。

其二，"貞明不為日月所眩，貞觀不為天地所遷"。张载说："日月的道理永远以光明照耀万物而不为日月所炫目，天地的道理是以正直显示天下而不为天地的变化而变迁。"正如《易·系辞下传》第一章曰："天地之道，贞观者也。日月之道，贞明者也。天下之动，贞夫一者也。"

以上这些都是张载对学习《论语》《尚书·皋陶谟》《易·系辞》《老子》《庄子》的一些论说的学习感悟之辞。

（三）《诚明篇第六》关于诚信与天人合一思想

1.张载对《中庸》关于诚的解读及其天人合一观之一

"义命合一存乎理，仁智合一存乎圣，动静合一存乎神，阴阳合一存乎道，性与天道合一存乎诚。"张载认为："仁义与天命之道理合一就是因为道理相同，仁善与智慧合一的就是圣人，动静不失其常合一在于人的意识思维，阴阳合一的道理存在于天道，人性之仁义与天道之道理合一就是诚信。"这就是说所谓诚信的道理，就是天道所表现出来的始终不变恒定如一有益于于万物的道理，与人本性仁善好德的道理相合相形就是诚信。也就是天之诚信与人性之诚信是一致的，人从天之诚信中得到启发，而坚定了人之诚信的本体。张载的这个认识，既是对什么是诚信的论述，也是张载天人合一思想之一，即"性与天道合一存乎诚"就是张载的天人合一观，这也是他对儒学天人合一观的认识。正如张载《正蒙·乾称篇》所言："儒者则因明致诚，因诚致明，故天人合一，致学而可以成圣，得天而未始遗人，易所谓不遗、不流、不过者也。"张载这一天人合一观，是合乎老子、《易经》哲学意义的天人同一观。

2.张载的天人合一观之二

其一，张载《正蒙·中正篇》言："意，有思也；必，有待也；固，不化也；

我，有方也。四者有一焉，则与天地为不相似。天理一贯，则无意、必、固、我之凿。意、必、固、我，一物存焉，非诚也；四者尽去，则直养而无害矣。"张载认为，有思谋，有欲望，冥顽不化，有私心，这四种只要占有其中一种，就与天地之道不相似了。他还认为，天理贯通的意思，就是无思谋，无欲望，无冥顽不化，无私心，这四种思想要是只有一种思想存在，就不是诚信了。只有这四者并存于人心，才能直接修养人性而无害处。这也是张载对《易·系辞》："易，无思也，无为也，寂然不动，感而遂通天下之故"的解读。

张载的天人合一观的即是：无思，无欲，变化变通，无我。这既是张载对诚的意义的解读，是对《易·系辞》之语的解读，也是张载对天人合一观的理解，这也是张载哲学意义的天人合一观。

其二，有学者对张载的天人合一观有不同的见解，这些学者指出："张载认为世界的本源是太虚，太虚即气，天人合一的基础就是气。这是一种唯物主义的思想，肯定了人与自然统一于物质性的气。张载强调'合内外，平物我，自见道之大端'。又说：'儒者则因明致诚，因诚致明，故天人合一，致学而可以成圣，得天而未始遗人。'明确提出"天人合一"的命题。"这里可以看到，张载的天人合一观，是张载关于儒学的天人合一观，也就是诚信与明德合一是谓儒学的天人合一观，也就是天之诚信与人的认知诚信是一致的。其实这应该是张载的哲学意义的天人合一观。因为孔子之儒的天人同一观，是全面的真善美的天人同一观。

（四）张载《中正篇》关于《中庸》之道的意义

1. "中正然後貫天下之道，此君子之所以大居正也。蓋得正則得所止，得所止則可以弘而至於大。"

2. "學者中道而立，則有位以弘之。"

3. "大中至正之極，文必能致其用，約必能感而通。"

4. "知德以大中為極，可謂知至矣；擇中庸而固執之，乃至之之漸也。惟知學然後能勉，能勉然後日進而不息可期矣。"

（五）张载《有司篇》对《周礼·地官》职责的解读

1. "有司，政之綱紀也。始為政者，未暇論其賢否，必先正之，求得賢才而後舉之。"

2. "為政不以德，人不附且勞。"

3. "為政必身倡之，且不愛其勞，又益之以不倦。"

4. "富而不治，不若貧而治；大而不察，不若小而察。"

5. "'報者，天下之利，'率德而致。善有勸，不善有沮，皆天下之利也。"

以上关于各级官员职责的论述，是张载对《周礼·地官》《论语》《老子》《孟子》相关论述的学习感悟之论。其实张载关于官员职责之论，对于现代各级官员的职责也是非常有效的教化作用。

（六）张载《大易篇》关于三才之道的解读

张载《正蒙·大易篇》："易一物而'合'三才：阴阳气也，而谓之天；刚柔质也，而谓之地；仁义德也，而谓之人。""一物而两体，其太极之谓与！阴阳天道，象之成也；刚柔地道，法之效也；仁义人道，性之立也。三才两之，莫不有乾坤之道。"张载认为三才之道的天道就是阴阳之气，地道的性质就是刚柔，仁义是人之德，就是人道。这是一个事物的两个性质，就是太极的分化之道，也就是太极分化为天地两个阴阳之体。阴阳是天之道，是象所产生的来源；刚柔是地之道，地道效法天道；仁义是人之道，是人本性的树立；《易经》卦爻三才之道相重，没有不具备乾坤阴阳刚柔之理的。这是张载对《说卦传》"是以立天之道，曰阴与阳，立地之道，曰柔与刚，立人之道，曰仁与义"的解读；他的解读将《易·系辞》提到的很多问题联系到一起解读，更是有独到之处和深刻意义。

这里对于张载的"一物而两体，其太极之谓与！"笔者以为张先生是指太极原本就包含了天和地这两个部分，正如《周易·乾凿度》所言："清轻者上为天，浊重者下为地。"因为太极的运动变化，就有了清轻之气上升、浊重之气下降的变化，所以才能分化出天和地。

（七）张载关于鬼神的观点是唯物辩证的观点

1. 张载关于鬼神的观点基本与孔子的观点相同

其一，正如《正蒙·太和篇》所言："鬼神者，二气之良能也。圣者，至诚得天之谓；神者，太虚妙应之目。凡天地法象，皆神化之糟粕尔。""所谓鬼神，其实就是阴阳之气原本就有的精华有用之气。圣人者，极为诚信得于天道之诚而已。神圣者，太空奇妙变化的应和的纲目而已。凡是天地法象，全是神化的糟粕而已。"《医易》曰："鬼神往来，都只是气。故曰鬼神者，二气之良能也。"

其二，《正蒙·神化篇》"鬼神，往来、屈伸之义，故天曰神，地曰示，人曰鬼。神示者归之始，归往来者之终。""所谓鬼神、往来、屈伸之义，都集中在祭祀的意义上，所以祭祀天称之为天神，祭祀地，称之为地神，而祭祀死人称之为鬼。祭祀地神显示的是万物归于地的生养而尊重土地；祭祀鬼是表示人死亡后归于土而再也不会归来。"这是张载对孔子所言的："气也者，神之盛也；魄也者，鬼之盛也。合鬼与神，教之至也。众生必死，死必归于土，此之为鬼。骨肉毙于下阴为野土，其气发扬于上为昭明，焄蒿凄怆，此百物之精也，神之著也。因物之精，制为之极，明命鬼神，以为黔首则，百众以畏，万民以服"的理解和解读，也是张载自己的观点，张载说："所谓鬼神，就是阴阳二气中最精纯之气，圣人，诚信达到极致后得以升天；所谓神，是太虚中众多奇妙的称呼之一而已；凡天地效法的形象，都是人的意识思维变化无用的事物而已。""所谓鬼神，其气升于天者为神，入于地的躯体为鬼。"这也是作者对《礼记》关于祭祀方面内容的学习理解。

其三，《神化篇》又曰："鬼神常不死，故誠不可掩……神化者，天之良能，非人能。"其意思是："鬼神活在人的心中而不死亡，所以人心的诚意不可掩藏……神奇的化育化生万物的功能。这是自然的本能，不是人的意志所能达到的。"

其四，《神化篇》又曰："無我而後大，大成性而後聖，聖位天德不可致知謂神。故神也者，聖而不可知。"其意思是："心中没有我自己而后才能胸怀博大，胸怀博大成为习性本能而后就能成为圣人，圣人之德居于天德之位而达到不可以使人了解的境界是谓神圣。所以说所谓神，就是神圣而不可以了解的境界。"

2. 张载对《易·系辞》"唯神也，故不疾而速，不行而至"的解释

《横渠易说·说卦》曰："全备天理，则其体孰大于此！是谓大人。以其道变通无穷，故谓之圣人。圣人心术之运，固有不疾而速、不行而至、默而识之处，故谓之神。"

其一，张载对大人的解读真是一针见血，精辟至极。他说："完全具备了天的道理，而且其本身的作为都要大于这些道理，这就是大人之德了。"这是张载对《老子》、孔子、《易经》关于大人之德的总结概括，《老子》、《易经》、孔子议论了那么多，被张载两句话就精辟地概括了，张载真不愧为儒家之大儒。

其二，张载对圣人的解读也有独到之处：圣人既能对道变通无穷尽，又具有大人之德，又有极为神奇的聪明睿智，还有对天理人道术数的运行明智之能，所以才能不用着急而迅速处理好事情，不用行走而能知道天下万物变化的道理，不用说就能辨别事物成就事业，所以为神。这里的神，既是指神奇微妙之德能，又是指神奇的思维能力。正如《横渠易说·易·系辞》第十章曰："非至精、至變、至神不能與，故曰'神而明之存乎其人'。无知者，以其無不知也；若言有知，則有所不知也。惟其無知，故能'竭兩端'，易所謂'寂然不動，感而遂通'也。无知則神矣，苟能知此，則於神為近，无知者，亦以其術素備也，'道前定則不窮'。一故神，譬之人身，四體皆一物，故觸之而無不覺，不待心使至此而後覺也，此所謂'感而遂通，不行而至，不疾而速'也。"正如《正蒙·大心篇》曰："世人之心，止於聞見之狹。聖人盡性，不以見聞桔其心，其視天下無一物非我，孟子謂盡心則知性知天以此。天大無外，故有外之心不足以合天心。見聞之知，乃物交而知，非德性所知；德性所知，不萌於見聞。""心存，無盡性之理，故'聖不可知謂神。'此章言心者亦指私心為言也。"也如《横渠易说·系辞上传》第七章曰："故知禮成性而道義出，如天地位而易行，'天地位定而易行其中'，知禮成而道義出。'夫

易，聖人所以崇德廣業'，以知為德，以禮為業也。蓋知崇則德崇矣。此論易書之道，而聖人亦以教人。"

3.《正蒙·神化篇》关于神的意义

其一，正如其所言："知神而后能飨帝飨亲，见易而后能知神。是故不闻性与天道而能制礼作乐者末矣。"这里的知神之神，应该是指先帝先祖，知道先帝先祖之德，就要对先帝先祖行以祭祀之礼。

其二，《正蒙·神化篇》"圣不可知者，乃天德良能，立心求之，则不可得而知之。""圣不可知谓神，庄生谬妄，又谓有神人焉。"张载指说："圣人的智慧德能达到不可知的状态，那是圣人达到了天德最好的德能，用心求取，就不一定能得到而明白它。""圣人的智慧德能达到极致，是谓神智，神道神德。不是庄子所说的神人。这里张载仍然认为，所谓神，就是圣人的智慧思维能力，神奇神圣之意。

4.《横渠易说·系辞篇》关于神的意义

其一，正如其文所言："气之聚散于太虚，犹冰凝释于水，知太虚即气'则无有有无。故圣人语性与天道之极，尽于参伍之'神变易而已。"这里的"神变易"是指人的意识思维观察研究明白太虚之气与无和有的化生关系，所以圣人所言的天道天性人性是通过意识思虑思考变化为《易经》内容。

其二，《横渠易说·系辞篇》曰："易言'感而遂通'者，盖语神也。""感而遂通者神。"张载说，《易·系辞》所论说的："易，无思也，无为也，寂然不动，感而遂通天下之故。非天下之至神，其孰能与于此"之"感而遂通"，就是指圣人的意识思维，也就是说《易经》是通过圣人长期观察研究总结天地万物自然变化现象和自然规律，安静思考感悟，突然顿悟贯通天地万物变化之理的缘故，这也是人身心之神，意识思维的意思。

从以上张载对"神"的论述，包括了鬼神——死亡的先祖，神奇、神圣、心神——思维意识。所以张载关于"鬼神"的论述，就是《易经》、孔子所论的死亡先祖的象征；神奇、神圣是对圣人智慧深不可测的评价；心神就是人的思维意识。

（八）张载关于上帝天命的观点是与老子、孔子思想一致的观点

1.张载《正蒙·天道篇》曰："天之知物不以耳目心思，然知之之理过于耳目心思。天视听以民，明威以民，故诗书所谓帝天之命，主于民心而已焉。"张载说："天认知万物不用耳目心思，然而，从天道明白的道理胜于人的耳目心思。从天听到、看到的就是从民众那里听到看到的，说天明威于民众，所以就是诗书所谓上帝天之命，其实就是注入人民的心声而已。"这是张载对《尚书·皋陶谟》中所言的："天聪明，自我民聪明。天明威，自我民明威"的解释，其解释非常正确。对关于上帝、天命的解释是"注入了民众的心声心意而已"。也就是说所谓上帝，天命的意义，都是表达的人民的心声心意，这是非常正确且有见地的解释。

2.《正蒙·诚明》曰："性通乎气之外，命行乎气之内，气无内外，假有形而言尔。故思知人不可不知天，尽其性然后能至于命。"张载关于天命的意义是"假有形而言尔"。就是说天道、天命本是无形的，只不过是圣人将天假借为有形有体之物的人，而命为天命天道。

3.《正蒙·诚明》曰："天良能本吾良能，顾为有我所丧尔。"张载说天的良能，原本就是我的良能，用天之良能观看我有没有丧失良能。

4.《正蒙·诚明》曰："故论死生则曰'有命'以言其气也；语富贵则曰'在天'，以言其理也。此大德所以必受命，易简理得而成位乎天地之中也。所谓天理也者，能悦诸心，能通天下之志之理也。能使天下悦且通，则天下必归焉；不归焉者，所乘所遇之不同，如仲尼与继世之君也。'舜禹有天下而不与焉'者，正谓天理驯致，非气禀当然，非志意所与也；必曰'舜禹'云者，余非乘势则求焉者也。"张载认为，《论语》子夏所言的："商闻之矣，生死有命，富贵在天，""生死有命"说的是气出入对人生存的意义，气入为生，气不入为死。而"富贵在天"说的是天理。所言的是有大德者必然能接受天命，《易经》将天地万物变化之理简要地归于其中，天下万物变化之理归于《易经》之中，圣贤所要成就的事业就居于其中了。所谓天理者，能悦诸心，能通天下人之志之理也。能使天下人喜悦且顺达，则天下必归焉。张载用《易·系辞》之言说明有大德者就会接受天命而得到治理天下的权利，但是也有不同的情形，如孔子和许多有贤德才能的君子就没有得到辅助天子治理天下的机会，这是所遇到的时世不同而已。张载的意思，是说天下归于施行天理为民谋福祉者，天下国家富有人民富有，君王也会富贵，而不是说个人的富有与天的关系。张载的这些观点也是非常独特的。

通过以上分析，可以看到张载关于上帝和天命的观点是唯物的，是符合《易经》、老子、孔子之道的观点。张载不愧为《易经》哲学大家。

三、张载《经学理窟一》的意义

《经学理窟》是作者对各种经典中义理的分析感悟之词。

《经学理窟》的内容包括：《周禮》《诗书》《宗法》《禮楽》《氣質》《義理》《学大原上》《学大原下》《自道》《祭祀》《月令统》《丧纪》12篇文章。

1.张载对《周礼》的学习感悟

《周礼》就是张载先生对《周礼》学习的感悟体会，也是对《周礼》一些具体问题的解读。依据其内容，张先生首先对《周礼》这部书作了评价，认为《周礼》是一部很恰当的书，但是期间的内容恐有后人添加的，就会使其中的意义不明了了，所以张先生就对《周礼》之中的关于天官的职责，关于诸侯国划分的方式和意义，关于天子诸侯卿大夫的贡赋、税收，关于土地划分的方式意义，以及各种税收的意义，逐一作了说明。其实从本文的内容而言，可以看出张先生对《周礼》中的土地制度很是重视，也是对井田制的公平性的赞扬。

2. 张载对《诗书》的学习感悟

《诗书》包括了《诗经》《尚书》，应该还有《易经》的内容。作者言《诗书》之意，是为了让我们知道，《诗书》的内容是以颂扬记载圣人的德行善举，为民谋利益的思想而已。作者在这篇文章中的名言："天无心，心都在人之心。"

3. 张载关于《义理》的意义

《义理》这篇文章，作者通篇都是谈论如何懂得理解义理，但是并未告诉我们什么是义理，全文是作者的学习六经、孔孟之道的读书心得读书笔记而已。但是作者告诉我们，要想学习明白义理，就必须学习好六经，反复学习，反复应用才行。

4. 张载关于《学大原上·下》的意义

关于《学大原上·下》，一般认为，学大原，就是学习大本大源，那么这就是作者学习大本大源的心得体会。作者通过学习《论语》《老子》《庄子》《孟子》等诸多经典著作，来感悟大本大源，但是作者并没有说明什么是大本大源，只是谈论了自己的学习方法和学习的好处，当然大多数都是作者的感想心得而已。

5. 张载关于《自道》的意义

《自道》应该是作者学习《礼记·中庸》"诚者自成也，而道自道也。诚者物之终始，不诚无物。是故君子诚之为贵。诚者非自成己而已也，所以成物也。成己，仁也；成物，知也。性之德也，合外内之道也，故时措之宜也"的感悟。作者的《自道》，就是记载作者自己如何在"为往圣继绝学"的道路上行走的，记载了作者三十多年来学习各种经典的过程和艰难。作者在第一段就谈到，自己以为学习研究经典三十多年，应该是大功告成，其实却是完全没有成就，但是得到了学习圣人思想的门第。作者的《自道》就是自己学习各种经典的方法和感想而已。

四、张载对《易经》内容的传承意义

1.《横渠易说》的意义

《横渠易说》的内容包括上、中、下三部分：《易说上》包括六十四卦前三十卦的内容，《易说中》包括六十四卦后三十四卦的内容，《易说下》的内容包括《系辞·上下篇》《说卦》《序卦传》《杂卦》的内容。

《横渠易说》的意义，当然是张载对《易经》内容的传承发扬光大。作者主要是采用了对《易经》原文的复述，其次就是作一些简要的分析评论，但是并未对《易

经》的内容做解释，有些也就是单纯的复述某一卦的原文而已！但是从作者在对《易经》原文的评析中所引用的各种经典，包括孔子、《老子》《孟子》《庄子》以及多种经典文献的内容，足以看出作者研究了先秦的所有经典文献，尤其是儒学经典，所以说张先生不愧为儒学大师！

因为作者对《易经》的原文只是复述而已，所以解释分析的极少，有些就是单纯的复述而已。所以笔者在解析作者原文时，对作者所复述的《易经》原文，也只是复述，没有对《易经》原文作自己的解释，而对作者的分析评论有简要的解读，并列举了一些作者所提到的一些问题的出处。

2.《横渠易说》的上、中篇一些具有哲学意义的内容

由于《横渠易说》的上、中篇，是对六十四卦内容的复述分析，内容庞大，且分析感悟之辞并不是对六十四卦本义的说明，所以笔者只对具有哲学意义的内容做一些评论。

（1）张载对《乾卦》的解读有其独到之处

其一，他把《乾卦》卦辞"元亨利贞"解为"乾之四德"，并用老子对道"迎之不见其首，随之不见其后"的形象作解释，他推论《乾卦》卦辞所言的就是大道天道，乾坤是生成万物之父母。

其二，他对《乾·文言》关于四德的解读为"仁统天下之善，礼嘉天下之会，义公天下之利，信一天下之动"，也就是将"元者，善之长也"解读为"仁统天下之善"；将"亨者，嘉之会也"解读为"礼嘉天下之会"；将"利者，义之和也"解读为"义公天下之利"；将"贞者，事之干也"解读为"信一天下之动"。也就是说，张载将《乾·文言》之四德，解读为"仁、礼、义、信"四德，简明易懂。笔者在《周易新解》中，对《乾·文言》四德的解释，虽然与张先生的意思一致，但却不如张载的简易明了。而且张载对《乾·文言》均是用孔子及其弟子的事例和孔子之言来解读，这就很难得了。

（2）张载对《复卦·彖辞》的解读深刻而有意义

其一，对"复其见天地之心乎"的解释是："大抵言'天地之心'者，天地之大德曰生，则以生物为本者，乃天地之心也。地雷见天地之心者，天地之心惟是生物，天地之大德曰生也。"作者的意思是："大致而言，'天地之心'就是说天地的大德是化生万物，天地以化生万物为本，就是天地之心。地雷伏于地下见天地之心，天地之心仍然是化生万物，所以天地之大德曰化生也。"

其二，"天则无心无为，无所主宰，恒然如此，有何休歇？人之德性亦与此合，乃是已有，苟心中造作安排而静，则安能久！"张载说："天地原本没有心、没有思维，没有主宰天地的思维，天地只是恒古不变地运动和化生万物而已，有什么休止歇息？

天地有生生不息之德。人之德也与天地生生不息之德相合，所以天地之心就是人自己之心，人姑且以人心中制造的期盼安排于天地而静心，就是祈求安乐长久而已。"这是张载对天地之心的真实解读，天地无思无为何来天地之心，只是人心与天地之德相合，所以就以人之心安排天地之心与人心相似而已。天地就如人一样，不忘生育后代，不忘为万物带来益处，这就是天地与人心相一致之处，也是张载对天地之心的独到的认识。笔者虽然与他的观点一致，但是却没有他的观点深刻明了。

3. 张载对《易·系辞》的解读

《横渠易说》下篇的内容，主要是对《易·系辞》等内容的复述和分析。

（1）张载对《易·系辞上》第五章"鼓万物而不与圣人同忧"的解释是："老子言'天地不仁，以万物为刍狗'，此是也；'圣人不仁，以百姓为刍狗'，此则异矣。圣人岂有不仁？所患者不仁也。天地则何意于仁？鼓万物而已。圣人则仁尔，此其为能弘道也。'鼓万物而不与圣人同忧，'聖人之於天下，法則無不善也。"张载用老子之言解读《易·系辞》这一句话。他说："老子所说的天地不仁善时，以百姓为刍狗，这是正言，是对的。而'圣人不仁，以百姓为刍狗'这一句话则就不同了。圣人哪有不仁善的，圣人担忧的是怕人不仁善。天地怎么会有仁善的意愿呢？天地只是鼓动万物生长化育而已。圣人是仁善的，这样说是为了能弘扬天地人道而已。'鼓动万物不与圣人同忧'，圣人对于天下，制定的法则没有不仁善的了。"张载对《老子》"圣人不仁，以百姓为刍狗"的解读更是独到而有意义。因为笔者对老子这一段话的解读，是用假设语，假设圣人不仁善时，就和天地不仁善时一样，把百姓当作刍狗。而张载则用肯定语来解读"圣人没有不仁善的"，并且用《老子》之言来解读《易·系辞》这一段话，自是妙语解读，而且解读出了《老子》之言的真实意义。

所以说张载对《易经》六十四卦的解读有自己的独到之处，而广大研究者与读者，若想要读懂研究张载的文辞，就非要对《易经》《老子》这方面的的知识有精细研究了解不可。

（2）张载对《易·系辞上》第七章"知崇禮卑，崇效天，卑法地，天地設位，而易行乎其中矣，成性存存，道義之門"的解读为："'知崇礼卑'，叩其两端而竭也。崇既效天，卑必法地。"

"非知，德不崇；非禮，業不廣。崇，天也，形而上也。""'通晝夜之道而知；'其知崇矣。""'知及之而不以禮性之'，非己有也，故知禮成性而道義出，如天地位而易行，'天地位定而易行其中'，知禮成而道義出。""'夫易，聖人所以崇德廣業'，以知為德，以禮為業也。盖知崇則德崇矣。此論易書之道，而聖人亦以教人。""'天地設位而易行乎其中'，比下文'成性存存道義之門而言也'。""'天地設位，故易行乎其中'；知禮成性，則道義自此而出也。義之門者，由仁義行也。聖人亦必知禮成性，然後道義從此出，譬之天地設位，則造化行於其中。知則務崇，禮則惟欲乎卑；成性須是知禮，存存則是長存。知禮，亦如天地設位。"

其一，张载认为"崇，天也，形而上也。'通晝夜之道而知'，其知崇矣"。作者指出，"崇效天道，就是形而上"，这是对"形而上"意义的肯定。

其二，作者用"'天地位定而易行其中'，知禮成而道義出。'夫易，聖人所以崇德廣業'，以知為德，以禮為業也。蓋知崇則德崇矣。此論易書之道，而聖人亦以教人。""天地設位而易行乎其中"，比下文"成性存存道義之門而言也"来解读"天地設位，而易行乎其中矣，成性存存，道義之門。"也就是对第七章原文的感悟之辞。

（3）张载对《易·系辞上》第十二章"是故形而上者謂之道，形而下者謂之器。化而裁之謂之變，推而行之謂之通，舉而錯之天下之民謂之事業"的解读原文如下。

"一陰一陽不可以形器拘，故謂之道。乾坤成列而下，皆易之器。乾坤交變，因約裁其變而別之，故謂之變。推而行其變，盡利而不遺，可謂通矣。舉盡利之道而錯諸天下之民，以行其典禮，易之事業也。"

"約裁其化而指別之，則名體各殊，故謂之變。"

"運於无形之謂道，形而下者不足以言之。""'鼓萬物而不與聖人同憂'，天道也，聖不可知也。无心之妙，非有心所及也。"

"'形而上'是无形體者也，故形以上者謂之道也；'形而下'是有形體者，故形以下者謂之器。无形迹者，即道也，如'大德敦化'是也；有形迹者，即器也。見於事實，如禮義是也。"

"聖人因天地之化，裁節而立法，使民知寒暑之變，故謂之春、夏、秋、冬，亦化而裁之一端耳。"

"凡不形以上者，皆謂之道，惟是有无相接與形不形處知之為難。須知氣從此首，蓋為氣能一有无。无則氣自然生，是道也，是易也。"

对作者论说的评析：其一，作者用"一阴一阳之谓道"来说明"道"的含义。作者说："一阴一阳不可以形容也不可以用器物束缚，所以说为道。"也就是说道就像阴阳一样，是无形状的事物；无形状的事物，就不具备像器物一样的性质而约束规矩东西的大小高矮，只有器物才具备约束规矩东西的大小高矮功能。这既是作者对形而上意义的解读，即形而上是像阴阳一样没有形状的事物；又是对形而下者谓之器之"器"的解读，即"器"就是器皿，就是具有约束限制事物形状，大小高矮的器物。正如笔者对"形而下者谓之器"一般意义解读："效仿模拟天地之道自然运行的次序、节律及其万物并生并存而互不相害的道理，推论抽象拟定出各种规范约束众人行为保护众人合法权益的法规制度礼法是谓器。"所以说"形而下之器"，就是具有约束规范和保护众人的规章制度。

其二，"天地万物分类排列而在天下的，都是《易经》所说的器。"作者对"器"的进一步说明，按照类别排列在天地之间的都是器物。

其三，"天地阴阳之气交通变化，因为简化取舍其变化而区别之，所以是谓变通。推动而实行其变通尽量得到好处而没有遗失，可以说是通行了。举荐尽量得到利益的方法而实施到天下民众，以制成法典礼仪，这是《易经》所论的事业了。简化制约其变化而区别之，就是名声与形体各自不同，所以称之为变通。"这是作者对"化而裁之謂之變，推而行之謂之通，舉而錯之天下之民謂之事業"的解读。笔者以为作者的解读非常符合《易经》的本义，正如笔者对这就几句的解读：依据不同情形对器的规格适当简化取舍使其适宜不同民族风俗便于施行是谓变通；使道与器得到广泛实行是谓通行；从民众中推举各类德才兼备的人才，采取各种措施，筹划举办各种能为天下人民谋利益的事务，并将其错综复杂千头万绪的事务，处置得井然有序不相冲突,以实现使人民得到利益福气天下得到太平安乐的目的是谓事业。

其四，"运行于无形就为道，形而下者不足以说了。'鼓动成就辅助万物而不愿意万物与圣人一同担忧'，这就是天道了，圣人不可能知道了。没有心思的精妙，不是有心思所能达到的了。"这是作者对"天道"的论说，也是对"形而上"产生依据的论说，其依据就是"无形无状无声的天道"。

其五，"'形而上'，是没有形体者了，所以没有形体以上者称之为道；'形而下'是有形体的了，所以有形体以下的称之为器。没有形体踪迹者，就是道了，就如'大德敦厚化育万物'就是了；有行迹者，即是器了，见到了事实，如礼仪之类就是了。"这是作者对"形而上者謂之道，形而下者謂之器"更明确的解读。没有形体形状者，"就是道，就是形而上之道"。有形体形状的就是"形而下之道"。作者用"大德敦化"来比喻，大德敦厚是怎样化育万物的，是看不见的无形的化育，这就是"形而上"了。如礼仪之类，是能约束人的行迹的规矩，这就是"形而下"了。

其六，"圣人因为天地自然的变化，裁决制约而建立法规，使民众知道寒暑的变化，所以说的春、夏、秋、冬，也是变化裁定的一个方面了。"这是作者对"化而裁之謂之變，推而行之謂之通"的具体解读。

其七，"凡是不是形以上者，都称至为道，只是有与无相接与形与不形明白的为难。须要知道气从此开始，大概气能专一有无。无就是气自然而生，是道了，是《易经》哲学了。"作者特别指出："凡是没有形体以上者，都称之为道。只是有与无相接与有形与无形区分的为难。需要知道气从大道开始，大概气能从专一的道化生的就是无生有了。无就是气自然而生，这个自然化生气的是大道了，就是易学了。"《易经》所论的"道"很多，首要的就是生成天地万物的大道了，也就是有生无，无生有之道，也就是"道生一"之道。还有天道、地道、人道、阴阳之道、死生之道，再就是作者在这里所论的"形而上形而下之道"。作者还特别指出，区分"有生无，无生有"的"大道"与有形体的"形而下之道"与无形体的"形而上之道"的难处。虽然"形而上"产生的依据是"道"的形象，但是"道"与"形而上形而下之道"还是有区别的，其区别的重点在于"大道"是生成天地之母的混沌之气，是太初，是太极的本源，也是气生成的本源。大道化生了混沌之气，这个混沌之气，既是天地之母化生的本源，又是气的本源。无就是没有天地之前生成天地的天地之母混沌之气自然化生的，这个自然化生的过程就是"大道"了。就是《易经》的内容了。

（4）张载对《易·系辞下》第十二章的解读是对形而上形而下的论述

作者对《系辞》十二章"夫乾，天下之至健也，德行恒易以知险。夫坤，天下之至顺也，德行恒简以知阻。能說諸心、能研諸侯之慮"的解读是："擬議云為，非乾坤簡易以立本，則易不可得而見也。簡易故'能說諸心'，險阻故能研諸慮。簡易然後能知險阻，簡易理得然後一以貫天下之道，繫辭言'能研諸慮'，止是剩'侯之'二字。說者就而解'諸侯有為之主'，若是者即是隨文耳。"作者说："'拟议以成其变化'的论说，要不是乾坤简易以设立根本，那么《易经》就不能得到成功而我们也见不到《易经》了。因为《易经》简要所以能悦服众人之心，德行恒久平易知道险阻所以能研究探讨众人的疑虑。《易经》简要然后知道险阻，《易经》简要而得到天下万物变化的道理然后以"道"来贯通天下万物变化的道理。系辞说'能研究探讨众人的疑虑'，仅仅是剩"侯之"二字。喜悦就能了解'诸侯有作为的主张'，若是能这样，即是能追随周文王了。"

张载关于《系辞》十二章解读的"擬議云為"的意义如下。

其一，"擬議"的出处见于《易·系辞》第八章第一段："圣人有以见天下之赜，而拟诸其形容，象其物宜，是故谓之象。圣人有以见天下之动，而观其会通，以行其典礼。系辞焉以断其吉凶，是故谓之爻，言天下之至赜而不可恶也，言天下之至动而不可乱也。拟之而后言，议之而后动，拟议以成其变化。"《系辞》言："圣人将见到的天下玄妙的事物所表现出来的现象，模拟效仿其形象内容，使其与相应的事物相象，所以就称之为象。"

其二，张载一开始就引用《系辞》第八章的内容"擬議"，来解读《系辞》第十二章开始的内容。《系辞》第八章"圣人有以见天下之赜，而拟诸其形容，象其物宜，是故谓之象"。那么这个"天下之赜"是什么呢？就是天下最"玄妙"的事物，这个最为"玄妙"的事物，就是《老子》所论的玄妙无穷的"道"。正如《老子》第一章曰:"道,可道,非常道;名,可名,非常名。无,名天地之始;有,名万物之母。故常无,欲以观其妙;常有,欲以观其徼。此两者,同出而异名,同谓之玄。玄之又玄,众妙之门。"第一章告诉我们天下玄妙的事物"无"与"有",同出于那个"道",所以那个"天下之赜"就是"道"。《老子》既论述了"天下之赜"就是玄妙的"道",又用逼真形象的文辞将这个玄妙无穷的"道"的形象模拟效仿出来了,正如《老子》第十四章曰:"视之不见,名曰夷;听之不闻,名曰希;搏之不得,名曰微。此三者,不可致诘,故混而为一。其上不皦,其不下昧,绳绳兮不可名,复归于无物。是谓无状之状,无物之象,是谓惚恍。迎之不其首,随之不见其后。"这就是《老子》笔下那个玄妙无穷的"生一的道"的形象了。这是《系辞》对老子"象"意义的论述,也是对"形而上"原象的论述。原象,就是"形而上之道"所效法本来依据。

其三,关于《系辞》"圣人有以见天下之动,而观其会通,以行其典礼"。"圣人又以见到天地万物的运动变化状况,而观察其运动的规律、次序、节律而融会贯通,以成为制定法则制度礼法的依据"。这是《系辞》对礼法、制度、法规制定的依据的论说,也是对"形而下之器"产生依据的论述。

张载用"簡易理得然後一以貫天下之道"来解读"繫辭言'能研諸慮'",作者先用《易·系辞上传》第一章"易簡而天下之理得矣。天下之理得,而成位乎其中矣"。然后又指出"然後一以貫天下之道""一以貫天下之道"就是以"道"来贯通天下万物变化的道理。正如《老子》第十四章:"此三者,不可致诘,故混而为一。"第二十二章曰:"是以圣人抱一为天下式。"第二十八章曰:"知其白,守其黑,为天下式。为天下式,常德不忒,复归于无极。"第三十五章曰:"执大象,天下往。往而不害,安平太。"第三十九章:"惜之得一者……"《老子》在这里所言的"一""知其白,守其黑,为天下式""大象"就是道,就是无为之道,老子以无为之道来贯通天下万物变化的道理。

张载对天阳和地阴特点的论述:"太虛之氣陰陽一物也。然而有兩,健順而已。又不可謂天无意,陽之至健,不爾何以發散?陰之性常順,然而地體重濁,不能隨則不能順,則有變矣。少不順即有变矣。"张载说:"太空之气,阴阳之气是一物了。然而有两方面,即是刚健柔顺而已。又不可以说天没有心意,天之太阳,阳气极为强健,不然气如何发散?阴的本性常常柔顺,然而地的体积沉重浑浊,不能随时变化就不能柔顺,不能柔顺就会有变化发生了。"这是张载对"天道"和"地道"特性的分析。而张载对道德意义的论述则见于对《系辞上传》第六章对"易簡之善配至德"的解读:"循天下之理之謂道,得天下之理之謂德,故曰'易簡之善配至德'。"

第四编　《易经》哲学与现代社会的关系　753

张载对"形而上"来源的分析，正如文章所言："太虛之氣陰陽一物也。然而有兩，健順而已。又不可謂天無意，陽之至健，不爾何以發散？陰之性常順，然而地體重濁，不能隨則不能順，則有變矣。少不順即有變矣。有變則有象，如乾健坤順。有此气則有此象，可得而言；若無則直無而已，谓之何而可？是無可得名。故形而上者，得辭斯得象，但于不形中得以措辭者，已是得象可狀也。今雷風有動之象，須得天為健，雖未嘗見，然而成象，故以天道言；及其法，也則是效也。著則是成形，成形則道也。"张载说："太空之气，阴阳之气是一物了。然而有两方面，即是刚健柔顺而已。又不可以说天没有心意，天之太阳，阳气极为强健，不然气如何发散？阴的本性常常柔顺，然而地的体积沉重浑浊，不能随时变化就不能柔顺，不能柔顺就会有变化发生了。有变化就有现象，比如天行刚健坤地柔顺。有这些气就有这些现象，可以说是得到这些现象而言；若是没有气就直接没有象而已，没有象说什么可得？所以是不可以得到其称名的。所以说，形而上者，得到形象的词语就得到象，但是在无形中得到适宜措辞的，已经是得无物之象是谓无状之状了。今雷雨有发动的迹象，就需要天为刚健，虽然未尝见到，然而在天空形成了风云雨雪雷电的变化现象，所以这是以天道变化的道理而言；而其法，就是效法了。显明就是成为形象，成为形象的就是道了。"

其一，张载关于"形而上"产生的依据："故形而上者，得辞斯得象，但于不形中得以措辞者，已是得象可状也。"这是张载对《老子》所模拟效仿的那个玄妙无穷的"道"的形象的肯定和认同，"形而上"就是得到了《老子》所形容比喻的"生一的道"的形象了。这个"生一的道"就是《老子》第十四章用看不见、听不见无形无影的适宜的措辞的形容的那个"无状之状，无物之象"了。这是对"形而上"产生原象的论述，即"形而上"产生于那个"无状之状，无物之象"的"大道"的形象。《老子》又将"道"称之为"无为之道"，所以"无为之道"，就是"形而上"产生的依据。

其二，"及其法，也则是效也"，正如《老子》第二十五章曰："人法地，地法天，天法道，道法自然。""人效法的是坤地柔顺地顺承乾天的道理，坤地的法则就是效法乾天清静无为资始化育万物而不显现自己功德特征，乾天的法则就是无为之道，无为之道的法则就是自然。"这也是说"形而上之道"，效法的就是天道之自然，也就是效法的是"自然无为之道。"

其三，关于张载"著则是成形，成形则道也"。其意思是："显明就是成为形象的象，成为形象的象就是道了。"这是作者对《老子》所模拟形容的特别显明的形象是什么的特别说明；这个特别显明的形象，就是"大道"的形象；就是"无为之道"的形象。这一点很重要，我们要特别搞清楚，不能将作者对《老子》所模拟形容的"无为之道"的形象，篡改为"地道"；因为在网上看到很多学者，将原文"著则是成形，成形则道也"篡改为"著则是成形，成形则（地）道也"。原文没有"地"，而这些学者则自己添加了"地"字，就使其变为地道了。

其三，《易·系辞》第七章张载对"知崇礼卑，崇效天，卑法地"的解读："'知崇礼卑'，叩其两端而竭也。崇既效天，卑必法地。非知，德不崇；非礼，业不广。崇，天也，形而上也。"

通过对张载关于形而上之道，形而下之器的分析，可以认为张载是对《易经》"形而上者谓之道，形而下者谓之器"解读最多最正确的一位儒道之大家了。

笔者也对"形而上者谓之道，形而下者谓之器"有自己的解读。

其一，从老子和《易经》之论的教化意义而论，"形而上者谓之道，形而下者谓之器"的一般意义是效仿模拟天道自然有益于万物的自然善性，推论抽象出各种匡正人的意识、思维、思想、道德、纯净心灵行为的道理是谓道。效仿模拟天地之道自然运行的次序、节律及其万物并生并存而互不相害的道理，所推论抽象拟定出各种规范约束众人行为保护众人合法权益的法规制度礼法是谓器。

其二，从老子和《易经》论述治国平天下之道的哲学意义而论，"形而上者谓之道，形而下者谓之器"的哲学意义是效法模拟天道自然的运行规则和有益于万物的自然善性推论出来的道理，推论抽象拟定出匡正居于上位的执政者的意识、思维、思想、道德、行为，政治意识形态，规范国家意识形态、社会形态、治国宗旨的最高规则和基本路线是谓道。效法模拟天地之道自然运行的次序、节律及其万物并生并存而互不相害的道理，推论抽象出与国家意识形态、社会形态，治国宗旨、治国目标相符的，既能容纳万物，又能使万物并生并存、有条不紊而不相害的治国举措，以及利于保护人类自身和规范众人行为的众多法规制度礼法是谓器。

五、张载等关于形而上形而下论述内容的概括

1.《正蒙·天道篇》曰："形而上者，得意斯得名，得名斯得象；不得名，非得象者也。故语道至於不能象，则名言亡矣。"又曰："天之不测谓神，神而有常谓天。运於无形之谓道，形而下者不足以言之。"

2.《正蒙·神化篇》曰："形而上者，得辞斯得象矣。神为不测，故缓辞不足以尽神，缓则化矣；化为难知，故急辞不足以体化，急则反神。"

3.《张载·系辞上传》第六章："循天下之理之谓道，得天下之理之谓德，故曰'易简之善配至德'。"《系辞·上传》第七章："非知，德不崇；非礼，业不广。崇，天也，形而上也。'通昼夜之道而知'，其知崇矣。"

4.《张载·系辞上传》第十二章："圣人因天地之化，裁节而立法，使民知寒

暑之變，故謂之春、夏、秋、冬，亦化而裁之一端耳。凡不形以上者，皆謂之道，惟是有无相接與形不形處知之為難。須知氣從此首，盖為氣能一有无。无則氣自然生，是道也，是易也。"

5.《张载·系辞上传》第十二章曰："運於无形之謂道，形而下者不足以言之。'鼓萬物而不與聖人同憂'，天道也，聖不可知也。无心之妙，非有心所及也。'形而上'是无形體者也，故形以上者謂之道也；'形而下'是有形體者也，故形以下者謂之器。无形迹者，即道也，如'大德敦化'是也；有形迹者，即器也。見於事實，如禮義是也。"

6.《张载·系辞下传》第十二章："陰之性常順，然而地體重濁，不能隨則不能順，則有變矣。有則有象，如乾健坤順。有此氣則有此象，可得而言；若无則直无而已，謂之何而可？是无可得名，故形而上者，得詞斯得象，但於不形中得以措詞者，已是得象，可狀也。今雷風有動之象，須謂天為健。雖未嘗見，然而成象，故以天道言；及其法，則是效也。著則是成形，成形則是道也。若以耳目所及求理，則安得盡！如言'寂然、湛然'，亦須有此象。有氣方有象，雖未形，不害象在其中。"

7.《晦庵先生朱文公集》[①]："天地這間有理有气。理也者，形而上之道也，生物之本也；气也者，形而下之器也，生物之本也；气也者，形而下之器也，生物之具也。是以人物之生，必禀此理，然后有性；必禀此气，然后有形。其性其形，雖不外乎一身，然其道器之間，分際甚明，不可乱也。"天地间人和物的生成，都要有理有气，但理是万物生成的根本，气则是万物生成的材料，理决定事物的本性，气决定事物的形态。任何事物都有本性、形态两方面，所以说性、形"不外乎一身"，而二者的功能又是不能混淆的，本性决定形态，形态依傍本性，因此虽说"理未尝离乎气"，但"自形而上下言"还是有先后的（同上），即理在气先。在程颐的哲学中即已有"气是形而下者，道是形而上者"的观点，朱熹进一步发挥了程颐的思想，使"理在气先"的观点的更为明确。

8.《朱子语录》："性是形而上者，气是形而下者。形而上者全是天理，形而下者只是那查滓。至於形，又是查滓至浊者也。"

9.《神化篇》曰："形而上者，得辭斯得象矣。"

10.《易·系辞下》第五章："形而上者，得辭幾得象矣。神為不測，故緩詞不足以盡神；化為難知，故急詞不足以體化。"

[①] 朱熹.朱子全书第21册 晦庵先生朱文公文集（二）[M].上海古籍出版社，2010.

六、《张载·语录》的意义

1.《张子·语录上》：上篇共有 83 条语录，其内容，主要是张先生对《论语》内容学习的分析感悟认识，其次就是应用孟子、庄子、《老子》以及一些历史典故来说明孔子之论的意义，其真正的名言如下。

上篇 47 条，"不常者与常者处，则十事必十次怒，为他常是过，九次未怒已是大段包忍，十次则须怒"。

上篇 55 条，"食，则遇毒，不悟凡食不义，便是遇毒"。

上篇 57 条，"今人过忧盗贼祸难，妄动避之，多致自伤者，又祸未必然而自祸者，此恶溺而投河之类也。"

上篇 60 条，"感亦须待有物，有物则有感，无物则何所感！"

2.《张子·语录中》：中篇语录共有 68 条，其主要是作者对孔子、孟子学问的学习感悟之词，孔子之学，包括了《论语》《中庸》等。其次对《老子》、庄子之学的学习感悟之词。是说张子语录中的内容，其主要是作者对孔子、孟子学问的学习感悟之词。孔子之学，包括了《论语》《中庸》等。其次也有对《老子》、庄子之学的学习感悟之词。从老子和《易经》论述治国平天下之道的哲学意义而论，"形而上者谓之道，形而下着谓之器"的哲学意义是："效法模拟天道自然的运行规则和有益于万物的自然善性，推论出来的道理，推论抽象拟定出匡正居于上位的执政者的意识、思维、思想、道德、行为，政治意识形态，规范国家意识形态、社会形态、治国宗旨的最高规则和基本路线是谓道。效法模拟天地之道自然运行的次序、节律及其万物并生并存而互不相害的道理，推论抽象出与国家意识形态、社会形态、治国宗旨、治国目标相符的，既能容纳万物，又能使万物并生并存、有条不紊而不相害的，以及利于保护人类自身和规范众人行为的众多法规制度礼法是谓器。

中篇 22 条"为天地立志，为生民立道，为去圣继绝学，为万世开太平。"

3.《张子·语录下》的内容：下篇语录共有 30 条。这 30 条语录，主要是作者对学习《老子》《论语》《礼记》《尚书》《庄子》《周易》等许多内容的感悟认识的论说。

4.《张子·语录·後录下》的名言如下。

其一，伊川"性即理也"，横渠"心统性情"，二句颠扑不破。程颢说："本性就是天理"；横渠说："心神统率本性和情感。"这二句话是颠扑不破的真理。

其二，"性对情言，心对性情言。今如此是性，动处是情，主宰是心。横渠云'心统性情者也'，此语极佳。大抵心与性情，似一而二，似二而一，此处最当体认。"

5. 张载名言如下。

《大易篇》："易為君子謀，不為小人謀，故撰德於卦，雖爻有小大，及繫辭其爻，必諭之以君子之義。"这是张载总结出来的《易经》的用途。这个观点是非常正确的，正好是对《易经》六十四卦所有内容的意义的综述，更是对六十四卦卦象辞意义的肯定。

《动物篇》："賢才出，國將昌；子孫才族將大。"

老子言："'天地不仁，以万物为刍狗'，此是也；'圣人不仁，以百姓为刍狗'，此则非也。圣人岂有不仁？所患者不仁也。天地则何意于仁？'鼓万物而不与圣人同忧'，圣人则仁，此其为能弘道也。"这是作者用《老子》之论对《系辞上》第五章的解读。

勿谓小儿无记性，隔日事皆能不忘。故善养子者，必自婴孩始鞠之。使得所养，令其和气，乃至长性美。教之便示以好恶有常至。如不欲犬之上堂，则时其上堂而扑之，若或不常，既挞其上堂，又食之于堂，则使孰适从？虽日挞而求，不升堂不可得也，是施之妄。庄生有言，"养虎者不敢以生物与之，为其有杀之之怒；不敢以全物与之，为其有决之之怒"，养异类尚尔，况于人乎？故养正者，圣人也。

推而行之，存乎通，所謂合德，隤然確然，所謂有體，乾於天為陽，於地為剛，於人為仁；坤於天則陰，於地則柔，於人則義。先立乾坤以為易之門戶，既定剛柔之體，極其變動以盡其時，至於六十四，此易之所以教人也。

《系辞上传》第十二章，关于天人合一：天人不須強分，易言天道，則與人事一衮論之；若分別，則是薄乎云耳。自然人謀合，盖一體也。人謀之所經畫，亦莫非天理耳。

关于天人合一，说卦第二章"易一物而合三才，天人一"。

《系辞上传》第十二章与《系辞下传》第十二章对"形而上、形而下"的论述解读，是前后无人可及的论述。

第六节 王阳明良知、知行合一的形而上教化哲学

王阳明（1472年10月31日~1529年1月9日）明宪宗成化年间，生于绍兴府余姚县今浙江省宁波市余姚市，明代著名哲学家、教育家、军事家、文学家和书法家。王阳明在20岁时步入仕途，历任刑部主事、贵州龙场驿丞、庐陵知县、右佥都御史、南赣巡抚、两广总督等职，晚年官至南京兵部尚书、都察院左都御史。54岁时，王阳明辞官回乡讲学，创建书院，宣讲"王学"。嘉靖七年（1529年），王阳明病逝于江西南安府，谥号文成，后又追封为新建侯。其著有《阳明全书》。他创立"心学"，提出了"致良知"学说，在世界哲学史上占有重要的地位。

王阳明(王守仁)的哲学著作名称为《王阳明集》上下二册。全书共有三十八卷。其内容分为：卷之一：语录一、传习录上，传习录上是一长篇文章。卷之二：语录二、传习录中，传习录中共有文章八篇。卷之三：语录三、传习录下，传习录下共有文章三十一篇。卷之四：文录一，共有文章四十余篇。卷之五：文录二，共有文章二十六篇之多。卷之六：文录三，共有文章二十八篇左右。卷之七：文录四，共有文章四十篇。卷之八：文录五，共有文章二十一篇。卷之九——卷之十八，为《别录篇》一到十。卷之十九——卷之二十五，属于《外集篇》一到七。卷之二十六——卷之三十一，属于《续篇》一至六。卷之三十二属于《附录一》至《附录七》。其中《续篇一》的首篇，就是《大学问》。

王阳明史称其为"明第一流人物，立德、立功、立言皆居绝顶"。王阳明文治武功，勋业卓著，堪称一代名臣。明隆庆二年十月十七日（1568年），皇帝在"诰命"中言："爰遵遗诏，秉采公评，续相国之生封，时而旌伐；追曲江之殁恤，庶以酬劳。兹特赠为'新建侯'，谥'文成'，赐之诰命。"并颁铁券。穆宗在券问中说："两肩正气，一代巨人，具拨乱反正之才，展救世安民之略，功高不赏，朕甚悯焉！因念勋贤，重申盟誓。"由此可见，王阳明的功德的高大。

《王阳明集》全书分为上下二册，将近一千三百页，笔者只能将《大学问》和《传习录》的学习感悟谈些自己浅薄的认识，并作如下论述。

一、《王阳明集》卷二十六续编——《大学问》的语录摘录

1. 关于大人之论的语录

先生曰："大人者，以天地万物为一体者也。其视天下犹一家，中国犹一人焉。若夫间形骸而分尔我者，小人矣。大人之能以天地万物为一体也，非意之也，其心之仁本若是，其与天地万物而为一也，岂惟大人，虽小人之心亦莫不然，彼顾自小之耳……故夫为大人之学者，亦惟去其私欲之蔽，以明其明德，复其天地万物一体之本然而已耳。非能于本体之外，而有所增益之也。"

2. 关于"亲民"之论的语录

先生曰："明明德者，立其天地万物一体之体也，亲民者，达其天地万物一体之用也。故明明德必在于亲民，而亲民乃所以明其明德也。是故亲吾之父，以及人之父，以及天下人之父，而后吾之仁实与吾之父、人之父与天下人之父而为一体矣。实与之为一体，而后孝之明德始明矣。亲吾之兄，以及人之兄，以及天下人之兄，而后吾之仁实与吾之兄、人之兄与天下人之兄而为一体矣。实与之为一体，而后弟之明德始明矣。君臣也，夫妇也，朋友也，以至于山川鬼神鸟兽草木也，莫不实有以亲之，以达吾一体之仁，然后吾之明德始无不明，而真能以天地万物为一体矣。

夫是之谓明明德于天下，是之谓家齐国治而天下平，是之谓尽性。"

3．关于"止至善"之论的语录

其一，先生曰："至善者，明德、亲民之极则也。天命之性，粹然至善，其灵昭不昧者，此其至善之发见，是乃明德之本体，而即所谓良知也。至善之发见，是而为是，非而为非，轻重厚薄，随感随应，变动不居，而亦莫不自有天然之中，是乃民彝物则之极，而不容少有议拟增损于其间也……明明德、亲民而不止于至善，亡其本矣。故止于至善以亲民，而明其明德，是之谓大人之学。"

其二，先生曰："人惟不知至善之在吾心，而求之于其外，以为事事物物皆有定理也，而求至善于事事物物之中，生意支离决裂，错杂纷纭，而莫知有一定之向……吾心之良知自有以详审精察之，而能虑矣。能虑则择之无不精，处之无不当，而至善于是乎可得矣。"

其三，先生曰："即以新民为亲民，而曰明德为本，亲民为末，其说亦未尝不可，但不当分本末为两物耳。"

4．关于"修身、致知、格物"之论的语录

其一，先生曰："明德、亲民、止至善之功也。盖身、心、意、知、物者，是其工夫所用之条理，虽亦各有其所，而其实只是一物。格、致、诚、正、修者，是其条理所用之工夫，虽亦皆有其名，而其实只是一事。何谓身心之形体？运用之谓也。何谓心身之灵明？主宰之谓也。何谓修身？为善而去恶之谓也。"

其二，先生曰："易言'知至至之'，'知至'者，知也，'至之'者，致也。'致知'云者，非若后儒所谓充扩其知识之谓也，致吾心之良知焉耳。良知者，孟子所谓'是非之心，人皆有之'者也。是非之心，不待虑而知，不待学而能，是故谓之良知。是乃天命之性，吾心之本体，自然良知明觉者也。凡意念之发，吾心之良知无有不自知者。其善欤，惟吾心之良知自知之，其不善欤，亦惟吾心之良知自知之。"

其三，先生曰："故致知必在于格物。物者，事也，凡意之所发必有其事，意所在之事谓之物。格者，正也，正其不正以归于正之谓也。正其不正者，去恶之谓也。归于正者，为善之谓也。"

二、关于《传习录》的主要内容

《传习录》分为上、中、下三部分，笔者以其所论内容分类归纳讨论《大学问》、良知、知行合一等主要问题。

（一）《传习录上》的主要内容及其语录摘录

1.《传习录上》的主要内容

《传习录上》的内容比较简单，主要是王先生对门人徐爱、郑朝、陆澄、子莘、薛侃等人提出的问题所作的回答。其内容主要包括以下几个方面。

其一，对《大学》开始篇的"大学之道在明明德，在亲民，在止於至善"的解读。

其二，对"知行合一"的论述。

其三，对孔子删述"六经"的论述。

其四，对《中庸》"喜怒哀乐之未发，谓之中"的论述。

其五，对《易·说卦》"穷理尽性以至于命"的解读。

其六，对《老子》"五色，令人目盲"的解读。

其七，对《礼记·中庸》"天命之谓性……"的论述。其他是对子夏、颜渊、孟子等言论品德的论述。《上卷》的众多内容，还没有涉及到"良知"的问题。

2.《传习录·上》的语录

（1）《传习录上》关于《大学》的语录

①王阳明对《大学》第一章"大学之道在明明德，在亲民，在止於至善"解读语录

其一，"至善是心之本体，只是明明德到至精至一处便是"。

其二，"心即理也，此心无私欲之蔽，即是天理，不须外面添一分"。也就是只要心中无私欲，使心中所想的美善之事得到实现，就是至善。

其三，"《大学》工夫即是'明明德'。'明明德'只是个'诚意'。'诚意'的工夫只是'格物致知'。若以'诚意'为主，去用'格物致知'的工夫，即工夫始有下落，即为善、去恶无非是'诚意'的事。如新本先去穷格事物之理，即茫茫荡荡，都无着落处，须用添个'敬'字，方才牵扯得向身心上来。然终是没根源；若须用添个'敬'字，缘何孔门倒将一个最紧要的字落了，直待千余年后要人来补出？正谓以'诚意'为主，即不须添'敬'字。所以举出个'诚意'来说，正是学问的大头脑处。于此不察，真所谓毫厘之差，千里之缪。大抵《中庸》工夫只是'诚身'，'诚身'之极，便是'至诚'；《大学》工夫只是'诚意'，'诚意'之极，便是'至善'，工夫总是一般。今说这里补个'敬'字，那里补个'诚'字，未免画蛇添足。"

其四，"至善者，性也；性元无一毫之恶，故曰至善。止之，是复其本然而已。"

其五，先生曰："心即理也，无私心即是当理，未当理便是私心。若析心与理言之，恐亦未善。"

其六，先生云："无善无恶者理之静，有善有恶者气之动。不动于气，即无善

无恶，是谓至善。"

其七，先生曰："然。心一也，未杂于人，谓之'道心'，杂以人伪，谓之'人心'。'人心'之得其正者即'道心'，'道心'之失其正者即'人心'，初非有二心也。"

②王阳明关于《大学》"格物"的语录

其一，"'格物'是止至善之功。既知'至善'，即知'格物'矣。"

其二，先生曰："格者，正也，正其不正以归于正也。"

其三，先生曰："'格物'无间动、静，静亦物也。孟子谓'必有事焉'，是动、静皆有事。"

其四，"工夫难处全在'格物致知'上，此即'诚意'之事。意既诚，大段心亦自正，身亦自修。但'正心'、'修身'工夫，亦各有用力处。'修身'是已发边，'正心'是未发边。心正则中，身修则和。"

其五，"自'格物致知'至'平天下'，只是一个'明明德'，虽'亲民'，亦'明德'事也。'明德'是此心之德，即是仁。仁者以天地万物为一体，使有一物失所，便是吾仁有未尽处。"

其六，"知是理之灵处；就其主宰处说，便谓之心；就其禀赋处说，便谓之性。孩提之童，无不知爱其亲，无不知敬其兄，只是这个灵能不为私欲遮隔，充拓得尽，便完全是他本体，便与天地合德。自圣人以下，不能无蔽，故须'格物'以致其知。"

（2）王阳明《传习录上》关于"知行合一"的语录

其一，先生曰："未有知而不行者；知而不行，只是未知。圣贤教人知行正是要复那本体，不是着你只恁的便罢。故《大学》指个真知行与人看，说'如好好色'，'如恶恶臭'。见好色属知，好好色属行，只见那好色时已自好了，不是见了后又立个心去好。闻恶臭属知，恶恶臭属行，只闻那恶臭时已自恶了，不是闻了后别立个心去恶。如鼻塞人虽见恶臭在前，鼻中不曾闻得，便亦不甚恶，亦只是不曾知臭。"

其二，爱曰："古人说知行做两个，亦是要人见个分晓，一行做知的功夫，一行做行的功夫，即功夫始有下落。"先生曰："此却失了古人宗旨也。某尝说知是行的主意，行是知的功夫；知是行之始，行是知之成。若会得时，只说一个知已自有行在，只说一个行，已自有知在。"

其三，"知者行之始，行者知之成。圣学只一个功夫，知、行不可分作两事。"

（3）王阳明《传习录上》关于对孔子删述"六经"的意义的语录

其一，"删述六经，孔子不得已也。自伏羲画卦，至于文王、周公，其间言'易'，如《连山》《归藏》之属，纷纷籍籍，不知其几，'易'道大乱。孔子以天下好文之风日盛，知其说之将无纪极，于是取文王、周公之说而赞之，以为惟此为得其宗。

于是纷纷之说尽废,而天下之言'易'者始一。"

其二,"《书》《诗》《礼》《乐》《春秋》皆然。如《书》《诗》《礼》《乐》中,孔子何尝加一语?"

其三,"孔子述六经,惧繁文之乱天下,惟简之而不得,使天下务去其文以求其实,非以文教之也。"

其四,"孔子所定《三百篇》,皆所谓雅乐,皆可奏之郊庙,奏之乡党,皆所以资畅和平,涵泳德性,移风易俗,安得有此?是长淫导奸矣!此必秦火之后,世儒附会,以足《三百篇》之数。"

(4)王阳明对《老子》五色之论的语录

先生曰:"美色令人目盲,美声令人耳聋,美味令人口爽,驰骋田猎令人发狂,这都是害汝耳、目、口、鼻、四肢的,岂得是为汝耳、目、口、鼻、四肢!若为着耳、目、口、鼻、四肢时,便须思量耳如何听,目如何视,口如何言,四肢如何动;必须非礼勿视、听、言、动,方才成得个耳、目、口、鼻、四肢,这个才是为着耳、目、口、鼻、四肢。汝今终日向外驰求,为名、为利,这都是为着躯壳外面的物事。汝若为着耳、目、口、鼻、四肢,要非礼勿视、听、言、动时,岂是汝之耳、目、口、鼻、四肢自能勿视、听、言、动,须由汝心。"

(5)王阳明对《礼记·中庸》"天命之谓性,率性之谓道,修道之谓教。道也者,不可须臾离也;可离,非道也。是故,君子戒慎乎其所不睹,恐惧乎其所不闻莫见乎隐,莫显乎微。故君子慎其独也。喜怒哀乐之未发,谓之中;发而皆中节,谓之和。中也者,天下之大本也;和也者,天下之达道也。致中和,天地位焉,万物育焉"论述的语录

其一,先生曰:"道即性即命,本是完完全全,增减不得,不假修饰的。"

其二,先生曰:"子思性、道、教,皆从本原上说,天命于人则命便谓之性,率性而行则性便谓之道,修道而学则道便谓之教。率性是诚者事,所谓'自诚明谓之性'也;修道是诚之者事,所谓'自明诚谓之教'也。圣人率性而行即是道。圣人以下未能率性,于道未免有过不及,故须修道。修道则贤知者不得而过,愚不肖者不得而不及,都要循着这个道,则道便是个教。此'教'字与'天道至教'、'风雨霜露,无非教也'之'教'同。'修道'字与'修道以仁'同。人能修道,然后能不违于道,以复其性之本体,则亦是圣人率性之道矣!下面'戒慎恐惧',便是修道的工夫,'中和'便是复其性之本体。如《易》所谓'穷理尽性以至于命','中和位育',便是尽性至命。"

其三,先生曰:"只是一个工夫,无事时固是独知,有事时亦是独知。人若不知于此独知之地用力,只在人所共知处用功,便是作伪,便是'见君子而后厌然'。

此独知处便是诚的萌芽；此处不论善念、恶念，更无虚假，一是百是，一错百错，正是王霸、义利、诚伪、善恶界头，于此一立立定，便是端本澄源，便是立诚。"

其四，先生曰："为学工夫有浅深，初时若不着实用意去好善、恶恶，如何能为善、去恶？这着实用意便是诚意。然不知心之本体原无一物，一向着意去好善、恶恶，便又多了这分意思，便不是廓然大公。《书》所谓'无有作好、作恶'，方是本体。所以说'有所念懥、好乐，则不得其正'。正心只是诚意工夫。里面体当自家心体，常要鉴空衡平，这便是'未发之中'。"

（二）王阳明《传习录中》的主要内容及一些主要语录

1.《传习录中》的主要内容有以下几方面

其一，答顾东桥书：首先，对《大学》"欲修其身者先正其心；欲正其心者先诚其意，欲诚其意者先致其知；致知在格物"的论述；其次，对良知、良能知行合一的论述。再次，对孟子"是非之心，人皆有之"与"学问之道无他，求其放心而已矣"意义的论述，以及对《易·大畜卦》卦象辞"君子多识前言往行，以畜其德"的论述，来说明"良知"的意义；然后，对《论语》孔子曰"生而知之"意义的认定，以"'生而知之'者，义理耳"来说良知的意义。

其二，启问道通书：首先，对《易·系辞》"天下何思何虑……"①意义的论述，其次是对"格物"的继续论述。

其三，答陆原静书：主要是对"良知"的论述。

其四，答欧阳崇一：主要是对"良知"的论述。

其五，答罗整庵少宰书：主要是对《大学》"格物、正心、诚意、致知"的论述。

其六，答聂文蔚：主要是关于良知的论述。

其七，训蒙大意示教读刘伯颂等，教约的论述："古之教者，教以人伦，后世记诵词章之习起，而先王之教亡。今教童子，惟当以孝、弟、忠、信、礼、义、廉、耻为专务。"也就是对教化意义的论述。

2.王阳明《传习录中》主要语录

（1）王阳明《传习录·中》对"良知、良能，知行合一"论述的语录

①王阳明关于对良知、良能论述的语录

其一，先生曰："良知、良能，愚夫、愚妇与圣人同；但惟圣人能致其良知，而愚夫、愚妇不能致，此圣、愚之所由分也。节目时变，圣人夫岂不知，但不专以此为学；而其所谓学者，正惟致其良知，以精察此心之天理，而与后世之学不同耳。"

其二，先生曰："道之大端，易于明白，所谓'良知、良能'，愚夫愚妇可与

---

① 王晓昕、赵平略点校.王阳明全集[M].中华书局，2018年：53。

及者。至于节目时变之详,毫厘千里之谬,必待学而后知。"

②王阳明关于良知论述的语录

其一,"良知,心之本体,即所谓性善也,未发之中也,寂然不动之体也,廓然大公也,何常人皆不能而必待于学邪?中也,寂也,公也,既以属心之体,则良知是矣。今验之于心,知无不良,而中、寂、大公实未有也,岂良知复超然于体用之外乎?性无不善,故知无不良。"

其二,先生曰:"盖良知之在人心,亘万古、塞宇宙而无不同;不虑而知,恒易以知险,不学而能,恒简以知阻。"

其三,先生曰:"正惟不能随事随物精察此心之天理以致其本然之良知,而遗弃伦理,寂灭虚无以为常,是以要之不可以治家国天下。孰谓圣人穷理尽性之学,而亦有是弊哉!心者,身之主也,而心之虚灵明觉,即所谓本然之良知也。"

其四,先生曰:"良知者,心之本体,即前所谓恒照者也。心之本体,无起无不起。虽妄念之发,而良知未尝不在,但人不知存,则有时而或放耳;虽昏塞之极,而良知未尝不明,但人不知察,则有时而或蔽耳。虽有时而或放,其体实未尝不在也,存之而已耳;虽有时而或蔽,其体实未尝不明也,察之而已耳。若谓良知亦有起处,则是有时而不在也,非其本体之谓矣。"

其五,先生曰:"良知,心之本体,即所谓性善也,未发之中也,寂然不动之体也,廓然大公也,何常人皆不能而必待于学邪?中也,寂也,公也,既以属心之体,则良知是矣。今验之于心,知无不良,而中、寂、大公实未有也,岂良知复超然于体用之外乎?性无不善,故知无不良。良知即是未发之中,即是廓然大公,寂然不动之本体,人人之所同具者也。但不能不昏蔽于物欲,故须学以去其昏蔽;然于良知之本体,初不能有加损于毫末也。知无不良,而中、寂、大公未能全者,是昏蔽之未尽去,而存之未纯耳。体即良知之体,用即良知之用,宁复有超然于体用之外者乎?"

其六,先生曰:"能戒慎恐惧者,是良知也。"

其七,先生曰:"良知本来自明。气质不美者,查滓多,障蔽厚,不易开明;质美者,查滓原少,无多障蔽,略加致知之功,此良知便自莹彻,些少查滓,如汤中浮雪,如何能作障蔽。"

其八,先生曰:"圣人致知之功,至诚无息。其良知之体,皎如明镜,略无纤翳,妍媸之来,随物见形,而明镜曾无留染,所谓'情顺万事而无情'也。"

其九,师云:"德性之良知,非由于闻见,若曰'多择其善者而从之,多见而识之',则是专求之见闻之末,而已落在第二义。"

其十,先生曰:"良知之外,别无知矣。故'致良知'是学问大头脑,是圣人教人第一义。"

其十一，先生曰："夫良知即是道。良知之在人心，不但圣贤，虽常人亦无不如此。"

其十二，先生曰："孟子言'必有事焉'，则君子之学，终身只是'集义'一事。义者，宜也，心得其宜之谓义。能致良知则心得其宜矣，故'集义'亦只是致良知……'思曰睿，睿作圣'，'心之官则思，思则得之'，思其可少乎？沉空守寂，与安排思索，正是自私用智，其为丧失良知一也。良知是天理之昭明灵觉处，故良知即是天理，思是良知之发用。若是良知发用之思，则所思莫非天理矣。"

其十三，先生曰："故'君子素其位而行'，'思不出其位'。凡谋其力之所不及，而强其知之所不能者，皆不得为致良知；而凡'劳其筋骨，饿其体肤，空乏其身，行拂乱其所为，动心忍性，以曾益其所不能'者，皆所以致其良知也。"

其十四，先生曰："盖良知之在人心，亘万古、塞宇宙而无不同；不虑而知，恒易以知险，不学而能，恒简以知阻……君子学以为己；未尝虞人之欺己也，恒不自欺其良知而已；未尝虞人之不信己也，恒自信其良知而已；未尝求先觉人之诈与不信也，恒务自觉其良知而已。是故不欺则良知无所伪而诚，诚则明矣；自信则良知无所惑而明，明则诚矣。明、诚相生，是故良知常觉、常照。常觉、常照，则如明镜之悬，而物之来者自不能遁其妍媸矣。"

其十五，先生曰："夫人者，天地之心，天地万物本吾一体者也。生民之困苦荼毒，孰非疾痛之切于吾身者乎？不知吾身之疾痛，无是非之心者也。是非之心，不虑而知，不学而能，所谓"良知"也。良知之在人心，无间于圣愚，天下古今之所同也。世之君子惟务其良知，则自能公是非，同好恶，视人犹己，视国犹家，而以天地万物为一体，求天下无治，不可得矣。"

其十六，"今诚得豪杰同志之士，扶持匡翼，共明良知之学于天下，使天下之人皆知自致其良知，以相安相养，去其自私自利之蔽，一洗谗妒胜忿之习，以济于大同，则仆之狂病固将脱然以愈，而终免于丧心之患矣，岂不快哉？"

③王阳明关于知行合一论述的语录

其一，"若鄙人所谓'致知、格物'者，致吾心之良知于事事物物也。吾心之良知，即所谓'天理'也。致吾心良知之'天理'于事事物物，则事事物物皆得其理矣。致吾心之良知者，致知也。事事物物皆得其理者，格物也。是合心与理而为一者也。"

其二，先生曰："尽天下之学，无有不行而可以言学者；则学之始，固已即是行矣。笃者，敦实笃厚之意。已行矣，而敦笃其行，不息其功之谓尔。盖学之不能以无疑，则有问，问即学也、即行也；又不能无疑，则有思，思即学也、即行也；

又不能无疑，则有辨，辨即学也、即行也。辨既明矣，思既慎矣，问即审矣，学既能矣，又从而不息其功焉，斯之谓笃行。非谓学问思辨之后而始措之于行也。"

其三，先生曰："以是而言，可以知致知之必在于行，而不行之不可以为致知也，明矣。知行合一之体，不益较然矣乎……正惟不能随事随物精察此心之天理以致其本然之良知，而遗弃伦理，寂灭虚无以为常，是以要之不可以治家国天下。"

其四，先生曰："所喻知、行并进，不宜分别前后，即《中庸》'尊德性而道问学'之功，交养互发，内外本末一以贯之之道。"

其五，先生曰："真知即所以为行，不行不足谓之知。"

其六，先生曰："知之真切笃实处即是行，行之明觉精察处即是知，知、行工夫本不可离；只为后世学者分作两截用功，失却知、行本体，故有合一并进之说，真知即所以为行，不行不足谓之知。"

其七，先生曰："是故知不行之不可以为学，则知不行之不可以为穷理矣；知不行之不可以为穷理，则知知、行之合一并进，而不可以分为两节事矣。"

其八，先生曰："《易》曰：'君子多识前言往行，以畜其德。'夫以畜其德为心，则凡多识前言往行者，孰非畜德之事；此正知行合一之功矣。'好古敏求'者，好古人之学，而敏求此心之理耳。心即理也。学者，学此心也；求者，求此心也。孟子云：'学问之道无他，求其放心而已矣。'"

（2）对"格物"论述的语录

其一，"'格物'是'致知'功夫，知得'致知'便已知得'格物'。若是未知'格物'，则是'致知'工夫亦未尝知也。近有一书与友人论此颇悉，今往一通，细观之，当自见矣。"

其二，"《大学》之实下手处，彻首彻尾，自始学至圣人，只此工夫而已，非但入门之际有此一段也。夫'正心'、'诚意'、'致知'、'格物'，皆所以'修身'；而'格物'者，其所用力，实可见之地。故'格物'者，格其心之物也，格其意之物也，格其知之物也；'正心'者，正其物之心也；'诚意'者，诚其物之意也；'致知'者，致其物之知也。"

（3）对天理论述的语录

"《系辞》言'何思何虑'，是言所思所虑只是一个天理，更无别思别虑耳，非谓无思无虑也。故曰：'同归而殊途，一致而百虑，天下何思何虑。'云'殊途'，云'百虑'，则岂谓无思无虑邪？心之本体，即是天理。天理只是一个，更有何可思虑得……故明道云：'君子之学，莫若廓然而大公，物来而顺应。'"

（三）王阳明《传习录下》的主要内容及主要语录

1.《传习录下》的主要内容

门人陈九川录：其一，关于《大学》格物。明明德之论。其二，"如何致知？"其三，关于良知的论述。

门人黄直录：其一，关于格物明明德、致知，至善之论。其二，关于知行合一之论。

门人黄修易录：主要是关于"志于道""生之谓性"之论。

门人黄省曾录：其一，关于"无适也，无莫也""思无邪"之论。其二，关于"道心""人心"之论。其三，关于志士、仁人的论述。其四，关于"异端邪说"之论。其五，关于"克己复礼"之论。

门人黄以方录：其一，关于"格物"之论。其二，关于"知行如何得合一"之论。其三，关于"知德性，道学问"之论。其四，关于"什么是天地的心、人心"之论。其五，关于"良知"之论。其六，对孔子之论的评价肯定。

2.王阳明《传习录下》的主要语录

（1）王阳明关于格物、致知，至善、修身之论的语录

其一，先生曰："耳、目、口、鼻、四肢，身也，非心安能视、听、言、动？心欲视、听、言、动，无耳、目、口、鼻、四肢亦不能。故无心则无身，无身则无心。但指其充塞处言之谓之身，指其主宰处言之谓之心，指心之发动处谓之意，指意之灵明处谓之知，指意之涉着处谓之物，只是一件。意未有悬空的，必着事物，故欲诚意，则随意所在某事而格之，去其人欲而归于天理，则良知之在此事者无蔽而得致矣。此便是诚意的功夫。"

其二，"先生曰："至善者，心之本体。本体上才过当些子，便是恶了。不是有一个善，却又有一个恶来相对也。故善、恶只是一物。"

其三，"善、恶皆天理。谓之恶者，本非恶，但于本性上过与不及之间耳"。

其四，先生尝谓：" '人但得好善如好好色，恶恶如恶恶臭，便是圣人。'直初时闻之，觉甚易，后体验得来，此个功夫着实是难。如一念虽知好善、恶恶，然不知不觉，又夹杂去了。才有夹杂，便不是'好善如好好色，恶恶如恶恶臭'的心。善能实实的好，是无念不善矣；恶能实实的恶，是无念及恶矣。如何不是圣人？故圣人之学，只是一诚而已。"

其五，先生曰："《大学》之所谓'身'，即耳、目、口、鼻、四肢是也。欲修身，便是要目非礼勿视，耳非礼勿听，口非礼勿言，四肢非礼勿动。"

（2）王阳明关于如何致知的语录

"尔那一点良知，是尔自家底准则。尔意念着处，他是便知是，非便知非，更

瞒他一些不得。尔只不要欺他，实实落落依着他做去，善便存，恶便去，他这里何等稳当快乐。此便是'格物'的真诀，'致知'的实功。若不靠着这些真机，如何去格物？我亦近年体贴出来如此分明，初犹疑只依他恐有不足，精细看，无些小欠阙。"

（3）王阳明关于良知之论的语录

其一，先生曰："人若知这良知诀窍，随他多少邪思枉念，这里一觉，都自消融。真个是灵丹一粒，点铁成金。"

其二，"知来本无知，觉来本无觉，然不知则遂沦埋。"

其三，先生曰："圣人亦是'学知'，众人亦是'生知'。"

其四，"这良知人人皆有，圣人只是保全无些障蔽，兢兢业业，亹亹翼翼，自然不息，便也是学，只是生的分数多，所以谓之'生知、安行'；众人自孩提之童，莫不完具此知，只是障蔽多，然本体之知自难泯息，虽问学克治，也只凭他，只是学的分数多，所以谓之'学知、利行'。"

其五，先生曰："人心是天、渊。心之本体，无所不该，原是一个天，只为私欲障碍，则天之本体失了；心之理无穷尽，原是一个渊，只为私欲窒塞，则渊之本体失了。如今念念致良知，将此障碍窒塞一齐去尽，则本体已复，便是天、渊了。"

其六，先生曰："吾教人'致良知'，在'格物'上用功，却是有根本的学问；日长进一日，愈久愈觉精明。世儒教人事事物物上去寻讨，却是无根本的学问；方其壮时，虽暂能外面修饰，不见有过，老则精神衰迈，终须放倒。譬如无根之树，移栽水边，虽暂时鲜好，终久要憔悴。"

其七，先生曰："你真有圣人之志，良知上更无不尽；良知上留得些子别念挂带，便非必为圣人之志矣。"

其八，先生曰："良知是造化的精灵，这些精灵，生天生地，成鬼成帝，皆从此出，真是与物无对。人若复得他完完全全，无少亏欠，自不觉手舞足蹈，不知天地间更有何乐可代。"

其九，先生曰："道即是良知。良知原是完完全全，是的还他是，非的还他非，是非只依着他，更无有不是处，这良知还是你的明师。"

其十，先生曰："良知原是知昼知夜的……知昼即知夜矣。日间良知是顺应无滞的，夜间良知即是收敛凝一的，有梦即先兆。"

其十一，先生曰："圣人只是还他良知的本色，更不着些子意在。良知之虚便是天之太虚，良知之无便是太虚之无形，日、月、风、雷、山、川、民、物，凡有貌象形色，皆在太虚无形中发用流行，未尝作得天的障碍。圣人只是顺其良知之发用，天地万物俱在我良知的发用流行中，何尝又有一物超于良知之外，能作得障碍？"

其十二，先生曰："人的良知，就是草、木、瓦、石的良知。若草、木、瓦、石无人的良知，不可以为草、木、瓦、石矣。岂惟草、木、瓦、石为然，天地无人的良知，亦不可为天地矣。盖天地万物与人原是一体，其发窍之最精处，是人心一点灵明，风雨露雷，日月星辰，禽兽草木，山川土石，与人原只一体。故五谷禽兽之类皆可以养人，药石之类皆可以疗疾，只为同此一气，故能相通耳。"

其十三，先生曰："既知致良知，又何可讲明？良知本是明白，实落用功便是；不肯用功，只在语言上转说转胡涂。"

其十四，先生曰："良知只是个是非之心，是非只是个好恶。只好恶，就尽了是非；只是非，就尽了万事万变。"又曰："是非两字是个大规矩，巧处则存乎其人。"

其十五，问："良知原是中和的，如何却有过、不及？"先生曰："知得过、不及处，就是中和。"

其十六，先生曰："心之发动不能无不善，故须就此处着力，便是在诚意。如一念发在好善上，便实实落落去好善，一念发在恶恶上，便实实落落去恶恶。意之所发，既无不诚，则其本体如何有不正的？故欲正其心在诚意。工夫到诚意始有着落处，然诚意之本，又在于致知也。所谓人虽不知而己所独知者，此正是吾心良知处。然知得善，却不依这个良知便做去；知得不善，却不依这个良知便不去做。则这个良知便遮蔽了，是不能致知也。"

其十七，先生曰："良知即是易，'其为道也屡迁，变动不居，周流六虚，上下无常，刚柔相易，不可为典要，惟变所适'。此知如何捉摸得？见得透时，便是圣人。"

（4）王阳明关于知行合一论述的语录

其一，先生曰："此须识我立言宗旨。今人学问，只因知、行分作两件，故有一念发动，虽是不善，然却未曾行，便不去禁止。我今说个'知行合一'，正要人晓得一念发动处，便即是行了。发动处有不善，就将这不善的念克倒了，须要彻根彻底，不使那一念不善潜伏在胸中。此是我立言宗旨。"

其二，先生曰："良知自知，原是容易的。只是不能致那良知，便是'知之匪艰，行之惟艰。'"

其三，先生曰："知行二字，即是功夫，但有浅深难易之殊耳。良知原是精精明明的。如欲孝亲，生知、安行的只是依此良知落实尽孝而已，学知、利行者只是时时省觉，务要依此良知尽孝而已。"

（5）王阳明关于"道心""人心"之论的语录

其一，先生曰："'率性之谓道'，便是道心；但着些人的意思在，便是人心。道心本是无声无臭，故曰'微'；依着人心行去，便有许多不安稳处，故曰'危'。"

其二，先生曰："'天命之谓性'，命即是性。'率性之谓道'，性即是道。'修道之谓教'，道即是教。"

其三，先生曰："尔看这个天地中间，什么是天地的心？"对曰："尝闻人是天地的心。"先生曰："人又什么叫做心？"对曰："只是一个灵明。"先生曰"可知充天塞地中间，只有这个灵明。人只为形体自间隔了。我的灵明，便是天地鬼神的主宰。天没有我的灵明，谁去仰他高？地没有我的灵明，谁去俯他深？鬼神没有我的灵明，谁去辨他吉凶灾祥？天地鬼神万物离却我的灵明，便没有天地鬼神万物了；我的灵明离却天地鬼神万物，亦没有我的灵明。如此，便是一气流通的，如何与他间隔得？"

三、关于王阳明《大学问》与《传习录》良知、知行合一的意义的讨论
（一）列举王阳明《大学问》与《传习录》诸多语录的意义

1.关于王阳明《大学问》的主要语录：其一，说明大人之学何以在于明明德。其二，在于说明"亲民"的意义。其三，在于说明"止至善"的意义。其四，在于说明"修身，致知、格物与良知"的意义。

2.其实就《王阳明集》全书所论，全都是以《大学》的开篇内容为主，以《中庸》《论语》以及《孟子》等儒学经典，也有对《朱子》等人思想的理解或评论，还引用《老子》《庄子》的一些观点，以及《诗经》中的一些内容，来论证"大学之道在明明德，在亲民，在止於至善"。论证达到"明明德、亲民、止于至善"在于"修身、正心、诚意、致知、格物"，论证如何"修身、正心、诚意、致知、格物"，以达到齐家、治国、平天下的目的。

3.列举王阳明《传习录》的诸多语录的意义：其一，《传习录·上》中并未有"良知"之论，而首先论述的是"大学之道在明明德，在亲民，在止於至善。"其次论述了"知行合一"。

其二，列举《传习录·上》对孔子删述六经意义的论述，在于说明孔子所删之六经，为的是使其得正而不乱。正如王先生所论："孔子删述六经，惧繁文之乱天下，惟简之而不得，使天下务去其文以求其实，非以文教之也。"

其三，《传习录·中》论述了"良知""知行合一""格物""致知"。

其四，《传习录·下》论述了《大学》"格物、明明德、致知、至善"，论述了"良知""知行合一"，还论述了"道心""人心"，其实论述"道心""人心"就是在于说明"明明德、致知、至善、良知、知行合一"全在于人心，而王先生对"人心"的说明则是："充天塞地中间，只有这个灵明。人只为形体自间隔了。"而这个"灵明"，就是人的心神，就是人的记忆、认知、感知事物的心神。正如王先生言："我的灵明，便是天地鬼神的主宰。天没有我的灵明，谁去仰他高？地没有我的灵明，谁去俯他深？鬼神没有我的灵明，谁去辨他吉凶灾祥？天地鬼神万物

离却我的灵明，便没有天地鬼神万物了；我的灵明离却天地鬼神万物，亦没有我的灵明。如此，便是一气流通的，如何与他间隔得？"王先生认为，没有人的"灵明"的感知、认知，世界上什么都不存在，人离开对天地万物的感知，人也就没有了"灵明"。所以，天地万物的存在与人的"灵明"是统一的，是不可分离的。这真是真真切切明明白白的心神的认知论。

所以，笔者列举王阳明《大学问》的主要语录和《传习录》诸多语录的意义，就在于让我们研究者，对《大学问》与《传习录》的主要内容有一个大致的了解，也可以依据笔者的提示，而去研究《大学问》与《传习录》的内容及其意义。

因为《王阳明集》是以徐爱为首的门人对王阳明言论的记录编辑的，就文章本身而论，除《传习录》上、中、下之分，以及《大学问》的称名外，其他均没有具体明显的名称，而只有与其对话者的称名，所以要想学习《王阳明集》内容，也是不容易的一件事。

（二）王阳明对"大学之道在明明德，在亲民，在止於至善……"意义的论述

1. 王阳明对"明明德，亲民、止于至善"与"良知"本意的解读

（1）关于对"明明德"的论述

其一，王阳明《大学问》曰："以自明其明德，复其天地万物一体之本然而已耳；非能于本体之外而有所增益之也。"王阳明对《大学》中所论的："大学之道，在明明德"的解释是："自己明白显明自己的德行，是恢复天地万物为一体的本性而已，并不是在本体之外有所增加。"

其二，那么王阳明关于天地万物为一体的本性是什么呢？正如王阳明下文所言："大人之能以天地万物为一体也，非意之也，其心之仁本若是，其与天地万物而为一也。"王阳明指出，大人能与天地万物为一体，不是心中意想的为一体，而是人心之仁善本来就与万物为一体，大人与天地万物仁善之心为一体是天地万物人的本性。那么就是说只要人人恢复仁善之心，就是与天地万物为一体了，这应该是王阳明的天人合一论，人与天地万物的仁善之心合为一体，就是天地万物人的本性。

其三，《传习录·上》先生曰："至善是心之本体，只是明明德到至精至一处便是。""《大学》工夫即是'明明德'。'明明德'只是个'诚意'。"王先生指出："极为仁善是人心原本就有的本性，只有明白人心的本性显明德行到善良的极致为一体，就是至善。明白显明德性，只要一个诚心诚意就能明白显明善良的德性。"

（2）王阳明对亲民的论述

其一，《大学问》先生曰："明明德者，立其天地万物一体之体也。亲民者，达其天地万物一体之用也。故明明德必在于亲民，而亲民乃所以明其明德也。"王先生指出："所谓明白显明自己善良的本性的意义，就是树立天地万物为一体的本

性了。所谓亲近爱护保护民众，是达到天地万物为一体的作用了。所以明白显明自己善良的本性的意义就是必须在于亲近爱护保护民众，而只有亲近爱护保护民众才能明白显明他的善良本性。"王先生认为明明德，就是亲近爱护保护民众，亲近爱护保护民众就是明白显明了他善良的本性，这是统一为一体不可分割的关系。

其二，《大学问》先生又曰："是故亲吾之父以及人之父，以及天下人之父，而后吾之仁实与吾之父，人之父，与天下人之父，而为一体矣。实与之为一体，而后孝之明德始明矣。亲吾之兄以及人之兄，以及天下人之兄，而后吾之仁实与吾之兄，人之兄与天下人之兄而为一体矣。实与之为一体，而后弟之明德始明矣。君臣也、夫妇也、朋友也，以至于山川鬼神鸟兽草木也，莫不实有以亲之，以达吾一体之仁，然后吾之明德始无不明，而真能以天地万物为一体矣。"王先生指出，亲民，就是亲近爱护保护所有人，以至于尊敬爱护保护山川鬼神鸟兽草木。

其三，《大学问》先生又曰："夫是之谓明明德于天下，是之谓家齐国治而天下平，是之谓尽性。"王先生指出，若是能明白自己善良的本性和显明自己善良的德性于天下，就能达到齐家治国平天下了，是尽到了天的本性和自己良知的本性了。

（3）王阳明对"止至善"的论述

其一，《大学问》先生曰："故止至善之于明德亲民也，犹之规矩之于方圆也，尺度之于长短也，权衡之于轻重也。故方圆而不止于规矩，爽其则矣；长短而不止于尺度，乖其剂矣；轻重而不止于权衡，失其准矣；明明德亲民而不止于至善，亡其本矣。故止于至善以亲民，而明其明德，是之谓大人之学。"王先生指出了至善、明德、亲民的意义，至善、明德、亲民就是齐家、治国、平天下的规矩方圆，如果没有这个规矩方圆，就是等于只知道明明德、亲民，而不知道明明德、亲民在于止于极为仁善，这就失去本性了。也就是说明明德、亲民，只有极为仁善者才能做到，如果不仁善，想要"明德、亲民"就是一句空话。

其二，《大学问》先生曰："人惟不知至善之在吾心，而求之于其外，以为事事物物皆有定理也，而求至善于事事物物之中，生意支离决裂，错杂纷纭，而莫知有一定之向。今焉既知至善之在吾心，而不假于外求，则志有定向，而无支离决裂、错杂纷纭之患矣。"王先生明确指出，至善就在自己的心中，而不是从外面得来的，这一点是很重要的，每个人都应当知道善良就是人的本性。正如《孟子·告子上》曰："恻隐之心，人皆有之；羞恶之心，人皆有之；恭敬之心，人皆有之；是非之心，人皆有之；恻隐之心，仁也；羞恶之心，义也；恭敬之心，礼也；是非之心，智也。仁义礼智非由外铄我也，我固有之也。"

（4）王阳明关于修身的论述

《大学问》先生曰："何谓身心之形体？运用之谓也。何谓心身之灵明？主宰之谓也。何谓修身？为善而去恶之谓也。吾身自能为善而去恶乎？必其灵明主宰者欲为善而去恶，然后其形体运用者始能为善而去恶也。故欲修其身者，必在于先正其心也。"王先生指出，所谓"修身，就是为善而去恶。"而"为善去恶"必然是自己的心神为主导，在心灵思维意志的主导下，人的行为才能做到"为善去恶"，而要"修身"，就必须是自己的心神端正、正确。

（5）王阳明关于知至、良知的论述

其一，《大学问》先生曰："易言'知至至之'，'知至'者，知也，'至之'者，致也。'致知'云者，非若后儒所谓充扩其知识之谓也，致吾心之良知焉耳。良知者，孟子所谓'是非之心，人皆有之'者也。是非之心，不待虑而知，不待学而能，是故谓之良知。"这是王阳明对《易·乾·文言》九三爻辞中一段孔子之言的解读。孔子说："君子进德修业。忠信，所以进德也。修辞立其诚，所以居业也。知至至之，可与言几也。"王阳明指出，所谓"知至至之"的"知"就是知道、明白；所谓"至"，就是求取、获得。也就是求取自己的良知，明白自己的良心所在，实现良心、良知的本来意义，而不是后来的儒者所说的充实广阔知识的意思。所谓良知，就是孟子所言的'是非之心，人皆有之者也'；不用思虑就知道，不用学习就会，就是良知。是，就是良知，非，就不是良知。正如王阳明所言："既去恶念，便是善念，便复心之本体矣。"（传习录下）王阳明这个观点很重要，这是对什么是良知之知的解释。所谓良知之知，不是知识的意思，而是知道明白自己的良心就在自己心中，是与生俱来的存在，这就是良知。王阳明关于良知的理论既有独到之处，又充分说明王阳明对《易经》精要的领悟。人之德，就是良知仁善之心。而"知至至之"，仍然是要人认识达到唤起自己的良知仁善之心，使自己的仁善之心达到极致。这便是中华民族形而上哲学的独到意义，那就是教化哲学，教人教己明白万物之理，明白人性之善原本就是与生俱来的本性，明白做人的道理。古人认为人心是主管一身事务的君主，所以教化自己的君主如何主管自身一身和一生的事务的教化学问，教化人心向善的学问就是形而上哲学。而王阳明之"良知"论，则是形而上哲学实现教化的教化哲学。

其二，《大学问》先生曰："是乃天命之性，吾心之本体，自然良知明觉者也。凡意念之发，吾心之良知无有不自知者。其善欤，惟吾心之良知自知之，其不善欤，亦惟吾心之良知自知之。"王先生指出，所以天命即是天固有的善良本性，是人心的本性。人心善良与不善良，只有自己心中的良知知道。什么是良知？就是《孟子》所言的："人之所不学而能者，其良能也；所不虑而知者，其良知也。"

其三，《传习录下》先生曰："人孰无根，良知即是天植灵根，自生生不息；但着了私累，把此根戕贼蔽塞，不得发生耳。"王阳明指出，良知就是天生深藏在人心灵深处善良本性的思维认知之根，天生之性自然生生不息传承不衰。但是一旦人心的良知被私欲贪念缠绕，就会把良知之根像杀害贼人一样伤害遮蔽而寒心，不能使良知之根生发开花结果了。这是王阳明对良知的进一步解释。良知就是原本与生俱来的善良的聪慧的天性的根源，这里的"灵根"，一方面是指善良，另一方面是指人的心神，也就是人的意识思维是辨别是非的灵性，所以，"灵根"就是人天生就有对善良思维认知的本能；人天生就有的对善良认知的本能深藏于心中，那么如何使人善良的灵根不泯灭而生生不息，不被私欲遮蔽，《易经》给出了明确的防范方法。正如《易·系辞》子曰："易，其至矣乎。夫易，圣人所以崇德而广业也。知崇礼卑，崇效天，卑法地。天地设位，而易行乎其中矣。成性存存，道义之门。"这里的"成性存存"，之性，就是将人心固有的善性和天的固有善性，深刻地存入印记在人心中，这里为什么用"存存"两个存呢？当然是既要存入人本身之善性，又要存入天之善性，还有关于存的重要意义，既要二者都存入，又要明白其重要意义，才能达到善良的灵根不被私欲贪腐之心遮蔽。

其四，《传习录上》先生曰："盖良知之在人心，亘万古、塞宇宙而无不同；不虑而知，恒易以知险，不学而能，恒简以知阻。"王先生更为明确地指出，人的良知就在人心，从古至今连绵不断，充塞于宇宙之间没有什么不同，不用思虑就能知道，恒久简易使知险要所在，不用学习就会，恒久简易使知道险阻所在。

（6）关于格物的论述

其一，《大学问》先生曰："格者，正也，正其不正以归于正之谓也。正其不正者，去恶之谓也。归于正者，为善之谓也。"王先生指出，格物之格，就是匡正，匡正其不正直不正确的以使其归于正直正确了。匡正其不正直者，就是去除恶了，使其归于正直者，就是使其为善行善了。

其二，《传习录中》先生曰："'格物'是'致知'功夫，知得'致知'便已知得'格物。'若是未知'格物'，则是'致知'工夫亦未尝知也。"王先生指出，"匡正不正"就是"求取自己的良知"的过程；知道"求取自己的良知"就是已经知道"匡正不正之事物了。"若是不知道"匡正不正之事物"，就是"求取自己的良知"的功夫也未尝知道了。

其三，《传习录上》先生曰："自'格物致知'至'平天下'，只是一个'明明德'，虽'亲民'，亦'明德'事也。'明德'是此心之德，即是仁。仁者以天地万物为一体，使有一物失所，便是吾仁有未尽处。"王先生指出，自"匡正不正求取自己的良知"到"平天下"，就是一个"明白显明德性"。虽说"亲民爱民护民"，也就是"显明德性"的事情了，但"显明德性"是显明自己的德行，就是仁爱了。仁爱之心与天地万物为一体，如若仁爱之心有一物没有为一体，就是自己的仁爱之心还有没有尽到的地方。这是王先生对"格物致知"到"平天下"与"明明德"和"亲民"之间关系的论述，只要有仁爱之心，就能做到"明明德""亲民""格物致知"，甚至能平定天下。

其四，《传习录中》先生曰："《大学》之实下手处，彻首彻尾，自始学至圣人，只此工夫而已，非但入门之际有此一段也。夫'正心'、'诚意'、'致知'、'格物'，皆所以'修身'；而'格物'者，其所用力，实可见之地。故'格物'者，格其心之物也，格其意之物也，格其知之物也；'正心'者，正其物之心也；'诚意'者，诚其物之意也；'致知'者，致其物之知也。"王先生指出，《大学》学问的实际下手处，从头到尾，自开始学习的以至于到圣人，只是这个学习的过程而已，并非只是开始之时有这一段了。所谓"正心""诚意""致知""格物"，都是为了"修身"；而所谓"格物"，其所用的时间，确实是可以看到的。所以说"格物"的意思，就是纠正自己心中不正的事物，纠正自己心意的不正之事物，纠正自己所知的不正之事物了；所谓"正心"，是端正心中不正的事物了；所谓"诚意"，是真心实意纠正自己心中不正的事物了；所谓"致知"，就是获取事物的智慧了。王先生这一段语录，是对《大学》第一章第二段内容的解读，也就是王阳明对"修身""齐家""治国""正心""诚意""致知""格物""平天下"学习感知的真实含义的解读。

其五，《传习录下》先生曰："'天命之谓性'，命即是性。'率性之谓道'，性即是道；'修道之谓教'，道即是教。"王阳明通过对《中庸》关于天命和教化的论述指出，以天道之善性修身养性就是教化。修道就是良知的教化，通过良知的教化明白真理，辨清是非。人心的良知就是天理人理；具备天理人理之心就是中正无偏斜，所以有纯正良知天理之人去侍奉父亲，便是孝顺；去侍奉君主，便是以忠心；去与朋友交往、去治理国家天下，便是以诚信和仁善之心待友待万民。人人都以这样中正无偏斜之心处事待物，天下能不和谐安乐吗？

其六，《传习录下》先生曰："道即是良知，真知原是完完全全，是的还他是，非的还他非，是非只依着他，更无有不是处，这真知还是你的名师。"王先生指出，天道就是天固有的良知，天道真正的良知原本就是完完全全对万物无物不照无物不覆公平的使万物得到益处，是天道的良知还是天道的良知，不是的还是不是的；是与不是只要依照天道的良知作为，就没有不对之处了，天道真正的良知就是人的良知的真正值得学习尊敬的老师。

其七，《传习录上》先生曰："心即理也，此心无私欲之蔽，即是天理，不须外面添一分。以此纯乎天理之心，发之事父，便是孝；发之事君，便是忠；发之交友、治民，便是信與仁。只在此心去人欲、存天理上用功便是。"王先生认为，良知和私心私欲贪念是势不两立的，要行良知之事，就不能有私欲之心，这也是王阳明对自古以来中华民族为国为民的圣人君子之德的概括。自古以来的圣人君子，观察研究知晓了天理天道之仁善与人性人生之理，人生之良知与天道天理相通，以无私无欲中正平和的天道天理与人道人情良知相合，而成为治天下之理，治天下之道，使天地万物人达到和谐和乐，倘若圣人不明天理天道，不明人理人道人情之良知，就不为圣人了。正如《老子》所言："天地不仁，以万物为刍狗。圣人不仁，以百姓为刍狗。"老子认为天地不仁善时，就会把万物当作草扎的没有生命的狗一样。圣人若是不仁善时，不也就如天地一样，也会将百姓当作没有生命的草扎的狗。所以说天地之德就是仁善，圣人之德也是仁善，所以天地正常之道就不会把万物当刍狗，圣人更不会把百姓当刍狗。常人之心皆有良知，良知就是天道自然之善性与人生俱来的善性的统一；天地人心同一，同根于天地自然之善性，人之良知是天地自然所化生，人之良知与天地之良知合为一体，就能使人善良的本性更加恒固而自然显现出来。这样我们的社会就会更加和谐安乐了！

2. 王阳明关于良知的论述

王阳明对"良知"的论述的意义如下。

其一，王阳明《大学问》曰："至善者，明德、亲民之极则也。天命之性，粹然至善，其灵昭不昧者，此其至善之发见，是乃明德之本体，而即所谓良知也。"王阳明说："达到极善良者，就是明白显明了自己的仁德，这就是亲民爱民的极致规则。天命的本性，就是纯粹、纯正极致的善良，其明白不昏暗者，这才是至善的真正显现，这才是明德的本体本意，也就是所谓的良知啊！"这是王阳明对《大学》关于"大学之道，在于明明德，在亲民，在止于至善"之"至善"的解读。"至善"就是最高极大的善良，也就是善良达到了极致。虽然大学之道，在于明明德，在于亲民，而达到极高大的善良才是明德亲民的规则；不善良，有什么德可显明，不善良，怎么会亲近爱护民众。那么良知，就是明白善良的本性而已。也就是说，《大学》所言的"明明德"之德，就是明白认识知晓人本身的良知仁善之心，良知仁善之心是明德的本来意义，而良知原本就是人天生就有的本性。明德，只是要使人明白自己的本性而已，那么所谓"德"，便是良知仁善之心。这里的"天命之性"，是指《中庸》所言的"天命之谓性，率性之谓道，修道之谓教"的意义。天命就是天固有的善良本性，真诚地遵循天的固有本性就是遵循天道。那么天的固有本性是什么呢？当然就是天恒古不不变的以其光热照耀温暖万物，使万物得到生长化育的善性。所以王阳明才会说："天命之性，粹然至善。"只有明白纯粹极致善良这个道理，才是至善的表现，明白天的本性，明白人和天有一样的本性，就是人性之善，也是明白显示自己德行的本来面目，人性至善，就是人自然良知的体现。也就是说王阳明指出了所谓良知,就是认识明白人心原本就有极为善良的自然本性。人心本来就有的善良本能,我们没有认识到它的存在,所以我们认识这个至关重要的事实,就能使人的自然善性彰明醒悟,而体现出来。明白清楚这个至善的道理,就是所谓的良知啊!这样我们就真正明白了王阳明关于良知的意义了!所谓良知,就是明白善良自然存在于自己心中的道理。那么,孟子的"所不虑而知者,其良知也"之"良知",就是"人天生不用思虑学习就知道的,就有识别善良的本能"。这也是王阳明对孟子之论的深入浅出的解读。也是王阳明对善与良知关系的论述。

其二,《传习录中》先生曰:"夫良知即是道。良知之在人心,不但圣贤,虽常人亦无不如此。若无有物欲牵蔽,但循着良知发用流行将去,即无不是道;但在常人多为物欲牵蔽,不能循得良知。"王先生指出:良知就是天道。良知是在人心中,不但圣贤如此,就是平常人也是这样的。若是人没有物欲的牵制蒙蔽,只要依照良知的本性发扬流行下去,就没有不是天道的。但是平常人多数被物欲牵制蒙蔽,不能依照良知的本性去发展。这是王先生对人人都有良知,但是平常人的良知不能自然展现原因的论述。

其三,《传习录下》先生曰:"这良知人人皆有,圣人只是保全无些障蔽,兢兢业业,亹亹翼翼,自然不息,便也是学,只是生的分数多,所以谓之'生知、安行';众人自孩提之童,莫不完具此知,只是障蔽多,然本体之知自难泯息,虽问学克治,也只凭他,只是学的分数多,所以谓之'学知、利行。'"王先生指出:良知是人人都有的,圣人只是保全了自己良知没有什么遮蔽,而且兢兢业业,勤勉不倦恭谨谨慎的将自己的良知用来为民众谋利益,自然而然永不停息,这就是学习,只是圣人天生的良知所占的成分多。所以孔子才会说"有的人天生就知道良知的道理""有的人安然自得的去实行良知的道理"。所有人自小的时候,没有不是完全知道这些道理的,只是遮蔽多,然而人本身天生俱来的良知自然很难泯灭。虽然问如何克制自己使自己的良知用在学习上,这也只是说他要在学习上多下功夫,这就是"通过学习后才知道良知的道理,或者有些人是看到良知的好处才去实行的。"

这是王先生对《礼记·中庸》子曰:"知、仁、勇三者,天下之达德也,所以行之者,一也。或生而知之,或学而知之,或困而知之,及其知之,一也。或安而行之,或利而行之,或勉强而行之,及其成功,一也"的解读之论。王先生认为《中庸》孔子所说的"或生而知之,或学而知之""安行、利行"就是指人的良知,而不是其他什么。

其四,《传习录下》先生曰:"良知是造化的精灵,这些精灵,生天生地,成鬼成帝,皆从此出,真是与物无对。"王先生指出,良知是大自然赋予人的心灵智慧,这些心灵智慧,就是认识感知鬼神圣人,感知认识天地生成道理的心灵大脑的聪明智慧，这些认识感知都是从心灵智慧而来，人对这些大自然认知感悟的道理真是与天地万物生成的真理没有对立的。王先生的这一条语录，既应用了《庄子·大宗师》"夫道，有情有信，无为无形；可传而不可受，可得而不可见；自本自根，未有天地，自古以固存；神鬼神帝，生天生地；在太极之先而不为高，在六极之下而不为深，先天地生而不为久，长于上古而不为老中"的"自古以固存；神鬼神帝，生天生地"庄子对道化生万物的两句话，又引用了《程颢·识仁篇》中"学者须先识仁。仁者，浑然与物同体，义、礼、智、信皆仁也"的道理来说明人的心灵神明大脑对天地万物生成道理的感知体悟是没有对立之处的，是正确的。

其五，《传习录中》王阳明又曰："能戒慎恐惧者，是良知也。""诚是实理，只是一箇良知。"这是王阳明对《中庸》"道也者，不可须臾离也，可离非道也。是故君子戒慎乎其所不睹，恐惧乎其所不闻。莫见乎隐，莫显乎微，故君子慎其独也"的学习感悟，也就是说只有有良知的人，才会戒慎恐惧。而且他认为诚信，只是一个良知，没有诚信者，良知即泯灭了，因为良知对于每一个人来说原本就存在在自己心中，只不过一时没有醒悟，不知道而已。他认为，要使人的本性深深根植于心中，时时显示出来，必须使人心纯净如天理，没有一丝一毫的私欲。那么天理又是什么呢？天理就是天道的道理，天道的实质是自然，天道的道理是自然地善待万物，自然地为万物带来益处。人心与生俱来本善，又能效法天道之善，就是人的良知；人善良之心不被私欲掩盖，就是天理。那么人心之良知又是什么呢？人心在初始时只有一种，那就是没有夹杂私欲者便是天道之心，至于夹杂私欲的虚伪之心便是以后的众人心。那么什么是道心呢？"道"就是《老子》所论的"知常容，容乃公，公乃全，全乃天，天乃道，道乃久，没身不殆"的天道。"道心"就是圣人效法学习乾天自然始终如一的以其光热公平公正地照耀温暖万物，使万物得到生长化育的人心。人心如天道一样公正公平无私，就是道心，道心失去公正，就是众人心。正如《传习录上》王阳明所言："然。心一也，未杂于人，谓之'道心'，杂以人伪，谓之'人心'。'人心'之得其正者即'道心'；'道心'之失其正者即'人心'，初非有二心也。"这里王阳明关于道心之正，就是说所谓道心，就是正，就是人心中正无偏斜，这与《黄帝内经》关于良心的意义是一致的，正如《黄帝内经·灵枢·本脏篇》曰："心坚，则藏安守固；心端正，则和利难伤。"其意思是说："心脏坚实者，则脏气安定守卫固密；心脏端正者，则神气血脉和利，邪气不易伤害。"这就是说人体心脏在胸腔的位置坚固端正，心脏本身的构造坚韧，不容易受外邪的伤害，就是一个好心脏。好心之好，就是良，良就是好，良就是良心、善良。这也是良心的来源。那么也可以说，王阳明所言的人初心之正，是因为人初生时与天地万物之心为一体，天心正，人心正。王阳明之道心，就是原本没有私心私欲，无善无恶，与生俱来的良心与天道一样端正无偏斜之心。王阳明所论的"人心"，应该是指有欲望的众人之心，因为众人之心夹杂私欲私心，而掩盖了初心之良知。

其六，《传习录中》先生曰："良知之外，别无知矣。故'致良知'是学问大头脑，是圣人教人第一义。"王先生指出，人心除过良知之外，就没有其他什么知了。所以"获得良知"是学习学问的人所要思考学习的大学问，是圣人教化人的第一个义务。

3. 王阳明良知理念的渊源

王阳明关于良知的理念，源于《孟子·尽心上》："人之所不学而能者，其良能也；所不虑而知者，其良知也。孩提之童无不知爱其亲者，及其长也，无不知敬其兄也。"孟子说："人生下来不用学习而会的事情，是人天生的良好本能；人不用思虑而能知道的事情，是人天生就有的善良本能。小孩儿童，没有不知道爱自己的亲人的，等到年长，没有不知道尊敬自己兄长的。"当然孟子良知之论，也来源于孔子关于"何谓人情？喜、怒、哀、惧、爱、恶、欲，七者弗学而能"的理念。宋《张载·诚明篇》也有这方面的论述："诚明所知，乃天德良知，非闻见小知而已。"《程颢·识仁篇》也有关于良知的论述："良知良能是本心，昏昧放逸是习心。"

4. 王阳明关于良知的内涵

《传习录下》王阳明曰："无知无不知，本体原是如此。譬如日未尝有心照物，而自无物不照，无照无不照，原是日的本体。良知本无知，今却要有知，本无不知，今却疑有不知，只是信不及耳。"王阳明指出："不知良知存在但没有不良知的，事物的本性就是如此。就如太阳不是有心专门照耀万物的，但是它自己还是无物不照；这个无心照与无物不照，就是太阳的本性。良知本来存在却不知道，现今却要有良知，本来就没有不良知的，现今却要怀疑本来就有不良知的；只是自信还不足而已。"王阳明认为良知的内涵是良知对于每一个人，就是自然存在的本性。自然存在的本性，自然就会自然而然、不知不觉地显示出来，良知与生俱来。王阳明关于"无知无不知，本体原是如此。譬如日未尝有心照物，而自无物不照，无照无不照，原是日的本体"应该是老子所论的自然无为之道，自然无为就是无意识思维的自然自在的运动变化过程和结果。人的良知也是不用思谋就自然存在自然表现出来的自然本性。

所以，《传习录下》王阳明又说："喜、怒、哀、惧、爱、恶、欲，谓之七情，七者俱是人心合有的，但要认得良知明白。比如日光，亦不可指着方所，一隙通明，皆是日光所在，虽云雾四塞，太虚中色象可辨，亦是日光不灭处，不可以云能蔽日，教天不要生云。七情顺其自然之流行，皆是良知之用，不可分别善恶，但不可有所着。七情有着，俱谓之欲，俱为良知之蔽。然才有着时，良知亦自会觉，觉即蔽去，复其体矣。"王阳明在论述孔子所论的七情时，加入了"谓"，谓是知、才智之意。也就是知道七情是人心原本就存在的自然情感，但是要认得明白良知之所在。比如太阳的光芒，也不可能指着用刀斧之力就能砍断，哪怕是一点缝隙的光明，都是日光的照耀。天空虽然被云雾完全遮蔽，但是太空中也就是云雾的缝隙或者云雾上层，日光仍然可以辨析，也是日光不熄灭的地方。不可以认为云能遮蔽太阳，任何力量也不可以叫天不要生云。七情顺其自然流露，都是良知的自然之用。原本的自然良知是不分善恶的，但是不能在某一情感上过于显著，过于显著就是人的欲望了，欲望太多太显著就会遮蔽人的良知。然而欲望刚刚有些显著时，良知自己也会有所觉察，觉察到且将其隐去，就又恢复到不知良知与没有不良知的本体。这是王阳明对良知本来意义的深刻解读。良知就是人与生俱来的自然情感中存在的辨别善恶的本能。

四、王阳明四句教与良知

1. 王阳明四句教的原文。《传习录中》曰："无善无恶心之体，有善有恶意之动，知善知恶是良知，为善去恶是格物。"

2. "四句教"的意思。王阳明指出："没有善恶之分是人心原本的本性，有善恶之分是人的心意所产生的意念，知道什么是善、什么是恶，这是人的良知，行善积善、去除不善就是匡正了事物的标准。"

3. "四句教"的意义。这是王阳明心学最精华的四句话，一般视此四句为王阳明学术思想的概括性论述。人生下来原本就有七情，也就是说这七种情感原本就在人心中存在，只是在没有遇到触动情感发作的时机时，就不会发作；而当遇到触动情感发作的时机时，意念一动就会发作出来。所以知道什么是善什么是恶就是人善良的本性，也就是良知所在，为善行善而消除恶习恶行就是匡正了事物的标准。也就是阻止纠正丑恶事物使其不存在、不出现，那么就只有善良美好的事物，人人依照善良美好的事物而作为，这就是天地人共同的标准。所以《王阳明·大学问》指出，"何谓修身？为善而去恶之谓也。"又曰："故致知必在于格物。物者，事也，凡意之所发必有其事，意所在之事谓之物。格者，正也，正其不正以归于正之谓也。正其不正者，去恶之谓也。归于正者，为善之谓也；夫是之谓格。"其实王阳明对自己的四句教的意义，已经论述得非常清楚，去恶存善行善就是归于中正善良，就是格物。所以王阳明四句教的意义，就是保持人心原本善良的本性，使人心回归到知善知恶的中正善良之心。

五、王阳明的"知行合一"思想

"知行合一",是王阳明《传习录》》中对自古以来的中国哲学的认识论与实践的论述。王阳明的这个观点,是其在对老子之道德论,《大学》《中庸》以及《礼记》中孔子关于君子之品德内容的极其深刻研究的基础上,结合当时的社会世事感悟而来。

1. 何为知行合一

《传习录下·门人黄直录》曰:"问知行合一。"王阳明曰:"此须识我立言宗旨。今人学问,只因知、行分作两件,故有一念发动,虽是不善,然却未曾行,便不去禁止。我今说个'知行合一',正要人晓得一念发动处,便即是行了;发动处有不善,就将这不善的念克倒了,须要彻根彻底不使那一念不善潜伏在胸中:此是我上上言宗旨。"王阳明的意思是说:"要明白知行合一就先要知道我所立言论的宗旨是言说今人的观点。今人把知和行分开为两件事,就如一个意念在心中酝酿思维总是不停止,虽然是不好的念头,但是却没有去付诸行动,就不去禁止这个念头,认为这只是知不是行而已,这就是把知和行分为两件事情了。但是我今天所说的'知行合一',正是要人晓得,一个意念在心中酝酿思维虽然还未行动,但是已经是知而行了。一念萌动思维不止虽未行动但若这个念头是恶念,就必须将这个恶念克制消除掉,要彻底根除不使恶念潜伏在心中,这就是我'知行合一'的最高宗旨了。"王阳明指出,认识、感觉、意识思维与心之良知是同一的,心与意,也就是心之良知,与意识思维本身就是"知行合一"。这也是知行合一的内含之一。

2. 知与行是统一的

其一,《传习录上》曰:"未有知而不行者;知而不行,只是未知。圣贤教人知行正是要复那本体。不是着你只恁的便罢。"这就是王阳明"知行合一"的论点。王先生指出,只要知道了本体之良知,就自然会有行为,会有良知的表现;没有有良知而不行良知的道理,不行动,不表现出来,是因为不知道本体的良知所在。所以圣贤教化人,只是使人恢复自身原本的良知的本性而已,不是教人想怎样就怎样。王阳明所言的圣贤之教的圣贤,当然是指老子、孔子!老子之道德论,就是教化人性恢复到纯朴无邪无欲纯真如婴儿般的纯朴状态;孔子则通过《易经》对老子之道德的教化意义引申发展,并作了综述,正如《易·系辞》中孔子所言:"成性存存,道义之门。"孔子指出,老子之道德和《易经》之教的终极目的,就是要使"天之善性和人本性之善深深印记存入人的心中"。这就是王阳明所言的圣贤之教。

其二,《传习录·中》先生曰:"知之真切笃实处即是行,行之明觉精察处即是知,知、行工夫本不可离;只为后世学者分作两截用功,失却知、行本体,故有合一并进之说,真知即所以为行,不行不足谓之知。"王先生指出,良知的真切达到忠实诚信就是实行，实行时达到心的本性虚无清静精细明察处就是知道，知道明白与行动行为的过程原本就不可分离；只是后世的学者将知道与行动行为分成两部分，失去知道，行驶心之本体，所以就有知行合一之说，真正知道即是实行，不实行不足以说是知道明白。这里王先生提到"明觉"二字，"明觉"好像是佛家用语，笔者结合《老子》对清静无为之道是天道的固有本性的论述，就将"明觉"解读为"心的本性虚无清静"，因为人心的本性与天道的本性是一致的，所以虚无清静无善无恶就是心的本性。

3. 王阳明对"知行合一"意义的论述

其一，《传习录上》先生曰："知者行之始，行者知之成。圣学只一个功夫，知、行不可分作两事。""未有知而不行者；知而不行，只是未知。圣贤教人知行正是要复那本体，不是着你只凭的便罢。故《大学》指个真知行与人看，说'如好好色'，'如恶恶臭'。见好色属知，好好色属行，只见那好色时已自好了，不是见了后又立个心去好。闻恶臭属知，恶恶臭属行，只闻那恶臭时已自恶了，不是闻了后别立个心去恶。如鼻塞人虽见恶臭在前，鼻中不曾闻得，便亦不甚恶，亦只是不曾知臭。"王先生列举了《大学》"如好好色""恶臭臭"为例，先生说："见好色属知，好好色是行，只见那好色时已自好了，不是见了后又箇心去好。闻恶臭属知，恶恶臭属行，只闻那恶臭时已自恶了，不是闻了后别立箇心去恶。"王阳明认为，看见美色属于知，喜好美色属于行，其实只要看见美色是就已经喜欢上了，并不是看了以后，专门有一个心去喜欢。闻见恶臭是属于知，厌恶恶臭属于行，其实闻到恶臭时就已经用手捂住鼻子了，并不是闻了恶臭之后又有别的心去厌恶臭臭了。这就是王阳明"知行合一"的实质。知和行是统一的，知既是认知思维，又是良知，良知就是善恶好坏的区分，行就是行为行动。"知行合一"就是认知思维与行为行动的统一，知和行其实就是人本性的反应，人的本性就是好善厌恶。这也是知行合一的内含之二。又曰："某当说知是行的主意，行是知的功夫；知是行之始，行是知之成。""知行本体原是如此。"王阳明认为，知和行是一体的，是不可分割的。知，在这里既有知道、认识、意识思维之意，又有良知之意；行既是感觉、思维、心思之意，又是反应、行动、行为表现之意，也就是说心之良知与认知感觉思维反应行为是同一的，是统一的。

其二，《传习录中》先生曰："尽天下之学，无有不行而可以言学者；则学之始，固已即是行矣。笃者，敦实笃厚之意。已行矣，而敦笃其行，不息其功之谓尔。盖学之不能以无疑，则有问，问即学也、即行也；又不能无疑，则有思，思即学也、即行也；又不能无疑，则有辨，辨即学也、即行也。辨既明矣，思既慎矣，问即审矣，学既能矣，又从而不息其功焉，斯之谓笃行。非谓学问思辨之后而始措之于行也。"王先生指出，全天下的学问学习，没有不实施就可以说是学问学习的，也就是从学习开始，固然已经是在实施了。"笃"的意思，就是敦实笃厚的意思。已经实行了，而敦实笃厚他的行动，就是不停息的实行过程而已。所有学习不能以为没有疑问，有疑问就要问老师，问的过程就是学习的过程，也是实行的过程。又不能没有疑问，有疑问疑虑就有思考，有思考就是学习了，就是实行了；又不能没有疑问，有疑问疑虑就有辨别，辨别就是学习，就是实行了。所以辨别就能明白了，思虑谨慎了，询问就是详细审查了，只要学习就能做到，又有不停息的实行过程，这就是叫做敦实笃厚的实行。并不是等到学习、思考、辨别之后才开始筹划着手去实行了。王先生在这里引用了《中庸》孔子之论学习的道理，来说明知行合一的道理，正如《中庸》孔子曰："博学之，审问之，慎思之，明辨之，笃行之。有弗学，学之弗能，弗措也；有弗问，问之弗知，弗措也；有弗思，思之弗得，弗措也；有弗辨，辨之弗明，弗措也；有弗行，行之弗笃，弗措也。人一能之己百之，人十能之己千之。果能此道矣。虽愚必明，虽柔必强。"

4.王阳明论知行合一的意义

其一，人意识思维中良知的意念就是行为的一种体现，也就是意识思维中良知的意念与行为是统一的。

其二，明白学习各种知识技能的过程，就是知行合一的过程。

其三，明白自身良知善性就在自己心中，明白天道中正无偏斜之善性，自然会以仁善中正平和之心付诸行动以为人处世。为人处世以谦让、平和、包容为原则，看到弱者就会帮助，不以己之利损人之利。孝顺父母、亲近亲人、亲近学习贤者，厌恶不美善者，这也是具有良知的具体行为表现。正如王阳明所言："知是心之本体，心自然会知，见父自然知孝，见兄自然知弟，见孺子入井，自然知恻隐；此便是'良知'，不假外求。"

这应该是王阳明论述"知行合一"的意义，否则，他用那么多言辞论述"良知"，不就失去意义了吗？他论述良知的目的，就是使我们明白良知与意识思维行为是统一的，但是我们现代哲学谈论应用比较多的还是"认知和实践要一致"，或者是"基础是学，关键是做""经世致用、知行合一、躬行实践的思想"等，这些理解是不全面的。因为王先生的"知行合一"的关键是"知"，"知"既是"知道"，又是"良知"，最简单的理解，就是自己的良心与自己的行为是合为一体，相一致。正如《王阳明·文录三》所言："凡谓之行者，只是着实去做这件事。若着实做学问思辩的工夫，则学问思辩亦便是行矣。学是学做这件事，问是问做这件事，思辩是思辩做这件事，则行亦便是学问思辩矣。若谓学问思辩之，然后去行，却如何悬空先去学问思辩得？行时又如何去得做学问思辩的事。"所以我们不能片面地认为"知行合一"就是认识与行动的统一。

我们通过研究王阳明的"心学"之论,就更加明白中国形而上的意义了,形者,天道之本性也,效仿也;上者,天道也!上者,人身之君主也;人身之君主者心也。正如《黄帝内经·素问》曰:"心者,君主之官也!"教化人自身君主以中正善良者,圣人也,圣人之言,真理也!能不学乎!良知、知行合一之学,即是教化人心向善,良知与行的统一之学,教化人心思维意识归于善,归于正的学问就是形而上之学。其实,王阳明的"良知、知行合一"论,也是对圣人之教的学习感悟总结,更是对中华民族形而上哲学意义的感悟总结。也就是说,中华民族形而上哲学的意义,就是教化人意识思维思想行为合一的教化哲学。

六、王阳明论述"明明德,亲民、止于至善、良知、知行合一"的目的

1. 王阳明论述"明明德,亲民、止于至善、良知、知行合一"的意义

王阳明论述"明明德,亲民、止于至善、良知、知行合一"的意义,也正是指王阳明关于明明德,亲民、止于至善与良知、知行合一统一的关系,即良知原本就存在于人之心,再加之明天理,天理就是仁善、中正、无偏斜,而良知、天理就是善良、公正、公平。

其一,《大学》的教育纲领是:"在于明明德,在亲民、在止于至善。"而大学的教育目的则是为"齐家、治国、平天下"培养各种德才兼备的人才。也就是说大学教育出来的学生,要通过考试、推荐、面试、挑选出那些德才兼备的各类人才,成为国家的各级官员。正如《师卦》上六爻曰:"大君有命,开国承家,小人勿用。"其爻象辞曰:"大君有命,以正功也。小人勿用,必乱邦也。"当然是不用小人,要任用那些德才兼备的人才了。

其二,而德才兼备的标准,就是要达到"修身、正心、诚意、致知、格物"。通过王先生对这一系列问题论述的研究,王先生认为"何谓修身?为善而去恶之谓也。"如何正心:"心之本体则性也,性无不善,则心之本体本无不正也。""心即理也,无私心即是当理,未当理便是私心。"所以"正心"就是使人心恢复本性之善,没有私心私欲而已。何为诚意?"故欲正其心者,必就其意念之所发而正之,凡其一念而善也,好之真如好好色,发一念而恶也,恶之真如恶恶臭,则意无不诚,而心可正矣。然意之所发,有善有恶,不有以明其善恶之分,亦将真妄错杂,虽欲诚之,不可得而诚矣。"也就是使心中的意念归于正,既是正心,也是诚意。何为致知?"'致知'云者,致吾心之良知焉耳。""既去恶念,便是善念,便复心之本体矣。"何为格物?"格者,正也,正其不正以归于正之谓也。正其不正者,去恶之谓也。归于正者,为善之谓也。""'格物'是止至善之功。既知'至善',

即知'格物'矣。""格者,正也,正其不正以归于正也。"

举荐任用这些德才兼备的人才,就是为了"齐家、治国、平天下"。"齐家、治国、平天下"与"修身、正心、诚意、致知、格物"的关系就是指没有达到"修身、正心、诚意、致知、格物"者,就不能被任用,就不能"齐家、治国、平天下"。正如《传习录中》先生曰:"以是而言,可以知致知之必在于行,而不行之不可以为致知也。明矣,知行合一之体,不益较然矣乎?""正惟不能随事随物精察此心之天理以致其本然之良知,而遗弃伦理,寂灭虚无以为常,是以要之不可以治家国天下。孰谓圣人穷理尽性之学,而亦有是弊哉!心者,身之主也,而心之虚灵明觉,即所谓本然之良知也。"王先生指出:"以此而论,知道获得良知的必须在于实施,而不实施的就不能以为获得良知了。明白了,知行合一为一体,不就能更好地比较是不是呢?""正因为不能随事随物精细察看人心的天理以获得自己原本的良知真情,而遗弃伦理道德,灭绝虚无寂静的无为之道以为常性,如此这样是不可以治理国家天下的。谁说圣人穷究天地自然变化的道理,极尽天地自然有益于万物的固有善性为治理国家天下的天命的学问,也有的是弊端!人的心,是人身的主宰,而心的虚静灵敏明亮的感觉,就是所谓人本来就有的良知。"王先生在这里提出了三个观点。

其一,"修身、正心、诚意、致知、格物"与"明明德、亲民、止于至善"必须知行合一。

其二,如果作为一个志在治理国家天下的智者,如果灭绝了老子所论的寂静无声无形无状的无为之道,就是灭绝了自己的良知,那么一个灭绝了良知的人,是不可以治理国家天下的。这一点就是良知、知行合一论的关键所在。一个没有良知、善心的人,是不可以治国平天下的,因为治国平天下,就是为了亲民、爱民、保护人民,为民众谋利益福气,没有良知、善良之心的人是做不到这些的。就如现代那些大大小小的贪官污吏,他们原本的良知还是有的,只是后来被贪欲、私欲、情欲蒙蔽了良知,就变成了无所不贪的党和人民的罪人。

其三,人心的良知就是人自身虚静无事无非原本善良的本性。

2. 王阳明论述知行合一教化的目的

是以中正仁善诚信之心治天下,以实现大同社会。正如王阳明所言:"今诚得豪杰同志之士,扶持匡翼,共明良知之学于天下,使天下之人皆知自致其良知,以相安相养,去其自私自利之蔽,一洗谗妒胜忿之习,以济于大同,则仆之狂病固将眠然以愈,而终免于丧心之患矣,岂不快哉?"这就是说王阳明论人心良知天道天理的目的,在于提倡人心向善,在于号召有志之士,共明良知天理,行良知之用,也就是扶持匡正正义道德,使人人的良知被唤醒,人人都达到知良知明天理,去除私欲、逸言、嫉妒、愤懑之心，人心平和和气和睦，以有益于大同社会的实现。这就是王阳明对良知、知行合一之关系的论述，也是王阳明论述"知行合一"最终目的。

王阳明论人论良知，论知行合一，论天道、天理的目的就是要唤起所有人的良知，大家共同以良知之心为实现大同社会行动。因为只有懂得良知天理之人，有公正是非诚信之心之人，才会将良知天理践行于实际。所以说，所谓"知行合一"，不只是认识与行为的统一，还有着更深刻的意义。所谓"知"，不只是知道、明白、认识之意，更是良知之知。要明白认识的事物便是天道人道的意义，天道的意义就是指天之太阳自然而然地以其光明公正无私地照耀温暖万物的善性。人道就是懂得自身良知善性的存在，并将自身之善性与天之善性存记在心中，且随时付诸于行动，将帮助救助别人的道德理念，付诸行动，这是做人的基本常识。正如《易·系辞》子曰："易，其至矣乎。夫易，圣人所以崇德而广业也。知崇礼卑，崇效天，卑法地。天地设位，而易行乎其中矣。成性存存，道义之门。"

3.文章的题目之所以为"王阳明良知、知行合一的形而上教化哲学"

是因为王阳明的良知、知行合一论，被世人称作为王阳明"心学"，一般认为心学核心内容就是《传习录中》四句教："无善无恶心之体，有善有恶意之动，知善知恶是良知，为善去恶是格物。"

就《王阳明集》全书的主要内容而论，均是围绕《大学》之教的内容"明明德，在亲民，在止於至善；正心、诚意、致知、格物"，以达到"齐家、治国、平天下"的目的。这些教化均是教化人认知自己的良知、良心，认知天道、天理，使人的良知恢复原本的善良本性，使人的良知、善性与天道天德为一体，而这个过程本身就是知行合一的过程。王先生的所有教化均是以教化匡正人心为善的教化哲学，而教化人心之善与天道本善合为一体教化之道，就是形而上的教化之道。正如笔者对"形而上之道"的一般意义的定义：效仿模拟天道之自然有益于万物的自然善性，推论抽象出各种匡正人的意识、思维、思想、道德、纯净心灵行为的道理是谓道。

第二部分 《易经》哲学的现代意义

第一章 关于中国现代哲学

第一节 中国哲学的现状

一、中国哲学界现状

关于中国哲学的现状，习近平主席在《哲学社会科学工作座谈会上的讲话》中指出："哲学社会科学的特色、风格、气派，是发展到一定阶段的产物，是成熟的标志，是实力的象征，也是自信的体现。我国是哲学社会科学大国，研究队伍、论文数量、政府投入等在世界上都是排在前面的，但目前在学术命题、学术思想、学术观点、学术标准、学术话语上的能力和水平同我国综合国力和国际地位还不太相称。""总的看，我国哲学社会科学还处于有数量缺质量、有专家缺大师的状况，作用没有充分发挥出来。"[①]

笔者只是一个比较喜欢研究传统文化的人，这次之所以研究《易经》哲学和老子哲学，只不过是看到习近平主席关于中国哲学状况的分析，以及在网上看到哲学研究实际情况的感慨，就想试着研究哲学，其实笔者的研究也谈不上是哲学研究，也只是笔者自己的研究心得罢了。

笔者从研究《易经》哲学"形而上者谓之道，形而下者谓之器"开始，对《易经》哲学形而上之道和形而下之器的内容分类作了研究论证，又对历史上几位哲学家的哲学观点作了一些研究。笔者研究认为，这些哲学家、理论家们无一不是精通老子、《易经》、易理、孔子等先圣先哲的经典而传习之，他们的创新理论也是在研究传习这些传统哲学思想与社会实际感悟而发。这些后世的易道哲学家，真正是做到了既有传承又有创新发展，这是真正值得我们学习的哲学研究。

这里，笔者仅就自己看到感到的中国哲学研究中存在的问题，谈一点简单的认识。

---

① 光明网《光明日报》习近平主席在《哲学社会科学工作座谈会上的讲话》单行本阅读文献。

二、中国哲学研究中存在的一些问题

1. 对经典著作的研究解读不明就里

对经典著作的解读，只是依照自己对经典著作原文的理解做自我认识的解读。例如，对《道德经》第二章"天下皆知美之为美，斯恶已；皆知善之为善，斯不善已"的解读，竟然将其解释为"天下人都知道美好的是美好的，那么就已经不美好了；天下人都知道仁善是美好的，那么就已经不仁善了。"《老子》这一章的中心意思，在于说明什么是不言之教和不言之教的方式意义，老子用自然事物的相生性、事物变化的相反性、相成性、相对性，事物的相互依存性来说明自然变化的基本道理，象征不言之教是依据自然物象的特征，圣人贤者用自身的表现为行为模式，使民众自然地向贤能有德者学习，那么这样的解读，怎么体现出《老子》不言之教的中心思想呢？

再如，对《易经·乾卦》卦辞"元、亨、利、贞"的解释基本上是一致的，基本上都是以春夏秋冬四季解读，并且结合《乾·文言》将其解释为：春生，夏长，秋收，冬藏。其实这也是一种解读结果，但是与《乾·文言》后面的辞文就不相符了，因为《乾·文言》后面所提示的是君子的美德，天子应具有的德行。当然只有张载将其解读为是"乾之四德，终始万物"更为准确了。

2. 未解释出老子、《易经》的真实意义

对老子、《易经》的解释，并没有依据老子、《易经》时代的"象"的语言特点而作解读，当然就不能真正了解老子、《易经》的真实意义。

例如，对《道德经》第六章："谷神不死，是谓玄牝。玄牝之门，是谓天地根。绵绵若存，用之不勤"的解释，这一章老子通过"象"思维，说明天地万物化生之道的重要意义。也就是说"只要大道不消亡，是谓天地之母。天地之母化生天地的必经途径是道，道就是天地万物生成的根源"。而我们的研究者，却将原本可以解释为"天地之母"的"玄牝"，解释为了"生产万物的母性的生殖器"。

又如，对《易经·同人卦》卦辞"同人于野，亨。利涉大川，利君子贞"的解释：有解释为"与他人在野外会同，顺利，有利于涉越大江大河，有利于君子坚持"。有研究者解释为"君子具有广阔的胸怀，这样是非常好的。这样是有利于做大事的，也是最利于君子的"，当然各位学者的解释各有自己的道理，但是这里没有考虑到"《易经》之象"的意义，因为在《易经》中，一般情况下"利涉大川"，是象征天子祭祀天地山川先祖的象征辞句，天子有君子的品德作为，只有天子才可以祭祀天下的大山名川。如果将所有的"利涉大川"解读为有利于"涉越大江大河"，那么君子涉越大江大河要干什么呢？这就不得而知了。当然，这样解释对于预测而言，就可能是不同的意义了。况且，这一卦论述的是圣人君子与天同道同德，与万民同心同德的品德，没有了这个同一的意义，《同人卦》也就没有实际意义了。

3.研究解读经典著作，却不能总结出《易经》《老子》的中心思想是什么

其一，研究《老子》之道德论者，不能总结出《老子》之道德论的中心思想。有研究者认为《老子》之道德论的中心思想是："道，是无为思想。"还有的认为是"大道'无为'人道应法天道""《道德经》中最大的核心秘密是真善美""《道德经》的核心思想是敬道学道守道"。其实这些观点都是很有道理的。还有一些，如"道法自然，无为而成""道德经的核心思想是反目的论""尊道贵德"。

有学者指出，"老子哲学的核心思想，道作为哲学的最高范畴"。这一观点是对的，但是却将道与太一，也就是与混沌之物混为一谈，认为混沌之物就是道，道就是混沌之物。这就是说我们的学者还不能说清楚道是什么，更无人能说清楚无为之道的意义了。

当然也有不少学者认为《老子》的道德论，是一部论述治国安民之道的书。如学者刘安详所言："研究认为，《道德经》绝不是一部哲学著作那么简单，老子关于道论的哲学思想并不是该书的主题思想，老子的《道德经》是一部论述治国安民之道的书，是一部论述天人合一、王者之道、为官之道、为人之道、德政政治之道的书，其核心思想是论述无为而治的治国思想。"刘安详的认识是最为正确的观点。

笔者以为，《老子》之道德论的中心思想，无论是从哲学角度而言，还是从单纯的对《老子》之道德论的解读而言，是以无为之道为中心的治国之学，是为治国者如何以无为之道治理国家天下，使人民得到利益福气，实现天下安乐太平，总结升华的自古以来圣王的治国之道。正如《老子》所言："执大象，天下往。往而不害，安平太。"《老子》的道德论，本身就是一部圣人君子与天之道德合一的治国之道，也是一部教化后世之人的形而上哲学。

其二，研究《易经》的学者，也不能说明《易经》的中心思想是什么！有学者认为是"周易从宇宙万物运行之中感悟道理。体现为阴阳，核心为自然"。也有学者认为："《易经》的核心思想也叫中和，易道贵中和，中和的实质性的内涵，可以归结为阴阳协调，刚柔并济，双向互补，动态平衡，是事物生生不已持续发展的内在的生机活力，总体上是从阴阳哲学的基本原理自然引申而来。"也有学者认为："易本是卜筮之书，它只是对一些偶然的占卜结果所作的记录，反映了古人对无知或无法把握的外在世界的一种幻想上的理解。"也有学者认为："一阴一阳谓之道，大道至简，宇宙的万物万象都是统一的。"当然这些学者的观点，都各自有各自的论点和论据，各有各的道理，但是这都不能说明《易经》哲学的中心思想。

笔者以为，《易经》无论从哲学角度还是从文学角度而言，都无疑是一部教授治国者治国平天下的教科书，是一部内容极为丰富多彩而且完全符合人类最高理想

的百科全书。无论是从道德的意义方面而言还是从预测学方面而言，它都是一部帮助人们寻找"易"以应对"不易"的人生教科书。

其三，研究《庄子·齐物论》者，不能说明《齐物论》论的是什么。网上的解读，几乎没有什么不同，但却使笔者感到"似是而非"，而且没有一位学者告诉我们，《齐物论》的意义到底是什么，什么是《齐物论》。

笔者通过《庄子》全书及对《齐物论》的研究，认为《庄子·齐物论》其实就是一部庄子语言风格的"道德经"。因为《齐物论》的主要内容是庄子用自己的语言几乎重复了一遍《老子》关于无为之道的全部内容，也就是说庄子用自己的语言重述了《道德经》的主要内容，以说明《齐物论》的意义。《齐物论》的意义，就是"一致众道论于无为之道论"或"统一诸道论为无为之道论"！

在《齐物论》中，庄子用自己的语言，将孔子的中庸之道的内容复述了一遍，对墨子之道也作了评论，最后将《老子》的大道、天道、以及天命的意义、孔子的中庸之道、墨子之道全都统一到老子的无为之道上来。因为老子的无为之道，既包含了万物生成之道、万物生存之道，又包含了人的生存之道、为政之道、为国为民之道等。所以《齐物论》也可以称为"统一众道论为无为之道论"。

4. 对经典著作的研究百花齐放

对《老子》研究的学者比较多，其解读的精细度也是最高的，但是其中也存在着不少的模糊性和缺少符合老子所处时代的时代性的问题，当然这是各人的认识不同的缘故。比如以《老子》第二十五章"有物混成，先天地生"而论，很多学者将其解读为"先于天地万物而存在的浑然一体的道"，并认为道是浑然一体的、未分的，所以它是"寂兮寥兮，独立而不改，周行而不殆，可以为天地母"。笔者在《道德经新解》第一版的解释也类同于这种观点。但是其后在对《道德经新解》第三版的修改过程中，笔者反复研究论证认为，如果依照"道"就是那个浑然一体的混沌之物，是生成天地的天地之母，而且大道还有可分的特点，来理解老子之"道"，那么第一个问题就是老子第一章的"无，名天地之母；有，名万物之母。故常无，欲以观其妙；常有，欲以观其徼"的意义就无法与之对应了，因为依此逻辑，既然天地之母——"大道"生成天地之后就不存在了，那么万物之母——天地是如何生成万物的呢？这就很难自圆其说了。

第二个问题是，大道可以分开或者分离吗？因为它是"浑然一体的、未分的"，那么就存在着可分的一面，那么大道分开或者分离之后还有大道吗？

第三个问题就是，有些研究者还认为"天地万物的发展变化越伸展离道越远（逝曰远），而最后仍然要返回于'道'（远曰返）"。那么天地之母到底是如何生成天地的呢？天地生成的过程又是什么形式呢？既然越发展变化离道越远，那么万物又是如何生成的呢？

第四个问题，如果依照以上的观点解读，那么老子的"道生一，一生二，二生三，三生万物"之论中，道所生的"一"是什么呢？一所生的"二"又是什么呢？二所生的"三"又是什么呢？

综上所述，笔者以为历代学者的研究解释，对《老子》所论的"大道"的解释是模糊不清的，当然诸如此类的模糊问题还有很多。近代从哲学方法研究老子的很多，有学者认为《老子》的道德论的哲学方法是"通过否定达到肯定的方法"，这个观点是否正确呢？这是要广大的学者研究论证才能证明的问题，但这样的机会是很少的。

5. 对《易经》的研究偏离《易经》的意义

关于《易经》的研究问题，目前我们一般研究阅读的大多是孔子编撰之后的《易经》，也就是说我们现在所研究应用的是经过孔子及其弟子，以传系统对《易经》赋予新的哲学意义的《易经》。当然对《易经》的研究自古以来是最多的。

孔子在上下《系辞》中，对部分六十四卦爻辞做了明确的提示性解释。《序卦传》是对六十四卦的排列顺序的解释，《说卦传》是对八卦意义的解释，《杂卦》则是对六十四卦未按照排列顺序的一种解释。其次就是《乾·文言》和《坤·文言》，《乾·文言》是对《乾卦》三种含义的逐句解释，《坤·文言》是对《坤卦》含义的明确解释。但是笔者未曾看到依据《易·系辞》对六十四卦的提示作逐字逐句解读的文献，而这种依据《易·系辞》提示性的解释除过笔者的《周易新解》以外，自古以来还未有第二个这样的研究。

笔者以为，研究孔子《易经》的真实意义的依据，应该是《易·系辞》子曰："夫易，何为者也？夫易，开物成务，冒天下之道，如斯而已者也。是故，圣人以通天下之志，以定天下之业，以断天下之疑。"因此，笔者以为对《易经》内容的研究，应以孔子关于所赋予《易经》的意义和《易·系辞》《乾·文言》《坤·文言》及其他提示性解释为依据，进行逐字逐句的研究，以明白圣人，也就是我们的先祖所要开辟的事业和天下的事业是什么，使《易经》哲学为我们强国富民所用，以利国利民，而不使我们的研究流于空泛的论述。因为不能明白《易经》内容的真谛，不明白《易经》的各种文辞的含义，就不可能明白《易经》的精华，更不可能使《易经》的哲学意义真实地彰显出来。

6. 对儒学经典如孔子孟子学说的研究

对于孔子孟子著作的解读，一般还是很全面而且精确度较高的，但是也存在着对某些问题的模糊性，如对儒学中关于鬼神、上帝、天命认识的模糊性，对六十四卦内容中关于鬼神的不正确性解读，等等。

例如有学者认为："以为人世间的一切事情冥冥中受超自然力量的'上帝''天'的支配。于是国家大事、年成丰歉、战争胜败、筑城建都、官吏任免与否，都要通过占卜这一方式，祈求'上帝''天'，以示吉凶休咎，以使人的行为活动与天意相符合。人们把卜筮的内容、结果记录下来，为《易经》的编纂积累了原始资料。"

那么《易经》中提到的天命、上帝、鬼神真实含义是什么呢？这些问题在六十四卦的内容中和《礼记》的相关内容中都有明确论述，之所以会出现这些模糊认识，是这些学者没有系统研读儒学的系统著作所致，但是作为哲学学者，这些模糊观点是不应该出现的。

7. 对很多问题的论述缺乏确切证据

无论是在传统文化的研究领域还是在哲学研究领域，很多学者都论说传统的"天人合一观"，可是没有谁能说明传统哲学的"天人同一观"或者传统医学关于"天人合一"的具体内容，也没有人能说明阴阳理论在《易经》中的实际意义。

试想，我们自己民族的哲学，我们自己说不清什么是大道，什么是天道，什么是地道，什么是无为之道，说不清《易经》《老子》的中心思想，那么，我们靠谁来说清楚呢？靠上帝告诉我们吗？说到上帝，还有的学者将天道称作上帝等，这就与孔子之儒、《老子》之道德的意义不相符合了。试问，我们中华民族自己的传统哲学，自己都搞不清楚，还怎么发扬传承呢？

8.《易经》是卜筮之书吗

作为哲学研究者，仍然有学者将《易经》作为卜筮之书看待，说明这些学者就没有系统研读过《易·系辞》。《易·系辞》上传第十一节，孔子已经将《易经》研究论述的问题说得很清楚了，而卜筮只是《易经》所施行的方法中的最后一个。《尚书·洪范》中，箕子明确指出："汝则有大疑，谋及乃心，谋及卿士，谋及庶人，谋及卜筮。汝则从，龟从，筮从，卿士从，庶民从，是之谓大同。"[①] 也就是说，天子若有重大的疑难，你自己要考虑，再与卿士商量，再与庶民商量，再与卜筮官员商量。你赞同，龟卜赞同，蓍筮赞同，卿士赞同，庶民赞同，这叫大同，大同的意思，也就是大家都同意，这才是吉祥如意的结果。

从《尚书·洪范》》这一段话，就可以看出，古人卜筮吉凶的目的有二：其一，以自然之法趋吉避凶。其二，对于天子谋求大事而言，是征求大多数人意见的一种方法。国家决断要做一件重大事情，就要听取众人的意见，所有人都赞同的事情，就是大吉大利，也就是在大多数人同意的情况下，积极做好各种准备工作，集中精

---

① 徐奇堂译注. 尚书 [M]. 广州出版社，2001：97.

力就能将这件事情做到最好。民间的各种卜筮方法，虽然应用了八卦、六十四卦的卦形结构，但除了个别大家外，基本未用六十四卦的各类文辞来断卦。民间关于预测风水等，也只是为民解忧，使人避凶趋吉的诸种方法之一而已。

所以，笔者认为这些问题的出现，是由于没有系统精确地研究儒道的经典所致。而且习近平主席所指的中国哲学现状，也基本上是这种状况所致。试想中国的哲学家说不明白中国哲学经典著作的哲学意义，解释不清楚中国哲学经典著作的哲学含义，也就是中国哲学家说不清楚中国的传统哲学的问题，那么如何能发出体现学术能力和水平的学术话语呢？

从中国社会科学院的成果及荣誉中看到的金岳霖著《论道》、王明著《道家和道教思想研究》、李德顺著《道德读本》，虽然没有时间拜读，但感觉应该是对中国传统哲学老子哲学的研究，也看到了很多《易经》方面的研究，但是却没有看到对《易经》全面系统的研究成果，也就是说，没有看到真正的"为往圣继绝学"的系统研究的著作！这使笔者感到可惜！

第二节　中国哲学界存在问题的可能原因及相关建议

一、中国哲学界出现这些问题的原因

中国哲学界之所以出现习近平主席所言的这种状况，以及笔者所言的这些现象，笔者认为，有如下几种因素的影响。

1. 中国近代哲学机构或组织没有将传统哲学作为系统化研究对象

关于这个问题，也就是说中国近代哲学学者，没有像古代那些学者一样，系统地研究古代传统哲学的经典著作，从而就不能诠释中国哲学的中心命题。中国传统哲学与传统文化的中心命题是一致的，那就是研究展示真善美的渊源，研究展示实现真善美的途径方法；研究展示以道德治天下的宗旨、意义、目的，教化鼓动勉励人心向善，达到人人真善美，实现国家强盛、人民富有、天下和乐太平的美好社会。

真善美的渊源就是道，就是道本体。实现真善美的方法途径包括政治的（也就是治国之道、治国目标、为官之道、为人之道）、经济的、人文的、文学艺术的等，这些也都是传统哲学和传统文化所论述的道理。

但是学者们的观点各自为论，这是因为他们的研究也是各自为政的。有些学者认为中国传统哲学的中心是政治哲学；有些学者将传统哲学分为好多派别，可是就是没有归纳出这些派别的共同点——无论是儒家、道家、佛家，其中心思想都是劝人为善，为孝，有道德，有爱国爱民之心。

在中国当今哲学界，能够系统精研老子、孔子、《易经》等的研究者还不多见，虽然有很多不同类型的经典研究解读，不同类型的各种学术论文，而且有很多针对不同经典的高质量的学术论文，这是值得欣慰的。但是他们的研究只限于一种经典或者儒学系统的大致或者某个问题的研究，很少见到对多种经典系统研究的著作，这就使中国哲学研究者的研究对中国传统哲学缺乏系统化了解，更缺乏对中华民族传统哲学中心概念的系统了解。中华民族传统哲学的中心概念其实就是从研究宇宙万物自然的真善美，推及人类的真善美和文明；中华民族传统文化和传统哲学的中心概念其实就是宣扬推广中华民族的真善美，以教化人达到真善美，实现社会文明和人自身的文明，文学、艺术、美术、戏曲、剪纸等传统文化莫不如此。

2. 对中国哲学经典著作的解读缺乏精细的研究的原因

纵观当前对传统哲学的研究状况，还真是缺少系统全面的、精密的研究者，没有几个学者能够逐字逐句地将这些文献的本意仔细研究解读，更别说系统地研究了。当然当今一些著名学者认为对这些文献进行逐字逐句的解释没有必要，而是要领会其精华，但是笔者以为不了解这些经典每一句的含义，怎么领会其精华呢？怎么理解它的哲学意义呢？笔者以为形成这些问题的原因可能与以下这些问题有关。

其一，国家或社会科学院没有专门的针对传统哲学，即关于《老子》《易经》哲学的具体命题及组织专门的团体研究，而只是个人的研究，或者在导师命题指导下的研究。

其二，社会和出版行业只注重专家教授名人的研究，不去激发广大爱好者研究的兴趣，使很多有见地的研究不能见诸社会。

其三，流于形式的学术交流！现在的学术交流会，基本上不是听专家名人报告，就是各位专家各自发表自己的观点，统一交流讨论的机会很少。

其四，还可能与一切向钱向权向地位等级看的社会气氛相关，因为系统地研究这些经典著作，是要花费很多时间精力的，而要晋升职称、拿学位、升职、升工资，是耗不起时间精力的，所以，只要有一篇几篇论文，就能对拿学位、升职、升工资有用，这应该与当前社会学风的形势密切相关。

习近平主席指出："中国古代大量鸿篇巨制中包含着丰富的哲学社会科学内容、治国理政智慧，为古人认识世界、改造世界提供了重要依据，也为中华文明提供了重要内容，为人类文明作出了重大贡献。"[①] 所以我们必须花大气力精力研究中华民族传统哲学、传统文化的伟大意义，才能对得起我们这个伟大的时代。

---

① 光明网《光明日报》习近平主席在《哲学社会科学工作座谈会上的讲话》单行本阅读文献。

二、笔者的相关建议

1. 中国社会科学院作为中国哲学社会科学研究的最高学术机构和综合研究中心，应该成立专门研究儒道经典著作的研究室，招募委派有资质的研究人才，利用丰富的资料，对《老子》《易经》《庄子》等儒道经典著作做系统的、全面的、精细的经典性研究。原因如下。

其一，只有对这些主要经典著作出合乎经典著作本意的研究，才能真正研究明白中国哲学的传承意义，才能体现出学术话语上的最强能力和水平，才能在传习意义的基础上，创造出新的哲学理念，新的合乎当今中华民族复兴的新哲学！

其二，我们想要让传统文化、传统哲学的一些经典内容进入中小学教育，就应该有统一的教材，统一的标准的译文，否则百人百讲，很难真正明白其真谛。

2. 各地区的社会科学哲学研究中心，更应该对本地区的哲学研究承担起责任，以相应的哲学研究组织机构，研究与之相应的哲学问题，对有专门哲学学术研究的研究者给予帮助，使其研究成果得到发表。

3. 地区社会科学哲学研究组织，确定自己地区的研究课题，组织研究者参与研究，共同讨论经典著作的一字一词、一句一句地确切含义，以研究经典著作的经典意义，形成团体的研究结果，以探求传统哲学、传统文化的真正意义。

4. 专家学者首先要自觉系统研究传统文化、传统哲学经典，才能向民众传递真正的正确知识，以免空谈或者误传知识。

5. 应该有"为往圣继绝学"的专门研究团队，才能真正对"往圣的绝学"做出全面客观正确的研究成果！

第二章 《老子》和《易经》哲学的现代意义及《易经》哲学的重要意义

第一节 《老子》所论的圣人之道德与治国之学的现代意义

《老子》之道德的意义，应该是属于陶冶心性，荡涤灵魂，纯净意识思维，抱朴守真，回归良知本性的形而上之教的智慧之作。因为《老子》之道德论，本身就是一部论述圣人君子天人同一论的形而上之著作。中华民族形而上哲学的意义，就是教化人的意识思维思想行为与天之道德同一的教化哲学。关于《老子》之道德与现代社会学意义，笔者只是浅谈一些自己的感想而已。

一、《老子》所论圣人君子之道德的现代学意义

1.《老子》无为之道的现代意义

王阳明在《传习录下》指出："无知无不知，本体原是如此。譬如日未尝有心照物，而自无物不照，无照无不照，原是日的本体。"[①] 这应该是王阳明对《老子》所论的自然无为之道的意义的论述，自然无为之道，就如太阳没有专门照耀万物，但却无物不照，就如人没有专门去表现他的良知，却不知不觉地在实际行为中表现出来了，这就是自然无为。

自然无为的本意是指自然事物自然而然发生发展变化的过程。从无为之道的功能而言，是指没有思谋的自然事物自然而然产生的对万物有益有利的自然过程和结果。因此我们对自然之无为的定义是：没有意识思维的天地自然，自然自在的运动变化过程和结果。

无为之道，对于我们应用者而言，其实质是不用思谋、自觉自愿自然地依照天道有益于万物的善性和自己的良心去作为。因此对人道之无为的定义是：没有思谋杂念，依照天道自然之善性和人性之本善而形成的自己的自然模式去作为。

无为之道的意义，其实就是没有私心杂念，一心一意为天下人谋利益做益事的具体方法。

---

① 王晓昕、赵平略点校.王阳明全集[M].中华书局，2018：101.

要形成人道自然的善性模式，就必须勤学苦练、悟道修德，以道德的精要武装我们的意识思维，以道德的标准训练陶冶心性，使之达到就如自己的自然习惯一样，或者是就如形成条件反射一样，不用思谋就能自然地表现出来的美好德行，自然地表现出为国为民的爱国爱民的助人为乐的自然善性。这与共产主义思想的意义是一致的。

无为之道的现代意义：其一，天自然无私照耀万物，地自然无私承载藏纳万物之无私，使我们联想到公正公平正义无私心，所以，我们每个人都应该做一个公平正义无私的人。

其二，《老子》通过第二十七章"善行，无辙迹……"[①]之意义的论述，说明人如何达到自然而然的无为之道的方法，《老子》论述这些方法是在说明习惯成自然的道理，也是在说明无为之道形成的原理。对于我们而言，就要时时处处以自己原本就有的善良本性和天道自然有益于万物的本性去作为，久而久之，就会养成事事处处为善的习惯。习惯就是这些处事的方式方法已经印记在我们心中，不用思考观看学习就能表现出来。

其三，从《老子》关于学习实施无为之道的方法，我们可以联想到，我们每一个人要想学习一种专门技能，如《老子》所言的如此娴熟的技能，如庄子所论的"庖丁为文惠君解牛"的特技，不是凭空想出来的，而是要通过苦练勤学，直至熟练到闭着眼睛都能操作的能力。我们在电视上也经常看到很多表演专门技能的人，他们的特技是苦学勤练而成的，不是天生就有的。这与孟子和王阳明所论的良知是不同的，良知是与生俱来的；而各种特殊技能则是通过勤学苦练而成的。

2.《老子》不言之教的意义

老子不言之教的意义，正如《庄子·在宥》所言："大人之教，若形之于影，声之于响。有问而应之，尽其所怀，为天下配。"[②]庄子说："圣人的教化形式，就如自己的形状与影子一样不可分离；就如有声就有回响一样；就如有问必然就会有回应一样，清空心中所想，以与天道天德匹配。处乎无响。行乎无方。挈汝适复之，挠挠以游无端，出入无旁，与日无始。"这就是不言之教。不言之教是用自己的实际行动，用自己的美德，使人民受到教化，而自觉自愿地学习圣人的美好品德。所谓圣人的不言之教，就是不用高喊自我标榜向圣人、向贤者学习，而是圣人君子自身的行为表现，使民众自然地向贤能有德者学习。正如《老子》所言"是以圣人处无为之事，行不言之教"。所谓圣人的不言之教，就是不用高喊自我标榜向圣人、

---

① 刘文秀、孙燕、孙兰.道德经新解[M].中国出版集团世界图书出版公司，2013：158.
② 张光裕主编.老子（附庄子）[M].北京燕山出版社，2000：142.

向贤者学习，而是圣人君子自身的行为表现，使民众自然地向贤能有德者学习。《老子》的不言之教，其实就是无为之道的表现形式之一。

3.《老子》尊道贵德的意义

《老子》第五十一章曰："道生之，德蓄之，物形之，势成之。是以万物莫不尊道而贵德。道之尊，德之贵，夫莫之命而常自然。"老子所言的尊道贵德，是指自然无为之道自然而然地化生了天地万物，而且使万物得到畜养生长壮大，各有特点，而万物尊道贵德，是因为万物都是由道化生的，贵德是因为道使万物得到了生长化育。这些都是自然无为之道的威力所在，所以尊道贵德就是遵循无为之道，只有遵循无为之道，万物才能得到生长化育。所以尊道贵德，就是遵循自然无为之道。

但是对于我们每一个人而言，我们遵循无为之道，就是遵循无为之道的中正无私，遵循无为之道自然而然地使万物得到利益好处的善性，唤醒自己的良心。中正善良做人，我们就会成为一个有道德的人，成为一个有益于社会和人民的人。"尊道贵德"也是教化我们每一个人，崇尚学习无为之道而以无为之道使人民得到利益。

4.《老子》不争之德的意义

《老子》之道德论中多处论述了不争之德。自然无为之道的本性，就是随自然本性而为，不与万物争上下高低，具有无为之道者，自然就如自然无为之道一样，不与万物争上下高低，也不会与他人争上下高低。正如《老子》七十三章所言："天之道，不争而善胜，不言而善应，不召而自来，繟然而善谋。"又如第八章："上善若水。水善利万物而不争……夫唯不争，故无尤。"又如第六十六章："以其不争，故天下莫能与之争。"当然这些论述均是以圣人君子之德为依据，但是对于我们现代人而言，同样有重要意义。

其一，不在一般事务上与人争长论短，既要有宽容之心，又要有《老子》所言的"故善人者，不善人之师"的思维。

其二，以自己的品德、能力、智慧至善至美地做好自己应做之事，不与同仁争职位、争待遇，因为你遇到的上级若是伯乐，定会识得你这个千里马。

所以，老子的不争之德，就是教化我们为人民做益事、谋利益而不与人民争利益功劳的具体方法。

5.《老子》以德报怨的意义

《老子》第六十三章"大小多少，报怨以德"。又第七十九章曰："和大怨，必有余怨；报怨以德，安可以为善。"老子说："大起于小，多起于少，所以无论是大怨小怨，怨多怨少，都能以德报怨。""大怨虽然能够和解，必然会留下余怨；以仁爱之心回报仇怨，于是就可以成为最仁善、最善于和解仇怨者。"

《论语·宪问篇》："或曰：'以德报怨，何如？'子曰：'何以报德？以直报怨,以德报德。'"①其意思是,"有人说:'以德回报仇怨,怎么样?'孔子说:'那用什么来回报恩德呢?应该以正直公正回报冤仇,以恩德回报恩德。'"这里孔子的"以直报怨",可以有两种理解。

其一,以公正无私之心对待仇怨,是是是,非是非,不以怨报怨。

其二,双方因为谋事意见不合而发生争吵甚至厮打,但是在处理具体事情时,能不计前嫌,秉公处理。而不能像小人一样,为了报仇怨而搞阴谋诡计,行打击报复之事,谋陷害诬告之实,全然不计别人的恩德。《礼记·表记》孔子曰:"以德报德,则民有所劝;以怨报怨,则民有所恶。""以德报怨,则宽身之仁也;以怨报德,则刑戮之民也。"孔子说:"以德报德,就会使人民得到教化;以怨报怨,就会使人民厌恶而不信服他。以德报怨,是宽宏大量、满身仁德了;以怨报德,是用刑法杀戮人民了。"

所以,笔者以为《老子》与孔子在"报怨以德"上的认识是一致的,而对于我们现代人而言,只要秉持公平正义,不存私心,不计较与别人的分歧,不计较别人对自己的伤害(当然重大的伤害还是要以法律手段解决问题),当与自己意见有分歧或者曾经伤害过自己的人遭遇困顿时,有能力就应该尽力帮助,不要斤斤计较得失,就算是以德报怨了。

因此,可以认为《老子》的以德抱怨是教化我们以宽大仁善的胸怀,对待曾经伤害过自己,或者犯过过失者,不要斤斤计较个人得失。

6.《老子》圣人无常心的意义

《老子》第四十九章曰:"圣人无常心,以百姓心为心。"《老子》说"圣人没有自己固定的心思,而是以百姓的心思为自己的心思。"其实《老子》这两句话的意思,与毛泽东所说的"全心全意为人民服务"的意思相近;也与习近平主席所说的"人民对美好生活的向往,就是我们的奋斗目标"的意义是一致的,所以我们只要依照领袖的教导,为人民利益而奋斗,就是尽到了我们的职责。所以,这也是教化我们怎样为民众谋利益做益事,那就是民众的需要就是我们为人民谋利益的具体事务,也就是我们应该做的具体事情。

7.《老子》重为轻根和静为躁君的意义

《老子》第二十六章曰:"重为轻根,静为躁君。是以君子终日行不离辎重。虽有荣观,燕处超然。奈何万乘之主而以身轻天下?轻则失根,躁则失君。"《老子》说:"重是轻的根基,清静是急躁的君主。所以君子整天在外面行走从来都不忘携带自己的装备。虽然有华美的外表,安闲超脱的行为。为什么作为万乘之国的

---

① 刘琦译评.论语[M].吉林文史出版社,1999年3月版,《论语》119页。

君主而不使自己轻身行走天下呢？因为太轻身就会失去根基，自己轻身就会增加人民的负担；太轻身就会产生浮躁，浮躁就会使君子失去清静无为之道。"

《老子》第四十五章："静胜躁，寒胜热。清净为天下正。"《老子》说："清静能克制浮躁，寒凉能克制炽热。清静无为而为天下正。"关于这二者的意义，对于我们现代人而言，浮躁心情比任何年代都严重，现代有知识有技能的人，很多都想着升职、升待遇，有权有钱则急着使用权利资金谋取更大的权利资材，没有钱的急着发财。也许最初的目的是有权有钱可以为了给民众多办实事，但是他们因为被自己的浮躁心情所影响，忘记了初始的目的，而做出了各种违规违法的事。所以，我们应该以清静无为之道来修养心性，平和浮躁之气，静心尽力踏实地去做实际的事情，而不要想一夜暴富，一夜成名；要以自己的德能成就自己的事业，就不会失去正义。这也是教化我们如何不增加人民的负担——不失去无为之道者，就不会增加人民的负担。

8.《老子》对待战争之态度的意义

《老子》第三十章："以道佐人主者，不以兵强天下，其事好还。师之所处，荆棘生焉。大军之后，必有凶年。"又第三十一章"夫兵者，不祥之器，物或恶之，故有道者不处。……兵者不祥之器，非君子之器，不得已而用之，恬淡为上。"又第四十六章"天下有道，却走马以粪。天下无道，戎马生于郊。"又第六十九章曰："用兵有言：'吾不敢为主，而为客，不敢进寸，而退尺。是谓行无行，攘无臂，扔无敌，执无兵。'"

从《老子》对军兵、军器的论述，可以看到《老子》关于战争的观点，就是不发动侵略战争，在不得已的情况下发生了战争，则以淡泊对待为上策，不要以强力取胜。比如周文王奉商纣王之命去征伐那些对商朝不服的诸侯国时，周文王并没有以自己强大的武力攻打那些诸侯国，而是以自己美好的仁德来感化被征伐国的人民。《老子》也没有关于以武装革命的形式夺取不为人民谋利益的政权的论述。这是因为自古以来，我们中华民族都是反对战争、热爱和平的，这在《易经》和《礼记》中就可以得到证明。所以，中华民族自古无侵略战争发生，这也是中国共产党人一贯对战争的严正立场。

9.《老子》仁善义的观点和意义

很多学者都认为《老子》与孔子不同，老子反对仁孝礼义，其原因笔者以为如下。其一，这主要是从《老子》在第十八章和第三十八章所论的内容而来。正如第十八章曰："大道废，有仁义；智慧出，有大伪；六亲不和，有孝慈；国家昏乱，有忠臣。"第三十八章曰："故失道而后德，失德而后仁，失仁而后义，失义而后礼。夫礼者，忠信之薄，而乱之首。前识者，道之华，而愚之始。是以大丈夫处其厚，不居其薄；处其实，不居其华。故去彼取此。"《老子》在十八章的意思与三十八章的意思是一致的，都是在说明国家混乱、道德仁义废弃不兴的原因，其实这也是《老子》从他所研究观察到的夏商周三代社会变迁现象的总结感悟而来，《老子》之论不是凭空而论的。

《老子》所谓的"夫礼者，忠信之薄，而乱之首"是说，"所以说、礼义是因为忠信仁义者太少而重新兴起的，道德忠信仁义者太少是祸乱产生的罪魁祸首。"但是我们很多学者，却认为"礼"是忠信不足的产物，而且是祸乱的开端。

这里"夫礼者，忠信之薄，而乱之首"，这个混乱的罪魁祸首是什么呢？是因为忠信、仁义、有道德的人太少，而无情无义不道德不仁善的人太多，所以就会使天下出现各种混乱。我们不能认为礼义忠信是混乱的罪魁祸首，如果认为礼义忠信是混乱的罪魁祸首，那么，《老子》所讲的这些不就成为制造混乱的罪魁祸首了吗？《老子》还用得着来宣扬道德忠信仁义吗？《唐明皇御注道德经》曰："夫礼者，忠信之薄而乱之首。制礼者，为忠信衰薄而以为礼为救乱之首尔，用礼者，在安上理人，岂玉帛云乎哉！"[①] 唐玄宗说："礼，就是因为忠信衰薄而兴礼，以礼救乱。"唐玄宗的这一观点是非常正确的。

这也就是说《老子》时代，看到忠信仁义之人太少，而使天下混乱，才书写《道德经》以期望有道德者拯救混乱的天下。孔子时代，孔子看到天下混乱，先王之礼制忠信仁义尽失，才游学、才教授学生以讲忠信仁义道德。正如《礼记·仲尼燕居》孔子曰："礼之所兴，众之所治；礼之所废，众之所乱也。"孔子明确指出，礼教正常兴起，民众受到教化就能得到治理；礼教废弃毁坏，民众民风社会就会混乱。孔子之言，其实是对《老子》之论的有力说明，也充分说明《老子》之论与孔子的观点是一致的，他们都是对历史经验的总结和感悟。

如我们现代人，不也认为现在的社会道德、仁义失去、人心混乱，礼义变为各自关心的利益，因此人们又在努力宣扬《老子》之道德，宣扬孔子的仁义礼仪吗？这就是说在这些事物太缺少快要失传的情况下，才会有人宣扬推行这些事物，目的是使混乱的人心重新恢复平和。我们以现在的社会状况推论《老子》之论，就能明白其真实含义了。

《老子》仁善义的意义，就在于我们应该始终不忘道德仁义礼仪，始终以道德仁义礼仪的意义约束自己的思维行为，每个人都成为有道德仁义礼仪的人，我们的社会就会和谐而不会混乱。

其二，《老子》是专门论述圣人君子之道德的，不是论述仁义礼智的，所以可能会被认为《老子》反对仁义礼智。

---

① 贾延清、李金泉.唐明皇御注道德经[M].中央编译出版社，2013.

10.《老子》小国寡民的意义

关于《老子》小国寡民的论述，正如第八十章曰："小国寡民，使有什伯之器而不用；使民重死而不远徙。虽有舟舆，无所乘之；虽有甲兵，无所陈之。使民复结绳而用之。甘其食，美其服，安其居，乐其俗。邻国相望，鸡犬之声相闻，民至老死，不相往来。"

不少学者认为《老子》在政治上主张倒退，期望回到原始的"小国寡民"的社会中去，笔者以为这些学者的理解是片面的，是不公正的。应该说这是《老子》对古代圣王以天命治天下，实现了天下太平安乐的社会，天下达到大治时，其安乐和谐生活情景的描述。老子指出那时的诸侯国因为人口少，疆域小，人民纯朴，欲望少，原本就比较好治理，而在有道的君王治理下，天下实现了大治，各诸侯国都得到了治理，使天下太平安乐，使人民有很多用不完的器具，有安定的生活环境，有甘美的饮食，有华美的服装，那么人民自己就会非常珍视自己的生命，知道珍惜安乐的生活，而不愿意做那些无用无益的事情。笔者的这个观点，可从庄子的论述中得到证明，正如《庄子·胠箧》曰："子独不知至德之世乎？昔者容成氏、大庭氏、伯皇氏、中央氏、栗陆氏、骊畜氏、轩辕氏、赫胥氏、尊卢氏、祝融氏、伏羲氏、神农氏，当是时也，民结绳而用之，甘其食，美其服，乐其俗，安其居，邻国相望，鸡犬之音相闻，民至老死而不相往来。若此之时，则至治已。"[①] 庄子所言的"至德之世"，是对古代那些有大德于天下人民的大治时代的社会治理状况的描述，也是对《老子》小国寡民之论的具体解释。从庄子之言，我们就能了解《老子》这一章具体的深刻含义了，《老子》是在怀念先圣已经实现了的大治时代的美好社会，也非常向往先圣先王先祖使天下国家达到大治的社会。

《老子》所论的是大治时代的社会景象，而不是期望回归到原始的小国寡民社会中去。因为老子是思想家、哲学家，难道他不明白社会在发展，历史在进步的道理吗？《老子》全篇所论的道和德，均是对古代圣王以天命治天下，为民众谋利益的所作所为的方式方法，以及实现天下大治结果的总结和升华概括，将其以天命治天下的意义升华概括抽象为道德，为无为之道，期望有道者以道德治天下而实现安平泰。老子小国寡民的意义，在于时刻提醒我们，古人能实现天下大治而使人民和乐安康！我们现代人也要努力作为，而实现中华民族伟大的复兴梦。

11.《老子》抱朴守真的意义

"抱朴守真"，笔者以为这是后世学者对《老子》之道德哲学意义的升华，因为《老子》之道德论，通篇都是对我们的先圣如何以婴儿般的纯朴无欲状态、质朴

[①] 张光裕主编.老子（附庄子）[M].北京燕山出版社，2000：135—136.

纯真正直善良的本真之态，以"被褐而怀玉"之智慧贤能，以天地中正无私有益于万物的无为之道，治理国家天下，使人民得到安乐福气，而达到的安平泰的和乐社会的论述。《老子》之道德论的本意，是在教化众人返归到人性的本真之态，人性的本真之态是什么呢？就是与生俱来的善良本性，也是《老子》所论的圣人君子之道德的表现。圣人君子之道德就是没有私心杂念，没有自己的欲望，以天地之道自然有益于万物的中正无偏斜，使万物得到益处的德行，教化治国者以天道之无为治理国家天下，实现国强民富天下太平，以教化众人之心归于纯朴善良。

《老子》在很多篇章中以"朴、婴儿、赤子"来表达圣人君子之道德，如第二十八章"知其雄，守其雌，为天下溪。为天下溪，常德不离，复归于婴儿……为天下谷，常德乃足，复归于朴"。第三十二章"道常无名，朴"。第三十七章"化而欲作，吾将镇之以无名之朴。镇之以无名之朴，夫将不欲。不欲以静，天下将自正"。第四十九章"圣人在天下，歙歙焉，为天下浑其心，百姓皆注其耳目，圣人皆孩之"。第五十五章"含德之厚，比于赤子。毒虫不螫，猛兽不据，攫鸟不搏"。第五十七章"故圣人云：'我无为，而民自化；我好静，而民自正；我无事，而民自富；我无欲，而民自朴。'"第十九章"见素抱朴，少私寡欲"。第十章曰："载营魄抱一，能无离乎？专气致柔，能如婴儿乎？"等，均是《老子》对圣人君子之道德表现的论述。全书中，除过关于"无为"的论述出现次数最多外，就是《老子》以婴孩寓意圣人纯朴纯真无邪的次数最多了。而且《老子》不单是教化治国者返璞归真，还教化民众返璞归真。正如第六十五章所言："古之善为道者，非以明民，将以愚之。"这里的"愚"，并不是说愚弄，或者愚笨的含义，而是说要使民众之心单纯朴实、敦厚、无杂念，无过多的欲望。

所以，老子抱朴守真的现代意义，也就是老子所期望的，返回到我们善良的本真之性，少一些私欲，多一些纯朴善良，脚踏实际地为自己的梦想而努力！

二、《老子》无为而治的治国思想的现代意义

《老子》哲学的实质，有学者认为《老子》之道德论是一部兵书；有学者认为《老子》论述的是君子圣人之道德，君子圣人无为之道，兼论为人之道。

笔者以为，《老子》之道德论的哲学内涵，则是通过论述天地万物的生成变化之道，来论述什么是道，什么是德！以天道天德的内涵，论述了君子圣人之道德产生的依据。圣人君子依照天道天德而作为的表现形式，也是教化我们如何以天道天德而作为的意义，为人民做益事谋利益的各种方法。

其实《老子》所论的圣人君子之道德的表现形式，是对古代圣人君子意识思想与具体作为和结果的总结概括抽象，也是对古代天命意义的升华概况和抽象。

古代，也就是《尚书》所记载的尧舜时代是以天命治天下，有文字记载的三王时代，尤其是周公、周成王时代，努力施行以天命治天下，竭尽全力维护以天命治天下而实现了天下太平。从《诗经·周颂》周成王自己所做的诗篇中，可以清楚地看到周成王为了实施以天命治理国家天下所付出的努力。周成王做的自勉诗《小毖》"予其惩而毖后患！莫予荓蜂，自求辛螫。肇允彼桃虫，拼飞维鸟，未堪家多难？予又集于蓼！"①这首诗的主要意思是周成王要想惩前毖后，治病救人。防止危害周朝的祸患发生这件事是多么困难，要纠正那些不符合国家和人民利益的事情和人事，就如扰乱蜂群一样，受到不少麻烦，其中的酸辣苦甜只有他自己明白，所以他从那小小的鹪鹩鸟为了生存而拼命飞翔的道理，明白了即使再艰难也要拼命坚持到底。因为小小的鹪鹩鸟尚且如此，何况他是肩负重任、维护国家人民利益的周天子，所以他说他自己就如钻到蓼草之中，那辛辣的味道实在只有他知道，但是他还是始终惩前毖后，终于实现了天下大治的大同社会。

周成王所言的是坚持以天命治天下，坚持为天下人民谋利益做益事的道路是多么不容易，周成王战胜了困难，实现了天下大治的愿望，他又有儿子周康王接班，成就了历史上的成康之治！正如《老子》所言："孰能有余以奉天下，唯有道者。"②周成王是一位道德深厚，一心坚守继承先祖创立的江山和治国之道的有道君王。

《老子》论道德的目的，就是要圣人君子以天道之无为的各种表现形式前去治理国家天下，以实现天下太平安乐。正如第三十五章曰："执大象，天下往。往而不害，安平太。"③所以，《老子》之道德论的实质，就是圣人君子的治国之道。所以，《老子》之言，周成王之志，就是我们学习《老子》之道德论的全部意义，也是《老子》无为而治的治国思想的全部意义。

《老子》之道德论本身就是一部天人同一论！就是匡正执政者意识形态的形而上之道，是以正治天下的法典！也是我们为人民谋利益做益事的具体方法的论述。

我们谈论如此之多的意义，那么如何实现《老子》之道德的哲学意义呢？又如何用《老子》之道德的形而上理论匡正人的思维意识、纯净人的心灵呢？

这就要求我们百读不倦地认真学习这些道理，直到达到就如《老子》所言的："善行，无辙迹；善言，无瑕谪；善数，不用筹策；善闭，无关楗而不可开；善结，无绳约而不可解"④的自然熟视状态，达到如庄子所论的"庖丁为文惠君解牛"的熟练的自然状态，达到不用思考谋虑就能自然表现出真善美的自然心态和行为，就

---

① 刘文秀、孙燕、孙兰. 诗经新解 [M]. 中国出版集团世界图书出版公司，2012：363.
② 刘文秀、孙燕、孙兰. 道德经新解 [M]. 中国出版集团世界图书出版公司，2013：262.
③ 同上，171.
④ 同上，153.

如条件反射一样见到弱者就去帮，见到恶者就遏制的良知表现。这是我们学习《老子》之道德的目的和方法。做到如孔子所言的："非礼勿视，非礼勿听，非礼勿言，非礼勿动"[①]教化的那样，就能使我们的意识思维思想道德言行纯正，而一心一意为民谋利益了。

第二节　综述《易经》哲学的意义及其教化

一、关于《易经》哲学的意义

（一）《易经》哲学意义

我们现在所探讨的是被孔子及其弟子以"十翼"赋予其新的内涵后的《易经》的哲学意义，《易经》哲学包罗万象，无所不论。我们现在只对《易经》主要的哲学意义作一些探讨论述。

1.《易经》最重要的哲学意义

《易经》哲学的最重要意义就是政治，政治就是以正治国；正如孔子所言："政者，正也。子帅以正，孰敢不正？"[②]宗旨就是强国富民为民谋利益福气；正如《易·系辞》曰："富有之谓大业，日新之谓盛德。"目标就是实现天下大同国泰民安，天下太平！正如《老子》曰："执大象，天下往。往而不害，安平太"。[③]又如《易·咸卦》象辞曰："天地感而万物化生，圣人感人心而天下和平。"

2.《易经》哲学是群经之首

《易经》哲学之所以称之为形而上者谓之道，就是因为《老子》之道德是形而上哲学的始祖，《易经》哲学是对《老子》之形而上哲学的总结、引申和发展，所以说《易经》是群经之首，这里的首，不单是第一，是开头、开端、最早的意思，而是说它还是群经的首领、首脑，是哲学文化和传统文化基本内容要领的制定者，是法典、是法规，是哲学文化和传统文化必须效法的依据。正因为有了这个法典，这个效法的依据，所以中华民族传统哲学和传统文化，才能有研究探讨发扬光大真善美为基础的传承不衰的真善美文化；才能成为为国为民谋利益福气的治国之学。所以，《易经》哲学文化的特点之二，就是《易经》是中华民族一切文化发展传承创新所必须遵循的根基。其根基就是宣扬真善美，贬斥假丑恶，就是宣扬传播以真善美之德为民众谋利益福气者，贬斥假丑恶危害人民利益者，这是《易经》哲学文

[①] 刘琦译评．论语[M]．吉林文史出版社，1999：91．
[②] 同上，96．
[③] 刘文秀、孙燕、孙兰．道德经新解[M]．中国出版集团世界图书出版公司，2013：171．

化的主旨，也是我们所论的《易经》哲学是群经之首的意义所在。

3. 变化是《易经》重要的哲学意义之一

（1）《易经》内容证明《易经》的哲学观点是唯物辩证的观点，天地万物是大道从无到有逐渐化生的过程。我们的先祖所发明创造的各种事物，无不是从观察研究天地自然变化现象，以及从具体的物质和事物的道理中感悟效仿而来。应用自然界的自然物质、改变它、利用它而有了发明创造，包括文字的发明，各种文字的意义，都是从自然界事物中感悟而来。八卦实际就是中华民族最早用来表示天地自然变化现象和原理的象形、象声、象意的图形，也就是中华民族文字的雏形。

（2）《易经》哲学告诉我们万事万物都是在不停的变化着，变化是天地万物的固有规律，《易经》哲学既揭示了天地万物变化的基本规律，同时又揭示了人类在掌握了自然变化规律之后，利用变化的原理来改造生存环境，改变生存条件的各种作为，所以，变化就有了自然变化和人为变化两大类。

①自然变化就是经由道的自然变化过程所化生一切自然事物的变化过程。

②人为变化，其一，就是依据自然变化的特征而变化，利用自然物质为人类生存生活物质等。其二，就是为了适应人类的生存生活而人为地对社会制度所作的各种变革现象。当然更为深刻的意义，在第一编已经有明确论述，这里就不必赘言。

（二）《易经》哲学形而上谓之道的意义

自孔子及其弟子们以"十翼"赋予《易经》以新的内容，那么《易经》哲学就有了更为明确的历史意义和哲学意义。其意义就是《易经》哲学形而上谓之道的意义。

1.《易经》哲学形而上者谓之道的意义，就是效法天道有益于万物之善性，启发人自身良知复苏，使天之善性与人自身之善性，深刻印记贮存在人自己心中，使人人都明白良知就是人自身与生俱来的善良之心。使人的善良之心不被私欲杂念所遮蔽，使人的意识思维行为改变而使善良之心性时时体现出来，善良是人心之本，人人善良，那么人与人的矛盾是非就会减少；我们的社会就会和谐有序。正如《易·系辞》子曰："易，其至矣乎。夫易，圣人所以崇德而广业也。知崇礼卑，崇效天，卑法地。天地设位，而易行乎其中矣。成性存存，道义之门。"

2.《易经》形而上者谓之道，首先是《易经》对古圣人治理国家天下之道渊源的总结；也是《易经》对《老子》之道德意义的抽象总结。《老子》和《易经》哲学就是要我们通过学习天之道德和圣人之道德的精神意义，启迪我们自身的良知，纯正我们的意识思维行为至于善良，纯化端正我们的良知，使我们的意识思维思想行为与天道天德同一，与先圣先祖之道德同一，与民众同心同德，使人类共同为自己安乐幸福生活而奋斗！

3.《易经》形而上哲学，原本就是一部教授治国者治国平天下的教科书，《易经》

关于道的论述，极为全面，既有道生太初太极、生万物的论述；又有三才之道的天道、地道、人道的论述；还有圣人君子之道，人的生存之道、死生之道、阴阳之道等论述。也就是说，《易经》既论述了帝王治国之道、帝王的意识形态以及礼法，又论述了各种治理规则、治理方法制度等等，除过医学、军事以外无所不论，那么，也就是说，《易经》既有形而上之道的论述，又有具体规章制度方式方法的形而下之器的论述，也有关于我们为人处事之道的论述。

4.《易经》哲学之形而上，笔者认为这是孔子对《老子》之道德意义的综括，我们研究《老子》哲学，就会发现，《老子》上论大道——天地万物化生之道；天道、天德；论述圣人君子之道、圣人君子之德，就是没有关于地道的论述；所以说老子是形而上哲学的始祖，这里之所以将教化人心向善的道理称之为"形而上"，因为形者，既有天道的表现形式，又有效仿天道之表现形式之意；所谓上，既有来源于天道天德之意，又有教化人自身主管意识思维行为的最高长官之意；因为古人认为人心是主管意识思维智慧行为的最高长官；正如《内经·素问》曰："心者，君主之官，神明出焉。""心者，生之本，神之处也。"[①] 这是中华民族形而上哲学本身的意义。

5. 老子之道德，所论的是古代圣王是如何以天道天德而作为的各种表现形式。老子笔下的圣人君子的作为，以天道之无为为人民谋利益，使人民得到利益的行为，是体现在日用日作而不觉的行为，也就是自然自动自觉的作为，圣人却习以为常，浑然不觉，而民众却能看得到，感觉得到，因为民众真正得到了实际利益。这也是《老子》对圣人君子为人民谋利益作益事方法的论述。其实，应该说，《老子》之道德论，就是记载论述了圣人君子以自然淳朴端正无私之心，自觉自愿毫无怨言的为民众作益事谋利益的自然作为。这种自然自觉作为，就是对圣人君子从意识思维心灵行为与天道天德同一的自然本性的赞美，是教化我们意识思维心灵行为真善美的教科书！

6.《易经》形而上之道形而下之器，其实就是一种哲学思维方法而已，其哲学思维方法就是效法天地之道的自然善性与基本规则，来匡正人心；以效法天地之道的基本规则秩序来规范人的行为，这就是中古民族特色哲学的特征。

（三）《易经》形而上形而下哲学的的特点

1. 中华民族哲学的形而上之道，是效法天道之自然，为在上位的执政者制定的必须遵守的关于执政者的思维意识意识形态的具体法规、规则、法典，以及是纯正我们每个人心灵意识行为的具体方法，而西方的形而上学是看问题的方法。综观中

[①] 正坤编.黄帝内经[M].中国文史出版社，2003：29.

华民族经典哲学和优秀传统文化，都具备了教化人心向善、执政为民的特点和意义；所以，《易经》哲学将研究教化人意识形态知行合一的思想，称之为形而上者谓之道。

2. 中华民族哲学最大的特点，就是为国为民，是为民谋利益福气，强国富民的哲学。既是为执政者创立的治国之道和为民谋利益的最高规矩，又是纯正我们每个人意识思维行为表现的具体方法。所以说，中华民族的哲学，从它的起始开始，就是政治哲学，就是教化人心向善的哲学。所以《易经》哲学的最大特点，就是以正为民谋利益的政治哲学。正如陈立夫先生在《诗书中的常理及故事》一书中说道："我们中华民族之所以集合十二亿人民为一家，持续五千年光荣历史而不坠，并具有大刚中正之民族特性者，是我们祖先发明人类共生、共存、共进化之原理。此一原理自尧、舜、禹、汤、文、武、周公相继不绝，及孔子集大成以'公''诚''仁''中''行'立教形成道统，亦即无私无我之'公'（于理而言）成己成物之'诚'（于己而言），立仁达仁之'仁'（于人而言），不偏不倚之'中'（于事而言），日新又新之'行'（于功而言），这一正统精神，乃民族灵魂之所在……"[①]"中国文化是国魂之所在，为什么有人非要糊里糊涂去迎合少数西方人的霸道心态……"[②]

3. 中华民族哲学的特色，那就是为人民谋利益的政治哲学，中国哲学从开始起，就是为人民谋利益而产生的。因为自古以来的哲学世界，除过马克思主义哲学以外，再也没有如中国哲学一样，自从诞生之日起，就是为着给天下民众谋利益而存在的哲学了。

这是因为中华民族的先祖圣明先帝，二皇五帝三王，他们就是为了给自己部落、自己氏族、自己国家的人民解除灾难，保护爱护自己的人民而存在的，他们爱民保民、为民谋利益福气的作为是自然自觉毫无怨言不图回报的真心实意的作为，所以人民才会世世代代纪念学习他们的精神思想。

4. 《易经》哲学与《老子》之道德哲学，是关于人类自身的真善美创始的论述，这一点我们从道儒哲学文化传承的内容和过程就能感知。因为《易经》哲学既追问了宇宙本源，又追问了人类本源，推论了人类生存之道和终极目标。这是中国哲学的历史事实，也是中国特色哲学的特点之一。

二、《易经》政治哲学在六十四卦中的体现

1. 《易经》从哲学意义而言，孔子融《老子》思想于《易经》，概括《老子》思想于《易·乾卦》，应用《老子》之论于一些卦象辞或者卦爻辞中。所以《乾卦》

---

① 陈立夫. 诗书中的常理及故事[M]. 中国友谊出版公司，2001：515.
② 同上，519.

就是天道天德、圣人君子之道德在《易经》内容中的具体体现。

2.《老子》之道德论述了大道、天道、天德、圣人之道、圣人之德。《易经》哲学既论天道天德，又论地道地德、人道人德的三才之道及诸道的哲学意义。天道就是乾天运行的规则秩序和表现形式，也就是《易经》所确立的乾天变化的道理"曰阴与阳"。天德就是乾天太阳自己发热发光自然地公平公正地温暖地照耀万物，并以风云雨雪滋润资助万物化育，使万物得到益处的自然自强不息之德。圣人之道就是创作八卦、六十四卦的伏羲、神农等圣人君子效仿天道而作为的各种表现形式，圣人之德就是这些圣人君子效仿天德使人民公平地得到利益福气而不与人民相争相夺的各种表现形式，地道就是坤地本身的正常运行规律与万物的关系及坤地异常运动与万物的关系。正如《易·系辞》曰："昔者圣人之作易也，将以顺性命之理，是以立天之道，曰阴与阳，立地之道，曰柔与刚，立人之道，曰仁与义。兼三才而两之，故易六画而成卦。分阴分阳，迭用柔刚，故易六位而成章。"

3.《易经》政治哲学在六十四卦中关于正的论述

其一，《无妄卦》象辞曰："动而健，刚中而应，大亨以正，天之命也。"象辞说：

"运动而强健有力，刚强中正而得到响应，大亨通而正大光明，是谓天命。"天命的内涵就是强健有力，刚强中正，正大光明。

其二，六十四卦中《益卦》为治国者确立了治国宗旨——为民众做益事谋利益并规定将能否为人民做益事谋利益作为更换朝代迁移国址的铁定宗旨，正如《益卦》六四爻辞曰："中行，告公从，利用为依迁国。"

其三，《易经》哲学不同于《老子》之道德哲学的最大特点，就是《易经》哲学宣扬赞美中国的革命运动，比如《革卦》《夬卦》《比卦》明确颂扬肯定了革命的意义和方式，而《益卦》则是对革命的依据的明确规定，其次是《涣卦》《履卦》对商汤和周武王革命方式的肯定赞美。

其四，六十四卦中有很多卦象记载了自古以来的圣明君王以天命之正大治理国家而实现天下大同太平安乐的历史事实，如《益卦》《剥卦》《革卦》《大有卦》《升卦》等。

其五，六十四卦中有很多卦象记载了治国者不以天命之正治理国家，而亡国亡己的历史事实，如《既济卦》《旅卦》《未济卦》《姤卦》等。

其六，六十四卦中更多的卦象则记载了西周时代中正的礼法、教化、刑法等具体内容。

其七，《易经》哲学用《乾卦》的象辞论述天道和治理天下的方法和目标，以《乾卦》卦辞"元、亨、利、贞"和卦象辞论述天德圣人君子之德，以《乾卦》爻辞论述作为帝王应该如何自修明德正己以治天下。关于《乾卦》的正确解读，《乾·文言》有明确精细的解读，正如《乾·文言》曰："夫'大人'者，与天地合其德，与日月合其明，与四时合其序，与鬼神合其凶吉。先天而天弗违，后天而奉天时。天且弗违，而况于人乎，况于鬼神乎。"

其八，《易经》哲学以《坤卦》卦辞、象辞和卦象辞论述地道地德，以卦爻辞论述人道人德以及周文王之德，这在《坤·文言》中也有明确的解读。

总而言之，《易经》哲学的意义，就是从它产生之时开始，他就是表述记载颂扬为天下人谋利益做益事爱护保护人民的哲学！其起点是最高尚最伟大的纯正人的意识思维行为的形而上哲学，这是中华民族的哲学最大最明确的特点。有学者认为探讨哲学不谈政治，可是中华民族哲学的起点就是政治哲学，这是历史事实。

政治就是以正治国，这是孔子总结历代圣明君王治国治天下的经典典律，也是铁律。正如《易·坤卦》六二爻辞曰："直方大，不习无不利。"《坤·文言》曰："'直'，其正也。'方'其义也。"《文言》说："'直'就是正直的意思。'方'就是适宜的意思。"又如《礼记·经解》："礼之于正国也：犹衡之于轻重也，绳墨之于曲直也，规矩之于方圜也。"① 又《礼记·哀公问政》哀公曰："敢问：人道谁为大？"孔子对曰："君及此言也，百姓之德也，固臣敢无辞而对。人道政为大。"公曰："敢问：何谓为政？"孔子对曰：政者，正也。君为正，则百姓从政矣。君之所为，百姓之所从也。君所不为，百姓何从？"② 孔子所言的"政"，就是政治。孔子说，人道中政治是第一重要的，所谓政治，就是以"正"治天下，君王以正治天下，谁敢不正而偏私！这就是中华民族的哲学特色，其起点就是政治，那么研究《易经》哲学，怎么能不谈政治呢？关于正，孔子又说："苟正其身矣，于从政乎何有？不能正其身，如正人何？"③

三、如何达到《易经》哲学所论的意识思维心灵行为与天道天德同一

（1）芝加哥大学心理系教授米哈里·契克森米哈赖的《心流》理论

其一，芝加哥大学心理系教授米哈里·契克森米哈赖的《心流》④ 理论认为："将一个人的精神注意力完全投注在某种活动上的感觉称之为'心流'。"这是一个新颖的名词，也就是说一个人在做某件事情时，那种全神贯注、投入忘我的精神状态——这种状态下，甚至感觉不到时间的存在，甚至忘却了自我，似乎能感到自己属于某个更大的整体，在这件事情完成之后我们会有一种充满能量并且非常满足

---

① 钱玄、钱兴奇等注译．礼记[M]．岳麓书社，2001：636．
② 同上，660．
③ 刘琦译评．论语[M]．吉林文史出版社，1999：104．
④ 米哈里·契克森米哈赖著，张定绮译，中信出版集团，中信出版社，2017年12月出版．

的感受。这就是"心流"的大概意思。

其二，那么我们就要问，为什么你会如此精神专一、全神贯注地投入到这件事情的完成过程中去呢？不外乎这是自己应该做的工作，或者是喜欢爱好，是自己擅长的技艺精湛的事等。《心流》告诉我们："觉醒是大多数人学习的地方，假如要从那里走进'心流'，就要增强挑战的难度，他们在那样的区域就被迫走出舒适圈，学会更高级的技能，走进'心流'。"

其三，这就是说为什么会对自己应该做的工作或你喜欢的事情能够如此专注地去做到完美呢？为什么会有如此精湛的技艺呢？就是增强挑战难度，努力学习训练的结果！就如《老子》所论的"善行，无辙迹；善言，无瑕谪；善数，不用筹策；善闭，无关楗而不可开；善结，无绳约而不可解。"① 以及《庄子》所论的"庖丁为文惠君解牛，手之所触，肩之所倚，足之所履，膝之所踦（yǐ），砉（xū）然响然，奏刀騞（huō）然，莫不中音"② 的娴熟程度！

其四，那么，为什么会有如此娴熟精湛的技艺呢？依据"心流"的内涵，是因为你用高度的长时间的训练学习，"将自己思维意识心理，由曾经纷乱如万马奔腾的无序状态，调节到最佳、最合理的状态上，所有念头都相互支持、相互关联，齐心协力、步调一致地往同一个方向前进。这是一个混乱程度最低、秩序最高的心理状态"。也就是说，通过长期的学习训练，在心底深处建立了坚定的信念，使自己精神意志行为统一到你所从事的事情上来，这就是思维意识心理心灵作用的重要意义。也就是说，一个人之所以能高度地全神贯注地去做自己所要做的事情，是因为思维意识精神心灵的作用，这也就是王阳明的"知行合一思想"。这也是达到《易经》哲学所论的意识思维心灵行为与天道天德同一的重要方法。

（2）《易经》哲学关于达到天人同一及无为之道的方法意义

其一，要真正达到《老子》所论的天人同一，就必须认真重复不断学习《老子》之道、《老子》之德，领会感悟其精神要素，使自己的思维意识中充满了熟视到如同条件反射一样，熟练到如自然习惯一样自然无为的精神境界。正如《老子》曰："故从事于道者，同于道；德者，同于德；失者，同于失。同于道者，道亦乐得之；同于德者，德亦乐得之；同于失者，失亦乐得之。"③ 也如《易·同人卦》卦辞所言："同人：同人于野，亨。"

其二，要真正达到《老子》所论的天人同一，要从很早就坚持训练，利用教化的方式，以教化人民使其逐渐达到刚健和顺善良的目的。正如《易·坤卦》初六爻

---

① 刘文秀、孙燕、孙兰.道德经新解[M].中国出版集团世界图书出版公司，2013：153.
② 张光裕主编.老子（附庄子）[M].北京燕山出版社，2000：99.
③ 同上，26.

辞："履霜坚冰至。"爻象辞："履霜坚冰，阴始凝也。驯致其道，至坚冰也。"初六爻辞说："踩着白霜直到坚硬的冰块形成。"爻象辞说："踩着白霜直到坚硬的冰块形成，这是阴气遇到寒冷结冰了。依照履霜坚冰至的变化规律，从很早就开始对其进行驯良，使其逐渐达到天地之德刚健和顺善良的境界，而且要使其刚健和顺善良之性永远凝结于心中。"这也就是说，"冰冻三尺，非一日之寒"，是长期累积的过程。

其三，达到《易经》哲学所论的意识思维心灵行为与天道天德与天下民众同一的方式方法除过上面谈到的专心致志的学习训练之外，孔子还为我们指出了明确的方法，正如《论语》孔子曰："非礼勿视，非礼勿听，非礼勿言，非礼勿动。"[①] 孔子为我们提供的是学习天人同一的方法，《老子》与《易经》所论的是做到天人同一的标准。

（3）《老子》与《易经》无为而为的哲学意义

其一，《老子》和《易经》无为而为之道，是关于人的意识思维思想心灵向善学习训练的论述，也就是首先纯正统一坚定执政者意识形态的论述，要执政者将执政理念统一确定在以天道之无为为人民谋利益而不图回报的至善意识思维行为表现上。

其二，《老子》和《易经》无为而为之道，是为纯正我们每个人的意识心灵达到至善而行善的教化。所以我们认为《老子》的道德论，是属于形而上之道的经典之作，而《易经》则是形而上之道与形而下之器的经典之作，也是对《老子》哲学的发扬光大。

四、如何实现中华民族传统哲学的教化意义

笔者以为，要学习传承创新中国特色社会主义哲学，必须要加强对中华民族传统哲学始祖《老子》《易经》等哲学理论的学习，并加强以传统哲学为基础的思想道德教育工作，笔者提出如下几点看法。

1.将《易经》哲学形而上思维意识思想教化的内容作为所有领导者的指定课目，因为作为为人民服务的共产党的领导，必须懂得什么是天人同一，才能做好为人民谋利益的事业。同时可以加强领导者对中华民族传统哲学强国富民为民谋利益的思想意识，从而重视哲学理论的创新研究工作。

2.将《易经》哲学和《老子》之道德作为学习传统哲学的重点研究课程，是因为《老子》之道德，是教化我们如何做到公正无私公平正义的君子之道，《易经》关于君

---

① 刘琦译评.论语[M].吉林文史出版社，1999：91.

子之德的教化，是具备共产主义思想精神的教化之道。只有在研究清楚老子、《易经》哲学的本意的基础上，只有使哲学家们明白中华民族传统哲学的深刻意义的基础上，才可以继续创新为人民服务的新哲学。

3.将儒家王阳明的"良知之学""知行合一"之学作为必须学习的课目，这一点对所有人，以及各级教育单位都适用。因为王阳明的"良知"，对于每一个人，就是与生俱来的自然本性，就是教化人复其天地万物仁善为一体的本性之本而已。就是在唤起民众自身之良知，也就是良心，使人人都有一个颗善良的心，人人都有一颗善良的心，是要人人达到自然而然的善良，其行为表现就是本性善良的体现。王阳明的"知行合一"之学，就是要使我们明白，"一个意念在心中酝酿思维虽然还未行动，但是已经是知而行了"。①"古人说知是行的主意，行是知的功夫；知是行之始，行是知之成"。②"知行本体原是如此"。也就是说我们的思维意识与行为是统一的，心中所想就是行的开始，所以我们明白了善良是人与天地万物都存在的本性，是我们自己与生俱来就有善良之心，所以就要时时处处体现出自己的善良本性，不是说什么时候想起善良才去表现善良。正如王阳明所言："知是心之本體。心自然會知，見父自然知孝，見兄自然知弟，見孺子入井，自然知惻隱：此便是'良知'，不假外求。"③

而我们现代的研究者，却将"知行合一"理解为知识与行动的统一，这是一个误区，所以才要人人学习"知行合一"的本意。人人都恢复了善良的本性，当然干公事则公平正义尽心尽职，对亲人则上孝下亲，每个人做什么则知道该怎么做才符合良心。正如王阳明所言："今诚得豪杰同志之士，扶持匡翼，共明良知之学于天下，使天下之人皆知自致其良知，以相安相养，去其自私自利之蔽，一洗逸妒胜忿之习，以济于大同。"④我们要实现共产主义社会，而共产主义社会，应该是人人具有高度的道德情操。人人具有高度道德情操的基础是人人有一颗善良的心，善良之心与心意与人的各种行为行动同为一体，人人尽知公平正义，社会矛盾、人与人之间的矛盾则日益减少，则社会和谐，国家安定而强盛。

正如孟子曰："人皆可以为尧舜……尧舜之道，孝弟而已矣。"⑤人人如尧舜，人人对亲人孝顺有加，人人为民无私奉献。也正如毛泽东诗词曰："春风杨柳万千条，六亿神州尽舜尧！"⑥人人为了美好社会无私奉献，人人都可以成为像舜尧一

---

① 张继海编辑.王阳明集[M].中华书局，2016：90.
② 同上，4.
③ 同上，6.
④ 张继海编辑.王阳明集[M].中华书局，2016：76.
⑤ 梁海明译注.孟子[M].山西古籍出版社，1999：180.
⑥ 《毛泽东诗词》人民文学出版社编，2003年第十次印刷，《送瘟神》92页.

样为新中国无私地奉献,这说明使人心向善的重要性。这样既加深了民众的善良本性,又可以使人人都为创新中国特色哲学贡献智慧。

4. 对青少年开展以"良知"为主的启蒙教育,使青少年明白每个人的良知就在我们自己心中,以及如何做到"知行合一"。正如《易·系辞》子曰:"易,其至矣乎。夫易,圣人所以崇德而广业也。知崇礼卑,崇效天,卑法地。天地设位,而易行乎其中矣。成性存存,道义之门。"孔子指出,通过思想思维意识教育,要使天道之善性与人本身之…善性深深印记在人心灵深处,使人人都有仁善之心。也就是说,我们要通过传统的道德教育,要使善良、知行合一融化在我们的血液之中,永不停息地流传。

5. 适当将《易经》《老子》以及《诗经》等正确的解读内容,加入到学生的道德教育科目中,以达到"驯致其道,至坚冰也"的目的。

6. 以传统哲学之意义培养纯正理论研究工作者的心灵意识思维,真正发挥对传统哲学、传统文化的研究作用。

7. 笔者以为,防止为官者贪腐的重要方法,就是为官者一定要在党校学习党课党章,学习传统哲学,学习《易经》哲学规定的铁定治国宗旨,学习为官之道,要将党章、传统哲学的规则深刻融化在血液之中,使人人的良知苏醒唤发,使为国为民的思维意识纯正,这样当某些人犯了错误时,自己就会受到良心的自问谴责而悔过。

8. 将习近平主席关于传统文化的诸多教导全面深入学习推广,使我们对中华民族的传统文化有更清晰的了解!因为习近平主席对中华民族经典哲学、经典文化语言的应用达到运用自如浑然一体的地步,我们应该认为习近平主席已经是一位将中华民族经典哲学、传统治国思想与中国共产党的治国宗旨、治国思想融会贯通,用于治国理政、教化我们学习中华民族的传统哲学、传统文化的光辉典范。

9. 习近平主席对中华民族传统哲学、传统文化经典词句的自如引用,充分体现了习主席对中华民族传统治国哲学思想的学习与中国共产党治国思想的真正融会贯通,体现了习主席对中国传统哲学,传统文化极深极细的研究传承和升华。对于推进中华优秀传统文化、传统哲学的创造性转化、发展,习近平总书记是倡导者,更是践行者。

10. 毛泽东曾在《心之力》中说:"心为万力之本,由内向外则可生善,可生恶,可创造,可破坏。可由外向内则可染污,可牵引,可顺受,可违逆。修之以正则可造化众生,修之以邪则能涂炭生灵。"[①]从中华民族传统哲学之论和毛泽东之论,

---

① 毛泽东《心之力》2011 年至今网上流传不息的历史文献。

我们可以明白，人心是所有力量产生的根本，人心可善可恶。这是说人心修养的重要性，所以传统哲学要求我们要加强心性善良正直的教化，而使人心之善为人生的本体，所以说，我们要以思想道德教育为目的，从教化人心向善开始。

所以我们加强对《易经》形而上之教化的学习，要以马克思主义毛泽东思想，习近平思想武装我们的头脑，学习社会主义核心价值观，学习好"中国梦"的一系列理论，学习好关于中国特色社会主义理论，学习好理解好中国特色哲学的意义，在思维意识中深刻存入固化爱国爱民的思维，在继承发展的基础上，创造出新的中国特色哲学。

第三节 传统哲学与哲学创新

一、关于中华民族复兴的伟大意义与中华民族文化

2021-04-20中宣部印发《中华优秀传统文化传承发展工程"十四五"重点项目规划》[①]明确了23个重点项目，其中包括"系列文化经典"，规划注重在记忆、传承、创新、传播四个方面着力。所以说传承创新中华优秀文有着非常重要的意义，它的重要意义在于，其一，中华文化的历史悠久、博大精深，其宣扬忠孝仁爱、礼义廉耻等道德规范，培育优良的素质。其二，弘扬学习和谐中正的中华文化能够增强民族的凝聚力；其三，弘扬中华文化能够实现中华民族繁荣富强，实现中华民族的伟大复兴。其四，弘扬中华文化是推进社会主义核心价值体系建设。其五，弘扬中华文化是传承中华文明发展中华文化的需求。

中国传统文化的优秀精华，是中华民族文化软实力的根源和丰厚土壤。正是在它的基础上达成的普遍文化认同，才能使中华民族岿然屹立于世界民族之林。把优秀传统传下去，让优秀传统活起来，是中华民族更富朝气与活力开创未来的需要。

正如2021年3月22日习近平在武夷山九曲溪畔参观朱熹园时指出："如果没有中华五千年文明，哪里有什么中国特色？如果不是中国特色，哪有我们今天这么成功的中国特色社会主义道路？""我们要特别重视挖掘中华五千年文明中的精华，把弘扬优秀传统文化同马克思主义立场观点方法结合起来，坚定不移走中国特色社会主义道路。""中国共产党人始终是中国优秀传统文化的忠实继承者和弘扬者。"[②]也就是说中华民族的伟大复兴应是中华民族文明文化的全面复兴。

[①] 中国文联文艺研修院新闻中心。

[②] 党史学习教育官网文献。光明日报文献。

二、中华民族哲学创新的必循之理

中华民族优秀传统文化的经典很多，但是中国传统文化和传统哲学的精华，首先就体现在《老子》之道德哲学和《易经》哲学之中，因为《老子》之道德是中华民族形而上哲学的创始者，《易经》则是孔子赋予"十翼"的《易经》，那么《易经》哲学则是《老子》、孔子哲学思想的综合论述，此二者可谓中华民族哲学之首。而自《老子》、孔子之后的《庄子》《孟子》以及道、儒家的传承者，如董仲舒、周敦颐、程颢、程颐、张载、王夫之、王阳明等，无不是学习贯通传承道儒的经典之作——《老子》《易经》、孔子等一系列经典。所以，要创新中华民族特色哲学的必循之理，就必须要搞清楚《老子》之哲学和《易经》哲学的基本意义和主旨。毛泽东主席就是因为非常明白中华民族自古以来的哲学主旨，融会贯通了道儒的思想主旨，就是以为人民谋利益而创建的哲学，所以他才能将《老子》《易经》、孔子关于为国为民的思想与马克思主义思想相结合，升华概括创新为"全心全意为人民服务"的哲学思想！毛泽东全心全意为人民服务的思想，既是对中华民族传统哲学思想的继承发扬光大，又是马克思主义思想与中华民族传统哲学思想精华结合而中国化的哲学精华。而我们的习近平主席更是对中华民族传统哲学、优秀传统文化与马列主义毛泽东思想融化贯通，并全面的将中华民族的传统哲学、传统哲学文化的精髓应用于治国理政，用于实现人类命运共同体、实现世界太平，以及用以教化人民大众，传承中华民族经典哲学的真正典范。

三、社会主义核心价值观体现了中华民族传统哲学的价值观

1. 社会主义核心价值观的基本内容

"富强、民主、文明、和谐、自由、平等、公正、法治、爱国、敬业、诚信、友善！"是社会主义核心价值观。中共中央办公厅印发的《关于培育和践行社会主义核心价值观的意见》明确指出："'富强、民主、文明、和谐'是国家层面的价值目标；'自由、平等、公正、法治'是社会层面的价值取向；'爱国、敬业、诚信、友善'是公民层面的价值准则，这24个字是社会主义核心价值观基本内容，为培育和践行社会主义核心价值观提供了基本遵循。"[①]

社会主义核心价值观，既体现了国家、社会、人民的共同价值观，又体现了中华民族自古以来我们的先祖所追求的生生不息的伟大事业。体现了一代一代仁人志士的夙愿，体现了中国共产党领导的中国革命运动所致力追求的伟大事业，体现了革命先烈的遗愿，体现了自古以来中华民族人民对美好生活的追求，体现了中华民

---

① 中国共产党新闻网。

族对真善美的追求。

2. 从社会主义核心价值观的基本内容分析中华民族传统哲学的价值观

其一，从国家层面价值目标而言，既传承了中华民族传统文化传统哲学自古以来所追求的强国富民的治国理想，又有创新，"富强、文明、和谐"是自古以来我们的圣明先祖治理国家天下所要实现的目标，而"民主"则是创新内容，这当然也是中国共产党人一直以来倡导追求的目标。

其二，从社会层面价值取向而言，"自由、平等、公正、法治"。而平等、公正是继承了自古以来传统哲学政治观，公正既是"天命"的核心内容，又是《老子》之道德论的核心内容，也是《易经》内容的重要部分。"平等"，虽然孔子主张的三王时代的人人平等的社会观念，在孔子之后的几千年都没有能够实现，但是孔子的主张是存在的，而且《易经》哲学和西周时代的各种具体的物产土地经营是主张均等的。而"自由"则是对传统而言的创新，因为《老子》、孔子、《易经》均没有自由的观念，而《老子》《易经》哲学主张的是以无为之道治天下，孔子则是德治思想。"法治"则是古代法家代表人物韩非子的思想。正如《韩非子·有度》所言："国无常强，无常弱。奉法者强则国强，奉法者弱则国弱……故当今之时，能去私曲就公法者，民安而国治；能去私行行公法者，则兵强而敌弱。故审得失有法度之制者加以群臣之上，则主不可欺以诈伪；审得失有权衡之称者以听远事，则主不可欺以天下之轻重。"[①]

其三，从公民个人层面的价值准则而言，"爱国、敬业、诚信、友善"是自古以来中华民族传统哲学、传统教化所要实现的最终教化目标。这从《老子》《易经》、孔子等关于君子思维、教化方式、教化目的均能得到证实。

其四，中华民族特色哲学的特征之四就是"富强、文明、和谐，平等、公正、法治、爱国、敬业、诚信、友善"。因为除了马克思主义哲学之外，再没有什么别的哲学，能够如此完整统一的论述治国之道、社会政治形态、为人之道的学问了。如今被中国共产党创新凝练为社会主义核心价值观的"富强、民主、文明、和谐，自由、平等、公正、法治，爱国、敬业、诚信、友善！"就成为更具有中国特色的哲学了。

3. 关于哲学为什么人的问题

笔者以为我们所研究的《易经》哲学、《老子》哲学就是记载传承赞颂古代圣人为人民谋利益的哲学著作，所以我们必须将《易经》哲学、《老子》哲学为民谋利益、为实现天下太平安乐的哲学继续传承发扬光大，使其与中国共产党为国为民

---

① 战国《韩非子》付再学校注，黄山书社，2002年2月出版，6—7页。

为人民谋利益的哲学融为一体，永远传承不衰。

4.关于研究中华民族传统哲学《易经》的哲学意义与历史意义和现代意义

其一，研究《易经》哲学的哲学意义：通过以上研究论述，以及中华民族历史发展的历史事实，已经证明我们中华民族的哲学从产生之日起，一直不断传承的就是忧国忧民、爱国为民的哲学；就是为人民谋利益的哲学；就是端正纯正我们每个人善良之心、良知之智的哲学；是为所有人民服务的哲学；是教化人心向善，是对真善美追求的哲学；是为了实现天下太平安乐的哲学。

其二，研究《易经》哲学的历史意义及现代意义：自从《易经》哲学诞生开始，它的哲学意义从来没有被研究过和正确表述过，我们研究《易经》哲学，是不是就是在传承"绝学"呢？是不是在继承传播具有现代实用意义、哲学意义的"绝学"呢？正如张载所言："为天地立心，为生民立命，为去圣继绝学，为万世开太平。"[1]

可以认为习近平主席真正全面继承发展了中国共产党的初心，是一位真正融马克思主义毛泽东思想与中华民族传统哲学、传统文化于一体的为民谋利益福祉的深得民心的、睿智大度、心怀天下的人民领袖。

就让我们以伟人的教导来实现中华民族传统哲学的教化意义吧！

让我们以人民领袖的教导同心同德，共同为实现中华民族的伟大复兴而努力奋斗吧！

---

[1] 刘学智、方光华主编.张子全书[M].，西北大学出版社，2015：259.

参考文献

1. 恩格斯：《反杜林论》，《马克思恩格斯选集…第三卷》，人民出版社 2004 年出版。
2. 马克思：《法兰西内战》《马克思恩格斯选集…第三卷》人民出版社 2004 年 5 月处版
3. 恩格斯：《论住宅问题》，马克思恩格斯选集…第三卷》人民出版社 2004 年 5 月出版。
4. 恩格斯：《自然辨证法》，《马克思恩格斯选集…第四卷》人民出版社 2004 年 5 月版。
5. 恩格斯：《卡尔·马克思》，《马克思恩格斯选集·第三卷》人民出版社 2004 年 5 月版
6. 恩格斯：《在爱北斐特的演说》，马克思恩格斯全集第二卷。
7. 马克思：《1844 年经济学哲学手稿》单行本，人民出版社 2014 年 12 出版。
8. 丛大川：《马克思的"哲学本体论"是什么》？陕西宝鸡文理学院学报 2005 年 10 月第五期。
9. 刘文秀. 周易新解 [M]. 山西科学技术出版社，2012.
10. 刘文秀、孙燕、孙兰. 道德经新解 [M]. 中国出版集团世界图书出版公司，2012.
11. 李杰主编. 史记 [M]. 哈尔滨出版社，2003.
12. 刘文秀、孙燕、孙兰. 诗经新解 [M]. 中国出版集团世界图书出版公司，2012.
13. 正坤编. 黄帝内经 [M]. 中国文史出版社，2003.
14. 李璞主编. 医用生物学 [M]. 人民卫生出版社，1978.
15. 冯友兰. 中国哲学史 [M]. 华东师范大学出版社，2000.
16. 钱玄、钱兴奇等注译. 周礼 [M]. 岳麓书社，2001.
17. 钱玄、钱兴奇等注译. 礼记 [M]. 岳麓书社，2001.
18. 刘琪译评. 论语 [M]. 吉林文史出版社，2001.

19. 韩维志译评．大学·中庸 [M]．吉林文史出版社，2001．

20. 孟轲．孟子 [M]．陕西旅游出版社，2003．

21. 战国，吕不韦编．吕氏春秋 [M]．陕西旅游出版社，2003．

22. 徐奇堂译注．尚书 [M]．广州出版社，2001．

23. 左丘明．春秋左传 [M]．京华出版社出版，2019．

24. 张光裕编译．道德经 [M]．北京燕山出版社，2000．

25. 张光裕编译．庄子 [M]．北京燕山出版社，2000．

26. 钱穆著．国学概论 [M]．商务印书部，1997．

27. 南怀瑾．易经系传别讲 [M]．复旦大学出版社，1997．

28. 严华英主编．墨子 [M]．中国戏剧出版社，2003．

29. 春秋，左丘明．国语 [M]．华龄出版社，1999．

30. 张介宾著，方向红校理．中医与易学 [M]．学苑出版社，1993．

31 贾延清、李金泉．唐明皇御注道德经 [M]．中央编译出版社，2013．

32. 刘学智、方光华主编．张子全书 [M]．西北大学出版社，2015．

33. 王晓昕、赵平略点校．王阳明集 [M]．中华书局，2018．

34，米哈里·契克森米哈赖著，张定绮译，中信出版集团中信出版，2017．

35. 古希腊亚里士多德．物理学之后 [M]．商务印书馆，2006．

36. 法国，笛卡尔著；庞景仁译．第一哲学沉思录 [M]．商务出版社，1996．

37. 傅佩荣．我看哲学——心灵世界的开拓 [M]．海南出版社，1997．

38. 人民网－中国共产党新闻网，《学习习近平总书记关于社会主义核心价值观的重要论述》。

39. 光明网《光明日报》单行本阅读文献，《习近平 2018 年 08 月 22 日在《全国宣传思想工作会议上的讲话》。

40. 中国共产党新闻网文献，《习近平 2021 年 7 月 1 日在《在庆祝中国共产党成立 100 周年大会上的讲话》，

41. 人民出版社单行本，《习近平 2014 年 9 月 24 日在《纪念孔子诞辰 2565 周年国际学术研讨会暨国际儒学联合会第五届会员大会开幕会上》讲话。

42. 任明、昌明译注．吕氏春秋 [M]．山西古籍出版社，1999．

43. 梁海明译注．孟子 [M]．山西古籍出版社，1999．

44.《马克思恩格斯全集》，1985 年人民出版社出版。

45.《毛泽东选集》1—5 卷，人民出版社 1966 年出版。

46. 杨力．周易与中医学 [M]．北京科学技术出版社，1999．

47. 木子主编．曲礼 [M]．广州出版社，2001．

48. 李剑、刘道英主编.孝经[M].青海人民出版社，2002.

49. 浩文.易数精解[M].中国文史出版社，1991.

50. 陈立夫.诗书中的常理及故事[M].中国友谊出版公司，2001.

51. 周振甫译注.诗经译注[M].中华书局，2002.

52. 天白编.易经图解[M].长春出版社，1991.

53. 刘文秀.周易与人体生命方程式解秘[M].山西科学技术出版社，2007.

54. 战国《韩非子》付再学校注，黄山书社，2002.

55. 中国共产党新闻网文献，习近平在《在第十二届全国人民代表大会第一次会议上的讲话》。

56. 光明日报文献。2021年3月习近平在武夷山九曲溪畔朱熹园参观讲话。

57. 中国共产党新闻网，中共中央办公厅印发的《关于培育和践行社会主义核心价值观 的意见》。

58. 中国共产党新闻网，2016年5月17日习近平在《在哲学社会科学工作座谈会上的讲话》。

59. 冯友兰主编.中国哲学史新编（上中下册）[M].人民出版社，2014.

60. 朱熹.朱子全书第21册 晦庵先生朱文公文集（二）[M].上海古籍出版社，2010.

61. 新华社1949年1月发行，《中国人民政治协商会议共同纲领》单行本。

62. 单明磊著，《中国人的礼仪文化》，化学工业出版社2021年6月1日出版。

63. 毛泽东《心之力》2011年至今网上流传不息的历史文献。

后　记

　　一直以来，就想写一部关于《易经》哲学的著作，但是迟迟未动笔，是因为自己还不完全懂得什么是哲学，也不知道以什么为主题，直到看到习近平主席2016年5月17日在《哲学社会科学工作座谈会》上的讲话内容之后，看到习主席对中国哲学科学研究殷切的期望，受到鼓舞，产生了研究《易经》哲学的想法，开始思考《易经》哲学和老子哲学的问题，下决心写这部书关于《易经》的哲学著作。习近平主席指出："坚持以马克思主义为指导，核心要解决好为什么人的问题。为什么人的问题是哲学社会科学研究的根本性、原则性问题。我国哲学社会科学为谁著书、为谁立说，是为少数人服务还是为绝大多数人服务，是必须搞清楚的问题。世界上没有纯而又纯的哲学社会科学。世界上伟大的哲学社会科学成果都是在回答和解决人与社会面临的重大问题中创造出来的。"所以这次研究的主题就是中国传统哲学《老子》《易经》为谁服务的问题。

　　笔者在研究《易经》《老子》的过程中，认识到《老子》的道德论、中国古老的《易经》哲学，确实是总结记载中华民族古代圣王二皇五帝三王的治国之道、如何为民谋利益的哲学，是值得我们哲学社会工作者认真专门研究的哲学。所以笔者就以《论中国古代哲学形而上形而下之道》为名，想以一个不是哲学研究者的感悟，来研究谈论中华民族的哲学问题，研究中华民族哲学为中华民族广大人民服务的哲学问题。

　　现在《论中国古代哲学形而上形而下之道》终于完成了，完成本书的过程，也是笔者一边学习一边领悟哲学的过程。但是毕竟年岁不饶人，对于很多哲学理论原著，没有精力去研读，有些哲学文章也是从网上学习的，其实网络对于想学习的人而言，还真是一个好途经，把想要学习的知识名称输入网络，马上就会有很多内容出现，只需选择自己想要的去学习就可以了。

　　这本书虽然完成了，但因为自己学识浅薄，对于一些问题的论述、认识也只是停留在浅层上，还缺乏更深刻地研究。虽然本书的主要观点和笔者已出版的《周易新解》和《道德经新解》是一致的。但本书是一本关于《易经》哲学的著作，当然也就有很多不同于《周易新解》的地方，不过对于《道德经新解》，笔者还是依照哲学的框架，对其作了一些修改，使其符合哲学著作的意义，所以二者的观点基本是一致的。

完成这部著作，对于笔者而言，也算是了却了一桩心愿，但心愿还未完全了结，因为笔者还没有看到一本真正能解释明白《庄子》和《张子全书》的专著，所以还想出版已经完成了的《庄子新解》和《张子全书部分文献新解》二部著作，但愿自己的身体能使自己这个心愿达成！正如《诗》曰："知我者谓我心忧，不知我者谓我何求。"

希望得到广大读者的批评指正！

2023 年 8 月 14 日 10 点 50 分最后一次校对